Björn Moßdorf
Spezielles Gesellschaftsrecht für
börsennotierte Aktiengesellschaften in den EG-Mitgliedstaaten

Schriften zum Europäischen
und Internationalen Privat-, Bank-
und Wirtschaftsrecht

EIW Band 34

Schriften zum Europäischen und Internationalen Privat-, Bank- und Wirtschaftsrecht

Herausgegeben von

EIW Band 34

De Gruyter Recht · Berlin

Abkürzungsverzeichnis

a.A.	am Anfang
ABl.	Amtsblatt
Abs.	Absatz
AC	Law Reports, Appeal Cases (3rd Series)
AcP	Archiv für die civilistische Praxis
a.E.	am Ende
AFEP	Association Française des Entreprises Privées (franz. Arbeitgeberverband)
AG	Aktiengesellschaft
AIM	Alternative Investment Market
AktG	Aktiengesetz
All ER	All England Report
Am.B.Found.Res.J.	American Bar Association Foundation Research Journal
AMF	Autorité des Marchés Financiers (franz. Kapitalmarkt-aufsichtsbehörde)
Anm.	Anmerkung
ANSA	Association nationale des sociétés par actions
AnwBl	Anwaltsblatt
App. Cas.	Law Reports, Appeal Cases (Second Series)
AR	Der Aufsichtsrat (Zeitschrift)
art.	article (franz.: Paragraph)
art. AMF	article règlement général de l'AMF
art. D.	article décret n° 67-236 du 23.3.1967 sur les sociétés commerciales
art. L.	article, partie législative
art. R.	article, partie réglementaire
ARUG	Gesetz zur Umsetzung der Aktionärsrechterichtlinie
BaFin	Bundesanstalt für Finanzdienstleistungsaufsicht
BALO	Bulletin des annonces légales obligatoires
BB	Betriebsberater
BCC	British Company Cases
BCG	Boston Consulting Group
BCLC	Butterworths Company Law Cases
BDA	Bundesvereinigung der Deutschen Arbeitgeber-verbände
BDI	Bundesverband der Deutschen Industrie
BEHG	Schweizerisches Bundesgesetz über die Börsen und den Effektenhandel

BERR	Department for Business, Enterprise and Regulatory Reform (das britische Wirtschaftsministerium, vormals DTI)
BGBl.	Bundesgesetzblatt
BGH	Bundesgerichtshof
BGHZ	Entscheidungen des Bundesgerichtshofs in Zivilsachen
BilMoG	Bilanzrechtsmodernisierungsgesetz
BJIB&FL	Butterworths Journal of International Banking & Financial Law
BKR	Zeitschrift für Bank- und Kapitalmarktrecht
BODACC	Bulletin officiel des annonces civiles et commerciales
BörsG	Börsengesetz
BörsZulV	Börsenzulassungs-Verordnung
BRDA	Bulletin rapide de droit des affaires Francis Lefebvre
Bull. civ.	Bulletin des arrêts de la Cour de cassation, Chambres civiles
Bull. COB	Bulletin mensuel de la Commission des opérations de bourse
Bull. Joly	Bulletin mensuel d'information des sociétés (Joly)
C. & SLJ	Company and Securities Law Journal
CA	Cour d'appel (bei Zitierung französischer Entscheidungen) bzw. Court of Appeals (bei Zitierung britischer Entscheidungen)
CA 1985	Companies Act 1985
CA 2006	Companies Act 2006
CAC 40	Cotation Assistée en Continue 40 (Index der 40 wichtigsten an der Euronext Paris gehandelten Aktien)
Calif. L. Rev.	California Law Review
CalPERS	California Public Employees' Retirement System
Cass.	Cour de cassation (chambre civile)
Cass. civ.	Cour de cassation, chambre civile
Cass. com.	Cour de cassation, chambre commerciale
Cass. crim.	Cour de cassation, chambre criminelle
Cass. soc.	Cour de cassation, chambre sociale
CB	Companies Bill 2005
CBV	Conseil des Bouses de Valeur
CCIP	Chambre de Commerce et d'Industrie de Paris
C.civ.	Code civile
C.com.	Code de commerce
CDGF	Conseil de discipline de la gestion financière
CFE	Centre de formalités des entreprises
CFILR	Company Financial and Insolvency Law Review
Ch	Law Reports, Chancery Division (3rd Series)
ChD	Law Reports, Chancery Division (2nd Series)

City Code	City Code on Takeovers and Mergers, herausgegeben vom Panel on Takeovers and Mergers
cl.	clause (englische Bezeichnung für den Entwurf eines Paragraphen)
CLRB	Company Law Reform Bill 2005
CLRSG	Company Law Reform Steering Group
CMF	Conseil des marchés financiers
C.monét.fin.	Code monétaire et financier
CNPF	Conseil National du Patronat Français (franz. Arbeitgeberverband, Vorgängerorganisation des MEDEF)
COB	Commission des opérations de bourse
Co. Law.	Company Lawyer
Colum. L. Rev.	Columbia Law Review
Const. Pol. Econ.	Constitutional Political Economy
Corp. Gov.	Corporate Governance (britische Zeitschrift)
CPR	Civil Procedure Rules 1998
CREST	das elektronische Handelssystem im Vereinigten Königreich und Irland
C.trav.	Code du travail
D.	Recueil Dalloz
DAI	Deutsches Aktieninstitut
DAX	Deutscher Aktienindex
DB	Der Betrieb
DBW	Die Betriebswirtschaft
DCGK	Deutscher Corporate Governance Kodex
Del. J. Corp. L.	Delaware Journal of Corporate Law
DIHK	Deutscher Industrie- und Handelskammertag
DLR	Dominion Law Reports
DRSC	Deutsches Rechnungslegungs-Standards Committee (siehe auch GASC)
Dr. sociétés	Droit des sociétés
DSGV	Deutscher Sparkassen- und Giroverband
DStR	Deutsches Steuerrecht
DSW	Deutsche Schutzvereinigung für Wertpapierbesitz
DTI	Department for Trade and Industry (britisches Wirtschaftsministerium, seit der Regierungsumbildung 2007 Department for Business, Enterprise and Regulatory Reform (BERR)
DTR	Disclosure Rules and Transparency Rules Sourcebook der FSA
DZWIR	Deutsche Zeitschrift für Wirtschafts- und Insolvenzrecht
EBLR	European Business Law Review
EBOR	European Business Organization Law Review
ECFR	European Company and Financial Law Review
Econ. J.	The Economic Journal

éd.	édition
EEA	European Economic Area, englisch für den Europäische Wirtschaftsraum (EWR)
EFTA	European Free Trade Association
EG	Europäische Gemeinschaften
EGV	Vertrag zur Gründung der Europäischen Gemeinschaft
EHUG	Gesetz über elektronische Handelsregister und Genossenschaftsregister sowie das Unternehmensregister
ENF	Enforcement Guide der FSA
EU	Europäische Union
EuGH	Europäischer Gerichtshof
EuZW	Europäische Zeitschrift für Wirtschaftsrecht
EWR	Europäischer Wirtschaftsraum (die EU-Staaten sowie die EFTA-Staaten außer der Schweiz, also Island, Liechtenstein und Norwegen)
EWS	Europäisches Wirtschafts- und Steuerrecht
f.	folgend
FCGK	konsolidierter französischer Corporate Governance-Kodex der AFEP und MEDEF vom Oktober 2003 („*Principes de gouvernement d'entreprise*")
ff.	folgende
Fn.	Fußnote
FS	Festschrift
FSA	Financial Services Authority
FSA 1986	Financial Services Act 1986
FSAMA 2000	Financial Services and Markets Act 2000
FTD	Financial Times Deutschland
FTSE 100	Financial Times Stock Exchange Index 100 (Index der 100 von der Marktkapitalisierung her größten an der London Stock Exchange gehandelten Gesellschaften)
FTSE 250	Financial Times Stock Exchange Index 250 (Index der 250 von der Marktkapitalisierung her nächstgrößten an der LSE gehandelten Gesellschaften)
FTSE 350	Financial Times Stock Exchange Index 350 (Kombination von FTSE 100 und FTSE 250, also ein Index, der die 350 von der Marktkapitalisierung her größten an der LSE gehandelten Gesellschaften erfasst)
GASC	German Accounting Standards Committee (siehe auch DRSC)
Gaz. Pal.	Gazette du Palais
Gazz. Uff.	Gazzetta Ufficiale
GbR	Gesellschaft bürgerlichen Rechts
GDV	Gesamtverband der Deutschen Versicherungswirtschaft
Geo. L. J.	Georgetown Law Journal

German L.J.	German Law Journal
GesRZ	Der Gesellschafter
GmbHG	Gesetz über Gesellschaften mit beschränkter Haftung
GmbHR	GmbHRundschau
Hansard	Das offizielle Protokoll der Debatten in den Parlamentskammern des Vereinigten Königreichs
Hare	Hare's Chancery Reports
Harv. L. Rev.	Harvard Law Review
HGB	Handelsgesetzbuch
HL	House of Lords (als bis zur Verfassungsreform 2005 oberstes Gericht des Vereinigten Königreichs)
IA 1986	Insolvency Act 1986
IAS	International Accounting Standards
I.C.C.L.R.	International Company and Commercial Law Review
ICCLJ	International Comparative Corporate Law Journal
ICGN	International Corporate Governance Network
ICSA	Institute of Chartered Secretaries and Administrators
IDW	Institut der Wirtschaftsprüfer
IDW PS	IDW-Prüfungsstandards
IFRS	International Financial Reporting Standards
INPI	Institut national de la propriété industrielle
Int'l Rev. L. & Econ.	International Review of Law and Economics
InvG	Investmentgesetz
IRZ	Zeitschrift für international Rechnungslegung
JA	Juristische Arbeitsblätter
J. Acc. & Econ.	Journal of Accounting and Economics
JBL	Journal of Business Law
JCLS	Journal of Corporate Law Studies
JCP	Semaines juridiques, édition générale
JCP éd. E	Semaines juridiques, édition entreprise
J. Econ. Per.	Journal of Economic Perspectives
J. Econ. Theory	Journal of Economic Theory
J.E.E.A.	Journal of the European Economic Association
J. Finance	Journal of Finance
J. Fin. Econ.	Journal of Financial Economics
J.L. & Econ.	Journal of Law and Economics
J.O.	Journal Officiel de la République Française
J. Pol. Econ.	Journal of Political Economy
Jura	Juristische Ausbildung
JuS	Juristische Schulung
JZ	Juristenzeitung
KapAEG	Kapitalaufnahmeerleichterungsgesetz vom 20. April 1998
KB	Law Reports, King's Bench
KG	Kommanditgesellschaft

KGaA	Kommanditgesellschaft auf Aktien
KonTraG	Gesetz zur Kontrolle und Transparenz im Unternehmensbereich vom 27. April 1998
KZfSS	Kölner Zeitschrift für Soziologie und Sozialpsychologie
Lamy soc. com.	Lamy sociétés commerciales
LR	FSA-Listing Rules
LR CP	Law Reports, Common Pleas
Loi NRE	Loi n° 2001-420 vom 15 Mai 2001 relative aux nouvelles régulations économiques
LSE	London Stock Exchange
LT	Law Times Reports
MEDEF	Mouvement des Entreprises de France (franz. Unternehmerverband)
MiFiD-Richtlinie	Richtlinie über Märkte für Finanzinstrumente
n°	nombre
NASDAQ	National Association of Securities Dealers Automated Quotations
NaStraG	Gesetz zur Namensaktie und zur Erleichterung der Stimmrechtsausübung vom 18. Januar 2001
NCPC	Nouveau Code de procédure civile
NJW	Neue Juristische Wochenschrift
NotBZ	Zeitschrift für notarielle Beratungs- und Beurkundungspraxis
NYSE	New York Stock Exchange
NZG	Neue Zeitschrift für Gesellschaftsrecht
OFR	Operating and Financial Review
OHG	Offene Handelsgesellschaft
OR	Obligationenrecht
österAktG	Österreichisches Aktiengesetz
PDG	président-directeur-général
QB	Law Reports, Queen's Bench (3rd Series)
QJE	Quarterly Journal of Economics
R	The Reports in all the Courts
RabelsZ	Rabels Zeitschrift für ausländisches und internationales Privatrecht
RE ARUG	Referentenentwurf eines Gesetzes zur Umsetzung der Aktionärsrechterichtlinie (ARUG)
RegBegr	Regierungsbegründung
RegE	Regierungsentwurf
RegE ARUG	Regierungsentwurf eines Gesetzes zur Umsetzung der Aktionärsrechterichtlinie vom 5. November 2008
Rev. dr. bancaire	Revue de droit bancaire
Rev. Intern. Dr. Eco.	Revue Internationale de Droit Èconomique
Rev. sociétés	Revue des sociétés
Riv. dir. civ.	rivista di diritto civile

RIW	Recht der internationalen Wirtschaft
RJDA	Revue de jurisprudence de droit des affaires
RL	Richtlinie
Rn.	Randnummer
RNotZ	Rheinische Notar-Zeitschrift
RTD civ.	Revue trimestrielle de droit civile
RTD com.	Revue trimestrielle de droit commercial et de droit économique
s.	section (engl. Paragraph)
S.A.	Société Anonyme
S.A.R.L.	Société à Responsabilité Limitée (franz. Pendant zur GmbH)
S.A.S.	Société par Actions Simplifiée
SBF 120	französischer Aktienindex, zusammengesetzt aus den Gesellschaften des CAC 40 und den 80 an der Euronext Paris notierten Gesellschaften mit der nächsthöchsten Marktkapitalisierung)
SC	Session Cases
S.C.A.	Société en Commandite par Actions (franz. Pendant zur KGaA)
Schedule 3	Schedule 3 der Companies (Model Articles) Regulations 2008, die Mustersatzung für public limited companies
S.C.S.	Société en Commandite Simple (franz. Pendant zur KG)
SE	Societas Europaea
SEC	Securities and Exchange Commission
SLT	Scots Law Times
SLTA	Scots Law Times Articles
S.N.C.	Société en Nom Collectif (franz. Pendant zur OHG)
SpruchG	Spruchverfahrensgesetz
SR	Status: Recht
ss.	sections (engl. Paragraphen)
Stan. L. Rev.	Stanford Law Review
StückAG	Gesetz über die Zulassung von Stückaktien vom 25. März 1998
Table A	Table A der Companies (Tables A to F) Regulations 1985 für companies limited by shares
T. com.	Tribunal de commerce (französisches Handelsgericht erster Instanz)
Texas L. Rev.	Texas Law Review
TransPuG	Transparenz- und Publizitätsgesetz vom 19. Juli 2002
TUF	Testo Unico dell'Intermediazione Finanziaria (wörtliche Übersetzung aus dem Italienischen: Einheitsgesetz zur Finanzvermittlung)
U. Chi. L. Rev.	University of Chicago Law Review
UKLA	United Kingdom Listing Authority

UMAG	Gesetz zur Unternehmensintegrität und Modernisierung des Anfechtungsrechts vom 22. September 2005
UmwG	Umwandlungsgesetz
Unterabs.	Unterabsatz
U. Pa. J. Int.'l Econ. L.	University of Pennsylvania Journal of International and Economic Law
U. Pa. L. Rev.	University of Pennsylvania Law Review
U. Toronto L. J.	University of Toronto Law Journal
Va. L. Rev.	Virginia Law Review
VGR	Gesellschaftsrechtliche Vereinigung
VO	Verordnung
VorstOG	Vorstands-Vergütungsoffenlegungsgesetz
VwVfG	Verwaltungsverfahrensgesetz
WLR	Weekly Law Reports
WM	Wertpapiermitteilungen
WPg	Die Wirtschaftsprüfung
WpÜG	Wertpapiererwerbs- und Übernahmegesetz
Yale J. Reg.	Yale Journal on Regulation
Yale L. J.	Yale Law Journal
ZBB	Zeitschrift für Bankrecht und Bankwirtschaft
ZCG	Zeitschrift für Corporate Governance
ZeuP	Zeitschrift für Europäisches Privatrecht
ZfB	Zeitschrift für Betriebswirtschaft
ZfRV	Zeitschrift für Rechtsvergleichung
ZGR	Zeitschrift für Unternehmens- und Gesellschaftsrecht
ZHR	Zeitschrift für das gesamte Handelsrecht und Wirtschaftsrecht
Ziff.	Ziffer
ZIP	Zeitschrift für Wirtschaftsrecht
ZRP	Zeitschrift für Rechtspolitik
ZVglRWiss	Zeitschrift für vergleichende Rechtswissenschaft

Verzeichnis der zitierten Vorschriften
(Gesetze, Verordnungen, Richtlinien, Empfehlungen, Codizes)

1. Gesellschaftsrechtliche Richtlinie
Erste Gesellschaftsrechtliche Richtlinie 68/151/EWG des Rates vom 9. März 1968, ABl. 1968 L 65/8; geändert durch Richtlinie 2003/58/EG des Europäischen Parlaments und des Rates vom 15.7.2003 zur Änderung der Richtlinie 68/151/EWG des Rates in Bezug auf die Offenlegungspflichten von Gesellschaften bestimmter Rechtsformen, ABl. 2003 L 221/13
(auch Publizitätsrichtlinie)

2. Gesellschaftsrechtliche Richtlinie
Zweite Gesellschaftsrechtliche Richtlinie 77/91/EWG des Rates vom 13. Dezember 1976, ABl. 1977 L 26/1, geändert durch Richtlinie 2006/68/EG des Europäischen Parlaments und des Rates vom 6. September 2006 zur Änderung der Richtlinie 77/91/EWG des Rates in Bezug auf die Gründung von Aktiengesellschaften und die Erhaltung und Änderung ihres Kapitals, ABl. 2006 L 264/32
(auch Kapitalrichtlinie)

3. Gesellschaftsrechtliche Richtlinie
Dritte Gesellschaftsrechtliche Richtlinie 78/855/EWG des Rates vom 9. Oktober 1978 betreffend die Verschmelzung von Aktiengesellschaften, ABl. 1978 L 295/36, geändert durch Richtlinie 2007/63/EG des Europäischen Parlaments und des Rates vom 13. November 2007 zur Änderung der Richtlinien 78/855/EWG und 82/891/EWG des Rates hinsichtlich des Erfordernisses der Erstellung eines Berichts durch einen unabhängigen Sachverständigen anlässlich der Verschmelzung oder der Spaltung von Aktiengesellschaften, ABl. 2007 L 300/47
(auch Fusionsrichtlinie)

4. Gesellschaftsrechtliche Richtlinie
Vierte Gesellschaftsrechtliche Richtlinie 78/660/EWG des Rates vom 25. Juli 1978 über den Jahresabschluß von Gesellschaften bestimmter Rechtsformen, ABl. 1978 L 222/11, geändert durch die Richtlinie 2006/46/EG des Europäischen Parlaments und des Rates vom 14. Juni 2006 zur Änderung der Richtlinien des Rates 78/660/EWG und 83/349/EWG hinsichtlich der Jahresabschlüsse, Abl. 2006 L 224/1 sowie durch die Richtlinie 2006/43/EG Des Europäischen Parlaments und des Rates vom 6. September 2006 über Abschlussprüfungen von Jahresabschlüssen und konsolidierten Abschlüssen, zur Änderung der Richtlinien 78/660/EWG und 83/349/EWG und zur Aufhebung der Richtlinie 84/253/EWG, Abl. 2006 L 157/87
(auch Jahresabschluss- bzw. Bilanz-Richtlinie)

6. Gesellschaftsrechtliche Richtlinie
Sechste Richtlinie 82/891/EWG des Rates vom 17. Dezember 1982 gemäß Artikel 54 Absatz 3 Buchstabe g) des Vertrages betreffend die Spaltung von Aktiengesellschaften, ABl. 1982 L 378/47, geändert durch Richtlinie 2007/63/EG des Europäischen Parlaments und des Rates vom 13. November 2007 zur Änderung der Richtlinien 78/855/EWG und 82/891/EWG des Rates hinsichtlich des Erfordernisses der Erstellung eines Berichts durch einen unabhängigen Sachverständigen anlässlich der Verschmelzung oder der Spaltung von Aktiengesellschaften, ABl. 2007 L 300/47
(auch Spaltungs-Richtlinie)

7. Gesellschaftsrechtliche Richtlinie
   Siebte Richtlinie 83/349/EWG des Rates vom 13. Juni 1983 über den konsolidierten Abschluß, Abl. L 193/1, geändert durch die Richtlinie 2006/46/EG des Europäischen Parlaments und des Rates vom 14. Juni 2006 zur Änderung der Richtlinien des Rates 78/660/EWG und 83/349/EWG hinsichtlich der Jahresabschlüsse, Abl. 2006 L 224/1 sowie durch die Richtlinie 2006/43/EG des Europäischen Parlaments und des Rates vom 17. Mai 2006 über Abschlussprüfungen von Jahresabschlüssen und konsolidierten Abschlüssen, zur Änderung der Richtlinien 78/660/EWG und 83/349/EWG und zur Aufhebung der Richtlinie 84/253/EWG, Abl. 2006 L 157/87
   (auch Konzernrechnungslegungs-Richtlinie)

8. Gesellschaftsrechtliche Richtlinie
   Achte Richtlinie 84/253/EWG des Rates vom 10. April 1984 aufgrund von Artikel 54 Absatz 3 Buchstabe g) des Vertrages über die Zulassung der mit der Pflichtprüfung der Rechnungslegungsunterlagen beauftragten Personen, ABl. 1984 L 126/20, aufgehoben durch die Richtlinie 2006/43/EG des Europäischen Parlaments und des Rates vom 17. Mai 2006 über Abschlussprüfungen von Jahresabschlüssen und konsolidierten Abschlüssen, zur Änderung der Richtlinien 78/660/EWG und 83/349/EWG und zur Aufhebung der Richtlinie 84/253/EWG, Abl. 2006 L 157/87

12. Gesellschaftsrechtliche Richtlinie
   Zwölfte Richtlinie 89/667/EWG des Rates vom 21. Dezember 1989 betreffend Gesellschaften mit beschränkter Haftung mit einem einzigen Gesellschafter, ABl. 1989 L 395/40
   (auch Einpersonengesellschafts-Richtlinie)

Aktiengesetz (AktG)
   Aktiengesetz vom 6. September 1965, BGBl. I/1965, 1089, zuletzt geändert durch Artikel 13 des Gesetzes vom 5. Januar 2007, BGBl. I/2007, 10

Aktionärsrechte-Richtlinie
   Richtlinie 2007/36/EG des Europäischen Parlaments und des Rates vom 11. Juli 2007 über die Ausübung bestimmter Rechte von Aktionären in börsennotierten Gesellschaften, ABl. 2007 L 184/17

Aktionsplan der EU-Kommission vom 21. Mai 2003
   Aktionsplan der Kommission „Modernisierung des Gesellschaftsrechts und Verbesserung der Corporate Governance in der Europäischen Union“ vom 21. Mai 2003, KOM (2003), 284 endg.

Bilanzrechtsmodernisierungsgesetz (BilMoG)
   Gesetz zur Modernisierung des Bilanzrechts (Bilanzrechtsmodernisierungsgesetz – BilMoG)

Börsengesetz (BörsG)
   Börsengesetz vom 16. Juli 2007 (BGBl. I S. 1330, 1351), geändert durch Artikel 11 des Gesetzes vom 21. Dezember 2007 (BGBl. I S. 3089 (Nr. 68) noch nicht berücksichtigt)

Börsenzulassungs-Verordnung
   Börsenzulassungs-Verordnung in der Fassung der Bekanntmachung vom 9. September 1998 (BGBl. I S. 2832), zuletzt geändert durch Artikel 9 des Gesetzes vom 16. Juli 2007 (BGBl. I S. 1330)

Bouton-Bericht
   AFEP, MEDEF: Pour un meilleur gouvernement des entreprises cotées, Rapport du groupe de travail présidé par Daniel Bouton vom 23. September 2003
   (Abrufbar unter www.ecgi.org/codes/all_codes.php)

Bundesgesetz über die Börsen und den Effektenhandel (BEHG)
Schweizer Bundegesetz über die Börsen und den Effektenhandel vom Bundesgesetzes über die Börsen und den Effektenhandel vom 24. März 1995

City Code on Takeovers and Mergers
City Code on Takeovers and Mergers
(Abrufbar unter www.thetakeoverpanel.org.uk)

Civil Procedure Rules 1998
Civil Procedure Rules 1998, Statutory Instrument 1998 No. 3132 L.17

Code de Commerce (C.com.)
Code de Commerce (Loi, L), Annexe à l'ordonnance n° 2000-912 vom 18. September 2000
(Aktuelle Fassung unter www.legifrance.gouv.fr)

Code du travail (C.trav.)
Code du travail, Annexe à l'ordonnance n° 2007-329 vom 12. März 2007
(Aktuelle Fassung unter www.legifrance.gouv.fr)

Code monétaire et financier (C.monét.fin.)
Code monétarie et financier – partie legislative annexe à l'ordonnance 2000-1223 vom 14. Dezember 2000, J.O. 2000 n° 292 vom 17.12.2000
(Aktuelle Fassung unter www.legifrance.gouv.fr)

Codice civile
Codice Civile Italiano, R.D. 16 marzo 1942, n. 262 Approvazione del testo del Codice Civile, Gazz. Uff. n. 79 vom 4. April 1942
(Abrufbar unter www.jus.unitn.it/Cardozo/Obiter_Dictum/ codciv/Codciv.htm)

Combined Code on Corporate Governance
Combined Code on Corporate Governance (Juni 2008), erstellt vom Financial Reporting Council
(abrufbar unter http://www.frc.org.uk/documents/pagemanager/frc/Combined_Code_ June_ 2008/Combined%20Code%20Web%20Optimized%20 June%202008(2).pdf,
Vorgängerkodex vom Juni 2006 unter www.frc.org.uk/documents/pagemanager/frc/ Combined%20Code%20June%202006.pdf; weitere Vorgängervorschriften: London Stock Exchange Committee on Corporate Governance, The Combined Code: Principles of Good Governance and Code of Best Practice (7/1998 und 2000), www.fsa.gov.uk/pubs/ukla/lr_comcode.pdf, und Revised Combined Code 2003, www.fsa.gov.uk/pubs/ukla/ lr_comcode2003.pdf)

Companies Act 1985 (CA 1985)
Companies Act 1985 (1985 Chapter 6)

Companies Act 1989 (CA 1989
Companies Act 1989 (1989 Chapter 40)

Companies Act 2006 (CA 2006)
Companies Act 2006 (2006 Chapter 46)

Companies (Reduction of Capital) (Creditor Protection) Regulations 2008
Companies (Reduction of Capital) (Creditor Protection) Regulations 2008, Statutory Instrument 2008 No. 719
(abrufbar unter www.opsi.gov.uk/si/si2008/uksi_20080719_en_1)

Companies Clauses Consolidation Act 1845
Companies Clauses Consolidation Act 1845 (1845 Chapter 16)

Companies (Model Articles) Regulations 2008
Companies (Model Articles) Regulations 2008 – Entwurfsfassung März 2008 (abrufbar unter http://www.berr.gov.uk/files/file45533.doc)

Companies (Tables A to F) Regulations 1985
Companies (Tables A to F) Regulations 1985 (Statutory Instrument 1985/805), geändert durch die Companies (Tables A to F) Amendment Regulations 1985 und die Companies Act 1985 (Electronic Communications) Order 2000

Deutscher Corporate Governance Kodex (DCGK)
Deutscher Corporate Governance Kodex, erstellt von der Regierungskommission Deutscher Corporate Governance Kodex
(aktuelle Fassung unter www.corporate-governance-code.de)

Directors' Remuneration Report Regulation 2002
Directors' Remuneration Report Regulations 2002, Statutory Instruments (S.I.) 2002/1986

Drittelbeteiligungsgesetz (DrittelbG)
Drittelbeteiligungsgesetz (DrittelbG) vom 18.5.2004, BGBl. I/2004, 974

Drittes Finanzmarktförderungsgesetz
Drittes Finanzmarktförderungsgesetz vom 24. März 1998, BGBl. I/1998, 529

Disclosure Rules and Transparency Rules Sourcebook
Disclosure Rules and Transparency Rules Sourcebook (DTR) der Financial Services Authority (FSA)
(aktuelle Fassung unter http://fsahandbook.info/FSA/html/handbook/DTR)

Disqualification Act
The Insolvency Act 2000 (Company Directors Disqualification Undertakings) Order 2004, Statutory Instrument 2004 No. 1941

Einpersonengesellschaftsrichtlinie
Siehe 12. Gesellschaftsrechtliche Richtlinie

Empfehlung der EU-Kommission zur Unabhängigkeit des Abschlussprüfers
Empfehlung der Kommission vom 19. Juli 2002 zur Unabhängigkeit des Abschlussprüfers in der EU-Grundprinzipien, ABl. 2002 L 191/22

Empfehlung der EU-Kommisson zur Unabhängigkeit von Organmitgliedern und Ausschüssen
Empfehlung der Kommission vom 15. Februar 2005 zu den Aufgaben von nicht geschäftsführenden Direktoren/Aufsichtsratsmitgliedern börsennotierter Gesellschaften sowie zu den Ausschüssen des Verwaltungs/Aufsichtsrats, ABl. 2005 L 52/51

Empfehlung der EU-Kommission zur Vorstandsvergütung
Empfehlung der Kommission vom 14. Dezember 2004 zur Einführung einer angemessenen Regelung für die Vergütung von Mitgliedern der Unternehmensleitung börsennotierter Gesellschaften (2004/913/EG), ABl. 2004 L 385/55

Enforcement Guide der FSA
Enforcement Guide der FSA im FSA-Handbook, abrufbar unter http://fsahandbook.info/FSA/extra/4755.pdf

Ethical Standards des APB
Ethical Standards des Auditing Practices Board des Financial Reporting Council (FRC), abrufbar unter www.frc.org.uk/apb/publications/ethical.cfm.

Financial Services and Markets Act 2000 (FSAMA 2000)
Financial Services and Markets Act 2000 (2000 Chapter 8)

Fusionsrichtlinie
Siehe 3. Gesellschaftsrechtliche Richtlinie

Gesetz für kleine Aktiengesellschaften und zur Deregulierung des Aktienrechts
Gesetz für kleine Aktiengesellschaften und zur Deregulierung des Aktienrechts vom 2. August 1994, BGBl. I/1994, 1961

Gesetz über elektronische Handelsregister und Genossen-schaftsregister sowie das Unternehmensregister (EHUG)
Gesetz über elektronische Handelsregister und Genossenschaftsregister sowie das Unternehmensregister vom 10. November 2006 (EHUG), BGBl. I/2006, 2553

Gesetz über die Zulassung von Stückaktien (StückAG)
Gesetz über die Zulassung von Stückaktien (StückAG) vom 25. März 1998, BGBl. I/1998, 590

Gesetz zur Kontrolle und Transparenz im Unternehmensbereich (KonTraG)
Gesetz zur Kontrolle und Transparenz im Unternehmensbereich (KonTraG) vom 6. März 1998, BGBl. I/1998, 786

Gesetz zur Namensaktie und zur Erleichterung der Stimmrechtsausübung (NaStraG)
Gesetz zur Namensaktie und zur Erleichterung der Stimmrechtsausübung (Namensaktiengesetz, NaStraG) vom 18. Januar 2001, BGBl. I/2001, 123

Gesetz zur Unternehmensintegrität und Modernisierung des Anfechtungsrechts (UMAG)
Gesetz zur Unternehmensintegrität und Modernisierung des Anfechtungsrechts vom 22. September 2005, BGBl. I/2005, 2802

Handelsgesetzbuch (HGB)
Handelsgesetzbuch vom 10. Mai 1897 in der im Bundesgesetzblatt Teil III, Gliederungsnummer 4100-1, veröffentlichten bereinigten Fassung

IDW-Prüfungsstandards (IDW PS)
Prüfungsstandards des Instituts der Wirtschaftsprüfer (IDW), veröffentlicht vom IDW (Hrsg.) als Loseblattsammlung

IAS-/IFRS-Verordnung
Verordnung 1606/2002/EG des Europäischen Parlaments und des Rates vom 19.7.2002 betreffend die Anwendung internationaler Rechnungslegungsstandards, ABl. 2002 L 243/1

Insider-Richtlinie
Insider-Richtlinie 89/592/EWG des Rates vom 13. November 1989, ABl. 1989 L 334/30 (aufgehoben durch die Marktmissbrauchs-Richtlinie)

Insolvency Act 1986
Insolvency Act 1986 (1986 Chapter 45)

ICSA Guidance Note – Proxy Instructions
Institute of Chartered Secretaries and Administrators (ICSA) – Guidance Note – Proxy Instructions – Abstentions (No. 040831)
(abrufbar unter http://non-exec.org/downloads/guidance/040831.pdf)

Investmentgesetz (InvG)
Investmentgesetz vom 15. Dezember 2003 (BGBl. I S. 2676), zuletzt geändert durch Artikel 7 des Gesetzes vom 5. Januar 2007 (BGBl. I S. 10)

Jahresabschlussrichtlinie
Siehe 4. Gesellschaftsrechtliche Richtlinie

Kapitalaufnahmeerleichterungsgesetz (KapAEG)
Kapitalaufnahmeerleichterungsgesetz (KapAEG) vom 20. April 1998, BGBl. I/1998, 707

Kapitalrichtlinie
Siehe 2. Gesellschaftsrechtliche Richtlinie

Kapitalmarktpubliziäts-Richlinie
Richtlinie 2001/34/EG des Europäischen Parlaments und des Rates vom 28. Mai 2001 über die Zulassung von Wertpapieren zur amtlichen Börsennotierung und über die hinsichtlich dieser Wertpapiere zu veröffentlichenden Informationen, ABl. 2001 L 184/1, geändert durch Richtlinie 2003/6/EG des Europäischen Parlaments und des Rates vom 28. Januar 2003, ABl. 2003 L 96/16, Richtlinie 2003/71/EG des Europäischen Parlaments und des Rates vom 4. November 2003 betreffend den Prospekt, der beim öffentlichen Angebot von Wertpapieren oder bei deren Zulassung zum Handel zu veröffentlichen ist, und zur Änderung der Richtlinie 2001/34/EG (Text von Bedeutung für den EWR), Amtsblatt 2003 L 345/64 und Richtlinie 2004/109/EG des Europäischen Parlaments und des Rates vom 15. Dezember 2004 zur Harmonisierung der Transparenzanforderungen in Bezug auf Informationen über Emittenten, deren Wertpapiere zum Handel auf einem geregelten Markt zugelassen sind, und zur Änderung der Richtlinie 2001/34/EG; Amtsblatt 2004 L 390/38

Konzernrechnungslegungsrichtlinie
Siehe 7. Gesellschaftsrechtliche Richtlinie

Listing Rules (LR)
Listing Rules der Financial Services Authority (FSA)
(aktuelle Fassung unter http://fsahandbook.info/FSA/ html/handbook/LR)

Listing Rules der NASDAQ
Listing Rules der NASDAQ
(aktuelle Fassung unter www.complinet.com/nasdaq/display/index.html)

Listing Rules der NYSE
Listing Rules der New York Stock Exchange
(aktuelle Fassung unter www.nyse.com/regulation/listed/1182508124422.html

Loi aux nouvelles régulations économiques (Loi NRE)
Loi n° 2001-420 vom 15 Mai 2001 relative aux nouvelles régulations économiques, J.O. vom 16. Mai 2001, 7776.

Loi créant les plans d'épargne retraite
Loi n° 97-277 vom 25. März 1997 *créant les plans d'épargne retraite*, J.O. vom 26. März 1997, 4657

Loi de finances pour 1982
Loi n° 81-1160 vom 30. Dezember 1981 de finance, J.O. vom 31. Dezember 1981, 1359.

Loi de sécurité financière
Loi n° 2003-706 vom 1. August 2003, de sécurité financière, J.O. vom 2. August 2003, 13220.

Loi en faveur du travail, de l'emploi et du pouvoir d'achat
Loi n° 2007-1223 vom 21. August 2007 en faveur du travail, de l'emploi et du pouvoir d'achat, J.O. vom 22. August 2007, 13945.

Loi pour la confiance et la modernisation de l'économie
Loi n° 2005-842 vom 26. Juli 2005 pour la confiance et la modernisation de l'économie, J.O. vom 27. Juli 2005, 12160.

Marktmissbrauchs-Richtlinie
Marktmissbrauchs-Richtlinie 2003/6/EG des Europäischen Parlaments und des Rates vom 28. Januar 2003, ABl. 2003 L 96/16

Richtlinie über Märkte für Finanzinstrumente (MiFiD-Richtlinie)
Richtlinie 2004/39/EG des Europäischen Parlaments und des Rates vom 21. April 2004 über Märkte für Finanzinstrumente, zur Änderung der Richtlinien 85/611/EWG und 93/6/EWG des Rates und der Richtlinie 2000/12/EG des Europäischen Parlaments und des Rates und zur Aufhebung der Richtlinie 93/22/EWG des Rates, ABl. 2004 L 145/1, berichtigt durch: Berichtigung vom 16. Februar 2005, ABl. 2005 L 45/18, geändert durch Richtlinie 2006/31/EG vom 5. April 2006 zur Änderung der MiFID in Bezug auf bestimmte Fristen, ABl. 2006 L 114/60, und Richtlinie 2007/44/EG vom 5. September 2007 zur Änderung u.a. der MiFID in Bezug auf Verfahrensregeln und Bewertungskriterien für die aufsichtsrechtliche Beurteilung des Erwerbs und der Erhöhung von Beteiligungen im Finanzsektor, ABl. 2007 L 247/1

Mitbestimmungsgesetz (MitbestG)
Gesetz über die Mitbestimmung der Arbeitnehmer vom 4.5.1976, BGBl. I/1976, 1153

Mitteilung der EU-Kommission über ein vereinfachtes Unternehmensumfeld in den Bereichen Gesellschaftsrecht, Rechnungslegung und Abschlussprüfung
Mitteilung der EU-Kommission über ein vereinfachtes Unternehmensumfeld in den Bereichen Gesellschaftsrecht, Rechnungslegung und Abschlussprüfung vom 10. Juli 2007, KOM (2007), 394 endg.

Montan-Mitbestimmungsergänzungsgesetz (MontanMitbestGErgG)
Montan-Mitbestimmungsergänzungsgesetz vom 7.8.1956, BGBl. I/1956, 707

Montan-Mitbestimmungsgesetz (MontanMitbestG)
Gesetz über die Mitbestimmung der Arbeitnehmer in den Aufsichtsräten und Vorständen der Unternehmen des Bergbaus und der Eisen und Stahl erzeugenden Industrie vom 21.5.1951, BGBl. I/1951, 347

Nouveau Code de procédure civile
Nouveau Code de procédure civile, eingeführt mit décret n° 75-1123 vom 5. Dezember 1975 (aktuelle Fassung unter www.legifrance.gouv.fr)

NYSE listed company manual
New York Stock Exchange (NYSE) listed company manual,
(aktuelle Fassung unter www.nyse.com/regulation/listed/1182508124422.html)

Obligationenrecht (OR)
Schweizer Bundesgesetz vom 30. März 1911 betreffend die Ergänzung des Schweizerischen Zivilgesetzbuches (Fünfter Teil: Obligationenrecht), AS 27 317

Österreichisches Aktiengesetz (österAktG)
Österreichisches Bundesgesetz vom 31. März 1965 über Aktiengesellschaften, BGBl. Nr. 98/1965

Pre-Emption Principles
Pre-Emption Group, Disapplying Pre-Emption Rights – A Statement of Principles, Fassung vom Juli 2008
(abrufbar unter http://www.pre-emptiongroup.org.uk/documents/pdf/DisapplyingPre-EmptionRightsStatementofPrinciples.pdf)

Principes de gouvernement d'entreprises
Le gouvernement d'entreprise des sociétés cotées – Principes de gouvernement d'entreprises résultant de la consolidation des rapports conjoints de l'AFEP et du MEDEF de 1995, 1999 et 2002, konsolidierter Bericht des AFEP und des MEDEF vom Oktober 2003
(abrufbar unter www.ecgi.org/codes/all_codes.php)

Public Offers of Securities Regulations 1995
Public Offers of Securities Regulations 1995 (Statutory Instrument 1995 No. 1537)

Publizitätsrichtlinie
Siehe 1. Gesellschaftsrechtliche Richtlinie

Referentenentwurf ARUG
Referentenentwurf eines Gesetzes zur Umsetzung der Aktionärsrechterichtlinie (ARUG) vom 6. Mai 2008
(abrufbar unter www.bmj.de/files/-/3140/RefE%20Gesetz%20zur%20 Umsetzung%20der%20Aktion%C3%A4rsrechterichtlinie.pdf und www.juris.de/jportal/docs/news_anlage/NLHG/pdf/012008.pdf)

Règles de Marché
Règles de Marché der EURONEXT Paris
(abrufbar unter www.euronext.com/tools/documentation/wide/ documents-2396-EN.html)

Règlement Général de l'Autorité des Marchés Financiers (AMF)
Règlement Général de l'Autorité des Marchés Financiers (AMF), amtlich anerkannt durch arrêté vom 12. November 2004, J.O. vom 24. November 2004, zuletzt geändert durch arrêté vom 26. Februar 2007, J.O. vom 2. März 2007
(abrufbar unter http://lexinter.net/Legislation/ reglement_general_de_l'amf.htm)

Richtlinie 91/674/EWG
Richtlinie 91/674/EWG vom 19. Dezember 1991 über den Jahresabschluss und den konsolidierten Abschluss von Versicherungsunternehmen, ABl. 1991 L 374/7, geändert durch die Richtlinie 2003/51/EG, ABl. 2003 L 178/16

Richtlinie 2000/12/EG
Richtlinie 2000/12/EG des Europäischen Parlaments und des Rates vom 20. März 2000 über die Aufnahme und Ausübung der Tätigkeit der Kreditinstitute, ABl. 2000 L 126/1, zuletzt geändert durch die Richtlinie 2006/29/EG, ABl. 2006 L 70/50.

Richtlinie 2005/56/EG
Richtlinie 2005/56/EG des Europäischen Parlaments und des Rates vom 26. Oktober 2005 über die Verschmelzung von Kapitalgesellschaften aus verschiedenen Mitgliedstaaten, ABl. 2005 L 310

Richtlinie 2006/43/EG
Richtlinie 2006/43/EG des Europäischen Parlaments und des Rates vom 17. Mai 2006 über Abschlussprüfungen von Jahresabschlüssen und konsolidierten Abschlüssen, zur Änderung der Richtlinien 78/660/EWG und 83/349/EWG des Rates und zur Aufhebung der Richtlinie 84/253/EWG des Rates, ABl. 2006 L 157/87

Richtlinie 2006/46/EG
Richtlinie 2006/46/EG des Europäischen Parlaments und des Rates vom 14. Juni 2006 zur Änderung der Richtlinien des Rates 78/660/EWG über den Jahresabschluss von Gesellschaften bestimmter Rechtsformen, 83/349/EWG über den konsolidierten Abschluss, 86/635/EWG über den Jahresabschluss und den konsolidierten Abschluss von Banken und anderen Finanzinstituten und 91/674/EWG über den Jahresabschluss und konsolidierten Abschluss von Versicherungsunternehmen, ABl. 2006 L 224/1

Safe-Harbor-Verordnung
Verordnung 2273/2003/EG der Kommission vom 22. Dezember 2003 zur Durchführung der Richtlinie 2003/6/EG des Europäischen Parlaments und des Rates – Ausnahmeregelungen für Rückkaufprogramme und Kursstabilisierungsmaßnahmen, ABl. L 2003 L 336/33

SE-Verordnung
Verordnung Nr. 2157/2001/EG vom 8.10.2001 über das Statut der Europäischen Gesellschaft (SE), ABl. 2001 L 294/1

Smith Guidance
Guidance on Audit Committees des Financial Reporting Council, Januar 2003, abrufbar unter www.frc.org.uk/documents/pagemanager/frc/The%20Smith%20Guidance%20on%20Audit%20Committees%20June%202006.pdf.

Spaltungsrichtlinie
Siehe 6. Gesellschaftsrechtliche Richtlinie

Spruchverfahrensgesetz
Gesetz über das gesellschaftsrechtliche Spruchverfahren vom 12. Juni 2003, BGBl. I/2003, 836

Institutional Shareholders Committee, Statement of Principles
Institutional Shareholders Committee, The Responsibilities of Institutional Shareholders and Agents – Statements of Principles, 2002, aktualisiert 2005, www.manifest.co.uk/links_search/StatementofPrinciplesRevisedFinalSeptember200511.pdf

Testo Unico dell'Intermediazione Finanziaria (TUF)
Testo unico delle disposizioni in materia di intermediazione finanziaria, Gesetz Nr. 58 vom 24. Februar 1998, Gazz. Uff. vom 26. März 1998 Nr. 71
(englische Fassung unter www.ecgi.de)

Transparenz- und Publizitätsgesetz (TransPuG)
Transparenz- und Publizitätsgesetz (TransPuG) vom 19. Juli 2002, BGBl. I/2002, 2681

Turnbull-Bericht
Financial Reporting Council, Internal Control – Revised Guidance for Directors on the Combined Code, Oktober 2005
(Abrufbar unter www.frc.org.uk/corporate/internalcontrol.cfm)

Übernahme-Richtlinie
Übernahme-Richtlinie 2004/25/EG des Europäischen Parlaments und des Rates vom 21. April 2004, ABl. 2004 L 142/12

Umwandlungsgesetz
Umwandlungsgesetz vom 28. Oktober 1994, BGBl. I/1994, 3210

Uncertified Securities Regulations 2001
Uncertified Securities Regulations, (SI 2001/3755)

Verschmelzungs-Richtlinie
Richtlinie 2005/56/EG des Europäischen Parlaments und des Rates vom 26. Oktober 2005 über die Verschmelzung von Kapitalgesellschaften aus verschiedenen Mitgliedstaaten, ABl. 2005 L 310/1

Vertrag zur Gründung der Europäischen Gemeinschaft (EGV)
Vertrag zur Gründung der Europäischen Gemeinschaft, konsolidierte Fassung vom 29. Dezember 2006, ABl. 2006 C 321/E37

Viénot-Bericht I
Viénot-Bericht I, Le Conseil d'Adminstration des Sociétés Cotées, Rapport du groupe de travail Association Française des Entreprises Privées et Conseil National du Patronat Français vom Juni 1995
(Abrufbar unter www.ecgi.org/codes/all_codes.php)

Viénot-Bericht II
Viénot-Bericht II, Rapport du Comité sur le Gouvernement d'Entreprise présidé par Marc Viénot vom Juli 1999
(Abrufbar unter www.ecgi.org/codes/all_codes.php)

Viertes Finanzmarktförderungsgesetz
Viertes Finanzmarktförderungsgesetz vom 21. Juni 2002, BGBl. I/2002, 2010

Vorschlag einer 5. Gesellschaftsrechtlichen Richtlinie
Vorschlag einer 5. Richtlinie vom 9. Oktober 1972 über die Struktur der Aktiengesellschaft sowie die Befugnisse und Verpflichtungen ihrer Organe (ABl. 1972 C 131/49); erster geänderter Vorschlag vom 19. August 1983 (ABl. 1983, C 240/2), zweiter geänderter Vorschlag vom 20. Dezember 1990 (ABl. 1991, C 7/4) dritter geänderter Vorschlag vom 20. November 1991 (ABl. 1991, C 321/9).

Vorstands-Vergütungsoffenlegungsgesetz
Gesetz über die Offenlegung der Vorstandsvergütungen (Vorstands-Vergütungsoffenlegungsgesetz) vom 3. August 2005, BGBl. I 2005, 2267.

Wertpapierdienstleistungs-Richtlinie
Richtlinie 93/22/EWG des Rates vom 10.5.1993 über Wertpapierdienstleistungen, ABl. 1993 L 141/27 (aufgehoben durch die Richtlinie über Märkte für Finanzdienstleistungen)

Wertpapiererwerbs- und Übernahmegesetz (WpÜG)
Wertpapiererwerbs- und Übernahmegesetz vom 20. Dezember 2001, BGBl. I/2001, 3822

Wertpapierhandelsgesetz (WpHG)
Gesetz über den Wertpapierhandel vom 26.7.1994, BGBl. I S. 1749, novelliert durch Art. 2 des Umsetzungsgesetzes vom 22.10.1997, Gesetz zur Umsetzung von EG-Richtlinien zur Harmonisierung bank- und wertpapieraufsichtsrechtlicher Vorschriften, BGBl. I 1997, S. 2518, 2558, nebst Begleitgesetz, BGBl. I 1997, S. 2567

Zweites Finanzmarktförderungsgesetz
Zweites Finanzmarktförderungsgesetz vom 26. Juli 1994, BGBl. I/1994, 1749

Teil 1: Grundlagen

1. Kapitel: Einleitung

Die vorliegende Arbeit soll auf Grundlage einer rechtsvergleichenden Untersuchung der Gesellschaftsrechtsordnungen der wirtschaftlich wichtigsten EG-Mitgliedstaaten Frankreich, Großbritannien und Deutschland[1] klären, inwiefern „spezielles Gesellschaftsrecht für börsennotierte Aktiengesellschaften in den EG-Mitgliedstaaten" geschaffen worden ist und was die sinnvollen Inhalte eines derartigen (eventuell noch zu schaffenden) speziellen Gesellschaftsrechts sind. Gegenstand dieser Arbeit ist damit nicht das Kapitalmarktrecht, sondern der Teil des Gesellschaftsrechts, insbesondere Gesellschaftsorganisationsrechts[2], der für an organisierten Kapitalmärkten notierte Gesellschaften eigenständig geregelt ist. „Spezielles Gesellschaftsrecht für börsennotierte Aktiengesellschaften" meint also ein Sondergesellschaftsrecht für börsen- bzw. kapitalmarktnotierte Gesellschaften[3], das sich aufgrund der mit der Notierung am Kapitalmarkt verbundenen Problemstellungen von den für sonstige (Aktien-)Gesellschaften geltenden Regelungen abhebt. Begrifflich wird die zu erörternde spezielle Regelungsschicht für kapitalmarktnotierte Aktiengesellschaften auch als Börsengesellschaftsrecht bezeichnet[4].

Soweit spezielle börsengesellschaftsrechtliche Regelungen in den Mitgliedstaaten festgestellt werden können, ist auf zweiter Stufe zu untersuchen, ob komparative Vorteile zwischen ihnen bestehen. Letztere können für die nachteiligen nationalen Gesellschaftsrechte Reformbedarf und -ansätze auf dem Weg zur Herstellung eines

---

1 Ausführlich zu den Gründen für die Auswahl der Rechtsordnungen in diesem Kapitel unter II.3.

2 Gesellschaftsorganisationsrecht umfasst die Regelungen zur (1) Errichtung der Organisation; (2) zur bestehenden Organisation und hier vor allem zur Verteilung der Entscheidungsbefugnisse (Verwaltungsrechte), zur Darstellung und Verteilung der wirtschaftlichen Ergebnisse (Vermögensrechte) sowie zum Wirken und zur Haftung gegenüber Dritten; (3) zur grundlegenden Umgestaltung der Organisation (Umstrukturierung) mit den einhergehenden Entscheidungsbefugnissen und dem Schutz der Vermögensrechte Dritter; und letztlich (4) zur Auflösung und Beendigung der Organisation, vgl. *Grundmann*, Europ. GR, Rn. 2.

3 Vgl. zu den Begrifflichkeiten *Fleischer*, ZIP 2006, 451, 454; *Lutter*, FS für Zöllner, 363, 372 ff., 383; *Hommelhoff*, ZGR 2000, 748, 769 ff.; *Seibt* in VGR (Hrsg.), Gesellschaftsrecht in der Diskussion 2000, 37, 38 ff.; *Hopt*, ZGR-Sonderheft 13 (1998), 123, 141 f.; *K.Schmidt*, § 1 II 3; § 26 IV 1c).

4 Vgl. *Nobel*, Festschrift für Bär, 301 (für die Schweiz); *Fleischer*, ZIP 2006, 451, 455; Begriff für Deutschland adaptiert von *Fleischer*, ZHR 165 (2001), 513, 514 f.; referierend *Bayer*, Gutachten zum 67. DJT, E56.

möglichst kapitalmarktadäquaten Verbandsrechts aufzeigen[5]. Kann für bestimmte Regelungskomplexe kein Börsengesellschaftsrecht herausgearbeitet werden, so wird zu erörtern sein, ob und gegebenenfalls was für spezielle Regelungen geschaffen werden sollten. Grundlage der Beurteilung der Kapitalmarktadäquanz bestehender oder vorzuschlagender Regelungen wird die Identifizierung aus der Kapitalmarktfinanzierung resultierender besonderer Schutzinteressen sein. Methodisch wird die Untersuchung mittels institutionenökonomischer Analysen der einzelnen Regelungskomplexe erfolgen[6].

I. Börsengesellschaftsrechtliche Entwicklungen in Europa

Anlass zur Untersuchung aus dogmatischer Sicht ist die Entwicklung des Rechts der Aktiengesellschaften in den letzten Jahrzehnten[7]. Das Recht der kapitalmarktnotierten Gesellschaften wächst zunehmend aus dem vormals fest gefügten Fächerkanon heraus und reift zu einer eigenen Teildisziplin heran, indem es auf eigenständige Rechtsregeln und exegetische Rücksichtnahme drängt[8]. Die aus dem englischen Recht seit längerem bekannte Differenzierung zwischen *listed companies* einerseits und *unlisted companies* andererseits, d.h. zwischen börsennotierten und nicht börsennotierten Gesellschaften, hat inzwischen ganz Europa erfasst[9]. So wurden im französischen Gesellschaftsrecht, das bereits seit den Sechziger Jahren Sonderregeln für die *Société faisant publiquement appel à l'épargne*, die sich an den Kapitalmarkt wendende Aktiengesellschaft, vorsieht[10], im Zuge der Reformgesetze des letzten Jahrzehnts zahlreiche spezielle Normen für an organisierten Märkten notierte Aktiengesellschaften geschaffen. Auch im deutschen Aktienrecht kommt der

---

5 Zur Ziel der Herstellung eines möglichst kapitalmarktadäquaten Verbandsrechts sogleich unter II.

6 Ausführlich zur Methodik vgl. Kapitel 2, dort unter II. zur institutionenökonomischen Analyse des Rechts.

7 Vgl. zur Entwicklung in Deutschland *Fleischer*, ZIP 2006, 451, 453 ff. m.w.N.; HdbAG/*Marsch-Barner/Schäfer*, § 1 Rn. 1 ff. m.w.N.

8 Vgl. *Fleischer*, ZHR 165 (2001), 513, 514.

9 So *Assmann*, FS für Kümpel, 1, 6, der sich vor allem auf die *FSA-Listing Rules* mitsamt ihren gesellschaftsorganisationsrechtlichen Bezügen bezieht; zur Geschichte der *Listing Rules* vgl. *Davies*, Gower's Company Law, 649. Zu den durch die jüngsten Reformen geschaffenen differenzierenden Regelungen im britischen Gesellschaftsrecht sogleich.

10 Vgl. zum *appel public à l'épargne* die Definition in art. L. 225-2 C.com.; desw. *Cozian/Viandier/Deboissy*, Droit des Sociétés, 216 f. Rn. 462; *Guyon*, Droit des affaires, Rn. 219, 283 ff.; *Merle*, 289 ff. Rn. 256; *Hopt*, ZGR-Sonderheft 13 (1998), 123, 142: Bereits der öffentliche Aufruf zur Zeichnung von Wertpapieren i.S.v. art. L. 411-1 C.monét.fin. und nicht erst die Börsennotierung (und auch nicht nur diejenige von Aktien) bringt bestimmte zusätzliche gesellschaftsrechtliche Anforderungen mit sich (höheres Mindestkapital, strengere Gründungsformalitäten, besondere Publizitätserfordernisse und Kontrollen der Finanzmarktaufsichtsbehörde *AMF*). Eine Börsennotierung setzt also stets voraus, dass die Gesellschaft im Wege des *appel public à l'épargne* öffentlich zur Zeichnung von Wertpapieren aufruft. Für den *appel public à l'épargne* bedarf es hingegen nicht notwendigerweise der Börsennotierung, sondern es reicht bereits die öffentliche Werbung für die Zeichnung der Wertpapiere.

Unterscheidung zwischen börsennotierten und nicht börsennotierten Gesellschaften schon seit geraumer Zeit steigende Bedeutung zu[11].

Auch im Europäischen Gesellschaftsrecht zeigt sich eine Binnendifferenzierung zwischen kapitalmarktaktiven und kapitalmarktfernen Gesellschaften[12]. Dort stellt sich allerdings weniger die börsennotierte Aktiengesellschaft im Sinne des Gegenstands dieser Untersuchung, sondern die kapitalmarktorientierte Gesellschaft mit an einem organisierten Markt notierten Wertpapieren zunehmend als eigener Gesellschaftstyp dar[13], da das Europäische Gesellschaftsrecht allmählich Regelungen für Gesellschaften mit börsennotierten Wertpapieren (also auch Schuldtiteln) inklusive der für diese aufzustellenden *Corporate Governance*-Grundsätze in den Vordergrund stellt[14]. Indem der europäische Gesetzgeber bei der Gesellschaftsrechtsharmonisierung auf die Notierung an einem organisierten Markt abstellt, passt er den Abwendungsbereich dieses speziellen Gesellschaftsrechts demjenigen des harmonisierten Kapitalmarktrechts an[15]. Insbesondere der Aktionsplan der EU-Kommission vom 21. Mai 2003 betont die Differenzierung zwischen an organisierten Märkten notierten und sonstigen Aktiengesellschaften[16]. So beziehen sich z.B. die auf seiner Grundlage ergangenen Empfehlungen der Kommission zur Vorstandsvergütung und zu den Aufgaben der nicht geschäftsführenden Direktoren und Aufsichtsratsmitglieder nur auf Gesellschaften, deren Wertpapiere an einem organisierten Markt zugelassen sind[17]. Während grundsätzlich alle diese Gesellschaften mit börsennotierten Wertpapieren nunmehr gemäß Art. 46a der geänderten 4. Gesellschaftsrechtlichen (Jahresabschluss-)Richtlinie in ihren Lagebericht eine Erklärung zu Unternehmensführung unter Verweis auf den von ihnen angewendeten *Corporate Governance*-Kodex aufzunehmen haben, können die Mitgliedstaaten Gesellschaften, die lediglich andere Wertpapiere als Aktien an einem organisierten Markt notiert haben, von den Berichtspflichten ausnehmen, soweit ihre Aktien nicht über ein multilaterales Handelssystem i.S.v. Art. 4 Abs. 1 Nr. 15 der Richtlinie 2004/39/EG gehandelt werden, und so Börsengesellschaftsrecht schaffen[18]. Auch im europä-

---

11 Vgl. *Habersack*, ZIP 2006, 445, 448; *Fleischer*, ZIP 2006, 451, 454; *Lutter*, FS für Zöllner, 363, 372 ff., 383; *Hommelhoff*, ZGR 2000, 748, 769 ff.; HdbAG/*Marsch-Barner*/*Schäfer*, § 1 Rn. 1 ff.; *Möllers*, AG 1999, 433 ff.; *K. Schmidt*, § 1 II 3., § 26 IV 1 c); *Baum* in Hopt u.a. (Hrsg.), Corporate Governance in Context, 1, 24.

12 Vgl. *Fleischer*, ZIP 2006, 451, 454; *Habersack*, ZIP 2006, 445, 448; *Conac*, Rev. sociétés 2005, 67, 68; *Bayer*, Gutachten zum 67. DJT, E 63.

13 Vgl. *Grundmann*, Europ.GR, Rn. 6, 26.

14 Vgl. *Habersack*, ZIP 2006, 445; *Fleischer*, ZIP 2006, 451, 454; *Conac*, Rev. sociétés 2005, 67, 68, 73.

15 Vgl. *Conac*, Rev. sociétés 2005, 67, 69.

16 Vgl. den Aktionsplan, Ziff. 2.1.; *Conac*, Rev. sociétés 2005, 67, 68.

17 Die Empfehlungen und die Frage der sinnvollen Umsetzung ihrer Vorgaben auf Gesellschaften mit börsennotierten Wertpapieren oder lediglich solche mit börsennotierten Aktien werden im Rahmen der Abschnitte zur Zusammensetzung des/der Leitungsorgane (Kapitel 4 II.2.) und zur Vergütung der Leitungsorgane (Kapitel 6 IV.2.) diskutiert.

18 Die Änderung erfolgte durch die Richtlinie 2006/46/EG und war zum 5. September 2008 umzusetzen (Art. 5 der Richtlinie 2006/46/EG). Das *Corporate Governance Statement* und sein sinnvoller Anwendungsbereich werden in Kapitel 3 unter IV. diskutiert.

ischen Bilanzrecht verläuft die Grenze nicht zwischen Gesellschaftsformen, sondern zwischen kapitalmarktorientierten und kapitalmarktfernen Konzernen[19]. Eine standardisierte Rechnungslegung erleichtert bzw. ermöglicht erst den für eine internationale Kapitalanlage erforderlichen Vergleich der Unternehmensdaten[20]. Nach der IFRS-Verordnung[21] ist eine Bilanzierung nach dem internationalen Rechnungslegungsstandard IFRS für kapitalmarktorientierte Konzerne, in denen wenigstens ein Mitglied seine Wertpapiere in einen organisierten Kapitalmarkt im Sinne der Richtlinie über Märkte für Finanzinstrumente (MiFiD-Richtlinie) eingeführt hat, verpflichtend[22]. Für die Rechnungslegung nicht kapitalmarktorientierter Konzerne und aller den Bilanz-Richtlinien unterfallenden Einzelunternehmen entscheiden die Mitgliedstaaten über die Einführung der IFRS. Gesellschaften mit an organisierten Kapitalmärkten notierten Wertpapieren gelten zudem unabhängig von den sonst einschlägigen Faktoren der Bilanzsumme, des Umsatzes und der Anzahl der Arbeitnehmer als große Gesellschaften im Sinne der europarechtlichen Vorgaben und unterfallen deshalb zwingend dem strengsten Rechnungslegungsstandard[23]. Börsengesellschaftsrechtliche Differenzierungen im Sinne des Untersuchungsgegenstands dieser Arbeit schafft die in Umsetzung des Aktionsplans ergangene und zum 3. August 2009 umzusetzende Richtlinie 2007/36/EG vom 11. Juli 2007 über die Ausübung bestimmter Rechte von Aktionären börsennotierter Gesellschaften[24], indem sie sich, wie schon ihre Benennung erkennen lässt, auf die grenzüberschreitende (vor allem Stimm-) Rechtsausübung allein in Aktiengesellschaften mit an organisierten Märkten notierten Stimmrechtsaktien bezieht. Angesichts der – abgesehen von den Vorgaben der Aktionärsrechte-Richtlinie – auf jegliche Wertpapiernotierungen an organisierten Märkten bezogenen Differenzierungen der europäischen Vorgaben wird im Rahmen der betroffenen Rechtsinstitute stets zu klären sein, ob differenzierende Regelungen spezielle, lediglich in Gesellschaften mit börsennotierten Aktien auftretende Besonderheiten adressieren oder ob sie andere als mit der Börsennotierung zusammenhängende Interessenlagen betreffen und deshalb gar nicht oder anhand der Größe der Gesellschaft oder der Börsennotie-

---

19 Vgl. *Grundmann*, Europ. GR, Rn. 6, 494, 504 ff.; 589; *Behrens* in Handbuch EU-Wirtschaftsrecht, E. III. Rn. 77 ff.

20 Vgl. *Baums* in Hommelhoff u.a. (Hrsg.), Corporate Governance, 13, 14.

21 Zur Terminologie: Das die *International Accounting Standards* (*IAS*) erstellende *International Accounting Standards Committee* (*IASC*) wurde zum 1. April 2001 in *International Accounting Standards Board* (*IASB*) umbenannt. Das *IASB* veröffentlicht seine Standards seit Juni 2003 als *International Financial Reporting Standards* (*IFRS*). Hierbei umfassen die IFRS die weiterhin geltenden IAS. Hingegen bilden nach Art. 2 der IFRS-Verordnung die internationalen Rechnungslegungsstandards (*international accounting standards* bzw. IAS in der englischen Fassung) den Oberbegriff für die IAS, die IFRS und die mit ihnen verbundenen Interpretationen.

22 Art. 4 der IFRS-Verordnung.

23 Art. 53a der 4. Gesellschaftsrechtlichen Richtlinie.

24 Im folgenden als Aktionärsrechte-Richtlinie bezeichnet; zum Richtlinienvorschlag vgl. *Grundmann/Winkler*, ZIP 2006, 1421 ff.; *Noack*, NZG 2006, 321 ff.; *Wand/Tillmann*, AG 2006, 443 ff.; aus deutscher Sicht *BDA/BDI/DAI/DIHK/GDV*, Gemeinsame Stellungnahme vom 8.3.2006, abrufbar unter www.jura.uni-duesseldorf.de/dozenten/noack/Texte/Sonstige/Gem_StN_RL_Vorschlag_AktionärsR.pdf; *DAV-Handelsrechtsausschuss*, NZG 2006, 577; Röh, BKR 2006, 78; *Spindler*, Stimmrecht und Teilnahme an der Hauptversammlung, Arbeitspapier 2/2006 v. 30.1.2006, abrufbar unter http://lehrstuhl-spindler.uni-goettingen.de/downloads/arbeitspapier_2_2006.pdf.

rung jeglicher Wertpapiere differenzieren sollten. Eine Differenzierung anhand des letztgenannten Kriteriums kann aufgrund kapitalmarktrechtlicher Aspekte wie der Gewährleistung ausreichender und verlässlicher Information des Kapitalmarkts angebracht sein. Geht es hingegen darum, Konstellationen zu beschreiben, in denen typischerweise eine komplexere und damit überwachungsintensivere Gesellschaftsstruktur besteht, so bietet sich eine Anbindung differenzierender Regelungen über Größenmerkmale wie die Unternehmenskennzahlen des europäischen Bilanzrechts für große Gesellschaften aus Art. 27, 53a der Jahresabschluss-Richtlinie an[25].

In Deutschland war die Aktiengesellschaft (AG) – von Sonderformen wie der KGaA und der Europäischen Aktiengesellschaft (*Societas Europaea*, SE)[26] abgesehen – schon immer die einzige Rechtsform, die für einen Börsengang offen stand[27]. Dabei hat die Bedeutung der börsennotierten Aktiengesellschaft im deutschen Wirtschaftsleben seit Ende der 1980er Jahre und insbesondere im Zuge des Aufschwungs der Aktienmärkte Ende der 90er Jahre deutlich zugenommen[28]. Grund ist vor allem ein Paradigmenwechsel auf dem Gebiet der Unternehmensfinanzierung weg von einem bankendominierten System der Fremdfinanzierung hin zu einer kapitalmarktgestützten Emission von Eigen- und Fremdkapital[29]. Dabei hat das Bemühen um die Steigerung der Effizienz der AG vor dem Hintergrund der Harmonisierung und Fortentwicklung der internationalen Kapitalmärkte zu einer verstärkten Ausrichtung des deutschen Aktienrechts auf den Kapitalmarkt und die Anlegerinteressen geführt[30]. Mitverantwortlich für diese Entwicklung waren europäische Harmonisierungsmaßnahmen, vor allem die Richtlinien zum Kapitalmarktrecht, die auch auf dem Gebiet des Gesellschaftsrechts zu Änderungsbedarf führten[31]. Das Bestre-

---

25 Gemäß Art. 53a der Jahresabschluss-Richtlinie unterfallen Gesellschaften mit börsennotierten Wertpapieren stets dem strengsten Rechnungslegungsstandard. Im Übrigen ist entscheidend, ob die Gesellschaft zwei der drei Faktoren einer Bilanzsumme von 17,5 Mill. €, eines Nettoumsatzerlöses von 35 Mill. € und einer Mitarbeiterzahl von 250 unterschreitet (Art. 27 der Jahresabschluss-Richtlinie). Die Mitgliedstaaten können die finanziellen Schwellenwerte um 10 % erhöhen (Art. 27 Abs. 2 i.V.m. Art. 12 Abs. 2, so z.B. der deutsche Gesetzgeber in § 267 HGB in der Fassung des BilMoG).

26 Zur SE vgl. die SE-Verordnung nebst der Richtlinie 2001/86/EG vom 8.10.2001 zur Ergänzung des Statuts der Europäischen Gesellschaft hinsichtlich der Beteiligung der Arbeitnehmer, ABl. 2001 L 294/22. Vgl. desw. *Fleischer*, AcP 204 (2004), 502 ff.; *Hirte*, NZG 2002, 1 ff.; *Hopt*, EuZW 2002, 1; *Lutter*, BB 2002, 1 ff.; *Teichmann*, ZGR 2002, 383 ff.; *Thoma/Leuring*, NJW 2002, 1449 ff.; *Schwarz*, ZIP 2001, 1847 ff. sowie die Nachweise bei *Grundmann*, Europ.GR, § 29 a.A.

27 Vgl. HdbAG/*Marsch-Barner/Schäfer*, § 1 Rn. 39.

28 Vgl. HdbAG/*Marsch-Barner/Schäfer*, § 1 Rn. 1; *Escher-Weingart*, Reform durch Deregulierung, 23; *Kübler/Assmann*, § 14 II 2.a) (mit tabellarischer Übersicht zum Anstieg der Zahl der Aktiengesellschaften in Deutschland); *K. Schmidt*, § 26 II 1b); *Fleischer*, ZIP 2006, 451, 453; *Wittkowski*, ZHR 167 (2003), 120, 131 f.

29 Vgl. *Fleischer*, ZIP 2006, 451, 453; *Assmann*, FS für Kümpel, 1, 5 m.w.N. (Fn. 10); *Merkt*, AG 2003, 126, 127; *Kübler/Assmann*, § 14 II 2c); Rudolf in *Habersack/Mülbert/Schlitt*, § 1 Rn. 30 ff.; umfassend aus ökonomischer Sicht der Sammelband von *Krahnen/Schmidt*; international *Allen/Gale*.

30 Vgl. HdbAG/*Marsch-Barner/Schäfer*, § 1 Rn. 3; *Kübler/Assmann*, § 14 II 3b); *K.Schmidt*, § 26 II 1c; *Fleischer*, ZIP 2006, 451, 453 f. ausführlich zu den rechtstatsächlichen, rechtsvergleichenden, rechtswissenschaftlichen und gesetzgeberischen kapitalmarktrechtlichen Entwicklungslinien und ihrem Einfluss auf das Gesellschaftsrecht.

31 Vgl. HdbAG/*Marsch-Barner/Schäfer*, Rn. 5, 6; auch *Bayer*, Gutachten zum 67. DJT, E 9.

ben des Gesetzgebers, die AG zu einer modernen, kapitalmarktadäquaten Rechtsform auszubauen, resultierte seit dem Gesetz zur kleinen Aktiengesellschaft und zur Deregulierung des Aktienrechts von 1994 in einer Fülle von Reformvorhaben. Zusätzlich zu dem herkömmlichen Kreis der an der Gesellschaft Interessierten (den Aktionären, Mitarbeitern und Gläubigern) wurden im Laufe der Zeit vermehrt die Interessen der noch nicht an der Gesellschaft beteiligten zukünftigen Kapitalanleger miteinbezogen[32]. Die Besonderheiten börsennotierter Aktiengesellschaften fanden bei der Novellierung des Aktienrechts zunehmend Berücksichtigung, teils ausdrücklich, teils durch allgemein gefasste, aber in ihrer praktischen Auswirkung vor allem börsennotierte Aktiengesellschaften betreffende Regelungen und teils durch von der Rechtsprechung entwickelte Sonderregeln[33]. Die Entwicklung veranlasste den deutschen Gesetzgeber, bereits in der Allgemeinen Begründung des Gesetzes zur Kontrolle und Transparenz im Unternehmensbereich (KonTraG) von 1998[34] zu versprechen, zu prüfen, „ob eine Differenzierung zwischen kapitalmarktorientierten und börsenfernen Gesellschaften vorzunehmen ist“[35] und mit der Legaldefinition der börsennotierten Gesellschaft in § 3 Abs. 2 AktG randscharfe Trennlinien zu ziehen[36]. Börsennotiert im Sinne des AktG sind danach Gesellschaften, deren Aktien zu einem Markt zugelassen sind, der von staatlich anerkannten Stellen geregelt und überwacht wird, regelmäßig stattfindet und für das Publikum mittelbar oder unmittelbar zugänglich ist, also die im Rahmen dieser Arbeit untersuchten Gesellschaften, deren Aktien an einem organisierten Markt notiert sind[37]. Durch das Gesetz zur Unternehmensintegrität und Modernisierung des Anfechtungsrechts (UMAG) wurde die Binnendifferenzierung vertieft[38]. Zahlreiche Vorschriften des HGB und des AktG unterscheiden nun zwischen börsennotierten Aktiengesellschaften einerseits und börsenfernen Unternehmen andererseits[39]. Beispiele sind die Abschaffung der Höchststimmrechte bei börsennotierten Gesellschaften[40], die Möglichkeit unterschiedlicher Aufsichtsratssitzungsfrequenzen bei börsen- und nichtbörsennotierten Gesellschaften[41] und die bis zum BilMoG nur für börsennotierte Gesellschaften in § 161 AktG vorgesehene Entsprechenserklärung zum Deutschen

---

32 HdbAG/*Marsch-Barner/Schäfer*, § 1 Rn. 3.

33 Vgl. HdbAG/*Marsch-Barner/Schäfer*, § 1 Rn. 40; überblicksartig zur verstärkten Differenzierung im deutschen Aktienrecht *Bayer*, Gutachten zum 67. DJT, E 42 ff.

34 Überblick zum KonTraG bei *Claussen*, BB 1998, 177 ff.; *Seibert*, WM 1997, 1 ff.

35 Begr. RegE, BR-Drucks. 872/97, 26.

36 Vgl. Begr. RegE, BR-Drucks. 872/97, 28, wo von einer „kapitalmarktorientierten Trennlinie in unserem Aktienrecht“ die Rede ist. Dazu MK/*Heider*, § 3 Rn. 41 ff.

37 In Deutschland der regulierte Markt i.S.d. §§ 32 ff. BörsG (in Abgrenzung zum Freiverkehr i.S.v. § 48 BörsG).

38 Vgl. *Fleischer*, ZIP 2006, 451, 455; ausführlich zum UMAG *Fleischer*, NJW 2005, 3525, 3526 ff.

39 Vgl. *Fleischer*, ZIP 2006, 451, 455 für Beispiele von Binnendifferenzierungen im deutschen AktG; HdbAG/*Gämsch*, § 3 Rn. 25; *Roth*, AnwBl 2008, 580; *Schäfer*, NJW 2008, 2536 ff. für Aufzählungen der Sonderregeln für börsennotierte AGs; ausführlichere Darstellung bei *Bayer*, Gutachten zum 67. DJT, E 44 ff.; zu den durch das KonTraG eingeführten Sonderregelungen auch *Möllers*, AG 1999, 433, 434 ff.; desw. *K.Schmidt*, § 26 III 2 a); *Baum* in Hopt u.a. (Hrsg.), Corporate Governance in Context, 1, 24.

40 § 134 Abs. 1 Satz 2 AktG.

41 § 110 Abs. 3 AktG.

Corporate Governance Kodex (DCGK)[42]. Weitere Sonderregeln für börsennotierte Gesellschaften betreffen unter anderem die Nichtgeltung der Mitteilungspflichten nach §§ 20, 21 AktG[43], das Auskunftsrecht der Aktionäre in Bezug auf Eintragungen im Aktienregister[44], die Wahrung des Gleichbehandlungsgrundsatzes bei Erwerb und Veräußerung eigener Aktien durch die Gesellschaft[45], den Ort der Hauptversammlung[46], die Angabe von Mitgliedschaften in anderen Aufsichtsräten anlässlich von Wahlvorschlägen für den Aufsichtsrat[47], die zwingende notarielle Beurkundung von Hauptversammlungsbeschlüssen[48], die zur Bildung von Ausschüssen sowie zur Sitzungsanzahl im Prüfungsbericht des Aufsichtsrats zum Jahresabschluss zu machenden Angaben[49], den vereinfachten Bezugsrechtsausschluss[50], den Stimmrechtsausschluss für wechselseitig beteiligte Unternehmen bei der Aufsichtsratswahl[51] und die verschärfte Strafandrohung bei Verletzung von Geheimhaltungspflichten durch Vorstands- und Aufsichtsratsmitglieder sowie Prüfer[52]. Auch die Umsetzung der Vorgaben der Aktionärsrechte-Richtlinie soll auf börsennotierte Gesellschaften beschränkt bleiben[53]. Darüber hinaus spielt die Differenzierung bei der Gesetzesauslegung eine Rolle[54]. In Wissenschaft und Praxis wird eine weitere Vertiefung der Differenzierung diskutiert. So befasste sich nicht zuletzt der 67. Deutsche Juristentag am 24. und 25. September 2008 mit der Frage, ob sich besondere Regelungen für börsennotierte und für geschlossene Gesellschaften empfehlen[55].

Im britischen Gesellschaftsrecht war die Differenzierung zwischen börsennotierten und kapitalmarktfernen Aktiengesellschaften, vor allem im für das Gesellschafts-

---

42 Durch das BilMoG wurde die Pflicht zur Abgabe der Entsprechenserklärung gemäß § 161 Abs. 1 Satz 2 AktG auf Gesellschaften mit anderen börsennotierten Wertpapieren als Aktien, deren Aktien auf eigene Veranlassung über ein multilaterales Handelssystem gehandelt werden, erstreckt. Ausführlich dazu in Kapitel 3 unter IV.

43 §§ 20 Abs. 8, 21 Abs. 5 AktG.

44 § 67 Abs. 6 Satz 2 AktG.

45 § 71 Abs. 1 Nr. 8 Satz 4 AktG.

46 § 121 Abs. 5 Satz 2 AktG.

47 § 125 Abs. 1 Satz 3 AktG.

48 § 130 Abs. 1 AktG.

49 § 171 Abs. 2 Satz 2 AktG.

50 § 186 Abs. 3 Satz 4 AktG.

51 § 328 Abs. 3 AktG.

52 § 404 Abs. 1, 2 AktG.

53 Vgl. den Regierungsentwurf eines Gesetzes zur Umsetzung der Aktionärsrechterichtlinie (ARUG) vom 5. November 2008 (RegE ARUG) und den Referentenentwurf eines Gesetzes zur Umsetzung der Aktionärsrechterichtlinie (ARUG) vom 6. Mai 2008 (RE ARUG); zum Referentenentwurf *Drinhausen/Keinath*, BB 2008, 1238 ff.; *Noack*, NZG 2008, 441 ff.; *Seibert*, ZIP 2008, 906 ff.; *Zetzsche*, Konzern 2008, 321 ff.; *Paschos/Goslar*, AG 2008, 605 ff.; *Poelzig*, DStR 2008, 1538 ff.; *Schmidt*, NZG 2008, 734 ff.; zum Regierungsentwurf *Seibert/Florstedt*, ZIP 2008, 2145 ff.; *Drinhausen/Keinath*, BB 2009, 64 ff.; *Paschos/Goslar*, AG 2009, 14 ff.; zum novellierten Depotstimmrecht nach dem RegE *Grundmann*, BKR 2009, 31 ff.

54 Vgl. *Bayer*, Gutachten zum 67. DJT, E 56, E 58 f.; *Fleischer*, ZIP 2006, 451, 455 unter Berufung auf folgende Beispiele aus der RegBegr BR-Drucks. 3/05: Anmeldung zur Hauptversammlung (S. 24), Aktionärsforum (S. 31), Klagezulassungsverfahren (S. 42).

55 Dazu *Bayer*, Gutachten zum 67. DJT; *Windbichler*, JZ 2008, 840 ff.; *Spindler*, AG 2008, 598 ff.; *Roth*, AnwBl 2008, 580 ff.; *Schäfer*, NJW 2008, 2536 ff.; *Richter*, ZHR 172 (2008), 419 ff.; *Nodoushani*, NZG 2008, 452 ff.

organisationsrecht bis zur 2007 in Kraft getretenen Gesellschaftsrechtsreform maßgeblichen *Companies Act 1985*[56], wenig ausgeprägt[57]. Die entscheidende regeltechnische Differenzierungslinie verlief vielmehr zwischen *private* und *public companies*[58], während die Unterteilung letzterer in kapitalmarktaktive und -inaktive Gesellschaften kaum gesellschaftsrechtliche Auswirkungen hatte[59]. Hergebracht ist die Differenzierung nach börsennotierten und nicht-börsennotierten Gesellschaften allein im Kapitalmarktrecht des *Financial Services and Markets Act 2000*[60] und des von ihm abgelösten *Financial Services Act 1986* sowie in den von der Finanzmarktaufsichtsbehörde *Financial Services Authority* (*FSA*) in ihrer Funktion als Börsenaufsichtsbehörde *United Kingdom Listing Authority* (*UKLA*) geschaffenen *Listing Rules*[61]. Letztere enthalten vor allem kapitalmarktrechtliche Verhaltenspflichten für Wertpapierangebote am organisierten Markt der *Official List*[62], dazu aber auch als sog. *Continuing Obligations* nach der Börsenzulassung fortbestehende Pflichten mit Regelungen zum Innenverhältnis von Gesellschaften mit an der *Official List* notierten Aktien[63]. Die bekannteste Regelung ist die *Listing Rule* (*LR*) 9.8.6. (5), (6)[64] (LR 12.43 a.F.), der zufolge Gesellschaften mit Sitz im Vereinigten Königreich und an der dortigen *Official List* notierten Aktien sich zum ob und wie der Befolgung des *Combined Code on Corporate Governance* sowie zu den Gründen seiner eventuellen Nichtbefolgung erklären müssen.

Vor dem Hintergrund des geringen Differenzierungsgrads im britischen Gesellschaftsorganisationsrecht einerseits und des gewandelten europäischen Gesetzgebungsleitbilds andererseits wurde in den letzten Jahren im britischen Schrifttum die Frage aufgeworfen, ob auch das nationale Recht des Vereinigten Königreichs stärker zwischen börsennotierten und nicht-börsennotierten *public companies* unter-

---

56 Von nun an zitiert als CA 1985.

57 Vgl. *Davies*, Gower's Company Law, 14, der auf s. 239 CA 1985 (Informationspflicht gegenüber der Börse über Privatinteressen der Direktoren an den Aktien der Gesellschaft) als eine der wenigen zusätzlichen Pflichten für börsennotierte Gesellschaften verweist.

58 D.h. privaten und Publikumskapitalgesellschaften. Der maßgebliche Unterschied zwischen den Gesellschaftsformen ist, das nur die Anteile der public company öffentlich angeboten werden dürfen, Art. 81 C.A. 1985; vgl. *Davies*, Gower's Company Law, 628.

59 *Hannigan*, Company Law, 61.

60 Dazu *Fleischer*, RIW 2001, 817 ff.

61 Für einen Überblick zum FSAMA 2000 und den *Listing Rules* vgl. *Mayson/French/Ryan*, Company Law, Kapitel 7; *Pettet*, Kapitel 19; *Davies*, Gower's Company Law, Kapitel 26.

62 Vgl. die Definition der *Official List* in ss. 74, 103 (1) FSAMA 2000. Für Gesellschaften, deren Aktien an Sekundärmärkten wie dem *Alternative Investment Market* (*AIM*) gehandelt werden, gelten funktional vergleichbare Börsenzulassungsregeln, die allerdings weniger strikt sind, vgl. *Davies*, Gower's Company Law, 15.

63 Vgl. *Davies*, Gower's Company Law, 15. So bestehen in Gesellschaften mit an der *Official List* notierten Aktien besondere Zustimmungsvorbehalte zugunsten der Hauptversammlung bei bedeutenden Transaktionen (LR 10), bei Geschäften der Gesellschaft mit verbundenen Parteien (LR 11) und bei Einführung von Aktienoptionsprogrammen und sonstigen langfristigen *Incentive*-Programmen für die Verwaltungsratsmitglieder (LR 9.4.1).

64 Britische und französische Rechtsnormen werden im Zuge der Arbeit entsprechend den in Großbritannien bzw. Frankreich üblichen Zitierweisen angeführt. Im britischen wie im französischen Recht bezeichnet die in Klammern gesetzte Zahl nach der Paragraphenzahl den Absatz.

scheiden solle[65]. So wird in Teilen der Literatur die maßgebliche Trennlinie nicht mehr zwischen *private* und *public company*, sondern zwischen *„small closely-held" companies* und börsennotierten *„dispersed-ownership" companies*[66] gesehen. Im Laufe der seit Ende der 1990er Jahre andauernden Bemühungen zur Reform des britischen Gesellschaftsrechts[67] wurde zunächst das Recht kleiner Gesellschaften für besonders reformbedürftig gehalten. Dementsprechend wurde ein Reformansatz entwickelt, nach dem zuerst das Recht für *private companies* zu vereinfachen sei (*„think small first"*), um dann besondere Anforderungen für *public companies* im allgemeinen und weitere für börsennotierte *public companies* im besonderen zu schaffen[68]. Von gleicher Bedeutung wie die Vereinfachung des Rechts der *private companies* war dabei die Stärkung der Beteiligungsmöglichkeiten der Gesellschafter zwecks Schaffung einer Kultur langfristigen Investments unter Einflussnahme auf die Geschäftsführung[69]. Inzwischen sind diverse Sonderregeln für *quoted companies*, also Gesellschaften mit an organisierten Märkten notierten Aktien im Sinne des Untersuchungsgegenstands dieser Arbeit[70], geschaffen worden, auch im im Rahmen der Reform des britischen Gesellschaftsrechts novellierten Gesellschaftsrechtsgesetz, dem *Companies Act 2006*[71]. Der *Companies Act 2006* wurde am 8. November 2006 verab-

---

65 So *Hannigan*, Company Law, 61; *Pettet*, 3 ff.

66 Vgl. zur Definition *Pettet*, 17. *Pettet* führt als weitere Begriffspaare für *small closely-held companies* und *dispersed-ownership companies* die Formulierungen anderer Autoren an: *„small private companies"*, *„close companies"*, *„companies with concentrated ownership of shares"*, *„quasi-partnership companies"*, *„small and closely-held companies"*, *„small and medium-sized companies (SMEs)"*, *„owner-managed companies"*, *„micro-companies"* auf der einen Seite, *„large public companies"*, *„quoted companies"*, *„companies with fragmented ownership of shares"*, *„Berle and Means companies"*, *„public and listed and other very large companies with real economic power"* auf der anderen Seite.

67 Zur Gesellschaftsrechts-Reform vgl. die Überblicke bei *Alcock/Birds/Gale*, Rn. 1.7. ff.; Palmer's Company Law – Annotated Guide, Introduction and General Note, 49 ff.; *Just*, Englisches Gesellschaftsrecht, 7; des Weiteren *Sheik*, I.C.C.L.R. 2006 (17), 13 ff., 96 ff.; *Ferran*, 69 (2005) RabelsZ, 629 ff.; *Grier*, SLTA 2005 (35), 193 ff.; *Howell*, Comp. Law. 2005 (26), 203 ff.; *Jänig*, RIW 2006, 270 ff.; Vorpeil, RIW 2006, 221, 231; *Ebert*, NotBZ 2006, 81 ff.; *Lembeck*, NZG 2003, 956 ff.; *Pettet*, Kapitel 4; überblicksartig zum Reformprozess auch *Mayson/French/Ryan*, 22 ff.; *Grier*, Company Law, 8; Abdruck der *Company Law Reform Bill* des *House of Lords* unter www.publications.parliament.uk/pa/ld200506/ldbills/098/2006098.htm (pdf.); *Company Law Reform Bill* geordnet nach Abschnitten und mit Erläuterungen des *Department of Trade and Industry* (DTI) unter www.dti.gov.uk/bbf/co-law-reform-bill/bill-and-notes/page22823.html; vorausgegangene Diskussionspapiere und Stellungnahmen unter www.dti.gov.uk/bbf/co-law-reform-bill.

68 Vgl. *Pettet*, 17 f. unter Berufung auf DTI, Modern Company Law for a Competitive Economy Final Report (2001), paras. 2.1–2.37, 4.1–4.62; DTI, White Paper Modernising Company Law, July 2002, Nr. 5553.

69 Vgl. *Scanlan/Harvey/Prime/Ogowewo*, 7.

70 *Quoted companies* im Sinne des *Companies Acts* werden in s. 385 (1) CA 2006 (die im Zuge der *Company Law Reform* die wortgleiche s. 262 (1) CA 1985 ersetzte) definiert als im Vereinigten Königreich inkorporierte Gesellschaften, deren Aktien an der *Official List* oder an einem organisierten Markt in einem Mitgliedstaat des Europäischen Wirtschaftsraums (EWR) notiert sind oder an der *New York Stock Exchange* (NYSE) oder der *NASDAQ* (*National Association of Securities Dealers Automated Quotations*) zum Handel zugelassen sind. Dem Europäischen Wirtschaftsraum gehören die Mitgliedstaaten der EU sowie diejenigen der *European Free Trade Association* (EFTA) außer der Schweiz, also Island, Norwegen und Liechtenstein, an.

71 Vgl. auch die Zusammenstellung bei *Buyer*, Gutachten zum 67. DJT, E 72 f.

schiedet[72], während seine ersten Regelungen zum 1. Januar 2007 und die letzten Teile zum 1. Oktober 2009 in Kraft traten[73]. Die Regelungen des *Companies Act 2006* ersetzen den *Companies Act 1985* weitestgehend. Der *Companies Act 2006* enthält viele völlig neue Vorschriften, kodifiziert Teile des hergebrachten Fallrechts und setzt EG-Recht um[74]. Die nicht modifizierten Normen des *Companies Act 1985* wurden im *Companies Act 2006* konsolidiert. Insgesamt beinhaltet der *Companies Act 2006* einen weiten Regelungsumfang von in 47 Abschnitten zusammengefassten 1300 Paragraphen und betrifft fast alle Vorschriften des *Companies Act 1985*, die aufgehoben werden[75]. Der *Companies Act 2006* ist nach seinem Inkrafttreten das wichtigste Gesetz für Gesellschaften; daneben gelten die wenigen übrig gebliebenen Teile des *Companies Acts 1985*[76] und Teil 2 des *Companies (Audit, Investigations and Community Enterprise) Act 2004* (s. 2 (1) CA 2006). Nach dem *Companies Act 2006* sind nur börsennotierte Gesellschaften verpflichtet, zusammen mit dem Jahresabschluss einen Bericht über die Vergütung ihrer Verwaltungsratsmitglieder zu veröffentlichen[77]. Nur der Verwaltungsrat börsennotierter Gesellschaften musste für jedes Geschäftsjahr einen sog. *Operating and Financial Review* (OFR) erstellen, bis die diesbezüglichen Vorschriften im Zuge der Gesellschaftsrechtsreform durch für börsennotierte Gesellschaften weitergehende Vorgaben im von allen bis auf kleine Gesellschaften zu erstellenden *business review* ersetzt wurden[78]. Die *Company Law Reform Bill* sah in cl. 138 CLRB nur für *quoted companies* eine garantierte Vertretungsmöglichkeit für Aktionäre bei Ausübung ihrer Verwaltungs- und Vermögensrechte vor[79]. Bei-

---

72 Zum Ablauf des Gesetzgebungsverfahrens vgl. Palmer's Company Law – Annotated Guide, Introduction and General Notes, 49–51 sowie die unter www.berr.gov.uk/bbf/co-act-2006/clr-review/page22794.html archivierten Dokumente.

73 Vgl. den Zeitplan des britischen Wirtschaftsministeriums für das Inkrafttreten der einzelnen Regelungskomplexe (*table of commencement dates*) unter http://www.berr.gov.uk/files/file48793.pdf.

74 Vgl. Palmer's Company Law – Annotated Guide, Introduction and General Notes, 50 f.; *Ebert*, NotBZ 2006, 81, 84. Die durch den CA 2006 aufgehobenen Vorschriften sind im *Schedule* 6 zum CA 2006 zusammengestellt.

75 Vgl. DTI, Explanatory Notes to the Companies Act 2006, Nr. 7, www.opsi.gov.uk/acts/en2006/ukpgaen_20060046_en.pdf, sowie die Übersicht der aufgehobenen Vorschriften in s. 1295 i.V.m. Schedule 6 CA 2006.

76 Es handelt sich in substantieller Hinsicht v.a. um die Teile XIV und XV über Sonderprüfungen und in diesem Zusammenhang mögliche gerichtliche Beschränkungen der Anteilsrechte; vgl. *Alcock/Birds/Gale*, Rn. 1.2.

77 Vgl. ss. 420 ff. CA 2006 (die die in den *Companies Act 1985* durch die *Directors' Remuneration Report Regulations 2002* eingefügten ss. 234B-C, 241A CA 1985 ersetzten). Detailliert hierzu in Kapitel 6 unter IV.1.d)bb).

78 Zum *OFR* vgl. ss. 234AA ff. CA 1985 (eingefügt in den *Companies Act 1985* durch die *Companies Act 1985 (Operating and Financial Review and Directors' Report) Regulations 2004*). Aufhebungsgrund war eine befürchtete Überregulierung, ein angesichts der positiven Aufnahme des *OFR* in der Praxis kontroverser Schritt. Der nunmehr von allen außer kleinen Gesellschaften zu erstellende *business review* muss in börsennotierten Gesellschaften weitergehende Pflichtangaben, insbesondere zu den Auswirkungen der Gesellschaftstätigkeit auf ökologische und soziale Belange sowie solcher der Arbeitnehmerschaft, beinhalten. Ausführlich hierzu in Kapitel 5 unter I.2.a)dd).

79 Cl. 138 CLRB ist im Zuge der Ausschussberatungen im *House of Commons* weggefallen und durch die differenzierteren Regelungen zu Mitgliedschaftsrechten in ss. 145–153 CA 2006, die Vertretungsmöglichkeiten grundsätzlich von ihrer satzungsmäßigen Gewährung abhängig machen, ersetzt worden. Börsengesellschaftsrecht enthalten ss. 146–150 CA 2006, die für Aktionäre spiele für nur für *quoted companies* geltende Vorschriften des neuen *Companies Act 2006* sind die besonderen Veröffentlichungspflichten und Überprüfungsverfahren für Hauptversammlungsbeschlüsse[80], die besonderen Anforderungen an den in den Lagebericht (*Directors' Report*) aufzunehmenden *business review*[81], spezielle Veröffentlichungspflichten bzgl. des Jahresabschlusses[82] sowie das den Aktionären gewährte Recht, die Publikation ihrer Bedenken gegen die Abschlussprüfung auf der Internetseite der Gesellschaft verlangen zu können[83].

Im französischen Recht differenziert der unter anderem das Gesellschaftsrecht kodifizierende *Code de Commerce*[84] bereits seit den 1960er Jahren zwischen kapitalmarktorientierten und kapitalmarktfernen Gesellschaften. Für die kapitalmarktorientierte Aktiengesellschaft, die *Société Anonyme faisant appel publique à l'épargne,* gilt das besondere Gründungsregime der art. L. 225-2 bis 225-11 C.com. Es sieht ein höheres Mindestgrundkapital, strengere Gründungsformalitäten, besondere Publizitätserfordernisse und erweiterte Kontrollen der Börsenaufsichtsbehörde vor[85]. Die Rechtsfigur des *appel publique à l'épargne* umfasst allerdings im Gegensatz zum Fokus dieser Arbeit nicht nur Aktiengesellschaften mit börsennotierten Aktien. Vielmehr ist sie darüberhinaus bei der Zulassung jeglicher Wertpapiere zum Handel an organisierten Märkten und bereits bei der Emission oder Übertragung von Finanzinstrumenten in die Öffentlichkeit unter Rückgriff auf Werbung, Marketing, Kreditinstitute oder Investmentdienstleister einschlägig[86]. Aufgrund dieses deutlich über die Börsennotierung von Aktien hinausgehenden Anwendungsbereichs wird das Sonderrégime der Gesellschaft mit *appel publique à l'épargne* nur am Rande thematisiert werden.

---

börsennotierter Gesellschaften, die ihre Aktien für andere Personen halten, die Möglichkeit vorsehen, diese Personen zur Ausübung von Informationsrechten zu ermächtigen. Dazu ausführlich in Kapitel 5 unter I.4.a)dd).

80 Vgl. ss. 341 ff. CA 2006.

81 Vgl. s. 417 (5) CA 2006.

82 Vgl. ss. 430 ff. CA 2006.

83 Vgl. ss. 527 ff. CA 2006.

84 Der *Nouveau Code de Commerce* ist die Zusammenfassung der vorher verstreuten handels- und gesellschaftsrechtlichen Einzelgesetzgebung in ihrer geltenden Fassung, eine sog. *„codification à droit constant"*; vgl. *Großerichter/Rageade*, RIW 2001, 771, 772.

85 Vgl. *Cozian/Viandier/Deboissy*, Rn. 452, 854 ff.; *Guyon*, Droit des affaires, Rn. 219, 283 ff.; *Merle*, Rn. 256, 265 ff.; *Lutter*, FS für Zöllner, 363, 372; *Schmidt*, ZGR-Sonderheft 13 (1998), 291, 292; desw. *Vidal* in Roth (Hrsg.), System der Kapitalgesellschaften, 84, 88.

86 Der *appel publique à l'épargne* wird in art. L. 441-1 C.monét.fin. wie folgt definiert:
„L'appel public à l'épargne est constitué par l'une des opérations suivantes :
1. L'admission d'un instrument financier aux négociations sur un marché réglementé;
2. L'émission ou la cession d'instruments financiers dans le public en ayant recours soit à la publicité, soit au démarchage, soit à des établissements de crédit ou à des prestataires de services d'investissement." Wörtlich übersetzt: „Der öffentliche Aufruf zur Zeichnung von Wertpapieren setzt eine der folgenden Maßnahmen voraus:
1. Die Zulassung eines Finanzinstruments zum Handel an einem organisierten Markt;
2. Die Emission oder die Übertragung von Finanzinstrumenten in die Öffentlichkeit unter Rückgriff auf Werbung, Marketing, Kreditinstitute oder Investmentdienstleister."

Auch das französische Aktienrecht ist seit den 1990er Jahren von Entwicklungen wie dem Bedeutungszuwachs der Finanzierung auf internationalen Kapitalmärkten und der damit einhergehenden Forderung nach Schaffung kapitalmarktadäquater Organisationsstrukturen zur Stärkung des Anlegervertrauens[87] sowie des damit zusammenhängenden gewandelten Rechtssetzungsschwerpunkts im Europäischen Gesellschaftsrecht beeinflusst worden. Vor diesem Hintergrund hat sich auch im französischen Aktienrecht eine Binnendifferenzierung zwischen dem Recht börsennotierter und dem Recht nicht-börsennotierter Gesellschaften entwickelt[88]. So wurden mit dem *Loi aux nouvelles régulations économiques* (wörtlich: Gesetz über neue wirtschaftliche Regulierungen) vom 15. Mai 2001 (*Loi NRE*), dem *Loi de sécurité financière* (wörtlich: Finanzsicherheitsgesetz) vom 1. August 2003 und dem *Loi pour la confiance et la modernisation de l'économie* (wörtlich: Gesetz für Vertrauen und Wirtschaftsmodernisierung) vom 26. Juli 2005 eine Vielzahl von nach dem Kriterium der Notierung teilweise der Wertpapiere und teilweise der Aktien an einem organisierten Markt differenzierender Regelungen geschaffen[89]. So sind seit dem *Loi de sécurité financière* nur noch Gesellschaften mit börsennotierten Wertpapieren verpflichtet, die Vergütung und sonstige Vorteile der Verwaltungsratsmitglieder im Jahresabschluss der Hauptversammlung offen zu legen[90]. Es bestehen zahlreiche nach der Börsennotierung der Wertpapiere bzw. der Aktien differenzierende weitere Sonderregeln (so z.B. zur Besetzung des Verwaltungsrats/Vorstands[91] sowie zu den möglichen Inkompatibilitäten auf Seiten der Verwaltungsrats-/Aufsichtsratsmitglieder[92], zu den Informationspflichten im Lagebericht[93], zu Geschäften der Verwaltungsmitglieder mit Aktien der Gesellschaft[94], zum Zusammenschluss von Aktionären zur gemeinsamen Wahrnehmung von Rechten[95], zum Bezugsrechtsausschluss[96], zu Aktienoptionsprogrammen[97], zum Erwerb eigener Aktien durch die Gesellschaft[98], zu den Modalitäten der Dividendenausschüttung[99] und zu Bekanntgabepflichten hinsichtlich der Beteiligungsverhältnisse[100]), die Gegenstand der systematischen Untersuchung sein werden.

Auch in anderen europäischen Staaten wird die Schaffung speziellen Gesellschaftsrechts für kapitalmarktorientierte Gesellschaften diskutiert oder sind bereits Ge-

---

87 Vgl. *Menjucq*, 69 (2005) RabelsZ, 698 ff.; *Merle*, 32 Rn. 18.

88 Vgl. *Teller*, RTD com. 2007, 17 m.w.N. in Fn. 1; *Merle*, Rn. 18; *Ohl*, Rn. 7 f.; *Le Cannu*, Droit des sociétés, Rn. 1150.

89 Vgl. zu diesen Regelungen *Menjucq*, 69 (2005) RabelsZ, 698 ff.; *Hövermann/Klein*, RIW 2006, 277 ff.

90 Vgl. art. L. 225-102-1 C.com.

91 Vgl. art. L. 225-27, 225-58 C.com. (Differenzierung nach Aktiennotierung).

92 Art. L. 225-21, 225-77, 225-54-1, 225-67 C.com. (Differenzierung nach Wertpapiernotierung).

93 Art. L. 225-100, 225-100-3 C.com. (Differenzierung nach Wertpapiernotierung).

94 Art. L. 225-109 C.com. (Differenzierung nach Aktiennotierung)

95 Art. L. 225-120 C.com. (Differenzierung nach Aktiennotierung).

96 Art. L. 225-136 Nr. 1 C.com. (Differenzierung nach Aktiennotierung).

97 Art. L. 225-177 (3) C.com. (Differenzierung nach Aktiennotierung).

98 Art. L. 225-208, 225-209 C.com. (Differenzierung nach Aktiennotierung).

99 Art. L. 232-14, 232-18 C.com. (Differenzierung nach Aktiennotierung).

100 Art. L. 233-7, 233-8, 233-11, 233-15 C.com. (Differenzierung nach Aktiennotierung).

setzgebungsschritte erfolgt. So wurde schon der Begriff des „Börsengesellschaftsrechts" für die Diskussion zum deutschen Gesellschaftsrecht aus dem Schrifttum zum Schweizer Aktienrecht adaptiert[101]. Dort wird aus der Entstehung gesellschaftsrechtlicher Sonderregelungen[102] und der Herausbildung von Kapitalmarktrecht[103] gefolgert, dass sich die ursprüngliche Einheit des Aktienrechts endgültig zugunsten einer aktienrechtlichen Stammregelung mit Differenzierungen für börsennotierte und nicht-börsennotierte Gesellschaften entwickelt habe[104]. Das heutige Schweizer Aktienrecht ist gekennzeichnet durch zahlreiche Differenzierungen, die ausdrücklich oder sinngemäß nur für Aktiengesellschaften mit börsennotierten Aktien gelten[105]. Hinzu kommen Sonderregeln, die zwar allgemein anwendbar, aber in erster Linie auf den Fall börsennotierter Aktien zugeschnitten sind[106]. Im österreichischen Recht haben sich ebenfalls spezielle Regelungen für kapitalmarktnotierte Gesellschaften herausgebildet[107]. Zwar enthält das österreichische Aktienrecht weiterhin nur wenige Bestimmungen, die unmittelbar an die Börsennotierung anknüpfen, es zeichnet sich aber dennoch mehr und mehr eine Auseinander-

---

101 Deutsche Adaption bei *Fleischer*, ZHR 165 (2001), 513, 514 f. von *Nobel*, FS für Bär, 301.

102 *Nobel*, FS für Bär, 301, 305 nennt die Pflicht zur konsolidierten Rechnungslegung in Art. 663e Abs. 3 Nr. 2 des schweizerischen Obligationenrechts (OR), Art. 697h Abs. 1 Nr. 2 OR (Offenlegung von Jahresrechnung, Konzernrechnung und Revisionsbericht), Art. 727b Abs. 1 Nr. 2 OR (Rechnungsprüfung durch besonders qualifizierte Prüfer), Art. 663c OR (Veröffentlichungspflichten bei bedeutenden Beteiligungen) und Art. 685d–g OR (Sonderregime für kotierte vinkulierte Namensaktien). Desweiteren verweist *Nobel*, aaO., 309, auf die gesellschaftsrechtlichen Teile des Bundesgesetzes über die Börsen und den Effektenhandel (BEHG) wie die Möglichkeit eines Squeeze-Out in Art. 33 BEHG und die gewandelte Kompetenzordnung in Übernahmesituationen in Art. 29 Abs. 2 BEHG, die den Verwaltungsrat zur weitgehenden Kooperation verpflichtet und die Kompetenz zur Ergreifung von Abwehrmaßnahmen auf die Generalversammlung überträgt.

103 Durch das BEHG, vgl. zu dessen kapitalmarktrechtlichen Inhalten *Nobel*, FS für Bär, 301, 306 ff.

104 Vgl. *Nobel*, FS für Bär, 301, 309; *Böckli*, 672; *Meier-Hayoz/Forstmoser*, 253; *Zobl/Kramer*, 69 f.; referierend auch *Bayer*, Gutachten zum 67. DJT, E 68–70.

105 Vgl. ausführlich zu den speziellen aktienrechtlichen Regelungen *Zobl/Kramer*, 74 ff.; *Böckli*, 674 f. m.w.N.; desw. *Meier-Hayoz/Forstmoser*, 252 f. zu den gesellschaftsrechtlich relevanten Bestimmungen des BEHG. Als spezielle Regelungen für börsennotierte Gesellschaften werden zusätzlich zu den in Fn. 102 genannten folgende Bestimmungen angeführt: die Prospektpflicht (Art. 652a OR), die institutionelle Stimmrechtsvertretung durch Depotvertreter, Organvertreter und unabhängige Stimmrechtsvertreter (Art. 689c, 689d–e OR), den Ausschluss des Bezugsrechts in Art. 652b OR (der in der Auslegung des Schweizer Bundesgerichts für kotierte Aktien wesentlich liberaler zu handhaben ist als für nicht kotierte). Hinzu komme eine Anzahl von Besonderheiten, die infolge der Gestaltungsfreiheit des Schweizer Aktiengesetzes vor allem in börsennotierten Gesellschaften anzutreffen seien, namentlich die auf Art. 663g OR gestützte Unterstellung unter die Rechnungslegungstandards nach IFRS/IAS (ab 2005 als Verpflichtung am Hauptsegment der Schweizer Börse), die Trennung von Verwaltungsratspräsidium und Vorsitz der Geschäftsleitung (oder andere Maßnahmen der „checks and balances") auf der Grundlage des Art. 716b OR, die Einrichtung eines internen Kontrollsystems und die Bildung besonderer Ausschüsse im Verwaltungsrat auf der Grundlage des Art. 716b OR sowie eine verbesserte Information der Aktionäre.

106 Vgl. *Böckli*, 674. *Ruffner*, 153, konstatiert darüberhinaus eine Aufspaltung des schweizerischen Aktienrechts in solches für börsenkotierte und nichtkotierte Gesellschaften durch das neue schweizerische Börsenrecht.

107 So *Kalss/Burger/Eckert*, 367 ff. m.w.N.; *Fleischer*, ZIP 2006, 451, 454.

entwicklung anhand des Kriteriums der Kapitalmarktorientierung ab[108]. Beispiele für Börsengesellschaftsrecht sind die Regelungen zum Ort der Hauptversammlung[109], zur Kraftloserklärung[110] und exekutiven Verwertung von Aktien[111] und § 65 Abs. 1 Nr. 8 österAktG, der nur börsennotierten Gesellschaften den Rückerwerb eigener Aktien ohne besondere Zweckbestimmung gestattet. Zudem wirken die differenzierenden Normen auf den nicht differenzierenden gesellschaftsrechtlichen Regelungsbestand ein und erfordern eine Neubeurteilung dessen Regelungsgehalts[112]. Auch in Italien wurden im Zuge der Gesellschaftsrechtsreform durch das *Testo Unico dell'Intermediazione Finanziaria* (TUF, wörtlich übersetzt: Einheitsgesetz zur Finanzvermittlung, auch bekannt als Draghi-Gesetz nach dem Vorsitzenden der mit der Erstellung der Gesetzesvorlage befassten Kommission) von 1998 zahlreiche Sonderregelungen für börsennotierte Gesellschaften geschaffen, insbesondere zur *Corporate Governance*[113]. Das folgende Reformgesetz vom 3. Oktober 2001[114] erweiterte den Anwendungsbereich einiger durch das TUF zunächst auf börsennotierte Gesellschaften beschränkter Regelungen auf sonstige Gesellschaften (z. B. denjenigen der Regelungen zur Aktionärsklage gegen die Leitungsorgane und denjenigen bestimmter Mehrheitserfordernisse für Hauptversammlungsbeschlüsse)[115], schuf andererseits aber auch neue nur für börsennotierte Gesellschaften geltende Bestimmungen (so diejenigen zur Trennung zwischen der Kompetenz zur Kontrolle des Managements und der zur Rechnungsprüfung[116], des Weiteren die Einführung des Verbots von Höchststimmrechten[117] sowie der Möglichkeit eines Bezugsrechtsausschlusses in Satzungen börsennotierter Gesellschaften[118]). Insgesamt gestattet das reformierte italienische Gesellschaftsrecht einen größeren Spielraum in der Wahl

---

108 Vgl. *Kalss/Burger/Eckert*, 368 unter Berufung auf die frühzeitigen Analysen in diese Richtung *Roth* in Roth (Hrsg.), System der Kapitalgesellschaften, 1 ff., insbes. 8 ff.; *Doralt*, AG 1995, 538, 540; auch *Bayer*, Gutachten zum 67. DJT, E 67 unter Verweis auf das Gutachten von *Kalss/Schauer* zum 16. ÖJT 2006.

109 § 105 Abs. 3 österAktG.

110 § 179 Abs. 3 österAktG.

111 § 59 Abs. 3 österAktG.

112 So *Kalss/Burger/Eckert*, 367.

113 Vgl. *Ferrarini/Guidici/Stella Richter*, RabelsZ 69 (2005), 658, 660, 663; *Hopt/Leyens*, ECFR 2004, 135, 159; überblicksartig zu den speziellen Regelungen für börsennotierte Gesellschaften *Bruni*, (1998) BJIB&FL, 416 ff.; *Padovini*, GesRZ 2002, 72 f.

114 Gesetz Nr. 366, verabschiedet mit der Ermächtigungsverordnung Nr. 6/2003, *Riforma organica della disciplina delle società di capitali e società cooperative*, Ermächtigungsverordnung Nr. 6 vom 17. Januar 2003, Gazz. Uff. vom 22. Januar 2003, Nr. 1, 7 und in Kraft getreten am 1. Januar 2004. Zur italienischen Gesellschaftsrechtsreform von 2001 mitsamt der in ihrem Rahmen für börsennotierte Gesellschaften geschaffenen Spezialregelungen vgl. Ferrarini/Giudici/Stella Richter, RabelsZ 69 (2005), 658 ff.; *Montalenti*, ECFR 2004, 368 ff. m.w.N. in Fn. 1; *Hilpold/Brunner*, ZVglRWiss 105 (2006), 519 ff.; überblicksartig zur Reform *Steinhauer*, EuZW 2004, 364 ff.; *Padovini*, ZfRV 2003, 138 ff.; *Hartl*, NZG 2003, 667 ff.; *Buse*, RIW 2002, 676 ff.; allgemein zum neuen italienischen Gesellschaftsrecht *Magrini*.

115 Art. 2393 und Art. 2369 (5) Codice civile, vgl. *Ferrarini/Guidici/Stella Richter*, RabelsZ 69 (2005), 658, 663.

116 Vgl. *Ferrarini/Guidici/Stella Richter*, RabelsZ 69 (2005), 658, 663.

117 Art. 2351 Codice civile; vgl. *Ferrarini/Guidici/Stella Richter*, RabelsZ 69 (2005), 658, 665.

118 Art. 2441 (5) Codice civile, vgl. *Ferrarini/Guidici/Stella Richter*, RabelsZ 69 (2005), 658, 667.

und in der Ausgestaltung der verschiedenen Rechtsformen[119]. Während das überkommene Recht von Typenzwang gekennzeichnet war, wird das jetzige Gesellschaftsrecht grundsätzlich durch Vertragsfreiheit geprägt[120]. Staatliche Rechtsetzung ist nicht mehr Selbstzweck, sondern dient spezifischen Zwecken, insbesondere dem Anleger- und Gläubigerschutz[121]. Lediglich für Aktiengesellschaften, die sich am öffentlichen Kapitalmarkt finanzieren[122], ist die Satzungsfreiheit aus Gründen des Anlegerschutzes eingeschränkt[123]. Zudem bemühen sich Stimmen im italienischen Schrifttum[124] um die Anerkennung der börsennotierten Aktiengesellschaft als eigenständigem Gesellschaftstypus. Hinter diesem Ansatz steht das Bestreben, durch eine Anerkennung der kotierten Gesellschaft als besonderem Gesellschaftstypus eine Anwendung des italienischen Umwandlungsrechts auf den Börseneintritt und das *Delisting* zu erreichen mit der Folge einer Austrittsmöglichkeit der Aktionäre[125]. Andere wollen das Interesse der Gesellschafter börsennotierter Gesellschaften an der Veräußerbarkeit ihrer Anteile schützen, indem sie gesellschaftsrechtliche Vorschriften kapitalmarktspezifisch interpretieren[126]. Art. 131, 133 TUF[127] sollen teleologisch erweiternd dahingehend ausgelegt werden, dass für die Entscheidung über ein *Delisting* eine außerordentliche Hauptversammlungskompetenz besteht und nicht zustimmenden Gesellschaftern wiederum ein Austrittsrecht zusteht[128].

Ob und inwieweit den geschilderten Entwicklungslinien in den verschiedenen EG-Mitgliedstaaten ein kohärentes Gesamtbild eines speziellen Gesellschaftsrechts für Gesellschaften mit börsennotierten Aktien zugrunde liegt und welche Schritte in diese Richtung noch sinnvoll sind, soll Gegenstand dieser Untersuchung sein. Dies erfordert eine systematische Überprüfung der zu einzelnen gesellschaftsrechtlichen

---

119 Vgl. *Hilpold/Brunner*, ZVglRWiss 105 (2006), 519, 520; *Montalenti*, ECFR 2004, 368, 369, 370 f.

120 Vgl. *Hilpold/Brunner*, ZVglRWiss 105 (2006), 519, 523.

121 Vgl. *Hilpold/Brunner*, ZVglRWiss 105 (2006), 519, 523.

122 Definiert in art. 2325-bis Codice civile: Am öffentlichen Kapitalmarkt finanzieren sich einerseits Aktiengesellschaften mit am organisierten Markt notierten Papieren und andererseits Aktiengesellschaften, deren Papiere breit gestreut sind.

123 Vgl. *Hilpold/Brunner*, ZVglRWiss 105 (2006), 519, 523 f.: Des Weiteren gelten verschärfte Form- und Kontrollvorschriften, höhere Zustimmungsquoren bei bedeutenden Entscheidungen und strengere Buchprüfungsvorschriften.

124 *Oppo*, Riv.dir.civ. 1999, II, 483 ff.; kritisch referierend und die These von der börsennotierten Gesellschaft als eigenständigem Gesellschaftstypus ablehnend *Spada*, FS für Lutter, 735 ff., insbes. 739, 741, 744 ff.

125 Nach Art. 2437 Codice civile, vgl. *Spada*, FS für Lutter, 735, 739.

126 So *Spada*, FS für Lutter, 735, 736 ff., 741 ff.

127 Art. 133 TUF sieht folgendes vor: „a) Der Hauptversammlung der Gesellschaft wird die Kompetenz eingeräumt, den Ausschluss eigener Finanzierungsinstrumente aus der Notierung zu beschließen, wenn diese auf einem anderen geregelten Markt in Italien oder eines Mitgliedstaates der Europäischen Union die Zulassung erhalten. b) Dabei ist ein Beschluss der außerordentlichen Hauptversammlung erforderlich.“ Dem Aktionär, der insoweit nicht zustimmt, billigt Art. 131 TUF das Recht zu, aus der Gesellschaft gemäß Art. 2347 Codice civile auszutreten, falls eine Verschmelzung oder Spaltung beschlossen worden ist, die die Zuteilung nicht notierter Aktien mit sich bringt; vgl. *Spada*, FS für Lutter, 735, 736.

128 Das Austrittsrecht wird analog Art. 131 TUF i.V.m. Art. 2347 Codice civile begründet. Austrittsrechte beim regulären *Delisting* werden in Kapitel 6 unter I.2.b) diskutiert, solche beim sog. kalten *Delisting* in Kapitel 9.

Regelungskomplexen bestehenden Vorschriften darauf, ob sie spezifischen mit der Börsennotierung verbundenen Sachgesetzlichkeiten Rechnung tragen und deshalb als Sondergesellschaftsrecht bzw. Teil eines Börsengesellschaftsrechts verstanden werden können[129] sowie ob und gegebenenfalls wie solchen Sachgesetzlichkeiten sinnvollerweise noch Rechnung getragen werden sollte.

Hierbei befasst sich die Untersuchung angesichts der zunehmenden Betonung der Differenzierung zwischen kapitalmarktfinanzierten und sonstigen Aktiengesellschaften auf europäischer Ebene auch mit dem Verwirklichungsgrad der europäischen Integrationsziele auf dem Gebiet des Gesellschaftsrechts[130], da auch der Effekt bisheriger speziell auf börsennotierte Gesellschaften ausgerichteter Harmonisierungsbemühungen rechtsvergleichend aufgezeigt werden wird. Vor allem aber sollen die in den Jurisdiktionen divergierenden Lösungsansätze für die aus der Börsennotierung folgenden spezifischen Probleme herausgearbeitet und verglichen werden. Zunächst wird aufgezeigt werden, ob und inwieweit die Länder distinktive Gesellschaftsrechte für Gesellschaften mit börsennotierten Aktien entwickelt haben. Der Rechtsvergleich wird die Grundlage bilden für die Bewertung der Adäquanz der jeweiligen Regelungen. Es können komparative Vorteile ermittelt und so mögliche Bedürfnisse für Reformmaßnahmen auf nationaler oder europäischer Ebene dargelegt werden. Ausgehend von den adäquatesten nationalen Lösungen können Vorschläge für die Schaffung weiterer oder die Modifizierung bestehender börsengesellschaftsrechtlicher Regelungen entwickelt werden.

Die Beurteilung der Frage, ob börsengesellschaftsrechtliche Regelungen auf europäischer oder auf nationaler Ebene geschaffen werden sollten, erfolgt dabei auf Grundlage des spätestens seit dem Aktionsplan der EU-Kommission über die „Modernisierung des Gesellschaftsrechts und Verbesserung der Corporate Governance in der Europäischen Union“ vom 21. Mai 2003 auch dem europäischen Rechtssetzungsansatz zugrunde liegenden Verständnisses von Harmonisierung und Subsidiarität entsprechend der modernen ökonomischen Regulierungstheorie[131]. Danach

---

129 Vgl. zu diesem Untersuchungsauftrag auch *Fleischer*, ZHR 165 (2001), 513, 515.

130 Vgl. zu den Zielen des Europäischen Gesellschaftsrechts *Grundmann*, Europ.GR, Rn. 31 ff., 157 ff.; *Grundmann* in Grundmann, Systembildung, 1, 3 f.; *Lutter* in Grundmann, Systembildung, 121 ff.: Die Integrationsziele bestehen zum einen darin, binnenmarktgrenzüberschreitende Tätigkeit zu erleichtern oder erst zu ermöglichen. Weiteres Ziel der europäische Rechtsangleichung und -vereinheitlichung ist die Modernisierung des Rechts und der Abbau überkommener Strukturen in den nationalen Rechtsordnungen. Hauptmittel der Integration ist neben der Deregulierung nationalen Rechts die Harmonisierung der nationalen Rechtsordnungen, d.h. die Beibehaltung und Fortentwicklung des gesellschaftsrechtlichen Schutzes auf einem europaweit angeglichenen Niveau.

131 Vgl. *Hopt*, ZIP 2005, 461, 463. Einführend in die ökonomische Regulierungstheorie *Hopt*, ZIP 1998, 96, 98 f.; zu Wettbewerb und Information im Europäischen Gesellschaftsrecht *Grundmann*, ZIP 2004, 2401, 2405. Kritisch zum Aktionsplan der EU-Kommission aus ökonomischer Sicht (in Hinblick auf die „strength of diversity“) *Lannoo/Khachaturyan*, EBOR 5 (2004), 37. Die Veränderung des europäischen Harmonisierungsansatzes auf dem Gebiet des Gesellschaftsrechts begann bereits mit dem Weißbuch der Europäischen Kommission über die Vollendung des Binnenmarktes, KOM (85), 310, und setzte sich in den folgenden Verordnungs- und Richtlinienvorhaben fort; vgl. überblicksartig *Pannier/Rickford*, EBLR 2005, 975, 977 f.

wird nicht mehr eine flächendeckende Harmonisierung angestrebt, um ein *race to the bottom* zu vermeiden und ein *level playing field* für alle Gesellschaften zwecks Vermeidung von Wettbewerbsverzerrung zu schaffen[132], sondern lediglich die Gewährleistung einzelner zentrale Rechte, deren grenzüberschreitende Ausübung sonst gefährdet wäre[133]. Rechtsangleichung ist nicht länger Selbstzweck, sondern Mittel zu Stärkung des Anlegervertrauens und der Leistungs- und Wettbewerbsfähigkeit der in der EU ansässigen Unternehmen[134]. Grund für diese Abkehr vom Ziel vollständiger Vereinheitlichung ist vor allem die Rückbesinnung auf zwei Grundprinzipien des EG-Vertrags, nämlich das Subsidiaritätsprinzip aus Art. 5 Abs. 2 EGV und das aus Art. 2 und 3 EGV folgende Binnenmarktprinzip[135]. Das Subsidiaritätsprinzip beruht auf der Erwägung, dass in vielen Fällen eine Regelung auf dezentraler, nationaler Ebene besser geeignet ist als eine auf zentraler, europäischer[136]. So kann zentrale Gesetzgebung die Anpassung an künftige Entwicklungen erschweren und damit die Reformfähigkeit mindern. Auch muss die Unterschiedlichkeit der mitgliedstaatlichen Lösungen gesellschaftsrechtlicher Probleme nicht vor allem als Grund für Wettbewerbsverzerrungen gesehen werden, sondern kann vielmehr positiv als variantenreiches Angebot an die Unternehmen, das diese sich zunutze machen können, aufgefasst werden[137]. Das Binnenmarktprinzip wiederum verlangt, dass die europäischen Grundfreiheiten dadurch verwirklicht werden, dass Gestaltungen nach anderen nationalen Rechten nicht von einem Markt ferngehalten werden dürfen. Wenn nun nationales Recht nach dem Subsidiaritätsprinzip in bestimmten Fallgestaltungen zumindest als gleichwertig anzusehen ist und die deshalb eröffnete Vielfalt nach dem Binnenmarktprinzip nicht zu einer Behinderung im grenzüberschreitenden (Kapital-)Verkehr führen darf, so schreibt der EG-Vertrag letztendlich vor, dass verschiedene Gestaltungen in einem Markt miteinander in Konkurrenz treten sollen[138]. Damit stipuliert der Vertrag einen Wettbewerb der Regelgeber, der für die Weiterentwicklung des Gesellschaftsrechts in der EU im Interesse der Wettbewerbsfähigkeit und der Steigerung der Effizienz der Unternehmen förderlich ist[139]. Im Wettbewerb setzen sich die effizientesten gesellschaftsrechtlichen Gestaltungen durch. Dies führt zu Innovationen, die bei einer Harmonisierung ausgeschlossen wären[140].

---

132 Zu den einer vollständigen Vereinheitlichung als ursprünglichem Ziel des Europäischen Gesellschaftsrechts zugrundeliegenden Erwägungen vgl. *Grundmann*, ZIP 2004, 461, 462 m.w.N.; *Pannier/Rickford*, EBLR 2005, 975, 976 f.; *Garrido García*, 69 (2005) RabelsZ, 761, 780; *Behrens* in Handbuch EU-Wirtschaftsrecht, E.III. Rn. 18 ff.; *Lutter*, Europäisches Unternehmensrecht, 45 ff.

133 Vgl. *Grundmann*, Europ.GR, Rn. 1106; *Habersack*, ZIP 2006, 445, 447 ff.; *Davies*, Gower's Company Law, 114; *Pannier/Rickford*, EBLR 2005, 975, 977.

134 Vgl. *Habersack*, ZIP 2006, 445, 447 f.

135 Vgl. *Grundmann*, ZIP 2004, 461, 463; *Pannier/Rickford*, EBLR 2005, 975, 978.

136 Vgl. *Behrens* in Handbuch EU-Wirtschaftsrecht, E.III. Rn. 21; *Davies*, Gower's Company Law, 114; dazu auch *Hopt*, ZGR 2000, 779, 812, der angesichts des Subsidiaritätsprinzips vor legislativem Aktionismus auf dem Gebiet des Europäischen Gesellschaftsrechts warnt.

137 So *Behrens* in Handbuch EU-Wirtschaftsrecht, E.III. Rn. 21.

138 Vgl. *Behrens* in Handbuch EU-Wirtschaftsrecht, E.III. Rn. 21.

139 Vgl. *Behrens* in Handbuch EU-Wirtschaftsrecht, E.III. Rn. 21.

140 Vgl. *Gerum/Wagner* in Hopt u.a. (Hrsg.), Comparative Corporate Governance, 341, 356; grundlegend zum „Wettbewerb als Entdeckungsverfahren“ *v. Hayek*; *Sinn* 3 Const. Pol. Econ. (1992), 177 ff.

II. Bedeutung der börsengesellschaftsrechtlichen Entwicklungen für die Standortfrage

Die praktische Relevanz der Untersuchung ergibt sich aus dem Bedeutungszuwachs der Unternehmensfinanzierung im Wege der Eigenkapitalaufnahme auf den internationalen Kapitalmärkten durch dort notierte Aktiengesellschaften[141]. Die bestmögliche Eigenkapitalfinanzierung über die Kapitalmärkte erfordert die Schaffung eines möglichst kapitalmarktadäquaten Verbandsrechts. Es stellt sich daher für die nationalen Gesetzgeber die Frage, wie die kapitalmarktfinanzierte Aktiengesellschaft organisiert sein sollte, um möglichst effizient Kapital sammeln und einer unternehmerischen Aufgabe zuführen zu können[142]. Besondere Bedeutung erlangt diese Frage aus dem in Europa wegen des Handels der Gesellschaftsanteile auf international offenen und harmonisierten Kapitalmärkten bestehenden Wettbewerbs der Gesellschaftsrechtssysteme[143]. Die vorliegende Untersuchung will Wettbewerbsvorteile der nationalen Lösungen herausarbeiten und so Reformanregungen geben.

Die Frage nach einem besonderen Gesellschaftsrecht gerade für börsennotierte Aktiengesellschaften erklärt sich aus der aufgrund der Kapitalmarktfähigkeit dieser Gesellschaften bestehenden spezifischen Grundproblematik. Kapitalgesellschaftsrecht wird bestimmt durch die ihm zugrunde liegenden Schutzzwecke[144]. Bei kapitalmarktfinanzierten Gesellschaften stellt sich im besonderen Maße die Frage des Kapitalanlegerschutzes[145]. Ein adäquates Schutzniveau für die Anleger ist eine wesentliche Voraussetzung funktionsfähiger Kapitalmärkte, die wiederum Grundlage einer effizienten Eigenkapitalfinanzierung kapitalmarktnotierter Unternehmen sind. Nur börsennotierte Aktiengesellschaften sind nach den nationalen Rechten befähigt, (auch grenzüberschreitend) eine Vielzahl anonymer Anleger anzuspre-

---

141 Der Bedeutungszuwachs der Eigenkapitalfinanzierung wird durch ökonomische Untersuchungen gestützt, die darauf hindeuten, dass funktionierende Kapitalmärkte wirtschaftswachstumsfördernd wirken; vgl. *Siems*, Konvergenz der Rechtssysteme, 52; *Walker*, 19 C. & SLJ (2001), 437, 445 m.w.N. Hiergegen argumentiert die sog. Irrelevanz-Hypothese, der zufolge unerheblich ist, ob die Unternehmensfinanzierung über Eigen- oder Fremdkapital erfolgt. Ausführliche Kritik dieser Hypothese bei *Ruffner*, 144 ff., 397 ff.

142 Vgl. *Wackerbarth*, ZGR 2005, 686; auch *Fleischer*, ZHR 165 (2001), 513, 515; *Bayer*, Gutachten zum 67. DJT, E 98.

143 Vgl. *Hopt*, ZGR-Sonderheft 13 (1998), 123, 125 m.w.N. zur Diskussion hinsichtlich des Wettbewerbs der Systeme; eingehend zum Wettbewerb der Rechtsordnungen unter ausführlicher Untersuchung der Voraussetzungen für einen Wettbewerb der Regelgeber auf dem Markt für Gesellschaftsfinanzierung (den Kapitalmärkten) *Grundmann*, ZGR 2001, 783, 793 ff.; *Kieninger*, 8 ff., 105 ff.; desw. *Garrido Garcia*, 69 (2005) RabelsZ, 761, 782 ff. m.w.N.; *Siems*, Konvergenz der Rechtssysteme, 399 ff. Zu den Vorteilen des Wettbewerbs der Regelgeber in der EU vgl. *Grundmann*, ZIP 2004, 2401, 2404, 2406; *Cheffins*, 436 ff.

144 Vgl. *Roth*, ZGR 2005, 348. Hauptzwecke des Kapitalgesellschaftsrechts sind der Schutz der Aktionäre gegen das Management, des Minderheitsgesellschafters gegen die Mehrheit, des Kapitalanlegers gegen den Emittenten, der Gläubiger gegen die Eigentümer, der Arbeitnehmer gegen die Kapitalseite.

145 Vgl. auch *Hopt*, ZGR-Sonderheft 13 (1998), 123, 129; *Grundmann*, ZIP 2004, 2401, 2409 f.; *Bayer*, Gutachten zum 67. DJT, E 82, E 98.

chen. Während die Aktionäre nicht-börsennotierter Gesellschaften typischerweise unternehmerisch tätig sind und die Verwaltung der Gesellschaft selbst oder durch Vertreter wahrnehmen sowie jedenfalls über die Hauptversammlung maßgeblichen Einfluss ausüben können, droht in börsennotierten Publikumsgesellschaften, deren Anteile sich im Streubesitz befinden, ein Defizit der Kontrolle der Geschäftsleitung durch die relativ schwache Hauptversammlung[146]. In von Mehrheitsaktionären kontrollierten börsennotierten Gesellschaften besteht hingegen die Gefahr einer Übervorteilung der Minderheitsaktionäre durch den bzw. die Mehrheitsaktionär(e)[147].

Hierbei ist der Kapitalmarkt durch Informationsprozesse grundsätzlich in der Lage, den Risikogehalt der Satzungen der um Finanzierung nachsuchenden Gesellschaften für die Anleger zu bewerten[148]. Das nur bei massenhaftem Investment in börsennotierte Gesellschaften auftretende Informationsproblem[149], dass die Vielzahl unterschiedlicher Rechte und rechtlicher Gestaltungen auf Anlegerseite aufwirft, steht dem nicht entgegen. Zwar gestaltet sich die Information über die rechtlichen Verhältnisse der Gesellschaft sowie die genauen Inhalte der zu erwerbenden Anteile für die große Zahl anonymer Anleger ineffektiv, da der Informationsaufwand (speziell hinsichtlich der Anteile ausländischer Gesellschaften) für sie angesichts von Faktoren wie der geringen Größe des angestrebten Investments, seines nicht dauerhaften Zwecks oder schlicht praktischer Probleme der Informationsbeschaffung in einem Missverhältnis zu den von dem Investment erhofften Vorteilen steht[150]. Hieraus folgt aber nicht, dass der Kapitalmarkt nicht in der Lage wäre, die rechtliche Gestaltung der Gesellschaft zu bewerten[151]. Auch wenn einzelne Anleger über weniger Information als andere verfügen, sorgt der Marktmechanismus in informationseffizienten Kapitalmärkten dafür, dass die jeglichen Marktteilnehmern zur Verfügung stehenden Informationen sich in den Marktpreisen niederschlagen[152].

---

146 Vgl. auch Erwägungsgrund 7 Satz 2 der Empfehlung der EU-Kommission zur Unabhängigkeit von Organmitgliedern und Ausschüssen; *Schäfer/Ott*, 645 f.

147 Vgl. Erwägungsgrund 7 Satz 3 der Empfehlung der EU-Kommission zur Unabhängigkeit von Organmitgliedern und Ausschüssen; *Schäfer/Ott*, 646.

148 Zur hiermit umschriebenen Hypothese effizienter Kapitalmärkte (*Efficient Capital Markets Hypothesis*) vgl. *Easterbrook/Fischel*, Economic Structure of Corporate Law, 18 ff.; *Hellwig* in Hopt u.a. (Hrsg.), Corporate Governance in Context, 379, 387 f.; *Grundmann*, European Company Law, Rn. 683 f.; ausführlich *Ruffner*, 349 ff., v.a. 359 ff.; *Spindler*, AG 1998, 53, 63; alle m.w.N.; grundlegend insbes. *Gilson/Kraakman*, 70 Va. L. Rev. (1984), 549 ff.; *Grossman*, (1976) 31 J. Finance, 573 ff.; *Hellwig*, (1980) 22 J. Econ. Theory, 477 ff.; *Gordon/Kornhauser*, 60 NYU L. Rev. (1985), 761 ff. Siehe auch die Ausführungen im Kapitel 2 unter II bei Fn. 57.

149 Bei nicht-börsennotierten Gesellschaften verlangt das für diese typische unternehmerische Engagement in aller Regel eine vertiefte Beschäftigung mit dem Gesellschaftsvertrag und damit auch mit dem anwendbaren Recht; vgl. *Grundmann*, ZIP 2004, 2401, 2410; *Hertig/Kraakman/Rock* in Kraakman u.a., Anatomy of Corporate Law, 194.

150 Vgl. *Grundmann*, Europ.GR, Rn. 36 ff.; ZIP 2004, 2401, 2409 f.; *Spindler*, AG 1998, 53, 60 ff.

151 Vgl. *Grundmann*, ZIP 2004, 2401, 2405; *Grundmann*, European Company Law, Rn. 684; *Spindler*, AG 1998, 53, 60; *Easterbrook/Fischel*, 70 Va. L. Rev. (1984), 669, 695; *Behrens*, FS für Drobnig, 491, 500.

152 Vgl. *Spindler*, AG 1998, 53, 60; *Ruffner*, 360 f.; *Gilson/Kraakman*, 70 Va. L. Rev. (1984), 549, 769 ff.; *Gordon/Kornhauser*, 60 NYU L. Rev. (1985), 761, 786 ff.

Indem informierte (insbesondere professionelle) Anleger ihren Informationsvorsprung zur Realisierung von Kursgewinnen ausnutzen, wird ihre Bewertung unter anderem der rechtlichen Gestaltung der Gesellschaften in deren Börsenkurse eingearbeitet[153]. Da hinreichend viele professionelle Anleger bei ihrem Investment keine unternehmerischen Ziele verfolgen und lediglich Minderheitspositionen erwerben, beziehen sie auch Minderheitsschutzaspekte in ihre Bewertung mit ein[154]. Nicht oder weniger informierte Anleger können der Bewertung durch die informierten Marktteilnehmer sodann folgen[155].

Nachdem Kapitalmärkte damit grundsätzlich in der Lage sind, gesellschaftsrechtliche Gestaltungen zu bewerten, ist für eine effiziente Eigenkapitalfinanzierung möglichst kapitalmarktadäquates Verbandsrecht zu schaffen: Da sich auf den Finanz- und Kapitalmärkten entscheidet, ob und welche Finanzierungsverhältnisse zwischen den Kapitalgebern und Kapitalnehmern zustande kommen, sind für die Allokationsleistungen der Märkte neben deren Organisationsgrad vor allem unterschiedliche Kostendeterminanten maßgeblich. In dem Maße, in dem diese Kostendeterminanten durch institutionelle Arrangements minimiert werden, wird nicht nur die Unternehmensfinanzierung verbilligt, sondern zugleich die Wettbewerbsfähigkeit einzelner Finanzierungsformen untereinander und zu alternativen Geldanlagemöglichkeiten beeinflusst[156]. Empirisch belegt wird dieser Umstand durch die Bereitschaft von Investoren, von ihnen positiv bewertete *Corporate Governance*-Arrangements durch einen höheren Aktienpreis zu prämieren[157]. Die Investoren antizipieren, dass die *Cash Flows* der Unternehmen mit schlechter *Corporate Governance* vom Management teilweise zweckentfremdet werden, was sich in niedrigeren Aktienpreisen widerspiegelt[158]. Zudem reduziert gute *Corporate Governance* die Überwachungskosten der Investoren und erhöht so die Renditeerwartung der ausstehen-

---

153 Vgl. *Spindler*, AG 1998, 53, 60; *Grundmann*, ZIP 2004, 2401, 2405; *Easterbrook/Fischel*, Economic Structure of Corporate Law, 18 ff.; *Gilson/Kraakman*, 70 Va. L. Rev. (1984), 549, 569 ff.; *Gordon/Kornhauser*, 60 NYU L. Rev. (1985), 761, 795 f.

154 Vgl. *Grundmann*, ZIP 2004, 2401, 2405; ähnlich (Einbeziehung von anlegerschützenden Aspekten aus Reputationsgründen) *Spindler*, AG 1998, 53, 61 m.w.N. in Fn. 70; *Gilson/Kraakman*, 70 Va. L. Rev. (1984), 549, 618 ff.

155 Vgl. *Grundmann*, ZIP 2004, 2401, 2405; *Grundmann*, European Company Law, Rn. 684; *Easterbrook/Fischel*, Economic Structure of Corporate Law, 19.

156 Vgl. hierzu GK/*Assmann*, Einleitung Rn. 401.

157 Vgl. Rudolf in *Habersack/Mülbert/Schlitt*, § 1 Rn. 18 sowie die Studien von *McKinsey*, Global Investor Opinion Survey on Corporate Governance; *Gompers/Ishii/Metrick*, 118 QJE (2003), 107 ff.; *Bebchuk/Cohen/Ferrell*, Harvard Law School Discussion Paper 491; für Deutschland *Drobetz/Schillhofer/Zimmermann*, ZfB 2004, 5 ff. (mit Nachweisen auf weitere deutsche und internationale Studien dort, 6, 14); *Zimmermann/Goncharov/Werner*; *Bassen/KleinSchmidt/Prigge/Zöllner*, DBW 2006, 375 ff.; zusammenfassende Bestandsaufnahme dieser und weiterer empirischer Studienergebnisse für die USA und Deutschland bei *Weber/Lentfer/Köster*, ZCG 2007, 53, 57 ff.; vgl. desw. *La Porta/Lopez-de Silanes/Shleifer/Vishny*, 106 J. Pol. Econ. (1998), 1113 ff.; 55 J. Finance (2000), 1 ff.; 58 J. Fin. Econ. (2000), 3 ff.; *La Porta/Lopez-de Silanes/Shleifer*, 54 J. Finance (1999), 471 ff. (zur Verbindung von Gesellschaftswert und Minderheitenschutz); kritisch zum methodischen Forschungsansatz von *La Porta* u.a. *Siems*, Konvergenz der Rechtssysteme, 8 f.; *Coffee*, 111 Yale L.J. (2001–2002), 1, 59 ff.; *Windbichler*, JZ 2008, 580, 581 m.w.N. in Fn. 6.

158 Vgl. *Drobetz/Schillhofer/Zimmermann*, ZfB 2004, 5, 14, 21; *Weber/Lentfer/Köster*, ZCG 2007, 53, 55–57.

den Anteile, was in der Folge auch zu niedrigeren Eigenkapitalkosten führt[159]. Gerade in international offenen und zunehmend globalen Kapitalmärkten stellt sich von daher die Frage, wie kapitalmarktfinanzierte Gesellschaften organisiert sein sollten, um ihre Aufgabe, Kapital zu sammeln und einem unternehmerischen Zweck zuzuführen, bestmöglich erfüllen zu können[160]. Es entsteht ein Wettbewerb der Gesellschaftsrechtssysteme, dessen Herausforderung in der intensiven Überprüfung nationaler Regelungen zur Erhöhung der Attraktivität für internationale Investoren besteht[161]. Verstärkt wird dieser Wettbewerb durch die vom EuGH mit seinen Entscheidungen in Sachen *Centros, Überseering* und *Inspire Art* geschaffene Flexibilität bei der Rechtsformwahl[162]. Deregulierung und Regulierung unter Berücksichtigung des Einflusses der Kapitalmarktkräfte auf die Ausgestaltung und die Ausgestaltungsmöglichkeiten eines Verbandes sind dementsprechend zu einem der drängenden Ziele des Gesellschaftsrechts geworden[163]. So wurden auch die Gesellschaftsrechtsreformen der letzten Jahre in allen vier großen Mitgliedstaaten der EU durch Standortüberlegungen motiviert[164].

Diese Untersuchung stellt das auch im Zuge dieser Reformen geschaffene spezielle Gesellschaftsrecht für börsennotierte Gesellschaften rechtsvergleichend gegenüber und erarbeitet vor dem Hintergrund der Frage nach der Kapitalmarktadäquanz der jeweiligen Regelungen komparative Vorteile, um so die sinnvollen Inhalte eines bereits bestehenden oder noch zu schaffenden Börsengesellschaftsrechts aufzuzeigen. Dabei werden auch die überkommenen aktienrechtlichen Regelungen auf ihre

---

159 Vgl. *Drobetz/Schillhofer/Zimmermann*, ZfB 2004, 5, 15, 21; *Weber/Lentfer/Köster*, ZCG 2007, 53, 56.

160 Vgl. auch *Wackerbarth*, ZGR 2005, 686; in diesem Sinne auch *Baums* in Hommelhoff u.a. (Hrsg.), Corporate Governance, 13, 14.

161 Vgl. *Grundmann*, ZGR 2001, 783, 815; ZIP 2004, 2401, 2405; in diesem Sinne auch *Baums* in Hommelhoff u.a. (Hrsg.), Corporate Governance, 13, 15; *Siems*, Konvergenz der Rechtssysteme, 399–403.

162 Der Rechtsprechung des EuGH zufolge verstoßen Zuzugsbeschränkungen nationaler Rechtsordnungen gegenüber einer nach ausländischem Recht gegründeten Gesellschaft, die ihre Geschäftstätigkeit in einem anderen Mitgliedstaat ausübt, regelmäßig gegen die europäischen Niederlassungsfreiheit; vgl. EuGH, Rs. C-212/97 „Centros", NJW 1999, 2027; EuGH, Rs. C-208-00 „Überseering", ZIP 2002, 2037; EuGH, Rs. C-167/01 „Inspire Art", ZIP 2003, 1885. Hierdurch wurde hinsichtlich der Anerkennung ausländischer Gesellschaften die Sitztheorie, der zufolge sich das anwendbare Gesellschaftsrecht nach dem tatsächlichen Sitz der Hauptverwaltung der Gesellschaft richtet, zugunsten der Gründungstheorie, der zufolge das Gesellschaftsrecht des Gründungslandes gilt, aufgegeben; vgl. auch BGHZ 154, 185; *Bayer*, Gutachten zum 67. DJT, E 18 f.; *Schäfer/Ott*, 651; *Mülhens*, 5. Ausführlich und relativierend zur Förderung des Wettbewerbs um Gesellschaftsgründer durch diese Rechtsprechung *Siems*, Konvergenz der Rechtssysteme, 387–391, 392–396, 413 f.

163 Vgl. *Hey*, Freie Gestaltung im Gesellschaftsrecht, 8 unter Verweis auf die bei *Easterbrook/Fischel*, Economic Structure, 12 ff. geschilderte Entwicklung des US-amerikanischen Gesellschaftsrechts als Schrittmacher.

164 Vgl. *Grundmann*, ZGR 2001, 783, 815; ZIP 2004, 2401, 2405 unter Verweis auf die Begründungen der jüngsten Gesellschaftsrechtsreformen in Deutschland, England und Frankreich; für Deutschland die Begründungen zum KonTraG, KapAEG; NaStrAG und UMAG; *Claussen*, AG 1996, 481; *Hommelhoff/Mattheus*, AG 1998, 249; *Zätzsch/Gröning*, NZG 2000, 393; für England: Hansard Vol. 677 No. 85 Col. 180; *Scanlan/Harvey/Prime/Ogowewo*, 7 f.; für Frankreich: *Guyon*, Rev. sociétés 1994, 207, 209; für Italien: *Buse*, RIW 2002, 676, 677.

Anpassungsnotwendigkeit an den Tatbestand der Börsennotierung überprüft[165]. Grundlage der Untersuchung, ob bestehendes Börsengesellschaftsrecht sinnvoll ist oder ob und was für spezielle Regelungen für kapitalmarktnotierte Aktiengesellschaften noch geschaffen werden sollten, ist die Herausarbeitung besonderer gerade bei börsennotierten Gesellschaften bestehender schutzwürdiger Interessen. Solche Schutzgüter eines Börsengesellschaftsrechts sind neben den genannten Belangen des Aktionärs- und Anlegerschutzes (inklusive des Interesses an der jederzeitigen Liquidierbarkeit der Anteile, das, vor allem je stärker sich die jeweiligen Regelungen für börsennotierte und nicht börsennotierte Gesellschaften ausdifferenzieren, spezielle Schutzregeln für den Fall des *Delistings* erforderlich machen kann[166]) und einer möglichst effizienten Kapitalversorgung der Gesellschaften z.B. das Interesse an der Durchführung unternehmerischer Langzeitstrategien, das durch von Kapitalmarktkräften provozierte allzu kurzfristige Dispositionen des Managements gefährdet sein kann[167]. Insbesondere die in börsennotierten Gesellschaften mit verstreutem internationalen Anlegerkreis niedrigen Hauptversammlungspräsenzen können Finanzinvestoren ermöglichen, mit relativ geringem Kapitaleinsatz bestimmenden Einfluss auf Gesellschaften zu erlangen, um so ihre Kurzfriststrategien durchzusetzen und Sondervorteile zu erzielen[168]. Dabei sind Kurzfriststrategien allerdings nur dann problematisch, wenn der Kapitalmarkt langfristige Strategien unterbewertet, also unter einer gewissen „Kurzsichtigkeit" leidet[169]. Geht man davon aus, dass die Geschäftsleitung einen dem Kapitalmarkt bewussten Informationsvorsprung hinsichtlich des Wertes des Unternehmens hat, so verengt sich die Frage darauf, ob der Kapitalmarkt der Geschäftsleitung (und ihrer Strategie) vertraut und ihr das Vertrauen nur aus triftigen Gründen entzieht oder ob er dies vorschnell tut, etwa weil er die kurzfristige Wertentwicklung im Verhältnis zur langfristigen Unternehmensstrategie überbewertet[170]. Hierfür spricht in der Theorie, dass die einzelnen Aktionäre aufgrund ihrer rationalen Apathie sich regelmäßig nicht eingehend mit der Langfristplanung befassen. Hierdurch unterliegt die Geschäftsleitung einer weniger effektiven Überwachung durch die Aktionäre, was wie-

---

165 Zu diesem Untersuchungsauftrag *Fleischer*, ZHR 165 (2001), 513, 515; auch *Bayer*, Gutachten zum 67. DJT, E 98 f.

166 Vgl. *Kalss/Burger/Eckert*, 370. Als Regelungsinstrumente kommen Informationspflichten, Entscheidungszuständigkeiten und ergänzende Vermögenssicherungsrechte, d.h. Austrittsrechte mit angemessener Abfindung, in Betracht, vgl. *Kalss/Burger/Eckert*, 370; *Lutter*, FS für Zöllner, 363, 381; *Mülbert*, ZHR 165 (2001), 104, 120 ff.; *Hellwig/Bormann*, ZGR 2002, 465 ff.; desw. die Macrotron-Entscheidung des BGH zum Delisting, BGHZ 153, 47 = ZIP 2003, 387. Ausführlich hierzu in Kapitel 6 unter I.1. sowie in Kapitel 9.

167 Vgl. *Storck*, ECFR 2004, 36, 38.

168 Vgl. *Ratschow*, DStR 2007, 1402; *Dauner-Lieb*, WM 2007, 9, 10; *Wand/Tillmann*, AG 2006, 443. Ausführliche Untersuchung der Rolle der Hedgefonds im System der Corporate Governance bei *Kahan/Rock*, 155 U. Pa. L. Rev. (2007), 1021 ff.; überblicksartig zu Nutzen und Risiken *Kumpan*, ZHR 170 (2006), 39, 52–56; *Hurst*, Comp. Law. 2007, 228 ff. Rechtsvergleichend zur Diskussion und zu kapitalmarkt- und gesellschaftsrechtlichen Regulierungsvorschlägen *Spindler/Bednarz*, WM 2006, 553 ff., 601 ff.; *Kumpan*, ZHR 170 (2006), 39 ff.

169 Vgl. *Schmolke*, ZGR 2007, 701, 712; *Kahan/Rock*, 155 U. Pa. L. Rev. (2007), 1021, 1084 f.

170 Vgl. *Schmolke*, ZGR 2007, 701, 712; *Engert*, ZIP 2006, 2105, 2106.

derum zu Misstrauen gegenüber ihren Langfriststrategien auf Anlegerseite führt[171]. Auch tatsächlich bestehen, auch wenn die bisher durchgeführten empirischen Studien das Ausmaß der Kurzsichtigkeit der Kapitalmärkte noch nicht eindeutig quantifizieren konnten, Anzeichen für eine Neigung zu einer Kurzfristorientierung[172]. Das aggressive Eintreten von Finanzinvestoren für eine kurzfristige Wertmaximierung kann nun solche ohnehin bestehenden Kurzsichtigkeitstendenzen am Kapitalmarkt verstärken, so eine Unterbewertung langfristiger Unternehmensstrategien unterstützen und damit letztendlich zulasten der Gesellschaft gehende unternehmerische Entscheidungen provozieren. Auch im Übrigen müssen die Interessen der aktiven Minderheitsaktionäre und diejenigen der übrigen Aktionäre nicht notwendigerweise gleichlaufen[173]. Vor diesem Hintergrund können börsengesellschaftsrechtliche Regelungen zur Unterstützung der Steigerung der Hauptversammlungspräsenzen (und dortiger informierter Entscheidung) zwecks Nivellierung des Einflusses aktiver Investoren mit Kurzfristzielen sinnvoll sein[174].

Bei der Frage nach der Notwendigkeit von Börsengesellschaftsrecht und dessen sinnvollen Inhalten wird auch stets das adäquate Regulierungsniveau zu klären sein, d.h. ob spezielles Recht durch zwingende oder dispositive Regelungen oder aber durch alternative Regelsetzungsformen wie eine Kodex-Empfehlung[175] geschaffen werden sollte. Die Reichweite der Vertragsfreiheit im Aktienrecht wie auch die Wahl optimaler dispositiver und zwingender gesellschaftsrechtlicher Normen stellt sich dabei als Kernproblem eines Rechts der kapitalmarktfinanzierten Gesellschaft dar[176]. Ein grundlegender Regelungsansatz besteht darin, für nicht-börsennotierte Gesellschaften die Gestaltungsautonomie zu erhöhen, sie für börsennotierte Gesellschaften hingegen zur Erhaltung der Vergleichbarkeit und Nachvollziehbarkeit nach außen durch Standardisierung der Beteiligungstitel niedrig zu halten[177]. Andererseits könnten gesellschaftsrechtliche Schutzvorschriften aber

---

171 Vgl. *Engert*, ZIP 2006, 2105, 2106; desw. bei *Kahan/Rock*, 155 U. Pa. L. Rev. (2007), 1021, 1085 in Fn. 269 aufgeführten theoretischen Studien, die Anhaltspunkte für eine tendenzielle Kurzsichtigkeit nachweisenden.

172 Vgl. *Kahan/Rock*, 155 U. Pa. L. Rev. (2007), 1021, 1085 ff. mit Beispielen von Hedge Fonds-Aktivitäten und unter Verweis auf zahlreiche empirische Studien in Fn. 271; *Engert*, ZIP 2006, 2105, 2106; *Schmolke*, ZGR 2007, 701, 713.

173 Vgl. nur den Fall der Intervention mehrerer Hedgefonds bei der Deutschen Börse AG mit dem Ziel der Verhinderung des von dieser angekündigten Übernahmeangebots für die *London Stock Exchange*, die nicht nur eine Erhöhung des Kurses der Deutschen Börse AG, sondern auch einen Spekulationsgewinn durch Lehrverkäufe von Aktien der *London Stock Exchange* bezweckte. Zusammenfassung des Sachverhalts bei *Kahan/Rock*, 155 U. Pa. L. Rev. (2007), 1021, 1034–1036; *Engert*, ZIP 2006, 2105, 2107 f.; dort, 2108, zu weiteren möglichen Interessenkonflikten zwischen kurzfristigen Finanzinvestoren und dem übrigen Aktionariat. Ausführliche Untersuchung der Interessenkonflikte bei *Kahan/Rock*, a.a.O., 1072 ff.

174 Ausführlich dazu in Kapitel 5 I.

175 Zu sonstigen alternativen Regelungsmechanismen (der Verordnung, dem Regelungsauftrag für die Gesellschaft in der Satzung, die Leitlinie) vgl. *Kalss/Burger/Eckert*, 367.

176 Vgl. *Ruffner*, 127. Überblicksartig aus rechtsvergleichender Perspektive zur Aufteilung zwischen staatlichem und privatem Recht *Siems*, Konvergenz der Rechtssysteme, 53 ff.

177 So für Österreich *Kalss/Burger/Eckert*, 370; im Ergebnis ebenso *Roth* in Roth (Hrsg.), System der Kapitalgesellschaften, 14 f.; referierend auch *Bayer*, Gutachten zum 67. DJT, E 9 und eine verstärkte Differenzierung in diesem Sinne für die AG fordernd, E 81 ff.

auch gerade bei kapitalmarktnotierten Gesellschaften zurückgenommen werden können, wenn der Markt das gleiche oder annähernd das gleiche zu leisten in der Lage ist wie die Rechtsordnung[178]. Die hiermit angesprochene Frage des Maßes an Gestaltungsfreiheit im Aktienrecht ist im deutschen Schrifttum seit längerem unter dem Stichwort der „Satzungsstrenge" umstritten[179]. Abstrakt wird einerseits argumentiert, dass eine Standardisierung der Anteilsrechte mittels zwingenden Rechts Anleger vor Informationsdefiziten schütze, so den massenweisen Handel und damit letztlich die Kapitalmarktentwicklung fördere[180]. Zwingendes Gesellschaftsrecht soll Aktien unter weitgehender Vermeidung von Informationskosten dem Kapitalmarkt zur Verfügung halten und auf diese Weise sowohl dessen Funktionsfähigkeit als auch die Kapitalausstattung der Gesellschaften sichern[181]. Zwingendes Recht soll auch dem Schutz der zukünftigen Anteilseigner dienen, die durch die Verhinderung einer abweichenden Ausgestaltung gegenüber möglichen Übervorteilungen abgesichert würden und zudem angesichts zwingender Regelungen einen geringeren Informationsaufwand vor ihrer Anlageentscheidung haben. Über diesen Schutz zukünftiger Anteilseigner wird wiederum ein positiver Impuls für das Vertrauen in das Institut der Aktie und damit für die Funktionsfähigkeit des Kapitalmarkts angestrebt[182]. Aus rechtsökonomischer Sicht wird das Ziel der Internalisierung externer Effekte als Begründung zwingenden Aktienrechts herangezogen[183]. Für Gestaltungsfreiheit wird hingegen zum einen mit dem empirischen

---

178 Vgl. *Lutter*, FS für Zöllner, 363, 375 in seiner Kritik zur Erstreckung des Anwendungsbereichs des erleichterten Bezugsrechtsausschlusses in BGHZ 136, 133 (Siemens-Nold) auf alle Aktiengesellschaften statt lediglich auf börsennotierte Gesellschaften; *Kübler*, AG 1994, 141 ff.; *Hirte*, ZGR-Sonderheft 13 (1998), 61 ff.

179 Ausführliche Schilderung der Entwicklung der Satzungsstrenge im deutschen Aktienrecht und der diesbezüglich geführten Diskussion bei *Bayer*, Gutachten zum 67. DJT, E 27 ff., E 83 f.; *Spindler*, AG 2008, 598 ff.; kurz auch *Nodoushani*, NZG 2008, 452 f.

180 So *Pellens/Hillebrandt*, AG 2001, 57, 61; MK/*Pentz*, § 23 Rn. 150; *Lutter*, ZGR 2000, 1, 10; *Hüffer*, § 23 Rn. 34; GK/*Röhricht*, § 23 Rn. 167; GK (3.A.1973)/Barz, § 23 Rn. 18; KK (2.A.1988)/*Kraft*, § 23 Rn. 84; in diesem Sinne auch *Bayer*, Gutachten zum 67. DJT, E 84; referierend und ablehnend *Hirte*, ZGR-Sonderheft 13 (1998), 61 ff.; ebenso kritisch referierend *Spindler*, AG 1998, 51, 59 m.w.N.; *Spindler*, AG 2008, 601 ff.; eingehend und kritisch auch *Hey*, 170 ff.; desw. *Richter*, ZHR 172 (2008), 418, 449. Zusammenfassende Schilderung des Streitstandes bei *Siems*, Konvergenz der Rechtssysteme, 54–57. Für umfassende Generalkritiken des Prinzips der Satzungsstrenge vgl. *Bak*; *Pleßke*.

181 Vgl. *Kübler/Assmann*, 15, 371 f.; GK/*Assmann*, Einleitung Rn. 352; *Mülbert*, Aktiengesellschaft und Kapitalmarkt, 5, 78 ff. Zur Reduzierung der Informationskosten der Anleger durch Standardisierung der Rechnungslegungsvorschriften mittels zwingendem Rechts vgl. *Ruffner*, 298.

182 So referierend *Hey*, 172 unter Verweis auf die bei *A.Teichmann*, 75 geschilderte Diskussion um die Aktienrechtsnovelle 1965 für die Argumente für eine zwingende Ausgestaltung des Aktienrechts. Kritisch zum kapitalmarktrechtlichen Impuls *Hirte*, ZGR-Sonderheft 13 (1998), 61, 74 ff.; *Hopt* in Hommelhoff u.a. (Hrsg.), Corporate Governance, 27, 40. *Hey*, aaO., stellt angesichts des kapitalmarktrechtlichen Schutzzieles des § 23 V AktG die Frage, ob die zwingenden Regelungen nicht auf der Ebene des Kapitalmarktrechts anzusiedeln wären. Kritisch auch *Spindler*, AG 1998, 51, 60 ff.

183 Detailliert hierzu und zu den sonstigen Rechtfertigungsansätzen für zwingendes Gesellschaftsrecht aus rechtsökonomischer Sicht (Verhinderung von Informationsasymmetrien, Schutz vor opportunistischen Satzungsänderungen, effiziente Selbstbindung, Komplexitätsreduktion) *Ruffner*, 294 ff. (mit dem Ergebnis, dass es kaum Argumente für ein umfassendes System zwingender aktienrechtlicher Normen gibt, vgl. *Ruffner*, 316); tabellarische Übersicht dort, 321.

Befund argumentiert, dass Großbritannien und die U.S.A. als die Länder mit den höchstentwickelten Kapitalmärkten sie weitgehend gewähren und damit darauf vertrauen, dass der Markt eine im Anlegerinteresse bessere Satzungsgestaltung erzwingt oder zumindest prämiert[184]. Dies sei der Fall, da der Markt gesellschaftsrechtliche Gestaltungen regelmäßig adäquat bewerte, indem die kumulierten Kauf- und Verkaufsentscheidungen der Anleger zu ausreichend sinkenden oder steigenden Kapitalkosten führten[185] Anleger seien daher oftmals allein durch die Möglichkeit des *exits* hinreichend geschützt[186]. Die durch dispositives Recht gewährleistete Vertragsfreiheit bietet den Unternehmen vor diesem Hintergrund die notwendige Flexibilität, um wertsteigernde statutarische Bestimmungen und Satzungsänderungen zu vereinbaren[187]. Zwingendes Recht wird als Wettbewerbsnachteil bei der Suche nach Anlagekapital auf den internationalen Kapitalmärkten verstanden, da es die Anpassung an Markterfordernisse verhindert[188]. Hingewiesen wird auch darauf, dass die Kapitalmärkte gerade in den letzten Jahren von der kontinuierlich zunehmenden Entwicklung neuer Finanzmarktprodukte geprägt sind. Die für deren Vermarktung notwendige Standardisierung wird nicht durch zwingendes Recht, sondern durch die Anforderungen des Marktes (d.h. letztendlich über eine der Marktgängigkeit entsprechende Preisbildung) vorgenommen[189]. Von daher wird an der Erforderlichkeit einer zwingenden gesetzlichen Normierung zur Sicherung der Funktionsfähigkeit des Kapitalmarkts gezweifelt. Standardisierungen zur Senkung der Transaktionskosten müssten nicht notwendigerweise durch zwingendes Recht erfolgen, sondern könnten auch Produkt privatautonomer Entscheidungen sein oder aber durch dispositives Recht, das entsprechende Standardregeln für Verträge bereithält, bewirkt werden[190]. Informationsasymmetrien, d.h. prohibitiv hohe Kosten der Information über verschiedene Satzungsgestaltungen, die zu einem Marktversagen bei der Bewertung durch den Kapitalmarkt führen können, könnten dabei grundsätzlich, wie bereits weiter oben dargelegt, durch die Mitwirkung institutio-

---

184 Vgl. *Hey*, 173 ff.; *Hirte*, ZGR-Sonderheft 13 (1998), 61 ff.; *Hopt*, ZGR-Sonderheft 13 (1998), 123 ff.; *Spindler*, AG 1998, 51, 58 ff.; *Spindler*, AG 2008, 598, 600 f.; *Mertens*, ZGR 1994, 426 ff.; aus rechtsökonomischer Sicht *Eidenmüller*, JZ 2001, 1041, 1046; relativierend unter Hinweis auf die Pfadabhängigkeit der nationalen gesellschaftsrechtlichen Gestaltungen *Bayer*, Gutachten zum 67. DJT, E 85.

185 Vgl. *Wackerbarth*, ZGR 2005, 686, 688.

186 Kritisch insofern *Ruffner*, 305 ff: Eine für die Aktionäre oder einen Teil von ihnen nachteilige Satzungsänderung nach Erwerb der Aktien könne in ihrer Wirkung nicht durch den Verkauf der Aktien kompensiert werden (da sie sich auf effizienten Kapitalmärkten umgehend in einem tieferen Preis der Aktien niederschlage). *Ruffner*, 307 f., hält aber nicht generell zwingende Satzungsgestaltungen, sondern eine effektive Kombination von (im Kernbereich zwingenden) Sorgfaltspflichten und Austrittsrechten, die im Streitfall eine gerichtliche Überprüfung der nachträglichen Satzungsänderung ermöglichen, für den adäquaten Lösungsansatz dieses Problems.

187 Vgl. *Ruffner*, 312.

188 So *Hey*, 174.

189 Vgl. *Hey*, 173; *Hirte*, ZGR-Sonderheft 13 (1998), 61, 80; auch *Spindler*, AG 2008, 598, 600.

190 Vgl. *Spindler*, AG 1998, 51, 59, der für durch privatautonome Entscheidungen bewirkte Standardisierungen auf die in vielen Branchen mehr oder weniger standardisierten Allgemeinen Geschäftsbedingungen sowie auf Standard-GmbH-Verträge aus Rechtsformularhandbüchern verweist.

neller und professioneller Anleger, für die sich die Informationsgewinnung trotz ihrer Kosten lohne, vermieden werden[191].

Letztendlich vermögen abstrakte Argumentationen einseitig für mehr oder weniger Gestaltungsfreiheit nicht zu überzeugen[192]. Zu unterschiedlich gestalten sich die Interessenlagen im Rahmen der einzelnen Rechtsinstitute. Ebenso kann die gegen Regulierung streitende Fähigkeit des Marktes, die Ausgestaltungen zu bewerten, nicht pauschal beurteilt werden. Erforderlich und Ziel dieser Untersuchung ist vielmehr, die adäquate Normierung für börsennotierte Aktiengesellschaften und mit ihr das Maß der durch sie zu eröffnenden Gestaltungsfreiheit jeweils gesondert für die einzelnen gesellschaftsrechtlichen Regelungskomplexe auf Grundlage der jeweils festzustellenden Interessenlage herauszuarbeiten[193]. Ausgangspunkt der Frage nach der richtigen Balance zwischen zwingendem Recht und Gestaltungsfreiheit (bzw. dispositivem Recht) ist, dass dispositives Recht davon ausgeht, dass privatautonome Vertragsgestaltung einen sämtliche betroffene Schutzinteressen wahrenden Ausgleich schafft. Rechtliche Institutionen und Marktmechanismen lassen sich also als alternative Überwachungsmechanismen der kapitalmarktfinanzierten Gesellschaften interpretieren[194]. Ob privatautonome Gestaltung die gesellschaftsrechtlichen Schutzzwecke erfüllen kann, setzt eine einzelfallbezogene Analyse der jeweiligen Marktprozesse auf ein eventuelles Marktversagen voraus. Im Hintergrund der rechtsvergleichenden Untersuchung der einzelnen Regelungskomplexe wird deshalb stets die Frage stehen, ob und inwieweit Informations- und Kapitalmärkte jeweils in der Lage sind, für einen ausreichenden Schutz von Anteilseignern zu sorgen und so Ersatz für zwingendes Recht zu bieten[195].

III. Eingrenzung des Themas

Die Beantwortung der Frage nach einem Sondergesellschaftsrecht für börsen- bzw. kapitalmarktnotierte Aktiengesellschaften erfordert eine Präzisierung und Eingrenzung des Untersuchungsgegenstandes. Im Folgenden werden daher die im Rahmen der Arbeit zugrunde gelegten Begriffe der „Kapitalmarktnotierung“ und des „Gesellschaftsrechts“ erörtert und definiert (unter 1. und 2.) und anschließend die Auswahl der untersuchten Rechtsordnungen erläutert (unten 3.).

---

191 Zur Informationseffizienz der Kapitalmärkte vgl. bereits oben den Text bei Fn. 148 ff.

192 In diesem Sinne auch *Spindler*, AG 2008, 598, 601; *Schäfer*, NJW 2008, 2536, 2538. Grundlegend zur Frage, wo die Grenze zwischen zwingendem und dispositiven Recht verlaufen sollte, vgl. *Coffee*, Columbia Law Review 89 (1989), 1618–1691.

193 So im Ergebnis auch *Hirte*, ZGR-Sonderheft 13 (1998), 61, 76 f.; *Mertens*, ZGR 1994, 426, 427; *Fleischer*, ZHR 168 (2004), 673, 692; *Bayer*, Gutachten zum 67. DJT, E 85; *Spindler*, AG 2008, 598, 601 f.; *Schäfer*, NJW 2008, 2536, 2538; *Pistor/Keinan/Kleinheisterkamp/West*, 23 U.Pa.J.Int.'l Econ.L. 791, 796 (2002): „We argue that striking the right balance between flexibility and control is the key ingredient for ensuring the adaptability of the corporate form to a constantly changing environment.“

194 So auch *Ruffner*, 129.

195 Vgl. hierzu auch *Spindler*, AG 1998, 51, 54.

1. Kapitalmarktnotierte Gesellschaften

Prägendes Merkmal der zu untersuchenden Gesellschaften ist ihre Eigenkapitalfinanzierung über den Kapitalmarkt. Der Begriff des Kapitalmarktes gehört bzw. gehörte zumindest bis zur Abfassung der Wertpapierdienstleistungs-Richtlinie und ihrer Umsetzung durch das Wertpapierhandelsgesetz (WpHG) zu den unpräzisesten und erklärungsbedürftigsten Begriffen der deutschen Fach- und Alltagssprache[196].

Kapitalmarkt im weiteren Sinne ist dabei der Markt, auf dem mitgliedschaftliche oder obligatorische Kapitalanlagen angeboten werden[197]. Mit Kapitalanlagen ist hierbei ausschließlich das Finanzkapital gemeint, nicht hingegen Sach- oder Realkapital, das auf Gütermärkten gehandelt wird[198].

Der deutsche Kapitalmarkt lässt sich in einen organisierten bzw. institutionalisierten Kapitalmarkt (die Börse) und einen nicht-organisierten bzw. „grauen" Kapitalmarkt (z. B. für Anteile an meist in der Form von Publikumspersonengesellschaften realisierten geschlossenen Immobilienfonds, Bauherrenmodellen und Abschreibungsgesellschaften) unterteilen[199]. Diese Zweiteilung ist allerdings weltweit einzigartig[200] und von daher als Abgrenzungskriterium einer länderübergreifenden Untersuchung ungeeignet. Taugliches Eingrenzungskriterium ist dagegen die Definition des Wertpapiermarktes gemäß der Wertpapierdienstleistungs-Richtlinie bzw. der sie ersetzenden Richtlinie über Märkte für Finanzinstrumente (MiFiD-Richtlinie)[201]. Diese Definition ermöglicht die Aufteilung des Kapitalmarktes in einen Kapitalmarkt im engeren Sinne des Wertpapiermarktes in der durch die Richtlinien zugrunde gelegten Definition auf der einen Seite und einen hiervon negativ abgegrenzten sonstigen Kapitalmarkt im weiteren Sinne auf der anderen Seite[202]. Die Definition der Richtlinien gilt im gesamten harmonisierten Kapitalmarktrecht und eignet sich deshalb in besonderer Weise zur Abgrenzung im Rah-

---

196 So Assmann/Schütze, Handbuch des Kapitalanlagerechts/*Assmann*, § 1 Rn. 1 f.; GK/*Assmann*, Einl. Rn. 355. Zur durch WpHG und Wertpapierdienstleistungs-Richtlinie ermöglichten Definition vgl. *Kümpel* in Kümpel/Ott, Rechtshandbuch Kapitalmarktrecht, 050, S. 19; *Kümpel*, Kapitalmarktrecht, Rn. 79 ff.

197 Vgl. *Kümpel*, Bank- & Kapitalmarktrecht, Rn. 8.124; *K. Schmidt*, S. 14; *Claussen*, Bank- und Börsenrecht, § 9 Rn. 1a. Ausführlich zum Begriff des Kapitalmarkts GK/*Assmann*, Einleitung Rn. 352 ff.

198 Vgl. *Kümpel*, Bank- & Kapitalmarktrecht, Rn. 8.124; *Kümpel*, Kapitalmarktrecht, Rn. 78.

199 Vgl. zur Unterscheidung GK/*Assmann*, Einleitung Rn. 417 ff.; *Assmann* in Assmann/Schneider, WpHG, Einl. Rn. 4 ff.; *Ziegler*, 13, der die Bezeichnung „grauer" Kapitalmarkt wegen der damit einhergehenden negativen Konnotation bei vorhandenen seriösen Angeboten am nicht-organisierten Markt für diskreditierend hält und den grauen Kapitalmarkt als unseriösen Teil des nicht-organisierten Marktes ansehen will. Zum grauen Kapitalmarkt vgl. *Kümpel*, Bank- & Kapitalmarktrecht, Rn. 8.154 ff.

200 Vgl. *Assmann* in Assmann/Schneider, Einl. Rn. 6.

201 Die Wertpapierdienstleistungs-Richtlinie wurde zum 30. April 2006 aufgehoben; vgl. Art. 69 der MiFiD-Richtlinie.

202 So *Kümpel*, Bank- & Kapitalmarktrecht, Rn. 8.128, 8.154 ff.; *Kümpel*, Kapitalmarktrecht, Rn. 78 ff.

men einer rechtsvergleichenden Untersuchung der Gesellschaftsrechte mehrerer EG-Mitgliedstaaten. Im Kontext dieser Arbeit meint „Kapitalmarktfinanzierung" dementsprechend ausschließlich die Fähigkeit der Gesellschaften, sich am Kapitalmarkt im engeren Sinne des Wertpapiermarktes gemäß der Definition der MiFiD-Richtlinie zu finanzieren. Maßgebendes Kriterium hierfür ist die Finanzierung mittels Wertpapieren im Sinne des Art. 4 Nr. 18 der MiFiD-Richtlinie[203], den sog. Effekten. Wertpapiere sind nach der Definition der Richtlinie Urkunden, die an einer Börse gehandelt werden (können) und in großer Zahl finanziell und rechtlich austauschbarer Einheiten begeben werden, also Aktien, die sie vertretenden Zertifikate, Schuldverschreibungen und vergleichbare Wertpapiere[204].

Der nicht-organisierte (außerbörsliche) Markt ist Bestandteil des Kapitalmarkts im Sinne des Wertpapiermarktes der MiFiD-Richtlinie, soweit auf ihm Wertpapiere im Sinne von Effekten gehandelt werden[205]. Die auf dem grauen Kapitalmarkt angebotenen Anlageformen erfüllen die tatbestandsmäßigen Voraussetzungen des Wertpapierbegriffs im Sinne des Art. 4 Nr. 18 der MiFiD-Richtlinie nicht[206] und sind von daher nicht Gegenstand der Untersuchung. Vielmehr kommen, soweit es sich bei den gehandelten Effekten um Aktien handelt, als kapitalmarktfinanzierte Gesellschaften nur Aktiengesellschaften in Betracht[207]. Bei Papieren, die Schuldtitel verbriefen (Schuldverschreibungen), sind zumindest theoretisch sogar Personen(handels)gesellschaften erfasst. Zu differenzieren ist also zwischen der Eigenkapitalaufnahme (mittels Einräumung von Anteilsrechten durch Verkauf von Aktien) und der Aufnahme von Fremdkapital (durch Kreditaufnahme z.B. im Wege von Schuldverschreibungen)[208]. Unmittelbare gesellschaftsrechtliche Bedeutung hat aber nur der Anteil, also die Eigenkapitalaufnahme. Bei der Fremdkapitalaufnahme ist der Konnex zum Gesellschaftsrecht der jeweils tätigen Gesellschaft weniger unmittelbar (da sie ja prinzipiell jeder wirtschaftlich tätigen Gesellschaft offen steht). Des-

---

203 Vormals Art. 1 Nr. 4 Wertpapierdienstleistungs-Richtlinie. Zur Synonymität von Kapitalmarkt und Wertpapiermarkt vgl. *Kümpel*, Bank- & Kapitalmarktrecht, Rn. 8.126 ff.; ders., Kapitalmarktrecht, Rn. 79; *Grundmann*, Europ.GR, Rn. 609.

204 Entscheidendes Merkmal der Wertpapiere ist ihre jederzeitige Veräußerungseignung (Fungibilität oder Zirkulationsfähigkeit und Handelbarkeit). Die Sicherstellung der Fungibilität verlangt neben der massenhaft gleichen Ausstattung die Uneinwendbarkeit von Einwendungen, den Ausschlusses der persönlichen Haftung und die fehlende Vinkulierung; vgl. *Grundmann*, Europ. GR, Rn. 609.

205 Vgl. *Kümpel*, Kapitalmarktrecht, Rn. 90.

206 Die Kommanditanteile der in Deutschland in der Regel in der Form der GmbH & Co. KG organisierten Projekte sind für eine wertpapiermäßige Verbriefung ungeeignet, vgl. *Kümpel*, Bank- & Kapitalmarktrecht, Rn. 8.154, 8.156.

207 In Deutschland also die AG, in Großbritannien die public limited company (plc.), in Frankreich die société anonyme (S.A.). Bei der in Frankreich als flexiblere Form der S.A. für joint venture-Vorhaben geschaffenen société par actions simplifiée (S.A.S.) korrespondiert hingegen die Rücknahme von Schutzvorschriften aufgrund der unterstellten Professionalität der Aktionäre mit dem Verbot der Kapitalaufnahme auf dem Kapitalmarkt durch die S.A.S., vgl. *Grundmann*, Europ.GR, § 3 Rn. 77 m.w.N.; *Guyon*, ZGR-Sonderheft 13 (1998), 297, 302; *Großerichter/Rageade*, RIW 2001, 771 ff.

208 Vgl. *Grundmann*, Europ.GR, Rn. 607. Zu den zwei Grund- und den zahllosen Zwischenformen der Finanzierung siehe *Perridon/Steiner*, 397–415; *Einsele*, Wertpapierrecht als Schuldrecht, 8–10; *Wöhe/Bilstein*, 226–278.

halb werden Gesellschaften, die sich nur im Wege der Fremdkapitalaufnahme am Kapitalmarkt finanzieren, im Rahmen der auf gesellschaftsrechtliche Optimierungsmöglichkeiten fokussierten Untersuchung nicht berücksichtigt werden. „Kapitalmarktnotierte Gesellschaft" bzw. „börsennotierte Gesellschaft" meint im Kontext dieser Arbeit also eine Aktiengesellschaft mit kapitalmarktnotierten Aktien. Wenn Regelungen hingegen nach der Notierung jeglicher Wertpapiere, also auch Anleihen etc., an organisierten Wertpapiermärkten differenzieren[209], steht zu vermuten, dass kapitalmarktrechtliche Aspekte wie die Gewährleistung ausreichender und verlässlicher Information des Kapitalmarkts die gesellschaftsrechtlichen jedenfalls erheblich überwiegen. Dennoch wird stets zu hinterfragen sein, ob die Regelungen nicht eigentlich spezielle, in Gesellschaften mit börsennotierten Aktien auftretende und damit gesellschaftsrechtliche Besonderheiten adressieren und deshalb als Börsengesellschaftsrecht auf Gesellschaften mit an organisierten Märkten notierten Aktien beschränkt werden sollten.

Der Kapitalmarkt im beschriebenen Sinne des Wertpapiermarktes umfasst zum einen den sog. organisierten Markt iSv. § 2 Abs. 5 WpHG (und § 3 Abs. 2 AktG) bzw. „*regulated market*" im Sinne der englischen Fassung des Art. 4 Nr. 14 der MiFiD-Richtlinie[210], d.h. den Markt, der von staatlich anerkannten Stellen geregelt und überwacht wird, regelmäßig stattfindet und für das Publikum unmittelbar oder mittelbar zugänglich ist. Zum anderen erfasst er aber unabhängig vom Organisationsgrad auch alle sonstigen Marktsegmente, wie in Deutschland die privat organisierten Segmente des Freiverkehrs und des Interbankenhandels, solange dort Wertpapiere im Sinne der Definition der Richtlinie gehandelt werden[211]. Untersucht wird die Existenz und Erforderlichkeit speziellen Gesellschaftsrechts für am organisierten Kapitalmarkt im Sinne von Art. 4 Nr. 14 der MiFiD-Richtlinie eigenkapitalfinanzierten Gesellschaften. Gerade diese Gesellschaften wenden sich an eine besonders große Zahl internationaler und anonymer Anleger, weshalb gerade bei ihnen Kontrolldefizite auftreten können und sich verstärkt die Frage des Anlegerschutzes stellt. Zudem sind die an organisierten Märkten notierten Gesellschaften

209 Wie die französischen Regelungen zu den *sociétés dont les titres sont admis aux négotiations sur un marché réglementé* und die europarechtlichen Vorgaben der Richtlinie 2006/43/EG zur Abschlussprüfung in Unternehmen von öffentlichem Interesse, deren Wertpapiere auf einem organisierten Markt zugelassen sind (Art. 39 ff.), sowie die bilanzrechtlichen Vorgaben der IFRS-Verordnung.

210 Vgl. zu den Begrifflichkeiten *Kümpel* in Kümpel/Ott, Rechtshandbuch Kapitalmarktrecht, 050, S. 22: Der deutsche Gesetzgeber führte bei Umsetzung der Wertpapierdienstleistungs-Richtlinie die von deren Sprachgebrauch abweichende Bezeichnung „organisierter Markt" ein, um diesen terminologisch vom Geregelten Markt als börsenmäßig organisiertem Markt iSd. §§ 71 ff. BörsG abzugrenzen; vgl. Begr. RegE des Gesetzes zur Umsetzung von EG-Richtlinien zur Harmonisierung bank- und wertpapieraufsichtsrechtlicher Vorschriften vom 22.10.1997 (EG-Richtlinienumsetzungsgesetz), BR-Drucks. 963/96, 103; *Assmann* in Assmann/Schneider, § 2 Rn. 95.

211 Vgl. *Kümpel* in Kümpel/Ott, Rechtshandbuch Kapitalmarktrecht, 050, S. 22.; *Kümpel*, Kapitalmarktrecht, Rn. 90; *Bayer*, Gutachten zum 67. DJT, E 13. Überblicksartig zu den nicht organisierten Märkten in Deutschland (unter besonderer Berücksichtigung des *Entry Standards* der Frankfurter Wertpapierbörse und des Marktsegments *m:access* der Börse München), Großbritannien (*Alternative Investment Market, AIM*, an der *London Stock Exchange*) und Frankreich (*Alternext* an der *Euronext Paris*), ihren rechtlichen Rahmenbedingungen, Einbeziehungs- bzw. Zulassungsvoraussetzungen und Einbeziehungs- bzw. Zulassungsfolgepflichten *Harrer/Müller*, WM 2006, 653 ff.

typischerweise aufgrund ihrer wirtschaftlichen Größe in besonderem Maße auf eine effiziente Eigenkapitalversorgung angewiesen. Für das Gros der Investoren sind die Notierung und der Handel von Wertpapieren an einer Börse Voraussetzung für deren Erwerb[212], da nur so die kurzfristige Veräußerung gewährleistet ist[213]. Für Aktiengesellschaften ist daher die Notierung an einem organisierten Markt der effizienteste Weg, sich durch Platzierung von Aktien Eigenmittel über den Kapitalmarkt zu beschaffen[214]. Es stellt sich deshalb gerade bei den börsennotierten Gesellschaften die Frage, ob die Eigenkapitalfinanzierung über den Kapitalmarkt durch spezielle, das Anlegervertrauen fördernde, gesellschaftsrechtliche Arrangements effizienter gestaltet werden kann. In Anerkenntnis der besonderen Interessenlage bei an organisierten Kapitalmärkten notierten Gesellschaften haben auch der Europäische Gesetzgeber und die Gesetzgeber der untersuchten Staaten gerade bei diesen Gesellschaften ein Differenzierungsbedürfnis gesehen und im Rahmen der Reformen des letzten Jahrzehnts Sonderregelungen für sie geschaffen[215].

Die Europäische Aktiengesellschaft bzw. *Societas Europaea* (SE) wird nicht ausführlich behandelt. Die SE-Verordnung regelt im Wesentlichen den Gründungsvorgang, bei dem keine börsengesellschaftsrechtlichen Besonderheiten bestehen. Im Übrigen verweist die sie weitgehend auf das nationale Rechts des Sitzstaates der Gesellschaft (Art. 9 Abs. 1 lit. c)ii) der SE-Verordnung), so dass eine gesonderte Untersuchung unterbleiben kann. Das Recht der SE wird daher nur an den Stellen angesprochen, an denen es Einfluss auf die Entwicklung speziellen Gesellschaftsrechts für kapitalmarktfinanzierte Gesellschaften haben kann.

2. Konkretisierung des Untersuchungsgegenstandes: Gesellschaftsrecht

Gesellschaftsrecht[216] als Untersuchungsgegenstand dieser Arbeit meint das Organisationsrecht der Gesellschaften. Gesellschaftsorganisationsrecht umfasst die Rege-

---

212 Vgl. HdbAG/*Meyer*, § 3 Rn. 1; *Kümpel*, Bank- und Kapitalmarktrecht, Rn. 9.77.
213 Vgl. HdbAG/*Meyer*, § 3 Rn. 1; *Schanz*, § 2 Rn. 7; *Lenenbach*, Rn. 7.1.; *Kümpel*, Kapitalmarktrecht, Rn. 35 f.
214 Vgl. HdbKonzerfinanzierung/Scheffler, Rn. 8.36; HdbAG/*Meyer*, § 3 Rn. 1.
215 Für eine Heranziehung der Börsennotierung im Sinne der Notierung von Aktien am organisierten Markt als Trennlinie für weitere gesellschaftsrechtliche Differenzierungen argumentieren auch *Bayer*, Gutachten zum 67. DJT, E 91, E 92 ff.; *Kalss/Schauer*, Gutachten zum 16. ÖJT 2006, 65 ff.; *Spindler*, AG 2008, 598, 603. Eine Differenzierung anhand jeglicher Kapitalmarktorientierung unter Einbeziehung an nicht organisierten Kapitalmärkten notierter Gesellschaften scheidet auch deshalb aus, weil der Handel der Anteile am nicht organisierten Kapitalmarkt auch ohne Einverständnis (und Kenntnis) der Gesellschaft erfolgen kann. Dadurch hätte die betroffene Gesellschaft keinen Einfluss auf eine Änderung des für sie geltenden Regelungsregimes, was einerseits unbillig wäre und andererseits zu erheblicher Rechtsunsicherheit führte.
216 Zu den verschiedenen Begriffsdefinitionen bzw. Funktionsbeschreibungen des Gesellschaftsrechts („privatrechtliches Kooperationsrecht", „Recht der privaten Zweckverbände oder der privaten Organisation", „Recht der privatrechtlichen Zweckverbände und der kooperativen Vertragsverhältnisse", „Recht der privatrechtlichen Personenvereinigungen, die zur Erreichung eines bestimmten gemeinsamen Zweckes durch Rechtsgeschäft begründet werden") und zu ihren Problemen vgl. *K.Schmidt*, § 1 I 1 m.w.N.; *Kübler/Assmann*, § 1 m.w.N.

lungen zur (1) Errichtung der Organisation; (2) zur bestehenden Organisation und hier vor allem zur Verteilung der Entscheidungsbefugnisse (Verwaltungsrechte), zur Darstellung und Verteilung der wirtschaftlichen Ergebnisse (Vermögensrechte) sowie zum Wirken und zur Haftung gegenüber Dritten; (3) zur grundlegenden Umgestaltung der Organisation (Umstrukturierung) mit den einhergehenden Entscheidungsbefugnissen und dem Schutz der Vermögensrechte Dritter; und letztlich (4) zur Auflösung und Beendigung der Organisation[217]. Die Regelungen zur bestehenden Organisation lassen sich in solche zur Organisationsverfassung und solche zur Finanzverfassung unterteilen[218]. Im Folgenden wird zunächst in Teil 2 die Organisationsverfassung untersucht (in Kapitel 4 die Rechtsstellung der Leitungsorgane, in Kapitel 5 die Rechtsstellung der Aktionäre und in Kapitel 6 die Kompetenzverteilung innerhalb der Gesellschaft), da vor allem in ihrem Rahmen börsengesellschaftsrechtliche Bedürfnisse bestehen. Sodann wird als Teil 3 das Vorliegen und die Notwendigkeit von Börsengesellschaftsrecht außerhalb der Organisationsverfassung beleuchtet. Hierbei werden die Gründung und das Außenverhältnis der Gesellschaft zu Dritten (Kapitel 7), die Finanzverfassung (Kapitel 8) und schließlich Umstrukturierungen und die Beendigung der Gesellschaft (Kapitel 9) auf das Vorliegen von und das Bedürfnis für börsengesellschaftsrechtliche Regelungen untersucht. Dabei wird nicht nur das durch den Gesetzgeber gesetzte Recht, sondern auch Richterrecht und im Wege der Rechtsfortbildung durch die Wertpapieraufsichtsämter geschaffenes Recht als „Gesellschaftsrecht" miteinbezogen werden[219]. Schließlich können gesellschaftsrechtliche Regelungen in privat gesetzten Regelwerken wie *Corporate Governance*-Kodizes[220] oder in Börsenzulassungsregeln der privatrechtlich organisierten Börsen für die Realität der börsennotierten Aktiengesellschaften als funktionales Äquivalent ebenso relevant sein wie staatlich gesetztes Recht und deshalb „spezielles Gesellschaftsrecht" für diese Gesellschaften in einem weit verstandenen Sinne darstellen[221].

Hingegen bedarf die Frage nach einem speziellen Gesellschaftsrecht für kapitalmarktnotierte Aktiengesellschaften nicht einer Untersuchung des Kapitalmarktrechts. Kapitalmarktrecht kann definiert werden als die Gesamtheit der Normen, die sich mit dem öffentlichen Vertrieb und Umlauf von Unternehmensbeteiligun-

---

217 Vgl. *Grundmann*, Europ. GR, Rn. 2.

218 Vgl. z.B. *K.Schmidt*, § 28 und § 29.

219 Zur Notwendigkeit einer solchen weiten Betrachtung vgl. *Windbichler*, JZ 2008, 580, 581; *Siems*, Konvergenz der Rechtssysteme, 9. So war z.B. die Rolle der französischen *Commission des Opérations de Bourse* (*COB*) bei der Weiterentwicklung des Gesellschaftsrechts der börsennotierten bzw. den Kapitalmarkt in Anspruch nehmenden Gesellschaften maßgeblich, vgl. *Hopt*, ZGR-Sonderheft 13 (1998), 123, 131 m.w.N. auf die Jahresberichte der Behörde sowie auf *Gronstedt*.

220 Zur den verschiedenen Kodizes sogleich in Kapitel 3 unter IV.

221 In diesem Sinne auch *Siems*, Konvergenz der Rechtssysteme, 9; *Windbichler*, JZ 2008, 580, 581. Vgl. für Relevanz und Beispiele selbst gesetzter Normen der Börsen und der am Kapitalmarkt interessierten Banken und Wirtschaftskreise *Hopt*, ZGR-Sonderheft 13 (1998), 123, 132. Zur Wirkung von Kodex-Regelungen, von denen bei entsprechender Offenlegung („comply or explain") abgewichen werden darf, wie verbindliche Regelungen, wenn die mittelbaren Kosten der Abweichung zu hoch sind vgl. *Hopt*, ZIP 2005, 461, 472: Maßgeblich ist danach nicht die formale Bindungswirkung, sondern die funktionale.

gen und verbrieften bzw. öffentlichen registrierten Geldforderungstiteln – kurz fungiblen Kapitalmarkttiteln – befassen, um den Anleger- und Funktionenschutz von Kapitalmarkt und Wirtschaft zu gewährleisten[222]. Es handelt sich um eine Querschnittsmaterie, deren Gegenstände vor allem börsen-, gewerbeaufsichts- und wertpapierrechtliche, aber auch gesellschaftsrechtliche Bezüge aufweisen[223]. Kapitalmarktrecht ist aber gerade kein Gesellschaftsrecht im Sinne des zu untersuchenden Rechtsgebiets, da es nicht organisations- sondern transaktionsbezogen ist. Als auf den Erwerb von Wertpapieren abstellende Normierung richtet sich das Kapitalmarktrecht qua Definition an am Kapitalmarkt (eigen- oder fremdkapital-)finanzierte Gesellschaften, und zwar unabhängig von deren Rechtsform[224]. Dass Kapitalmarktrecht spezielles (nicht-gesellschaftsrechtliches) Recht für in diesem Sinne kapitalmarktfinanzierte Gesellschaften darstellt, steht also von vornherein fest. Diese Arbeit beschränkt sich demgegenüber auf die Frage nach dem Vorliegen von und dem Bedürfnis für spezielle gesellschaftsrechtliche Regelungen für an organisierten Märkten eigenkapitalfinanzierte Aktiengesellschaften. Angesichts der verschiedenen Regelungssubjekte des Kapitalmarktrechts auf der einen Seite (an organisierten Märkten eigen- oder fremdkapitalmarktfinanzierte Gesellschaften jeglicher Rechtsform) und des Börsengesellschaftsrecht im Sinne dieser Arbeit auf der anderen Seite (an organisierten Märkten eigenkapitalfinanzierte Aktiengesellschaften) kann eine Untersuchung des Kapitalmarktrechts mit seinem abweichenden Anwendungsbereich auch mangels zu erwartenden Erkenntnisgewinns unterbleiben und auf die monographischen Aufarbeitungen der nationalen Kapitalmarktrechte verwiesen werden. Weitgehend ausgespart werden zudem die Details des Bilanzrechts. Die gesellschaftsrechtliche Rechnungslegung stellt sich, wie die europarechtliche Differenzierung nach kapitalmarktnotierten und nicht kapitalmarktnotierten (Konzern-)Gesellschaften in der IFRS-Verordnung und Art. 53a der 4. Gesellschaftsrechtlichen Richtlinie zeigt, als Verlängerung und Vertiefung des Kapitalmarktrechts dar[225]. Im Vordergrund der speziellen bilanzrechtlichen Regelungen für kapitalmarktnotierte Gesellschaften stehen damit nicht organisationsrechtliche Aspekte, sondern die Unterstützung möglichst informierter Transaktionsentscheidungen. Von daher wird lediglich kursorisch auf die organisationsrechtlichen Bezüge der Rechnungslegung eingegangen[226].

---

222 Vgl. *Hopt*, ZHR 141 (1977), 389, 431; *Schwark*, FS für Stimpel, 1087, 1091 ff.; *Assmann* in Assmann/Schütze, § 1 Rn. 1, 22; GK/*Assmann*, Einl. C Rn. 354 ff.; *Kümpel*, Bank- und Kapitalmarktrecht, Rn. 8392; *Krolop*, 29.

223 Vgl. *Schneider*, AG 2001, 269, 270.

224 Vgl. *Kümpel*, Bank- & Kapitalmarkrecht, Rn. 8.3.92; *Krolop*, 29; *Schwark*, FS für Stimpel, 1087, 1091.

225 Zum Funktionszusammenhang vgl. *Grundmann*, ZIP 2004, 2401, 2410; *Mülbert*, WM 2001, 2085, 2086 in Fn. 16, 2098 f.

226 Vgl. Kapitel 8 unter IV.

3. Erläuterung der Auswahl der Rechtsordnungen

Die Auswahl der zu untersuchenden Gesellschaftsrechtsordnungen erklärt sich daraus, dass Frankreich, Großbritannien und Deutschland die drei von der Bevölkerung und der Wirtschaftskraft größten EG-Mitgliedstaaten sind und zudem für drei Hauptansätze zur gesellschaftsrechtlichen Regulierung von Aktiengesellschaften stehen. Der Blick auf die wichtigsten nationalen Aktienrechte in ihren harmonisierten und nicht harmonisierten Teilen ermöglicht einen Eindruck vom Wirken des europäischen Gesamtsystems der Gesellschaftsrechte der kapitalmarktnotierten Gesellschaften[227]. Zudem und vor allem ist die Einbeziehung der wichtigsten Rechte aber notwendig, um aussagekräftige komparative Vorteile ermitteln zu können. Die drei Volkswirtschaften Frankreichs, Großbritanniens und Deutschlands vereinen ca. 54 % des Bruttoinlandsprodukts der EU auf sich[228]. Von den 100 größten Unternehmen Europas haben 74 ihren Sitz in den untersuchten Ländern[229]. Gerade im Hinblick auf das zu untersuchende Gesellschaftsrecht von Aktiengesellschaften ist von Bedeutung, dass Gesellschaften der drei Länder die weit überwiegende Zahl der an den großen europäischen Börsen Zugelassenen ausmachen[230]. Dementsprechend erfasst eine Untersuchung der drei nationalen Rechte den Großteil des in Europa praktizierten Gesellschaftsrechts. Sie erfasst aber mit den Mutterrechtsordnungen[231] des *Common Law*- und des *Civil Law*-Rechtskreises (Großbritannien einerseits und Frankreich und Deutschland als Mutterrechtsordnungen der beiden wichtigsten Rechtsfamilien des *Civil Law*-Rechtskreises, der romanischen und der germanischen Rechte, andererseits)[232] auch die aus rechtlicher Sicht bedeutendsten Gesell-

227 So auch *Grundmann*, Europ. GR, Rn. 74; ZIP 2004, 2401, 2406.

228 Vgl. die Eurostat-Statistiken zum BIP unter http://epp.eurostat.cec.eu.int/: Bei einem BIP der 25 Mitgliedstaaten von 10.583.708,5 Millionen € für das Jahr vom 4. Quartal 04 bis zum 3. Quartal 05 und einem Anteil der 15 alten Mitgliedstaaten an diesem BIP in Höhe von 10.054.353,4 Mill. € (ca. 95 %) betrug das BIP Deutschlands für diesen Zeitraum 2.225.240 Mill. € (21,3 % des Gesamt-BIP bzw. 22,1 % des BIP der 15), dasjenige Großbritanniens 1.746.743,9 Mill. € (16,5 % des Gesamt-BIP der EU bzw. 17,4 % des BIP der 15) und dasjenige Frankreichs 1.681.384,9 Mill. € (15,9 % des Gesamt BIP der EU bzw. 16,7 % des BIP der 15).

229 Vgl. Frankfurter Allgemeine Zeitung vom 8.7.2002, Nr. 155 S. 22 (zitiert bei *Grundmann*, Europ. GR, Rn. 65): 29 Unternehmen mit Sitz in Deutschland, 28 in Frankreich, 17 in Großbritannien.

230 *Grundmann*, Europ. GR, Rn. 65 geht unter Berufung auf das *Deutsche Aktieninstitut (DAI)*, DAI Factbook 2001, 06-5 davon aus, dass ca. 90 % der an den Börsen in London, Paris/Brüssel/Amsterdam (Euronext) und Frankfurt zugelassenen Gesellschaften aus den drei untersuchten Ländern sowie Italien kommen.

231 Zum Konzept der Mutterrechtsordnungen und der Möglichkeit der Begrenzung der Untersuchung auf sie vgl. *Zweigert/Kötz*, 40 ff.

232 Vgl. zur Rechtskreislehre inkl. dem Konzept der Rechtsfamilien *Brand*, JuS 2003, 1082, 1088 f. m.w.N.; ausführlich *Zweigert/Kötz*, 59 ff. (die vom französischen, deutschen und angloamerikanischen Rechtkreis ausgehen) m.w.N.; grundlegend zur Systembildung *Sacco*, 173 ff.; zur Systembildung speziell im Gesellschaftsrecht vgl. auch *Pistor/Keinan/Kleinheisterkamp/West*, 23 U.Pa.J.Int.'l Econ.L 791, 799 (2002) in Fn. 27 m.w.N. Zur (vor allem aufgrund der Kodifikationstendenzen in *Common Law*-Ländern) nur noch eingeschränkten, aber dennoch fortwährenden Bedeutung der Differenzierung zwischen *Common Law*- und Zivilrechtskreis im Aktiengesellschaftsrecht vgl. *Siems*, Konvergenz der Rechtssysteme, 39–43, 333 f.

schaftsrechtsmodelle. Das britische Kapitalgesellschaftsrecht wird geprägt von weitgehender Gestaltungsfreiheit und Rechtswahlfreiheit. Zwingende Normen finden sich nur ausnahmsweise, die Anordnung ist insoweit regelmäßig auch ausdrücklich[233]. Auch nach der *Company Law Reform* geht das britische Gesellschaftsrecht von dem althergebrachten Grundsatz aus, dass die Gesellschafter die maßgeblichen Regelgeber innerhalb des Gesellschaftsgefüges sein sollen[234]. Das französische Aktiengesellschaftsrecht ist hingegen restriktiver, etablierte jedoch z.B. erstmals die Wahlmöglichkeit zwischen monistischer und dualistischer Leitungsstruktur und erreicht insgesamt nicht die Starrheit des deutschen Rechts[235]. Dieses nimmt mit der grundsätzlichen Satzungsstrenge des § 23 Abs. 5 AktG eine Extremposition ein. Das Aktienrecht wird insgesamt für zwingend erklärt und Abweichungen nur zugelassen, soweit sie vom Gesetzgeber ausdrücklich angeordnet sind[236]. Dementsprechend ermöglicht die Untersuchung der Gesellschaftsrechtsordnungen Frankreichs, Deutschlands und Großbritanniens den Vergleich des Maßes der börsennotierten Aktiengesellschaften in den drei wichtigsten Gesellschaftsrechtsmodellen gewährten Gestaltungsfreiheit. Hieraus sollten sich wertvolle Hinweise für die Klärung der grundlegenden Problematik ergeben, inwieweit die gesellschaftsrechtlichen Gestaltungen mit Rücksicht auf die Funktionsfähigkeit des Kapitalmarkts verlässlich einheitlich bzw. zwingend sein sollten und inwieweit dem Markt die Beurteilung der Gesellschaftsorganisation überlassen und so ein Gestaltungswettbewerb unterstützt werden sollte.

---

233 Vgl. *Grundmann/Möslein*, ZGR 2003, 361 unter Verweis auf EU-Handbuch GR/*Hohloch*, Rn. 134; *Witt*, AG 2000, 257, 263.

234 Vgl. Lord Sainsbury in der Debatte des *House of Lords* v. 11. Januar 2006, Hansard, HL Deb., vol. 677, ser. 5, co. 182; *Alcock/Birds/Gale*, Rn. 1.33.

235 Vgl. *Hopt*, ZGR-Sonderheft 13 (1998), 123, 126; *Guyon*, ZGR-Sonderheft 13 (1998), 296 ff.

236 Keine Gestaltungsfreiheit kennt das deutsche Aktienrecht insbesondere bei der Struktur von Aktiengesellschaften (insbesondere auch der inneren), bei ihren Organen sowie deren Kompetenzen, Pflichten und Rechten. Für eine Liste der dispositiven Normen vgl. MK/*Pentz*, § 23 Rn. 155; GK/*Röhricht*, § 23 Rn. 211; zu den Gründen für die Schaffung zwingenden Rechts vgl. *Hopt*, ZGR-Sonderheft 13 (1998), 123, 128 ff.; kritisch zum Prinzip der Satzungsstrenge *Hirte*, ZGR-Sonderheft 13 (1998), 61 ff.; *Mertens*, ZGR 1994, 426; *Spindler*, AG 1998, 53; *Spindler*, AG 2008, 601 ff.; *Eidenmüller*, JZ 2001, 1041 ff., *Bak*; jeweils m.w.N.; für eine lediglich partielle Deregulierung der Satzungsstrenge nur bei nicht börsennotierten Gesellschaften *Bayer*, Gutachten zum 67. DJT, E 96 ff.

2. Kapitel: Methodik und grundsätzlicher Aufbau

Nach rechtsvergleichender Untersuchungen der jeweiligen Regelungskomplexe auf spezielles Gesellschaftsrecht für börsennotierte Aktiengesellschaften wird mit Hilfe institutionenökonomischer Analysen ermittelt werden, inwieweit Börsengesellschaftsrecht sinnvoll ist und wie es beschaffen sein sollte.

I. Rechtsvergleichung

Die Rechtsvergleichung eignet sich besonders zur Beantwortung der Frage nach den sinnvollen Inhalten eines Börsengesellschaftsrechts, weil die divergierenden Regelungen der einzelnen Rechtsinstitute in den verschiedenen Rechtsordnungen als Lösungsansätze für vergleichbare Regelungsprobleme verstanden werden können[1]. Börsennotierte Aktiengesellschaften erzeugen in allen Jurisdiktionen ähnliche Spannungsverhältnisse[2]. Aktiengesellschaften weisen weltweit die gleichen Eigenschaften auf, nämlich den Status als juristische Person, die beschränkte Haftung, die Übertragbarkeit der Aktien und die Entscheidungskompetenz der Aktionäre bei Zentralisierung des Managements. Hieraus folgt, dass die Erfahrungen der verschiedenen Länder mit börsennotierten Aktiengesellschaften grenzübergreifend genutzt, die verschiedenen Gesellschaftsrechtsordnungen also als rechtspolitisches Experimentierfeld zum Test unterschiedlicher Problemlösungsmodelle behandelt werden können[3].

Methodisches Grundgerüst dieser rechtsvergleichenden Untersuchung wie der Rechtsvergleichung generell ist das Prinzip der Funktionalität[4]. Ihm zufolge sollen nicht der Bezeichnung nach ähnliche, sondern funktionsverwandte Rechtsinstitute verglichen werden[5]. Die institutionenökonomische Analyse des Rechts untersucht dabei die funktionsverwandten Rechtsinstitute auf eine bestimmte Funktionalität, nämlich ihre Effizienz bzw. ihren Beitrag zum wirtschaftlichen Einsatz knapper Ressourcen[6]. Indem sie die Anreizwirkungen der Rechtsinstitute auf ihre Effizienz vergleicht, bietet sie ein aussagekräftiges Beurteilungskriterium[7]. So kann nicht nur

---

1 In diesem Sinne auch *Fleischer*, FS für Wiedemann, 827, 847.

2 Vgl. *Hansmann/Kraakmann* in Kraakman u.a., Anatomy of Corporate Law, 1; *Bak*, 8.

3 Vgl. *Bak*, 8; *Zweigert/Kötz*, 245.

4 Zum Prinzip der Funktionalität vgl. *Zweigert/Kötz*, 33 ff.; *Koch/Magnus/Winkler von Mohrenfels*, 190; *Rheinstein*, 25 ff.; *Brand*, JuS 2003, 1082, 1086; Haase, JA 2005, 232, 235; *Kischel*, ZVglRWiss 104 (2005), 10, 15–17; *Rösler*, JuS 1999, 1186. Kritisch zur Funktionenlehre *Großfeld*, FS für Henrich, 211 f.; *Großfeld*, FS für Sandrock, 331, 336 f.

5 Verglichen werden also die Lösungen der jeweiligen Rechtsordnungen für konkrete Sachprobleme. Wie diese Lösungen im nationalen Recht dogmatisch eingeordnet werden und damit auch, ob es parallele Rechtsinstitute gibt, ist dabei letztlich irrelevant; vgl. *Kischel*, ZVglRWiss 104 (2005), 10, 16; *Fleischer*, FS für Wiedemann, 827, 847.

6 Vgl. *Brand*, JuS 2003, 1082, 1087.

7 Vgl. *Fleischer*, FS für Wiedemann, 827, 847.

verdeutlicht werden, warum sich bestimmte Regelungen im Wettbewerb mit anderen durchgesetzt haben, sondern auch, wie eine bestimmte Regelung beschaffen sein sollte, um die Adressaten zu einem effizienten Verhalten anzuspornen[8]. Der institutionenbezogene Rechtsvergleich ermöglicht die Feststellung der Sachverhalte, bei denen zumindest eine der Rechtordnungen aufgrund kapitalmarktspezifischer Zwänge die Schaffung speziellen Gesellschaftsrechts für erforderlich erachtet. Rechtsvergleichend kann sodann hinterfragt werden, ob bei den jeweiligen Institutionen tatsächlich kapitalmarktnotierungsspezifischer Regelungsbedarf besteht und welche der Rechtsordnungen die adäquateste Lösung gefunden hat bzw. wie eine solche *de lege ferenda* aussehen sollte.

II. Institutionenökonomische Analyse des Rechts

Um den optimalen Mix zwischen dispositiven und zwingenden Normen, das optimale Regulierungsniveau für kapitalmarktnotierte Gesellschaften festzulegen, bedarf es eines methodischen Ansatzes, mit dem sich die Vor- und Nachteile alternativer Regelungsgefüge analysieren lassen[9]. Als solcher wird im Rahmen dieser Arbeit die institutionenökonomische Analyse der einzelnen Rechtsinstitute herangezogen werden[10]. Grundlage dieses Ansatzes ist, dass die Anreizwirkungen von Institutionen, d.h. von Regelungsgefügen für einzelne Sachverhalte im Lebenszyklus von Gesellschaften, einander vergleichend gegenüber gestellt werden, um komparative (Effizienz-)Vorteile zu ermitteln. Eine Aussage zu den jeweiligen Regelungsgefügen kann schon aufgrund dieser Gegenüberstellung gemacht werden, ohne dass ein Optimum behauptet werden muss[11]. Mit Hilfe des Effizienzkriteriums kann das Ziel sachgerechter Problemlösungen klar definiert und ohne dogmatische Umwege und die damit verbundenen Verluste zuverlässig und rational nachvollziehbar erreicht werden[12].

Die Institutionenökonomik fußt auf der Überlegung, dass die Begründung und Benutzung von Institutionen (wie z.B. Rechtssätzen) Kosten verursacht, die das wirtschaftliche Gesamtergebnis beeinflussen[13]. Hiervon ausgehend bedeutet die Lösung von Rechtsproblemen vor allem die Wahl geeigneter sozialer Arrangements[14]. Das

---

8 Vgl. *Kötz*, JZ 2002, 257, 262.

9 Vgl. *Ruffner*, 155.

10 Vgl. zur institutionenökonomischen Analyse des Rechts *Easterbrook/Fischel*, Economic Structure of Corporate Law; *Richter/Furubotn*; *Ruffner*; *Leschke/Sauerland/Erlei*; *Voigt*; *Eidenmüller*, JZ 2001, 1041 ff.; *Fleischer*, ZGR 2001, 1 ff.; *Schwintowski*, JZ 1998, 581 ff.; grundlegende Artikel zur Neuen Institutionenökonomik bei *Furubotn/Richter*; des Weiteren die Standardlehrbücher zur ökonomischen Analyse des Rechts: *Cooter/Ulen*; *Posner*, Economic Analysis of Law, Kapitel 14 und 15; *Schäfer/Ott*. Zusammenfassender Überblick bei *Grundmann*, Europ.GR, Rn. 79 ff.

11 Vgl. *Grundmann*, Europ.GR, Rn. 79.

12 So auch *Ott* in Ott/Schäfer (Hrsg.), Allokationseffizienz, 25, 44.

13 Vgl. *Fleischer*, ZGR 2001, 1, 3. Für Definitionen des Begriffs „Institution" vgl. *Richter/Furubotn*, 7 f. m.w.N.

14 Vgl. *Coase*, 3 J.L. & Econ. (1960), 1 ff.; *Ruffner*, 6.

soziale Arrangement, dass die gesellschaftlichen Zielsetzungen am besten erfüllt, soll im Wege der vergleichenden Analyse der in Betracht kommenden gesellschaftlichen Steuermechanismen (Entscheidungsverfahren) und ihrer rechtlichen Voraussetzungen gefunden werden[15]. Zu erfüllende gesellschaftliche Zielsetzungen sind zum einen die Verhinderung der Verschwendung von Ressourcen und damit die Erhöhung der Allokationseffizienz[16], zum anderen die Herstellung von Verteilungsgerechtigkeit[17]. Allokationseffizienz ist das vorrangige gesellschaftliche Ziel, weil optimale Investitionsentscheidungen im Sinne allokativer Effizienz garantieren, dass die verfügbaren finanziellen Ressourcen in diejenigen Verwendungsarten gelenkt werden, die unter Berücksichtigung der Risiken die höchsten Erträge abwerfen, so dass die gesamtwirtschaftliche Wohlfahrt maximiert wird[18]. Untersucht werden nicht nur der Steuermechanismus des Marktes[19], sondern alle bei der jeweiligen Institution in Betracht kommenden Entscheidungsverfahren (wie Pläne bzw. bürokratische Prozesse, politische Prozesse, kollektive Verhandlungen[20]), um einen möglichst optimalen Mix der unterschiedlichen Steuermechanismen/Entscheidungsverfahren zu erhalten[21].

1. Grundlagen

Als Grundlage der institutionenökonomischen Analyse des Rechts fragt die ökonomische Analyse des Rechts nach den Auswirkungen, die eine Rechtsstruktur auf das

---

15 So *Ruffner*, 6.

16 Theoretisches Ziel der traditionellen mikroökonomischen Theorie ist die Beschreibung der Bedingungen optimaler Allokationseffizienz bzw. „vollständiger Konkurrenz“, d.h. einem Zustand der absoluten Nicht-Verschwendung; vgl. *Schäfer/Ott*, 5. Kritisch zu sonstigen rechtspolitischen Forderungen als Alternative zum Effizienz-Kriterium (z.B. Verbraucherschutz, Umweltschutz, Abbau von Diskriminierung, Demokratisierung, Einschränkung wirtschaftlicher Macht, Schutz der Schwachen) *Schäfer/Ott*, 8 ff.

17 Vgl. *Schäfer/Ott*, 1, 7; *Kübler*, FS für Steindorff, 687, 698 ff. zu den möglichen Zielkonflikten. Allokationseffizienz bedeutet nicht notwendigerweise Verteilungsgerechtigkeit: „Eine Gesellschaft ist effizient, wenn sie bei gegebener Vermögensverteilung einen Zustand herbeiführt, bei dem niemand mehr besser gestellt werden kann, ohne dass ein anderer schlechter gestellt wird, wenn diejenigen Ressource, die die Gesellschaftsmitglieder haben möchten und die bei knappen Ressourcen erstellt werden können, auch tatsächlich erbracht werden, wenn die Ressourcen am Ort ihrer sozial nützlichsten Verwendung eingesetzt werden.“ Zur Herstellung von Gerechtigkeit „kann es nötig sein, Effizienzverluste zur Erreichung höherwertiger normativer Ziele in Kauf zu nehmen. Eine durchgängig ineffiziente Gesellschaft ist jedoch in jedem Fall ungerecht.“, vgl. *Schäfer/Ott*, 6.

18 Vgl. *Ruffner*, 369 m.w.N. zu Synonymen für den Begriff der Allokationseffizienz bzw. *allocative efficiency (fundamental-valuation efficiency, fundamental efficiency, value efficiency)*; *Behrens*, Ökonomische Grundlagen des Rechts, 83.

19 So aber das häufige Missverständnis in der deutschsprachigen Wirtschaftsrechtswissenschaft, vgl. *Ruffner*, 6,7, ausführlich zur Kritik an der ökonomischen Analyse des Rechts *Ruffner*, 10 ff.

20 Vgl. zu diesen Steuerungsmechanismen und sonstigen Verfahren zur Ressourcenallokation *Ruffner*, 31 ff.; *Schäfer/Ott*, 4; *Behrens*, Ökonomische Grundlagen des Rechts, 110 ff.; *Richter/Furubotn*; *Voigt*.

21 Vgl. *Ruffner*, 7, 30 f.; *Schäfer/Ott*, 4, ausführlich 102 ff.

Ziel der Allokationseffizienz hat sowie danach, wie sie zur Erreichung dieses Ziels beschaffen sein sollte[22]. Ihr Ausgangspunkt ist das auf eine Arbeit des Nobelpreisträgers Ronald H. Coase[23] zurückgehende *Coase*-Theorem, nach dem (1) sich bei der Abwesenheit von Transaktionskosten eine effiziente Allokation volkswirtschaftlicher Ressourcen durch die an einem konkreten Rechtsverhältnis beteiligten Parteien auch ohne einen staatlichen Eingriff durchsetzen wird und (2) diese effiziente Allokation unabhängig ist von der ursprünglichen Zuweisung der Rechte an den betroffenen Ressourcen durch das Rechtssystem[24]. Transaktionskosten im Sinne des Theorems sind die Kosten, die potentielle Vertragspartner für Information und Koordination aufwenden müssen, um den Vertrag abzuschließen und durchzusetzen[25]. Angesichts der (rein theoretischen) Möglichkeit kostenloser Transaktionen finden dem *Coase*-Theorem zufolge so viele Tauschprozesse auf dem Markt statt, bis eine bestmögliche Allokation erreicht ist. Solange transaktionskostenlose Austauschprozesse möglich sind, ist das Recht irrelevant, weil sich das ökonomisch erwünschte Ergebnis auf Märkten von selbst durchsetzt[26]. Sobald die Transaktionskosten größer als null sind, hat die Rechtsordnung hingegen einen Einfluss[27]. Das Konzept der Transaktionskosten ermöglicht die Untersuchung der Wirkungen einzelner Regelungskomplexe, da, sobald Transaktionskosten anfallen, der konkreten Ausgestaltung von Rechtsnormen erhebliche Bedeutung für die verschwendungsfreie Allokation von Ressourcen zukommt[28]. Je höher die Transaktionskosten steigen, umso mehr kommt es darauf an, rechtliche Arrangements zu finden, die originär Allokationseffizienz verwirklichen[29]. Dabei führt die „Entdeckung" der Transaktionskosten auch zu einer wirklichkeitsnäheren Betrachtung ökonomischer Zusammenhänge, da Transaktionskosten im weiteren Sinne in modernen Marktwirtschaften Schätzungen zufolge bis zu 60 % des Nettosozialprodukts ausmachen[30].

---

22 Vgl. *Schäfer/Ott*, 10.

23 *Coase*, 3 J.L. & Econ. (1960), 1 ff. (deutsche Übersetzung bei Assmann/Kirchner/Schanze, 129 ff.).

24 Vgl. zum Coase-Theorem *Richter/Furubotn*, 113 ff., die als Voraussetzungen (1) kostenlose Verhandlungen, (2) erschöpfend definierte Property Rights und (3) das Ausbleiben von Einkommenseffekten nennen; *Eidenmüller*, Effizienz als Rechtsprinzip, 59 ff.; *Schäfer/Ott*, 100 ff.; *Bak*, 5; zusammenfassend zur Kritik am Coase-Theorem *Schäfer/Ott*, 104 ff. m.w.N. (Fn. 61).

25 Vgl. *Schäfer/Ott*, 5; ausführlich zu den Transaktionskosten *Eidenmüller*, Effizienz als Rechtsprinzip, 91 ff.; sowie *Richter/Furubotn*, 53 ff., die Transaktionskosten im weiteren Sinne untergliedern in die oben beschriebenen Markttransaktionskosten (Such- und Informationskosten, Verhandlungs- und Entscheidungskosten, Kosten der Überwachung und Durchsetzung vertraglicher Leistungspflichten), Unternehmenstransaktionskosten (Kosten der Einrichtung, Erhaltung und Änderung einer Organisation sowie ihres Betriebs) und politische Transaktionskosten (Kosten der Einrichtung, Erhaltung und Veränderung der politischen Ordnung eines Systems sowie die Betriebskosten eines Gemeinwesens).

26 Vgl. *Bak*, 5.

27 *Coase*, 3 J.L. & Econ. (1960), 1, 16; *Schäfer/Ott*, 105; *Eidenmüller*, Effizienz als Rechtsprinzip, 92.

28 Vgl. *Schäfer/Ott*, 6.

29 Vgl. *Schäfer* in Ott/*Schäfer* (Hrsg.), Allokationseffizienz, 1, 2.

30 Vgl. *Richter/Furubotn*, 53.

Die Theorie der *Property Rights* erweitert das *Coase*-Theorem um die Überlegung, dass Güter als ein Bündel von Handlungs- bzw. Verfügungs- und Nutzungsrechten (sog. *property rights*) und folglich der Tausch von Gütern als ein Tausch von Rechtsbündeln zu verstehen sind[31]. Recht hat die Funktion, diese *property rights* zuzuteilen. Der Wert eines Gutes wird durch die durch das Recht bewirkte originäre Ausstattung mit *property rights* mitbestimmt[32]. Indem Rechtsnormen *property rights* zuordnen, werden die impliziten Preise der Güter als Bündel von *property rights* also verändert, ebenso die mit den Preisen verbundenen Verhaltensweisen. Damit entfalten Rechtsnormen Allokationswirkungen. Diese Ausweitung der Mikroökonomie auf die Betrachtung des rechtlich-institutionellen Rahmens[33] führt zur für die ökonomische Analyse des Rechts zentralen Fragestellung, wie sich Änderungen in der Ausstattung mit *property rights* bzw. im rechtlichen Arrangement auf die Allokationseffizienz auswirken[34]. Ziel ist die Festlegung einer möglichst effizienten Bündelung der *property rights*[35]. Für die Beantwortung der Frage, ob ein Rechtssystem Effizienz oder Verschwendung fördert, ist hierbei letztendlich nicht die originäre Zuordnung, sondern die faktische Verteilung der *property rights* nach Abschluss des Tauschprozesses maßgeblich. Sie entscheidet darüber, welche Ressourcen zu welcher Zeit an welchem Ort zu welchem Zweck eingesetzt werden[36]. Von zentraler Bedeutung ist deshalb die Untersuchung, ob und wie die originäre Zuordnung von *property rights* den sich auf ihrer Grundlage entwickelnden Verteilungsprozess und dessen den Ressourceneinsatz determinierendes Ergebnis beeinflusst und ob bzw. wie sie abgeändert werden sollte[37].

Grundlage der ökonomischen Analyse des Kapitalgesellschaftsrechts ist hierbei das Verständnis der Gesellschaft als Netz von Verträgen (*nexus of contracts*), mit denen die verschiedenen Betroffenen[38] ihre Beiträge einbringen und sich Gegenleistungen versprechen lassen[39]. Die Betrachtung der Gesellschaft wird über die als Einheit gedachte juristische Person hinaus auf die sie konstituierenden Vertragsbeziehungen

---

31 Vgl. *Ruffner*, 15; *Schäfer/Ott*, 97 ff. (die von der „Theorie der Handlungsrechte" sprechen); Gesamtdarstellung der Publikationen zum *Property Rights*-Ansatz bei *Richter/Furubotn*, 143; Zusammenfassungen der Beiträge bei *Furubotn/Pejovich*, The Economics of Property Rights.
32 Vgl. *Schäfer/Ott*, 98.
33 Vgl. *Schäfer/Ott*, 97.
34 Vgl. Ruffner, 16; *Schäfer/Ott*, 112 sowie 99, wo der Untersuchungsauftrag untergliedert wird in die drei Fragen nach (1) Feststellung der in einer Gesellschaft bestehenden Bündelung von Handlungsrechten, (2) der Analyse dieser Bündelungen auf ihre allokativen Wirkungen und deren Optimierung und (3) Entstehungsgründen und Entwicklungslinien der Bündelungen.
35 Die hierfür in Frage kommenden Stärkung bzw. Einschränkung von Handlungsrechten werden als Herstellung von „Exklusivität" und als „Verdünnung" bezeichnet, vgl. *Schäfer/Ott*, 99 f.
36 Vgl. *Schäfer/Ott*, 101.
37 Vgl. *Schäfer/Ott*, 101, 112.
38 Vor allem die Eigenkapitalgeber/Anteilseigner und Geschäftsleiter, aber auch die sonstigen dauerhaft Betroffenen (Stakeholder) wie Fremdkapitalgeber, Lieferanten und Arbeitnehmer.
39 Vgl. *Ruffner*, 127 ff.; 155 ff.; *Easterbrook/Fischel*, Economic Structure of Corporate Law, 1–39; *Grundmann*, Europ.GR, Rn. 80; *Behrens*, FS für Drobnig, 491, 493 f. m.N. auf die konzeptionellen Entwicklungen (494, Fn. 8); *Eidenmüller*, JZ 2001, 1041, 1042 f. Der *nexus of contracts*-Ansatz geht zurück auf eine weitere Arbeit *Coases*, *„The Nature of the Firm"* (4 Economica (1937), 368 ff.), der Begriff auf *Jensen/Meckling*, 3 J. Fin. Econ. (1976), 305, 311.

ausgedehnt[40]. Gesellschaftsrechtliche Bindungen wie z. B. Treuepflichten der Leitungsorgane oder Gesellschafter werden als individuelle Vertragszusagen gesehen, die abgegeben werden, um für den eigenen Beitrag zum gemeinsamen Zweck eine möglichst hohe Gegenleistung zu erhalten[41]. Der *nexus of contracts*-Ansatz erleichtert es, das Zusammenwirken der unterschiedlichen an der Gesellschaft beteiligten Akteure und die Gesellschaftsaktivitäten vor dem Hintergrund ihrer Abhängigkeit von externen (Markt-)Kräften und rechtlichen Institutionen zu analysieren[42]. Zu dieser Analyse trägt die Klarstellung der Vor- und Nachteile des Vertragsnetzes der Gesellschaft gegenüber der Alternative des stets neuen Suchens und Bewertens von Vertragspartnern und des jeweiligen Aushandelns der Vertragsbedingungen mit diesen bei[43]: Gesellschaften werden gegründet, wenn die Vorteile eines dauerhaften Vertragsnetzes seine Nachteile übersteigen, wenn also die im Rahmen der Gesellschaft anfallenden Kosten geringer sind als diejenigen der entsprechenden Transaktionen über den Markt[44]. Vorteile sind vor allem die Dauerhaftigkeit und rechtliche Verfestigung, die die Transaktionskosten der sonst erforderlichen stetigen neuen Vertragsschlüsse entfallen lassen[45]. Die Dauerhaftigkeit der gesellschaftsrechtlichen Beziehung bewirkt aber auch Nachteile, vor allem die sog. *Principal-Agent*-Probleme, die als *agency costs* bezeichnete Kontrollkosten hervorrufen[46]. Da mit dem Entfallen der regelmäßigen Wahl neuer Vertragspartner auch der Anreiz und die Chance zur stetigen Überprüfung und Abkehr von diesen entfallen, erhöht sich die Gefahr opportunistischen Verhaltens des Beauftragten (des sog. Agenten)[47]. Hiermit ist ein Verhalten umschrieben, dem der Prinzipal bei vollständiger Information nicht zugestimmt hätte, bei dessen Kenntnis er also nicht investiert hätte[48]. Verschärft wird die *Principal-Agent*-Problematik in Gesellschaften dadurch, dass die Satzung als sog. relationaler Vertrag aufgrund der Erstreckung auf viele zukünftige Sachverhalte und der Ungewissheit über die zukünftigen Entwicklungen eine detaillierte Beschreibung aller Rechte, Risiken und Leistungsstandards nicht enthalten kann[49].

---

40 Vgl. *Ruffner*, 156.

41 Vgl. Walz, AG 1996, 161, 164.

42 Vgl. *Ruffner*, 156.

43 Grundlegend hierzu *Coase*, 4 Economica (1937), 368 ff.; heute *Easterbrook/Fischel*, Economic Structure of Corporate Law, 8 f.; *Grundmann*, Europ.GR., Rn. 81; *Schäfer/Ott*, 643 f.; *Eidenmüller*, JZ 2001, 1041, 1042.

44 Vgl. *Coase*, 4 Economica (1937), 386 ff.; *Schwintowski*, JZ 1998, 581.

45 Vgl. *Grundmann*, Europ.GR., Rn. 81; *Behrens*, FS für Drobnig, 491, 501; *Eidenmüller*, JZ 2001, 1041, 1042. Detailliert zu den Transaktionskosten *Richter/Furubotn*, Kapitel II, 55 ff.; *Erlei/Leschke/Sauerland*, Kapitel 2–4, 69 ff.

46 Grundlegend zur *Principal-Agent*-Problematik *Bearle/Means*; zusammenfassend *Hansmann/Kraakman* in Kraakman u.a., Anatomy of Corporate Law, 21 ff.; *Shleifer/Vishny*, 52 J. Finance (1997), 737, 740 ff.; *Anderson*, 25 UCLA L. Rev. (1978), 738, 757 ff., 769 ff.; *Ruffner*, 131 f.; *Schäfer/Ott*, 645 f.; *Grundmann*, Europ. GR, Rn. 82 ff.; *Escher-Weingart*, ZVglRWiss 99 (2000), 387 f.; *Leyens*, RabelsZ 67 (2003), 57, 62 f.; *Eidenmüller*, JZ 2001, 1041, 1047 ff; *Behrens*, FS für Drobnig, 491, 494; ausführlich aus ökonomischer Sicht *Richter/Furubotn*, 224 ff.; *Erlei/Leschke/Sauerland*, 106 ff.

47 Vgl. *Behrens*, FS für Drobnig, 491, 492 ff.; ausführlich zum Konzept des „Opportunismus" *Richter/Furubotn*, 93 f., 144 ff.

48 Vgl. *Grundmann*, Europ.GR, Rn. 82.

49 Vgl. zum relationalen Vertrag im Sinne der neoinstitutionalistischen Vertragstheorie *Easterbrook/Fischel*, Economic Structure of Corporate Law, 93 ff.; *Schäfer/Ott*, 633 ff.; *Behrens*, FS für Drob-

Erforderlich sind mithin Arrangements, die gewährleisten, dass trotz der Ungewissheiten angesichts der fehlenden Information über zukünftige Entwicklungen ein Vertragsschluss für die beteiligten Kreise sinnvoll ist[50]. Deshalb fragt einer der zentralen Einzelansätze der Institutionenökonomik, die *Principal-Agent*-Theorie, danach, wie mit Interessengegensätzen in symbiotischen Verträgen (etwa zwischen Anteilseignern und Management oder zwischen Minderheits- und Mehrheitsaktionären) umzugehen ist, wie also die Entscheidungsstrukturen zu gestalten sind, um opportunistisches Verhalten zu verhindern[51]. Als Kosten der Arrangements – *agency costs* – fallen diejenigen an, die der Agent aufwendet, um seine Vertrauenswürdigkeit glaubhaft zu machen (Garantiekosten), diejenigen, die der Prinzipal aufwendet, um den Agenten zu erwartungsgemäßem Verhalten anzuhalten und dieses zu überprüfen (Kontrollkosten) und die Kosten aus dem Fehlschlagen dieser Bemühungen (Rentabilitätsminderungskosten)[52]. Aus ökonomischer Sicht liegt ein zentrales Ziel des Kapitalgesellschaftsrechts nunmehr darin, diese *agency costs* zu minimieren[53]. Beispiele für Kosten verursachende Arrangements sind dabei Kontroll- und Mitspracherechte der Anteilseigner und sonstiger Betroffener zur Aufdeckung und Unterbindung opportunistischen Verhaltens, Mechanismen zur Gleichschaltung der gegenläufigen Interessen sowie, von zentraler Bedeutung, die Unterstützung von Marktkräften, die opportunistisches Handeln sanktionieren[54].

Angesprochen sind hiermit die Kapitalmärkte, auf denen potentielle Anteilseigner über einen Vertragsschluss, d.h. ein Investment in die Gesellschaft, entscheiden. Opportunistisches Verhalten bzw. schlechte *Corporate Governance* ist ein Hauptargument gegen Kaufentscheidungen und damit für die Kursbildung, die wiederum das Verhalten des Managements beeinflusst. Börsenkurse und die Gefahr einer Übernahme unter Austausch der Geschäftsleiter sind ein entscheidender Anreiz für ein die Anlegerinteressen wahrendes Management-Verhalten[55]. Dies ist der Ausgangspunkt der These von einem Markt für Unternehmenskontrolle, der zufolge die Geschäftslei-

---

nig, 491, 493; *Ruffner*, 162 m.w.N. in Fn. 122: Relationale Verträge sind dadurch geprägt, dass sie nicht auf einen einmaligen Leistungsaustausch (wie sog. diskrete Verträge, die durch einen einzigen, in sich abgeschlossenen Leistungsaustausch zwischen den Parteien gekennzeichnet sind), sondern auf eine intensive Kooperation im Rahmen eines gemeinsamen Projektes im weitesten Sinne ausgerichtet sind, an dem regelmäßig eine Vielzahl von Beteiligten mitwirkt und das meist längere Zeit in Anspruch nimmt. Von den klassischen Dauerschuldverhältnissen unterscheiden sich die relationalen Verträge insbesondere dadurch, dass sie nicht auf eine fortlaufende Wiederholung des Leistungsaustausches über eine bestimmte Zeit, sondern auf ungleichartige, neue und zum Zeitpunkt des Vertragsschlusses nicht im Einzelnen absehbare Transaktionen ausgerichtet sind.

50 Vgl. *Schäfer/Ott*, 634; *Grundmann*, Europ.GR, Rn. 83; *Behrens*, FS für Drobnig, 491, 493, 495. Diese Arrangements werden als Corporate Governance bezeichnet, vgl. *Grundmann*, aaO.; *Behrens*, aaO.

51 Vgl. *Grundmann*, Europ.GR, Rn. 79, 83.

52 Vgl. *Grundmann*, Europ.GR, Rn. 83; *Ruffner*, 131 (mit Fn. 16); *Schäfer/Ott*, 644; *Behrens*, FS für Drobnig, 491, 499; *Eidenmüller*, JZ 2001, 1041, 1047 ff.

53 Vgl. *Eidenmüller*, JZ 2001, 1041, 1046; *Easterbrook/Fischel*, 89 Colum. L. Rev. (1989), 1416, 1418.

54 So *Grundmann*, Europ.GR, Rn. 83.

55 Vgl. *Behrens*, FS für Drobnig, 491, 499 f.; *Grundmann*, Europ.GR, Rn. 87.

tung gute Arbeit erbringen werde, um eine (feindliche) Übernahme zu verhindern[56]. Bewertet der Markt die Performance der Gesellschaft aufgrund der Geschäftsleitung durch die Verwaltung als zu gering, so sinkt der Börsenkurs und das Übernahmerisiko steigt. Übernahmen werden angestrebt, wenn Dritte aufgrund des Wertpotentials der Aktiva der Gesellschaft meinen, die Gesellschaft profitabler führen zu können. Hierbei wird regelmäßig die Geschäftsleitung ausgetauscht. Deshalb hat die Geschäftsleitung bei funktionierendem Übernahmesystem einen Anreiz, die Gesellschaft im Interesse der Anleger zu leiten, um durch eine positive Kapitalmarktbewertung eine Übernahme zu erschweren. Unterstützt wird diese Beobachtung durch die *Efficient Capital Markets Hypothesis* (Hypothese effizienter Kapitalmärkte), der zufolge Kapitalmärkte die öffentlich verfügbaren Informationen adäquat in den Preisen reflektieren[57]. Deshalb können Bieter den potentiellen Wert der Gesellschaft mit ihrem im Marktpreis reflektierten Wert unter dem derzeitigen Management vergleichen (und eine Übernahme anstreben, wenn die Differenz zwischen den Werten ausreichend groß ist)[58]. Voraussetzung für die Sanktionierung opportunistischen Handelns wie auch für sonstige für den Anleger günstige Allokationsentscheidungen ist dabei, dass ein hinreichendes Maß an Information in den Markt gelangt[59]. Hiermit befasst sich ein weiterer Hauptansatz der institutionenökonomischen Analyse des Rechts, die Informationsökonomie, die nach dem Maß an Information und an Informationsgeboten fragt, das zur Erreichung bestmöglicher Allokationsentscheidungen erforderlich ist[60].

Ergänzt werden die geschilderten Ansätze durch die Theorie vom Marktversagen, das mindestens aufgezeigt werden muss, um einen staatlich regulierenden Eingriff zu rechtfertigen[61]. Grundsätzlich ist danach das Aushandeln des Vertragszuschnitts

---

56 Vgl. *Teichmann*, ZGR 2001, 645, 659. Grundlegend zum Markt für Unternehmenskontrolle *Manne*, 73 J. Pol. Econ. (1965), 110 ff.; desw. *Coffee*, 84 Col. L. Rev. (1984), 1145 ff.; *Easterbrook/Fischel*, Economic Structure of Corporate Law, 124 ff.; *Easterbrook/Fischel*, 94 Harv. L. Rev. (1981), 1161 ff.; *Bebchuk*, 69 U. Chi. L. Rev. (2002), 973 ff.; *Grundmann* in Hopt u.a. (Hrsg.), Corporate Governance in Context, 421 ff.; auch *Grundmann*, Europ.GR, Rn. 87 m.w.N. in Fn. 49; *Schäfer/Ott*, 657 f.; *Behrens*, FS für Drobnig, 491, 499 f.; *Liekefett*, RIW 2004, 824, 825; *Mülbert/Birke*, WM 2001, 705, 706; *Schmidt/Prigge*, DBW 2002, 225, 226; *Hopt*, ZHR 166 (2002), 383, 385.

57 Zur *Efficient Capital Markets Hypothesis* vgl. bereits oben in Kapitel 1 bei Fn. 148; *Grundmann*, European Company Law, Rn. 683 f. m.w.N.; *Easterbrook/Fischel*, Economic Structure of Corporate Law, 18 ff.; *Bak*, 32 ff. m.w.N.; ausführlich *Ruffner*, 349 ff. m.w.N., insbes. 359–362; grundlegend *Gilson/Kraakman*, 70 Va. L. Rev. (1984), 549 ff.; *Grossman*, (1976) 31 J. Finance, 573 ff.; *Hellwig*, (1980) 22 J. Econ. Theory, 477 ff.; *Gordon/Kornhauser*, 60 NYU L. Rev. (1985), 761 ff. Zur Differenzierung zwischen schwach, mittelstark und stark effizienten Kapitalmärkten vgl. *Fama*, 25 J. Fin. (1970), 383 ff.; *Meier-Schatz*, 204 ff.; *Schwark*, FS für Lutter, 1529, 1538 f.

58 Vgl. *Easterbrook/Fischel*, 94 Harv. L. Rev. (1981), 1161, 1173.

59 Vgl. *Behrens*, FS für Drobnig, 491, 500 f.: Entscheidend ist nicht der Informationsstand des einzelnen Aktionärs, sondern, dass die Marktteilnehmer insgesamt in der Lage sind, alle verfügbaren Informationen bei der Preisbildung zu verwerten. Dies ist bereits der Fall, wenn professionelle Händler alle relevanten Informationen erlangen und so verarbeiten und bewerten können.

60 Vgl. *Grundmann*, Europ.GR, Rn. 86; grundlegend zur Informationsökonomie *Akerlof*, 84 QJE (1970), 488 ff.; *Spence*; *Stigler*, 96 J. Pol. Econ. (1961), 213 ff.; *Easterbrook/Fischel*, Va. L. Rev. 70 (1984), 669 ff.; heute *Fleischer*, Informationsasymmetrie, 93–174; *Kalfass*.

61 Vgl. *Grundmann*, Europ.GR, Rn. 88 ff.; *Eidenmüller*, Effizienz als Rechtsprinzip, 66–68; *Behrens*, FS für Drobnig, 491, 503 ff.

durch die Beteiligten auf Grundlage möglichst frei gestalteter, transparenter Angebote der geeignete Weg zur Erreichung möglichst optimaler Allokationen. Diese Aussage gilt in ihrer Absolutheit aber nur, soweit der Aushandlungsmechanismus ungestört ist und sein Ergebnis nicht an der Verhandlung unbeteiligte Dritte tangiert[62]. Hauptfälle des Marktversagens sind Informationsasymmetrien, bei denen sich Beteiligte Informationen nicht oder nur zu prohibitiv hohen Kosten verschaffen können, Wettbewerbsbeschränkungen und sog. Externalitäten oder externe Effekte, d.h. die Entstehung von Kosten oder aber Vorteilen für an der Entscheidung nicht beteiligte Dritte[63]. Für die Einschränkung der grundsätzlich vorzugswürdigen Gestaltungsfreiheit ist zunächst darzulegen, dass ein solches Marktversagen vorliegt, also Gestaltungsfreiheit Beteiligte oder Dritte schädigt. Auf zweiter Stufe sind Vor- und Nachteile staatlicher Regulierung gegenüber der Vertragsfreiheit durch institutionenökonomische Analyse zu ermitteln (und so ein eventuelles Staatsversagen aufzuzeigen)[64]. Nur wenn die Vorteile staatlicher Regulierung ihre Nachteile gegenüber der Vertragsfreiheit überwiegen, also kein Staatsversagen vorliegt, wird Regulierung befürwortet.

Ein theoretisches Konzept, mit dem hierbei die allokativen Wirkungen inhaltlich sich unterscheidender, dispositiver und zwingender aktienrechtlicher Normen bewertet werden können, bietet die Theorie der *default rules* als zentrales Paradigma der ökonomischen Analyse des Rechts[65]. Ihr zufolge soll bei Störung des Marktmechanismus (durch prohibitiv hohe Transaktionskosten und sonstige Effekte) Allokationseffizienz dadurch erzielt werden, dass die Rechtsordnung die Transaktionskosten senkt und erforderlichenfalls das hypothetische Verhandlungsergebnis rekonstruiert (v.a. durch dispositives Recht)[66]. Die ursprüngliche Zuordnung von Rechtspositionen soll also dahingehend geändert werden, dass sie von Anfang an derjenigen entspricht, die eintreten würde, wenn die Transaktionskosten null wären und der Markt für Rechte reibungslos funktionierte[67]. Demnach gilt die normative Richtschnur, diejenige Regel zu wählen, auf welche sich die Vertragsparteien geeinigt hätten, wenn sie zum Zeitpunkt des Vertragsschlusses über vollständige Informationen verfügt hätten und der Vertragsschluss keine Transaktionskosten

62 Vgl. *Grundmann*, Europ.GR, Rn. 88 f.; *Schäfer/Ott*, 605; *Eidenmüller*, JZ 2001, 1041, 1043; auch *Eidenmüller*, Effizienz als Rechtsprinzip, 66.

63 Vgl. *Grundmann*, Europ.GR, Rn. 90; zu den Gründen für Marktversagen vgl. ausführlich *Fritsch/Wein/Ewers*, 87–363; überblicksartig *Schäfer/Ott*, 107 ff.; *Behrens*, FS für Drobnig, 491, 504; zur Informationsproblematik *Fleischer*, Informationsasymmetrie.

64 So *Grundmann*, Europ.GR, Rn. 89; *Eidenmüller*, Effizienz als Rechtsprinzip, 67 f., 106 ff.; *Bak*, 11, 20; grundlegend zum Staatsversagen *Friedman*, 31 ff.

65 Zurückgehend insbesondere auf *Posner*, Economic Analysis of Law, 15 ff.; überblicksartig *Ruffner*, 333; *Eidenmüller*, Effizienz als Rechtsprinzip, 65 ff. (der die nach der Theorie erfolgende Rekonstruktion eines hypothetischen Verhandlungsergebnisses als zentrales Paradigma der ökonomischen Analyse des Rechts bezeichnet).

66 Vgl. *Posner*, Economic Analysis of Law, 23; *Bak*, 6; *Schäfer/Ott*, 113; *Eidenmüller*, Effizienz als Rechtsprinzip, 65; *Behrens*, FS für Drobnig, 491, 502 f.

67 Vgl. *Posner*, Economic Analysis of Law, 26 ff.; *Ruffner*, 333 f.; *Easterbrook/Fischel*, Economic Structure of Corporate Law, 15; *Schäfer/Ott*, 113.

verursacht hätte[68]. Legitimiert wird diese Verfahrensweise durch den Umstand, dass ihr Ergebnis am besten dem hypothetischen Parteiwillen entspricht[69]. Da zugrunde gelegt wird, dass der Parteiwille in Tauschprozessen auf die Maximierung des gemeinsamen additiven Nutzens der Vertragsparteien bzw. der aggregierten Vermögenswerte (*joint wealth maximization*) ausgerichtet ist, soll die Orientierung am Parteiwillen zur optimalen Allokation der Güter führen[70]. Allerdings ist, wie schon erwähnt, ein regulierender Eingriff auch dann nur angebracht, wenn der Effizienzverlust durch ein Marktversagen größer ist als der durch die Regulierung zu befürchtende[71]. Zur Bewertung derartiger Effizienzvorteile analysiert die ökonomische Analyse des Rechts mit Hilfe der Theorie der *Property Rights* alternative institutionell-rechtliche Ausgestaltungen sozialer Steuerungsmechanismen und ihre Folgewirkungen und wird so zur komparativen Institutionentheorie[72]. Das Ideal der Allokationseffizienz wird lediglich als Maßstab für die Ermittlung der Unvollkommenheiten der tatsächlich bestehenden Institutionen herangezogen. Die Institution, von der die geringste Abweichung vom Ideal zu erwarten ist, wird zum Einsatz vorgeschlagen[73].

2. Bewertungskriterien

Kriterien zur Bewertung der Effizienz alternativer sozialer Zustände sind das *Pareto*-Kriterium[74] und das (um das Prinzip der Generalkompensation erweiterte) *Kaldor-Hicks*-Kriterium[75]. Angesichts der Unzulänglichkeiten des *Pareto*-Kriteriums besteht heute weitgehende Einigkeit darüber, dass die Effizienz mittels einer Kosten-Nutzen-Rechnung auf Grundlage des *Kaldor-Hicks*-Kriteriums zu ermitteln ist[76]. Auch

---

68 Vgl. *Easterbrook/Fischel*, 89 Colum. L. Rev. (1989), 1416, 1433; *Easterbrook/Fischel*, Economic Structure of Corporate Law, 15; *Eidenmüller*, Effizienz als Rechtsprinzip, 65, 112 ff.; desw. *Ruffner*, 334 m.w.N. auf Schrifttum zu Theorie der *default rules*.

69 Vgl. *Ruffner*, 334.

70 Vgl. *Ruffner*, 335.

71 Vgl. *Bak*, 11, 20; grundlegend *Friedman*, 31 ff.

72 Vgl. *Ruffner*, 30. Dabei sind unter Institutionen Einrichtungen zu verstehen, die gleichartige, sich wiederholende Handlungen von Individuen und Beziehungen zwischen Individuen formen. Es lassen sich drei Arten von Institutionen unterscheiden, nämlich Verhaltensregeln (Normen, Traditionen, Gesetze), Entscheidungssysteme (Markt, Hierarchie, Verhandlung, Staat) und Organisationen (Unternehmungen oder Staat), vgl. *Schwintowski*, JZ 1998, 581, 583; *Richter/Furubotn*, 7 ff.; *Frey*, 2 f.

73 Vgl. *Schäfer/Ott*, 111.

74 1897 von Vilfredo Pareto entwickelt, vgl. *Schäfer/Ott*, 23; *Calabresi*, 100 Yale L.J. (1990–1991), 1211, 1215 in Fn. 14.

75 Das *Kaldor-Hicks*-Kriterium geht zurück auf die unabhängig voneinander durchgeführten Arbeiten der englischen Ökonomen *Kaldor* (49 Econ. J., 1939, 549 ff.) und *Hicks* (49 Econ. J., 1939, 696 ff.); es wird auch als potenzielles Pareto-Kriterium bezeichnet, vgl. *Schäfer* in Ott/Schäfer (Hrsg.), Allokationseffizienz, 1, 3; *Calabresi*, 100 Yale L.J. (1990–1991), 1211, 1221; ausführlich zum *Kaldor-Hicks*-Kriterium und den daraus abgeleiteten Entscheidungsregeln *Schäfer/Ott*, 31 ff. m.w.N.; *Eidenmüller*, Effizienz als Rechtsprinzip, 51–54.

76 Vgl. *Kübler*, FS für Steindorff, 687, 695; *Eidenmüller*, Effizienz als Rechtsprinzip, 50, 52.

diese Untersuchung wird aufgrund der nachfolgend kurz aufzuzeigenden Defizite des *Pareto*-Kriteriums so verfahren.

Das *Pareto*-Kriterium besagt, dass ein sozialer Zustand gegenüber einem anderem vorzugswürdig (*pareto*-superior) ist, wenn der Übergang vom ersten zum zweiten im Urteil der jeweiligen Individuen kein Individuum schlechter und zumindest ein Individuum besser stellt[77]. *Pareto*-effizient bzw. allokationseffizient ist ein Zustand dann, wenn es keine anderen *pareto*-superioren Zustände gibt, wenn also die Besserstellung von Personen nur noch durch die Benachteiligung mindestens einer anderen Person gelingen kann[78]. Der sinnvolle Anwendungsbereich dieser Regel zur Effizienzherstellung ist aber äußerst beschränkt, da Gesetzes- und Regeländerungen fast immer die Wirkung haben, dass das Wohl bestimmter Personen erhöht und dasjenige anderer reduziert wird[79]. Bereits die abweichende Präferenz nur einer Person führt daher nach dem *Pareto*-Kriterium zur Verhinderung der Entscheidung[80]. Eine ausschließliche Orientierung der Gesetzgebung am Einstimmigkeitspostulat des *Pareto*-Kriteriums hätte deshalb eine Absolutierung des status quo, eine völlig immobile Rechtsordnung zur Folge[81]. Im Übrigen versagt das Kriterium auch bei der Bewertung sozialer Zustände insofern, als es nicht mehrere *pareto*-effiziente Zustände in eine soziale Rangfolge zu bringen vermag[82].

Demgegenüber geht das *Kaldor-Hicks*-Kriterium davon aus, dass ein sozialer Zustand x einem anderen Zustand y überlegen ist, wenn es möglich ist, vom ersten Zustand ausgehend alle durch den Übergang zum anderen Zustand benachteiligten Personen zu entschädigen, und danach mindestens ein Gesellschaftsmitglied den hergestellten Zustand y dem Ursprungszustand x vorzieht und niemand den Ursprungszustand x dem hergestellten Zustand y vorzieht[83]. Die Möglichkeit einer Kompensation reicht aus, ein tatsächlicher Ausgleich an die Verlierer ist nicht erforderlich[84]. Entscheidend ist allein, dass der Nutzen der Maßnahme deren Kosten per Saldo übersteigt, so dass die Gewinner die Verlierer entschädigen könnten und trotzdem

---

77 Vgl. zum Pareto-Kriterium *Posner*, Economic Analysis of Law, 8; *Eidenmüller*, Effizienz als Rechtsprinzip, 48–50; *Schäfer/Ott*, 24 ff.; *Eidenmüller*, JZ 2001, 1041, 1043; *Ruffner*, 38; *Kübler*, FS für Steindorff, 687, 694 f.; *Calabresi*, 100 Yale L.J. (1990–1991), 1211, 1213 ff.; *Veljanovski*, Int'l Rev. L. & Econ. 1 (1981), 5, 10 f.

78 Vgl. *Ruffner*, 38; *Schäfer/Ott*, 26.

79 Vgl. *Schäfer/Ott*, 25; *Eidenmüller*, Effizienz als Rechtsprinzip, 50, 52 f.; *Ruffner*, 38 f.; *Kübler*, FS für Steindorff, 687, 695; *Calabresi*, 100 Yale L.J. (1990–1991), 1211, 1217.

80 Vgl. *Schäfer/Ott*, 25; auch *Eidenmüller*, Effizienz als Rechtsprinzip, 53.

81 So *Ruffner*, 38 f. m.w.N.; *Calabresi*, 100 Yale L.J. (1990–1991), 1211, 1216; *Posner*, Economic Analysis of Law, 13 f.; *Schäfer* in Ott/Schäfer (Hrsg.), Allokationseffizienz, 1, 2.

82 Vgl. *Schäfer/Ott*, 29 ff. zur Möglichkeit der Herausbildung verschiedener pareto-effizienter Zustände in Abhängigkeit von der Anfangsausstattung der Gesellschaftsmitglieder (bei Vorliegen der Voraussetzungen effizienter Produktion, effizienten Konsums und effizienter Produktionsstruktur).

83 Vgl. *Sen*, 21; *Ruffner*, 39; *Veljanovski*, Int'l Rev. L. & Econ. 1 (1981), 5, 11; *Eidenmüller*, Effizienz als Rechtsprinzip, 51.

84 Vgl. *Ruffner*, 39; *Schäfer/Ott*, 32, 35; *Veljanovski*, Int'l Rev. L. & Econ. 1 (1981), 5, 11; *Calabresi*, 100 Yale L.J. (1990–1991), 1211, 1222: Bei tatsächlicher Durchführung der Entschädigung läge eine Pareto-Verbesserung vor.

noch einen Vorteil behielten[85]. Kritik an der Praktikabilität ergibt sich aus dem Umstand, dass die sich bei Scheitern der Kompensation stellende Frage nach der Gerechtigkeit der Verteilung nur mittels eines interpersonellen Nutzenvergleichs ermittelbar ist, der wiederum stark wertungsgebunden und kaum konsensfähig erscheint[86]. Auch wenn Kompensationen im Einzelfall ausbleiben, lassen sich Verbesserungen der Allokationseffizienz nach der *Kaldor-Hicks*-Regel aber unter spezifischen Voraussetzungen mit dem Prinzip der Generalkompensation rechtfertigen, vor allem, wenn die Administrationskosten der Entschädigungen prohibitiv hoch wären und die erwarteten Effizienzgewinne wieder aufzehrten[87]. Dem Prinzip der Generalkompensation liegt der Gedanke zugrunde, dass bei zahlreicher Anwendung alternativer Rechtsanordnungen, die im Vergleich zur ursprünglichen Situation dem *Kaldor-Hicks*-Kriterium genügen, letztlich jedes Gesellschaftsmitglied besser gestellt wird. Im Einzelfall wird zwar keine Entschädigung (Einzelkompensation) bezahlt, langfristig tritt aber über das „Gesetz der großen Zahl" automatisch eine Generalkompensation ein. Problematisch bleibt, dass die Prämisse einer ausgewogenen Bevor- und Benachteiligung durch die Gefahr langfristiger und systematischer Benachteiligung einiger Gruppen als Folge effizienter Projekte in Frage gestellt wird[88]. Festzuhalten bleibt aber, dass das *Kaldor-Hicks*-Kriterium unter der Bedingung, dass über längere Zeiträume eine Generalkompensation der durch einzelne Projekte Benachteiligten eintritt, für alle Beteiligten konsensfähig ist[89]. Empirisch bestätigt wird dieser Befund dadurch, dass sich die verschiedenen zivilrechtlichen Leitgedanken wie diejenigen der Rechtssicherheit, Verkehrssicherheit, Zumutbarkeit, Erforderlichkeit, Fahrlässigkeit, Risikosphäre, Sorgfaltspflichten, Verhältnismäßigkeit im engeren Sinne, des Vertrauensschutzes sowie von Treu und Glauben einzelfallbezogen in der Rechtsprechung und -dogmatik als implizite Anwendungen des *Kaldor-Hicks*-Kriteriums verstehen lassen[90].

Zur Präzisierung des *Kaldor-Hicks*-Kriteriums sind diverse Entscheidungsregeln entwickelt worden, namentlich die Auktions-Entscheidungsregel, das Vermögensma-

---

85 Vgl. *Eidenmüller*, JZ 2001, 1041, 1045.

86 So *Ruffner*, 40; *Calabresi*, 100 Yale L.J. (1990–1991), 1211, 1223 ff.; *Veljanovski*, Int'l Rev. L. & Econ. 1 (1981), 5, 12; *Eidenmüller*, Effizienz als Rechtsprinzip, 52.

87 Vgl. zum Prinzip der Generalkompensation und den Anwendungsbedingungen (insbes. Gleichverteilung des Risikos, zu den Gewinnern oder Verlierern einer rechtlichen Anordnung zu zählen, sog. Gleichwahrscheinlichkeitstheorem) *Ruffner*, 40 ff.; *Schäfer* in Ott/Schäfer (Hrsg.), Allokationseffizienz, 1, 8 f.; desw. *Schäfer/Ott*, 35; *v. Weizsäcker*, 125, der die Regel als quasi-Pareto-superior bezeichnet; Überblick zu den grundlegenden Arbeiten von Hotelling, *Hicks* und Polinsky bei *Veljanovski*, Int'l Rev. L. & Econ. 1 (1981), 5, 13 ff. m.w.N.

88 So *Schäfer/Ott*, 35.

89 So auch *Schäfer/Ott*, 36 sowie 37 unter Berufung auf die Entwicklung in den effizienzorientierten Marktwirtschaften mit ihren Rechtsinstituten der Vertragsfreiheit und des Eigentums zur Generierung des Reichtums: Dort gebe es keine Gruppen, denen es wirtschaftlich schlechter gehe als den entsprechenden Gruppen in ärmeren Gesellschaften, die auf Reichtumsmaximierung durch Effizienzorientierung verzichtet haben (Lateinamerika, China, Indien, Russland). Für eine pragmatische Anwendung des *Kaldor-Hicks*-Kriteriums unter Anwendung des Prinzips der Generalkompensation auch *Ruffner*, 42 ff.

90 Vgl. *Ruffner*, 42 f.; *Schäfer* in Ott/Schäfer (Hrsg.), Allokationseffizienz, 1, 20; ausführlich *Ott* in Ott/Schäfer (Hrsg.), Allokationseffizienz, 25, 27–30, 40 ff.

ximierungsprinzip und das Kosten-Nutzen-Prinzip[91]. Das Vermögensmaximierungsprinzip verlangt, dass die Effizienzbewertung im Rahmen der Anwendung des *Kaldor-Hicks*-Kriteriums nicht aus utilitaristischer Sicht erfolgen, sondern sich am Ziel der Vermögensmaximierung orientieren soll[92]. Entscheidungen öffentlicher Organe sollen so getroffen werden, dass die durch sie bei den Betroffenen verursachten Vermögensänderungen in der Summe maximiert werden. Der Auktions-Entscheidungsregel zufolge soll ein Recht demjenigen zustehen, der bereit ist, auf einem hypothetischen Markt den höchsten Preis dafür zu zahlen. Dadurch entscheiden die Betroffenen selbst, wie sie Vor- und Nachteile einschätzen[93]. Schließlich ist nach der Kosten-Nutzen-Rechnung eine staatliche Maßnahme nur dann gerechtfertigt, wenn der durch sie bewirkte Gesamtnutzen in Geld größer ist als die durch die Maßnahme entstehenden in Geld bewerteten Gesamtkosten. Vermögensmaximierung als Sozialwahlkriterium, auf dem die sonstigen *Kaldor-Hicks*-Entscheidungsregeln beruhen, hat den Vorteil der eindeutigen Entscheidung ohne interpersonellen Nutzenvergleich. Sie hat aber auch den gravierenden Nachteil der Verletzung des Gleichheitsgebots, da über hohe materielle Mittel verfügende Gesellschaftsmitglieder einseitig belohnt werden[94]. Die uneingeschränkte Anwendung der Auktionsregel und des Kosten-Nutzen-Prinzips sind insbesondere dann problematisch, wenn Gewinner und Verlierer personenverschieden sind und zudem ihre Zahlungsbereitschaft durch die differierende Anfangsausstattung mit *property rights* auseinanderklafft[95]. Von daher liegt eine einzelfallbezogene Analyse der Anfangsausstattungen und der Verteilungswirkungen der untersuchten Institutionen nahe. Andererseits verbleibt gerade im Zivilrecht (und damit auch im Gesellschaftsrecht) ein sehr weiter Bereich, in dem die Anwendung des Vermögensmaximierungsprinzips angesichts der ausgleichenden Langfristwirkung der Generalkompensation relativ unproblematisch ist[96]. Zivilrecht – und gerade sein Teilbereich Gesellschaftsrecht – soll in erster Linie die rechtlichen Rahmenbedingungen für wirtschaftliche Kooperationen nach dem marktwirtschaftlichen Leistungsprinzip setzen und ist deshalb maßgeblich von Effizienz- und nicht von Distributionszwecken geprägt[97]. Daher wird auch dieser Arbeit das am Vermögensmaximierungsprinzip orientierte *Kaldor-Hicks*-Kriterium zugrunde gelegt werden.

---

91 Maßgeblich durch *Posner*, Economic Analysis of Law, 12 ff.; vgl. *Schäfer/Ott*, 33 f.; *Ruffner*, 44 ff. für überblicksartige Ausführungen zu den Entscheidungsregeln.

92 Vgl. *Ruffner*, 44 m.w.N. zur Kritik am Utilitarismus als Grundlage der Effizienzbeurteilung. Dieser geht als Gerechtigkeitstheorie vom Gesetz abnehmender Grenznutzen steigender Einkommen aus, d.h. der Gesamtnutzen steigt, wenn von Reichen zugunsten von Armen umverteilt wird. Gegen seine Heranziehung zur Effizienzbeurteilung wird zum einen die Fragwürdigkeit der Eignung des Rechts des Güter- und Leistungsaustausches für Umverteilungsmaßnahmen angeführt, da sich diese Ziele wesentlich effizienter (ebenfalls im Sinne des *Kaldor-Hicks*-Kriteriums) mittels des Steuer- und Sozialrechts verwirklichen ließen. Zum anderen setzt ein utilitaristischer Ansatz einen interpersonellen Nutzenvergleich mit großen methodischen Problemen voraus.

93 Vgl. *Schäfer/Ott*, 33; *Schäfer* in Ott/Schäfer (Hrsg.), Allokationseffizienz, 1, 3.

94 So *Ruffner*, 46.

95 Zur Problematik der Anfangsausstattung vgl. *Ruffner*, 47 ff.

96 Vgl. *Ruffner*, 46; *Calabresi*, 100 Yale L.J. (1990–1991), 1211, 1224.

97 So *Ruffner*, 47; *Schäfer* in Ott/Schäfer (Hrsg.), Allokationseffizienz, 1, 13 f.

III. Grundsätzlicher Aufbau der Untersuchung

Aus der Zielsetzung der Arbeit, die Fragen zu beantworten, (1) inwiefern Börsengesellschaftsrecht in den untersuchten Ländern besteht und (2) wie sinnvoll dieses ist und wie spezielles Gesellschaftsrecht für kapitalmarktnotierte Gesellschaften idealerweise gestaltet sein sollte, ergibt sich der folgende jeweils rechtsinstitutsbezogen zu klärende Untersuchungsgang:

(1) Besteht spezielles Gesellschaftsrecht? (Rechtsvergleichende Einführung und Herausarbeitung spezieller börsengesellschaftsrechtlicher Regelungen)

(2) Besteht ein Bedürfnis für spezielles Gesellschaftsrecht und wie sollte es sinnvollerweise ausgestaltet sein? Hierbei werden die rechtsvergleichend herausgearbeiteten börsengesellschaftsrechtlichen Regelungen im Wege der institutionenökonomischen Analyse bewertet werden.

3. Kapitel: Überblick zur Gesetzgebungslage in den untersuchten Ländern

I. Deutschland

In Deutschland ist die Aktiengesellschaft im Aktiengesetz vom 6.9.1965 (AktG) normiert, während die Rechnungslegungsregeln im Handelsgesetzbuch (HGB)[1] enthalten sind. Das Kapitalmarktrecht findet sich im Börsengesetz (BörsG), dem Wertpapierhandelsgesetz (WpHG) und dem Wertpapiererwerbs- und Übernahmegesetz (WpÜG)[2]. Mit dem WpHG wurde das Bundesamt für den Wertpapierhandel eingerichtet und ihm die Aufgaben eines Aufsichtsamtes zugewiesen (§§ 3 ff. WpHG). 2002 wurde das Amt mit dem Bundesamt für das Kreditwesen und dem Bundesamt für das Versicherungswesen durch das Gesetz über die integrierte Finanzdienstleistungsaufsicht[3] und das als dessen Art. 1 ergangene Gesetz über die Bundesanstalt für Finanzdienstleistungsaufsicht (FinDAG) zur Bundesanstalt für Finanzdienstleistungsaufsicht (BaFin) zusammengeführt, um die bis dahin herrschende Zersplitterung der Beaufsichtigung der Finanzmärkte zu beseitigen[4].

Das deutsche Aktienrecht wurde in den ersten drei Jahrzehnten nach der Aktienrechtsreform von 1965 nicht wesentlich verändert. Zwar ergingen die meisten europäischen Richtlinien auf dem Gebiet des Gesellschaftsrechts in dieser Zeit[5]. Ihre Umsetzung rief aber kaum Änderungsbedarf hervor, da die Richtlinien von deutschen Rechtsvorstellungen geprägt waren[6]. Im Gegensatz hierzu führten die durch anglo-amerikanisches Rechtsdenken bestimmten Richtlinien zum Kapitalmarktrecht[7] tendenziell zu einem größeren Anpassungsbedarf[8]. Seit den 1990er Jahren wurde das deutsche Aktienrecht aber stark geprägt von Gesetzesänderungen, die unabhängig von den europäischen Harmonisierungsvorhaben erfolgten und den Charakter einer permanenten Reform angenommen haben[9]. Hauptmotivation für die Reform war das bereits in der Einleitung erwähnte Bestreben des deutschen Gesetzgebers, die Aktiengesellschaft zu einer modernen und effizienteren Rechtsform auszubauen und hierzu das Gesellschaftsrecht insbesondere an die Bräuche und Er-

---

1 §§ 264–335 HGB.

2 Für einen rechtsvergleichenden Überblick zur Entwicklung des Kapitalmarktrechts unter anderem in Großbritannien, Frankreich und Deutschland vgl. *Siems*, Konvergenz der Rechtssysteme, 43 ff.

3 Gesetz vom 22. April 2002, BGBl. I 2002, 1310.

4 Vgl. *Kübler/Assmann*, 466.

5 So die Erste Gesellschaftsrechtliche (Publizitäts-)Richtlinie v. 9. März 1968, die Zweite Gesellschaftsrechtliche (Kapital-)Richtlinie v. 13. Dezember 1976, die Dritte Gesellschaftsrechtliche (Verschmelzungs- bzw. Fusions-)Richtlinie v. 9. Oktober 1978.

6 Vgl. HdbAG/*Marsch-Barner*/*Schäfer*, § 1 Rn. 5.

7 Insbesondere die Insider-Richtlinie, ersetzt zum 28. Januar 2003 durch die Marktmissbrauchs-Richtlinie, die Wertpapierdienstleistungs-Richtlinie, ersetzt zum 30. April 2006 durch die Richtlinie über Märkte für Finanzinstrumente, und die Übernahme-Richtlinie.

8 Vgl. HdbAG/*Marsch-Barner*/*Schäfer*, § 1 Rn. 6.

9 Vgl. *K.Schmidt*, § 26 II 2h).

wartungen der internationalen Kapitalmärkte anzupassen[10]. Wichtige Gesetzgebungsschritte seit 1994 beinhalten das Gesetz für kleine Aktiengesellschaften und zur Deregulierung des Aktienrechts vom 2. August 1994, das Zweite Finanzmarktförderungsgesetz vom 26. Juli 1994 und das Dritte Finanzmarktförderungsgesetz vom 24. März 1998, das Gesetz über die Zulassung von Stückaktien (StückAG) vom 25. März 1998, das Gesetz zur Kontrolle und Transparenz im Unternehmensbereich (KonTraG) vom 27. April 1998, das Gesetz zur Namensaktie und zur Erleichterung der Stimmrechtsausübung (NaStraG) vom 18. Januar 2001, das schon genannte Wertpapiererwerbs- und Übernahmegesetz (WpÜG) vom 20. Dezember 2001, das Vierte Finanzmarktförderungsgesetz vom 21. Juni 2002, das Transparenz- und Publizitätsgesetz (TransPuG) vom 19. Juli 2002 und das Gesetz zur Unternehmensintegrität und Modernisierung des Anfechtungsrechts (UMAG) vom 22. September 2005. So wurden, um die Kapitalanlage in deutschen Aktien zu fördern, mit dem StückAG und dem NaStraG die Stückaktie eingeführt, der Mindestnennbetrag der Nennbetragsaktie herabgesetzt und das Recht der international vorherrschenden Namensaktie modernisiert[11]. Durch das KonTraG wurde der Rückkauf eigener Aktien zugelassen (§ 71 AktG). Das KonTraG untersagt zudem endgültig die Ausgabe von Aktien mit Mehrstimmrechten (§ 12 Abs. 2 AktG). Zur Verbesserung der Teilnahme an der Hauptversammlung wurde die Stimmrechtsvertretung durch Kreditinstitute auf eine neutrale Vertretung ausgerichtet (§§ 128 Abs. 1, 2, 135 Abs. 1 Satz 3 AktG) und eine Variante der Vertretung in Form gesellschaftseigener Stimmrechtsvertreter eingeführt (§ 134 Abs. 3 Satz 3 AktG)[12]. Ebenfalls durch das KonTraG wurde, wie schon im Rahmen der Einleitung erwähnt, mit § 3 Abs. 2 AktG eine Definition der Börsennotierung eingeführt. Börsennotiert im Sinne des AktG sind danach Gesellschaften, deren Aktien zu einem Markt zugelassen sind, der von staatlich anerkannten Stellen geregelt und überwacht wird, regelmäßig stattfindet und für das Publikum mittelbar oder unmittelbar zugänglich ist. Die Definition der Börsennotierung nach § 3 Abs. 2 AktG beschränkt sich also wie der Untersuchungsgegenstand dieser Arbeit auf Notierungen an einem organisierten Markt. In Deutschland ist dies der regulierte Markt i.S.v. §§ 32 ff. BörsG (vormals unterteilt in amtlichen Handel nach §§ 30 ff. BörsG a.F. und Handel am geregelten Markt nach §§ 49 ff. BörsG a.F.), nicht aber der Freiverkehr i.S.v. § 48 BörsG.

Als nichtgesetzliches Regelwerk[13] enthält der von der Regierungskommission Deutscher Corporate Governance Kodex im Februar 2002 beschlossene und vom Bundes-

---

10 Vgl. HdbAG/*Marsch-Barner/Schäfer*, § 1 Rn. 7, 11.
11 Vgl. zu den Änderungen HdbAG/*Marsch-Barner/Schäfer*, § 1 Rn. 12 ff.
12 Für einen Überblick zu den Inhalten der Reformgesetze vgl. HdbAG/*Marsch-Barner/Schäfer*, § 1 Rn. 12 ff. Dem Ziel der Anpassung an die Bedürfnisse des Kapitalmarkts entsprechend beziehen sich viele Änderungen entweder ausdrücklich auf börsennotierte Aktiengesellschaften oder haben diese zumindest als Leitbild, vgl. HdbAG/*Marsch-Barner/Schäfer*, § 1 Rn. 9.
13 Zur normsystematischen Qualität des Kodex vgl. HdbAG/*Marsch-Barner*, § 2 Rn. 45; *Ulmer*, ZHR 166 (2002), 150, 160; *Bachmann*, WM 2002, 2137, 2139: Der Kodex ist keine Rechtsquelle, da er von einem privaten Gremium beschlossen worden ist. Die Empfehlungen werden zwar durch die Bekanntmachung durch das BMJ erst wirksam (§ 161 Abs. 1 Satz 1 AktG), die hierbei durch das Ministerium ausgeübte Rechtskontrolle verleiht ihnen aber keinen normativen Charakter. Auch

ministerium der Justiz (BMJ) im August 2002 veröffentlichte und inzwischen mehrfach geänderte Deutsche Corporate Governance Kodex (DCGK)[14] Empfehlungen zur Unternehmensführung, deren Befolgung freiwillig ist. Der Kodex richtet sich in erster Linie an börsennotierte Gesellschaften, hinsichtlich deren Leitung und Überwachung er „das Vertrauen der internationalen und nationalen Anleger, der Kunden, der Mitarbeiter und der Öffentlichkeit" fördern will[15]. Gemäß § 161 Abs. 1 Satz 1 AktG sind Gesellschaften mit börsennotierten Aktien (§ 3 Abs. 2 AktG) verpflichtet, jährlich zu erklären, ob den Empfehlungen des aktuell geltenden Kodex entsprochen wurde und wird oder welche Empfehlungen nicht angewendet wurden oder werden. Der Kodex ergänzt diese Verpflichtung um die Empfehlung, jährlich im Lagebericht über die Corporate Governance des Unternehmens zu berichten und dabei eventuelle Abweichungen von den Empfehlungen des DCGK zu erläutern (Ziff. 3.10 Satz 2 DCGK). Im Ergebnis folgt die Entsprechenserklärung für börsennotierte Gesellschaften also dem Prinzip des *comply or explain*. Hierdurch soll den Gesellschaften die Berücksichtigung branchen- oder unternehmensspezifischer Bedürfnisse ermöglicht und so zur Flexibilisierung und Selbstregulierung der deutschen Unternehmensverfassung beigetragen werden[16]. Neben den § 161 AktG unterfallenden Empfehlungen enthält der DCGK Anregungen, von denen ohne Offenlegung abgewichen werden kann[17]. Zudem schildert er die Grundzüge der vom AktG vorgegebenen Kompetenzverteilung.

Der mit der Änderungsrichtlinie EG/2006/46 eingefügte Art. 46a der 4. Gesellschaftsrechtlichen (Jahresabschluss-)Richtlinie mit seiner Umsetzungsfrist zum 5. September 2008 verlangt nunmehr von allen Gesellschaften mit an einem organisierten Markt in der EU notierten Wertpapieren (also auch Schuldtiteln) die Aufnahme einer Erklärung zur Unternehmensführung in den Lagebericht (sog. *Corporate Governance-Statement*)[18]. Die Mitgliedstaaten können gestatten, dass die erforderlichen Angaben in einem gesonderten Bericht enthalten sind, der entweder zusammen mit dem Lagebericht oder, bei Veröffentlichung auf der Internetseite der Gesellschaft, durch eine Bezugnahme im Lagebericht, zu publizieren ist (Art. 46a

---

wenn die exakte rechtliche Qualifizierung schwierig ist, handelt es sich bei den Empfehlungen jedenfalls um Verhaltensregeln unterhalb verbindlicher Rechtsnormen.

14 Die Ausführungen dieser Arbeit basieren auf der Kodex-Fassung vom 6. Juni 2008. Zur Entstehungsgeschichte des DCGK vgl. www.corporate-governance-code.de und HdbAG/*Marsch-Barner*, § 2 Rn. 29 ff.; *Zinser/Spreng*, ZVglRWiss 103 (2004), 401, 404 f. Die Regierungskommission ist eine Dauereinrichtung, die den Kodex jährlich überprüft und erforderlichenfalls an neuere Entwicklungen anpasst. Überblicksartig zum Inhalt des Kodex HdbAG/*Marsch-Barner*, § 2 Rn. 42 ff. Für Literatur zum DCGK vgl. die umfangreichen Nachweise bei HdbAG/*Marsch-Barner*, § 2 a.A.

15 Vgl. die Präambel des DCGK. Den nicht-börsennotierten Gesellschaften wird die Anwendung des DCGK in der Präambel lediglich empfohlen.

16 Vgl. die Präambel des DCGK.

17 Während die Empfehlungen sprachlich durch die Verwendung des Wortes „soll" gekennzeichnet sind, verwendet der DCGK für Anregungen Formulierungen wie „sollte" oder „kann"; vgl. die Präambel zum DCGK.

18 Ausführlich hierzu *Lentfer/Weber*, DB 2006, 2357, 2358 ff.

Abs. 2 Satz 1)[19]. In der Erklärung zur Unternehmensführung hat die Gesellschaft auf den Unternehmensführungskodex, dem sie unterliegt und/oder den sie freiwillig anwendet, zu verweisen und/oder Angaben zu Unternehmensführungspraktiken, die sie über die Anforderungen des nationalen Rechts hinaus anwendet, zu machen hat (Art. 46a Abs. 1 lit. a)). Weicht sie von einem Kodex im Einklang mit nationalem Recht ab, so hat sie die Gründe der Abweichung nunmehr zwingend zu erläutern (*comply or explain*, Art. 46a Abs. 1 lit. b)). Darüberhinaus muss die Erklärung zur Unternehmensführung Angaben zum für den Rechnungslegungsprozess bestehenden internen Kontroll- und Risikomanagementsystem sowie zur Zusammensetzung und Arbeitsweise der Verwaltungsorgane und ihrer Ausschüsse enthalten (Art. 46a Abs. 1 lit. c), f))[20]. Die Mitgliedstaaten können die Berichtspflichten zur *Corporate Governance* abgesehen von den Angaben zum rechnungslegungsbezogenen Kontroll- und Risikomanagementsystem auf Gesellschaften mit börsennotierten Aktien sowie solche mit sonstigen an einem organisierten Markt notierten Wertpapieren und gleichzeitig über ein multilaterales Handelssystem gehandelten Aktien beschränken (Art. 46a Abs. 3). Der deutsche Gesetzgeber hat von Art. 46a Abs. 3 Gebrauch gemacht und durch das Bilanzrechtsmodernisierungsgesetz (BilMoG) mit § 289a HGB die Erklärung zur Unternehmensführung lediglich für Aktiengesellschaften mit börsennotierten Aktien und Aktiengesellschaften mit börsennotierten Wertpapieren, deren Aktien auf eigene Veranlassung in einem multilateralen Handelssystem i.S.v. § 2 Abs. 3 Satz 1 Nr. 8 WpHG (z.B. dem Freiverkehr) gehandelt werden, eingeführt[21]. Die Beschränkung der Erklärungspflicht auf Unternehmen mit börsennotierten sonstigen Wertpapieren, deren Aktien auf eigene Veranlassung über ein multilaterales Handelssystem gehandelt werden, rechtfertigt sich daraus, dass Unternehmen, deren Aktien ohne ihre Veranlassung über ein multilaterales Handelssystem gehandelt werden, davon nicht zwingend erfahren und eine Informationspflicht der Marktteilnehmer gegenüber dem Unternehmen auch nicht besteht[22]. Auch die Entsprechenserklärung nach § 161 AktG, die einen Bestandteil der neuen Erklärung zur Unternehmensführung bildet (§ 289a Abs. 2 Nr. 1 HGB), wurde lediglich auf Gesellschaften mit an einem organisierten Markt notierten an-

---

19 Für Argumente gegen eine Einbeziehung in den Lagebericht (auch bei Ausnahme der Erklärung vom Prüfungsumfang) vgl. *Lentfer/Weber*, DB 2006, 2357, 2362 m.w.N.; *Melcher/Mattheus*, DB 2008, Beilage 1, 52, 55.

20 Darüberhinaus sind in die Erklärung zur Unternehmensführung die von Art. 10 Übernahme-Richtlinie geforderten Angaben (dazu Kapitel 5 I.2.a)aa) sowie Art und Weise der Durchführung der Hauptversammlung und deren wesentliche Befugnisse sowie eine Beschreibung der Aktionärsrechte und der Möglichkeiten ihrer Ausübung, sofern diese Angaben nicht bereits vollständig im nationalen Recht enthalten sind, aufzunehmen (Art. 46a Abs. 1 lit. d), e)).

21 Das BilMoG wurde vom Bundestag am 27. März 2009 verabschiedet (BR-Drucks. 270/09). Die Zustimmung des Bundesrats erfolgte am 3. April 2009, die Verkündung wird für Mai 2009 erwartet. Für eine Übersicht der zum Referentenentwurf des BilMoG erschienenen Artikel siehe *Zülch/Hoffmann*, DB 2008, 1053 ff.; zu den wesentlichen Änderungen im Regierungsentwurf *Meyer*, DStR 2008, 1153 ff. Zur Erklärung zur Unternehmensführung Kuthe/Geiser, NZG 2008, 172 ff.; *Weber-Rey*, AG 2008, 345, 346 f.; *Lentfer/Weber*, DB 2006, 2357 ff.; *Hommelhoff/Mattheus*, BB 2007, 2787, 2790; *Melcher/Mattheus*, DB 2008, Beilage 1, 52, 54 f.; *Weber/Lentfer/Köster*, IRZ 2008, 35 ff.

22 Vgl. RegE BilMoG, BT-Drucks. 16/10027, 171; auch § 48 Abs. 1 Satz 2 BörsG.

deren Wertpapieren als Aktien, deren Aktien mit ihrem Wissen über ein multilaterales Handelssystem gehandelt werden, erweitert (§ 161 Abs. 1 Satz 2 AktG n.F.)[23]. Angesichts der äußerst geringen Zahl von Gesellschaften, auf die dies zutrifft, werden von der Ausweitung des § 161 AktG nur geringe praktische Auswirkungen erwartet[24]. Die Erklärung zur Unternehmensführung und mit ihr die Entsprechenserklärung nach § 161 AktG können entweder im Lagebericht[25] oder gesondert auf der Internetseite der Gesellschaft (unter Verweis auf die Seite im Lagebericht) veröffentlicht werden (§ 289a Abs. 1 Satz 2, 3 HGB i.V.m. § 161 Abs. 2 AktG)[26].

II. Frankreich

Das französische Gesellschaftsrecht ist im *Nouveau Code de Commerce* vom 18. September 2000 (C.com.), vor allem seinem zweiten Buch, zusammengefasst. Daneben bewahrte die Durchführungsverordnung vom 23. März 1967[27] lange Zeit Bedeutung. Anfang 2007 wurden die Regelungen der Durchführungsverordnung in der *partie réglementaire* des *Nouveau Code de Commerce* konsolidiert[28]. Subsidiär gelten für alle französischen Gesellschaften die art. 1832–1873 *Code Civile* (C.civ.). Französisches Kapitalmarktrecht beruht auf dem *Code monétaire et financier* (C.monét.fin) und hat in der *Autorité des Marchés Financiers (AMF)* die zentrale Aufsichtsbehörde[29].

Die *Société Anonyme (S.A.)* als Pendant zur deutschen AG und die *Société à Responsabilité Limitée (S.A.R.L.)* als Pendant zur GmbH bilden die zwei grundlegenden Kapitalgesellschaftsformen[30]. Im Jahre 1999 waren von den insgesamt ca. 169.000 *Societés Anonymes* lediglich 803 an einem organisierten Markt notiert[31]. Seit dem 24. Juli 1966 differenziert das Gesetz zwischen zwei Erscheinungsformen der *Société Anonyme*, nämlich der einfachen *S.A.* und der öffentlich Wertpapiere anbietenden *S.A. „faisant publiquement appel à l'épargne"*. Für letztere gelten weitergehende gesellschaftsrecht-

---

23 Vgl. RegE BilMoG, BT-Drucks. 16/10027, 214; auch Kuthe/Geiser, NZG 2008, 172.

24 Vgl. RegE BilMoG, BT-Drucks. 16/10067, 214; Kuthe/Geiser, NZG 2008, 172, 175.

25 Auch bei Veröffentlichung im Lagebericht unterliegt die Erklärung zur Unternehmensführung nicht der Abschlussprüfung, § 317 Abs. 2 Satz 3 HGB.

26 Die bisher bereits übliche Online-Veröffentlichung der Entsprechenserklärung wird also zur gesetzlichen Pflicht aufgewertet; vgl. RegE BilMoG, BT-Drucks. 16/10067, 144; *Weber-Rey*, AG 2008, 345, 347.

27 Décret (D) Nr. 67-236 vom 23. März 1967 *sur les sociétés commerciales.*

28 Mit dem Décret n° 2007-431 vom 25. März 2007 *relatif à la partie réglementaire du code de commerce*, J.O. 2007, n° 27 vom 27. März 2007, 5648. Ausführlich zur Konsolidierung und der vorgenommenen Modifikationen vgl. *Valuet*, Rev. sociétés 2007, 227 ff.

29 Überblicksartig zur Entwicklung des französischen Kapitalmarktrechts vgl. *Siems*, Konvergenz der Rechtssysteme, 45. Die *AMF* wurde infolge einer Gesetzesänderung (Loi n° 2003-706 vom 1. August 2003) durch Fusion der Vorgängerbehörden *Commission des opérations de bourse (COB)*, *Conseil des marchés financiers (CMF)* und *Conseil de discipline de la gestion financière (CDGF)* gebildet, vgl. auch die Internetseite der *AMF* unter www.amf-france.org; desw. *Menjucq*, 69 (2005) RabelsZ, 699, 707.

30 Ausführlich zur S.A.R.L.: *Merle*, Rn. 201 ff.; *Cozian/Viandier/Deboissy*, 413 ff.; *Guyon*, Sociétés, Rn. 217, 472–513; *Frank/Wachter*, RIW 2002, 11.

31 Vgl. *Storck*, ECFR 2004, 36, 40; *Bureau*, Bull. July 2001, 553, 556; *Ohl*, 13.

liche Anforderungen[32]. Wie bereits in der Einleitung erörtert, bietet eine Gesellschaft ihre Wertpapiere nicht nur dann öffentlich an im Sinne des *appel publique à l'épargne,* wenn sie zum Handel an einem organisierten Markt zugelassen sind, sondern bereits dann, wenn sie ihre Titel mit Hilfe von Finanzinstituten, Investmentgesellschaften oder selbst auf irgendeine Art und Weise öffentlich anbietet[33]. Eine solche *S.A.*, die ihre Wertpapiere öffentlich anbietet, kann nicht als einfache *S.A.* gegründet werden (art. L. 225-2 ff. C.com.). Eine Gründung als einfache *Société Anonyme* mit erst anschließender Hinwendung zum Kapitalmarkt ist hingegen möglich[34]. 1994 wurde zudem die *Société par Actions Simplifiée (S.A.S.)* als flexiblere Form der *Société Anonyme* für *joint venture*-Vorhaben geschaffen. Bei ihr geht die Rücknahme von Schutzvorschriften angesichts der unterstellten Professionalität der Aktionäre[35] mit dem Verbot der Kapitalaufnahme auf dem Kapitalmarkt einher (art. L. 227-2 C.com.).

Gesellschaftsrechtliche Reformgesetze der letzten Jahre waren das *Loi aux nouvelles régulations économiques* vom 15. Mai 2001, das *Loi de sécurité financière* vom 1. August 2003 und das *Loi pour la confiance et la modernisation de l'économie* vom 26. Juli 2005. Sie enthielten vielfältige Bemühungen zur Schaffung eines kapitalmarktadäquateren Gesellschaftsrechts. Ziele waren vor allem die Verbesserung der *Corporate Governance* durch mehr Transparenz in Unternehmen und – gerade im Rahmen des *Loi de sécurité financière* – die Modernisierung der Abschlussprüfung als Reaktion auf die Bilanzskandale der jüngeren Vergangenheit[36]. Soweit der *Code de Commerce* hierbei nach der Notierung der *S.A.* an einem organisierten Markt (*marché réglementé*) differenziert, meint er dabei die ministeriell anerkannten organisierten Kapitalmärkte sowie die organisierten Kapitalmärkte des Europäischen Wirtschaftsraums (art. L. 421-1, 421-3, 441-1 C.monét.fin).

Neben den Gesetzen spielen auch in Frankreich im Bereich der *Corporate Governance* Berichte und Regelwerke, die kein Gesetzgebungsverfahren durchlaufen haben, wie die beiden Viénot-Berichte von 1995 und 1999[37] und der Bouton-Bericht von

---

32 Vgl. art. L 225-2 ff. C.com.; desw. *Lutter*, FS für Zöllner, 363, 372; *Guyon*, Droit des affaires, Rn. 219, 283 ff.; *Cozian/Viandier/Deboissy*, Rn. 452, 854 ff.; *Merle*, 281, 292 ff.; *Sonnenberger/Dammann*, Rn. III 166 mit Beispielen für die unterschiedlichen Regelungen für die einfache S.A. und die S.A. *appel publique à l'épargne* (höheres Mindestkapital, strengere Gründungsformalitäten, besondere Publizitätserfordernisse und Kontrollen der Börsenaufsichtsbehörde); *Schmidt*, ZGR-Sonderheft 13 (1998), 291, 292.

33 Vgl. zur Definition des *appel publique à l'épargne* art. L. 441-1 C.monét.fin. (zitiert in Fn. 86 in Kapitel 1).

34 Vgl. hierzu *Merle*, Rn. 266; *Germain* in Ripert/Roblot, Rn. 1052.

35 Vgl. *Guyon*, ZGR-Sonderband 13, 297, 302; *Grundmann*, Europ. GR, § 3 Rn. 77 m.w.N.

36 Vgl. *Menjucq*, 69 (2005) RabelsZ, 698, 699; *Hövermann/Klein*, RIW 2006, 277, 279.

37 Corporate Governance-Kodizes der auf Initiative der *Association Francaise des Entreprises Privées (AFEP)* und des *Conseil National du Patronat Francais* (*CNPF*, der Vorgängerorganisation des *Mouvement des Entreprises de France* (MEDEF)), also der französischen Industrie- und Arbeitgeberverbände, entstandenen und nach ihrem Vorsitzenden Marc Viénot benannten Kommission.

2002[38], eine Rolle[39]. Der Bouton-Bericht baut auf den beiden Viénot-Berichten auf und führt diese fort, indem er ihre Bestimmungen teilweise erweitert, beschränkt oder konkretisiert[40]. Die Berichte wurden von den französischen Industrieverbänden *Association Français des Entreprises Privées* (*AFEP*) und *Mouvement des Entreprises de France* (*MEDEF*) im Oktober 2003 in den *Principes de gouvernement d'entreprise* (zitiert als Französischer Corporate Governance-Kodex, FCGK) konsolidiert. Die Befolgung der in den verschiedenen Berichten enthaltenen Empfehlungen stand den Unternehmen, auch den börsennotierten, bis zur Umsetzung von Art. 46a der Jahresabschluss-Richtlinie frei[41]. Die Finanzmarktaufsichtsbehörde *AMF*[42] und der konsolidierte Kodex in Ziff. 19 FCGK empfahlen börsennotierten Gesellschaften zuvor lediglich, die von ihnen angewandten *Corporate Governance*-Regeln zu beschreiben und im Falle der Nichtbefolgung die Gründe hierfür nach dem Prinzip *„comply or explain"* darzulegen. Die auf diese Art erlangten Informationen wurden von der *AMF* jährlich in einem zusammenfassenden Bericht veröffentlicht (art. L. 621-18-3 C.monét.fin.). Zudem verlangte die *AMF* seit Januar 2004, dass an französischen und gleichzeitig an ausländischen Börsen notierte Gesellschaften in Frankreich die Informationen veröffentlichen müssen, die sie im Ausland publizieren[43]. Die Empfehlungen der Berichte wurden von den in Frankreich börsennotierten Gesellschaften in der Regel berücksichtigt[44]. Mittlerweile hat der französische Gesetzgeber die Vorgaben des Art. 46a der Jahresabschluss-Richtlinie zum *Corporate Governance-Statement* überschießend für alle Aktiengesellschaften mit *appel publique à l'épargne* (also auch solche, die ihre Wertpapiere auf irgendeinem Wege öffentlich anbieten) umgesetzt und sie zur Abgabe einer Erklärung zur Unternehmensführung inklusive einer *comply or explain*-Erklärung zum ob und wie der Befolgung eines *Corporate Governance*-Kodex in einem dem Lagebericht angehängten und öffentlich zu publizierenden besonderen Bericht verpflichtet (art. L. 225-37 (6)–(8), 225-68 (6)–(8), 226-10-1 C.com.)[45].

---

38 *„Promoting Better Corporate Governance in Listed Companies", Report of the working group chaired by Daniel Bouton*, initiiert vom *Mouvement des Entreprises de France* (*MEDEF*). Zur Kritik am Bouton-Bericht vgl. *Menjucq*, 69 (2005) RabelsZ, 698, 699; *Couret*, Bull. Joly sociétés 2002, 1126.

39 Vgl. *Grundmann*, Europ.GR, § 3 Rn. 77 m.w.N.; für weitere Berichte vgl. *Cozian/Viandier/Deboissy*, 233 Rn. 500; *Arlt*, 66.

40 Vgl. *Arlt*, 66.

41 Vgl. HdbAG/*Marsch-Barner*, § 2 Rn. 27; *Grundmann*, Europ.GR, Rn. 7 (Fn. 30).

42 Vgl. die Mitteilung der Vorgängerbehörde *Commission des opérations de bourse* (COB), Bull. COB, Januar 2003.

43 Vgl. die Mitteilung der *AMF* v. 23. Januar 2004, *Gouvernement d'entreprise et contrôle interne, Obligations de publications des émetteurs faisant appel public à l'épargne* (art. 122 *Loi de sécurité financière*).

44 Vgl. *Menjucq*, 69 (2005) RabelsZ, 698, 699; *Storck*, ECFR 2004, 36, 39.

45 Die Umsetzung erfolgte durch Art. 26, 27 des loi n° 2008-649 v. 3. Juli 2008 *portant diverses dispositions d'adaptation du droit des sociétés au droit communautaire* (1), JO n° 155 v. 4. Juli 2008, 10705.

III. Großbritannien

In Großbritannien galt bis zur jüngsten Gesellschaftsrechtsreform mit dem *Companies Act 1985* ein einheitliches Gesellschaftsrecht für England und Schottland, während für Nordirland durchgängig praktisch identische Normen erlassen wurden[46]. Der im Zuge der Gesellschaftsrechtsreform am 8. November 2006 verabschiedete *Companies Act 2006* erstreckt den Geltungsbereich des Gesellschaftsrechts auf das gesamte Vereinigte Königreich (s. 1284 CA 1284).

Im Übrigen sind die durch die Reform bewirkten substantiellen Änderungen, auch wenn ihr laut der britischen Regierung eine fundamentale Überprüfung des Gesellschaftsrechts vorausging, moderat geblieben[47]. Anders als das deutsche und französische Gesellschaftsrecht geht der *Companies Act 2006* nicht von einem Dualismus der Kapitalgesellschaften (GmbH und AG, *S.A.R.L.* und *S.A*) aus, sondern von der einheitlichen Gesellschaftsform der *company*[48]. Sie teilt sich in die Unterformen der *public* und der *private company* auf. Die Unterformen sind wiederum jeweils in den drei Haftungsvarianten der *unlimited company*, der *company limited by shares* und der *company limited by guarantee* denkbar, wobei die Bildung einer *unlimited public company* seit 1980 nicht mehr zulässig ist (s. 4 (2) CA 2006)[49]. Während bei der mit Abstand am weitesten verbreiteten[50] *company limited by shares* die Haftung der Gesellschafter auf ihre Gesellschaftsanteile beschränkt ist (s. 3 (2) CA 2006), übernehmen die Gesellschafter einer *company limited by guarantee* für den Fall der Auflösung der Gesellschaft eine persönliche Haftung in einer bestimmten Höhe (s. 3 (3) CA 2006)[51]. Seit dem 22. Dezember 1980 ist die originäre Gründung von *public companies* nur noch als *public company limited by shares* möglich[52]. Im Gegensatz zur *private limited company (ltd)* kann nur die *public limited company (plc)* an der Börse gehandelt werden, während der öffentliche Handel von *ltd*-Anteilen verboten ist (s. 755 (1) CA 2006)[53]. Auch

---

46 Durch den Erlass besonderer „*Orders in Council*" auf Grundlage besonderer Verordnungen, vgl. *Triebel/Hodgson/Kellenter/Müller*, 210; *Grundmann*, Europ.GR, § 3 Rn. 76 unter Verweis auf EU-Handbuch GR/*Hohloch*, Rn. 3 f.; *Baums* in Hopt u.a. (Hrsg.), Comparative Corporate Governance, 545, 562.

47 Vgl. Dine/Koustias, 3.

48 Vgl. *Farrar/Hannigan*, 42; *Schwanna*, 309.

49 Vgl. *Morse*, Charlesworth's Company Law, 40; *Schwanna*, 379.

50 Vgl. *Davies*, Gower's Company Law, 7; *Farrar/Hannigan*, 42; *Schwanna*, 310.

51 In der Praxis wird regelmäßig ein symbolischer Garantiebetrag gewählt. Die Gesellschaftsform wird vor allem von karitativen Organisationen gewählt, die keine Gewinnverteilung nach Aktien anstreben und deren Gründer nicht schon anfänglich – wie bei einer Aktienausgabe – Kapital investieren wollen; vgl. *Davies*, Gower's Company Law, 7 f.

52 Vgl. ss. 4, 5 (1) CA 2006: Eine *unlimited public company* scheidet aus, da die Legaldefinition der *public company* in s. 4 (2) CA 2006 sie nicht erwähnt („*A "public company" is a company limited by shares or limited by guarantee and having a share capital*"). Die Möglichkeit der Gründung einer *public company limited by guarantee* besteht der Legaldefinition zufolge zwar grundsätzlich, allerdings nur, wenn sie ein eigenes Gesellschaftskapital hat („*having a share capital*"). Dies ist aber seit dem 22. Dezember 1980 gemäß s. 5 CA 2006 nicht mehr möglich.

53 Zur Definition des der *ltd* untersagten öffentlichen Angebots (*public offer*) vgl. s. 756 CA 2006. Das Verbot öffentlicher Angebote bezieht sich gemäß s. 755 (1) CA 2006 nur auf *private companies limited by shares*, während *private companies limited by guarantee* und *unlimited companies* (mangels wenn dies theoretisch auch für die *public company limited by guarantee and having a share capital* gilt, so ist sie doch zur auf Gewinnerzielung gerichteten Geschäftstätigkeit mit Gewinnverteilung ungeeignet[54] und deshalb – zumal ihre Gründung ja seit 1980 nicht mehr möglich ist – in der Praxis börsennotierter Gesellschaften irrelevant. Die Untersuchung wird sich deshalb auf die *plc* im Sinne der *public company limited by shares* beschränken. Für die Zwecke der im Gesetz enthaltenen Differenzierungen zwischen börsennotierten (*quoted*) und nicht-börsennotierten (*unquoted*) Gesellschaften definiert s. 385 CA 2006 börsennotierte Gesellschaften als im Vereinigten Königreich inkorporierte Gesellschaften, deren Aktien an der *Official List* im Vereinigten Königreich oder an einem anderen organisierten Markt in einem Mitgliedstaat des Europäischen Wirtschaftsraums (EWR) notiert sind oder an der *New York Stock Exchange* (NYSE) oder der *NASDAQ* (*National Association of Securities Dealers Automated Quotations*) zum Handel zugelassen sind.

Die *public* und die *private limited company* sind weitgehend parallel geregelt[55]. Große Teile des materiellen Gesellschaftsrechts finden sich seit jeher in Mustersatzungen, bis zur Gesellschaftsrechtsreform 2006 in den als Annexe dem *Companies Act 1985* beigefügten *Tables A* bis F[56]. Im Rahmen der *Company Law Reform* wurde die grundsätzliche parallele Regelung von *ltd* und *plc* beibehalten. Die am Leitbild der *public company* ausgerichtete Mustersatzung des *Table A* wird im Zuge der Reform ersetzt werden durch mehrere, auf die verschiedenen Gesellschaftsformen der *private company limited by share* und *limited by guarantee* sowie die *public company* ausgerichtete ministeriell erlassene Mustersatzungen[57]. Die drei Mustersatzungen sind in den *Companies (Model Articles) Regulations 2008* enthalten, die zum 1. Oktober 2009 in Kraft treten. Das für die *public company* im dritten Abschnitt (*Schedule* 3) der Verordnung vorgesehene Modell ähnelt *Table A*[58]. Auch weiterhin ist es den Gesellschaften gestattet, alle oder auch nur einzelne der Mustervorschriften in ihre Satzung einzubeziehen (s. 19 (3) CA 2006). Soweit sich Gesellschaften keine eigene Satzung geben bzw. soweit sie in ihrer Satzung die Vorschriften der Mustersatzung nicht ausschließen oder modifizieren, sind die zum Zeitpunkt der Eintragung bestehenden Musterregelungen Teil der Gesellschaftssatzung (s. 20 (1) CA 2006). Spätere Änderungen der Mustersatzungen haben auf die bereits eingetragenen Gesellschaften keinen Einfluss (s. 19 (4) CA 2006). Dementsprechend werden die neuen Mustersatzungen der *Companies (Model Articles) Regulations 2007* auch erst für ab dem 1. Oktober 2009 eingetragene Gesellschaften relevant.

---

eines in Aktien aufgeteilten Kapitals) öffentlich Anleihen anbieten könnten; vgl. *Alcock/Birds/Gale*, Rn. 2.9.

54 Vgl. *Davies*, Gower's Company Law, 9; *Bedkowski*, 44 f.

55 Systematische Aufzählung der Unterschiede zwischen *plc* und *ltd* bei *Farrar/Hannigan*, 42–44; außerdem *Davies*, AG 1998, 346; *v. Bernstorff*, EWS 1998, 397, 433; EU-Handbuch GR/*Hohloch*, Rn. 115, 122 f.

56 Das Table A-Statut ist abgedruckt bei *Hicks/Goo*, Cases on Company Law, S. 31 ff.

57 Vgl. s. 19 CA 2006; *Dine/Koutsias*, 59 f.

58 Vgl. *Sheik*, I.C.C.L.R. 2006 (17), 13, 19; *Alcock/Birds/Gale*, 72. Vgl. desw. den Entwurf der *Model Articles of Association* für *public companies* des *Department of Trade and Industry* (DTI) vom Juni 2006 unter http://www.dti.gov.uk/ files/file29935.pdf.

Die Untersuchung wird auf Grundlage der durch den *Companies Act 2006* geschaffenen Rechtslage erfolgen. Maßgebliche Rechtsquellen sind danach gemäß s. 2 CA 2006 die Regelungen des *Companies Act 2006* sowie Teil 2 des *Companies (Audit, Investigations and Community Enterprise) Act 2004* über *community interest companies*[59] und die wenigen Regelungen des *Companies Act 1985* und des *Companies Consolidation (Consequential Provisions) Act 1985*, die auch nach der Reform fortgelten[60]. Angesichts dessen, dass auch nach dem 1. Oktober 2009 die Mustersatzung des *Table A* der *Companies (Tables A to F) Regulations 1985* für bereits zuvor eingetragene Gesellschaften anwendbar bleibt, werden ihre Regelungen[61] ebenso wie diejenigen des *Schedule 3* der *Companies (Model Articles) Regulations 2007* miteinbezogen. Trotz der umfassenden Kodifikationsbemühungen stehen darüberhinaus auch weiterhin das *common law* und das *law of equity* als Rechtsquellen neben dem geschriebenen Recht. Während das *common law* das Fallrecht der *common law*-Gerichte meint, ist unter dem *law of equity* die Rechtsprechung des *Chancery Court* zu verstehen. Der *Chancery Court* war bis zur Zusammenlegung der Rechtswege 1875[62] zuständig bei unbilligen oder untragbaren Entscheidungen der *common law*-Gerichte[63].

Im Vereinigten Königreich bestehen zwei kapitalmarktrechtliche Regelungsregime, eines für am organisierten Kapitalmarkt der *Official List* notierte Gesellschaften und eines für die öffentlichen Angebote nicht dort notierter Wertpapiere[64]. Am organisierten Kapitalmarkt notierte Wertpapiere unterfallen dem *Financial Services and Markets Act 2000* (FSAMA 2000) und den *Listing Rules* (Börsenzulassungsregeln) der *Financial Services Authority* (*FSA*, der zentralen Kapitalmarktaufsichtsbehörde) in ihrer Funktion als *United Kingdom Listing Authority (UKLA)*[65]. Nach ss. 74–76 FSAMA 2000 darf die *UK Listing Authority* Wertpapiere nicht zur Notierung an der *Official List* zu-

---

59 *Community interest companies* wurden 2004 als besondere Gesellschaftsform für kommunale Unternehmen eingeführt. Im Gegensatz zur gemeinnützigen *charity* darf die *community interest company* Gewinn machen, muss diesen aber im Gemeinschaftsinteresse verwenden; vgl. *Dine/Koutsias*, 11, 19.

60 Für einen Überblick der fortgeltenden Normen vgl. *Alcock/Birds/Gale*, Rn. 1.2. ff.

61 In der seit dem 22. Dezember 2000 geltenden Fassung. Für vor dem 22. Dezember 2000 eingetragene Gesellschaften findet, vorbehaltlich abweichender Satzungsbestimmungen, *Table A* in der bis zum 31. Juli 1985 bzw. bis zum 21. Dezember 2000 geltenden Fassung Anwendung. Die Versionen entsprechen sich weitestgehend und werden aus Gründen der Übersichtlichkeit nicht gesondert behandelt, soweit keine materiell relevanten Unterschiede bestehen.

62 Mit den *Supreme Court of Judicature Acts 1983 (36 & 37 Vict c 66)* und *1875 (38 & 39 Vict c 77)*.

63 Vgl. *Schwanna*, 313.

64 Vgl. *Dine/Koutsias*, 92. Zu den britischen Börsensegmenten vgl. *Ellger/Kalss* in Hopt u.a. (Hrsg.), Börsenreform, 595, 653–658. Überblicksartig zur Entwicklung des britischen Kapitalmarktrechts *Siems*, Konvergenz der Rechtssysteme, 46 f.

65 Zu den Befugnissen der *FSA* als *UKLA* vgl. *Morse*, Charlesworth's Company Law, 109, der vier Hauptbefugnisse nennt: (1) die Führung der *Official List*, (2) die Erarbeitung der Regeln der *Listing Rules*, (3) die Überwachung und Pönalisierung von Verstößen gegen die *Listing Rules*, und (4) generell die Pflichten als *Financial Services Agency* nach dem FSAMA 2000. Mit dem FSAMA 2000 wurde das zuvor unter dem (nunmehr aufgehobenen) *Financial Services Act 1986* bestehende System verschiedener jeweils für einzelne Marktsegmente zuständiger Selbstverwaltungsstellen zugunsten der *FSA* als einheitlicher Regulierungsbehörde für den gesamten Kapitalmarkt abgeschafft; vgl. *Pettet*, 365; *Morse*, Charlesworth's Company Law, 108 f.; *Dine/Koutsias*, 106.

lassen, wenn der Zulassungsantrag nicht den Anforderungen der *Listing Rules* entspricht. Diesen zufolge müssen Gesellschaften, die eine Notierung anstrebenden, eine Reihe von Grundvoraussetzungen erfüllen[66]. Kapitel 9 der *Listing Rules* beinhaltet nach der Börsenzulassung fortgeltende sog. *Continuing Obligations*, die vor allem kapitalmarktrechtliche Verhaltenspflichten, aber auch Regelungen zum Innenverhältnis von Gesellschaften mit börsennotierten Aktien vorsehen, die den *Companies Act 2006* ergänzen[67]. Bei Nichteinhaltung der *Listing Rules* kann die *FSA* in der Höhe unbegrenzte Bußgelder gegenüber der Gesellschaft und den Verwaltungsratsmitgliedern verhängen (s. 91 FSAMA 2000), ihnen bestimmte Verhaltensweisen auferlegen (ss. 381 ff. FSAMA 2000) und als ultima-ratio die Notierung der Gesellschaft beenden (s. 77 FSAMA 2000). Nicht an der *Official List* notierte Gesellschaften können ihre Wertpapiere am *Alternative Investment Market (AIM)* handeln. Dieser Handel unterfällt nicht dem Regelungsregime des FSAMA 2000 und der *FSA Listing Rules*, sondern den funktional vergleichbaren, aber weniger strikten *Public Offers of Securities Regulations 1995* und *AIM Rules*[68].

Erhebliche Bedeutung hat im Übrigen der *Combined Code of Best Practice*, der durch die Übernahme als Börsenzulassungsregel seitens der Börsenaufsicht im Jahr 2003 für die börsennotierten Aktiengesellschaften zur Maßregel wurde[69]. Gemäß Ziff. 9.8.6. (5) und (6) der *Listing Rules* muss jede im Vereinigten Königreich registrierte Gesellschaft mit am organisierten Markt der *Official List* börsennotierten Aktien in ihrem Lagebericht erklären, ob und inwieweit sie den *Combined Code* befolgt hat und für eventuelle Abweichungen Erklärungen anbieten („*comply or explain*")[70]. Auch wenn der Kodex nicht rechtsverbindlich ist, stellt er – auch angesichts der weitreichenden

---

66 Vgl. zu den Anforderungen der *Listing Rules Morse*, Charlesworth's Company Law, 110–117; *Pettet*, 365–369; *Dine/Koutsias*, 95 f. Zunächst muss es sich bei der Gesellschaft um eine public company handeln, des Weiteren muss sie vor dem Notierungsantrag fünf Jahre lang ihre Bilanzen veröffentlicht haben. Weitere Bedingungen betreffen die Übertragbarkeit der Aktien, die Aktienurkunden, Art und Dauer der Geschäftstätigkeit, Qualifikation und Erfahrung der Verwaltungsratsmitglieder etc. (vgl. Kapitel 2, 3 LR). Kapitel 8 der *Listing Rules* sieht die Benennung eines sog. *sponsors* vor, zumeist eines Börsenhändlers oder einer Investmentbank, dem neben anderen Pflichten diejenige obliegt, sich zu überzeugen, dass die Gesellschaft die Voraussetzungen der Notierung und sonstige Bedingungen der *Listing Rules* erfüllt.

67 Vgl. *Davies*, Gower's Company Law, 15. Die *Continuing Obligations* sind bei Notierung von Anleihen weniger strikt als bei Aktiennotierungen (LR 9.1.1, 9.1.3). Weitere *Continuing Obligations* sind in den folgenden Kapiteln vorgesehen: *Significant Transactions* (Kapitel 10); *Related Party Transactions* (Kapitel 11); *Dealing in Own Securities and treasury shares* (Kapitel 12); *Circulars* (Kapitel 13); vgl. *Pettet*, 369.

68 *Pettet*, 369, 262; *Davies*, Gower's Company Law, 15; *Dine/Koutsias*, 92, 94.

69 Vgl. *Davies*, Gower's Company Law, 323; *Grundmann*, Europ.GR, § 3 Rn. 76; HdbAG/*Marsch-Barner*, § 2 Rn. 26; *Davies*, ZGR 2001, 268, 273f.; *Siems*, Konvergenz der Rechtssysteme, 68. Zur Entstehungsgeschichte des *Combined Code* vgl. *Zinser/Spreng*, ZVglRWiss 103 (2004), 401–403. Für Geschäftsjahre ab dem 1. November 2006 gilt der *Combined Code 2006*, für ab dem 29. Juni 2008 beginnende der mit diesem weitgehend übereinstimmende *Combined Code 2008*. Grundsätzlich werden die Kodizes im Folgenden als *Combined Code* zitiert und lediglich bei Divergenzen auf die Unterschiede der 2006er- und 2008er-Fassungen hingewiesen.

70 Zum Inhalt der Entsprechenserklärung vgl. Schedule C zum Combined Code 2006; überblicksartig auch *Morse*, Charlesworth's Company Law, Kapitel 18; *Pettet*, 201.

Gestaltungsfreiheit nach dem CA 2006 – die wichtigste Rechtsquelle für die *Corporate Governance* im Vereinigten Königreich börsennotierter Gesellschaften dar[71].

Der britische Gesetzgeber hat bei der Umsetzung von Art. 46a der 4. Gesellschaftsrechtlichen Richtlinie neben *plcs* mit an einem organisierten Markt notierten Aktien lediglich *companies* im Sinne des CA 2006 mit an einem organisierten Markt notierten Wertpapieren, deren Aktien über ein multilaterales Handelssystem gehandelt werden, zur Abgabe des *Corporate Governance-Statements* mitsamt einer Entsprechenserklärung zum einschlägigen oder angewendeten *Corporate Governance*-Kodex im Rahmen des Lageberichts (*Directors' Report*) verpflichtet (DTR 1B.1.5 f., 7.2)[72]. Die Pflicht wurde von der *FSA* durch Vorschriften nach Teil 6 des FSAMA 2000 (in der Fassung nach s. 1269 CA 2006) im *Disclosure Rules and Transparency Rules Sourcebook* (*DTR*) eingeführt. S. 890 FSAMA 2000 ermächtigt die FSA insofern, Vorschriften zur Umsetzung gemeinschaftsrechtlicher Vorgaben zur *Corporate Governance* von Gesellschaften mit an organisierten Märkten notierten Wertpapieren zu erlassen. Die Gesellschaften können die Erklärung zur Unternehmensführung wahlweise in einem zusammen mit dem Lagebericht zu veröffentlichenden gesonderten Bericht oder auf ihrer Internetseite (bei Verweis auf diese im Lagebericht) publizieren (DTR 7.2.9). Die Vorgaben zur Entsprechenserklärung nach LR 9.8.6 bleiben daneben bestehen, wobei eine Entsprechenserklärung nach LR 9.8.6 (6) zugleich die Vorgaben von Art. 46a Abs. 1 lit. a) und b) erfüllt[73].

IV. Exkurs: Reichweite und Durchsetzung der Kodizes (unter Einbeziehung des *Corporate Governance Statements*)

Die Anfang der 1990er Jahre zunächst in Großbritannien etablierte Selbstregulierung durch *Corporate Governance*-Kodizes hat sich mittlerweile unter dem Einfluss der Internationalisierung der Kapitalmärkte und der Investorenkreise auch in zahlreichen anderen Jurisdiktionen, darunter Frankreich und Deutschland, durchgesetzt[74]. Der Grad der Befolgung der Kodizes ist grundsätzlich, außerhalb sensibler Bereiche wie der Vergütung der Mitglieder der Leitungsorgane, sehr hoch, wobei die Akzeptanz mit der Unternehmensgröße steigt[75]. Der Deutsche Corporate Gover-

---

71 So HdbAG/*Marsch-Barner*, § 2 Rn. 26.

72 Zum Gesetzgebungsprozess vgl. *Department for Business, Enterprise and Regulatory Reform (BERR)*, Implementation of the Directive 2006/43/EC – Policy Conclusions and Draft Regulations, July 2007, Ziff. 2.71; *FSA*, Implementation of the 8th Company Law Directive – Consultation Paper, December 2007, Ziff. 1.9, 1.11 f., 3.12. *BERR*, Implementation of Directive 2006/46/EC on Company Reporting, Government Response, July 2007, 4.

73 Vgl. *FSA*, Implementation of the 8th Company Law Directive – Consultation Paper, December 2007, Ziff. 3.13; desw. Ziff. 7.2 des Entwurfs der BERR im Annex zum *FSA*-Consultation Paper.

74 Vgl. *Siems*, Konvergenz der Rechtssysteme, 67 f., 70 mit einer zusammenfassenden Darstellung der Entwicklung unter Aufzählung weiterer Länder mit Kodizes (Belgien, Spanien, den Niederlanden, Italien, den USA, Südafrika, Kanada, Japan, China und Hongkong).

75 Vgl. *Wymeersch* in Hopt u.a. (Hrsg.), Corporate Governance in Context, 403, 406; für den DCGK DCGK-Kommentar/*v. Werder*, Rn. 1638–1644; *v. Werder/Talaulicar/Kolat*, DB 2003, 1857 ff.; 2004, 1377 ff.; *v. Werder/Talaulicar*, DB 2005, 841 ff.; 2006, 849 ff.; 2007, 869 ff.; die jährlichen

nance Kodex richtet sich ausweislich seiner Präambel primär an deutsche börsennotierte Aktiengesellschaften, empfiehlt aber auch nicht börsennotierten Gesellschaften seine Befolgung. Die Abgabe der Entsprechenserklärung zum DCGK nach § 161 Abs. 1 Satz 1 AktG ist dabei nur für AGs, deren Aktien an deutschen oder ausländischen organisierten Märkten notiert sind, verpflichtend[76]. Auch der *Combined Code* wendet sich grundsätzlich (vergleichbar der Entsprechenserklärung nach § 161 AktG) an alle börsennotierten *plcs.* Zur Abgabe einer Entsprechenserklärung im Wege des *comply or explain* sind jedoch nur Gesellschaften mit Sitz im Vereinigten Königreich, deren Aktien an der *Official List* notiert sind, verpflichtet (LR 9.8.6 (5), (6)), nicht hingegen an organisierten Märkten außerhalb des Vereinigten Königreichs notierte Gesellschaften. Hauptgrund den engeren Anwendungsbereich ist wohl, dass sich die *Listing Rules* bei Schaffung des *Combined Code* zur Einführung eines Durchsetzungsmechanismus ohne erhöhten Regulierungsaufwand anboten[77]. Die britische Regierung war im Zuge der Gesellschaftsrechtsreform der Ansicht, dass der Anwendungsbereich auf alle börsennotierten (*quoted*) Gesellschaften erstreckt werden sollte, also auch außerhalb des Vereinigten Königreichs notierte[78], hat dieses Vorhaben aber erst im Rahmen der Umsetzung von Art. 46a der 4. Gesellschaftsrechtlichen Richtlinie im *Disclosure Rules and Transparency Rules Sourcebook* umgesetzt. Auch der französische konsolidierte *Corporate Governance*-Kodex wendet sich laut seiner Präambel an alle börsennotierten französischen Aktiengesellschaften. Die Abgabe der *comply or explain*-Erklärung zur seiner Befolgung wurde hingegen vor der Umsetzung von Art. 46a der Jahresabschluss-Richtlinie nicht gesetzlich oder über zwingende Börsenzulassungsregeln abgesichert, sondern lediglich über eine Empfehlung der Börsenaufsichtsbehörde *AMF* angestrebt. Die bloße Empfehlung zur Abgabe einer Entsprechenserklärung stellte sich gegenüber der Pflicht hierzu, sei es qua Gesetz, Anordnung der Marktaufsichtsbehörde oder Börsenzulassungsregel, als weniger geeignet zur Sicherstellung der Abgabe solcher Erklärungen und damit als weniger effektiv im Hinblick auf die Gewährleistung eines adäquaten Informationsniveaus dar[79]. Sie musste im Zuge der Umsetzung von Art. 46a der 4. Gesellschaftsrechtlichen Richtlinie zum 5. September 2008 zu einer Berichtspflicht aufgewertet werden. Ebenso mussten die nationalen Gesetzgeber sicherstellen, dass auch lediglich im Ausland börsennotierte Gesellschaften einer Berichtspflicht zu den von ihnen angewandten *Corporate Governance*-Grundsätzen unterliegen, so dass im Ergebnis alle Gesellschaften mit an organisierten Märkten der EU notierten Aktien

---

Untersuchungen der Umsetzung des DCGK in den von diesem adressierten Unternehmen durch das Berlin Center of Corporate Governance im Auftrag des Regierungskommission Corporate Governance, abrufbar unter www.bccg.tu-berlin.de/ main/publikationen.htm sowie die Entsprechenserklärungen der DAX- und MDAX-Unternehmen, verlinkt unter www.corporate-governance-code.de/ger/entsprechenserklaerung/index.html.

76 Vgl. *Hüffer*, § 161 Rn. 6, § 3 Rn. 2. Grundlegend zu den verschiedenen Formen der Implementierung und Durchsetzung von *Corporate Governance*-Kodizes *Wymeersch*, FS für Horn, 619 ff.

77 Vgl. *Davies*, Gower's Company Law, 323.

78 Vgl. DTI, Company Law Review – Completing the Structure, November 2000, Rn. 4.4; DTI, Modernising Company Law, Juli 2002, Rn. 5.11.; auch *Davies*, Gower's Company Law, 323.

79 So auch das European Corporate Governance Forum (ECGF), Jahresbericht 2006 (ec.europa.eu/internal_ market/company/docs/ecgforum/ecgf-annual-report-2006_en.pdf), 2.

nunmehr ein *Corporate Governance-Statement* abgeben müssen. Bei der Umsetzung von Art. 46a der Jahresabschluss-Richtlinie haben der deutsche und der britische Gesetzgeber von der Möglichkeit nach Art. 46a Abs. 3 Gebrauch gemacht und die Berichtspflichten auf Gesellschaften mit börsennotierten Aktien sowie solche mit an einem organisierten Markt notierten Wertpapieren und gleichzeitig an einem multilateralen Handelssystem gehandelten Aktien (für Deutschland nur bei eigener Veranlassung dieses Handels) beschränkt. Der französische Gesetzgeber hat die Pflicht zur Erstellung eines *Corporate Governance-Statements* hingegen überschießend auf sämtliche Gesellschaften mit *appel publique à l'épargne*, der bei jeglicher Wertpapiernotierung und auch bereits bei öffentlichem Verkauf der Wertpapiere auf anderen Wegen vorliegt, erstreckt.

Damit stellt sich die Frage, ob eine Ausweitung des *Corporate Governance-Statements* auf sämtliche Gesellschaften mit börsennotierten Wertpapieren oder noch weitergehend auf sämtliche Gesellschaften mit *appel publique à l'épargne* sinnvoll ist, oder ob von der *opt-out*-Möglichkeit nach Art. 46a Abs. 3 Gebrauch gemacht werden sollte. Hinter der Berichtspflicht nach Art. 46a steht die Erkenntnis der Institutionenökonomie und diese bestätigender empirischer Studien, dass der Marktwert eines Unternehmens nicht allein durch finanzielle Komponenten, sondern maßgeblich auch durch die Qualität seines *Corporate Governance*-Systems bestimmt wird[80]. Damit der Kapitalmarkt diese Qualität des Systems der Unternehmensführung und ihrer Kontrolle in börsennotierten Gesellschaften bewerten kann, muss er ein hinreichendes Maß an Information hierüber erhalten[81]. Ein europaweit einheitliches Maß an Information zu *Corporate Goverance*-Aspekten baut insofern Hemmnisse für ein grenzüberschreitendes Investment in börsennotierten Aktiengesellschaften ab[82]. Mit der Informationseffizienz der Kapitalmärkte hinsichtlich der *Corporate Governance*-Gesichtspunkte gewährleistet das *Corporate Governance-Statement* deren adäquate Bewertung und schafft mit dieser die Grundlage für den Markt für Unternehmenskontrolle als wesentlichen externen Kontrollmechanismus für die Geschäftsleitungen börsennotierter Publikumsgesellschaften. Dieser Hintergrund ist auch eine Rechtfertigungsgrundlage der den Mitgliedstaaten eröffneten Möglichkeit, Gesellschaften ohne börsennotierte Aktien von der Pflicht zur Abgabe des *Statements* freizustellen. Nur in (Publikums-)Gesellschaften mit börsennotierten Aktien bedarf es stets der Unterstützung des Marktes für Unternehmenskontrolle durch hinreichende Informationsgebote. Demgegenüber treten die für börsennotierte Publikumsgesellschaften charakteristischen *Principal-Agent*-Probleme in Gesellschaften mit börsennotierten Anleihen etc. nicht in vergleichbarer Weise auf. Da ihre Anteile nicht börsennotiert sind, befinden sie sich in aller Regel im Besitz weniger Gesellschafter, von denen jedenfalls einige ausreichend große Beteiligungen halten, dass sich die Kontrolle der Geschäftsleitung für sie lohnt. Für diese Gesellschaften bleibt, da der

---

80 Vgl. *Lentfer/Weber*, DB 2006, 2357 und die oben in Kapitel 1 Fn. 157 nachgewiesenen empirischen Untersuchungen.
81 Vgl. *Lentfer/Weber*, DB 2006, 2357.
82 Vgl. *BERR*, Implementation of Directive 2006/46/EC on Company Reporting, A Consultative Document, März 2007, 27 Ziff. 3.54.

Markt für Unternehmenskontrolle sie mangels Börsennotierung der Anteile nicht betrifft, als Sinn eines *Corporate Governance-Statements* die Information des Marktes zwecks adäquater Bewertung der gesellschaftsinternen *Corporate Governance* (auch wenn bei schlechter *Corporate Governance* weder Übernahmedruck erzeugt werden kann noch Mitwirkungsrechte ausgeübt werden können). Die weiten Anwendungsbereiche der Richtlinienvorgaben nach Art. 46a Abs. 1 und der französischen Umsetzung bezwecken dementsprechend den Schutz auch der potentiellen Zeichner der börsennotierten Fremdkapitaltitel. Durch die Kenntnis der internen Kontroll- und Überwachungsmechanismen sowie der Anreizsysteme der Gesellschaften soll das Vertrauen in eine europaweite Anlage in börsennotierte Schuldverschreibungen etc. gefördert und dadurch letztlich die Effektivität der Fremdkapitalfinanzierung auf dem organisierten Kapitalmarkt gewährleistet werden. Fraglich ist aber, ob die Kapitalmärkte bei lediglich fremdkapitalfinanzierten Gesellschaften ein vergleichbares Informationsbedürfnis hinsichtlich der *Corporate Governance* haben wie bei an organisierten Märkten eigenkapitalfinanzierten Gesellschaften. Die oben angeführten empirischen Untersuchungen zur Relevanz der *Corporate Governance* für die Kapitalmarktbewertung beziehen sich durchgängig nur auf Gesellschaften mit börsennotierten Aktien[83]. Angesichts der nicht in vergleichbarer Weise wie bei börsennotierten Gesellschaften auftretenden *Principal-Agent*-Probleme ist bei Notierung lediglich anderer Wertpapiere als Aktien von einem erheblich geringeren Interesse des Kapitalmarkts an den *Corporate Governance*-bezogenen Informationen auszugehen. Interne *Corporate Governance*-Systeme von Gesellschaften mit nur anderen börsennotierten Wertpapieren als Aktien dienen aus Anlegersicht vor allem der Verhinderung missbräuchlicher Verhaltensweisen der Mehrheitsgesellschafter zulasten der Gesellschaft. Ein Interesse der Fremdkapitalgeber an Mechanismen zur Verhinderung solcher Mehrheitsmissbräuche kann nun daraus folgen, dass das Geschäftsergebnis der Gesellschaft reduzierende Verhaltensweisen den Kurs der börsennotierten Schuldverschreibungen etc. und damit die Renditeerwartung der Investoren beeinflussen können. Dabei fallen die den Fremdkapitalgläubigern durch aus Anlegersicht negative *Corporate Governance*-Vorkehrungen drohenden Nachteile wesentlich geringer aus als die den Aktionären börsennotierter Gesellschaften drohenden. Fremdkapitalgläubigern stehen keine Verwaltungs- und Vermögensrechte innerhalb der Gesellschaft zu, für die sie bezahlt haben und die durch eine schlechte *Corporate Governance* tangiert werden könnten. Zudem werden Investments in börsennotierte Anleihen etc. üblicherweise von professionellen oder spezialisierten Investoren getätigt, die der zusätzlichen Information durch ein *Corporate Governance-Statement* nicht bedürfen[84]. Letztendlich würde eine Ausweitung des Anwendungsbereichs der Kodizes und des *Corporate Governance-Statements* auf alle Gesellschaften mit börsennotierten Wertpapieren i.S.v. Art. 46a Abs. 1 der Jahresabschluss-Richtlinie vor allem dazu führen, dass auch mittelständische Unternehmen, die sich über Bonds an der Börse finanzieren, zur umfassenden Berichterstattung verpflichtet

---

83 Vgl. auch *Weber/Lentfer/Köster*, ZCG 2007, 53, 57.
84 Vgl. *BERR*, Implementation of Directive 2006/46/EC on Company Reporting, A Consultative Document, März 2007, 28 Ziff. 3.55.

wären. Die Angemessenheit einer solche Ausdehnung der *Corporate Governance*-Vorgaben auch auf mittelständische Unternehmen mit ihren typischerweise knapperen Ressourcen erscheint zweifelhaft und sollte jedenfalls vor Durchführung von Regulierungsschritten durch empirische Studien nachgewiesen werden[85]. Die durch eine Ausweitung der Berichtspflichten inklusive der Kodexvorgaben bewirkten Belastungen für kleine und mittlere Unternehmen sind zu groß, als dass man sie ohne weiteres übernehmen könnte[86]. Vielmehr droht eine Ausweitung des *Corporate Governance-Statements* auf alle Gesellschaften mit börsennotierten Wertpapieren (und damit auch auf mittelständische Unternehmen, die sich z.B. über Schuldverschreibungen an der Börse finanzieren) diesen erheblichen Aufwand aufzuerlegen, der angesichts des relativen Desinteresses des Kapitalmarkts an den Informationen und der sonstigen Informationsmöglichkeiten der in diesem Marktsegment hauptsächlich operierenden professionellen Investoren nicht gerechtfertigt ist[87]. In rechtsvergleichender Hinsicht wird die Skepsis gegenüber einer generellen Ausweitung der Kodexvorgaben entsprechend Art. 46a Abs. 1 im Übrigen durch die im *NYSE listed company manual* enthaltenen Börsenzulassungsregeln der *New York Stock Exchange* bestätigt. Diese stellen Gesellschaften mit anderen börsennotierten Wertpapieren als Aktien angesichts der geschilderten Interessenlage von der Abgabe einer Entsprechenserklärung zu fast allen *Corporate Governance*-Vorgaben frei und verlangen lediglich eine solche zum Prüfungsausschuss (Ziff. 303.A.00, 303.A.06, 303.A.12 NYSE listed company manual). Im Ergebnis erscheint es angebracht, wie der deutsche und der britische Gesetzgeber von der *opt-out*-Möglichkeit nach Art. 46a Abs. 3 der Jahresabschluss-Richtlinie Gebrauch zu machen und sowohl den Anwendungsbereich der Entsprechenserklärung zum Kodex als auch das *Corporate Governance-Statement* auf Gesellschaften mit börsennotierten Aktien und solche mit lediglich anderen börsennotierten Wertpapieren, aber einem Handel der Aktien über ein multilaterales Handelssystem, zu beschränken. Eine eventuelle Ausweitung der Erklärungspflichten sollte von einem empirischen Nachweis ihrer Notwendigkeit abhängig gemacht werden. Dabei erscheint eine weitere Einschränkung der Pflicht zur Abgabe des *Corporate Governance-Statements* auf lediglich solche Gesellschaften, deren Aktien auf ihre Veranlassung über ein multilaterales Handelssystem gehandelt werden, angesichts der Möglichkeit einer Einbeziehung von Aktien in den deutschen Freiverkehr ohne Kenntnis und Beteiligung des Emittenten aus den vom deutschen Gesetzgeber angeführten Praktikabilitätsgründen sinnvoll[88]. Sonst könnten die

---

85 So auch *Maul*, BB 2005, Beilage 9, 2, 3; kritisch gegenüber einer Ausweitung auch *Lentfer/Weber*, DB 2006, 2357, 2359; *IDW*, WPg 2005, 176, 177.

86 Vgl. *Maul*, BB 2005, Beilage 9, 2, 3; in diesem Sinne auch *Weber/Lentfer/Köster*, IRZ 2008, 35, 37.

87 So im Ergebnis auch *Lentfer/Weber*, DB 2006, 2357, 2359; *Maul*, BB 2005, Beilage 9, 2, 3, 10; *Weber/Lentfer/Köster*, IRZ 2008, 35, 37; a.A. (Ausweitung auf alle Gesellschaften mit an organisierten Kapitalmärkten notierten Wertpapieren) *Hommelhoff/Mattheus*, BB 2007, 2787, 2790.

88 Zu den Freiverkehrssegmenten der untersuchten Jurisdiktionen und ihren Einbeziehungs- bzw. Zulassungsvoraussetzungen vgl. *Harrer/Müller*, WM 2006, 653 ff. Die Zulassung zu den britischen und französischen Freiverkehrssegmenten erfolgt nur auf Antrag des Emittenten, was die britische Regelung wohl zum Verzicht auf eine Einschränkung der Berichtspflichten bei Handel am Freiverkehr ohne eigene Veranlassung veranlasst hat.

umfassenden Berichtspflichten begründet werden, ohne dass die Gesellschaft dies beeinflussen könnte.

V. Beteiligungsstrukturen in den börsennotierten Gesellschaften der untersuchten Jurisdiktionen

Das Bedürfnis für die im Rahmen dieser Arbeit zu erörternden speziellen Regeln für börsennotierte Aktiengesellschaften ergibt sich aus den diesen Gesellschaften immanenten spezifischen Interessenkonflikten. Maßgeblich für das Verständnis dieser Interessenkonflikte in den börsennotierten Gesellschaften der untersuchten Jurisdiktionen ist die Kenntnis der in ihnen vorherrschenden Anlegerstruktur. Erst sie ermöglicht die Feststellung der vorherrschenden Kontrollprobleme (vor allem Probleme der Geschäftsleitungskontrolle in Gesellschaften mit Streubesitz, Mehrheitsmissbrauchsgefahren in Gesellschaften mit kontrollierenden Aktionären)[89], zu deren Lösung spezielles Gesellschaftsrecht erforderlich sein kann. So wird die Relevanz des Marktes für Unternehmenskontrolle wesentlich durch die Beteiligungsstrukturen bestimmt. Ihm kommt in Gesellschaften mit verstreuter Anteilsstruktur größere Bedeutung bei der Kontrolle der Geschäftsleitung zu als in solchen mit kontrollierenden Großaktionären, für die sich die persönliche Überwachung der Verwaltung lohnt[90].

Die typischen Eigentümerstrukturen der in den untersuchten Ländern eingetragenen und börsennotierten Gesellschaften weisen bedeutende Unterschiede auf. Während sich in den britischen börsennotierten Gesellschaften kaum Aktionäre mit Beteiligungen von mehr als 10 % finden, sind Paketbeteiligungen von über 40 % in Kontinentaleuropa üblich[91]. Hierbei sind große Beteiligungspakete insbesondere

---

89 Ausführlich hierzu *McCahery/Vermeulen* in Hopt u.a. (Hrsg.), Corporate Governance in Context, 215, 220 ff.; *Teichmann*, ZGR 2001, 645 ff.; *Wackerbarth*, ZGR 2005, 686, 704 ff.; *Rudolph*, BB 2003, 2053 ff.; *Siems*, Konvergenz der Rechtssysteme, 227 ff.

90 Vgl. *Grundmann*, European Company Law, Rn. 488; ausführlich *Davies/Hopt* in Kraakman u.a., Anatomy of Corporate Law, 157, 159–161.

91 Die durchschnittlichen Größe des größten Beteiligungspakets lag in 372 im Jahre 1996 untersuchten börsennotierten AGs bei 49,6 %, bei den ebenfalls 1996 untersuchten *CAC 40*-Gesellschaften bei 29,4 % und bei 207 im Jahre 1992 untersuchten börsennotierten *plcs* im Vereinigten Königreich bei 14,4 %; vgl. die tabellarische Aufstellung zu Beteiligungspaketen bei Barca/Becht (Hrsg.), Control of Corporate Europe, 318; ausführlich zur Beteiligungsstruktur (in den Jahren 1996 bzw. 1992 für das UK) in Frankreich *Bloch/Kremp* in Barca/Becht (Hrsg.), Control of Corporate Europe, 106, 116 f.; im Vereinigten Königreich Goergen/Renneboog, aaO., 259 ff. in Deutschland *Becht/Böhmer*, aaO., 128 ff.; Int. Rev. L. & Econ. 23 (2003), 1 ff. Zu den Beteiligungsstrukturen auch *Wymeersch* in Hopt u.a. (Hrsg.), Comparative Corporate Governance, 1045, 1157 ff. (Frankreich, Daten von 1996), 1168 ff. (Deutschland, Daten von 1996), 1170 ff. (Vereinigtes Königreich, Daten von 1994), der das deutsche System durch Mehrheitsbeteiligungen und geringen Streubesitz (*free-float*) der Anteile charakterisiert sieht, das französische durch kontrollierende Minderheitsbeteiligungen und einen größeren Streubesitz und das britische durch weitestgehenden Streubesitz und Abwesenheit kontrollierender Aktionäre (aaO., 1045, 1175); desw. *Siems*, Konvergenz der Rechtssysteme, 364–373; *Grundmann*, European Company Law, Rn. 489 m.w.N.; *Teichmann*, ZGR 2001, 645, 651; *McCahery/Vermeulen* in Hopt u.a. (Hrsg.), Corporate Governance in Context, 215, 220; für

für deutsche Gesellschaften seit jeher prägend[92], während französische Gesellschaften häufiger nicht von einem Mehrheitsgesellschafter, sondern von mehreren Minderheitsgesellschaftern gemeinsam kontrolliert werden[93]. Im Vereinigten Königreich haben die größten Blockaktionäre, typischerweise institutionelle Investoren, selten Beteiligungen von über 5 %[94]. Da die institutionellen Investoren insgesamt aber ca. 60 % der an der *London Stock Exchange* notierten Aktien halten, können mehrere von ihnen oftmals im Wege des Zusammenwirkens bestimmenden Einfluss auf die Geschäftsleitung nehmen[95]. Während Beteiligungspakete in Großbritannien danach (wie allgemein in der anglo-amerikanischen Welt) vor allem von eher nicht unternehmerisch agierenden institutionellen Investoren gehalten werden, agieren in Kontinentaleuropa traditionellerweise unternehmerisch tätige Familien und Gesellschaften[96]. Seit Ende der neunziger Jahre hat sich die als „Deutschland-AG" bezeichnete typische Beteiligungsstruktur deutscher börsennotierter Gesellschaften jedoch unter dem Einfluss der internationalen Kapitalmärkte sowie der steuerlichen Begünstigung von Beteiligungsverkäufen (Veräußerungsgewinne werden seit 2002 nicht mehr besteuert) der in Großbritannien und den USA vorherrschenden angenähert[97]. 1996 hatten noch 64 % der deutschen börsennotierten Aktiengesellschaften kontrollierende Aktionäre mit mehr als 50 % der Stimmrechte; weitere 18 % der Gesellschaften hatten zumindest einen Gesellschafter mit mehr als 25 % der Stimmrechte[98]. Von den 100 größten deutschen Unternehmen verfügten in den

---

das Vereinigte Königreich auch *Lembeck*, NZG 2003, 956, 958 f. Zusammenfassend zu den Erklärungsmustern für die Entstehung der unterschiedlichen Beteiligungsstrukturen vgl. *Siems*, Konvergenz der Rechtssysteme, 358–364.

92 Vgl. *Becht/Böhmer*, Int. Rev. L. & Econ. 23 (2003), 1, 7.

93 1995 hielten in 53,8 % der börsennotierten französischen Gesellschaften die drei größten Minderheitsaktionäre zusammen die Mehrheit, ein einzelner Aktionär jedoch nur in einem Drittel der Fälle; vgl. *Grundmann*, European Company Law, Rn. 489; *Wymeersch* in Hopt u.a. (Hrsg.), Comparative Corporate Governance, 1045, 1158. Der *Free Float* betrug 60 % der Marktkapitalisierung; vgl. *Wymeersch*, aaO., 1045, 1160.

94 Vgl. *Davies*, Gower's Company Law, 338.

95 Vgl. *Davies*, Gower's Company Law, 338.

96 Vgl. das Datenmaterial zur Aktionärsstruktur im DAI-Factbook, Kapitel 8.7 (Stand: Januar 2008); *Grundmann*, European Company Law, Rn. 489; *Teichmann*, ZGR 2001, 645, 654; *Roth/Wörle*, ZGR 2004, 565, 594 f. sowie die tabellarischen Übersichten bei Barca/Becht, Control of Corporate Europe, 320 und McCahery/Renneboog/Ritter/Haller in Ferrarini u.a. (Hrsg.), Reforming Company and Takeover Law, 575, 587 (mit Daten für 1996). Für Deutschland auch *Baum* in Hopt u.a. (Hrsg.), Corporate Governance in Context, 1, 17; *Schmidt* in Krahnen/Schmidt (Hrsg.), German Financial System, 386, 394; für Frankreich *Siems*, Konvergenz der Rechtssysteme, 366.

97 Vgl. *BMJ*, Entwicklung der Stimmrechtsausübung, 1; *Baum* in Hopt u.a. (Hrsg.), Corporate Governance in Context, 1, 18, 28; Rudolf in *Habersack/Mülbert/Schlitt*, § 1 Rn. 19 ff.; *Wojcik*, Change in the German Model of Corporate Governance: Evidence from Blockholdings, 1 (für den Zeitraum bis 2001); *Davies/Hopt* in Kraakman u.a., Anatomy of Corporate Law, 157, 191; überblicksartig zu den Entwicklungstendenzen auch *Bayer*, Gutachten zum 67. DJT, E 12; *Siems*, Konvergenz der Rechtssysteme, 368 ff.; *Weber/Lentfer/Köster*, ZCG 2007, 53; *Ulmer*, AcP 202 (2002), 143, 144 f.; desw. *Coffee*, 111 Yale L.J. (2001–2002), 1 ff. (zur historischen Entwicklung der Beteiligungsstrukturen der *civil law*-Systeme Frankreichs und Deutschlands hin auf die in den *common law*-Systemen der U.S.A. und Großbritanniens vorherrschenden Strukturen).

98 Vgl. die tabellarische Aufstellung bei Barca/Becht (Hrsg.), Control of Corporate Europe, 319; McCahery/Renneboog/Ritter/Haller in Ferrarini u.a. (Hrsg.), Reforming Company and Takeover

1990er Jahren lediglich 10 % über einen Streubesitz von 75 % und 27 % über einen Streubesitz von 50 %[99]. Die Aktionäre mit Beteiligungspaketen waren typischerweise neben den schon erwähnten unternehmerisch tätigen Gesellschaften und Familien Banken[100]. Seit Mitte der 1990er Jahre haben insbesondere die Banken und Versicherungsunternehmen, aber auch die Industrieunternehmen, ihr Beteiligungsportfolio merklich konsolidiert und ihre Aufsichtsratspräsenz verringert[101]. Seitdem hat sich die Zahl der Aktiengesellschaften fast vervierfacht[102], die Marktkapitalisierung der an der Deutschen Börse notierten Gesellschaft verdreifacht (die der an der *LSE* notierten hingegen nur etwas mehr als verdoppelt)[103] und die Zahl der Deutschen mit Aktien- oder Fondsbesitz, auch unter dem Einfluss der Privatisierung von Staatsunternehmen wie der Deutschen Telekom durch Ausgabe von „Volksaktien", verdoppelt[104]. Bereits im Zeitraum von 1997 bis 2001 fiel die Konzentration der sog. *Voting Blocks*, d.h. der ultimativen Kontrollverhältnisse unter Berücksichtigung der für Deutschland typischen Verflechtungen und Eigentumspyramiden, um 10 %[105]. Die ultimativen Stimmrechtsanteile der drei größten Eigner sanken im selben Zeitraum um 8 % bis 20 %[106]. Zwischen 2001 und 2004 ging der Anteil von Gesellschaften mit qualifiziertem Minderheitsgesellschafter (mit mehr als 25 % der Stimmrechte) an allen börsennotierten Gesellschaften weiter von 82,5 % auf 74,5 % und derjenige von Gesellschaften mit Mehrheitsaktionär von 64,2 % auf 52,1 % zurück[107]. Zugleich sanken die durchschnittlichen Stimmrechtsblockgrö-

---

Law, 575, 584 f.; *Baum* in Hopt u.a. (Hrsg.), Corporate Governance in Context, 1, 16 f. m.w.N.; *Wymeersch* in Hopt u.a. (Hrsg.), Comparative Corporate Governance, 1045, 1168 ff.; auch *Teichmann*, ZGR 2001, 645, 653; desw. *Wackerbarth*, ZGR 2005, 686, 691.

99 Vgl. die Zusammenfassung der auf den Berichten der Monopolkommission für 1992, 1996, 2000 basierenden Tabelle 6 von *Heinze*, KZfSS 2001, 641, 666 bei *Roth/Wörle*, ZGR 2004, 565, 594.

100 Vgl. *Baum* in Hopt u.a. (Hrsg.), Corporate Governance in Context, 1, 17; *Schmidt* in Krahnen/Schmidt (Hrsg.), German Financial System, 386, 394.

101 Vgl. die Visualisierung der Beteiligungsverhältnisse in der „Deutschland-AG" für 1996 und 2004 und die tabellarische Gegenüberstellung der Vorstands- und Aufsichtsratsverflechtungen für 1995 und 2004 bei *BCG*, M&A-Report 2006, 1, 19 f.; desw. *Rudolph*, BB 2003, 2053, 2059 mit Beispielen; *Siems*, Konvergenz der Rechtssysteme, 370; *Ulmer*, AcP 202 (2002), 143, 145; *Baum* in Hopt u.a. (Hrsg.), Corporate Governance in Context, 1, 18 unter Verweis auf das Beispiel der Deutschen Bank; dazu auch *Schmidt* in Krahnen/Schmidt (Hrsg.), German Financial System, 386, 416.

102 Vgl. DAI-Factbook 2003, Kapitel 1.1; *Baum* in Hopt u.a. (Hrsg.), Corporate Governance in Context, 1, 18.

103 Die Marktkapitalisierung der einheimischen an der Deutschen Börse notierten Gesellschaften stieg von 823.382,2 Mill. DM (420.988,6 Mill €) Ende 1995 auf 1.241.963,3 Mill. € Ende 2006, diejenige der einheimischen an der *LSE* notierten hingegen von 867.371,3 Mill. £ auf 1.938.513,1 Mill. £; vgl. die Statistiken der World Federation of Exchanges unter www.world-exchanges.org/publications/Ta1396.pdf und www.world-exchanges.org/publications/EQUITY106.pdf.

104 Von 4,6 Millionen 1997 auf 10,5 Millionen 2004; vgl. DAI-Kurzstudie 1/2005, AG-Report 2005, 67 f.; *Baum* in Hopt u.a. (Hrsg.), Corporate Governance in Context, 1, 18. Bei 10,5 Millionen Aktionären hat sich die Zahl seitdem stabilisiert; vgl. DAI-Factbook, Kapitel 8.3. (Stand: Januar 2007).

105 Vgl. *Wojcik*, Change in the German Model of Corporate Governance: Evidence from Blockholdings, 13–23; zusammengefasst bei *Rudolph*, BB 2003, 2053, 2059.

106 Vgl. die vorangegangene Fn.

107 Vgl. die auf der Untersuchung von *Wojcik* aufbauende Studie der *Boston Consulting Group (BCG)*, M&A-Review 2006, 1, 17.

ßen[108]. Die Bedeutung der Finanzierung über den internationalen Kapitalmarkt nahm unterdessen zu. So erhöhte sich der Anteil ausländischer Aktionäre an den börsennotierten Unternehmen zwischen Ende 2002 und Ende 2006 von 25 % auf 40 %[109]. Die Beteiligung ausländischer Investoren an den DAX-30-Gesellschaften stieg von 35,5 % im Jahre 2001 über 43,8 % 2005 auf 52,6 % im Jahr 2007[110]. Der *Free Float* erhöhte sich innerhalb des beschriebenen Zeitraums erheblich mit dem Ergebnis, dass sich heute die meisten im DAX notierten Gesellschaften zu großen Teilen in Streubesitz befinden[111]. Auch in Frankreich hat sich die Aktionärsstruktur seit Mitte der 1990er Jahre in Richtung auf ein marktorientiertes Modell mit größerem Streubesitz und vermehrter internationaler Anlegerschaft verändert[112]. Die zuvor ähnlich wie in Deutschland typischen Überkreuzbeteiligungen (sog. *économie de cœur financier*[113]) wurden hierbei unter dem Einfluss der zunehmenden Globalisierung der Kapitalmärkte und der gestiegenen Finanzierungsbedürfnisse der französischen Gesellschaften über diese Kapitalmärkte reduziert[114]. Die Anzahl der börsennotierten Gesellschaften stieg zwischen 1990 und 1999 um 118,5 % von 443 auf 968[115]. Ihre Marktkapitalisierung vervierfachte sich im selben Zeitraum und wuchs von einer Höhe von 26 % auf 105 % des Bruttosozialprodukts[116]. Auch wenn die Zahl der börsennotierten Gesellschaften nach der Jahrtausendwende, wie weltweit angesichts der geänderten wirtschaftlichen Rahmenbedingungen, wieder sank, war die Marktkapitalisierung der verbliebenen börsennotierten Gesellschaften 2006

---

108 Im Zeitraum von 1997 bis 2004 von 65,1 % auf 50,8 % für den größten Stimmrechtsblock, von 22,4 % auf 15,6 % für den zweitgrößten, von 15,7 % auf 10,0 % für den drittgrößten und von 12,0 % auf 8,1 % für den viertgrößten ; vgl. *BCG*, M&A-Review 2006, 1, 17. Ebenso gingen die durchschnittlichen Stimmrechtsblockgrößen je nach Unternehmensklassenquintil (nach Marktkapitalisierung) zurück, teilweise erheblich; vgl. *BCG*, M&A-Review 2006, 1, 18.

109 Vgl. *Atzler/Bartz*, FTD vom 6. Juni 2007 (unter Berufung auf Daten des Dienstleisters Factset). 2005 waren ausländische Aktionäre bei der Adidas-Salomon AG mit 79 %, bei Continental mit 70 %, bei der Deutschen Börse mit 65 %, bei Schering mit 59 %, bei Siemens mit 57 %, bei BASF mit 52 %, bei der Deutschen Bank mit 57 %, bei Daimler Chrysler mit 48 % und bei E.ON mit 47 % beteiligt; vgl. *Winkler*, 118 unter Verweis auf eine Erhebung der Landesbank Baden-Württemberg. Zum Anstieg des Auslandsbesitzes vgl. auch die Daten zu einzelnen Gesellschaften im DAI-Factbook, Tabelle 8.5. (Stand: Januar 2008).

110 Vgl. Handelsblatt vom 17. Dezember 2007, 1.

111 Vgl. die Daten im DAI-Factbook, Kapitel 8.5 (Stand: Januar 2008); Kipp, Börse online vom 20. Oktober 2005, 44 (über Lexis-Nexis Wirtschaft).

112 Vgl. *Morin/Rigamonti*, Revue française de la gestion 2002, 155 ff., insbes. 165 ff.; *Siems*, Konvergenz der Rechtssysteme, 349, 371.

113 Wörtlich übersetzt: Wirtschaft des Finanzherzes. Zu den prägenden Determinanten der *économie du cœur financier* vgl. *Morin/Rigamonti*, Revue française de la gestion 2002, 155, 157 ff. mit einem Schaubild zu den Überkreuzbeteiligungen auf 160.

114 Vgl. *Bloch/Kremp* in Barca/Becht, Control of Corporate Europe, 106; ausführlich zur Entwicklung *Wirtz*, Cahier FARGO n° 1070101, 10–12, 32–37; desw. *Coffee*, 111 Yale L.J. (2001–2002), 1, 15 (mit Daten zum Abbau der Beteiligungsblöcke in den 25 größten Gesellschaften Frankreichs und Deutschlands für 1999); *Siems*, Konvergenz der Rechtssysteme, 371.

115 Vgl. die Daten bei *van der Elst*, Working Paper 2000-04, Tabelle 3; *Coffee*, 111 Yale L.J. (2001–2002), 1, 17 (unter Verweis auf die Daten *van der Elsts*).

116 Zur Marktkapitalisierung vgl. *van der Elst*, Working Paper 2000-04, Tabelle 4; zu ihrem Anteil am Bruttosozialprodukt *van der Elst*, aaO., Tabelle 6; *Coffee*, 111 Yale L.J. (2001–2002), 1, 18 (unter Verweis auf die Daten *van der Elsts*).

immer noch fast dreieinhalbfach so hoch wie 1995[117]. Die Zahl der Personen mit Aktien- oder Aktienfondsbesitz erhöhte sich zwischen 1992 und 2005 um 30 %, wobei sich die Zahl der Aktionäre fast verdoppelte[118]. Bereits zwischen 1988 und 1998 stieg der Anteil ausländischer Aktionäre an der französischen Gesamtmarktkapitalisierung von 10 % auf 36 %[119]. Im Jahr 2000 lag die Beteiligungsquote nur amerikanischer und britischer institutioneller Investoren an den *CAC 40*-Gesellschaften bereits bei 35 %[120].

Auch wenn sich danach die Anteile der börsennotierten Aktiengesellschaften im Vereinigten Königreich weitgehend im Streubesitz befinden, während viele deutsche und französische Aktiengesellschaften trotz der Tendenz zur Konvergenz in Richtung auf eine marktorientierte Beteiligungsstruktur wie in Großbritannien weiterhin durch die Präsenz kontrollierender (Mehrheits- oder Minderheits-)Aktionäre geprägt sind, so finden sich doch in allen drei Ländern börsennotierte Gesellschaften mit und ohne kontrollierende Großaktionäre[121]. Von daher müssen die Gesellschaftsrechte aller untersuchten Länder jeweils für börsennotierte Gesellschaften mit beiden Beteiligungsstrukturphänotypen Problemlösungsmechanismen entwickeln[122]. Ob und inwiefern dies geschehen ist und ob die gefundenen Regelungsformen sinnvoll sind, soll im Folgenden untersucht werden.

---

117 Nachdem bei Bildung der Euronext 1999 noch 1.634 Gesellschaften an ihr notiert waren (387 aus Amsterdam, 278 aus Brüssel und 969 aus Paris), sank ihre Zahl bis Dezember 2007 auf 1.155; vgl. DAI-Factbook, Tabelle 2. Die Marktkapitalisierung der in Frankreich börsennotierten Gesellschaften stieg von 415.438 Mill. € 1995 (904 Gesellschaften) auf 1.549.153 Mill. € im Jahre 1999. 2006 betrug sie trotz des deutlichen Rückgangs der Börsennotierungen 1.341.167 Mill. €; vgl. DAI-Factbook, Tabelle 8.7, 32 (Stand: Januar 2008).

118 Die Zahl der Personen mit Aktien- oder Aktienfondsbesitz stieg von 6,5 Millionen Personen Ende 1992 auf 8,4 Millionen Personen im Mai 2005, wobei sich diejenige der Aktionäre von 3,7 Millionen auf 6,3 Millionen erhöhte; vgl. DAI-Factbook, Kapitel 8.7 (Stand: Januar 2008).

119 Vgl. *Wirtz*, Cahier FARGO n° 1070101 (Juli 2004), 33 unter Verweis auf in der Zeitschrift *Les Echos* vom 12. September 1998 zitierte Daten der französischen Zentralbank *Banque de France*. Eine Wertpapierumfrage der *Banque de France* ergab für Juni 1999 einen Auslandsanteil am Aktienbesitz von 36,3 %; vgl. DAI-Factbook, Tabelle 8.7., 30 (Stand: Januar 2008).

120 Vgl. *Coffee*, 111 Yale L. J. (2001–2002), 1, 15. Die *Association Nationale des Sociétés par Actions* geht für 2003 von einem steigenden Anteil ausländischer Investoren von 35–40 % der Marktkapitalisierung der Pariser Börse aus, vgl. *ANSA*, L'amélioration des conditions de vote, Vorwort, 3.

121 In diesem Sinne auch *Bebchuk*, 109 QJE(1994), 957 (generell und unter Bezugnahme auf die USA); *Siems*, Konvergenz der Rechtssysteme, 296, 364; *Hansmann/Kraakman*, 88 Geo. L. J. (2001), 439, 443; *La Porta/Lopez-de-Silanes/Shleifer*, 54 J. Fin. (1999), 471; *La Porta/Lopez-de-Silanes/Shleifer/Vishny*, 106 J. Pol. Econ. (1998), 1113, 1146; *Grundmann*, ZGR 2001, 783, 825 f.; *Hertig/Kanda* in Kraakman u.a., Anatomy of Corporate Law, 101, 119.

122 Vgl. *Siems*, Konvergenz der Rechtssysteme, 296; auch *Hertig/Kanda* in Kraakman u.a., Anatomy of Corporate Law, 101, 119 (bezogen auf die Regulierung von Transaktionen mit kontrollierenden Aktionären).

Teil 2: Organisationsverfassung

4. Kapitel: Überblick und Rechtsstellung der Leitungsorgane

I. Überblick zur Rechtslage auf europäischer Ebene und zu den Organisationsmodellen

1. Europäische Harmonisierung der Organisationsverfassung

Gegenüber der weitgehenden Angleichung des Außenverhältnisses ist die Harmonisierung des Innenverhältnisses der Aktiengesellschaften punktuell und fragmentarisch geblieben. Nachdem der Vorschlag für eine 5. Gesellschaftsrechtliche (Struktur-)Richtlinie, die die innere Organisation der Aktiengesellschaften intensiv hätte regeln sollen, trotz dreimaliger Änderung keine Mehrheit finden konnte und deshalb zurückgezogen wurde[1], wird eine flächendeckende Harmonisierung der Organisation der Aktiengesellschaften nicht mehr angestrebt. Der an die Stelle unter anderem der 5. Gesellschaftsrechtlichen Richtlinie getretene Aktionsplan der EU-Kommission über die „Modernisierung des Gesellschaftsrechts und Verbesserung der Corporate Governance in der Europäischen Union" vom 21. Mai 2003 beschränkt sich im Gegensatz zum Richtlinienvorschlag auf Kernpunkte, die im europäischen Binnenmarkt einheitlich sein sollten und will dies überwiegend durch Transparenzvorschriften, Rahmenrichtlinien und Empfehlungen regeln. Dem liegt der Gedanke zugrunde, dass grundsätzlich eine Offenlegung zwecks Ermöglichung informierter Entscheidung der Betroffenen einer zwingenden inhaltlichen Regulierung vorzuziehen ist[2]. Europäisches Recht verbürgt hinsichtlich der inneren Organisation der Aktiengesellschaften seit jeher die Quote (auch durch das Bezugsrecht) und ein Mitspracherecht der Hauptversammlung bei rahmenverändernden Maßnahmen[3]. Die zum 3. August 2009 umzusetzende Aktionärsrechterichtlinie 2007/36/EG vom 11. Juli 2007 strebt darüberhinausgehend die Gewährleistung von Mindeststandards bei der Rechtsausübung, insbesondere der Stimmrechtsausübung, in Gesellschaften mit an organisierten Märkten der EU notierten Aktien an[4]. Im Übrigen stellt der Aktionsplan der Europäischen Kommission mit-

---

1 Vgl. die Mitteilung der Kommission vom 21. Dezember 2001, KOM(2001) 763 endg., 22. Überblick zum Inhalt der Vorschläge für eine 5. Richtlinie bei *Grundmann*, Europ.GR, Rn. 366 ff.

2 Ausführlich hierzu *Pannier/Rickford*, EBLR 2005, 975, 979 ff.

3 Vgl. *Grundmann*, ZIP 2004, 2401, 2409. Zu den rahmenverändernden Maßnahmen vgl. Kapitel 9.

4 Zur Aktionärsrechterichtlinie vgl. die Ausführungen zur Aktionärsstellung in Kapitel 6 unter I.

telfristig ein Wahlrecht zwischen monistischen und dualistischen Organisationsmodellen für börsennotierte Gesellschaft in Aussicht, will zuvor aber erst die nationalen Erfahrungen mit der Umsetzung des SE-Statuts (das die Mitgliedstaaten verpflichtet, den auf ihrem Territorium inkorporierten Europäischen Aktiengesellschaften die Wahl zwischen monistischer und dualistischer Leitungsstruktur zu ermöglichen) abwarten[5]. Es bestehen deshalb weiterhin erhebliche Unterschiede zwischen den nationalen Rechtsordnungen der untersuchten Staaten, insbesondere hinsichtlich der Gestaltungsfreiheit, des Aufbaus des Leitungsorgans (monistisch, dualistisch oder Wahlrecht zwischen beiden Formen), seiner Pflichten sowie der Mitbestimmung im Leitungsorgan, und hinsichtlich der Kompetenzaufteilung zwischen dem Leitungsorgan und der Gesellschafterversammlung.

2. Überblick zu den Organisationsmodellen in den untersuchten Jurisdiktionen

Die Aktiengesellschaftsrechte Deutschlands, Frankreichs und Großbritanniens stehen dabei für die drei Hauptmodelle der Organisationsverfassung, insbesondere hinsichtlich Aufbau und Struktur des bzw. der Leitungsorgane[6].

Das deutsche Aktienrecht schreibt zwingend den zweistufigen Aufbau mit dem Überwachungsorgan Aufsichtsrat neben dem Geschäftsführungsorgan Vorstand vor (§§ 74–116 AktG i.V.m. § 23 Abs. 5 AktG). Die Kompetenzen dieser Leitungsorgane und des Gesellschafterorgans Hauptversammlung (§§ 118–147 AktG) sind im Gesetz grundsätzlich abschließend geregelt und zwingend gegeneinander abzugrenzen (Prinzip der strengen Funktionsteilung)[7]. Die Organe stehen hierarchisch nebeneinander, ohne dass es ein oberstes Gesellschaftsorgan gäbe[8]. Dem Vorstand obliegen die Geschäftsführung und Vertretung der AG (§ 76 Abs. 1 AktG), dem Aufsichtsrat die Überwachung des Vorstands und die Vertretung der Gesellschaft ihm gegenüber (§§ 111, 112 AktG). Die Hauptversammlung ist auf die Ausübung ihrer Informations- und Kontrollrechte sowie die Entscheidungen über die in § 119 AktG aufgeführten wesentlichen Geschäftsangelegenheiten, die sog. Grundlagenzuständigkeit, beschränkt.

Die *S.A.* ist ebenfalls durch eine hierarchische Struktur mit gesetzlich zwingend festgelegten Kompetenzen der Organe gekennzeichnet[9]. Die Organisationsverfas-

5 Vgl. den Aktionsplan, Ziff. 3.1.3.; *Fleischer*, AcP 204 (2004), 502, 529; *Habersack*, NZG 2004, 1, 6.
6 Das dualistische Leitungsmodell ist neben Deutschland zwingend in Dänemark, Finnland, Schweden, Österreich sowie in großen Gesellschaften in den Niederlanden anzuwenden, ein Wahlrecht wie in Frankreich besteht in Portugal, Spanien und der Schweiz; vgl. *Brändle/Noll*, 5 German LJ (2004), 1349, 1353.
7 Vgl. KK/*Mertens*, Vorb. § 76 Rn. 1; *Vogel*, 36; *Schmidt-Tiedemann*, 61. Ausführlich zur Kompetenzverteilung zwischen Verwaltung und Hauptversammlung vgl. Kapitel 6.
8 Vgl. Raiser, 129; *Schmidt-Tiedemann*, 61.
9 St. Rspr. seit Cass. civ., 4. Juni 1946, JCP 1947, II, 3518 („*arrêt Motte*"), Anm. *Bastian*; vgl. *Cozian/Viandier/Deboissy*, Rn. 552, 565 mit weiteren Rspr.-Nachweisen; *Schmidt-Tiedemann*, 62; *Guyon*, Droit des affaires, 276; *Hübner/Constantinesco*, 222; *Sonnenberger/Autexier*, 195.

sung ist allerdings insofern flexibler als die deutsche, als das französische Recht seit 1966 die Wahl zwischen dem dort althergebrachten monistischen Modell mit Verwaltungsrat (*conseil d'administration*) und der neu geschaffenen Option eines dem deutschen Grundmuster nachgebildeten[10] dualistischen Modells mit Vorstand (*directoire*) und Aufsichtsrat (*conseil de surveillance*) ermöglicht[11]. Die Gesellschaft kann im Laufe ihres Bestehens durch Satzungsänderung zwischen den Modellen wechseln (art. L. 225-57 (2) C.com.). Mit dem *Loi NRE* wurde das monistische System darüber hinaus in zwei Untermodelle untergliedert[12]. Danach bestimmt in der *S.A.* mit monistischer Struktur generell der Verwaltungsrat den Kurs der Gesellschaftstätigkeit und überwacht dessen Umsetzung[13]. Die Geschäftsführung der Gesellschaft wird jedoch entweder vom Präsidenten des Verwaltungsrats (*président du conseil d'administration* bzw. *président-directeur général, P-DG*[14]) oder aber von einem durch den Verwaltungsrat ernannten Generaldirektor (*directeur général*) in eigener Verantwortung wahrgenommen[15]. Hieraus ergeben sich drei mögliche Strukturen der *S.A.*: die dualistisch aufgebaute Gesellschaft mit Vorstand und Aufsichtsrat, die monistisch aufgebaute Gesellschaft traditioneller Form mit Verwaltungsrat und Verwaltungsratspräsidenten, der selbst als *P-DG* die Geschäftsführung innehat, und die monistisch aufgebaute Gesellschaft mit Verwaltungsrat und seinem Präsidenten einerseits und einem geschäftsführenden Generaldirektor andererseits. Für das dualistische Modell entscheidet sich nur eine kleine Minderheit von weniger als 3 % der Aktiengesellschaften, immerhin aber gut 20 % der börsennotierten Gesellschaften[16].

Die Organisationsverfassung der britischen *company* ist demgegenüber der Prototyp des monistischen Modells. Grundsätzlich hat die *company* und damit auch die *plc* die Organe der Gesellschafterversammlung (*general meeting*) sowie des Verwaltungsrats

---

10 Vgl. *Fleischer*, AcP 204 (2004), 502, 529; *Germain* in Ripert/Roblot, Rn. 1691; *Merle*, Rn. 438.

11 Zu den Gründen für die Schaffung des dualistischen Modells vgl. *Le Cannu*, Droit des sociétés, Rn. 755: Verbesserung der Kontrolle der Geschäftsführung, europäische Rechtsvereinheitlichung und Mitarbeiterbeteiligung.

12 Vgl. *Schmidt-Tiedemann*, 63 f.; *Menjucq*, 69 (2005) RabelsZ, 698, 700 f.; *Menjucq*, EBLR 2005, 1003, 1004 f.; *Cozian/Viandier/Deboissy*, Rn. 474; *Hopt/Leyens*, ECFR 2004, 135, 156 f.; *Bureau*, Bull. Joly 2001, 553, 564 ff.

13 Vgl. *Menjucq*, 69 (2005) RabelsZ, 698, 701; *Merle*, Rn. 372.

14 Der Titel des *président-directeur général* wurde 1966 im Gesetz durch denjenigen des *président du conseil d'administration* ersetzt. Die Praxis hat die Umbenennung weitestgehend nicht angenommen und hält sich bis heute an die Bezeichnung als *président-directeur général* (P-DG), vgl. *Cozian/Viandier/Deboissy*, Rn. 474.

15 Ausführlich zu den beiden Optionen *Merle*, Rn. 372, 417 ff., 429 ff.; *Cozian/Viandier/Deboissy*, Rn. 524 ff., 562 ff.

16 Eine Untersuchung der Strukturen der in Frankreich börsennotierten Gesellschaften im Jahr 2006 fand 643 (75,8 %) monistisch und 180 (21,2 %) dualistisch strukturierte Gesellschaften. Dabei waren sieben der *CAC 40*-Gesellschaften (17,5 %) dualistisch strukturiert; vgl. *Paclot/Malecki*, D. 2007, 2481, 2482 m.w.N. in Fn. 7; für ältere, vergleichbare Daten vgl. *Cozian/Viandier/Deboissy*, Rn. 616; *Fleischer*, AcP 204 (2004), 502, 529; *Hopt*, ZGR 2000, 779, 815; *Hopt/Leyens*, ECFR 2004, 135, 157; *Teichmann*, ZGR 2001, 645, 664; *Storck*, ECFR 2004, 36, 40; zur geringen Verwendung des dualistischen Modells aus Gründen der Tradition und Gewohnheit auch *Schmidt-Tiedemann*, 63; *Germain* in Ripert-Roblot, Rn. 1369; ausführlich zu den Gründen der mangelnden Akzeptanz der dualistischen S.A. auch *Merle*, Rn. 455.

(*board of directors*), die Gründer können allerdings theoretisch ein dem Aufsichtsrat vergleichbares Überwachungsorgan installieren[17]. In der Praxis wird dies jedoch kaum getan, sondern, jedenfalls in börsennotierten Gesellschaften, die Überwachungsfunktion durch im monistischen Leitungsorgan Verwaltungsrat neben den geschäftsführenden Verwaltungsratsmitgliedern (*inside* oder *executive directors*) sitzende nicht geschäftsführende, möglichst unabhängige Verwaltungsratsmitglieder (*outside* oder *non-executive directors*) wahrgenommen[18]. Prägend für das britische Kapitalgesellschaftsrecht ist, auch im Vergleich zum deutschen und französischen, die grundsätzliche Funktion als Reservevertragsordnung[19]. Es herrscht weitgehende Satzungsfreiheit, die innergesellschaftliche Kompetenzverteilung wird gesetzlich nur in groben Zügen und zudem vor allem dispositiv festgelegt. So ist die Verteilung der Zuständigkeiten zwischen der Gesellschafterversammlung und dem Verwaltungsrat fast ausschließlich im Gesellschaftsvertrag zu regeln, wofür wiederum häufig auf die hierfür bereit stehenden Mustersatzungen zurückgegriffen wird[20]. Aufgrund der nur fragmentarischen gesetzlichen Regelung können daher – anders als bei der AG und der *S.A.* – zu weiten Teilen der Organisationsverfassung der *plc* keine allgemeingültigen Aussagen getroffen werden[21]. Möglich ist nur die Schilderung sämtlicher die Satzungsfreiheit begrenzender bzw. beeinflussender Regelungen und Vorgaben. Dementsprechend werden im Folgenden neben den gesetzlichen Regelungen die von an der *Official List* börsennotierten Gesellschaften einzuhaltenden gesellschaftsrechtlichen Bestandteile der *Listing Rules*, die typischerweise in die *articles* einbezogenen Mustersatzungen des *Table A* bzw. des ab 1. Oktober 2009 geltenden *Schedule 3* und die im Übrigen von an der *Official List* notierten Gesellschaften im Wege des *comply or explain* zu beachtenden Empfehlungen des *Combined Code* erörtert. Die Mustersatzungen gehen davon aus, dass die Gesellschaft von Direktoren geleitet wird, die als monistisches Kollegialorgan Verwaltungsrat sämtliche Befugnisse für die Gesellschaft ausüben (Art. 70 Table A, Art. 3 Schedule 3). Der *Combined Code* strebt eine Funktionentrennung innerhalb des Organs an, indem er die Leitung der Geschäfte den *executive directors* und deren Überwachung den *non-executive directors* überantwortet (lit. A.1–A.3 Combined Code). Satzungsänderungen (ss. 21, 283 CA 2006) und Kapitalmaßnahmen (ss. 551, 618, 620, 622, 641 CA 2006) unterfallen hingegen schon qua Gesetz zwingend der Zuständigkeit der Hauptversammlung, nach den *Listing Rules* überdies auch nicht satzungsändernde wesentliche Transaktionen, sog. *class 1-transactions* (Ziff. 10.5.1. LR)[22].

---

17 Vgl. *Davies*, Gower's Company Law, 317; *Pennington*, 696; *Edbury* in Oplustil (Hrsg.), The European Company, 316, 320; *Grundmann*, Europ.GR, Rn. 377; *Fleischer*, FS für Heldrich, 597, 613.

18 Vgl. *Grundmann*, Europ.GR, Rn. 377, ausführlich Rn. 379–381; eingehend *Davies* in Ferrarini/Hopt/Winter/Wymeersch, Reforming Company Law, 183 ff.; *Hill* in Ferrarini/Hopt/Winter/*Wymeersch*, Reforming Company Law, 225 ff.

19 Vgl. *Grundmann*, Europ.GR, Rn. 371; *Schmidt-Tiedemann*, 66 f.; allgemein für Common Law-Rechtsordnungen *Pistor/Keinan/Kleinheisterkamp/West*, 23 Univ. of Pennsylvania Journal of International and Economic Law 791, 828 (2002).

20 Vgl. *Dine/Koutsias*, 151; *Schmidt-Tiedemann*, 66.

21 Vgl. auch *Davies*, Gower's Company Law, 299.

22 Zur Definition der *class 1-transaction* vgl. Ziff. 10.2. LR i.V.m. Annex 1 G LR: Die Relevanz der Transaktion wird mittels eines Vergleichs des Gesellschaftsvermögens, des Umsatzes, des Ge-

3. Bedeutung der Aktionärsstruktur für börsengesellschaftsrechtliche Bedürfnisse im Rahmen der Organisationsverfassung

Grundlage der Frage nach der Erforderlichkeit spezieller börsengesellschaftsrechtlicher Regelungen im Rahmen der Organisationsverfassung ist die Identifizierung im Rahmen dieses Themenkomplexes bestehender börsengesellschaftsrechtlicher Interessenlagen. Die typischen Probleme werden dabei entscheidend von der Anteilseignerstruktur der Gesellschaft geprägt[23]. Ausgangspunkt ist die in allen Kapitalgesellschaften grundsätzlich bestehende *Principal-Agent*-Problematik, die sich aus der Abtrennung der Geschäftsleitung von der Eigentümerstellung ergibt[24]. Aus der Fremdverwaltung der Gesellschaft resultiert die Gefahr, dass die Geschäftsleiter vom Interesse der Anteilseigner zu ihren eigenen Gunsten abweichen, was ihre Überwachung notwendig macht[25]. In (börsennotierten) Gesellschaften mit weitgehendem Streubesitz sind die Aktionäre in Abwesenheit kontrollierender Großaktionäre – unabhängig von der monistischen oder dualistischen Leitungsstruktur der Gesellschaft – kaum in der Lage, über die Hauptversammlung effektiv Kontrolle auszuüben[26]. Vor allem überstiegen die Überwachungskosten angesichts der geringen Einwirkungsmöglichkeiten auf die unternehmerischen Entscheidungen die zu erwartenden Überwachungsgewinne, während passive Aktionäre diese Überwachungsgewinne als sog. *free rider* oder Trittbrettfahrer ebenfalls erzielten[27]. Deshalb – und zumal sie bei Unzufriedenheit die Möglichkeit des *exits* durch Verkauf ihrer Anteile am Kapitalmarkt haben – haben die Aktionäre gerade börsennotierter Publikumsgesellschaften weit überwiegend wenig Anlass, die Geschäftsführung zu überwachen (sog. rationale Aktionärsapathie)[28]. Damit führt das geringe Stimmgewicht der einzelnen Aktionäre letztlich dazu, dass das Management von Seiten der Eigentümer überhaupt nicht oder jedenfalls nur unzureichend kontrolliert wird[29], weshalb alternative Kontrollmechanismen gefunden werden müssen. Als

---

winns und der Marktkapitalisierung der Gesellschaft mit diesen Zahlen des Transaktionssubjekts ermittelt. Sobald das Subjekt hinsichtlich einer der Kennziffern 25 % erreicht, liegt eine *class 1-transaction* vor. Ausführlich dazu in Kapitel 6 unter I.1.c).

23 Zu den charakteristischen Aktionärsstrukturen der börsennotierten Aktiengesellschaften der untersuchten Jurisdiktionen siehe Kapitel 3 unter V.

24 Zur *Principal-Agent*-Problematik bereits oben in Kapitel 2 ab Fn. 46.

25 Vgl. *Leyens*, RabelsZ 67 (2003), 57, 62 f.

26 Vgl. *Jungmann*, ECFR 2006, 426, 433; *Dauner-Lieb*, WM 2007, 9, 11; *Grundmann/Mülbert*, 2 ICCLJ (2000), 415, 421; *Boot/Macey*, 89 Cornell L. Rev. (2003–2004), 356, 362; *Rudolph*, BB 2003, 2053, 2054; umfassend zur Kontrolle der Unternehmensleitung in der Publikumsgesellschaft mit Streubesitz auch *Siems*, Konvergenz der Rechtssysteme, 227 ff.

27 Vgl. *Grossman/Hart*, 94 J. Pol. Econ. (1986), 691, 692; *Jungmann*, ECFR 2006, 426, 433; *Teichmann*, ZGR 2001, 645, 652; *Rudolph*, BB 2003, 2053, 2054; grundlegend *Bearle/Means*; zusammenfassend *Easterbrook/Fischel*, Economic Structure of Corporate Law, 66 f.; *Ruffner*, 173 ff.; *Dauner-Lieb*, WM 2007, 9, 11 m.w.N. in Fn. 40.

28 Vgl. statt vieler *Easterbrook/Fischel*, Economic Structure of Corporate Law, 66; *Spindler* in VGR (Hrsg.), Gesellschaftsrecht in der Diskussion 2005, 31, 35; *Jungmann*, ECFR 2006, 426, 433; *Rudolph*, BB 2003, 2053, 2054; *Teichmann*, ZGR 2001, 645, 652; *Dauner-Lieb*, WM 2007, 9, 11 m.w.N. in Rn. 40; *Escher-Weingart*, ZVglRWiss 99 (2000), 387, 388 f.; *Siems*, Konvergenz der Rechtssysteme, 111–113; grundlegend *Bearle/Means*.

29 Vgl. *Teichmann*, ZGR 2001, 645, 652; *Escher-Weingart*, ZVglRWiss 99 (2000), 387, 388.

solche dienen vor allem externe, kapitalmarktinduzierte Mechanismen wie Aktienoptionsprogramme und die Gefahr feindlicher Unternehmensübernahmen unter Verlust des Geschäftsleiteramtes[30], weshalb das System der Unternehmensleitung und ihrer Überwachung auch als externes oder marktgesteuertes Kontrollsystem beschrieben wird[31] bzw. von marktorientierter *Corporate Governance* die Rede ist[32]. In Gesellschaften mit kontrollierenden Großaktionären besteht das Problem rationaler Aktionärsapathie hingegen – auch bei Börsennotierung – nicht in gleicher Schärfe, da sich die Überwachung der Geschäftsleitung für die Großaktionäre aufgrund der auf ihre Beteiligungsblöcke erzielbaren hohen Überwachungsgewinne lohnt (sog. internes oder kontrollorientiertes *Corporate Governance*-Modell)[33]. Aufgrund ihrer hohen Beteiligung finden der oder die Großaktionäre bei der Geschäftsleitung eher Gehör, so dass sie leichter als Kleinaktionäre Kontrollgewinne erzielen können. Zudem haben Großaktionäre einen erhöhten Anreiz zur aktiven Überwachung der Geschäftsleitung, da die mit großen Beteiligungsblöcken verbundene geringere Liquidität des Marktes für die Anteile der Gesellschaft regelmäßig eine Trennung von unvorteilhaften Beteiligungen erschwert bzw. nur unter Verlusten zulässt[34]. Die Dominanz eines oder mehrerer Großaktionäre führt allerdings im Innenverhältnis zwischen den Aktionären zur Gefahr einer Übervorteilung der Minderheit, da die Großaktionäre ihre Informations- und Machtvorteile für Vermögenstransfers und Eigengeschäfte zur Erzielung privater Kontrollrenten missbrauchen können[35]. Das Ausmaß der drohenden Benachteiligung kann anhand der Paketzuschläge ermessen werden, die zur Erlangung der Stellung als kontrollierender Großaktionär mit der Möglichkeit der Erzielung von Vermögensvorteilen zulasten

---

30 Vgl. *Rudolph*, BB 2003, 2053, 2054; auch *Esen*, JCLS 2001, 91, 92 f. Ausführlich zu den Optionsprogrammen in Kapitel 6 unter IV., zum Markt für Unternehmenskontrolle in Kapitel 2 ab Fn. 55 sowie in Kapitel 5 unter I.3.b)aa).

31 Vgl. *Teichmann*, ZGR 2001, 645, 659; *Leyens*, RabelsZ 67 (2003), 57, 63; *Hill* in Ferrarini u.a. (Hrsg.), Reforming Company and Takeover Law, 226.

32 Vgl. *Rudolph*, BB 2003, 2053, 2054.

33 Vgl. *Boot/Macey*, 89 Cornell L. Rev. (2003–2004), 356, 362; *Gorton/Schmid*, 58 J. Fin. Econ. (2000), 29, 48 f.; *Coffee*, 102 Colum. L. Rev. (2002), 1757, 1826 in Fn. 286; *Shleifer/Vishny*, 52 J. Finance (1997), 737, 754 ff.; *Hill* in Ferrarini u.a. (Hrsg.), Reforming Company and Takeover Law, 226; *Esen*, JCLS 2001, 91, 93; *Davies*, ZGR 2001, 265, 293 (für die AG); *Wackerbarth*, ZGR 2005, 686, 708; *Leyens*, RabelsZ 67 (2003), 57, 66; *Teichmann*, ZGR 2001, 645, 652 f.; *Rudolph*, BB 2003, 2053, 2054, 2056 f. mit Nachweisen in Fn. 24 auf empirische Studien, denen zufolge bei Existenz von Großaktionären die Gefahr wertvernichtender Diversifizierungsstrategien des Managements abnimmt, während die Häufigkeit einer Auswechslung ineffizienter Manager zunimmt. Vgl. insofern auch die Nachweise bei *Shleifer/Vishny*, 52 J. Finance (1997), 737, 755.

34 Vgl. *Rudolph*, BB 2003, 2053, 2057; *Teichmann*, ZGR 2001, 645, 653; *Gorton/Schmid*, 58 J. Fin. Econ. (2000), 29, 68.

35 Vgl. *Rudolph*, BB 2003, 2053, 2057; *Wackerbarth*, ZGR 2005, 686, 707–709, 724 f.; *Teichmann*, ZGR 2001, 645, 654; *Schmolke*, ZGR 2007, 701, 709; *Boot/Macey*, 89 Cornell L. Rev. (2003–2004), 356, 362 f.; *Schäfer/Ott*, 656; *Hansmann/Kraakman* in Kraakman u.a., Anatomy of Corporate Law, 54 ff.; *Shleifer/Vishny*, 52 J. Finance (1997), 737, 739, 758; auch *Coffee*, 102 Colum. L. Rev. (2002), 1757, 1826 in Fn. 286; *Siems*, Konvergenz der Rechtssysteme, 227, 261 ff. Für eine Untersuchung der Höhe privater Kontrollrenten vgl. *Erhardt/Nowak*, DBW 2003, 363 ff. Aus ökonomischer Sicht zum Mehrheits-/Minderheitskonflikt *Gomes*, 55 J. Finance (2000), 615 ff.; zur Kontrolle durch Großaktionäre *Shleifer/Vishny*, 94 J. Pol. Econ. (1986), 461 ff.

der Minderheit gezahlt werden[36]. Ein ungenügender Schutz von Minderheiten führt dabei zur Unterentwicklung des Kapitalmarkts[37]. Wegen der niedrigeren Bewertung der Aktien von Minderheitsaktionären gelingt es dem Markt nicht, für hochwertige Unternehmen Kapital zum angemessenen Preis anzuziehen[38]. Dem Schutz der Minderheit (und damit der Funktionsfähigkeit des Kapitalmarkts) dienen hier vor allem Treuepflichten der Großaktionäre und die Möglichkeit ihrer klageweisen Durchsetzung durch die Minderheit, aber auch die Besetzung des Überwachungsorgans mit einer gewissen Anzahl (vor allem von den Großaktionären) unabhängiger Mitglieder[39].

Sowohl externe bzw. marktgesteuerte als auch interne bzw. kontrollgesteuerte *Corporate Governance*-Modelle besitzen nach alldem Stärken und Schwächen. Ein Optimum lässt sich nur durch die gelungene Kombination verschiedener Kontroll-Mechanismen erreichen[40]. Hierbei bilden interne und externe *Corporate Governance* begrifflich zwar ein Gegensatzpaar, ergänzen sich in der Praxis aber ohne weiteres[41]. Marktorientierte Modelle bedürfen also der Anreicherung durch Mechanismen der internen Kontrolle, gesellschaftsinterne Systeme derjenigen durch marktorientierte Elemente[42]. Letzteres gilt umso mehr, als auch Gesellschaften mit großen Beteiligungsblöcken vermehrt internationale Anleger ansprechen, die besonderen Wert auf Transparenz und Anlegerrechte legen[43]. Im Folgenden werden deshalb die verschiedenen organisationsverfassungsrechtlichen Einzelbausteine des Zusammenspiels der Leitungs- und Überwachungsfunktionen in den börsennotierten Gesellschaften mit beiden vorherrschenden Aktionärsstrukturen untersucht. Die externen Kontrollmechanismen werden dabei insbesondere im Rahmen der Untersuchung der übernahmerelevanten Vorgaben zur Rechtsausstattung der Aktien (Kapitel 5 I.3.) und der Kompetenzverteilung zwischen Verwaltung und Hauptversammlung im Fall von Übernahmeangeboten (Kapitel 6 II.) sowie bei der Betrachtung der Regulierung von Aktienoptionsprogrammen für die Verwaltung (Kapitel 6 IV.) behandelt. Im folgenden Unterkapitel II. sollen jeweils für börsennotierte Aktiengesellschaften im Streubesitz und für börsennotierte Aktiengesellschaften mit kontrollierenden Großaktionären adäquate interne Kontrollmechanismen er-

---

36 Vgl. *Schäfer/Ott*, 646 unter Verweis auf die Studie von *Nenova*, 68 J.Fin.Econ. (2003), 325 ff., der zufolge die durchschnittlichen Paketzuschläge im Untersuchungszeitraum im Vereinigten Königreich ca. 4 %, in Deutschland 10–15 % und in Frankreich über 25 % betrugen; desw. *Shleifer/Vishny*, 52 J. Finance (1997), 737, 747 unter Verweis auf die Studien von *Barclay/Holderness*, 25 J. Fin. Econ. (1989), 371 ff.; 35 J. L. & Econ. (1992), 265 ff.

37 Vgl. *Schäfer/Ott*, 646; in diesem Sinne auch *Shleifer/Vishny*, 52 J. Finance (1997), 737, 760.

38 Vgl. *Schäfer/Ott*, 647.

39 Vgl. *Wackerbarth*, ZGR 2005, 686, 717 ff.; überblicksartig zu Mechanismen zum Minderheitsschutz aus rechtsökonomischer Sicht *Hansmann/Kraakman* in Kraakman u.a., Anatomy of Corporate Law, 54 ff.

40 Vgl. *Teichmann*, ZGR 2001, 645, 678; *Shleifer/Vishny*, 52 J. Finance (1997), 737, 769.

41 Vgl. *Teichmann*, ZGR 2001, 645, 678.

42 Vgl. *Shleifer/Vishny*, 52 J. Finance (1997), 737, 769; *Teichmann*, ZGR 2001, 645, 678 f., jeweils unter Hinweis darauf, dass auch eine von dominierenden Großaktionären geprägte Kapitalmarktstruktur der Gewährleistung der Aktionärsrechte bedarf.

43 Vgl. *Teichmann*, ZGR 2001, 645, 679.

arbeitet werden. Hierbei wird zunächst auf die allgemeine Aufteilung von Geschäftsführungs- und Überwachungsfunktionen und die für diese zentralen Fragen, welche Materien der ex-ante-Kontrolle durch Zustimmungsvorbehalte des Überwachungsorgans/-gremiums zu überantworten sind und wie der für eine effektive Kontrolle der Geschäftsführung elementare Informationsfluss von der Geschäftsleitung an das Überwachungsorgan/-gremium zu gestalten ist, eingegangen (unter II.1.). Die weiteren für das (Zusammen-)Wirken von Leitungs- und Überwachungsorganen bzw. -gremien maßgeblichen Punkte bei ihrer Zusammensetzung, der Bestellung und Abberufung ihrer Mitglieder, der internen Organisation der Organe/Gremien sowie der Verantwortlichkeit ihrer Mitglieder werden danach gesondert in einzelnen Abschnitten behandelt (unter II.2. bis II.5.). Nachdem in den anschließenden Kapitel 5 und 6 die für beide Aktionärsstrukturen jeweils adäquaten externen Kontrollmechanismen herausgearbeitet wurden, sollen am Ende der Untersuchung Vorschläge für adäquate Kombinationen der internen und externen Kontrollmechanismen für beide Beteiligungsstrukturen stehen.

II. Rechtsstellung der Leitungsorgane (Verwaltungsrat bzw. Vorstand und Aufsichtsrat)

1. Aufgaben des/der Organe: Zusammenspiel von Leitungs- und Überwachungsfunktion

a) Rechtsvergleichender Überblick zum Zusammenspiel von Leitungs- und Überwachungsfunktion

aa) Zusammenspiel von Leitungs- und Überwachungsfunktion in der AG

In der AG ist dem Vorstand die Geschäftsführung der Gesellschaft in ausschließlicher Zuständigkeit übertragen, er hat die Gesellschaft unter eigener Verantwortung zu leiten (§ 76 Abs. 1 AktG)[44]. Im Rahmen seiner Bindung an den satzungsmäßigen Zweck der Gesellschaft (§ 23 Abs. 3 Nr. 2 AktG) steht dem Vorstand bei seiner Planungs- und Entscheidungstätigkeit ein weiter Spielraum zu, den er nach pflichtgemäßem Ermessen auszufüllen hat[45]. Dies erfordert eine sachgerechte Wahrnehmung der sich in der Gesellschaft und ihrem Unternehmen stellenden

---

44 Während das Aktiengesetz den Begriff der „Leitung der Gesellschaft" nicht definiert, hebt es einige der (Leitungs-)Funktionen des Vorstands hervor, etwa die Pflichten zur Vorbereitung und Ausführung von Hauptversammlungsbeschlüssen (§ 83 AktG), zur Berichterstattung an den Aufsichtsrat (§ 90 AktG), zur Einberufung der Hauptversammlung bei Verlusten in Höhe der Hälfte des Grundkapitals (§ 92 Abs. 1 AktG), zur Einstellung der Zahlungen und Beantragung der Eröffnung des Insolvenzverfahrens bei Zahlungsunfähigkeit oder Überschuldung (§ 92 Abs. 3, 3 AktG), zur Sorge für eine ordnungsgemäße Führung der Handelsbücher (§ 91 Abs. 1 AktG), zur Ergreifung geeigneter Maßnahmen, insbesondere Einrichtung eines Überwachungssystems, zur frühzeitigen Erkennung von den Fortbestand der Gesellschaft gefährdenden Entwicklungen (§ 91 Abs. 2 AktG).

45 Vgl. BGHZ 125, 239, 246; 135, 244, 253; *Kübler/Assmann*, § 15 III 4a); *Hüffer*, § 76 Rn. 10 ff.

Aufgaben unter Koordination und Ausgleich der miteinander konkurrierenden und konfligierenden Interessen[46]. Während das mittlerweile wohl herrschende Schrifttum davon ausgeht, dass andere als die Aktionärsinteressen nur im Rahmen dieser zu berücksichtigen sind[47], will die Gegenansicht den Vorstand auch an die Interessen sonstiger *Stakeholder* binden[48]. Die anderen Organe der Gesellschaft haben im Rahmen der Geschäftsführung nur sehr beschränkte Mitspracherechte[49]. Dem Aufsichtsrat können Maßnahmen der Geschäftsführung nicht übertragen werden (§ 111 Abs. 4 Satz 1 AktG). Soweit bestimmte Arten von Geschäften laut Satzung oder Aufsichtsratsbeschluss der Zustimmung des Aufsichtsrats bedürfen (§ 111 Abs. 4 Satz 2 AktG), kann der Aufsichtsrat ein Vorhaben des Vorstandes zwar nach Art eines Vetorechts verhindern, nicht jedoch bestimmte Maßnahmen positiv durchsetzen[50]. Um die Überwachungsfunktion des Aufsichtsrats zu stärken, wurde mit § 111 Abs. 4 Satz 2 AktG die Verpflichtung zur Aufstellung eines Zustimmungskatalogs geschaffen, mit der erreicht werden soll, dass der Aufsichtsrat bei Geschäften von grundlegender Bedeutung mitwirkt[51]. Die Regelung ist auch eine Reaktion auf die starke Tendenz zur Reduktion von Zustimmungsvorbehalten nach der 1976 erfolgten Ausweitung der Mitbestimmung im Aufsichtsrat zwecks Ausschluss der Gewerkschaften von diesen Entscheidungen[52]. Schafft bereits die Satzung einen Zustimmungskatalog, bleibt der Aufsichtsrat zu dessen Ergänzung befugt[53]. Während das Gesetz von Zustimmungsvorbehalten für „bestimmte Arten von Geschäften" spricht, besteht Einigkeit, dass wesentliche Geschäfte von grundlegender Bedeutung gemeint sind[54]. Geschäfte von grundlegender Bedeutung sind nach der Gesetzesbegründung solche, die nach den Planungen oder Erwartungen die Ertragsaussichten der Gesellschaft oder ihre Risikoexposition grundlegend verändern und damit eine existenzielle Bedeutung für das künftige Schicksal der Gesellschaft haben[55]. Der DCGK präzisiert die gesetzlichen Vorgaben, indem ihm zufolge Ge-

---

46 Vgl. BGHZ 135, 244, 253; *Hüffer*, § 76 Rn. 12 m.w.N.; *Kübler/Assmann*, § 15 III 4a); *Hopt*, ZGR 1993, 534, 536; ZGR 2002, 333, 360, der von dem Gebot der Herstellung einer praktischen Konkordanz spricht.

47 Vgl. *Arnold*, Steuerung des Vorstandshandelns, § 2 III, 3; GK/*Kort*, § 76 Rn. 52 ff.; *Paefgen*, 42 ff.; *Birke*, 155 ff.; *Fleischer* in Handbuch Corporate Governance, 129, 132 ff.; *Mülbert*, ZGR 1997, 129, 147 ff.; *Zöllner*, AG 2000, 145, 146 f.; AG 2003, 1, 7 f.

48 Vgl. *Hüffer*, § 76 Rn. 12; *Roth*, Unternehmerisches Ermessen, 26 f.; *Servatius*, 82 ff.; DCGK-Kommentar/*v. Werder*, Rn. 353. Ausführlich zur Diskussion aus rechtsvergleichender Sicht *Siems*, Konvergenz der Rechtssysteme, 228–238.

49 Vgl. *Hüffer*, § 76 Rn. 11; *Kübler/Assmann*, § 15 III 4a)aa)–bb).

50 Vgl. *Hüffer*, § 76 Rn. 11. Zur Rechtslage bis zur Änderung von § 111 Abs. 4 Satz 2 AktG durch das KonTraG vgl. *Kübler/Assmann*, § 15 III 4a)aa).

51 Vgl. RegBegr BT-Drucks. 14/8769, 17.

52 Vgl. *Schwark* in Hommelhoff u.a. (Hrsg.), Corporate Governance, 75, 85. Zur Entwicklung nach 1976 vgl. *Hopt* in Hommelhoff u.a. (Hrsg.), Corporate Governance, 27, 60; *Bernhardt* in Hommelhoff u.a. (Hrsg.), Corporate Governance, 119, 122; *Bernhard*, ZHR 159 (1995), 310, 313; *Böckli* in Handbuch Corporate Governance, 207; *Schiessl*, AG 2002, 593, 597.

53 Vgl. DCGK-Kommentar/*Lutter*, Rn. 374 m.w.N. in Fn. 45; *Lutter/Krieger*, Rn. 148 ff.

54 Vgl. DCGK-Kommentar/*Lutter*, Rn. 369; *Hüffer*, § 111 Rn. 18; KK/*Mertens*, § 111 Rn. 66; *Lutter/Krieger*, Rn. 109.

55 Vgl. RegBegr BT-Drucks. 14/8769, 17. Während Teile des Schrifttums verlangen, dass das betroffene Geschäft mit einem derart ausgeprägten Risiko behaftet ist, dass die Gesellschaft bei seiner Verwirklichung nicht in ihrer gegenwärtigen Gestaltung fortbestehen würde (so *Lange*, DStR schäfte von grundlegender Bedeutung, insbesondere aber die Vermögens, Finanz-, oder Ertragslage des Unternehmens grundlegend verändernde Maßnahmen, zustimmungsbedürftig sein sollen (Ziff. 3.3. DCGK)[56]. Lediglich die Kreditgewährung an Mitglieder der Leitungsorgane bedarf bereits qua Gesetz der Zustimmung des Aufsichtsrats (§§ 89, 115 AktG). Dem DCGK zufolge sollen auch wesentliche Geschäfte zwischen den Vorstandsmitgliedern und ihnen nahe stehenden Personen einerseits und dem Unternehmen andererseits sowie Nebentätigkeiten, insbesondere Aufsichtsratsmandate außerhalb des Unternehmens, der Zustimmung des Aufsichtsrats unterliegen (Ziff. 4.3.4, 4.3.5 DCGK). Die Verweigerung der Zustimmung durch den Aufsichtsrat kann durch einen Hauptversammlungsbeschluss mit Dreiviertel-Mehrheit überwunden werden (§ 111 Abs. 4 Satz 3–5 AktG). Im Übrigen ist der Vorstand an Hauptversammlungsbeschlüsse nur gebunden, wenn er die Entscheidung der Hauptversammlung selbst einholt (§ 119 Abs. 2 AktG i.V.m. § 83 Abs. 2 AktG)[57].

Die Kontrolle der Geschäftsleitung obliegt in der AG primär dem Aufsichtsrat, wobei er mit dem Abschlussprüfer und der Hauptversammlung, aber auch dem Vorstand selbst, zusammenwirkt[58]. Der Aufsichtsrat wählt, überwacht und abberuft den Vorstand (§§ 84 Abs. 1, 3, 111 AktG). Präventiv überwachend soll die Kompetenz zum Erlass einer Geschäftsordnung für den Vorstand (§ 77 Abs. 2 Satz 1 AktG) wirken. In repressiver Hinsicht sind die auf den Jahresabschluss bezogenen Maßnahmen zu nennen, namentlich Beanstandungen im Prüfungsbericht an die Hauptversammlung (§ 171 Abs. 2 Satz 1 AktG) und die Möglichkeit, die Billigung des Jahresabschlusses zu verweigern (§ 172 AktG). Des Weiteren kann der Aufsichtsrat bei Erforderlichkeit für das Gesellschaftswohl die Hauptversammlung einberufen (§ 111 Abs. 3 AktG), insbesondere um ihr Gelegenheit zum Vertrauensentzug gegenüber dem Vorstand gemäß § 84 Abs. 3 Satz 2 AktG zu geben[59]. Gleichrangig mit der vergangenheitsbezogenen Überwachungspflicht besteht eine zukunftsbezogen-präventive Überwachungspflicht im Sinne einer Pflicht zur Beratung des Vor-

---

2003, 376, 377; ähnlich *Dietrich*, DStR 2003, 1577), lassen andere Geschäfte von „herausragender" oder „grundlegender" Bedeutung ausreichen; vgl. *Lieder*, DB 2004, 2251, 2252 m.w.N. in Fn. 26; *Götz*, NZG 2002, 599, 603.

56 Für einen Musterkatalog vgl. DCGK-Kommentar/*Lutter*, Rn. 372.

57 Ein Interesse an der Zustimmung der Hauptversammlung zu einer Geschäftsführungsmaßnahme kann aus Sicht des Vorstands vor allem deshalb bestehen, weil er der Gesellschaft nicht für Handlungen haftet, die auf einen gesetzmäßigen Beschluss der Hauptversammlung zurückgehen (§ 93 Abs. 4 Satz 2 AktG); vgl. *Kübler/Assmann*, § 15 III 4a)bb).

58 Der Abschlussprüfer unterstützt den Aufsichtsrat bei der Überwachung der Geschäftsleitung, indem er (abgesehen von der Erfüllung seines Prüfungsauftrags) an dessen Bilanzsitzungen teilzunehmen und über die wesentlichen Ergebnisse seiner Prüfung zu berichten hat (§ 171 Abs. 1 Satz 2 AktG). Das Zusammenwirken mit dem Vorstand erfolgt über Maßnahmen der Innenrevision, des Controllings sowie im Rahmen des gemäß § 91 Abs. 2 AktG erforderlichen Systems der Risikoüberwachung; vgl. *Kübler/Assmann*, § 15 IV.

59 Vgl. *Hüffer*, § 111 Rn. 13, § 84 Rn. 29 f.; zur Frage, ob der Aufsichtsrat die Hauptversammlung trotz fehlender Beschlusskompetenz auch zur bloßen Erörterung der Geschäftsführung einberufen darf, vgl. *Hüffer*, § 111 Rn. 14 m.w.N.

stands[60]. Um seiner Überwachungsaufgabe gerecht werden zu können, stehen dem Aufsichtsrat der AG umfassende Informationsrechte gegenüber dem Vorstand zu (§§ 90, 111 Abs. 2 AktG)[61]. Nachdem die Berichtspflichten des Vorstands durch die mit dem KonTraG erfolgte Neufassung des § 90 Abs. 1 Nr. 1 AktG bereits präzisiert wurden[62], strebt der DCGK eine weitere Verbesserung des Informationsflusses an, indem er Aufsichtsräten empfiehlt, die Berichtspflichten des Vorstands näher festzulegen (Ziff. 3.4 DCGK). Insgesamt dürfen die Einwirkungen des Aufsichtsrats auf den Vorstand jedenfalls nicht die zwingende Kompetenzverteilung zwischen den Organen verletzen und deshalb weder in Form von Weisungen erfolgen noch sich zur routinemäßigen Übernahme bzw. Steuerung der Geschäftsleitung verdichten[63]. Faktisch haben sich verschiedene von dem Leitbild des Aufsichtsrats als des maßgeblich zur Kontrolle der Geschäftsleitung berufenen Organs abweichende Aufsichtsratsformen entwickelt[64]. So kann der Aufsichtsrat einerseits in einer von einem oder wenigen Aktionären beherrschten AG zum verlängerten Arm der Hauptversammlung mutieren und andererseits in der reinen Publikums-AG zum vom Vorstand abhängigen Beratergremium reduziert werden[65].

bb) Zusammenspiel von Leitungs- und Überwachungsfunktion in der *S.A.*

In der monistischen *S.A.* ist der Verwaltungsrat, auch wenn die klarstellende Neufassung seiner gesetzlichen Zuständigkeiten durch das *Loi NRE* nicht alle Ungenauigkeiten beseitigt hat[66], als Organ konzipiert, das die allgemeine Geschäftsstrategie beschließt, aber nicht umsetzt, sondern die Umsetzung nur kontrolliert

---

60 Die Beratung ist also Kontrolle des Vorstands durch Beeinflussung der zukünftigen Geschäftspolitik; vgl. BGHZ 114, 127, 130; *Hüffer*, § 111 Rn. 5; KK/*Mertens*, § 111 Rn. 34; MK/*Semler*, § 111 Rn. 93, 246 ff.; *Hoffmann-Becking* in MHdbGR IV, § 29 Rn. 32; *Kübler/Assmann*, § 15 IV 1.; 15 IV 4b); *Roth/Wörle*, ZGR 2004, 565, 567; jeweils m.w.N.; desw. Ziff. 5.1.1. Satz 1 DCGK: „Aufgabe des Aufsichtsrats ist es, den Vorstand bei der Leitung des Unternehmens regelmäßig zu beraten und zu überwachen."

61 Gemäß § 90 Abs. 1, 2 AktG ist der Vorstand gegenüber dem Aufsichtsrat zur regelmäßigen Berichterstattung, insbesondere über die Finanz-, Investitions- und Personalplanung der Gesellschaft, verpflichtet. Daneben können der Aufsichtsrat sowie einzelne Mitglieder jederzeit vom Vorstand einen Bericht verlangen über Angelegenheiten der Gesellschaft, über ihre rechtlichen und geschäftlichen Beziehungen zu verbundenen Unternehmen sowie über geschäftliche Vorgänge bei diesen Unternehmen, die auf die Lage der Gesellschaft von erheblichem Einfluss sein können (§ 90 Abs. 3 AktG) und hat darüberhinaus ein umfassendes Einsichtsrecht (§ 111 Abs. 2 AktG). Korrelat zu den weitreichenden Informationsrechten ist die in § 116 Satz 2 AktG enthaltene Verschwiegenheitspflicht der Aufsichtsratsmitglieder; zu dieser *K. Schmidt*, § 28 III 1c) m.w.N. in Fn. 105.

62 Die Neufassung stellt klar, dass auf Abweichungen der tatsächlichen Entwicklung von den früher berichteten Zielen der Geschäftspolitik und Unternehmensplanung unter Angabe von Gründen einzugehen ist; zum Inhalt der Berichtspflichten vgl. *Hüffer*, § 90 Rn. 4 ff. m.w.N.

63 Vgl. *Kübler/Assmann*, § 15 IV 4b).

64 Vgl. *Kübler/Assmann*, § 15 IV 1; zur Arbeitsweise der Aufsichtsräte in der Praxis auch *Theisen* in Hopt u.a. (Hrsg.), Comparative Corporate Governance, 259, 261 ff.; *Semler* in Hopt u.a. (Hrsg.), Comparative Corporate Governance, 267 ff.; *Bernhard*, ZHR 159 (1995), 310 ff.

65 Vgl. *Kübler/Assmann*, § 14 IV 1.

66 Zu den zuvor bestehenden Unklarheiten vgl. *Schmidt-Tiedemann*, 63 m.w.N. in Fn. 192 ff.

(vgl. auch art. L. 225-35 (1) Satz 1 C.com.)[67]. Die eigentliche Geschäftsführung der Gesellschaft in eigener Verantwortung und ihre Vertretung gegenüber Dritten obliegt dem Generaldirektor (bzw. dem Verwaltungsratspräsidenten in dieser Funktion als *P-DG*, art. L. 225-51-1 (1), 225-56 I. (2) C.com.). Auch wenn es nahe liegt, dass eine effektive Kontrolle der Geschäftsführung durch den Verwaltungsrat begünstigt wird, wenn die Geschäftsführung nicht dem Verwaltungsratspräsidenten, sondern einem von diesem personenverschiedenen Generaldirektor obliegt, eine Funktionenvermischung in der Person des *président-directeur général* also vermieden wird[68], bevorzugen weder das Gesetz noch der konsolidierte *Corporate Governance*-Kodex die Funktionentrennung, sondern überlassen dem Verwaltungsrat die freie Wahl zwischen den Modellen[69]. Insofern wird im französischen Schrifttum insbesondere kritisiert, dass nicht die Aktionäre, die regelmäßig ein weit höheres Interesse an einer Funktionentrennung haben dürften, sondern der Verwaltungsrat selbst zur Entscheidung über ihre Einführung berufen ist[70]. Auch vor diesem Hintergrund empfiehlt der konsolidierte französische *Corporate Governance*-Kodex, den Verwaltungsrat zu mindestens einem Drittel und in börsennotierten Aktiengesellschaften ohne kontrollierende Aktionäre mindestens zur Hälfte mit unabhängigen, zur Überwachung berufenen, Mitgliedern zu besetzen (Ziff. 1.3., 7.2.2., 7.3., 8.2. FCGK)[71].

Der Verwaltungsrat ist zur Durchführung aller Überwachungs- und Kontrollmaßnahmen befugt, die er für angebracht erachtet (art. L. 225-35 (3) C.com)[72]. Eingeschränkt nur durch die der Hauptversammlung ausdrücklich zustehenden Kompetenzen[73] und den Gesellschaftszweck kann er sich zudem mit allen im Rahmen der Geschäftstätigkeit der Gesellschaft auftretenden Fragestellungen befassen und über sie entscheiden (art. L. 225-35 (1) Satz 2 C.com.)[74]. Diese weit reichende Auffangkompetenz soll den Verwaltungsrat motivieren, sich mit dem täglichen Geschäftsbetrieb der Gesellschaft auseinanderzusetzen[75], bewirkt aber auch Überschnei-

---

67 Vgl. *Merle*, Rn. 372; *Menjucq*, 69 (2005) RabelsZ, 698, 701; *Menjucq*, EBLR 2005, 1003, 1006; aufgrund fortbestehender Überschneidungen und Unklarheiten kritisch zur Neufassung durch das *Loi NRE Bureau*, Bull. Joly 2001, 553, 562.

68 So *Schmidt-Tiedemann*, 65; *Omar*, Co. Law. 2000, 30.

69 Vgl. Ziff. 3.1. (2) FCGK. Wird der Verwaltungsratspräsident vom Verwaltungsrat nicht mit der Geschäftsführung betraut, so erschöpft sich seine Funktion in der Organisation und Leitung der Arbeit des Verwaltungsrats, während er im Verhältnis zu anderen Organe keine besonderen, über die ihm als Verwaltungsratsmitglied ohnehin zustehenden hinausgehenden Kompetenzen hat; vgl. *Merle*, Rn. 424.

70 Vgl. *Godon*, Bull. Joly 2001, 728; in diesem Sinne auch *Bureau*, Bull. Joly 2001, 553, 565 in Fn. 69.

71 Ausführlich dazu im folgenden Abschnitt zur Zusammensetzung der Verwaltungsorgane (2.a)aa(3) sowie bb)).

72 Eingehend *Merle*, Rn. 404-1.

73 Ausführlich zur Einschränkung der Befugnisse des Verwaltungsrats durch diejenigen der Generaldirektion und der Hauptversammlung *Merle*, Rn. 404.

74 Art. L. 225-35 (1) C.com. lautet: *„Sous réserve des pouvoirs expressément attribués aux assemblées d'actionnaires et dans la limite de l'objet social, il se saisit de toute question intéressant la bonne marche de la société et règle par ses délibérations les affaires que le concernent."* Zur Entwicklungsgeschichte der Vorschrift vgl. *Merle*, Rn. 395.

75 Vgl. *Schmidt-Tiedemann*, 64; *Merle*, Rn. 404.

dungen mit den Aufgaben des geschäftsführenden Generaldirektors/*P-DG*, dessen Befugnisse ebenfalls lediglich durch die gesetzlich ausdrücklich der Hauptversammlung und dem Verwaltungsrat zugewiesenen Kompetenzen, durch den Gesellschaftszweck sowie durch die Satzung und Verwaltungsratsbeschlüsse beschränkt werden können (art. L. 225-56 I. (1), (3) C.com.). Jedenfalls darf der geschäftsführende Generaldirektor/*P-DG* der Gesellschaft nicht contra legem zu einem Organ zur bloßen Ausführung der Beschlüsse des Verwaltungsrats degradiert werden[76]. Außerhalb der Generalklausel des art. L. 225-35 C.com. sind dem Verwaltungsrat explizit die Bestellung des Generaldirektors und eventueller delegierter Generaldirektoren sowie die Festlegung ihrer Amtszeiten und Vergütungen zugewiesen (art. L. 225-53, 225-56-1 C.com.). Zudem hat der Verwaltungsrat die Funktionsfähigkeit der Hauptversammlung sicherzustellen[77]. Er hat gesetzliche Zustimmungsvorbehalte bei verschiedenen Insichgeschäften der Gesellschaft mit Mandatsträgern und Aktionären[78], während weitere Zustimmungsvorbehalte satzungsmäßig oder durch Verwaltungsratsbeschluss begründet werden können (art. L. 225-56 I. (3) C.com.). Zur Effektivierung der Kontrolle der Geschäftsleitung empfiehlt der konsolidierte Corporate Governance-Kodex dem Verwaltungsrat, alle grundlegenden Geschäfte außerhalb der beschlossenen Geschäftsstrategie zum Gegenstand von Genehmigungsvorbehalten zu machen (Ziff. 4. FCGK).

Die dualistische *S.A.* ist – gerade aus deutscher Sicht – insofern klarer organisiert als die monistische, als die Leitungsbefugnisse des Generaldirektors sowie des Verwaltungsrats grundsätzlich beim Vorstand (*directoire*) vereinigt sind, während die Überwachungsfunktion des Verwaltungsrats auf den Aufsichtsrat (*conseil de surveillance*) ausgegliedert ist[79]. Die Geschäftsführungsbefugnisse sind in der dualistischen *S.A.* dem Vorstand als Kollegialorgan übertragen, während allein der Vorstandsvorsitzende die Gesellschaft nach außen vertritt (art. L. 225-66 (1) C.com.). Der Aufsichtsrat kann satzungsmäßig ermächtigt werden, andere Vorstandsmitglieder mit Vertretungsmacht auszustatten (art. L. 225-66 (2) C.com.). Neben der expliziten Aufführung einiger Aufgaben[80] stattet das Gesetz den Vorstand – mit der identischen

---

76 Vgl. Cass. com. v. 2. Juni 1992, Bull. Joly 1992, 946, Anm. *Le Cannu*; *Wendt*, 251.

77 Der Verwaltungsrat beruft die Hauptversammlung ein (art. L. 225-103 C.com.), erstellt ihre Tagesordnung (art. L. 225-105 C.com.), den Jahresabschluss und den Lagebericht für sie (art. L. 232-1 C.com.). In börsennotierten Gesellschaften fertigt der Verwaltungsrat überdies den der Hauptversammlung zusammen mit den genannten Dokumenten zu überreichenden Bericht zur Vergütung der Mandatsträger der Gesellschaft an (art. L. 225-102-1 C.com.). Zu weiteren Berichtspflichten siehe *Merle*, Rn. 396.

78 Genehmigungsvorbehalte bestehen bei der Einräumung von Sicherheiten, Bürgschaften und Garantien durch die Gesellschaft (art. L. 225-35 (4) C.com. i.V.m. art. R. 225-28 C.com.) und bei Geschäften der Gesellschaft mit ihren Mandatsträgern oder mit Aktionären mit einer Beteiligung von mindestens 10% der Stimmrechte (art. L. 225-38 C.com.); ausführlich dazu in Kapitel 6 unter III.1.b).

79 Vgl. *Guyon*, Droit des affaires, 371; *Schmidt-Tiedemann*, 65.

80 Vgl. Art. L. 225-103, 225-105 C.com. (Einberufung der Hauptversammlung und Vorbereitung der Tagesordnung), art. L. 225-129, 225-204 C.com. (Durchführung von Kapitalerhöhungen und -herabsetzungen nach Ermächtigung durch die Hauptversammlung), art. L. 232-2 ff. C.com. i.V.m. art. R. 232-2 ff. C.com. (Pflicht gegenüber dem Aufsichtsrat zur Erstellung eines halbjährlichen Berichts über den Geschäftsgang der Gesellschaft, eines Geschäftsführungsberichts, des

Formulierung wie für den Generaldirektor der monistischen *S.A.* – generalklauselartig mit den weitestgehenden Kompetenzen aus, unter allen Umständen im Namen der Gesellschaft zu handeln (art. L. 225-64 (1) C.com.). Der Aufsichtsrat der dualistischen *S.A.* kontrolliert die Geschäftsführung durch den Vorstand (art. L. 225-68 (1) C.com.), bestellt die Vorstandsmitglieder (art. L. 225-59 C.com.) und kann satzungsmäßig neben der grundsätzlich zuständigen Hauptversammlung zu ihrer Abberufung ermächtigt werden (art. L. 225-61 (1) C.com.). Wie in der monistischen Gesellschaft bestehen gesetzliche Zustimmungsvorbehalte zugunsten des Aufsichtsrats bei Insichgeschäften[81], während weitere Zustimmungsvorbehalte statutarisch eingeführt werden können (art. L. 225-68 (2) C.com.). Verweigert der Aufsichtsrat seine Zustimmung, kann der Vorstand die Hauptversammlung zwecks Autorisierung des Vorhabens anrufen (art. R. 225-40 C.com.). Die auf die monistische *S.A.* ausgerichteten Empfehlungen des konsolidierten *Corporate Governance*-Kodex gelten gemäß Abs. 4 der Präambel zum FCGK für die dualistische *S.A.* entsprechend. Auch dualistisch strukturierten Gesellschaften wird also entsprechend Ziff. 4 FCGK empfohlen, Zustimmungsvorbehalte des Aufsichtsrats für alle über die beschlossene Geschäftsstrategie hinausgehenden grundlegenden Geschäfte einzuführen.

Betrachtet man die Informationsrechte der zur Überwachung berufenen Personen, so ist der geschäftsführende Generaldirektor/*P-DG* der monistischen *S.A.* verpflichtet, den Verwaltungsratsmitgliedern alle Informationen zukommen zu lassen, die zur Erfüllung ihrer Aufgaben notwendig sind (art. L. 225-35 (3) C.com.)[82]. Hierin liegt dem Wortlaut nach eine Einschränkung gegenüber der Fassung der Norm bis zu ihrer Änderung durch das *loi de sécurité financière*, der zufolge die Verwaltungsratsmitglieder jegliche ihnen nützlich erscheinenden Informationen verlangen konnten. Letztendlich handelt es sich aber nur um eine präzisierende Kodifizierung der bereits vor Schaffung der gesetzlichen Regelung mit dem *Loi NRE* richterrechtlich anerkannten Rechtslage[83], mit der der Gesetzgeber die einzelnen Verwaltungsratsmitglieder nicht der Möglichkeit berauben wollte, individuell die Übermittlung zur Erfüllung ihrer Aufgaben benötigter Informationen verlangen zu können[84]. Auch unter der Vorgängervorschrift konnten die Verwaltungsratsmitglieder trotz des missverständlichen Wortlauts nicht jegliche ihnen nützlich erscheinenden, sondern nur die tatsächlich zur Aufgabenerfüllung benötigten Informationen ver-

---

Jahresabschlusses sowie eines prognostischen Berichts zur Planung der zukünftigen Geschäftsführung gegenüber dem Aufsichtsrat in Gesellschaften mit mehr als 300 Angestellten oder 18 Mio. € Jahresumsatz).

81 Vgl. art. L. 225-68 (2) C.com. i.V.m. art. R. 225-53, 225-54 C.com., art. L. 225-86 ff. C.com. Ausführlich dazu in Kapitel 6 unter III.1.b).

82 Die bis zur Änderung des art. L. 225-35 C.com. mit dem *Loi de sécurité financière* am 1.8.2003 geltende Vorgängervorschrift (geschaffen mit dem *Loi NRE*) gestattete den Direktoren noch weitergehender, jegliche Dokumente, die sie zur Erfüllung seiner Aufgaben benötigen sollten, herauszuverlangen. Ausführlich zur Information des Verwaltungsrats vgl. *Léobon*, Bull. Joly 2006, 168 ff.

83 Vgl. *Léobon*, Bull. Joly 2006, 168.

84 Vgl. *Léobon*, Bull. Joly 2006, 168, 174; *Le Nabasque*, Bull. Joly 2003, 859; *Lienhard*, D. 2003, 1996.

langen[85]. Angesichts seiner zahlreichen Aufgaben (u.a. der Bestimmung der Geschäftsstrategie der Gesellschaft und der Anfertigung des Lageberichts zum Jahresabschluss) hat der Verwaltungsrat auch nach der Neufassung einen Anspruch auf umfassende Information über die Gesellschaftsbelange[86]. Dem Aufsichtsrat der dualistischen *S.A.* stehen zur Erfüllung seiner Überwachungsaufgaben die vielfältigen in art. L. 225-68 C.com. genannten Kontrollmechanismen zur Verfügung. Danach kann er jederzeit alle Überprüfungsmaßnahmen vornehmen, die ihm opportun erscheinen, und hierfür vom Vorstand jegliche Informationen verlangen (Abs. 3). Mindestens alle vier Monate muss der Vorstand über den Gang der Geschäfte berichten (Abs. 4). Nach Kontrolle des Jahresabschlusses steht dem Aufsichtsrat dessen Beanstandung im Prüfungsbericht an die Hauptversammlung frei (Abs. 5, 6). Neben dieser repressiven Kontrolle soll eine präventive Überwachung durch den Aufsichtsrat ermöglicht werden, indem ihm die von den Vorständen größerer Gesellschaften zu veröffentlichenden prognostischen Dokumente[87] zügig zuzuleiten (art. R. 232-6 C.com.) und im Prüfungsbericht an die Hauptversammlung von ihm zu beurteilen sind. Um den Informationsfluss zu verstetigen, empfiehlt der konsolidierte französische Corporate Governance-Kodex dem Verwaltungsrat (und ausweislich seiner Präambel entsprechend dem Aufsichtsrat), die Vorgaben zu seiner Information über die finanzielle Situation der Gesellschaft, ihr Guthaben und ihre Verpflichtungen in seiner Geschäftsordnung zu konkretisieren (Ziff. 4 FCGK).

cc) Zusammenspiel von Leitungs- und Überwachungsfunktion in der *plc*

Der *Companies Act 2006* enthält sich weitgehend einer Normierung der Leitungs- und Überwachungskompetenzen der *plc*[88]. Die über das Gesetz verstreuten Kompetenzzuweisungen an den Verwaltungsrat reduzieren sich vor allem auf die Pflichten zur Erstellung des Jahresabschlusses und Lageberichts (ss. 394, 415 ff. CA 2006) und zu ihrer Vorlage gegenüber der Hauptversammlung sowie der Registerstelle (ss. 437, 441, 447 CA 2006)[89]. Daher bleiben Materien wie die Befugnisse der Verwaltungsratsmitglieder, die Art und Weise ihrer Ausübung und ihr Verhältnis zur Kompetenz der Hauptversammlung den *articles* überlassen (und werden von den Mustersatzungen aufgenommen)[90]. Den Mustersatzungen zufolge führen, vorbehaltlich anderer Regelungen in der Satzung und in Sonderbeschlüssen der Hauptversammlung (*special resolutions*), die Verwaltungsratsmitglieder als Kollegialorgan des Verwaltungsrats die Geschäfte der Gesellschaft und nehmen sämtliche hierfür erforderlichen Kompetenzen wahr (Art. 70 Satz 1 Table A, Art. 3, 7 Schedule 3). Die Hauptversammlung kann den Verwaltungsrat durch Sonderbeschlüsse mit Dreiviertel-

---

85 Vgl. *Léobon*, Bull. Joly 2006, 168, 174.
86 Ausführlich zum Inhalt des Informationsrechts *Léobon*, Bull. Joly 2006, 168 ff.
87 Vgl. zu den Berichtspflichten in Gesellschaften mit mehr als 300 Arbeitnehmern oder über 18 Mio. € Jahresumsatz art. L. 232-2 ff. C.com. i.V.m. art. R. 232-2 ff. C.com.
88 Vgl. *Alcock/Birds/Gale*, 131; *Davies*, Gower's Company Law, 294 (für den CA 1985).
89 Vgl. *Davies*, Gower's Company Law, 295 f.
90 Vgl. *Alcock/Birds/Gale*, 131; *Davies*, Gower's Company Law, 294 f., 298 ff.

Mehrheit zu einem bestimmten Verhalten anhalten[91]. Während der Verwaltungsrat ohne ausdrückliche Ermächtigung in der Satzung nicht zur Delegation seiner Befugnisse berechtigt ist[92], wird er regelmäßig satzungsmäßig zur Übertragung jeglicher seiner Befugnisse an geschäftsführende Verwaltungsratsmitglieder (*executive directors*) ermächtigt (vgl. auch Art. 72 Satz 2, 84 Table A, Art. 5 Schedule 3) und macht üblicherweise von dieser Ermächtigung Gebrauch[93]. Hierbei ist der Verwaltungsrat befugt, sämtliche Bedingungen der Delegation sowie eventueller Subdelegationen (inklusive etwaiger Zustimmungsvorbehalte zu seinen Gunsten) festzulegen und sie frei zu widerrufen oder zu modifizieren (Art. 72 Satz 3 Table A, Art. 5 (3) Schedule 3). Der *Combined Code* empfiehlt insofern eine klare Trennung zwischen der Leitung des Verwaltungsrats und der Führung der Geschäfte der Gesellschaft (lit. A.2 Combined Code). Hierfür soll der Verwaltungsrat einerseits mit geschäftsführenden Mitgliedern und andererseits, jedenfalls in den im Index *FTSE 350*[94] notierten Gesellschaften, zu mindestens der Hälfte mit nicht-geschäftsführenden und zusätzlich unabhängigen Mitgliedern besetzt werden (lit. A.3, 3.1, 3.2 Satz 1 Combined Code). Kleinere börsennotierte Gesellschaften sollen mindestens zwei unabhängige nicht-geschäftsführende Verwaltungsratsmitglieder haben (lit. A.3.2 Satz 2 Combined Code). Zudem sollen die Funktionen des Verwaltungsratsvorsitzenden (*chairman of the board*) und des leitenden geschäftsführenden Verwaltungsratsmitglieds (*chief executive director*) durch verschiedene Personen ausgeübt werden, wobei die Kompetenzaufteilung schriftlich festgehalten und vom Verwaltungsrat beschlossen werden sollte (lit. A.2.1 Combined Code). Die Kodex-Empfehlungen bewirken damit letztendlich eine der Aufgabenverteilung im dualistischen Modell ähnliche Trennung der Geschäftsleitung und ihrer Überwachung innerhalb des monistischen Verwaltungsrats[95]. Vergleichbar der deutschen und französischen Kodexempfehlungen, Zustimmungsvorbehalte des Aufsichtsrats/Verwaltungsrats bei Entscheidungen von wesentlicher Bedeutung einzuführen, empfiehlt der *Combined Code*, im Rahmen einer Delegation der Geschäftsführungsbefugnisse auf *executive directors*, die eigentliche Leitung der Gesellschaft, d.h. insbesondere die Entscheidungen mit Einfluss auf die strategische Ausrichtung der Gesellschaft, dem Verwaltungsrat vorzubehalten (lit. A.1 Combined Code, Supporting Principle zu lit. A.1 Combined Code)[96]. Auch die Informationsansprüche der nicht-geschäftsführenden

---

91 Vgl. Automatic Self Cleansing Filter Syndicate Company Ltd v. Cunningham (1906) 2 Ch 34; Gramophone and Typewriter Ltd v. Standley (1908) 2 KB 89; Breckland Group Holdings Ltd v. London and Suffolk Properties Ltd (1989) BCLC 100; *Dine/Koutsias*, 159–161. Ist der Verwaltungsrat jedoch nicht in der Lage oder nicht gewillt, seine Geschäftsführungsfunktion auszufüllen, so fallen seine Befugnisse an die Hauptversammlung; vgl. Irvine v. Union Bank of Australia (1877) 2 App. Cas. 366, PC; Baron v. Potter (1914) 1 Ch 895; Foster v. Foster (1916) 1 Ch 532; Alexander Ward & Co. Ltd v. Samyang Navigation Co. Ltd (1975) 2 All ER 424; *Dine/Koutsias*, 161; *Davies*, Gower's Company Law, 304.

92 Vgl. Cartmell's case (1874) L.R. 9 Ch. App. 691; *Davies*, Gower's Company Law, 320.

93 Vgl. *Davies*, Gower's Company Law, 320; *Dine/Koutsias*, 158.

94 Der *Financial Times Stock Exchange Index 350* (*FTSE 350*) ist eine Kombination von FTSE 100 und FTSE 250, erfasst also die 350 von der Marktkapitalisierung her größten an der *London Stock Exchange* gehandelten Gesellschaften.

95 Vgl. *Davies*, Gower's Company Law, 325.

96 Vgl. auch *Grundmann*, European Company Law, Rn. 416; *Farrar/Hannigan*, 333.

bzw. die Berichtspflichten der geschäftsführenden Verwaltungsratsmitglieder sind der individuellen Gestaltung überlassen. Der *Combined Code* geht davon aus, dass der Verwaltungsrat rechtzeitig mit allen Informationen ausgestattet wird, die er zur Erfüllung seiner Aufgaben benötigt (lit. A.5 Combined Code). Während das Management zur Informationserteilung verpflichtet ist, ist der Verwaltungsratsvorsitzende verantwortlich für ihre Verteilung an die Verwaltungsratsmitglieder (Supporting Principle zu lit. A.5 Combined Code).

b) Vorliegen von und Bedürfnis für Börsengesellschaftsrecht zum Zusammenspiel von Leitungs- und Überwachungsfunktion

Aus den Ausführungen ergibt sich, dass sich das Zusammenwirken der Geschäftsleitungs- und der Überwachungsaufgaben im dualistischen und monistischen System aufeinander zubewegt[97]. In der AG und der dualistisch strukturierten *S.A.* ist die Geschäftsleitung klar dem Vorstand und die Überwachung der Geschäftsleitung eindeutig dem Aufsichtsrat zugewiesen. In der monistischen *S.A.* war eine derartige Funktionenteilung jedenfalls nicht üblich, da regelmäßig der Verwaltungsratsvorsitzende zum geschäftsleitenden Generaldirektor (*P-DG*) ernannt wurde. In Erkenntnis der hieraus resultierenden Interessenkonflikte erlaubt das *Loi NRE* nunmehr aber die Bestellung anderer Verwaltungsratsmitglieder oder sonstiger Dritter zum zur Geschäftsführung zuständigen Generaldirektor. Zudem streben die verschiedenen französischen *Corporate Governance*-Kodizes eine vermehrte Besetzung des Verwaltungsrats mit zur Kontrolle berufenen unabhängigen Mitgliedern an[98]. De facto wird die Aufgabenverteilung in der monistischen *S.A.* so derjenigen der dualistischen *S.A.* angenähert. Bei Bestellung eines anderen Verwaltungsratsmitglieds als des Verwaltungsratsvorsitzenden zum Generaldirektor werden die Geschäftsleitung und deren Überwachung innerhalb des Verwaltungsrats verschiedenen Personen(gruppen) zugeteilt, nämlich dem Generaldirektor (und seiner eventuell aus weiteren Verwaltungsratsmitgliedern oder sonstigen Dritten als delegierten Generaldirektoren bestehenden Führungsmannschaft) einerseits und dem Verwaltungsratspräsidenten mitsamt den nicht-geschäftsführenden, möglicherweise unabhängigen Verwaltungsratsmitgliedern andererseits. Wird eine nicht dem Verwaltungsrat angehörende Person zum geschäftsführenden Generaldirektor ernannt, ähnelt die Funktionenteilung derjenigen der dualistisch strukturierten Gesellschaft: der Verwaltungsrat übernimmt die Überwachung der Geschäftsführung durch das ihm nicht angehörende Management. Ähnlich wie bei

---

97 Vgl. auch den Überblick zu den jüngsten Entwicklungen der Leitungsmodelle in Frankreich, Deutschland, Italien und Großbritannien bei *Hopt/Leyens*, ECFR 2004, 135 ff. Zum Befund der konvergierenden Entwicklung der Leitungssysteme auch *Siems*, Konvergenz der Rechtssysteme, 204 m.w.N. in Fn. 60; *Fleischer*, AcP 204 (2004), 502, 525 ff.; *Brändle/Noll*, 5 German LJ (2004), 1349, 1358 ff.; *Boot/Macey*, 89 Cornell L. Rev. (2003–2004), 356, 389 f.; *Teichmann*, ZGR 2001, 645, 668; *Leyens*, RabelsZ 67 (2003), 57, 61, 95; *Windbichler*, JZ 2008, 840, 845; Böckli in Handbuch Corporate Governance, 201, 212 ff.; *Baums* in Hommelhoff u.a. (Hrsg.), Corporate Governance, 13, 17.

98 Vgl. Ziff. 23 Viénot-Bericht II; Bouton-Bericht, 9; Ziff. 7.2.2., 7.3. FCGK sowie unten unter 2.a)aa)(3).

Bestellung eines Verwaltungsratsmitglieds zum geschäftsführenden Generaldirektor in der monistischen *S.A.* stellt sich die Aufgabenverteilung in der *plc*, wie sie von den Mustersatzungen und dem *Combined Code on Corporate Governance* favorisiert wird, dar. Der Verwaltungsrat der *plc* soll zum einen mit geschäftsführenden Mitgliedern unter der Leitung eines *chief executive* und zum anderen mit zu deren Überwachung berufenen nicht-geschäftsführenden, möglichst unabhängigen Mitgliedern besetzt sein[99], so dass die Aufgaben der Geschäftsleitung und ihrer Überwachung wiederum verschiedenen Personengruppen innerhalb des Gremiums obliegen[100].

Auch wenn die Modelle danach hinsichtlich der grundsätzlichen funktionalen Trennung der Geschäftsleitung und ihrer Überwachung konvergieren, bleibt die Frage, ob die strukturelle Verteilung der Funktionen auf ein oder zwei Gremien als für börsennotierte Gesellschaften vorzugswürdig bewertet werden kann[101]. Hier stehen sich im Wesentlichen die Nachteile der Informationsprobleme in der dualistischen Gesellschaft und der gefährdeten Unabhängigkeit der nicht-geschäftsführenden Verwaltungsratsmitglieder in der monistischen Gesellschaft gegenüber[102]. Die Effektivität der Überwachung des Vorstands durch den Aufsichtsrat hängt maßgeblich von dessen Informationsstand hinsichtlich der Maßnahmen der Geschäftsführung sowie von seiner Sitzungsfrequenz ab[103]. Gerade diese im dualistischen Modell strukturell bedingte Informationsasymmetrie zulasten des Überwachungsorgans verringert das monistische Modell, bei dem auch die nicht-geschäftsführenden Verwaltungsratsmitglieder an den Verwaltungsratssitzungen teilnehmen und dadurch intensiver in das Unternehmensgeschehen eingebunden sind[104]. Stärker als im dualistischen Modell zeigt sich das monistische Leitungsorgan hingegen für die Entwicklung von Abhängigkeiten der überwachenden Mitglieder von der Geschäftsleitung sowie für gruppendynamische Prozesse zulasten der Überwachungsqualität empfänglich[105]. Die nicht-geschäftsführenden Verwaltungsratsmitglieder stehen vor dem Dilemma, jedenfalls an den grundlegenden strategischen Entscheidungen beteiligt zu sein, anschließend aber deren Umset-

---

99 Vgl. Art. 84 Table A, Art. 5 Schedule 3; lit. A.3 Combined Code.

100 Vgl. auch *Davies*, Gower's Company Law, 325.

101 Vgl. *Davies*, Gower's Company Law, 325.

102 Vgl. *Davies*, Gower's Company Law, 325; *Grundmann*, European Company Law, Rn. 415 f.; *Jungmann*, ECFR 2006, 426, 449 ff., 459 ff.; *Fleischer*, AcP 204 (2004), 502, 526 f.; *Böckli* in Handbuch Corporate Governance, 213 f. In beiden Modellen erscheint die Übernahme der Überwachung durch vormals geschäftsleitende Organmitglieder problematisch; vgl. *Grundmann*, European Company Law, Rn. 417. Ausführlich zur notwendigen Abwägung zwischen der Objektivität der Überwachenden und ihrer Nähe zu den zu Überwachenden vgl. *Boot/Macey*, 89 Cornell L. Rev. (2003–2004), 356 ff.

103 Vgl. *Grundmann*, European Company Law, Rn. 415; *Jungmann*, ECFR 2006, 426, 453 f.; *Hopt/Leyens*, ECFR 2004, 135, 147; *Fleischer*, AcP 204 (2004), 502, 526.

104 Vgl. *Fleischer*, AcP 204 (2004), 502, 527; *Jungmann*, ECFR 2006, 426, 459; *Brändle/Noll*, German LJ (2004), 1349, 1358; auch *Grundmann*, European Company Law, Rn. 415.

105 *Brändle/Noll*, German LJ (2004), 1349, 1358; *Fleischer*, AcP 204 (2004), 502, 527; *Jungmann*, ECFR 2006, 426, 459; auch *Davies*, Gower's Company Law, 325; *Boot/Macey*, 89 Cornell L. Rev. (2003–2004), 356, 368 ff.

zung zu überwachen zu haben[106]. Gerade vor dem Hintergrund der konvergierenden Entwicklung der Leitungsmodelle kann eine Entscheidung zwischen ihnen aber letztendlich unterbleiben, zumal keinem der Systeme per se eine Überlegenheit über das andere attestiert werden kann[107]. Sowohl das monistische als auch das dualistische Modell können effektive *Corporate Governance*-Systeme sein[108]. Dementsprechend wird die Untersuchung der Leitungssysteme auch nicht versuchen, eines der beiden als für börsennotierte Gesellschaften vorzugswürdig herauszustellen. Vielmehr sollen die Optimierungsmöglichkeiten beider Leitungs- und Überwachungsmodelle speziell in börsennotierten Gesellschaften auf Grundlage ihrer jeweils spezifischen Schwächen eruiert werden[109]. Hierbei können Defizite bei strenger Beachtung der Besonderheiten der jeweiligen Regelungsgefüge unter Umständen durch die Übernahme von Mechanismen, die sich in anderen Rechtsordnungen als positiv erwiesen haben, verringert werden[110]. Soweit dieser Ansatz sich als praktikabel erweist, wird er zu einer weiteren Annäherung der Leitungs- und Überwachungssysteme führen, ihre grundsätzlichen Unterschiede aber unangetastet lassen[111].

aa) Ex-ante oder ex-post-Kontrolle

Eine grundlegende Frage der Ausgestaltung des Verhältnisses zwischen der Geschäftsleitung und dem zu ihrer Überwachung berufenen Organ/Gremium ist die Entscheidung, inwieweit die grundsätzlich auf ein nachträgliches Einschreiten beschränkten Kontrollbefugnisse auf eine präventive Kontrolle im Wege eines Zustimmungsvorbehalts des Überwachungsgremiums bei bestimmten Geschäftsführungsmaßnahmen ausgeweitet werden sollten. Alle untersuchten Jurisdiktionen streben dabei, wie rechtsvergleichend aufgezeigt wurde, an, dass Entscheidungen von wesentlicher Bedeutung der ex-ante-Kontrolle der zur Überwachung der Geschäftsleiter berufenen Personen unterworfen werden[112]. Dies gilt insbesondere für börsennotierte Gesellschaften, für die die *Corporate Governance*-Kodizes jeweils eine Entscheidung auch der nicht-geschäftsführenden Organmitglieder bzw. des Überwachungsorgans über grundlegende Materien empfehlen, die Präzisierung der

106 Vgl. *Grundmann*, European Company Law, Rn. 416; *Jungmann*, ECFR 2006, 426, 460 f.; *Fleischer*, AcP 204 (2004), 502, 527.

107 Vgl. auch *Brändle/Noll*, German LJ (2004), 1349, 1358; *Jungmann*, ECFR 2006, 426; *Fleischer*, AcP 204 (2004), 502, 527; *Fleischer*, FS für Heldrich, 597, 612; *Baums* (Hrsg.), Bericht Regierungskommission CG, Rn. 18; *Leyens*, RabelsZ 67 (2003), 57, 96; *Schiessl*, ZHR 167 (2003), 235, 239 f.; *Teichmann*, ZGR 2001, 645, 675.

108 Vgl. *Jungmann*, ECFR 2006, 426, 462; *Fleischer*, AcP 204 (2004), 502, 527; *Bayer*, Gutachten zum 67. DJT, E 112; Überblick zu Analysen der Überwachungseffizienz bei *Brändle/Noll*, 5 German LJ (2004), 1349, 1362 f.

109 Für allgemeine Optimierungsvorschläge für das monistische und das dualistische Modell vgl. *Jungmann*, ECFR 2006, 426, 463 ff.

110 Vgl. *Jungmann*, ECFR 2006, 426, 463.

111 Vgl. *Jungmann*, ECFR 2006, 426, 463.

112 Vgl. auch *Grundmann*, European Company Law, Rn. 416.

Materien aber jeweils der Gesellschaft überlassen. So müssen die Satzung oder der Aufsichtsrat der AG seit dem TransPuG einen Zustimmungskatalog aufstellen (§ 111 Abs. 4 Satz 2 AktG), mit dem erreicht werden soll, dass der Aufsichtsrat bei Geschäften von grundlegender Bedeutung für die Entwicklung der Gesellschaft mitwirkt[113]. Eine inhaltliche Vorgabe ist unterblieben, weil eine allgemeingültige Formulierung angesichts der mannigfaltigen Sachverhalte nicht gelingen konnte[114]. Der DCGK mit seiner Ausrichtung auf börsennotierte Gesellschaften konkretisiert die zustimmungsbedürftigen Geschäfte als solche von grundlegender Bedeutung, insbesondere die Vermögens-, Finanz-, oder Ertragslage des Unternehmens grundlegend verändernde Maßnahmen (Ziff. 3.3. DCGK). Danach darf sich die Satzung weder mit einem Katalog unwesentlicher Gegenstände noch mit einem pauschalen Verweis auf Grundlagengeschäfte begnügen[115]. Vielmehr verlangt der Kodex die unternehmensbezogene Konkretisierung der zustimmungsbedürftigen grundlegenden Geschäfte[116]. Während Einzelgeschäfte nur ausnahmsweise einem Zustimmungsvorbehalt unterworfen werden können[117], sind generalklauselartige Vorbehalte unzulässig[118]. In der *S.A.* besteht demgegenüber keine gesetzliche Pflicht zur Erstellung eines Zustimmungskatalogs. Die Satzung sowie in der monistischen Gesellschaft der Verwaltungsrat selbst können aber neben den gesetzlichen Zustimmungsvorbehalten (bei Insichgeschäften mit Verwaltungsmitgliedern, Großaktionären und diesen nahestehenden Personen[119]) weitere Genehmigungsvorbehalte vorsehen (art. L. 225-56 I. (3), 225-68 (2) Satz 1 C.com.). Vergleichbar dem DCGK empfiehlt der konsolidierte französische *Corporate Governance*-Kodex, alle grundlegenden Geschäfte von strategischer Bedeutung sowie alle von der festgelegten Geschäftsstrategie abweichenden Geschäfte zum Gegenstand von Zustimmungsvorbehalten zu machen (Ziff. 4 FCGK). In der *plc* hat der Verwaltungsrat weitgehende Gestaltungsfreiheit, ob und welche Kompetenzen er auf die geschäftsführenden Verwaltungsratsmitglieder überträgt. Damit steht dem Verwaltungsrat frei, sich hinsichtlich bestimmter Geschäftsführungsmaßnahmen die eigene Zustimmung vorzubehalten[120]. Auch der *Combined Code* mit seiner Ausrichtung auf börsennotierte Gesellschaften geht insofern davon aus, dass nur bestimmte Entscheidungsbefugnisse auf das Management übertragen werden, während andere dem gesamten Verwaltungsrat vorbehalten bleiben sollen (lit. A.1.1 Combined Code). Dabei sollen dem Kodex zufolge insbesondere Entscheidungen von strategi-

113 Vgl. RegBegr BT-Drucks. 14/8769, 17.

114 Vgl. RegBegr BT-Drucks. 14/8769, 17; *Hüffer*, § 111 Rn. 17; *DAV-Handelsrechtsausschuss*, NZG 2002, 115, 117; *Götz*, NZG 2002, 599, 603; *Wendt*, 248.

115 Vgl. *Hüffer*, § 111 Rn. 17.

116 Vgl. *Hüffer*, § 111 Rn. 17; *Lieder*, DB 2004, 2251, 2252 f.

117 Vgl. BGHZ 124, 111, 127; MK/*Semler*, § 111 Rn. 398, 418; *Hüffer*, § 111 Rn. 18; *Hoffmann-Becking* in MHdbGR IV, § 29 Rn. 39; *Lutter/Krieger*, § 2 Rn. 37.

118 Vgl. *Hüffer*, § 111 Rn. 18; *Hoffmann-Becking* in MHdbGR IV, § 29 Rn. 39; *Lutter/Krieger*, § 2 Rn. 37.

119 Dazu ausführlich in Kapitel 6 unter III.

120 So auch explizit Art. 72 Satz 3 Table A: "*Any such delegation may be subject to any conditions the directors may impose, and either collateraly with or to the exclusion of their own powers (...).*"

scher Bedeutung vom gesamten Verwaltungsrat unter Einbeziehung der nicht-geschäftsführenden Mitglieder getroffen werden (Supporting Principle zu lit. A.1 Combined Code).

Durch die Zustimmungsvorbehalte für grundlegende Geschäfte in der AG und der dualistischen S.A. werden die Kontrollregime in den dualistisch strukturierten Gesellschaften denjenigen der monistischen Gesellschaften, in denen der Verwaltungsrat (und nicht lediglich die geschäftsführenden Verwaltungsratsmitglieder) seit jeher für die strategischen Entscheidungen zuständig ist, angenähert. Das Einflussniveau bleibt aber in der monistischen Gesellschaft potentiell höher, da dort der Verwaltungsrat originär zur Sachentscheidung zuständig sein kann und nicht stets, wie der Aufsichtsrat, auf die Billigung oder Ablehnung einer von der Geschäftsführung geschaffenen Entscheidungssituation im Wege eines Zustimmungsvorbehalts beschränkt sein muss[121]. Ungeachtet dieses Unterschieds können die präventiv wirkenden Zustimmungsvorbehalte in beiden Gesellschaftsstrukturen (sowie die weitergehenden Einflussmöglichkeiten im monistischen System) ein probates Mittel sein, um die Überwachung der Geschäftsführung effizienter zu gestalten[122]. Für eine präventive Einbindung des Aufsichtsrats bzw. der nicht-geschäftsführenden Mitglieder des Verwaltungsrats in die Entscheidung über wesentliche Gegenstände spricht die durch sie bewirkte Einbeziehung eventuell unbefangener Personen in den Entscheidungsfindungsprozess und die daraus resultierende möglicherweise gründlichere Diskussion, die ein ausgewogeneres Ergebnis zur Folge haben kann[123]. Auf der anderen Seite kann die Mitwirkung an der Entscheidung die Bereitschaft der zur Überwachung berufenen Personen zu ihrer späteren Korrektur verringern[124]. Ex-ante-Kontrolle der Geschäftsleitungsentscheidungen vermeidet die Gefahr der üblichen ex-post-Kontrolle, zu spät zu erfolgen. Sie vermeidet auch das in der dualistischen Gesellschaft typische Informationsproblem auf Seiten des Überwachungsorgans[125]. Sie führt aber zu einer Vermischung der Überwachungsfunktion mit der Leitungsfunktion und droht so, die Effektivität der weiterhin notwendigen ex-ante-Überwachung der getroffenen Entscheidung zu unterminieren[126]. Erforderlich ist daher eine Abwägung, ob hinsichtlich der für die Gesellschaft grundlegenden Geschäfte die Vorteile präventiver Kontrolle ihre Nachteile überwiegen.

Hierbei kann wiederum zwischen Gesellschaften mit und ohne kontrollierende Großaktionäre differenziert werden. Hat die Gesellschaft kontrollierende Groß-

---

121 In diesem Sinne für die möglichen Kontrollintensitäten von deutschem Aufsichtsrat und U.S.-amerikanischem Verwaltungsrat *Leyens*, RabelsZ 67 (2003), 57, 94, der in den flexibleren präventiven Kontrollmöglichkeiten des Verwaltungsrats einen wesentlichen Vorzug des monistischen Systems sieht.

122 Vgl. *Götz*, NZG 2002, 599, 602.

123 So auch *Grundmann*, European Company Law, Rn. 416.

124 Vgl. *Grundmann*, European Company Law, Rn. 416.

125 Vgl. nur *Davies*, ZGR 2001, 268, 285.

126 In diesem Sinne auch *Grundmann*, European Company Law, Rn. 416; *Davies*, ZGR 2001, 268, 285.

aktionäre, so überwachen diese die Geschäftsleitung typischerweise auf informellen Wegen[127] und disziplinieren die Geschäftsleitungsmitglieder zudem durch die ihnen offen stehende Möglichkeit, ihre Abberufung durch den Verwaltungs-/Aufsichtsrat zu bewirken. Zustimmungsvorbehalte hinsichtlich strategischer Entscheidungen erscheinen deshalb in der von Großaktionären beherrschten Gesellschaft nicht zwingend erforderlich. Schädlich wären sie allerdings auch nur, wenn die Qualität der ex-post-Kontrolle aufgrund der Mitwirkung der zur Überwachung berufenen Personen an der Entscheidung litte. In Gesellschaften mit kontrollierenden Aktionären sind die Aufsichtsrats- und nicht geschäftsführenden Verwaltungsratsmitglieder aber ohnehin in der Regel von den Großaktionären abhängig[128], so dass sie entweder die Zustimmungsvorbehalte in deren Interesse ausüben und später bei der ex-post-Kontrolle ebenso nicht mehr unbefangen sind wie bei ohne Zustimmungsvorbehalten unter Billigung der Großaktionäre getroffenen Entscheidungen. Von daher sind Zustimmungsvorbehalte hinsichtlich grundlegender Entscheidungen in der Gesellschaft mit kontrollierenden Aktionären zur effektiven Kontrolle der Geschäftsleitung nicht unbedingt geboten, beeinträchtigen das Überwachungsniveau aber auch nicht wesentlich. Ihre maßgebliche Rechtfertigung erlangen die Zustimmungsvorbehalte sodann aus dem Umstand, dass sie eine ex-ante-Kontrolle durch von der Gesellschaft und den kontrollierenden Großaktionären unabhängige Aufsichtsrats- oder Verwaltungsratsmitglieder im Interesse der Minderheitsaktionäre ermöglichen, die angesichts der Tragweite der Entscheidungen nachträglich in vielen Fällen nicht mehr ähnlich effektiv möglich wäre.

In der (börsennotierten) Publikumsgesellschaft ohne kontrollierende Großaktionäre folgt die Rechtfertigung der Zustimmungsvorbehalte hinsichtlich grundlegender Entscheidungen hingegen bereits aus der Notwendigkeit der präventiven Kontrolle des Leitungsorgans. Andernfalls könnten die Geschäftsleiter ohne vorherige Beteiligung des Aufsichtsrats/der nicht geschäftsführenden Verwaltungsratsmitglieder – mangels Beeinflussung durch die rational apathischen Kleinaktionäre – frei von Einschränkungen entgegen der Aktionärsinteressen entscheiden und so bei den in den Kodizes angesprochenen grundlegenden Entscheidungen irreversible Schäden verursachen. Da diese durch eine ex-post-Kontrolle ohnehin nicht mehr zu korrigieren wären, tritt das mit ex-ante-Kontrollen verbundene Risiko voreingenommener ex-post-Kontrollen hinter die bei wesentlichen Entscheidungen in Publikumsgesellschaften ohne präventive Kontrolle drohenden Gefahren zurück. Eine präventive Beteiligung des (auf das Gesellschafts- und damit in allen Jurisdiktionen zumindest maßgeblich auf das Aktionärsinteresse verpflichteten[129]) Überwachungsorgans ist daher bei Entscheidungen von grundlegender

---

127 Vgl. *McCahery/Vermeulen* in *Hopt* u.a. (Hrsg.), Corporate Governance in Context, 215, 220 ff.; *Davies*, ZGR 2001, 265, 291; *Teichmann*, ZGR 2001, 645, 652 f.; *Wackerbarth*, ZGR 2005, 686, 708; *Rudolph*, BB 2003, 2053, 2054.

128 Vgl. für die AG *Roth/Wörle*, ZGR 2004, 565, 593 ff.

129 Zur Verpflichtung der Überwachungsorgane auf das Aktionärsinteresse vgl. unten 5.a)aa), b)aa), c)aa).

Reichweite in börsennotierten Publikumsgesellschaften wie in börsennotierten Gesellschaften mit kontrollierenden Großaktionären sinnvoll. Die Schaffung einer gesetzlichen Pflicht zur Aufstellung eines Zustimmungskatalogs für grundlegende Geschäfte erscheint dabei lediglich in der AG notwendig, um (unabhängig von einer Börsennotierung) sicherzustellen, dass eine Einbindung des Aufsichtsrats trotz der Vorbehalte gegenüber der Beteiligung der Arbeitnehmervertreter an der Entscheidungsfindung erfolgt. In Frankreich und Großbritannien bestehen demgegenüber keine vergleichbaren Vorbehalte gegenüber einer Beteiligung des Verwaltungsrats/Aufsichtsrats mangels einer unternehmerischen Mitbestimmung in der *plc* bzw. angesichts der grundsätzlich nur beratenden Funktion der Arbeitnehmervertreter in der *S.A.*[130], weshalb einer Befolgung einer bloßen Kodexempfehlung zur Aufstellung eines Zustimmungskatalogs keine vergleichbaren Hindernisse entgegenstehen. Von daher stellen sich die Kodexempfehlungen in Großbritannien und Frankreich als adäquate Regulierung dar.

Eine Präzisierung der zustimmungsbedürften Materien ist angesichts der unterschiedlichen maßgeblichen Einflussfaktoren wie der Größe der Gesellschaft, ihrer Branche und ihrer Organisationsstruktur nicht möglich und daher in den Kodizes zu Recht entweder unterblieben bzw. im DCGK lediglich sehr abstrakt auf „insbesondere die Vermögens-, Finanz- oder Ertragslage des Unternehmens grundlegend verändernde Maßnahmen“ beschränkt worden[131]. Wenn Stimmen im deutschen Schrifttum die Aufnahme der im DCGK enthaltenen Präzisierung der grundlegenden Geschäfte ins Gesetz für vorzugswürdig halten[132], unterschätzen sie die durch eine gesetzliche Anbindung bewirkte Inflexibilität. Gerade die offene Formulierung der gesetzlichen Pflicht ermöglicht den zur Aufstellung des Zustimmungskatalogs berufenen und aufgrund ihrer Kenntnisse auch am besten geeigneten Gesellschaftsorganen, die konkreten Verhältnisse der Gesellschaft zu berücksichtigen[133]. Ein gesetzlich präzisierter Zustimmungskatalog schränkte diese Flexibilität entweder über Gebühr ein oder bliebe selbst so vage, dass mit ihm kein wesentlicher Gewinn gegenüber der allgemeinen Pflicht zur Einführung von Zustimmungsvorbehalten hinsichtlich der grundlegenden Geschäfte verbunden wäre. Indem allenfalls eine Typisierung der zustimmungspflichten Gegenstände im Kodex erfolgt, werden die nicht-börsennotierten Gesellschaften vor einer unnötig weitgehenden Regulierung bewahrt, während börsennotierten Gesellschaften – gerade, wenn sie aufgrund ihrer Kontrolle durch Großaktionäre eine vermehrte Überwachung durch den Aufsichtsrats für überflüssig erachten – durch die Möglichkeit des *comply or explain* die nötige Flexibilität gewährleistet wird.

---

130 Dazu unten 2.a)aa)(3).
131 So auch *Götz*, NZG 2002, 599, 603.
132 So *Baums* (Hrsg.), Bericht Regierungskommission CG, Rn. 35; *Götz*, NZG 2002, 599, 603.
133 Vgl. *Schwark* in Hommelhoff u.a. (Hrsg.), Corporate Governance, 75, 93.

bb) Information des Aufsichtsrats bzw. der nicht-geschäftsführenden Verwaltungsratsmitglieder

Wesentlicher Faktor für eine effektive Überwachung der Geschäftsleitung sind die Informationsmöglichkeiten der zur Überwachung berufenen Personen, da eine Überwachung ohne hinreichende Information scheitern muss. Der Vorstand der AG ist insofern gegenüber dem Aufsichtsrat zur umfassenden Berichterstattung verpflichtet, während der Aufsichtsrat umfassende Einsichtsrechte hat (§§ 90, 111 Abs. 2 AktG). Während das Gesetz die Berichtspflichten zur Finanz-, Investitions- und Personalplanung der Gesellschaft explizit hervorhebt, empfiehlt der Deutsche Corporate Governance Kodex den Aufsichtsräten gerade börsennotierten Gesellschaften eine weitere Präzisierung der Berichtspflichten (Ziff. 3.4 DCGK). Ähnlich der Rechtslage in der AG sind der Verwaltungsratspräsident (*président du conseil d'administration*) und/oder der Generaldirektor (*directeur général*) der monistischen *S.A.* verpflichtet, den Verwaltungsratsmitgliedern alle Dokumente und Informationen zukommen zu lassen, die sie zur Erfüllung ihrer Aufgaben benötigen (art. L. 225-35 (3) Satz 2 C.com.). Der Aufsichtsrat der dualistischen *S.A.* kann jederzeit alle Überprüfungsmaßnahmen vornehmen, die ihm opportun erscheinen, und hierfür vom Vorstand jegliche Informationen verlangen (art. L. 225-68 (3) C.com.). Auch dem französischen Corporate Governance-Kodex zufolge sollen der Verwaltungsrat bzw. Aufsichtsrat die Vorgaben zu ihrer Information in ihren Geschäftsordnungen konkretisieren, und zwar hinsichtlich der Materien der finanziellen Situation der Gesellschaft, ihres Vermögens und ihrer Verpflichtungen (Ziff. 4 FCGK i.V.m. Abs. 4 der Präambel zum FCGK). Da die interne Organisation der *plc* schon hinsichtlich der Frage einer Aufteilung der Geschäftsführungs- und Überwachungsbefugnisse auf *executive* und *non-executive directors* von Gestaltungsfreiheit geprägt ist, gilt dies erst recht für die Informationsansprüche der nicht-geschäftsführenden bzw. die Berichtspflichten der geschäftsführenden Verwaltungsratsmitglieder. Der *Combined Code* geht davon aus, dass der Verwaltungsrat rechtzeitig von der Geschäftsleitung mit allen Informationen ausgestattet wird, die er zur Erfüllung seiner Aufgaben benötigt (lit. A.5 Combined Code).

Der Informationsfluss wurde gerade im dualistischen System als neuralgischer Punkt identifiziert. Der Verwaltungsrat im monistischen System trifft die Entscheidungen über die strategische Ausrichtung der Gesellschaft als Kollegialorgan unter Mitwirkung der nicht-geschäftsführenden Mitglieder, so dass diese ohnehin über die wesentlichen Unternehmenskennzahlen informiert werden. Vor allem aber profitieren der Verwaltungsrat als Kollegialorgan und die nicht ausschließlich mit nicht-geschäftsführenden Verwaltungsratsmitgliedern besetzten Ausschüsse vom Informationsstand der durchgängig in das Unternehmensgeschehen eingebundenen geschäftsführenden Verwaltungsratsmitglieder[134]. Im dualistischen System ist der Aufsichtsrat hingegen grundsätzlich (außerhalb von Zustimmungsvorbehalten) nicht in die Leitung der Gesellschaft eingebunden. Deshalb ist für eine effektive

---

134 Vgl. *Leyens*, RabelsZ 67 (2003), 57, 93.

Kontrolle der Geschäftsleitung deren Mitwirkung durch Information des Aufsichtsrats über ihre Maßnahmen und Ergebnisse erforderlich[135]. Rechtsökonomisch liegt das Hauptproblem hier darin, dass das zu überwachende Organ das Informationsmonopol besitzt, also diejenigen Informationen liefern soll, die seiner eigenen Kontrolle dienen[136]. Zur Bewältigung dieses Problems streben die *Corporate Governance*-Kodizes für die AG und die *S.A.* (auch in ihrer monistischen Form) eine Verstetigung des Informationsflusses an, indem sie die Festlegung von regelmäßigen Berichtspflichten hinsichtlich der für die Kontrolle wesentlichen Unternehmensdaten empfehlen. Zwar bestehen qua Gesetz Berichtspflichten bzw. Informationsrechte, die zur Überwachung berufenen Organe sind aber nicht verpflichtet, diese geltend zu machen. Durch die Empfehlung zur Präzisierung der Berichtspflichten stellen die Kodizes klar, dass die Kontrollorgane den Grundsätzen guter *Corporate Governance* nur genügen, wenn sie ihre Informationsrechte auch tatsächlich und regelmäßig ausüben, anstatt sich mit den vom Vorstand bzw. den geschäftsführenden Verwaltungsratsmitgliedern freiwillig zur Verfügung gestellten Informationen zu begnügen[137]. Hierdurch wird eine Kultur stetiger Information des Überwachungsorgans gefördert, die Informationsdefizite jedenfalls verringern kann[138]. Dies erscheint gerade in der börsennotierten Publikumsgesellschaft ohne kontrollierende Aktionäre geboten. Eine Verbesserung des Informationsniveaus ist aber auch in Gesellschaften mit kontrollierenden (und deshalb regelmäßig gut informierten Aktionären) notwendig, vor allem zur Information eventueller nicht mit den kontrollierenden Großaktionären verbundener zur Überwachung berufener Organmitglieder zwecks Gewährleistung der Minderheitsinteressen durch sie. Der Inhalt und Umfang der Berichtspflichten sollte dabei vorrangig durch den Umfang der Überwachungsaufgaben bestimmt sein[139]. Hier gewährleistet die Anbindung der Präzisierung der Berichtspflichten an Kodex-Empfehlungen den Gesellschaften die angesichts der (z.B. auch aufgrund unterschiedlicher Zustimmungskataloge) variierenden Überwachungsaufgaben der Aufsichtsrats- oder nicht geschäftsführenden Verwaltungsratsmitglieder erforderliche Flexibilität. Zusätzlich zum regelmäßigen Informationsfluss stellt sich sowohl in monistisch als auch in dualistisch strukturierten Gesellschaften die Frage, wie der hinreichende grundsätzliche Kenntnisstand bzw. die Qualifikation insbesondere der nicht aus der Gesellschaft kommenden zur Überwachung berufenen Organmitglieder als Basis ihrer Aufgabenerfüllung gewährleistet werden kann[140]. Hierbei handelt es sich aber um eine grundsätzliche Problematik der Aktiengesellschaften, die unabhängig von einer eventuellen Börsennotierung besteht. Im Ergebnis bleibt festzuhalten, dass eine Verstetigung des

135 In diesem Sinne auch *Knöringer-Fröhlich*, 291.

136 Vgl. *Deckert*, ZIP 1996, 985, 989 m.w.N.; *Bea/Scheurer*, DB 1994, 2145, 2149; *Hirt*, (2003) ICCLR, 245, 252.

137 Vgl. *Knöringer-Fröhlich*, 292.

138 Vgl. *Knöringer-Fröhlich*, 292.

139 Vgl. *Schwark* in Hommelhoff (Hrsg.), Corporate Governance, 75, 87.

140 Vgl. *Jungmann*, ECFR 2006, 426, 468; *Hommelhoff/Mattheus*, AG 1998, 249, 255 f.; *Baums* (Hrsg.), Bericht Regierungskommission CG, 94, 317–319; *Raiser* in Verhandlungen des 66. DJT, B 104; *Schwark* in Hommelhoff u.a. (Hrsg.), Corporate Governance, 75, 103 ff.

Informationsflusses durch Festlegung der regelmäßigen Berichtspflichten der Geschäftsleitung durch das überwachende Organ/Gremium in allen börsennotierten Gesellschaften sinnvoll ist. Die inhaltliche Ausformung der Berichtspflichten sollte aus Flexibilitätsgesichtspunkten den Gesellschaften überlassen bleiben. Auch die grundsätzliche Pflicht zur Aufstellung eines Berichtskatalogs bedarf angesichts der weitgehenden Befolgung der diesbezüglichen Kodexempfehlungen in der Praxis keiner gesetzlichen Anbindung.

2. Zusammensetzung der Leitungs- und Überwachungsorgane, Bestellung ihrer Mitglieder und persönliche Voraussetzungen

Eine normative Harmonisierung der Zusammensetzung des Verwaltungsrats bzw. des Vorstands und Aufsichtsrats und der Bestellung der Mitglieder der Organe wird nach dem Scheitern der 5. Gesellschaftsrechtlichen Richtlinie nicht mehr angestrebt. Die Empfehlung der EU-Kommission zu den Aufgaben von nicht geschäftsführenden Direktoren/Aufsichtsratsmitgliedern börsennotierter Gesellschaften sowie zu den Ausschüssen des Verwaltungs-/Aufsichtsrats mit ihrem Anwendungsbereich auf alle Gesellschaften mit an organisierten Märkten der Gemeinschaft börsennotierten Wertpapieren (Ziff. 1.1, 2.1 der Empfehlung) will das europaweite Anlegervertrauen nunmehr stärken, indem sie den Mitgliedstaaten verschiedene Maßnahmen zur Gewährleistung einer hinreichenden gesellschaftsinternen Kontrolle der Geschäftsleitung empfiehlt.

a) *Zusammensetzung der Leitungs- und Überwachungsorgane (inkl. Unabhängigkeitserfordernisse)*

aa) Rechtsvergleichender Überblick zur Zusammensetzung der Organe

(1) Europarechtliche Vorgaben zur Organzusammensetzung

Die Empfehlung der EU-Kommission zu den Aufgaben von nicht geschäftsführenden Direktoren/Aufsichtsratsmitgliedern identifiziert die Besetzung des Verwaltungsrats/Aufsichtsrats mit unabhängigen Mitgliedern als Möglichkeit, um die Interessen der Aktionäre und der *Stakeholder* gegen eine Übervorteilung durch die geschäftsführenden Verwaltungsratsmitglieder bzw. die Vorstandsmitglieder zu schützen[141]. In Gesellschaften mit breiter Eigentumsstreuung soll die Aufsicht durch die unabhängigen Vertreter vor allem gewährleisten, dass die Geschäftsführung gegenüber den relativ einflussarmen Aktionären Rechenschaft ablegt[142]. In Gesellschaften mit eine Kontrollbeteiligung haltenden Großaktionären soll sie vor allem den Schutz der Minderheitsaktionäre sicherstellen[143]. Um den Aufsichtsaufgaben hinreichend gerecht werden zu können, wird die Unabhängigkeit der Vertre-

141 Vgl. Erwägungsgrund Nr. 7 der Empfehlung.
142 Vgl. Erwägungsgrund Nr. 7 der Empfehlung.
143 Vgl. Erwägungsgrund Nr. 7 der Empfehlung.

ter extensiv dahin verstanden, dass sie nicht nur keine Geschäftsführungsaufgaben im Unternehmen oder der Unternehmensgruppe wahrnehmen, sondern auch ansonsten frei von signifikanten Interessenkonflikten sein sollten[144]. Die Festlegung der Anzahl der unabhängigen Organmitglieder wird den hierzu angesichts ihrer besseren Kenntnis ihrer Leitungs- und Überwachungssysteme besser geeigneten Mitgliedstaaten überlassen[145].

Auf dieser Grundlage fordert die Kommission die Mitgliedstaaten auf, mittels gesetzlicher Regelung oder im Wege des *comply or explain*-Prinzips auf ihre Rechtsordnungen angepasste Bestimmungen einzuführen, die von Gesellschaften mit börsennotierten Wertpapieren zur Regelung der Aufgaben der nicht geschäftsführenden Verwaltungsratsmitglieder/Aufsichtsratsmitglieder sowie der Ausschüsse des Verwaltungsrats/Aufsichtsrats herangezogen werden können (Ziff. 1.1 der Empfehlung). Die von den Mitgliedstaaten geschaffenen Bestimmungen sollen jeweils mindestens für die an einem organisierten Markt notierten Gesellschaften gelten, die entweder nach dem Recht des Mitgliedstaates gegründet wurden oder die an einem organisierten Markt des Mitgliedstaates ihre Erstnotierung haben (Ziff. 1.4, 2.1 der Empfehlung). Der Verwaltungsrat bzw. der Aufsichtsrat und Vorstand sollten so ausgeglichen mit geschäftsführenden und nicht geschäftsführenden Mitgliedern besetzt sein, dass die Beschlussfassung nicht von einzelnen Personen oder einer kleinen Gruppe von Personen beherrscht wird (Ziff. 3.1). Dabei soll eine Beeinträchtigung der Aufsichtsfunktion des Verwaltungs-/Aufsichtsratsvorsitzenden durch gegenwärtige oder vergangene Geschäftsführungsbefugnisse vermieden werden (Ziff. 3.2). Im monistischen System bedeutet dies insbesondere eine Trennung der Funktionen des Verwaltungsratsvorsitzenden und des geschäftsführenden Generaldirektors, im monistischen wie im dualistischen System die Vermeidung der sofortigen Übernahme des Verwaltungs-/Aufsichtsratsvorsitzes durch den scheidenden geschäftsführenden Generaldirektor/Vorstandsvorsitzenden (Ziff. 3.2). Dem Verwaltungs-/Aufsichtsrat soll eine ausreichende Zahl unabhängiger nicht geschäftsführender Mitglieder angehören, um sicherzustellen, dass mit Interessenkonflikten, in welche Mitglieder der Unternehmensleitung verwickelt sind, ordnungsgemäß verfahren wird (Ziff. 4.). Hierzu soll ihnen hinreichender Einfluss, auch über eine ausreichende Zahl an Sitzen in Nominierungs-, Vergütungs- und Prüfungsausschüssen, garantiert werden (Ziff. 5.). Der Anhang I der Empfehlung sieht insofern eine mehrheitliche Besetzung der Nominierungs-, Vergütungs- und Prüfungsausschüsse mit unabhängigen Mitgliedern vor (Ziff. 2.1.1.2, 3.1.1.2, 4.1 des Anhangs I). „Unabhängigkeit“ eines Mitglieds der Unternehmensleitung soll der Empfehlung zufolge dann vorliegen, „wenn es in keiner geschäftlichen, familiären oder sonstigen Beziehung zur Gesellschaft, ihrem Mehrheitsaktionär oder deren Geschäftsführung steht, die einen Interessenkonflikt begründet, der sein Urteilsvermögen beeinflussen könnte“ (Ziff. 13.1). Dazu sollen die Mitgliedstaaten anhand der Leitlinien im Anhang II der Empfehlung weitere Kriterien für die Unabhängigkeit der

144 Vgl. Erwägungsgrund Nr. 8, 18 der Empfehlung.
145 Vgl. Erwägungsgrund Nr. 8 der Empfehlung.

Organmitglieder aufstellen, wobei die letztendliche Entscheidung über die Unabhängigkeit einzelner Kandidaten dem Verwaltungsrat/Aufsichtsrat überlassen bleiben sollte (Ziff. 13.2). Das Ergebnis seiner Prüfung und die Gründe sollte der Verwaltungsrat/Aufsichtsrat offen legen (Ziff. 13.3, 13.3.1). Als wesentliche Leitlinien, die gegen die Unabhängigkeit sprechen und Anlass zur vertieften Untersuchung geben sollen, nennt Anhang II der Empfehlung (1) ein Mandat als Vorstandsmitglied oder geschäftsführendes Verwaltungsratsmitglied innerhalb der letzten fünf Jahre, (2) ein Arbeitsverhältnis mit der Gesellschaft innerhalb der letzten drei Jahre (es sei denn, die Berufung erfolgt im Rahmen der Mitbestimmung), (3) eine über das Entgelt als unabhängiges nicht-geschäftsführendes Verwaltungsratsmitglied oder Aufsichtsratsmitglied hinausgehende Vergütung, (4) kontrollierenden Anteilsbesitz oder die Vertretung eines Aktionärs mit einer Kontrollbeteiligung[146], (4) bedeutende Geschäftsverhältnisse zur Gesellschaft, (5) eine Beteiligung an der Abschlussprüfung innerhalb der letzten drei Jahre, (6) ein Mandat als Vorstandsmitglied oder geschäftsführendes Verwaltungsratsmitglied in einer Gesellschaft, in der die Mitglieder der Geschäftsleitung der zu überwachenden Gesellschaft Überwachungsfunktionen ausüben (sog. Überkreuzverflechtung), (7) die Tätigkeit als unabhängiges nicht-geschäftsführendes Verwaltungs-/Aufsichtsratsmitglied über drei Amtszeiten oder mehr als zwölf Jahre und (8) familiäre Bindungen zu geschäftsführenden Verwaltungsratsmitgliedern/Vorstandsmitgliedern. Schließlich befasst sich die Empfehlung mit den Amtszeiten (Ziff. 10)[147] und den wünschenswerten fachlichen Qualifikationen der nicht geschäftsführenden Verwaltungsratsmitglieder/Aufsichtsratsmitglieder (Ziff. 11)[148].

Auf die inhaltlichen Vorgaben der Empfehlung für die Nominierungs-, Vergütungs- und Prüfungsausschüsse wird im Rahmen der sich mit ihnen befassenden Abschnitte unter b)aa)(1) sowie in Kapitel 6 unter IV. und V. eingegangen. Angesichts der für unzureichend befundenen Befolgung der Empfehlung zur Bildung eines Prüfungsausschusses werden Unternehmen von öffentlichem Interesse nunmehr

---

146 Eine Kontrollbeteiligung in diesem Sinn liegt gemäß Art. 1 Abs. 1 der 7. Gesellschaftsrechtlichen Richtlinie vor, wenn der Großaktionär (1) die Mehrheit der Stimmrechte hat oder (2) zur Bestellung und Abberufung von mehr als der Hälfte der Mitglieder des Verwaltungs- oder Aufsichtsrats oder Vorstands berechtigt ist oder (3) aufgrund eines Beherrschungsvertrags oder einer Satzungsbestimmung beherrschenden Einfluss ausübt oder (4) allein aufgrund (a) seiner Stimmrechte oder (b) der aufgrund von Vereinbarungen mit anderen Aktionären durch ihn ausgeübten Stimmrechte die Mehrheit der Mitglieder der Leitungs- und Überwachungsorgane bestellt wurden (wobei die Mitgliedstaaten eine Kontrollbeteiligung für den Fall (a) von einem Anteilsbesitz von 20 % der Anteile abhängig machen können).

147 Empfohlen wird eine Bestellung auf einen verlängerbaren Zeitraum unter Festlegung einer Höchstbestelldauer, die zum einen den Erwerb der notwendigen Erfahrung für den Posten und zum anderen eine ausreichend häufige Wiederbestätigung der Bestellung gewährleistet. Auch eine Abberufung soll möglich, aber nicht einfacher als bei Vorstands- oder geschäftsführenden Verwaltungsratsmitgliedern sein.

148 So soll der Verwaltungs-/Aufsichtsrat seine Idealbesetzung festlegen, deren praktische Umsetzung regelmäßig überprüfen und dafür sorgen, dass seine Mitglieder die zur Wahrnehmung ihrer Aufgaben erforderlichen Kenntnisse haben (unter anderem mittels einer unternehmensspezifischen Einführung für neue Mitglieder). Insbesondere der Prüfungsausschuss soll mit Mitgliedern mit einschlägigen Fachkenntnissen besetzt sein.

durch Art. 41 der Richtlinie 2006/43/EG, der zum 29. Juni 2008 umzusetzen war[149], hierzu verpflichtet. Unternehmen, die ein die dem Prüfungsausschuss obliegenden Aufgaben wahrnehmendes Gremium haben (wie den Verwaltungs-/Aufsichtsrat), können die Mitgliedstaaten von der Pflicht zur Bildung eines Prüfungsausschusses freistellen (Art. 41 Abs. 5). Einfluss auf die Zusammensetzung des Verwaltungsrats/Aufsichtsrats hat die Richtlinie insofern, als ein Mitglied des Prüfungsausschusses bzw. des seine Aufgaben wahrnehmenden sonstigen Gremiums unabhängig sein und über Sachverstand auf dem Gebiet der Rechnungslegung und/oder dem Gebiet der Abschlussprüfung verfügen muss (Art. 41 Abs. 1 Satz 3). Die verpflichteten Unternehmen von öffentlichem Interesse sind neben Kreditinstituten[150] und Versicherungsunternehmen[151] solche, die unter das Recht eines Mitgliedstaats fallen und deren übertragbare Wertpapiere zum Handel auf einem geregelten Markt eines Mitgliedstaats im Sinne von Art. 4 Abs. 1 Nr. 14 der MiFiD-Richtlinie zugelassen sind (Art. 2 Nr. 13 der Richtlinie 2006/43/EG)[152]. Andere Unternehmen von öffentlichem Interesse als solche mit börsennotierten Wertpapieren können die Mitgliedstaaten von der Verpflichtung ausnehmen (Art. 39).

(2) Zusammensetzung von Vorstand und Aufsichtsrat der AG

Der Vorstand der AG besteht aus einer oder mehreren Personen (§ 76 Abs. 2 AktG), in mitbestimmten Gesellschaften mindestens aus zwei, einem Arbeitsdirektor und einem weiteren Vorstand (§ 33 Abs. 1 MitbestG, § 13 Abs. 1 MontanMitbestG)[153]. Bei Aktiengesellschaften mit einem Grundkapital von mehr als 3 Mio. Euro muss der Vorstand ebenfalls aus mindestens zwei Personen bestehen, sofern die Satzung nicht festlegt, dass eine Person ausreicht (§ 76 Abs. 2 Satz 2 AktG). Der Aufsichtsrat kann eines der Vorstandsmitglieder zum Vorstandsvorsitzenden ernennen (§ 84 Abs. 2 AktG), der Vorstand ansonsten eines seiner Mitglieder zum Sprecher bestimmen[154]. Der Aufsichtsrat der AG hat mindestens drei Mitglieder, während die Satzung eine höhere Zahl festlegen kann (§ 95 Abs. 1 Satz 1, 2 AktG). Die zulässige Höchstzahl der Mitglieder ist abhängig vom Grundkapital der Gesellschaft[155]. Dabei hängt die Zusammensetzung maßgeblich vom Mitbestimmungsstatus der

149 Vgl. Art. 53 Abs. 1 der Richtlinie 2006/43/EG.
150 Im Sinne von Art. 1 Nr. 1 der Richtlinie 2000/12/EG.
151 Im Sinne von Art. 2 Abs. 1 der Richtlinie 91/674/EWG.
152 Die Mitgliedstaaten können auch andere Unternehmen zu Unternehmen von öffentlichem Interesse bestimmen, beispielsweise Unternehmen, die aufgrund der Art ihrer Tätigkeit, ihrer Größe oder der Zahl ihrer Beschäftigten von erheblicher öffentlicher Bedeutung sind (Art. 2 Nr. 13 Satz 2 der Richtlinie 2006/43/EG).
153 Unter die Montanmitbestimmung fallen alle Unternehmen der Montanindustrie, die in der Form einer AG oder GmbH mit in der Regel mehr als 1000 Arbeitnehmern betrieben werden (§ 1 MontanmitbestG i.V.m. § 1 Abs. 2 MitbestG). Die Vorschriften des MitbestG sind auf alle unter anderem in der Rechtsform der AG betriebenen Unternehmen mit in der Regel mehr als 2000 Arbeitnehmern, die nicht unter die Montanmitbestimmung fallen, anzuwenden (§ 1 MitbestG).
154 Vgl. *Kübler/Assmann*, § 15 III. 1.
155 Bei bis zu 1,5 Mio. Euro Grundkapital darf der Aufsichtsrat höchstens neun Mitglieder haben, bei mehr als 1,5 Mio. Euro höchstens fünfzehn und bei mehr als 10 Mio. Euro höchstens einundzwanzig (§ 95 Abs. 1 Satz 4 AktG).

Gesellschaft ab[156]. Im Bereich der Montanmitbestimmung hat die Gesellschaft einen elfköpfigen Aufsichtsrat, der aus je vier Vertretern der Anteilseigner und der Arbeitnehmer und aus drei Vertretern des öffentlichen Interesses besteht (§ 4 Abs. 1 MontanMitbestG). Montankonzerne haben einen fünfzehnköpfigen Aufsichtsrat mit je sieben Arbeitnehmer- und Anteilseignervertretern und einem neutralen Mitglied (§ 5 Abs. 1 MontanMitbestGErgG)[157]. Das MitbestG räumt den Anteilseignern und den Arbeitnehmervertretern jeweils dieselbe Anzahl von Sitzen ein, ohne dass weitere Mitglieder hinzukämen (§ 7 Abs. 1 MitbestG). Der Umfang des Gremiums hängt von der Zahl der im Unternehmen Beschäftigten ab. Bei nicht mehr als 10.000 Arbeitnehmern setzt sich jede der beiden Bänke aus sechs, bei nicht mehr als 20.000 aus acht und bei mehr als 20.000 aus zehn Mitgliedern zusammen. Unterfällt das Unternehmen hingegen dem DrittelbG[158], so hat sich der Aufsichtsrat zu zwei Dritteln aus Vertretern der Anteilseigner und zu einem Drittel aus Vertretern der Arbeitnehmer zusammenzusetzen (sog. Drittelparität, § 4 Abs. 1 DrittelbG).

Der DCGK empfiehlt eine Zusammensetzung des Aufsichtsrats einerseits nach Sachkompetenzkriterien und andererseits – in Anlehnung an die EU-Empfehlung – mit einer nach Ansicht des Aufsichtsrats ausreichenden Anzahl unabhängiger Mitglieder (Ziff. 5.4.1, 5.4.2 Satz 1 DCGK). Unabhängig soll ein Mitglied dann sein, wenn es in keiner geschäftlichen oder persönlichen Beziehung zu der Gesellschaft oder deren Vorstand steht, die einen Interessenkonflikt begründet (Ziff. 5.4.2 Satz 2 DCGK). Interessenkonflikte soll das Mitglied dem Aufsichtsrat offen legen und dieser der Hauptversammlung über die Konflikte und ihre Behandlung berichten (Ziff. 5.5.2, 5.5.3 DCGK). Wesentliche nicht nur vorübergehende Interessenkonflikte sollen zur Beendigung des Mandats führen (Ziff. 5.5.3 DCGK). Von den gegen eine Unabhängigkeit sprechenden Kriterien der EU-Empfehlung greift das deutsche Recht explizit nur Überkreuzverflechtungen auf, indem § 328 Abs. 3 AktG bei der Aufsichtsratsbestellung in börsennotierten Gesellschaften die Stimmrechte wechselseitig beteiligter Unternehmen ausschließt (während ihre Stimmrechte bei Bestellungen in nicht-börsennotierten Gesellschaften auf 25 % des Grundkapitals begrenzt sind)[159]. In Umsetzung der Vorgaben aus Art. 41 der Richtlinie 2006/43/EG muss in (nicht nur Aktien-)Gesellschaften mit börsennotierten Wertpapieren

---

156 Vgl. ausführlich *K.Schmidt* § 28 III 2; *Kübler/Assmann*, § 33 II, III 2. Für kritische Analysen der Aufsichtsrats-Mitbestimmung vgl. *Siebert* in Hopt u.a. (Hrsg.), Corporate Governance in Context, 281, 288 ff.; *du Plessis/Sandrock*, (2005) 16 I.C.C.L.R., 67 ff.; *Schiessl*, AG 2002, 593, 595–597; *Schiessl*, ZHR 167 (2003), 235 ff. Der Untersuchung von *Gorton/Schmid*, (2004) 2 J.E.E.A., 863 ff. zufolge werden Gesellschaften mit paritätischer Mitbestimmung im Aufsichtsrat mit einem durchschnittlichen Abschlag von 31 % gegenüber solchen mit drittelparitätischer Mitbestimmung gehandelt; vgl auch *Baum* in Hopt u.a. (Hrsg.), Corporate Governance in Context, 1, 15.

157 Das Montan-Mitbestimmungsergänzungsgesetz erweitert die Anwendung der Montanmitbestimmung auf den Bereich der Montankonzerne.

158 Die Mitbestimmung nach dem DrittelbG (zuvor in früher in §§ 76, 77 BetrVG 1952 geregelt) gilt für Gesellschaften, die nicht weniger als 500 Mitarbeiter beschäftigen oder vor dem 10.8.1994 eingetragen wurden und sich nicht im Familienbesitz befinden (und nicht unter die Montanmitbestimmung oder das MitbestG fallen).

159 Ausführlich dazu im Abschnitt zur Bestellung der Organmitglieder unter b)aa)(2) sowie bb)(1).

mindestens ein unabhängiges Mitglied des Aufsichtsrats, gegebenenfalls des Prüfungsausschusses, über Sachverstand auf den Gebieten Rechnungslegung oder Abschlussprüfung verfügen (§§ 100 Abs. 5, 107 Abs. 4 AktG i.V.m. § 264d HGB in der Fassung des BilMoG)[160].

Dem Aufsichtsrat sollen nicht mehr als zwei ehemalige Vorstandsmitglieder angehören und die Aufsichtsratsmitglieder keine Organfunktionen oder Beratungsaufgaben bei wesentlichen Wettbewerbern des Unternehmens ausüben (Ziff. 5.4.2 Satz 3, 4 DCGK). Vorstandsmitglieder börsennotierter Gesellschaften sollen nicht mehr als fünf Aufsichtsratsmandate konzernexterner börsennotierter Unternehmen wahrnehmen (Ziff. 5.4.5 Satz 2 DCGK). Die Übertragung des Vorsitzes des Aufsichtsrats oder seiner Ausschüsse an bisherige Vorstandsmitglieder soll nicht die Regel sein und gegenüber der Hauptversammlung besonders begründet werden (Ziff. 5.4.4 DCGK). Im Gegensatz zur weitgehenden Einhaltung der Vorgabe der Ziff. 5.4.5 DCGK zur Begrenzung der Aufsichtsratsmandate von Vorstandsmitgliedern börsennotierter Gesellschaften[161] sind jedoch seit Inkrafttreten des Kodex bis März 2007 von 21 ausgeschiedenen Vorstandsvorsitzenden von DAX-Unternehmen 16 direkt in den Aufsichtsrat gewechselt und 12 davon sofort Aufsichtsratsvorsitzende geworden[162].

(3) Zusammensetzung von Verwaltungsrat bzw. Vorstand und Aufsichtsrat der *S.A.*

In der monistischen *S.A.* wird die Anzahl der Verwaltungsmitglieder satzungsmäßig innerhalb des gesetzlich vorgegebenen Rahmens von drei bis achtzehn Personen (art. L. 225-17 (1) C.com.) frei festgelegt[163]. In mitbestimmungsrechtlicher Hinsicht

---

160 Vgl. auch die entsprechenden Regelungen für GmbHs und Genossenschaften in §§ 52 Abs. 1 GmbHG, 36 Abs. 4, 38 Abs. 1a GenG).

161 Vgl. auch die Untersuchung der Entsprechenserklärungen bei *v. Werder/Talaulicar*, DB 2006, 849, 851, der zufolge Ziff. 5.4.5 DCGK im Untersuchungszeitraum von 96,4 % der DAX-Gesellschaften, 91,7 % der TecDAX-Gesellschaften, ebenfalls 91,7 % der MDAX-Gesellschaften und insgesamt 85,7 % aller börsennotierten Gesellschaften befolgt wurde. Eine Studie der Deutschen Schutzvereinigung für Wertpapierbesitz (DSW) zu Mehrfachmandaten in den Aufsichtsräten der DAX-Gesellschaften von 2003 kommt zu dem Ergebnis, dass 77 % der Aufsichtsratsmitglieder lediglich ein Mandat inne hatten, während die Mehrmandatsträger durchschnittlich 2,9 Mandate hielten. Die Hälfte der Mehrmandatsträger hatte zwei Aufsichtsratsmandate, 27 % drei Mandate und 11 % vier Mandate. Nur jeweils zwei Personen nahmen fünf bzw. sechs und eine Person sieben Mandate wahr, waren aber nicht (mehr) aktive Vorstandsmitglieder; Vgl. die Pressemitteilung der DSW zur Studie vom 14. August 2003, www.dsw-info.de/Aufsichtsratsstudie-2003.237.0.html; Zusammenfassung der Ergebnisse bei *Roth/Wörle*, ZGR 2004, 565, 585, 591. Die Aufsichtsratsstudie der DSW von 2006 ergab eine weitere Entwicklung hin zu einer Professionalisierung der Aufsichtsratstätigkeit unter Einhaltung der Ämterhäufungsbeschränkungen und weitgehender Vermeidung der Verbindung von Vorstands- und Aufsichtsratstätigkeiten; vgl. die Pressemitteilung der DSW zur Studie vom 18. August 2006, www.dsw-info.de/DSW-Aufsichtsratstudie-2006.805.0.html.

162 Vgl. *Perina*, Die Zeit Nr. 12 vom 15. März 2007, 33. Der Studie von Korn/Ferry International, European Boards of Directors Study, 1996, 12 zufolge waren 1996 43 % der Aufsichtsratsmitglieder ehemalige Vorstandsmitglieder; vgl. auch *Jungmann*, ECFR 2006, 426, 450.

163 Die Höchstzahl wurde mit dem *Loi NRE* von 24 herabgesetzt; vgl. *Bureau*, Bull. Joly 2001, 553, 570. Eventuelle Arbeitnehmervertreter im Verwaltungsrat werden bei der Berechnung der sitzen grundsätzlich Betriebsratsmitglieder (*membres du comité d'entreprise*) als lediglich beratende Mitglieder ohne Stimmrecht im Verwaltungsrat (art. L. 2323-62 Code du travail, C.trav.)[164]. Eine weitergehende Mitbestimmung durch Wahl von Vollmitgliedern durch die Arbeitnehmer (bei der sich die Zahl der beratenden Mitglieder auf eines reduziert) ist in öffentlichen Unternehmen mit ihrer Drittelparität vorgesehen[165]. In privaten Unternehmen wird ein über die beratenden Sitze für Betriebsratsmitglieder hinausgehender Mitbestimmungsaspekt über die an der Gesellschaft als Aktionäre beteiligten Mitarbeiter verwirklicht, wobei der Anwendungsbereich der Vorschriften mit dem *Loi n° 2006-1770* vom 30. Dezember 2006 auf Gesellschaften mit an organisierten Märkten notierten Wertpapieren eingegrenzt wurde. Befinden sich 3 % des Grundkapitals in den Händen der Arbeitnehmer der Gesellschaft sowie abhängiger Gesellschaften, muss die Hauptversammlung von den beteiligten Arbeitnehmern aus ihrem Kreis gewählte Vertreter in den Verwaltungsrat berufen (art. L. 225-23 C.com.)[166]. Schließlich kann in allen Aktiengesellschaften eine außerordentliche Hauptversammlung auf freiwilliger Basis die Satzung bis zur Grenze der Drittelparität dahingehend ändern, dass grundsätzlich bis zu vier Vollmitglieder des Verwaltungsrats durch die Arbeitnehmer gewählt werden (und eine auf diese Art eingeführte Mitbestimmung auch wieder abschaffen, art. L. 225-27 (1) C.com.)[167]. Die Satzungen von Gesellschaften mit an organisierten Märkten notierten Aktien können bis zur Grenze der Drittelparität die Wahl von einem Mitglied mehr, also bis zu fünf Vollmitgliedern, durch die Arbeitnehmer zulassen (art. L. 225-27 (1) Satz 2 C.com.). Werden in der Gesellschaft im Rahmen der freiwilligen Mitbestimmung Verwaltungsratsvertreter der Arbeitnehmer bestellt, findet die zwingende Mitbestimmung durch beteiligte Arbeitnehmer keine Anwendung

---

zulässigen Mitgliederzahl i.S.v. art. L. 225-17 C.com. nicht mitgezählt (art. L. 225-27 (2), 225-23 (1) Satz 3 C.com.).

164 Zu den Rechten der Betriebsratsmitglieder im Verwaltungsrat/Aufsichtsrat vgl. art. L. 2323-63 ff. C.trav.; *Grundmann*, Europ.GR, Rn. 385 m.w.N.; *Merle*, Rn. 392 (zur Vorgängervorschrift art. L. 432-6 C.trav.); ausführlich zur Mitbestimmung in der S.A. *Cozian/Viandier/Deboissy*, Rn. 763 ff.; *Germain* in Ripert/Roblot, Rn. 1655 ff.

165 Vgl. *Grundmann*, Europ.GR, Rn. 385; *Cozian/Viandier/Deboissy*, Rn. 763. Für privatisierte Unternehmen besteht das Sonderregime des Art. 8 des Gesetzes vom 8. August 1986, nach dem im Verwaltungsrat (bzw. im Aufsichtsrat) zwingend zwei Vertreter der Mitarbeiter und ein Vertreter der an der Gesellschaft beteiligten Mitarbeiter sitzen müssen; vgl. *Merle*, Rn. 382; *Cozian/Viandier/Deboissy*, Rn. 765.

166 Ausführlich zum Verfahren vgl. *Germain* in Ripert/Roblot, Rn. 1662–1664; *Saintourens*, Bull. Joly 2002, 461, 473 f.; desw. *Guyon*, Droit des affaires, 426; zu den mit dem *Loi n° 2006-1770* vom 30. Dezember 2006 eingeführten Modifikationen vgl. *Foy/de Fréminet*, Rev. sociétés 2007, 1, 29 ff.; *Malecki*, D. 2007, 524 ff. Bei der Berechnung des Anteilsbesitzes der Arbeitnehmer werden nicht alle von ihnen gehaltenen Aktien, sondern nur die im Zuge der verschiedenen gesetzlichen Mitarbeiterbeteiligungsprogramme erworbenen, miteinbezogen. Zur Feststellung der Überschreitung der 3%-Schwelle sind die Gesellschaften verpflichtet, jährlich den Anteil der Beteiligung der Angestellten am Grundkapital offenzulegen (art. L. 225-102 C.com.). Die Durchsetzung des Mitbestimmungsrechts wird durch die Möglichkeit der Anrufung des Handelsgerichts zwecks Anordnung der Einberufung der Hauptversammlung unter Zwangsgeldandrohung gegenüber dem Verwaltungsrat abgesichert (art. L. 225-23 (2) C.com.).

167 Ausführlich zum Regime der freiwilligen Mitbestimmung vgl. *Le Fèvre*, Rev. sociétés 1987, 189 ff.

(art. L. 225-23 (4) C.com.). Die Verwaltungsratsmitglieder wählen aus ihrer Mitte eine natürliche Person zum Vorsitzenden (*président du conseil d'administration*), den sie jederzeit abberufen können (art. L. 225-47 (3) C.com.)[168].

Der Vorstand einer dualistischen *S.A.* kann grundsätzlich bis zu fünf Mitglieder haben, in Gesellschaften mit börsennotierten Aktien jedoch bis zu sieben (art. L. 225-58 (1) C.com.). Alle Gesellschaften mit einem Grundkapital von 150.000 Euro oder mehr müssen mindestens zwei Vorstandsmitglieder haben (art. L. 225-58 (2), 225-59 (2) C.com.). Der Aufsichtsrat der dualistischen *S.A.* besteht aus mindestens drei Mitgliedern, während die Höchstzahl durch die Satzung festzulegen ist und höchstens achtzehn betragen darf (art. L. 225-69 C.com.). Das zur Mitarbeiterbeteiligung in der monistischen Gesellschaft Gesagte gilt für die dualistisch strukturierte *S.A.* weitgehend entsprechend, allerdings ohne dass sich eine art. L. 225-27 (1) Satz 2 C.com. vergleichbare besondere börsengesellschaftsrechtliche Regelung zur zulässigen Zahl der Arbeitnehmervertreter im Aufsichtsrat fände (art. L. 2323-62 C.trav., art. L. 225-71, 225-79 C.com.).

Eine gewisse Unabhängigkeit der Mehrheit der Verwaltungsrats- und Aufsichtsratsmitglieder von der Gesellschaft stellt das französische Aktienrecht sicher, indem es verlangt, dass nicht mehr als ein Drittel der (nicht mitbestimmungsrechtlich bestellten) Organmitglieder durch Arbeitsverträge an die Gesellschaft gebunden sein darf und hiergegen verstoßende Berufungen für nichtig erklärt (art. L. 225-22, 225-85 C.com.)[169]. Zur Verhinderung einer Begünstigung von Verwaltungsrats-/Aufsichtsratsmitgliedern anlässlich ihrer Berufung muss das Arbeitsverhältnis vor der Ernennung bestanden haben und tatsächlich ausgeführt worden sein (art. L. 225-22 (1), 225-85 (1) C.com.). Im Übrigen befassen sich die französischen *Corporate Governance*-Empfehlungen mit der Frage unabhängiger Verwaltungsrats- und Aufsichtsratsmitglieder. Danach sollen die Organe mindestens zu einem Drittel und in börsennotierten Aktiengesellschaften ohne kontrollierende Aktionäre mindestens zur Hälfte mit unabhängigen Mitgliedern besetzt werden (Ziff. 1.3., 7.2.2., 7.3., 8.2. FCGK). Unabhängig sind dem Kodex zufolge Personen, die keine irgendwie geartete Beziehung zur Gesellschaft, ihrem Konzern oder der Geschäftsführung der beiden haben, die ihr Urteilsvermögen beeinträchtigen könnte (Ziff. 8.1.). Der Verwaltungsrat/Aufsichtsrat hat die Unabhängigkeit zu beurteilen, jährlich vor der Veröffentlichung des Lageberichts erneut zu überprüfen und seine Ergebnisse den Aktionären mitzuteilen (Ziff. 8.3. Abs. 1 FCGK). Ziff. 8.4 FCGK nennt als Kriterien, die eine Bejahung eines Abhängigkeitsverhältnisses durch den Verwaltungsrat/Aufsichtsrat verlangen, (1) eine Anstellung oder Amtsstellung in der Gesellschaft oder

---

168 Der Verwaltungsratsvorsitzende kann höchstens für die Dauer seiner Verwaltungsratsangehörigkeit bestellt sowie wieder gewählt werden (art. L. 225-47 (2) C.com.), während der Verwaltungsrat sowie die Satzung kürzere Amtszeiten vorsehen können. Ausführlich zum Verwaltungsratspräsidenten *Merle*, Rn. 417 ff.; *Cozian/Viandier/Deboissy*, Rn. 505 ff.

169 Durch die Begrenzung der Zahl der bei der Gesellschaft angestellten Verwaltungsratsmitglieder soll verhindert werden, dass die Funktionsfähigkeit des gesellschaftlichen Entscheidungsgefüges darunter leidet, dass zu viele der dem Generaldirektor/*P-DG* unterstellten Angestellten diesen zugleich kontrollieren; vgl. *Scholastique*, Rn. 11, 688; *Merle*, Rn. 389.

in Konzerngesellschaften innerhalb der letzten fünf Jahre, (2) Vertragsbeziehungen mit der Gesellschaft von wesentlicher Bedeutung, (3) enge Verwandtschaftsverhältnisse mit einem Amtsinhaber der Gesellschaft, (4) eine Mitwirkung an der Prüfung der Gesellschaft innerhalb der letzten fünf Jahre und (5) eine Mitgliedschaft im Verwaltungsrat der Gesellschaft von länger als zwölf Jahren. Während ein Mitglied bei Vorliegen der genannten Voraussetzungen stets als abhängig gilt, kann der Verwaltungsrat/Aufsichtsrat auch bei ihrem Nichtvorliegen aus anderen Gründen die Unabhängigkeit verneinen (Ziff. 8.3. Abs. 3 FCGK). Vertreter von Großaktionären können als unabhängig angesehen werden, solange sie nicht an der Geschäftsleitung des Großaktionärs (im Falle einer Gesellschaft) beteiligt sind (Verbot der Überkreuzverflechtung, Ziff. 8.5 FCGK). Ab einer Beteiligung des Großaktionärs von mehr als 10 % soll der Verwaltungsrat/Aufsichtsrat die Unabhängigkeit des ihn vertretenden Verwaltungsratsmitglieds systematisch hinterfragen. Die europarechtlichen Vorgaben zur Besetzung des Verwaltungs-/Aufsichtsrats sowie seines in Abwesenheit eines vergleichbaren Gremiums einzurichtenden Prüfungsausschusses mit einem unabhängigen sachverständigen Mitglied hat der französische Gesetzgeber per *ordonnance* umgesetzt[170]. Auch ohne Pflicht hierzu wiesen im Jahr 2000 über die Hälfte der im *CAC 40* indexierten Gesellschaften unabhängige Mitglieder in ihren Verwaltungsräten aus[171]. Im Jahr 2004 wurden 36 % der Verwaltungsratsmitglieder von den Gesellschaften als unabhängig bezeichnet[172].

(4) Zusammensetzung des Verwaltungsrats der *plc*

Das britische Gesellschaftsrecht macht demgegenüber, wie hinsichtlich großer Teile der Organisationsverfassung, auch zur Zusammensetzung des Verwaltungsrats nur wenige Vorgaben und überlässt die Festlegung der Bedingungen den *articles*[173]. Gesetzlich vorgegeben wird lediglich, dass der Verwaltungsrat der *plc* aus mindestens zwei Mitgliedern (s. 154 (2) CA 2006) besteht, von denen eines eine natürliche Person zu sein hat (s. 155 CA 2006). Die Größen der Verwaltungsräte von 196 im Geschäftsjahr 2002–2003 untersuchten börsennotierten Gesellschaften schwankten zwischen vier und 15 Mitgliedern bei einem Durchschnitt von 7,5 Personen[174].

Der *Combined Code* strebt im Übrigen, wie schon im vorangegangenen Abschnitt erwähnt, ein Gleichgewicht zwischen geschäftsführenden Verwaltungsratsmitgliedern und sie kontrollierenden nicht-geschäftsführenden Verwaltungsratsmitgliedern an und will den Verwaltungsrat dafür jedenfalls ab Notierung der Gesellschaft im *FTSE 350* zur Hälfte mit nicht-geschäftsführenden und zusätzlich unabhängigen Mitgliedern besetzen (lit. A.3.2 Satz 1 Combined Code). Kleinere Gesellschaft sollen mindestens zwei unabhängige nicht-geschäftsführende Verwaltungsratsmitglieder

---

170 Grundlage war Art. 32 des Ermächtigungsgesetzes *loi n° 2008-649* v. 3. Juli 2008 *portant diverses dispositions d'adaptation du droit des sociétés au droit communautaire (1)*, JO n° 0155 v. 4. Juli 2008, 10705.

171 Vgl. *Merle*, Rn. 375 unter Verweis auf Korn/Ferry, Gouvernement d'entreprise 2000, 24.

172 Vgl. *Storck*, ECFR 2004, 36, 47; *Arlt*, 101.

173 Vgl. *Davies*, Gower's Company Law, 319.

174 Vgl. *ZhuYang*, Comp. Law. 2007, 24, 25.

haben (lit. A.3.2 Satz 2 Combined Code). In Umsetzung von Art. 41 der Richtlinie 2006/43/EG muss in Gesellschaften mit an einem organisierten Markt notierten Wertpapieren ein Mitglied des Verwaltungsrats (das im Prüfungsgremium zu sitzen hat) über Sachverstand auf den Gebieten Rechnungslegung oder Abschlussprüfung verfügen (DTR 1B.1., 7.1.1). Die Beurteilung der Unabhängigkeit seiner Mitglieder obliegt dem Verwaltungsrat, wobei er im Lagebericht angeben soll, welche Mitglieder als unabhängig gelten, und sich erklären soll, wenn er eine Unabhängigkeit trotz des Vorliegens von scheinbar die Unabhängigkeit tangierenden Umständen bejaht (lit. A.3.1 Combined Code). Als derartige Umstände nennt lit. A.3.1 Combined Code beispielhaft (1) ein Arbeitsverhältnis mit der Gesellschaft in den letzten fünf Jahren oder eine Geschäftsbeziehungen zu ihr in den letzten drei Jahren, (2) den Bezug von anderen Vergütungsbestandteilen als der Verwaltungsratsvergütung sowie die Partizipation an Aktienoptionsprogrammen, (3) familiäre Beziehungen zu Mitgliedern der Führungsebene der Gesellschaft, (4) Überkreuzmitgliedschaften in Verwaltungsräten, (5) die Vertretung eines bedeutenden Aktionärs sowie (6) eine bereits mehr als neun aufeinander folgende Jahre andauernde Mitgliedschaft im Verwaltungsrat. Das typische nicht-geschäftsführende Verwaltungsratsmitglied ist jedoch geschäftsführendes Verwaltungsratsmitglied einer anderen Gesellschaft, woraus insbesondere bei der Festsetzung der Vergütung und verwandten Themen Interessenkonflikte resultieren können[175]. Während die Hauptversammlungen von Publikumsgesellschaften in aller Regel die vom Verwaltungsrat vorgeschlagenen neuen Mitglieder bestellen, schlagen die Verwaltungsräte häufig Personen in ähnlicher Situation vor, von denen wiederum anzunehmen ist, dass sie nur die Kontrolle ausüben werden, der sie sich selbst in ihrer geschäftsführenden Position ausgesetzt sehen wollen[176].

bb) Vorliegen von und Bedürfnis für Börsengesellschaftsrecht zur Organzusammensetzung

Die Effektivität körperschaftlicher Gremien nimmt ab einer zweistelligen Mitgliederzahl exponentiell ab, so dass sich insbesondere die gesetzlich zwingende Mindestmitgliederzahl der Aufsichtsräte großer deutscher Aktiengesellschaften als kritisch darstellt[177]. Diese Mitgliederzahl ist aber über das Mitbestimmungsrecht an das Grundkapital und damit nicht an mit der Kapitalmarktnotierung zusammenhängende Faktoren geknüpft. Sie stellt sich daher als Problem sämtlicher Aktiengesellschaften und nicht nur der börsennotierten dar und wird deshalb nicht weiter behandelt, zumal eine Abschaffung oder wesentliche Modifikation der unternehmerischen Mitbestimmung nicht zu erwarten ist.

Sinnvoll erscheint die nunmehr europarechtlich vorgeschriebene Bestellung eines Finanzfachmanns in den Verwaltungsrat/Aufsichtsrat und die dortigen Prüfungs-

---

175 Vgl. *Davies*, ZGR 2001, 265, 282; *Esen*, JCLS 2001, 91 ff.
176 Vgl. *Esen*, JCLS 2001, 91.
177 Vgl. *Böckli* in Handbuch Corporate Governance, 207; *Bernhard*, ZHR 159 (1995), 310, 311; *Lutter*, ZHR 159 (1995), 287, 302; *Lutter*, AG 1994, 176.

ausschüsse von Gesellschaften mit börsennotierten Wertpapieren. Da das Anlegervertrauen auf den organisierten Kapitalmärkten und damit deren Funktionsfähigkeit maßgeblich von einer verlässlichen Finanzberichterstattung abhängen, muss das zur Überwachung der Abschlussprüfung berufene Gremium jedenfalls ein Mitglied mit der hierfür erforderlichen Sachkunde haben. Dabei bedarf sowohl die Eigen- als auch die Fremdkapitalfinanzierung auf den organisierten Kapitalmärkten verlässlicher Finanzinformationen. Deshalb ist die Bestellung eines Finanzfachmanns nicht nur in börsennotierten Aktiengesellschaften, sondern in allen Gesellschaften mit börsennotierten Wertpapieren zweckmäßig, so dass kein Bedürfnis für spezielles Börsengesellschaftsrecht im Sinne dieser Untersuchung besteht.

Anhand der Börsennotierung differenzierende Regelungen zur Zusammensetzung der Leitungsorgane beinhaltet zum einen das französische Recht mit seinen speziellen Beteiligungsregelungen für Aktiengesellschaften mit an organisierten Märkten notierten Aktien (im Rahmen der freiwilligen Mitbestimmung nach art. L. 225-27 C.com.) bzw. Wertpapieren (im Rahmen der zwingenden Mitbestimmung der beteiligten Mitarbeiter nach art. L. 225-23, 225-71 C.com.). Demgegenüber kennt das britische Recht keine Mitbestimmung im Verwaltungsrat, während die deutsche Mitbestimmung gesellschaftsformübergreifend und unabhängig von einer eventuellen Börsennotierung geregelt ist (dazu sogleich unter (1)). Zum anderen finden sich börsengesellschaftsrechtliche Aspekte in den Bestrebungen der *Corporate Governance*-Kodizes der untersuchten Länder, vermehrt unabhängige Mitglieder im zur Überwachung der Geschäftsführung berufenen Organ zu installieren (dazu unten (2)).

(1) Höhere Zahl an Arbeitnehmervertretern sowie größere Maximalgröße des Vorstands in börsennotierten Gesellschaften

Nur in französischen Aktiengesellschaften mit börsennotierten Wertpapieren muss eine außerordentliche Hauptversammlung Arbeitnehmervertreter in den Verwaltungsrat bzw. den Aufsichtsrat berufen, wenn sich 3 % des Kapitals in den Händen der Arbeitnehmer sowie der Arbeitnehmer abhängiger Gesellschaften befinden (art. L. 225-23, 225-71 C.com.). Im Rahmen der freiwilligen Mitbestimmung können bei börsennotierten Gesellschaften mit monistischem Aufbau bis zu fünf statt bis zu vier Arbeitnehmervertreter in den Verwaltungsrat entsandt werden, wobei die Grenze der Drittelparität zu wahren bleibt (art. L. 225-27 (1) Satz 2 C.com.).

Die Gestattung, im Rahmen der freiwilligen Mitbestimmung in börsennotierten Gesellschaften mehr Arbeitnehmervertreter entsenden zu können als in nicht-börsennotierten Gesellschaften, soll der über die Einführung einer solchen Mitbestimmungsregelung entscheidenden außerordentlichen Hauptversammlung ermöglichen, der unter Umständen erhöhten Komplexität und Arbeitsintensität in den Überwachungsgremien großer börsennotierter Gesellschaften Rechnung zu tragen. Vermehrten Einfluss gegenüber der Situation in nicht-börsennotierten Gesellschaften billigt das Gesetz der Arbeitnehmerseite indes nicht zu, da auch in börsennotierten Gesellschaften die Grenze der höchstens drittelparitätischen Besetzung der Organe eingehalten werden muss. Insofern steht hinter der Regelung ein ähnlicher

Gedanke wie hinter den nach der Höhe des Grundkapitals gestaffelten Höchstzahlen der Aufsichtsratsmitglieder deutscher Aktiengesellschaften (§ 95 AktG). Beruft die Hauptversammlung freiwillig Arbeitnehmervertreter in den Aufsichtsrat, so soll sie eine zur effektiven Wahrnehmung der Arbeitnehmerinteressen ausreichende Zahl bestellen können. Die besondere Regelung für börsennotierte Gesellschaften in art. L. 225-27 C.com. soll allein dem erhöhten Überwachungsaufwand angesichts der eventuell komplexeren Geschäftstätigkeit dieser Gesellschaften Rechnung tragen. Letztlich stehen damit nicht aus der Finanzierung über den Kapitalmarkt, sondern aus der Größe und Komplexität der Gesellschaft resultierende Belange hinter der Regelung, so dass die Anknüpfung der höheren möglichen Arbeitnehmervertreterzahl auch an andere Kriterien für die Gesellschaftsgröße und -komplexität (wie z.B. das Grundkapital im deutschen Recht oder die Vorgaben des europäischen Bilanzrechts für große Gesellschaften aus Art. 27, 53a der Jahresabschluss-Richtlinie[178]) hätte erfolgen können. Damit liegt der Regelung keine spezifische börsengesellschaftsrechtliche Interessenlage zugrunde. Insbesondere die Unternehmenskennzahlen des europäischen Bilanzrechts wären geeigneter, eine eine gewisse Komplexität der Überwachungsaufgaben indizierende Gesellschaftsgröße festzulegen. Auch ohne eine Aktiennotierung an einem organisierten Markt werden die Überwachungsaufgaben regelmäßig mit der Mitarbeiterzahl, der Bilanzsumme und dem Nettoumsatzerlös steigen, so dass sich, wenn man denn differenzierende Regelungen schaffen will, eine Orientierung an diesen Kriterien anbietet. Ob eine solche Differenzierung anhand der typischen Gesellschaftsgröße im Rahmen des Mitbestimmungsrechts gerechtfertigt ist, kann hier dahingestellt bleiben. Eine rechtsökonomische Analyse der Mitbestimmungssysteme in den untersuchten Ländern ist nicht Gegenstand dieser auf die Frage nach einem Bedürfnis für spezielles Gesellschaftsrecht für kapitalmarktnotierte Gesellschaften aufgrund gerade aus der Kapitalmarktnotierung resultierender Interessenlagen ausgerichteten Arbeit[179].

In der französischen Praxis relevanter als die freiwillige Mitbestimmung (für die sich die Aktionäre kaum entscheiden) ist die gesetzlich zwingend vorgeschriebene Wahl von Vertretern der an *Sociétés Anonymes* mit börsennotierten Wertpapieren beteiligten Arbeitnehmer in den Verwaltungsrat/Aufsichtsrat. Das französische Recht unterstützt auf der ersten Stufe den Aktienerwerb durch die Arbeitnehmer[180], um ihnen auf der zweiten Stufe nach Erwerb von 3 % des Grundkapitals einen Anspruch auf die Entsendung eigener Vertreter in den Verwaltungsrat/Aufsichtsrat zu gewähren. Die Regelung wurde erst 2006 auf Gesellschaften mit an organisierten Märkten notierten Wertpapieren begrenzt[181]. Zweck der Neufassung war, die klei-

---

178 Zu den Größenvorgaben der Jahresabschluss-Richtlinie siehe Kapitel 1 Fn. 25.

179 Für rechtsökonomische Untersuchungen des Mitbestimmungsrechts vgl. *Gerum/Wagner* in Hopt u.a. (Hrsg.), Comparative Corporate Governance, 341 ff. (mit Nachweisen auf zahlreiche weitere Studien); bezogen auf Deutschland *Sadowski/Junkes/Lindenthal*, ZGR 2001, 110 ff. (unter Würdigung empirischer Studien, 122 ff.).

180 Überblicksartig zu den Modalitäten vgl. *Guyon*, Droit des affaires, 420–425.

181 Vgl. art. 32-I des Loi n° 2006-1770 vom 30. Dezember 2006.

neren Gesellschaften ohne börsennotierte Wertpapiere von einer für sie möglicherweise zu rigiden Regulierung auszunehmen und ihnen so Flexibilität für freiwillige Mitbestimmungslösungen für die beteiligten Angestellten zu belassen[182]. Dabei knüpft die Regelung wiederum nicht an eine aus der Börsennotierung von Wertpapieren an sich folgende spezifische Interessenlage, sondern an die mit der Börsennotierung von Wertpapieren typischerweise verbundene Unternehmensgröße und -komplexität an. Auch hier wäre eine Privilegierung kleinerer Unternehmen im Rahmen der unternehmerischen Mitbestimmung (deren Sinnhaftigkeit hier nicht weiter erörtert werden soll), über die Vorgaben des europäischen Bilanzrechts für große Gesellschaften adäquater, um nicht nur alle Gesellschaften mit Wertpapiernotierungen, sondern auch große und deshalb typischerweise komplex strukturierte Gesellschaften ohne Wertpapiernotierungen zu erfassen (und die für diese de lege lata bestehenden Anreize gegen eine Finanzierung über den Kapitalmarkt zwecks Vermeidung einer zwingenden Mitbestimmung zu beseitigen).

Schließlich regelt das französische Aktienrecht die Zusammensetzung des Vorstands börsennotierter Aktiengesellschaften insofern speziell, als er nicht nur bis zu fünf, sondern bis zu sieben Mitglieder haben kann (art. L. 225-58 (1) C.com.). Auch hinter dieser Differenzierung steht die bei einer Börsennotierung vom französischen Gesetzgeber angenommene größere Komplexität der Geschäftsleitung. Schon der Sinn einer Begrenzung der Größe des Vorstands ist aber fraglich. Bei der Organisation der Geschäftsführung sollte dem hierzu berufenen Organ angesichts seines Wissensvorsprungs hinsichtlich der Struktur der Gesellschaft und der bei ihrer Leitung auftretenden Aufgaben grundsätzlich ein weiter Ermessensspielraum zugestanden werden. Eine generelle Abwägung, wie sie das französische Gesetz trifft, dass die Vorstandsarbeit ab einer gewissen Mitgliederzahl ineffektiv wird, wird der Mannigfaltigkeit der Sachverhalte nicht gerecht. Letztendlich schränkt art. L. 225-58 (1) C.com. die Organisationsbefugnisse der Geschäftsleitung ein, ohne dies durch nachweisbare Effizienzgewinne rechtfertigen zu können. Im Übrigen hätte die vom Gesetzgeber angestrebte Erhöhung der maximalen Mitgliederzahlen für komplexere Gesellschaften wiederum auch an anderen Faktoren als der Börsennotierung wie den Vorgaben aus Art. 27, 53a der Jahresabschluss-Richtlinie anknüpfen können und dies, um tatsächlich alle üblicherweise komplexer strukturierten Gesellschaften zu erfassen, auch tun sollen. Letztendlich steht hinter der börsengesellschaftsrechtlichen Regelung des art. L. 225-58 (1) C.com. keine börsengesellschaftsrechtliche Interessenlage. Als Vorbild für ein spezielles Gesellschaftsrecht für börsennotierte Aktiengesellschaften kann sie deshalb und angesichts ihrer Ineffizienz nicht dienen. Auch im Übrigen ergeben sich im Rahmen der Zusammensetzung der Leitungsorgane keine börsengesellschaftsrechtlichen Bedürfnisse

---

182 Vgl. *Malecki*, D. 2007, 524, 525.

(2) Besetzung des Überwachungsorgans mit unabhängigen Mitgliedern (inkl. Definition der Unabhängigkeit)

Gerade im monistischen Leitungsmodell, aber bei personeller Verwobenheit auch im dualistischen Modell, droht die mangelnde Trennung von Geschäftsführung und deren Überwachung die Kontrollqualität zu beeinträchtigen[183]. An der Geschäftsführungsentscheidung beteiligte Organmitglieder werden diese nur unter außergewöhnlichen Umständen anschließend im Rahmen ihrer Überwachungsaufgabe in Frage stellen. Verbunden hiermit ist die Problematik der zu großen Nähe zwischen den geschäftsführenden und den zu ihrer Überwachung berufenen Personen, die in einer Relativierung des Überwachungsmaßstabs resultieren kann. Dem hieraus gerade in börsennotierten Publikumsgesellschaften erwachsenden Kontrolldefizit versuchen die EU-Empfehlung zu unabhängigen Organmitgliedern in börsennotierten Gesellschaften und ähnlich die *Corporate Governance*-Kodizes der untersuchten Länder durch die Bestellung unabhängiger nicht-geschäftsführender Verwaltungsratsmitglieder und Aufsichtsratsmitglieder entgegenzuwirken. In der Publikumsgesellschaft sollen die unabhängigen Organmitglieder die (dort nicht durch Großaktionäre wahrgenommene) Überwachung der Geschäftsführung gewährleisten, in der Gesellschaft mit kontrollierenden Großaktionären die Interessen der Minderheitsaktionäre[184]. Indem die unabhängigen Verwaltungsratsmitglieder grundsätzlich nicht an der Geschäftsführung beteiligt werden, sondern zu deren Überwachung berufen sind, wird innerhalb des monistischen Systems eine dem dualistischen System vergleichbare Funktionentrennung kreiert. Mangels eigener Beteiligung an den Geschäftsführungsentscheidungen soll die Bereitschaft zu deren Untersuchung erhöht sein. Aufgrund ihrer Unabhängigkeit sollen die nicht-geschäftsführenden Organmitglieder keinen Grund zur Missachtung der Aktionärsinteressen, aber durch ethische Grundsätze und den drohenden Reputationsverlust hinreichende Anreize zu deren Beachtung haben[185]. Demgegenüber ist die Notwendigkeit unabhängiger Organmitglieder in Gesellschaften, die nicht Aktien, sondern ausschließlich andere Wertpapiere an einem organisierten Markt notiert haben, angesichts der weniger akuten Überwachungsdefizite aufgrund des Vorhandenseins unternehmerisch tätiger Großgesellschafter weniger offensichtlich. Nach einer inhaltlichen Analyse der verschiedenen Ansätze der Jurisdiktionen zur Unabhängigkeit von Organmitgliedern und der Zahl solcher unabhängiger Personen im Überwachungsorgan und seinen Ausschüssen (unter (a) bis (c)) wird deshalb unter (d) untersucht werden, ob die Kodexvorgaben lediglich auf an organisierten Märkten eigenkapitalfinanzierte (Aktien-)Gesellschaften beschränkt bleiben oder aber entsprechend der EU-Empfehlung auch auf an organisierten Märkten fremdkapitalfinanzierte Gesellschaften erstreckt werden sollten.

---

183 Vgl. auch *Jungmann*, ECFR 2006, 426, 470 (für die monistische Leitungsstruktur).

184 Vgl. Erwägungsgrund 7 der EU-Empfehlung zu unabhängigen Organmitgliedern; Ziff. 1.3., 7.2.2., 7.3. FCGK.

185 Vgl. *Hansmann/Kraakman* in Kraakman u.a., Anatomy of Corporate Law, 49.

(a) Definition der Unabhängigkeit und Anzahl der unabhängigen Organmitglieder

Maßgebliche Gesichtspunkte einer Erhöhung der Überwachungseffizienz durch unabhängige nicht-geschäftsführende Verwaltungsratsmitglieder bzw. unabhängige Aufsichtsratsmitglieder sind zunächst die an die Unabhängigkeit zu stellenden Anforderungen und sodann die relative Besetzung des Organs mit entsprechend dieser Anforderungen für unabhängig befundenen Personen. Die EU-Empfehlung gibt insofern lediglich eine „ausreichende Zahl" unabhängiger Organmitglieder vor, deren genaue Zahl maßgeblich vom Ziel einer effektiven und hinreichend unabhängigen Aufsicht und von einer ordnungsgemäßen Verfahrensweise mit Interessenkollisionen abhängen soll[186]. Im Einklang mit der EU-Empfehlung rät der DCGK zu einer „ausreichenden" Anzahl unabhängiger Mitglieder im Aufsichtsrat, um der Praxis Raum für die Herausbildung flexibler Lösungen zu belassen[187]. Der *Combined Code* empfiehlt jedenfalls ab Notierung der Gesellschaft im *FTSE 350* eine Besetzung des Verwaltungsrats zur Hälfte mit nicht-geschäftsführenden unabhängigen Mitgliedern, während kleinere Gesellschaft mindestens zwei unabhängige nicht-geschäftsführende Verwaltungsratsmitglieder haben sollen (lit. A.3.2 Combined Code). Der französische konsolidierte *Corporate Governance*-Kodex schließlich strebt für Gesellschaften ohne kontrollierende Aktionäre eine mindestens hälftige Besetzung des Verwaltungsrats mit unabhängigen nicht-geschäftsführenden Mitgliedern an, während er für Gesellschaften mit kontrollierenden Aktionären ein Drittel aller Mitglieder ausreichen lässt (Ziff. 8.2. FCGK).

Die Einschätzung, ob ein Mitglied unabhängig ist, obliegt nach allen Kodizes den Vorgaben der EU-Empfehlung entsprechend dem Verwaltungs- bzw. Aufsichtsrat (Ziff. 13.2 der EU-Empfehlung, Ziff. 5.4.2 DCGK, Ziff. 8.3 FCGK, lit. A.3.1 Combined Code). Der EU-Empfehlung zufolge gilt ein Organmitglied als unabhängig, wenn es in keiner geschäftlichen, familiären oder sonstigen Beziehung zu der Gesellschaft, ihrem Mehrheitsaktionär oder deren Geschäftsführung steht, die einen Interessenkonflikt begründet, der sein Urteilsvermögen beeinflussen könnte (Ziff. 13.1. der Empfehlung). Wesentliche gegen eine Unabhängigkeit sprechende Punkte, die Anlass zur vertieften Untersuchung geben sollen, sind nach der EU-Empfehlung Mandate als geschäftsführendes Organmitglied innerhalb der letzten fünf Jahre, Arbeitsverhältnisse mit der Gesellschaft innerhalb der letzten drei Jahre (für nicht im Rahmen der Mitbestimmung berufene Organmitglieder), eine über die Vergütung als unabhängiges nicht-geschäftsführendes Verwaltungsrats-/Aufsichtsratsmitglied hinausgehende Vergütung, bedeutende Geschäftsverhältnisse zur Gesellschaft, eine Beteiligung an der Abschlussprüfung innerhalb der letzten drei Jahre, Überkreuzverflechtungen mit den zu überwachenden Personen und familiäre Bindungen zu ihnen sowie die Tätigkeit als unabhängiges nicht-geschäftsführendes

186 Vgl. Ziff. 4 und Erwägungsgrund Nr. 8, 15 der EU-Empfehlung. Zur Kritik an der EU-Empfehlung aus deutscher Sicht vgl. *Habersack*, ZHR 168 (2004), 373 ff.; *Lutter*, ZIP 2003, 863, 869; *Hoffmann-Becking*, ZGR 2004, 355, 359 f.

187 Vgl. *v. Werder/Wieczorek*, DB 2007, 297.

Verwaltungs-/Aufsichtsratsmitglied über drei Amtszeiten oder mehr als zwölf Jahre und letztlich eine eigene Kontrollbeteiligung oder die Vertretung eines Aktionärs mit einer solchen Kontrollbeteiligung. Der DCGK greift den Katalog der Empfehlung nicht auf, sondern geht lediglich davon aus, dass ein Aufsichtsratsmitglied dann unabhängig ist, wenn es in keiner geschäftlichen oder persönlichen Beziehung zu der Gesellschaft oder deren Vorstand steht, die einen Interessenkonflikt begründet (Ziff. 5.4.2 Satz 2 DCGK). Lediglich die negativen Auswirkungen von Überkreuzverflechtungen börsennotierter Gesellschaften auf die Überwachungseffizienz werden durch den Ausschluss der Stimmrechte der wechselseitig beteiligten Unternehmen bei der Aufsichtsratsbestellung adressiert (§ 328 Abs. 3 AktG). Der Ausschluss der Stimmrechte in börsennotierten Gesellschaften im Vergleich zur Beschränkung auf die Ausübung von höchstens einem Viertel der Stimmrechte in nicht-börsennotierten Gesellschaften soll dem Umstand Rechnung tragen, dass eine Quote von 25 % angesichts der oftmals niedrigen Hauptversammlungspräsenzen in börsennotierten Gesellschaften schon die Mehrheit bedeuten kann. Beziehungen zum Mehrheitsaktionär der Gesellschaft werden vom DCGK im Gegensatz zur EU-Empfehlung ausgespart[188]. Der französische konsolidierte *Corporate Governance*-Kodex stimmt demgegenüber im Ausgangspunkt mit der EU-Empfehlung überein, indem er Personen dann als unabhängig ansieht, wenn sie keine irgendwie geartete Beziehung zur Gesellschaft, ihrer Unternehmensgruppe oder der Geschäftsführung der beiden haben, die ihr Urteilsvermögen beeinträchtigen könnte (Ziff. 8.1.). Er greift zudem den Katalog der EU-Empfehlung auf und nennt als die Unabhängigkeit ausschließende Umstände ein Mandats- oder Arbeitsverhältnis zur Gesellschaft während der letzten fünf Jahre, Vertragsbeziehungen von wesentlicher Bedeutung, enge Verwandtschaftsverhältnisse mit Mandatsträgern der Gesellschaft, eine Mitwirkung an der Prüfung der Gesellschaft innerhalb der letzten fünf Jahre und eine Mitgliedschaft im Verwaltungsrat der Gesellschaft von länger als zwölf Jahren (Ziff. 8.4 FCGK). Auffällig ist die differenzierte Position hinsichtlich der Vertreter von Großaktionären, die, solange sie nicht an der Geschäftsführung des Großaktionärs beteilig sind, als unabhängig bewertet werden können, ab einer Beteiligung des Großaktionärs von mehr als 10 % allerdings nur nach besonders intensiver Prüfung (Ziff. 8.5 FCGK). Auch der britische *Combined Code* stellt einen Katalog typischerweise gegen die Unabhängigkeit sprechender Umstände auf und nennt als solche ein Arbeitsverhältnis mit der Gesellschaft in den letzten fünf Jahren oder eine Geschäftsbeziehungen zu ihr in den letzten drei Jahren, den Bezug von anderen Vergütungsbestandteilen als den Verwaltungsratsgebühren sowie die Beteiligung an Aktienoptionsprogrammen, familiäre Beziehungen zu Mitgliedern der Führungsebene der Gesellschaft, Überkreuzmitgliedschaften in Verwaltungsräten, eine bereits mehr als neun aufeinander folgende Jahre andauernde Mitgliedschaft im Verwaltungsrat und – im Gegensatz zum deutschen und weitergehender als der französische Kodex – die Vertretung eines bedeutenden Aktionärs (lit. A.3.1 Combined Code).

---

188 Dazu auch *Spindler*, ZIP 2005, 2033, 2040.

Ratio der Bestellung von unabhängigen Organmitgliedern in Publikumsgesellschaften ohne kontrollierende Großaktionäre ist, dass sie angesichts des ob der Trennung von Eigentum an der Gesellschaft und ihrer Leitung immanenten *Principal-Agent*-Konflikts und der defizitären Kontrolle der Geschäftsleitung aufgrund der rationalen Apathie ihrer Aktionäre in besonderem Maße einer gesellschaftsinternen Kontrollinstanz bedürfen, um die Verfolgung des Gesellschaftsinteresses durch die Geschäftsleiter sicherzustellen[189]. Die Gewährleistung eines solchen Geschäftsleiterverhaltens erfordert, dass eine hinreichende Anzahl der zur Überwachung berufenen Personen unbeeinflusst durch persönliche Interessen oder die Einzelinteressen bestimmter Bezugsgruppen über das Geschäftsleiterverhalten entscheidet. Will man dieser Personengruppe effektive Sanktionsmechanismen zuerkennen, so muss sie in der Lage sein, Aufsichtsrats-/Verwaltungsratsentscheidungen zumindest zu einem Patt führen zu können, also jedenfalls die Hälfte der Organmitglieder ausmachen. Im Gegensatz zu dieser Situation in der Publikumsgesellschaft bestellt in Gesellschaften mit kontrollierendem Großaktionär dieser die Verwaltungsrats-/Aufsichtsratsmitglieder, kontrolliert über sie die Geschäftsführung und kann so den *Principal-Agent*-Konflikt zwischen Eigentümern und Geschäftsleitern der Gesellschaft wesentlich entschärfen[190]. Vor diesem Hintergrund bedarf es weniger der Kontrolle der Geschäftsleitung durch unabhängige nichtgeschäftsführende Verwaltungsratsmitglieder oder unabhängige Aufsichtsratsmitglieder, als vielmehr einer Instanz zur Kontrolle des Hauptaktionärs, wofür sich wiederum eine gewisse Zahl auch vom Hauptaktionär unabhängiger Organmitglieder anbietet[191]. Da gerade die über die Bestellung zur Überwachung berufener Organmitglieder ausgeübte Leitungsmacht der kontrollierenden Aktionäre eine effiziente Überwachung des Vorstands garantiert, die die *agency costs* reduziert und das *Principal-Agent*-Problem im Vergleich zur Situation in der Gesellschaft mit Streubesitz verringern hilft, sollte die Bestellung vom Großaktionär abhängiger Verwaltungsrats- und Aufsichtsratsmitglieder nicht unterbunden werden[192].

Mittel zur Aufrechterhaltung der Bestellungsmöglichkeiten der kontrollierenden Aktionäre kann einerseits eine Definition der Unabhängigkeit in dem Sinne sein, dass sie nur gegenüber der Gesellschaft und dem Vorstand bestehen muss, also auch mit dem kontrollierenden Aktionär verbundene Organmitglieder als unabhängig angesehen werden könnten. Andererseits kann die besondere Interessenlage in der Gesellschaft mit kontrollierenden Großaktionären über eine Herabsetzung der erforderlichen unabhängigen Organmitglieder berücksichtigt werden.

Der DCGK neigt insofern, indem er in Ziff. 5.4.2 Unabhängigkeit als Abwesenheit von interessenkonfliktbegründenden Beziehungen zur Gesellschaft und ihrem Vor-

---

189 In diesem Sinne auch *Jungmann*, ECFR 2006, 426, 465; *Wackerbarth*, ZGR 2005, 686, 717 ff.; *Wymeersch* in Hopt u.a. (Hrsg.), Corporate Governance in Context, 403, 407.

190 Vgl. *Rudolph*, BB 2003, 2053, 2056 f.; *Wackerbarth*, ZGR 2005, 686, 709; *Roth/Wörle*, ZGR 2004, 565, 594; *Habersack*, ZHR 168 (2004), 373, 378; *v. Werder/Wieczorek*, DB 2007, 297, 301.

191 Vgl. *Coffee*, Colum. L. Rev. 102 (2002), 1757, 1826; *Wackerbarth*, ZGR 2005, 686, 709; auch *Hansmann/Kraakman* in Kraakman u.a., Anatomy of Corporate Law, 58.

192 Vgl. *Wackerbarth*, ZGR 2005, 686, 719.

stand definiert, ohne kontrollierende Aktionäre zu erwähnen, der ersten Möglichkeit zu. In diese Richtung geht auch der französische Kodex, wenn er für Vertreter von Aktionären mit einer Beteiligung unterhalb von 10 %, solange es sich bei ihnen nicht um Geschäftsführungsmitglieder der Großaktionäre handelt, die Annahme der Unabhängigkeit ohne weiteres und bei Beteiligung von mehr als 10 % jedenfalls nach besonders eingehender Prüfung ermöglichen will. Derartige Maßnahmen zur Nivellierung des Unabhängigkeitsstandards im Hinblick auf den kontrollierenden Aktionär widersprechen aber der ausdrücklichen Vorgabe der EU-Empfehlung und laufen deshalb Gefahr, eine legislatorische Reaktion auf EU-Ebene zu provozieren. Der Empfehlung zufolge soll das Kriterium der Unabhängigkeit beinhalten, dass nicht nur zur Gesellschaft oder ihrer Geschäftsleitung, sondern auch zum Mehrheitsaktionär kein Verhältnis besteht, das einen Interessenkonflikt begründen könnte (Ziff. 13.1 der Empfehlung). Eine der von den Mitgliedstaaten bei der Erstellung ihrer Unabhängigkeitskriterien zu berücksichtigenden Leitlinien ist, dass die Stellung als kontrollierender Aktionär der Gesellschaft oder dessen Vertreter ein Anhaltspunkt für die mangelnde Unabhängigkeit der Person ist. Prägend für die EU-Gesetzgebung ist nunmehr, dass zunächst eine Empfehlung veröffentlicht wird, diese jedoch bei permanenter Nichtbefolgung im Wege einer späteren Richtlinie zur verpflichtenden Vorgabe gemacht wird[193]. Soll eine solche Richtlinienvorgabe vermieden werden, empfiehlt sich deshalb, die besondere Interessenlage in der Gesellschaft mit kontrollierendem Aktionär anders als über eine Nivellierung des Unabhängigkeitsstandards entgegen der Empfehlungsvorgaben zu berücksichtigen. Vorzugswürdig erscheint eine Anpassung der in diesen Gesellschaften empfehlenswerten Zahl unabhängiger Organmitglieder, die im Einklang mit der EU-Empfehlung möglich ist. Will man einerseits den positiven Einfluss der kontrollierenden Aktionäre auf die *Principal-Agent*-Problematik aufrechterhalten und die kontrollierenden Aktionäre andererseits zum Schutz der Minderheit einer Kontrolle unterwerfen, ist eine von der für die Publikumsgesellschaft typischerweise angebrachten Besetzung abweichende Zusammensetzung des Überwachungsorgans erforderlich. Während in der Publikumsgesellschaft möglichst viele unabhängige Verwaltungsrats-/Aufsichtsratsmitglieder die Überwachung wahrnehmen sollten, verlangt die Konstellation in der Gesellschaft mit kontrollierendem Großaktionär die Besetzung mit Vertretern des Großaktionärs zur Kontrolle der Geschäftsleitung auf der einen Seite und mit (auch vom Großaktionär) unabhängigen Organmitgliedern zur Überwachung nicht nur der Geschäftsleitung sondern auch des Großaktionärs auf der anderen Seite. Da auch der kontrollierende Aktionär ausreichend viele Mitglieder in den Verwaltungsrat/Aufsichtsrat entsenden können muss, um seine Leitungsfunktion wahrzunehmen, ist jedenfalls eine Vorgabe mehrheitlicher Unabhängigkeit impraktikabel[194]. Gestattete man dem kontrollierenden Großaktionär nicht, das Überwachungsorgan mehrheitlich mit seinen Vertretern zu

193 Vgl. *Hopt* in *Hopt* u.a. (Hrsg.), Corporate Governance in Context, 119, 133; *Spindler*, ZIP 2005, 2033, 2034 (unter Anführung des Beispiels der grenzüberschreitenden Überweisungen).
194 So im Ergebnis auch *Wackerbarth*, ZGR 2005, 686, 717.

besetzen, beseitigte man die Grundlagen der Konzernleitung[195]. In Anerkenntnis dieser Sachlage gestattet der französische konsolidierte Kodex die Besetzung des Verwaltungsrats (und entsprechend des Aufsichtsrats) in der Gesellschaft mit kontrollierenden Großaktionären mit lediglich einem Drittel unabhängiger Mitglieder, während die Verwaltungsräte von Publikumsgesellschaften ohne solche Großaktionäre hälftig mit unabhängigen Mitglieder zu besetzen sind (Ziff. 8.2 FCGK). Auch die *Listing Rules* der *New York Stock Exchange* und der *NASDAQ* sehen Ausnahmen vom Erfordernis mehrheitlicher Unabhängigkeit für kontrollierte Gesellschaften vor (wobei Gesellschaften erst ab einer Konzentration von 50 % der Stimmrechte in einer Hand als kontrolliert gelten)[196]. Die EU-Empfehlung gewährt insofern jedenfalls bei der grundsätzlichen Empfehlung zur Zusammensetzung des Verwaltungsrats/Aufsichtsrats mit einer ausreichenden Anzahl unabhängiger Mitglieder hinreichende Flexibilität zur Berücksichtigung der Beteiligungsverhältnisse der Gesellschaft. Im Ergebnis stellen sich die Vorgaben der EU-Empfehlung und der Kodizes zu unabhängigen Organmitgliedern und ihrer Anzahl damit grundsätzlich als ausreichend flexibel dar, um nicht nur den Bedürfnissen in der Publikumsgesellschaft, sondern auch denjenigen in der Gesellschaft mit kontrollierendem Aktionär gerecht zu werden. Einzig der *Combined Code* geht für die *FTSE 350*-Gesellschaften von einer hälftigen Besetzung des Verwaltungsrats mit unabhängigen Mitgliedern aus. Die mangelnde Berücksichtigung der Bedürfnisse in Gesellschaften mit kontrollierenden Aktionären erklärt sich hier aber aus der im Vereinigten Königreich jedenfalls bei großen Gesellschaften absolut vorherrschenden weit gestreuten Eigentümerstrukturen unter Abwesenheit kontrollierender Aktionäre.

Im Ergebnis sollten danach zur Effektivierung der gesellschaftsinternen Kontrolle – in Aktiengesellschaften mit und ohne kontrollierende Aktionäre – Abhängigkeiten der zur Überwachung berufenen Organmitglieder grundsätzlich vollständig vermieden werden[197]. Eine Abhängigkeit vom Vorstand bzw. den geschäftsführenden Verwaltungsratsmitgliedern/Generaldirektoren (aufgrund persönlicher Verbindungen oder des Bezugs von durch diese Personen beeinflussten Vorteilen) sollte stets ausgeschlossen sein[198]. Daneben sollte gewährleistet sein, dass die zur Überwachung berufenen Organmitglieder ihr Amt maßgeblich der Verfolgung des Unternehmensinteresses widmen, anstatt sich von Einzelinteressen bestimmter Bezugsgruppen oder ihren persönlichen Interessen leiten zu lassen[199]. Von daher sollte auch eine interessenkonfliktbegründende Verbindung zum Großaktionär die Unabhängigkeit kontraindizieren. Dem legitimen Interesse von kontrollierenden

---

195 Vgl. *Lutter*, ZIP 2003, 863, 869; *Hoffmann-Becking*, ZGR 2004, 355, 360; *DAV-Handelsrechtsausschuss*, NZG 2003, 1008, 1010; *Habersack*, ZHR 168 (2004), 373, 377; *Spindler*, ZIP 2005, 2033, 2040.
196 Vgl. Ziff. 303.A.00, 303.A.01 des *Listed Company Manuals* der NYSE (über www.nyse.com) und Ziff. 4350(c)(1), (5) der *Marketplace Rules* der NASDAQ (über www.nasdaq.com); *Wackerbarth*, ZGR 2005, 686, 719.
197 Vgl. *v. Werder/Wieczorek*, DB 2007, 297, 302, 303.
198 Vgl. *v. Werder/Wieczorek*, DB 2007, 297, 299, 303; auch *Roth/Wörle*, ZGR 2004, 565, 611.
199 Vgl. *v. Werder/Wieczorek*, DB 2007, 297, 299, 303; ausführlich zu möglichen Interessenkonflikten *Roth/Wörle*, ZGR 2004, 565, 611–619; *Spindler*, ZIP 2005, 2033, 2040–2043.

Großaktionären, ihre Leitungsmacht über ihre Nominierungsbefugnisse für das Überwachungsorgan wahrzunehmen und dadurch die *Principal-Agent*-Problematik zu minimieren, sollte nicht (wie wohl nach dem DCGK und tendenziell auch nach dem französischen konsolidierten Kodex) über eine diesbezügliche Nivellierung des Unabhängigkeitsstandards, sondern über eine Flexibilisierung der Vorgaben zur zahlenmäßigen Besetzung des Überwachungsorgans mit solchen unabhängigen Mitgliedern Rechnung getragen werden. Hat die Gesellschaft kontrollierende Großaktionäre, sollten neben den von ihnen bestellten Organmitgliedern eine ausreichende Zahl an unabhängigen Organmitgliedern berufen werden, um eine Ausnutzung der kontrollierenden Position zu dem Gesellschaftsinteresse (und damit dem Interesse der Minderheitsaktionäre) widersprechenden Zwecken zu vermeiden[200]. Außerhalb von Abhängigkeitsverhältnissen (in denen eine Mehrheit des herrschenden Aktionärs gewährleistet werden muss) kann eine effektive Kontrolle der Großaktionäre durch eine Zusammensetzung der nicht-geschäftsführenden Verwaltungsratsmitglieder bzw. des Aufsichtsrats nicht mehr als zur Hälfte mit von Großaktionären abhängigen Mitgliedern und im Übrigen mit unabhängigen Mitgliedern ermöglicht werden[201]. In mitbestimmten Gesellschaften (nach deutschem oder französischem Recht) kann dies ohne Gefährdung der Leitungsmacht der Mehrheitsaktionäre geschehen, indem unabhängige Organmitglieder auch der Arbeitnehmerseite berufen werden (zumal eine effiziente Kontrolle des Vorstands bzw. der geschäftsführenden Verwaltungsratsmitglieder/Generaldirektoren auch im Interesse der Arbeitnehmer der Gesellschaft liegt)[202].

Schließlich wäre für das deutsche Recht vor dem Hintergrund der für die EU-Empfehlung zentralen Transparenz- und Kommunikationsvorgaben, nach denen gegenüber der Hauptversammlung anzugeben ist, welche Organmitglieder als unabhängig gelten und bei Gegenindizien die Gründe zu erläutern sind (und die der französische und der britische Kodex als Publikationspflichten im Lagebericht umgesetzt haben), eine Verdeutlichung der insofern in der AG bestehenden Pflichten (über die Veröffentlichung der von den Aufsichtsratsmitgliedern offen gelegten Interessenkonflikte nach Ziff. 5.5.3 DCGK hinaus) sinnvoll[203]. Erst der durch hinreichend präzise Veröffentlichungspflichten generierte Rechtfertigungsdruck zwingt den Verwaltungsrat/Aufsichtsrat zu einer möglichst objektiven Beurteilung der Unabhängigkeit seiner Mitglieder (die wiederum Voraussetzung der Besetzung des Organs mit einer hinreichenden Zahl unabhängiger Mitglieder ist). Von daher sollte auch der DCGK um einen Indizienkatalog und eine Berichtspflicht des Aufsichtsrats zu den von ihm für unabhängig befundenen Personen und den Gründen seiner Beurteilung erweitert werden.

---

200 Vgl. auch *v. Werder/Wieczorek*, DB 2007, 297, 302, 303; *Wackerbarth*, ZGR 2005, 686, 719.
201 Vgl. *v. Werder/Wieczorek*, DB 2007, 297, 302, 303.
202 Vgl. *v. Werder/Wieczorek*, DB 2007, 297. Die Wahl eines Organmitglieds im Rahmen der Mitbestimmung wird weder von der EU-Empfehlung noch vom DCGK als Indiz seiner Abhängigkeit beurteilt (Ziff. 1 b) des Anhangs II der Empfehlung, Ziff. 5.4.2 DCGK); vgl. auch *Spindler*, ZIP 2005, 2033, 2040.
203 So auch *Spindler*, ZIP 2005, 2033, 2044. A. A. *Maul*, BB 2005, Beilage 9, 6.

(b) Wechsel vom Leitungs- ins Kontrollorgan

Betrachtet man die Gründe für eine mangelnde Unabhängigkeit der Mitglieder des Überwachungsorgans (mit den resultierenden Kontrolldefiziten), so erweist sich zunächst die Bestellung ehemaliger geschäftsführender Verwaltungsratsmitglieder bzw. Vorstandsmitglieder zu nicht-geschäftsführenden Verwaltungsratsmitgliedern oder Aufsichtsmitgliedern als problematisch[204]. Es leuchtet ein, dass diese Personen die langfristigen Strategieentscheidungen, an denen sie beteiligt waren, nach ihrem Wechsel in das Überwachungsorgan weniger kritisch betrachten werden als Personen, die an den nunmehr zu überprüfenden Entscheidungen nicht beteiligt waren[205]. Das von den Gesellschaften angeführte Bedürfnis, die Kenntnisse und Fähigkeiten des ehemaligen Geschäftsleitungsmitglieds dem Unternehmen zu erhalten[206], kann die mit einer Bestellung einhergehende Beeinträchtigung des Kontrollniveaus nicht rechtfertigen, zumal andere Möglichkeiten bestehen, ehemalige Mitglieder der Geschäftsleitung weiter an das Unternehmen zu binden, z.B. über Beraterverträge. Danach ist ein Wechsel der Mitglieder des Geschäftsleitungsorgans in das Überwachungsorgan für die Vermittlung von Sachverstand nicht erforderlich, droht aber die Überwachungseffizienz schwerwiegend zu beeinträchtigenden. Von daher weisen die Empfehlungen im französischen und im britischen *Corporate Governance*-Kodex, dass ohne eine sog. *cooling-off*-Periode in das Kontrollorgan bestellte ehemalige Mitglieder des Geschäftsleitungsorgans nicht als unabhängig anzusehen sind (Ziff. 8.4 FCGK, lit. A.3.1 Combined Code), in die richtige Richtung. Wenn der Vergütungs- und der Prüfungsausschuss der *plc* nur aus unabhängigen Organmitgliedern bestehen (so lit. B.2.1, C.3.1 Combined Code) bzw. der Prüfungsausschuss der *S.A.* zu zwei Dritteln und der Vergütungsausschuss der *S.A.* sowie die Nominierungsausschüsse der *S.A.* und der *plc* mehrheitlich mit unabhängigen Organmitgliedern besetzt sein sollen (Ziff. 14.1, 15.1, 16.1 FCGK, lit. A.4.1 Combined Code) und innerhalb der letzten fünf Jahre an der Geschäftsführung beteiligte Personen typischerweise als abhängig gelten, so wird ihr Einfluss auf die Entscheidungsfindung ausgeschlossen bzw. in den mehrheitlich mit unabhängigen Mitglieder besetzten Gremien jedenfalls begrenzt. Auch die Regelungen des DCGK, nach denen nicht mehr als zwei ehemalige Vorstandsmitglieder Aufsichtsratsmandate wahrnehmen sollen und zudem beim Wechsel in den Aufsichtsrat zumindest in der Regel und ohne besondere Begründung gegenüber der Hauptversammlung nicht den Vorsitz des Aufsichtsrats oder eines seiner Ausschüsse übernehmen sollen (Ziff. 5.4.2 Satz 3, 5.4.4 DCGK), anerkennen den die Überwachungseffizienz potentiell beeinträchtigenden Interessenkonflikt[207]. Dennoch erweist sich die Formulie-

---

204 Ausführlich (aus Sicht der AG und unter Schilderung alternativer Lösungsvorschläge) *Rode*, BB 2006, 341 ff.; *Lange*, NZG 2004, 265 ff.; auch *Schiessl*, AG 2002, 593, 598.
205 Vgl. *Roth/Wörle*, ZGR 2004, 586; *Rode*, BB 2006, 341, 342 (unter Anführung weiter potentieller Konflikte etwa hinsichtlich der Geltendmachung von Schadensersatzansprüchen der Gesellschaft oder der Durchsetzung von Strategiewechseln durch neue Vorstandsmitglieder); in diesem Sinne auch *Grundmann*, European Company Law, Rn. 417; *Jungmann*, ECFR 2006, 426, 464.
206 Dazu referierend *Lange*, NZG 2004, 265, 266; *Rode*, BB 2006, 341, 342; *Grundmann*, European Company Law, Rn. 417.
207 Vgl. *Roth/Wörle*, ZGR 2004, 565, 586.

rung, dass ein solcher Wechsel nicht die Regel sein solle, angesichts der mit der Bestimmung des Regelfalls verbundenen Schwierigkeiten als unnötig unpräzise[208]. Auch die sich unmittelbar anschließende Empfehlung, bei Bestellungen außerhalb des Regelfalls den beabsichtigten Wechsel gegenüber der Hauptversammlung besonders zu begründen, hat die Praxis des Funktionswechsels nicht wirksam einschränken können. Vorzugswürdig wäre von daher eine Empfehlung, dass der Wechsel von der Geschäftsleitung in das Überwachungsorgan ohne ausreichende *cooling-off*-Periode unterbleiben solle (die den Gesellschaften weiterhin die Flexibilität beließe, im Wege des *comply or explain* von ihr abzuweichen)[209].

(c) Zeitliche Begrenzung der Amtsausübung

Der Unabhängigkeit dient auch eine zeitliche Begrenzung des Amtes, da die sich bei längerfristiger Amtsausübung notwendigerweise entwickelnden persönlichen Beziehungen zu den zu kontrollierenden Personen die erforderliche Objektivität zu beeinträchtigen drohen[210]. Während das deutsche Recht hierzu keine Regelungen enthält, rät die EU-Empfehlung zu unabhängigen Organmitgliedern in börsennotierten Gesellschaften zur Festlegung einer maximalen Bestellungsdauer auf einzelstaatlicher Ebene (Ziff. 10 der Empfehlung), für deren Dauer die Leitlinien in Annex II von maximal drei Amtszeiten oder zwölf Jahren ausgehen. Der *Combined Code* sieht eine über neun Jahre andauernde Mitgliedschaft im Kontrollorgan als für die Unabhängigkeit kontraproduktiv an und verlangt in diesen Fällen vom Verwaltungsrat eine Erklärung, warum er das betroffene Mitglied dennoch für unabhängig hält (lit. A.3.1 Combined Code). Der konsolidierte französische *Corporate Governance*-Kodex nennt entsprechend der Vorgaben der EU-Empfehlung eine über zwölf Jahre andauernde Verwaltungsratsmitgliedschaft (sowie eine entsprechend lange Mitgliedschaft im Aufsichtsrat einer dualistischen *S.A.*) als die Abhängigkeit unwiderlegbar indizierendes Merkmal. Anders als nach dem *Combined Code* geht der französische Kodex also davon aus, dass der Verwaltungsrat nicht trotz Überschreitung der Höchstamtszeit unter Angabe seiner Gründe von einer Unabhängigkeit ausgehen kann[211]. Während positiv zu bewerten ist, dass der britische und der französische Kodex Höchstamtszeiten benennen und so die Aufmerksamkeit der zur Beurteilung der Unabhängigkeit berufenen Organe auf dieses Thema lenken, erscheinen die von den Kodizes als problematisch benannten Zeiträume sehr hoch gegriffen[212]. Persönliche Beziehungen der unabhängigen Organmitglieder zu den zu kontrollierenden geschäftsführenden Organmitgliedern und Abhängigkeiten gegenüber diesen, die die Objektivität und damit die Qualität der Kontrolle beein-

208 Vgl. auch *Vetter*, BB 2005, 1689, 1693; *Kirschbaum*, DB 2005, 1473, 1474; *Rode*, BB 2006, 341, 342.
209 So auch *Rode*, BB 2006, 341, 342 f.
210 Vgl. *Jungmann*, ECFR 2006, 426, 464 f.
211 Dies ergibt der Gegenschluss zu Ziff. 8.3. Abs. 3 FCGK, der zufolge der Verwaltungsrat auch bei Nichtvorliegen der anschließend genannten Indizien die Unabhängigkeit des Mitglieds verneinen kann.
212 So auch *Jungmann*, ECFR 2006, 426, 465, der eine Höchstdauer von fünf Jahren vorschlägt.

trächtigen können, drohen sich nicht erst nach neun respektive zwölf Jahren zu entwickeln. Von daher erscheint es geboten, die auf die Unabhängigkeit kontraindizierend wirkende Amtsdauer herabzusetzen. Andererseits besteht ein Interesse daran, unabhängige Organmitglieder mit den nach einer gewissen Amtszeit erworbenen, eine effektive Kontrolle erst ermöglichenden Kenntnissen der Gesellschaft nicht vorschnell und automatisch abberufen zu müssen. Deshalb sollte die vom über die Unabhängigkeit befindenden Organ mit einzubeziehende Amtsdauer herabgesetzt werden, ihm aber, wie nach dem *Combined Code*, gestattet werden, auch bei Überschreitung der Amtszeit unter Angabe von Gründen von einer fortbestehenden Unabhängigkeit des betroffenen Organmitglieds auszugehen.

(d) Ausweitung der Unabhängigkeitsvorgaben auf alle Gesellschaften mit börsennotierten Wertpapieren

Schließlich stellt sich die Frage des Anwendungsbereichs der Kodexvorgaben zur Unabhängigkeit von Organmitgliedern. Während die EU-Empfehlung eine ausreichende Zahl unabhängiger nicht-geschäftsführender Organmitglieder in allen Gesellschaften mit an organisierten Märkten notierten Wertpapieren gewährleisten will, beziehen sich die *Corporate Governance*-Kodizes ausweislich ihres Inhalts ausschließlich auf Aktiengesellschaften (AG, *S.A.* und *plc*). Zur Abgabe einer Entsprechenserklärung, die zur Gewährleistung einer hohen Akzeptanz der Empfehlungen erforderlich ist, waren bis vor kurzem nur deutsche AGs mit börsennotierten Aktien und *plcs* mit an der *Official List* börsennotierten Aktien verpflichtet, während sie von der *AMF* lediglich *S.A.s* mit börsennotierten Aktien empfohlen wurde. Mittlerweile mussten die Gesetzgeber der untersuchten Jurisdiktionen im Rahmen der Umsetzung von Art. 46a der 4. Gesellschaftsrechtlichen Richtlinie von allen Gesellschaften mit an einem organisierten Markt in der EU notierten Wertpapieren (also auch Anleihen etc.) die Aufnahme eines *Corporate Governance-Statements* in den Lagebericht verlangen[213], in dem die Gesellschaft auf den Unternehmensführungskodex, dem sie unterliegt und/oder den sie freiwillig anwendet, zu verweisen und/oder Angaben zu Unternehmensführungspraktiken, die sie über die Anforderungen des nationalen Rechts hinaus anwendet, zu machen und eine Entsprechenserklärung nach dem Muster *comply or explain* zum angewendeten Kodex abzugeben hat (Art. 46a Abs. 1 lit. a), b)). Der deutsche und der britische Gesetzgeber haben insofern von der Option gemäß Art. 46a Abs. 3 Gebrauch gemacht und die Berichtspflicht zur *Corporate Governance* auf Gesellschaften mit börsennotierten Aktien sowie auf solche mit börsennotierten Wertpapieren, deren Aktien an einem multilateralen Handelssystem gehandelt werden, beschränkt (§ 289a Abs. 1 Satz 2, 3 HGB i.V.m. § 161 Abs. 2 AktG in der Fassung des BilMoG, DTR 1B.1.5 f., 7.2)[214]. Lediglich der französische Gesetzgeber hat die Pflicht zur Erstellung eines *Corporate Governance-Statements* mitsamt einer Entsprechenserklärung überschießend auf sämtliche Gesellschaften mit *appel publique à l'épargne* (der bei jeglicher Wertpapiernotierung und

213 Ausführlich hierzu *Lentfer/Weber*, DB 2006, 2357, 2358 ff.
214 Vgl. oben Kapitel 3 IV.

auch bereits bei öffentlichem Verkauf der Wertpapiere auf anderen Wegen vorliegt) erstreckt (art. L. 225-37 (6)–(8), 225-68 (6)–(8), 226-10-1 C.com.). Damit stellt sich die Frage, ob die geschilderten Kodexvorgaben zu unabhängigen Organmitgliedern auf alle Gesellschaften, die bloß andere Wertpapiere als Aktien an einem organisierten Markt notiert haben, erstreckt werden sollten (wie dies auch die EU-Empfehlung anrät) und alle diese Gesellschaften zwecks Erhöhung der Akzeptanz der Kodexempfehlungen zur Abgabe eines *Corporate Governance-Statements* mitsamt einer Entsprechenserklärung verpflichtet werden sollten.

Die weiten Anwendungsbereiche der EU-Empfehlung und der Entsprechenserklärung im Rahmen des *Corporate Governance-Statements* nach Art. 46a dienen, wie bereits erwähnt[215], dem Schutz des Anlegervertrauens in ein Investment in andere börsennotierte Wertpapiere als Aktien und sollen so die Effektivität der Fremdkapitalfinanzierung auf den organisierten Kapitalmärkten gewährleisten. Rechtsökonomisch bezwecken die Vorgaben zu unabhängigen Mitgliedern in Gesellschaften ohne börsennotierte Aktien, in denen die *Principal-Agent*-Probleme weitgehend durch kontrollierende Großgesellschafter ausgeräumt werden, vor allem die Stärkung der Überwachung dieser kontrollierenden Gesellschafter. Unabhängige kontrollierende Organmitglieder sollen daher bei Notierung von anderen Wertpapieren als Aktien Mehrheitsmissbräuche zulasten der Gesellschaft und damit auch der Anleihegläubiger als *Stakeholder* verhindern. Angesichts des zu unterstellenden geringeren Interesses der Fremdkapitalanleger an der internen *Corporate Governance*, des geringeren Bedürfnisses der typischerweise professionellen oder spezialisierten Anleger und der drohenden Überlastung mittelständischer Gesellschaften mit geringeren Ressourcen durch eine Berichtspflicht sollte ihre Ausdehnung auf andere als börsennotierte Gesellschaften jedoch mit Zurückhaltung und nur nach eingehender empirischer Untersuchung angegangen werden[216]. Die durch eine Ausweitung der Kodexempfehlungen zur Besetzung des Kontrollorgans mit unabhängigen Mitgliedern und der diesbezüglichen Berichtspflichten bewirkten Belastungen für kleine und mittlere Unternehmen sind zu groß, als dass man sie ohne weiteres übernehmen könnte. Von daher erscheint es grundsätzlich auch hinsichtlich der Frage der Besetzung der Kontrollorgane/-gremien mit unabhängigen Mitgliedern angebracht, wie der deutsche und der britische Gesetzgeber von der *opt-out*-Möglichkeit nach Art. 46a Abs. 3 der 4. Gesellschaftsrechtlichen Richtlinie Gebrauch zu machen.

b) *Bestellung der Organmitglieder*

aa) Rechtsvergleichender Überblick zur Bestellung der Organmitglieder

(1) Europarechtliche Vorgaben

Die Empfehlung der EU-Kommission vom 15. Februar 2005 strebt die Bildung unter anderem eines Nominierungsausschusses durch den Verwaltungsrat/Auf-

215 Vgl. oben Kapitel 3 IV.
216 Vgl. bereits oben Kapitel 3 IV.

sichtsrat an (Ziff. 5) und präzisiert dessen Aufgaben in ihrem Anhang I. Danach soll der Nominierungsausschuss mit der Vorbereitung der Bestellungsentscheidung bzw. des Wahlvorschlags des Verwaltungsrats/Aufsichtsrats betraut sein. Während die erste Alternative die Wahl der Geschäftsleiter (geschäftsführende Verwaltungsratsmitglieder oder Generaldirektoren bzw. Vorstandsmitglieder) durch den Verwaltungsrat/Aufsichtsrat betrifft, hat die zweite Alternative die Wahlvorschläge des Verwaltungsrats/Aufsichtsrats an die Hauptversammlung zur Bestellung aller Verwaltungsratsmitglieder bzw. der Aufsichtsratsmitglieder im Blick[217].

(2) Bestellung der Organmitglieder der AG

Die Bestellung der Vorstandsmitglieder der AG erfolgt durch den Aufsichtsrat auf höchstens fünf Jahre (§ 84 Abs. 1 Satz 1 AktG)[218]. Der DCGK weist insofern darauf hin, dass der Aufsichtsrat die Vorbereitung der Bestellung von Vorstandsmitgliedern einem Ausschuss übertragen kann (Ziff. 5.1.2 DCGK). Die Bestellung kann beliebig oft durch frühestens ein Jahr vor Ablauf der Amtszeit zu fassenden Aufsichtsratsbeschluss jeweils auf maximal fünf Jahre beschränkt wiederholt werden (§ 84 Abs. 1 Satz 2–4 AktG). Hierbei soll der Aufsichtsrat gemeinsam mit dem Vorstand für eine langfristige Nachfolgeregelung sorgen (Ziff. 5.1.2 Abs. 1 DCGK). Bei der Bestellung der Aufsichtsratsmitglieder der AG ist zwischen Vertretern der Anteilseigner und solchen der Arbeitnehmer (bei Eingreifen der verschiedenen Mitbestimmungsgesetze) zu unterscheiden. Die Vertreter der Anteilseigner werden grundsätzlich von der Hauptversammlung auf beschränkte Zeit gewählt (§§ 101 Abs. 1, 102 Abs. 1 AktG). Abweichend von diesem Grundsatz kann die Satzung bestimmten Aktionären oder den Inhabern bestimmter Aktien[219] das Recht zur Entsendung von Mitgliedern in den Aufsichtsrat einräumen (§ 101 Abs. 2 AktG)[220]. Demgegenüber werden die Vertreter der Arbeitnehmer in komplexeren Verfahren nach den jeweils einschlägigen Mitbestimmungsgesetzen bestellt[221]. Soweit die Hauptversammlung die Aufsichtsratsmitglieder wählt, unterbreitet der Aufsichtsrat ihr in der Bekanntmachung der Tagesordnung einen Wahlvorschlag (§ 124 Abs. 3

---

217 Vgl. *Meder*, ZIP 2007, 1538, 1539; *Spindler*, ZIP 2005, 2033, 2036.
218 Die Bestellung bezeichnet den korporationsrechtlichen Akt, durch den eine dafür qualifizierte Person mit ihrer Zustimmung in die Funktion eines Vorstandsmitglieds eingesetzt wird. Sie ist von der schuldrechtlich durch Dienstvertrag (oder Auftrag bei Unentgeltlichkeit) bewirkten Anstellung zu unterscheiden, die das Innenverhältnis zwischen der AG und den einzelnen Vorstandsmitgliedern regelt, vgl. ausführlich *Kübler/Assmann*, § 15 III 2b); *K.Schmidt*, § 28 II 2d)–e); zur Rechtsnatur der Bestellung auch *Hüffer*, § 84 Rn. 4 m.w.N.
219 Bei denen es sich um vinkulierte Namensaktien handeln muss, §§ 101 Abs. 2 Satz 2, 68 Abs. 2 AktG.
220 Das Entsenderecht soll der öffentlichen Hand in wirtschaftlichen Unternehmen ermöglichen, sich auch ohne die sonst notwendige Kapitalbeteiligung maßgeblichen Einfluss auf die Geschäftsleitung zu verschaffen. Es ist aber nicht an diesen Zweck gebunden, sondern kann auch zum Schutz einer sonstigen Minderheitsposition verwandt werden; vgl. *Kübler/Assmann*, § 15 IV 2a); *K.Schmidt*, § 28 III 3b).
221 §§ 6 MontanMitbestG, 9 ff. MitbestG, 5 ff. DrittelbeteiligungsG; vgl. *K.Schmidt*, § 28 III 3b); Überblick zu den Wahlverfahren für die Arbeitnehmervertreter bei Raiser, § 15 Rn. 36 ff.; *Kübler/Assmann*, § 33 III. 2c).

AktG). Unter den gleichen Voraussetzungen wie der Aufsichtsrat und noch auf der Hauptversammlung können Aktionäre Wahlvorschläge machen (§ 127 AktG). Die Wahlvorschläge des Aufsichtsrats sollen in Anlehnung an die Vorgaben der EU-Empfehlung von einem nur mit Vertretern der Anteilseigner besetzten Nominierungsausschuss vorbereitet werden (Ziff. 5.3.3 DCGK)[222]. Die in den deutschen Aktiengesellschaften gebildeten Nominierungsausschüsse befassten sich jedenfalls bis zur Einfügung der Ziff. 5.3.3 DCGK im Jahre 2007 durchgängig nur mit der Empfehlung von Kandidaten für den Vorstand und deren Anstellungsbedingungen und nicht, wie nunmehr von Ziff. 5.3.3 DCGK für den weiteren, nur mit Vertretern der Anteilseigner zu besetzenden Ausschuss vorgesehen, mit der Nachfolgeregelung für den Aufsichtsrat[223].

Ein Unternehmen, dem die wechselseitige Beteiligung i.S.d. §§ 19 Abs. 1, 328 Abs. 1 AktG im Verhältnis zu einer börsennotierten Gesellschaft (also eine solche von jeweils mehr als 25 %) bekannt ist, darf bei der Wahl der Aufsichtsratsmitglieder sein Stimmrecht in der Hauptversammlung nicht ausüben (§ 328 Abs. 3 AktG). In anderen als börsennotierten Gesellschaften ist die Stimmrechtsausübung bei wechselseitiger Beteiligung hingegen auf ein Viertel aller Anteile beschränkt (§ 328 Abs. 1 AktG). Die Aufsichtsratswahlen sollen als Einzelwahl durchgeführt werden (Ziff. 5.4.3 DCGK), was auch weitgehend geschieht[224]. Die gelegentlichen Aktionärsvorschläge haben dennoch jedenfalls in Publikumsgesellschaften keine Aussicht auf Erfolg, da die Hauptversammlung den Beschlussvorschlägen der Verwaltung in aller Regel mit sehr großen Mehrheiten folgt[225]. Dementsprechend werden die neuen Aufsichtsratsmitglieder de facto nicht von den Aktionären, sondern von dem bisherigen Aufsichtsrat im Zusammenwirken mit dem Vorstand bestimmt[226]. In der nicht von einem Großaktionär kontrollierten Gesellschaft entscheidet regelmäßig entweder der Aufsichtsratsvorsitzende nach Rücksprache mit einigen bestimmenden Aufsichtsratsmitgliedern und dem Vorstandsvorsitzenden oder dieser nach Rücksprache mit den entscheidenden Aufsichtsratsmitgliedern über die vom Aufsichtsrat zu präsentierenden Wahlvorschläge[227]. Hat die Gesellschaft hingegen

---

222 Die Besetzung nur mit Anteilseignervertretern in Abweichung von der sonst in mitbestimmten Gesellschaften erforderlichen Beteiligung der Arbeitnehmervertreter an den Ausschüssen (vgl. BGHZ 122, 242, 358 ff.) ist zulässig, da die Vorbereitung der Wahlvorschläge für Anteilseignervertreter an die Hauptversammlung ausschließlich der Anteilseignerseite im Aufsichtsrat obliegt (§ 124 Abs. 3 Satz 4 AktG); vgl. *Schiessl*, AG 2002, 593, 599; *Meder*, ZIP 2007, 1538, 1542.
223 Vgl. *Meder*, ZIP 2007, 1538, 1539, 1542; *Hoffmann-Becking* in MHdbGR IV, § 32 Rn. 6; KK/*Mertens*, § 107 Rn. 95.
224 Vgl. die Untersuchungsergebnisse von *v. Werder/Talaulicar*, DB 2006, 849, 851, denen zufolge 85,7 % der DAX-Gesellschaften, alle TecDAX-Gesellschaften, und 88,6 % der MDAX-Gesellschaften sowie insgesamt 83,7 % der börsennotierten Unternehmen die Empfehlung zur Einzelwahl befolgten.
225 Vgl. *Roth/Wörle*, ZGR 2004, 565, 577; *Lutter*, ZHR 159 (1995), 287, 301; *Baums/Fraune*, AG 1995, 97, 110; in diesem Sinne auch *Leyens*, RabelsZ 67 (2003), 57, 81.
226 Vgl. *Jungmann*, ECFR 2006, 426, 450; *Roth/Wörle*, ZGR 2004, 565, 578; *Leyens*, RabelsZ 67 (2003), 57, 81; *Hopt* in Hopt u.a. (Hrsg.), Comparative Corporate Governance, 227, 250; *Semler* in Hopt u.a. (Hrsg.), Comparative Corporate Governance, 267, 269, 271; GK/*Hopt/Roth*, § 107 Rn. 328.
227 Vgl. *Roth/Wörle*, ZGR 2004, 565, 578; *Lutter*, ZHR 159 (1995), 287, 301; *Ulmer*, AcP 202 (2002), 143, 161; *Leyens*, RabelsZ 67 (2003), 57, 81.

einen Mehrheitsaktionär oder eine kleine Anzahl von kontrollierenden Großaktionären, so bestimmen diese Personen in aller Regel die Zusammensetzung der Anteilseignerbank im Aufsichtsrat (durch Entsenderechte, einen ihren Wünschen bei der Erstellung der Wahlvorschläge folgenden Aufsichtsrat oder durch Gegenvorschläge auf der Hauptversammlung)[228]. Bei den Mehrheitsaktionären handelt es sich wiederum häufig um Unternehmen, deren Stimmrechte durch ihre Vorstände wahrgenommen werden[229].

(3) Bestellung der Organmitglieder in der *S.A.*

Die Verwaltungsratsmitglieder der monistischen *S.A.* werden durch die Hauptversammlung gewählt (art. L. 225-7 (2), 225-18 (1) C.com.), wobei grundsätzlich über jedes Mitglied individuell abgestimmt wird[230]. Gleiches gilt für die Aufsichtsratsmitglieder der dualistischen *S.A.* (art. L. 225-75 C.com.)[231]. Die Vorbereitung der Vorschläge der Verwaltung an die Hauptversammlung soll dem konsolidierten *Corporate Governance*-Kodex zufolge entsprechend der EU-Empfehlung einem mehrheitlich mit unabhängigen Verwaltungsrats-/Aufsichtsratsmitgliedern besetzten Ausschuss obliegen (Ziff. 13, 16 FCGK i.V.m. der Präambel zum FCGK). Die Amtszeit der Verwaltungsrats-/Aufsichtsratsmitglieder wird durch die Satzung festgelegt, darf aber sechs Jahre nicht überschreiten (art. L. 225-18 (1) Satz 3, 225-75 (1) Satz 3 C.com.). Eine Wiederwahl ist, soweit die Satzung nichts anderes vorsieht, zulässig (art. L. 225-18 (2), 225-75 (2) C.com.). Besonderheiten hinsichtlich der Wahl der Verwaltungsrats-/Aufsichtsratsmitglieder ergeben sich einerseits im Rahmen einer satzungsmäßig freiwillig vereinbarten Mitbestimmungsregelung (art. L. 225-27, 225-79 C.com.) sowie andererseits bei der zwingend durchzuführenden Wahl von an der Gesellschaft beteiligten Arbeitnehmervertretern (art. L. 225-23, 225-71 C.com.)[232]. Die Geschäftsleitung der monistischen *S.A.* können die Verwaltungsratsmitglieder, wie bereits erwähnt, entweder dem Verwaltungsratsvorsitzenden in Doppelfunktion als *président-directeur général (P-DG)* oder einer anderen Person als Generaldirektor (*directeur général*) übertragen (art. L. 225-51-1 (1) C.com.). Er kann aus den Kreisen der Verwaltungsratsmitglieder sowie der Aktionäre gewählt werden, muss es aber nicht[233]. Zur Unterstützung des Generaldirektors können auf dessen Vorschlag bis zu fünf delegierte Generaldirektoren (*directeurs généraux délégués*) vom Verwaltungsrat bestellt werden, die im Verhältnis zu Dritten die gleichen Befugnisse haben wie der Generaldirektor (art. L. 225-53 (1), 225-56 II. (2) C.com.). Die Vorstandsmitglieder der dualistischen *S.A.* werden vom Aufsichtsrat

---

228 Vgl. *Roth/Wörle*, ZGR 2004, 565, 593 f.; auch *Semler* in Hopt u.a. (Hrsg.), Comparative Corporate Governance, 267, 269.
229 Vgl. hierzu die Zusammenfassung verschiedener Untersuchungen bei *Roth/Wörle*, ZGR 2004, 565, 594.
230 Zur Organbestellung in der monistischen *S.A.* vgl. *Schmidt-Tiedemann*, 97 f.; *Cozian/Viandier/Deboissy*, Rn. 76 ff.; *Merle*, Rn. 383.
231 Zur Organbestellung in der dualistischen S.A. vgl. *Schmidt-Tiedemann*, 99; *Cozian/Viandier/Deboissy*, Rn. 619 ff., 625 ff.; *Merle*, Rn. 439 ff., 447 ff.
232 Vgl. oben 2.a)aa)(3).
233 *Merle*, Rn. 430.

ernannt, wobei eines der Mitglieder zum Vorstandsvorsitzenden (*président du directoire*) bestellt wird (art. L. 225-59 (1) C.com.). Der mehrheitlich mit unabhängigen Mitgliedern besetzte Nominierungsausschuss soll auch die Bestellung der geschäftsführenden Generaldirektoren bzw. der Vorstandsmitglieder vorbereiten (Ziff. 13, 16, 16.2.2 FCGK i.V.m. der Präambel zum FCGK). Die Amtszeit der Vorstandsmitglieder kann per Satzung auf eine Periode zwischen zwei und sechs Jahren festgelegt werden, wobei eine Wiederwahl möglich ist. Erfolgt eine solche Satzungsbestimmung nicht, so beträgt die Amtszeit vier Jahre (art. L. 225-62 C.com.).

(4) Bestellung der Organmitglieder in der *plc*

Die Bestellung der Verwaltungsratsmitglieder der *plc* erfolgt wiederum nach dem jeweils in den *articles* der Gesellschaft vorgesehenen Verfahren[234]. Den regelmäßig einbezogenen Mustersatzungen zufolge müssen die zunächst bei der Gründung berufenen Verwaltungsratsmitglieder bei der ersten Jahreshauptversammlung von ihren Ämtern zurücktreten (Art. 73 Table A, Art. 21 (1) Schedule 3). Die nächsten Verwaltungsratsmitglieder werden sodann prinzipiell durch die Hauptversammlung mit einfacher Mehrheit bestellt, während der Verwaltungsrat bei Vakanzen während des Geschäftsjahrs Mitglieder bis zur nächsten Hauptversammlung bestellen darf (Art. 78, 79 Table A, Art. 20, 21 Schedule 3). Die Verwaltungsratsmitglieder müssen grundsätzlich individuell bestellt werden, eine Bestellung *en bloc* ist nur bei vorheriger einstimmiger Zulassung durch die Hauptversammlung möglich (s. 160 CA 2006). Der *Combined Code* will eine möglichst transparente Berufung anhand objektiver Kriterien erreichen, indem er – entsprechend der Vorgaben der EU-Empfehlung – empfiehlt, die Wahlen des Verwaltungsrats bzw. seine Vorschläge an die Hauptversammlung durch einen mehrheitlich mit unabhängigen Mitgliedern besetzten Nominierungsausschusses vorbereiten zu lassen (lit. A.4, 4.1 Combined Code). Im Lagebericht soll die Arbeitsweise des Nominierungsausschusses erläutert und insbesondere gegebenenfalls erklärt werden, falls weder Personalberater noch Anzeigen verwendet wurden (lit. A.4.6 Combined Code).

bb) Vorliegen von und Bedürfnis für Börsengesellschaftsrecht zur Bestellung der Organmitglieder

Börsengesellschaftsrecht findet sich zum einen beim Stimmrechtsausschluss im Rahmen von Aufsichtsratswahlen bei Überkreuzbeteiligung an einer börsennotierten Gesellschaft gemäß § 328 Abs. 3 AktG, zum anderen in der maßgeblich an börsennotierte AGs gerichteten Empfehlung nach Ziff. 5.4.3 DCGK, die Aufsichtsratswahlen als Einzelwahlen durchzuführen, und letztlich in den Kodexempfehlungen aller Jurisdiktionen zur Einführung von Nominierungsausschüssen sowie zu ihrer Besetzung und ihren Aufgaben.

---

234 Vgl. *Davies*, Gower's Company Law, 307; *Dine/Koutsias*, 151.

(1) Stimmrechtsausschluss bei wechselseitiger Beteiligung

Der Ausschluss der Stimmrechte wechselseitig beteiligter Unternehmen bei der Aufsichtsratswahl in börsennotierten Aktiengesellschaften gemäß § 328 Abs. 3 AktG gegenüber der Beschränkung auf die Ausübung von höchstens einem Viertel der Stimmrechte in nicht-börsennotierten Gesellschaften soll dem Umstand Rechnung tragen, dass auch eine Quote von 25% angesichts der oftmals niedrigen Hauptversammlungspräsenzen in börsennotierten Gesellschaften schon die Mehrheit bedeuten kann[235]. § 328 Abs. 3 AktG neutralisiert deshalb den Stimmrechtseinfluss des Beteiligungsunternehmens, auf das der Vorstand der börsennotierten Gesellschaft kraft der Beteiligung Einfluss nehmen kann, um die Eigentümerkontrolle bei der Bestellung des Vorstands zu gewährleisten und auszuschließen, dass ein börsennotiertes Unternehmen sich im Wege einer Verwaltungsherrschaft selbst kontrolliert[236]. Angesichts der relativ hohen Stimmrechtsschwelle und des auf die Aufsichtsratswahl beschränkten Anwendungsbereichs ist die praktische Bedeutung des § 328 Abs. 3 AktG sehr gering[237]. Kritisch erscheint zum einen, dass der Stimmrechtsausschluss erst ab einer „wechselseitigen Beteiligung“ von 25% greift, während auch geringere Quoten bei niedriger Hauptversammlungspräsenz eine Verwaltungsherrschaft ermöglichen können[238]. Eine effektive Verhinderung einer Selbstkontrolle durch die Verwaltung erforderte deshalb eine deutliche Absenkung der Stimmkraftschwelle (auf wohl unter 10%)[239]. Zum anderen erscheint die Einschränkung der Vorschrift auf Aufsichtsratswahlen zu restriktiv, da das Zusammenwirken der Verwaltungen wechselseitig beteiligter Unternehmen auch bei anderen Beschlussgegenständen (wie der Entlastung des Vorstands oder der Abberufungsentscheidung der Aufsichtsratsmitglieder) einen die Verwaltung der börsennotierten Gesellschaft vor Kontrolle isolierenden Effekt haben kann[240]. Eine vorbildhafte börsengesellschaftsrechtliche Regelung zur effektiven Vermeidung der unerwünschten Selbstkontrolle der Verwaltung bei wechselseitiger Beteiligung sollte daher bei einer niedrigeren Stimmrechtsschwelle ansetzen und auf die weiteren ähnlich belasteten Beschlussgegenstände erstreckt werden.

(2) Einzelwahl der Aufsichtsrats-/Verwaltungsratsmitglieder

Weitere börsengesellschaftsrechtliche Aspekte beinhaltet die maßgeblich an börsennotierte Gesellschaften gerichtete Empfehlung der Ziff. 5.4.3 DCGK, die Aufsichtsratswahlen entgegen der früheren Praxis als Einzelwahlen durchzuführen. Demgegenüber sind die Wahlen der Verwaltungsratsmitglieder in allen *plcs* qua Gesetz

---

235 Vgl. *Schall* in Spindler/Stilz, § 328 Rn. 25; MK/*Grunewald*, § 328 Rn. 10.
236 Vgl. RegBegr BT-Drucks. 13/9712, 25; *Hüffer*, § 328 Rn. 7; *Schall* in Spindler/Stilz, § 328 Rn. 25; MK/*Grunewald*, § 328 Rn. 10.
237 Vgl. *DAV*, ZIP 1997, 163, 169; *Seibert*, WM 1997, 1, 7; MK/*Grunewald*, § 328 Rn. 10.
238 Vgl. MK/*Grunewald*, § 328 Rn. 10; *Baums*, AG-Sonderheft 1997, 26, 34; *Seibert*, WM 1997, 1, 7.
239 Vgl. *Baums*, AG-Sonderheft 1997, 26, 34; MK/*Grunewald*, § 328 Rn. 10; auch *Seibert*, WM 1997, 1, 7.
240 Vgl. *Baums*, AG-Sonderheft 1997, 26, 34; MK/*Grunewald*, § 328 Rn. 10; *Schall* in Spindler/Stilz, § 328 Rn. 27.

als Einzelwahlen durchzuführen, soweit die Hauptversammlung nicht einstimmig eine Abstimmung *en bloc* beschließt (s. 160 CA 2006). In der *S.A.* werden die Verwaltungsrats-/Aufsichtsratsmitglieder regelmäßig im Wege der Einzelwahl gewählt, ohne dass eine diesbezügliche gesetzliche Verpflichtung oder Kodexempfehlung bestünde. Dabei kann nur eine individuelle Bestellung sicherstellen, dass möglichst geeignete Personen in die Organe berufen werden und nicht pauschal den Vorschlägen der Verwaltung gefolgt wird. Nur sie kann zudem gewährleisten, dass ungeeignete Organmitglieder nicht aufgrund des faktischen Drucks einer *en-bloc*-Wahl wiederbestellt werden. Von daher erscheint gerade in der Publikumsgesellschaft, in der die Wahlvorschläge entscheidend von der Verwaltung bestimmt werden, ein regulatorisches Hinwirken auf eine Einzelwahl sinnvoll. Angesichts der weitgehenden Befolgung der deutschen Kodexempfehlung kann dabei grundsätzlich von einer gesetzlichen Regulierung wie im britischen Recht abgesehen werden. Auch für französische börsennotierte Gesellschaften bietet sich eine vergleichbare Kodexempfehlung an, um die gängige Praxis über die Entsprechenserklärung abzusichern und zu verfestigen. In Gesellschaften mit kontrollierenden Großaktionären werden die Wahlvorschläge hingegen maßgeblich von diesen Aktionären bestimmt, so dass eine Gefahr, dass die Verwaltung ihr gesonnene Personen in das sie überwachende Organ bestellen lässt, nicht in vergleichbarer Weise besteht. Da die kontrollierenden Aktionäre die eigenen Kandidaten wählen werden, findet im Rahmen der Wahl auch keine wirkliche Kontrolle der Qualitäten der Kandidaten statt. Diese haben vielmehr die Großaktionäre im Rahmen ihrer Auswahlprozesses vor der Aufstellung vorgenommen, weshalb auf Einzelwahlen prinzipiell verzichtet werden könnte. Allerdings bieten Einzelwahlen den Minderheitsaktionären jedenfalls eine Möglichkeit, ihren Unmut zu den Personalentscheidungen personenbezogen zu äußern, während sie die Gesellschaft nur geringfügig belasten. Letztlich können auch zwischen den Großaktionären unterschiedliche Auffassungen etwa zur Wiederbestellung einzelner Aufsichtsratsmitglieder bestehen. Von daher sollte nicht nur für börsennotierte Publikumsgesellschaften, sondern auch für Gesellschaften mit kontrollierenden Großaktionären im Wege von Kodexempfehlungen auf Einzelwahlen der Aufsichts-/Verwaltungsratsmitglieder hingewirkt werden.

(3) Nominierungsausschüsse und ihre Besetzung

Schließlich finden sich börsengesellschaftsrechtliche Ansätze in den in allen Jurisdiktionen maßgeblich auf börsennotierte Gesellschaften bezogenen Kodexempfehlungen zu Nominierungsausschüssen und ihren Aufgaben. In allen untersuchten Rechtsordnungen wird die Wahl der zur Kontrolle berufenen Organmitglieder (Aufsichtsratsmitglieder und nicht-geschäftsführende Verwaltungsratsmitglieder) in den Publikumsgesellschaften ohne kontrollierende Großaktionäre maßgeblich von der Geschäftsführung beeinflusst, so dass ihre Wahlvorschläge in der Rechtswirklichkeit durch das Wahlorgan der Hauptversammlung lediglich nachvollzogen werden[241]. Zwar beschließt formal stets die Hauptversammlung über die Aktionärs-

241 So *Leyens*, RabelsZ 67 (2003), 57, 90 f. für Deutschland und die U.S.A.

vertreter im Aufsichtsrat bzw. im Verwaltungsrat, ausgesucht werden diese aber unter maßgeblicher Beteiligung des Vorstands bzw. der geschäftsführenden Verwaltungsratsmitglieder und damit von Personen, die aus der Sicht der *Principal-Agent*-Theorie wenig Interesse an einer effektiven Überwachung der Geschäftsführung haben[242]. Das Interesse der Geschäftsleitung an der Bestellung kompetenter nichtgeschäftsführender Verwaltungsrats- oder Aufsichtsratsmitglieder zwecks guter Zusammenarbeit kann seine Mitwirkung bei der Bestellung angesichts der aus ihr resultierenden Beeinträchtigung der Überwachungseffizienz nicht rechtfertigen[243]. Wenn die zur Kontrolle berufenen Personen ihr Mandat auch und maßgeblich der zu kontrollierenden Geschäftsleitung verdanken und zu seiner Verlängerung auf diese angewiesen sein werden, liegt eine Reduzierung der Überwachungsintensität nahe[244]. Der maßgebliche Einfluss der Geschäftsleitung von Publikumsgesellschaften ohne beherrschende Aktionäre auf die Besetzung des Überwachungsorgans kann zudem eine weitere (in der Praxis allerdings wohl in ihrer ganzen Schärfe nicht anzutreffende[245]) Dimension erlangen: Da der Aufsichtsrat zur Bestellung des Vorstands berufen ist und der Verwaltungsrat zur Bestellung der geschäftsführenden Mitglieder, könnten der Vorstand bzw. die geschäftsführenden Verwaltungsratsmitglieder zunächst passende Verwaltungsrats-/Aufsichtsratsmitglieder bestellen lassen, um von diesen sodann Vorstands- bzw. Geschäftsführungspersonalien nach ihren Wünschen entscheiden zu lassen (sog. wechselseitige Kooptation)[246]. In Gesellschaften mit einem kontrollierenden Mehrheitsaktionär (der regelmäßig wesentlichen Einfluss auf die Wahlvorschläge ausübt) kann ein ähnlich gelagertes Problem entstehen, wenn es sich bei ihm um eine Gesellschaft handelt, deren Beteiligungsrechte von ihrem Vorstand ausgeübt werden[247]. Gerade bei wechselseitigen Beteiligungen kann es dann dazu kommen, dass die Vorstände der Gesellschaften faktisch über ihre gegenseitige Kontrolle entscheiden[248]. Objektivität und Nachvollziehbarkeit der Wahlvorschläge für zur Überwachung der Geschäftsleitung berufene Organmitglieder kann hier durch (auch) mit unabhängigen Mitgliedern besetzte Nominierungsausschüsse geschaffen werden[249]. Dementsprechend befürworten die *Corporate Governance*-Kodizes der untersuchten Länder im Einklang mit der EU-Empfehlung zur Ausschussbildung in börsennotierten Aktiengesellschaften die Einrichtung von Nominierungsausschüssen zur Vorbereitung der Vorschläge der Verwaltung hinsichtlich zu wählender nicht-geschäftsführender Verwaltungsratsmitglieder bzw. Aufsichtsratsmitglieder an die Hauptversammlung. Zu diesem Zweck sollen die Aufsichtsräte deutscher Aktiengesellschaften ausschließlich mit

---

242 Vgl. GK/*Hopt/Roth*, § 107 Rn. 300; Mundheim, FS für Hirsch, 255 f.; (für die AG) *Roth/Wörle*, ZGR 2004, 565, 579, 611; *Meder*, ZIP 2007, 1538, 1540; KK/*Zöllner*, § 124 Rn. 29; GK/*Werner*, § 124 Rn. 73; *Lutter*, ZHR 159 (1995), 287, 301.
243 So auch *Roth/Wörle*, ZGR 2004, 565, 579.
244 Vgl. *Roth/Wörle*, ZGR 2004, 565, 579; *Ulmer*, AcP 202 (2002), 143, 161.
245 Vgl. *Roth/Wörle*, ZGR 2004, 565, 580.
246 Vgl. *Roth/Wörle*, ZGR 2004, 565, 580.
247 Vgl. *Roth/Wörle*, ZGR 2004, 565, 579; auch *Wackerbarth*, ZGR 2005, 686, 710.
248 Vgl. *Wackerbarth*, ZGR 2005, 686, 710.
249 Vgl. *Leyens*, RabelsZ 67 (2003), 57, 91.

Vertretern der Anteilseigner besetzte Nominierungsausschüsse einrichten, um die Qualifikation der Aufsichtsratskandidaten zu verbessern und das Auswahlverfahren transparenter zu gestalten (Ziff. 5.3.3 DCGK). Auch die Vorbereitung der Bestellung der Vorstandsmitglieder kann einem Ausschuss übertragen werden (Ziff. 5.1.2 DCGK). In der *S.A.* soll ein mehrheitlich mit unabhängigen Mitgliedern besetzter Nominierungsausschuss die Bestellung der Organmitglieder, insbesondere diejenige der unabhängigen Verwaltungsratsmitglieder (und analog der unabhängigen Aufsichtsratsmitglieder), vorbereiten und hierfür ein nachvollziehbares Verfahren installieren (Ziff. 16.2.1. FCGK). Auch nach dem *Combined Code* soll eine möglichst transparente Berufung anhand objektiver Kriterien gewährleistet werden, indem ein mehrheitlich mit unabhängigen Verwaltungsratsmitgliedern besetzter Ausschuss die Wahlen des Verwaltungsrats bzw. seine Vorschläge an die Hauptversammlung vorbereitet (lit. A.4, 4.1 Combined Code).

Allgemein sprechen zunächst Effizienzgesichtspunkte für eine Delegation der (Vorbereitung der) Arbeit des Verwaltungs-/Aufsichtsrats auf Ausschüsse[250]. Ausschüsse ermöglichen eine Spezialisierung der zur Überwachung berufenen Organmitglieder auf bestimmte Themengebiete[251] und erlauben aufgrund ihrer Besetzung mit weniger Personen eine diskretere und flexiblere Arbeitsweise[252]. Gegenüber dem Plenum haben Ausschüsse den Vorteil, dass sie eine fundiertere Sachdiskussion ermöglichen[253]. Dies gilt umso mehr, je größer das Plenum ist und je seltener es zusammentritt. So entlasten Ausschüsse letztendlich das Plenum und ermöglichen diesem wiederum, unter Konzentration auf die wesentlichen Punkte effizienter zu arbeiten[254]. Speziell für die Wahlvorschläge für zur Überwachung berufene Organmitglieder an die Hauptversammlung erscheint die Einführung von Nominierungsausschüssen sinnvoll, um zu gewährleisten, dass die Wahlvorschläge tatsächlich von den qua Gesetz hierzu berufenen Verwaltungsrats- bzw. Aufsichtsratsmitgliedern und nicht, wie oben geschildert, de facto von der Geschäftsführung gemacht werden[255]. Dabei fällt auf, dass der französische konsolidierte *Corporate Governance*-Kodex und der *Combined Code* den Nominierungsausschuss übereinstimmend nicht nur mit der Vorbereitung der Wahlvorschläge hinsichtlich der Verwaltungsrats- und Aufsichtsratsmitglieder an die Hauptversammlung betrauen, sondern auch mit der Vorbereitung der Bestellung der geschäftsführenden Verwaltungsratsmitglieder (oder sonstiger geschäftsführender Personen) bzw. der Vorstandsmitglieder durch den Verwaltungsrat bzw. Aufsichtsrat (Ziff. 16.2.2 FCGK,

---

250 Vgl. dazu auch unter 4.b)aa).
251 Vgl. *Jungmann*, ECFR 2006, 426, 467; *Meder*, ZIP 2007, 1538; *Deckert*, ZIP 1996, 985, 987, auch zu sonstigen Vorteilen der Ausschussarbeit. Überblicksartig zu möglichen Vor- und Nachteilen der Ausschussarbeit auch *Schwark* in Hommelhoff u.a. (Hrsg.), Corporate Governance, 75, 110 f.
252 Vgl. *Hommelhoff/Mattheus*, AG 1998, 249, 254; *Jungmann*, ECFR 2006, 426, 467; *Meder*, ZIP 2007, 1538; *Claussen*, AG 1996, 481, 486; *Deckert*, ZIP 1996, 985, 987; *Lutter*, ZHR 159 (1995), 287, 298.
253 Vgl. *Deckert*, ZIP 1996, 985, 987.
254 Vgl. auch *Deckert*, ZIP 1996, 985, 987; *Escher-Weingart*, ZVglRWiss 99 (2000), 387, 396.
255 Vgl. *Meder*, ZIP 2007, 1538, 1540.

lit. A.4, A.4.1 Combined Code). Der DCGK sieht hingegen nur die Bildung eines Nominierungsausschusses für die Vorbereitung der Vorschläge an die Hauptversammlung zur Aufsichtsratswahl, nicht hingegen diejenige eines Ausschusses für die Vorbereitung der Wahl von Vorstandsmitgliedern durch den Aufsichtsrat vor[256]. Er weist insofern lediglich darauf hin, dass der Aufsichtsrat auch die Vorbereitung der Bestellung von Vorstandsmitgliedern einem Ausschuss übertragen kann (Ziff. 5.1.2 DCGK). Ein solcher „Personalausschuss" erscheint aber zur Steigerung der Transparenz und Objektivität der Wahlentscheidung sinnvoll und wurde in den meisten börsennotierten Gesellschaften auch eingeführt[257]. In der AG ist hierbei aufgrund der Pflicht zur Beteiligung der Arbeitnehmervertreter an der Vorbereitung der Vorstandswahlen[258], will man die Arbeitnehmerseite nicht auch an der Vorbereitung der Wahlvorschläge an die Hauptversammlung für die Anteilseignervertreter im Aufsichtsrat beteiligen, anders als in der *S.A.* und der *plc*, die Aufteilung der Funktionen auf zwei Ausschüsse erforderlich (Vorbereitung der Wahlvorschläge für den Aufsichtsrat an die Hauptversammlung durch einen nur mit Anteilseignern besetzten Nominierungsausschuss, Vorbereitung der Wahlen der Vorstandsmitglieder durch den Aufsichtsrat durch den auch mit Arbeitnehmervertretern besetzten Personalausschuss). Auch wenn die meisten börsennotierten Gesellschaften auch ohne Kodex-Vorgabe einen Personalausschuss geschaffen haben, erscheint die Einführung einer solchen Vorgabe – auch im rechtsvergleichenden Hinblick auf die Wahrnehmung der Aufgaben des Personalausschusses durch die Nominierungsausschüsse nach den französischen und britischen Kodexvorgaben und die damit verbundenen Erwartungen des Kapitalmarkts – sinnvoll. Erst die dann nach dem Prinzip des *comply or explain* notwendige Publizität ermöglichte Anlegern die Beurteilung der Vorkehrungen zur Sicherstellung der Bestellung möglichst geeigneter Geschäftsleiter und stärkte so ihr Vertrauen in ein Investment in börsennotierte deutsche Aktiengesellschaften.

Fraglich bleibt die sinnvolle Besetzung der Ausschüsse. Während der französische und der britische Kodex der EU-Empfehlung folgen und von einer mehrheitlichen Besetzung mit unabhängigen Mitgliedern ausgehen, will der DCGK den Nominierungsausschuss ausschließlich mit Vertretern der Anteilseignerseite besetzen[259], ohne unabhängige Mitglieder zu erwähnen. Aber auch in der Publikums-AG scheint eine mehrheitliche Besetzung des Nominierungsausschusses mit von der Gesellschaft und ihrem Management unabhängigen Mitgliedern geboten, um die Erfüllung seiner Aufgaben zu gewährleisten[260]. Der Nominierungsausschuss soll vor allem den Einfluss der Geschäftsführung auf die Wahlvorschläge für Aufsichtsratswahlen an die Hauptversammlung reduzieren. Hierfür ist ein Abhängigkeitsver-

---

256 Vgl. *Meder*, ZIP 2007, 1538, 1542.
257 Vgl. *Spindler*, ZIP 2005, 2033, 2037; *Meder*, ZIP 2007, 1538, 1541; MK/*Semler*, § 107 Rn. 257.
258 Vgl. BGHZ 122, 242, 358 ff.; GK/*Hopt/Roth*, § 107 Rn. 282; MK/*Semler*, § 107 Rn. 308; *Meder*, ZIP 2007, 1538, 1542; *Habersack*, ZHR 168 (2004), 373, 376.
259 Zur Zulässigkeit des Ausschlusses der Arbeitnehmervertreter von der Mitwirkung an den Wahlvorschlägen der Anteilseignerseite vgl. *Meder*, ZIP 2007, 1538, 1540 f. m.w.N.
260 So auch *Meder*, ZIP 2007, 1538, 1541; *v. Werder/Wieczorek*, DB 2007, 297, 303.

hältnis der Ausschussmitglieder zur Gesellschaft oder ihrer Geschäftsleitung kontraproduktiv[261]. Nur bei von der Gesellschaft und ihrer Geschäftsleitung unabhängigen Mitgliedern ist gewährleistet, dass sich zumindest diese bei ihren Wahlvorschlägen nicht von Wünschen des Vorstands, sondern von objektiven Kriterien leiten lassen. Eine mehrheitliche Besetzung des Nominierungsausschusses mit (von der Gesellschaft) unabhängigen Mitgliedern sichert sodann, dass sich die eher objektiven Entscheidungen der unabhängigen Mitglieder durchsetzen[262]. Für diese Einschätzung spricht auch die Aufgabe des Nominierungsausschusses, die Unabhängigkeit der vorzuschlagenden Aufsichtsratsmitglieder zu beurteilen (Ziff. 5.4.2 DCGK). Abhängigkeitsverhältnisse der Ausschussmitglieder zur Gesellschaft scheinen in besonderem Maße geeignet, die Urteilsfähigkeit hinsichtlich der Unabhängigkeit vorzuschlagender Personen zu beeinträchtigen, weshalb die Beurteilung maßgeblich (und daher mehrheitlich) von unabhängigen Ausschussmitgliedern vorgenommen werden sollte[263].

Anders stellt sich die Interessenlage in Gesellschaften mit kontrollierenden Großaktionären dar. Da diese ihre Leitungsmacht über ihre Nominierungsbefugnisse für den Verwaltungsrat/Aufsichtsrat wahrnehmen, müssen sie eine hinreichende Anzahl von ihnen abhängiger Mitglieder in den Nominierungsausschuss entsenden dürfen. Wie im Aufsichtsrat/Verwaltungsrat solcher Gesellschaften allgemein sollte auch im Nominierungsausschuss neben diesen mit dem Großaktionär verbundenen Personen eine hinreichende Anzahl auch vom Großaktionär unabhängiger Mitglieder sitzen, um insbesondere die Unabhängigkeit der zu bestellenden unabhängigen Organmitglieder möglichst objektiv zu beurteilen. In Gesellschaften mit kontrollierenden Großaktionären bietet sich eine mehrheitliche Besetzung des Nominierungsausschusses mit vom Großaktionär abhängigen Mitgliedern und im Übrigen mit unabhängigen Mitgliedern an. Nur bei mehrheitlicher Besetzung mit Vertretern der Großaktionäre können diese ihre Leitungsbefugnisse bei der Bestellung der zur Überwachung berufenen Organmitglieder in hinreichendem Maße wahrnehmen und so die sonst drohenden *agency*-theoretischen Überwachungsdefizite ausräumen. In Anerkenntnis dieser Sachlage nehmen auch die *Listing Rules* der *NYSE* und der *NASDAQ* kontrollierte Gesellschaften von der Befolgung ihrer Vorgaben zur ausschließlichen Besetzung des Nominierungs- und des Vergütungsausschusses mit unabhängigen Mitgliedern aus[264]. Problematisch an einem solchen Ansatz ist der Widerspruch zu den Vorgaben der EU-Empfehlung, die eine mehrheitlichen Besetzung der Ausschüsse mit unabhängigen Mitgliedern anraten und erkennbar an der Gesellschaft mit weitgehender Streubeteiligung ausgerichtet sind[265]. Zwar haben die Ausschüsse häufig nur vorbereitende und beratende Funktion, so dass die Stimmmacht der Vertreter des kontrollierenden Aktionärs im Verwaltungsrat/Aufsichtsrat und damit ihre wesentlichen Einwirkungsmöglichkeiten auf die Ge-

261 Vgl. *Meder*, ZIP 2007, 1538, 1541; allgemein auch *v. Werder/Wieczorek*, DB 2007, 297, 299, 302.
262 In diesem Sinne auch *Meder*, ZIP 2007, 1538, 1541; *v. Werder/Wieczorek*, DB 2007, 297, 303.
263 So auch *Meder*, ZIP 2007, 1538, 1541.
264 Vgl. s. 301.A.00 der *NYSE-Listing Rules*, s. 4350 (c)(5) der *NASDAQ-Listing Rules*.
265 Vgl. auch *Wackerbarth*, ZGR 2005, 686, 718.

schäftsleitung durch die Ausschussbesetzung nicht tangiert werden. Dennoch wäre eine Anpassung der EU-Empfehlung zur Besetzung insbesondere des Nominierungsausschusses (aber auch eines Vergütungsausschusses) für Gesellschaften mit kontrollierenden Großaktionären wünschenswert[266].

Im Zwischenergebnis sollten die Kodexempfehlungen also differenzieren und börsennotierten Publikumsgesellschaften die Bildung von mehrheitlich mit unabhängigen Mitgliedern besetzten Nominierungsausschüssen anraten, börsennotierten Aktiengesellschaften mit kontrollierenden Großaktionären hingegen eine mehrheitliche Besetzung mit von den Großaktionären abhängigen Mitgliedern ermöglichen. Dabei sollte eine Ausdehnung der Kodexvorgaben auf Gesellschaften mit ausschließlich anderen börsennotierten Wertpapieren als Aktien, wie sie die EU-Empfehlung und das *Corporate Governance-Statement* nach Art. 46a der 4. Gesellschaftsrechtlichen Richtlinie nahe legen, wie bereits im 3. Kapitel unter IV. erläutert, allenfalls nach einer gründlichen empirischen Analyse erfolgen. Sonst drohte wiederum eine Überregulierung, die zahlreiche kleine und mittlere Unternehmen mit börsennotierten Anleihen etc. überforderte, ihren Strukturen nicht gerecht würde und von den in diesem Marktsegment tätigen typischerweise professionellen oder spezialisierten Anlegern zur zusätzlichen Information nicht hinreichend dringend benötigt würde.

c) *Persönliche Voraussetzungen und Qualifikationen der Organmitglieder*

aa) Rechtsvergleichender Überblick

(1) Persönliche Voraussetzungen und Qualifikationen der Organmitglieder der AG

Als Vorstandsmitglieder der AG kommen nur natürliche, uneingeschränkt geschäftsfähige Personen in Betracht (§ 76 Abs. 3 AktG). Nach dem Prinzip der Dritt- oder Fremdorganschaft brauchen sie nicht Aktionäre der Gesellschaft sein[267]. Die Satzung kann zusätzliche Voraussetzungen wie Qualifikationen oder ein Höchstalter[268] festlegen, solange dadurch der Kreis der in Frage kommenden Personen nicht so eng gezogen wird, dass die Befugnis des Aufsichtsrats zur freien Auswahl erheblich beschnitten wird[269]. Vorstandsmitglieder können nicht zugleich Mitglieder des Aufsichtsrats der von ihnen geleiteten Gesellschaft sein (§ 105 Abs. 1 AktG)[270]. Des Weiteren dürfen Vorstandsmitglieder, um der AG ihre Arbeitskraft zu erhalten, ohne Einwilligung des Aufsichtsrats nicht Vorstandsmitglied, Geschäfts-

---

266 So auch *Wackerbarth*, ZGR 2005, 686, 718 f.
267 Ratio des Prinzips ist die Ermöglichung der Bestellung einer kompetenten Führungsmannschaft unabhängig von einer etwaigen Gesellschafterstellung; vgl. *Schmidt-Tiedemann*, 80 m.w.N.; *Kübler/Assmann*, § 15 III.1.; *K. Schmidt*, § 14 II.2.
268 Der DCGK empfiehlt die Festlegung eines Höchstalters in Ziff. 5.1.2 Abs. 2 Satz 3 DCGK.
269 Vgl. *Kübler/Assmann*, § 15 III.1.; KK/*Mertens*, § 76 Rn. 116 ff.
270 Überblick zu den Inkompabilitäten im deutschen Recht bei *Schmidt-Tiedemann*, 90. Zu den Ausschlussgründen dort, 86. Zu Bestellungshindernissen und Tätigkeitsverboten aus rechtsvergleichender Sicht *Fleischer*, WM 2004, 157 ff.

führer oder persönlich haftender Gesellschafter einer anderen Handelsgesellschaft sein (§ 88 Abs. 1 Satz 2 AktG). Dem DCGK zufolge soll auch die Übernahme von Nebentätigkeiten und insbesondere Aufsichtsratsmandaten in anderen Gesellschaften der Zustimmung des Aufsichtsrats unterstellt werden (Ziff. 4.3.5 DCGK). Vorstandsmitglieder börsennotierter Gesellschaften sollen dabei jedenfalls nicht mehr als fünf Aufsichtsratsmandate in konzernexternen börsennotierten Gesellschaften übernehmen (Ziff. 5.4.5 DCGK), um den zeitlichen Anforderungen der Mandate gerecht werden zu können.

Als Aufsichtsratsmitglieder wählbar sind nur natürliche, unbeschränkt geschäftsfähige Personen (§ 100 Abs. 1 AktG). Folgende Inkompatibilitäten bestehen für Vertreter sowohl der Arbeitnehmer als auch der Anteilseigner: Die Aufsichtsratsmitglieder dürfen nicht gesetzlicher Vertreter eines von der AG abhängigen Unternehmens (sog. Bestellung gegen das natürliche Organisationsgefälle, § 100 Abs. 2 Satz 1 Nr. 2 AktG)[271] oder anderer Kapitalgesellschaften, deren Aufsichtsrat ein Vorstandsmitglied der AG angehört, sein (sog. Überkreuzverflechtungsverbot, § 100 Abs. 2 Satz 1 Nr. 3 AktG)[272]. Um die Wahrnehmung der Mandate mit der erforderlichen Sorgfalt zu gewährleisten, dürfen Aufsichtsratsmitglieder nicht mehr als zehn Aufsichtsratsmandate haben (§ 100 Abs. 2 Satz 1 Nr. 1 AktG), wobei der Vorsitz im Aufsichtsrat bei der Berechnung doppelt zählt (§ 100 Abs. 2 Satz 3 AktG). Zusätzlich dürfen weitere fünf konzerninterne Aufsichtsratsmandate wahrgenommen werden (§ 100 Abs. 2 Satz 2 AktG). Vergleichbare Mandate in funktionsverwandten Einrichtungen (wie Beiräten) und ausländischen Gremien werden bei der Berechnung der Höchstgrenze nach ganz h.M. nicht mitgezählt[273]. Ein Verstoß gegen die Anforderungen aus § 100 Abs. 1, 2 AktG führt zur Nichtigkeit des Wahlbeschlusses[274]. Zusätzlich dürfen Aufsichtsratsmitglieder nicht Mitglied des Vorstands, dauernder Stellvertreter von Vorstandsmitgliedern, Prokurist oder zum gesamten Geschäftsbetrieb ermächtigter Handlungsbevollmächtigter der Gesellschaft sein (§ 105 Abs. 1 AktG)[275]. Nicht vollständig geklärt ist, ob über die normierten organisationsbedingten Inkompatibilitätsregelungen hinaus auch Inkompatibilitäten auf Grundlage externer Interessenkonflikte bestehen können[276]. Jedenfalls können in der Satzung

---

271 Sonst wären die Aufsichtsratsmitglieder vom Vorstand der herrschenden AG abhängig und in dieser Situation nicht zu seiner wirksamen Kontrolle in der Lage, vgl. *Kübler/Assmann*, § 15 IV 2b)bb).

272 Das Verbot der Überkreuzverflechtung soll verhindern, dass die den jeweiligen Aufsichtsräten obliegende Überwachung durch gegenseitige Rücksichtnahme beeinträchtigt wird; vgl. *Kübler/Assmann*, § 15 IV 2b)cc).

273 Vgl. MK/*Semler*, § 100 Rn. 25; *Hüffer*, § 100 Rn. 3; KK/*Mertens*, § 100 Rn. 17; GK/*Meyer-Landrut*, § 100 Rn. 3; a.A. Schütze, AG 1967, 342.

274 § 250 Abs. 1 Nr. 4 AktG. Nichtigkeit tritt auch ein, wenn der Hinderungsgrund nach Beschlussfassung, aber vor Amtsantritt eingetreten ist. Bei Eintritt des Hinderungsgrundes nach Beginn der Amtszeit erlischt die Mitgliedschaft im Aufsichtsrat nach h.M. kraft Gesetz, vgl. *Hüffer*, § 100 Rn. 11; MK/*Semler*, § 100 Rn. 98.

275 § 105 Abs. 2 AktG gestattet eine befristete Abweichung von der Regel. Zu den differenzierten Rechtsfolgen von Verstößen gegen § 105 AktG in den denkbaren Konstellationen vgl. *Hüffer*, § 105 Rn. 6.

276 Z.B. bei Mehrfachmandaten in Konkurrenzunternehmen und berufsmäßig befangenen Behördenvertretern; vgl. *K.Schmidt*, § 28 III 3a) m.w.N. zum Meinungsstand (in Fn. 123, 124), der für die Aktionärsvertreter weitere Inkompatibilitäten vereinbart werden (§ 100 Abs. 4 AktG). In börsennotierten Gesellschaften sind den Wahlvorschlägen zudem Angaben über die Mitgliedschaft der Kandidaten in anderen gesetzlich zu bildenden Aufsichtsräten beizufügen, während Mitgliedschaften in vergleichbaren ausländischen Kontrollgremien von Wirtschaftsunternehmen beigefügt werden sollen (§ 125 Abs. 1 Satz 3 AktG). Hierdurch sollen mögliche Interessenkonflikte der Vorgeschlagenen (wie Mandate in Konkurrenzunternehmen) und eine drohende Überlastung transparent gemacht werden[277].

(2) Persönliche Voraussetzungen und Qualifikationen der Organmitglieder der *S.A.*

Im französischen Aktienrecht entsprechen sich die persönlichen Bestellungsvoraussetzungen für Verwaltungs- und Aufsichtsratsmitglieder und diejenigen für geschäftsführende Generaldirektoren und Vorstandsmitglieder weitgehend. Als Verwaltungsrats-/Aufsichtsratsmitglieder französischer Aktiengesellschaften wählbar sind nur Gesellschafter, die eine in der Satzung festgelegte Anzahl von Aktien der Gesellschaft halten (art. L. 225-25, 225-72 C.com.)[278]. In der Praxis werden satzungsmäßig stets einige wenige Aktien vereinbart[279]. Auch juristische Personen sind wählbar, müssen sich allerdings ständig durch natürliche Personen vertreten lassen, die wiederum rechtlich wie gewählte Verwaltungsrats-/Aufsichtsratsmitglieder behandelt werden (art. L. 225-20, 225-76 C.com.)[280]. Aufsichtsratsmitglieder dürfen nicht zugleich Mitglied im Vorstand der Gesellschaft sein (art. L. 225-74 C.com.). Die Satzung muss eine Altersgrenze für die Verwaltungsrats-/Aufsichtsratsmitglieder festlegen (art. L. 225-19 (1), 225-70 (1) C.com.). Geschieht dies nicht, so darf nicht mehr als ein Drittel der Mitglieder das Alter von 70 Jahren überschritten haben (art. L. 225-19 (2), 225-70 (2) C.com.). Bei Überschreitung der Altersgrenze scheidet in Abwesenheit einer anders lautender Satzungsbestimmung das älteste Mitglied aus dem Amt (art. L. 225-19 (4), 225-70 (4) C.com.). Die Regelungen sollen einer Überalterung der Leitungsorgane entgegenwirken, werden in der Praxis aber regelmäßig durch höhere satzungsmäßige Altersgrenzen abbedungen[281]. Seit dem *loi de sécurité financière* ist die Ämterhäufung zur Gewährleistung der effektiven Amtsausübung insofern beschränkt, als eine natürliche Person nicht mehr als

---

davon ausgeht, dass die Streitfrage nicht mit der für echte Inkompatibilitätsgründe notwendigen Absolutheit bejahrt werden kann; ebenso *Hoffmann-Becking* in MHdbGR IV, § 30 Rn. 3.

277 Vgl. *Kübler/Assmann*, § 15 IV 2b)dd); *Escher-Weingart*, ZVglRWiss 99 (2000), 387, 391.

278 Bei Verstoß gegen das Aktienbesitzerfordernis verliert das Verwaltungsratsmitglied sein Amt, wenn es den Verstoß nicht innerhalb von drei Monaten behebt (art. L. 225-25 (2) C.com.). Zu den sonstigen, gesellschaftsformübergreifend geltenden Inkompatibilitäten vgl. *Schmidt-Tiedemann*, 87 m.w.N.; *Merle*, Rn. 379 f.; *Cozian/Viandier/Deboissy*, Rn. 477; *Fleischer*, WM 2004, 157 ff.

279 Vgl. *Merle*, Rn. 375 in Fn. 1.

280 Die Abberufung des Vertreters durch die juristische Person ist nur bei gleichzeitiger Entsendung eines neuen Vertreters möglich (art. L. 225-22 (2) C.com.). Ausführlich zur Berufung von juristischen Personen zu Mitgliedern von französischen Leitungsorganen vgl. *Germain* in Ripert/Roblot, 408 f. Rn. 1637.

281 Vgl. *Merle*, Rn. 377.

fünf Verwaltungsrats- und/oder Aufsichtsratsmandate gleichzeitig ausüben darf (art. L. 225-21, 225-77, 225-94 C.com.). Zudem ist die Ämterhäufung in allen französischen Aktiengesellschaften auf insgesamt fünf Mandate als Generaldirektor, Verwaltungsrats-, Aufsichtsrats- sowie Vorstandsmitglied beschränkt (art. L. 225-94-1 (1) C.com.). Hierdurch soll auch der gerade in börsennotierten Gesellschaften weit verbreiteten Ämterhäufung durch einen überschaubaren Personenkreis und den damit verbundenen Problemen für die *Corporate Governance* (Interessenkonflikte, mangelnde Unabhängigkeit der Amtsinhaber) entgegengewirkt werden[282]. Um die Konzernbildung zu unterstützen, werden Verwaltungsrats- und Aufsichtsratsmandate von Verwaltungsrats/Aufsichtsratsmitgliedern der Muttergesellschaft in abhängigen Gesellschaften nicht mitgezählt, so dass sie dort unbegrenzt viele Mandate haben können (art. L. 225-21 (2), 225-77 (2) C.com.)[283]. Die Ämterhäufungsbeschränkung wird weiter relativiert, indem bis zu fünf Verwaltungs- und Aufsichtsratsmandate in Gesellschaften, die weder Wertpapiere an einem organisierten Markt notiert haben noch von Gesellschaften mit börsennotierten Wertpapieren kontrolliert werden, im Rahmen der Beschränkung als ein einziges gezählt werden (art. L. 225-21 (3), 225-77 (3) C.com.). Ausgenommen von den Beschränkungen sind die Vertreter von Risikokapital- bzw. *Private-Equity*-Gesellschaften (art. L. 225-95-1 C.com.). Hierdurch soll ihr Geschäftsmodell, dass regelmäßig beinhaltet, im Gegenzug für ihre Unterstützung zahlreicher Gesellschaften unter anderem Sitze in deren Verwaltungs- bzw. Aufsichtsräten zu erhalten, gefördert werden[284]. Sind die Ämterhäufungsvorschriften anwendbar, hat ihre Verletzung jeweils zur Folge, dass die Person die überzähligen Mandate innerhalb von drei Monaten nach ihrer Bestellung aufgeben muss. Leistet sie dem Gebot nicht Folge, so gilt die Person mit Ablauf der Frist als abberufen und muss die erhaltene Vergütung zurückzahlen[285]. Publizität und Kontrolle der Ämterhäufungsbeschränkungen werden dadurch geschaffen, dass der Lagebericht der Gesellschaft eine Aufstellung über sämtliche Ämter und Funktionen der Mitglieder der Leitungsorgane enthalten muss (art. L. 225-102-1 (4) C.com.)[286].

---

282 Vgl. *Bureau*, Bull. Joly 2001, 553, 567 f.; *Dorresteijn/Kuiper/Morse*, 105; *Schmidt-Tiedemann*, 91; *Merle*, Rn. 378 m.w.N. in Fn. 1: 1995 hatten in den 200 wichtigsten französischen Aktiengesellschaften 32 Personen mindestens 6 Verwaltungsratsmandate. Zusammen besetzten sie 257 der ca. 2000 Sitze. Im Vergleich hierzu hatten die Banken insgesamt 86 Mandate.

283 Vgl. *Bureau*, Bull. Joly 2001, 553, 569. Abhängig ist eine Gesellschaft, wenn die herrschende Gesellschaft entweder unmittelbar oder mittelbar die Mehrheit der Stimmrechte hält, während zwei aufeinander folgenden Geschäftsjahren die Mehrheit der Verwaltungsmitglieder bestellt hat oder sonst einen beherrschenden Einfluss auf die Gesellschaft ausübt (art. L. 233-16 C.com.).

284 Vgl. *Bureau*, Bull. Joly 2001, 553, 571.

285 Die Beschlüsse, an denen sie beteiligt war, bleiben wirksam (art. L. 225-21 (3), 225-54-1 (3), 225-67 (3), 225-77 (3) C.com.).

286 Die Veröffentlichung im Lagebericht soll den Aktionäre ermöglichen, den Arbeitseinsatz der Verwaltungsratsmitglieder besser bewerten und in Verbindung mit den von Gesellschaften mit börsennotierten Wertpapieren ebenfalls veröffentlichten Gehältern (art. L. 225-22-1, 225-42-1, 225-79-1, 225-90-1 C.com.) evt. Missverhältnisse beurteilen zu können; vgl. *Godon*, Bull. Joly 2001, 728, 740. Zur Vergütungspublizität in der *S.A.* siehe in Kapitel 6 unter IV.1.c)cc).

Der vom Verwaltungsrat zu wählende geschäftsführende Generaldirektor/*P-DG* der monistischen *S.A.* sowie die vom Aufsichtsrat zu wählenden Vorstandsmitglieder müssen natürliche Personen unterhalb des satzungsdispositiven Alterslimits von 65 Jahren sein (art. L. 225-54 (1), 225-59 (3), 225-60 C.com.). Anders als die Verwaltungsrats- und Aufsichtsratsmitglieder brauchen Generaldirektoren (soweit sie nicht im Verwaltungsrat sitzen) und Vorstandsmitglieder nicht Aktionäre der Gesellschaft zu sein (art. L. 225-59 (3) C.com.). Vorstandsmitglieder können grundsätzlich unabhängig vom Bestehen eines Arbeitsverhältnisses mit der Gesellschaft berufen werden, ebenso wie sie nach ihrer Bestellung ein Arbeitsverhältnis mit der Gesellschaft eingehen können[287]. Um eine adäquate Amtsausübung zu gewährleisten, darf eine natürliche Person grundsätzlich nicht Generaldirektor/Vorstand von mehr als einer Aktiengesellschaft mit Sitz in Frankreich sein (art. L. 225-54-1 (1), 225-67 (1) C.com.)[288]. Ausnahmsweise ist ein Generaldirektoren-/Vorstandsmandat in einer weiteren Gesellschaft zulässig, allerdings nur, wenn es sich um eine abhängige Gesellschaft handelt oder diese zweite Gesellschaft keine Wertpapiere an einem organisierten Markt notiert hat (art. L. 225-54-1 (2), 225-67 (2) C.com.). Ein Verstoß gegen das Verbot der Ämterhäufung ist – wie ein solcher gegen die für Verwaltungsrats-/Aufsichtsratsmitglieder geltenden Vorschriften – durch Niederlegung des Mandats innerhalb von drei Monaten zu korrigieren. Nach Ablauf der Frist gilt das unzulässige Mandat als niedergelegt (art. L. 225-54-1 (3), 225-67 (3) C.com.).

(3) Persönliche Voraussetzungen und Qualifikationen der Organmitglieder der *plc*

In der *plc* müssen die Verwaltungsratsmitglieder, soweit die *articles* dies nicht vorsehen (was die Mustersatzungen nicht tun), nicht Aktionäre der Gesellschaft sein[289]. Ein Alterslimit besteht nicht[290], kann aber, wie sonstige Inkompatibilitäten, durch die *articles* eingeführt werden (so z.B. Art. 81 Table A, Art. 22 Schedule 3)[291]. Zur Gewährleistung der Effektivität der Amtsausübung empfiehlt der *Combined Code* dem Verwaltungsrat, geschäftsführende Verwaltungsratsmitglieder einer anderen Gesellschaft nicht für mehr als einen Posten als nicht-geschäftsführendes Verwaltungsratsmitglied einer *FTSE 100*-Gesellschaft sowie nicht für deren Verwaltungsratsvorsitz vorzuschlagen (lit. A.4.5 Combined Code).

---

287 Dies ergibt sich aus dem Gegenschluss zu art. L. 225-61 (2) C.com., dem zufolge die Abberufung als Vorstandsmitglied nicht zur Kündigung oder Auflösung eines mit der Gesellschaft bestehenden Arbeitsvertrags führt. Für Generaldirektoren gilt dies nur, wenn sie nicht Verwaltungsratsmitglieder sind, ansonsten muss die Grenze der Drittelparität aus art. L. 225-22 C.com. eingehalten werden.

288 Zu den sonstigen gesellschaftsformübergreifend geltenden (beruflichen) Inkompatibilitäten vgl. den Überblick bei *Schmidt-Tiedemann*, 90 ff.; desw. *Germain* in Ripert/Roblot, 412 Rn. 1643.

289 Vgl. *Davies*, Gower's Company Law, 308.

290 Vgl. *Davies*, Gower's Company Law, 308.

291 Die Mustersatzungen führen vor allem folgende Inkompatibilitäten und Beendigungsgründe auf: Gesetzliche Beendigungsgründe oder Geschäftsführungsverbote, Insolvenz des Verwaltungsratsmitglieds, ärztlich oder gerichtlich festgestellte physische oder psychische Unfähigkeit zur Amtsausübung. Rechtsvergleichend zu den Bestellungshindernissen *Fleischer*, WM 2004, 157 ff.

bb) Vorliegen von und Bedürfnis für Börsengesellschaftsrecht zu den persönlichen Voraussetzungen und Qualifikationen der Organmitglieder

Börsengesellschaftsrechtliche Aspekte finden sich danach lediglich in den Ämterhäufungsbeschränkungen des französischen Aktienrechts, des DCGK und des *Combined Code* sowie in der besonderen Offenlegungspflicht der Mitgliedschaften in anderen Gremien in den Vorschlägen für die Aufsichtsratswahl nach § 125 Abs. 1 Satz 3 AktG.

Betrachtet man die auf eine Beschränkung der Ämterhäufung hinwirkende Empfehlung gemäß Ziff. 5.4.5 Satz 2 DCGK, dass Vorstandsmitglieder börsennotierter Gesellschaften nicht mehr als fünf Aufsichtsratsmandate in börsennotierten Gesellschaften wahrnehmen sollen, stellt sich die Frage, warum die Empfehlung sich auf Aufsichtsratsmandate börsennotierter Gesellschaften beschränkt. Es ist nicht ersichtlich, warum der Arbeitsaufwand in nicht börsennotierten Gesellschaften generell geringer sein sollte als in börsennotierten[292]. Er könnte sogar eher größer sein, da die Arbeit in börsennotierten Gesellschaften regelmäßig an die dort eingerichteten Ausschüsse delegiert werden kann, während die Aufsichtsratsmitglieder nicht börsennotierter Gesellschaften aufgrund der dort selteneren Ausschussbildung sich öfter im Plenum mit sämtlichen Belangen der Gesellschaft befassen müssen[293]. Um eine effektive Wahrnehmung von Aufsichtsratsmandaten durch Vorstandsmitglieder börsennotierter Gesellschaften zu gewährleisten, sollte die Empfehlung auf typischerweise arbeitsintensive Aufsichtsratsmandate in Gesellschaften ohne börsennotierte Aktien ausgedehnt und die nach ihr zulässige Höchstzahl herabgesetzt werden[294]. Zudem werden sowohl bei der Begrenzung nach § 100 AktG (nicht mehr als zehn Aufsichtsratsmandate in konzernexternen Gesellschaften) als auch bei derjenigen des DCGK (nicht mehr als fünf Aufsichtsratsmandate für Vorstände börsennotierter Gesellschaften in konzernexternen börsennotierten Gesellschaften)[295] Mandate in vergleichbaren Gremien im Ausland nicht mitgezählt, was angesichts der aus diesen in gleicher Weise wie aus den Mandaten in deutschen Aufsichtsräten resultierenden Arbeitsbelastung nicht überzeugen kann[296].

Ähnliche Bedenken bestehen auch gegenüber den französischen Ämterhäufungsbeschränkungen, die Mandate in Gesellschaften ohne an organisierten Märkten notierte Wertpapiere angesichts einer unterstellten geringeren Komplexität privilegieren. Daher erscheint zweifelhaft, dass bis zu fünf Verwaltungs- und Aufsichts-

---

292 Vgl. *Roth/Wörle*, ZGR 2004, 565, 591.

293 Vgl. *Roth/Wörle*, ZGR 2004, 565, 591; DIHK, Vorschläge des Deutschen Industrie- und Handelskammertrages zur Überarbeitung des DCGK, September 2002, 2.

294 So *Roth/Wörle*, ZGR 2004, 565, 592 unter Verweis auf die Äußerung eines DAX-Aufsichtsratsmitglieds in der Wirtschaftswoche vom 25. Januar 2003, der zufolge ein aktiver Manager kaum mehr als zwei bis drei Aufsichtsratsmandate mit dem gebotenen Arbeitseinsatz wahrnehmen könne.

295 Zur diesbezüglichen Auslegung der Ziff. 5.4.5 Satz 2 DCGK vgl. Bericht der Regierungskommission Corporate Governance, 2001, BT-Drucks. 14/7515, Rn. 52.

296 Vgl. *Roth/Wörle*, ZGR 2004, 565, 592 unter Hervorhebung des in der Praxis nicht geringen Umfangs der Wahrnehmung ausländischer Mandate durch deutsche Vorstandsmitglieder.

ratsmandate in Gesellschaften, die weder selbst börsennotierte Wertpapiere haben noch von einer Gesellschaft mit börsennotierten Wertpapieren abhängig sind, für die Ämterhäufungsbeschränkung auf fünf Mandate als ein einziges gezählt werden (art. L. 225-21 (1), (3), 225-77 (1), (3), 225-94 C.com.). Auch die Regelung, dass Vorstandsmitglieder oder geschäftsführende Generaldirektoren in Ausnahme vom grundsätzlichen Ämterhäufungsverbot in Gesellschaften ohne an organisierten Märkten notierten Wertpapieren eine weiteres derartiges Mandat annehmen dürfen, ist vor diesem Hintergrund fragwürdig (art. L. 225-54-1 (2), 225-67 (2) C.com.)

Die Vorschriften zur Beschränkung der Ämterhäufung bezwecken die Sicherstellung der effektiven Wahrnehmung der angenommenen Mandate. Beschränkungsvorschriften sollten daher maßgeblich daran ausgerichtet sein, wie viele Mandate welcher Komplexität noch effektiv ausgeübt werden können. Die Komplexität der Amtsausübung ergibt sich aber nicht allein aus der Börsennotierung von Aktien oder sonstigen Wertpapieren, sondern maßgeblich aus der Größe und Struktur einer Gesellschaft, für die eine Börsennotierung nur ein Indiz ist, sowie aus der konkreten Ausgestaltung des übernommenen Amtes. Präziser als nur durch die Börsennotierung wird eine typischerweise größere Komplexität der Gesellschaft und damit eine regelmäßig höhere Arbeitsbelastung durch die Vorgaben für große Gesellschaften nach Art. 27, 53a der Jahresabschluss-Richtlinie indiziert. Sie erfassen nicht nur Gesellschaften mit an einem organisierten Markt notierten Wertpapieren, sondern auch sonstige Gesellschaften, die zwei der drei Größenvorgaben des Art. 27 erfüllen[297]. Eine sinnvolle Vorschrift zur Beschränkung der Ämterhäufung sollte sich daher nicht bloß auf Gesellschaften mit börsennotierten Aktien oder Wertpapieren, sondern auf alle großen Gesellschaften im Sinne des europäischen Bilanzrechts beziehen. Aber auch dann könnte die mit den verschiedenen Ämtern verbundene Arbeitsbelastung kaum abstrakt und generell für alle denkbaren Fälle beurteilt werden. Deshalb sind flexible Vorgaben starren gesetzlichen Regelungen vorzuziehen, zumal die bestehenden die Ämterhäufung einschränkenden Kodexregelungen in der Praxis weitestgehend befolgt werden. Eine solche Kodexempfehlung sollte in Anlehnung an Ziff. 5.4.5 Satz 2 DCGK nicht nur den Geschäftsleitungsmitgliedern, sondern (vergleichbar des Anwendungsbereichs der französischen Normen) auch den Aufsichtsratsmitgliedern/nicht geschäftsführenden Verwaltungsratsmitgliedern die Übernahme von nicht mehr als z.B. drei Überwachungsmandaten in (auch ausländischen) konzernexternen großen Gesellschaften empfehlen. Die Beschränkung auf Kodexvorgaben gewährleistet den angesprochenen Gesellschaften die Flexibilität, ihren Organmitgliedern eine Überschreitung der empfohlenen Zahl im Wege des *comply or explain* zu ermöglichen. Indem sie sich maßgeblich an börsennotierte Gesellschaften mit den für sie typischen *agency*-Problemen wendet, vermeidet sie zudem eine Überregulierung für nicht-börsennotierte Gesellschaften. In diesen besteht ein angesichts der sie üblicherweise bestimmenden unternehmerisch tätigen Aktionäre kein vergleichbares Bedürfnis

---

297 Bilanzsumme von 17,5 Mill. €, Nettoumsatzerlös von 35 Mill. €, Mitarbeiterzahl von 250; vgl. auch oben Kapitel 1 Fn. 25.

für die Gewährleistung einer konzentrierten Geschäftsleitung mit effektiver Kontrolle durch den Aufsichtsrat/die nicht geschäftsführenden Verwaltungsratsmitglieder.

Ein der Beschränkung der Ämterhäufung nahestehender Regelungsmechanismus ist die an die Aufsichtsräte börsennotierter AGs gerichtete Pflicht, ihren Vorschlägen zur Wahl von Aufsichtsratsmitgliedern durch die Hauptversammlung Angaben über die Mitgliedschaften der Vorgeschlagenen in anderen Aufsichtsräten beizufügen (Mitgliedschaften in vergleichbaren ausländischen Gremien sollen genannt werden, § 125 Abs. 1 Satz 3 AktG). Das Gesetz verzichtet hier auf eine zwingende Anordnung und überlässt der Hauptversammlung die Beurteilung, ob der Betreffende trotz anderweitiger Belastungen zur Erfüllung seiner Aufgabe in der Lage sein wird[298]. In Gesellschaften ohne börsennotierte Aktien sind derartige Informationspflichten hingegen überflüssig, da der überschaubare und typischerweise jedenfalls zu Teilen unternehmerisch tätige Aktionärskreis über andere Informationskanäle verfügt. Während die Informationspflicht über die sonstigen Mandate zur Beurteilung der Arbeitsbelastung der Person und damit ihrer Eignung zur Erfüllung der mit dem angestrebten Amt verbundenen Aufgaben sinnvoll ist, fragt sich wiederum, warum die nicht weniger zeitintensiven Mitgliedschaften in ausländischen Gremien nicht verpflichtend offen gelegt werden müssen. Eine solche verpflichtende Offenlegung sämtlicher Mandate gewährleistete eine umfassend informierte Entscheidung der Aktionäre börsennotierter Gesellschaften, ohne die Gesellschaften erheblich zu belasten, und stellte sich damit als vorbildliche börsengesellschaftsrechtliche Regelung dar. Von ihrem Regelungszweck her vergleichbar ist die Offenlegungspflicht des französischen Rechts aus art. L. 225-102-1 (4) C.com., der zufolge alle von den Organmitgliedern während des Geschäftsjahrs ausgeübten Ämter im Lagebericht offen zu legen sind. Sie hat aber gegenüber einer Offenlegungspflicht im Rahmen der Wahlvorschläge den Nachteil, dass sie Personen, die bisher keine Organfunktion in der Gesellschaft ausüben, nicht erfasst und kann erstere daher nicht ersetzen. Im Übrigen erscheint eine derartige allgemeine Pflicht zur Offenlegung aller außerhalb der Gesellschaft ausgeübten Ämter aber jedenfalls in börsennotierten Gesellschaften, in denen die Aktionäre keine anderweitigen Informationsmöglichkeiten besitzen, sinnvoll, um ihnen auch während noch laufender Amtszeiten und nicht nur bei einer Neu- oder Wiederbestellung eine Beurteilung des Arbeitseinsatzes der Organmitglieder zu ermöglichen, die Grundlage eventueller Abberufungsbestrebungen sein kann.

---

298 Vgl. *Hommelhoff/Mattheus*, AG 1998, 249, 256.

3. Amtszeit und Abberufung der Verwaltungsmitglieder

a) *Rechtsvergleichender Überblick zur Amtszeit und Abberufung der Organmitglieder*

aa) Amtszeit der Organmitglieder

(1) Amtszeiten in der AG

Der Aufsichtsrat bestellt die Vorstandsmitglieder der AG auf höchstens fünf Jahre (§ 84 Abs. 1 Satz 1 AktG) und kann die Amtszeit beliebig oft durch frühestens ein Jahr vor Ablauf der Amtszeit zu fassenden Aufsichtsratsbeschluss auf jeweils maximal fünf Jahre beschränkt verlängern (§ 84 Abs. 1 Satz 1–3 AktG)[299]. Bei einer Bestellung auf weniger als fünf Jahre kann eine Verlängerung der Amtszeit ohne neuen Aufsichtsratsbeschluss vorgesehen werden, sofern dadurch die Amtszeit nicht mehr als fünf Jahre beträgt (§ 84 Abs. 1 Satz 4 AktG). Die Vorgaben gelten sinngemäß für den Anstellungsvertrag mit dem Vorstandsmitglied (§ 84 Abs. 1 Satz 5 AktG). Bei der ersten Bestellung sollte die maximale Länge von fünf Jahren dem DCGK zufolge nicht die Regel sein (Ziff. 5.1.2 Abs. 2 Satz 1 DCGK), was sie in der Praxis aber ist[300]. Zudem soll der gängigen Praxis der Umgehung der Jahresfrist zur wiederholten Bestellung/Amtszeitverlängerung durch Wiederbestellung vor Ablauf eines Jahres vor dem Ende der Bestelldauer bei gleichzeitiger Aufhebung der laufenden Bestellung entgegengewirkt werden, indem eine solche nur bei Vorliegen besonderer Umstände erfolgen soll (Ziff. 5.1.2 Abs. 2 Satz 2 DCGK)[301]. Die Aufsichtsratsmitglieder der AG werden auf bestimmte Zeit gewählt, höchstens bis zur Hauptversammlung, die über die Entlastung für das vierte Geschäftsjahr nach dem Beginn ihrer Amtszeit (unter Außerachtlassung des Geschäftsjahres ihrer Amtsaufnahme) entscheidet, de facto also für höchstens fünf Jahre (§§ 101 Abs. 1, 102 Abs. 1 AktG).

(2) Amtszeiten in der *S.A.*

Die Amtszeit der Verwaltungsratsmitglieder der monistischen *S.A.* und der Aufsichtsratsmitglieder der dualistischen *S.A.* wird durch die Satzung festgelegt, darf aber sechs Jahre nicht überschreiten (art. L. 225-18 (1), 225-75 (1) C.com.). Der konsolidierte *Corporate Governance*-Kodex empfiehlt eine Höchstdauer von nicht mehr als vier Jahren (Ziff. 12 FCGK i.V.m. der Präambel zum FCGK). Eine Wiederwahl ist, soweit die Satzung nichts anderes vorsieht, zulässig (art. L. 225-18 (2), 225-75 (2)

---

299 Die Bestellung bezeichnet den korporationsrechtlichen Akt, durch den eine dafür qualifizierte Person mit ihrer Zustimmung in die Funktion eines Vorstandsmitglieds eingesetzt wird. Sie ist von der schuldrechtlich durch Dienstvertrag bewirkten Anstellung zu unterscheiden, die das Innenverhältnis zwischen der AG und den einzelnen Vorstandsmitgliedern regelt, vgl. ausführlich *Kübler/Assmann*, § 15 III 2b); *K.Schmidt*, § 28 II 2d)–e); zur Rechtsnatur der Bestellung auch *Hüffer*, § 84 Rn. 4 m.w.N.

300 Vgl. *Fleischer*, AG 2006, 429, 435, 442; *Peltzer* in Semler/Peltzer, § 2 Rn. 77; *Bauer/Arnold*, BB 2007, 1793, 1794.

301 Referierend zum Meinungsstand hinsichtlich dieser Praxis *Fleischer*, AG 2006, 429, 436 f. m.w.N. Zu den denkbaren besonderen Umständen vgl. DCGK-Kommentar/*Kremer*, Rn. 949; *Peltzer*, DCGK, Rn. 245 ff.

C.com.). Für die aus dem Kreis der an der Gesellschaft beteiligten Arbeitnehmer gewählten Vertreter gelten die Vorgaben entsprechend, allerdings endet ihr Mandat auch mit Ende ihres Arbeitsvertrags (art. L. 225-23, 225-71 C.com.). Die Festlegung der Amtszeiten des geschäftsführenden Generaldirektors und eventueller ihm zur Seite stehender delegierter Generaldirektoren in der monistischen *S.A.* überlässt das französische Aktienrecht der Satzung bzw. dem Verwaltungsrat[302]. Erfolgt keine Festlegung, so werden die Generaldirektoren auf unbefristete Zeit berufen[303]. Die Amtszeit der Vorstandsmitglieder der dualistischen *S.A.* kann per Satzung auf eine Periode zwischen zwei und sechs Jahren festgelegt werden und beträgt mangels einer solchen Festsetzung vier Jahre (art. L. 225-62 C.com.).

(3) Amtszeiten in der *plc*

Die Festlegung der Amtszeiten der Verwaltungsratsmitglieder der *plc* ist der Satzung überlassen. Die Mustersatzungen sehen verschiedene Rotationsprinzipien vor, denen zufolge bei jeder Jahreshauptversammlung jeweils das am längsten sein Amt ausübende Drittel der Verwaltungsratsmitglieder (Art. 73 Table A) bzw. alle von der Hauptversammlung nicht auf einer der beiden letzten Jahreshauptversammlungen berufenen Mitglieder (Art. 21 (2) Schedule 3) zurückzutreten haben und sich anschließend um eine Wiederwahl bemühen können. Vom Verwaltungsrat berufene Mitglieder haben ohnehin auf der ersten Hauptversammlung nach ihrer Bestellung zurückzutreten, um sich zur Wiederwahl zu stellen (Art. 73 Table A, Art. 21 (1) Schedule 3). Beruft die Gesellschaft unter dem *Table A*-Regime geschäftsführende Verwaltungsratsmitglieder, so nehmen diese an der Rotation nicht teil (Art. 84 Satz 5 Table A). Eine entsprechende Regelung findet sich in *Schedule 3* nicht mehr. Während die Mustersatzung des *Table A* also noch von einer Amtszeit von drei Jahren für nicht-geschäftsführende Mitglieder ausgeht und geschäftsführenden Mitgliedern eine längere Amtszeit ermöglicht, vereinheitlicht *Schedule 3* die Amtszeiten beider Gruppen auf höchstens drei Jahre (bei Bestellung auf der drittletzten Jahreshauptversammlung). Auch dem *Combined Code* zufolge sollen sich alle Verwaltungsratsmitglieder in regelmäßigen Intervallen von nicht mehr als drei Jahren zu Wiederwahl stellen müssen (lit. A.7., 7.1. Combined Code).

bb) Abberufung der Organmitglieder

(1) Abberufung der Vorstands- und Aufsichtsratsmitglieder der AG

Vor Ablauf ihrer Amtszeit können Vorstandsmitglieder der AG nur bei Vorliegen eines wichtigen Grundes durch den Aufsichtsrat abberufen werden (§ 84 Abs. 3 AktG)[304]. Das Gesetz will damit eine Abhängigkeit der Vorstandsmitglieder ver-

---

302 Vgl. *Merle*, Rn. 431.

303 Vgl. *Merle*, Rn. 431.

304 Das Abberufungsrecht des Aufsichtsrats ist in doppelter Richtung zwingend, als es weder ausgedehnt noch eingeschränkt werden darf, da sonst entweder die Autonomie des Vorstandes oder die Kontrolltätigkeit des Aufsichtsrats gefährdet würde; vgl. *K.Schmidt*, § 28 II 2c); *Hefermehl* in Geßler/Hefermehl, § 84 Rn. 68; BGHZ 8, 348, 349; BGH WM 1955, 1222; KG JW 1939, 492.

meiden, die ihrer eigenverantwortlichen Leitungsfunktion aus § 76 Abs. 1 AktG nicht entspräche[305]. Dahinter steckt die Vorstellung, dass der Vorstand nur dann zur eigenverantwortlichen Leitung der Gesellschaft in der Lage ist, wenn er sicher sein kann, dass der Aufsichtsrat ihn nur bei erheblichen Verfehlungen und groben Nachlässigkeiten abberufen kann[306]. Hauptbeispiele für wichtige Gründe sind grobe Pflichtverletzungen, die Unfähigkeit zur ordnungsmäßigen Geschäftsführung und der Vertrauensentzug durch die Hauptversammlung, soweit das Vertrauen nicht aus offenbar unsachlichen Gründen entzogen wurde (§ 84 Abs. 3 Satz 2 AktG). Damit haben die Gesellschafter zwar kein eigenes Abberufungsrecht, durch den Vertrauensentzug aber mittelbaren Einfluss auf die Abberufung durch den Aufsichtsrat. Hält das betroffene Vorstandsmitglied seine Abberufung für unrechtmäßig, so kann es gegen die AG vertreten durch den Aufsichtsrat auf Feststellung der Unwirksamkeit klagen[307]. Der Widerruf der Bestellung bleibt aber – wie bei einer Anfechtungsklage – wirksam, bis seine Unwirksamkeit rechtskräftig festgestellt ist (§ 84 Abs. 3 Satz 4 AktG). Bis zu diesem Zeitpunkt darf das Vorstandsmitglied keine Vorstandstätigkeit ausüben. Für die Abberufung des Arbeitsdirektors gelten gemäß § 84 Abs. 4 AktG die Mitbestimmungsgesetze[308]. Die Abberufung hat keinen Einfluss auf die mit den Vorstandsmitgliedern bestehenden Arbeitsverträge (§ 84 Abs. 3 Satz 5 AktG). Liegt kein außerordentlicher Kündigungsgrund vor, so bestehen der Anstellungsvertrag und die aus ihm resultierenden Vergütungsansprüche fort, weshalb regelmäßig eine einvernehmliche Vertragsaufhebung gegen Abfindungszahlung gesucht wird[309]. Der DCGK empfiehlt insofern für die Beendigung der Vorstandstätigkeit ohne wichtigen Grund die Einführung von Abfindungscaps von maximal zwei Jahren und nicht mehr als der Vergütung der Restlaufzeit des Vertrags (Ziff. 4.2.3 Abs. 4 DCGK)[310]. *Change of Control*-Klauseln, d.h. Leistungszusagen für den Fall der vorzeitigen Beendigung der Vorstandstätigkeit infolge eines Kontrollwechsels, sollen 150 % des Abfindungs-Caps nicht übersteigen (Ziff. 4.2.3 Abs. 5 DCGK). Die mittlerweile zu Empfehlungen aufgewerteten ursprünglichen Anregungen stellen sich als Kompromiss gegenüber der ursprünglich avisierten Empfehlung kürzerer Amtsperioden dar und sollen jedenfalls die finanziellen Folgen einer Abberufung trotz weiterhin typischerweise fünfjähriger Amtszeit begrenzen[311]. Ihre praktische

---

305 Vgl. *Kropff*, Begr RegE, 106; *Hüffer*, § 84 Rn. 26; GK/*Meyer-Landrut*, § 84 Rn. 30.
306 Vgl. *Kropff*, Begr RegE, 106.
307 Vgl. *K. Schmidt*, § 28 II 2c); *Kübler/Assmann*, § 15 III 2c); *Hüffer*, § 84 Rn. 33 f. m.w.N.
308 Gemäß § 31 Abs. 1 MitbestG gelten für die Bestellung und Abberufung wiederum die §§ 84, 85 AktG, soweit sich nicht aus § 31 Abs. 2–5 MitbestG etwas anderes ergibt. Nach § 31 Abs. 5 AktG ist die Zweidrittelmehrheit sowie das bei ihrem Nichtzustandekommen eingreifende komplexe Verfahren der Bestellung auch auf deren Widerruf anzuwenden. § 13 Abs. 1 MontanMitbestG schließt den Abruf des Arbeitsdirektors gegen die Stimmen der Mehrheit der Arbeitnehmerbank aus.
309 Vgl. *Wendt*, 191 f.; *Hoffmann-Becking*, FS für Stimpel, 589; BGHZ 26, 236; 47, 341; 79, 38.
310 Bei Vorliegen eines wichtigen Grundes soll hingegen keine Abfindung gerechtfertigt sein; vgl. *Dörrwächter/Trafkowski*, NZG 2007, 846, 848 unter Verweis auf ein Interview mit dem Vorsitzenden der Kodex-Kommission, Cromme, in der Börsenzeitung vom 6. Juli 2007.
311 Vgl. *Bauer/Arnold*, BB 2007, 1793, 1794.

Umsetzung stößt jedoch auf Schwierigkeiten[312]. Eine Abberufung ohne wichtigen Grund i.S.v. § 84 Abs. 3 AktG ist unwirksam, ebenso eine dienstvertragliche Abfindungsklausel für diesen Fall. Bezieht sich die Abfindungsklausel auf die Fälle, in denen ein wichtiger Grund i.S.v. § 84 Abs. 3 AktG nicht zugleich ein wichtiger Grund i.S.v. § 626 BGB ist (wie der Vertrauensentzug durch die Hauptversammlung), so läuft der Dienstvertrag mangels Kündigungsrecht weiter. Die Vereinbarung ordentlicher Kündigungsrechte bei Nichtvorliegen eines Abberufungsgrundes i.S.v. § 84 Abs. 3 AktG ist jedoch nach h.M. angesichts der von ihr ausgehenden Beeinträchtigung der Unabhängigkeit des Vorstands unzulässig[313], so dass der Gesellschaft nur die Vereinbarung eines Aufhebungsvertrags mit dem Vorstandsmitglied bleibt. Ein dienstvertragliches Abfindungscap kann in diesen Fällen allenfalls faktische Wirkungen im Rahmen der Verhandlungen zur Aufhebung des Dienstvertrags entfalten[314]. Auch zur Begrenzung überhöhter Abfindungsansprüche, die abschreckend auf sinnvolle Abberufungsentscheidungen wirken können, verlangt § 285 Nr. 9a) Satz 5 HGB (i.V.m. § 289 Abs. 2 Nr. 5 HGB) nunmehr von börsennotierten Gesellschaften im Anhang zum Jahresabschluss oder Lagebericht (bzw. Konzernanhang oder Konzernlagebericht, §§ 314 Abs. 1 Nr. 6, 315 Abs. 2 Nr. 4 HGB) die Angabe der Bezüge jedes einzelnen namentlich zu nennenden Vorstandsmitglieds sowie jeglicher Leistungen, die den einzelnen Vorstandsmitgliedern für den Fall der Beendigung ihrer Tätigkeit zugesagt worden sind (§ 285 Nr. 9a) Satz 6 HGB), also Abfindungs- und Pensionsverpflichtungen[315].

Die Abberufung der Aufsichtsratsmitglieder der AG bestimmt sich nach § 103 AktG in Verbindung mit den Mitbestimmungsgesetzen[316]. Sie kann jederzeit durch Hauptversammlungsbeschluss (bei den von der Hauptversammlung frei gewählten Anteilseignervertretern) bzw. Beschluss der wahlberechtigten Arbeitnehmer (bei ihren Vertretern) mit Dreiviertel-Mehrheit erfolgen. Die Satzung kann für die Vertreter der Anteilseignerseite andere Regelungen treffen (§ 103 Abs. 1 Satz 3 AktG), darf hierbei aber nicht zwischen den Aufsichtsratsmitgliedern differenzieren[317]. Entsandte Mitglieder können jederzeit vom Entsendungsberechtigten ersetzt werden und bei Wegfall der satzungsmäßigen Voraussetzungen ihrer Entsendung von der Hauptversammlung mit einfacher Mehrheit abberufen werden (§ 103 Abs. 2 AktG). Im Übrigen kann jedes Aufsichtsratsmitglied auf Antrag der Aufsichtsrats (sowie bei entsandten Mitgliedern einer Aktionärsminderheit mit einer Beteiligung

---

312 Dazu ausführlich *Dörrwächter/Trafkowski*, NZG 2007, 846 ff. *Bauer/Arnold*, BB 2007, 1793, 1794 ff.

313 Vgl. KK/*Mertens*, § 84 Rn. 23, 92; *Wiesner* in MHdbGR IV, § 21 Rn. 80; *Fonk* in Semler/v. Schenk, § 9 Rn. 190; *Dörrwächter/Trafkowski*, NZG 2007, 846, 849.

314 Das Vorstandsmitglied wird regelmäßig bestrebt sein, im Rahmen der Abfindungsverhandlungen einem Verzicht auf die Erfüllung der Vertragslaufzeit nur gegen einen Verzicht auf das Abfindungscap zuzustimmen; vgl. *Dörrwächter/Trafkowski*, NZG 2007, 846, 849; in diesem Sinne auch *Bauer/Arnold*, BB 2007, 1793, 1797.

315 Vgl. Begr. RegE, BR-Drucks. 398/05, 10; *Thüsing*, ZIP 2005, 1389, 1392. Ausführlich zur Vergütungspublizität in der AG in Kapitel 6 unter IV.1.b)cc).

316 §§ 12 DrittelbG, 23 MitbestG, 11 Montan-MitbestG, 10 Montan-MitbestErgG.

317 Vgl. *K. Schmidt*, § 28 III 3b); *Hoffmann-Becking* in MHdbGR IV, § 30 Rn. 51; BGHZ 99, 211.

von 10 % oder einer Million Euro am Grundkapital) bei Vorliegen eines wichtigen Abberufungsgrundes in seiner Person gerichtlich abberufen werden (§ 103 Abs. 3, 4 AktG sowie die mitbestimmungsrechtlichen Sondergesetze)[318]. Die im Vergleich zur Rechtslage beim Vorstand relativ leichte Abberufung der Aufsichtsratsmitglieder erklärt sich daraus, dass sie im Gegensatz zum Vorstand nicht eigenverantwortlich das Unternehmen leiten, sondern als Repräsentanten der Aktionäre diesen verantwortlich sein sollen[319].

(2) Abberufung der Generaldirektoren sowie der Verwaltungsrats-, Vorstands- und Aufsichtsratsmitglieder der *S.A.*

Die Verwaltungsratsmitglieder der monistischen *S.A.* (inklusive des Verwaltungsratspräsidenten) können jederzeit, ohne vorherigen Hinweis und ohne besonderen Grund durch Hauptversammlungsbeschluss abberufen werden (art. L. 225-18 (2) Satz 2 C.com.)[320]. Gleiches gilt für die Aufsichtsratsmitglieder der dualistischen *S.A.* (art. L. 225-75 (2) C.com.). Beim Verwaltungsratspräsidenten kommt ein zwingend ausgestaltetes Abberufungsrecht des Verwaltungsrats hinzu, dessen Ausübung zum Verlust der Stellung als Präsident, nicht aber der Mitgliedschaft im Verwaltungsrat führt (art. L. 225-47 (3) C.com.)[321]. Die freie Abberufungsbefugnis der Hauptversammlung hinsichtlich der Verwaltungsratsmitglieder erklärt sich aus der historisch gewachsenen vertraglichen Deutung des Rechtsverhältnisses zwischen den Mitgliedern des Verwaltungsrats und der Gesellschaft, der zufolge die Mitglieder als widerrufbare Stellvertreter (*mandataires révocables*) i.S.v. art. 2004 C.civ. betrachtet werden[322]. Inzwischen wird das jederzeitige Widerrufsrecht der Hauptversammlung als Bestandteil des *ordre public* angesehen, so dass es weder satzungsmäßig noch vertraglich beschränkt werden kann[323]. Nur ausnahmsweise kann ein abberufenes Verwaltungsratsmitglied Schadensersatz wegen Rechtsmissbrauchs (*abus de droit*) verlangen, wenn die Umstände der Abberufung seinem Ruf unberechtigten Schaden zugefügt haben[324]. Das jederzeitige Abberufungsrecht der Hauptversammlung

---

318 Ausführlich zur Abberufung aus wichtigem Grund *K. Schmidt*, § 28 III 3b); *Kübler/Assmann*, § 15 IV 2c); *Hüffer*, § 103 Rn. 9 ff. m.w.N.

319 Vgl. *K. Schmidt*, § 28 III 3b).

320 Dazu *Fleischer*, AG 2006, 429, 433; *Cozian/Viandier/Deboissy*, Rn. 512; *Le Cannu*, Droit des sociétés, Rn. 742; *Merle*, Rn. 419; *Schmidt-Tiedemann*, 133.

321 *Fleischer*, AG 2006, 429, 433; *Schmidt-Tiedemann*, 134; *Merle*, Rn. 419.

322 Vgl. *Merle*, Rn. 386; *Germain* in Ripert/Roblot, Rn. 1653; *Fleischer*, AG 2006, 429, 433; *Schmidt-Tiedemann*, 133.

323 Vgl. *Fleischer*, AG 2006, 429, 433; *Le Cannu*, Droit des sociétés, Rn. 674 *Cozian/Viandier/Deboissy*, Rn. 515; *Merle*, Rn. 386 (mit Beispielen für wegen Verstoßes gegen den *ordre public* durch Einschränkung der freien Abberufbarkeit nichtige Regelungen).

324 Vgl. Cass. com. v. 6. Mai 1974, Rev.sociétés 1974, 524, Anm. *Merle*; Paris v. 3. Juni 1985, Bull. Joly 1986, 191; Aix v. 25. März 1993 JCP éd. E. 1994, I, 331, n° 6, Anm. *Viandier/Caussain*; Paris v. 2. Juli 2002, Bull. Joly 2002, 1204, n° 257, Anm. *Le Cannu*; *Cozian/Viandier/Deboissy*, Rn. 516 f. mit Beispielsfällen in Rn. 517; *Fleischer*, AG 2006, 429, 433; *Merle*, Rn. 386; rechtsvergleichende Würdigung bei *Fleischer*, RIW 2006, 481 ff. Auch bei Abberufung des Verwaltungsratspräsidenten durch den Verwaltungsrat besteht ein Schadensersatzanspruch nur bei missbräuchlicher Abberufung; vgl. Cass. com. v. 21. Juni 1988, Bull. Joly 1988, 687, n° 226; JCP éd. E 1989, II, 15415, n° 12, Anm. *Viandier/Caussain*; Paris v. 20. Oktober 2000, D. aff. 2000, 432, n° 42, Anm. *Lienhard*; Paris v. 13. Okwird im französischen Schrifttum kritisiert, da sich die Rolle der Verwaltungsratsmitglieder von derjenigen frei widerrufbarer Bevollmächtigter hin zu Mitgliedern eines gesetzlichen Leitungsorgans gewandelt habe[325]. Deshalb sei die Rechtslage derjenigen der dualistischen S.A. anzunähern[326]. Dort können Vorstandsmitglieder jederzeit von der Hauptversammlung sowie bei satzungsmäßiger Ermächtigung vom Aufsichtsrat frei abberufen werden (art. L. 225-61 (1) Satz 1 C.com.). Erfolgt die Abberufung jedoch ohne hinreichenden Grund (*juste motif*), hat das betroffene Vorstandsmitglied zwar keinen Anspruch auf Wiederbestellung, aber einen solchen auf Schadensersatz (art. L. 225-61 (1) Satz 2 C.com.)[327]. Die wesentlichen von der Rechtsprechung konkretisierten „hinreichenden Gründe" für eine Abberufung sind nicht unwesentliche Geschäftsführungsfehler[328], Differenzen mit dem Hauptaktionär über die strategische Ausrichtung der Gesellschaft[329], ein das Gesellschaftswohl gefährdendes Zerwürfnis zwischen Vorstandsmitgliedern[330] sowie eine Umstrukturierung der Gesellschaft[331]. Vergleichbar können der geschäftsführende Generaldirektor (*directeur général*) sowie die delegierten Generaldirektoren (*directeurs généraux délégués*) der monistischen *S.A.* jederzeit durch den Verwaltungsrat abberufen werden (art. L. 225-55 (1) C.com.), haben jedoch bei Abberufung ohne hinreichenden Grund Schadensersatzansprüche, soweit sie nicht zugleich Verwaltungsratsmitglieder waren (und deshalb frei abberufbar sind, art. L. 225-55 (1) Satz 3 C.com.)[332]. Für die Konkretisierung des „hinreichenden Grundes" werden die zur dualistischen *S.A.* und zur *S.A.R.L.* entwickelten Grundsätze herangezogen[333]. Eine Wiedereinstellung ist, ebenso wie bei den Vorstandsmitgliedern der dualistischen *S.A.*, ausgeschlossen[334]. Damit ist die Abberufung der Generaldirektoren in der Theorie derjenigen der Vorstandsmitglieder in der dualistischen *S.A.* in Hinblick auf das Erfordernis eines sachlichen Grundes weitgehend gleichgestellt[335]. In der Praxis ist die Aus-

---

tober 2000, Bull. Joly 2000, 178, n° 47; Rev. sociétes 2001, 131, Anm. *Guyon*; *Schmidt-Tiedemann*, 134 m.w.N. in Fn. 609; *de Juglart/Ippolito*, 469; *Merle*, Rn. 419.

325 Vgl. *Germain* in Ripert/Roblot, 424 f. Rn. 1653; *Merle*, Rn. 386; *Fleischer*, AG 2006, 429, 433 m.w.N. (Fn. 62).

326 Vgl. *Merle*, Rn. 386; *Germain* in Ripert/Roblot, Rn. 1287, 1695.

327 Vgl. *Schmidt-Tiedemann*, 135; *Merle*, Rn. 442 m.w.N.; Cass. com. v. 22. November 1977, Rev.Soc.1978, 483, Anm. *Guyon*. Auch hier bezweckt die drohende Schadensersatzpflicht bei Abberufung ohne sachlichen Grund, die Unabhängigkeit des Vorstands gegenüber dem Aufsichtsrat zu stärken; vgl. *Merle*, Rn. 442; *Schmidt-Tiedemann*, 135.

328 Vgl. Cass. com. v. 21. Oktober 1997, Bull. Joly 1998, 27, m. Anm. *Saintourens*; CA Paris v. 7. Juli 1995, JCP éd. E 1996, I, 541, m. Anm. *Viandier/Caussain*; CA Paris v. 2. Oktober 1997, Rev. sociétés 1998, 160, m. Anm. *Guyon*; *Cozian/Viandier/Deboissy*, Rn. 298; *Merle*, Rn. 188 m.w.N.

329 Vgl. CA Paris v. 17. Januar 2003, JCP éd. E 2003, n° 1203, n° 5, m. Anm. *Caussain/Deboissy/Wicker*.

330 Vgl. Cass. com. v. 4. Mai 1999, JCP éd. E 1999, 1237, m. Anm. *Viandier/Caussain*; CA Paris v. 5. November 1999, BRDA 2-2000, 5.

331 Vgl. CA Versailles v. 11. Februar 1988, JCP 1988, II, 15292, m. Anm. *Viandier/Caussain*.

332 Näher hierzu *Cozian/Viandier/Deboissy*, Rn. 539 f.; *Merle*, Rn. 431.

333 Vgl. *Cozian/Viandier/Deboissy*, Rn. 540; *Merle*, Rn. 431, 442; überblicksartig zur Rspr. *Cozian/Viandier/Deboissy*, Rn. 298; 621; *Merle*, Rn. 188, 442.

334 Vgl. Cass. com. v. 22. November 1977, Rev. sociétés 1978, 483, Anm. *Guyon*; CA Paris v. 20. November 1980, Rev. sociétés 1981, 583, Anm. *Le Cannu*; *Merle*, Rn. 431, 442.

335 Vgl. *Schmidt-Tiedemann*, 134 m.w.N. in Fn. 612. Erstrebt wird die Stärkung der Rolle der Genahme von dem Erfordernis eines sachlichen Abberufungsgrundes jedoch die Regel, da monistische Gesellschaften weiterhin üblicherweise durch den Verwaltungsratspräsidenten als *P-DG* geleitet werden[336].

Entsprechend der deutschen Rechtslage enden auch im französischen Recht die gegebenenfalls mit Organmitgliedern geschlossenen Dienstverträge nicht mit der Abberufung der Mitglieder, so dass ihnen weiterhin vertragliche Lohnansprüche zustehen[337]. Auch um die deshalb drohende Beeinträchtigung der freien Abberufbarkeit der Verwaltungsratsmitglieder zu begrenzen, schränkt das französische Aktienrecht, wie bereits im Rahmen der Zusammensetzung der Leitungsorgane erwähnt, die Vereinbarkeit der Mitgliedschaft im Verwaltungsrat/Aufsichtsrat mit arbeitsvertraglichen Bindungen zur Gesellschaft (unter Außerachtlassung mitbestimmungsrechtlich bestellter Mitglieder) auf ein Drittel der Mitglieder ein (art. L. 225-22, 225-85 C.com.)[338]. Zudem müssen Gesellschaften mit börsennotierten Wertpapieren die Hauptversammlung umfassend über die jedem einzelnen Mandatsträger gewährte Vergütung sowie sämtliche Zusagen der Gesellschaften über Vergütungen, Abfindungen oder sonstigen Vorteilszuwendungen für den Fall der Übernahme, Aufgabe oder Änderung des Mandats informieren (art. L. 225-102-1 (3), (7) C.com.)[339]. Die Offenlegung bezweckt auch eine Mäßigung des Vergütungs- und Abfindungsniveaus und mit diesem eine freiere Abberufbarkeit der Verwaltungsmitglieder.

(3) Abberufung der Verwaltungsratsmitglieder der *plc*

In der *plc* kann die Hauptversammlung jedes Verwaltungsratsmitglied – auch die geschäftsführenden – jederzeit und grundlos mit einfacher Mehrheit abberufen (s. 168 (1) CA 2006)[340]. Ernennt der Verwaltungsrat geschäftsführende Verwaltungsratsmitglieder, so richtet sich der Entzug der Geschäftsführungsbefugnisse nach der Satzung. Den Mustersatzungen zufolge kann der Verwaltungsrat die Delegation der Geschäftsführungsbefugnisse frei zurücknehmen oder modifizieren (Art. 84 Satz 2 Table A, Art. 5 Abs. 3 Schedule 3). Die Stellung als Verwaltungsratsmitglied wird durch den Entzug der Geschäftsführungsbefugnisse nicht tangiert. Die beabsichtigte Abberufung als Verwaltungsratsmitglied durch die Hauptversammlung ist der Gesellschaft mindestens 28 Tage vor der Hauptversammlung bekannt zu machen und die Bekanntmachung von der Gesellschaft unter den Aktionären zu verbreiten (ss. 168 (2), 312 CA 2006). Das Verwaltungsratsmitglied muss vor der Beschluss-

---

neraldirektoren im Verhältnis zum Verwaltungsrat; vgl. *Bouère*, Bull. Joly 2001, 695, 715; *Schmidt-Tiedemann*, 134; *Merle*, Rn. 431.

336 Vgl. *Merle*, Rn. 431.

337 Vgl. *Merle*, Rn. 389; *Wendt*, 192.

338 Vgl. bereits oben unter 2.a)aa)(3).

339 Ausführlich zur Vergütungspublizität in der *S.A.* in Kapitel 6 unter IV.1.c)cc).

340 Angesichts der weitreichenden Abberufungsbefugnisse der Hauptversammlung wird das britische Gesellschaftsrecht als führend im Hinblick auf die Verantwortlichkeit der Geschäftsleiter gegenüber den Anteilseignern angesehen; vgl. *Fleischer*, AG 2006, 429, 432; *Davies* in Hopt u.a. (Hrsg.), Capital Markets and Company Law, 255 f.

fassung von der Hauptversammlung angehört werden (s. 169 (2) CA 2006) und kann verlangen, dass die Gesellschaft seine Stellungnahme zur beabsichtigten Abberufung unter den Aktionären verbreitet (s. 169 (3) CA 2006). Eine Abberufung einzelner Verwaltungsratsmitglieder durch den Verwaltungsrat ist nur möglich, wenn die *articles* dem Verwaltungsrat diese Kompetenz einräumen (was die Mustersatzungen nicht tun)[341].

Relativiert wird das weitreichende Abberufungsrecht der Hauptversammlung durch die Möglichkeit des betroffenen Verwaltungsratsmitglieds, Schadensersatz wegen Verletzung seiner Amtsstellung oder eines zugleich geschlossenen Anstellungsvertrags zu verlangen (s. 168 (5) CA 2006)[342]. Eine Abberufung aus anderen Gründen als schwerwiegendem Fehlverhalten stellt nach der Rechtsprechung grundsätzlich einen schadensersatzpflichtigen Vertragsbruch dar[343]. Dies ist vor allem deshalb problematisch, weil die Anstellungsverträge regelmäßig durch den Verwaltungsrat abgeschlossen werden (Art. 84 Satz 1 Table A, Art. 23 (3)(b) Schedule 3), die Verwaltungsratsmitglieder also gegenseitig über die Anstellungsbedingungen und insbesondere die Laufzeit ihrer Verträge entscheiden. Angesichts der drohenden weitreichenden Schadensersatzpflichten dürfen Gesellschaften auf länger als zwei Jahre befristete Arbeitsverträge mit Verwaltungsratsmitgliedern nur bei vorheriger Zustimmung durch die Hauptversammlung schließen (s. 188 CA 2006). Sanktioniert wird ein Verstoß gegen das Zustimmungserfordernis durch die Nichtigkeit der Vertragsklausel zur Vertragslaufzeit und ein außerordentliches Kündigungsrecht der Gesellschaft (s. 190 CA 2006). Auch der *Combined Code* will für die im Falle vorzeitiger Vertragsbeendigung entstehenden Verpflichtungen sensibilisieren, indem er dem Nominierungsausschuss deren sorgfältige Berücksichtigung bei der Bestellung der Verwaltungsratsmitglieder empfiehlt (lit. B.1.5 Combined Code). Kündigungsfristen oder Vertragslaufzeiten sollen grundsätzlich auf höchstens ein Jahr festgelegt werden (lit. B.1.6 Combined Code). In der Praxis haben Verwaltungsratsmitglieder jedoch häufig auf zwei Jahre befristete sog. *rolling contracts*, die sich täglich erneuern, so dass sie ohne Zustimmung der Hauptversammlung stets zwei Jahre gelten[344]. Um den Aktionären eine informierte Entscheidung über die Risiken der Abberufung zu ermöglichen, muss die Gesellschaft die mit den Verwaltungsratsmitgliedern geschlossenen Anstellungsverträge zur jederzeitigen Ansicht vorhalten (s. 228 CA 2006) und, wenn sie börsennotiert ist, die individuellen Vergütungen umfassend im Vergütungsbericht zum Jahresabschluss (*directors' remuneration report*) offen legen (ss. 420 ff. CA 2006). Im Vergütungsbericht müssen die Aktionäre über die allgemeine Gesellschaftspolitik zur Dauer der Anstellungsverträge, zu Kündigungsfristen und Abfindungen sowie bezogen auf jeden einzelnen Anstellungs-

---

341 Vgl. Hayes v. Bristol Plant Hire Ltd (1957) 1 WLR 499; *Davies*, Gower's Company Law, 308.
342 Vgl. *Davies*, Gower's Company Law, 311.
343 Vgl. Stirling v. Maitland (1864) 5 B&S 840; *Dine/Koutsias*, 155; *Davies*, Gower's Company Law, 312.
344 Vgl. *Dine/Koutsias*, 156. Zum *rolling contract* und seinen Erscheinungsformen auch *Davies*, Gower's Company Law, 313.

vertrag auf dessen Restlaufzeit, Kündigungsfristen und Abfindungsklauseln in Kenntnis gesetzt werden[345]. Letztlich sollen den Aktionären jegliche Informationen zur Verfügung gestellt werden, die sie zur Beurteilung der eventuellen Haftung der Gesellschaft gegenüber einem abzuberufenden Verwaltungsratsmitglied benötigen[346]. Die *Listing Rules* verlangen zudem, dass die Gesellschaft ihre Aktionäre im Jahresabschluss über alle Arbeitsverträge mit Verwaltungsratsmitgliedern mit mehr als einjähriger Laufzeit oder mit Abfindungsversprechen von mehr als einem Jahresgehalt informiert und diese begründet (Ziff. 9.8.8. (8) LR). Eine weitere Kontrolle von Abfindungszahlungen strebt s. 217 CA 2006 an, indem sie außervertragliche Abfindungen an Verwaltungsratsmitglieder einem Genehmigungsvorbehalt der Hauptversammlung unterstellt und so verhindert, dass der Verwaltungsrat die Kosten der Abberufung ohne Zustimmung der Hauptversammlung erhöht[347]. Ohne Zustimmung der Hauptversammlung geleistete Zahlungen hält das begünstigte Verwaltungsratsmitglied als Treuhänder der Gesellschaft, während die verantwortlichen Verwaltungsratsmitglieder der Gesellschaft ersatzpflichtig sind (s. 222 (1) CA 2006).

b) Vorliegen von und Bedürfnis für Börsengesellschaftsrecht zur Amtszeit und Abberufung der Verwaltungsmitglieder

Restriktive Abberufungsgründe erschweren, ebenso wie zu lange Amtszeiten und zu lange Arbeitsverträge aufgrund der aus ihnen resultierenden hohen Abfindungsansprüche, eine Abberufung der geschäftsleitenden Organmitglieder (auch nach Unternehmensübernahmen)[348]. Die realistische Drohung mit einem Amtsverlust ohne hinreichende finanzielle Kompensation über den Markt für Unternehmenskontrolle ist aber das wesentliche Element der Verhaltenssteuerung der Geschäftsleitung im Sinne der Aktionäre von Publikumsgesellschaften. Wird die freie Abberufbarkeit durch die Hauptversammlung eingeschränkt, so vermindert sich die unmittelbare Verantwortlichkeit des Managements ihr gegenüber und die Anreize zu einer Leitung der Gesellschaft im Anlegerinteresse schwinden. Gerade in der (börsennotierten) Publikumsgesellschaft, die mangels kontrollierender Großaktionäre des verhaltenssteuernden Einflusses des Marktes für Unternehmenskontrolle in besonderer Weise bedarf, müssen Einschränkungen der freien Abberufbarkeit deshalb kritisch gesehen werden.

Das deutsche Recht nimmt insofern mit seiner Kombination einer langen Bestellungshöchstdauer (die faktisch die Regel ist) für Vorstandsmitglieder und eines Widerrufs der Bestellung nur aus wichtigem Grund eine Sonderstellung gegenüber dem Recht der *plc* und der monistischen *S.A.* ein, die von einer freien Abberufbarkeit

---

345 Zum Inhalt des Vergütungsberichts vgl. s. 421 (2) i.V.m. Ziff. 3, 5 Schedule 7 zum CA 1985 sowie in Kapitel 6 unter IV.1.c)bb).

346 Vgl. Ziff. 5 (1) Schedule 7 zum CA 1985; *Davies*, Gower's Company Law, 314 f.

347 Vgl. *Davies*, Gower's Company Law, 316.

348 Vgl. *Hopt* in Hommelhoff u.a. (Hrsg.), Corporate Governance, 27, 60; *Siems*, Konvergenz der Rechtssysteme, 205.

der Verwaltungsratsmitglieder nach vorheriger Anhörung ausgehen[349]. Die monistische *S.A.* bezieht allerdings dann eine vermittelnde Position, wenn andere Personen als Verwaltungsratsmitglieder zu geschäftsführenden Generaldirektoren bestellt werden (was in der Praxis jedoch die Ausnahme ist). Diese Generaldirektoren ohne Verwaltungsratsmandat sind, wie die Vorstandsmitglieder der dualistischen *S.A.*, zwar frei abberufbar, haben bei Abberufung ohne hinreichenden Grund aber Schadensersatzansprüche gegen die Gesellschaft. Auffällig sind auch die gegenüber der AG und der *S.A.* wesentlich kürzeren Amtszeiten in der *plc*, die allerdings durch die Praxis der rollierenden Anstellungsverträge mit den geschäftsführenden Verwaltungsratsmitgliedern relativiert werden.

Für eine Einschränkung der freien Abberufbarkeit kann vorgebracht werden, dass eine unabhängige Leitung der Gesellschaft die Sicherheit des Arbeitsplatzes voraussetzt[350]. Vermehrte Arbeitsplatzsicherheit kann zudem die Bereitschaft zur Vornahme unternehmensspezifischer Humankapitalinvestitionen von Seiten der Geschäftsleitungsmitglieder erhöhen[351]. Aus rechtsökonomischer Sicht stellen leichtere Abberufungsmöglichkeiten hingegen ein wirksameres Mittel zur Disziplinierung der Geschäftsleitung dar und helfen so gerade in Gesellschaften mit weitem Streubesitz, eine Abweichung ihres Verhaltens von den Aktionärsinteressen zu verhindern[352]. Gegen die vom deutschen Gesetzgeber bei Schaffung des Aktiengesetzes 1965 angenommene Notwendigkeit der Beschränkung der Abberufung des Vorstands auf das Vorliegen wichtiger Gründe spricht zudem der rechtsvergleichende Befund der *plc*, deren Verwaltungsrat durchaus in der Lage ist, trotz jederzeitiger Abberufbarkeit durch die Hauptversammlung die Gesellschaft in eigener Verantwortung zu leiten. Auch in der *S.A.* ist eine grundlose Abberufung geschäftsführender Verwaltungsratsmitglieder möglich, während die Abberufung von nicht im Verwaltungsrat sitzenden geschäftsführenden Generaldirektoren und Vorstandsmitgliedern ebenfalls ohne Grund wirksam ist, ihnen aber bei Abberufung ohne hinreichenden Grund ein Schadensersatzanspruch zusteht. Während das französische Recht den geschäftsführenden Personen damit (soweit es sich bei ihnen nicht um Verwaltungsratsmitglieder handelt) über einen gesetzlichen Schadensersatzanspruch einen Präventivschutz gegen willkürliche Abberufungen bietet, gewährleistet das britische Recht diesen Schutz über die vertraglichen Schadensersatzansprüche aus Verletzung des Anstellungsverhältnisses bei nicht hinreichend begründeten Entlassungen[353]. So wird die Unabhängigkeit der Geschäftsleiter gestärkt, ohne die Entscheidung über die Abberufung selbst vom Vorliegen hin-

---

349 Vgl. auch *Fleischer*, AG 2006, 429, 442; *Hansmann/Kraakman* in Kraakman u.a., Anatomy of Corporate Law, 38.

350 So *Kropff*, Begr RegE, 106; *Fleischer*, AG 2006, 429, 435; *Wiedemann*, Band II, 351.

351 Vgl. *Fleischer*, AG 2006, 429, 435.

352 Vgl. *Fleischer*, AG 2006, 429, 438; Bresser/Thiele/Biedermann/Lüdeke, ZfB 75 (2005), 1165, 1167. In Gesellschaften mit kontrollierenden Großaktionären mag ein Schutz der Geschäftsleitung vor einer grundlosen Abberufung durch die Mehrheitsaktionäre demgegenüber dringlicher sein; vgl. *Fleischer*, AG 2006, 429, 438.

353 In diesem Sinne auch *Fleischer*, AG 2006, 429, 438.

reichender oder wichtiger Gründe abhängig zu machen[354]. Der Gesellschaft wird, anders als nach deutschem Recht, die Möglichkeit eröffnet, ein Geschäftsführungsmitglied in jedem Fall abzuberufen (notfalls unter Zahlung von Schadensersatz) und so dem Aktionärswillen Geltung zu verschaffen. Auf der anderen Seite wird auch der gesetzliche Schutz der Vorstandsmitglieder der AG durch seine praktischen Durchsetzungsschwierigkeiten erheblich relativiert. Da die Abberufung bis zur rechtskräftigen Feststellung des Gegenteils in der Hauptsache[355] als wirksam gilt (§ 84 Abs. 3 Satz 4 AktG), können Vorstandsmitglieder ihre Wiedereinsetzung angesichts der erheblichen Verfahrensdauern kaum innerhalb ihrer Amtszeiten durchsetzen[356]. Damit läuft das deutsche Recht de facto auf einen Abfindungsvergleich unter Beendigung des Mandats hinaus[357], so dass sich die Regime der untersuchten Jurisdiktionen trotz ihrer unterschiedlichen dogmatischen Ausgangspunkte in ihren Ergebnissen ähneln[358]. Letztendlich kann sich in allen Rechtsordnungen der Aktionärswille durchsetzen und eine Abberufung erreicht werden, während bei Abberufungen ohne hinreichenden Grund Schadensersatz- oder Abfindungszahlungen zu leisten sind. Damit ist nach allen Rechtsordnungen grundsätzlich gewährleistet, dass eine Abberufungsentscheidung der Hauptversammlung Bestand hat. Börsengesellschaftsrechtliche Änderungen zu den Abberufungsmechanismen an sich erscheinen daher nicht erforderlich.

Allerdings kann die Aussicht auf exzessive Abfindungen im Falle einer Abberufung die gerade in börsennotierten Publikumsgesellschaften angesichts ihres immanenten Kontrolldefizits benötigte disziplinierende Wirkung der Abberufungsdrohung verwässern oder vollständig aufheben. Von daher fragt sich, wie der verwässernde Effekt langer Amtszeiten und/oder hoher Abfindungsansprüche gerade in börsennotierten Gesellschaften begrenzt werden kann. Betrachtet man die Länge der Amtszeit der Geschäftsleitungsmitglieder, so gewährt das britische Recht Satzungsfreiheit, während deutsche Vorstandsmitglieder auf bis zu fünf Jahre, französische Verwaltungsrats- und Vorstandsmitglieder auf bis zu sechs Jahre und geschäftsleitende Generaldirektoren unbefristet berufen werden können. Die britischen Mustersatzungen gehen im Einklang mit dem *Combined Code* von einer Rotation nach drei Jahren aus, der französische *Corporate Goverance*-Kodex empfiehlt Amtszeiten von höchstens vier Jahren. Der DCGK belässt es bei der Anregung, dass jedenfalls bei der Erstbestellung die maximal mögliche Bestellungsdauer von fünf Jahren nicht die Regel sein sollte. Rechtsvergleichend erscheint diese Position sehr zag-

---

354 Vgl. *Merle*, Rn. 442; *Fleischer*, AG 2006, 429, 438.
355 So die h.M., vgl. *Hüffer*, § 84 Rn. 32.
356 Vgl. *Peltzer* in Semler/Peltzer, § 2 Rn. 96; *Pentz* in Fleischer (Hrsg.), Handbuch Vorstandsrecht, § 16 Rn. 13; *Fleischer*, AG 2006, 429, 438; im Ergebnis auch *Kübler/Assmann*, § 15 III 2.b).
357 Vgl. auch *Pentz* in Fleischer (Hrsg.), Handbuch Vorstandsrecht, § 16 Rn. 13.
358 So auch *Fleischer*, AG 2006, 429, 438; *Siems*, Konvergenz der Rechtssysteme, 206 f., dem zufolge sich Arbeitsplatzsicherheit und -risiko in den Industrienationen weitgehend decken; dazu auch *Roe* in Hopt u.a. (Hrsg.), Comparative Corporate Governance, 165, 176 f.; *Pistor/Keinan/Kleinheisterkamp/West*, Worldbank Working Paper 2001, 24 (für deutsche und US-amerikanische Leitungsorganmitglieder).

haft[359]. Für eine lange Amtszeit sprechen zwar die schon gegen eine grundlose Abberufbarkeit angeführten Argumente der Förderung der unabhängigen Unternehmensleitung und der Bereitschaft zur Humankapitalinvestition auf Seiten der geschäftsführenden Personen sowie der Ermöglichung einer langfristigeren Planung der Geschäftsleitung[360]. Gerade bei Erstbestellungen drohen aber personelle Fehlentscheidungen, die bei Ausnutzung der maximalen Bestellungsdauer ein erhebliches Kostenrisiko der Gesellschaft bewirken[361]. Vor allem aber sind kürzere Amtszeiten gerade in börsennotierten Publikumsgesellschaften generell sinnvoll, um die Verantwortlichkeit der Geschäftsleiter gegenüber den Aktionären zu stärken. Eine erstrebenswerte personelle Kontinuität wird durch sie nicht beeinträchtigt, da Wiederbestellungen zulässig sind[362]. Insofern wäre, um die notwendige Flexibilität zu wahren, eine striktere Empfehlung im DCGK und auch im FCGK in Richtung auf eine regelmäßige Bestellung zu kürzeren Amtszeiten, etwa solchen in Einklang mit den höchstens dreijährigen der britischen Mustersatzungen, wünschenswert. Sie beließe den Gesellschaften die Flexibilität, die Amtszeiten den unternehmensspezifischen Bedürfnissen und eventuellen sich im Rahmen der Vertragsverhandlungen mit Geschäftsleitungsmitgliedern ergebenden Notwendigkeiten anzupassen, könnte durch den Erklärungsdruck aber eine Abkehr von der regelmäßigen Ausnutzung der Höchstlaufzeiten bewirken. Aus kürzeren Amtszeiten folgten regelmäßigere Wiederbestellungsentscheidungen und gegebenenfalls geringere Abfindungsansprüche und damit stärkere Anreize zur Ausrichtung des Managementverhaltens auf das Aktionärsinteresse.

Vergleichbare Argumente sprechen für eine unmittelbare Begrenzung der Abfindungsansprüche selbst in börsennotierten Gesellschaften. Während eine drohende Abberufung ohne oder mit begrenzter Kompensation der Geschäftsleitung Anreize zur Ausrichtung ihres Verhaltens auf die Aktionärsinteressen gibt, können hohe Abfindungszusagen oder die Aussicht auf hohe Abfindungsvergleiche diese Anreize erheblich relativieren. Gerade in börsennotierten Publikumsgesellschaften mit dem ihnen immanenten internen Kontrolldefizit ist eine solche Anreizbildung über eine drohende Abberufung mit allenfalls überschaubarer Abfindung aber notwendig zur Angleichung der Geschäftsleitungs- an die Aktionärsinteressen. Deshalb sollte in diesen Gesellschaften auf eine Begrenzung der Abfindungszusagen durch eine Offenlegung und Kodexvorgaben wie diejenige der DCGK-Empfehlung zur Vereinbarung eines Abfindungscaps hingewirkt werden. Da dienstvertragliche Abfindungscaps – jedenfalls nach deutschem Recht – nur schwer rechtswirksam umzusetzen sind, erscheinen eine Kodexvorgabe zur allgemeinen Vermeidung überzogener Abfindungszusagen (auch in Aufhebungsverträgen) mitsamt dem durch die Aufwertung der ursprünglichen Anregung des DCGK zu einer Empfehlung verbundenen Rechtfertigungszwang und eine Offenlegung der vereinbarten Gestal-

---

359 So auch *Hopt* in Hommelhoff u.a. (Hrsg.), Corporate Governance, 27, 50; *Peltzer* in Semler/Peltzer, § 2 Rn. 77.
360 Vgl. *Fleischer*, AG 2006, 429, 435 f.
361 Vgl. *Fleischer*, AG 2006, 429, 436.
362 Vgl. *Fleischer*, AG 2006, 429, 436 unter Verweis auf die US-amerikanische Praxis.

tungen als adäquate Regulierung. Effektiver bleibt aber eine Begrenzung der üblichen Amtszeiten nach den im vorangegangenen Absatz entwickelten Maßgaben, die das Entstehen exzessiver vertraglicher Restvergütungsansprüche von vornherein eingrenzte[363]. Hingegen überzeugt die Empfehlung zur Vereinbarung einer höchstens das eineinhalbfache des Abfindungscaps betragenden *Change of Control*-Klausel nach Ziff. 4.2.3 DCGK nicht. Eine höhere Abfindung im Falle von Kontrollwechseln kann nur das Ziel verfolgen, die Geschäftsleiter übernahmefreundlich einzustellen[364]. Eine gute Unternehmensverfassung sollte Übernahmen jedoch neutral gegenüber stehen und deshalb die Geschäftsleiter im Fall des Amtsverlusts aufgrund von Kontrollwechseln nicht gegenüber einem Amtsverlust aus sonstigen Gründen privilegieren[365]. Ihr Handeln im Gesellschaftsinteresse in Übernahmesituationen sollte durch andere Maßnahmen wie eine Neutralitätspflicht sichergestellt werden[366].

4. Interne Organisation des/der Leitungsorgan(e) (inkl. Arbeitsteilung im Organ)

a) *Rechtsvergleichender Überblick zur internen Organisation der Verwaltungsorgane*

aa) Europarechtliche Vorgaben zur internen Organisation des/der Leitungsorgane

Auch die interne Organisation des Verwaltungsrats bzw. Aufsichtsrats ist Gegenstand der sich an Gesellschaften mit einer Wertpapiernotierung an einem organisierten Markt wendenden Empfehlung der EU-Kommission zu unabhängigen Organmitgliedern und Ausschüssen vom 15. Februar 2005. Sie identifiziert als drei Bereiche mit besonders hohem Interessenkonfliktpotential für die Geschäftsführung die bereits diskutierte Bestellung der Verwaltungsmitglieder, ihre Vergütung und die Abschlussprüfung[367]. Deshalb wird den Mitgliedstaaten empfohlen, für diese Bereiche unter Berücksichtigung der inhaltlichen Vorgaben des Anhangs I der Empfehlung Bestimmungen zur Bildung mit einer ausreichenden Zahl unabhängiger nicht geschäftsführender Mitglieder besetzter Verwaltungsrats- bzw. Aufsichtsratsausschüsse durch diese Gesellschaften zu schaffen (Ziff. 5 der Empfehlung). Die Ausschüsse sollten in erster Linie Empfehlungen für die Beschlüsse des Verwaltungsrats/Aufsichtsrats geben und dafür fundierte Vorschläge unter Vermeidung von Interessenkonflikten erarbeiten (Ziff. 6.1). Den Gesellschaften soll dabei nach dem Muster *comply or explain* Gestaltungsfreiheit beim ob und wie der Einsetzung von Ausschüssen eröffnet sein (Ziff. 7.1). Unternehmen von öffentlichem Interesse und damit sämtliche Gesellschaften mit börsennotierten Wertpapieren

---

363 So auch *Dörrwächter/Trafkowski*, NZG 2007, 846, 849.
364 Vgl. *Dörrwächter/Trafkowski*, NZG 2007, 846, 850.
365 So auch *van Kann/Eigler*, DStR 2007, 1730, 1731.
366 Zur Neutralitätspflicht vgl. Kapitel 6 unter II.
367 Vgl. Erwägungsgrund 9 der Empfehlung.

werden nunmehr, wie bereits erwähnt, durch Art. 41 der Richtlinie 2006/43/EG zur Bildung eines Prüfungsausschusses verpflichtet. Dabei können die Mitgliedstaaten Unternehmen, die ein die dem Prüfungsausschuss obliegenden Aufgaben wahrnehmendes Gremium (wie den Aufsichtsrat/Verwaltungsrat) haben, von der Pflicht zur Ausschussbildung freistellen (Art. 41 Abs. 5).

bb) Interne Organisation von Vorstand und Aufsichtsrat der AG

Die Funktions- und Arbeitsteilung im Vorstand ist im AktG nur in groben Zügen geregelt[368]. Grundsätzlich sind die Vorstandsmitglieder gleichberechtigt. Soweit die Satzung nichts anderes bestimmt, sind sie nur gemeinschaftlich zur Geschäftsführung befugt (§ 77 Abs. 1 AktG). Soweit der Aufsichtsrat einen Vorstandsvorsitzenden ernennt (§ 84 Abs. 2 AktG), beruft dieser die Sitzungen ein, leitet sie und legt die Tagesordnung fest, bleibt im Grundsatz aber primus inter pares[369]. Wird kein Vorstandsvorsitzender bestellt, empfiehlt Ziff. 4.2.1 DCGK dem Vorstand, einen Vorstandssprecher zu wählen. Im Rahmen der Satzung oder der Geschäftsordnung (die ihrerseits einstimmig zu beschließen ist, § 77 Abs. 2 Satz 3 AktG) werden zweckmäßigerweise regelmäßig Mehrheitsentscheidungen und für den Fall einer Pattsituation Stichentscheide des Vorstandsvorsitzenden vorgesehen[370]. Die Arbeitsteilung im Vorstand ist vom Gesetz nur insoweit vorgegeben, als gegebenenfalls der Arbeitsdirektor nach §§ 33 MitbestG, 13 MontanmitbestG, 13 Montan-MitbestErgG für das Personal- und Sozialwesen zuständig zu sein hat[371]. In der Regel werden aus Praktikabilitätsgründen von der gesetzlich dispositiv vorgesehenen gemeinschaftlichen Geschäftsführung abweichende Regelungen getroffen, wobei die zwei Hauptsysteme der funktionellen Gliederung und der Divisionalisierung angewandt werden[372].

Das Organisationsrecht des Aufsichtsrats ist im AktG nur in Ansätzen geregelt (§§ 107–110 AktG) und wird für die unter die Mitbestimmung fallenden Unternehmen durch §§ 25–29 MitbestG ergänzt[373]. Der Aufsichtsrat wählt einen Vorsitzenden und mindestens einen Stellvertreter (§ 107 Abs. 1 Satz 1 AktG). Der Vorsitzende

---

368 Vgl. *K. Schmidt*, § 28 II 3.
369 Vgl. *K. Schmidt*, § 28 II 3a).
370 Die Zulassung eines Stichentscheids ist, anders als ein sich über den Mehrheitswillen hinwegsetzendes Vetorecht, grundsätzlich unproblematisch, vgl. *K. Schmidt*, § 28 II 3a); *Hüffer*, § 77 Rn. 11; KK/*Mertens*, § 77 Rn. 9; MK/*Hefermehl/Spindler*, § 77 Rn. 14; BGHZ 89, 48, 59.
371 Vgl. *K. Schmidt*, § 28 II 3b).
372 Vgl. *K. Schmidt*, § 28 II 3b) m.w.N. in Fn. 59; Raiser, § 14 Rn. 23 ff. Im Rahmen der funktionellen Gliederung werden für das gesamte Unternehmen sachliche Zuständigkeitsbereiche auf der Vorstandsebene gebildet. Divisionalisierung oder Spartenbildung hingegen bedeutet, dass die einzelnen Unternehmensbereiche selbständiger wirtschaften und jeweils durch ein Vorstandsmitglied repräsentiert werden. Im ersten Fall wird also nach Sachzuständigkeiten untergliedert, im zweiten nach Unternehmensteilen.
373 Vgl. *K. Schmidt*, § 28 III 4a); *Kübler/Assmann*, § 15 IV 5. Zu den von den Mitbestimmungsgesetzen erfassten Gesellschaften vgl. oben unter 2.a)aa)(2). Das MitbestG räumt dem Aufsichtsratsvorsitzenden zur Lösung des bei paritätischer Besetzung drohenden Entscheidungspatts eine zweite Stimme ein (§§ 29 Abs. 2, 31 Abs. 4 MitbestG).

nimmt vor allem in Publikumsaktiengesellschaften seit längerem faktisch eine im AktG nicht vorgesehene Sonderstellung ein, da er üblicherweise das einzige Aufsichtsratsmitglied ist, das mit dem Vorstand auf regelmäßigerer Basis verkehrt[374]. In der Praxis sind damit die laufende Beobachtung der Unternehmensführung und die Informationsvermittlung zwischen Vorstand und Aufsichtsrat Bestandteil der Aufgaben des Aufsichtsratsvorsitzenden[375]. Diese faktische Sonderstellung will der DCGK verrechtlichen, indem er in Ziff. 5.2. Abs. 3 eine enge und regelmäßige Zusammenarbeit von Aufsichtsratsvorsitzendem und Vorstand empfiehlt. Der Vorstandsvorsitzende bzw. -sprecher soll danach mit dem Aufsichtsratsvorsitzenden die Strategie, Geschäftsentwicklung und das Risikomanagement des Unternehmens beraten und ihn unverzüglich über für das Unternehmen wichtige Ereignisse unterrichten. Der Aufsichtsrat tagt in Sitzungen, die auf Verlangen des Vorstands oder eines Aufsichtsratsmitglieds mindestens zweimal pro Kalenderhalbjahr einzuberufen sind (§ 110 Abs. 1, 3 AktG). In nicht-börsennotierten Gesellschaften kann der Aufsichtsrat die Sitzungsfrequenz auf einmal pro Kalenderhalbjahr reduzieren (§ 110 Abs. 3 Satz 2 AktG). Unabhängig von der Mindestvorgabe können jedes Aufsichtsratsmitglied oder der Vorstand jederzeit die Einberufung des Aufsichtsrats verlangen (§ 110 Abs. 1 und 2 AktG). In der Praxis treten die Aufsichtsräte, wenn man anwesende Vorstandsmitglieder, Sachverständige und Hilfskräfte mitzählt, regelmäßig mit zwischen 18 und 30 Personen zusammen[376].

Der Aufsichtsrat kann gemäß § 107 Abs. 3 Satz 1 AktG aus seiner Mitte Ausschüsse bilden. In den wesentlichen Fällen des § 107 Abs. 3 Satz 3 AktG können sie nicht an Stelle des Aufsichtsrats entscheiden, sondern nur seine Entscheidungen vorbereiten[377]. Die Pflicht zur Bildung eines Prüfungsausschusses aus Art. 41 der Richtlinie 2006/43/EG wurde durch das BilMoG in § 107 Abs. 3 Satz 2, Abs. 4 AktG in Ausnutzung der Befreiungsmöglichkeit nach Art. 41 Abs. 5 umgesetzt, so dass es jedenfalls Aktiengesellschaften mit börsennotierten Wertpapieren (als kapitalmarktorientierten Kapitalgesellschaften i.S.v. § 264d HGB) angesichts des bei ihnen bestehenden Aufsichtsrats frei steht, ob sie einen Prüfungsausschuss bilden.

Auch der DCGK arbeitet auf eine vermehrte Bildung von Ausschüssen hin (Ziff. 5.3 DCGK) und strebt insbesondere die Bildung eines mit der Prüfung der Rechnungslegung und des Risikomanagements befassten Prüfungsausschusses an, dessen Vorsitzender nicht ehemaliges Vorstandsmitglied der Gesellschaft sein sollte (Ziff. 5.3.2

---

374 Vgl. *Kübler/Assmann*, § 15 IV 5a); *Jungmann*, ECFR 2006, 426, 464; zu den gesetzlichen und gewohnheitsrechtlichen Sonderbefugnissen des Aufsichtsratsvorsitzenden auch *Schlitt*, DB 2005, 2007, 2008.

375 Vgl. *Schlitt*, DB 2005, 2007, 2008; MK/*Semler*, § 107 Rn. 96; GK/*Hopt/Roth*, § 107 Rn. 67.

376 Vgl. *Theisen* in Hopt u.a. (Hrsg.), Comparative Corporate Governance, 259, 261.

377 Gemäß § 107 Abs. 3 Satz 3 können die Aufgaben nach § 107 Abs. 1 Satz 1 (Wahl des Aufsichtsratsvorsitzenden), 59 Abs. 3 (Genehmigung einer Abschlagszahlung auf den Bilanzgewinn), 77 Abs. 2 Satz 1 (Erlass einer Geschäftsordnung für den Vorstand), 84 Abs. 1 Satz 1, 3, Abs. 2, 3 Satz 1 (Bestellung und Abberufung der Vorstandsmitglieder), 111 Abs. 3 (Einberufung der Hauptversammlung bei Erforderlichkeit für das Gesellschaftswohl), 171, 314 Abs. 2, 3 (Abschlussprüfung) sowie Beschlüsse, die bestimmte Geschäfte einem Zustimmungserfordernis des Aufsichtsrats unterstellen, nicht einem Ausschuss zur selbständigen Entscheidung übertragen werden.

DCGK). Während, wie bereits erwähnt, auf die Möglichkeit der Übertragung der Vorbereitung der Bestellung von Vorstandsmitgliedern sowie der Festlegung der Bedingungen ihrer Anstellungsverträge einschließlich der Vergütung auf einen Ausschuss lediglich hingewiesen wird (Ziff. 5.1.2 DCGK), soll ein ausschließlich mit Vertretern der Anteilseigner besetzter Nominierungsausschuss dem Aufsichtsrat Kandidaten für dessen Wahlvorschläge an die Hauptversammlung vorschlagen, um so die Qualifikation der Aufsichtsratskandidaten zu verbessern und das Auswahlverfahren transparenter zu gestalten (Ziff. 5.3.3 DCGK)[378]. Als weitere möglicherweise in Ausschüssen zu behandelnde Sachgebiete werden die Unternehmensstrategie, Investitionen und Finanzierung genannt (Ziff. 5.3.4 DCGK). In der Praxis haben die meisten börsennotierten Aktiengesellschaften neben den seit jeher bestehenden Präsidialausschüssen Prüfungs-, Nominierungs- und Vergütungsausschüsse eingerichtet[379].

cc) Interne Organisation von Verwaltungsrat bzw. Vorstand und Aufsichtsrat der S.A.

Der Verwaltungsrat der monistischen *S.A.* und der Aufsichtsrat der dualistischen *S.A.* arbeiten und entscheiden als Kollegialorgan mit einem Quorum von der Hälfte der Mitglieder grundsätzlich mit (satzungsdispositiver) einfacher Mehrheit (art. L. 225-37, 225-82 C.com.). Die Geschäftsordnung kann seit dem *Loi NRE*, soweit die Satzung nicht entgegensteht, die Teilnahme auf elektronischem Wege ermöglichen (art. L. 225-37 (3), 225-82 (3) C.com.). Die Zulassung von Videokonferenzen soll, wie die ebenfalls mit dem *Loi NRE* eingeführte Pflicht des Verwaltungsratsvorsitzenden in Gesellschaften mit *appel publique à l'épargne*, der Hauptversammlung über die Organisation der Arbeit des Verwaltungsrats zu berichten (art. L. 225-37 (6), 225-68 (7) C.com.), die Effektivität der Verwaltungsratstätigkeit erhöhen[380]. Anlass waren Untersuchungen, denen zufolge die Verwaltungsräte der französischen S.A. in der Regel zu selten, mit einem zu hohen Abwesenheitsgrad und zu kurz zusammentreten, als dass sie effektiv ihre Aufgabe erfüllen könnten[381]. Innerhalb der Vorgaben der Satzung ist der Verwaltungsrat/Aufsichtsrat zur Festlegung seiner Sitzungsfrequenz befugt (art. L. 225-36-1 (1) C.com.). Die Zahl der Sitzungen des Verwaltungsrats/Aufsichtsrats sowie eventueller Ausschüsse und die Anwesenheit der einzelnen Mitglieder sollen im Lagebericht offen gelegt werden (Ziff. 10.1. FCGK). Wenn mehr als zwei Monate keine Verwaltungsratssitzung stattgefunden hat, kön-

---

378 Ausführlich zu den Nominierungs- und Personalausschüssen oben 2.c)aa)(1) und bb)(3).

379 Vgl. DCGK-Kommentar/*Kremer*, Rn. 980; *Hopt/Leyens*, ECFR 2004, 135, 141; *Feddersen*, AG 2000, 385, 393; *Meder*, ZIP 2007, 1538, 1539. Die Nominierungsausschüsse waren dabei, wie bereits im Kapitel zur Bestellung unter 2.c)aa)(2) erwähnt, bis zur Ergänzung des DCGK um Ziff. 5.3.3 im Jahre 2007 durchgängig nur mit der Empfehlung von Kandidaten für den Vorstand befasst.

380 Vgl. *Storck*, ECFR 2004, 36, 50 ff.

381 Einer KPMG-Studie zufolge treten die Verwaltungsräte höchstens vier Mal pro Jahr zusammen (in 20 % der Fälle). Nur in 20 % der Sitzungen sind alle Verwaltungsratsmitglieder anwesend (verglichen mit durchschnittlich 70 % der Sitzungen in den sonstigen europäischen Ländern); vgl. Les Echos vom 21. Februar 2002, 23; *Storck*, ECFR 2004, 36, 50.

nen ein Drittel der Verwaltungsratsmitglieder sowie Generaldirektoren ohne Verwaltungsratsmandat die Einberufung verlangen (art. L. 225-36-1 (2) bis (4) C.com.). Für den Aufsichtsrat besteht keine vergleichbare gesetzliche Einberufungskompetenz. Der Verwaltungsratspräsident hat, wenn er nicht als *P-DG* mit der Geschäftsführung betraut wird, ebenso wie der Aufsichtsratsvorsitzende lediglich die Aufgabe, die Arbeit des Verwaltungsrats zu organisieren und zu leiten und über sie gegenüber der Hauptversammlung Rechenschaft abzulegen (art. L. 225-51 Satz 1, 225-81 C.com.). Darüberhinaus wird der Verwaltungsratspräsident ausdrücklich zur Überwachung der Tätigkeit der Gesellschaftsorgane verpflichtet, wofür er insbesondere sicherzustellen hat, dass die Verwaltungsratsmitglieder zur Erfüllung ihrer Überwachungsaufgabe in der Lage sind, vor allem die hierfür notwendigen Informationen von Seiten des Generaldirektors erhalten (art. L. 225-51 Satz 2 C.com.). In der Praxis fungiert der Verwaltungsratspräsident damit, ähnlich wie der Aufsichtsratsvorsitzende der dualistischen *S.A.* (und der AG), als Schnittstelle zwischen der Generaldirektion und den Verwaltungsratsmitgliedern[382].

Auch der Verwaltungsrat kann allein von ihm abhängige Ausschüsse, sog. *comités d'études* bzw. *comités de direction*, bilden[383] und dabei frei über ihre Zusammensetzung (durch Verwaltungsratsmitglieder und/oder andere Personen wie Generaldirektoren etc.) und ihre Aufgaben entscheiden[384]. Die Aufgaben dürfen nur beratender, die Entscheidung des Verwaltungsrats vorbereitender Natur sein und nicht in die Kompetenzen anderer Organe eingreifen[385]. Ebenso kann der Aufsichtsrat aus seiner Mitte Ausschüsse bilden, wobei er deren Zusammensetzung und Aufgaben frei festlegen darf, solange weder ihm durch Gesetz oder Satzung zugewiesene Aufgaben auf die Ausschüsse übertragen werden noch in die Rechte des Vorstands eingegriffen wird (art. R. 225-56 (2) C.com.). Die Bildung von allgemein das geschäftsführende Gesellschaftsorgan (also den *P-DG* oder den Generaldirektor) bei der täglichen Arbeit unterstützenden *comités de direction* wird gerade in den großen (börsennotierten) Gesellschaften schon seit Jahrzehnten praktiziert[386]. Indem die *comités de direction* mit leitenden Angestellten der verschiedenen Bereiche der Gesellschaft besetzt werden, soll der Geschäftsleitung ein besserer Zugang zu den Fragen des täglichen Geschäfts verschafft werden[387]. Seit Mitte der 1990er Jahre haben die großen börsennotierten Gesellschaften unter dem Einfluss der *Corporate Governance*-Debatte auf freiwilliger Basis vermehrt weitere Ausschüsse (für Rechnungsprüfung,

---

382 Vgl. *Merle*, Rn. 423.
383 Vgl. *Cozian/Viandier/Deboissy*, Rn. 501; *Merle*, Rn. 426; ausführlich zu den *comités d'études Calendini*, Bull. Joly 1992, 851 ff.; *de Ganay d'Indy/Engel*, Bull. Joly 2003, 723.
384 Vgl. *Cozian/Viandier/Deboissy*, Rn. 501.
385 Es dürfen also keine Rechte und Pflichten des Verwaltungsrats auf die *comités d'études* ausgelagert werden; vgl. Cass. com. v. 11. Oktober 2005, JCP éd. E 2005, 1796, Anm. *Hovasse*; CA Aix-en-Provence v. 28. September 1982, Rev. sociétés 1983, 773, Anm. *Mestre* (Rechtswidrigkeit der Gründung eines *comité de direction*, das in die Kompetenzen des Verwaltungsrats eingriff); *Cozian/Viandier/Deboissy*, Rn. 501; *Merle*, Rn. 426; *Delga*, D. 2002, 2858.
386 Dies spiegelt sich in der rechtlichen Anerkennung der Ausschussbildung in art. 90 (2) des décret n° 67-236 vom 23. März 1967 wieder.
387 Vgl. *Calendini*, Bull. Joly 1992, 851, 852 f.

Nominierung, Vergütung etc.) gebildet, wie dies auch der konsolidierte *Corporate Governance*-Kodex empfiehlt (Ziff. 13., 14., 16 FCGK)[388]. So haben praktisch alle im *CAC 40* notierten Gesellschaften einen Prüfungsausschuss[389], 58 % der börsennotierten Gesellschaften im Jahre 2005 einen Vergütungsausschuss[390]. Die Vorgaben des Art. 41 der Richtlinie 2006/43/EG zur Bildung eines Prüfungsausschusses in Gesellschaften von öffentlichem Interesse (und damit jedenfalls in allen Gesellschaften mit börsennotierten Wertpapieren) und dessen Besetzung mit einem unabhängigen sachverständigen Mitglied werden von der französischen Regierung durch *ordonnance* umgesetzt werden[391].

Die interne Organisation der geschäftsführenden Generaldirektion der monistischen *S.A.* ist gesetzlich nur in Ansätzen geregelt. Die Rechte und Pflichten eventueller zur Unterstützung des Generaldirektors bestellter delegierter Generaldirektoren im Innenverhältnis werden durch den Verwaltungsrat in Abstimmung mit dem Generaldirektor festgelegt (art. L. 225-56 II. (1) C.com.). Ebenso enthält sich das Gesetz weitgehend einer Aussage zur internen Organisation des Vorstands der dualistischen *S.A.* und überlässt die Regelung der Verfahren der Beratung und Beschlussfassung des Vorstands der Satzung (art. L. 225-64 (4) C.com.) sowie einer in ihrem Rahmen vom Vorstand aufstellbaren Geschäftsordnung[392]. Auch wenn der Vorstand prinzipiell als Kollegialorgan gemeinschaftlich arbeitet und entscheidet, können die Mitglieder aus Effizienzgründen mit Zustimmung des Aufsichtsrats die Geschäftsführungsaufgaben unter sich aufteilen (art. R. 225-39 C.com.). Begrenzte Kompetenzen kann der Vorstand an einzelne Vorstandsmitglieder, Dritte oder Angestellte der Gesellschaft delegieren[393], solange er seine Funktion als das gemeinschaftlich die Geschäftsführung der Gesellschaft bestimmende Organ behält (art. R. 225-39 C.com.).

dd) Interne Organisation des Verwaltungsrats der *plc*

Das britische Gesellschaftsrecht überlässt die Regelung der internen Organisation des Verwaltungsrats der *plc* fast ausschließlich den *articles*[394]. Da der *Companies Act*

---

388 Zum Nominierungsausschuss bereits oben unter 2.b)aa)(3).

389 Vgl. *Merle*, Rn. 513-1 Fn. 6 unter Berufung auf eine Untersuchung des *Centre de recherches de Droit des affaires et de l'économie (CRDAE)* der Universität Paris I über die Umsetzung der Corporate Governance-Empfehlungen in den Jahren 1995–1999 durch die *CAC 40*-Gesellschaften, der zufolge quasi alle Gesellschaften bereits im Untersuchungszeitraum Ausschüsse gebildet hatten; vgl. die Zusammenfassung der Untersuchung in Rev. sociétés 2002, 189 f.; desw. *Storck*, ECFR 2004, 36, 52; *Arlt*, 109.

390 Vgl. *Malecki*, Bull. Joly 2005, 1194, 1204; *Arlt*, 110.

391 Ermächtigungsgrundlage ist Art. 32 des *loi n° 2008-649* v. 3. Juli 2008 *portant diverses dispositions d'adaptation du droit des sociétés au droit communautaire (1)*, JO n° 155 v. 4. Juli 2008, 10705.

392 Siehe *Merle*, Rn. 443; *Le Cannu*, Bull. Joly 1986, 723.

393 Dies folgt aus der generalisierenden Anwendung des art. R. 225-53 (4) C.com., der dem Vorstand die Delegation der ihm vom Aufsichtsrat gewährten Befugnis, ohne den sonstigen Zustimmungsvorbehalt im Namen der Gesellschaft Sicherheiten, Bürgschaften etc. zu bestellen, auf Dritte erlaubt.

394 Vgl. *Davies*, Gower's Company Law, 316; *Dine/Koutsias*, 157.

2006 schon die monistische Struktur nicht vorgibt, enthält er sich erst recht jeglicher Aussagen zu Fragen der internen Organisation wie der Ausschussbildung oder des Organvorsitzes[395]. Grundsätzlich ist der Verwaltungsrat Kollegialorgan[396]. Auch die Mustersatzungen gehen von einer Entscheidung als Kollegialorgan mit einfacher Stimmenmehrheit mit einer entscheidenden Stimme des Vorsitzenden bei Stimmengleichheit aus (Art. 88 Table A, Art. 13, 14 Schedule 3). In den Grenzen der Vorgaben der *articles* steht den Verwaltungsratsmitgliedern frei, sich eine Geschäftsordnung zu geben (Art. 88 Satz 1 Table A, Art. 19 Schedule 3). Legt der Verwaltungsrat kein Quorum fest, liegt es bei zwei Verwaltungsratsmitgliedern (Art. 89 Table A, Art. 10 (2) Schedule 3). Auch die Festlegung der Sitzungsfrequenz steht im Ermessen der Satzung bzw. der Geschäftsordnung des Verwaltungsrats. Eine Untersuchung von 196 börsennotierten Gesellschaften ergab für das Geschäftsjahr 2002–2003 durchschnittlich neun jährliche Verwaltungsratssitzungen (bei einer Spanne zwischen vier und 21 Sitzungen)[397]. Zur Leitung seiner Sitzungen kann der Verwaltungsrat einen Vorsitzenden (*chairman of the board*) wählen und jederzeit wieder abberufen (Art. 91 Table A, Art. 12 Schedule 3). Ihm soll dem *Combined Code* zufolge die Erstellung der Tagesordnungen, die Gewährleistung der Information der Verwaltungsratsmitglieder und der Aufgabenerfüllung durch die nicht-geschäftsführenden Mitglieder sowie ihrer Zusammenarbeit mit den geschäftsführenden Mitgliedern obliegen (Supporting Principle zu lit. A.2 Combined Code). Wie bereits erörtert, sehen die *articles* üblicherweise vor, dass ein oder mehrere der Verwaltungsratsmitglieder zu geschäftsführenden Verwaltungsratsmitgliedern, sog. *executive directors*, ernannt und zu diesem Zweck mit den zur Führung der täglichen Geschäfte notwendigen Kompetenzen ausgestattet werden (vgl. auch Art. 84 Table A, Art. 5 Schedule 3)[398]. Auch wenn dabei die Bildung eines neben dem Verwaltungsrat bestehenden mit der Führung der täglichen Geschäfte betrauten sog. *management boards* möglich ist, bleibt der einheitliche Verwaltungsrat mit einem oder mehreren geschäftsführenden Mitgliedern die Norm in der *plc*[399]. Das höchstrangige geschäftsführende Verwaltungsratsmitglied, der *managing director* oder *chief* executive, soll nicht zugleich Verwaltungsratsvorsitzender (*chairman of the board*) sein (lit. A.2.1 Combined Code). Zur Erhöhung der Überwachungseffizienz sollen die nicht-geschäftsführenden Verwaltungsratsmitglieder auch ohne die geschäftsführenden tagen (lit. A.1.3 Satz 1 Combined Code) und zudem jährlich ohne den Verwaltungsratsvorsitzenden zu dessen Beurteilung zusammentreffen (lit. A.1.3 Satz 2 Combined Code). Eines der zu bestellenden unabhängigen nicht-geschäftsführenden

---

395 Vgl. *Davies*, Gower's Company Law, 317.

396 Vgl. Re Haxcraft Gold Reduction and Mining Co. (1900) 2 Ch 230, 235; Mitchell and Hobbs (UK) Ltd v Mill (1996) 2 BCLC 102, 108.

397 Vgl. *ZhuYang*, Comp. Law. 2007, 24, 29 f. mit Nachweisen auf weitere empirische Untersuchungen der Sitzungsfrequenzen börsennotierter *plcs*. In einer Studie für 1997 hielten die Verwaltungsräte von 480 börsennotierten Gesellschaften zu 9 % weniger als fünf, zu 23 % zwischen fünf und acht, zu 65 % zwischen neun und zwölf und zu 3 % mehr als zwölf Sitzungen ab; vgl. *Brown*, 5 Corp. Gov. (1997), 232–235.

398 Vgl. *Davies*, Gower's Company Law, 319; *Dine/Koutsias*, 158.

399 Vgl. *Davies*, Gower's Company Law, 317; desw. lit. A.1 Combined Code.

Verwaltungsratsmitglieder soll der Verwaltungsrat als Ansprechpartner für die Aktionäre zum sog. *senior independent director* wählen (lit. A.3.3 Combined Code).

Soweit er hierzu satzungsmäßig ermächtigt ist, kann der Verwaltungsrat seine Befugnisse delegieren[400]. Die Mustersatzungen sehen derartige Delegationsmöglichkeiten auf aus Verwaltungsratsmitgliedern bestehende Ausschüsse vor (Art. 72 Satz 1 Table A, Art. 5, 6 Schedule 3), wobei der Verwaltungsrat die Konditionen frei festlegen und die Übertragung jederzeit widerrufen oder modifizieren kann (Art. 72 Satz 3 Table A, Art. 5 (3) Schedule 3). Gemäß DTR 1B.1., 7.1 müssen Gesellschaften mit börsennotierten Wertpapieren in Umsetzung von Art. 41 der Richtlinie 2006/43/EG einen Prüfungsausschuss bilden bzw., wie die *plc* mit dem Verwaltungsrat, ein dessen Aufgaben wahrnehmendes Gremium mit einem unabhängigen sachverständigen Mitglied haben[401]. Der *Combined Code* verlangt, wie bereits erwähnt, die Bildung eines überwiegend aus unabhängigen nicht-geschäftsführenden Verwaltungsratsmitgliedern bestehenden Nominierungsausschusses (lit. A.4.1 Combined Code)[402] sowie ausschließlich aus solchen unabhängigen nicht-geschäftsführenden Mitgliedern zusammengesetzter Prüfungs- und Vergütungsausschüsse (lit. C.3.1, B.2.1 Combined Code)[403]. Die Aufgabenerfüllung durch den Verwaltungsrat will der *Combined Code* gewährleisten, indem er ihm eine jährliche Überprüfung seiner Leistung sowie der Leistung seiner Ausschüsse und Mitglieder empfiehlt (lit. A.6 Combined Code). Die Beurteilung der Leistungen des Verwaltungsrats durch Außenstehende soll dadurch erleichtert werden, dass der Lagebericht nicht nur den Verwaltungsratsvorsitzenden, seinen eventuellen Vertreter, das leitende geschäftsführende Verwaltungsratsmitglied (*chief executive*), den *senior independent director* sowie die Vorsitzenden und Mitglieder der Nominierungs-, Prüfungs- und Vergütungsausschüsse, sondern auch die Häufigkeit der Verwaltungsrats- und Ausschusssitzungen und die individuelle Anwesenheit der Verwaltungsratsmitglieder sowie die Grundsätze der internen Leistungsbewertung identifizieren soll (lit. A.1.2, A.6.1 Combined Code).

b) Vorliegen von und Bedürfnis für Börsengesellschaftsrecht zur internen Organisation der Leitungsorgane

Die interne Organisation der geschäftsführenden Gremien wird durchweg von mit der jeweiligen Geschäftstätigkeit und Organisationsstruktur der Gesellschaft zusammenhängenden Praktikabilitätserwägungen bestimmt, während der Gesichts-

---

400 Vgl. Boschoek Proprietary Co. v. Fuke (1906) 1 Ch 148, 159; Nelson v James Nelson & Sons (1914) 2 KB 770, 779; *Davies*, Gower's Company Law, 317; *Schmidt-Tiedemann*, 177.

401 Zur Umsetzung vgl. *BERR*, Implementation of the Directive 2006/43/EC – Policy Conclusions and Draft Regulations, Juli 2007, Ziff. 2.54; *FSA*, Implementation of the 8th Company Law Directive – Consultation Paper, Dezember 2007, Ziff. 1.9, 1.11 f.

402 Dazu bereits oben unter 2.c)aa)(4).

403 Der *Combined Code 2008* stellt nunmehr klar, dass in kleineren, unmittelbar vor dem Geschäftsjahr der Entsprechenserklärung nicht im FTSE 350 notierten, Gesellschaften auch der Verwaltungsratsvorsitzende als Mitglied des Prüfungsausschusses in Betracht kommt, soweit er bei seiner Bestellung für unabhängig befunden wurde (lit. C.3.1. Satz 2).

punkt der Börsennotierung in den Hintergrund tritt. Von daher lässt sich insofern weder rechtsvergleichend Börsengesellschaftsrecht feststellen noch besteht ein Bedürfnis hierfür. Anders stellt sich die Situation hinsichtlich der internen Organisation des Überwachungsorgans/-gremiums dar, da seiner Überwachungseffizienz gerade in der börsennotierten Publikumsgesellschaft ohne kontrollierende Großaktionäre maßgebliche Bedeutung zukommt. Wesentliche Punkte zur Steigerung der Kontrolleffizienz sind einerseits eine sinnvolle Arbeitsteilung durch Bildung spezialisierter Ausschüsse für besonders konfliktbehaftete oder komplexe Themenbereiche und andererseits die Gewährleistung ausreichend häufiger Sitzungen sowohl der Ausschüsse als auch des Gesamtgremiums.

aa) Ausschussbildung

Dabei ist eine vermehrte Ausschussbildung entsprechend der Vorgaben der EU-Empfehlung und der *Corporate Governance*-Kodizes zu den Themen der Rechnungslegung, der Nominierung neuer Organmitglieder und ihrer Vergütung sowie, soweit sachgerecht, weiteren Materien, in börsennotierten Aktiengesellschaften grundsätzlich geeignet, das Überwachungsniveau anzuheben[404]. Ausschüsse ermöglichen eine Spezialisierung der zur Überwachung berufenen Organmitglieder auf bestimmte Themengebiete und damit eine effektivere Kontrolle der Geschäftsführung[405]. Zudem erlauben sie aufgrund ihrer Besetzung mit weniger Personen eine diskretere und flexiblere Arbeitsweise[406] sowie die Beiziehung externen Sachverstands[407]. Damit ermöglichen sie auf der einen Seite die Kontrolle durch qualifiziertere Organmitglieder, die auf der anderen Seite die ihnen zur Überwachung zur Verfügung stehende Zeit effizienter ausnutzen können[408]. Gegenüber dem Plenum haben Ausschüsse den Vorteil, dass sie eine fundiertere Sachdiskussion ermöglichen[409]. Dies gilt umso mehr, je größer das Plenum ist und je seltener es zusammentritt. So entlasten Ausschüsse letztendlich das Plenum und ermöglichen diesem wiederum, unter Konzentration auf die wesentlichen Punkte effizienter zu arbeiten[410]. Vor diesem Hintergrund ist eine Intensivierung der Ausschussarbeit zur Bewältigung der komplexen Überwachungsaufgaben gerade in börsennotierten (Groß-)Unternehmen unerlässlich[411]. Insbesondere in deutschen Aktiengesellschaften mit ihren außerordentlich großen Aufsichtsräten und niedrigen Sitzungsfre-

---

404 Vgl. *Hommelhoff/Mattheus*, AG 1998, 249, 254 f.; *Jungmann*, ECFR 2006, 426, 467; *Schwark* in Handbuch Corporate Governance, 110 ff.

405 Vgl. *Jungmann*, ECFR 2006, 426, 467; *Meder*, ZIP 2007, 1538; *Deckert*, ZIP 1996, 985, 987, auch zu sonstigen Vorteilen der Ausschussarbeit. Überblicksartig zu möglichen Vor- und Nachteilen der Ausschussarbeit auch *Schwark* in Hommelhoff u.a. (Hrsg.), Corporate Governance, 75, 110 f.

406 Vgl. *Hommelhoff/Mattheus*, AG 1998, 249, 254; *Jungmann*, ECFR 2006, 426, 467; *Meder*, ZIP 2007, 1538; *Claussen*, AG 1996, 481, 486; *Deckert*, ZIP 1996, 985, 987; *Lutter*, ZHR 159 (1995), 287, 298.

407 Vgl. *Hommelhoff/Mattheus*, AG 1998, 249, 254; *Deckert*, ZIP 1996, 985, 987.

408 In diesem Sinne auch *Jungmann*, ECFR 2006, 426, 467; *Meder*, ZIP 2007, 1538.

409 Vgl. *Deckert*, ZIP 1996, 985, 987.

410 Vgl. auch *Deckert*, ZIP 1996, 985, 987; Eschert-Weingart, ZVglRWiss 99 (2000), 387, 396.

411 So auch *Hommelhoff/Mattheus*, AG 1998, 249, 254 m.w.N. in Fn. 59.

quenzen erscheint die Delegation der Arbeit auf Ausschüsse bzw. Vorberatungen durch diese unerlässlich, um eine effektive Überwachung der Geschäftsleitung zu ermöglichen[412]. Die zu behandelnden Themen hängen dabei – außerhalb der Bereiche Vergütung, Nominierung und Rechnungslegung – maßgeblich von der Struktur und dem Unternehmensgegenstand der Gesellschaft ab. Deshalb kann keine konkrete Vorgabe zu weiteren zu bildenden Ausschüssen erfolgen, sondern nur im Wege von allgemeinen Kodexempfehlungen auf eine vermehrte Ausschussbildung zu den für eine Delegation geeigneten Sachbereichen hingewirkt werden. Auch die jeweils sinnvolle Zusammensetzung der Ausschüsse hängt von den Beteiligungsstrukturen der Gesellschaften, mitbestimmungsrechtlichen Aspekten und vor allem den zu behandelnden Themen ab, so dass allgemeingültige Aussagen nicht getroffen werden können. Auf die empfehlenswerte Zusammensetzung der Ausschüsse für die international als Hauptaufgabenbereiche anerkannten Materien der Bestellung der Organmitglieder, ihrer Vergütung und der Abschlussprüfung wurde bzw. wird noch im Rahmen der diesbezüglichen Unterabschnitte eingegangen[413].

bb) Überwachungsintervalle

Neben einer sinnvollen Arbeitsteilung bestimmen vor allem die Überwachungsintervalle, d.h. die Häufigkeit des Zusammentretens des Überwachungsorgans und seiner Ausschüsse – im Zusammenwirken mit dem Informationsfluss[414] –, maßgeblich die Überwachungsqualität. Während die Aufsichtsräte börsennotierter AGs insofern mindestens zweimal pro Halbjahr zusammenkommen müssen, können die Aufsichtsräte nicht-börsennotierter AGs ihre Sitzungsfrequenz auf einmal halbjährlich reduzieren (§ 110 Abs. 3 AktG). Ratio der Anordnung der erhöhten Frequenz für börsennotierte Gesellschaften mit dem TransPuG ist, dass die Überwachung der Geschäftsführung in der Publikumsgesellschaft bei typisierender Betrachtung nicht nur rechtlich, sondern auch tatsächlich mangels beherrschender Gesellschafter allein beim Aufsichtsrat liegt[415]. Da die durchschnittliche Sitzungsfrequenz zum Zeitpunkt der Gesetzesänderung bei ca. vier Zusammenkünften pro Jahr lag, entfaltet die Neuregelung in der Praxis keine nennenswerten Auswirkungen[416]. In der *S.A.* und der *plc* bestimmt sich die Sitzungsfrequenz des Verwaltungsrats/Aufsichtsrats demgegenüber ausschließlich nach der Satzung bzw. der Ge-

---

412 In diesem Sinne auch *Theisen* in Hopt u.a. (Hrsg.), Comparative Corporate Governance, 259, 261; *Semler* in Hopt u.a. (Hrsg.), Comparative Corporate Governance, 267, 270; *Lutter*, ZHR 159 (1995), 287, 300.

413 Zum Nominierungsausschuss vgl. oben 2.c)bb)(3), zum Vergütungsausschuss unten Kapitel 6 IV.2.a), zum Prüfungsausschuss Kapitel 6 V.2.

414 Dazu oben 1.b)bb).

415 Vgl. RegBegr BT-Drucks. 13/9712, 16; *Hüffer*, § 110 Rn. 10.

416 Vgl. *Leyens*, RabelsZ 67 (2003), 57, 82; *Feddersen*, AG 2000, 385, 387; *Semler* in Hopt u.a. (Hrsg.), Comparative Corporate Governance, 274; *Bernhardt*, ZHR 159 (1995), 310, 311 f. Zur Sitzungsfrequenz und Dauer in der Praxis (zwischen zwei und fünf jährliche Sitzungen von üblicherweise zwei bis vier Stunden) vgl. *Theisen* in Hopt u.a. (Hrsg.), Comparative Corporate Governance, 259, 261 unter Verweis auf zahlreiche empirische Untersuchungen der Aufsichtsratsarbeit in Fn. 8; *Semler* in Hopt u.a. (Hrsg.), Comparative Corporate Governance, 267, 274.

schäftsordnung der Organe, ohne dass gesetzliche Vorgaben bestünden[417]. Gerade in der *plc* wird die Regelung der internen Arbeitsweise inklusive der Sitzungsfrequenzen regelmäßig der Geschäftsordnung des Verwaltungsrats überlassen[418]. Der *Combined Code* geht allerdings davon aus, dass der Verwaltungsrat regelmäßig zusammentritt und der Verwaltungsratsvorsitzende sich zusätzlich nur mit den nicht-geschäftsführenden Verwaltungsratsmitgliedern trifft (lit. 1.2, 1.3 Combined Code). Die Zusammenkünfte ausschließlich der nicht-geschäftsführenden Verwaltungsratsmitglieder sind dabei zur Anhebung des Kontrollniveaus sinnvoll, da sie den überwachenden Mitgliedern eine vermehrte Diskussion und Abstimmung ihrer Kontrollmaßnahmen ermöglichen[419]. Zudem ist in der börsennotierten Publikumsgesellschaft, in der die Kontrolle maßgeblich durch den Aufsichtsrat bzw. die unabhängigen Verwaltungsratsmitglieder erfolgen soll, eine grundsätzliche Erhöhung und Verstetigung der Sitzungsfrequenz geboten[420]. Dies gilt selbst für börsennotierte *plcs*, die empirisch zwar auf durchschnittliche neun Verwaltungsratssitzungen pro Geschäftsjahr kommen, dabei aber eine weite Spanne zwischen vier und 21 Sitzungen aufweisen[421]. Insbesondere vermag aber die gesetzlich vorgeschriebene Mindestfrequenz in der börsennotierten AG von zwei halbjährlichen Aufsichtsratssitzungen eine effektive Kontrolle nicht zu gewährleisten. Häufigere Sitzungen führten zu einer regelmäßigeren Überwachung der Geschäftsführung, von der ein Qualitätsgewinn zu erwarten ist. Die öftere Befassung mit dem Unternehmen wäre auch ein Mittel, den nicht geschäftsführenden Verwaltungsrats-/Aufsichtsratsmitgliedern die Kenntnisse zu verschaffen, die sie in die Lage versetzten, ihre Zustimmungsbefugnisse bei grundlegenden Entscheidungen informiert auszuüben[422]. Häufigere Sitzungen hätten zudem den positiven Nebeneffekt, Verwaltungsrats-/Aufsichtsratsmitglieder angesichts des mit ihnen verbundenen erhöhten Zeit- und Arbeitsaufwandes von der Annahme zu vieler weiterer Mandate abzuhalten und so die Überwachungsqualität zu erhöhen (wie dies auch die Ämterhäufungsbegrenzung bezweckt)[423]. In monistischen wie dualistischen Aktiengesellschaften ermöglichte die regelmäßige Überwachung in überschaubaren Intervallen eine unmittelbarere und damit effektivere Kontrolle der Verwaltung. In Gesellschaften mit kontrollierenden Großaktionären, die zur Überwachung der Geschäftsführung nicht in gleicher Weise wie Publikumsgesellschaften auf den Aufsichtsrats bzw. die nicht-geschäftsführenden Verwaltungsratsmitglieder angewiesen sind, stellten zusätzliche Verwaltungsratssitzungen aus Sicht der Geschäftsleitungskontrolle jedenfalls keinen Nachteil dar, hätten aber unter Gesichtspunkten des

---

417 Vgl. *Grundmann*, European Company Law, Rn. 415; *Davies*, Gower's Company Law, 320 ff. für die *plc*; art. L. 225-36-1 (1), art. R. 225-45 (1) C.com. für die *S.A.*

418 Vgl. *Davies*, Gower's Company Law, 320.

419 So auch *Jungmann*, ECFR 2006, 426, 471.

420 So auch *Jungmann*, ECFR 2006, 426, 466, der monatliche Treffen vorschlägt. Kritisch angesichts der aufgrund ihrer (aus der Mitbestimmung resultierenden) Größe ohnehin ineffektiven Aufsichtsräte *Lutter*, ZHR 159 (1995), 287, 298.

421 Vgl. in diesem Kapitel bei Fn. 397.

422 In diesem Sinne auch *Jungmann*, ECFR 2006, 426, 466.

423 Vgl. *Jungmann*, ECFR 2006, 426, 466.

Minderheitenschutzes wesentliche Vorteile. Einerseits üben die Großaktionäre ihre Kontrollbefugnisse regelmäßig auch über den Aufsichtsrat aus, so dass ihnen erhöhte Sitzungsfrequenzen nicht schadeten. Andererseits und vor allem aber haben die unabhängigen nicht-geschäftsführenden Organmitglieder in diesen Gesellschaften maßgeblich die Aufgabe des Schutzes der Minderheitsaktionäre, die sie bei häufigerem Zusammentreten besser erfüllen können. Von daher erscheinen konkretere Vorgaben für eine häufigere, z. B. in der Regel monatliche, Sitzungsfrequenz für sämtliche börsennotierte Gesellschaften in den *Corporate Governance*-Kodizes wünschenswert. Eine solche konkretere Kodexempfehlung beließe den Gesellschaften die Flexibilität, auf gesellschaftsspezifische Besonderheiten wie etwa an Stelle des Verwaltungsrats/Aufsichtsrats agierende Ausschüsse durch seltenere Plenumssitzungen Rücksicht zu nehmen, erzeugte aber den in Hinblick auf eine Verstetigung und Effektivierung der gesellschaftsinternen Kontrolle wünschenswerten Erklärungsdruck.

5. Verantwortlichkeit der Geschäftsleiter

Der Sicherstellung einer ordnungsgemäßen Geschäftsleitung im Sinne der Gesellschaft (und damit der Aktionäre) dient auch das gesellschaftsrechtliche System der Haftung der Geschäftsleiter gegenüber der Gesellschaft. Die drohende Haftung bietet den Geschäftsleitern einen Anreiz zur Ausrichtung ihres Verhaltens anhand der Aktionärsinteressen und kann so den *Principal-Agent*-Konflikt entschärfen[424]. Hierbei kompensiert die persönliche Verantwortlichkeit gegenüber der Gesellschaft zugleich das für die Kapitalgesellschaft typische Auseinanderfallen von Handlungsbefugnis und persönlicher Haftung im Außenverhältnis und setzt so Verhaltensanreize auch zum Schutz außenstehender Dritter[425].

a) *Rechtsvergleicher Überblick zur Verantwortlichkeit der Mitglieder der Leitungsorgane*

aa) Pflichtenkanon der Mitglieder der Leitungsorgane

(1) Pflichtenkanon der Vorstands- und Aufsichtsratsmitglieder der AG

Die Vorstandsmitglieder einer AG haben bei ihren Geschäftsführungsmaßnahmen Recht und Gesetz zu beachten[426], aufgrund ihrer Interessenwahrungs- und Treuepflicht die Interessen der Gesellschaft wahrzunehmen und alles zu unterlassen, was die Gesellschaft schädigt[427] und gemäß § 93 Abs. 1 AktG bei der Geschäftsführung

---

424 Vgl. *Bedkowski*, 32; *Fleischer*, ZGR 2001, 1, 7 f.; *Fleischer*, WM 2003, 1045, 1049; *Cooter/Freedman*, N.Y.U. L.Rev. 1991, 1045, 1048.
425 Vgl. *Bedkowski*, 32; GK/*Hopt*, § 93 Rn. 12–14.
426 Dazu GK/*Hopt*, § 93 Rn. 98; KK/*Mertens*, § 93 Rn. 34; *Kübler/Assmann*, § 15 III 4c); Raiser, § 14 IV 1a); *Fleischer*, ZIP 2005, 141 sowie Ziff. 4.1.3 DCGK.
427 Ausführlich zur Treuepflicht KK/*Mertens*, § 93 Rn. 57 ff.; *K. Schmidt*, § 28 II 4a). Auch Ziff. 4.3.3 DCGK betont, dass die Vorstandsmitglieder verpflichtet sind, Geschäftschancen zugunsten der Gesellschaft wahrzunehmen und nicht für eigene Zwecke auszunutzen; zur Geschäftschancenlehre vgl. GK/*Hopt*, § 93 Rn. 166; KK/*Mertens*, § 93 Rn. 67; *Raiser/Veil*, § 14 Rn. 81; *Fleischer*, WM 2003, 1045, 1051 ff.

die Sorgfalt eines ordentlichen und gewissenhaften Geschäftsleiters anzuwenden[428]. Angesichts der Unmöglichkeit der ausdrücklichen Kodifizierung der zahlreichen Pflichten und Ermessenspielräume[429] ist die aus dem US-amerikanischen Gesellschaftsrecht stammende und seit längerem von der Rechtsprechung für Deutschland anerkannte *business judgment rule*[430] mit dem UMAG in § 93 Abs. 1 Satz 2 AktG kodifiziert worden. Ihr zufolge liegt eine Pflichtverletzung nicht vor, „wenn das Vorstandsmitglied bei einer unternehmerischen Entscheidung vernünftigerweise annehmen durfte, auf der Grundlage angemessener Informationen zum Wohle der Gesellschaft zu handeln". Entscheidungen des Vorstandes sind danach der gerichtlichen Kontrolle entzogen, solange die Voraussetzungen rechtmäßiger Ermessensausübung eingehalten werden[431]. § 91 Abs. 2 AktG konkretisiert die Sorgfaltspflichten des Vorstands insofern, als er ihn zu geeigneten Maßnahmen verpflichtet, um den Fortbestand der Gesellschaft gefährdende Entwicklungen zu erkennen und hierfür insbesondere die Einrichtung eines Überwachungssystems verlangt[432]. Die Regelung gilt für sämtliche Aktiengesellschaften, allerdings erstreckt sich nur bei börsennotierten Gesellschaften die Abschlussprüfung auch auf die Fragen des Bestehens und der Eignung des Kontrollsystems zur Erfüllung seiner Aufgaben (§ 317 Abs. 4 HBG)[433]. Nach der Umsetzung der europarechtlichen Vorgaben zum *Corporate Governance-Statement* (Art. 46a der Bilanz-Richtlinie) durch das BilMoG haben Kapitalgesellschaften mit an organisierten Märkten notierten Wertpapieren (§ 264d HGB) zukünftig im Lagebericht bzw. auf ihrer Internetseite

---

428 Umstritten ist, ob die Nichteinhaltung von Empfehlungen des DCGK die Verletzung von Sorgfaltspflichten indiziert. Einerseits wird vertreten, dass jedenfalls die Nichteinhaltung der eigenen Entsprechenserklärung durch Organmitglieder einen Verstoß gegen die Sorgfaltspflichten aus §§ 93 Abs. 2, 116 Satz 1 AktG nahelege; vgl. *Lutter*, ZHR 166 (2002), 523, 540 ff.; *Schüppen*, ZIP 2002, 1269, 1271; *Ulmer*, ZHR 166 (2002), 150, 166 f. Dem ist entgegenzuhalten, dass bloße Empfehlungen, wie sie der DCGK enthält, wegen ihres unverbindlichen Charakters nicht haftungsbestimmend werden dürfen. Die DCGK-Empfehlungen selbst sind keine staatliche Rechtsetzung und dürfen – auch wegen der verfassungsrechtlichen Bedenken gegen die informelle Einsetzung der Regierungskommission Corporate Governance (dazu *Hüffer*, § 161 Rn. 27; Rn. 3 ff.; *Wolf*, ZRP 2002, 59 f.) – nicht wie staatliches Recht wirken. Im Übrigen haben sich die Verhaltensstandards des DCGK noch nicht derart als allgemeine Übung durchgesetzt, dass sie zur Konkretisierung allgemeiner Sorgfaltspflichten geeignet wären; vgl. *Hüffer*, § 161 Rn. 26; *Bachmann* WM 2002, 2137, 2138; *Berg/Stöcker*, WM 2002, 1569, 1575 ff.; *Ettinger/Grützediek* AG 2003, 353, 354 f.

429 Zusammenstellung für den Vorstand der AG bei KK/*Mertens*, § 93 Rn. 29–56.

430 Vgl. dazu BGHZ 135, 244 = NJW 1997, 1926; BGH NJW 1997, 2815, 2816; BGH NZG 2002, 195, 196.

431 Zur Business Judgment Rule vgl. *Hüffer*, § 93 Rn. 4a ff. m.w.N.; *K. Schmidt*, § 28 II 4a); *Fleischer*, AR 2004, 16 f.; *Fleischer*, FS für Wiedemann, 827 ff.; *Koch*, ZGR 2006, 769, 782 ff.

432 Zur Herleitung der Pflicht aus der allgemeinen Sorgfaltspflicht vgl. *Fleischer* in Spindler/Stilz, § 91 Rn. 29; MK/*Hefermehl/Spindler*, § 91 Rn. 3; *Seibert*, FS für Bezzenberger, 427, 437. Ausführlich zum Diskussionsstand zum danach aufzubauenden Früherkennungssystem *Krieger/Sailer* in Schmidt/Lutter, § 91 Rn. 6 ff.; *Fleischer* in Spindler/Stilz, § 91 Rn. 29 ff.; *Seibert*, Festschrift für Bezzenberger, 427 ff.; *Fleischer*, AG 2003, 291, 298 ff.

433 Vor diesem Hintergrund wird § 91 Abs. 2 AktG als zu weitgehend und unschlüssig kritisiert. Das Überwachungssystem als Gegenstand erweiterter Abschlussprüfung könne allein bei am regulierten Markt notierten Gesellschaften erforderlich sein, da nur diese typischerweise komplex genug strukturiert seien, um die mit erheblichen Kosten verbundene Einrichtung rechtfertigen zu können; vgl. *Hüffer*, § 91 Rn. 5; *Merkt*, AG 2003, 126, 131.

unter Verweis auf diese im Lagebericht die wesentlichen Merkmale des von ihnen im Hinblick auf den Rechnungslegungsprozess eingerichteten internen Kontroll- und des internen Risikomanagementsystems zu beschreiben (§ 289 Abs. 5 HGB). Aus dieser Erklärungspflicht folgt aber keine Einrichtungsverpflichtung wie nach § 91 Abs. 2 AktG, d.h. es bleibt dem Vorstand im Rahmen seiner Leitungsautonomie überlassen, ein solches internes Risikomanagementsystem nach seinem Ermessen unter Berücksichtigung der unternehmensspezifischen Bedürfnisse einzurichten[434].

Für die Sorgfaltspflicht und Verantwortlichkeit der Aufsichtsratsmitglieder gilt § 93 AktG sinngemäß (§ 116 Satz 1 AktG). Bei der „sinngemäßen" Rechtsanwendung sind Unterschiede in den Aufgaben, der Struktur der (Neben-)Tätigkeit und der beruflichen Herkunft zu berücksichtigen[435]. Nach h.M. gilt der so ermittelte Sorgfaltsmaßstab für alle Aufsichtsratsmitglieder gleichermaßen und unabhängig von ihren persönlichen Kenntnissen und Fähigkeiten, so dass eine subjektive Entlastung etwa für individuelle Unkenntnis nicht in Betracht kommt[436]. Wie beim Vorstand steht neben der Sorgfaltspflicht eine organschaftliche Loyalitätspflicht, die aber wiederum nicht unter pauschaler Übernahme der für Vorstandsmitglieder geltenden Grundsätze konkretisiert werden kann[437].

(2) Pflichtenkanon der Mitglieder der Leitungs- und Überwachungsorgane der *S.A.*

Die Sorgfaltspflichten der Mitglieder der französischen Verwaltungsorgane ergeben sich nicht aus einer gesetzlichen Definition, sondern sind aus der Rechtsprechung zu Geschäftsführungsfehlern abzuleiten[438]. Danach müssen die Verwaltungsmitglieder die Gesellschaft mittels informierter und rationaler Entscheidungen ordentlich und sorgfältig entsprechend der gesetzlichen und satzungsmäßigen Vorgaben zum Wohle der Gesellschaft leiten (sog. *obligation générale de prudence et de diligence*)[439]. Bei Einhaltung dieses Sorgfaltsmaßstabs kommt ihnen entsprechend der Grundsätze der *business judgment rule* ein Irrtumsprivileg hinsichtlich der Auswirkungen geschäftlicher Entscheidungen zugute[440]. Darüber hinaus haben sie gesetzlich

---

434 Vgl. RegE BilMoG, BT-Drucks. 16/10067, 168; auch *Melcher/Mattheus*, DB 2008, Beilage 1, 52, 53.
435 Vgl. *Hüffer*, § 116 Rn. 1 m.w.N.; MK/*Semler*, § 116 Rn. 3 m.w.N.; *K. Schmidt*, § 28 III; *Hoffmann-Becking* in MHdbGR IV, § 33 Rn. 45.
436 Vgl. BGHZ 85, 295, 295 f. sowie *Hüffer*, § 116 Rn. 2 m.w.N. zum Meinungsstand; desw. *Leyens*, RabelsZ 67 (2003), 57, 85.
437 Vgl. *Hüffer*, § 116 Rn. 4 m.w.N.; *Kübler/Assmann*, § 15 IV 3b) m.w.N. (Fn. 67). Vor allem ist zu berücksichtigen, dass die Tätigkeit im Aufsichtsrat typischerweise als Nebentätigkeit erfolgt und das Mitglied deshalb auch anderen, unter Umständen vorrangigen Pflichtbindungen aus seiner Haupttätigkeit unterliegen kann.
438 Vgl. *Scholastique*, 205 Rn. 350 f.; *Arlt* in Kalss (Hrsg.), Vorstandshaftung, 476; *Merle*, Rn. 388.
439 Vgl. *Scholastique*, 203 Rn. 349; 329 Rn. 637; *Le Cannu*, Droit des sociétés, Rn. 667; *Arlt* in Kalss (Hrsg.), Vorstandshaftung, 477.
440 Vgl. *Guyon*, Droit des affaires, Rn. 459; *Scholastique*, 210 f. Rn. 363 unter Berufung auf TC Roubaix v. 21. November 1979, GP n° 240–241, 27.–28. August 1980, 12; TC Tours v. 17. April 1979, GP 1979, somm. 543; *Arlt* in Kalss (Hrsg.), Vorstandshaftung, 483.

nicht näher präzisierte Treuepflichten gegenüber den Aktionären[441] und der Gesellschaft[442]. Die Rechtsprechung stellt hinsichtlich der Erfüllung dieser Pflichten höhere Anforderungen an die Verwaltungsratsmitglieder börsennotierter Gesellschaften sowie an hoch bezahlte Organmitglieder als an ehrenamtlich tätige Verwaltungsrats-/Aufsichtsratsmitglieder in kleineren Familiengesellschaften[443]. Interne Kontroll- und Überwachungssysteme erwähnt das Gesetz lediglich insofern, als es seit dem *Loi NRE* von den Verwaltungsräten/Aufsichtsräten von Gesellschaften mit *appel publique à l'épargne* verlangt, zusammen mit dem Lagebericht über die gesellschaftsinternen Überwachungsmechanismen und Risikomanagementsysteme zu berichten (art. L. 225-37 (6), 225-68 (6) C.com.). Eine Pflicht zur Einrichtung eines konkreten Systems folgt hieraus nicht. In Umsetzung des Art. 46a der Jahresabschluss-Richtlinie wurden die Vorschriften insofern modifiziert, als sie nunmehr insbesondere auch einen Bericht zu den internen Kontrollvorkehrungen hinsichtlich der Rechnungslegung verlangen. Der konsolidierte französische *Corporate Governance*-Kodex stellt im Übrigen in Ziff. 17 einen Pflichtenkanon für die Mitglieder der Verwaltungsorgane börsennotierter Gesellschaften auf, wofür er vor allem verschiedene gesetzliche Pflichten überblicksartig zusammenfasst und dabei die Pflicht der Organmitglieder zum hinreichenden Arbeitseinsatz betont.

(3) Pflichtenkanon der Verwaltungsratsmitglieder der *plc*

Im britischen Recht wurden die richterrechtlich entwickelten Pflichten der Verwaltungsratsmitglieder der *plc* im Zuge der *Company Law Reform* in ss. 170–181 CA 2006 kodifiziert, um die Rechtsanwendung für Gesellschaften und ihre Geschäftsführer zu vereinfachen[444]. Die der Normierung zugrunde liegenden *equity*- und *common law*-Regeln sind für die Auslegung der Vorschriften heranzuziehen (s. 170 (3), (4) CA 2006). Geschäftsführende und nicht-geschäftsführende Verwaltungsratsmitglieder treffen die gleichen Pflichten, lediglich ihr Inhalt kann differieren[445]. Angesichts dessen, dass sie regelmäßig weniger Zeit für die Gesellschaft aufzubringen haben,

---

441 Vgl. Cass. com. v. 27. Februar 1996, Bull. Joly 1996, 485, n° 164, Anm. *Couret* (zusammengefasst bei *Cozian/Viandier/Deboissy*, Rn. 297); Cass. com. v. 27. Januar 1998, RTD civ. 1998, 904, Anm. *Mestre*; Cass. com. v. 12. Mai 2004, Bull. Joly 2004, 1114, n° 218, Anm. *Schmidt*; *Merle*, Rn. 388 m.w.N. in Fn. 2; *Cozian/Viandier/Deboissy*, Rn. 297; ausführlich *Le Nabasque*, RTD com. 1999, 273, 278, 279 ff.; *Daille-Duclos*, JCP éd. E 1998, 1486 ff.

442 Vgl. Cass. com. v. 24. Februar 1998, Bull. Joly 1998, 813 n° 266, Anm. *Petit* (Treuepflicht des ausgeschiedenen Verwaltungsratsmitglieds hinsichtlich Wettbewerbsfragen, zusammengefasst bei *Cozian/Viandier/Deboissy*, Rn. 297); Cass. com. v. 6. Juni 2001, Lamy soc. com. März 2002, n° 144, Anm. *Grossi* (Gründung einer konkurrierenden Gesellschaft); Cass. com. v. 12. Februar 2002, Rev. sociétés 2002, 617, Anm. *Saintourens* (Gründung einer konkurrierenden Gesellschaft während der Kündigungsfrist); *Merle*, Rn. 388 m.w.N. in Fn. 3; *Cozian/Viandier/Deboissy*, Rn. 297; ausführlich *Le Nabasque*, RTD com. 1999, 273, 279 ff.

443 Vgl. *Guyon*, Droit des affaires, Rn. 459; *Merle*, Rn. 388.

444 Vgl. DTI, Explanatory Notes to the Companies Act 2006, Nr. 301, www.opsi.gov.uk/acts/en2006/ukpgaen_20060046_en.pdf.; *Steffek*, GmbHR 2007, 810, 811. Ausführliche Diskussion der Geschäftsleiterpflichten bei *Davies*, Gower's Company Law, 371 ff.

445 Vgl. Dorchester Finance Co. Ltd v. Stebbing (1989) BCLC 498; *Dine/Koutsias*, 193; *Lembeck* in Kalss (Hrsg.), Vorstandshaftung, 403 f.

werden von nicht-geschäftsführenden Verwaltungsratsmitgliedern grundsätzlich nicht die gleichen Kenntnisse und Erfahrungen der Gesellschaftsbelange erwartet wie von den geschäftsführenden Mitgliedern des Verwaltungsrats[446]. *Schedule B* des *Combined Code* enthält insofern Handlungshinweise für die nicht-geschäftsführenden Verwaltungsratsmitglieder, deren Befolgung ihnen die Einhaltung des sie betreffenden Pflichtenkanons erleichtern soll. Die allgemeinen Pflichten lassen sich wiederum in Sorgfalts- und Treuepflichten unterteilen, wobei der *Companies Act 2006* zwischen sechs typisierten Treuepflichten und einer allgemeinen Sorgfaltspflicht differenziert[447]. Im Rahmen der Sorgfaltspflicht (s. 174 CA 2006) ist ein gemischt objektiv-subjektiver Sorgfaltsstandard einer Person mit den Kenntnissen, Fähigkeiten und Erfahrungen, die vernünftigerweise von einer Person in der konkreten Funktion des jeweiligen Verwaltungsratsmitglieds erwartet werden können, sowie mit den Kenntnissen, Fähigkeiten und Erfahrungen des konkret betroffenen Verwaltungsratsmitglieds einzuhalten (s. 174 (2) CA 2006)[448]. Die objektive Komponente ist danach maßgeblich von der konkreten Funktion innerhalb der Gesellschaft und den dort übernommenen Verantwortlichkeiten[449] und damit auch entscheidend von Faktoren wie der Größe der Gesellschaft, ihrer Börsennotierung sowie der Tätigkeit als geschäftsführendes oder nicht-geschäftsführendes Verwaltungsratsmitglied abhängig[450]. Die subjektive Komponente der Kenntnisse, Fähigkeiten und Erfahrungen des individuellen Verwaltungsratsmitglieds kann die Sorgfaltspflichten nur verschärfen, das Verwaltungsratsmitglied also nicht von der Pflicht zur Einhaltung des objektiven Sorgfaltsmaßstabs befreien[451]. Aus der Regelung der Rechtsfolgen der Pflichtverletzungen in s. 178 (2) CA 2006 ergibt sich, dass alle sonstigen Pflichten als Treuepflichten eingeordnet werden. Diese zuvor in zahlreichen Fallkonstellationen des *Common Law* erörterten Pflichten sind nunmehr vor allem in der Pflicht zum Handeln innerhalb der durch *articles* und Gesellschafterentscheidungen gewährten Kompetenzen (s. 171 CA 2006) und der Pflicht zur Förderung des Gesellschaftserfolgs mitsamt ihren Fallgruppen (s. 172 CA 2006) kodifiziert[452]. S. 172 CA 2006 statuiert dabei den sog. *enlightened shareholder value*

---

446 So Schedule B des Combined Code, Ziff. 1.

447 Vgl. *Steffek*, GmbHR 2007, 810, 811.

448 Zurückgehend auf Norman v Theodore Goddard (1991) BCLC 1028; Re D'Jan of London Ltd, Copp v D'Jan (1994) 1 BCLC 561. Hierdurch soll ein zu strikter Sorgfaltsstandard, der in US-Staaten Kandidaten von der Annahme von nicht-geschäftsführenden Direktorenmandaten abhielt, vermieden werden; vgl. *Dine/Koutsias*, 195. Überblicksartig zum gemischt objektiv-subjektiven Sorgfaltsstandard auch *Lembeck* in Kalss (Hrsg.), Vorstandshaftung, 405 f.; ausführlich zur Sorgfaltspflicht *Dine/Koutsias*, 192 ff.; *Bedkowski*, 135 ff.; zur Entwicklung der Sorgfaltspflicht vor ihrer Kodifizierung im CA 2006 *Davies*, Gower's Company Law, 432 ff.

449 Vgl. Re Barings plc (no 5), Secretary of State for Trade and Industry v Baker (No 5) (1999) 1 BCLC 433; (2000) 1 BCLC, 523, CA; *Lembeck* in Kalss (Hrsg.), Vorstandshaftung, 406 f.

450 Vgl. Re Brian D Pierson (Contractors) Ltd (2001) 1 BCLC 275, 309; Re Produce Marketing (1989) BCLC 520, 550b–c; Re Continental Assurance Co of London plc (2001) All ER (D) 229 (Apr)), Ch D, 255 ff.; *Lembeck* in Kalss (Hrsg.), Vorstandshaftung, 406.

451 Vgl. Davis, Gower's Company Law, 435; *Steffek*, GmbHR 2007, 810, 814; *Lembeck* in Kalss (Hrsg.), Vorstandshaftung, 407.

452 Vgl. *Dine/Koutsias*, 197; ausführlich zu den Treuepflichten nach dem *Common Law Davies*, Gower's Company Law, 380 ff.; *Kasolowsky*, insbes. 93 ff.; *Bedkowski*, 229 ff.; zu s. 172 CA 2006 *Keay*, Comp. Law. 2007, 106 ff.

approach[453]. Ihm zufolge sind die Pflichten der Verwaltungsratsmitglieder auf die Aktionärsinteressen ausgerichtet. Bei der Bestimmung der Aktionärsinteressen sind aber unter dem Gesichtspunkt des *„enlightened"* (aufgeklärt) die in s. 172 (1) CA 2006 genannten Aspekte u.a. der Arbeitnehmer, des Bedürfnisses zur Pflege von Geschäftsbeziehungen und der Auswirkungen der Geschäftstätigkeit auf die Sozialgemeinschaft und die Umwelt zu berücksichtigen. Der *enlightened shareholder value approach* anerkennt damit, dass die Förderung von Stakeholder-Interessen durchaus im Interesse der Anleger sein kann[454]. Die aus ihm folgende Pflicht zur bloßen Berücksichtigung der Faktoren belässt den Verwaltungsratsmitgliedern jedoch die Möglichkeit, andere Aspekte als im Aktionärsinteresse höherwertig einzuordnen[455]. Da die Pflicht subjektiv angelegt ist, eröffnet sie den Verwaltungsratsmitgliedern einen der gerichtlichen Überprüfung entzogenen Ermessenspielraum bei der Identifizierung und Abwägung der verschiedenen Anlegerinteressen, so dass sie funktional der *business judgment rule* vergleichbare Ergebnisse zeitigt[456]. Weitere ausdrücklich kodifizierte Pflichten sind diejenigen zur Ausübung unabhängiger Urteile bei der Entscheidungsfindung (s. 173 CA 2006), zur Vermeidung von Interessenkonflikten (s. 175 CA 2006), zur Offenlegung von eigenen Interessen in angesonnenen oder bereits abgeschlossenen Geschäften der Gesellschaft gegenüber dem Verwaltungsrat (ss. 177, 182 CA 2006) und zur Ablehnung von im Hinblick auf das Verwaltungsratsmandat durch Dritte gewährten Vorteilen, soweit die Annahme nicht durch die Hauptversammlung zugelassen wird (s. 176 CA 2006)[457]. Während das Gesetz die Sorgfaltspflichten im Hinblick auf die Einrichtung interner Überwachungs- und Risikomanagementsysteme nicht konkretisiert, soll der Verwaltungsrat dem *Combined Code* zufolge zum Schutz der Aktionärsinteressen und des Gesellschaftsvermögens die Effektivität der internen Überwachungssysteme mindestens jährlich überprüfen und hierüber den Aktionären berichten (lit. C.2, 2.1 Combined Code). Der Bericht soll sämtliche Kontrollsysteme der Gesellschaft erfassen, insbesondere diejenigen für die Finanzen, das operative Geschäft und die Rechnungslegung (lit. 2.1 Combined Code). Die für alle Gesellschaften mit Wertpapiernotierung an einem organisierten Markt von Art. 46a der Bilanz-Richtlinie vorgegebene Berichtspflicht zum im Hinblick auf die Rechnungslegung eingerichteten Risikomanagementsystem wurde in DTR 1B.1.5, 1B.1.6, 7.2.5 umgesetzt, ohne dass aus ihr eine Pflicht zur Einführung eines solchen Systems resultierte[458].

---

453 Vgl. *Steffek*, GmbHR 2007, 810, 812; eingehend zum *enlightened shareholder value approach* *Davies*, Gower's Company Law, 377 f.
454 Vgl. *Davies*, Gower's Company Law, 378.
455 Vgl. *Steffek*, GmbHR 2007, 810, 812.
456 Vgl. *Steffek*, GmbHR 2007, 810, 812; *Fleischer*, FS für Wiedemann, 827, 835 f.; auch *Davies*, Gower's Company Law, 389.
457 Ausführlich zu diesen Pflichten und der ihnen zugrunde liegenden Entscheidungen des *Common Law* vgl. *Dine/Koutsias*, 202–211; *Davies*, Gower's Company Law, 391 ff.
458 Die Erklärung hat wahlweise in einem zusammen mit dem Lagebericht zu veröffentlichenden gesonderten Bericht oder auf der Internetseite der Gesellschaft (bei Verweis auf diese im Lagebericht) zu erfolgen; DTR 7.2.9. Ausführlich zur Rechnungslegung vgl. Kapitel 8 unter IV.

bb) Haftung der Organmitglieder

(1) Haftung der Vorstands- und Aufsichtsratsmitglieder in der AG

Für schuldhafte Pflichtverletzungen im Rahmen ihrer Geschäftsführertätigkeit haften die Vorstandsmitglieder der AG der Gesellschaft auf Schadensersatz (§ 93 Abs. 2, 3 AktG)[459]. Die Haftung tritt bei schuldhafter Verletzung individueller Verantwortlichkeiten ein, ohne dass eine Zurechnung des Verhaltens anderer Vorstandsmitglieder möglich wäre[460]. Ist streitig, ob die Vorstandsmitglieder die erforderliche Sorgfalt eines ordentlichen und gewissenhaften Geschäftsleiters angewandt haben, so trifft sie die Beweislast (§ 93 Abs. 2 Satz 2 AktG). Die Haftung ist ausgeschlossen, wenn die Handlung auf einem gesetzmäßigen Beschluss der Hauptversammlung beruht (§ 93 Abs. 4 AktG). Die Aufsichtsratsmitglieder sind der Gesellschaft gemäß § 116 AktG, der § 93 AktG hinsichtlich der Verantwortlichkeit für sinngemäß anwendbar erklärt, ebenfalls unter den Voraussetzungen des § 93 Abs. 2 bis 6 AktG schadensersatzpflichtig[461]. Neben die zivilrechtliche Haftung aus § 93 AktG tritt in Insolvenzfällen die deliktsrechtlich aus §§ 823 Abs. 2 BGB, 92 AktG begründete Insolvenzverschleppungshaftung[462]. Im Übrigen sieht das AktG Straftatbestände und Ordnungwidrigkeitsvorschriften für bestimmte Verhaltensweisen der Leitungsorgane vor (§§ 399 ff. AktG). § 404 Abs. 1, 2 AktG enthält für Vorstands- und Aufsichtsratsmitglieder börsennotierter Gesellschaften (sowie Prüfer und deren Gehilfen) verschärfte Strafandrohungen für die Verletzung von Geheimhaltungspflichten (Höchststrafe von zwei Jahren statt einem Jahr sowie in der Qualifikation des Abs. 2 von drei statt zwei Jahren Gefängnis). Ergänzt werden die Normen durch den Straftatbestand der Untreue (§ 266 StGB). Die Verletzung der Vorschriften kann in Verbindung mit § 823 Abs. 2 BGB oder aus § 826 BGB Schadensersatzansprüche der Gesellschaft und unter Umständen auch der Aktionäre begründen[463]. Bei einer Wertminderung seiner Aktien aufgrund eines Schadens der Gesellschaft, dem sog. Doppelschaden, kann der Aktionär jedoch nur Schadensersatz an die Gesellschaft fordern; sein Entwertungsschaden ist also über das Gesellschaftsvermögen auszugleichen[464]. Während die nach dem Wortlaut äußerst strenge zivilrechtliche Haftung in den ersten Nachkriegsjahrzehnten in der Praxis wenig relevant war, hat sich dies – auch aufgrund der verbesserten Rahmenbedingungen für die Geltendmachung von Organhaftungsansprüchen – in den letzten Jahrzehnten stark verändert, wie insbesondere die Zunahme der Versicherungs-

---

459 Vgl. *Kübler/Assmann*, § 15 III 5 m.w.N. in Fn. 43; *K. Schmidt*, § 28 II 4b).

460 Vgl. GK/*Hopt*, § 93 Rn. 52; *Hüffer*, § 93 Rn. 13 ff.; *Kübler/Assmann*, § 15 III 5, jeweils m.w.N.

461 Ein Haftungsausschluss gemäß § 93 Abs. 4 Satz 1 AktG für von Hauptversammlungsbeschlüssen gedecktes Verhalten wird jedoch regelmäßig nicht in Betracht kommen, da der Aufsichtsrat (außerhalb von § 147 AktG) nicht an Beschlüsse der Hauptversammlung gebunden ist; vgl. *Hüffer*, § 116 Rn. 8; MK/*Semler*, § 116 Rn. 555.

462 Vgl. BGHZ 126, 181; dazu *K. Schmidt*, §§ 28 II 4 c), 36 II 5b).

463 Vgl. *Kübler/Assmann*, § 15 III 5d); *Hüffer*, § 93 Rn. 19–21 m.w.N.

464 Vgl. BGH NJW 1985, 1900; BGH NJW 1987, 1077, 1079 f.; BGH NJW 1988, 413, 415; BGHZ 129, 136, 165; BGH NZG 2003, 85; *Hüffer*, § 93 Rn. 19 m.w.N.; KK/*Mertens*, § 93 Rn. 170 m.w.N.

fälle der *Directors and Officers* (D&O)-Versicherung zeigt[465]. Um die disziplinierende Wirkung der Haftung auf das Verhalten der Leitungsorgane aufrecht zu erhalten, empfiehlt Ziff. 3.8 DCGK der Gesellschaft für den Fall des Abschlusses einer D&O-Versicherung für Vorstand und Aufsichtsrat die Vereinbarung eines angemessenen Selbstbehalts[466].

(2) Haftung der Organmitglieder der *S.A.*

Entsprechend der deutschen Rechtslage unterliegen auch die Mitglieder der Leitungsorgane einer *S.A.* einer Haftung für Gesetzes- und Satzungsverletzungen sowie Geschäftsführungsfehler (art. L. 225-251 (1), 225-256 f. C.com.)[467] und einer Haftung für Verfehlungen im Zusammenhang mit der Insolvenz oder der Auflösung der Gesellschaft (art. L. 225-52, 225-93, 225-256 (2) C.com. i.V.m. art. L. 651-1 ff. C.com.)[468]. Zudem können sie strafrechtlich verantwortlich sein (art. L. 242-1 ff. C.com.). Voraussetzung der zivilrechtlichen Haftung ist jeweils die Hervorrufung eines Schadens durch eine schuldhafte Pflichtverletzung. Art. L. 225-251 (1) C.com. differenziert dabei zwischen drei Arten von Pflichtverletzungen, nämlich zwischen Verstößen gegen (1.) Gesetze, sonstige Regelungen und (2.) Satzungsbestimmungen einerseits sowie (3.) Geschäftsführungsfehlern andererseits. Für einen Geschäftsführungsfehler ist – in Anlehnung an die Grundsätze der *business judgment rule* – die Nichtbeachtung der Verhaltensregeln, die ein sorgfältiger Mandatsträger (*dirigeant prudent, diligent et actif*) in der betreffenden Situation angewandt hätte, darzulegen[469]. Hierbei werden die konkrete Ausgestaltung des Amtes (etwa als *P-DG*, als bezahltes oder unbezahltes Organmitglied oder als Arbeitnehmervertreter), die Größe der Gesellschaft und ihre etwaige Börsennotierung berücksichtigt[470]. Eine § 93 Abs. 2 Satz 2 AktG vergleichbare Beweislastumkehr existiert nicht[471]. Die Autorisierung der schadensverursachenden Maßnahme durch die Hauptversammlung entlastet die Mitglieder der Leitungsorgane nicht notwen-

---

465 So *Kübler/Assmann*, § 15 III 5; zur Zunahme der Fälle der Aufsichtsratshaftung vgl. *Hüffer*, § 116 Rn. 8; *Fleischer*, WM 2005, 909. Nachweise zur wachsenden Zahl an Urteilen zur Leitungshaftung bei *Fleischer*, AG 2003, 291. Ausführlich zu Zulässigkeit und Grenzen der gesellschaftsfinanzierten D&O-Versicherung *Pammler*; überblicksartig *Fleischer*, WM 2005, 909, 919 m.w.N.

466 Zahlreiche Unternehmen weichen jedoch von der Empfehlung ab und unterlassen die Vereinbarung eines Selbstbehalts; vgl. *Fleischer*, WM 2005, 909, 920 (unter Angabe der wesentlichen Begründungen) sowie die statistischen Auswertungen der Entsprechenserklärungen bei *Oser/Orth/Wader*, BB 2004, 1121, 1125; *v. Werder/Talaulicar/Kolat*, BB 2004, 1377, 1381.

467 Zur zivilrechtlichen Haftung und ihrer Durchsetzung vgl. *Merle*, Rn. 405 ff., 437-1 ff., 446, 453; *Cozian/Viandier/Deboissy*, Rn. 585 ff., 637 f.

468 Dazu *Fleischer*, RIW 1999, 576 ff.

469 Vgl. *Germain* in Ripert/Roblot, 510 Rn. 1758; *Merle*, Rn. 405; *Guyon*, Droit des affaires, Rn. 459, 497; für Rechtsprechungsbeispiele zu Geschäftsführungsfehlern vgl. Juris-Classeur, Sociétés, art. L. 225-51 Rn. 2a).

470 Vgl. *Guyon*, Droit des affaires, Rn. 459; *Arlt* in Kalss (Hrsg.), Vorstandshaftung, 484.

471 Vgl. Cass. com. v. 1. April 1968, Bull. civ. IV, 108; *Germain* in Ripert/Roblot, Rn. 1760; *Scholastique*, 44 Rn. 58. Der Anspruchssteller hat also auch die schuldhafte Pflichtverletzung darzulegen und zu beweisen. Der zum 1. Januar 1986 aufgehobene art. 99 des Gesetzes n° 67-563 vom 13. Juli 1967 sah demgegenüber eine Beweislastumkehr hinsichtlich der Pflichtverletzung vor.

digerweise, sondern kann auch nur eine Haftungsminderung bewirken[472]. Aufsichtsratsmitglieder haften grundsätzlich nur für Überwachungsfehler und können für Geschäftsführungsfehler nicht verantwortlich gemacht werden (art. L. 225-257 (1) Satz 1, 2 C.com.), es sei denn, sie selbst haben ausnahmsweise Geschäftsführungstätigkeiten übernommen[473]. Erheblich eingeschränkt wird die Haftung der Verwaltungsmitglieder dadurch, dass die Rechtsprechung sie in allen Konstellationen (auch bei Klagen Dritter) auf Verfehlungen beschränkt, „die von ihren Funktionen trennbar sind"[474]. Derartige von dem Amt trennbare Pflichtverletzungen liegen nur dann vor, wenn der Mandatsträger vorsätzlich eine Pflichtverletzung von einer solchen besonderen Schwere begeht, dass sie sich nicht mehr als normale Ausübung der Gesellschaftsfunktionen darstellt[475]. Der Missbrauch der S.A. durch die Leitungsorgane in der Insolvenzsituation wird unter anderem mittels einer Haftung der Leitungsorganmitglieder für eine von ihnen geschäftsführungsfehlerhaft verursachte ungenügende Finanzausstattung der Gesellschaft sanktioniert (art. L. 651-2 C.com. i.V.m. art. L. 225-52, 225-93, 225-256 C.com.)[476]. Aufsichtsratsmitglieder sind, soweit sie nicht als faktische Geschäftsleiter agiert haben, von der Insolvenzhaftung ausgenommen[477]. Die strafrechtliche Verantwortlichkeit der Mitglieder des Leitungsorgane bemisst sich nach art. L. 242-6 und 242-8 C.com, wobei unter anderem die Ausschüttung fiktiver Dividenden, die Veröffentlichung von irreführenden Jahresabschlüssen, die treuwidrige oder dem Gesellschaftszweck widersprechende Verwendung der Gesellschaftsgüter (sog. *abus de biens sociaux*) oder Ausnutzung der eigenen Befugnisse (art. L. 242-6 C.com.) und die Verletzung der abschlussbezogenen Berichts- und Veröffentlichungspflichten (art. L. 242-8 C.com.) pönalisiert werden[478]. Haftpflichtversicherungen für die Mitglieder der Leitungsorgane fran-

---

472 Vgl. Cass. com. v. 7. Oktober 1974, JCP 1975, 2. 18129, Anm. *Grua*; Cass. crim. v. 5. November 1963, D. 1964, 52; *Germain* in Ripert/Roblot, Rn. 1758; *Scholastique*, Rn. 320; *Arlt* in Kalss (Hrsg.), Vorstandshaftung, 486.

473 Vgl. CA Paris, 8.7.1975, Rev. sociétés 1976, 114; *Merle*, Rn. 453; *Germain* in Ripert/Roblot, Rn. 1759; *Arlt* in Kalss (Hrsg.), Vorstandshaftung, 483.

474 Vgl. Cass. com. v. 4. Oktober 1988, Rev. sociétés 1989, 213, Anm. *Viandier*; Cass.com. v. 28. April 1998, Bull. Joly 1998, 808 n° 263 („*une faute séparable de ses fonctions*"), Anm. *Le Cannu*; Cass. com. v. 12. Januar 1999, Bull. Joly 1999, 812, Anm. *Barbiéri*; Cass.com. v. 20. Mai 2003, Bull. Joly 2003, 786, n° 167, Anm. *Le Nabasque*; *Germain* in Ripert/Roblot, 512 Rn. 1760-1; *Merle*, Rn. 405, 437-1; Cozian/Deboissy/Viandier, Rn. 267–272; *Scholastique*, 145 f. Rn. 255; *Fleischer*, RIW 1999, 576, 578 ff.; *Urbain-Parleani*, ZGR-Sonderheft 17 (2006), 575, 597.

475 Vgl. Cass.com. v. 20. Mai 2003, Bull. Joly 2003, 786 Rn. 167, Anm. *Le Nabasque*; *Merle*, Rn. 437-1 m.w.N. in Fn. 4.

476 Eingehend zur Insolvenzhaftung *Merle*, Rn. 412 ff.; *Urbain-Parleani*, ZGR-Sonderheft 17 (2006), 575, 598 ff.; überblicksartig auch *Arlt* in Kalss (Hrsg.), Vorstandshaftung, 500–502. Die Insolvenzhaftung darf nicht mit der zivilrechtlichen Haftung aus art. L. 225-251 ff. C.com. verbunden werden; zum Konkurrenzverhältnis zwischen insolvenzrechtlicher und zivilrechtlicher Haftung vgl. die rechtsformübergreifenden art. L. 620-1 bis 627-4 C.com.; *Merle*, Rn. 413 m.w.N. in Fn. 7.

477 Vgl. *Merle*, Rn. 453.

478 Detailliert zur strafrechtlichen Verantwortlichkeit *Merle*, Rn. 414 ff. (Verwaltungsratsmitglieder), 437-1 (Generaldirektoren), 446 (Vorstandsmitglieder), 454 (Aufsichtsratsmitglieder); *Cozian/Viandier/Deboissy*, Rn. 592 ff. (Organe der monistischen S.A.), 617 f. (Organe der dualistischen S.A); Juris-Classeur, Sociétés, art. L. 242-6 C.com.; überblicksartig *Arlt* in Kalss (Hrsg.), Vorstandshaftung, 504 f.

zösischer Aktiengesellschaften nehmen an Bedeutung zu, wobei sie durchgehend durch die Gesellschaften und nicht durch die Organmitglieder selbst abgeschlossen werden[479]. Während keine besonderen gesellschaftsrechtliche Regelungen für sie bestehen[480], unterliegen die Versicherungsverträge als Geschäfte im Interesse der Organmitglieder dem Kontrollregime der *conventions réglementées* nach art. L. 225-38, 225-86 C.com.[481], bedürfen also eines Verwaltungsrats- bzw. Aufsichtsratsbeschlusses und der späteren Billigung durch die Hauptversammlung (die allerdings allgemein auf sämtliche Geschäfte mit verbundenen Parteien seit der letzten Billigung bezogen ist).

(3) Haftung der Verwaltungsratsmitglieder der *plc*

Der britische Gesetzgeber hat im Gegensatz zur Kodifikation der Pflichten der Verwaltungsratsmitglieder auf eine Normierung der zivilrechtlichen Folgen von Pflichtverstößen verzichtet, so dass die Rechtsfolgen sich weiterhin nach den einschlägigen *Equity*- und *Common Law*-Prinzipien richten (s. 178 (1) CA 2006). Bei Verletzung der Sorgfaltspflicht aus s. 174 CA 2006 haftet das Verwaltungsratsmitglied der Gesellschaft auf den Ersatz des zurechenbar verursachten Schadens[482]. Für Treuepflichtverletzungen hat das Richterrecht hingegen zahlreiche Rechtsfolgen entwickelt[483]. Aus der Pflichtverletzung erlangte Vorteile muss das Verwaltungsratsmitglied an die Gesellschaft zurückerstatten[484]. Daneben können Schadensersatzansprüche, Rückgabeansprüche hinsichtlich von der Gesellschaft erlangter Vermögensgegenstände (auch in Geld), Anfechtungs- und Kündigungsrechte bestehen[485]. Wie im deutschen und französischen Recht wird die Wertminderung der Anteile aufgrund einer Schädigung der Gesellschaft nicht als Schaden der Aktionäre angesehen, so dass nur die Gesellschaft aktivlegitimiert ist[486]. Im Insolvenzfall tritt neben die gesellschaftsrechtliche Haftung nach dem *CA 2006* die insolvenzrechtliche Haftung für *wrongful trading* bzw. *fraudulent trading* nach ss. 213, 214 Insolvency Act 1986[487]. Satzungsregelungen, die die Haftung der Verwaltungsrats-

---

479 Vgl. *Arlt* in Kalss (Hrsg.), Vorstandshaftung, 495; Terré (Hrsg.), Dirigeant de société, Rn. 008-02.

480 Vgl. *François/Maigret/Marlange*, Rn. 1911; *Arlt* in Kalss (Hrsg.), Vorstandshaftung, 495.

481 Vgl. Terré (Hrsg.), Dirigeant de société, Rn. 008-04; *Arlt* in Kalss (Hrsg.), Vorstandshaftung, 495. Zum Verfahren der *conventions réglémentées* vgl. Kapitel 6 unter III.1.b).

482 Vgl. *Hannigan*, Company Law, 310 ff.; *Bedkowski*, 407 ff.; *Davies*, Gower's Company Law, 425, 432; *Steffek*, GmbHR 2007, 810, 814.

483 Für eine zusammenfassende Aufzählung vgl. *Steffek*, GmbHR 2007, 810, 814; überblicksartig auch *Lembeck* in Kalss (Hrsg.), Vorstandshaftung, 423 f.; ausführlich Davis, Gower's Company Law, 424 ff.

484 Vgl. JJ Harrison (Properties) Ltd v Harrison (2002) 1 BCLC 162; *Dine/Koutsias*, 211; *Lembeck* in Kalss (Hrsg.), Vorstandshaftung, 423.

485 Überblicksartig zu diesen Ansprüchen *Davies*, Gower's Company Law, 425–428; *Lembeck* in Kalss (Hrsg.), Vorstandshaftung, 423 f.

486 Vgl. Prudential Assurance Co Ltd v Newman Industries Ltd (no 2) (1982) Ch 204; *Lembeck* in Kalss (Hrsg.), Vorstandshaftung, 429.

487 Zur insolvenzrechtlichen Haftung vgl. *Habersack/Verse*, ZHR 168 (2004), 174; *Hirt*, ECFR 2004, 71; *Schall*, ZIP 2005, 965, 967; *Lembeck* in Kalss (Hrsg.), Vorstandshaftung, 438 ff.

mitglieder gegenüber der Gesellschaft ausschließen, sind unwirksam (s. 232 CA 2006). Die Gesellschaft kann aber Pflichtverstöße durch Hauptversammlungsbeschluss (unter Ausschluss der Stimmen des betroffenen Verwaltungsratsmitglieds sowie mit ihm verbundener Gesellschafter) ratifizieren und so ihre Haftung ausschließen (s. 239 CA 2006)[488]. Die vor Schaffung der Vorschrift maßgeblichen *Common Law*-Regeln zur Ratifizierung des Verhaltens der Verwaltungsratsmitglieder, die insbesondere größere Hauptversammlungsmehrheiten bei schwerwiegenderen Verstößen vorsehen, sind im Rahmen der Ratifizierung weiterhin anwendbar (s. 239 (7) CA 2006)[489]. Entsprechend dieser Prinzipien können die Gesellschaften auch bereits in ihren *articles* Verhaltensweisen der Verwaltungsratsmitglieder aus dem Bereich der Pflichtverstöße ausnehmen[490]. Die Verwaltungsratsmitglieder können zudem die gerichtliche Freistellung (*relief*) von der Haftung beantragen, wofür sie das Gericht davon überzeugen müssen, dass sie die möglicherweise haftungsbegründende Handlung redlich und rational nachvollziehbar vorgenommen haben und sie nach Treu und Glauben unter Berücksichtigung der Umstände des Einzelfalles von der Haftung (teilweise) ausgenommen werden sollten (s. 1157 CA 2006)[491]. Grundsätzlich ist der Gesellschaft untersagt, die Auswirkungen der Haftung ihrer Verwaltungsratsmitglieder durch die Zubilligung von Ausgleichszahlungen zu relativieren (s. 232 (2) CA 2006). Sie ist jedoch nicht daran gehindert, ihre Verwaltungsratsmitglieder gegen die Haftung ihr gegenüber und/oder gegenüber Dritten zu versichern (s. 232 (2)(a) i.V.m. ss. 233, 234 CA 2006), was üblich und weit verbreitet ist[492]. Die Versicherungen werden insbesondere angesichts der durch sie erhöhten Ausgleichschancen für die Gesellschaft und ihre Gläubiger positiv bewertet[493]. Die Mustersatzung des *Schedule 3* ermächtigt insofern den Verwaltungsrat, auf Kosten der Gesellschaft derartige Versicherungen für alle in Betracht kommenden Amtsträger abzuschließen (Art. 86 Schedule 3). Die Gesellschaft kann ihren Verwaltungsratsmitgliedern zudem Ausgleich für die im Rahmen einer Haftung gegenüber anderen Personen als der Gesellschaft und im Rahmen der Verteidigung ihnen gegenüber entstandenen Kosten gewähren (s. 232 (2)(b) i.V.m. s. 234 CA 2006). Während *Table A* noch von einer zwingenden Ko-stenerstattung bei erfolgreicher Rechtsverteidigung ausgeht (Art. 118 Table A), stellt *Schedule 3* sie ins Ermessen der Gesellschaft (Art. 85 Schedule 3). Der *Combined Code* schließlich empfiehlt der Gesell-

---

488 Die Entlastung darf nicht gegen zwingendes Recht verstoßen und aus Gründen des Gläubigerschutzes nicht mehr bei drohender Insolvenz erfolgen; vgl. Abeling Barford v Perion Ltd (1989) BCLC 626; Re D K G Contractors Ltd (1990) BCC 903; Official Receiver v Stern (2002) 1 BCLC 119, 129; *Davies*, Gower's Company Law, 437; *Fleischer*, WM 2005, 909, 912.

489 Vgl. *Dine/Koutsias*, 199, 255: So ist bei Diebstahl oder Betrug eine einstimmige Ratifizierung notwendig; ausführlich zu den Fallkonstellation *Dine/Koutsias*, 256–262.

490 Vgl. *Dine/Koutsias*, 199 unter Verweis auf Movitex Ltd v. Bulfield and Others (1988) BCLC 104.

491 Ausführlich hierzu *Davies* in Gower's Company Law, 431 f.

492 Vgl. *Hannigan*, Company Law, 198; *Fleischer*, WM 2005, 909, 912; *Lembeck* in Kalss (Hrsg.), Vorstandshaftung, 437 m.w.N. in Fn. 212.

493 Vgl. *Fleischer*, WM 2005, 909, 912 unter Verweis auf die Parlamentsdebatten zur Zulassung des Abschlusses gesellschaftsfinanzierter D&O-Versicherungen in HC Deb. Vol. 158, cols. 1174–1176 (26. Oktober 1989); HL Deb. Vol. 512, cols. 187-1990 (9. November 1989).

schaft, ihren Verwaltungsratsmitgliedern angemessenen Versicherungsschutz gegen ihre Inanspruchnahme bereitzustellen (lit. A.1.5 Combined Code).

cc) Sonderprüfung

Die zivilrechtliche Verantwortlichkeit der Verwaltungsmitglieder dient nach dem Gesagten der Kotrolle der Einhaltung der für sie geltenden offenen Verhaltensstandards. Maßgeblicher Gesichtspunkt dabei ist die präventive verhaltenssteuernde Wirkung, die eine hohe Wahrscheinlichkeit der Verfolgung und Haftung für etwaige Verstöße voraussetzt. Neben den sogleich zu behandelnden effektiven Klagemöglichkeiten erfordert eine wirksame Verfolgung von Pflichtverstößen, dass die Aktionäre geeignete Informationsmöglichkeiten haben, um bei vermuteten Pflichtverletzungen die Tatsachengrundlage eines eventuellen Haftungsanspruchs etablieren zu können[494]. Wesentliches Mittel zur Schaffung der Informationsbasis für die Geltendmachung von Haftungsansprüchen gegen Verwaltungsmitglieder ist dabei die den Aktionären eröffnete Möglichkeit, eine Sonderprüfung von Geschäftsführungsvorgängen zu initiieren[495].

(1) Sonderprüfung in der AG

In der AG kann dafür die Hauptversammlung mit einfacher Stimmenmehrheit Sonderprüfer zur Prüfung von Vorgängen bei der Gründung oder der Geschäftsführung bestellen (§ 142 Abs. 1 AktG)[496]. Lehnt die Hauptversammlung einen Antrag auf Bestellung von Sonderprüfern zur Prüfung ab, so hat das Gericht (im Gleichlauf mit der sogleich zu behandelnden Geltendmachung von Ersatzansprüchen gegen Leitungsorgane durch eine Aktionärsminderheit) auf Antrag von Aktionären, deren Anteile zusammen 1 % des Grundkapitals oder einen anteiligen Betrag von 100.000 € erreichen, Sonderprüfer zu bestellen, wenn Tatsachen vorliegen, die den Verdacht

---

494 Vgl. *Fleischer*, RIW 2000, 809, 816.

495 Vgl. *Merle*, Rn. 522; *Cozian/Viandier/Deboissy*, Rn. 385; *Fleischer*, RIW 2000, 809, 815; *Wilsing/Neumann*, DB 2006, 31. Neben der Schaffung der Informationsbasis für Haftungsklagen kann die Sonderprüfung natürlich auch der Erlangung der Informationsbasis für sonstige Maßnahmen gegen den Missbrauch der Befugnisse durch die Leitungsorgane wie der Abberufung ihrer Mitglieder oder der Anfechtung missbräuchlicher Geschäftsführungsmaßnahmen dienen. Insgesamt gestattet das Instrument der Sonderprüfung Aktionärsminderheiten so, dass durch eine wechselseitige Verbindung von Hauptversammlungsmehrheit und Verwaltung mögliche Kontrolldefizit abzumildern; vgl. *Fleischer*, RIW 2000, 809, 815.

496 Als besondere Variante der allgemeinen Sonderprüfung nach § 142 AktG normiert § 315 AktG die konzernrechtliche Sonderprüfung, die insbesondere der Durchsetzung von Haftungsansprüchen der abhängigen Gesellschaft und ihrer Aktionäre gegen das herrschende Unternehmen, dessen gesetzliche Vertreter (§ 317 AktG) sowie die Vorstands- und Aufsichtsratsmitglieder der abhängigen Gesellschaft dient (§ 318 AktG); vgl. *Wilsing/Neumann*, DB 2006, 31 m.w.N. in Fn. 10. Speziell gegenüber der allgemeinen Sonderprüfung (vgl. § 142 Abs. 3 AktG) ist die in §§ 258 ff. AktG geregelte Sonderprüfung wegen unzulässiger Unterbewertung, die dem Schutz der Bewertungsvorschriften und des mitgliedschaftlichen Dividendenrechts dient; *Wilsing/Neumann*, DB 2006, 31; Hennrichs, ZHR 168 (2004), 383, 392. Auch sie wird gerichtlich auf Antrag einer Aktionärsminderheit, die den Schwellenwert des § 142 Abs. 2 AktG erreicht, angeordnet (§ 258 Abs. 2 AktG).

rechtfertigen, dass bei dem Vorgang Unredlichkeiten oder grobe Verletzungen des Gesetzes oder der Satzung vorgekommen sind (§ 142 Abs. 2 Satz 1 AktG). Die Antragsteller müssen die Mindestdauer ihres Aktienbesitzes von drei Monaten vor dem Tag der Hauptversammlung und die Fortdauer des Besitzes bis zur Entscheidung über den Antrag nachweisen (§ 142 Abs. 2 Satz 2 AktG). Bei Bestellung eines Sonderprüfers durch die Hauptversammlung kann die genannte Minderheit dessen gerichtliche Ersetzung beantragen, wenn diese aus einem in der Person des Prüfers liegenden Grund geboten erscheint (§ 142 Abs. 4 AktG). Vereinbarungen zur Vermeidung von Sonderprüfungen, die angesichts deren Lästigkeitswerts zu erwarten sind[497], sind bei Börsennotierung der Gesellschaft – wie prozessvermeidende und -beendende Vereinbarungen – vollständig in den Gesellschaftsblättern (also jedenfalls im elektronischen Bundesanzeiger, § 25 AktG) zu publizieren (§§ 142 Abs. 2 Satz 3, 149 AktG). Erfasst sind nicht nur im Rahmen der Beendigung eines gerichtlichen Verfahrens durch Vergleich, sondern auch im Vorfeld gerichtlicher Einsetzungs- oder Ersetzungsverfahren geschlossene Vereinbarungen[498]. Darüber hinaus sind in Gesellschaften mit an inländischen organisierten Märkten notierten Wertpapieren der Vorstand (bei Bestellung des Sonderprüfers durch die Hauptversammlung) bzw. das den Sonderprüfer bestellende Gericht verpflichtet, die BaFin über die Bestellung eines Sonderprüfers, seinen Bericht sowie bei gerichtlichem Verfahren über den Eingang des Antrags zu unterrichten (§ 142 Abs. 7 AktG)[499]. Der Sonderprüfer ist zur umfassenden Untersuchung im Rahmen seines Prüfauftrags berechtigt und hat hierbei insbesondere grundsätzlich auch Tatsachen, die geeignet sind, der Gesellschaft einen nicht unerheblichen Nachteil zuzufügen, in seinen Bericht aufzunehmen, wenn ihre Kenntnis zur Beurteilung des zu prüfenden Vorgangs durch die Hauptversammlung erforderlich ist (§ 145 Abs. 6 AktG). Geschäftsgeheimnisse sollen vor einer Ausforschung geschützt werden, indem auf Antrag des Vorstands gerichtlich Tatsachen von der Berichtspflicht ausgenommen werden, wenn überwiegende Belange der Gesellschaft dies gebieten und die Tatsachen zur Aufklärung der Unredlichkeiten oder groben Verletzungen i.S.v. § 142 Abs. 2 AktG nicht unerlässlich sind (§ 145 Abs. 4 AktG). Die Kosten der Sonderprüfung trägt grundsätzlich die Gesellschaft (§ 146 Satz 1 AktG). Sie kann jedoch die Antragsteller in Regress nehmen, wenn diese die Bestellung des Sonderprüfers durch vorsätzlich oder grob fahrlässig unrichtigen Vortrag erwirkt haben (§ 146 Satz 2 AktG). Wichtiger als die tatsächliche Inanspruchnahme des Rechts auf Sonderprüfung ist in der deutschen Unternehmenspraxis seine präventive Wirkung[500]. Aufgrund der Zulassung der Aktionärsklage in § 148 AktG und der häufigen Notwendigkeit einer

---

497 Vgl. *Hüffer*, § 142 Rn. 25.

498 Vgl. *Wilsing/Neumann*, DB 2006, 31, 33.

499 Im Rahmen einer Sonderprüfung wegen unzulässiger Unterbewertung in an inländischen organisierten Märkten notierten Gesellschaften ist das Gericht zur Information der BaFin über den Eingang des Antrags, jede rechtskräftige Entscheidung über die Bestellung, den Prüfungsbericht sowie eine rechtskräftige gerichtliche Entscheidung über die abschließenden Feststellungen des Sonderprüfers verpflichtet (§ 261a AktG).

500 Vgl. *Hüffer*, § 142 Rn. 1; MK/Schröer, § 142 Rn. 4; GK/*Bezzenberger*, § 142 Rn. 8; *Adler/Düring/Schmaltz*, §§ 142–146, Rn. 3; *Fleischer*, RIW 2000, 809, 810; auch *Wilsing/Neumann*, DB 2006, 31.

Sonderprüfung für die Ermittlung des Sachverhalts durch die Minderheit im Vorfeld der Klage sowie der Herabsetzung des für die Sonderprüfung erforderlichen Quorums durch das UMAG hat die Zahl der Anträge jedoch zugenommen[501].

(2) Sonderprüfung in der *S.A.*

In der *S.A.* steht das Recht auf Herbeiführung einer Sonderprüfung (*expertise de gestion*) einer Aktionärsminderheit mit 5 % des Grundkapitals sowie Aktionärsvereinigungen i.S.v. art. L. 225-120 C.com.[502] zu, wobei ein zweistufiges Verfahren durchzuführen ist (art. L. 225-231 C.com.). Die Aktionärsminderheit hat zunächst vom Verwaltungsrat bzw. Vorstand die Beantwortung schriftlicher Fragen zu einzelnen Geschäftsführungsmaßnahmen zu verlangen (art. L. 225-231 (1) C.com.). Beantworten die Gesellschaftsorgane die Fragen zu Geschäftsführungsmaßnahmen nicht innerhalb eines Monats oder unzureichend, so kann die Aktionärsminderheit die gerichtliche Bestellung eines Sachverständigen (*expert de gestion*) zur Beurteilung der fraglichen Geschäftsführungsmaßnahmen verlangen (art. L. 225-231 (2) C.com.). Durch die Zuerkennung des Antragsrechts für Aktionärsvereinigungen mit Gesetz vom 8. August 1994 wurde deren Bedeutung deutlich gestärkt[503]. Das Recht wird in der Praxis sehr häufig ausgeübt[504]. Neben den Aktionärsminderheiten können auch die Staatsanwaltschaft (*ministère public*), der Betriebsrat (*comité d'entreprise*) sowie in Gesellschaften mit *publique appel à l'épargne* die Kapitalmarktaufsichtsbehörde *AMF* die Bestellung eines Sachverständigen verlangen, allerdings ohne zuvor Fragen an den Verwaltungsrat/Vorstand stellen zu müssen (art. L. 225-231 (3) C.com.). Erreichen die Minderheitsaktionäre nicht das Quorum des art. L. 225-231 (1) C.com. von 5 % des Grundkapitals, so können sie dennoch die Bestimmung eines Sachverständigen verlangen, nämlich auf Basis des art. 145 der Zivilprozessordnung (*nouveau code de procédure civile*, NCPC)[505]. Der Vorschrift zufolge kann vorprozessual gerichtlich jedwede gesetzlich zulässige Maßnahme zur Feststellung prozessrelevanter Fakten angeordnet werden. Wegen der einschneidenden Wirkungen der Sonderprüfung auf die Vertrauenswürdigkeit der Gesellschaft unterzieht die Recht-

---

501 Vgl. *Wilsing/Neumann*, DB 2006, 31, 32 mit Praxisbeispielen in Fn. 18. Zusammenfassend zur Herabsetzung des Quorums durch das UMAG und der erst kurzfristigen Änderung von einem Börsenwert von 100.000 € auf den Anteil von 100.000 € am Grundkapital (eine Erhöhung um ca. das 15-fache) vgl. Wilsing/Neuman, DB 2006, 31, 32; *Koch*, ZGR 2006, 769, 772.

502 Art. L. 225-120 C.com. erlaubt in Gesellschaften, deren Aktien an einem organisierten Markt notiert sind, Namensaktionären, die ihre Aktien mindestens zwei Jahre halten, die Gründung einer Aktionärsvereinigung zur koordinierten Rechtswahrnehmung. Die Aktionäre müssen die auch für ad-hoc-Vereinigungen bei der Klageerhebung nach art. R 225-169 C.com. geltenden Anteilsschwellen halten (grundsätzlich 5 % der stimmberechtigten Anteile, bei einem Grundkapital von mehr als 750.000 € 4 % für die ersten 750.000, 2,5 % für den Betrag zwischen 750.000 € und 7,5 Mill. €, 1 % für den Betrag zwischen 7,5 Mill. € und 15 Mill. € und 0,5 % für den darüber liegenden Betrag).

503 Vgl. *Fleischer*, RIW 2000, 809, 811.

504 Vgl. *Guyon*, Droit des affaires, Rn. 447; *Cozian/Viandier/Deboissy*, Rn. 381; *Arlt*, 155; *Fleischer*, RIW 2000, 809, 810.

505 Vgl. *Merle*, Rn. 523 m.w.N. in Fn. 5; *Godon*, Bull. Joly 2001, 728, 732; *Dom*, Rev. sociétés 2001, 533, 553.

sprechung Sonderprüfungsanträge einer sorgfältigen Statthaftigkeitsprüfung[506]. Der Antrag muss stets im Gesellschaftsinteresse liegen, darf also nicht ausschließlich eigennützigen Zwecken dienen[507] und muss sich auf sachlich und zeitlich abgrenzbare Geschäftsführungsmaßnahmen beziehen, darf also nicht zu einer umfassenden Geschäftsführungsprüfung[508] oder einer zweiten Rechnungsprüfung führen[509]. Der Missbrauchseinwand findet in der Rechtsprechung nur selten Gehör, da Gesellschaft und Minderheitsaktionäre in der Regel gleichermaßen an der Aufklärung von Unregelmäßigkeiten bei der Unternehmensführung interessiert sind[510]. Ausreichend ist mithin regelmäßig, dass der Antragssteller Verdachtsmomente hinsichtlich der Ordnungsmäßigkeit einer Geschäftsführungsmaßnahme darlegt[511]. Lässt das Gericht die Sonderprüfung zu, so legt es den Umfang des Prüfungsauftrags und die Rechte des Sonderprüfers fest (art. L. 225-231 (4) C.com.).

(3) Sonderprüfung in der *plc*

Die Bestellung von Sonderprüfern in britischen Gesellschaften erfolgt nach ss. 431 ff. CA 1985, die gemäß ss. 2, 1295 CA 2006 i.V.m. Schedule 16 zum CA 2006 weitgehend anwendbar bleiben. Der Wirtschaftsminister (*Secretary of State*) kann auf Antrag von nicht weniger als 200 Aktionären oder Aktionären mit 10 % des Grundkapitals sowie auf Antrag der Gesellschaft selbst einen Sonderprüfer bestellen (s. 431 CA 1985). Berufungen auf Antrag von Aktionären oder der Gesellschaft finden aber in der Praxis nicht statt[512]. Dies liegt vor allem an den Pflichten der Antragsteller, Sicherheit in Höhe von bis zu 5.000 £ für die Verfahrenskosten zu leisten und ihre Vorwürfe substantiiert darzulegen (s. 431 (3), (4) CA 1985). Wenn sie zur substantiierten Darlegung in der Lage sind, besteht regelmäßig auch Anlass für den *Secretary of State*, den Sonderprüfer gemäß s. 432 (2) CA 1985 von Amts wegen zu be-

---

506 Vgl. *Fleischer*, RIW 2000, 809, 811 f.
507 Vgl. Cass. com. v. 10. Februar 1998, JCP éd. E 1999, 771, Anm. *Gibirila*; Bull. Joly 1998, 468, n° 161, Anm. *Menjucq*; Dr. sociétés 1998, n° 66, Anm. *Vidal*; RTD com. 1998, 348, Anm. *Champaud/Danet*; *Merle*, Rn. 523; *Cozian/Viandier/Deboissy*, Rn. 385; *Fleischer*, RIW 2000, 809, 811.
508 Vgl. Cass. com. v. 25. März 1974, JCP 1974, II, 17853, Anm. *Chartier*; Cass. com. v. 15. Juli 1987, Bull. Joly 1987, Bull. Joly 1987, 703, n° 289, Anm. *Le Cannu*; Cass. com. v. 10. Mai 1988, Bull. Joly 1988, 483, n° 157; Cass. com. v. 18. Oktober 1994, RJDA 1995, 143, n° 168; *Merle*, Rn. 524 m.w.N. in Fn. 1 und 2; *Fleischer*, RIW 2000, 809, 811 f.
509 Vgl. Cass. com. v. 20. Dezember 1988, Rev. sociétés 1989, 55; Cass. com. v. 29. November 1983, Rev. sociétés 1984, 317, Anm. *Chartier*; *Merle*, Rn. 524; *Cozian/Viandier/Deboissy*, Rn. 384; *Fleischer*, RIW 2000, 809, 812.
510 Vgl. CA Paris v. 22. Juni 1978, Rev. sociétés 1979, 333, Anm. *Chartier*; *Merle*, Rn. 523; *Fleischer*, RIW 2000, 809, 814 mit Rechtsprechungsnachweisen.
511 Vgl. Cass. com. v. 22. März 1988, Rev. sociétés 1988, 227; JCP éd. E 1988, II, 15240, n° 9, Anm. *Viandier/Caussain*; Cass. com. v. 18. Juni 1991, Bull. Joly 1991, 816, n° 291; Cass. com. v. 16. Juli 1991, RJDA 1991, 788, n° 933; CA Dijon v. 30. November 1988, Bull. Joly 1989, 711, n° 255; CA Paris v. 30. September 1994, Bull. Joly 1994, 1315, n° 369, Anm. *Le Cannu*; Rev. sociétés 1995, 287, Anm. *Granier*; CA Paris v. 31. März 2000, Dr. sociétés 2000, n° 142, Anm. *Vidal*; *Merle*, Rn. 523; *Fleischer*, RIW 2000, 809, 812.
512 Seit 1990 wurden keine derartigen Sonderprüfungen durchgeführt; vgl., auch zur Begründung, *Davies*, Gower's Company Law, 471.

rufen[513]. Eine Berufung von Amts wegen nach informeller Information des Wirtschaftsministeriums über ihre Vorwürfe hat für die Initiatoren neben der Vermeidung von Sicherheitsleistungen den entscheidenden Vorteil, dass die drohende Untersuchung nicht publik gemacht und dadurch ihr Erfolg nicht gefährdet wird[514]. Der Sonderprüfer hat die umfassenden Untersuchungsbefugnisse nach ss. 433 ff. CA 2006[515]. Nach Beendigung der Untersuchung hat er seinen Abschlussbericht an das Wirtschaftsministerium zu erstellen (s. 437 (1) CA 1985). Soweit der Prüfungsauftrag nicht für einen unter Verschluss zu haltenden Bericht erteilt wurde (s. 432 (2A) CA 1985), kann das Ministerium eine Kopie des Berichts an die Gesellschaft, an Gesellschafter, sonstige im Bericht genannte Personen, die Abschlussprüfer, die Antragsteller der Untersuchung sowie jede andere Person, deren finanzielle Interessen von dem Bericht tangiert zu sein scheinen, weiterleiten (s. 437 (3) CA 1985). Daneben kann das Ministerium den Bericht veröffentlichen lassen (s. 437 (3)(c) CA 1985) und tut dies auch regelmäßig nach Abschluss eventueller durch den Prüfungsbericht veranlasster Anschlussverfahren[516]. Privilegierte Informationen, die im Zuge der Prüfung erlangt wurden, dürfen nicht veröffentlicht werden (s. 449 CA 1985). Die Kosten der Sonderprüfung werden grundsätzlich vom Wirtschaftsministerium getragen, können aber den aufgrund der Prüfung verurteilten Personen, den Antragstellern sowie, wenn die Prüfung nicht von Amts wegen erfolgte, sonstigen im Bericht behandelten Gesellschaften auferlegt werden (s. 439 (1), (2), (4), (5) CA 1985). Die Einsetzung von Sonderprüfern ist in den letzten Jahren zurückgegangen, weil regelmäßig die weniger belastende Befugnis des Wirtschaftsministeriums, die Vorlage von oder die Einsicht in jegliche Gesellschaftsunterlagen zu verlangen (s. 447 CA 1985), zur effizienteren Aufklärung des Sachverhalts führt[517]. Während zwischen 1997 und 2002 nur drei Sonderprüfungen nach s. 432 CA 1985 durchgeführt wurden, fanden in demselben Zeitraum jährlich aufgrund

---

513 Voraussetzung der Bestellung eines Sonderprüfers von Amts wegen ist, dass die Umstände auf (1) einen betrügerischen, gesetzeswidrigen oder zulasten eines Teils der Gesellschafter missbräuchlichen Betrieb der Geschäfte der Gesellschaft, (2) eine Gründung der Gesellschaft für betrügerische oder gesetzeswidrige Zwecke, (3) ein betrügerisches oder sonst rechtswidriges Verhalten der Gründer oder Geschäftsleiter der Gesellschaft gegenüber der Gesellschaft oder ihrer Aktionäre oder (4) eine Informationspflichtverletzung gegenüber den Gesellschaftern hindeuten (s. 432 (2) CA 1985).

514 Vgl. *Davies*, Gower's Company Law, 471.

515 Er kann die Untersuchung auf andere Konzerngesellschaften erstrecken (s. 433 CA 1985), die Einsicht in jegliche Unterlagen der Gesellschaft verlangen (s. 434 (1), (2), (6) CA 1985), jegliche Personen unter Eid vernehmen (s. 434 (3) CA 1985) und von den Geschäftsleitern der Gesellschaft jede ihnen vernünftigerweise mögliche Unterstützung verlangen (s. 434 (1), (2) CA 1985).

516 Vgl. *Davies*, Gower's Company Law, 474. Überblicksartig zu den Anschlussverfahren dort, 476 f.: Das Wirtschaftsministerium kann unter anderem die gerichtliche Abberufung von Verwaltungsratsmitgliedern (s. 8 Disqualification Act) sowie die Liquidation der Gesellschaft (s. 124A Insolvency Act 1986) beantragen sowie Zivilverfahren im Namen einer Gesellschaft führen, wenn dies im öffentlichen Interesse ist (s. 438 CA 1985).

517 Vgl. *Davies*, Gower's Company Law, 472. Zu den erheblichen Kosten der Sonderprüfung vgl. *Mayson/French/Ryan*, 561 (die Kosten von 6,25 Mill. £ für die Prüfung der *Barlow Clowes Gilt Managers Ltd* und von 6,5 Mill. £ für diejenige der *Atlantic Computers plc* nennen).

von durchschnittlich ca. 3.000 Beschwerden im Schnitt 180 Einsichtnahmen nach s. 447 CA 1985 statt[518].

dd) Durchsetzung der Organhaftung

(1) Durchsetzung der Organhaftung in der AG

In der AG ist der Aufsichtsrat zur Prüfung und Geltendmachung eines Schadensersatzanspruchs der Gesellschaft gegen ihre Vorstandsmitglieder berufen und verpflichtet (§ 112 AktG)[519]. Von einer Verfolgung der Ansprüche darf er nur aus gewichtigen Gründen des Wohls der Gesellschaft absehen[520]. Zudem muss der Aufsichtsrat den Schadensersatzanspruch gegen den Vorstand geltend machen, wenn es die Hauptversammlung mit einfacher Mehrheit beschließt (§ 147 Abs. 1 AktG)[521]. Ein Verzicht auf Schadensersatzansprüche sowie ein Vergleich über sie ist erst drei Jahre nach Anspruchsentstehung und nur mit Zustimmung der Hauptversammlung möglich, soweit nicht eine Minderheit mit 10 % des Grundkapitals widerspricht (§ 93 Abs. 4 Satz 3 AktG). Vorstandsmitglieder mit Aktienbesitz sind von der Abstimmung ausgeschlossen (§ 136 Abs. 1 Satz 1 AktG). Die Hauptversammlung sowie auf Antrag einer Aktionärsminderheit mit 10 % des Grundkapitals oder eines anteiligen Betrags von 1.000.000 € das Gericht können besondere Vertreter zur Anspruchsverfolgung bestellen (§ 147 Abs. 2 Satz 1, 2 AktG). Bestellt das Gericht einen Vertreter, so hat die Gesellschaft die Gerichtskosten sowie die Auslagen und Vergütung der Vertreter zu tragen (§ 147 Abs. 2 Satz 3, 5 AktG).

Subsidiär gegenüber der Anspruchsverfolgung durch die Gesellschaft können Aktionäre, deren Anteile im Zeitpunkt der Antragsstellung zusammen 1 % des Grundkapitals bilden oder einen Börsenwert von mindestens 100.000 € haben, erreichen, dass sie die Ersatzansprüche der Gesellschaft im eigenen Namen auf Kosten der Gesellschaft geltend machen können (§ 148 AktG). Um missbräuchlichen Klagen vorzubeugen, ist der Aktionärsklage ein gerichtliches Zulassungsverfahren vorgeschaltet (§ 148 Abs. 1, 2 AktG)[522]. Die Zulassung erfordert insbesondere den Nachweis des Erwerbs der Aktien vor dem Zeitpunkt, zu dem die Aktionäre von dem behaupteten Pflichtenverstoß oder Schaden aufgrund einer Veröffentlichung

---

518 Vgl. DTI, *Company Investigations: Powers for the Twenty-First Century* (2001); DTI, *Companies in 2001–2002* (2002); *Davies*, Gower's Company Law, 468 in Fn. 4, 472 in Fn. 32. Seit 1995 wurden insgesamt nur sechs Sonderprüfungen durchgeführt; vgl. *Mayson/French/Ryan*, 561.

519 Unter den Voraussetzungen des § 93 Abs. 5 AktG (d.h. bei Unmöglichkeit der Befriedigung der eigenen Ansprüche bei der Gesellschaft und außerhalb der Fälle des § 93 Abs. 3 AktG nur bei grober Sorgfaltsverletzung) kann der Ersatzanspruch der AG auch von ihren Gläubigern geltend gemacht werden. Da die Gläubiger die Ansprüche der AG pfänden können, liegt die Bedeutung des § 93 Abs. 5 AktG allein darin, dass der Verzicht oder Vergleich durch die AG ihnen gegenüber ohne Wirkung bleibt (§ 93 Abs. 5 Satz 3 Akt); vgl. *Kübler/Assmann*, § 15 III 5d).

520 Vgl. BGHZ 135, 244, 251 ff.

521 Ausführlicher Überblick zur Neufassung der gesellschaftsinternen Anspruchsverfolgung durch das UMAG bei *Koch*, ZGR 2006, 769 ff.; *Paschos/Neumann*, DB 2005, 1779 ff.; *Spindler*, NZG 2005, 865 ff.; zu den zuvor herrschenden Defiziten vgl. *Ulmer*, ZHR 163 (1999), 290 ff.

522 Zum Zulassungsverfahren vgl. *Hüffer*, § 148 Rn. 4 ff.; *Koch*, ZGR 2006, 769, 772–779; *Spindler*, NZG 2005, 865, 866–868.

Kenntnis haben mussten (§ 148 Abs. 1 Satz 2 Nr. 1 AktG), die vergebliche Aufforderung der Gesellschaft zur Klageeinreichung (Nr. 2), des Weiteren das Vorliegen von Tatsachen, die den Verdacht rechtfertigen, dass der Gesellschaft durch Unredlichkeit oder grobe Gesetzes- oder Satzungsverletzung ein Schaden entstanden ist (Nr. 3), sowie dass der Geltendmachung des Ersatzanspruchs keine überwiegenden Gründe des Gesellschaftswohls entgegenstehen (Nr. 4). Bei Ablehnung der Zulassung haben die Antragssteller die Kosten des Zulassungsverfahrens zu tragen (§ 148 Abs. 6 Satz 1 AktG). Bei Klagezulassung werden die Kosten abhängig vom Erfolg der Klage verteilt (§ 148 Abs. 6 Satz 2 AktG i.V.m. §§ 91 ff. ZPO). Die Gesellschaft hat den Aktionären aber die Kosten des Verfahrens zu erstatten, solange sie die Zulassung nicht durch vorsätzlich oder grob fahrlässig unrichtigen Vortrag erwirkt haben (§ 148 Abs. 6 Satz 4, 5 AktG). Die Gesellschaft kann jederzeit selbst Klage erheben oder die Aktionärsklage übernehmen (§ 148 Abs. 3 Satz 2, 3 AktG). Sie trägt dann die den Aktionären bis zur Klageerhebung bzw. Übernahme entstandenen Kosten (§ 148 Abs. 6 Satz 3 AktG). Mit der Klageerhebung durch die Gesellschaft wird das Verfahren der Aktionäre unzulässig (§ 148 Abs. 1 Satz 1 AktG), so dass der Klage der Gesellschaft nicht der Einwand anderweitiger Rechtshängigkeit (§ 261 Abs. 3 ZPO) entgegengehalten werden kann. Die ursprünglichen Antragsteller bzw. Kläger sind bei Klageerhebung oder Übernahme der Klage durch die Gesellschaft dem weiteren Verfahren beizuladen (§ 148 Abs. 3 Satz 3 AktG)[523]. Wie selbst initiierte Klagen kann die Gesellschaft auch übernommene Aktionärsklagen nur zurücknehmen, wenn die Hauptversammlung zustimmt und nicht eine Minderheit, deren Anteile zusammen 10 % des Grundkapitals erreichen, Widerspruch erhebt (§ 148 Abs. 6 i.V.m. § 93 Abs. 4 Satz 3, 4 AktG). Nach rechtskräftiger Zulassung einer Aktionärsklage gemäß § 148 AktG sind börsennotierte Gesellschaften verpflichtet, der Haftungsklage durch unverzügliche Bekanntmachung des Antrags auf Zulassung und der Verfahrensbeendigung einschließlich aller mit ihr im Zusammenhang stehenden Nebenabreden in den Gesellschaftsblättern Publizität zu verschaffen (§ 149 Abs. 1 AktG). Ebenso sind verfahrensvermeidende Vereinbarungen zu publizieren (§ 149 Abs. 2, 3 AktG). Bei fehlender oder unzureichender Bekanntgabe der Verfahrensbeendigung und der mit ihr zusammenhängenden bzw. der prozessvermeidenden Vereinbarungen sind alle in deren Zuge vereinbarten Leistungspflichten unwirksam (§ 149 Abs. 2 Satz 3 AktG). Trotz Unwirksamkeit erbrachte Leistungen können zurückverlangt werden (§ 149 Abs. 2 Satz 5 AktG), der Vorstand ist zur Rückforderung verpflichtet[524]. Die durch eine mögliche Unwirksamkeit der vereinbarten Leistungspflichten sanktionierte Publizitätspflicht soll, wie das Klagezulassungsverfahren nach § 148 AktG und der Zustimmungsvorbehalt der Hauptversammlung aus § 93 Abs. 4 AktG[525], missbräuchlichen Zulassungsanträgen und Haftungsklagen sowie

523 Hierdurch soll verhindert werden, dass sie missbräuchlich aus dem Verfahren gedrängt werden; vgl. *Koch*, ZGR 2006, 769, 777; ähnlich *Spindler*, NZG 2005, 865, 868; RegBegr BT-Drucks. 15/5092, 23.

524 Vgl. RegBegr BT-Drucks. 15/5092, 25; *Spindler*, NZG 2005, 865, 870.

525 Vgl. RegBegr BT-Drucks. 15/5092, 24; *Koch*, ZGR 2006, 769, 778; *Linnerz*, NZG 2004, 307, 310; *Thümmel*, DB 2004, 471, 474; *Spindler*, NZG 2005, 865, 869.

unzulässigen Leistungen an verfahrensbetreibende Aktionäre oder ihnen gleichstehende Dritte begegnen[526].

Die gesellschaftsinterne Anspruchsverfolgung gegen Aufsichtsratsmitglieder ist wie diejenige gegen Vorstandsmitglieder ausgestaltet. Der zur Geltendmachung zuständige Vorstand kann durch Hauptversammlungsbeschluss zur Anspruchsverfolgung verpflichtet werden (§ 147 Abs. 1 AktG). Die Bestellung von Vertretern zur Geltendmachung der Ansprüche ist unter den gleichen Voraussetzungen wie bei der Vorstandshaftung möglich (§ 147 Abs. 2 AktG). Schließlich besteht auch für Ersatzansprüche der Gesellschaft gegen Aufsichtsratsmitglieder die Möglichkeit der Aktionärsklage (§ 148 Abs. 1 AktG).

(2) Durchsetzung der Organhaftung in der *S.A.*

In der *S.A.* ist die Geschäftsführung der Gesellschaft, also der *P-DG* oder der geschäftsführende Generaldirektor sowie der Verwaltungsrat der monistischen *S.A.* und der Vorstand oder der Vorstandsvorsitzende der dualistischen *S.A.*, zur Geltendmachung des der Gesellschaft durch Mitglieder ihrer Verwaltung zugefügten Schadens im Wege der *action sociale ut universi* berufen[527]. Soll gegen einzelne Verwaltungsrats- oder Vorstandsmitglieder vorgegangen werden, können die übrigen über die Klageerhebung im Namen der Gesellschaft entscheiden bzw. den *P-DG*, Generaldirektor oder Vorstandsvorsitzenden hierzu anweisen[528]. Soll gegen sämtliche Organmitglieder vorgegangen werden, müssen diese grundsätzlich zunächst abberufen und die Klage sodann durch ihre Nachfolger erhoben werden[529]. Anders als nach deutschem Aktienrecht kann die Hauptversammlung die Geschäftsführung nicht zur Geltendmachung eines Anspruchs anweisen[530]. Auch ein Verzicht auf die Geltendmachung von Ansprüchen ist weder durch Satzungsbestimmung noch durch Hauptversammlungsbeschluss möglich (art. L. 225-253 C.com.). Angesichts der mutmaßlich geringen Bereitschaft der Leitungsorgane zur Klageerhebung gegen eigene Mitglieder erlaubt art. L. 225-252 C.com. einzelnen Aktionären, mindestens 5 % des Grundkapitals haltenden Aktionärsgruppen[531] und in börsennotierten Gesellschaften gemäß art. L. 225-120 C.com. gründbaren Aktionärsvereinigungen, die Ansprüche der Gesellschaft im Wege der *action sociale ut singuli* im Namen der Gesellschaft geltend zu machen. Die klagenden Aktionäre haben die Kosten des

---

526 Vgl. RegBegr BT-Drucks. 15/5092, 25; *Hüffer*, § 149 Rn. 1; *Koch*, ZGR 2006, 769, 778. § 248a AktG enthält parallele Transparenzvorschriften für Anfechtungsklagen.

527 Vgl. *Merle*, Rn. 409; *Guyon*, Droit des affaires, Rn. 462; *Le Cannu*, Droit des sociétés, Rn. 479 ff.; *Germain* in Ripert/Roblot, Rn. 1763 ff.

528 Vgl. Cass. com. v. 11. Oktober 1988, Bull Joly 1988, 925, n° 300, Anm. *Le Cannu*; *Merle*, Rn. 409; *Arlt* in Kalss (Hrsg.), Vorstandshaftung, 489.

529 Vgl. *Merle*, Rn. 409 unter Verweis auf Cass. com. v. 7. Dezember 1982, Bull. civ. IV, n° 403, 336.

530 Vgl. *Arlt* in Kalss (Hrsg.), Vorstandshaftung, 489.

531 Die Schwelle beträgt bei einem Grundkapital von mehr als 750.000 € 4 % für die ersten 750.000, 2,5 % für den Betrag zwischen 750.000 € und 7,5 Mill. €, 1 % für den Betrag zwischen 7,5 Mill. € und 15 Mill. € und 0,5 % für den darüber liegenden Betrag (art. R. 225-169 C.com.).

Verfahrens zu tragen[532]. Die zivilrechtliche Haftung der Mitglieder der Leitungsorgane ist insgesamt aber eher theoretischer als praktischer Natur, da selbst in schwerwiegendsten Fällen zumeist die Haftungsimmunität der Geschäftsleiter sichergestellt ist[533]. Dritte Geschädigte nehmen in der Regel ohnehin die solventere Gesellschaft für die Verfehlungen ihrer Organe in Anspruch[534]. Die Klage im eigenen Namen, mit der ein Ersatz des persönlichen Schadens verfolgt wird, ist aufgrund der restriktiven Auslegung des Begriffs des „persönlichen Schadens“ durch die Rechtsprechung nur eingeschränkt möglich, da sich der persönliche Schaden des Aktionärs von dem kollektiven Schaden, der in der Wertminderung der Aktien liegt, unterscheiden muss[535]. Von der Geltendmachung eines Anspruchs der Gesellschaft gegen die Geschäftsleiter mit der *action sociale ut singuli* werden die Aktionäre dadurch abgeschreckt, dass sie die Kosten des Verfahrens übernehmen müssen[536]. Zudem ist der den Anspruchsstellern obliegende Beweis einer Pflichtverletzung schwer zu führen[537]. Vor allem aber beschränkt die Rechtsprechung die Haftung der Verwaltungsmitglieder auf Verfehlungen, „die von ihren Funktionen trennbar“[538], also von einer solchen Schwere sind, dass sie sich nicht mehr als normale Ausübung der Gesellschaftsfunktionen darstellen[539]. Damit ist eine Inanspruchnahme der Verwaltungsmitglieder nur in den Ausnahmefällen schwerster Pflichtverletzungen möglich, was das Risiko eines Prozessverlusts für klagewillige Aktionäre ausweitet. Hiermit sinkt die Wahrscheinlichkeit der Kompensation der von den klagenden Aktionären zu tragenden Prozesskosten, was ihre Klagewilligkeit weiter eindämmt.

(3) Durchsetzung der Organhaftung in der *plc*

In der *plc* sind grundsätzlich der Verwaltungsrat sowie die Hauptversammlung durch Mehrheitsentscheid zur Durchsetzung der Ansprüche der Gesellschaft gegen Verwaltungsratsmitglieder berufen[540], wobei regelmäßig der durch die *articles* mit den allgemeinen Geschäftsführungsbefugnissen ausgestattete Verwaltungsrat zuständig ist[541]. Unabhängig von der Kompetenzverteilung durch die *articles* bleibt die Hauptversammlung nach *common law* befugt, durch Mehrheitsbeschluss Ansprüche

---

532 Vgl. art. R. 225-169 (1) C.com.; *Merle*, Rn. 410; *Guyon*, Droit des affaires, Rn. 462; *Cozian/Viandier/Deboissy*, Rn. 364.

533 Vgl. *Hövermann/Klein*, RIW 2006, 277, 280; *Scholastique*, 145 Rn. 255 zu den geringen Möglichkeiten der Inanspruchnahme der Leitungsorgane bei solventen Aktiengesellschaften; siehe auch *Merle*, Rn. 405; *Siems*, Konvergenz der Rechtssysteme, 281 f.

534 Vgl. *Merle*, Rn. 405; *Scholastique*, 141 Rn. 249; *Fleischer*, RIW 1999, 576, 577.

535 Vgl. Cass. com. v. 1. April 1997, Bull. Joly 1998, 650, Anm. *Barbiéri*; *Cozian/Viandier/Deboissy*, Rn. 265, 591; *Hövermann/Klein*, RIW 2006, 277, 280; *Alcouffe/Kalweit*, Rev. Intern. Dr. Èco. 2003, 159, 185. *Drygala*, ECFR 2006 (Special Volume 1), 233, 242; *Urbain-Parleani*, ZGR-Sonderheft 17 (2006), 575, 596 mit Rechtsprechungsnachweisen.

536 Vgl. *Hövermann/Klein*, RIW 2006, 277, 280; *Scholastique*, 170 Rn. 296; 179 Rn. 311; *Urbain-Parleani*, ZGR-Sonderheft 17 (2006), 575, 596; *Arlt* in Kalss (Hrsg.), Vorstandshaftung, 492.

537 Vgl. auch *Arlt* in Kalss (Hrsg.), Vorstandshaftung, 493.

538 Vgl. in diesem Kapitel bei Fn. 474.

539 Vgl. Cass.com. v. 20. Mai 2003, Bull. Joly 2003, 786 Rn. 167, Anm. *Le Nabasque*.

540 Vgl. Foss v. Harbottle (1843) 2 Hare 461; *Davies*, Gower's Company Law, 444.

541 Vgl. Art. 70 Table A, Art. 3 Schedule 3; *Davies*, Gower's Company Law, 444; *Dine/Koutsias*, 251.

gegen Verwaltungsratsmitglieder zu erheben[542]. Die zuvor bestehende Befugnis des betroffenen Verwaltungsratsmitglieds, beim Hauptversammlungsbeschluss über seine Verfolgung mit abzustimmen, wurde im Rahmen der Gesellschaftsrechtsreform aufgehoben (s. 239 (4) CA 2006)[543]. Die vielfältigen Vorgaben des *common law*[544] zur *actio pro socio*, der sog. *derivative action*, wurden im Zuge der Reform vereinfachend in ss. 260 ff. CA 2006 kodifiziert[545]. Um einen Anspruch der Gesellschaft klageweise im Wege der als *ultima ratio* konzipierten *derivative action* geltend machen zu dürfen, muss der klagewillige Aktionär zunächst die gerichtliche Zulassung der Klage beantragen (s. 261 CA 2006). Wenn der Aktionär das Gericht nicht im Wege des Anscheinsbeweises von der Zulassung überzeugen kann, hat das Gericht den Antrag abzulehnen (s. 261 (2) CA 2006). Aktionär können auch beantragen, ein von der Gesellschaft initiiertes Verfahren als *derivative claim* zu übernehmen, wenn die Gesellschaft ihren Anspruch missbräuchlich oder sonst unsorgfältig verfolgt (s. 262 CA 2006). Unter den gleichen Voraussetzungen kann ein Gesellschafter die Übernahme eines *derivative claims* eines anderen Gesellschafters beantragen (s. 264 CA 2006). Das Gericht hat den Antrag abzulehnen, wenn ein im Sinne der Gesellschaft handelnder hypothetischer dritter Aktionär den Anspruch nicht weiterverfolgte sowie wenn das anspruchsbegründende Verhalten von der Gesellschaft ratifiziert wurde (s. 263 (2) CA 2006). Bei der Entscheidung hat das Gericht gemäß s. 263 (3) CA 2006 insbesondere folgende Punkte zu berücksichtigen: (1) eventuelle treuwidrige Beweggründe des Aktionärs, (2) die Bedeutung, die eine am Gesellschaftserfolg orientierte Person der Verfolgung des Anspruchs beimäße, (3) die Möglichkeit und Wahrscheinlichkeit der Ratifizierung des anspruchsbegründenden Verhaltens durch die Gesellschaft, (4) eine Entscheidung der Gesellschaft, den Anspruch nicht zu verfolgen, und (5) ob das in Frage stehende Verhalten auch eigene Ansprüche des klagewilligen Aktionärs begründet. Schließlich soll das Gericht besonderen Wert auf Belege für die Haltung anderer Aktionäre ohne persönliches Interesse an der Klage zu deren Erhebung legen (s. 263 (4) CA 2006). In dieser Vorschrift finden sich Anklänge an die *common law*-Regel, nach der ein Minderheitsaktionär eine *derivative action* im Namen der Gesellschaft nur erheben konnte, wenn jedenfalls die Minderheit der Gesellschafter, die nicht für die Unterlassung der Geltendmachung der

---

542 Vgl. Alexander Ward & Co Ltd v. Samyang Navigation Co Ltd (1975) 1 WLR 673, 679; *Davies*, Gower's Company Law, 445. Die konkurrierende Zuständigkeit besteht nicht, wenn die Anspruchsverfolgung einem vom Verwaltungsrat unabhängigen dritten Organ (wie bei Insolvenz dem Insolvenzverwalter) überlassen werden kann; vgl. Ferguson v. Wallbridge (1935) 3 DLR 66, PC; Fargro Ltd v. Godfroy (1986) 1 WLR 1134; *Davies*, aaO.
543 Vgl. *Davies*, Gower's Company Law, 446, 438.
544 Zu diesen vgl. *Davies*, Gower's Company Law, 458 ff.; *Lembeck* in Kalss (Hrsg.), Vorstandshaftung, 430 ff.
545 Ausführliche Würdigung der *derivative action* nach altem und neuem Recht bei *Reisberg*, 126–166. Die Differenzierung der *derivative action*-Regulierung im CA 2006 zwischen England, Wales und Nordirland einerseits (ss. 260 ff. CA 2006) und Schottland andererseits (ss. 265 ff. CA 2006) resultiert daraus, dass das der Kodifizierung zugrunde liegende *common law* in Schottland von demjenigen der anderen Länder abweicht; vgl. *Alcock/Birds/Gale*, 163. Für eine überblicksartige Schilderung der weitgehend mit den Prinzipien der englischen *derivative claims* übereinstimmenden schottischen *derivative proceedings* vgl. *Alcock/Birds/Gale*, 167–169.

Ansprüche der Gesellschaft gestimmt hatte, ihn dabei unterstützte[546]. Ob und inwiefern die *common law*-Regeln im Rahmen der ss. 260 ff. CA 2006 noch relevant sind, wird durch die Gerichte klargestellt werden müssen[547]. Seit der Leitentscheidung *Wallersteiner v. Moir*[548] hat die Gesellschaft in geeigneten Fällen die den klagenden Aktionären entstandenen Kosten zu übernehmen. Die Rechtsprechungsgrundsätze wurden in der Zivilprozessordnung der *Civil Procedure Rules 1998* kodifiziert, denen zufolge das Gericht den Klägern sowohl für die Kosten des Zulassungsverfahrens als auch für diejenigen eines anschließenden Klageverfahrens nach freiem Ermessen einen Ausgleich aus den Mitteln der Gesellschaft zuerkennen kann (CPR 19.9E)[549]. Hierbei kann das Gericht insbesondere anordnen, dass Angebote zur Verfahrensbeendigung ihm zur Genehmigung vorzulegen sind, um so missbräuchliche Klagen mit dem Ziel des Verkaufs ihres Lästigkeitswerts zu vermeiden[550].

b) Vorliegen von und Bedürfnis für Börsengesellschaftsrecht zur Verantwortlichkeit der Organmitglieder

Aus rechtsökonomischer Sicht ist der zentrale Gesichtspunkt der Verantwortlichkeit der Geschäftsführer im Innenverhältnis die durch sie bewirkte Verhaltenssteuerung[551]. Der Umstand, dass ein Pflichtverstoß eine Schadensersatzpflicht nach sich zieht, bietet einen Anreiz, ein pflichtwidriges Verhalten zu unterlassen[552]. Der durch die Verantwortlichkeit zugleich bewirkte Schadensausgleich tritt demgegenüber zurück, zumal er über Versicherungen durch Dritte abgesichert werden kann[553]. Die ökonomische Grundlage der Verantwortlichkeit der Geschäftsführer wird wiederum durch die *Principal-Agent*-Theorie veranschaulicht[554]: Die Aktionäre der Gesellschaft als Prinzipale übertragen die Leitung der Gesellschaft an die Geschäftsführer als ihre Organe. Kennzeichnend für die Beziehung der Prinzipale zu den Agenten ist, dass (1) die Pflichten der Agenten nicht ex ante präzisiert, sondern nur general-klauselartig durch offene Verhaltensstandards festgelegt werden können, so dass (2) den Agenten ein weiter Ermessensspielraum zusteht, während es (3) für die Prinzipale zu kostspielig ist, die Agenten umfassend zu überwachen[555]. Aufgrund dieser Umstände bestehen für die Geschäftsleiter erhebliche Anreize, ihre Informationsvorsprünge zur Aneignung von Vermögensvorteilen aus dem Gesell-

---

546 Vgl. Smith v. Croft (1988) Ch 114.

547 Vgl. *Dine/Koutsias*, 254.

548 Wallersteiner v. Moir (1975) QB 373, CA.

549 Vgl. *Davies*, Gower's Company Law, 455. Ausführliche Diskussion der britischen Kostentragungsregeln bei *Reisberg*, 229 ff.

550 Vgl. *Davies*, Gower's Company Law, 455.

551 Vgl. *Fleischer*, FS für Wiedemann, 827, 829; *Eckert/Grechenig/Stremitzer* in Kalss (Hrsg.), Vorstandshaftung, 100, dort, 97–158 ausführlich zur ökonomischen Analyse der Haftung der Leitungsorgane; vgl. auch *Ruffner*, 214 ff., 279 ff.; zu den sonstigen Normzwecken der Haftung vgl. GK/*Hopt*, § 93 Rn. 11 m.w.N.

552 Vgl. *Adams*, AG 2000, 396, 397.

553 Vgl. *Eckert/Grechenig/Stremitzer* in Kalss (Hrsg.), Vorstandshaftung, 100 f.

554 Vgl. *Fleischer*, WM 2003, 1045, 1048.

555 Vgl. *Fleischer*, WM 2003, 1045, 1049; eingehend *Easterbrook/Fischel*, Economic Structure of Corporate Law, 91 ff.; *Richter/Furubotn*, 163–171; *Ruffner*, 211 ff.

schaftsvermögen auszunutzen[556]. Das Kapitalgesellschaftsrecht versucht nun, dem Prinzipal-Agenten-Problem mit der Kombination aus Verhaltenspflichten der Geschäftsleiter und ausgeprägter Haftung für Pflichtverletzungen zu begegnen[557]. Treuepflichten sollen hierbei das unvollständige Programm aus Sorgfalts- und sonstigen explizit normierten Pflichten vervollständigen und so eine umfassende Überwachung mittels der Haftungsregeln ermöglichen[558]. Ex ante sollen die Treuebindungen die Geschäftsleiter zu pflichtgemäßem Verhalten bewegen, ex post die Wahrscheinlichkeit der Pönalisierung von Pflichtverletzungen erhöhen[559]. Die Effektivität des Haftungssystems soll im Wesentlichen zum einen in ex ante- bzw. präventiver Hinsicht durch die Konkretisierung der Verhaltenspflichten (wie sie auch der britische Kodex für nicht-geschäftsführende und der französische Kodex für alle Verwaltungsratsmitglieder anstrebt) in Verbindung mit einer Berichtspflicht zur Erfüllung dieser Erwartungen durch die Geschäftsleiter und zum anderen in ex post- bzw. repressiver Hinsicht durch die Einführung bzw. Verschärfung von Sanktionen für Pflichtverletzungen in Verbindung mit der Einschränkung der Entlastungsmöglichkeiten der Geschäftsleiter gewährleistet werden[560]. Vor allem zur Stärkung der ex-post-Kontrolle durch das Haftungssystem gehören auch die Bemühungen um eine verbesserte Durchsetzung der Haftung, etwa durch Klagemöglichkeiten von Minderheitsaktionären[561]. Aber auch ihre präventive Wirkung können Verhaltensstandards nur entfalten, wenn die Adressaten sich einem realen Haftungsrisiko gegenübersehen[562]. Auch die in allen untersuchten Jurisdiktionen vorgefundene unternehmerische Beurteilungsermächtigung entsprechend der oder in Anlehnung an die Grundsätze der *Business Judgement Rule* ist dabei rechtsökonomisch legitimiert[563]. Übersteigerte Haftungsrisiken lähmen die Initiative des Managements zum Nachteil der Aktionäre[564]. Im Rahmen der Sorgfaltspflichten erscheint eine Haftungsprivilegierung notwendig, da das Management sonst möglicherweise auch adäquates unternehmerisches Handeln, das typischer-

---

556 Vgl. *Fleischer*, WM 2003, 1045, 1049; *Cooter/Freedman*, N.Y.U. L.Rev. 1991, 1045, 1048.

557 Vgl. *Fleischer*, ZGR 2001, 1, 7 f.; *Fleischer*, WM 2003, 1045, 1049; *Cooter/Freedman*, N.Y.U. L.Rev. 1991, 1045, 1048.

558 Vgl. *Fleischer*, WM 2003, 1045, 1049; *Easterbrook/Fischel*, Economic Structure of Corporate Law, 91–93; *Posner*, Economic Analysis of Law, 452; *Anderson*, 25 U.C.L.A. L.Rev. (1975), 738, 760. Rechtsvergleichender Überblick zu den funktionell ähnlichen Sorgfalts- und Treuepflichten unter Einbeziehung der USA, Japans und Chinas bei *Siems*, Konvergenz der Rechtssysteme, 249–253.

559 Vgl. *Fleischer*, WM 2003, 1045, 1049; *Fleischer* in Ferrarini u.a. (Hrsg.), Reforming Company and Takeover Law, 373, 380; *Cooter/Freedman*, 66 NYU L.Rev. (1991), 1045, 1055; *Easterbrook/Fischel*, Economic Structure of Corporate Law, 95; Überblicksartig zur Eindämmung der *Principal-Agent*-Problematik durch ex ante- und ex post-Kontrollen *Schäfer/Ott*, 647 f.

560 Vgl. *Bedkowski*, 32 f.

561 Vgl. *Bedkowski*, 32.

562 Vgl. *Bedkowski*, 36; in diesem Sinne auch *Ruffner*, 214; *Lutter*, ZGR 1993, 191, 207; *Ulmer*, ZHR 163 (1999), 290, 326 f.

563 Vgl. ausführlich *Easterbrook/Fischel*, Economic Structure of Corporate Law, 93 ff.; *Ruffner*, 225 ff.; *Fleischer*, FS für Wiedemann, 827 ff.

564 Vgl. *Kübler/Assmann*, § 15 III 5 b); *Easterbrook/Fischel*, Economic Structure of Corporate Law, 93 f., 99 f.; *Eckert/Grechenig/Stremitzer* in Kalss (Hrsg.), Vorstandshaftung, 115; *Ruffner*, 230; *Fleischer*, ZGR 2001, 1, 24.

weise mit Risiken verbunden ist, scheute[565]. Gerichte sind zudem schon mangels hinreichender unternehmerischer Kenntnisse nicht die geeignete Instanz zur Bewertung unternehmerischer Entscheidungen[566]. Auch wenn die mangelnde Sachkunde durch Sachverständige kompensiert werden kann, erfolgen Geschäftsführungsmaßnahmen doch notwendigerweise aufgrund prognostischer Annahmen über zukünftige Entwicklungen unter Einbeziehung zahlreicher Variablen, so dass schon die nachträgliche Rekonstruktion des Entscheidungsfeldes schwer fällt[567]. Während sich später herausstellt, welche Entscheidung die bessere war, steht dies im Zeitpunkt der Entscheidung außerhalb eindeutiger Sorgfaltsverstöße noch nicht fest[568]. Von daher kann aus dem später eintretenden Misserfolg der Geschäftsführungsmaßnahme nicht auf ihre Pflichtwidrigkeit zum Zeitpunkt ihrer Vornahme geschlossen werden[569]. Hierzu neigt der Mensch aber aufgrund der als *hindsight bias* bezeichneten Verhaltensanomalie[570]. Somit läuft eine gerichtliche Überprüfung der Einhaltung der Sorgfaltspflichten im Rahmen von Geschäftsführungsmaßnahmen aus ex ante-Sicht Gefahr, unpräzise zu sein und Anreize zu ineffizientem risikoaversen Geschäftsleiterverhalten zu setzen[571]. Deshalb sollte sie sich im Sinne der *business judgment rule* auf die Frage beschränken, ob die Entscheidung sich im Zeitpunkt ihrer Vornahme aus Sicht eines verständigen Geschäftsleiters als unternehmerisch sinnvoll darstellte. Hinsichtlich der Loyalitätspflichten besteht hingegen kein der Lage bei den Sorgfaltspflichten vergleichbarer Motivationskonflikt (da eine Einhaltung der Loyalitätspflichten nicht mit unternehmerisch für die Gesellschaft sinnvoll gehaltenem Handeln in Konflikt tritt), so dass neben der uneingeschränkten Haftung der volle Entlastungsbeweis gefordert werden kann[572]. Dies gilt umso mehr, als die Gerichte bei der Feststellung von Treupflichtverstößen nicht auf Erkenntnisprobleme wie die bei der Beurteilung von Sorgfaltspflichtverletzungen geschilderten stoßen[573].

Lediglich das deutsche Aktienrecht konkretisiert in diesem Zusammenhang verbindlich die organisationsbezogenen Sorgfaltspflichten, indem es vom Vorstand gemäß § 91 Abs. 2 AktG Maßnahmen zur Früherkennung von den Bestand der Gesellschaft gefährdenden Entwicklungen und insbesondere die Einrichtung eines diesbezüglichen Überwachungssystems verlangt. Indem die Eignung der getroffenen Maßnahmen im Rahmen der Abschlussprüfung von börsennotierten Gesell-

---

565 Vgl. *Easterbrook/Fischel*. Economic Structure of Corporate Law, 94, 99 f.; *Ruffner*, 227, 230; *Fleischer*, FS für Wiedemann, 827, 830.

566 Vgl. *Fleischer*, FS für Wiedemann, 827, 831 m.w.N.

567 Vgl. *Fleischer*, FS für Wiedemann, 827, 831 f.; *Fleischer*, ZGR 2001, 1, 24.

568 Vgl. *Easterbrook/Fischel*, Economic Structure of Corporate Law, 99; *Ruffner*, 212, 227.

569 Vgl. *Easterbrook/Fischel*, Economic Structure of Corporate Law, 99; *Ruffner*, 230.

570 Vgl. *Easterbrook/Fischel*, Economic Structure of Corporate Law, 99; *Fleischer*, FS für Wiedemann, 827, 832 m.w.N.

571 Vgl. *Ruffner*, 227, 230.

572 Vgl. *Kübler/Assmann*, § 15 III 5b); differenzierend *Easterbrook/Fischel*, Economic Structure of Corporate Law, 103.

573 Vgl. *Easterbrook/Fischel*, Economic Structure of Corporate Law, 103; *Fleischer* in Ferrarini u.a. (Hrsg.), Reforming Company and Takeover Law, 373, 380.

schaften nach § 317 Abs. 4 HGB zu beurteilen ist, wird für diese Gesellschaften eine besondere Gewähr für die Qualität der internen Kontrollmaßnahmen geschaffen und § 91 Abs. 2 AktG eine börsengesellschaftsrechtliche Dimension vermittelt. Grundsätzlich handelt es sich bei der Verpflichtung zur Einrichtung eines derartigen Risikofrüherkennungssystems aber um eine Selbstverständlichkeit, die bereits aus der allgemeinen Sorgfaltspflicht der Geschäftsleiter folgt und deren konkrete Umsetzung maßgeblich von der Struktur und den Bedürfnissen der jeweiligen Gesellschaft abhängt[574]. Dementsprechend konnten das britische und das französische Recht auf eine Kodifikation verzichten und lediglich über lit. C.2.1 Combined Code sowie art. L. 225-37 (6), 225-67 (6) C.com. Berichte zu den internen Überwachungssystemen an die Hauptversammlung empfehlen bzw. verlangen. Ein zwingendes Bedürfnis für eine verdeutlichende Kodifikation der Pflicht zur Einrichtung eines Risikofrüherkennungssystems besteht damit weder in börsennotierten Gesellschaften noch allgemein in Aktiengesellschaften. Die Frage der Effizienz einer Prüfung der Eignung derartiger Kontrollsysteme zu ihrer Aufgabenerfüllung durch die Abschlussprüfer betrifft nicht den hier diskutierten Pflichtenkanon der Geschäftsleiter. Sie wird im Rahmen der Rolle der Abschlussprüfer im System der gesellschaftsinternen *Corporate Governance* in Kapitel 6 V.2. thematisiert werden. Die in Umsetzung von Art. 46a der Jahresabschluss-Richtlinie geschaffenen Berichtspflichten von im öffentlichen Interesse stehenden Gesellschaften zum rechnungslegungsbezogenen Kontrollsystem schaffen keine Einrichtungsverpflichtung, so dass auch sie im Rahmen der Diskussion des Pflichtenkanons außer Betracht bleiben können und stattdessen im Rahmen der Rechnungslegung im 8. Kapitel unter IV. thematisiert werden.

Strafrechtliche Sanktionen für die Verwaltungsmitglieder stehen im Gegensatz zu den offenen Verhaltensstandards der Sorgfalts- und Treuepflichten in einem gewissen Spannungsverhältnis zum Konzept der juristischen Person[575]. Sie können allerdings für besonders schwere Fälle notwendig sein, wenn das öffentliche Interesse an einem bestimmten Verhalten die Interessen von Individuen übersteigt oder es an einem identifizierbaren Opfer fehlt[576]. So soll sich die erhöhte Strafandrohung für die Verletzung von Geheimhaltungspflichten in börsennotierten Gesellschaften in § 404 Abs. 1 AktG nach der Gesetzesbegründung aus der typischerweise besonders großen wirtschaftlichen Tragweite des Geheimnisverrats in börsennotierten Gesellschaften und der erheblicheren Auswirkungen bei den Kapitalanlegern rechtfertigen[577]. Dabei ist die Effizienz strafrechtlicher Sanktionen allerdings gerade im Wirtschaftsrecht zweifelhaft, da die Dunkelziffer hoch ist und Straftäter

---

574 Vgl. *Fleischer* in Spindler/Stilz, § 91 Rn. 29; MK/*Hefermehl/Spindler*, § 90 Rn. 3; Adler/Düring/Schmalz, § 91 AktG Rn. 1; *Seibert*, FS für Bezzenberger, 427, 437.

575 Vgl. *Siems*, Konvergenz der Rechtssysteme, 253; *Tan Lay Hong*, 21 Co. Law. (2000), 87, 91.

576 Vgl. *Siems*, Konvergenz der Rechtssysteme, 254 unter Anführung der kapitalmarktrechtlichen Strafverschärfungen durch s. 906 (c) Sarbanes-Oxley-Act; *Ferran*, 1 JCLS (2001), 381, 406 f.

577 Vgl. Begr. RegE BT-Drucks. 14/8769, 24 f.; MK/Schaal, § 404 Rn. 72; *Hefendehl* in Spindler/Stilz, § 404 Rn. 41; dort auch kritisch zu den weiteren Gesetzeszwecken der Abschreckung und des Schutzes des *Corporate-Governance*-Systems als Ganzem.

deshalb im Regelfall damit rechnen, nicht gefasst zu werden[578]. Zudem korreliert ein erhöhter Strafrahmen nach kriminologischen Erkenntnissen nicht mit einer größeren Abschreckungswirkung[579]. Deshalb erscheint die abschreckende Wirkung der erhöhten Strafandrohung und damit ihre Effizienz fragwürdig[580]. Letztendlich sind Pflichtverletzungen (und ihre bei einer Börsennotierung häufig weiterreichenden Auswirkungen) grundsätzlich wirksamer durch andere Kontrollmechanismen als Straftatbestände einzugrenzen[581]. Angesichts ihrer geringen Anreizwirkung stellen sich erhöhte Strafandrohungen für Pflichtverletzungen der Verwaltungsmitglieder deshalb nicht als notwendiger Bestandteil eines speziellen Gesellschaftsrechts für börsennotierte Gesellschaften dar.

aa) Ausgestaltung der Aktionärsklage/*derivative action*

Neuralgischer Punkt der Geltendmachung und Durchsetzung der zivilrechtlichen Haftung der Verwaltungsmitglieder ist die Frage, inwiefern Minderheitsaktionäre zur Klageerhebung für die Gesellschaft berufen sind[582]. Das Minderheitenrecht zur Anspruchsverfolgung soll die Durchsetzung von Schadensersatzansprüchen der Gesellschaft sicherstellen und damit das Gesellschaftsvermögen schützen[583]. Die grundsätzlich zur Geltendmachung von Ansprüchen der Gesellschaft zuständigen Leitungsorgane des Aufsichtsrats oder Verwaltungsrats werden in vielen Fällen die Verfolgung ihrer eigenen Organmitglieder bzw. der Vorstandsmitglieder eher zögerlich betreiben[584]. Die Aufsichtsratsmitglieder bzw. die nicht-geschäftsführenden Verwaltungsratsmitglieder befinden sich in einem Interessenkonflikt, da ein Schadensersatzanspruch gegen Vorstandsmitglieder bzw. geschäftsführende Verwaltungsratsmitglieder den Vorwurf impliziert, dass sie diese nicht intensiv genug überwacht haben[585]. Bei Überwachungsfehlern wird zudem zumeist ein vorangegangener Geschäftsführungsfehler Kontrollanlass gewesen sein, was die Bereitschaft des Verwaltungsrats bzw. des Vorstands zur Verfolgung der überwachenden Organmitglieder ebenfalls schmälern dürfte[586]. Aber auch eine konkurrierende Zuständigkeit der Hauptversammlung (wie nach dem englischen *common law* und der funktionsverwandten Kompetenz der Hauptversammlung der AG, den Aufsichtsrat zu Anspruchsverfolgung anzuweisen) garantiert noch keine effektive Anspruchsverfolgung durch die Gesellschaft. Einerseits kann nicht ausgeschlossen werden, dass die betroffenen Verwaltungsratsmitglieder mit ihren sowie eventuellen von ihnen beeinflussten Stimmen in der Lage sind, die Hauptversammlung zu kontrol-

---

578 Vgl. *Siems*, Konvergenz der Rechtssysteme, 254; *Hefendehl* in Spindler/Stilz, § 404 Rn. 41.
579 Vgl. *Hefendehl* in Spindler/Stilz, § 404 Rn. 41; ausführlich *Albrecht*, 54 ff.; *Streng*, Rn. 53 ff.
580 So auch *Hefendehl* in Spindler/Stilz, § 404 Rn. 41.
581 So auch *Siems*, Konvergenz der Rechtssysteme, 254 f.
582 Vgl. *Davies*, Gower's Company Law, 444; kritisch zur Zulassung der *derivative action Easterbrook/Fischel*, Economic Structure of Corporate Law, 105 f. Ausführliche ökonomische Analyse der Aktionärsklage im System der *Corporate Governance* bei *Reisberg*.
583 Vgl. *Schwark* in Hommelhoff u.a. (Hrsg.), Corporate Governance, 75, 100.
584 Vgl. *Davies*, Gower's Company Law, 444; *Reisberg*, 1, 18.
585 Vgl. *Spindler*, NZG 2005, 865, 866.
586 Vgl. *Leyens*, RabelsZ 67 (2003), 57, 85.

lieren[587]. Hier wird die Effektivität der Entscheidung der Hauptversammlung insbesondere gefährdet, wenn die betroffenen Verwaltungsratsmitglieder mit Aktien sich an ihr beteiligen dürfen (wie nach dem *common law* bis zur britischen Gesellschaftsrechtsreform)[588]. Aber auch wenn die betroffenen Verwaltungsratsmitglieder keinen kontrollierenden Einfluss auf die Hauptversammlung ausüben, besteht die Gefahr, dass sie die Information einer zur Fassung eines Anspruchsverfolgungsbeschlusses ausreichend großen Anzahl von Aktionären unterlassen[589]. Aktionäre, die von dem Verstoß Kenntnis haben und ihn im Wege eines Hauptversammlungsbeschlusses verfolgen wollten, müssten zunächst die nicht unerhebliche Schwellen für Aktionärsverlangen zur Einberufung einer Hauptversammlung oder zur Ergänzung der Tagesordnung einer bereits einberufenen Hauptversammlung überwinden[590]. Schließlich und vor allem droht eine unzulässige Benachteiligung einer klagewilligen Aktionärsminderheit durch die an dem pflichtwidrigen Vorgang beteiligte oder den Verstoß aus sonstigen Gründen deckende Mehrheit[591].

Nachdem damit die Zulassung von Klagen einzelner Aktionäre oder einer Aktionärsminderheit notwendig erscheint, stellt sich die Frage der Ausgestaltung der Klagemöglichkeit. Wichtig sind hierbei einerseits Vorkehrungen zur Verhinderung eines Missbrauchs der Aktionärsklage oder des Sonderprüfungsrechts (wie die Klagezulassungsverfahren nach deutschem und britischen Recht und die Offenlegungspflichten für börsennotierte Gesellschaften hinsichtlich der Zulassungsanträge und der prozessbeendigenden sowie prüfungsvermeidenden Bedingungen). Lediglich für die AG besteht dabei mit den Publikationspflichten spezielles Recht für börsennotierte Gesellschaften. Die Publikationspflichten hinsichtlich des Zulassungsantrags nach § 149 Abs. 1 AktG sollen ausweislich der Begründung des Regierungsentwurfs des UMAG anderen Aktionären die Möglichkeit geben, sich der Klage anzuschließen, diejenigen zur Verfahrensbeendigung nach § 149 Abs. 1, 2 AktG (i.V.m. § 142 Abs. 2 Satz 3 AktG) von missbräuchlichen Verfahren und überhöhten Vergleichszahlungen abschrecken[592]. Die Beschränkung der deutschen Offenlegungspflichten auf börsennotierte Aktiengesellschaften erklärt sich dabei aus der Tatsache, dass die geschlossenen Aktionärskreise nicht börsennotierter Gesellschaften auf anderen Kommunikationswegen von der Klageerhebung und der Prozessbeendigung erfahren[593]. Deshalb können sie sich auch ohne eine Be-

587 Vgl. *Davies*, Gower's Company Law, 446.
588 Vgl. *Davies*, Gower's Company Law, 446.
589 Vgl. *Davies*, Gower's Company Law, 446.
590 Zu den Voraussetzungen der Minderheitsverlangen vgl. Kapitel 5 unter I.1.a)aa).
591 Vgl. *Adams*, AG 2000, 396, 397; *Baums*, Gutachten E für den 63. Deutschen Juristentag 2000, 6; *Reisberg*, 18.
592 Vgl. Begr. RegE BT-Drucks. 15/5092, 18, 24; *Wilsing/Neumann*, DB 2006, 31, 33 (zur Sonderprüfung).
593 Vgl. Begr. RegE BT-Drucks. 15/5092, 24. Kritisch, weil mit der Streichung der Veröffentlichungspflicht für nicht-börsennotierte Gesellschaften auch die Bekanntmachung als besondere Wirksamkeitsvoraussetzung von Vergleichen entfallen ist und so eine wichtige Hemmschwelle gegen Missbrauch in nicht-börsennotierten Gesellschaften wegfalle *Paschos/Neumann*, DB 2005, 1779, 1785 f.; *Mock* in Spindler/Stilz, § 149 Rn. 4.

kanntmachungspflicht der Klage anschließen oder gegen überhöhte Vergleichsleistungen opponieren. Gleiches gilt für die Bekanntmachungspflichten hinsichtlich von Vereinbarungen zur Vermeidung einer Sonderprüfung (§§ 142 Abs. 2 Satz 3, 149 AktG). Die Pflichten zur Information der BaFin über die Beantragung einer Sonderprüfung, die Bestellung eines Sonderprüfers und seinen Bericht aus §§ 142 Abs. 7, 261a AktG dienen demgegenüber der Verbesserung der Information des Kapitalmarkts[594]. Sie sind daher kapitalmarktrechtlicher Natur und beziehen sich dementsprechend auch nicht nur auf Aktiengesellschaften mit börsennotierten Aktien, sondern auf Aktiengesellschaften mit jeglichen börsennotierten Wertpapieren. Die börsengesellschaftsrechtliche Bekanntmachungspflicht bezüglich der Stellung des Zulassungsantrags (§ 149 Abs. 1 AktG) kann ihren ursprünglichen Sinn, anderen Aktionären einen Beitritt zum Verfahren oder eine Nebenintervention zu ermöglichen, nicht mehr erfüllen, da der Veröffentlichungszeitpunkt aufgrund der Stellungnahme des Bundesrates von ursprünglich unmittelbar im Anschluss an die Antragsstellung auf nach der Klagezulassung verschoben wurde[595]. Nach Klagezulassung ist eine Nebenintervention ausgeschlossen (§ 148 Abs. 4 Satz 3 AktG), so dass die übrigen Aktionäre nur noch eine eigene Klagezulassung beantragen können, die regelmäßig an § 148 Abs. 1 Nr. 4 AktG scheitern wird[596]. Damit ist die Veröffentlichungspflicht zum Zulassungsantrag weitestgehend wirkungslos und überflüssig[597]. Betrachtet man die Effizienz der börsengesellschaftsrechtlichen Veröffentlichungspflichten zur Verfahrensbeendigung nach § 149 AktG, so ist zunächst zu konstatieren, dass die abschreckende Wirkung der Offenlegung an sich zweifelhaft ist, da Vergleiche bereits vor der Gesetzesänderung durch das UMAG häufig in der Tagespresse veröffentlicht wurden, ohne dass dadurch das Phänomen der räuberischen (Anfechtungs-)Klagen zurückgedrängt werden konnte[598]. Zudem liegt der Schwerpunkt der Publikationspflichten nach § 149 AktG auf den ihnen gemäß § 248a AktG gleichfalls unterliegenden Anfechtungsverfahren. In der Praxis werden, soweit ersichtlich, lediglich letztere missbräuchlich mit dem Ziel des Abkaufs ihres Lästigkeitswerts eingesetzt[599]. Wesentlicher Grund hierfür ist, dass die Anforderungen des § 93 Abs. 4 AktG, nach denen ein Vergleichsschluss erst drei Jahre nach Entstehung des Anspruchs und nur mit Zustimmung der Hauptver-

---

594 Vgl. *Wilsing/Neumann*, DB 2006, 31, 34 f.

595 Vgl. *Mock* in Spindler/Stilz, § 149 Rn. 4 f.; *Paschos/Neumann*, DB 2005, 1779, 1781. Die zeitliche Verschiebung soll vor allem verhindern, dass die antragsstellenden Aktionäre durch Koordination ein Druckpotential gegenüber der Gesellschaft aufbauen. Die Veröffentlichung der Antragsstellung in den Gesellschaftsblättern wurde zudem angesichts der Möglichkeit ihrer Veröffentlichung im Aktionärsregister (§ 127a AktG) für verzichtbar gehalten; vgl. die Stellungnahme des Bundesrats zur Begr. RegE, BT-Drucks. 15/5092, 33, 38 f.

596 Vgl. *Mock* in Spindler/Stilz, § 149 Rn. 5; zum Ausschluss von Mehrfachklagen, die weder auf substantiell neuen Tatsachen noch neuen Informationsquellen aufbauen, unter § 148 Abs. 1 Nr. 4 AktG vgl. Begr. RegE, BT-Drucks. 15/5092, 22; *Mock* in Spindler/Stilz, § 148 Rn. 56; *Paschos/Neumann*, DB 2005, 1779, 1781.

597 Vgl. *Mock* in Spindler/Stilz, § 149 Rn. 5.

598 Vgl. *Raiser/Veil*, § 16 Rn. 184.

599 Vgl. Begr. RegE BT-Drucks. 15/5092, 24; *Weiß/Buchner*, WM 2005, 162, 171; *Thümmel*, DB 2004, 471, 474; ausführlich zur Regulierung missbräuchlicher Anfechtungsklagen Kapitel 5 unter I.5.

sammlung und in Abwesenheit eines Widerspruchs einer Minderheit mit 10 % des Grundkapitals erfolgen darf, die vergleichsweise Erledigung von Haftungsklagen in der Praxis in aller Regel ausschließen, so dass entscheidende Anreize für missbräuchliche Klagen fehlen[600]. Für das Klagezulassungsverfahren besteht diese Einschränkung zwar nicht, die Gesellschaft ist an in seinem Rahmen geschlossene Vergleiche allerdings nicht gebunden (§ 148 Abs. 5 Satz 2 AktG). Deshalb werden die Veröffentlichungspflichten zur Verfahrensbeendigung nur geringe praktische Bedeutung haben[601]. Letztendlich verursacht die Veröffentlichung der verfahrensbeendigenden Bedingungen im elektronischen Bundesanzeiger der Gesellschaft nur geringe Kosten, stellt sich aber weitgehend als überflüssige Förmlichkeit dar. Deshalb können die Veröffentlichungspflichten jedenfalls kein Vorbild für britische und französische börsennotierte Gesellschaften sein, in denen Sonderprüfungs- und Managerhaftungsverfahren angesichts der sonstigen institutionellen Kontrollen, soweit ersichtlich, ebenfalls nicht missbrauchsanfällig sind.

Während damit auf der einen Seite die missbräuchliche Einleitung von Sonderprüfungen oder Klageerhebung vor allem durch Zulassungsverfahren bzw. intensive Statthaftigkeitsprüfungen einzugrenzen ist, kann es auf der anderen Seite, da die Erlöse erfolgreicher Klagen an die Gesellschaft fallen, notwendig sein, insbesondere Kleinaktionären Anreize zur Klageerhebung zu bieten[602]. Grund ist, dass Aktionäre nur geringe ökonomische Anreize zur Klageerhebung haben, da ihr eigener Anteil am hypothetischen Prozessgewinn angesichts der Verurteilung zur Leistung an die Gesellschaft gering ist (nur die Wertsteigerung der eigenen Anteile)[603]. Diese Anreize werden weiter vermindert, je wahrscheinlicher eine Kostentragungspflicht droht, da der Kläger die Wahrscheinlichkeit des Prozessgewinns und der Höhe seiner daraus resultierenden materiellen Vorteile ins Verhältnis zur Wahrscheinlichkeit des Prozessverlusts und den damit verbundenen Kosten setzen wird[604]. Schließlich hätten auch passive Aktionäre als Trittbrettfahrer den Gewinn aus einer erfolgreichen Klage, weshalb es für den einzelnen Aktionär wiederum im Sinne rationaler Apathie ökonomisch sinnvoll sein kann, von einer Klage abzusehen und auf eine Klageerhebung durch andere zu hoffen[605]. Vor diesem Hintergrund verhindert die Kostentragungsregel bei Aktionärsklagen nach deutschem Recht (bei denen die Gesellschaft die Kosten zu tragen hat, wenn der Kläger die Klagezulassung nicht durch vorsätzlich oder grob fahrlässig falschen Vortrag erwirkt hat) eine Nivellierung der Anreize für redliche Aktionärsklagen, während sie den abschreckenden Effekt der potentiellen Kostentragungspflicht auf missbräuchliche

---

600 Vgl. auch Begr. RegE BT-Drucks. 15/5092, 24; *Mock* in Spindler/Stilz, § 149 Rn. 6; *Weiß/Buchner*, WM 2005, 162, 171; *Thümmel*, DB 2004, 471, 474.

601 Vgl. *Mock* in Spindler/Stilz, § 149 Rn. 6; *Weiß/Buchner*, WM 2005, 162, 171.

602 Vgl. *Davies*, Gower's Company Law, 446 f.; ausführlich *Reisberg*, 222 ff.

603 Vgl. *Spindler*, NZG 2005, 865, 872; *Eckert/Grechenig/Stremitzer* in Kalss (Hrsg.), Vorstandshaftung, 143; *Reisberg*, 3, 222, 224.

604 Vgl. *Eckert/Grechenig/Stremitzer* in Kalss (Hrsg.), Vorstandshaftung, 143 f.; *Reisberg*, 3, 222; ausführlich *Adams*, AG 2000, 396, 399 f.

605 Vgl. *Adams*, AG 2000, 396, 397; *Reisberg*, 222. Zur rationalen Apathie bereits oben Kapitel 4 bei Fn. 27.

Klagen aufrecht erhält[606]. In die gleiche Richtung geht das englische Fallrecht, demzufolge das Gericht die Kosten nach freiem Ermessen auferlegen kann. Die danach zu fällende Kostenentscheidung ist aber deutlich weniger vorhersehbar, so dass der Aktionär sein Kostenrisiko nicht sicher berechnen kann und angesichts der zu unterstellenden Risikoaversion eher von einem höheren Risiko ausgehen wird (mit der Folge einer geringeren Wahrscheinlichkeit einer Klageerhebung)[607]. Letztendlich wird mit einer Kostentragungspflicht der Gesellschaft aber nur ein Hindernis beseitigt, das geeignet wäre, die ohnehin geringen Anreize zur Klageerhebung vollständig auszuräumen[608]. Auch ohne das Hindernis der drohenden Kostentragungspflicht bleiben die für Aktionäre bestehenden Anreize zur Klageerhebung angesichts der angestrebten Leistung an die Gesellschaft bei eigener geringer Beteiligung und der Trittbrettfahrerproblematik regelmäßig auf einem so niedrigen Niveau, dass ein Verzicht auf eine Klageerhebung rational erscheint[609]. Ungeklärt bleibt deshalb, ob und wie Klagen durch Aktionäre im Wege der Schaffung zusätzlicher persönlicher Anreize für sie gefördert werden sollten[610], eine sich allerdings in allen Aktiengesellschaften unabhängig von ihrer Börsennotierung stellende Frage.

bb) Haftpflichtversicherung für die Organmitglieder

Ein weiterer wesentlicher Punkt der Verhaltenssteuerung der Verwaltungsmitglieder durch ihre Verantwortlichkeit ist die Frage des Abschlusses einer Haftpflichtversicherung, der sog. *Directors & Officers Liability Insurance* bzw. D&O-Versicherung, und ihrer Modalitäten. Positiver Aspekt einer solchen Haftpflichtversicherung ist die durch sie vor allem aufgrund der von ihr bereitgestellten größeren Vollstreckungsmasse erhöhte Regresswahrscheinlichkeit[611]. Zudem sichert sie Führungskräfte vor einer Existenzvernichtung ab und nimmt ihnen so Anreize zu wirtschaftlich unerwünschtem risikoaversen Verhalten[612]. Aus rechtsökonomischer Sicht maßgeblich

606 Vgl. *Eckert/Grechenig/Stremitzer* in Kalss (Hrsg.), Vorstandshaftung, 145; ausführlich zu den von der deutschen Kostentragungsregel ausgehenden ökonomischen Impulsen vgl. *Adams*, AG 2000, 396, 409 f.

607 So auch *Reisberg*, 233 f., der deshalb, aaO, 244 f., außerhalb missbräuchlicher Klagen für eine zwingende Kostentragungspflicht der Gesellschaft im britischen Recht eintritt.

608 Vgl. *Reisberg*, 232 f.

609 Vgl. *Reisberg*, 233.

610 Vgl. *Koch*, ZGR 2006, 769, 782 m.N. auf für derartige weitere Anreize eintretende Stimmen; ausführlich *Reisberg*, 246 ff. (246–252: zur Beteiligung des Klägers am Klageerlös; 252 ff.: zur klagefördernden Wirkung erfolgsbezogener Anwaltsvergütungen (unter Verweis auf die US-Erfahrungen, 226–228, 262–264)); *Adams*, AG-Sonderheft 1997, 9 f. (der dem klagenden Aktionär nach billigem Ermessen des Gerichts einen erhöhten Anteil am zuerkannten Schadensersatz zusprechen will); *Wenger*, AG-Sonderheft 1997, 57, 59 (der dem Kläger ein Viertel des Überschusses der Schadensersatzsumme über die Kosten, gegebenenfalls innerhalb einer betragsmäßigen Höchstgrenze, zubilligen will; dagegen *Adams*, AG 2000, 396, 406 f.); *Adams*, AG 2000, 396, 407 ff. (der dem klagenden Aktionär bei Prozessgewinn den doppelten Anteil am Schadensersatz zusprechen, bei Prozessverlust aber die vierfachen Kosten auferlegen will).

611 Vgl. *Pammler*, 65–68 m.w.N., 211; *Fleischer*, WM 2005, 909, 920; GK/*Hopt*, § 93 Rn. 519; *Bayer* in Hommelhoff u.a. (Hrsg.), Corporate Governance, 137, 158.

612 Vgl. *Pammler*, 80; *Fleischer*, FS für Wiedemann, 827, 830; auch *Bayer* in Hommelhoff u.a. (Hrsg.), Corporate Governance, 137, 158.

ist jedoch, dass eine falsch ausgestaltete *D&O*-Versicherung die verhaltenslenkende Wirkung der Haftungsregel konterkarieren kann, da sie die Sanktionsdrohung ganz oder teilweise wegfallen lässt[613]. Die genannten Vorteile der D&O-Versicherung können jedoch unter weitgehender Aufrechterhaltung der mit der Haftung bezweckten Anreize zu einem pflichtgemäßen Verhalten erreicht werden, indem ein Selbstbehalt in angemessener Höhe für das versicherte Organmitglied vereinbart wird[614]. Vor diesem Hintergrund empfiehlt Ziff. 3.8 DCGK bei Abschluss einer solchen Versicherung für Vorstands- und Aufsichtsratsmitglieder die Vereinbarung eines angemessenen Selbstbehalts. Der *Combined Code* belässt es bei der unpräzisen Empfehlung, den Verwaltungsratsmitgliedern „angemessenen" Versicherungsschutz bereitzustellen (lit. A.1.5 Combined Code). Das französische Recht äußert sich, vielleicht bedingt durch die ohnehin eher theoretische Haftung der Organmitglieder der *S.A.*, nicht zum Versicherungsschutz. Der Abschluss von Haftpflichtversicherungen unterfällt dem Kontrollregime der *conventions réglementées* nach art. L. 225-38, 225-86 C.com., ohne dass inhaltliche Vorgaben bestünden. Angesichts der Tatsache, dass die verhaltenssteuernde Wirkung der Haftung bei Vorliegen einer Versicherung ohne Selbstbehalt weitgehend entfällt[615], überrascht die geringe Eindeutigkeit der britischen Empfehlung sowie das Schweigen des französischen Rechts. Wünschenswert zur Aufrechterhaltung der mit der Haftung bezweckten Verhaltensanreize wäre auch hier jedenfalls eine Kodexempfehlung nach dem Beispiel des DCGK[616].

cc) Keine börsengesellschaftsrechtliche Interessenlage im Rahmen der Verantwortlichkeit

Insgesamt steht hinter der Frage der Ausgestaltung einer *D&O*-Versicherung wie hinter den sonstigen mit der Verantwortlichkeit der Verwaltungsmitglieder zusammenhängenden Regelungsproblematiken aber keine spezifisch börsengesellschaftsrechtliche Interessenlage. Zwar hängt die Kontrolle der Verwaltung gerade in Publikumsgesellschaften wesentlich von der zivilrechtlichen Verantwortlichkeit ihrer Mitglieder ab[617]. Die Durchsetzung der Haftung wiederum ist nur gewährleistet, wenn effektive Informations- und Klagemöglichkeiten der Aktionäre bestehen[618]. Letztlich besteht die ökonomische Notwendigkeit einer wirkungsvoll durchsetz-

---

613 Vgl. *Ruffner*, 280 f., 283; *Leyens*, RabelsZ 67 (2003), 57, 90; auch *Hopt*, FS für Mestmäcker, 909, 919; *Bayer* in Hommelhoff u.a. (Hrsg.), Corporate Governance, 137, 158; kritisch *Easterbrook/Fischel*, Economic Structure of Corporate Law, 105.

614 Vgl. *Ruffner*, 287; *Pammler*, 78 ff., 211 unter Verweis auf den von *Kötz/Schäfer*, AcP 189 (1989), 501, 525 festgestellten Zusammenhang von Selbstbehalten als ökonomischen Anreizen zur Schadensverhütung; *Fleischer*, WM 2005, 909, 919.

615 Sie bleibt in gewissem Umfang bestehen, soweit die Versicherung Deckungshöchstgrenzen oder Haftungsausschlüsse beinhaltet; vgl. *Fleischer*, WM 2005, 909, 919; auch *Ruffner*, 287.

616 So im Ergebnis auch *Fleischer*, WM 2005, 909, 920 m.w.N. Angesichts des drohenden vollständigen Wegfalls der Verhaltensanreize für eine gesetzliche Pflicht zur Vereinbarung eines Selbstbehalts *Schwark* in Hommelhoff u.a. (Hrsg.), Corporate Governance, 75, 101; *Bayer* in Hommelhoff u.a. (Hrsg.), Corporate Governance, 137, 158.

617 Vgl. *Fleischer*, RIW 2000, 809, 816.

618 Vgl. *Fleischer*, RIW 2000, 809, 816.

baren Innenhaftung aber in allen Aktiengesellschaften und nicht nur in den börsennotierten (und hat sich deshalb auch in allen untersuchten Jurisdiktionen für sämtliche Aktiengesellschaften etabliert). Mit dem Erfordernis eines möglichst effizienten Innenhaftungshaftungssystems stellen sich für alle Aktiengesellschaften auch die angesprochenen Fragen nach einem geeigneten Regime für Minderheitenklagen[619] und nach adäquaten Vorgaben für Haftpflichtversicherungen zugunsten der Organmitglieder. Die *Principal-Agent*-Problematik besteht in allen Kapitalgesellschaften (unabhängig von ihrer Börsennotierung) aufgrund der für sie charakteristischen Trennung von Eigentum und Geschäftsführung der Gesellschaft. In börsennotierten wie nicht-börsennotierten Gesellschaften können nicht sämtliche Pflichten der Geschäftsleiter detailliert festgelegt werden, da die Satzungen sich als relationale Verträge auf viele zukünftige Sachverhalte erstrecken und ungewisse zukünftige Entwicklungen erfassen müssen[620]. Deshalb haben die Geschäftsleiter aller Aktiengesellschaften bei ihren unternehmerischen Entscheidungen einen weiten Ermessensspielraum. Da eine lückenlose Überwachung für die Aktionäre zu kostspielig ist, müssen Anreize zu pflichtgemäßem Verhalten durch eine effektive Haftung für Pflichtenverstöße gesetzt werden. Auch wenn nicht-börsennotierte Gesellschaften in aller Regel kontrollierende Aktionäre haben, die die Geschäftsführung überwachen, so muss auch diese Überwachung doch notwendigerweise lückenhaft sein und bedarf deshalb der Ergänzung durch die verhaltenssteuernde Wirkung einer drohenden Innenhaftung. Zudem besteht gerade bei Überwachung durch kontrollierende Aktionäre die Gefahr, dass diese ihre Informations- und Machtvorsprünge kollusiv mit den Geschäftsleitern zulasten der Minderheitsaktionäre ausnutzen. In dieser Konstellation ist die real drohende Haftung aufgrund einer Klage dieser Minderheitsaktionäre notwendig, um der Geschäftsleitung ausreichende Anreize zur Berücksichtigung ihrer Interessen zu geben. Nach alldem kann (außerhalb der weitgehend überflüssigen deutschen Veröffentlichungspflichten zur Stellung des Antrags auf Sonderprüfung sowie zur Verfahrensvermeidung und -beendigung und der ebenfalls verzichtbaren Straferhöhung in § 404 AktG) zur Verantwortlichkeit der Verwaltungsmitglieder weder spezielles Gesellschaftsrecht für kapitalmarktnotierte Gesellschaften gefunden noch ein Bedürfnis hierfür festgestellt werden.

---

619 Vgl. auch *Reisberg*, 8 f. (bezüglich aller Kapitalgesellschaften).
620 Zum relationalen Vertrag vgl. die Nachweise oben Kapitel 2 Fn. 49.

5. Kapitel: Die Rechtsstellung der Aktionäre

Den Aktionären erwachsen aus ihrer Stellung als Verbandsmitglied der Aktiengesellschaft mitgliedschaftliche Rechte und Pflichten. Die mitgliedschaftlichen Rechte können den Untergruppen der Verwaltungsrechte und der Vermögensrechte zugeordnet werden. Der Begriff der Verwaltungsrechte beschreibt die Befugnisse der Aktionäre zur Mitentscheidung über die Angelegenheiten der Gesellschaft. Sie können regelmäßig nur im Rahmen der Hauptversammlung ausgeübt werden und werden deshalb zusammen mit den Hauptversammlungsformalitäten erörtert (unter I.). Die wichtigsten Verwaltungsrechte sind das Recht auf Teilnahme an der Hauptversammlung und das Stimmrecht, das Auskunftsrecht, das Anfechtungsrecht sowie die Möglichkeit der Erhebung einer Aktionärsklage gegen rechtswidrige Maßnahmen der Verbandsorgane[1]. Vermögensrechte sind vor allem der Gewinn- oder Dividendenanspruch, das Bezugsrecht bei Kapitalerhöhungen, der Rückzahlungsanspruch bei Kapitalherabsetzung und das Recht auf Teilhabe am Liquidationserlös (unten II.)[2]. Nach den Verwaltungs- und Vermögensrechten werden die Modalitäten des Erwerbs und des freiwilligen sowie zwangsweisen Verlusts der Mitgliedschaft (als wesentliche Determinanten des Marktes für Unternehmenskontrolle) untersucht (unten III.). Die mitgliedschaftlichen Pflichten lassen sich im Wesentlichen reduzieren auf die Pflicht zur Leistung der Einlage einerseits und generalklauselartig umschriebene Verhaltensgebote unter den Aktionären in Form der mitgliedschaftlichen Treuepflichten im deutschen Recht, des Verbots des Mehrheits- oder Minderheitsmissbrauchs (*abus de majorité/minorité*) im französischen Recht und des Verbots unfairer Benachteiligungen (*unfair prejudice*, s. 994 CA 2006) im britischen Recht andererseits. Die Einlagepflicht wird im Rahmen der Kapitalaufbringung im Kapitel zur Finanzverfassung erörtert[3]. Die unter den Aktionären bestehenden Verhaltenspflichten werden im Abschnitt zur gerichtlichen Überprüfung von Hauptversammlungsbeschlüssen behandelt (unten I.5.)), da die Beschlusskontrolle aufgrund der Verletzung von Verhaltenspflichten das wesentliche Instrument der Durchsetzung dieser Verhaltenspflichten und damit vor allem auch des Minderheitenschutzes ist.

Die Harmonisierung der Rechtsstellung der Aktionäre auf europäischer Ebene ist fragmentarisch und erfasste lange Zeit nur die „grundrechtliche" Verbürgung des

---

1 Vgl. die Aufzählung (für das deutsche Aktienrecht) bei *K. Schmidt*, § 28 I 1a); *Raiser/Veil*, § 12 II.1.; HdbAG/*Mimberg*, § 36 Rn. 5. Das Teilnahmerecht, die Informationsrechte, das Stimmrecht und das Anfechtungsrecht werden unter I.1. bis 5. erörtert. Die Aktionärsklage gegen rechtswidrige Maßnahmen der Verbandsorgane wurde bereits im Rahmen der Haftung der Leitungsorgane in Kapitel 4 unter II.5. untersucht.

2 Zudem umfassen die Vermögensrechte die verschiedenen Ausgleichs-, Umtausch- und Abfindungsansprüche im Umwandlungs- und Konzernrecht (die im 9. Kapitel behandelt werden) sowie beim Ausschluss von Minderheitsaktionären (dazu in diesem Kapitel unter III.2.).

3 Siehe Kapitel 8 unter I.

Anteils[4]. Die Kapital-Richtlinie garantiert seit jeher das Bezugsrecht bei Barkapitalerhöhungen (Art. 29)[5] und den Unternehmensleitung und Hauptversammlung verpflichtenden Gleichbehandlungsgrundsatz (Art. 42)[6]. Zudem wurden die Schutzmechanismen für Aktionäre bei Strukturmaßnahmen vereinheitlicht[7]. Nicht harmonisiert waren bisher die klassischen Verwaltungsrechte der Stimm-, Auskunfts- und Anfechtungsrechte[8]. Mit der am 3. August 2007 in Kraft getretenen und bis zum 3. August 2009 umzusetzenden Richtlinie 2007/36/EG zur Stimmrechtsausübung in Gesellschaften mit Sitz in der Gemeinschaft und dort börsennotierten Aktien (von nun an als Aktionärsrechte-Richtlinie zitiert) wird dieses Defizit in Teilen behoben, indem europaweit Mindeststandards bei der Stimmrechtsausübung gewährleistet werden[9]. Die Richtlinie bezweckt, Aktionären europaweit die notwendigen Informationen und die Mittel zur Verfügung zu stellen, um ihr Stimmrecht auszuüben. Hierdurch sollen den in der Publikumsgesellschaft zur Apathie neigenden Aktionären[10] Anreize für eine vermehrte Wahrnehmung dieser Rechte und damit für eine verbesserte Kontrolle der Geschäftsleitung geboten werden, ein Vorhaben, das auch mit dem Begriff der Stärkung der „Aktionärsdemokratie" bzw. *shareholder democracy* beschrieben wird[11]. Dabei stellt sich die Richtlinie auch als Reaktion auf die europaweit – maßgeblich aufgrund der Internationalisierung der Kapitalmärkte und der Schwierigkeiten grenzüberschreitender Stimm-

---

4 Vgl. *Grundmann*, Europ.GR, Rn. 401, auch für Nachweise rechtsvergleichender Arbeiten zu den Aktionärsrechten. Für eine Zusammenfassung der im Vorschlag zur 5. Gesellschaftsrechtlichen Richtlinie vorgesehenen Regelungen vgl. *Grundmann*, Europ.GR, Rn. 404 ff.; *Grundmann*, European Company Law, Rn. 401 ff.

5 Ausführlich zum Bezugsrecht und seinem Ausschluss siehe Kapitel 8 unter III.2.

6 Das Gleichheitsgebot wird überwiegend als bloßes Willkürverbot verstanden, steht einer Ungleichbehandlung also nicht entgegen, wenn sie aufgrund eines sachlichen Grundes erfolgt; vgl. BGHZ 120, 141, 150 f. (zur Kapital-Richtlinie); MK/*Bungeroth*, § 53a Rn. 12–14; *Hüffer*, § 53a Rn. 10; *K. Schmidt*, § 28 I 2 (zu § 53a AktG); differenzierend *Grundmann*, Europ.GR, Rn. 325, 402, der Art. 42 ein absolutes Verbot der Änderung des Wertes der Quote, d.h. ihrer Verwässerung, und damit im Rahmen der Vermögensrechte ein absolutes Gleichbehandlungsrecht entnimmt.

7 Siehe dazu Kapitel 9. Gemeinsame Eckpunkte bei Fusionen, Spaltungen, grenzüberschreitenden Sitzverlegungen und Übernahmen sind (1) die Information der Aktionäre über die wirtschaftlichen und rechtlichen Implikationen der Transaktion durch einen Strukturmaßnahmenplan der Geschäftsleitung, (2) die Überprüfung des Plans durch unabhängige Dritte und Information der Gesellschafter hierüber, (3) die kollektive Entscheidung der Gesellschafter zur Strukturmaßnahme und (4) vereinzelt die individuelle Entscheidung des Gesellschafters über sein Investment (Auskaufsrecht); vgl. *Grundmann*, Europ.GR, Rn. 403; *Grundmann*, FS für Lutter, 61, 76 f.; *Hommelhoff/Riesenhuber* in Grundmann, Systembildung, 259, 272–279.

8 Vgl. *Grundmann*, Europ.GR, Rn. 402.

9 Im Übrigen bereitet die EU-Kommission eine Empfehlung zu Aktionärsrechten vor, die die Richtlinie ergänzen soll; vgl. dazu die Konsultationsdokumente unter http://ec.europa.eu/internal_market/company/shareholders/indexa_de.htm. Sie soll sich insbesondere mit der Aktienleihe sowie der Rolle von Intermediären befassen; vgl. EU-Kommission, Synthesis of the Comments on the Third Consultation Document of the Internal Market and Services Directorate-General, 3 (abrufbar unter http://ec.europa.eu/internal_market/company/docs/shareholders/consultation3_report_en.pdf).

10 Zur rationalen Apathie der Aktionäre vgl. oben Kapitel 4 I.3.

11 Vgl. Erwägungsgrund 3 der Aktionärsrechte-Richtlinie; *Bedkowski*, 30; *Leroy*, EBLR 2007, 205, 206 f.

rechtsausübung – sinkenden Hauptversammlungspräsenzen dar[12]. Durch die Gewährleistung der grenzüberschreitenden Stimmrechtsausübung sollen zudem die Bereitschaft zu grenzüberschreitenden Investitionen gefördert und so die Kapitalmärkte stabilisiert werden[13]. Die mit der Erleichterung der Stimmrechtsausübung bezweckte Erhöhung der Hauptversammlungspräsenzen soll zudem insbesondere den Einfluss reiner Finanzinvestoren verringern[14]. Hintergrund ist, dass Finanzinvestoren mit verhältnismäßig geringem Kapitaleinsatz umso eher maßgeblichen Einfluss gewinnen können, je geringer die Hauptversammlungspräsenzen sind[15]. Ziel der Aktionärsrechte-Richtlinie ist damit auch, dass langfristige Unternehmensstrategien im Vergleich zu kurzfristiger Profitmaximierung an Bedeutung zurückgewinnen[16]. Zudem soll die grenzüberschreitende Ausübung des Stimmrechts gewährleistet werden, da es sich im Preis der Aktie niederschlägt, beim Aktienerwerb bezahlt wird und deshalb auch effektiv wahrgenommen werden können sollte[17]. Die Beschränkung des Anwendungsbereichs der Richtlinienvorgaben auf Gesellschaften mit börsennotierten Aktien erklärt sich aus der Tatsache, dass der weit überwiegende Teil grenzüberschreitender Aktieninvestments in börsennotierten Gesellschaften getätigt wird[18]. Da die Aktionärsrechte-Richtlinie nur Mindeststandards setzt, steht den Mitgliedstaaten unter anderem auch eine Erweiterung des Anwendungsbereichs der nach ihren Vorgaben geschaffenen nationalen Vorschriften auf nicht-börsennotierte Gesellschaften frei[19]. Um eine effektive Wahrnehmung der Aktionärsrechte zu gewährleisten, stellt die Richtlinie zwingende Vorgaben für ein einheitliches Mindestmaß an Information und Organisation auf[20]. Daneben beseitigt sie Hindernisse für eine technische Erleichterung der Hauptversammlungsteilnahme und Stimmrechtsausübung. Auf die genauen Inhalte der Richtlinie wird jeweils institutsbezogen im Rahmen der folgenden Unterkapitel eingegangen.

---

12 Vgl. *Wand/Tillmann*, AG 2006, 443.

13 Vgl. die Aussage der Bundesministerin der Justiz Brigitte Zypries in ihrer Funktion als EU-Ratspräsidentin anlässlich der Einigung auf einen endgültigen Richtlinientext am 30. Januar 2007, Pressemitteilung des BMJ vom 30. Januar 2007, 1; *Noack*, NZG 2006, 321.

14 Vgl. die Aussage der Bundesministerin der Justiz Brigitte Zypries, Fn. 13; *Ratschow*, DStR 2007, 1402; *Wand/Tillmann*, AG 2006, 443; *Dauner-Lieb*, WM 2007, 9, 10.

15 Vgl. *Ratschow*, DStR 2007, 1402.

16 Vgl. die Aussage der Bundesministerin der Justiz Brigitte Zypries, Fn. 14.

17 Vgl. Erwägungsgrund 3 der Aktionärsrechte-Richtlinie; *Ratschow*, DStR 2007, 1402; *Grundmann/Winkler*, ZIP 2006, 1421, 1424; zur Einpreisung des Stimmrechts durch den Markt auch *Easterbrook/Fischel*, Economic Structure of Corporate Law, 63, 71 f. Sie zeigt sich auch darin, dass stimmrechtslose Vorzugsaktien durchgängig mit erheblichen Kursabschlägen bewertet werden; vgl. *Wirth/Arnold*, ZGR 2002, 859, 860 m.w.N. in Fn. 5; *Pellens/Hillebrandt*, AG 2001, 57, 58.

18 Vgl. *Grundmann/Winkler*, ZIP 2006, 1421, 1424; *Winkler*, 245; auch *Pluskat*, WM 2007, 2135; *Leroy*, EBLR 2007, 205, 207.

19 Vgl. *Pluskat*, WM 2007, 2135, 2136; *Noack*, NZG 2006, 321, 322.

20 Vgl. *Ratschow*, DStR 2007, 1402, 1403.

I. Verwaltungsrechte

Vor den Vermögensrechten unter II. und dem Erwerb und Verlust der Mitgliedschaft unter III. werden in diesem Abschnitt die wesentlichen Verwaltungsrechte des Teilnahmerechts, der Informationsrechte, des Stimmrechts (mitsamt der Vertretungsmöglichkeiten) sowie des Anfechtungsrechts unter 1. bis 5. untersucht. Da die Verwaltungsrechte regelmäßig nur im Rahmen der Hauptversammlung wahrgenommen werden können, werden deren Formalitäten einleitend zusammen mit dem Teilnahmerecht erörtert.

1. Hauptversammlungsformalitäten und Teilnahmerecht

a) *Rechtsvergleichender Überblick zu Hauptversammlungsformalitäten und -ablauf sowie Teilnahmerecht*

aa) Einberufung der Hauptversammlung

(1) Vorgaben der Aktionärsrechte-Richtlinie zur Einberufung

Die Aktionärsrechte-Richtlinie verlangt eine Anpassung der Einberufungsfristen für die Hauptversammlungen börsennotierter Aktiengesellschaften auf einen Zeitpunkt spätestens 21 Tage vor dem Versammlungstag (Art. 5 Abs. 1 Unterabs. 1). Nur wenn alle Aktionäre ihr Stimmrecht auch elektronisch ausüben können, darf zugelassen werden, dass die Hauptversammlung die Einberufungsfristen für andere Hauptversammlungen als die Jahreshauptversammlung auf bis zu 14 Tage reduziert (Art. 5 Abs. 1 Unterabs. 2)[21]. Die Fristen müssen nicht eingehalten werden, wenn eine weitere Hauptversammlung einberufen wird, weil ein Quorum bei der vorangegangenen Hauptversammlung nicht erreicht wurde, solange zwischen der Einberufung und der neuerlichen Hauptversammlung mindestens zehn Tage liegen (Art. 5 Abs. 1 Unterabs. 3). Die Richtlinie folgt nicht der deutschen Differenzierung zwischen der Einberufung als Erstveröffentlichung der Tagesordnung und dem Unterlagenversand, sondern setzt diese Informationswege in ein Alternativverhältnis[22]. Werden die Aktionäre nicht über ein aktuelles Aktionärsregister persönlich geladen, so muss die Ladung mittels Medien erfolgen, bei denen vernünftigerweise davon ausgegangen werden kann, dass sie die Öffentlichkeit in der gesamten Europäischen Gemeinschaft erreichen (Art. 5 Abs. 2)[23]. Wer Aktionär ist, bestimmt sich nach dem nationalen Recht (Art. 2 lit. b)). Auch das Verhältnis zwischen nach dem nationalen Recht als Aktionäre geltenden Intermediären und den wirtschaftlich Berechtigten bzw. „indirekten“ Aktionären und damit auch

---

21 Daneben genügt eine Einberufung zum 14. Tag auch in den von der Übernahme-Richtlinie statuierten Fällen der Hauptversammlungen der Zielgesellschaft zur Entscheidung über Abwehrmaßnahmen (Art. 9 Abs. 4 der Übernahme-Richtlinie) und über die Durchbrechung von Übertragungs- und Stimmrechtsbeschränkungen (Art. 11 Abs. 4 der Übernahme-Richtlinie).
22 Vgl. *Zetzsche*, NZG 2007, 686, 688.
23 Näher hierzu *Zetzsche*, NZG 2007, 686, 688; *Pluskat*, WM 2007, 2135, 2140.

deren Information über eine Hauptversammlung überlässt die Richtlinie dem Binnenverhältnis zwischen Anleger und Intermediär[24]. Neben der eigentlichen Ladung der Aktionäre muss die Gesellschaft spätestens 21 Tage vor der Hauptversammlung die Einberufung, die Aktien- und Stimmrechtsanzahl zum Zeitpunkt der Einberufung, die der Hauptversammlung vorzulegenden Unterlagen, die Beschlussvorschläge der Verwaltung sowie gegebenenfalls die Formulare (oder deren Bezugsadresse) für die Stimmrechtsausübung per Brief oder Vertreter auf ihrer Internetseite zum Abruf bereit stellen (Art. 5 Abs. 4). Im Übrigen garantiert Art. 5 der Richtlinie einen Mindestinhalt der Ladung[25]. Die Mitgliedstaaten müssen den Aktionären Rechte auf Ergänzung der Tagesordnung und auf Einbringung von Beschlussvorlagen gewähren, die an eine Mindestbeteiligung von bis zu 5 % des Kapitals geknüpft werden dürfen und bis zu einem von den Mitgliedstaaten festzulegenden Stichtag vor der Hauptversammlung in Textform ausgeübt werden müssen (Art. 6). Ändert sich infolge eines Änderungsverlangens die Tagesordnung, ist diese erneut vollständig bekannt zu machen (Art. 6 Abs. 4).

(2) Einberufung der Hauptversammlung der AG

Die Hauptversammlung der AG ist eine Präsenzversammlung[26], die in den gesetzlich und satzungsmäßig bestimmten Fällen sowie bei Erforderlichkeit für das Gesellschaftswohl einzuberufen ist (§ 121 Abs. 1 Satz 1). Die ordentliche Hauptversammlung hat jährlich in den ersten acht Monaten des Geschäftsjahres stattzufinden (§ 175 Abs. 1 Satz 2 AktG). Eine außerordentliche Hauptversammlung ist vor allem einzuberufen, wenn dies für das Gesellschaftswohl erforderlich ist (§ 121 Abs. 1 AktG), insbesondere bei Verlusten in Höhe der Hälfte des Grundkapitals (§ 92 Abs. 1 AktG)[27]. Zuständig für die Einberufung ist der Vorstand (§ 121 Abs. 2 AktG), bei Erforderlichkeit für das Wohl der Gesellschaft auch der Aufsichtsrat (§ 111 Abs. 3 AktG). Zudem kann eine Aktionärsminderheit mit einem Anteil von 5 % des Grundkapitals schriftlich unter Angabe des Zwecks und des Grundes die Einberufung einer außerordentlichen Hauptversammlung auf Kosten der Gesellschaft verlangen (§ 122 Abs. 1 Satz 1 AktG). Die Satzung kann das Einberufungsrecht an den Besitz

---

24 Vgl. *Noack*, NZG 2006, 321, 326.

25 So muss die Ladung muss Ort, Zeit und Tagesordnung der Versammlung sowie das für die Teilnahme und Stimmabgabe vorgesehene Verfahren (inklusive der Rechte auf Ergänzung der Tagesordnung und Einbringung von Beschlussvorlagen aus Art. 6 sowie der Fragerechte aus Art. 9, des Verfahrens der Stimmrechtsvertretung und gegebenenfalls der Modalitäten der Stimmabgabe per Brief oder auf elektronischem Wege) schildern, einen eventuellen Nachweisstichtag nennen und erläutern, wo und wie der vollständige Text der von der Gesellschaft vorzulegenden Unterlagen und Beschlussvorlagen erhältlich ist (Art. 5 Abs. 3). Schließlich muss die Ladung die Internetseite angeben, auf der die Gesellschaft die Angaben nach Art. 5 Abs. 4 vorhält (Art. 5 Abs. 3 lit. e)).

26 Wobei die Hauptversammlungspräsenzen der DAX 30-Unternehmen von durchschnittlich 60,95 % im Jahre 1998 auf 47,64 % zurückgegangen sind; vgl. die Aufstellung der Deutschen Schutzvereinigung für Wertpapierbesitz (DSW) unter www.dsw-info.de/uploads/media/HVPraesenz2006.pdf.

27 Des Weiteren kann eine außerordentliche Hauptversammlung nach Abgabe eines Übernahmegebots einberufen werden (§§ 16 Abs. 3, 4, 34 WpÜG).

eines geringeren Anteils am Grundkapital knüpfen und eine andere Form für das Minderheitsverlangen vorsehen (§ 122 Abs. 1 Satz 2 AktG) und so insbesondere die Stimmbündelung über ein Internetforum zulassen[28]. Wird dem Minderheitenverlangen nicht entsprochen, kann die Minderheit gerichtlich zur Einberufung der Hauptversammlung ermächtigt werden (§ 122 Abs. 3 Satz 1 AktG). Die Einberufung hat mindestens 30 Tage vor dem Versammlungstag zu erfolgen (§ 123 Abs. 1 AktG) und ist dafür zusammen mit der Tagesordnung in den Gesellschaftsblättern bekannt zu machen (§§ 121 Abs. 3, 124 Abs. 1 AktG). Zwingendes Gesellschaftsblatt ist der elektronische Bundesanzeiger, daneben kann die Satzung weitere Blätter und elektronische Informationsmedien zu Gesellschaftsblättern bestimmen (§ 25 AktG). Die Einberufung erfolgt also grundsätzlich elektronisch. Börsennotierte Gesellschaften haben die Einberufung zudem in mindestens einem überregionalen Börsenpflichtblatt zu veröffentlichen (§§ 63, 70 BörsZulV).

Im Übrigen differieren die Einberufungsmodalitäten für Namens- und Inhaberaktien. Dabei bleibt die früher absolut vorherrschende Inhaberaktie trotz der gerade in börsennotierten Gesellschaften festzustellenden Entwicklung hin zur international üblichen Aktiengattung der Namensaktie[29] die dominierende Aktiengattung in deutschen Aktiengesellschaften[30]. In der Praxis werden jedenfalls die Inhaberaktionäre über bevorstehende Hauptversammlungen und ihre Tagesordnungen nicht über den Bundesanzeiger, sondern durch ihre Depotbanken informiert[31]. Dieser Informationsfluss wird durch §§ 125–128 AktG garantiert. Danach hat der Vorstand den ihm bekannten Depotbanken[32] die Einberufung der Hauptversammlung, die Bekanntmachung der Tagesordnung sowie Gegenanträge und Wahlvorschläge von Aktionären binnen zwölf Tagen nach der Bekanntmachung der Einberufung im elektronischen Bundesanzeiger mitzuteilen (§§ 125 Abs. 1 Satz 1, 126 AktG), was seit dem NaStraG auch elektronisch erfolgen kann. Die Depotbanken sind verpflichtet, die übermittelten Informationen unverzüglich an ihre Depotkunden weiterzugeben (§ 128 Abs. 1 AktG). Die Depotkunden müssen nicht mittelbare

---

28 Vgl. *Winkler*, 183; *Noack*, NZG 2003, 241, 243.

29 So hatten 2007 bereits 40 % der DAX-Unternehmen und eine größere Anzahl der MDAX-Unternehmen auf Namensaktien umgestellt. Ebenso entschieden sich neue Emittenten für die Namensaktien; vgl. *Schneider/Müller-von Pilchau*, AG 2007, 181 unter Anführung von Beispielen in Fn. 5–7. Für die Namensaktie sprechen vor allem die durch sie bewirkte Erleichterung der *Investor Relations* und ihre Kostenvorteile, insbesondere im Rahmen der Ladung (die bei Namensaktien zentral über einen einzigen Versender möglich ist, während die Versendung der Unterlagen an die Inhaberaktionäre unter Einschaltung ihrer Depotbanken erfolgt); vgl. *Schneider/Müller-von Pilchau*, AG 2007, 181.

30 Vgl. *Hüffer*, § 10 Rn. 5; MK/*Heider*, § 10 Rn. 15; *Grundmann*, Europ. GR, Rn. 413. Jedenfalls 2004 beschränkte sich die Ausgabe von Namensaktien noch auf nur 70 von ca. 1000 börsennotierten AGs; vgl. *Winkler*, 115; *BMJ*, NZG 2004, 948, 949.

31 Vgl. *Kübler/Assmann*, § 15 V. 2.b).

32 Sowie Aktionärsvereinigungen, die bei der letzten Hauptversammlung Stimmrechte für Aktionäre ausgeübt oder die Mitteilung verlangt haben; vgl. § 125 Abs. 1 AktG. Der DCGK empfiehlt der Gesellschaft, allgemein allen Finanzdienstleistern, Aktionären und Aktionärsvereinigungen die Einberufung der Hauptversammlung mitsamt den Einberufungsunterlagen auf elektronischem Wege mitzuteilen (Ziff. 2.3.2. DCGK).

Eigenbesitzer sein, sondern können auch Kreditinstitute oder sonstige Finanzintermediäre sein, so dass längere Verwahrketten entstehen können[33]. Namensaktionäre werden nicht durch die Depotbanken, sondern direkt durch die Gesellschaft informiert, sofern sie spätestens zwei Wochen vor der Hauptversammlung im Aktienregister eingetragen sind (§ 125 Abs. 2 Alt. 2 AktG). Dabei gilt nur der im Aktienregister Eingetragene gegenüber der Gesellschaft als zu ladender Aktionär (§ 67 Abs. 2 AktG)[34]. Insbesondere können auch Treuhänder eingetragen werden mit der Folge, dass allein sie von der Gesellschaft als Aktionäre zu laden sind. Hierbei ist unerheblich, ob dem Treuhänder das Eigentum an den Aktien übertragen worden ist oder er als sog. Legitimationsaktionär aufgrund einer Ermächtigung des Aktionärs zur Wahrnehmung der Legitimationswirkung der Registereintragung eingetragen wird[35]. Alle anderen, d.h. die nicht seit 14 Tagen im Aktienregister eingetragenen Aktionäre können von der Gesellschaft die Übersendung einer persönlichen Sondermitteilung verlangen (§ 125 Abs. 2 Alt. 1 AktG). Die Übermittlung kann in beiden Fällen elektronisch erfolgen, wenn die Aktionäre sich zuvor mit einer Email-Adresse als Empfangsadresse registriert haben[36]. Die Tagesordnung wird grundsätzlich durch den Vorstand und den Aufsichtsrat festgesetzt (§ 124 Abs. 3 AktG), während Aktionärsminderheiten mit 5 % des Grundkapitals oder Aktien mit einem Nennwert von 500.000 € ihre Ergänzung verlangen können (§ 122 Abs. 2 AktG). Die Hauptversammlung soll, soweit die Satzung nichts anderes bestimmt, am Sitz der Gesellschaft stattfinden (§ 121 Abs. 5 Satz 1 i.V.m. § 5 AktG). Bei Zulassung der Aktien der Gesellschaft zum regulierten Markt an einer deutschen Börse kann die Hauptversammlung in Abwesenheit einer anders lautenden Satzungsbestimmung auch am Sitz der Börse durchgeführt werden (§ 121 Abs. 5 Satz 2 AktG).

(3) Einberufung der Hauptversammlung der *S.A.*

In der *S.A.* beschließt die ordentliche Hauptversammlung (*assemblée générale ordinaire*) über alle Gegenstände außer den der außerordentlichen Hauptversammlung (*assemblée générale extraordinaire*) durch art. L. 225-96, 225-97 C.com. zugewiesenen Satzungsänderungen (art. L. 225-98 (1) C.com.)[37]. Die Versammlungen differieren hinsichtlich der Quoren und Beschlussmehrheiten, werden aber auf die gleiche Art

---

33 Vgl. *Winkler*, 118.
34 Zur hierbei bestehenden Problematik der freien Meldebestände vgl. *Schneider/Müller-von Pilchau*, AG 2007, 181, 182 ff.
35 Vgl. MK/*Bayer*, § 67 Rn. 20; *Winkler*, 126 f. Der Legitimationsaktionär muss allerdings die von ihm vertretenen Aktien im Teilnehmerverzeichnis der Hauptversammlung als Fremdbesitz deklarieren (§ 129 Abs. 3 Satz 2 AktG).
36 Vgl. *BMJ*, NZG 2004, 948, 954; *Hüffer*, § 125 Rn. 6; *Winkler*, 186.
37 Vgl. auch die Übersicht der Beschlussgegenstände bei *Cozian/Viandier/Deboissy*, Rn. 666 sowie die diesbezügliche Zusammenfassung bei *Merle*, Rn. 459. Daneben sind die Versammlungen einzelner Aktiengattungen zur Entscheidung über die Änderung ihrer Rechte durch die Hauptversammlung als Sonderversammlung (*assemblée spéciale*) geregelt (art. L. 225-99 (2) C.com.); dazu *Merle*, Rn. 497.

und Weise einberufen[38]. Regelmäßig werden sog. *assemblées mixtes* abgehalten, in denen Beschlüsse der ordentlichen und der außerordentlichen Hauptversammlung gefasst werden[39]. Die ordentliche Hauptversammlung ist mindestens einmal jährlich innerhalb der ersten sechs Monate des Geschäftsjahres einzuberufen (art. L. 225-100 (1) C.com.). Zur Einberufung befugt sind der Verwaltungsrat der monistischen *S.A.* sowie sowohl der Vorstand als auch der Aufsichtsrat der dualistischen *S.A.* (art. L. 225-103 I., 225-103 III. C.com.). Wenn diese Organe ihrer Einberufungspflicht nicht nachkommen, können die Abschlussprüfer, die Insolvenzverwalter sowie nach Übernahmegeboten oder Mehrheitswechseln der Mehrheitsaktionär die Hauptversammlung einberufen (art. L. 225-103 II. n° 1, 3, 4 C.com.). Bei Gefahr im Verzug können zudem jedermann und außerhalb einer Gefahrenlage eine Minderheit mit einem Anteil von 5 % des Kapitals oder eine in börsennotierten Gesellschaften gründbare Aktionärsvereinigung i.S.v. art. L. 225-120 C.com.[40] gerichtlich einen Vertreter zur Einberufung der Versammlung bestellen lassen (art. L. 225-103 II. n° 2 C.com.), wobei sie allerdings die Kosten der Einberufung zu tragen haben (art. R. 225-65 C.com.). Gesellschaften mit *appel publique à l'épargne* müssen ihre Hauptversammlung mitsamt der Tagesordnung und den Beschlussvorschlägen der Verwaltung mindestens 35 Tage vor dem Versammlungstermin im in Papierform und elektronisch geführten Amtsblatt *Bulletin des annonces légales obligatoires* (*BALO*) ankündigen (sog. *avis de réunion*, art. R. 225-73 I., III. C.com.). Diese Sonderbekanntmachung soll Minderheitsaktionäre in die Lage versetzen, Gegenvorschläge einzubringen[41]. Die eigentliche Einberufung der Hauptversammlung erfolgt in allen Gesellschaften über eine Bekanntmachung in den Gesellschaftsblättern und – bei *appel publique à l'épargne* – dem *BALO* (sog. *avis de convocation*, art. R. 225-67 (1) C.com.). Üblicherweise versendet die Gesellschaft zudem Einberufungsmitteilungen an die zur Kontoführung für Inhaberaktien autorisierten Finanzinstitute, die diese dann an ihre Kontoinhaber weiterleiten[42]. Namensaktionäre, die ihre Aktien zum Bekanntmachungszeitpunkt länger als einen Monat halten, müssen zusätzlich individuell per Brief geladen werden (art. R. 225-68 C.com.). Hat die Gesellschaft nur Namensaktien ausgegeben, kann der *avis de convocation* durch (auch elektronische) Anschreiben an die Aktionäre ersetzt werden (art. R. 225-67 (2) C.com.). Auch die eigentliche Ladung der Namensaktionäre kann elektronisch erfolgen, wenn sie vorher schriftlich eingewilligt haben (art. R. 225-68 (1) Satz 3 i.V.m. art. R. 225-63 C.com.). Anders als nach deutschem Recht haben sich dabei in Frank-

---

38 Vgl. *Arlt*, 145; *Guyon*, Droit des affaires, Rn. 291 ff.; *Germain* in Ripert/Roblot, Rn. 1577; *Le Cannu*, Droit des sociétés, Rn. 795 ff.

39 Vgl. *Arlt*, 145; *Germain* in Ripert/Roblot, Rn. 1557; *Merle*, Rn. 496; *Fleischer* in Bayer/Habersack (Hrsg.), Aktienrecht im Wandel II, 450 f.

40 Art. L. 225-120 C.com. gestattet in an organisierten Märkten notierten Gesellschaften die Bildung von Aktionärsvereinigungen zur gemeinsamen Interessenwahrnehmung durch Aktionäre, die mindestens zwei Jahre ins Aktienregister eingetragen sind und zusammen einen gewissen Anteil der Stimmrechte (je nach Grundkapitalhöhe zwischen 1 % und 5 %) halten. Dazu bereits oben Kapitel 4 II.5.a)cc)(2).

41 Vgl. *Guyon*, Droit des affaires, Rn. 292; *Winkler*, 198 f.; *ANSA*, L'amélioration des conditions de vote, Teil 1 III.1.

42 Vgl. *Winkler*, 198.

reich grundsätzlich die Eigentümer der Aktien im Aktienregister registrieren zu lassen (art. L. 228-1 (6) C.com.), so dass eine Eintragung von Treuhändern ausscheidet[43]. Einzig ausländische Aktionäre börsennotierter Gesellschaften können ihre Aktien auf den Namen eines – dann allein zu ladenden – *intermédiaire* verbuchen lassen (art. 228-1 (7) C.com.)[44], was weitestgehend praktiziert wird[45]. Der weiterhin zur Wahrnehmung der Verwaltungsrechte berufene Anleger ist sodann auf eine Weiterleitung der Ladung durch seinen *intermédiaire* angewiesen[46]. Daneben kann er sich über den elektronisch im *BALO* veröffentlichten *avis de convocation* informieren (allerdings nur, wenn die Gesellschaft nicht, weil sie allein Namensaktien ausgegeben hat, auf die Bekanntmachung verzichtet). Zwischen der Bekanntmachung bzw. dem Versand der Ladungen und dem Versammlungstermin müssen mindestens 14 Tage liegen (art. R. 225-69 (1) C.com.). Die Tagesordnung wird von dem Organ erstellt, das die Hauptversammlung einberuft (art. L. 225-105 (1) C.com.). Die Minderheiten, die eine Einberufung erzwingen können, also Aktionäre mit einer Beteiligung von 5 % des Grundkapitals[47] sowie in börsennotierten Gesellschaften Aktionärsvereinigungen i.S.v. art. L. 225-120 C.com., können die Ergänzung der Tagesordnung um ihre Beschlussvorschläge verlangen (art. L. 225-105 (2) C.com., art. R. 225-71 C.com.).

(4) Einberufung der Hauptversammlung der *plc*

Auch die Gesellschafter von britischen *public companies* können – anders als diejenigen von *private companies*, denen schriftliche Umlaufbeschlüsse offen stehen – ihre Entscheidungen allein durch Beschlüsse im Rahmen von Hauptversammlungen treffen (s. 281 (2) CA 2006). Die Verwaltungsratsmitglieder haben die Jahreshauptversammlung (*annual general meeting*) innerhalb von sechs Monaten nach Ende des Geschäftsjahres einzuberufen (s. 336 (1) CA 2006). Weitere Hauptversammlungen kann der Verwaltungsrat nach seinem Ermessen einberufen (s. 302 CA 2006) und muss dies tun, wenn Gesellschafter mit mindestens 10 % der stimmberechtigten Anteile es unter Angabe des Einberufungsgrundes verlangen (s. 303 CA 2006). Beruft der Verwaltungsrat die Hauptversammlung trotz eines solchen Aktionärsverlangen nicht (ordnungsgemäß) ein, so kann die Aktionärsminderheit oder ein Aktionär aus dieser Gruppe, der mindestens die Hälfte der Stimmrechte der Gruppe auf sich vereinigt, die Hauptversammlung auf Kosten der Gesellschaft einberufen (s. 305 (1) CA 2006). Die den Aktionären aufgrund der Verweigerung der Einberufung durch den Verwaltungsrat entstehenden Kosten werden ihnen von der Gesellschaft zurück-

---

43 Vgl. *Winkler*, 132; *Weller/Zahn* in v. Rosen (Hrsg.), Namensaktie, 177, 191.

44 Der Intermediär hat gegenüber der kontoführenden Stelle offenzulegen, dass er die Aktien auf fremde Rechnung hält (art. L. 228-1 (8) C.com.). Ausführlich zum Intermediär sogleich unter 4.a)cc).

45 Vgl. *Le Cannu*, Droit des sociétés, Rn. 806; *Winkler*, 132 f.

46 Vgl. *Winkler*, 222.

47 Die Schwelle reduziert sich in Gesellschaften mit einem Grundkapital von mehr als 750.000 € auf 4 %, bei einem Grundkapital zwischen 750.000 € und 4 Mio. € auf 2,5 %, zwischen 4 Mio. € und 15 Mio. € auf 1 % und bei einem Grundkapital über 15 Mio. € auf 0,5 %, vgl. art. R. 225-71 (2) C.com.

erstattet, wobei die Gesellschaft die erstattete Summe gegen die Vergütungsansprüche der verantwortlichen Verwaltungsratsmitglieder aufrechnen muss (s. 305 (6), (7) CA 2006). Einzelne Verwaltungsratsmitglieder und stimmberechtigte Aktionäre können gemäß s. 306 CA 2006 die gerichtliche Einberufung der Hauptversammlung beantragen. Die Vorschrift gestattet Gerichten zudem, aus eigener Initiative eine Hauptversammlung einzuberufen. Die Jahreshauptversammlung ist mindestens 21 Tage vor dem Versammlungstag einzuberufen, sonstige Hauptversammlungen mindestens 14 Tage vorher (s. 307 (2) CA 2006), wobei die *articles* eine längere Einberufungsfrist vorsehen können (s. 307 (3) CA 2006)[48]. Zudem kann die Einberufungsfrist mit Einverständnis von Aktionären mit 95 % der stimmberechtigten Anteile bzw. bei Jahreshauptversammlungen mit Einverständnis aller Aktionäre verkürzt werden (s. 307 (5)–(7), 337 (2) CA 2006). Der *Combined Code* empfiehlt eine Einberufung spätestens zwanzig Arbeitstage vor der Hauptversammlung (lit. D.2.4 Combined Code).

Als zu ladender Aktionär gilt, wer entweder Gründer ist oder später seinem Eintritt in die Gesellschaft zustimmt und zusätzlich in das bei der Gesellschaft oder beim Betreiber des elektronischen Handelssystems *CREST*, der *Euroclear UK & Ireland*, geführte Aktienregister eingetragen ist (s. 112 CA 2006), also auch die dort eingetragenen Treuhänder (*nominees*). Ausgangspunkt der Regelung ist der Umstand, dass die Namensaktie im Vereinigten Königreich absolut vorherrschend ist, während (nach s. 779 CA 2006 zulässige) Inhaberaktien so gut wie nie ausgegeben werden[49]. Die Gesellschaften haben ein Register aller ihrer Aktionäre zu führen, in dem unter anderem ihre Namen, Adressen, die Zahl ihrer Anteile und die von ihnen eingezahlte bzw. einzuzahlende Einlage festzuhalten sind (s. 113 CA 2006). Lassen die Gesellschaften, wie alle börsennotierten Gesellschaften, dematerialisierte bzw. elektronische Aktien zu, so werden diese in einem Register der *Euroclear UK & Ireland* geführt[50]. Da die Aktionäre der Gesellschaften, die nicht-verbriefte Aktien zulassen, ihre Aktien auch verbriefen lassen können, werden regelmäßig ein Aktienregister bei der Gesellschaft (hinsichtlich der verbrieften Aktien) und eines bei der *Euroclear UK & Ireland* (hinsichtlich der dematerialisierten Aktien) geführt[51]. Institutionelle Anleger, die gut 60 % der Anteile der in Großbritannien börsennotierten Gesellschaften halten, machen dabei in der Regel von treuhänderischen Verwahrstrukturen Gebrauch[52]. Auch die Aktien ausländischer Anleger werden in aller Regel durch Treuhänder gehalten, da sie typischerweise über einen Finanzintermediär aus ihrer Rechtsordnung investieren, der wiederum ein Wertpapierkonto bei einer britischen

---

48 S. 307 CA 2006 kodifiziert die zuvor in der Mustersatzung nach s. 38 Table A enthaltene Regelung.
49 Vgl. *Davies*, Gower's Company Law, 640, 682; *Siems*, ZGR 2003, 218, 222; *Winkler*, 139.
50 Vgl. die unter s. 207 CA 1985 (nunmehr ss. 785, 788 CA 2006) erlassene *Uncertified Securities Regulations 2001*; *Davies*, Gower's Company Law, 682; *Morse*, Charlesworth's Company Law, 217. Während die Dematerialisierung der Aktien grundsätzlich im Satzungsermessen der Gesellschaften steht, sind an der *Official List* notierte Gesellschaften auf entsprechendes Anlegerverlangen verpflichtet, sie vorzunehmen (LR 6.1.23).
51 Vgl. *Davies*, Gower's Company Law, 682; *Winkler*, 140.
52 Vgl. *Grundmann/Winkler*, ZIP 2006, 1421, 1423.

Bank besitzt[53]. Dabei können als Aktionäre börsennotierter Gesellschaften eingetragene Treuhänder den Treugebern umfassende Informationsrechte gegenüber der Gesellschaft zuerkennen (s. 146 CA 2006), die dann neben den Rechten der Treuhänder stehen und unter anderem auch den Anspruch auf Übersendung der Ladung beinhalten. Die Wahrnehmung eventueller im Innenverhältnis zum Treuhänder vereinbarter Rechte der Treugeber soll in diesen Konstellationen unterstützt werden, indem die Treugeber in den ihnen übermittelten Ladungen auf die Möglichkeit ihnen aus den Treuhandabreden zustehender Rechte, zum Stellvertreter des Treuhänders bestellt zu werden, Stellvertreter zu bestellen oder dem Treuhänder Weisungen zu erteilen, hingewiesen werden müssen (s. 149 CA 2006).

Die Ladung kann in Schriftform, elektronisch oder über eine Internetseite sowie mittels Kombinationen dieser drei Wege erfolgen (s. 308 CA 2006). Sie erfolgt jedenfalls im Wege direkter Kontaktaufnahme mit den (angesichts der absolut vorherrschenden Ausgabe von Namensaktien aus den Aktienregistern ersichtlichen) Aktionären, sei es von Person zu Person, per Brief, Email oder per direkter Benachrichtigung mit Hinweis auf die Internetseite, auf der die Ladung vorgehalten wird[54]. Details zur Art und Weise der Kommunikationsformen werden im *Schedule* 5 zum CA 2006 festgelegt (s. 1144 (2) CA 2006). Eine elektronische Ladung und eine solche über die Internetseite der Gesellschaft sind danach nur bei vorheriger Einwilligung des Aktionärs zulässig (Ziff. 6, 9 Schedule 5). Die Ladung muss Ort, Datum und Zeitpunkt und, vorbehaltlich einer anders lautenden Regelung in den *articles*, die allgemeinen Gegenstände der Hauptversammlung nennen (s. 311 CA 2006). Aktionäre mit 5 % der stimmberechtigten Anteile oder 100 Aktionäre mit einer durchschnittlichen Beteiligung am Grundkapital von 100 £ haben im Rahmen der Jahreshauptversammlung ein Tagesordnungsergänzungsrecht und können verlangen, dass die Gesellschaft ihre Beschlussvorschläge an alle stimmberechtigten Aktionäre in der gleichen Art und Weise wie die Ladungen weiterleitet (ss. 338, 339 CA 2006). Die Kosten sind von der Gesellschaft zu tragen, soweit das Übermittlungsverlangen ihr vor Ende des der Jahreshauptversammlung vorangehenden Geschäftsjahres zugeht, ansonsten nur bei dahingehendem Hauptversammlungsbeschluss (s. 340 CA 2006). Daneben können dieselben Minderheiten vor allen Hauptversammlungen verlangen, dass die Gesellschaft ihre Stellungnahme zu einer Beschlussvorlage oder einem sonstigen Tagesordnungspunkt der Hauptversammlung auf dem gleichen Weg wie die Ladungen an die übrigen Aktionäre übermittelt (ss. 314–317 CA 2006). Grundsätzlich müssen die antragsstellenden Aktionäre hierbei die Kosten tragen, wenn die Gesellschaft nichts anderes beschließt (s. 316 CA 2006). Zudem muss die Gesellschaft die Stellungnahme nur verbreiten, wenn

---

53 Vgl. *Winkler*, 144; *Stapledon/Bates*, CFILR 2000, 293, 309.

54 Vgl. s. 309 CA 2006 i.V.m. Schedule 5 zum CA 2006, Art. 111–116 Table A. Über eine Ladung per Internetseite muss die Gesellschaft ihre Aktionäre benachrichtigen, wobei die Benachrichtigung Ort, Datum und Zeit der Hauptversammlung nennen sowie klarstellen muss, ob es sich um eine Jahreshauptversammlung handelt (s. 309 (2) CA 2006). Die Ladung muss auf der Internetseite von der Benachrichtigung bis zum Ende der Hauptversammlung ständig erreichbar sein (s. 309 (3) CA 2006).

die dies verlangenden Aktionäre vorher einen kostendeckenden Betrag hinterlegt haben (s. 316 (2)(b) CA 2006). Anders liegt die Kostentragung bei Jahreshauptversammlungen einer *plc*, bei denen die Gesellschaft – parallel zur Situation bei der Verbreitung von Beschlussvorschlägen einer Aktionärsminderheit – die Kosten der Übermittlung zu tragen hat, solange ihr die Stellungnahme vor Ende des der Jahreshauptversammlung vorangehenden Geschäftsjahres zugeht (s. 316 (1) CA 2006). Bei Missbrauch kann die Gesellschaft sich gerichtlich von ihrer Pflicht zur Verbreitung der Stellungnahme befreien lassen (s. 317 CA 2006).

bb) Teilnahmerecht und Legitimation

(1) Vorgaben der Aktionärsrechte-Richtlinie zum Teilnahmerecht und der Legitimation

Die Aktionärsrechte-Richtlinie untersagt nunmehr Hinterlegungserfordernisse sowie Übertragungsbeschränkungen als zuvor in Europa übliche Legitimationsvoraussetzungen zur Teilnahme an der Hauptversammlung[55] zugunsten eines Nachweisstichtages (*Record Date*) höchstens 30 Tage vor dem Versammlungstag (Art. 7). Die Mitgliedstaaten haben einen einheitlichen Stichtag einzuführen, wobei sie lediglich verschiedene Nachweisstichtage für Inhaber- und Namensaktien festlegen dürfen und sicherzustellen haben, dass jedenfalls mindestens acht Tage zwischen dem letzten zulässigen Tag der Einberufung (Art. 5) und dem Nachweisstichtag liegen (Art. 7 Abs. 3). Für den Nachweis der Aktionärseigenschaft dürfen lediglich zur Feststellung der Identität des Aktionärs verhältnismäßige Anforderungen aufgestellt werden (Art. 7 Abs. 4). Für Gesellschaften, die ihre Aktionäre über ein aktuelles Aktienregister identifizieren können, kann von dem Nachweiserfordernis abgesehen werden (Art. 7 Abs. 2 Unterabs. 2)[56]. Die Mitgliedstaaten haben ihren Gesellschaften zu gestatten, ihren Aktionären jegliche Form der Teilnahme auf elektronischem Wege sowie die Abstimmung per Brief anzubieten (Art. 8 Abs. 1, 10). Nach Art. 8 müssen die nationalen Rechte so ausgestaltet sein, dass die Gesellschaften ihren Aktionären die Teilnahme im Wege der Direktübertragung der Hauptversammlung, der Zweiweg-Direktverbindung (mit der Möglichkeit des Aktionärs, sich aus der Entfernung an die Hauptversammlung zu wenden) und im Wege eines elektronischen Systems der Stimmrechtsausübung vor oder während der Hauptversammlung ohne Einschaltung eines körperlich anwesenden Stimmrechtsvertreters ermöglichen können[57]. Einschränkende Anforderungen dürfen nur aufgestellt werden, wenn sie jeweils zur Feststellung der Identität der Aktionäre und im Falle der elektronischen Kommunikation zur Gewährleistung ihrer Sicherheit verhältnismäßig sind (Art. 8 Abs. 2, 10).

---

55 Vgl. die tabellarische Übersicht im *Impact Assessment* der EU-Kommissions-Arbeitsgruppe vom 17. Februar 2006, SEC (2006) 181, 46; *Zetzsche*, NZG 2007, 686.

56 Zu den Aktualitätsanforderungen an das Register vgl. *Zetzsche*, NZG 2007, 686, 687.

57 Vgl. *Zetzsche*, NZG 2007, 686, 690.

(2) Teilnahmerecht und Legitimation in der AG

Alle Aktionäre der AG sind – ohne Rücksicht auf ihr Stimmrecht – zur Teilnahme an der Hauptversammlung berechtigt (§§ 118 Abs. 1, 140 Abs. 1 AktG). Die Satzung kann die Teilnahme oder die Ausübung des Stimmrechts von einer vorherigen Anmeldung durch die Aktionäre spätestens sieben Tage vor der Hauptversammlung abhängig machen (§ 123 Abs. 2 Satz 1 AktG), was aus Praktikabilitätsgründen in fast allen größeren Gesellschaften der Fall ist[58]. In diesem Fall verlängert sich die Einberufungsfrist um die Anmeldefrist (§ 123 Abs. 2 Satz 2 AktG). Neben die Anmeldung tritt der Nachweis der Legitimation. Bei Namensaktien ergibt er sich bereits aus dem von der Gesellschaft vorzunehmenden Abgleich der Anmeldung mit dem Aktienregister, so dass keine über die Anmeldung hinausgehenden Anforderungen aufgestellt werden dürfen[59]. Für Inhaberaktien kann hingegen satzungsmäßig festgelegt werden, wie der Berechtigungsnachweis zu führen ist (§ 123 Abs. 3 Satz 1 AktG) und damit weiterhin auch eine Hinterlegung der Aktien verlangt werden[60]. Da börsennotierte Aktiengesellschaften durchgängig nur noch Globalurkunden ausstellen anstatt Einzelurkunden auszugeben, ist eine Legitimation durch Hinterlegung bei ihnen praktisch nicht mehr durchführbar[61]. Zudem passt das Gesetz die Freiheit zur Satzungsergänzung in börsennotierten Gesellschaften zum Schutz der Aktionäre insoweit einschränkend der geltenden Praxis an, als jedenfalls ein in Textform erstellter Nachweis des Anteilsbesitzes durch das – auch ausländische – depotführende Institut ausreicht (§ 123 Abs. 3 Satz 2 AktG). Diese Bescheinigung entspricht dem Bestandsnachweis durch die Depotbanken, der für die Legitimation der Aktionärsstellung in börsennotierten Gesellschaften auch schon vor Einführung der Vorschrift mit dem UMAG (aufgrund der Nutzung von Globalurkunden) der Verkehrssitte entsprach[62]. Der Berechtigungsnachweis muss sich für börsennotierte Gesellschaften auf den Beginn des 21. Tages vor der Versammlung (das sog. *Record Date*) beziehen und der Gesellschaft (satzungsdispositiv) spätestens sieben Tage vor der Versammlung zugehen (§ 123 Abs. 3 Satz 3 AktG)[63]. Gegenüber der Gesellschaft gilt nur derjenige für die Teilnahme an der Hauptversammlung und die Ausübung des Stimmrechts als Aktionär, der seine Berechtigung ordnungsgemäß nachgewiesen hat (§ 123 Abs. 3 Satz 3 AktG). Durch die Stichtagsregelung wird der Bestand der Inhaberaktionäre hinsichtlich der Ausübung der versammlungsbezogenen Rechte eingefroren, um die Vorbereitung der Hauptversammlung auf eine sichere Basis zu stellen[64]. Wer sich zum *Record Date* legitimieren kann,

---

58 Vgl. *Maul*, NZG 2001, 585 (für Namensaktien); *Winkler*, 126 (für Inhaberaktien), 129 mit Beispielen in Fn. 863 (für Namensaktien).

59 Vgl. *Kübler/Assmann*, § 15 V 2.c); ausführlich *Winkler*, 126 ff. m.w.N.

60 Vgl. Begr. RegE UMAG, BT-Drucks. 15/5092, 13.

61 Vgl. *Noack/Zetzsche*, WM 2004, 1; *Winkler*, 121.

62 Vgl. RegBegr UMAG BR-Drucks. 3/05, 24; *Hüffer*, § 123 Rn. 11. Eingehend zur Praxis der Bestandsnachweise *Noack/Zetzsche*, WM 2004, 1 ff.; *Hüffer*, § 123 Rn. 11; *Winkler*, 121 f.

63 Zur Berechnung des Nachweisstichtags vgl. *Arnold*, AG-Report 2008, 7 f. m.w.N. zum Streitstand, ob das *Record Date* auch auf Sonnabend, Sonntag und Feiertage fallen kann.

64 Vgl. RegBegr UMAG BR-Drucks. 3/05, 24; *Hüffer*, § 123 Rn. 12. Zu den Problemen der vor Einfügung der Regelung durch das UMAG durchgeführten Anpassung des Legitimationsbestandes bis zum Hauptversammlungstag, der sog. *reconciliation*, vgl. *Winkler*, 123 m.w.N.

behält versammlungsbezogene Rechte auch dann, wenn er die Aktien vor der Hauptversammlung veräußert[65]. Umgekehrt wird der Erwerber bei Erwerb nach dem *Record Date* zwar Aktionär, erlangt jedoch keine Berechtigung zur Teilnahme an der Hauptversammlung. Da die Berechtigung nur gegenüber der Gesellschaft wirkt, ist der Veräußerer gegenüber dem Erwerber verpflichtet, das Stimmrecht in seinem Interesse auszuüben[66]. Der Gesetzgeber geht davon aus, dass die Parteien in diesen Fällen die Stimmrechtsausübung durch den Veräußerer vertraglich regeln bzw. den Käufer bevollmächtigen werden[67]. Bei Erwerb über die Börse sind derartige Vereinbarungen aber nicht möglich[68]. Bei Namensaktien erreichen die Gesellschaften ein vergleichbares Einfrieren des Aktionärsbestandes, indem sie zulässigerweise Anträge auf Umschreibung im Aktienregister innerhalb einer Frist von bis zu sieben Tagen vor der Hauptversammlung nicht mehr bearbeiten (sog. Umschreibestop)[69].

(3) Teilnahmerecht und Legitimation in der *S.A.*

In der *S.A.* ist jeder Aktionär teilnahmeberechtigt, der seine Berechtigung nachweisen kann (art. 1844 (1) C.civ.). Satzungsbestimmungen, die Aktionären die Teilnahme verwehren, sind nichtig (art. 1844-10 (2) C.civ.). Die Satzung kann die Teilnahme per Videokonferenz oder auf sonstige elektronische Arten, bei denen die Identifizierung der Aktionäre sichergestellt ist, zulassen (art. L. 225-107 II. C.com.), so dass, anders als in der AG, eine physische Anwesenheit nicht zwingend notwendig ist. Nach der Aufhebung von art. L. 225-112 C.com. a.F. durch das *Loi NRE* darf die Satzung die Teilnahme nicht mehr von dem Besitz einer Mindestzahl an Aktien abhängig machen[70].

Aktionäre mit (in der Praxis vorherrschenden) Namensaktien sind der Gesellschaft aufgrund ihrer Registrierung im Aktienregister der Gesellschaft bekannt (art. L. 211-4 (2) C.monét.fin.), so dass ein weiterer Berechtigungsnachweis weder erforderlich ist noch verlangt werden darf[71]. Inhaberaktien hingegen werden bei der zentralen Wertpapiersammelbank (*dépositaire centrale*) *EUROCLEAR France*[72] oder einem autorisierten Finanzinstitut geführt, so dass die Aktionärseigenschaft gegenüber der Gesellschaft noch nachzuweisen ist. Eine Hinterlegung scheidet dabei von vornherein aus, da seit 1983 keine Wertpapierurkunden mehr ausgegeben werden und die Aktien nur noch als reine Buchungspositionen existieren (sog. *dématérialisation*,

---

65 Vgl. nur *Hüffer*, § 123 Rn. 12.
66 Vgl. RegBegr UMAG, BR-Drucks. 3/05, 24.
67 Vgl. *Seibert*, WM 2005, 157, 158; *Winkler*, 125.
68 Vgl. *Winkler*, 163.
69 Vgl. RegBegr NaStraG, BT-Drucks. 14/4051, 11; MK/*Bayer*, § 67 Rn. 93; *Hüffer*, § 67 Rn. 20; *Winkler*, 129 f.; *Maul*, NZG 2001, 585, 586; *Seibert*, WM 2005, 157, 158; *Zetzsche*, NZG 2007, 686, 687.
70 Vgl. Art. 115 n° 2 *Loi NRE*; *Merle*, Rn. 467.
71 Vgl. *Merle*, Rn. 467, 283.
72 Zur *EUROCLEAR France* und ihrer Funktion als zentraler Wertpapiersammelbank vgl. die Internetseite der *EUROCLEAR* unter www.euroclear.com sowie *Merle*, Rn. 272.

art. L. 211-4 C.monét.fin.)[73]. Stattdessen erfolgt der Berechtigungsnachweis durch Vorlage einer Depotbescheinigung (*certificat de dépôt*), mit dem die Depotbank oder sonstige kontoführende Stelle die Inhaberschaft der bei ihr geführten Aktien durch den ihr namentlich bekannten Aktionär bestätigt (art. R. 225-85 II. C.com.)[74]. Durch die *dématérialisation* wurden Namens- und Inhaberaktien weitgehend gleichgestellt und unterscheiden sich nur noch durch den Ort der Kontoführung (Emittent bei Namensaktien und *EUROCLEAR France* oder autorisierte Finanzinstitute bei Inhaberaktien)[75].

Die Konten sind, wie schon erwähnt, grundsätzlich zwingend auf den Namen des Eigentümers der Aktien zu führen (art. L. 228-1 (6) C.com.), während einzig ausländische Aktionäre börsennotierter Gesellschaften ihre Aktien auf den Namen eines *intermédiaire* verbuchen lassen können, der dann gegenüber der kontoführenden Stelle (Gesellschaft oder *EUROCLEAR France*/Depotbank) offen zu legen hat, dass er die Aktien für fremde Rechnung hält (art. 228-1 (7), (8) C.com.). Auch bei Eintragung eines *intermédiaire* behalten die Aktionäre ihre Teilnahmeberechtigung (sowie alle anderen Verwaltungsrechte), müssen sich dann allerdings über ihren *intermédiaire* namentlich zur Hauptversammlung anmelden[76]. In Gesellschaften mit an organisierten Märkten notierten oder bei *EURO-CLEAR France* geführten Aktien sind die Aktionäre teilnahmeberechtigt, deren Aktien drei Arbeitstage vor der Hauptversammlung bei der Gesellschaft (im Fall von Namensaktien) bzw. *EUROCLEAR France* oder einem autorisierten Finanzinstitut (bei Inhaberaktien) registriert sind (art. R. 225-85 I. C.com.), das *Record Date* liegt also drei Arbeitstage vor der Hauptversammlung[77]. In Gesellschaften, deren Aktien weder börsennotiert sind noch bei *EUROCLEAR France* geführt werden, genügt eine Registrierung am Tag der Hauptversammlung, wenn die Gesellschaft nicht satzungsmäßig die Nachweisstichtagsregelung nach art. R. 225-85 I. C.com. einführt (art. R. 225-86 (1) C.com.). Der Aktionär ist im Gegensatz zur früheren Rechtslage[78] nicht mehr gehindert, die Aktien zwischen Registrierung und Hauptversammlung zu übertragen (art. R 225-85 IV. Satz 1 C.com.). Er verliert allerdings sein Teilnahmerecht, wenn er die Aktien nach Registrierung, aber mehr als drei Tage vor der Hauptversammlung überträgt (art. R. 225-85 IV. Satz 2 C.com.). In diesem Fall muss die Gesellschaft bereits (per Briefwahl) abgegebene Stimmen, Vollmachten und Eintrittskarten annullieren[79]. Erfolgt die Übertragung nach dem *Record Date*, gilt der Übertragende gegenüber der Gesellschaft zwingend weiterhin als Aktionär (art. R 225-85 IV. Satz 3 C.com.).

73 Vgl. Art. 94 (1) des *Loi de finances* i.V.m. dem *Décret* n° 83-359 vom 2. Mai 1983, J.O. vom 3. Mai 1983.
74 Vgl. *Merle*, Rn. 467; *Cozian/Viandier/Deboissy*, Rn. 667; *Valuet*, Rev. sociétés 2007, 227, 235.
75 Vgl. *Cozian/Viandier/Deboissy*, Rn. 889–892; *Merle*, Rn. 271, 272; *Winkler*, 131 m.w.N. in Fn. 880.
76 Vgl. *Winkler*, 188 f.
77 Ausführlich zum Nachweisverfahren *Valuet*, Rev. sociétés 2007, 227, 234 ff.
78 Zu dieser *Merle*, Rn. 464 Fn. 4; *Winkler*, 136.
79 Vgl. *Valuet*, Rev. sociétés 2007, 227, 235.

(4) Teilnahmerecht und Legitimation in der *plc*

Soweit die Satzung keine anders lautende Regelung trifft (was nur in Ausnahmefällen zulässig ist), ist jeder *plc*-Gesellschafter zur Teilnahme an der Hauptversammlung berechtigt[80]. Teilnahmeberechtigt ist also jede Person, die entweder Gründer ist oder später ihrem Eintritt in die Gesellschaft zustimmt und in das bei der Gesellschaft oder bei *Euroclear UK & Ireland* geführte Aktienregister eingetragen ist. Teilnahme- und stimmberechtigt ist die eingetragene Person, während in aller Regel statutarisch festgelegt wird, dass eine Treuhänderstellung, auch wenn sie der Gesellschaft bekannt sein sollte, außer Acht bleibt (so Art. 5 Table A, Art. 45 Schedule 3)[81]. So vermeidet die Gesellschaft die Nachverfolgung unter Umständen komplizierter Verwahrketten[82]. Die Legitimation erfolgt ausschließlich über die Registereintragung bei der Gesellschaft bzw. eine Abschrift des *CREST*-Registerauszugs zu einem statutarisch festgelegten Stichtag (*Record Date*). Ein weiterer Berechtigungsnachweis ist nicht erforderlich. Die Gesellschaften können ihre Aktienregister mit Zustimmung der *Euroclear UK & Ireland* unter Ankündigung in einer am Gesellschaftssitz erhältlichen Zeitung für insgesamt bis zu 30 Tage pro Jahr schließen (Ziff. 26 Uncertified Securities Regulations 2001), um so den Aktionärsbestand für die Dividendenberechtigung oder die Berechtigung zur Teilnahme an der Hauptversammlung einzufrieren[83]. Gesellschaften, deren Aktien elektronisch gehandelt werden (und damit alle börsennotierten Gesellschaften), haben aber die einfachere Möglichkeit, einen nicht mehr als 48 Stunden vor der Hauptversammlung liegenden Zeitpunkt festzulegen, zu dem der Aktionär ins Register eingetragen sein muss, um teilnahme- und stimmberechtigt zu sein (Ziff. 41 (1) Uncertified Securities Regulations 2001). Dementsprechend liegt der Stichtag in börsennotierten Gesellschaften regelmäßig 48 Stunden vor der Hauptversammlung[84]. In der Zeit zwischen *Record Date* und Hauptversammlung können die Aktien frei veräußert werden, wobei der Veräußerer seine formelle Teilnahmeberechtigung behält (Ziff. 41 (2) Uncertified Securities Regulations 2001).

cc) Durchführung der Hauptversammlung (inkl. Beschlussfassung)

(1) Vorgaben der Aktionärsrechte-Richtlinie zur Beschlussfassung

Die Aktionärsrechte-Richtlinie verlangt nunmehr, dass börsennotierte Gesellschaften für ihre Beschlüsse die Zahl der Aktien, auf die gültige Stimmen abgegeben wurden, den Anteil des durch diese Stimmen vertretenen Aktienkapitals, die Gesamtzahl der abgegebenen gültigen Stimmen sowie die Zahl der für einen Beschluss abgegebenen Stimmen, Gegenstimmen und Enthaltungen feststellen (Art. 14 Abs. 1). Allerdings können die Mitgliedstaaten den Gesellschaften erlauben, sich auf

---

80 Vgl. *Winkler*, 141; *Pennington*, 773.
81 Vgl. auch Pender v. Lushington, 6 ChD 70; *Hannigan*, Annotated Guide, 685; *Winkler*, 142.
82 Vgl. Salomon v. Salomon & Co. Ltd (1897) AC 22, 55; *Winkler*, 142, 146.
83 Vgl. *Davies*, Gower's Company Law, 685.
84 Vgl. *Winkler*, 146 f. unter Verweis auf British Bankers' Association, Response to the Expert Group's April 2002 Consultative Document, Frage 11, abrufbar unter www.bba.org.uk.

die Feststellung der Erreichung der erforderlichen Mehrheit zu beschränken, falls kein Aktionär eine umfassende Darstellung des Abstimmungsergebnisses verlangt (Art. 14 Abs. 2). Die Abstimmungsergebnisse sind innerhalb von 15 Tagen auf der Internetseite der Gesellschaft zu veröffentlichen (Art. 14 Abs. 3). Die Publikationspflichten nach Art. 14 tangieren die Wirksamkeit der publizierten Beschlüsse nicht, so dass es den Mitgliedstaaten überlassen bleibt, Wirksamkeitshindernisse aufzustellen (Art. 14 Abs. 3).

(2) Durchführung der Hauptversammlung (inkl. Beschlussfassung) in der AG

Der Ablauf der Hauptversammlung der AG ist gesetzlich nur in den Grundzügen geregelt[85]. Die Hauptversammlung kann sich mit Dreiviertel-Mehrheit des vertretenen Kapitals eine Geschäftsordnung über die Vorbereitung und Durchführung von Hauptversammlungen geben (§ 129 Abs. 1 AktG). Ein, soweit er nicht in der Satzung bestimmt wurde[86], von der Hauptversammlung zu wählender Vorsitzender leitet die Hauptversammlung und ist für ihren ordnungsgemäßen Ablauf verantwortlich. Im Rahmen der Vorgaben einer eventuellen Geschäftsordnung bestimmt er den äußeren Ablauf der Hauptversammlung, eröffnet sie, prüft die Teilnahmeberechtigung, sorgt für die Einhaltung der Tagesordnung, leitet die Abstimmung, zählt die Stimmen und stellt die Abstimmungsergebnisse fest[87]. Zudem übt der Vorsitzende die Ordnungsgewalt aus, was beinhaltet, dass er die Redezeit allgemein begrenzen sowie Maßnahmen gegen Störer ergreifen darf[88]. Die Satzung oder eine Geschäftsordnung über die Vorbereitung und Durchführung der Hauptversammlung können die Übertragung der Hauptversammlung in Ton und Bild zulassen (§ 118 Abs. 3 AktG), was der DCGK in Ziff. 2.3.4 unterstützt.

Die Entscheidungen der Hauptversammlung erfolgen durch Beschluss, wobei die einfache Mehrheit der abgegebenen Stimmen ausreicht, soweit nicht gesetzlich oder in der Satzung andere Mehrheiten[89] oder weitere Erfordernisse wie das Hinzutreten der Kapitalmehrheit[90] bestimmt werden (§ 133 Abs. 1 AktG). Wichtigster Fall einer abweichenden Mehrheit ist § 179 Abs. 2 AktG, der für Satzungsänderungen

---

85 Vgl. *Hüffer*, § 129 Rn. 17, *K. Schmidt*, § 28 IV 2.d); zusammenfassende Darstellungen des Ablaufs der Hauptversammlung bei MK/*Kubis*, § 119 Rn. 100 ff.; KK/*Zöllner*, § 119 Rn. 46 ff.; *Semler* in MHdbGR IV, § 36 Rn. 35 ff.

86 Meist bestimmt die Satzung, dass der Aufsichtsratsvorsitzende als Vorsitzender der Hauptversammlung fungiert; vgl. *Kübler/Assmann*, § 15 V 2.c).

87 Vgl. *K. Schmidt*, § 28 IV. 2.d). Üblicherweise sehen die Satzungen aus Flexibilitätsgründen nur vor, dass der Hauptversammlungsleiter die Abstimmungsmodalitäten festlegt; vgl. *Hüffer*, § 134 Rn. 34; *Winkler*, 187.

88 Vgl. *K. Schmidt*, § 28 IV. 2.d); zur Verfassungsmäßigkeit von Maßnahmen gegen Störer vgl. BVerfG NJW 2000, 349, 351. Ziff. 2.2.4 DCGK regt insofern an, dass der Vorsitzende sich davon leiten lassen sollte, dass eine ordentliche Hauptversammlung spätestens nach 4 bis 6 Stunden beendet ist.

89 Vgl. z.B. § 103 Abs. 1 Satz 2 AktG (Abberufung von Aufsichtsratsmitgliedern).

90 Vgl. §§ 52 Abs. 5, 179 Abs. 2, 182 Abs. 1, 193 Abs. 1, 202 Abs. 2, 221 Abs. 1, 222 Abs. 1, 229 Abs. 3, 237 Abs. 2, 3, 262 Abs. 1 Nr. 2, 274 Abs. 1, 293 Abs. 1, 295 Abs. 1, 319 Abs. 2, 320 Abs. 1 AktG.

eine Mehrheit von drei Vierteln des vertretenen Kapitals verlangt[91]. Quoren in dem Sinne, dass ein bestimmter Teil des Grundkapitals an der Hauptversammlung teilnehmen muss, damit diese wirksam entscheiden kann, kennt das deutsche Aktienrecht nicht. Hauptversammlungsbeschlüsse, die die Ausstattung einzelner Aktiengattungen beeinträchtigen, bedürfen zu ihrer Wirksamkeit eines grundsätzlich mit Dreiviertel-Mehrheit zu fassenden billigenden Sonderbeschlusses der Aktionäre der betroffenen Aktiengattung (§§ 179 Abs. 3, 141, 138 AktG). In allen Fällen ist nach § 133 Abs. 1 AktG die Zahl der abgegebenen Stimmen maßgeblich, so dass bei Abstimmung nach Händen das jeweils vertretene Kapital festgestellt werden muss.

Börsennotierte Gesellschaften haben alle Beschlüsse und Minderheitsverlangen in einer Niederschrift der Verhandlung notariell beurkunden zu lassen und Abschriften der Protokolle zum Handelsregister einzureichen (§ 130 Abs. 1, 5 AktG). In nicht-börsennotierten Gesellschaften reicht demgegenüber seit dem Gesetz für kleine Aktiengesellschaften und zur Deregulierung des Aktienrechts vom 2. August 1994 grundsätzlich eine vom Aufsichtsratsvorsitzenden unterschriebene Niederschrift, während mit mindestens einer Dreiviertel-Mehrheit zu fassende Beschlüsse und damit vor allem Satzungsänderungen ebenfalls zu beurkunden sind (§ 130 Abs. 1 Satz 3 AktG). Während die notarielle Niederschrift als öffentliche Urkunde vollen Beweis über die beurkundeten Vorgänge erbringt (§ 415 Abs. 1 ZPO), unterliegt das privatschriftliche Protokoll im Prozess der freien Beweiswürdigung (§ 415 ZPO). Nicht beurkundete und nicht entsprechend den gesetzlichen Vorgaben privatschriftlich protokollierte Beschlüsse sind gemäß § 241 Nr. 2 AktG nichtig[92].

(3) Durchführung der Hauptversammlung (inkl. Beschlussfassung) in der *S.A.*

In der *S.A.* fasst die ordentliche Hauptversammlung ihre Beschlüsse mit der einfachen Mehrheit der abgegebenen Stimmen (art. L. 225-98 (3) C.com.), während für Beschlüsse der außerordentlichen Hauptversammlung und der Sonderversammlungen einzelner Aktiengattungen eine Mehrheit von zwei Dritteln der abgegebenen Stimmen erforderlich ist (art. L. 225-96 (3), 225-99 (4) C.com.). Alle anwesenden Aktionäre, Stimmrechtsvertreter und Aktionäre, die per Briefwahl abgestimmt haben, sind mit Namen, Adresse und der Zahl ihrer Stimmrechte in eine Anwesenheitsliste aufzunehmen (art. R. 225-95 C.com.). Diese Liste dient neben der Feststellung der anwesenden Stimmen zwecks Mehrheitsberechnung auch derjenigen des für die jeweilige Versammlungsart geltenden Quorums. Ohne Einhaltung des Quorums getroffene Hauptversammlungsbeschlüsse sind nichtig (art. L. 225-121 (1) C.com.). Die ordentliche Hauptversammlung bedarf bei erster Einberufung eines Quorums von 20 % der Stimmrechte (art. L. 225-98 (2), die außerordentliche eines solchen von 25 % (art. L. 225-96 (2) C.com.)[93]. Kommt das Quorum nicht zustande,

91 Die Dreiviertel-Mehrheit ist satzungsdispositiv, hinsichtlich der Änderung des Unternehmensgegenstands allerdings nur in Richtung auf eine größere Mehrheit, § 179 Abs. 2 Satz 2 AktG.
92 Vgl. *Hüffer*, § 130 Rn. 14d, § 241 Rn. 13; *Bezzenberger*, FS für Schippel, 361, 364.
93 In Gesellschaften mit *appel publique à l'épargne* können satzungsmäßig höhere Schwellen vorgesehen werden (art. L. 225-98 (2) Satz 3, 225-96 (2) Satz 3 C.com.).

kann die ordentliche Hauptversammlung erneut einberufen werden und dann ohne Quorum entscheiden, während die außerordentliche Hauptversammlung bei erneuter Einberufung ein Quorum von 20 % der Stimmrechte benötigt (art. L. 225-98 (2) Satz 3, 225-96 (2) Satz 2 C.com.). Für Sonderversammlungen einzelner Aktiengattungen bestehen Quoren von einem Drittel der Stimmrechte bei erster Einberufung und einem Fünftel bei allen weiteren Einberufungen (art. L. 225-99 (3) C.com.)[94]. Insbesondere börsennotierte Gesellschaften mit großem und breit gestreutem Anlegerkreis verfehlen regelmäßig die Quoren für die erste Hauptversammlung und weisen ihre Aktionäre deshalb bereits im Rahmen der Ladung darauf hin, dass die Hauptversammlung tatsächlich erst zu einem bereits genannten Datum einer zweiten Hauptversammlung abgehalten werden wird[95].

Während die Festlegung des Ablaufs der Hauptversammlung grundsätzlich im Ermessen der Hauptversammlung steht, sind die Grundzüge der Jahreshauptversammlung in art. L. 225-100 C.com. gesetzlich normiert[96]. Das Hauptversammlungspräsidium hat über die Versammlung ein Protokoll zu erstellen, es nach Ende der Hauptversammlung zu unterzeichnen und es beim Register des Gesellschaftssitzes einzureichen (art. R. 225-106 C.com.). Das Protokoll muss eine objektive Zusammenfassung der Debatten, den Wortlaut der Beschlussvorlagen und das Abstimmungsergebnis enthalten (art. R. 225-106 (1) Satz 1 C.com.). In Verbindung mit der Anwesenheitsliste soll so die Ordnungsmäßigkeit der Hauptversammlung, insbesondere die Erreichung der Quoren und der erforderlichen Mehrheiten, festgehalten werden[97]. Anders als im deutschen Recht kommt dem Protokoll keine gesteigerte Beweiswirkung zu[98]. Die bloße Verletzung der Formalitäten führt auch nicht zur Nichtigkeit der Hauptversammlungsbeschlüsse[99].

(4) Durchführung der Hauptversammlung (inkl. Beschlussfassung) in der *plc*

Auch der *Companies Act 2006* regelt lediglich die Grundzüge der Durchführung der Hauptversammlung und überlässt die Einzelheiten den *articles* (s. 301 CA 2006). So wird auch der Ablauf der Jahreshauptversammlung nicht vorgegeben und insbesondere nicht festgelegt, dass dort der Jahresabschluss mitsamt des Lageberichts vorzulegen oder über die Bestellung der Verwaltungsratsmitglieder zu entscheiden

94 Die Quoren können in Gesellschaften mit *appel publique à l'épargne* wiederum satzungsmäßig erhöht werden (art. L. 225-99 (3) Satz 3 C.com.).
95 Vgl. *ANSA*, L'amélioration des conditions de vote, Teil 2 I.4.; *Winkler*, 225; *Noack*, NZG 2006, 321, 327; *Siems*, Konvergenz der Rechtssysteme, 222.
96 Zu ihrem Beginn legen der Verwaltungsrat bzw. Vorstand und die Rechnungsprüfer ihre Berichte und den Jahresabschluss vor (art. L. 225-100 (2) C.com.). Nach der Debatte der Tagesordnungspunkte und der Beantwortung der vor der Versammlung von den Aktionären schriftlich eingereichten Fragen (dazu unter 2.a)cc)) durch den Verwaltungsrat bzw. Vorstand stimmt die Hauptversammlung über die Beschlussvorlagen inklusive der Feststellung des Jahresabschlusses ab (art. L. 225-100 (9) C.com.).
97 Vgl. *Merle*, Rn. 484; *Cozian/Viandier/Deboissy*, Rn. 665.
98 Vgl. *Merle*, Rn. 484.
99 Zu den Nichtigkeitsgründen vgl. unten 5.a)bb) sowie *Merle*, Rn. 486; *Cozian/Viandier/Deboissy*, Rn. 394 ff.

ist[100]. Jahresabschluss und Lagebericht sind qua Gesetz lediglich irgendeiner Hauptversammlung innerhalb von sechs Monaten nach dem Ende des Geschäftsjahres vorzulegen (s. 437 (1) CA 2006). In der Praxis erfolgt die Vorlage und die Debatte über die Dokumente (ebenso wie die Bestellung der Verwaltungsratsmitglieder und der Abschlussprüfer) aber, auch angesichts der abgestimmten Fristen zur Einberufung der Jahreshauptversammlung (s. 336 CA 2006) und zur Vorlage des Jahresabschlusses, üblicherweise auf der Jahreshauptversammlung, was der *Combined Code* in lit. D.2.1 unterstützt[101].

Beschlüsse werden grundsätzlich als ordentliche Hauptversammlungsbeschlüsse (*ordinary resolution*) mit einfacher Mehrheit der abgegebenen Stimmen gefasst (ss. 281 (2), (3), 282 CA 2006)[102]. Lediglich wenn das Gesetz einen Sonderbeschluss (*special resolution*) verlangt, wie z.B. für die Änderung der *articles* (s. 21 (1) CA 2006), ist die Beschlussfassung mit einer Mehrheit von drei Vierteln der abgegebenen Stimmen erforderlich (s. 283 CA 2006). Eine Satzungsänderung, die die Rechtsausstattung einzelner Aktiengattungen modifiziert, bedarf – in Abwesenheit einer anders lautenden Regelung in den *articles* – der Zustimmung der Aktionäre der betroffenen Gattungen im Wege von *special resolutions* mit Dreiviertel-Mehrheit (s. 630 CA 2006)[103]. Alle Beschlussmaterien ordentlicher Hauptversammlungsbeschlüsse können auch Gegenstand von Sonderbeschlüssen sein (s. 282 (4) CA 2006). Als Quorum genügen grundsätzlich zwei stimmberechtigte Personen (s. 318 (1), (2) CA 2006), wobei in den *articles* regelmäßig eine abweichende Regelung getroffen wird[104]. Für Sonderversammlungen von Aktiengattungen, die über eine Modifikation der Rechtsausstattung der Aktiengattung entscheiden sollen, liegt das Quorum bei zwei Personen mit mindestens einem Drittel des Grundkapitals der Aktiengattung (s. 334 (4) CA 2006). Wird das Quorum nicht erreicht, verlangen die Mustersatzungen eine Vertagung der Hauptversammlung (Art. 41 Table A, Art. 33 Schedule 3). Die Hauptversammlung kann einen Aktionär zum Vorsitzenden wählen, soweit die *articles* nicht einen Vorsitzenden oder ein abweichendes Wahlverfahren bestimmen (s. 319 CA 2006)[105]. Die Gesellschaft muss ein Protokoll der Hauptversammlung für mindestens zehn Jahre zur Einsichtnahme durch ihre Aktionäre bzw. zur Übersendung einer Kopie an sie aufbewahren (ss. 355, 358 (3), (4) CA 2006). Das

---

100 Vgl. *Davies*, Gower's Company Law, 346.

101 Vgl. *Davies*, Gower's Company Law, 346 f.

102 Daneben lässt der *Companies Act 2006* das (für die Praxis börsennotierter Gesellschaften irrelevante) *common law*-Prinzip, demzufolge eine informelle Übereinstimmung aller Gesellschafter einem ordnungsgemäß gefassten Hauptversammlungsbeschluss entspricht, unangetastet (s. 281 (4) CA 2006); dazu z.B. Re Duomatic Ltd (1969) 2 Ch 365; *Alcock/Birds/Gale*, 106.

103 Ausführlich hierzu *Davies*, Gower's Company Law, 494–502.

104 Vgl. *Dine/Koutsias*, 145. Ebenso kann das Quorum im Rahmen von Aktionärsvereinbarungen festgesetzt werden; vgl. Harman and Another v. BML Group Ltd (1994) 2 BCLC 674; *Dine/Koutsias*, 146. Das noch von Art. 40 Satz 2 Table A vorgesehene Quorum von zwei Aktionären wurde von Art. 30 Schedule 3 aufgegeben, ohne eine neue Vorgabe aufzustellen.

105 Die Mustersatzungen sehen als Versammlungsvorsitzenden den Verwaltungsratsvorsitzenden, bei dessen Abwesenheit einen vom Verwaltungsrat zu bestimmendes Verwaltungsratsmitglied und bei Abwesenheit aller Verwaltungsratsmitglieder einen von der Hauptversammlung zu wählenden anwesenden Aktionär vor (Art. 42 Table A, Art. 31 Schedule 3).

vom Versammlungsvorsitzenden unterzeichnete Protokoll beweist widerlegbar den Ablauf der Versammlung inklusive der Fassung der Beschlüsse (s. 356 (4) CA 2006). Bis zum Beweis des Gegenteils gelten die Versammlung als ordnungsgemäß einberufen und durchgeführt, der aufgeführte Versammlungsablauf als so stattgefunden und die Berufungen als wirksam getätigt (s. 356 (5) CA 2006). Seit der Gesellschaftsrechtsreform von 2006 haben börsennotierte Gesellschaften[106] bei Abstimmungen nach stimmberechtigten Anteilen (*votes on a poll*)[107] zudem die folgenden Informationen so früh wie möglich und für zwei Jahre auf einer von ihnen zu betreibenden und jederzeit kostenlos zugänglich zu haltenden Internetseite zu veröffentlichen: (1) Datum der Versammlung, (2) Text des Beschlusses oder, soweit geeignet, eine Beschreibung des Beschlussgegenstands sowie (3) die Zahl der für und gegen die Verabschiedung abgegebenen Stimmen (ss. 341 (1), 353 (2)–(4) CA 2006). Verstöße beeinträchtigen die Wirksamkeit des Beschlusses nicht, begründen aber die Strafbarkeit der verantwortlichen Verwaltungsratsmitglieder (s. 341 (3), (4) CA 2006).

b) Vorliegen von und Bedürfnis für Börsengesellschaftsrecht zu Hauptversammlungsformalitäten und -ablauf sowie zum Teilnahmerecht

Aus *Corporate Governance*-Gesichtspunkten ist die Stärkung der gesellschaftsinternen Überwachung der Verwaltung durch die Hauptversammlung insbesondere in Publikumsgesellschaften ohne kontrollierende Großaktionäre erforderlich, weil andere Kontrollmechanismen Defizite zeitigen, vor allem der Markt sich nicht als vollkommener Mechanismus zur Kontrolle der Geschäftsleitung darstellt[108]. Nicht in allen Fällen findet sich für ein schlecht geführtes Unternehmen ein Übernehmer, so dass die sich aus der Möglichkeit einer Übernahme ergebende Gefahr des Amtsverlusts nicht stets hinreichender Anreiz für die Geschäftsleiter ist, ihr Verhalten an den Aktionärsinteressen auszurichten[109]. Vor allem aber nimmt der Markt sich andeutende Schwierigkeiten der Gesellschaft häufig vorweg, so dass Aktionäre ihre Beteiligung nur unter Verlusten verkaufen könnten[110]. Da der Ein- und Ausstieg über den Markt (*exit*) deshalb nicht immer die optimale Anlegerstrategie ist, muss, um Vertrauen in die grenzüberschreitende Aktienanlage zu fördern, der Verbleib in der Gesellschaft zu einer attraktiven Option ausgestaltet werden[111]. Hierzu dient

---

106 Der zuständige Minister (*Secretary of State*) kann die Reichweite der Vorschriften vorbehaltlich eines Vetos der beiden Parlamentskammern (nach der sog. *negative resolution procedure*) einschränken (ss. 354 (3), 1289 CA 2006) und mit Zustimmung beider Parlamentskammern ausweiten (ss. 354 (2), 1290 CA 2006).

107 Zum Abstimmungsverfahren in der *plc* sogleich unter 4.a)dd).

108 Vgl. *Grundmann/Winkler*, ZIP 2006, 1421, 1422 f.; *Teichmann*, ZGR 2001, 645, 671, 659 ff.; *Baums* in Baums/Wymeersch (Hrsg.), Shareholder Voting Practices, 109, 111 f.; *Winkler*, 1; *Zetzsche*, ECFR 2005, 107, 150; *Siems*, Konvergenz der Rechtssysteme, 104. Ausführlich zum Stimmrecht aus rechtsökonomischer Sicht vgl. *Ruffner*, 173 ff.

109 Vgl. *Teichmann*, ZGR 2001, 645, 660.

110 Vgl. *Zetzsche*, ECFR 2005, 107, 150; *Teichmann*, ZGR 2001,645, 660; *Baums* in Baums/Wymeersch (Hrsg.), Shareholder Voting Practices, 109, 112; *Winkler*, 1; *Siems*, Konvergenz der Rechtssysteme, 104.

111 Vgl. referierend *Teichmann*, ZGR 2001, 645, 671; desw. die Aussage der Bundesministerin der Justiz Brigitte Zypries in ihrer Funktion als EU-Ratspräsidentin anlässlich der Einigung auf einen die Gewährleistung der grenzüberschreitenden Ausübung der Stimmrechte (*voice*). Aber auch der Markt für Unternehmenskontrolle, auf dem vermehrte *exit*-Entscheidungen zu Kursverlusten und damit zu einer erhöhten Übernahmegefahr führen, bedarf zu seiner Funktionsfähigkeit der Garantie hinreichender Möglichkeiten der Stimmrechtsausübung[112]. Die disziplinierende Wirkung drohender Übernahmen auf das Management resultiert aus der Gefahr seiner eigenen Ablösung durch die neuen Eigentümer. Eine solche ist diesen aber nur möglich, wenn sie nach Erwerb der Kontrollmehrheit ihre Stimmrechte auch effektiv ausüben können[113]. Schließlich kann die mit der Erleichterung der Stimmrechtsausübung angestrebte Erhöhung der Hauptversammlungspräsenzen den Einfluss reiner Finanzinvestoren verringern[114]. Je geringer die Hauptversammlungspräsenz ist, umso eher können Finanzinvestoren mit relativ geringem Anteilsbesitz maßgeblichen Einfluss gewinnen, ihre Kurzfriststrategien durchsetzen und so Sondervorteile erzielen[115]. Die Erhöhung der Hauptversammlungsbeteiligung zwecks Erreichung repräsentativer Mehrheiten dient insofern also auch dazu, eine zu kurzfristige Profitmaximierungsstrategie im Sinne der Finanzinvestoren zugunsten der Verfolgung für die Gesellschaft langfristig günstigerer Unternehmensziele zu vermeiden[116]. Zu berücksichtigen ist hierbei allerdings, dass aktive Aktionärsminderheiten in der Lage sind, die im Rahmen der *Principal-Agent*-Problematik regelmäßig vermisste Kontrolle der Geschäftsleitung zu übernehmen[117], weshalb ihr Wirken grundsätzlich positiv zu beurteilen ist. Dies gilt umso mehr, als Hedgefonds typischerweise durch eine bessere Anreizstruktur und weniger aktivismushemmende Interessenkonflikte geprägt sind als traditionelle institutionelle Investoren[118]. Zudem ist ihre Anlagestrategie im Gegensatz zu derjenigen der eher passiven klassischen institutionellen Investoren gerade auf die aktive Einflussnahme auf die Gesellschaft zwecks Erzielung von über dem Marktdurchschnitt liegenden Arbitragegewinnen ausgerichtet[119]. Da ihr Handeln also auf die Wertmaximierung ihrer Beteiligung abzielt, agie-

---

endgültigen Richtlinientext am 30. Januar 2007, Pressemitteilung des BMJ vom 30. Januar 2007, 1; *Noack*, NZG 2006, 321.

112 Vgl. *Wackerbarth*, ZGR 2005, 686, 713; grundlegend *Buxbaum*, 73 Calif. L. Rev. (1985), 1671 ff.

113 Vgl. *Wackerbarth*, ZGR 2005, 686, 713; *Buxbaum*, 73 Calif. L. Rev. (1985), 1671 ff.

114 Vgl. die Aussage der Bundesministerin der Justiz Brigitte Zypries, Fn. 13; *Ratschow*, DStR 2007, 1402; *Wand/Tillmann*, AG 2006, 443; *Dauner-Lieb*, WM 2007, 9, 10.

115 Vgl. *Ratschow*, DStR 2007, 1402; *Dauner-Lieb*, WM 2007, 9, 10; *Wand/Tillmann*, AG 2006, 443. Ausführich zu den Strategien und Auswirkungen *Schneider*, AG 2006, 577 ff.; *Engert*, ZIP 2006, 2105 ff.

116 Vgl. die Aussage der Bundesministerin der Justiz Brigitte Zypries, Fn. 14; *Dauner-Lieb*, WM 2007, 9, 10.

117 Vgl. *Dauner-Lieb*, WM 2007, 9, 14, die darauf hinweist, dass deshalb die Initiativen zur Präsenzverbesserung auch durchgängig von den Verwaltungen der Gesellschaften ausgehen; *Kahan/Rock*, 155 U. Pa. L. Rev. (2007), 1021, 1028 unter ausführlicher Schilderung der Interventionen von Hedgefonds auf 1029–1042; *Engert*, ZIP 2006, 2105, 2107; *Kumpan*, ZHR 170 (2006), 39, 70; auch *Schmolke*, ZGR 2007, 701, 717; *Lehmann*, ZIP 2007, 1889, 1896; *Spindler/Bednarz*, WM 2006, 601, 605.

118 Ausführlich hierzu *Kahan/Rock*, 155 U. Pa. L. Rev. (2007), 1021, 1048 ff. (klassische institutionelle Investoren), 1062 ff. (Hedgefonds); zusammenfassend *Schmolke*, ZGR 2007, 701, 719–725.

119 Vgl. *Schmolke*, ZGR 2007, 701, 725 f.; *Kahan/Rock*, 155 U. Pa. L. Rev. (2007), 1021, 1069; *Engert*, ZIP 2006, 2105. Ausführlich zu den Strategien von Hedgefonds und traditionellen institutionelren Finanzinvestoren zumindest vom Ausgangspunkt her auch im Interesse aller Aktionäre[120]. Deshalb läuft eine bloße Erhöhung der Hauptversammlungspräsenzen Gefahr, den kontrollierenden Einfluss der aktiven Aktionärsminderheit zugunsten der Verwaltung zu unterminieren[121]. Dies gilt jedenfalls insoweit, als Anleger auch weiterhin den Aufwand für eine informierte Stimmrechtsausübung scheuen und stattdessen den Verwaltungsvorschlägen folgen. Von daher kann die Erhöhung der Hauptversammlungspräsenzen kein Selbstzweck sein. Vielmehr muss auch sichergestellt werden, dass die Kosten informierter Entscheidungen möglichst gering gehalten werden, um so qualitativ möglichst hochwertige und zur Kontrolle sowohl der Geschäftsleitung als auch auf Sondervorteile erpichter Minderheitsaktionäre geeignete Entscheidungen zu ermöglichen[122]. Im Folgenden werden die neuralgischen Punkte des Einberufungsverfahrens und der Ladungsfrist, des Legitimationsverfahrens sowie der Beschlussfassung darauf untersucht, ob und inwieweit sie dieser börsengesellschaftsrechtlichen Interessenlage gerecht werden.

aa) Einberufungsverfahren und Ladungsfrist

Ausgangspunkt der Betrachtung der Einberufungsformalitäten ist der Umstand, dass zwar in allen Jurisdiktionen die Ausgabe von Namens- und Inhaberaktien möglich ist, in der Praxis allerdings in Deutschland Inhaberaktien und in Frankreich Namensaktien vorherrschen, während Inhaberaktien in Großbritannien *de facto* keine Rolle spielen. Der Börsenhandel wird in allen Ländern über bloße Buchungsvorgänge abgewickelt, sei es unter vollständiger oder optionaler Dematerialisierung (wie in Frankreich bzw. dem Vereinigten Königreich im *CREST*-Handelssystem) oder unter Verwendung von Globalurkunden wie in Deutschland. Namensaktionäre werden dabei stets von der Gesellschaft persönlich geladen. Die früher im britischen Recht bestehende Beschränkung der Ladungspflicht auf britische Adressen ist im *Companies Act 2006* nicht fortgeführt worden, eine aus Sicht der gerade in börsennotierten Gesellschaften investierten internationalen Anleger begrüßenswerte Neuerung. In allen Gesellschaften ist die Ladung von Namensaktionären mit ihrer vorherigen Zustimmung auf elektronische Weise möglich, was gerade für (börsennotierte) Publikumsgesellschaften mit internationalem Anlegerkreis angesichts der sonst drohenden Postlaufzeiten vorteilhaft ist. Auch die Ladung von Inhaberaktionären erfolgt in Deutschland und Frankreich (auch) über die Webseiten des elektronischen Bundesanzeigers bzw. des *BALO* (bei Gesellschaften mit *appel publique à l'épargne*). Im Vereinigten Königreich besteht demgegenüber keine Ladungspflicht über das Internet für Inhaberaktionäre, was sich wohl vor allem aus der praktischen Irrelevanz von Inhaberaktien erklärt. Die nunmehr aufgrund von Art. 5 Abs. 4 der Aktionärsrechte-Richtlinie einzuführende Pflicht zur Veröffent-

---

len Investoren im Vergleich *Kahan/Rock*, 155 U. Pa. L. Rev. (2007), 1021, 1029 ff. (Hedgefonds), 1042 ff. (traditionelle institutionelle Investoren).

120 Vgl. *Engert*, ZIP 2006, 2105, 2107; *Schmolke*, ZGR 2007, 701, 710; ähnlich *Spindler* in VGR (Hrsg.), Gesellschaftsrecht in der Diskussion 2005, 31, 56 f.; *Smend*, ZCG 2008, 53, 54 f.

121 Vgl. *Dauner-Lieb*, WM 2007, 9, 14; in diesem Sinne auch *Kumpan*, ZHR 170 (2006), 39, 70.

122 In diesem Sinne auch *Engert*, ZIP 2006, 2105, 2107.

lichung der Ladung und der sie begleitenden Unterlagen auf der Internetseite der Gesellschaft gewährleistet gemeinschaftsweit eine zusätzliche verlässliche und ortsunabhängig einfach zugängliche Informationsquelle. Eine solche erleichtert gerade den internationalen Anlegern börsennotierter Gesellschaften die Wahrnehmung ihrer Rechte, fördert so das Vertrauen in das europaweite Investment in diese Gesellschaften und ist deshalb zu begrüßen.

Dies gilt umso mehr, als auch bei elektronischer Information der eingetragenen Aktionäre das sich gerade in börsennotierten Gesellschaften mit ihren internationalen Aktionärskreisen stellende Problem der Informationsweitergabe in Verwahrketten bestehen bleibt. Insbesondere Kleinaktionäre und internationale Aktionäre werden regelmäßig nicht selbst als Namensaktionäre im Aktienregister geführt, sondern lassen ihre Aktien durch einen dort eingetragenen Intermediär/Treuhänder halten (in Frankreich gilt dies nur für ausländische Anleger börsennotierter Gesellschaften, da allein diese Intermediäre für sich eintragen lassen dürfen, art. L. 228-1 (7) C.com.). In Deutschland und Großbritannien kommt es so zu einer Trennung der formalen Aktionärsstellung von dem wirtschaftlichen Eigentum an der Aktie, während der Eigentümer der Aktie nach französischem Recht seine Aktionärsstellung auch bei Eintragung eines Intermediärs behält. Unabhängig von dieser dogmatischen Ausgangslage werden in allen Jurisdiktionen jedoch ausschließlich die im Aktienregister eingetragenen Personen geladen. Ist ein Intermediär eingetragen, erreicht eine persönliche Ladung nicht die grundsätzlich (in Abwesenheit abweichender Vereinbarungen im Innenverhältnis) zur Entscheidung über die Ausübung der Verwaltungsrechte in der Hauptversammlung berufenen wirtschaftlich berechtigten Anleger. Inhaberaktien werden erst recht in aller Regel durch Intermediäre gehalten, die die ihnen zugeleiteten Ladungen noch an die Berechtigten weiterleiten müssen, bevor diese von ihnen Kenntnis nehmen können. Deshalb stellt sich die Frage, inwieweit die wirtschaftlich berechtigten Anleger eine nicht oder zu langsam erfolgende Weiterleitung der Ladung durch ihre Intermediäre durch alternative Informationswege kompensieren können. Während die Aktionäre deutscher Aktiengesellschaften sich jedenfalls noch über die zwingend im elektronischen Bundesanzeiger zu veröffentlichende Einberufung informieren können, können französische Aktiengesellschaften auf eine elektronische Veröffentlichung der Einberufung im *BALO* verzichten, wenn sie ausschließlich Namensaktien ausgegeben haben. Die Verzichtsmöglichkeit – und noch weitergehend der vollständige Verzicht auf eine allgemeine (elektronische) Veröffentlichung der Einberufung im britischen Recht – berauben insbesondere ausländische Namensaktionäre einer einfach zugänglichen alternativen Informationsquelle. Vor diesem Hintergrund und angesichts des für die Gesellschaft relativ geringen Aufwands einer elektronischen Veröffentlichung stellt sich die nunmehr durch Art. 5 Abs. 4 der Aktionärsrechte-Richtlinie eingeführte Pflicht börsennotierter Gesellschaften zur elektronischen Bekanntmachung der Ladung sowie der der Hauptversammlung vorzulegenden Unterlagen als vorbildlich dar.

Angesichts der gerade in den börsennotierten Publikumsgesellschaften mit internationalem Anlegerkreis in Verwahrketten bestehenden Informationsproblemen erlangt zudem die Einberufungsfrist besondere Bedeutung. Da auch die von den Anlegern erteilten Stimmrechtsvollmachten und Weisungen üblicherweise Ketten von Vermittlern durchlaufen müssen, können zu kurze Einberufungsfristen die zahlreichen über Finanzintermediäre investierten Anleger an der Stimmrechtsausübung hindern[123]. Dementsprechend werden zu kurze Einberufungsfristen von Investorenseite auch als wesentliches Hindernis ihrer Stimmrechtsausübung gesehen[124]. Hier setzt begrüßenswerterweise Art. 5 Abs. 1 der Aktionärsrechte-Richtlinie an, indem er eine Einberufung mindestens 21 Tage vor der Hauptversammlung verlangt. Eine kürzere Frist von mindestens 14 Tagen lässt die Vorschrift nur zu, wenn die Hauptversammlung die Fristverkürzung mit mindestens Zweidrittel-Mehrheit beschließt und zudem eine elektronische Stimmabgabe möglich ist, das Stimmrecht also nach Kenntniserlangung von der Hauptversammlung ohne die sonst drohenden Verzögerungen ausgeübt werden kann. Die Begrenzung der Richtlinienvorgaben auf börsennotierte Gesellschaften ist dabei konsequent. Das massenhafte grenzüberschreitende Aktieninvestment beschränkt sich typischerweise auf sie, so dass auch nur in ihnen Hindernisse für eine Wahrnehmung der Verwaltungsrechte durch ausländische Aktionäre abgebaut werden müssen. Während die Frist des § 123 Abs. 1 AktG von 30 Tagen vor dem Versammlungstag den Richtlinienvorgaben entspricht, bewirken diese für die unabhängig von einer satzungsmäßigen Zulassung der elektronischen Abstimmung und einem Hauptversammlungsbeschluss bestehenden 14-Tagesfristen nach art. R. 225-69 C.com. und nach s. 307 (2) CA 2006 (für andere als Jahreshauptversammlungen) Änderungsbedarf, eine angesichts des Ziels der Unterstützung der grenzüberschreitenden Hauptversammlungsbeteiligung in börsennotierten Gesellschaften positive Entwicklung.

Bemerkenswert ist in diesem Zusammenhang die vom *Companies Act 2006* angebotene Möglichkeit zur Lösung des mit den Verwahrketten verbundenen Problems rechtzeitiger Information innerhalb der Einberufungsfrist. Gemäß ss. 146, 149 CA 2006 können die als Aktionäre eingetragenen Treuhänder (*nominees*) den Treugebern umfassende Informationsrechte inklusive eines Anspruchs auf Übersendung der Ladung zuerkennen. So soll sichergestellt werden, dass die Entscheidung über die Rechtswahrnehmung, die mangels entgegenstehender Regelung dem wirtschaftlich Berechtigten obliegt[125], nicht durch eine zu kurze Einberufungsfrist für die Rückverfolgung der Verwahrkette vom Treuhänder bis zum wirtschaftlich Berechtigten unmöglich gemacht wird und deshalb eine Teilnahme ausbleibt. Hierfür werden die Treugeber mit der Ladung auch auf ihre möglicherweise aus dem Treuhandverhältnis folgende Berechtigung, als Stimmrechtsvertreter des Treuhänders aufzutreten, Dritte zu Stimmrechtsvertretern zu bestellen oder Abstimmungs-

---

123 Vgl. *Winkler*, 224; *Grundmann/Winkler*, ZIP 2006, 1421, 1423, 1425; *Davies*, Gower's Company Law, 342.

124 Vgl. das Ergebnis einer Umfrage des *International Corporate Governance Network* (ICGN) unter seinen Mitgliedern (international tätigen Wertpapierverwahrern, professionellen Stimmrechtsvertretern, Investmentbanken und Pensionsfonds) zu den wesentlichen Hindernissen grenzüberschreitender Stimmrechtsausübung; *ICGN*, Cross Border Proxy Voting, 15.

125 Vgl. *Davies*, Gower's Company Law, 342.

weisungen an den Treuhänder zu erteilen, hingewiesen (s. 149 CA 2006). Auch wenn noch keine Erfahrungen hinsichtlich der Akzeptanz und Effizienz dieses Verfahrens in der Praxis vorliegen, erscheint es theoretisch durchaus geeignet, die Informationsproblematik im Rahmen von Verwahrverhältnissen zu verringern und so eine vermehrte Teilnahme gerade ausländischer Aktionäre an der Hauptversammlung zu ermöglichen.

bb) Legitimationsverfahren

Damit die Hauptversammlungsbeschlüsse wirksam ausschließlich durch Aktionäre der Gesellschaft getroffen werden, muss die Gesellschaft sich von der Legitimation der Hauptversammlungsteilnehmer überzeugen. Aus Praktikabilitätsgründen erfolgt die Legitimationsprüfung in allen (börsennotierten) Publikumsgesellschaften im Vorfeld der Hauptversammlung. In diesem Rahmen aufgestellte Hinterlegungserfordernisse und Übertragungsbeschränkungen vor Hauptversammlungen wurden vor allem von international agierenden Investoren als wesentliches Hindernis für eine grenzüberschreitende Ausübung ihrer Stimmrechte kritisiert[126]. Gerade im Vorfeld einer Hauptversammlung wird die Entwicklung der Gesellschaft vom Markt besonders intensiv beobachtet und intensiver mit ihren Anteilen gehandelt[127]. Aus Anlegersicht besteht deshalb ein erhöhtes Interesse, in dieser Zeitspanne auftretende Kursfluktuationen zu Verkäufen ausnutzen zu können. Der Verlust dieser Reaktionsmöglichkeit aufgrund von Übertragungsbeschränkungen wird regelmäßig als zu hoher Preis der Stimmrechtsausübung empfunden und deshalb auf eine Teilnahme an der Hauptversammlung verzichtet[128]. Auf der anderen Seite haben die Gesellschaften ein schützenswertes Interesse, die zeit- und kostenintensive laufende Anpassung ihres Teilnehmerverzeichnisses bis zur Hauptversammlung zu vermeiden.

Dementsprechend untersagt die Aktionärsrechte-Richtlinie nunmehr an organisierten Märkten notierten Gesellschaften Hinterlegungserfordernisse und Übertragungsbeschränkungen als Legitimationsvoraussetzungen zur Teilnahme an der Hauptversammlung zugunsten eines Nachweisstichtags höchstens 30 Tage vor dem Versammlungstag und beschränkt die für den Nachweis der Aktionärseigenschaft aufgestellten Anforderungen auf zur Feststellung der Identität des Aktionärs verhältnismäßige (Art. 7 Abs. 1, 4). Für Gesellschaften, die ihre Aktionäre über ein aktuelles Aktienregister identifizieren können, kann von dem Nachweiserfordernis abgesehen werden (Art. 7 Abs. 2 Unterabs. 2). Bei Namensaktien erfolgt die Legitimation in allen Jurisdiktionen ohnehin schon über die Eintragung im Aktienregister (das von den Gesellschaften sowie im Vereinigten Königreich zudem bei dematerialisierten Namensaktien von der *Euroclear UK & Ireland* als Betreiber des

126 Vgl. *ICGN*, Cross Border Proxy Voting, 15; *Grundmann/Winkler*, ZIP 2006, 1421, 1423; *Winkler*, 159.
127 Vgl. *Winkler*, 159; *Druey* in Baums/Wymeersch (Hrsg.), Shareholder Voting Rights, 367, 369.
128 Vgl. *Winkler*, 159; *Druey* in Baums/Wymeersch (Hrsg.), Shareholder Voting Rights, 367, 369; *Leroy*, EBLR 2007, 205, 208.

CREST-Handelssystems geführt wird). Bei den vor allem in Deutschland, aber auch in Frankreich, nicht hingegen in Großbritannien, gebräuchlichen Inhaberaktien kann die Legitimation der Aktionäre aufgrund des weitgehenden Verzichts auf Aktienurkunden (durch die Dematerialisierung in Frankreich und die Nutzung von Globalurkunden in Deutschland) nicht mehr durch deren Hinterlegung erfolgen. Dementsprechend erfolgt der Nachweis der Berechtigung in Frankreich und Deutschland durch Depotbescheinigungen der depotführenden Institute. Die in diesem Zusammenhang problematischen Veräußerungssperren[129] zwischen einem *Record Date* und der Hauptversammlung werden richtlinienkonform weder in Deutschland noch in Frankreich oder Großbritannien praktiziert. Ohnehin verursachen die Richtlinienvorgaben zur Legitimation in den untersuchten Rechtsordnungen nur geringen Anpassungsbedarf. Das deutsche Aktienrecht geht für Inhaberaktien börsennotierter Gesellschaften bereits richtlinienkonform von einem *Record Date* 21 Tage vor der Hauptversammlung aus. Für Namensaktien steht angesichts der bisherigen Praxis der ohne gesetzliche Grundlage durchgeführten Umschreibestops die Kodifizierung eines einheitlichen gesetzlichen Nachweisstichtags oder der nach der Aktionärsrechte-Richtlinie zulässigen Verzicht auf einen solchen Nachweisstichtag für Gesellschaften, die ihre Namensaktionäre aus einem aktuellen Aktienregister ermitteln können, noch aus. Da die im Register eingetragenen Personen nach § 67 AktG gegenüber der Gesellschaft unabhängig von der materiellen Rechtslage als Aktionäre gelten und die Register „aktuell" im Sinne einer systematischen und kontinuierlichen Führung gehalten werden, sollte der Gesetzgeber auf die Kodifizierung eines Stichtages verzichten können[130]. Das französische Recht sieht demgegenüber bereits jetzt richtlinienkonform für Inhaber- und Namensaktien börsennotierter Gesellschaften (und nicht börsennotierten Gesellschaften mit beim Zentralverwahrer verwahrten Aktien) ein *Record Date* drei Arbeitstage vor der Hauptversammlung vor (art. R. 225-85 I. C.com.), während den sonstigen Aktiengesellschaften Satzungsfreiheit zugestanden wird (art. R. 225-85 I., 225-86 (1) C.com.). Das bisher von Satzungsfreiheit geprägte britische Gesellschaftsrecht wird hingegen, auch wenn praktisch allein Namensaktien ausgegeben werden, in Umsetzung der Richtlinienvorgaben einen gesetzlichen Nachweisstichtag für Inhaberaktien einführen müssen. Für Namensaktien wird der britische Gesetzgeber angesichts der auch in Großbritannien bestehenden Möglichkeit der Gesellschaften, ihre Aktionäre aus den aktuell im beschriebenen Sinne gehaltenen Aktionärsregistern identifizieren zu können[131], von einem einheitlichen gesetzlichen *Record Date* absehen können.

Die generelle Untersagung von Übertragungsbeschränkungen in börsennotierten Gesellschaften zugunsten eines Stichtags mit fortbestehender Berechtigung bei

---

129 Zur Kritik an Veräußerungssperren vgl. *Winkler*, 159; *Druey* in Baums/Wymeersch (Hrsg.), Shareholder Voting Rights, 367, 369; *ICGN*, Cross Border Proxy Voting, 15.

130 Vgl. *Zetzsche*, NZG 2007, 686, 687; im Ergebnis auch *Pluskat*, WM 2007, 2135, 2136.

131 Die Identifizierung ist auch hier wiederum möglich, weil gegenüber der Gesellschaft allein die im Register eingetragenen Personen unabhängig von der materiellen Rechtslage als Aktionäre gelten.

Aktienübertragung zwischen Stichtag und Hauptversammlung erscheint angesichts der dahingehenden Anlegerinteressen und des Ziels der Unterstützung grenzüberschreitender Stimmrechtsausübung durch internationale Investoren begrüßenswert. Hinterlegungserfordernisse haben sich aufgrund der weitgehenden Dematerialisierung der Aktien in allen untersuchten Jurisdiktionen ohnehin überlebt. Die Stichtagsregelung belässt den Aktionären die Möglichkeit zur Übertragung ihrer Aktien, während sie den Gesellschaften die Organisation der Hauptversammlung erheblich erleichtert. Die Verpflichtung an die Mitgliedstaaten, einen einheitlichen Stichtag jedenfalls für Inhaberaktien einzuführen, erscheint sinnvoll, da eine einheitliche Regelung die Informationskosten internationaler Anleger senkt und damit eine grenzüberschreitende Stimmrechtsausübung unterstützt[132]. Zu klären bleibt die empfehlenswerte Länge des Zeitraums zwischen Stichtag und Hauptversammlung. Je weiter der Stichtag von der Hauptversammlung entfernt liegt, umso wahrscheinlicher ist die Teilnahme von Personen, die ihre Aktien bereits weiterveräußert haben. Dies ist insofern problematisch, als ihnen mangels eigener Betroffenheit durch die Hauptversammlungsbeschlüsse wesentliche Anreize für eine Stimmabgabe im Interesse der Gesellschaft (bzw. der Aktionäre) fehlen[133]. Ebenso werden Aktionäre, die ihre Aktien zwischen dem Stichtag und der Hauptversammlung erwerben, an der Stimmrechtsausübung gehindert, obwohl sie für ihr Stimmrecht bezahlt und die ökonomischen Anreize für eine Stimmrechtsausübung im Interesse der Gesellschaft haben[134]. Zwar könnten die Erwerber sich grundsätzlich von den Verkäufern im Innenverhältnis die materielle Entscheidungsbefugnis gewähren lassen. Diese Möglichkeit besteht allerdings nicht beim anonymen Erwerb über die Börse[135]. Dementsprechend streitet das Ziel einer möglichst weitgehenden Teilnahme der tatsächlichen Aktionäre für ein möglichst kurzfristig vor der Hauptversammlung liegendes *Record Date*[136]. Auf der anderen Seite muss den Gesellschaften eine Zeitspanne vor der Hauptversammlung für die Erstellung des Teilnehmerverzeichnisses aus dem Aktienregister und/oder den Bestandsnachweisen (hinsichtlich der Inhaberaktien) zugestanden werden, wobei allerdings die Möglichkeit elektronischer Nachweise fristverkürzend zu berücksichtigen ist. Dementsprechend sieht auch das deutsche Aktienrecht einen Zugang der Bankbescheinigung bis sieben Tage vor der Hauptversammlung als für die Berücksichtigung der organisatorischen Belange der Gesellschaft ausreichend an. Da damit die Gesellschaftsinteressen einen längerfristig vor der Hauptversammlung liegenden Stichtag nicht verlangen und im Rechtsvergleich zum französischen *Record Date* für Inhaber- und Namensaktien von drei Arbeitstagen vor der Hauptversammlung erscheint der Stichtag des deutschen Rechts für Inhaberaktien von 21 Tagen vor der Hauptversammlung sehr lang. Auch bei Namensaktien sollte das französische *Record Date* von drei Tagen sowie die britische Praxis eines *Record Dates* höchstens 48 Stunden vor der Hauptversammlung Vorbild sein.

---

132 In diesem Sinne auch *Zetzsche*, NZG 2007, 686.
133 Vgl. *Winkler*, 163.
134 Vgl. *Winkler*, 163.
135 Vgl. *Winkler*, 163.
136 So auch *Winkler*, 163, auch zu den weiteren Ausführungen dieses Absatzes.

cc) Formalitäten bezüglich der Beschlussfassung

Im Rahmen der Beschlussfassung fällt auf, dass allein im französischen Recht zwingende gesetzliche Quoren bestehen (von 20 % bzw. 25 % des Kapitals bei erstmaliger Einberufung einer ordentlichen bzw. außerordentlichen Hauptversammlungen und 20 % des Kapitals bei erneuter Einberufung einer außerordentlichen Hauptversammlung). Das deutsche Recht kennt keine Quoren, während das britische satzungsdispositiv von einem Quorum von zwei Aktionären ausgeht. Gerade große börsennotierte französische Aktiengesellschaften mit internationalem Anlegerkreis verfehlen die Quoren regelmäßig und weisen daher schon in der Ladung zur ersten Hauptversammlung auf die Notwendigkeit einer zweiten Hauptversammlung zu einem späteren Zeitpunkt hin (die dann ohne Quorum entscheidet). Ihren Zweck, Zufallsmehrheiten zu verhindern, erreichen die Quoren damit jedenfalls in der ordentlichen Hauptversammlung regelmäßig nicht. Im Übrigen ist ein Quorum von 25 % aber auch ohnehin zu niedrig, um Zufallsmehrheiten auszuschließen[137]. Demgegenüber bewirken die Quoren gerade in börsennotierten Gesellschaften angesichts der Unsicherheit ihrer Erreichung nicht unerheblichen organisatorischen Aufwand. Entweder muss bis zum Ende der Anmeldephase zweigleisig geplant werden oder aber, wenn die Verfehlung des Quorums früh feststeht, unnötigerweise zu zwei Hauptversammlungen geladen werden. Gerade für ausländische Aktionäre ergeben sich daraus Unklarheiten darüber, welche Versammlung die entscheidungsbefugte ist, die erhöhte Teilnahmekosten und damit ein Fernbleiben von der Hauptversammlung nahe legen[138]. Wenn nun die Quoren aber zur Erreichung ihres Zwecks, Zufallsmehrheiten zu verhindern, ohnehin allenfalls bedingt geeignet sind und ihn jedenfalls in (börsennotierten) Publikumsgesellschaften regelmäßig verfehlen, stellen sie sich als unverhältnismäßige und damit überflüssige Formalitäten dar. Von daher sollte jedenfalls für börsennotierte Gesellschaften auf sie verzichtet und den Gesellschaften insofern Satzungsfreiheit zugebilligt werden[139].

Einzig börsennotierte deutsche Aktiengesellschaften haben alle Beschlüsse und Minderheitsverlangen in einer Niederschrift der Verhandlung notariell beurkunden zu lassen, nicht-börsennotierte Gesellschaften hingegen nur Grundlagenbeschlüsse (§ 130 Abs. 1 AktG). Nicht beurkundete Beschlüsse sind, ebenso wie nicht entsprechend den gesetzlichen Vorgaben privatschriftlich protokollierte, nichtig (§ 241 Nr. 2 AktG). In der *S.A.* und der *plc* muss das Protokoll hingegen – unabhängig von der Börsennotierung der Gesellschaften – lediglich vom Versammlungsvorsitzenden unterschrieben werden. Ein Verstoß gegen die Förmlichkeiten tangiert, im Gegensatz zur Rechtslage in der AG, die Wirksamkeit der Hauptversammlungsbeschlüsse nicht. Börsengesellschaftsrecht besteht in Großbritannien lediglich insofern, als börsennotierte *plcs* bei nach Anteilen gefassten Beschlüssen (*polls*) so früh wie möglich und für zwei Jahre auf einer von ihnen zu betreibenden und jederzeit kostenlos zugänglich zu haltenden Internetseite das Datum der Versammlung, den

---

137 So auch *Winkler*, 225.
138 Vgl. *Noack*, NZG 2006, 321, 327.
139 In diesem Sinne auch *Winkler*, 225.

Text des Beschlusses oder, soweit geeignet, eine Beschreibung des Beschlussgegenstands und die Zahl der für und gegen die Verabschiedung abgegebenen Stimmen veröffentlichen müssen (ss. 341 (1), 353 (2)–(4) CA 2006). Verletzungen dieser Publikationspflicht lassen die Wirksamkeit der Beschlüsse wiederum unangetastet und begründen die Strafbarkeit der verantwortlichen Verwaltungsratsmitglieder. Die Aktionärsrechte-Richtlinie verlangt nunmehr von börsennotierten Gesellschaften, für ihre Beschlüsse die Zahl der Aktien, auf die gültige Stimmen abgegeben wurden, den Anteil des durch diese Stimmen vertretenen Aktienkapitals, die Gesamtzahl der abgegebenen gültigen Stimmen sowie die Zahl der für einen Beschluss abgegebenen Stimmen, Gegenstimmen und Enthaltungen festzustellen (Art. 14 Abs. 1). Verlangt kein Aktionär eine umfassende Darstellung des Abstimmungsergebnisses, kann zugelassen werden, dass die Gesellschaften sich auf die Feststellung der Erreichung der erforderlichen Mehrheit beschränken (Art. 14 Abs. 2). Die Abstimmungsergebnisse sind innerhalb von 15 Tagen auf der Internetseite der Gesellschaft zu veröffentlichen, wobei eine Verletzung der Publikationspflicht die Wirksamkeit der betroffenen Beschlüsse nicht tangiert (Art. 14 Abs. 3). Während das britische Recht dieser Vorgabe bereits entspricht, bewirkt sie im deutschen und französischen Recht – auch wenn dort zahlreiche börsennotierte Gesellschaften ihre Abstimmungsergebnisse ohnehin freiwillig als zusätzlichen Service an die Anleger auf ihren Internetseiten veröffentlichen [140] – Anpassungsbedarf.

Fraglich bleibt, inwiefern ein Bedürfnis für die börsengesellschaftsrechtliche Beurkundungspflicht für Beschlüsse und Minderheitsverlangen entsprechend § 130 Abs. 1 AktG besteht. Sie bezweckt die sachkundige und transparente Dokumentation der Willensbildung der Hauptversammlung unter Einhaltung des gesetzmäßigen Verfahrens, die ihrerseits im Interesse aller Beteiligten (auch der Gläubiger und der künftigen Aktionäre, also des Kapitalmarkts) der Rechtssicherheit dient [141]. Die Schaffung eines mit der Beweiskraft einer öffentlichen Urkunde ausgestatteten Dokuments soll Zweifel und Rechtsstreitigkeiten über die Wirksamkeit der Beschlussfassung vermeiden [142]. Im Vordergrund der Einführung der Differenzierung zwischen börsennotierten und nicht-börsennotierten Gesellschaften in § 130 Abs. 1 Satz 3 AktG standen jedoch die börsenfernen Aktiengesellschaften. Bei ihnen genügt außerhalb der Grundlagenbeschlüsse – entsprechend der in Frankreich und Großbritannien für alle Gesellschaften und jegliche Beschlüsse geltenden Rechtslage – eine Unterzeichnung der Niederschrift durch den Hauptversammlungsvorsitzenden. Hierdurch wurde eine Kostenentlastung, eine Annäherung an § 48 GmbHG und auf diesem Wege der Abbau eines angenommenen Zugangshindernisses zur Rechtsform der AG bezweckt [143]. Die Einhaltung der strengen Form des § 130

---

140 Vgl. *Pluskat*, WM 2007, 2135, 2139.

141 Vgl. BGH AG 1994, 559, 561; OLG Düsseldorf AG 2003, 510, 512; HdbAG/*Marsch-Barner*, § 35 Rn. 1; *Hüffer*, § 130 Rn. 1; MK/*Kubis*, § 130 Rn. 1; *Semler* in MHdbGRIV, § 40 Rn. 1; *Hüffer*, § 130 Rn. 1; *Eckardt* in Geßler/Hefermehl, § 130 Rn 9; KKAktG/*Kubis*, § 130 Rn. 2; *Raiser/Veil*, § 16 Rn. 37; *Schulte*, AG 1985, 33.

142 Vgl. *Wicke* in Spindler/Stilz, § 130 Rn. 1.

143 Vgl. Fraktionsbegr. BT-Drucks. 12/6721, 9. Kritisch *Hüffer*, § 130 Rn. 14a m.w.N. auf *Bezzenberger*, FS für Schippel, 361, 386.

Abs. 1 Satz 1 AktG wurde aufgrund des angenommenen besonderen Vertrauensverhältnisses in der personalistisch geprägten Aktiengesellschaft für nicht erforderlich gehalten[144]. Gegen ausreichende Differenzierungsgründe für eine Privilegierung der nicht-börsennotierten Gesellschaften spricht jedoch bereits die zweifelhafte Ausgangsprämisse eines besonderen Vertrauensverhältnisses in diesen Gesellschaften[145]. Ein eventuell geringeres Bedürfnis für eine präzise Dokumentation besteht jedenfalls nicht durchgängig, da auch einfache Hauptversammlungsbeschlüsse über die Zeit der Hauptversammlung hinaus wirken können und dann ein vergleichbares Interesse der Beteiligten und der betroffenen Öffentlichkeit an einer akuraten Wiedergabe der Beschlussfassung wie bei (notariell zu beurkundenden) Grundlagenbeschlüssen besteht[146]. Zudem beinhaltet der Verzicht auf eine notarielle Beurkundung den Verzicht auf die Belehrung und Überwachung durch den zur Neutralität verpflichteten Notar, die in vielen Fällen für einfache Hauptversammlungsbeschlüsse nicht-börsennotierter Gesellschaften nicht weniger relevant sind als für ihre Grundlagenbeschlüsse oder Beschlüsse börsennotierter Gesellschaften[147]. Letztlich bewirkt die privilegierende Differenzierung für nicht-börsennotierte Gesellschaften in vielen Fällen nur marginale Kostenersparnisse[148], während ihr die vielfältigen geschilderten Kritikpunkte gegenüberstehen, so dass sie nicht gerechtfertigt erscheint. Wenn demnach keine hinreichenden Gründe für eine Differenzierung zwischen den Förmlichkeiten für börsennotierte und für nicht-börsennotierte Gesellschaften bestehen, so bleibt angesichts des rechtsvergleichenden Befundes, dass die französischen und britischen Aktienrechte zur Dokumentation der Willensbildung unter Einhaltung der verfahrensmäßigen Vorgaben eine vom Versammlungsvorsitzenden unterzeichnete Niederschrift ausreichen lassen und auf ein Dokument mit gesteigerter Beweiskraft verzichten, doch fraglich, inwiefern eine Beurkundung von Hauptversammlungsbeschlüssen unter Rechtssicherheitsaspekten überhaupt erforderlich ist. Die Frage stellt sich umso mehr, als auch die nunmehr von der Aktionärsrechte-Richtlinie vorgesehene Pflicht zur Publikation der Hauptversammlungsbeschlüsse auf der Internetseite der Gesellschaft die Willensbildung dokumentieren und so ihre Überprüfung durch die Anleger ermöglichen soll. Auf der anderen Seite kann die Protokollierungs- und Überwachungsfunktion des zur Unabhängigkeit verpflichteten Notars gerade bei einer zunehmenden Virtualisierung der Hauptversammlung mit der einhergehenden verringerten Kontrolle durch die Aktionärsöffentlichkeit die Rechtssicherheit im

---

144 So *Seibert/Köster/Kiem*, Kleine AG, § 130 Rn. 159, 162; kritisch *Hüffer*, § 130 Rn. 14a.

145 Vgl. *Hüffer*, § 130 Rn. 14a.

146 Vgl. *Wicke* in Spindler/Stilz, § 130 Rn. 36; *Hüffer*, § 130 Rn. 14a; *Terbrack/Lohr* in Heidel (Hrsg.), § 130 Rn. 3.

147 Vgl. ausführlich *Bezzenberger*, FS für Schippel, 361 ff.; auch *Wicke* in Spindler/Stilz, § 130 Rn. 36; *Terbrack/Lohr* in Heidel (Hrsg.), § 130 Rn. 4.

148 So auch *Wicke* in Spindler/Stilz, § 130 Rn. 36; MK/*Kubis*, § 130 Rn. 22; *Hoffmann-Becking*, ZIP 1995, 1, 7; *Bayer*, Gutachten zum 67. DJT, E 177 (der deshalb für einen generellen Verzicht auf das Beurkundungserfordernis bei der geschlossenen AG, also der nicht-börsennotierten AG, deren Anteile auch nicht im Freiverkehr gehandelt werden, plädiert).

Interesse der Beteiligten und der betroffenen Allgemeinheit gewährleisten[149]. Letztendlich stellt sich die Frage nach der Erforderlichkeit der Beurkundung in rechtsvergleichender Hinsicht aber, da hinreichende Differenzierungsgründe, wie eben für das deutsche Recht aufgezeigt, nicht bestehen, nicht nur für börsennotierte, sondern allgemein für alle Aktiengesellschaften. Damit liegt sie außerhalb des Untersuchungsbereichs dieser auf spezielles Börsengesellschaftsrecht bezogenen Arbeit. Gleiches gilt für die Rechtsfolgen der Verletzung der Formvorgaben, die unabhängig von der Börsennotierung differieren (Nichtigkeit nach § 241 Nr. 2 AktG gegenüber der Wirksamkeit von formwidrigen Beschlüssen in der *S.A.* und der *plc*). Börsengesellschaftsrechtliche Differenzierungen im Rahmen der Beurkundungsbedürftigkeit von Hauptversammlungsbeschlüssen und der Folgen von Formwidrigkeiten sollten daher eingeebnet werden, während die Frage der Notwendigkeit einer Beurkundung an sich (mit der Nichtigkeitsfolge bei Formmängeln) einer vertieften Untersuchung überlassen werden muss.

2. Informationsrechte

a) *Rechtsvergleichender Überblick zu den Informationsrechten*

aa) Europarechtliche Vorgaben zur Information der Aktionäre

Die Information auch der Aktionäre ist insofern auf europäischer Ebene harmonisiert, als die mitgliedstaatlichen Vorschriften zur Rechnungslegung und zur allgemeinen Publizität der Gesellschafts-dokumente aufgrund der 1., 4. und 7. Gesellschaftsrechtlichen Richtlinien angeglichen wurden. Während die 4. Gesellschaftsrechtliche Richtlinie die Gliederung der Bilanz, den Inhalt des Jahresabschlusses und des Lageberichtes und die Bewertungsvorschriften vereinheitlicht und die 7. Gesellschaftsrechtliche Richtlinie sich mit der Konsolidierung der Jahresabschlüsse im Konzern befasst, verlangt die 1. Gesellschaftsrechtliche Richtlinie die Offenlegung des Jahresabschlusses durch Hinterlegung bei einem zentralen elektronisch geführten Register zum Zwecke der Information der Allgemeinheit (und damit auch der Aktionäre)[150]. Art. 5 Abs. 4 der Aktionärsrechte-Richtlinie verlangt nunmehr von börsennotierten Gesellschaften eine Veröffentlichung der der Hauptversammlung vorzulegenden Dokumente auf der Internetseite der Gesellschaft. Art. 10 der Übernahme-Richtlinie verpflichtet Gesellschaften mit börsennotierten Aktien zur Aufnahme zahlreicher übernahmerelevanter Angaben zur Kapitalstruktur und Rechtsausstattung der Aktien in den Lagebericht. Zudem verlangt mittlerweile Art. 46a der geänderten Bilanz-Richtlinie von allen Gesellschaften mit an organisierten Märkten notierten Wertpapieren die bereits im 3. Kapitel behandelte Aufnahme einer Erklärung zur Unternehmensführung, des *Corporate Governance-*

---

149 Vgl. *Wicke* in Spindler/Stilz, § 130 Rn. 4 unter Verweis auf den Gesetzesvorschlag der Bundesnotarkammer, ZNotP 2001, 269; dazu auch *Fleischhauer*, ZIP 2001, 1133, 1138.

150 Zur Ausrichtung der europäischen Rechnungslegungs- und Publizitätsregeln auch auf die Aktionäre vgl. *Hommelhoff*, ZGR 2000, 748, 749.

Statements, in den Lagebericht (bzw. in einen gesonderten Bericht oder – bei Verweis im Lagebericht – auf der Internetseite der Gesellschaft)[151].

Art. 9 Abs. 1 der Aktionärsrechte-Richtlinie garantiert den Aktionären nunmehr ein Fragerecht zu den Tagesordnungspunkten und eine Beantwortungspflicht der Gesellschaften, wobei die Festlegung der Modalitäten den Mitgliedstaaten überlassen bleibt. Fragerecht und Antwortpflicht bestehen vorbehaltlich etwaiger Maßnahmen, die die Mitgliedstaaten ergreifen oder den Gesellschaften zu ergreifen gestatten, um die Feststellung der Identität der Aktionäre, den ordnungsgemäßen Ablauf von Hauptversammlungen und ihre ordnungsgemäße Vorbereitung sowie den Schutz der Vertraulichkeit und der Geschäftsinteressen der Gesellschaften zu gewährleisten (Art. 9 Abs. 2 Satz 1). Die Mitgliedstaaten können es ihren Gesellschaften überlassen, auf gleichlautende Fragen Sammelantworten zu geben und es als Beantwortung der Frage gelten lassen, wenn sie bereits in Form von Frage und Antwort auf der Webseite der Gesellschaft beantwortet ist (Art. 9 Abs. 2 Satz 2, 3). Die im Rahmen des Richtlinienentwurfs zunächst beabsichtigte verbindliche Festlegung des Fragerechts auf einen Zeitpunkt vor der Hauptversammlung wurde aufgrund des Widerstandes von deutscher Seite nicht umgesetzt[152].

bb) Informationsrechte der Aktionäre der AG

Die Aktionäre deutscher Aktiengesellschaften haben diesen gegenüber Einsichts- und Auskunftsrechte, wobei das umfassende Auskunftsrecht aus § 131 AktG im Vordergrund steht[153].

(1) Ab der Einberufung einer ordentlichen Hauptversammlung hat die Gesellschaft den Jahresabschluss, den Lagebericht, den Vorschlag des Vorstands für die Verwendung des Bilanzgewinns und den Bericht des Aufsichtsrats zu den vorstehenden Dokumenten in den Geschäftsräumen der Gesellschaft zur Einsicht der Aktionäre auszulegen und auf Verlangen jedem Aktionär auf ihre Kosten in Abschrift zu erteilen (§§ 120 Abs. 3 Satz 2, 175 Abs. 2 Satz 1, 2 AktG). Bereits seit dem EHUG müssen die für die Vorbereitung der Hauptversammlung erforderlichen Dokumente nicht mehr in den Geschäftsräumen der Gesellschaft ausgelegt und auf Verlangen der Aktionäre versandt werden, wenn sie für denselben Zeitraum über die Internetseite der Gesellschaft zugänglich sind (§ 175 Abs. 2 Satz 4 AktG). Auch der DCGK empfiehlt eine Veröffentlichung der Berichte und der Tagesordnung auf der Internet-Seite der Gesellschaft (Ziff. 2.3.1 DCGK). In Umsetzung von Art. 5 Abs. 4 der Aktionärsrechte-Richtlinie wird nunmehr für börsennotierte Gesellschaften eine Pflicht zu einer solchen Veröffentlichung aller der Hauptversammlung zugänglich

---

151 Ausführlich zum *Corporate Governance-Statement* bereits oben in Kapitel 3 unter IV., zu den Umsetzungen in den untersuchten Jurisdiktionen im Kapitel 3 unter I. bis III.

152 Vgl. *Zetzsche*, NZG 2007, 686, 688; *Noack*, NZG 2006, 321, 325; *Grundmann/Winkler*, ZIP 2006, 1421, 1426; *Ratschow*, DStR 2007, 1402, 1405. Zur Kritik vgl. *BDA/BDI/DAI/DIHK/GDV*, Gemeinsame Stellungnahme, 5 f.

153 Näher zum Auskunftsrecht *K. Schmidt*, § 28 IV 3 m.w.N.; *Hüffer*, § 131 m.w.N.; sehr ausführlich zur Aktionärsinformation in der börsennotierten AG *Zetzsche*, Aktionärsinformation.

zu machenden Dokumente auf der Internetseite der Gesellschaft geschaffen werden (§ 124a Abs. 1 Nr. 3 AktG-RegE ARUG). Große Kapitalgesellschaften i.S.v. § 267 Abs. 3 HGB (also solche, die zwei der drei europarechtlich vorgegebenen Größenindikatoren überschreiten[154] oder Wertpapiere an einem organisierten Markt notiert haben) haben in Umsetzung von Art. 46 Abs. 1 lit. b), 3 i.V.m. Art. 53a der Bilanz-Richtlinie in die Analyse des Geschäftsverlaufs und der Lage der Gesellschaft im Rahmen des Lageberichts nichtfinanzielle Leistungsindikatoren wie Informationen über Umwelt- und Arbeitnehmerbelange, die für das Verständnis des Geschäftsverlaufs oder der Lage von Bedeutung sind, aufzunehmen (§ 289 Abs. 3 HGB). Börsennotierte Gesellschaften müssen zudem in ihrem Lagebericht die vielfältigen in § 289 Abs. 4 HGB genannten, von Art. 10 der Übernahme-Richtlinie verlangten Angaben machen und diese erläutern[155]. § 315 Abs. 4 HGB sieht entsprechende Informationspflichten für die Konzernlageberichte börsennotierter Muttergesellschaften vor. Mit dem VorstOG vom 3. August 2005 wurde für börsennotierte Gesellschaften die Pflicht zur Offenlegung von Aktienoptionen und Vorstandsbezügen im Anhang zum Jahresabschluss dahingehend erweitert, dass nunmehr eine namentliche Nennung der nach erfolgsabhängigen und -unabhängigen sowie langfristig wirkenden Komponenten aufgegliederten Einzelbezüge erforderlich ist (§ 285 Satz 1 Nr. 9 HGB). Diese vergütungsbezogene Offenlegungspflicht wird im Rahmen der Untersuchung der Vorstandsvergütung im nächsten Abschnitt behandelt[156].

(2) In der Hauptversammlung steht jedem Aktionär das Recht zu, vom Vorstand Auskünfte über jegliche Angelegenheiten der Gesellschaft zu verlangen, soweit sie zur sachgemäßen Beurteilung der Tagesordnungsgegenstände erforderlich sind (§ 131 Abs. 1 Satz 1 AktG)[157]. Das Auskunftsrecht soll den Aktionären die zur sachgemäßen Ausübung der hauptversammlungsbezogenen Rechte notwendigen Informationen verschaffen[158]. Maßgeblich ist, ob die begehrte Auskunft für einen objektiven Aktionär, der die Geschäftsverhältnisse nur aufgrund allgemein bekannter

154 Bilanzsumme über 17,5 Mio. €, Umsatzerlös über 35 Mio. €, mehr als 250 Arbeitnehmer.
155 Erforderlich sind unter anderem Angaben zur Zusammensetzung des gezeichneten Kapitals, zur eventuellen Beschränkung der Stimmrechte oder der Übertragbarkeit von Aktien, zu Beteiligungsblöcken mit mehr als 10 % der Stimmrechte, zu Aktien mit Sonderrechten mit Kontrollbefugnissen und ihren Inhabern, zu den gesetzlichen und statuarischen Modalitäten der Bestellung und Abberufung der Vorstandsmitglieder und der Änderung der Satzung, zu den Befugnissen des Vorstands unter besonderer Berücksichtigung der Ausgabe und des Rückkaufs von Aktien, zu Vereinbarungen der Gesellschaft für Übernahmeangebote sowie zu für diesen Fall geschlossene Entschädigungsvereinbarungen mit Vorstands- und Aufsichtsratsmitgliedern. Börsennotierte Gesellschaften müssen überdies im Anhang zum Abschluss Beteiligungen an großen Kapitalgesellschaften (§ 267 Abs. 3 HGB) angeben, soweit sie 5 % der Stimmrechte überschreiten (§ 285 Nr. 11 HGB).
156 Siehe Kapitel 6 unter IV.1.b)cc).
157 Ausführlich zum Auskunftsrecht vgl. *K. Schmidt*, § 28 IV; *Joussen*, AG 2000, 241 ff. sowie die Nachweise bei *Kübler/Assmann*, § 15 V. 3. in Fn. 88.
158 Vgl. RegBegr Kropf, 184; BayObLG AG 1996, 180, 181; *Hüffer*, § 131 Rn. 1; *Kübler/Assmann*, § 15 V. 3a).

Tatsachen kennt, ein für seine Urteilsbildung wesentliches Element bildet[159]. Da jede ordentliche Hauptversammlung über die Entlastung von Vorstand und Aufsichtsrat zu entscheiden hat, ist zur sachgemäßen Beurteilung der Tagesordnungsgegenstände die Information über praktisch die gesamte Geschäftstätigkeit und Unternehmenspolitik erforderlich in diesem Sinne[160]. Um unterschiedliche Informationsstände bei den Aktionären zu vermeiden, kann das Auskunftsrecht nur in der Hauptversammlung ausgeübt werden (§ 131 Abs. 1 Satz 1 AktG). Aus demselben Grund ist jedem Aktionär auf sein Verlangen eine anderen in ihrer Eigenschaft als Aktionär außerhalb der Hauptversammlung gegebene Information zu erteilen, auch wenn die sonstigen Voraussetzungen des Auskunftsanspruchs nicht vorliegen (§ 131 Abs. 4 AktG). Begrenzt wurde das Fragerecht durch die mit dem UMAG eingefügte Vorschrift des § 131 Abs. 2 Satz 2 AktG, der zufolge der Versammlungsleiter in der Satzung oder der Geschäftsordnung der Hauptversammlung ermächtigt werden kann, das Rede- und das Fragerecht des Aktionärs zeitlich angemessen zu beschränken (§ 131 Abs. 2 Satz 2 AktG)[161]. Hierdurch soll die missbräuchliche Handhabung des Fragerechts als Vorstufe einer späteren Anfechtungsklage verhindert werden[162]. Gerade börsennotierte Gesellschaften haben entsprechende Ermächtigungen eingeführt, um sich vor professionellen Anfechtungsklägern zu schützen[163]. Da die Auskunft einer gewissenhaften und getreuen Rechenschaft zu entsprechen hat (§ 131 Abs. 2 Satz 1 AktG), ist der Vorstand grundsätzlich zur vollständigen Beantwortung der ihm vorgelegten Fragen verpflichtet. Verweigern darf der Vorstand die Auskunft nur aus den in § 131 Abs. 3 AktG aufgeführten Gründen, also vor allem, wenn ihre Erteilung geeignet wäre, der Gesellschaft einen nicht unerheblichen Schaden zuzufügen und wenn die Auskunft mindestens sieben Tage vor der Hauptversammlung durchgängig auf der Internetseite der Gesellschaft zugängig war[164]. Die Verweigerung unterliegt der gerichtlichen Überprüfung (§ 132 AktG). Daneben sind Hauptversammlungsbeschlüsse, die nach falscher oder zu Unrecht verweigerter Auskunft gefasst wurden, anfechtbar, wenn ein objektiv urteilender Aktionär die Erteilung der Information als wesentliche Voraussetzung für die sachgerechte Wahrnehmung seiner Teilnahme- und Mitgliedschaftsrechte angesehen hätte (§ 243 Abs. 4 Satz 1 AktG)[165]. Auch wenn das Aktienrecht von einer Fragestellung während der Hauptversammlung ausgeht, kündigen Aktionäre in der

---

159 Vgl. z.B. BGH NZG 2005, 77, 78; BayObLGZ 1999, 193, 196; OLG München NZG 2002, 187, 188; OLG Düsseldorf AG 1987, 21, 23; OLG Düsseldorf NJW 1988, 1033, 1034; OLG Frankfurt AG 1994, 39; KG AG 1994, 83; 469; *Hüffer*, § 131 Rn. 12; MK/*Kubis*, § 131 Rn. 39.

160 Vgl. *Hüffer*, § 131 Rn. 11; MK/*Kubis*, § 131 Rn. 33; KK/*Zöllner*, § 131 Rn. 18 f.; *Kübler/Assmann*, § 15 V. 3.a). Zu verneinen ist die Erforderlichkeit, wenn sich die gewünschte Auskunft ohne Weiteres aus dem Jahresabschluss mitsamt seinem Anhang ergibt, vgl. OLG Düsseldorf WM 1991, 2148, 2153 f.; BGHZ 93, 327, 329 f.; *Hüffer*, § 131 Rn. 19 mit Beispielen.

161 Vgl. *Koch*, ZGR 2006, 769, 792. Beschränkungen des Fragerechts waren bis zum UMAG nur ausnahmsweise, insbesondere bei Missbrauch, zulässig; vgl. *Koch*, ZGR 2006, 769, 792 m.w.N.

162 Vgl. RegBegr BT-Drucks. 15/5092, 17; *Koch*, ZGR 2006, 769, 792; *Weißhaupt*, ZIP 2005, 1766 ff.

163 Vgl. *Pluskat*, WM 2007, 2135, 2137.

164 Ausführlich zu diesen *Hüffer*, § 131 Rn. 23 ff.; zusammenfassend *Kübler/Assmann*, § 15 V 3.c).

165 Zum Anfechtungsrecht siehe unter 5.a)aa).

Praxis häufig ihre Fragen bereits vor der Hauptversammlung unter Einreichung umfangreicher Fragenkataloge an, um so dem Vorstand eine fundierte Beantwortung zu erleichtern[166]. Die Gesellschaft kann sodann die Antworten auf die Fragen sieben Tage vor der Hauptversammlung auf ihrer Internetseite zugänglich halten, so nach § 131 Abs. 3 Nr. 7 AktG eine mündliche Beantwortung in der Hauptversammlung vermeiden und dadurch den Ablauf der Hauptversammlung vereinfachen[167].

cc) Informationsrechte der Aktionäre der S.A.

Im Gegensatz zur deutschen Rechtlage kennt das französische Aktienrecht kein allgemeines mündliches Auskunftsrecht in der Hauptversammlung der *S.A.* Vielmehr haben die Aktionäre einerseits (wie im deutschen Recht) versammlungsbezogene Einsichts- und Übersendungsrechte vor der Durchführung der Hauptversammlung und können andererseits vor der Hauptversammlung schriftlich Fragen stellen, die die Verwaltung während der Hauptversammlung zu beantworten hat[168].

(1) Zum einen haben alle Aktionäre ab Einberufung der Hauptversammlung und mindestens 14 Tage vor ihrem Termin das Recht, am Gesellschafts- oder Verwaltungssitz Dokumente mit Hauptversammlungsrelevanz einzusehen und abzulichten (art. L. 225-115, R. 225-89 (1) C.com.). Es handelt sich insbesondere um den Jahresabschluss, die der Hauptversammlung vorzulegenden Berichte des Verwaltungsrats bzw. des Vorstands und Aufsichtsrats und der Rechnungsprüfer, die Beschlussvorlagen, die Informationen zu Kandidaten für Organfunktionen sowie zum Gesamtbetrag der Vergütungen der fünf oder zehn bestbezahlten Angestellten und das Aktionärsregister (art. L. 225-116 C.com. i.V.m. art. R. 225-90 C.com.). Der Inhalt des Lageberichts wird in art. L. 225-100 (3)–(7) C.com. detailliert geregelt. Entsprechend der europarechtlichen Vorgaben bestehen für die Lageberichte kleiner Gesellschaften geringere (art. L. 225-100-1 C.com.) und für Konzerngesellschaften, die konsolidierte Abschlüsse erstellen müssen, weitergehende inhaltliche Anforderungen (art. L. 225-100-2 C.com.). In Ausnutzung der *opt-out*-Möglichkeit aus Art. 46 Abs. 3, 53a der Bilanz-Richtlinie müssen nur große Gesellschaften im Sinne der europarechtlichen Vorgaben im Lagebericht auch nichtfinanzielle Kriterien für den Geschäftsverlauf und die Lage der Gesellschaft wie ökologische Faktoren und Belange der Arbeitnehmerschaft erläutern (art. L. 225-100 (3), 225-101-1 C.com.). Darüberhinaus und weitergehend als im deutschen Recht müssen Gesellschaften mit börsennotierten Wertpapieren Angaben dazu machen, wie sie mit den sozialen und ökologischen Auswirkungen ihrer Geschäftstätigkeit umgehen (art. L. 225-102-1 (5) C.com. i.V.m. art. R. 225-104 f. C.com.)[169]. Gesellschaften mit an organisierten

---

166 Vgl. *Arnold*, AG-Report 2006, 110; *Grundmann/Winkler*, ZIP 2006, 1421, 1426.
167 Vgl. *Arnold*, AG-Report 2006, 110.
168 Überblicksartig zu den Informationsrechten *Merle*, Rn. 472 ff.; *Cozian/Viandier/Deboissy*, Rn. 643 ff.; *Alcouffe/Kalweit*, Rev. Intern. Dr. Eco. 2003, 159, 170 ff.
169 Vgl. zu den Angaben zu Umweltbelangen *Dom*, Rev. sociétés 2001, 533, 549 f.; zu den Angaben zu sozialen und ökologischen Belangen auch *Malecki*, D. 2003, 818 ff.; *Lienhard*, D. 2002, 874 f.

Märkten notierten Wertpapieren haben in überschießender Umsetzung von Art. 10 der Übernahme-Richtlinie die in art. L. 225-100-3 C.com. aufgeführten Informationen[170] in den Bericht aufzunehmen, wenn diese geeignet sind, Auswirkungen bei einem öffentlichen Angebot zu haben. In Gesellschaften mit börsennotierten Wertpapieren ist der Verwaltungsrat bzw. Vorstand zudem verpflichtet, in seinem Lagebericht ausführliche Angaben zur Vergütung jedes Organmitglieds der Gesellschaft zu machen (art. L. 225-102-1 (1)–(3), (7) C.com.)[171]. Die auszulegenden Dokumente sowie sonstige Unterlagen, die sie zur informierten Entscheidung über die Geschäftsführung und die Geschäftstätigkeit der Gesellschaft benötigen, können die Aktionäre auch ab Einberufung der Hauptversammlung bis fünf Tage vor ihrer Durchführung von der Gesellschaft auf deren Kosten übermittelt verlangen (art. L. 225-108 (1), (2) C.com. i.V.m. art. R. 225-81, 225-83, 225-88 C.com.)[172]. Die Übermittlung kann per Internet erfolgen (art. R. 225-88 (1) C.com.). Auf Empfehlung der *AMF* sind viele börsennotierte Gesellschaften dazu übergegangen, – auch elektronisch – eine jährliche Informationsbroschüre (*plaquette annuelle*) mit allen zur Verfügung zu stellenden Dokumenten zusammenzustellen[173].

Ab Bereitstellung der Informationen bis zum Beginn der Hauptversammlung können die Aktionäre schriftlich vom Verwaltungsrat bzw. Vorstand die Beantwortung von Fragen während der Hauptversammlung verlangen (art. L. 225-108 (3) C.com.). Das Erfordernis schriftlicher Fragestellung soll gewährleisten, dass die Antworten der Verwaltung präziser ausfallen als bei spontaner Fragestellung im Rahmen der Hauptversammlung zu erwarten wäre[174]. Das Gesetz verbietet mündliche Fragen während der Hauptversammlung aber nicht, so dass auch sie den Aktionären freistehen[175]. Da ihre Beantwortung aber nicht durchsetzbar ist, ist die praktische Bedeutung mündlicher Fragen gering[176]. Rechtsprechungsbeispiele zur mündlichen

---

170 Angaben zur Kapitalstruktur der Gesellschaft; zu statuarischen Einschränkungen des Stimmrechts sowie der Veräußerbarkeit von Aktien und Vereinbarungen zwischen Aktionären mit potentiell vergleichbarer Wirkung; zu der Gesellschaft bekannt zu gebende Beteiligungen an ihr (art. L. 233-7 C.com.); zu den Aktionären mit besonderen Kontrollrechten sowie deren Inhalt; zu für die Bestellung und Abberufung von Verwaltungsrats-/Vorstandsmitgliedern sowie Kapitalmaßnahmen geltenden Regelungen; zu den Rechten des Verwaltungsrats/Vorstands (insbesondere im Hinblick auf Emission und Rückerwerb eigener Aktien); Vereinbarungen der Gesellschaft, die bei Kontrollwechseln enden oder sich inhaltlich ändern; zu Abfindungsregelungen für Verwaltungs-/Vorstandsmitglieder sowie Angestellte der Gesellschaft für den Fall ungerechtfertigter Abberufungen oder der Beendigung der Anstellung aufgrund eines öffentlichen Angebots.

171 Vgl. *Léobon*, Bull. Joly 2006, 168, 172; ausführlich zu den Angaben zur Vorstandsvergütung *Dom*, Rev. sociétés 2001, 533, 542 ff.; Die vergütungsbezogenen Berichtspflichten werden in Kapitel 6 unter IV. diskutiert.

172 Dies gilt aus logistischen Gründen nicht für das Aktionärsregister; vgl. *Cozian/Viandier/Deboissy*, Rn. 646.

173 Vgl. *Merle*, Rn. 474.

174 Vgl. *Merle*, Rn. 476; *Alcouffe/Kalweit*, Rev. Intern. Dr. Èco. 2003, 159, 172.

175 Vgl. *Cozian/Viandier/Deboissy*, Rn. 647, 673; *Guyon*, Droit des affaires, 305; *Alcouffe/Kalweit*, Rev. Intern. Dr. Èco. 2003, 159, 172; *Leroy*, EBLR 2007, 205, 215; *Pelzer*, 72; *Grundmann*, European Company Law, Rn. 450.

176 Vgl. *Guyon*, Droit des affaires, Rn. 305; *Pelzer*, 73.

Befragung der Verwaltung während der Hauptversammlung sucht man dementsprechend vergeblich[177].

(2) Im Übrigen sind die Aktionäre jederzeit berechtigt, am Gesellschafts- und Verwaltungssitz die in den drei Jahren zuvor den Aktionären vor der Hauptversammlung gemäß art. L. 225-115 C.com. von der Gesellschaft ausgelegten Dokumente sowie die Hauptversammlungsprotokolle und die Anwesenheitslisten der drei vorangegangenen Jahre einzusehen (art. L. 225-117 C.com.)[178]. Bei Verletzung der Informationspflichten aus art. L. 225-115, 225-117 C.com. ermöglicht art. L. 238-1 C.com. den Berechtigten die Anrufung des Gerichts zwecks Erlass einer einstweiligen Verfügung gegen die zur Information verpflichteten Gesellschaftsorgane oder zwecks Bestellung eines Vertreters zur Beibringung der Information.

(3) Daneben können Aktionärsminderheiten von mindestens 5 % des Kapitals oder Aktionärsvereinigungen i.S.v. art. L. 225-120 C.com. jederzeit schriftlich vom Verwaltungsratsvorsitzenden bzw. dem Vorstand die Beantwortung von Fragen zu einzelnen oder mehreren Geschäftsführungsmaßnahmen verlangen (art. L. 225-231 (1) C.com.). Erhalten sie nicht innerhalb eines Monats eine Antwort, so können sie gerichtlich Sonderprüfer zur Begutachtung der in Frage stehenden Geschäftsführungsmaßnahme bestellen lassen (art. L. 225-231 (2) C.com.). Schließlich können die genannten Minderheiten zweimal pro Jahr schriftlich den Verwaltungsratspräsidenten oder Vorstand zu jeglichen Umständen befragen, die die Fortsetzung des Geschäftsbetriebs gefährden (art. L. 225-232 Satz 1 C.com.). Die Antworten auf diese Notfallmaßnahme sind auch an die Rechnungsprüfer weiterzuleiten (art. L. 225-232 Satz 2 C.com.).

dd) Informationsrechte der Aktionäre der *plc*

(1) Die Aktionäre einer *plc* haben Anspruch auf Übersendung des Jahresabschlusses und der diesbezüglichen Berichte bis spätestens 21 Tage vor der Jahreshauptversammlung (ss. 423, 424 (3) CA 2006). S. 992 CA 992 setzt die Vorgaben des Art. 10 der Übernahme-Richtlinie zum zwingenden Inhalt des Lageberichts börsennotierter Gesellschaften um. Alle *plcs* müssen zum Lagebericht (*directors' report*) einen *business review* mit Angaben zur wirtschaftlichen Lage der Gesellschaft, der grundsätzlichen Risiken und Unsicherheiten für ihre Entwicklung und einer Analyse ihrer Entwicklung im Geschäftsjahr und ihrer Position zu dessen Ende anfertigen, der die Aktionäre in die Lage versetzen soll, die Qualität der Arbeit der Verwaltungsratsmitglieder zu beurteilen (s. 417 (1)–(4) CA 2006). Über die durch Art. 46, 53a der Bilanz-Richtlinie für große Kapitalgesellschaften vorgegebenen und in s. 417 (6), (7) CA 2006 kodifizierten Angaben im Lagebericht hinaus müssen börsennotierte Gesellschaften im *business review*, soweit dies für das Verständnis der Geschäftstätigkeit erforderlich ist, über die wesentlichen Faktoren für die zukünftige Entwicklung der

177 Vgl. *Alcouffe/Kalweit*, Rev. Intern. Dr. Èco. 2003, 159, 194.
178 Überblicksartig zu diesem *droit de communication permanent Siems*, Konvergenz der Rechtssysteme, 161.

Gesellschaft informieren und dabei wie im französischen Recht die Auswirkungen ihrer Geschäftstätigkeit auf die Umwelt, die Allgemeinheit und die Arbeitnehmerschaft erörtern sowie die Maßnahmen der Gesellschaft zur Berücksichtigung dieser Belange schildern (s. 417 (5) CA 2006). Werden die Belange nicht in den Bericht einbezogen, ist darauf hinzuweisen (s. 417 (5) CA 2006 a. E.). Die Informationspflichten aus s. 417 (5) CA 2006 sind die Überbleibsel des 2004 geschaffenen *Operating and Financial Review* (*OFR*)[179], der trotz seiner grundsätzlich positiven Aufnahme im Zuge der Gesellschaftsrechtsreform zur Vermeidung einer befürchteten Überregulierung abgeschafft wurde[180]. Allein börsennotierte Gesellschaften müssen des Weiteren einen Bericht zur Vergütung ihrer Verwaltungsratsmitglieder (*directors' remuneration report*) publizieren (ss. 420–422 CA 2006)[181]. Soweit durch ministerielle Verordnung zugelassen, kann die Gesellschaft den Jahresabschluss durch eine zusammenfassende Erklärung zur Finanzlage (*summary financial statement*) ersetzen (s. 426 (1) CA 2006). Auch in diesem Fall können die Aktionäre aber die Übermittlung des Jahresabschlusses verlangen (s. 426 (2) CA 2006). Der Inhalt des *summary financial statements* wird gesetzlich unter Differenzierung nach dem Kriterium der Börsennotierung vorgegeben (ss. 427, 428 CA 2006), wobei die Differenzierung sich auf die nur von börsennotierten Gesellschaften zu machenden Angaben zum nur von ihnen zu erstellenden Vergütungsbericht beschränkt.

(2) Daneben haben börsennotierte Gesellschaften ihren Jahresabschluss und den Lagebericht auf ihrer Internetseite zu veröffentlichen und dort bis zur Veröffentlichung der Dokumente des folgenden Geschäftsjahrs vorzuhalten (s. 430 CA 2006). Schließlich kann jeder Aktionär einer börsennotierten Gesellschaft die Übermittlung einer Kopie des jeweils letzten Jahresabschlusses, Vergütungsberichts, Lageberichts und des Berichts der Abschlussprüfer zu den vorangegangenen drei Dokumenten verlangen (s. 432 CA 2006). Aktionäre nicht-börsennotierter Gesellschaften haben einen entsprechenden Anspruch, der sich lediglich nicht auf den von diesen Gesellschaften nicht anzufertigenden Vergütungsbericht bezieht (s. 431 CA 2006).

(3) Ein rechtlich durchsetzbares Auskunftsrecht einzelner Aktionäre kennt das britische Recht hingegen nicht[182]. Die Beantwortung von Fragen in der Hauptversammlung gehört lediglich nach dem *Combined Code* zur „*best practice*" (lit. D.2.3 Combined Code). So soll der Verwaltungsratsvorsitzende dafür Sorge tragen, dass die Vorsitzenden der Prüfungs-, Nominierungs- und Vergütungsausschüsse zur

---

179 Vgl. ss. 234AA ff. CA 1985 (eingefügt durch die *Companies Act 1985 (Operating and Financial Review and Directors' Report) Regulations 2004*).

180 Vgl. Palmer's Company Law – Annotated Guide, Introduction and General Note, 50; allgemein zum *OFR Dine/Koutsias*, 42. Kritisch zur Ersetzung des im Rahmen des *operating and financial review* durch den *business review Arsalidou*, Co. Law. 2007, 131 ff.

181 Auf ihn wird im Rahmen der Untersuchung der Vergütung in Kapitel 6 unter IV. näher eingegangen.

182 Vgl. *Davies*, Gower's Company Law, 583; *Farrar/Hannigan*, 311; *Pelzer*, 41; *Grundmann*, Europ. GR, Rn. 415; *Wendt*, 60; *Siems*, Konvergenz der Rechtssysteme, 160; Knowles (1996) 17 Co. Law. 188, 189; *Schmidt*, NZG 2006, 487, 489; *Witt*, AG 2000, 257, 263; *Grundmann/Winkler*, ZIP 2006, 1421, 1426; *Pelzer*, 23.

Beantwortung von Fragen in der Hauptversammlung zu Verfügung stehen und die übrigen Verwaltungsratsmitglieder anwesend sind. Ein durchsetzbares Individualrecht auf Auskunftserteilung folgt hieraus aber selbstverständlich nicht. Die Einführung eines solchen war in den 1990er Jahren zwar erwogen, aber aufgrund der Komplexität der erforderlichen Regelung und des befürchteten Missbrauchs wieder verworfen worden[183]. Daher kann nur die Hauptversammlung per Mehrheitsbeschluss den Verwaltungsrat zur Auskunftserteilung verpflichten[184]. Hierfür ist aber die Ergänzung der Tagesordnung um die beabsichtige Beschlussfassung zur Auskunftserteilung erforderlich, was die Durchsetzung derartiger Beschlüsse wesentlich verkompliziert und dazu führt, dass sie in der Praxis sehr selten sind[185]. Dennoch ist die Beantwortung von Fragen auf der Hauptversammlung entsprechend der Vorgaben des *Combined Code* üblich[186].

b) Vorliegen von und Bedürfnis für Börsengesellschaftsrecht zu den Informationsrechten

Da rationale Entscheidungen zum Investment und zum *exit* einer ausreichenden Informationsgrundlage bedürfen, sind adäquate Informationsrechte notwendig, um die Funktionsfähigkeit der Kapitalmärkte zu gewährleisten[187]. Ein zuverlässiges adäquates Informationsniveau stärkt das Vertrauen der Aktionäre, Gläubiger und sonstiger interessierter Kreise und kommt so mittelbar der Gesellschaft selbst zugute[188]. Dies gilt umso mehr, als die Gewährleistung eines hinreichenden Informationsstands der Aktionäre auch Voraussetzung einer ihre Interessen wahrenden Stimmrechtsausübung und damit einer effektiven Kontrolle der Verwaltung durch sie ist (die wiederum Anlegervertrauen schafft). Informationspflichten sind hierbei insbesondere deshalb notwendig, weil die ökonomischen Anreize für Geschäftsleiter zur freiwilligen Information regelmäßig ihr eigennütziges Interesse daran, für sie möglicherweise negative Informationen zurückzuhalten, nicht überwiegen können[189]. Eine Pflicht zur Information wirkt vor diesem Hintergrund auch besonders effizient darauf hin, dass Verhalten, von dessen späterer Publikation negative Folgen erwartet werden, von vornherein unterlassen wird[190].

---

183 Vgl. *Pelzer*, 24–26; Knowles (1996) 17 Co. Law. 188, 189; *Schmidt*, NZG 2006, 487, 489; auch *Siems*, Konvergenz der Rechtssysteme, 160.

184 Vgl. *Pelzer*, 23, 38 f.

185 Vgl. *Pelzer*, 40 unter Verweis auf eine Statistik des DTI, der zufolge es im Jahr 1995 elf von den Aktionären angestrengte Beschlussvorlagen (zu jeglichen Themen) gab, von denen lediglich zwei von der Hauptversammlung angenommen wurden. Zu den Voraussetzungen von Tagesordnungsergänzungsverlangen vgl. *Pelzer*, 39 sowie oben unter 1.a)aa)(4)aa).

186 Vgl. *Siems*, Konvergenz der Rechtssysteme, 160; *Pelzer*, 41; *Davies* in Baums/Wymeersch (Hrsg.), Shareholder Voting Rights, 351; *Leroy*, EBLR 2007, 205, 216.

187 Vgl. ausführlich *Zetzsche*, Aktionärsinformation, 1 f.; auch *Pelzer*, 3, 190.

188 Vgl. *Zetzsche*, Aktionärsinformation, 1; *Merkt* in Baumbach/Hopt, Einl v § 238 Rn. 15.

189 Vgl. *Ferran* in Ferrarini u.a. (Hrsg.), Reforming Company and Takeover Law, 417, 423; auch *Siems*, Konvergenz der Rechtssysteme, 155 f.; ausführlich *Coffee*, 70 Va L. Rev. (1984), 717, 738–743; *Hertig/Kraakman/Rock* in Kraakman u.a., Anatomy of Corporate Law, 193, 204 ff.; *Escher-Weingart*, Reform durch Deregulierung, 179 ff.

190 Vgl. *Ferran* in Ferrarini u.a. (Hrsg.), Reforming Company and Takeover Law, 417, 423; ausführlich zur verhaltenssteuernden Wirkung von Informationspflichten *Parkinson*, 3 JCLS (2003), 4 f.

aa) Individuelles Auskunftsrecht

Ein individuelles Auskunftsrecht der Aktionäre unterscheidet sich dabei von den ansonsten den Gesellschaften in allen Jurisdiktionen auferlegten Pflichten zur Offenlegung und Übermittlung des Jahresabschlusses, des Lageberichts und der auf sie bezogenen Dokumente dadurch, dass es keinen festgelegten Inhalt hat, sondern flexibel einsetzbar ist[191]. Da der Aktionär weitestgehend entscheiden kann, welche gesellschaftsbezogene Auskunft er erteilt haben möchte, kann er die in den gesetzlichen Berichten nicht oder nicht ausreichend behandelten Themen abfragen. So kann das Auskunftsrecht Defizite der übrigen Informationsansprüche mit ihren vorgegebenen Inhalten kompensieren[192]. Dem Auskunftsrecht kommt also eine Lückenfüllungsfunktion zu, die zur Gewährleistung eines zur effektiven Kontrolle der Verwaltung (mit ihren positiven Wirkungen auf die Funktionsfähigkeit der Kapitalmärkte) ausreichenden Informationsstandes der Aktionäre erforderlich ist[193]. Während im deutschen Aktienrecht ein Fragerecht während der Hauptversammlung kodifiziert ist, gewährt das französische Aktienrecht ein solches vor der Hauptversammlung. Da die Aktionärsrechte-Richtlinie nur die generelle Gewährleistung eines Fragerechts verlangt, bewirkt sie in diesen Jurisdiktionen – abgesehen von eventuell notwendigen Anpassungen der Antwortverweigerungsgründe – keinen Reformbedarf. Im Recht börsennotierter *plcs* wird hingegen aufgrund von Art. 9 der Aktionärsrechte-Richtlinie ein Individualanspruch auf Auskunftserteilung eingeführt werden müssen (wie bei der *S.A.* schriftlich vor der Hauptversammlung und/oder wie bei der AG während der Hauptversammlung). Die Kodifizierung wird hier Unsicherheiten gerade ausländischer Anleger hinsichtlich des Bestehens und des Umfangs des Auskunftsrechts verringern und so das grenzüberschreitende Investment fördern können. Gegen ein schriftliches Auskunftsverfahren vor der Hauptversammlung mit Beantwortung während dieser kann eine eventuell mit ihm verbundene überhöhte Belastung der Gesellschaft sprechen, für ein solches hingegen die Möglichkeit erheblich fundierterer Information durch ausreichende Vorbereitungszeit und die Entlastung der Hauptversammlung[194]. Auch in der deutschen AG mit ihrer vom Gesetz vorgesehen Fragestellung während der Hauptversammlung kündigen Aktionäre in der Praxis häufig ihre Fragen an, um möglichst präzise informiert zu werden. Angesichts dessen, dass die Qualität der Information bei Fragestellung vor der Hauptversammlung erheblich steigt, während Auskunftsverlangen während der Hauptversammlung deren Ablauf schwerwiegend beeinträchtigen können, erscheint eine Festlegung des Fragerechts auf einen Zeitpunkt vor der Hauptversammlung vorzugswürdig[195]. Eine Überlastung der Gesellschaft

---

191 Vgl. *Pelzer*, 184.

192 Vgl. *Pelzer*, 185.

193 Vgl. auch *Pelzer*, 186 f., 189 f.

194 Vgl. *Guyon*, Droit des affaires, 298; *Alcouffe/Kalweit*, Rev. Intern. Dr. Èco. 2003, 159, 172; *Grundmann/Winkler*, ZIP 2006, 1421, 1426; *BDA/BDI/DAI/DIHK/GDV*, Gemeinsame Stellungnahme, 5 (unter Betonung der drohenden Belastung der Gesellschaften durch zu umfassende Informationsrechte).

195 So auch *Zetzsche*, NZG 2007, 686, 688; *Grundmann/Winkler*, ZIP 2006, 1421, 1426; *Ratschow*, DStR 2007, 1402, 1405; *Siems*, Konvergenz der Rechtssysteme, 163.

kann gerade durch die von der Richtlinie ermöglichte Beantwortung häufig gestellter Fragen auf der Internetseite der Gesellschaft sowie durch die Befugnis zur Erteilung von Sammelantworten auf gleichlautende Aktionärsfragen vermieden werden. Letztendlich besteht das Bedürfnis für ein effektives individuelles Informationsrecht in diesem Sinne aber nicht nur in börsennotierten Gesellschaften. Auch ohne Börsennotierung bedürfen die Aktionäre effektiver Informationsmöglichkeiten, um die Verwaltung ihrer Gesellschaft wirksam kontrollieren zu können. Während die Vorgaben von Art. 9 der Aktionärsrechte-Richtlinie – wie diese generell – nur auf börsennotierte Gesellschaften bezogen sind, weil nur für diese angesichts des weitestgehend in ihnen erfolgenden grenzüberschreitenden Investments ein europarechtlicher Regelungsbedarf gesehen wurde, sollten die nationalen Rechtsordnungen das individuelle Auskunftsrecht deshalb überschießend für alle Aktiengesellschaften einführen (wie dies im deutschen und französischen Aktienrecht seit jeher der Fall ist).

bb) Elektronische Veröffentlichung der Finanzberichterstattung

Im Übrigen enthalten die Informationspflichten in allen Ländern insofern (selbstverständlich) spezielles Gesellschaftsrecht für börsennotierte Gesellschaften, als sie sich auch auf die nur von diesen Gesellschaften zu erstellenden Berichte und im Lagebericht aufzunehmenden Angaben beziehen (so die von börsennotierten Gesellschaften in allen Ländern zu erstellenden Vergütungsberichte, die von ihnen entsprechend der Vorgaben der Übernahme-Richtlinie in den Lagebericht aufzunehmenden Angaben und die von britischen börsennotierten Gesellschaften und französischen Gesellschaften mit börsennotierten Wertpapieren verlangten Angaben zu den sozialen und ökologischen Folgen der Geschäftstätigkeit). Die vergütungsbezogenen Offenlegungspflichten werden, wie bereits erwähnt, im Rahmen der Regulierung der Verwaltungsvergütung in diesem Kapitel unter IV. diskutiert. Dass die entsprechend der Vorgaben des Art. 10 der Übernahme-Richtlinie in allen Jurisdiktionen von börsennotierte Gesellschaften im Lagebericht zu machenden Angaben zu Beteiligungsstruktur und Übernahmehindernissen nur von diesen Gesellschaften verlangt werden, erklärt sich daraus, dass sie der Unterstützung öffentlicher Übernahmen dienen. Die zusätzlichen Pflichtangaben zur Struktur der Gesellschaft und etwaigen Übernahmehindernissen sollen möglichen Bietern die notwendige Informationsgrundlage zur Entscheidung über ein öffentliches Übernahmeangebot verschaffen[196]. Da öffentliche Übernahmen nur bezüglich börsennotierter Gesellschaften denkbar sind, sind die zusätzlichen Informationspflichten sinnvollerweise auf diese zu beschränken. Die überschießende Umsetzung im französischen Recht unter Ausweitung der Berichtspflichten auf jegliche Gesellschaften mit börsennotierten Wertpapieren vermag von daher nicht zu überzeugen.

Die Übermittlung der berichtsbezogenen Informationen unterstützt das französische Recht durch einen Anspruch des Aktionärs auf – auch elektronische – Ver-

---

196 Vgl. Begr RegE BT-Drucks. 16/2003, 24; *Merkt* in Baumbach/Hopt, § 289 Rn. 4.

sendung auf Kosten der Gesellschaft, während das britische Recht börsennotierte Gesellschaften zur Publikation auf der Internetseite der Gesellschaft verpflichtet. Auch das deutsche Recht wirkt entsprechend der Empfehlung des DCGK auf eine Veröffentlichung im Internet hin, indem es in diesem Fall auf die Pflichten zur Auslage der Dokumente in den Geschäftsräumen und ihre Versendung auf Verlangen der Aktionäre verzichtet. Gemeinsam ist den Rechtsordnungen also das Bestreben, den Informationsfluss durch Nutzung von Email und Internet zu vereinfachen, was angesichts der praktischen Hindernisse gegenüber einer persönlichen Einsichtnahme und drohender langer Postlaufzeiten insbesondere im Interesse ausländischer Anleger ist. Während die Aktionäre französischer und britischer Gesellschaften stets eine elektronische Informationsmöglichkeit haben (die Internetseite in Großbritannien und die Versendung der Unterlagen per Email in Frankreich), steht die elektronische Veröffentlichung der Unterlagen in Deutschland im Belieben der Gesellschaft. Auch wenn in der Praxis die meisten Gesellschaften eine Internetveröffentlichung schon vornehmen werden, um die Kosten der persönlichen Versendung der Unterlagen auf Verlangen der Aktionäre zu vermeiden, erscheint eine Pflicht zur Internetveröffentlichung für börsennotierte Gesellschaften entsprechend der britischen Rechtslage und wie sie nunmehr gemäß Art. 5 Abs. 4 der Aktionärsrechte-Richtlinie wird eingeführt werden müssen aus Anlegersicht verlässlicher und damit vorzugswürdig.

cc) Angaben zum Umgang mit den ökologischen und sozialen Folgen der Gesellschaftstätigkeit

Der Verwaltungsrat/Vorstand einer *S.A.* mit börsennotierten Wertpapieren hat sich im Lagebericht auch darüber zu erklären, wie die Gesellschaft die sozialen und ökologischen Auswirkungen ihrer Geschäftstätigkeit berücksichtigt (art. L. 225-102-1 (5) C.com. i.V.m. art. R. 225-104 f. C.com.). Vergleichbar sind *plcs* mit börsennotierten Aktien explizit angehalten, in ihrem *business review* zum Lagebericht, soweit dies für das Verständnis der Geschäftsentwicklung erforderlich ist, die Auswirkungen der Geschäftstätigkeit auf die Umwelt, die Allgemeinheit und die Arbeitnehmerschaft sowie etwaige diesbezüglich Maßnahmen der Gesellschaft zu schildern (s. 417 (5) CA 2006). Das deutsche Recht enthält derartige, über die nach Art. 46, 53a der Bilanz-Richtlinie im Lagebericht zu erwähnenden Faktoren hinausgehende Berichtspflichten demgegenüber nicht. Die französischen und britischen Berichtspflichten sind im Wesentlichen politische Programmvorgaben in dem Bestreben, die Geschäftsleitungen zu einem nachhaltigen Wirtschaften unter Einbeziehung der sozialen und ökologischen Folgen zu motivieren[197]. Auf Gesellschaften mit börsennotierten Aktien (in Großbritannien) bzw. Wertpapieren (in Frankreich) sind sie vor allem aufgrund deren wirtschaftlicher Bedeutung bezogen. Daneben sollen sie gegenüber (den vor allem in börsennotierte Gesellschaften investierenden) aus-

---

197 Vgl. *Dom*, Rev. sociétés 2001, 533, 550; *Malecki*, D. 2003, 818, 819; *Lienhard*, D. 2002, 874; ähnlich *Guyon*, Droit des affaires, Rn. 412, der in den Berichtspflichten die Utopie eines zivilgesellschaftlich verantwortlich handelnden Unternehmens anklingen sieht.

ländischen Anlegern klarstellen, dass die Rechtsordnungen um eine nachhaltige Entwicklung bemüht sind und so das Vertrauen in ein Investment in die dortigen Gesellschaften erhöhen [198]. Über den Erfolg der Regelungen lassen sich, da sowohl ein empirischer Vergleich der Nachhaltigkeit des Wirtschaftens der betroffenen Gesellschaften in den untersuchten Jurisdiktionen nicht existiert als auch eine monokausale Begründung eventuell aufzufindender Unterschiede mit den Berichtspflichten nicht möglich sein wird, keine Aussagen treffen [199]. Lassen sich die eventuellen Vorteile der Berichtspflichten aber nicht quantifizieren, können sie auch nicht ins Verhältnis zu den für die Gesellschaft mit den Angaben verbundenen Kosten gesetzt werden. Deshalb kann die Effizienz der Regelungen im Rahmen dieser Arbeit nicht beurteilt werden. Da die Berichtspflichten auf die jeweiligen Gesellschaften aber ohnehin vor allem aufgrund ihrer wirtschaftlicher Bedeutung bezogen sind, liegen ihnen keine spezifischen mit der Börsennotierung von Aktien zusammenhängenden Bedürfnisse, sondern lediglich solche der Unternehmensgröße und der damit verbundenen stärkeren Auswirkungen ihrer Geschäftstätigkeit zugrunde. Als zwingender Bestandteil eines besonderen Gesellschaftsrechts für börsennotierte Aktiengesellschaften stellen sie sich deshalb nicht dar (zumal es die Gesellschaften auch ohne zwingende Berichtspflichten in der Hand haben, Investoren von der ökologischen und sozialen Verträglichkeit ihrer Geschäftstätigkeit zu überzeugen).

3. Stimmrecht: Proportionalität von Stimmrecht und Kapitalbeteiligung und Ausnahmen sowie Stimmrechtsschranken

a) *Rechtsvergleichender Überblick*

aa) Europarechtliche Vorgaben zur Proportionalität von Stimmrecht und Kapitalbeteiligung

Abweichungsmöglichkeiten vom Prinzip der Proportionalität von Stimmrecht und Kapitalbeteiligung haben maßgeblichen Einfluss auf die Kontrollverhältnisse innerhalb der Gesellschaft. Abweichungen erschweren Kontrollwechsel und beeinträchtigen so den Markt für Unternehmenskontrolle mit seinen erwünschten verhaltenssteuernden Wirkungen auf das Management. Überdies erhöhen sie die Informationskosten der Anleger. Dennoch wird die noch mit dem Vorschlag einer 5. Gesellschaftsrechtlichen Richtlinie beabsichtigte EU-weite Durchsetzung des Grundsatzes *one share – one vote* unter Ausschluss von Höchst- und Mehrfachstimmrechten nach der Aufgabe des Richtlinienvorhabens nicht mehr verfolgt. Die Aktionärsrechte-Richtlinie soll lediglich die Gleichbehandlung der Aktionäre gewährleisten, die bezüglich der Teilnahme an der Hauptversammlung und des Stimm-

---

198 Vgl. *Malecki*, D. 2003, 818, 819.
199 Skeptisch hinsichtlich der Eignung der Berichtspflichten, die Gesellschaften zu nachhaltigerem Wirtschaften zu motivieren, *Malecki*, D. 2003, 818, 823.

rechts gleichgestellt sind (Art. 4), lässt also disproportionale Stimmrechtsgestaltungen etwa durch Höchst- oder Mehrfachstimmrechte weiterhin zu[200].

Jedenfalls Privilegien für die öffentliche Hand sind nach der *Golden Shares*-Rechtsprechung des EuGH an der Kapitalverkehrsfreiheit nach Art. 56 EGV zu messen[201]. Die an sog. Goldene Aktien gekoppelten Sonderrechte des Staates in privatisierten Unternehmen beeinträchtigen danach die Kapitalverkehrsfreiheit, da sie die Verwaltungsbefugnisse der nicht mit Sonderrechten ausgestatteten Anleger reduzieren und so die Attraktivität der Anlage in den betroffenen Gesellschaften mindern. Derartige Beschränkungen des Kapitalverkehrs sind nur zulässig, wenn sie durch einen der in Art. 58 Abs. 1 EGV genannten Gründe (insbesondere den Schutz der öffentlichen Sicherheit und Ordnung) oder durch zwingende Gründe des Allgemeininteresses wie den Anleger-, Gläubiger-, Arbeitnehmer- oder Umweltschutz gerechtfertigt, nicht diskriminierend und verhältnismäßig sind[202]. Noch nicht höchstrichterlich geklärt, aber in der Literatur diskutiert, ist, inwieweit die Grundsätze der *Golden Shares*-Rechtsprechung auf privilegierende Gestaltungen zugunsten anderer Aktionäre als den Staat anwendbar sind[203]. Auf die europarechtliche Zulässigkeit vom Proportionalitätsprinzip abweichender Gestaltungen zwischen Privatrechtssubjekten deutet allerdings die Aussage des EuGH in seiner jüngst ergangenen Entscheidung zum VW-Gesetz hin[204]. In dieser verwarf das Gericht die zwar formal für und gegen alle Aktionäre geltenden, de facto aber im Interesse des Landes Niedersachsen bestehenden Beschränkungen des Gesetzes (Höchststimmrecht von 20 % bei einer Sperrminorität von 20 % der Stimmrechte sowie Entsendungsrecht von je zwei Aufsichtsratsmitgliedern für Bund und Land ab Besitz einer Aktie)[205]. Grundsätzlich stellen Höchststimmrechte der Entscheidung zufolge jedoch, sofern sie nicht den Aktionären vom Gesetzgeber auferlegt werden, ein „gängiges gesellschaftsrechtliches Instrument“ dar[206]. Eine vom Aktionärswillen getragene Einschränkung des Grundsatzes *one share – one vote* wird also für prinzipiell zulässig erachtet[207].

Eine partielle Harmonisierung in Richtung auf eine Korrelation von Kapitalbeteiligung und Stimmrecht auch bei privatautonomen Stimmrechtsgestaltungen be-

---

200 Vgl. *Grundmann/Winkler*, ZIP 2006, 1421, 1424.

201 Vgl. EuGH, Slg. I-4731 = WM 2002, 1393 (*Golden Share I*); Slg. I-4781 = WM 2002, 1397 (*Golden Share II*); Slg. I-4581 = WM 2002, 1402 (*Golden Share III*); Slg. I-4581 = NJW 2003, 2663 (*Golden Share IV*); Slg. I-4641 = NJW 2003, 2666 (*Golden Share V*); NZG 2006, 942 (*Golden Share VI*); zu den ersten drei Urteilen *Grundmann/Möslein*, ZGR 2003, 317, 350; Gesamtüberblick bei *Klinke*, ECFR 2005, 270, 304–308; zusammenfassender Überblick bei *Winkler*, 88–91; unter Einbeziehung der *Golden Share VI*-Entscheidung *Oechsler*, NZG 2007, 161 ff.

202 Vgl. EuGH WM 2002, 1393; 1397; 1402; zu den Beispielen für zwingende Gründe des Allgemeininteresses vgl. *Grundmann*, Europ. GR, Rn. 641; *Winkler*, 90.

203 Vgl. insofern *Grundmann/Möslein*, ZGR 2003, 317, 322–334, 350–355; *Grundmann*, Europ. GR, Rn. 639 f.; desw. *Andenas/Gütt/Pannier*, EBLR 2005, 757, 785 f.

204 Vgl. auch *Jahn*, AG-Report 2007, 483, 484; *Teichmann/Heise*, BB 2007, 2577, 2581.

205 Vgl. EuGH v. 23. Oktober 2007, Rs. C-112/05 = NJW 2007, 3481; dazu *Kilian*, NJW 2007, 3469 ff.; *Teichmann/Heise*, BB 2007, 2577 ff.

206 Vgl. EuGH v. 23. Oktober 2007, Rs. C-112/05, Rn. 38 (= NJW 2007, 3481, 3483).

207 Vgl. *Teichmann/Heise*, BB 2007, 2577, 2581.

wirkt das zweistufige Optionsmodell der für Gesellschaften mit an einem organisierten Markt notierten stimmberechtigten Wertpapieren (also Stimmrechtsaktien) geltenden Übernahme-Richtlinie für den Fall eines öffentlichen Übernahmeangebots[208]. Ihm zufolge haben die Mitgliedstaaten auf der ersten Stufe die Wahl, ob sie den ihrem Recht unterliegenden Gesellschaften bei Vorliegen eines solchen Angebots die Durchbrechung verschiedener Übernahmehindernisse (wie Höchst- und Mehrfachstimmrechte sowie Stimmbindungsverträge) gesetzlich vorschreiben wollen (Art. 11 der Übernahme-Richtlinie). Entscheiden die Mitgliedstaaten sich gegen eine zwingende Normierung dieser sog. Durchbrechungsregel (*opt-out* des Mitgliedstaats), muss den Gesellschaften ihre Einführung durch mit qualifizierter Mehrheit gefassten Hauptversammlungsbeschluss möglich sein (*opt-in* der Gesellschaft, Art. 12 Abs. 2). Auf der zweiten Stufe können die Mitgliedstaaten Gesellschaften, die die Durchbrechungsregel anwenden, ermöglichen, durch Hauptversammlungsbeschluss für bis zu 18 Monate ihre Nichtanwendung für den Fall zu beschließen, dass die Gesellschaft Ziel eines Übernahmeangebots durch eine Gesellschaft ist, die ihrerseits die Durchbrechungsregel nicht anwendet (sog. Reziprozitätsregel, Art. 12 Abs. 3, 5). Als Übernahmehindernisse erfasst die Durchbrechungsregel unter anderem satzungsmäßige Stimmrechtsbeschränkungen wie Höchststimmrechte und nimmt ihnen bei der Abstimmung der Hauptversammlung der Zielgesellschaft über Abwehrmaßnahmen ihre Wirkung (Art. 11 Abs. 3 Satz 1), so dass nach dem Proportionalitätsprinzip abgestimmt wird. Ebenso kommen stimmrechtsbeschränkende Vereinbarungen in Stimmbindungsverträgen im Rahmen dieser Abstimmung nicht zur Anwendung (Art. 11 Abs. 3 Satz 2). Schließlich berechtigen Mehrfachstimmrechte bei der Entscheidung über Abwehrmaßnahmen nur zu einer Stimme (Art. 11 Abs. 3 Satz 3). Die gleiche Wirkung hat die Durchbrechungsregel in der ersten Hauptversammlung nach Angebotsende, wenn der Bieter 75 % des stimmberechtigten Kapitals erlangen konnte (Art. 11 Abs. 4). Hierdurch soll ihm ermöglicht werden, das Leitungsorgan neu zu besetzen und die aufgrund der Durchbrechungsregel ausgesetzten Sonderrechte mit satzungsändernder Mehrheit zu ändern bzw. abzuschaffen[209]. Die Durchbrechungsregel gilt nicht für Aktien, deren Stimmrechtsbeschränkungen – wie bei stimmrechtslosen Vorzugsaktien – durch einen besonderen finanziellen Vorteil ausgeglichen werden (Art. 11 Abs. 6)[210]. Stimmrechtslose Aktien – mit oder ohne Vorzüge – unterfallen dem Regime der Übernahme-Richtlinie aber wohl schon nicht, weil deren Art. 2 Abs. 1e) die erfassten börsennotierten „Wertpapiere“ als „Wertpapiere, die Stimmrechte an einer Gesellschaft verleihen“, definiert[211]. Stimmrechtsschranken sieht das Europarecht ledig-

---

208 Ausführlich zum Inhalt der Übernahme-Richtlinie vgl. *Habersack*, Europ. GR, 327 ff.; *Grundmann*, Europ. GR, Rn. 919 ff.; *Krause*, BB 2004, 113 ff.; *Wiesner*, ZIP 2004, 343 ff. Rechtsvergleichend zur Umsetzung Baums/Cahn (Hrsg.), Umsetzung der Übernahme-Richtlinie.

209 Vgl. die dann bestehende Entschädigungspflicht nach Art. 11 Abs. 5 der Übernahme-Richtlinie; desw. *Winkler*, 85; *Grundmann*, Europ. GR, Rn. 971.

210 Aufgrund der hierdurch möglichen Umgehung der Durchbrechungsregel durch Konservierung der Kontrollstrukturen über stimmrechtslose Aktien kritisch *Winkler*, 87 f.; *Rickford*, EBLR 2004, 1379, 1393, 1420; *Ipekel*, EBLR 2005, 341, 345 f.

211 Vgl. *Rickford*, EBLR 2004, 1379, 1391 f.; *Winkler*, 86.

lich insofern vor, als das Stimmrecht aus Verwaltungsaktien ausgeschlossen ist (Art. 22 der Kapital-Richtlinie).

bb) Proportionalität von Stimmrecht und Kapitalbeteiligung und Ausnahmen sowie Stimmrechtsschranken in der AG

(1) Grundsatz der Stimmkraft entsprechend der Kapitalbeteiligung und Ausnahmen in der AG

In der AG wird das (grundsätzlich jedem Aktionär zustehende) Stimmrecht bei Nennbetragsaktien nach deren Nennbeträgen und bei Stückaktien nach deren Zahl ausgeübt (§ 134 Abs. 1 AktG). Vom Proportionalitätsprinzip kann durch die Begründung verschiedener Aktiengattungen mit unterschiedlichem Stimmrecht abgewichen werden (§§ 11 Satz 2, 12 Abs. 1 Satz 2, 179 Abs. 3, 182 Abs. 2, 222 Abs. 2 AktG). Bis zur Höhe der Hälfte des Grundkapitals können Gattungsaktien in Form von Vorzugsaktien ohne Stimmrecht ausgegeben werden, die einen Anspruch auf einen bevorrechtigten Anteil des Jahresgewinns, die Vorzugsdividende, gewähren (§§ 12 Abs. 1 Satz 2, 139 Abs. 1 AktG). Die stimmrechtslosen Vorzugsaktien werden bei den Grundlagenentscheidungen, für die qualifizierte Mehrheiten des bei der Beschlussfassung vertretenen Grundkapitals notwendig sind, grundsätzlich nicht mitgezählt[212]. Die großen deutschen Aktiengesellschaften tendieren mittlerweile zu einer freiwilligen Abschaffung der Vorzugsaktien[213]. Börsennotierte Gesellschaften werden hierzu auch dadurch motiviert, dass die Frankfurter Börse seit 2002 die Marktkapitalisierung der Gesellschaften als entscheidenden Faktor der für sie wirtschaftlich bedeutenden Aufnahme in einen Index nur noch anhand einer Aktiengattung berechnet[214]. Die Aufnahme in einen Aktienindex wird daher durch die Zusammenführung mehrerer Aktiengattungen zu einer einzigen unter Umwandlung der durchgängig niedriger notierten Vorzugsaktien in höher gehandelte Stammaktien gefördert. Mehrfachstimmrechte wurden, ebenso wie Höchststimmrechte in börsennotierten Gesellschaften, mit dem KonTraG abgeschafft (§§ 12 Abs. 2, 134 Abs. 1 Satz 2 AktG). In nicht-börsennotierten Gesellschaften können demgegenüber Abweichungen der Stimmkraft von der Kapitalbeteiligung durch die satzungs-

---

212 Dies folgt aus dem Umkehrschluss zu § 140 Abs. 2 Satz 2 AktG, demzufolge das Stimmrecht der stimmrechtslosen Vorzugsaktien im Fall des § 140 Abs. 2 Satz 1 AktG auflebt, also wenn die Vorzugsdividende in einem Jahr zumindest teilweise nicht ausgezahlt worden ist und der Rückstand im nächsten Jahr nicht vollständig nachgezahlt oder die Vorzugsdividende dieses Jahres nicht vollständig erbracht wird; vgl. *Hüffer*, § 139 Rn. 13; *Semler* in MHdbGR IV, § 38 Rn. 24. Das Stimmrecht der Vorzugsaktien lebt auch dann wieder auf, wenn kein Bilanzgewinn erzielt oder verteilungsfähiger Gewinn nicht für die Zahlung genutzt wird; vgl. RegBegr *Kropff*, 204; *Hüffer*, § 140 Rn. 4; MK/*Volhard*, § 140 Rn. 11; KK/*Zöllner*, § 140 Rn. 5.

213 Vgl. *Winkler*, 23; MK/*Volhard*, § 139 Rn. 4; *Wirth/Arnold*, ZGR 2002, 859, 860.

214 Vgl. *Winkler*, 23; MK/*Volhard*, § 139 Rn. 4; *Wirth/Arnold*, ZGR 2002, 859, 861 f.; *Pellens/Hillebrandt*, AG 2001, 57, 66 f.: Das wirtschaftliche Interesse an der Aufnahme in einen Index resultiert vor allem aus der Bedeutung indexnachbildender Fonds sowie von Indexzertifikaten und Indexaktien.

mäßige Festlegung eines Höchstbetrags[215] oder von Abstufungen[216] für die Ausübung des Stimmrechts zugelassen werden (§ 134 Abs. 1 Satz 2 AktG).

In Übernahmesituationen hat der deutsche Gesetzgeber den Gesellschaften das Wahlrecht über die Anwendung der Durchbrechungsregel belassen (§ 33b WpÜG). Kraft satzungsändernden Beschlusses kann die Durchbrechungsregel eingeführt (und wieder abgeschafft) werden (§ 33b WpÜG). Geschieht dies, kann die Hauptversammlung bei mangelnder Gegenseitigkeit auf Seiten der Bietergesellschaft im Sinne der Reziprozitätsregel für bis zu 18 Monate die Nichtgeltung beschließen (§ 33c WpÜG).

(2) Ausschluss und Beschränkungen des Stimmrechts in der AG

Beschränkungen und Ausschlüsse des Stimmrechts können in starre und bewegliche Schranken unterteilt werden. Während starre Stimmrechtsschranken das Stimmrecht für einen abstrakten Sachverhalt *ex ante* ausschließen oder beschränken, ermöglichen bewegliche Schranken eine gerichtliche *ex post*-Kontrolle der Stimmrechtsausübung anhand der Umstände des Einzelfalls[217]. Wegen der immanenten Interessenkollision bereits *ex ante* ausgeschlossen im Sinne einer starren Stimmrechtsschranke ist das Stimmrecht des betroffenen Aktionärs bei Beschlüssen über seine Entlastung oder Befreiung von einer Verbindlichkeit sowie über seine Inanspruchnahme durch die Gesellschaft (§ 136 Abs. 1 AktG). Verwaltungsmitglieder sind von der Beschlussfassung über eine Sonderprüfung ausgeschlossen, wenn diese mit der Entlastung oder der Inanspruchnahme eines Verwaltungsmitglieds in Verbindung steht (§ 142 Abs. 1 Satz 2, 3 AktG)[218]. Das Stimmrecht aus von der Gesellschaft gehaltenen Verwaltungs- oder Vorratsaktien ist in Umsetzung von Art. 22 der Kapital-Richtlinie ausgeschlossen, um zu verhindern, dass der Vorstand sich durch den Erwerb eigener Aktien für die Gesellschaft Einfluss auf die Hauptversammlung verschafft (§ 71b AktG)[219]. Das gilt auch, wenn die Aktien einem abhängigem Unternehmen oder einem Dritten für Rechnung der Gesellschaft oder eines abhängigen Unternehmens gehören (§ 71d AktG). Bei wechselseitiger Beteiligung kann das Stimmrecht für höchstens ein Viertel des Aktienkapitals ausgeübt werden (§ 328 Abs. 1 AktG). In börsennotierten Gesellschaften kann ein wechselseitig beteiligtes Unternehmen seine Stimmrechte nicht zur Wahl von Aufsichtsratsmitgliedern ausüben (§ 328 Abs. 3 AktG)[220]. Weitere Beschränkungen des Stimmrechts ergeben sich

---

215 Dahingehend, dass kein Aktionär mit mehr als einer gewissen Anzahl an Aktien abstimmen kann.

216 Etwa in der Art, dass volles Stimmrecht bis zu einer gewissen Summe von Aktien besteht und ab dieser Summe nur noch z.B. 10 Aktien eine Stimme gewähren; vgl. *Kübler/Assmann*, § 15 V. 4.a)bb).

217 Zur Differenzierung vgl. *Winkler*, 24; *Zöllner*, Schranken mitgliedschaftlicher Stimmrechtsmacht, 97 ff.

218 Dazu bereits oben in Kapitel 4 unter II.5.a)cc)(1).

219 Vgl. *Hüffer*, § 71 Rn. 1; *Kübler/Assmann*, § 15 V. 4.b)bb); *Raiser/Veil*, § 16 Rn. 81. Zum Erwerb eigener Aktien siehe Kapitel 8 unter II.

220 Dazu bereits oben in Kapitel 4 unter II.1.b)aa)(2) und bb)(1).

aus dem Konzern- und dem Kapitalmarktrecht. Das Stimmrecht ruht gemäß §§ 20 Abs. 7, 21 Abs. 4 AktG, 28 WpHG bei Verletzung der Mitteilungspflichten über den Erwerb bestimmter Beteiligungsblöcke in an organisierten Märkten notierten (§ 21 WpHG) und sonstigen Aktiengesellschaften (§§ 20, 21 AktG). Zudem ruht es bei Übernahmeangeboten, wenn der Bieter seine aus § 35 Abs. 1, 2 WpÜG folgende Verpflichtungen zur Bekanntmachung des Kontrollerwerbs (30 % der Stimmrechte, § 29 Abs. 2 WpÜG) oder zur Abgabe eines Pflichtangebots verletzt hat (§ 59 WpÜG). Bewegliche Stimmrechtsschranken sind demgegenüber die bei der Stimmabgabe bestehenden Bindungen des Aktionärs an die guten Sitten, das Verbot der Verfolgung von gesellschaftsfremden Sondervorteilen, den Gleichbehandlungsgrundsatz, den Verbandszweck[221] sowie und vor allem die Treuepflicht, deren Einhaltung nach der Stimmabgabe gerichtlich überprüft werden kann (und die deshalb im Rahmen der Anfechtungsmöglichkeiten als maßgeblichem Mittel der Kontrolle von Mehrheits-/Minderheitskonflikten geschildert wird)[222].

cc) Proportionalität von Stimmrecht und Kapitalbeteiligung und Ausnahmen sowie Stimmrechtsschranken in der *S.A.*

(1) Proportionalität von Stimmrecht und Kapitalbeteiligung in der *S.A.*

Auch in der *S.A.* entspricht das Stimmrecht grundsätzlich der Kapitalbeteiligung, die die Anteile darstellen, wobei jede Aktie mindestens eine Stimme gewähren muss (art. L. 225-122 I. C.com.). Der Grundsatz der Stimmkraft entsprechend der Kapitalbeteiligung (*à capital égal, droit de vote égal*) darf nur durchbrochen werden, wenn das Gesetz es zulässt[223]. 2004 wurde insofern die Gestaltungsfreiheit bei der Emission von Vorzugsaktien erheblich erweitert[224]. Das zuvor der deutschen Rechtslage nahe stehende französische Aktienrecht gestattet nunmehr die Ausgabe von Vorzugsaktien ohne oder mit eingeschränktem Stimmrecht, präziser die Ausgabe von Aktien, bei denen das Stimmrecht im Gegenzug für die Gewährung von Sonderrechten modifiziert, für einen bestimmten oder bestimmbaren Zeitraum ausgesetzt oder vollständig ausgeschlossen wird (art. L. 228-11 C.com.). Die im Gegenzug zu Einschränkung des Stimmrechts gewährten Vorteile müssen nicht in einer bevorrechtigten Gewinnbeteiligung bestehen, sondern können jeglicher Art (*de toute nature*) sein (art. L. 228-11 (1) Satz 1 C.com.)[225]. In nicht-börsennotierten Gesellschaften dürfen Vorzugsaktien bis zur Hälfte, in börsennotierten lediglich bis zu einem

221 Ausführlich zu diesem vgl. KK/*Zöllner*, § 134 Rn. 121–126 m.w.N.
222 Vgl. in diesem Kapitel unter I.5.a).
223 Ansonsten sind entgegenstehende Satzungsbestimmungen nichtig (art. L. 225-122 I. Satz 2 C.com.); vgl. auch *Cozian/Viandier/Deboissy*, Rn. 651; *Winkler*, 40.
224 Rechtsgrundlage waren die *Ordonnance* vom 24. Juni 2004 *sur la réforme des valeurs mobilières* und das *Décret d'application* (Anwendungserlass) vom 10. Februar 2005. Ausführlich zur Entwicklung der Vorzugsaktien im französischen Recht *Winkler*, 45–50; *Conac*, ECFR 2005, 487 ff.
225 Begrenzt wird die Gestaltungsfreiheit durch die Vorgaben der art. L. 225-10, 225-122 bis 225-125 C.com. (art. L. 228-11 (1) Satz 2 C.com.) Danach darf die Gestaltung der Vorzugsaktien insbesondere nicht die einschränkenden Regelungen zu Doppel- und Höchststimmrechten (dazu sogleich) umgehen oder Bruchteilsstimmrechte schaffen.

Viertel des Grundkapitals ausgegeben werden (art. L. 228-11 (3) C.com.). Anders als in der AG können in der *S.A.* satzungsmäßig oder durch außerordentlichen Hauptversammlungsbeschluss Mehrfachstimmrechte in Form von Doppelstimmrechten geschaffen werden, nämlich für vollständig eingezahlte Namensaktien, die seit mindestens zwei Jahren durch das Aktienregister nachgewiesen einem Aktionär gehören (art. L. 225-123 (1) C.com.)[226]. Die Doppelstimmrechte können französischen Aktionären oder solchen aus den EG-Mitgliedstaaten vorbehalten werden (art. L. 225-123 (3) C.com.)[227]. Sie sollen treue Aktionäre belohnen und die Gesellschaft wiederum vor feindlichen Übernahmen schützen[228]. Daneben dienen die Doppelstimmrechte, indem sie den Einfluss kurzfristiger Finanzinvestoren begrenzen, der Unterstützung von Langfriststrategien[229]. Sie erlöschen bei Konvertierung der Aktien zu Inhaberaktien und bei Übertragung der Aktien auf eine andere Person (art. L. 225-124 (1) C.com.)[230]. Auch die satzungsmäßige Festlegung eines Höchstbetrags ist in allen *Sociétés Anonymes*, auch börsennotierten, zulässig, solange er (abgesehen von stimmrechtslosen Vorzugsaktien) für alle Aktiengattungen gilt (art. L. 225-125 (1) C.com.). Während zahlreiche französische Gesellschaften unter dem Eindruck der Kapitalmarktbedürfnisse stimmrechtslose Aktien und Doppelstimmrechte abgeschafft haben[231], bestehen vor allem in großen börsennotierten Publikumsgesellschaften weiterhin Höchststimmrechte als Abwehrmechanismus gegen Übernahmen[232]. Für die erste Hauptversammlung nach einem erfolgreichen Übernahmeangebot hat der französische Gesetzgeber jedoch die Durchbrechungsregel für Höchststimmrechte in an organisierten Märkten notierten Gesellschaften verpflichtend umgesetzt (art. L. 225-125 (2) C.com.), die Höchststimmrechte werden also zwingend ausgesetzt.

Abgesehen von den bei der ersten Hauptversammlung nach einem erfolgreichen Übernahmeangebot zwingend ausgesetzten Höchststimmrechten überlässt es das französische Recht den börsennotierten Gesellschaften[233], Stimmrechtsbeschrän-

---

226 Die im Rahmen einer Kapitalerhöhung qua Bezugsrecht erlangten Namensaktien dieser Altaktionäre können ebenfalls mit doppelten Stimmrechten ausgegeben werden (art. L. 225-123 (2) C.com.).

227 Zur Frage der Europarechtskonformität dieser Regelung vgl. *Winkler*, 42 m.w.N.

228 Vgl. *Merle*, Rn. 309, 651.

229 Vgl. *Guyon*, Droit des affaires, Rn. 207; *Germain* in Ripert/Roblot, Rn. 1551–1553; *Grundmann/Möslein*, ZVglRWiss 102 (2003), 289, 323.

230 Die Doppelstimmrechte bleiben jedoch bei Erbschaft, Auflösung der Gütergemeinschaft sowie Schenkung unter Lebenden an Ehegatten sowie erbberechtigte Eltern bestehen (art. L. 225-124 (2) C.com.).

231 Vgl. *Ipekel*, EBLR 2005, 341, 350.

232 Vgl. *Winkler*, 45; *Merle*, Rn. 308 (unter Anführung des Beispiels der *Alcatel*, deren Satzung ein Höchststimmrecht von 8 % (bzw. 16 % im Falle von Doppelstimmrechten vorsieht); *Cozian/Viandier/Deboissy*, Rn. 652 (unter Anführung des Beispiels *Danone* mit Höchststimmrechten von 6 % bzw. 12 % bei Doppelstimmrechten); *Grundmann/Möslein*, ZVglRWiss 102 (2003), 289, 319 (mit den weiteren Beispielen *Lafarge* mit einem Höchststimmrecht ab 1 % und *TotalFinaElf* mit Höchststimmrechten von 10 % bzw. 20 % bei Doppelstimmrechten).

233 Die *AMF* kann das gesamte Übernahmerecht oder Teile auf Antrag des Organisators des jeweiligen Marktes auf andere als die gesetzlich erfassten organisierten Märkte erstrecken (art. L. 433-1 IV. C.monét.fin.).

kungen für Entscheidungen der Hauptversammlung über die Ermächtigung zu Abwehrmaßnahmen sowie in der ersten Hauptversammlung nach Erfolg des Übernahmeangebots durch satzungsändernden Hauptversammlungsbeschluss auszusetzen (art. L. 233-36 bis 233-38 C.com.). Der reziproke Ausschluss der Durchbrechungsregel im Falle einer selbst die Durchbrechungsregel nicht anwendenden Bietergesellschaft wurde den Gesellschaften nicht ermöglicht[234].

(2) Ausschluss und Beschränkungen des Stimmrechts in der *S.A.*

Weniger repressiv als das deutsche Aktienrecht (in § 136 Abs. 1 AktG) gestattet das französische Aktionären grundsätzlich die Abstimmung in eigener Sache. Insbesondere können die Verwaltungsmitglieder über ihre eigene Bestellung und Entlastung mitentscheiden[235]. Abgesehen davon wird auch das Stimmrecht in der *S.A.* in bestimmten Konstellationen, in denen typischerweise ein Interessenkonflikt zwischen dem Aktionär und der Gesellschaft besteht, gesetzlich ausgeschlossen bzw. eingeschränkt. So dürfen Aktionäre mit mehr als 10 % der Stimmrechte und Mitglieder des Verwaltungsrats, Aufsichtsrats sowie Vorstands und Generaldirektoren, die direkt oder indirekt einen Vertrag mit der Gesellschaft geschlossen haben, nicht über die Genehmigung dieses Insichgeschäfts durch die Hauptversammlung mit abstimmen (art. L. 225-40 (4), 225-88 (4) C.com.)[236]. Der von Art. 22 der Kapital-Richtlinie vorgegebene Stimmrechtsausschluss für Verwaltungs- bzw. Vorratsaktien ist in art. L. 225-111, 233-31 C.com. umgesetzt[237]. Aus Sanktionsgründen sind die Stimmrechte bei Verletzung der bei Überschreitung gewisser Beteiligungsschwellen bestehenden kapitalmarktrechtlichen Mitteilungspflichten aus art. L. 233-7 C.com. ausgeschlossen (art. L. 233-14 C.com.). Ebenso verlieren Aktionäre ihr Stimmrecht, wenn sie die fällige Einlage trotz Aufforderung durch die Gesellschaft nicht innerhalb eines Monats erbringen (art. L. 228-27, 228-29 i.V.m. art. R. 228-26 C.com.). Auch die Verletzung der eingetragenen Intermediären ausländischer Aktionäre obliegenden Auskunftspflichten gegenüber der Gesellschaft hinsichtlich der vertretenen Personen wird mit dem Ruhen oder dem vollständigen Verlust der Stimmrechte der betroffenen Aktien sanktioniert (art. L. 228-3-2 (3), 228-3-3 C.com.). Eine der deutschen Treuepflicht vergleichbare Funktion als bewegliche Stimmrechtsschranke erfüllt die Figur des Rechtsmissbrauchs (*abus de droit*), der sich aus einer missbräuchlichen Ausnutzung einer Mehrheits- oder einer Minderheitsstellung (*abus de majorité/de minorité*) ergeben kann[238]. Die durch diese Rechtsfigur ermöglichte *ex post*-Überprüfung der Stimmrechtsausübung wird im Rahmen der Anfechtungsmöglichkeiten geschildert[239].

---

234 Vgl. *Freshfields Bruckhaus Deringer*, Implementation of the Takeover Directive, 4; *Hopt*, D. 2007, 462, 464.
235 Vgl. *Guyon*, Droit des affaires, Rn. 307; *Winkler*, 50 f.
236 Ausführlich zur Regulierung von Insichgeschäften vgl. in Kapitel 6 unter III.
237 Zum Erwerb eigener Aktien siehe Kapitel 8 unter II.
238 Vgl. *Winkler*, 51; ausführlich zum *abus de majorité Merle*, Rn. 580; *Cozian/Viandier/Deboissy*, Rn. 359–362; zum *abus de minorité Merle*, Rn. 581; *Cozian/Viandier/Deboissy*, Rn. 363–366.
239 Dazu sogleich unter I.5.

dd) Proportionalität von Stimmrecht und Kapitalbeteiligung und Ausnahmen sowie Stimmrechtsschranken in der *plc*

(1) Proportionalität von Stimmrecht und Kapitalbeteiligung in der *plc*

Im Gegensatz zu der weitgehenden Satzungsstrenge in der börsennotierten AG und noch über die der *S.A.* zugestandene Satzungsfreiheit hinausgehend gewährt das britische Recht den *plcs* einen äußerst weiten Gestaltungsspielraum bei der Festlegung der Stimmrechte[240]. Auch die Mustersatzungen gehen davon aus, dass die Gesellschaft Aktien mit jeglichen Rechten und Beschränkungen einführen kann (Art. 2 Table A, Art. 43 (1) Schedule 3). Soweit die *articles* der Gesellschaft keine anders lautende Regelung treffen, gewährt eine Aktie eine Stimme[241]. Die umfassende Satzungsfreiheit erlaubt die Schaffung von Vorzugsaktien jeglicher Art, auch stimmrechtsloser Vorzugsaktien[242]. Der Ausschluss des Stimmrechts muss nicht mit der Gewährung von Vorzügen verbunden werden, so dass auch sog. *non-voting ordinary shares* ausgegeben werden können[243]. Auch Höchststimmrechte und Mehrfachstimmrechte können über die *articles* eingeführt werden, ohne dass rechtliche Einschränkungen bestünden[244]. Dennoch nutzen insbesondere börsennotierte Gesellschaften die ihnen eingeräumte Gestaltungsfreiheit nur in begrenztem Maße aus, vor allem aufgrund der mit der Existenz mehrerer Aktiengattungen verbundenen Beeinträchtigung des börslichen Handels der Aktien[245] und der Ablehnung von Aktien mit reduzierter Stimmkraft durch die im Vereinigten Königreich besonders einflussreichen institutionellen Investoren[246]. Die Notierung stimmrechtsloser Aktien wurde in den letzten Jahren so gut wie nicht mehr angestrebt, während zahlreiche Gesellschaften ihre stimmrechtslosen Aktien mit Stimmrechten versahen, so dass stimmrechtslose Aktien mittlerweile insbesondere in börsennotierten Gesellschaften die Ausnahme sind[247]. Die Durchgriffsregel des Art. 11 der Übernahme-Richtlinie wurde im britischen Recht nicht verpflichtend umgesetzt. Stattdessen können an organisierten Märkten notierte Gesellschaften über ihre Anwendung

---

240 Grundlegend ist insofern die Entscheidung Bushell v. Faith (1970) AC 1099; dazu *Dine/Koutsias*, 279, 281 f.; *Davies*, Gower's Company Law, 327 f.; *Winkler*, 61.

241 Vgl. *Dine/Koutsias*, 279; auch *Davies*, Gower's Company Law, 621, 622.

242 Vgl. *Davies*, Gower's Company Law, 328, 620–624 (unter Aufführung möglicher Gestaltungen). Zur Kritik vgl. die *Note of Dissent* zum Jenkins-Report, zitiert bei *Dine/Koutsias*, 281 f.

243 Vgl. *Davies*, Gower's Company Law, 328, 624; *Winkler*, 65. Die Vorschläge, *non-voting ordinary shares* aufgrund ihrer die Kontrolle der Gesellschaft durch eine Kapitalminderheit ermöglichenden und damit übernahmehindernden Wirkung über die *Listing Rules* für in Großbritannien börsennotierte Gesellschaften zu verbieten, wurde nicht umgesetzt; vgl. referierend zur Diskussion *Davies*, Gower's Company Law, 624 f.

244 Vgl. Bushell v. Faith, (1970) 1 All ER 53; *Pennington*, 781; *Farrar/Hannigan*, 226 f.; *Grundmann*, European Company Law, Rn. 452; *Winkler*, 61, 65.

245 Vgl. *Davies*, Gower's Company Law, 619 f. (unter Hinweis auf die sonst drohende Verkomplizierung der Kapitalstrukturen); *Winkler*, 62, 96; *Grundmann/Möslein*, ZVglRWiss 102 (2003), 289, 320.

246 Vgl. *Davies*, Gower's Company Law, 625; *Winkler*, 63, 96; *Grundmann/Möslein*, ZVglRWiss 102 (2003), 289, 320; *Ipekel*, EBLR 2005, 341, 350 f.

247 Vgl. *Winkler*, 66; *Davies*, Gower's Company Law, 625; *Weinberg/Blank/Rabinovitz*, Rn. 4-7073, 4-7077.

(und spätere Nichtanwendung) per satzungsänderndem Hauptversammlungsbeschluss entscheiden (ss. 966, 968 (2)(c), (d) CA 2006). Die Einführung der Reziprozitätsregel wurde den Gesellschaften nicht ermöglicht[248].

(2) Ausschluss und Beschränkungen des Stimmrechts in der *plc*

Anders als in der AG und der *S.A.* besteht das Stimmrecht in der *plc* grundsätzlich auch bei Interessenkonflikten auf Seiten der Aktionäre fort. Es wird als Eigentumsrecht (*proprietary right*) gesehen, das der Aktionär prinzipiell im eigenen Interesse auch gegen die Interessen der Gesellschaft ausüben darf[249]. Ausnahmen bestehen nur hinsichtlich der Mitwirkung von Aktionären bei der Beschlussfassung über den Erwerb ihrer Aktien durch die Gesellschaft (ss. 695, 717 CA 2006)[250] und – seit der Gesellschaftsrechtsreform – hinsichtlich der Mitwirkung der Verwaltungsratsmitglieder bei der Entscheidung über die Ratifizierung ihres pflichtwidrigen Verhaltens durch die Hauptversammlung (s. 239 (4) CA 2006)[251]. Entsprechend der Vorgaben nach Art. 22 der Kapital-Richtlinie dürfen die Stimmrechte aus Verwaltungsaktien nicht ausgeübt werden (s. 662 (5), (6) CA 2006)[252]. Die Gesellschaft kann zudem eine gerichtliche Suspendierung des Stimmrechts erwirken, wenn sie unter s. 793 CA 2006 von einer Person die Offenlegung ihrer Interessen an den Aktien der Gesellschaft verlangt und die Person ihre dann bestehende Offenlegungspflicht nicht erfüllt hat (ss. 794, 797 (1)(b) CA 2006). Eine gerichtliche Überprüfung einer getätigten oder beabsichtigten Stimmrechtsausübung im Sinne einer beweglichen Stimmrechtsschranke findet nur in den Extremfällen missbräuchlicher Benachteiligung der anderen Aktionäre oder einer Gruppe von ihnen statt (ss. 994, 996 CA 2006)[253].

b) Vorliegen von und Bedürfnis für Börsengesellschaftsrecht zur Proportionalität von Stimmrecht und Kapitalbeteiligung

Das Europarecht belässt die Frage der Durchbrechung des Grundsatzes „*one share – one vote*", wie bereits zu Beginn dieses Unterabschnitts erwähnt, den nationalen Rechtsordnungen. Unter den untersuchten Jurisdiktionen fällt auf, dass das britische und französische Recht Höchst- und Mehrfachstimmrechte auch in börsennotierten Gesellschaften zulassen. Während britische Gesellschaften in der Ausgestaltung der Stimmrechte und damit auch eventueller Höchst- und Mehrfachstimmrechte völlig frei sind, können französische Gesellschaften einerseits langjährigen Namensaktionären Doppelstimmrechte verleihen und andererseits Höchststimmrechte einführen, dann aber für alle Aktien und Aktiengattungen. In Deutschland

---

248 Vgl. *Freshfields Bruckhaus Deringer*, Implementing the Takeover Directive, 6.
249 Vgl. North-West Transportation Co v. Beatty (1887) 12 App.Cas. 589, PC; Burland v. Earle (1902) AC 83, PC; Goddfellow v. Nelson Line (1912) 2 Ch 324; *Davies*, Gower's Company Law, 486; *Grundmann*, European Company Law, Rn. 452.
250 Dazu in Kapitel 8 unter II.
251 Vgl. bereits in Kapitel 4 unter II.5.a)bb)(3).
252 Zu den insofern bestehenden europarechtlichen Vorgaben vgl. Art. 22 der 2. Gesellschaftsrechtlichen Richtlinie.
253 Ausführlich hierzu in diesem Kapitel unter I.5.a)cc).

wurden hingegen Mehrfachstimmrechte generell und Höchststimmrechte in börsennotierten Gesellschaften durch das KonTraG abgeschafft (§ 12 Abs. 2, 134 Abs. 1 Satz 2 AktG)[254]. Nach deutschem Recht kann der Grundsatz der Proportionalität von Kapitalbeteiligung und Stimmrecht in börsennotierten Gesellschaften daher nur durch stimmrechtslose Vorzugsaktien durchbrochen werden, die wiederum nur bis zur Hälfte des Grundkapitals und nur gegen eine bevorzugte Dividendenberechtigung ausgegeben werden dürfen. Französische und britische Aktiengesellschaften haben demgegenüber größeren Spielraum bei der Gestaltung der Vorzüge. Britische Gesellschaften sind hierbei völlig frei und können das Stimmrecht durch Ausgabe von *non-voting ordinary shares* auch ausschließen, ohne im Gegenzug einen Vorzug einzuräumen. Das französische Recht, das ursprünglich der deutschen Rechtslage zu stimmrechtslosen Vorzugsaktien ähnelte, hat sich durch die Reform 2004 weiter vom Proportionalitätsgrundsatz entfernt. Französische Gesellschaften können nunmehr das Stimmrecht zum einen nicht nur durch dessen zeitweilige Suspendierung wie im deutschen Recht, sondern auf verschiedenste Art und Weise ausschließen. Zum anderen können die Vorzüge jeglicher Natur sein. In börsennotierten Gesellschaften dürfen Vorzugsaktien jedoch nur bis zu einem Viertel des Grundkapitals und nicht wie in den übrigen Gesellschaften bis zu dessen Hälfte ausgegeben werden. Die Durchbrechung von Stimmrechtsbeschränkungen (abgesehen von stimmrechtslosen Vorzugsaktien) in Übernahmesituationen steht in allen Ländern im Satzungsermessen der Gesellschaften, während nur die AG durch Hauptversammlungsbeschluss von der Reziprozitätsregel Gebrauch machen kann. Einzig Höchststimmrechte in börsennotierten *Sociétés Anonymes* werden qua Gesetz zwingend auf der ersten Hauptversammlung nach Erfolg eines Übernahmeangebots ausgesetzt.

aa) Durchbrechung von Übernahmehindernissen

Vor dem Hintergrund der dem Vorschlag zur Übernahme-Richtlinie zugrunde liegenden Annahme, dass ein effizienter, harmonisierter Rahmen für Übernahmen in Europa wirtschaftsfördernd wirkt, kommt der Durchbrechung von Übernahmehindernissen eine Schlüsselfunktion zu[255]. Grundlage der Annahme ist die These des Marktes für Unternehmenskontrolle, der zufolge die latente Drohung einer feindlichen Übernahme dem Management aufgrund seiner zu erwartenden Auswechslung nach dem Übernahmeerfolg starke Anreize bietet, im Sinne der Gesellschafter zu agieren und den *Shareholder Value* zu erhöhen[256]. Die Übernahmegefahr bewirkt also eine Angleichung der Interessen der Geschäftsleiter und der Aktionäre und senkt damit die für die Überwachung der Geschäftsleiter notwendigen *agency costs*[257]. Übernahmen finden nach diesem Modell statt, wenn die Geschäftsleiter die

254 Vgl. HdbAG/*Gämsch*, § 3 Rn. 25; HdbAG/*Marsch-Barner/Schäfer*, § 1 Rn. 14.
255 Vgl. *Weber-Rey*, AG-Report 2007, 167, 168.
256 Zum Konzept des Marktes für Unternehmenskontrolle vgl. die Nachweise in Kapitel 2 in Fn. 56. Überblicksartig zu den verschiedenen wirtschaftswissenschaftlichen Theorien über die Auswirkungen von Übernahmen *Liekefett*, RIW 2004, 824, 825 f.; *Mülbert/Birke*, WM 2001, 705, 706 f.; *Schmidt/Prigge*, DBW 2002, 225, 226–228.
257 Vgl. *Liekefett*, RIW 2004, 824, 825.

Gesellschaft nicht wertmaximierend führen. Dann hat der Bieter Anreize, die Kontrolle über die Gesellschaft zu erlangen, um das Management durch ein profitabler arbeitendes Management zu ersetzen[258]. Für eine Förderung von Übernahmen sprechen zudem die durch sie erzielbaren Synergieeffekte[259]. Dabei sollte im Rahmen der generellen Unterstützung von Übernahmen aus ökonomischer Sicht lediglich verhindert werden, dass die Aktionäre durch zu niedrige Angebote übervorteilt oder durch den Bieter nach dem Übernahmeerfolg ausgebeutet werden können[260]. Im Rahmen der Verhandlungen zur Übernahme-Richtlinie zeigte sich aber, dass der Gegensatz zwischen liberalen, der marktinduzierten Reorganisation der Eigentumsverhältnisse börsennotierter Gesellschaften aufgeschlossenen, und marktskeptischen protektionistischen nationalen Positionen unüberbrückbar war, weshalb nur das zweistufige Optionsmodell kodifiziert werden konnte[261]. Dieses bewirkt lediglich eine Mindestharmonisierung und belässt den Mitgliedstaaten einen erheblichen Gestaltungsspielraum. Dementsprechend haben die untersuchten Jurisdiktionen die Einführung der Durchbrechungsregel für Stimmrechtsbeschränkungen – abgesehen von der zwingenden Aussetzung der Höchststimmrechte auf der ersten Hauptversammlung nach einem erfolgreichen Übernahmeangebot nach französischem Recht – durchweg in das Satzungsermessen der Gesellschaften gestellt. Verstärkt wird die hierdurch geschaffene Unsicherheit hinsichtlich des für die jeweilige Gesellschaft geltenden Übernahmeregimes durch die jedenfalls in Deutschland mögliche Anwendung der Reziprozitätsregel[262]. Auch wenn abzuwarten ist, inwieweit die Gesellschaften von der Durchbrechungsregel und in Deutschland zusätzlich von der Reziprozitätsregel Gebrauch machen, steht doch zu erwarten, dass von den Vorgaben der Übernahme-Richtlinie kaum übernahmefördernde Wirkung ausgehen wird, so dass sie letztlich zur Erreichung ihres Ziels, der Unterstützung eines gemeinsamen Marktes für Unternehmensübernahmen, wenig geeignet sind[263].

---

258 Für einen Überblick der empirischen Studien zur Relevanz der Theorie des Marktes für Unternehmenskontrolle vgl. *Romano*, 9 Yale J. Reg. (1992), 119 ff.; *Weston/Siu/Johnson*, 199 ff.; für eine neuere Untersuchung vgl. *Andrade/Mitchell/Stafford*, 15 J. Econ. Per. (2001), 103 ff.; zusammenfassend *Liekefett*, RIW 2004, 824, 825; *Mülbert/Birke*, WM 2001, 705, 707 f.; *Schmidt/Prigge*, DBW 2002, 225, 226: In den meisten Untersuchungen erzielte die Bietergesellschaft nach der Übernahme keinen Wertzuwachs, die Zielgesellschaft hingegen einen außerordentlich großen, so dass auch das Gesamtunternehmen einen Wertzuwachs verzeichnen konnte. Zur wertmaximierenden Wirkung von Übernahmen vgl. auch die Nachweise bei *Davies/Hopt* in Kraakman u.a., Anatomy of Corporate Law, 157 in Fn. 2.

259 Vgl. *Liekefett*, RIW 2004, 824, 825; *Mülbert/Birke*, WM 2001, 705, 706 f., beide unter Verweis auf Synergieeffekte nahelegende empirische Studien.

260 Vgl. *Liekefett*, RIW 2004, 824, 826. Grundlegend zum hiermit beschriebenen Phänomen des drohenden Gefangenendilemmas einer verbleibenden Minderheit und des daraus resultierenden Verkaufsdrucks (*pressure to tender*) *Bebchuk*, Del. J. Corp. L. 1987, 911 ff.

261 Vgl. *Merkt/Binder*, BB 2006, 1285; ausführlich zu diesem Interessengegensatz *Merkt*, ZHR 165 (2001), 224, 230 ff.; zum Gang des Rechtsetzungsverfahrens *Pötzsch* in Assmann/Pötzsch/Schneider, Einl. Rn. 60 ff.; *Seibt/Heiser*, ZGR 2005, 200 ff.; *Wiesner*, ZIP 2004, 343 ff.

262 In diesem Sinne auch *Weber-Rey*, AG-Report 2007, 167, 168; *Merkt/Binder*, BB 2006, 1285, 1286, 1288.

263 Vgl. auch *Merkt/Binder*, BB 2006, 1285, 1286.

bb) Negative Auswirkungen ungleicher Stimmrechtsgestaltungen

Die Ungleichbehandlung aufgrund von Höchst- und Mehrstimmrechten ist ein wesentlicher Grund für Passivität auf Seiten der Anleger[264]. Abweichungen vom Proportionalitätsprinzip erhöhen die Informationskosten gerade international agierender Anleger[265]. Sind vom Grundsatz der Stimmkraft entsprechend der Kapitalbeteiligung abweichende Satzungsgestaltungen möglich, müssen die Anleger zwecks informierter Investmententscheidung die Satzung der in Betracht kommenden Gesellschaft auf ihre Stimmrechtsgestaltungen analysieren[266]. Deshalb befürworten gerade international agierende institutionelle Investoren eine Standardisierung der Stimmkraft anhand des Proportionalitätsprinzips[267]. Dem liegt der Gedanke zugrunde, dass ein effizienter Kapitalmarkt grundsätzlich voraussetzt, dass sich Stimmrecht und Eigentum entsprechen[268]. Abweichungen vom Proportionalitätsprinzip gefährden die Durchsetzung des Aktionärswillens. Der Einfluss aktiver Aktionäre wird vermindert, wenn sie nicht eine ihrer Kapitalbeteiligung (und damit ihrem finanziellen Risiko) entsprechende Stimmkraft erhalten[269]. Die Verminderung des Einflusses möglicherweise aktiver Aktionäre erschwert die Kontrolle der Verwaltung durch diese und kann so zu einer Verschärfung der *Principal-Agent*-Problematik mit der Folge einer nicht den Interessen der Gesellschaft (und der Aktionäre) entsprechenden Leitung der Geschäfte führen[270]. Zudem entfallen auf Aktionäre mit disproportionalen Stimmrechten nicht ihren Einflussmöglichkeiten entsprechende Teile des durch die Entscheidung bewirkten Gewinns oder Verlusts der Gesellschaft, was die Qualität ihrer Entscheidungen beeinträchtigt[271].

Hierbei können insbesondere Höchststimmrechte die Proportionalität der Stimmrechtsbemessung erheblich unterminieren und so den Einfluss von Großaktionären auf die Geschäftsleitung aushebeln[272]. Soweit Gesellschaften für den Fall von Übernahmeangeboten nicht die Durchbrechungsregel für die erste Hauptversammlung

---

264 Vgl. *Grundmann/Winkler*, ZIP 2006, 1421, 1424; *Winkler*, 92.

265 *Winkler*, 92.

266 Vgl. *Winkler*, 92.

267 Vgl. das *Global Share Voting Principle* Nr. 1 des *International Corporate Governance Network* (ICGN), einer Vereinigung von institutionellen und privaten Anlegern aus mehr als 20 Ländern mit insgesamt mehr als 10 Billionen Euro an Unternehmenswerten), demzufolge jede Aktie unabhängig vom durch den jeweiligen Aktionär gehaltenen Anteil am Grundkapital und seiner räumlichen Distanz von der Gesellschaft die gleichen Stimmrechte gewähren sollte.

268 Vgl. HdbAG/*Marsch-Barner/Schäfer*, § 1 Rn. 14.

269 Vgl. *Hansmann/Kraakman* in Kraakman u.a., Anatomy of Corporate Law, 33, 56; *Ruffner*, 539.

270 Vgl. *Easterbrook/Fischel*, Economic Structure of Corporate Law, 63, 73; *Ruffner*, 539; *Winkler*, 92 unter Verweis auf die *Global Proxy Voting Principles* (weltweiten Stimmrechtsvertretungsgrundsätze) des Rentenfonds für Angestellte des öffentlichen Dienstes von Kalifornien (*California Public Employees' Retirement System, CalPERS*), Ziff. III. Nr. 3, abrufbar unter www.calpers-governance.org/principles/global/globalvoting.pdf.

271 Vgl. *Easterbrook/Fischel*, Economic Structure of Corporate Law, 63, 73.

272 Vgl. *Winkler*, 93; KK/*Zöllner*, § 12 Rn. 6; *Siems*, Konvergenz der Rechtssysteme, 146 f.; *Hansmann/Kraakman* in Kraakman u.a., Anatomy of Corporate Law, 33, 56. Ausführliche rechtsökonomische Analyse von Höchst- und Mehrfachstimmrechten sowie stimmrechtslosen Aktien bei *Ruffner*, 540–567, 586–612.

nach Angebotsende einführen (was ihnen in Deutschland und Großbritannien im Gegensatz zur insofern in Frankreich verpflichtend eingeführten Durchbrechung aber frei steht), verhindern Höchststimmrechte zudem in gravierender Weise, dass der Erwerber seinen Einfluss geltend machen kann. Indem sie alle Beschlussgegenstände, für die eine Stimmenmehrheit in der Hauptversammlung notwendig ist (wie vor allem satzungs- und strukturändernde Maßnahmen sowie die Besetzung des Verwaltungs- oder Aufsichtsrats), der Kontrolle des Erwerbers entziehen, nehmen Höchststimmrechte wesentliche Anreize für feindliche Übernahmen[273]. Damit lassen sie die Voraussetzungen des Marktes für Unternehmenskontrolle mitsamt seiner speziell in börsennotierten Publikumsgesellschaften erwünschten verhaltenssteuernden Wirkung auf das Management entfallen[274]. Gerade aufgrund dieser übernahmehindernden Wirkung wurden die Höchststimmrechte in börsennotierten deutschen Aktiengesellschaften abgeschafft[275]. Berücksichtigt man überdies die informationskostenerhöhenden Wirkung der Höchststimmrechte einerseits und die durch sie bewirkte Unterminierung der Kontrolle der Geschäftsleitung durch Großaktionäre andererseits, erscheinen Höchststimmrechte in börsennotierten Gesellschaften und ihre Zulassung in der *S.A.*, erst recht aber in der *plc* mangels einer verpflichtenden Durchbrechung auf der ersten Hauptversammlung nach erfolgreichem Übernahmeangebot, kritisch[276].

Nicht grundsätzlich anders stellt sich die Interessenlage bei Mehrfachstimmrechten dar[277]. Sie ermöglichen eine die Kapitalbeteiligung übersteigende Einflussnahme, die wiederum als Reflex den Einfluss der übrigen Aktionäre verringert. Damit verwässern Mehrfachstimmrechte die internen Einflussmöglichkeiten aktiver Aktionäre, die nicht mit Mehrfachstimmrechten ausgestattet sind, und erschweren, soweit die Gesellschaft die Durchbrechungsregel nicht einführt, feindliche Übernahmen. Die erhöhte Machtfülle der Inhaber von Mehrfachstimmrechten ist hingegen nur wenig geeignet, deren Kontrolle der Geschäftsführung zu verbessern, da ihr keine korrelierende Kapitalbeteiligung gegenübersteht, die vermehrte Überwachungsanstrengungen lohnenswert erschienen ließe[278]. Vielmehr droht eine Ausnutzung des überproportionalen Einflusses zur Erzielung von Privatrenten zulasten der Minderheit[279]. Problematisch ist vor allem, dass die Inhaber von Mehr-

---

273 Vgl. *Ruffner*, 542, 589; *Winkler*, 18.

274 Vgl. Begr. RegE, BT-Drucks. 13/9712, 20; *Ruffner*, 589; HdbAG/*Marsch-Barner/Schäfer*, § 1 Rn. 14.

275 Vgl. Begr. RegE zum KonTraG, BT-Drucks. 13/9712, 20.

276 So auch *Winkler*, 93. Vor dem Hintergrund der Aktivitäten von Privat-Equity-Fonds und Staatsfonds hingegen für ein Überdenken der Wiederzulassung von Höchststimmrechten in börsennotierten Gesellschaften *Bayer*, Gutachten zum 67. DJT, E 110. Kritisch dazu *Roth*, AnwBl 2008, 580, 585.

277 Vgl. *Ruffner*, 542; *Siems*, Konvergenz der Rechtssysteme, 146 f.; *Winkler*, 93; in diesem Sinne auch *Bayer*, Gutachten zum 67. DJT, E 109. Für eine differenzierte rechtsökonomische Analyse der Mehrfachstimmrechte siehe *Ruffner*, 540–567.

278 Vgl. *Jensen/Meckling*, 3 J. Fin. Econ. (1976), 305, 312 f.; in diesem Sinne (für stimmrechtlose Vorzugsaktien) *Pellens/Hillebrandt*, AG 2001, 57, 60 m.w.N.; desw. *Easterbrook/Fischel*, Economic Structure of Corporate Law, 63, 73.

279 Vgl. *Shleifer/Vishny*, 52 J. Finance (1997), 737, 758; *Pellens/Hillebrandt*, AG 2001, 57, 61.

fachstimmrechten nicht die vollen ökonomischen Konsequenzen ihrer Handlungen zu tragen haben[280]. Da die negativen Folgen ihres Handelns von allen Aktionären getragen werden müssen, haben die bevorrechtigten Aktionäre Anreize, ihren Einfluss zu Erzielung von Sondervorteilen zulasten aller Aktionäre auszunutzen (solange die Sondervorteile die auch von ihnen hinzunehmende Verringerung des *shareholder value* übersteigen)[281]. Daher bewirken Mehrfachstimmrechte in börsennotierten Aktiengesellschaften und mit ihnen die Zulassung von Doppelstimmrechten in börsennotierten *S.A.s* und jeglicher Formen von Mehrfachstimmrechten in börsennotierten *plcs* Defizite, die nicht durch positive Effekte ausgeglichen werden, was für ihre Abschaffung spricht[282].

Auch stimmrechtslose Vorzugsaktien werden an den internationalen Kapitalmärkten grundsätzlich nicht geschätzt[283]. Dementsprechend wird der Verzicht auf gesellschaftsinternen Einfluss in der Praxis mit einem Kursabschlag bewertet[284]. Die Ausgabe stimmrechtsloser Aktien erlaubt zudem die Durchführung von Kapitalerhöhungen ohne Veränderung der Mehrheitsverhältnisse und erschwert feindliche Übernahmen[285], was wiederum den Markt für Unternehmenskontrolle und seine disziplinierende Wirkung auf die Geschäftsleitung beeinträchtigt. Wie schon Mehrfachstimmrechte sind auch stimmrechtslose Aktien kaum geeignet, die stimmberechtigten Aktionäre zu einer intensiveren Kontrolle der Geschäftsführung zu motivieren. Der durch sie bewirkten Erhöhung der relativen Stimmkraft der Stammaktionäre steht keine entsprechende Kapitalbeteiligung gegenüber, die den vermehrten Überwachungsaufwand erst rechtfertigte[286]. Vielmehr droht, wie bei Mehrfachstimmrechten, die erhöhte Machtfülle der Stimmrechtsinhaber zur Ausnutzung der stimmrechtslosen Vorzugsaktionäre eingesetzt zu werden[287]. Hinzu kommt das Informationsproblem, das jedenfalls die weitgehende Freiheit bei der Ausgestaltung der Vorzüge in Großbritannien und Frankreich aufwirft (in Deutschland wird es verringert, indem dem Stimmrechtsverzicht zwingend eine bevorzugte

---

280 Vgl. (für den insofern gleich gelagerten Fall der Stammaktionäre bei Ausgabe stimmrechtloser Vorzugsaktien *Pellens/Hillebrandt*, AG 2001, 57, 61; in diesem Sinne auch *Easterbrook/Fischel*, Economic Structure of Corporate Law, 63, 73.

281 Vgl. *Pellens/Hillebrandt*, AG 2001, 57, 61; *Gomes*, 55 J. Finance (2000), 615, 637; *Ruffner*, 553.

282 So im Ergebnis auch *Winkler*, 93; für die französischen Doppelstimmrechte CalPERS, International Corporate Governance, France Market Principles, abrufbar unter www.calpers-governance.org/principles.pdf.

283 Vgl. *Winkler*, 24; *Loges/Distler*, ZIP 2002, 467; *Ipekel*, EBLR 2005, 341, 350; auch *Bayer*, Gutachten zum 67. DJT, E 109.

284 Der durchschnittliche Kursabschlag von Vorzugsaktien gegenüber den Stammaktien lag im Zeitraum von 1988 bis 1997 in Deutschland bei 26 %, in Großbritannien bei 13 % und in Frankreich (allerdings für Vorzugsaktien nach alter, der deutschen Regelung vergleichbarer, Rechtlage) bei 51 %; vgl. *Pellens/Hillebrandt*, AG 2001, 57, 58. Ältere Zahlen bei *Shleifer/Vishny*, 52 J. Finance (1997), 737, 748 sowie *Ruffner*, 549.

285 Vgl. *Merle*, Rn. 310, 651; auch *Winkler*, 50; *Massard*, Droit et patrimoine n° 130, 84, 85.

286 Vgl. *Jensen/Meckling*, 3 J. Fin. Econ. (1976), 305, 312 f.; *Pellens/Hillebrandt*, AG 2001, 57, 60; in diesem Sinne auch *Shleifer/Vishny*, 52 J. Finance (1997), 737, 754; *Easterbrook/Fischel*, Economic Structure of Corporate Law, 63, 73.

287 Vgl. *Pellens/Hillebrandt*, AG 2001, 57, 61 f.; *Shleifer/Vishny*, 52 J. Finance (1997), 737, 758; *Gomes*, 55 J. Finance (2000), 615, 637.

Dividendenberechtigung gegenüberstehen muss) und das grenzüberschreitende Anlagen beeinträchtigt[288]. Das französische Aktienrecht versucht insofern, die Nachteile stimmrechtsloser Vorzugsaktien in börsennotierten Gesellschaften zu berücksichtigen, indem es ihre Ausgabe auf ein Viertel des Grundkapitals im Gegensatz zur sonst zulässigen Ausgabe bis zu dessen Hälfte begrenzt (art. L. 228-11 (3) C.com.). Darüberhinausgehend bewegt die bei komplizierteren Kapitalstrukturen drohende Beeinträchtigung des börslichen Handels der Anteile in der Praxis die Mehrzahl der börsennotierten Gesellschaften dazu, auf stimmrechtslose Vorzugsaktien vollständig zu verzichten.

Vor dem Hintergrund der von Investorenseite geäußerten Kritik sehen börsennotierte Gesellschaften aller Jurisdiktionen letztendlich ohnehin zunehmend freiwillig von Einschränkungen des Proportionalitätsprinzips ab, um möglichst effizient Eigenkapital an den internationalen Kapitalmärkten aufnehmen zu können[289]. Erhöhte Informationskosten durch komplizierte Kapitalstrukturen, verschlechterte Möglichkeiten der internen Kontrolle der Geschäftsleitung und Übernahmehindernisse mitsamt der aus ihnen folgenden verringerten Verhaltenssteuerung der Geschäftsleitung über den Markt für Unternehmenskontrolle schlagen sich in vielen Fällen in den Börsenkursen nieder und verteuern so die Eigenkapitalfinanzierung. Von daher ist zu erwarten, dass der vermehrte Wettbewerb börsennotierter Gesellschaften um Finanzierungsmittel auch ohne gesetzliche Einschränkungen der Gestaltungsfreiheit zu einer verstärkten Stimmrechtsgestaltung nach dem Proportionalitätsprinzip führen wird[290]. Jedenfalls für Übernahmesachverhalte wäre jedoch eine zwingende Einführung der Durchbrechungsregel unter Ausschluss der Reziprozitätsregel wünschenswert gewesen, um einen europäischen Markt für Unternehmensübernahmen mit seiner effizienzsteigernden und das Verhalten der Geschäftsleitung im Sinne der Aktionäre steuernden Wirkung zu unterstützen.

4. Modalitäten der Stimmrechtsausübung und Stimmrechtsvertretung

Neben der Stimmrechtsausstattung sind die Modalitäten der Stimmrechtsausübung und hier insbesondere der Stimmrechtsvertretung maßgebliche Punkte für die effiziente Ausübung der Hauptversammlungsbefugnisse gerade in börsennotierten Publikumsgesellschaften mit ihren international verstreuten Anlegerkreisen.

---

288 In diesem Sinne auch *Pellens/Hillebrandt*, AG 2001, 57, 66, 67.

289 Vgl. *Winkler*, 97, 113; *Ipekel*, EBLR 2005, 341, 350 f. (für Frankreich und Großbritannien); *Pellens/Hillebrandt*, AG 2001, 57, 67 (bezogen auf Deutschland sowie mit Nachweisen für Frankreich, Schweden und die Schweiz).

290 So auch *Winkler*, 97; *Ipekel*, EBLR 2005, 341, 351; *Pellens/Hillebrandt*, AG 2001, 57, 67.

a) *Rechtsvergleichender Überblick zur Stimmrechtsausübung und Stimmrechtsvertretung*

aa) Europarechtliche Vorgaben

Die Aktionärsrechte-Richtlinie verpflichtet die Mitgliedstaaten nunmehr, ihren börsennotierten Gesellschaften europaweit die Möglichkeit einzuräumen, die Stimmrechtsausübung auf elektronischem Wege und per Briefwahl zuzulassen (Art. 8, 12). Nach Art. 8 Abs. 1 müssen die nationalen Rechte so ausgestaltet sein, dass die Gesellschaften ihren Aktionären die Teilnahme im Wege der Direktübertragung der Hauptversammlung, der Zweiweg-Direktverbindung (mit der Möglichkeit des Aktionärs, sich aus der Entfernung an die Hauptversammlung zu wenden) und im Wege eines elektronischen Systems der Stimmrechtsausübung vor oder während der Hauptversammlung ohne Einschaltung eines körperlich anwesenden Stimmrechtsvertreters ermöglichen können[291]. Während die Richtlinie auf die Möglichkeit, die Präsenzversammlung durch eine Internet-Konferenz, die sog. virtuelle Hauptversammlung zu ersetzen, nicht eingeht, steht sie einer solchen jedenfalls nicht entgegen[292]. Einschränkende gesetzliche Anforderungen sind nur zulässig, wenn sie zur Feststellung der Identität der Aktionäre bzw. zur Gewährleistung der Sicherheit der elektronischen Kommunikation verhältnismäßig sind (Art. 8 Abs. 2, Art. 12 Satz 2).

Darüberhinaus gewährleistet die Richtlinie den Aktionären das Recht zur freien Bestellung eines Stimmrechtsvertreters, der im Rahmen der Hauptversammlung die Rechte des vertretenen Aktionärs hat und an die Weisungen des Aktionärs gebunden ist (Art. 10 Abs. 1, 4). Die Mitgliedstaaten müssen jegliche Beschränkungen in Bezug auf die zu bestellende Person (abgesehen von deren Geschäftsfähigkeit) und jegliche Möglichkeiten für ihre Gesellschaften, solche Beschränkungen einzuführen, aufheben (Art. 10 Abs. 1 Unterabs. 2). Im Übrigen dürfen die Mitgliedstaaten die Stimmrechtsvertretung nur noch durch die in Art. 10 Abs. 2, 3 abschließend aufgezählten Maßnahmen zur Vermeidung von Interessenkonflikten zwischen dem Vertreter und dem Aktionär beschränken[293]. Die Bestellung der Vertreter muss im Innenverhältnis „schriftlich", d.h. in Textform, erfolgen und auf elektronischem Wege möglich sein (Art. 11 Abs. 1, 3), während die Gesellschaft über die Form der Kundgabe der Vollmachtserteilung im Außenverhältnis ihr gegenüber entscheiden kann, aber mindestens eine elektronische Form zulassen muss (Art. 11 Abs. 2)[294]. Weitere formale Anforderungen an die Bestellung, die Benachrichtigung und die Weisungserteilung sind nur zulässig, wenn sie zur Feststellung der Identität von Aktionär und Vertreter beziehungsweise zur Ermöglichung einer Überprüfung des Inhalts der Abstimmungsanweisungen verhältnismäßig sind (Art. 11 Abs. 2 a.E.).

---

291 Vgl. *Zetzsche*, NZG 2007, 686, 689, 690.
292 Vgl. die Erwägungsgründe 5, 6, 9 der Aktionärsrechte-Richtlinie; *Zetzsche*, NZG 2007, 686, 691.
293 Zur Vermeidung von Interessenkonflikten dürfen danach lediglich Offenlegungspflichten des Stimmrechtsvertreters, das Erfordernis konkreter Abstimmungsanweisungen an den Vertreter und eine Beschränkung sowie der Ausschluss der Übertragung der Vertretungsbefugnis vom Vertreter auf Dritte angeordnet werden.
294 Vgl. *Zetzsche*, NZG 2007, 686, 690.

Die professionelle Stimmrechtsvertretung wird unterstützt, indem quantitative Vollmachtsbeschränkungen ausgeschlossen werden (Art. 10 Abs. 5) und formale Anforderungen an die Ermächtigung nicht über das zur Feststellung der Identität der Aktionäre oder des Inhalts ihrer Abstimmungsanweisungen Erforderliche hinausgehen dürfen (Art. 13). Publizitätsanforderungen müssen auf eine Liste der vertretenen Aktionäre und der jeweiligen Zahl von Aktien, aus denen für sie die Stimmrechte ausgeübt werden, beschränkt sein (Art. 13).

bb) Stimmrechtsausübung und Stimmrechtsvertretung in der AG

Die Hauptversammlung der AG ist nach geltendem Recht noch eine Präsenzversammlung[295]. Die Aktionäre können ihre Stimmrechte also nur ausüben, wenn entweder sie oder ein von ihnen bestellter Stimmrechtsvertreter am Versammlungsort physisch präsent sind, während eine elektronische Teilnahme noch nicht möglich ist[296]. Auch die Stimmabgabe vor der Hauptversammlung per Brief oder Email ist noch ausgeschlossen[297]. Aktienrechtlich zulässig ist bis dato allein die elektronische Übertragung der Hauptversammlung (auch per Internet), bei der die Aktionäre, so sie denn einen Vertreter bevollmächtigt haben, diesem auch elektronische Weisungen erteilen können (wobei der praktische Unterschied zwischen einer bis zur Stimmabgabe durch den Vertreter modifizierbaren elektronischen Weisung und einer elektronischen Stimmabgabe gering ist)[298].

Betrachtet man die Möglichkeit der Aktionäre zur Koordinierung ihrer Stimmrechtsausübung, so fällt auf, dass sie in börsennotierten Gesellschaften lediglich ein Auskunftsrecht hinsichtlich ihrer eigenen Eintragung im Aktienregister haben (§ 67 Abs. 6 Satz 1 AktG). In nicht-börsennotierten Gesellschaften kann das Auskunftsrecht in der Satzung erweitert und so auch der Rechtslage vor der Änderung durch das NaStraG – einem unbeschränkten Auskunftsrecht über alle Eintragungen im Aktienregister – angepasst werden (§ 67 Abs. 6 Satz 2 AktG)[299]. Das zuvor bestehende umfassende Einsichtsrecht wurde nach der Entwicklung der Namensaktie zu einem Massenphänomen gerade in börsennotierten Publikumsgesellschaften datenschutzrechtlichen Bedenken nicht mehr gerecht[300]. In Gesellschaften mit einem überschaubaren Aktionärskreis bestehen diese Bedenken gegen eine Ausweitung des Einsichtsrechts nicht, weshalb Satzungsfreiheit gewährt werden konnte[301]. Mit dem UMAG wurde dagegen durch § 127a AktG das sog. Aktionärs-

---

295 Vgl. *Hüffer*, § 118 Rn. 12; MK/*Kubis*, § 118 Rn. 24 m.w.N.; *Bunke*, AG 2002, 57; kritisch dazu *Hasselbach/Schumacher*, ZGR 2000, 259, 260–265.

296 Vgl. *Winkler*, 173; *Bunke*, AG 2002, 57.

297 Vgl. KK/*Zöllner*, § 134 Rn. 69; *Bunke*, AG 2002, 57; *Winkler*, 174; *Baums* in Baums/Wymeersch (Hrsg.), Shareholder Voting Rights, 109, 123.

298 Vgl. BJM, Entwicklung der Stimmrechtsausübung, 26; *Seibert*, AG 2004, 529, 533; *Winkler*, 174; *Zetzsche*, NZG 2007, 686, 692. Auch Ziff. 2.3.4 DCGK regt eine elektronische Übertragung der Hauptversammlung etwa per Internet an.

299 Vgl. RegBegr BT-Drucks. 11/4051, 11; *Bezzenberger* in Schmidt/Lutter, § 67 Rn. 117; *Hüffer*, § 67 Rn. 30.

300 Vgl. RegBegr BT-Drucks. 11/4051, 11 f.; *Hüffer*, § 67 Rn. 28 m.w.N.

301 Vgl. *Hüffer*, § 67 Rn. 30.

forum geschaffen, eine Internet-Plattform, die als besondere Rubrik des elektronischen Bundesanzeigers der Kontaktaufnahme und Kommunikation zwischen Aktionären und Aktionärsvereinigungen dient[302]. Während der Aufruf im Bundesanzeiger neutral zu erfolgen hat, kann der Initiator auf eine Begründung auf seiner Internetseite und die Gesellschaft auf eine Stellungnahme auf ihrer Internetseite hinweisen (§ 127a Abs. 3, 4 AktG). Die Möglichkeit für Aktionäre, andere Aktionäre im Aktionärsforum des elektronischen Bundesanzeigers gemäß § 127a AktG aufzufordern, gemeinsam oder in Vertretung einen Antrag oder ein Verlangen nach dem AktG zu stellen oder in der Hauptversammlung das Stimmrecht auszuüben, besteht formal für alle Aktiengesellschaften. Praktisch macht die Aufforderung aber vor allem bei börsennotierten Gesellschaften Sinn, weil bei nicht-börsennotierten Gesellschaften ein solcher Aufruf von den Aktionären, die sich regelmäßig persönlich kennen, im elektronischen Bundesanzeiger nicht erwartet und gesucht und wohl auch nicht dort platziert würde[303]. Das elektronische Aktionärsforum soll die Kommunikation unter den Aktionären und die Stimmrechtsausübung angesichts zunehmenden Streubesitzes und fortschreitender Internationalisierung der Aktionärsstruktur fördern und so als Fernziel die Ausweitung des Streubesitzes in der deutschen Aktienkultur unterstützen[304]. Kleinaktionären soll erleichtert werden, ihre Interessen zu bündeln, gemeinsame Strategien zu entwickeln und sich insbesondere im Hinblick auf die von Schwellenwerten abhängige Ausübung der Minderheitenrechte zu koordinieren[305]. Nach der Beschränkung der Einsichtnahme auf eigene Daten (§ 67 Abs. 6 AktG) wären Aktionäre mit weniger als der nach § 21 WpHG meldepflichtigen 3 % der Anteile zur Kontaktaufnahme sonst auf die veralteten, unvollständigen und vor allem professionelle Stimmrechtsvertreter ausweisenden Teilnehmerverzeichnisse der letzten Hauptversammlungen angewiesen[306]. Bis jetzt wird das Aktionärsforum vor allem von Aktionärsvereinigungen für Aufrufe zur Stimmrechtsvertretung genutzt[307]. Institutionelle Anleger verzichten dagegen auf seine Nutzung, wohl auch, weil ihnen mit den Angeboten institutioneller Stimmrechtsberatungsunternehmen alternative Koordinationsmöglichkeiten zur Verfügung stehen[308].

---

302 Vgl. *Koch*, ZGR 2006, 769, 781; *Kolb*, DZWIR 2006, 50, 52; ausführlich, insbesondere auch zur hinsichtlich der Gestaltung des Aktionärsforums und seiner Arbeitsweise ergangenen Aktionärsforumsverordnung, *Seibert*, AG 2006, 16 ff.; kritisch angesichts der möglichen Beeinträchtigung der Gesellschaft durch einseitige Stellungnahmen im Bundesanzeiger *DAV-Handelsrechtsausschuss*, NZG 2004, 555, 558; 2005, 388, 390.

303 Vgl. RegBegr BR-Drucks. 3/05, 31. Kritisch zur Erstreckung des § 127a AktG auf nicht-börsennotierte Aktiengesellschaften *Fleischer*, NJW 2005, 3525, 3527.

304 Vgl. RegBegr BR-Drucks. 3/05, 28; Begr. der Verordnung über das Aktionärsforum (AktFoV, BGBl. I 2005, 3193), Bundesanzeiger Nr. 241 v. 21. Dezember 2005, 16869 f.; *Dauner-Lieb*, WM 2007, 9, 11.

305 Vgl. Reg.Begr. BR-Drucks. 3/05, 28; *Kolb*, DZWIR 2006, 50, 52; *Dauner-Lieb*, WM 2007, 9, 11; *Noack*, NZG 2004, 297, 302.

306 Vgl. *Noack*, NZG 2004, 297, 302; *Seibert*, WM 2005, 157, 158.

307 Vgl. *Schmolke*, ZGR 2007, 701, 729; *Wand/Tillmann*, AG 2006, 443, 446.

308 Vgl. *Schmolke*, ZGR 2007, 701, 729. Ausführlich zur institutionellen Stimmrechtsberatung *Schneider/Anzinger*, NZG 2007, 81 ff.

Als Stimmrechtsvertreter können die Aktionäre grundsätzlich jede natürliche oder juristische Person bestellen (§ 134 Abs. 1 AktG)[309]. Die Satzung darf nach h.M. Beschränkungen zum Personenkreis der zu Bevollmächtigenden enthalten, solange diese die Entscheidungsfreiheit des Aktionärs nicht unzumutbar einschränken[310]. Ein genereller Ausschluss der Vertretungsmöglichkeit ist hingegen unzulässig (§ 23 Abs. 5 Satz 1 AktG). Größere (und damit auch die börsennotierten) Aktiengesellschaften schränken den Vertreterkreis so gut wie nie ein[311]. Die Bevollmächtigung hat grundsätzlich schriftlich zu erfolgen, die Satzung kann aber seit dem NaStraG Erleichterungen und insbesondere eine elektronische Bevollmächtigung zulassen (§ 134 Abs. 1 Satz 2 AktG)[312]. Weisungen an die Vertreter können jederzeit und formlos erteilt werden. Die Bevollmächtigung von Kreditinstituten, Aktionärsvereinigungen und anderen geschäftsmäßig Handelnden ist seit dem NaStraG formfrei möglich[313], muss aber vollständig und nachprüfbar festgehalten sein (§ 135 Abs. 2 Satz 3, 4 AktG). Das NaStraG unterstützte die professionelle Stimmrechtsvertretung zudem durch den Wegfall des zuvor bestehenden Erfordernisses einer Befristung der Vollmacht auf höchstens 15 Monate. Nunmehr ist der vertretene Aktionär jährlich und deutlich hervorgehoben auf seine jederzeitige Widerrufsmöglichkeit hinzuweisen (§ 135 Abs. 2 Satz 2 AktG). Begrenzt wird die institutionelle Vertretung dadurch, dass sie bei eigener Beteiligung des Vertreters mit mehr als 5 % des Grundkapitals nur mit Weisung des Vertretenen zu den einzelnen Gegenständen zulässig ist (§ 135 Abs. 1 Satz 3 AktG). Auch unterhalb dieser Schwelle haben Kreditinstitute und Aktionärsvereinigungen den von ihnen vertretenen Aktionären eigene, allein am Aktionärsinteresse ausgerichtete Abstimmungsvorschläge zu unterbreiten (§ 128 Abs. 2 Satz 1, Abs. 5 AktG). Zusammen mit ihren Vorschlägen müssen sie die Aktionäre um die Erteilung von Weisungen für die Ausübung des Stimmrechts bitten und darauf hinzuweisen, dass sie, wenn der Aktionär nicht rechtzeitig eine andere Weisung erteilt, das Stimmrecht entsprechend den eigenen Vorschlägen ausüben werden (§ 128 Abs. 2 Satz 4, Abs. 5 AktG). Das Kreditinstitut ist an die Weisungen bzw. an seine Vorschläge gebunden, es sei denn, es darf den Umständen nach annehmen, dass der Aktionär bei Kenntnis der Sachlage die abweichende Ausübung des Stimmrechts billigen würde (§ 135 Abs. 5 AktG).

Neben der Stellvertretung ist die sog. Legitimationsübertragung zulässig, durch die ein Dritter ermächtigt wird, das Stimmrecht im eigenen Namen auszuüben (§ 129

---

309 Vgl. *Hüffer*, § 134 Rn. 25; MK/*Volhard*, § 134 Rn. 36; *Schmidt*, NZG 2006, 487.

310 Vgl. RGZ 55, 41 f.; LG Bonn, AG 1991, 114, 115; *Hüffer*, § 134 Rn. 25; MK/*Kubis*, § 118 Rn. 70; *Schmidt*, NZG 2006, 487; a.A. OLG Stuttgart NJW-RR 1990, 1316, 1317; MK/*Volhard*, § 134 Rn. 42; *Winkler*, 177.

311 Vgl. *Winkler*, 177.

312 Hiervon machen insbesondere Namensaktiengesellschaften zunehmend Gebrauch; vgl. *Winkler*, 175 unter Verweis auf die Satzung der Allianz AG. Der Anteil elektronisch erteilter Vollmachten bewegt sich bisher zwischen 0,7 % und 4,4 % des Kapitals; vgl. *Winkler*, 175; *BMJ*, NZG 2004, 948, 954.

313 § 135 Abs. 1 Satz 1 ist insofern abschließende Sonderregel gegenüber § 134 Abs. 3 Satz 2 AktG; vgl. RegBegr BT-Drucks. 14/4051, 15; *Hüffer*, § 135 Rn. 6, 13; MK/*Volhard*, § 135 Rn. 42; *Schmidt*, NZG 2006, 487, 488.

Abs. 3 AktG). Die Legitimationsübertragung ermöglicht, bei Inhaberaktien die Anonymität des Aktionärs zu wahren, da der Ermächtigte sich gegenüber der Gesellschaft durch Vorlage der Aktienurkunden als Inhaber legitimieren kann[314]. Praktisch hat die Legitimationsübertragung weitgehend an Bedeutung verloren, da das AktG mittlerweile einerseits institutionellen Vertretern diese Form der Stimmrechtsausübung untersagt und andererseits die Stimmrechtsvertretung „für den, den es angeht", also ohne Angabe des Namens des Vertretenen, gestattet (§ 135 Abs. 4 Satz 2, Abs. 7 AktG)[315].

In der deutschen Praxis herrschte seit jeher die Stimmrechtsvertretung durch Kreditinstitute auf Grundlage des Depot- bzw. Bankenstimmrechts vor[316]. Demgegenüber spielte und spielt die Vertretung durch Aktionärsvereinigungen eine völlig untergeordnete Rolle[317]. Die Reform der Stimmrechtsvertretung durch Kreditinstitute durch das KonTraG und das NaStraG haben diese aber stark verkompliziert, so dass das Interesse der Banken an der Anwerbung von Stimmrechtsvollmachten wesentlich abgenommen hat[318]. Insbesondere die Pflicht, dem Aktionär von den Vorschlägen der Verwaltung abweichende eigene Weisungsvorschläge zu erteilen (§ 128 Abs. 2 Satz 1 AktG), stellt sich aus Sicht der Kreditinstitute als bürokratische und kostenintensive Hürde dar[319]. Bietet das Kreditinstitut einem Anleger seine Vertretung an, so ist es zudem verpflichtet, auch für alle anderen Depotkunden als weisungsgebundener Vertreter aufzutreten (§ 135 Abs. 10 AktG). Diese Pflicht kann in erheblichen Kosten resultieren und hat die Bereitschaft zur Stimmrechtsvertretung weiter reduziert. Weite Teile der Kreditinstitute, darunter alle öffentlichen und genossenschaftlichen Banken und die meisten Discount-Banken, bieten ihren Anlegern keine Stimmrechtsvertretung mehr an[320]. Im Gegenzug wächst die Bedeutung der Stimmrechtsvertretung durch von der Gesellschaft benannte und bezahlte Vertreter (sog. *proxy voting* oder Verwaltungsstimmrecht), die seit der Neufassung des § 134 Abs. 3 Satz 3 AktG durch das NaStraG gesetzlich anerkannt ist[321]. Durch die Ausbreitung von Namensaktien werden die Gesellschaften

---

314 Vgl. *Kübler/Assmann*, § 15 V. 5.a).; *Raiser/Veil*, § 16 Rn. 102.

315 Vgl. *Raiser/Veil*, § 16 Rn. 102, 112.

316 Vgl. *Kübler/Assmann*, § 15 V. 5.; *Raiser/Veil*, § 16 VIII. 3.; *Grundmann/Winkler*, ZIP 2006, 1421, 1427. Zum Bedeutungszuwachs institutioneller Stimmrechtsberatungs- und Stimmrechtsvertretungsunternehmen und den sich daraus ergebenden Fragestellungen vgl. *Schneider/Anzinger*, NZG 2007, 88 ff.

317 Vgl. *Winkler*, 181; *Noack*, FS für Lutter, 1463, 1468 unter Bezugnahme auf entsprechende Zahlen der DSW; *Seibert*, AG 2004, 529, 532.

318 Vgl. *BMJ*, NZG 2004, 948; *Kübler/Assmann*, § 15 V. 5.; *Grundmann*, European Company Law, Rn. 490; *Schmidt*, NZG 2006, 487, 490; *Lenz*, AG 2006, 572; *Seibert*, AG 2004, 529, 531.

319 Vgl. *Deutschen Sparkassen- und Giroverbandes (DSGV)*, Positionspapier zur Deregulierung des Depotstimmrechts vom Februar 2006, 4, 16.

320 Vgl. *BMJ*, NZG 2004, 948, 950 f.; *Lenz*, AG 2006, 572; auch *Seibert*, AG 2004, 529, 532.

321 Vgl. auch *BMJ*, NZG 2004, 948; *Seibert*, AG 2004, 529, 531; *Schmidt*, NZG 2006, 487, 490; MK/*Schöer*, § 135 Rn. 18. Die gesetzliche Anerkennung folgt aus § 134 Abs. 3 Satz 3 AktG, dem zufolge Bevollmächtigungserklärungen von der Gesellschaft für drei Jahre nachprüfbar festgehalten werden müssen, wenn von der Gesellschaft benannte Stimmrechtsvertreter bevollmächtigt wurden. Kritisch zum Verwaltungsstimmrecht *Hüffer*, § 135 Rn. 3a; *Raiser/Veil*, § 16 Rn. 97 ff.; *Wiebe*, ZHR 166 (2002), 182 ff.

in die Lage versetzt, in direkten Kontakt mit ihren Aktionären zu treten und ihnen eigene Stimmrechtsvertreter anzubieten[322]. Aber auch bei Inhaberaktien empfehlen die nicht mehr als Vertreter auftretenden Depotbanken ihren Kunden regelmäßig eine Bevollmächtigung des Stimmrechtvertreters der Gesellschaft[323]. Kritisch an dieser Entwicklung erscheint, dass Verwaltungsstimmrechte die Funktionenteilung zwischen dem Vorstand und der Hauptversammlung beeinträchtigen können, da die von der Gesellschaft bestellten und bezahlten Aktionärsvertreter auf vielfältige Weise unter dem Einfluss der Gesellschaft stehen können[324]. Vor dem Hintergrund dieser Gefahr fällt auf, dass nur ein geringer Teil der über die Jahrzehnte für das Bankenstimmrecht entwickelten Schutzvorkehrungen zugunsten der Aktionäre (§§ 128, 135 AktG) auf das Verwaltungsstimmrecht erstreckt wurde (§§ 134 Abs. 3 Satz 4 i.V.m. 135 Abs. 4 Satz 1–3 AktG), obwohl sich vergleichbare Interessenkonflikte ergeben können[325]. Deshalb will die h.M. gesellschaftseigene Stimmrechtsvertreter analog § 135 Abs. 1 Satz 2 AktG nur aufgrund ausdrücklicher Weisung abstimmen lassen[326]. Auch der DCGK greift diese Sorge auf, indem er in Ziff. 2.3.3 die Unterstützung der Aktionäre bei der Stimmabgabe durch die Gesellschaft befürwortet, hierfür aber empfiehlt, einen an die Weisungen der Aktionäre gebundenen und auch während der Hauptversammlung erreichbaren Vertreter einzusetzen. Gerade börsennotierte Gesellschaften praktizieren dies zunehmend, indem sie einen elektronisch erreichbaren Stimmrechtsvertreter einsetzen, der nur aufgrund von Weisungen abstimmen kann (ohne Weisungen sollen die Vollmachten ungültig sein), und so erhebliche Steigerungsraten bei der Hauptversammlungsbeteiligung erreichen[327]. Während die Hauptversammlungspräsenzen in den DAX-Gesellschaften zwischen 1998 und 2005 (vor allem aufgrund des Rückzugs der Depotbanken aus der Stimmrechtsvertretung und der Internationalisierung der Beteiligungsstrukturen[328]) von 60,95 % auf 45,87 % sanken, stiegen sie bis 2007 wieder auf 56,42 %[329].

---

322 Vgl. *Lenz*, AG 2006, 572, 574.
323 Vgl. *BMJ*, NZG 2004, 948, 951.
324 Vgl. *Raiser/Veil*, § 16 Rn. 97. Ausführlich zur Problematik *Lenz*, Stimmrechtsvertretung, 132 ff.
325 Vgl. *Raiser/Veil*, § 16 Rn. 97. Die bereits geschilderten §§ 128, 135 AktG bezwecken maßgeblich, eine dauerhafte Bindung an die dem Kreditinstitut erteilte Vollmacht zu verhindern und die Durchsetzung des Aktionärswillens durch eine informierte Erteilung von Weisungen an das Kreditinstitut zu unterstützen; vgl. *Raiser/Veil*, § 16 Rn. 111–118; *Kübler/Assmann*, § 15 V. 5.b), c).
326 Vgl. *BMJ*, NZG 2004, 948, 953; *Hüffer*, § 134 Rn. 26b; *Habersack*, ZHR 165 (2001), 172, 187 f.; *Noack*, ZIP 2001, 57, 62; *Hüther*, AG 2001, 68, 71 ff.; *Pikó/Preissler*, AG 2002, 223, 227; a.A. MK/*Volhard*, § 134 Rn. 39 m.w.N., der angesichts der Vollmachtserteilung an die Verwaltung nur für eine einzige Hauptversammlung kein Bedürfnis für eine Warnung durch Erteilung von Einzelweisungen sieht und der Analogie die dogmatische Grundlage abspricht.
327 Vgl. *Zetzsche*, NZG 2007, 686, 692 unter Verweis auf die Hauptversammlung der Allianz AG 2007, bei der 5 % des stimmberechtigten Kapitals über das Internet abstimmten, und diejenige der Deutschen Telekom AG, bei der 8650 anwesende Aktionären 7650 Aktionäre gegenüberstanden, die den über das Internet erreichbaren Stimmrechtsvertreter nutzten; *Winkler*, 178 f.; *BMJ*, NZG 2004, 948, 954.
328 Vgl. *Seibert*, AG 2004, 529, 531; *Dauner-Lieb*, WM 2007, 9; *Spindler* in VGR (Hrsg.), Gesellschaftsrecht in der Diskussion 2005, 31, 33; *BMJ*, NZG 2004, 948.
329 Vgl. DSW, Hauptversammlungspräsenzen der DAX 30-Unternehmen (1998–2007), www.dsw-info.de/uploads/media/DSW HV-Praesenz2007_02.pdf; *Dauner-Lieb*, WM 2007, 9 (der zu-

Der Deutsche Sparkassen- und Giroverband (DSGV) hat in Aussicht gestellt, die Hauptversammlungspräsenzen durch eine vermehrte Vertretung der Depotkunden der in ihm vertretenen Kreditinstitute zu erhöhen, wenn die Kosten des Depotstimmrechts durch dessen Reform abgesenkt werden[330]. Kernelement der von ihm angestrebten Reform ist der Verzicht auf die gesetzliche Pflicht der Kreditinstitute, ihren Depotkunden alternativ zu den Abstimmungsvorschlägen der Verwaltung eigene Abstimmungsvorschläge zu den Tagesordnungspunkten der Hauptversammlung zu machen (§ 128 Abs. 2 Satz 1 AktG)[331]. Stattdessen befürwortet der DSGV ein rechtsgeschäftliches Vertretungsmodell, dem zufolge der Aktionär seine Depotbank anwiese, generell im Sinne der Verwaltungsvorschläge abzustimmen, soweit er keine von diesen abweichenden Einzelweisungen erteilt[332]. Mit der Weisungsvorschlagspflicht sollen auch die diese unterstützenden Organisationspflichten zur Neutralisierung von Eigeninteressen und zur Überwachung der Stimmrechtsausübung auf Geschäftsleiterebene (§ 128 Abs. 2 Satz 3 AktG) wegfallen[333]. Zudem sollen die Hinweispflichten bei personellen Verflechtungen, Beteiligungsbesitz und Emissionstätigkeit (§ 128 Abs. 2 Satz 6, 7 AktG) und die Beschränkungen der Stimmrechtsausübung bei eigener Beteiligung des Vertreters nach § 135 Abs. 1 Satz 3 AktG aufgegeben werden[334]. Der DSGV argumentiert, dass die rechtspolitischen Gründe der derzeitigen Regulierung des Depotstimmrechts nach der Entflechtung der durch wechselseitige Beteiligungen der Kreditinstitute geprägten „Deutschland-AG“ allenfalls noch eingeschränkt gültig seien[335]. Da mangels eigener Beteiligungen der Kreditinstitute und angesichts der rückläufigen Fremdkapitalfinanzierung durch sie nunmehr regelmäßig kein potentieller Interessenkonflikt mehr bestehe, entfalte die zur Vorbeugung solcher Interessenkonflikte geschaffene Regelung aufgrund der mit ihr einhergehenden bürokratischen und finanziellen Belastungen vor allem abschreckende Wirkungen auf die Kreditinstitute, ohne diese durch eine Steigerung des Aktionärsschutzes zu rechtfertigen[336].

Weitere Vorschläge zur Steigerung der Hauptversammlungspräsenzen beinhalten eine Stimmpflicht für institutionelle Anleger[337]. Da die inländischen institutionellen Anleger aber bereits aufgrund der Sollvorschrift des § 32 Abs. 1 InvG[338] zu großen Teilen ihre Stimmrechte ausüben, käme es darauf an, eine Verpflichtung

---

folge auch die Einführung des *Record Dates* Grund der Präsenzsteigerung gewesen sein könnte, da sie gerade ausländische Aktionäre zur Teilnahme an der Hauptversammlung bewogen haben könnte).

330 Vgl. *DSGV*, Positionspapier vom Februar 2006; dazu *Lenz*, AG 2006, 572 ff.; *Dauner-Lieb*, WM 2007, 9, 10, 13 f.

331 Vgl. *DSGV*, Positionspapier vom Februar 2006, 16.

332 Vgl. *DSGV*, Positionspapier vom Februar 2006, 17.

333 Vgl. *DSGV*, Positionspapier vom Februar 2006, 17.

334 Vgl. *DSGV*, Positionspapier vom Februar 2006, 17 f.

335 Vgl. *DSGV*, Positionspapier vom Februar 2006, 7, 13; referierend *Dauner-Lieb*, WM 2007, 9, 10.

336 Vgl. *DSGV*, Positionspapier vom Februar 2006, 3; referierend *Dauner-Lieb*, WM 2007, 9, 10.

337 Vgl. referierend *Seibert*, AG 2004, 529, 532.

338 Gemäß § 32 Abs. 1 Satz 3 InvG sollen Kapitalanlagegesellschaften ihre Stimmrechte in Gesellschaften mit Sitz in Deutschland in der Regel selbst ausüben.

für ausländische institutionelle Anleger zu schaffen. Eine solche wäre aber kaum durchsetzbar[339]. Alternativ wird angedacht, den Gesellschaften nach spanischem Vorbild die Satzungsautonomie einzuräumen, die Abgabe der Stimmen mit einem Dividendenbonus zu belohnen[340].

cc) Stimmrechtsausübung und Stimmrechtsvertretung in der *S.A.*

Im Gegensatz zur Rechtslage in der AG haben die Aktionäre der *S.A.* seit 1983 zwingend in allen Hauptversammlungen die Möglichkeit, ihr Stimmrecht auch in Abwesenheit im Vorfeld der Hauptversammlung im Wege der Briefwahl auszuüben (*vote par correspondance*, art. L. 225-107 I. C.com. i.V.m. art. R. 225-75 ff. C.com.)[341]. Jeder Aktionär kann von der Gesellschaft die Zusendung eines Wahlformulars verlangen (art. R. 225-75 C.com.), das die Abstimmung zu jedem zur Entscheidung stehenden Punkt ermöglicht (art. R. 225-76 (1) C.com.). In der Praxis verbinden die meisten Gesellschaften das Wahlformular mit Vorlagen für die Beantragung einer eigenen Eintrittskarte für die Hauptversammlung und für Blankovollmachten an den Vorsitzenden der Hauptversammlung sowie an einen vom Aktionär zu bestimmenden anderen Aktionär in einer Urkunde[342]. In diesem Fall müssen die Aktionäre in der Urkunde darauf hingewiesen werden, dass sie mit Hilfe des Formulars für jede Abstimmung gesondert entscheiden können, ob sie in Abwesenheit wählen oder Vollmacht erteilen wollen, sowie dass sie die Möglichkeit haben, festzulegen, ob sie sich im Fall der Änderung von Beschlussvorschlägen enthalten oder vertreten lassen wollen (art. R. 225-78 C.com.). Seit dem *Loi NRE* von 2001 kann statutarisch die Briefwahl über ein per Internet weitergeleitetes Standardformular, das *formulaire unique électronique*, zugelassen werden (art. R. 225-75 C.com.). Das Datum, bis zu dem die Wahlunterlagen der Gesellschaft zugehen müssen, ist satzungsmäßig festzulegen, darf aber bei Stimmabgabe per Brief nicht mehr als drei Tage und bei elektronischer Stimmabgabe nicht früher als 15 Uhr Pariser Ortszeit am Tag vor der Hauptversammlung liegen (art. R. 225-77 (1) C.com.). Die Möglichkeit der Stimmabgabe im Vorfeld der Hauptversammlung hat bis dato keine wesentliche Steigerung der Hauptversammlungspräsenzen bewirkt[343]. Seit dem *Loi NRE* kann satzungsmäßig zudem die Abstimmung während der Hauptversammlung auf elektronischem Weg zugelassen werden (art. L. 225-107 II. C.com.). Die Aktionäre können dann virtuell per Videokonferenz (*vote par visioconférence*) oder, soweit ihre Identifizierung gewährleistet ist, per Email (*vote électronique*), an der Hauptver-

---

339 Vgl. *Seibert*, AG 2004, 529, 532.

340 Vgl. *Noack*, BB 2005, Heft 42, Die erste Seite; Klühs, ZIP 2006, 107; auch schon *BMJ*, NZG 2004, 948, 956; positiv auch *Schmolke*, ZGR 2007, 701, 739; *Wand/Tillmann*, AG 2006, 443, 450; referierend *Seibert*, AG 2004, 529, 533; kritisch *Dauner-Lieb*, AG 2007, 9, 15; *Vetter*, AG 2006, 32; *Lenz*, NZG 2006, 534; ausführliche kritische Analyse bei *Spindler* in VGR (Hrsg.), Gesellschaftsrecht in der Diskussion 2005, 31, 52 ff.

341 Die Stimmrechtsabgabe in Abwesenheit wurde mit dem Gesetz vom 3. Januar 1983 *relative au développement des investissements et à la protection de l'épargne* zugelassen.

342 Die Verbindung in einer Urkunde ist gemäß art. R. 225-76 (2) C.com. zulässig. Für ein Formularbeispiel vgl. *Merle*, Rn. 471.

343 Vgl. *Guyon*, Droit des affaires, Rn. 301-1; *Winkler*, 190.

sammlung teilnehmen und abstimmen. Bei einer Abstimmung per Email muss die Gesellschaft eine Internetseite nur für die Abstimmung zur Verfügung stellen (art. R. 225-61 C.com.) und die Identifizierung der Aktionäre durch die Ausgabe verschlüsselter Zugangscodes sicherstellen[344]. Angesichts der technischen Schwierigkeiten, die mit der Sicherstellung eines zuverlässigen und gegen unberechtigte Einflussnahme geschützten Echtzeitverfahrens verbunden sind, bieten die Gesellschaften bis dato eine virtuelle Teilnahme und Stimmabgabe nicht an[345].

Während grundsätzlich keine Stimmpflicht besteht, wurde eine solche für französische Pensionsfonds in Anlehnung an das US-amerikanische Recht mit Gesetz vom 25. März 1997[346] eingeführt. Die Fonds wurden gemäß Art. 13 des Gesetzes zur Ausübung ihrer Stimmrechte im Interesse ihrer Anleger verpflichtet, wofür eine Ermächtigung der Verwaltung (*procuration*) nicht ausreichen sollte[347]. Allerdings wurde die für die Anwendung des Gesetzes erforderliche Ausführungsverordnung aufgrund des Regierungswechsels nach seiner Verabschiedung nicht erlassen und der Art. 13 später wieder aufgehoben, so dass die Stimmpflichten zu keinem Zeitpunkt durchgesetzt wurden[348].

Zur Koordination ihrer Aktivitäten haben Aktionäre aller *sociétés anonymes* in einem Zeitraum von 14 Tagen vor der Hauptversammlung ein unbegrenztes Einsichtsrecht in das Aktienregister (art. L. 225-116 C.com. i.V.m. art. R. 225-90 C.com.). Aktionäre börsennotierter *Sociétés Anonymes*, die die Registrierung von Namensaktien mit mindestens 5 % der Stimmrechte seit mindestens zwei Jahren nachweisen, können zur gemeinsamen Wahrnehmung ihrer Rechte, wie bereits im Rahmen der Ausführungen zur Haftungsklage erörtert, eine Vereinigung innerhalb der Gesellschaft (*association des actionnaires*) gründen (art. L. 225-120 (1) C.com.). Bei höherem Grundkapital der Gesellschaft verringert sich der Schwellenwert wie folgt: bei einem Grundkapital zwischen 750.000 und 4,5 Millionen € auf 4 %, bei einem Grundkapital zwischen 4,5 und 7,5 Millionen € auf 3 %, bei einem Grundkapital zwischen 7,5 und 15 Millionen € auf 2 % und bei einem 15 Millionen € übersteigende Grundkapital auf 1 % (art. L. 225-120 (2) C.com.). Die sich je nach Höhe des Grundkapitals reduzierenden Schwellen sollen sicherstellen, dass die Gründung einer solchen Vereinigung auch in großen Gesellschaften realisierbar bleibt. Zur gemeinsamen Wahrnehmung der ihnen zugestandenen Rechte aus art. L. 225-103 (Einberufung der Hauptversammlung), 225-105 (Ergänzung der Tagesordnung),

---

344 Vgl. *Guyon*, Droit des affaires, Rn. 301-2; *Cozian/Viandier/Deboissy*, Rn. 668; *Winkler*, 189; zur virtuellen Hauptversammlungsteilnahme vgl. auch die Nachweise bei *Merle*, Rn. 471 in Fn. 1 und 2.

345 Vgl. *Winkler*, 189 f.; *Guyon*, Droit des affaires, Rn. 301-2; desw. *Leroy*, EBLR 2007, 205, 215 unter Hinweis auf die angesichts der technischen Schwierigkeiten kritische Haltung des Verbandes der Kapitalgesellschaften *ANSA*.

346 Loi n° 97–277 vom 25. März 1997 *créant les plans d'épargne retraite*, J.O. vom 26. März 1997, 4657.

347 Vgl. *Guyon*, Droit des affaires, Rn. 301; *Winkler*, 197.

348 Vgl. *Winkler*, 197; *Guyon* in Baums/Wymeersch (Hrsg.), Shareholder Voting Rights, 95, 105; *Le Cannu*, Droit des sociétés, Rn. 86. Die Aufhebung erfolgte durch das Loi n° 2002-73 v. 17. Januar 2002.

225-231, 225-232 (Fragerechte und Bestellung von Sonderprüfern), 823-6, 823-7 (Antrag auf Abberufung der Rechnungsprüfer) und 225-252 C.com. (Geltendmachung von Schadensersatzansprüchen der Gesellschaft gegen die Leitungsorgane) müssen die Aktionärsvereinigungen die Gesellschaft und die Finanzmarktaufsichtsbehörde *AMF* über ihre Satzungen informiert haben (art. L. 225-120 (1) Satz 2 C.com.).

Grundsätzlich können die Aktionäre der *S.A.* sich nur durch andere Aktionäre sowie ihre Ehegatten vertreten lassen (art. L. 225-106 (1) C.com.)[349]. Der Kreis der möglichen Vertreter kann satzungsmäßig weder eingeschränkt noch ausgeweitet werden (art. L. 225-106 (6) C.com.). Diese restriktive Vertretungsregelung wurde speziell für ausländische Aktionäre als zu rigide empfunden[350]. Deshalb hat das *Loi NRE* für börsennotierte Gesellschaften die Möglichkeit eröffnet, dass Aktionäre ohne Wohn- bzw. Gesellschaftssitz in Frankreich sich durch jedwede natürliche oder juristische Person als Intermediär (*intermédiaire*) vertreten lassen können (art. L. 225-107-1, 228-1 (7) C.com.). Anstelle der Aktionäre, die ihren Aktienbesitz grundsätzlich im Aktienregister der Gesellschaft (bei Namensaktien) bzw. bei der die Inhaberaktien verwahrenden Stelle zu registrieren haben (art. L. 228-1 (6) C.com.), muss sich dann der Intermediär für den Aktionär einschreiben (art. L. 228-1 (7) C.com.)[351]. Der Intermediär ist bei der Registrierung verpflichtet, seine Eigenschaft als Treuhänder zu offenbaren (art. L. 228-1 (8) C.com.), um die Identifizierung der ausländischen Aktionäre zu ermöglichen[352].

Während damit ausländische Aktionäre börsennotierter Gesellschaften sich durch jedermann vertreten lassen können, bleiben die Vertretungsmöglichkeiten inländischer Aktionäre auf ihren Ehepartner und andere Aktionäre der Gesellschaft begrenzt. Gerade in großen Gesellschaften kennen inländische Aktionäre jedoch in der Regel keinen anderen Aktionär, der sie gemäß art. L. 225-106 (1) C.com. vertreten könnte[353]. Eine Vertretung durch Aktionärsvereinigungen ist zwar, soweit sie Aktien halten, theoretisch möglich, kommt in der Praxis aber erst seit kurzem und nur in sehr geringem Umfang vor[354]. Die Vertretung durch Depotbanken ist, auch wenn diese eigene Aktien der Gesellschaft halten sollten und damit als Vertreter in Frage kämen, absolut unüblich[355]. Vor diesem Hintergrund versenden die Gesell-

---

349 Hauptzweck der Begrenzung der als Vertreter in Frage kommenden Personen ist die Wahrung der Vertraulichkeit der Hauptversammlung; vgl. *Cozian/Viandier/Deboissy*, Rn. 659.

350 Vgl. *Merle*, Rn. 469.

351 Vgl. *Merle*, Rn. 469; ausführlich *Valuet*, Rev. sociétés 2001, 571 ff.; *Valuet*, Rev. sociétés 2002, 446 ff.; Arsouze/Ledoux, Bull. Joly 2004, 1066 ff.

352 Vgl. *Merle*, Rn. 272; *Storck*, RTD com. 2002, 502; ausführlicher Überblick zur Möglichkeit der Identifizierung der Aktionäre durch die Gesellschaft bei *Valuet*, Rev. sociétés 2002, 446, 448 f. Die Möglichkeit, die Identität ihrer Aktionäre feststellen zu können, soll die Gesellschaft in die Lage versetzen, persönlich mit ihnen in Kontakt zu treten, um so das Aktionariat stabilisieren und störenden Einflüssen entgegenwirken zu können; vgl. *Bureau*, Bull. Joly 2001, 553, 583; *Valuet*, Rev. sociétés 2002, 446, 448; Rev. sociétés 1996, 707, 708.

353 Vgl. *Merle*, Rn. 470; *Bureau*, Bull. Joly 2001, 553, 587.

354 Vgl. *Winkler*, 196; *Guyon* in Baums/Wymeersch (Hrsg.), Shareholder Voting Rights, 95, 107.

355 Vgl. *Winkler*, 195; *Guyon* in Baums/Wymeersch (Hrsg.), Shareholder Voting Rights, 95, 106; *Becker*, Institutionelle Stimmrechtsvertretung, 116; *Behnke*, NZG 2000, 665, 668 f.

schaften – auch zur Erreichung des Quorums – an ihre Namensaktionäre zusammen mit der Einberufung Blankovollmachten (*procurations*) bzw. veranlassen die Depotbanken mittels Provisionen dazu, ihre Kunden derartige Blankovollmachten unterschreiben zu lassen[356]. Diese werden dann vom Vorsitzenden der Hauptversammlung genutzt, um für die von der Verwaltung eingebrachten oder unterstützten Beschlussvorschläge zu stimmen (art. L. 225-106 (7) C.com.), eine für die Geschäftsführung der Gesellschaft sehr günstige Regelung. Ein Aktionär, der in der Hauptversammlung nicht anwesend ist und gegen die Beschlussvorschläge der Leitungsorgane stimmen will, muss also (abgesehen von seinem Ehepartner) einen anderen Aktionär als Vertreter nach art. L. 225-106 (1) C.com. finden oder im Wege der Briefwahl bzw. bei satzungsmäßiger Zulassung auf elektronischem Wege abstimmen[357]. Angesichts der weitreichenden Konsequenzen der Erteilung der Blankovollmacht ist die Gesellschaft zusammen mit der Übersendung des Vollmachtsformulars zur umfassenden Information der Aktionäre über die Situation der Gesellschaft verpflichtet (art. R. 225-81 C.com.)[358]. Zudem muss sie die Aktionäre über die Möglichkeiten der Bestellung eines anderen Vertreters sowie der Wahl in Abwesenheit in Kenntnis setzen (art. R. 225-81 n° 7 C.com.)[359]. Schließlich muss die Gesellschaft die Aktionäre eindeutig erkennbar auf die Folge der Blankovollmacht, die Abstimmung durch den Vorsitzenden der Hauptversammlung im Sinne der Verwaltung, hinweisen (art. L. 225-106 (7) C.com. i.V.m. art. R. 225-81 n° 6 C.com.).

Zusammengefasst haben die Aktionäre einer *S.A.* damit folgende Möglichkeiten, ihr Stimmrecht auszuüben: Sie können erstens physisch auf der Hauptversammlung anwesend sein und abstimmen. Lässt die Satzung die Teilnahme per Videokonferenz oder auf sonstige elektronische Arten, bei denen die Identifizierung der Aktionäre sichergestellt ist, zu (art. L. 225-107 II. C.com.), so kann zweitens aufgrund virtueller Präsenz abgestimmt werden. In Abwesenheit kann das Stimmrecht drittens durch Briefwahl und bei statutarischer Zulassung per Onlineabstimmung vor der Hauptversammlung ausgeübt werden (art. L. 225-107 I. C.com. i.V.m. art. R. 225-75 ff. C.com.). Zudem können die Aktionäre sich viertens durch ihre Ehegatten oder andere Aktionäre vertreten lassen (art. L. 225-106 C.com.). Ausländische Aktionäre börsennotierter Gesellschaften können fünftens für die Vertretung auf jedweden Intermediär zurückgreifen (art. L. 228-1 ff. C.com.). Schließlich besteht sechstens die Möglichkeit der Erteilung einer Blankovollmacht an den Versammlungspräsidenten (*procuration*) (art. L. 225-106 (7) C.com. i.V.m. art. R. 225-81 C.com.).

---

356 Vgl. *Merle*, Rn. 470; *Hansmann/Kraakman* in Kraakman u.a., Anatomy of Corporate Law, 33, 44; *Winkler*, 196; *Becker*, Institutionelle Stimmrechtsvertretung, 116.

357 Vgl. *Merle*, Rn. 470.

358 Sie muss den Aktionären die Tagesordnung, die Beschlussvorschläge der Leitungsorgane und gegebenenfalls der Aktionäre, einen zusammenfassenden Lagebericht sowie eine Übersicht der Ergebnisse der letzten fünf Geschäftsjahre und ein Blankoformular zur Anforderung weiterer Unterlagen übermitteln.

359 Hierfür muss der Mitteilung ein Briefwahlformular beigefügt werden.

dd) Stimmrechtsausübung und Stimmrechtsvertretung in der *plc*

Nach britischem Recht ist die Stimmrechtsausübung grundsätzlich nur bei physischer Anwesenheit des Aktionärs auf der Hauptversammlung möglich[360]. Die Stimmabgabe per Brief (oder Email) im Vorfeld der Hauptversammlung ist grundsätzlich unzulässig[361]. Sie kann zwar für ordentliche Hauptversammlungsbeschlüsse (*ordinary resolutions*) in der Satzung zugelassen werden[362], wird dies jedoch üblicherweise nicht[363]. Demgegenüber ist die elektronische Zuschaltung weiterer Teilnehmer zu einer Präsenzversammlung und ihre elektronische Stimmabgabe in Echtzeit (*remote participation*) unter den von der Rechtsprechung in *Byng v London Life Association*[364] aufgestellten einschränkenden Voraussetzungen, dass eine physische Versammlung mindestens zweier Aktionäre stattfindet und die anderen Aktionäre dieser über eine Zweiweg-Echtzeitverbindung zugeschaltet werden, zulässig. Die virtuell teilnehmenden Aktionäre müssen dafür nicht nur die Vorgänge der Hauptversammlung wahrnehmen können, sondern auch von der Hauptversammlung aus selbst wahrnehmbar sein („*see and be seen*")[365]. Dementsprechend geht auch die neue Mustersatzung des *Schedule* 3 davon aus, dass Aktionäre ihr Stimmrecht dann ausüben können, wenn sie in der Lage sind, während der Hauptversammlung mit den an ihr Teilnehmenden zu kommunizieren und ihre Stimme in Echtzeit abzugeben (Art. 29 Schedule 3). Eine rein virtuelle Hauptversammlung ist nach den Vorgaben der Rechtsprechung hingegen unzulässig[366].

Üblicherweise wird zunächst nach Händen abgestimmt (vgl. s. 320 CA 2004)[367]. Vorbehaltlich einer abweichenden Regelung in den *articles* hat dabei jeder Aktionär und jeder ordnungsgemäß bestellte Stimmrechtsvertreter eine Stimme (s. 284 (2), (4) CA 2006). Erklärt der Versammlungsvorsitzende nach der Abstimmung, dass die Mehrheit erreicht oder nicht erreicht wurde, so gilt dies als Beweis des Abstimmungsergebnisses, ohne dass die Stimmen gezählt oder protokolliert werden müssten (s. 320 CA 2006). Aktionäre können jedoch eine Abstimmung nach Anteilen (*vote on an poll*) verlangen. Dann erfolgt die Abstimmung (wiederum vorbehaltlich anderer Regelungen in den *articles*) nach gehaltenen Anteilen (s. 284 (3), (4) CA 2006). Die Voraussetzungen eines Verlangens nach Abstimmung nach Aktien sind regelmäßig in den *articles* geregelt, während s. 321 CA 2006 einen Mindeststandard gewähr-

---

360 Vgl. Byng v London Life Association (1989) BCLC 400.
361 Vgl. McMillan v Le Roi Mining Co. Ltd (1906) 1 Ch. 331.
362 Vgl. McMillan v Le Roi Mining Co. Ltd (1906) 1 Ch. 331; *Davies*, Gower's Company Law, 364. Bei Sonderbeschlüssen (*special resolutions*) können hingegen gemäß s. 283 (4), (5) CA 2006 zwingend nur anwesende Aktionäre und Aktionärsvertreter abstimmen.
363 Vgl. *Davies*, Gower's Company Law, 364; *Winkler*, 202.
364 Vgl. Byng v London Life Association (1990) Ch 170, CA.
365 Vgl. Byng v London Life Association (1990) Ch 170, CA; *Davies*, Gower's Company Law, 350; *Winkler*, 201; *Hasselbach/Schumacher*, ZGR 2000, 258, 278 f.
366 Vgl. Byng v London Life Association (1990) Ch 170, CA; *Winkler*, 201; *Davies/Briggs*/Impey/Evans/Ellis, Rn. 11.99 f.; *Hasselbach/Schumacher*, ZGR 2000, 258, 279 m.w.N.; *Grundmann/Winkler*, ZIP 2006, 1421, 1424.
367 Vgl. *Davies*, Gower's Company Law, 363; *Dine/Koutsias*, 146; *Grundmann*, European Company Law, Rn. 352.

leistet. Danach dürfen die *articles* eine Abstimmung nach Anteilen nur für die Bestellung des Versammlungsvorsitzenden und für die Entscheidung über die Vertagung der Versammlung komplett ausschließen (s. 321 (1) CA 2006). Jedenfalls auf Antrag von mindestens fünf stimmberechtigten Aktionären oder Aktionären mit mindestens 10 % der Stimmrechte muss ein *poll* durchgeführt werden (s. 321 (2) CA 2006). In Sonderversammlungen einer Aktiengattung hat jeder stimmberechtigte Aktionär das Recht, eine Abstimmung nach Anteilen zu verlangen (s. 334 (6) CA 2006). Die Abstimmung anhand der gehaltenen Aktien kann den Mustersatzungen zufolge bis zur Verkündung des Ergebnisses der Abstimmung nach Händen verlangt werden (Art. 46 Table A, Art. 36 (1) Schedule 3). Antragsberechtigt sind ihnen zufolge der Versammlungsvorsitzende, die Verwaltungsratsmitglieder, mindestens zwei stimmberechtigte Aktionäre sowie Aktionäre mit 10 % der Stimmrechte bei der Abstimmung (Art. 46 Table A, Art. 36 (2) Schedule 3). Die Festlegung des Abstimmungsverfahrens innerhalb der Vorgaben der *articles* überlassen die Mustersatzungen dem Versammlungsvorsitzenden (Art. 49 Table A, Art. 37 (1) Schedule 3).

Zur Kontaktaufnahme untereinander haben die Aktionäre britischer Aktiengesellschaften jederzeit ein Recht auf Einsicht in das Aktienregister (*register of members*) der Gesellschaft und auf – gegebenenfalls gebührenpflichtige – Erteilung eines Abzugs des Registers (s. 116 CA 2006). Um die Nutzung des Aktienregisters zu erleichtern, haben die Gesellschaften ab einer Gesellschafterzahl von 50 einen alphabetischen Index ihrer Aktionäre zu führen (s. 114 CA 2006). Auch jeder Nichtaktionär ist gegen Zahlung einer angemessenen Gebühr zur Einsicht in das Aktienregister und den Index befugt (s. 116 (1)(b) CA 2006).

Die Stimmrechtsvertretung in britischen Gesellschaften ist in ss. 324–330, 284 f. CA 2006 geregelt, während die *articles* weitergehende Regelungen vorsehen können (s. 331 CA 2006). Den Aktionären steht zwingend das Recht zu, sich bei der Ausübung jeglicher Rechte vertreten zu lassen, wobei die Vertreter (*proxies*) nicht selbst Gesellschafter sein müssen (s. 324 CA 2006). Im Gegensatz zur vielfach kritisierten Rechtslage vor der Gesellschaftsrechtsreform sind die Stellvertreter auch bei Abstimmungen nach Händen zu beteiligen (s. 284 (2)(b) CA 2006)[368]. Satzungsbestimmungen, denen zufolge der Vertreter bei einer Abstimmung nach Händen weniger Stimmen haben soll als der ihn bestellende Aktionär, sind unwirksam (s. 285 (1) CA 2006). Formvorschriften zur Bevollmächtigung sind regelmäßig in den *articles* der Gesellschaften enthalten[369]. Die Gesellschaft muss die Aktionäre in der Ladung zur Hauptversammlung über die Möglichkeit der Bestellung von Vertretern informieren (s. 325 CA 2006). Die Geschäftsführung der Gesellschaft darf Vollmachten der Aktionäre einwerben (s. 326 CA 2006), was angesichts der günstigen Auswirkung auf die Beurteilung der Managementvorhaben durch die Hauptversammlung weitgehend praktiziert wird[370]. Demgegenüber spielt die Stimmrechtsvertretung durch

368 Zur alten Rechtslage vgl. s. 372 (2) CA 1985; *Davies*, Gower's Company Law, 361.
369 Vgl. *Dine/Koutsias*, 142.
370 Vgl. *Dine/Koutsias*, 143; *Mayson/French/Ryan*, 378. Wirbt die Gesellschaft Vollmachten ein, so muss sie sich an alle stimmberechtigten Aktionäre und nicht nur diejenigen wenden, von denen sie eine Vollmachtserteilung erwartet (s. 326 (1) CA 2006).

Depotbanken in Großbritannien – auch angesichts der Tatsache, dass Depotbanken aufgrund der praktisch ausschließlichen Ausgabe von Namensaktien regelmäßig nicht zur Führung der Aktien benötigt werden – nur eine äußerst geringe Rolle[371]. Auch eine Stimmrechtsvertretung durch Aktionärsvereinigungen ist absolut unüblich[372]. Der *Companies Act 2006* gewährleistet im Übrigen ein Mindestniveau der Stellvertretung, indem er satzungsmäßigen Beschränkungen Grenzen setzt. Gibt die Gesellschaft in der Ladung oder in Dokumenten bezüglich der Bestellung von Stellvertretern eine elektronische Adresse an, so fingiert das Gesetz ihr Einverständnis zum Empfang jeglicher Willenserklärungen bezüglich der Hauptversammlung oder der Bestellung von Stellvertretern auf elektronischem Wege (s. 333 CA 2006). Bestimmungen der *articles* sind unwirksam, wenn sie verlangen, dass die Bestellung des Vertreters oder diese belegende Dokumente der Gesellschaft früher als 48 Stunden vor der Hauptversammlung zugehen müssen (s. 327 CA 2006)[373]. Die Mustersatzungen verlangen entsprechend der gesetzlichen Vorgabe eine schriftliche (bzw. bei Angabe einer elektronischen Adresse durch die Gesellschaft auch elektronische) Bevollmächtigung vorgegebenen Inhalts, die der Gesellschaft 48 Stunden vor der Hauptversammlung an eine in der Ladung anzugebende Adresse zu übermitteln ist (Art. 60–62 Table A, Art. 38, 39 Schedule 3). Während im Jahr 2004 noch erst 22 % des Kapitals der *FTSE 100*-Gesellschaften und 14 % des Kapitals der *FTSE 250*-Gesellschaften im Wege des *electronic proxy voting* über ein von der Gesellschaft bereit gestelltes Online-Formular zur Bevollmächtigung und Weisungserteilung ausgeübt wurden, beliefen sich die Zahlen 2006 in *FTSE 100*-Gesellschaften auf 45 % und in *FTSE 250*-Gesellschaften auf 41 %[374]. 2003 hatten erst 47 % der *FTSE 100*-Gesellschaften und 10 % der *FTSE 250*-Gesellschaften Vorkehrungen für das *electronic proxy voting* getroffen, 2006 bereits sämtliche *FTSE 100*-Gesellschaften und 74 % der *FTSE 250*-Gesellschaften[375]. Die Befugnis der Gesellschaft, Vollmachten auf ihre Kosten einzuwerben, bewirkt einen gravierenden Machtzuwachs der Verwaltung in der Hauptversammlung[376]. Das Gesuch um Vollmachtserteilung erfolgt gleichzeitig mit der Ladung, so dass es gegenüber möglichen oppositionellen Bemühungen um Vollmachtserteilung einen wesentlichen Zeitvorteil hat[377]. Zahlreiche Aktionäre werden, selbst wenn die Gesellschaft sog. *two-way proxy forms* benutzt, bei denen der Aktionär zu jedem Tagesordnungspunkt festlegen kann, ob der gesellschaftseigene Vertreter mit ja oder nein stimmt, die Vollmacht einfach unterschreiben. Die meisten *articles* sehen für diesen Fall, dass keine Anweisung zu den einzelnen Punkten erfolgt, vor, dass der Vertreter nach eigenem Ermessen (so auch Art. 61 Table A,

---

371 Vgl. *Winkler*, 206; *Becker*, Institutionelle Stimmrechtsvertretung, 45.

372 Vgl. *Winkler*, 206.

373 Wochenendtage zählen bei der Berechnung der Frist nicht mit (vgl. ss. 327 (3), 1173 (1) CA 2006), so dass sie bei einer am Montag stattfindenden Hauptversammlung am Donnerstag endet; vgl. *Alcock/Birds/Gale*, 122.

374 Vgl. *Myners*, Review of the Impediments to Voting UK Shares, 5; *Zetzsche*, NZG 2007, 686, 692.

375 Vgl. *Myners*, Review of the Impediments to Voting UK Shares, 4.

376 Vgl. *Davies*, Gower's Company Law, 361; *Dine/Koutsias*, 143.

377 Vgl. *Davies*, Gower's Company Law, 361.

Art. 38 (4) Schedule 3) und damit nach den Vorgaben der Verwaltung abstimmt[378]. Selbst wenn die Aktionäre sich mit den einzelnen Tagesordnungspunkten befassen sollten, so werden sie regelmäßig angesichts des Zeitvorsprungs der Verwaltungsvorschläge nur aufgrund der durch die Verwaltung vermittelten Informationen und damit wahrscheinlich im Sinne der Verwaltung entscheiden[379]. Die hieraus resultierende Gefahr der Verwässerung des Aktionärseinflusses zugunsten der Verwaltung wollen die *Listing Rules* in am organisierten Markt der *Official List* notierten Gesellschaften entschärfen, indem sie zum einen die Verwendung von sog. *three-way proxy forms* verlangen, die die Erteilung von Weisungen an den Vertreter für jede einzelne Beschlussvorlage ermöglichen (wie bei der *two-way proxy form*), aber auch die Bestellung einer anderen Person zum Stimmrechtsvertreter zulassen (LR 9.3.6 (2))[380]. So soll gewährleistet werden, dass die vom Verwaltungsrat der Gesellschaft versandten *proxy*-Formulare ohne weiteres zur Opposition verwendet werden können[381]. Zum anderen muss das Vollmachtsformular explizit darauf hinweisen, dass der gesellschaftseigene Vertreter, soweit er nicht zu einer bestimmten Stimmabgabe hinsichtlich der einzelnen Tagesordnungspunkte angewiesen wird, nach eigenem Ermessen handeln wird (LR 9.3.6 (4)).

Im Zuge der *Company Law Reform* wurde zur Erhöhung der Stimmrechtsausübung durch institutionelle Investoren vorgeschlagen, dass diese ihr Abstimmungsverhalten gegenüber ihren Treugebern bzw. den wirtschaftlich berechtigten Personen offen legen sollten[382]. Ob eine derartige Verpflichtung Auswirkungen auf die Stimmrechtsausübung hätte, kann bezweifelt werden, da die Treugeber ohnehin regelmäßig in der Lage sein werden, von den von ihnen eingeschalteten institutionellen Investoren Auskunft über deren Abstimmungsverhalten zu bekommen[383]. Weitergehender schlug der im Jahr 2001 im Auftrag der britischen Regierung erstellte *Myners Report* vor, institutionelle Investoren in Anlehnung an das US-Recht zu verpflichten, im Sinne ihrer Treugeber Einfluss auf ihre Portfolio-Gesellschaften auszuüben (und hierfür, soweit geeignet, die Stimmrechte auszuüben), wenn eine solche Beeinflussung geeignet erscheint, den Wert des Investments zu erhöhen[384]. Während der *Myners Report* eine Verpflichtung über freiwillige Investmentgrundsätze (*Statements of Investment Principles*) vorsah, beabsichtigte die Regierung zu-

---

378 Vgl. *Davies*, Gower's Company Law, 361.
379 Vgl. *Davies*, Gower's Company Law, 361.
380 Vgl. *Schmidt*, NZG 2006, 487, 490; *Mayson/French/Ryan*, 378, 379. Zahlreiche börsennotierte Gesellschaften folgen dabei mit Billigung des *Financial Reporting Council* der Empfehlung des *Institute of Chartered Secretaries and Administrators* (ICSA) in seiner Guidance Note – Proxy Instructions, auf den Formularen je Beschlussvorschlag die vier Möglichkeiten zur Anweisung zur Abstimmung mit (1) ja, (2) nein, (3) einer Enthaltung oder (4) zur Ermächtigung zur Abstimmung nach eigenem Ermessen zu erteilen; vgl. *Mayson/French/Ryan*, 379.
381 Vgl. *Schmidt*, NZG 2006, 487, 490.
382 Vgl. DTI, Company Law Review, Final Report, Juli 2001, Ziff. 6.39.
383 Vgl. *Davies*, Gower's Company Law, 340.
384 *Myners*, Institutional Investment, Ziff. 5.89 (mit Abdruck der US-Vorgaben). Zur allgemeinen Situation politischen Drucks auf die institutionellen Investoren auch *Ferran* in Ferrarini u.a. (Hrsg.), Reforming Company and Takeover Law, 417, 445 f.

nächst eine zwingende gesetzliche Umsetzung des Vorschlags[385]. Die institutionellen Investoren haben die Gefahr einer solchen gesetzlichen Pflicht vorerst durch einen freiwilligen Kodex abgewendet, demzufolge sie sich (entsprechend der Empfehlung in lit. E.3 Combined Code) verpflichten, sich aktiv in ihren Portfolio-Gesellschaften zu engagieren, sie zu überwachen und, soweit erforderlich, zu intervenieren[386]. Während die institutionellen Investoren wohl auch ohne eine solche freiwillige Verpflichtung aus dem Treuhandverhältnis zu ihren Anlegern zur Wahrnehmung ihrer Verwaltungsrechte verpflichtet sind, wenn sie dies zur Steigerung des Werts der Investments geeignet halten, dürfte der Nachweis, dass Inaktivität im Einzelfall wertreduzierend gewirkt hat (und damit auch der Nachweis einer Kodexverletzung), schwer fallen[387].

b) *Vorliegen von und Bedürfnis für Börsengesellschaftsrecht zum Stimmrecht*

aa) Rechtsvergleichende Zusammenfassung zu den Modalitäten der Stimmrechtsausübung

Alle untersuchten Rechtsordnungen gehen vom Grundsatz der persönlichen Stimmrechtsausübung bei physischer Anwesenheit auf der Hauptversammlung aus. Während das deutsche Recht eine Stimmabgabe per Briefwahl im Vorfeld der Hauptversammlung (noch) nicht zulässt, steht diese Möglichkeit den Aktionären einer *S.A.* qua Gesetz zu. Hierbei kann auch eine elektronische Stimmabgabe im Vorfeld der Hauptversammlung satzungsmäßig zugelassen werden kann, was vielfach praktiziert wird[388]. In der *plc* kann die Briefwahl satzungsmäßig lediglich für ordentliche Hauptversammlungsbeschlüsse eingeführt werden, was in der Praxis aber kaum geschieht. Auch eine elektronische Stimmabgabe in Echtzeit während der Hauptversammlung ist in der AG (im Gegensatz zur praktisch ähnlich gelagerten elektronischen Weisungserteilung an physisch anwesende Vertreter während der Hauptversammlung) unzulässig. Das französische Recht gestattet demgegenüber die satzungsmäßige Zulassung der elektronischen Teilnahme an der Hauptversammlung und der elektronischen Stimmabgabe, solange ein die Identität des Aktionärs sicherstellendes Verfahren eingeführt wird. Da ein solches aber gravierende technische Schwierigkeiten bereitet, ist die elektronische Stimmabgabe in Echtzeit in der *S.A.* bis dato eine rein theoretische Möglichkeit. Ähnlich verhält es sich in der *plc*, in der eine physische Anwesenheit auf der Hauptversammlung nach den Rechtsprechungsgrundsätzen aus *Byng v London Life Association*[389] nicht erforderlich ist, eine elektronische Stimmrechtsabgabe in Echtzeit aber angesichts der ihr entgegenstehenden praktischen Hindernisse nicht durchgeführt wird. Hier führen

385 Vgl. H.M. Treasury and Department for Work and Pensions, *Myners Review: The Government's Response*, www.hm-treasury.gov.uk/media/E/D/myners_response.PDF, Ziff. 11.
386 Vgl. Institutional Shareholders Committee, *The Responsibilities of Institutional Shareholders and Agents – Statements of Principles*, 2002, aktualisiert 2005, www.manifest.co.uk/links_search/StatementofPrinciples RevisedFinalSeptember200511.pdf.
387 Vgl. *Davies*, Gower's Company Law, 341.
388 Vgl. *Winkler*, 219.
389 (1989) BCLC 400.

Art. 8 und 12 der Aktionärsrechte-Richtlinie insbesondere in Deutschland, aber auch hinsichtlich der nur eingeschränkt zulässigen Briefwahl und der unklaren Voraussetzungen der elektronischen Teilnahme und Abstimmung in Großbritannien, zu Änderungsbedarf. Neben der Ermöglichung der Briefwahl steht in beiden Jurisdiktionen die Schaffung der rechtlichen Voraussetzungen für eine Zulassung der Teilnahme an Hauptversammlungen börsennotierter Gesellschaften und der dortigen Stimmrechtsausübung im Wege der Direktübertragung der Hauptversammlung, der Zweiweg-Direktverbindung und im Wege eines elektronischen Systems der Stimmrechtsausübung vor oder während der Hauptversammlung ohne Einschaltung eines körperlich anwesenden Stimmrechtsvertreters noch aus[390].

bb) Rechtsvergleichende Zusammenfassung zu den Modalitäten der Stimmrechtsvertretung

In allen Jurisdiktionen besteht grundsätzlich die satzungsfest ausgestaltete Möglichkeit der Einschaltung eines Stimmrechtsvertreters. Während die Aktionäre einer AG und einer *plc* bei der Auswahl ihres Vertreters nicht auf einen Personenkreis beschränkt sind, können inländische Aktionäre einer *S.A.* nur Mitaktionäre oder Ehegatten bevollmächtigen. Lediglich ausländische Aktionäre börsennotierter französischer Aktiengesellschaften dürfen sich eines für sie im Aktienregister eingetragenen Intermediärs als Vertreter bedienen. Die Beschränkung des Vertreterkreises nach französischem Recht wird nach Art. 10 Abs. 1 der Aktionärsrechte-Richtlinie aufgehoben werden müssen. In allen untersuchten Rechtsordnungen kann die Erteilung der Stimmrechtsvollmacht auf elektronischem Weg per Satzungsbestimmung zugelassen werden. Ohne eine solche Satzungsbestimmung hat die Vollmachtserteilung in Deutschland und Frankreich qua Gesetz grundsätzlich schriftlich zu erfolgen. Kreditinstitute, Aktionärsvereinigungen und sich geschäftsmäßig zur Stimmrechtsvertretung erbietende Personen können in Deutschland formlos bevollmächtigt werden, solange die Vollmacht nachprüfbar festgehalten wird. In Großbritannien ergeben sich die Formvorgaben zur Bevollmächtigung hingegen generell aus den *articles*, wobei das Gesetz bei Angabe einer elektronischen Adresse durch die Gesellschaft in der Ladung oder auf Vollmachtsformularen ihr Einverständnis mit einer Bevollmächtigung auf elektronischem Wege fingiert. Dementsprechend verlangen die Mustersatzungen grundsätzlich Schriftform und lassen bei Angabe einer Email-Adresse eine elektronische Bevollmächtigung ausreichen. In allen Jurisdiktionen werden erhebliche Teile der Stimmrechte durch Stimmrechtsvertreter, die mittels von der Gesellschaft vorgehaltener elektronischer Formulare bevollmächtigt wurden, ausgeübt.

cc) Rechtsvergleichende Zusammenfassung zur organisierten Stimmrechtsvertretung

Während die organisierte Stimmrechtsvertretung in der AG traditionell über die Depotbanken erfolgte und erst in letzter Zeit vermehrt über von der Gesellschaft

390 Vgl. *Zetzsche*, NZG 2007, 686, 690.

zur Verfügung gestellte Stimmrechtsvertreter, ist in der *S.A.* und der *plc* die Bevollmächtigung der Verwaltung bzw. von dieser abhängiger Vertreter seit jeher vorherrschend[391]. Dementsprechend finden sich nur für die AG Sonderregeln zur Stimmrechtsvertretung durch Kreditinstitute[392]. In Frankreich und dem Vereinigten Königreich besteht keine der deutschen Konstellation vergleichbare Interessenlage, die eine solche Regulierung erforderte. Ein Machtübergewicht der Banken droht im Vereinigten Königreich schon nicht, weil einerseits die Aktionärsstruktur deutlich breiter gestreut ist und andererseits die Namensaktie absolut vorherrscht, so dass in aller Regel auf Depotbanken verzichtet wird[393]. Auch in Frankreich dominiert die Namensaktie, während Banken, soweit sie nicht selbst Aktien der Gesellschaft besitzen, als Vertreter schon qua Gesetz nicht in Frage kommen und jedenfalls in der Praxis üblicherweise nicht als Stimmrechtsvertreter auftreten[394]. Dementsprechend stellt sich die Frage der möglichst effizienten Ausgestaltung der organisierten Stimmrechtsvertretung durch von der Gesellschaft zur Verfügung gestellte Vertreter, das sog. *proxy voting*, in allen Jurisdiktionen, diejenige der adäquaten Regulierung des Depotstimmrechts hingegen nur für die AG.

dd) Bewertung der Modalitäten der Stimmrechtsausübung und Stimmrechtsvertretung in börsennotierten Gesellschaften

Will man die Hauptversammlungspräsenzen in börsennotierten Gesellschaften zwecks effektiverer Kontrolle sowohl der Geschäftsleitungen als auch kurzfristig agierender Finanzinvestoren stärken, so ist aus rechtsökonomischer Sicht eine Reduzierung der mit der Stimmrechtsausübung verbundenen Kosten notwendig, um die Kosten-Nutzen-Abwägung der Aktionäre weg von einer Entscheidung für apathisches Verhalten hin zu einem vermehrten Engagement zu beeinflussen. In den börsennotierten Gesellschaften mit ihrem erheblichen internationalen Anlegerkreis erfordert dies auch den Abbau sich gerade aus der örtlichen Trennung ergebender Hindernisse gegenüber einer Ausübung des Stimmrechts durch ausländische Aktionäre. Zentrale Mittel zur Erleichterung der Stimmrechtsausübung für gebietsfremde Aktionäre sind einerseits die Gestattung der Stimmabgabe ohne physische Anwesenheit auf der Hauptversammlung und andererseits die Vereinfachung der Bestellung Dritter zu Stimmrechtsvertretern[395].

Dementsprechend will die Aktionärsrechte-Richtlinie diese beiden Wege unterstützen. Zum einen verbietet sie in Art. 8 und 12 mitgliedstaatliche Hindernisse gegenüber der vorgezogenen Stimmabgabe per Brief und der elektronischen Stimmabgabe. Zum anderen gewährleistet sie in Art. 10, 11 Mindeststandards der Stimm-

---

391 Vgl. auch *Grundmann*, European Company Law, Rn. 454.

392 Für ausführliche Analysen der mit dem Depotstimmrecht verbundenen Probleme aus rechtsökonomischer Sicht vgl. *Ruffner*, 496–502 sowie *Adams*, AG 1994, 148 ff.

393 Vgl. *Davies*, Gower's Company Law, 640; *Mayson/French/Ryan*, 8.6; *Schmidt*, NZG 2006, 487, 490.

394 Vgl. *Guyon* in Baums/Wymeersch (Hrsg.), Shareholder Voting Practices, 95, 106; *Grundmann*, European Company Law, Rn. 453, 454; *Winkler*, 195.

395 Vgl. *Grundmann/Winkler*, ZIP 2006, 1421, 1426; *Winkler*, 217.

rechtsvertretung. Während mit der Briefwahl in einigen Mitgliedstaaten nur geringe Steigerungen der Hauptversammlungsbeteiligung erzielt werden konnten, lassen das größere Potential der elektronischen Stimmabgabe zur Senkung der mit der Stimmabgabe verbundenen Kosten der Aktionäre und die Erfahrungen mit elektronischen Bevollmächtigungen auf positivere Effekte hoffen[396]. Angesichts der erheblichen Kosten, die mit der Einführung eines elektronischen Echtzeit-Abstimmungssystems auf Seiten der Gesellschaft verbunden sein können, ist die Verpflichtung der Mitgliedstaaten zum bloßen Abbau von Hindernissen gegenüber der elektronischen Stimmabgabe ohne eine Einrichtungspflicht der Gesellschaften der adäquate Regulierungsansatz[397]. Die Gesellschaften unter dem Einfluss der Marktkräfte sind eher in der Lage, die Vorzüge der benötigten neuartigen technischen Lösungen gegen ihre Probleme und Kosten abzuwägen[398]. Anders als für die institutionellen Anleger wird die Möglichkeit der virtuellen Teilnahme aber für die meisten Kleinaktionäre angesichts des weiterhin im Verhältnis zu ihrer Beteiligung hohen Informations- und Zeitaufwandes die Anreize zu rationaler Apathie wohl nicht wesentlich relativieren können[399]. Will man sie zur vermehrten Ausübung ihrer Stimmrechte motivieren, erscheint die Ermöglichung einer effizienten Stimmrechtsvertretung unter Sicherstellung der Durchsetzung ihres Willens erfolgsversprechender[400].

Die Gewährleistung einer solchen grenzüberschreitenden Stimmrechtsvertretung bezweckt die Aktionärsrechte-Richtlinie mit den in Art. 10, 11 enthaltenen Regelungen. Einerseits wird garantiert, dass jeder Aktionär sich jeder rechtsfähigen Person als Stimmrechtsvertreter bedienen kann (Art. 10 Abs. 1). Beschränkungen wie diejenigen des französischen Rechts auf andere Aktionäre und Ehegatten, die die Stimmrechtsvertretung ohne hinreichende Rechtfertigung erschweren, sind nicht mehr zulässig[401]. Andererseits werden quantitative Vollmachtsbeschränkungen durch Art. 10 Abs. 5 der Richtlinie ausgeschlossen, was die Grundlagen der organisierten Stimmrechtsvertretung, der insbesondere gebietsfremde Aktionäre und inländische Kleinaktionäre bedürfen, sichert[402]. Hierbei sind die Modalitäten der organisierten Stimmrechtsvertretung für gebietsfremde Aktionäre und Kleinaktionäre essentiell, da ihnen regelmäßig keine anderen als die im jeweiligen Land üblichen professionellen Vertreter zur Verfügung stehen. Als derartige professionelle

---

396 Vgl. *Grundmann/Winkler*, ZIP 2006, 1421, 1426 unter Verweis auf die empirischen Berichte zum Effekt der Briefwahl bei *Guyon*, Droit des affaires, Rn. 301-1 (für Frankreich); *Wymeersch* in Baums/Wymeersch (Hrsg.), Shareholder Voting Rights, 21, 39 (für Belgien); *Wymeersch*, Working Paper 2001-04. Zum Potential der elektronischen Stimmrechtsausübung auch *Wand/Tillmann*, AG 2006, 443, 447.

397 So auch *Wand/Tillmann*, AG 2006, 443, 450; *Ferran* in Ferrarini u.a. (Hrsg.), Reforming Company and Takeover Law, 417, 442.

398 Vgl. *Ferran* in Ferrarini u.a. (Hrsg.), Reforming Company and Takeover Law, 417, 442.

399 Vgl. *Dauner-Lieb*, AG 2007, 9, 12; in diesem Sinne auch *Spindler* in VGR (Hrsg.), Gesellschaftsrecht in der Diskussion 2005, 31, 36 f.

400 So auch *Dauner-Lieb*, AG 2007, 9, 12.

401 Vgl. auch *Grundmann/Winkler*, ZIP 2006, 1421, 1426.

402 Vgl. *Grundmann/Winkler*, ZIP 2006, 1421, 1426.

Vertreter kommen grundsätzlich die Depotbanken der Aktionäre, Aktionärsvereinigungen und von der Gesellschaft selbst vorgehaltene Vertreter in Frage. Während Aktionärsvereinigungen in keiner der untersuchten Jurisdiktionen in nennenswertem Umfang bevollmächtigt werden, war für die deutsche AG seit jeher das Depotstimmrecht prägend, für französische und britische Gesellschaften hingegen die Vertretung durch von der Verwaltung benannte Stimmrechtsvertreter. Will man die Hauptversammlungspräsenz nicht nur per se erhöhen, um den Einfluss aktiver Aktionärsminderheiten einzugrenzen, sondern repräsentative Mehrheiten auch zur Kontrolle der Verwaltung erreichen, so kommt der Durchsetzung des Aktionärswillens und damit den Modalitäten der Weisungserteilung an die professionellen Stimmrechtsvertreter wesentliche Bedeutung zu. Eine weisungslose Bevollmächtigung der Geschäftsleitung (bzw. von ihr benannter und bezahlter Stimmrechtsvertreter) verstärkt – gerade in Publikumsgesellschaften – die *Principal-Agent*-Problematik. Wird die Geschäftsleitung mit der Ausübung des Stimmrechts beauftragt, hat sie im Ergebnis sich selbst zu kontrollieren, was zu einem fast vollständigen Kontrollverlust der Aktionäre führt[403]. Eine Ermächtigung der Verwaltung zur Stimmrechtsausübung ohne Weisungserteilung ist daher aus rechtsökonomischer Sicht nicht wünschenswert, weshalb das gerade in Großbritannien und Frankreich übliche Einwerben von Vollmachten zugunsten der Verwaltung und insbesondere die in Frankreich gängige Erteilung von Blankovollmachten an den Versammlungsvorsitzenden kritisch gesehen werden muss. Erhöht man die Hauptversammlungspräsenzen durch Gewährleistung einer grenzüberschreitenden organisierten Stimmrechtsvertretung, ohne die Erteilung informierter Weisungen zu unterstützen, stärkt man letztendlich die Verwaltungen zulasten der gerade nicht apathischen Aktionärsminderheit, die genau die Kontrolle ausüben will, deren Fehlen als Funktionsdefizit der Publikumsgesellschaft identifiziert wurde[404]. Die Aktionärsrechte-Richtlinie enthält sich in diesem Zusammenhang einer Aussage zu den Modalitäten der organisierten Stimmrechtsvertretung und hier insbesondere zur Möglichkeit der Erteilung von Weisungen. Die h.M. in Deutschland will demgegenüber die geschilderten Abhängigkeiten vermeiden, indem sie die Stimmrechtsvertretung durch von der Gesellschaft zur Verfügung gestellte (und bezahlte) Vertreter nur bei Vorliegen von Weisungen zulässt. Im Rahmen der Stimmrechtsvertretung durch die Depotbanken ist die Weisungsbefugnis durch die Pflicht der Banken, um Weisungen zu bitten und eigene Vorschläge zu unterbreiten sowie die Pflicht zur Einholung von Weisungen bei eigener Beteiligung von mehr als 5 % gesetzlich abgesichert. Diese Pflichten haben sich für die Banken aber als so kostenintensiv herausgestellt, dass sie sich weitgehend aus der Stimmrechtsvertretung zurückgezogen haben. Dementsprechend will der Deutsche Sparkassen- und Giroverband die Pflichten zur Erstellung eigener Vorschläge und zur Einholung von Weisungen bei eigener Beteiligung zurücknehmen, um die Depotstimmrechtsvertretung wieder zu stärken. Problematisch an dem Vorschlag ist, dass die Kreditinstitute sich

403 Vgl. *Escher-Weingart*, ZVglRWiss 99 (2000), 387, 388; in diesem Sinne auch *Dauner-Lieb*, AG 2007, 9, 14.
404 Vgl. *Dauner-Lieb*, WM 2007, 9, 14; *Engert*, ZIP 2006, 2105, 2107.

bereits in ihren Allgemeinen Geschäftsbedingungen vorbehalten können sollen, für die Vorschläge der Verwaltung zu stimmen, wenn der Kunde keine Weisung erteilt hat[405]. In der Praxis werden aber nur äußerst selten, nämlich in 2–3 % der Bevollmächtigungen, Einzelweisungen erteilt[406]. Eine Deregulierung des Depotstimmrechts in der vom DSGV vorgeschlagenen Weise führte daher mit großer Wahrscheinlichkeit zu einer weitgehenden Bevollmächtigung zur Stimmrechtsausübung im Sinne der Verwaltung[407] und ist deshalb aus Kontrollgesichtspunkten abzulehnen. In Großbritannien sind jedenfalls dort börsennotierte *plcs* durch die *Listing Rules* zur Verwendung von Vollmachtsformularen, die die Erteilung von Einzelweisungen an den gesellschaftseigenen Stimmrechtsvertreter ermöglichen, verpflichtet. Die sog. *Three-way proxies* belassen den Aktionären die Wahl, den gesellschaftseigenen Vertreter zur Zustimmung oder Ablehnung des jeweiligen Tagesordnungspunktes anzuweisen sowie einen anderen Vertreter zu bestellen. Wünschenswert wäre hier eine Ausweitung der Pflicht zur Verwendung derartiger Vollmachtsformulare auf außerhalb Großbritanniens notierte *plcs*, die regeltechnisch außerhalb der *Listing Rules* erfolgen müsste. In Frankreich herrschen demgegenüber Blankovollmachten an die Gesellschaft vor, die vom gesellschaftseigenen Stimmrechtsvertreter dazu genutzt werden, im Sinne der Verwaltung abzustimmen. Da diese Praxis die Kontrolle der Geschäftsleitung durch die Aktionäre gerade in den börsennotierten Gesellschaften mit gestreutem und internationalem Anlegerkreis schwerwiegend beeinträchtigt, besteht Reformbedarf. Erstrebenswert wäre auch hier die Verpflichtung für börsennotierte Gesellschaften, auf ihren Formularen zur Bevollmächtigung des gesellschaftseigenen Stimmrechtsvertreters entsprechend der britischen *three-way proxies* zum einen die Bevollmächtigung eines anderen Vertreters und zum anderen die Erteilung bindender Weisungen an diesen oder den von der Gesellschaft benannten Vertreter zuzulassen.

Aber auch, wenn die Erteilung bindender Weisungen durch die Verwendung zur Opposition geeigneter Vollmachtsformulare zwingend ermöglicht wird oder, wie nach h.M. in Deutschland, Voraussetzung einer Vertretung durch gesellschaftseigene Vertreter ist, bleibt sicherzustellen, dass die Weisungserteilung nicht zu einer bloßen Förmlichkeit verkommt und praktisch durchgängig im Sinne der Verwaltungsvorschläge erfolgt. Anders als institutionelle Anleger werden Kleinanleger angesichts der geringen zu erwartenden Vorteile einer Stimmrechtsausübung kaum den erheblichen Informationsaufwand aufbringen, der zur sachlichen Bewertung der Beschlussvorschläge notwendig ist[408]. Weisungen können aufgrund dieses ra-

---

405 Vgl. *DSGV*, Positionspapier vom Februar 2006, 17. Kritisch auch *Wand/Tillmann*, AG 2006, 443, 449.

406 Vgl. *Ruffner*, 495; *Lenz*, AG 2006, 572, 576; *Baums/v. Randow*, AG 1995, 145, 150; *Adams*, AG 1994, 148, 152. Die Zahlen in der Schweiz sind vergleichbar; vgl. *Ruoff*, 41; *Lenz*, AG 2006, 572, 576.

407 Vgl. *Dauner-Lieb*, WM 2007, 9, 15 f.; *Lenz*, AG 2006, 572, 576; auch *Wand/Tillmann*, AG 2006, 443, 447.

408 Vgl. *Escher-Weingart*, ZVglRWiss 99 (2000), 387, 388. Zur rationalen Aktionärsapathie vgl. die Nachweise in Kapitel 4 Fn. 28.

tional apathischen Verhaltens nur dann in annähernd reflektierter Weise erteilt werden, wenn den Kleinanlegern sachgerechte Vorschläge und Gegenvorschläge Dritter bzw. zumindest eine Evaluation der Verwaltungsvorschläge aus der Perspektive der Anleger unterbreitet werden[409]. Hier stellt sich dann aber das aus dem deutschen Depotstimmrecht bekannte Problem, dass die Erstellung dieser Gegenvorschläge oder Evaluationen für die sachkundigen Vertreter bzw. sonstigen Dritten mit prohibitiv hohen Kosten verbunden ist. Die zu rationaler Apathie neigenden Aktionäre sind andererseits nicht bereit, für eine informierte Stimmrechtsvertretung durch Dritte zu bezahlen, so dass kein Qualitätswettbewerb zustande kommt[410]. Von daher erscheint es, will man eine ansatzweise informierte Weisungserteilung der Kleinanleger fördern, sinnvoll, den professionellen Stimmrechtsvertretern ökonomische Anreize zur Evaluation der Verwaltungsvorschläge und Erstellung von eigenen Vorschlägen zu schaffen. So könnte ein Markt für Stimmrechtsvertretung geschaffen werden, auf dem professionelle Stimmrechtsvertreter Anreize hätten, miteinander in Qualitätswettbewerb um Vollmachten zu treten[411]. Eine Möglichkeit hierfür eröffnet der Vorschlag, die Stimmrechtsausübung durch einen Dividendenbonus zu belohnen. Der Bonus führte allgemein zur Rückerstattung jedenfalls eines Teils der für die Stimmrechtsausübung aufgewandten Kosten und bewirkte eine die *free rider*-Problematik entschärfende Umverteilung zugunsten der aktiven Aktionäre[412]. Vor allem aber könnten professionelle Stimmrechtsvertreter sich ihren Aufwand für die Evaluation der Verwaltungsvorlagen durch einen Anteil am Dividendenbonus vergüten lassen und hätten so Anreize, den Bewertungsaufwand auf sich zu nehmen. So könnte – trotz der Schwächen des Konzepts[413] – am ehesten sichergestellt werden, dass sich die Hauptversammlungspräsenzen durch eine vermehrte organisierte Stimmrechtsvertretung erhöhen und so der eventuell schädliche Einfluss aktiver Minderheiten relativiert wird, ohne dabei die Kontrolle der Verwaltung zu unterminieren. Andererseits könnte – bei unterstellter Beseitigung der Hindernisse der Stimmausübung entsprechend der Vorgaben der Aktionärsrechte-Richtlinie – aus rechtsökonomischer Sicht ein Gleichgewicht bestehen, dass durch Präsenzboni gestört würde[414]. Ausgangspunkt dieser Überlegung ist, dass auch die Entscheidung der institutionellen Anleger für oder gegen eine Hauptversammlungsteilnahme (*voice* oder *exit*) das Ergebnis einer ökonomischen Entscheidung ist[415]. Institutionelle Anleger haben angesichts ihrer größeren Beteiligungen, ihrer höheren Informationsverarbeitungskapazitäten und

---

409 Vgl. Lenz, AG 2006, 572, 576; in diesem Sinne auch *Ruffner*, 503 f.

410 Vgl. *Ruffner*, 507.

411 Vgl. auch *Vetter*, AG 2006, 32, 34. Ausführlich zum Markt für Stimmrechtsvertretung *Ruffner*, 506–515.

412 Deshalb dem Vorschlag zustimmend *Schmolke*, ZGR 2007, 701, 739.

413 So entfällt der Präsenzbonus beim Fehlen eines Bilanzgewinns und damit in einer Situation, in der ein großes Interesse an einer hohen Hauptversammlungspräsenz besteht; kritisch deshalb *Dauner-Lieb*, WM 2007, 9, 15.

414 Vgl. *Spindler* in VGR (Hrsg.), Gesellschaftsrecht in der Diskussion 2005, 31, 55; *Dauner-Lieb*, WM 2007, 9, 15.

415 Vgl. *Spindler* in VGR (Hrsg.), Gesellschaftsrecht in der Diskussion 2005, 31, 55; *Vetter*, AG 2006, 32, 33; *Dauner-Lieb*, WM 2007, 9, 15.

der für sie angesichts ähnlich gelagerter Konstellationen in anderen Portfoliogesellschaften möglichen Skalenerträge weit weniger Anreize zu rationaler Apathie[416]. Ihre Entscheidungen für oder gegen eine Hauptversammlungsteilnahme erfolgen daher weniger von präventiv hohen Informationsasymmetrien oder *collective action*-Problemen beeinflusst und können deshalb Ausdruck einer bestimmten Anlagepolitik sein[417]. Diese marktmäßige Anlageentscheidung würde nun durch einen Präsenzbonus verzerrt. Zweifelhaft an der Kritik ist aber schon die Ausgangsprämisse, dass die Entscheidungen institutioneller Investoren unbeeinflusst von Hindernissen für die Stimmrechtsausübungen im Rahmen eines rechtsökonomischen Gleichgewichts erfolgten. Deshalb bedarf die Frage der Einführung von Präsenzboni noch einer vertieften Untersuchung der Ausgewogenheit des nach Umsetzung der Richtlinienvorgaben bestehenden Entscheidungsumfeldes für institutionelle Investoren[418]. Stellte es sich tatsächlich als ausgewogen dar, so wären die Auswirkungen der Präsenzboni auf die Entscheidungsfindung der institutionellen Investoren einerseits und auf den Markt für Stimmrechtsvertretung andererseits zu quantifizieren und gegeneinander abzuwägen. Auf dieser Grundlage könnte beantwortet werden, ob und inwieweit die Einführung von derartigen Boni, wie von den Kritikern befürchtet, einen ungestörten Marktmechanismus verzerrte und ob sie deshalb trotz ihrer möglichen positiven Effekte für den Markt für Stimmrechtsvertretung ineffizient wäre.

Einem anderen Vorschlag zur Erhöhung der Hauptversammlungspräsenzen, demjenigen der Einführung einer Stimmpflicht für institutionelle Investoren, kann hingegen eine klare Absage erteilt werden. Für vor der Anlageentscheidung stehende Investoren stellte eine solche Stimmpflicht ob der mit ihr verbundenen Kosten und der Verhinderung einer ökonomischen Entscheidung gegen eine Stimmrechtsausübung eine schwerwiegende Einschränkung dar, die eine Anlage in anderen Jurisdiktionen nahe legte[419]. Zudem ist nicht gesichert, ob eine erzwungene Stimmrechtsausübung zu einer verbesserten Verwaltungskontrolle führte. Da der Zwang zur Stimmrechtsausübung nicht gewährleisten kann, dass sie aufgrund hinreichender Information erfolgt und gerade die Informationsverarbeitung ein wesentlicher Kostenfaktor der Stimmrechtsausübung ist, könnten sich die institutionellen Anleger rational für eine möglichst kostengünstige Erfüllung ihrer Verpflichtung mittels uninformierter Befolgung der Verwaltungsvorschläge entscheiden (und so die Verwaltung im Verhältnis zu opponierenden Aktionären zu stärken)[420]. Eine Abweichung vom auch schon gegen die Präsenzboni vorgebrachten

---

416 Vgl. *Spindler* in VGR (Hrsg.), Gesellschaftsrecht in der Diskussion 2005, 31, 55; *Schmolke*, ZGR 2007, 701, 708; ausführlich *Black*, 89 Mich. L. Rev. (1990), 520, 576 ff.
417 So *Spindler* in VGR (Hrsg.), Gesellschaftsrecht in der Diskussion, 2005, 31, 55; *Dauner-Lieb*, WM 2007, 9, 15.
418 So im Ergebnis auch *Spindler* in VGR (Hrsg.), Gesellschaftsrecht in der Diskussion 2005, 31, 55 f.; *Vetter*, AG 2006, 32, 35.
419 Vgl. auch *Winkler*, 220.
420 Vgl. *Hopt* in Hopt u.a. (Hrsg.), Corporate Governance in Context, 119, 138; *Winkler*, 220; *Schmolke*, ZGR 2007, 701, 739; *Baums*, Bericht der Regierungskommission CG, Rn. 126 ff.

Grundsatz, den Investoren die freie Entscheidung über die Verwirklichung ihrer Anlageziele mittels Verkaufs der Anteile (*exit*) oder gesellschaftsinterner Einflussnahme auf die Verwaltung (*voice*) zu überlassen, ist also nicht gerechtfertigt, da den durch eine Stimmpflicht bewirkten Kosten nicht nur keine hinreichenden Überwachungsqualitätsgewinne gegenüberstünden, sondern sogar ein Machtzuwachs der Verwaltung zu befürchten wäre.

Ein weiterer Aspekt zur Erhöhung der Anreize für eine Stimmrechtsausübung und damit der Stärkung der Kontrolle der Verwaltung durch die Aktionäre ist die Erleichterung ihrer Koordination. Wie aufgezeigt, wird die Bereitschaft der Aktionäre zur Ausübung ihrer Verwaltungsrechte maßgeblich einerseits von ihren Einflussmöglichkeiten und andererseits von den Kosten der Einflussnahme bestimmt. Je geringer die Einflussmöglichkeiten der einzelnen Aktionäre sind, umso eher übersteigt der Aufwand der Überwachung der Gesellschaft (und der dementsprechenden Stimmrechtsausübung) insbesondere aufgrund der mit ihr verbundenen Informationskosten ihren Nutzen[421]. Während die Kosten der Einflussnahme nun durch die Erleichterung der Stimmrechtsausübung und die Gewährleistung einer effizienten Stimmrechtsvertretung unter Durchsetzung des Aktionärswillens verringert werden können, lassen sich die Einflussmöglichkeiten der Aktionäre durch die Unterstützung einer koordinierten Stimmrechtsausübung steigern. Hierbei muss mittels geeigneter Arrangements die typischerweise bestehende und als *collective action*-Problematik bezeichnete Konstellation vermieden werden, dass die Kosten koordinierten Verhaltens für den Einzelnen den mit diesem Verhalten erzielbaren Nutzen übersteigen[422]. Dem liegt zugrunde, dass auch bei Koordinierung der Stimmrechtsausübung alle Aktionäre von den Anstrengungen einzelner aktiver Aktionäre profitieren, so dass letztere nicht über optimale Anreize verfügen, die koordinierte Stimmrechtswahrnehmung zur Wahrung ihrer Interessen zu nutzen[423]. Maßnahmen zur Unterstützung der Kontrolle der Verwaltung börsennotierter Aktiengesellschaften durch die Anleger müssen also zunächst, wie oben dargelegt, die Kosten der Stimmrechtsausübung an sich inklusive der Kosten der Stimmrechtsvertretung senken. Bei der Stimmrechtsvertretung muss sichergestellt werden, dass der Wille des Aktionärs sich durchsetzt und ein weiterer Machtzuwachs der Verwaltung durch deren Ermächtigung zur Stimmrechtsausübung nach ihrem Ermessen oder eine unreflektierte Weisungserteilung in ihrem Sinne möglichst vermieden wird. Sodann müssen Maßnahmen zur Stärkung der Anlegerkontrolle aber auch die Kosten koordinierten Verhaltens senken, um so ein kollektives Vorgehen der Anleger schon bei geringerem Grenznutzen für den Einzelnen ökonomisch sinnvoll zu machen. Erforderlich hierfür ist in börsennotierten Gesellschaften mit ihrem typischerweise weitgehend anonymen Anlegerkreis und wesentlichen Anteilen in Streu-

---

421 Vgl. *Easterbrook/Fischel*, Economic Structure of Corporate Law, 63, 66; *Ruffner*, 175.

422 Vgl. *Escher-Weingart*, ZVglRWiss 99 (2000), 387, 388; *Spindler*, AG 1998, 53, 63; *Kübler*, FS für Zöllner, 321, 326; *Olson*, 4 ff., 54 ff. Ausführlich zur *collective action*-Problematik *Ruffner*, 174–177; *Easterbrook/Fischel*, Economic Structure of Corporate Law, 63, 66 f.

423 Vgl. *Ruffner*, 175.

besitz vor allem die Ermöglichung einer effektiven Kontaktaufnahme und Kommunikation zwischen den Aktionären[424].

In Namensaktiengesellschaften steht zur Identifizierung der Aktionäre insofern grundsätzlich das Aktienregister zur Verfügung[425]. Die Aktionäre aller *sociétés anonymes* haben innerhalb eines Zeitraums von 14 Tagen vor der Hauptversammlung ein unbegrenztes Einsichtsrecht (art. L. 225-116 C.com. i.V.m. art. R. 225-90 C.com.), also auch hinsichtlich der Mitaktionäre. Die Aktionäre britischer Aktiengesellschaften können jederzeit in das gesamte Aktienregister einsehen und Kopien von ihm verlangen (s. 116 CA 2006). In Deutschland besteht demgegenüber insofern spezielles Börsengesellschaftsrecht, als das Recht auf Einsicht in das Aktienregister in börsennotierten Gesellschaften auf die zur eigenen Person eingetragenen Daten begrenzt ist (§ 67 Abs. 6 AktG), während nicht-börsennotierte AGs satzungsmäßig „weiteres bestimmen", also auch das Einsichtsrecht auf die Daten anderer Aktionäre erweitern können. Die Aktionäre börsennotierter AGs können ihre Mitaktionäre also nicht über das Aktienregister identifizieren, während die Aktionäre britischer Gesellschaften dies jederzeit und diejenigen französischer Gesellschaften es jedenfalls in den letzten 14 Tagen vor der Hauptversammlung tun können. Den verschiedenen Reichweiten der Einsichtsrechte liegen dabei unterschiedliche Standpunkte bei der Abwägung zwischen dem Recht des einzelnen Aktionärs auf informationelle Selbstbestimmung und den sich aus der Aktionärsstellung ergebenden mitgliedschaftlichen Pflichten zugrunde[426]. Die datenschutzrechtlichen Aspekte, die Grund der deutschen Regelung sind, werden in Frankreich und Großbritannien geringer bewertet als die Informationsinteressen der Aktionäre hinsichtlich ihrer Mitaktionäre. In Deutschland wird demgegenüber die durch die Mitteilungspflichten über den Erwerb von Beteiligungsblöcken von 3, 5, 10, 15, 20, 25, 30, 50 und 75 % gemäß § 21 ff. WpHG erzielte Transparenz der Aktionärsstruktur für ausreichend gehalten[427]. Die zahlreichen weiteren Informationen des Aktienregisters über alle Aktionäre und ihr Investitionsverhalten bleiben so aber Exklusivwissen der Verwaltung. Hieraus entsteht ein Informationsgefälle, das der Verwaltung am Markt für Unternehmenskontrolle einen erheblichen Vorteil verschafft[428]. Generell erschwert es Aktionärsminderheiten die Organisation von Opposition gegen die Verwaltung. Während die Verwaltung mit Hilfe der Daten aus dem Aktionärsregister *Investor-Relations*-Maßnahmen in ihrem Sinne durchführen kann, wird zur Ablösung der Verwaltung oder sonstigen Opposition entschlossenen Aktionären eine persönliche Kontaktaufnahme zu anderen Aktionären mangels Zugangs zu deren Adressen regelmäßig nicht möglich sein. Sie bleiben auf das elektronische Aktionärsforum

---

424 Vgl. *Ferran* in Ferrarini u.a. (Hrsg.), Reforming Company and Takeover Law, 417, 436.
425 Zu beachten ist in diesem Zusammenhang, dass in Frankreich grundsätzlich die wirtschaftlichen Aktionäre und nur ausnahmsweise Intermediäre ausländischer Aktionäre eingetragen werden dürfen, während in Deutschland und Großbritannien die Eintragung von Intermediären üblich ist, die den Kontakt mit den wirtschaftlichen Aktionären erst noch vermitteln müssen.
426 Vgl. *Huep*, WM 2000, 1623, 1626; auch *Siems*, Konvergenz der Rechtssysteme, 183.
427 Vgl. RegBegr BT-Drucks. 11/4051, 11; *Hüffer*, § 67 Rn. 28.
428 Vgl. *Bezzenberger* in Schmidt/Lutter, § 67 Rn. 42; auch *Siems*, ZGR 2003, 218, 224.

beschränkt, das einen Aufruf zum koordinierten Verhalten im elektronischen Bundesanzeiger ermöglicht[429]. Das elektronische Aktionärsforum stellt sich angesichts der mit seiner Nutzung verbundenen Kostenersparnis gegenüber einer direkten Kontaktaufnahme mit den einzelnen Aktionären (die bei Inhaberaktionären ohnehin nicht möglich ist) als – auch für die übrigen untersuchten Jurisdiktionen – vorbildliche Einrichtung zur Relativierung des Problems kollektiver Aktion dar. Es muss allerdings aus eigenem Antrieb von den umworbenen Aktionären aufgesucht werden und kann deshalb deutlich weniger effektiv zur gemeinsamen Organisation sein als eine von den opponierenden Aktionären ausgehende persönliche Kontaktaufnahme mit den umworbenen Namensaktionären. Letztendlich schränkt das Fehlen eines Einsichtsrechts hinsichtlich der Mitaktionäre in börsennotierten AGs die Organisation einer Opposition und damit die Kontrolle der Verwaltung ein[430]. Deren Effektivität liegt aber im Interesse guter *Corporate Governance* und damit letztlich auch in dem der Gesellschaft. Vor diesem Hintergrund – und in rechtsvergleichender Hinsicht – erscheint die in Deutschland getroffene Entscheidung für eine weitestgehende gesetzliche Bevorzugung der Datenschutzbelange zulasten der Organisationsinteressen der Aktionäre fragwürdig. Wird die Anlegerstruktur ab dem Erwerb bestimmter Beteiligungsblöcke nach dem WpHG öffentlich publiziert, fragt sich, warum die Beteiligungsstrukturen unterhalb der Schwellenwerte nicht wenigstens (jedenfalls rechtzeitig vor der Hauptversammlung) gesellschaftsintern zugänglich sein sollten[431]. In der Abwägung ist dabei auch zu berücksichtigen, dass Aktionäre statt ihrer Dritte wie ihre Depotbanken für sich eintragen lassen und so den Grad ihrer Anonymität erhöhen können[432]. Zu berücksichtigen ist auch die spezifische Interessenlage des mitgliedschaftlichen Rechtsverhältnisses des Aktionärs[433]. Die Einsichtsmöglichkeit in die im Aktienregister gespeicherten Namen, Anschriften und Anteilsbesitze diente mit der Koordination der Aktionäre einer effektiven Kontrolle der Gesellschaft und damit letztlich einem Ziel, von dem auch jeder einzelne Betroffene in seiner Rechtsstellung als Aktionär profitiert[434]. Fortbestehende datenschutzrechtliche Bedenken könnten durch eine Beschränkung des Einsichtsrechts auf Namen und Adressen Rechnung getragen werden[435]. Letztendlich erscheint eine Einebnung der börsengesellschaftsrechtlichen Einschränkung des Auskunftsrechts in § 67 Abs. 6 AktG wünschenswert.

---

429 Vgl. *Noack*, NZG 2004, 297, 303; *Spindler* in VGR (Hrsg.), Gesellschaftsrecht in der Diskussion 2005, 31, 36.

430 So auch *Huep*, WM 2000, 1623, 1627; in diesem Sinne auch *Siems*, ZGR 2003, 218, 224; kritisch gegenüber der Einschränkung des Einsichtsrechts (bezogen auf die Schweiz) auch *Ruffner*, 504.

431 Vgl. *Huep*, WM 2000, 1623, 1627.

432 Vgl. *Huep*, WM 2000, 1623, 1627; *Siems*, ZGR 2003, 218, 223.

433 Vgl. BGHZ 103, 184, 194 f.; 129, 136, 142 f.; BGH WM 1992, 1812; *Huep*, WM 2000, 1623, 1627.

434 Vgl. *Huep*, WM 2000, 1623, 1627.

435 Vgl. *Huep*, WM 2000, 1623, 1627.

5. Anfechtung und sonstige Möglichkeiten der Überprüfung von Hauptversammlungsbeschlüssen

Die richterliche Überprüfung von Hauptversammlungsbeschlüssen auf Antrag von Aktionären soll die Einhaltung der für die Beschlüsse bestehenden formellen und materiellen Vorgaben gewährleisten. Besondere Bedeutung im Machtgefüge der Gesellschaft kommt dem Individualrecht zur Initiierung einer Beschlusskontrolle insofern zu, als letztere durch Überprüfung innergesellschaftlicher Treue- und Rücksichtnahmepflichten die Auflösung von Minderheits-/Mehrheitskonflikten unter den Aktionären ermöglicht.

a) Rechtsvergleichender Überblick zur Anfechtung und sonstigen Möglichkeiten der Überprüfung von Hauptversammlungsbeschlüssen

aa) Nichtigkeit und Anfechtbarkeit von Hauptversammlungsbeschlüssen der AG

Hauptversammlungsbeschlüsse der AG sind nur in den in den im Gesetz ausdrücklich und abschließend aufgeführten Fällen besonders gravierender Verstöße nichtig (§ 241 AktG). Es handelt sich dabei um Verstöße bei Veränderungen der Kapitalstruktur (§ 241 1. HS AktG), bei Aufsichtsratswahlen (§ 250 AktG), beim Beschluss über die Verwendung des Bilanzgewinns (§ 253 AktG) sowie um die in § 241 AktG aufgezählten Verletzungen formeller und materieller Hauptversammlungsvorschriften[436]. Während die Klage auf Feststellung der Nichtigkeit nur den Aktionären, dem Vorstand und den Vorstands- und Aufsichtsratsmitgliedern offen steht, kann die Nichtigkeit selbst formlos von jedermann geltend gemacht werden (§ 249 Abs. 1 AktG).

Alle sonstigen Mängel eines Hauptversammlungsbeschlusses können aus Gründen der Rechtssicherheit allein im Wege der Anfechtungsklage innerhalb eines Monats nach Beschlussfassung mit dem Ziel der Annullierung des Beschlusses durch das Gericht angegriffen werden (§§ 243 Abs. 1, 246 Abs. 1, 248 Abs. 1, 251, 254, 255 AktG)[437]. Ein Anfechtungsgrund liegt vor, wenn der Verfahrensverstoß sich aufgrund seiner Relevanz für das Mitgliedschafts- und Mitwirkungsrecht des Aktionärs als ein dem Beschluss anhaftendes Legitimationsdefizit darstellt, das aufgrund

---

436 § 241 AktG nennt folgende Regelverstöße: ordnungswidrige Einberufung der Hauptversammlung bei gleichzeitigem Fehlen von Aktionären (Nr. 1), fehlende oder mangelhafte Beurkundung des Beschlusses (Nr. 2), Unvereinbarkeit des Beschlusses mit dem Wesen der AG oder Verletzung von Vorschriften zum Schutz der Gläubiger oder des öffentlichen Interesses (Nr. 3), inhaltlichen Verstoß gegen die guten Sitten (Nr. 4) und Löschung des Beschlusses von Amts wegen bei Verstoß gegen zwingende gesetzliche Vorschriften und öffentlichem Interesse an seiner Beseitigung nach § 144 Abs. 2 FGG (Nr. 6). Beurkundungsmängel werden allerdings durch die Eintragung geheilt (§ 242 Abs. 1 AktG), während die Verstöße nach Nr. 1, 3 und 4 nur innerhalb von drei Jahren ab Eintragung geltend gemacht werden können (§ 242 Abs. 2 Satz 1 AktG).

437 Eine Ausnahme besteht für die der Bemessung konzern- und umwandlungsrechtlicher Ausgleichs- und Abfindungsansprüche (§§ 304 Abs. 3, 305 Abs. 5, 320b Abs. 2, 327f AktG; 14 Abs. 2, 36 Abs. 1, 125, 195 Abs. 2, 210 UmwG) zugrundeliegenden Beschlüsse, deren Unangemessenheit im Wege des Spruchverfahrens nach dem Spruchsverfahrensgesetz zu überprüfen ist.

wertender, am Schutzzweck der Norm orientierter Betrachtung die Nichtigkeit rechtfertigt[438]. Wesentliche Bedeutung aus Sicht des Minderheitenschutzes hat hierbei die auf Antrag einzelner Aktionäre im Rahmen des Anfechtungsprozesses erfolgende materielle Beschlusskontrolle auf Treuepflichtverletzungen durch Mehrheitsaktionäre[439]. Die hierbei untersuchte allgemeine Treuepflicht der Aktionäre leitet sich aus dem Organisationsvertrag der Gründer ab, klingt in §§ 53a, 243 Abs. 2 AktG an und wird mittlerweile von der Rechtsprechung und der herrschenden Literatur als sowohl gegenüber der AG als auch zwischen den Aktionären geltende richterrechtliche Generalklausel anerkannt[440]. Die Schwierigkeit liegt in der Konkretisierung dieser Treuepflicht und den Voraussetzungen ihrer Verletzung im Einzelfall. Auszugehen ist von einer dreifachen Ausrichtung der Treuepflicht als (1) Pflicht zur Förderung des gemeinsamen Zwecks, (2) Verbot der Schädigung des Unternehmens und (3) Pflicht zur Rücksichtnahme auf die gesellschaftsrechtlich vermittelten Interessen der Mitaktionäre und zur verantwortungsvollen Ausübung der aus der Mitgliedschaft folgenden Rechte und Einflussmöglichkeiten[441]. Inhaltlich ist die Treupflicht anhand der Umstände des Einzelfalls zu konkretisieren, wofür eine Abwägung der betroffenen Interessen unter Beachtung des der Gesellschaft zur freien Willensbildung zugewiesenen Spielraums erforderlich ist[442]. Vom Ausgangspunkt her muss das Maß des Einflusses dem Maß der Verantwortung entsprechen[443]. Dadurch erlangt insbesondere die Realstruktur der Gesellschaft Bedeutung[444]. So bestehen bei der „kleinen“, also geschlossenen, AG häufig intensivere Treuepflichten als bei einer Publikumsgesellschaft[445]. Ebenso trifft die Treuepflicht in der Publikumsgesellschaft einen Mehrheitsaktionär anders als einen Minderheits-

---

438 Vgl. BGHZ, 149, 158, 163 ff.; BGH AG 2004, 670, 673; BGHZ 160, 253, 255 f.; 160, 385, 392; *Hüffer*, § 243 Rn. 13; MK/*Hüffer*, § 243 Rn. 30; KK/*Zöllner*, § 243 Rn. 81 ff.; *Kübler/Assmann*, § 15 V. 6.b)aa).

439 Ist der Mehrheitsaktionär ein herrschendes Unternehmen, erfolgt der Minderheitenschutz hingegen in erster Linie über das Konzernrecht und ein Rückgriff auf die Treuepflicht ist nicht erforderlich; vgl. *Röhricht* in Handbuch Corporate Governance, 513, 530; ausführlich zum Minderheitenschutz durch die Treuepflicht dort, 513 ff.; *Marsch-Barner*, ZHR 157 (1993), 172, 176–179 mit zahlreichen Nachweisen. Zur materiellen Beschlusskontrolle vgl. *Hüffer*, § 53a Rn. 17; § 243 Rn. 21 ff.; GK/*Henze/Notz*, Anh § 53a Rn. 23; HdbAG/*Mimberg*, § 37 Rn. 57; Höchstrichterlich ist die materielle Beschlusskontrolle spätestens seit BGHZ 71, 40, 44 ff. anerkannt; Überblick zur Entwicklung der Rspr. bei MK/*Hüffer*, § 243 Rn. 50.

440 Vgl. BGHZ 14, 25, 38 (gegenüber der AG); 103, 184, 194 f.; 127, 107, 111; 129, 137, 142; 142, 167, 169 ff. (im Verhältnis der Aktionäre untereinander); für die Lit. vgl. die Nachweise bei *K. Schmidt*, § 20 IV, 28 I 4 a) in Fn. 7; *Kübler/Assmann*, § 15 II 3.c) in Fn. 14; *Röhricht* in Handbuch Corporate Governance, 513, 515 m.w.N. in Fn. 10; *Hüffer*, § 53a Rn. 13 ff.; HdbAG/*Mimberg*, § 36 Rn. 28 in Fn. 1.

441 Vgl. *Raiser/Veil*, § 12 Rn. 46; *Winkler*, 28.

442 Vgl. *Raiser/Veil*, § 12 Rn. 46; *Röhricht* in Handbuch Corporate Governance, 513, 520. Gesetzliche Ausformungen ansonsten unter die Treuepflicht zu subsumierender Sachverhalte sind das Schädigungsverbot (§ 117 AktG sowie §§ 17, 311 AktG aus konzernrechtlicher Sicht) und der Gleichbehandlungsgrundsatz (§ 53a AktG); dazu *Röhricht*, aaO., 513, 528 f.

443 Vgl. BGHZ 103, 184, 195; 129, 136, 143 f.; 142, 167, 170; *K. Schmidt*, § 28 I 4.a).

444 Vgl. BGHZ 103, 184, 195; *Röhricht* in Handbuch Corporate Governance, 513, 521 m.w.N. in Fn. 25; HdbAG/*Mimberg*, § 36 Rn. 32; *K. Schmidt*, § 20 IV 2.d); *Raiser/Veil*, § 12 Rn. 46.

445 Vgl. HdbAG/*Mimberg*, § 36 Rn. 32; *K. Schmidt*, § 28 I 4 a); *Röhricht* in Handbuch Corporate Governance, 5; *Röhricht* in Handbuch Corporate Governance, 513, 525, 526.

aktionär, solange dieser keine Sperrminorität hat[446]. Vor dem Hintergrund der Realstruktur der Gesellschaften ist gerade von Kleinanlegern in Publikumsgesellschaften regelmäßig nur die Einhaltung der schon nach Treu und Glauben erforderlichen Verhaltensstandards zu verlangen[447]. So wird die Treuepflicht insbesondere in der (börsennotierten) Publikumsgesellschaft zu einer Verhaltensregel vor allem für Großaktionäre und Aktionärsgruppen, die in der Lage sind, maßgeblichen Einfluss auf das Unternehmen zu nehmen und außenstehende Aktionäre an den Rand zu drängen[448]. Die Treuepflicht konkretisiert sich hier in der Verpflichtung der Mehrheit, mit dem von ihr getragenen Beschluss nur insoweit in die mitgliedschaftlichen Positionen der Minderheit einzugreifen, wie es im Interesse der Gesellschaft erforderlich und angemessen ist[449]. Damit dient die Treuepflicht als Korrektiv gesetzlich nicht ausreichend geregelter Minderheiten- und Konzernkonflikte[450]. Angesichts der weiterhin von kontrollierenden Großaktionären geprägten Beteiligungsstruktur der börsennotierten AGs erlangt sie so wesentliche Bedeutung[451]. Dabei kann das Konzept der Beschlussanfechtung aufgrund einer Treupflichtverletzung insbesondere der Gefahr von Vermögensverschiebungen von der Gesellschaft zu kontrollierenden Aktionären begegnen[452].

Anfechtungsberechtigt sind Aktionäre grundsätzlich nur dann, wenn sie in der Hauptversammlung erschienen sind, ihre Aktien schon vor der Bekanntmachung der Tagesordnung erworben hatten und gegen den Beschluss Widerspruch zur Niederschrift zu Protokoll erklärt haben (§ 245 Nr. 1 AktG). Nicht erschienene Aktionäre sind lediglich anfechtungsberechtigt, wenn die Gesellschaft ihre Abwesenheit bei der Hauptversammlung zu verantworten hat (§ 245 Nr. 2 AktG). Im Übrigen ist jeder Aktionär, der vor der Bekanntmachung der Tagesordnung Aktien erworben hat, zur Anfechtung berechtigt, wenn der Beschluss geeignet ist, einem anderen Aktionär Sondervorteile zu verschaffen (§§ 245 Nr. 3, 243 Abs. 2 AktG)[453]. Der Beschluss über den Bilanzgewinn ist überdies nur anfechtbar, wenn die Kläger 5 % des Grundkapitals oder einen anteiligen Betrag von 500.000 € halten (§ 254 Abs. 2 AktG). Die Gesamtregelung der Anfechtungsbefugnis begrenzt das Anfechtungsrecht der Aktionäre erheblich, da einerseits zahlreiche Aktionäre nicht zur

---

446 Vgl. *K. Schmidt*, § 28 I 4 a); auch *Kübler/Assmann*, § 15 II 3.c).
447 Vgl. *Raiser/Veil*, § 12 Rn. 46.
448 Vgl. *Hüffer*, § 53a Rn. 17; *Raiser/Veil*, § 12 Rn. 46; *Winkler*, 29; *Schmolke*, ZGR 2007, 701, 729.
449 Vgl. HdbAG/*Mimberg*, § 37 Rn. 59 m.w.N.; MK/*Hüffer*, § 243 Rn. 57; GK/*K. Schmidt*, § 243 Rn. 45.
450 Vgl. *Raiser/Veil*, § 12 Rn. 46; *Zöllner*, ZHR 162 (1998), 235.
451 So auch *Winkler*, 29 f.
452 Wie dies z. B. im Fall von BGHZ 103, 184 („Linotype") erfolgte, indem die Hauptaktionärin mit mehr als 96 % des Kapitals die Auflösung der Gesellschaft beschloss, um im Zuge der Liquidation wesentliche Teile des Gesellschaftsvermögens aufgrund von Absprachen mit dem Vorstand zu erwerben. In dem Umstand, dass die Minderheitsgesellschafter aufgrund der Absprachen keine Chancen zum Erwerb der Vermögensgegenstände hatten, sah der BGH einen Treuepflichtverstoß der Mehrheitsaktionärin. Vgl. auch *Winkler*, 30.
453 Neben den Aktionären ist stets der Vorstand klagebefugt (§ 245 Nr. 4 AktG), einzelne Vorstands- oder Aufsichtsratsmitglieder nur, wenn ihnen der Beschluss eine unerlaubte Handlung auferlegt (§ 245 Nr. 5 AktG).

Hauptversammlung erscheinen und andererseits zahlreiche Aktionäre und insbesondere professionelle Stimmrechtsvertreter regelmäßig keinen Widerspruch gegen Beschlüsse erklären[454].

Um die Lähmung der Gesellschaft durch einen langwierigen Anfechtungsprozess vermeiden zu können, erlaubt § 244 AktG die nachträgliche Bestätigung eines angefochtenen Beschlusses mit *ex nunc*-Wirkung durch einen neuen Hauptversammlungsbeschluss. Die Anfechtungsklage kann dann nur fortgesetzt werden, wenn der Kläger ein rechtliches Interesse hat, dass der bestätigte Beschluss für die Zeit bis zum Bestätigungsbeschluss für nichtig erklärt wird (§ 244 Satz 2 AktG). Darüberhinaus ist die Erhebung der Anfechtungsklage rechtsmissbräuchlich und deshalb wegen fehlender Anfechtungsbefugnis abzuweisen, „wenn der Kläger Anfechtungsklage mit dem Ziel erhebt, die verklagte Gesellschaft in grob eigennütziger Weise zu einer Leistung zu veranlassen, auf die er keinen Anspruch hat und billigerweise auch nicht erheben kann"[455]. Vor allem sind hiermit die Konstellationen gemeint, in denen die Anfechtungsklage erhoben wird, um die Gesellschaft angesichts der drohenden unter Umständen jahrelangen Blockade des Beschlusses zum Abkauf des Lästigkeitswerts der Klage im Wege einer Sonderzahlung an den Kläger zu veranlassen[456]. Dabei spielt die rechtsmissbräuchliche Klageerhebung unter offener Forderung eines Geldbetrags in der Praxis – auch angesichts der Professionalisierung der Kläger – keine Rolle mehr[457]. Charakteristisch ist mittlerweile vielmehr die „gewerbliche" Erhebung zahlreicher Anfechtungsklagen mit dem Ziel, angesichts der institutionellen Besonderheiten der Klage überhöhte Vergleichsschlüsse zu erreichen[458]. Das Erpressungspotential ergibt sich vor allem aus einer der Besonderheiten des deutschen Anfechtungsrechts, der konstitutiven Wirkung der Registereintragung bei den eintragungsbedürftigen Beschlüssen bzw. den auf einem Beschluss beruhenden eintragungsbedürftigen Tatsachen[459]. Da die Registergerichte das Eintragungsverfahren bei drohender oder erhobener Anfechtungsklage in der Praxis entweder qua Gesetz (bei Umwandlungen, Eingliederungen und *Squeeze-outs*, §§ 16 Abs. 2 UmwG, 319 Abs. 5, 327e Abs. 2 AktG) oder freiwillig nach § 127 FGG aussetzen, verhindert auch die Erhebung einer unzulässigen oder unbegründeten Anfechtungsklage die Umsetzung des Hauptversammlungsbeschlusses bis auf

---

454 Vgl. *Raiser/Veil*, § 16 Rn. 138.

455 Vgl. BGHZ 107, 296, 311; des Weiteren BGHZ 112, 9; BGH AG 1990, 259; AG 1991, 102, 104; AG 1992, 86; 317; 448; vgl. auch schon RGZ 146, 385, 395; für Schrifttum zu dieser Rechtsprechung vgl. die Nachweise bei *Raiser/Veil*, § 16 Rn. 182 Fn. 318. Die Grundsätze zum Rechtsmissbrauch gelten entsprechend für die Nichtigkeitsklage; vgl. OLG Stuttgart, AG 2003, 165; *Kübler/Assmann*, § 15 V 6.c)aa).

456 Vgl. ausführlich *Hüffer*, § 245 Rn. 22 m.w.N.; *Kübler/Assmann*, § 15 V 6.c); *Bayer* in VGR (Hrsg.), Gesellschaftsrecht in der Diskussion 1999, 35, 42–47; *Schiessl* in VGR (Hrsg.), Gesellschaftsrecht in der Diskussion 199, 57, 62-65. Für eine ausführliche empirische Untersuchung des Phänomens vgl. *Baums/Keinath/Gajek*, ZIP 2007, 1629 ff.

457 Vgl. *Baums/Drinhausen*, ZIP 2008, 145, 147.

458 Vgl. *Baums/Drinhausen*, ZIP 2008, 145, 147 sowie die empirische Untersuchung der Anfechtungsverfahren der letzten Jahre bei *Baums/Keinath/Gajek*, ZIP 2007, 1629 ff.

459 Vgl. *Baums/Keinath/Gajek*, ZIP 2007, 1629, 1630; *Baums/Drinhausen*, ZIP 2008, 145, 150; auch *Richter*, ZHR 172 (2008), 419, 453; *Assmann*, AG 2008, 208, 212.

weiteres[460]. Hierdurch kann eine *holdup*-Situation herbeigeführt werden, was Anreize bietet zur Klageerhebung mit dem alleinigen Ziel, die unter Zeitdruck stehende Gesellschaft zu einem überhöhten Vergleichsschluss zu bringen[461]. Ein solches Vorgehen entfaltet weder sinnvolle präventive Steuerungswirkungen auf die Gesellschaft noch steht hinter ihm ein anerkennenswertes Rechtsschutzinteresse. Stattdessen führt es ausschließlich zu einer Schädigung der Gesellschaft und der übrigen Anleger[462]. Mit dem UMAG wurden deshalb zahlreiche Regelungen zur Eindämmung missbräuchlicher Anfechtungsklagen in das AktG aufgenommen[463]. Hierzu zählt die Vorerwerbspflicht im Rahmen der Anfechtungsbefugnis (§ 245 Nr. 1 AktG)[464]. Die früher besonders häufige und missbrauchsanfällige Anfechtbarkeit wegen Verletzungen von Informationspflichten wurde dahingehend reformiert, dass ein Beschluss wegen unrichtiger, unvollständiger oder verweigerter Erteilung von Informationen nur noch angefochten werden kann, wenn ein objektiv urteilender Aktionär die Erteilung der Information als wesentliche Voraussetzung für die sachgerechte Wahrnehmung seiner Teilnahme- und Mitgliedschaftsrechte angesehen hätte (§ 243 Abs. 4 Satz 1 AktG)[465]. Auf fehlerhafte Informationen in der Hauptversammlung über die Ermittlung, Höhe oder Angemessenheit von Kompensationen kann die Anfechtung überhaupt nicht mehr gestützt werden, da für diese Bewertungsrügen ein Spruchverfahren vorgesehen ist (§ 243 Abs. 4 Satz 2 AktG i.V.m. § 1 SpruchG). Während alle Aktiengesellschaften die Klageerhebung in den Gesellschaftsblättern bekanntzumachen haben (§ 246 Abs. 4 AktG), sind nur börsennotierte Gesellschaften seit dem UMAG zur Bekanntmachung der Beendigung von Anfechtungsprozessen einschließlich ihrer Nebenabreden sowie der zur Vermeidung von Anfechtungsprozessen geschlossenen Vereinbarungen verpflichtet (§ 248a i.V.m. § 149 Abs. 2, 3 AktG). Bei Verletzung der Bekanntmachungspflicht ist die Leistungspflicht der Gesellschaft unwirksam (§§ 248a i.V.m. § 149 Abs. 2 Satz 3 AktG). Die Publizität soll prohibitiv gegenüber hohen Vergleichszahlungen wirken und so den Anreiz für missbräuchliche Klagen reduzieren[466].

---

460 Zur regelmäßigen Aussetzung nach § 127 FGG vgl. *Hüffer*, § 243 Rn. 53, § 246a Rn. 3; *Baums*, Gutachten F für den 63. DJT, F150 f.; *Baums/Keinath/Gajek*, ZIP 2007, 1629, 1648 m.w.N. in Fn. 140; auch *Richter*, ZHR 172 (2008), 419, 453; *Assmann*, AG 2008, 208, 212. Zu den möglichen Auswirkungen der Verzögerung auf die Gesellschaft vgl. *Schiessl* in VGR (Hrsg.), Gesellschaftsrecht in der Diskussion 1999, 57, 63.

461 Vgl. *Baums/Keinath/Gajek*, ZIP 2007, 1629, 1630 f.

462 Vgl. *Baums/Keinath/Gajek*, ZIP 2007, 1629, 1631. Zu den praktischen Auswirkungen der Gefahr missbräuchlicher Anfechtungsklagen durch räuberische Aktionäre vgl. *Reichert* in Hommelhoff u.a. (Hrsg.), Corporate Governance, 165, 168–170.

463 Ausführlich zur Reform des Anfechtungsrechts durch das UMAG *Koch*, ZGR 2006, 769, 793–801; *Bayer* in Hommelhoff u.a. (Hrsg.). Corporate Governance, 137, 141 ff.; auch *Kolb*, DZWIR 2006, 50, 53 ff.

464 Zur geringen Eignung der Regelung zur Verhinderung rechtsmissbräuchlicher Klagen vgl. *Koch*, ZGR 2006, 769, 796 f. m.w.N. in Fn. 148: Angesichts dessen, dass professionelle Kläger in der Regel über ein umfangreiches Portfolio mit Aktien sämtlicher größerer Gesellschaften verfügen, kann eine Vorbesitzzeit dem Missbrauch des Anfechtungsrechts nicht wirksam begegnen.

465 Die Neufassung knüpft an die neuere Rechtsprechung an (BGHZ 149, 158, 163 ff.; 153, 32, 36 f.; 160, 385, 392; BGH NJW 2004, 3561, 3562); vgl. RegBegr BT-Drucks. 15/5092, 26; *Koch*, ZGR 2006, 769, 794; *Kolb*, DZWIR 2006, 50, 54.

466 Vgl. Begr. RegE BT-Drucks. 15/5092, 24.

Kernstück der durch das UMAG eingeführten Änderungen ist die Einführung des als Eilverfahren nach der ZPO konzipierten Freigabeverfahrens für die besonders anfechtungsanfälligen Kapitalmaßnahmen und Unternehmensverträge (§ 246a AktG)[467]. Es folgt den bereits zuvor für die ebenfalls anfechtungsanfälligen Umwandlungen, Eingliederungen und *Squeeze-outs* bestehenden Freigabeverfahren (§§ 16 Abs. 3 UmwG, 319 Abs. 6, 327e Abs. 2 AktG). Das Freigabeverfahren zielt auf die für den Registerrichter bindende und für und gegen jedermann wirkende Feststellung des Prozessgerichts, dass die Erhebung einer Anfechtungs- bzw. Nichtigkeitsklage der Eintragung nicht entgegensteht und Mängel des Hauptversammlungsbeschlusses die Wirkung der Eintragung unberührt lassen (§ 246a Abs. 1 AktG). Der Freigabebeschluss soll spätestens drei Monate nach Antragsstellung ergehen (§ 246a Abs. 3 Satz 5 AktG)[468]. Voraussetzung der Freigabeentscheidung ist, dass die Klage unzulässig oder offensichtlich unbegründet ist oder dass das alsbaldige Wirksamwerden des Beschlusses nach freier Überzeugung des Gerichts unter Berücksichtigung der Schwere der mit der Klage geltend gemachten Rechtsverletzung zur Abwendung der vom Antragsteller dargelegten wesentlichen Nachteile für die Gesellschaft und ihre Aktionäre vorrangig erscheint (§ 246a Abs. 2 AktG). Ein dem Freigabebeschluss widersprechendes Urteil (im Hauptverfahren einer Anfechtungs- oder Nichtigkeitsfeststellungsklage) kann nicht mehr in das Handelsregister eingetragen werden (§ 242 Abs. 2 Satz 5 AktG), sondern nur Ansprüche des Klägers gegen die Gesellschaft auf Ersatz des Schadens, der ihm aufgrund der (auf dem Freigabebeschluss beruhenden) Eintragung des Hauptversammlungsbeschlusses entstanden ist, auslösen (§ 246a Abs. 4 AktG). Dennoch ist die Zahl der Anfechtungsklagen auch nach Inkrafttreten des UMAG weiter gestiegen[469]. Ein Großteil der Verfahren wird weiterhin von professionellen Klägern initiiert und durch Abfindungsvergleich beendet[470]. Auch die Dauer der nunmehr auch bei Kapitalmaßnahmen und Unternehmensverträgen durchgeführten Freigabeverfahren scheint von den Gesellschaften also als immer noch so erheblich empfunden zu werden, dass sie zur Vermeidung einer Registersperre bis zur Freigabe weiterhin zum Abkauf des Lästigkeitswerts der Klagen bereit sind[471].

---

467 Zum Freigabeverfahren vgl. *Koch*, ZGR 2006, 769, 797 ff.; *Kübler/Assmann*, § 15 V 6.c)bb).

468 Im Gegensatz zu den sonstigen Freigabeverfahren wird bei denjenigen nach § 246a AktG, die zur Entscheidung kommen, die 3-Monatsfrist in aller Regel eingehalten; vgl. *Baums/Keinath/Gajek*, ZIP 2007, 1629, 1649. Mit dem am 25. April 2007 in Kraft getretenen Zweiten Gesetz zur Änderung des Umwandlungsgesetzes wurden § 246a Abs. 3 Satz 5 AktG entsprechende Soll-Vorschriften auch für die Freigabeverfahren im Rahmen von Umwandlungen, Eingliederungen und *Squeeze-outs* geschaffen (§ 16 Abs. 3 Satz 4 UmwG, § 319 Abs. 6 Satz 4 AktG).

469 Vgl. *Baums/Keinath/Gajek*, ZIP 2007, 1629, 1633 (Tabelle 3), 1649. Von daher kritisch zu den Veröffentlichungspflichten *Smend*, ZCG 2008, 53, 57. Für weitere Reformvorschläge vgl. *Baums/Drinhausen*, ZIP 2008, 145, 148 ff.

470 Vgl. *Baums/Keinath/Gajek*, ZIP 2007, 1629, 1636–1638, 1644 (Tabelle 13).

471 Vgl. *Baums/Drinhausen*, ZIP 2008, 145, 147 sowie die Untersuchung der Freigabeverfahren bei *Baums/Keinath/Gajek*, ZIP 2007, 1629, 1648 f.; auch *Richter*, ZHR 172 (2008), 419, 453.

bb) Nichtigkeit und Anfechtung von Hauptversammlungsbeschlüssen der *S.A.*

Satzungsändernde Hauptversammlungsbeschlüsse der *S.A.* können nur bei Verstoß gegen ausdrücklich die Nichtigkeit anordnende Vorschriften des Zweiten Buchs des *Code de Commerce* (*Livre II: Des sociétés commerciales et des groupements d'intérêt économique*, also das französische Gesellschaftsrecht) oder gegen die gesetzlichen Nichtigkeitsregelungen für Verträge[472] nichtig sein (art. L. 235-1 (1) C.com.). Alle übrigen Hauptversammlungsbeschlüsse können demgegenüber weitergehender bei Verstoß gegen zwingende Vorschriften des zweiten Buchs des *Code de Commerce* oder gegen zwingende gesetzliche Regelungen für Verträge nichtig sein (art. L. 235-1 (2) C.com.). Zwingende Vorschriften des zweiten Buchs des *Code de Commerce* sind einerseits die in art. L. 225-121 C.com. ausdrücklich als nichtigkeitsbegründend genannten sowie solche, die der Gesetzgeber explizit für zwingend postuliert, indem er sie zum Bestandteil des *ordre public* macht oder jede entgegenstehende Bestimmung für unwirksam erklärt[473]. Bei Verstößen gegen die Informationsrechte der Aktionäre hat das Gericht hingegen Spielraum, ob es die Hauptversammlung mitsamt ihrer Beschlüsse annulliert (art. L. 225-121 II. C.com.). Ebenso kann es verfahren, wenn die Hauptversammlung nicht ordnungsgemäß einberufen wurde, es sei denn, alle Aktionäre waren anwesend oder vertreten (art. L. 225-104 (2) C.com.). Über die vom Gesetzgeber explizit zwingend ausgestalteten Vorschriften hinaus behält sich die Rechtsprechung das Recht vor, Normen auf ihren zwingenden Charakter im Sinne von art. L. 235-1 (2) C.com. auszulegen und unter Verstoß gegen sie verabschiedete Beschlüsse zu annullieren[474]. Schließlich sieht der mit dem *Loi NRE* neugeschaffene art. L. 235-2-1 C.com. vor, dass alle unter Verletzung von Stimmrechten getroffenen Entscheidungen annulliert werden können[475].

Neben den gesetzlichen Regelungen findet die ständige Rechtsprechung zur Nichtigkeit bei Betrug (*fraude*) und Rechtsmissbrauch (*abus de droit*) Anwendung[476]. Ähnlich der deutschen Treuepflicht hat die französische Rechtsprechungen die Figuren des Missbrauchs der Mehrheit (*abus de majorité*) und der Minderheit (*abus de*

---

472 Aufgeführt in art. 1108–1117 C.civ.

473 Vgl. *Merle*, Rn. 486. Art. L. 225-121 C.com. ordnet die Nichtigkeit bzw. Anfechtbarkeit von Hauptversammlungsbeschlüssen in folgenden Fällen an: Zwingend nichtig sind gemäß art. L. 225-121 I. C.com. Beschlüsse unter Verstoß gegen die Hauptversammlungszuständigkeit (art. L. 225-96 bis 225-98 (1) C.com.), das Quorum (art. L. 225-96 (2), 225-98 (2), 225-99 (3) C.com.) sowie die erforderliche Mehrheit (art. L. 225-96 (3), 225-98 (3), 225-99 (3) C.com.). Nichtigkeit tritt auch zwingend ein, wenn der ordentlichen Hauptversammlung der Lagebericht des Verwaltungsrats (bzw. Vorstands) oder der Jahresabschluss nicht vorgelegt wurde (art. L. 225-100 (2) C.com.) sowie bei Verletzung der Vorschriften über die Erstellung der Tagesordnung und der Anwesenheitsliste (art. L. 225-105, 225-114 C.com.).

474 Vgl. Soc. vom 20. Oktober 1976, Rev. sociétés 1977, 277, Anm. *Guyénot* (Auslegung des art. L. 225-225 C.com. a.F., nunmehr art. L. 822-12 C.com. n.F., der Abschlussprüfern untersagt, innerhalb von fünf Jahren nach Ende ihres Prüfungsauftrags Mitglied eines Leitungsorgans der kontrollierten Gesellschaft zu werden, als zwingendes Recht); *Merle*, Rn. 486.

475 Zuvor waren diese Verstöße strafbewehrt, die Strafvorschriften wurden allerdings nicht angewandt; vgl. *Merle*, Rn. 486.

476 Vgl. *Merle*, Rn. 486; ausführlich zum den Mehrheits- und den Minderheitsmissbrauch (*abus de majorité / abus des minorité*) umfassenden *abus de droit* dort, Rn. 578-581 sowie Kreß, 43 ff.

minorité) als bewegliche Stimmrechtsschranken zur Behandlung von Mehrheits-/Minderheits-Konflikten entwickelt. Ein Mehrheitsmissbrauch liegt dann vor, wenn ein Beschluss entgegen der Gesellschaftsinteressen einzig zu dem Zweck gefasst wird, die Mehrheitsgesellschafter zulasten der Minderheitsgesellschafter zu begünstigen[477]. Wesentliches Element ist die absichtliche Ungleichbehandlung der Minderheit[478]. Sanktioniert wird er einerseits im Wege einer Schadensersatzpflicht, andererseits aber auch durch die Annullierung des missbräuchlichen Hauptversammlungsbeschlusses[479]. So wird die Beschlussanfechtung aufgrund von Mehrheitsmissbräuchen ähnlich der Rechtslage in der AG zum Mittel der Kontrolle von Mehrheitsaktionären. Ein Minderheitsmissbrauch erfolgt bei Sperrminoritäten, wenn die sie erreichende Minderheit eine für die Gesellschaft wesentliche (insbesondere satzungs- oder strukturverändernde) Maßnahme entgegen dem Gesellschaftsinteresse ausschließlich zum Zwecke der eigenen Bevorzugung zulasten der übrigen Aktionäre verhindert[480]. Sanktioniert wird er nicht im Wege der Annullierung der getroffenen Entscheidung, da diese ja regelmäßig aufgrund des Minderheitsmissbrauchs nicht zustande gekommen ist[481]. Stattdessen kann das Gericht die Minderheit zum Schadensersatz verurteilen[482] und einen Vertreter zur Abgabe der Stimmen der Minderheit in einer dem Gesellschaftsinteresse entsprechenden Art und Weise bestellen[483].

Schützt die nichtigkeitsauslösende Vorschrift – wie regelmäßig – nur bestimmte Interessen (*nullité relative*), so ist die Erhebung der Nichtigkeitsklage dem geschützten Personenkreis vorbehalten, solange er ein berechtigtes Interesse darlegen kann[484]. Bezweckt sie hingegen ausnahmsweise den Schutz der Allgemeinheit (*nullité absolue*), so ist jedermann mit einem berechtigten Interesse klagebefugt[485]. Die Kläger müssen – im Gegensatz zur grundsätzlichen Rechtslage in Deutschland – nicht zum Zeitpunkt des für nichtig zu erklärenden Beschlusses Aktionär der Gesellschaft gewesen sein. Missbräuchliche Klagen werden eingedämmt, indem die Kläger in allen Fällen ein berechtigtes Interesse für ihre Klage darlegen und gegebenenfalls beweisen müssen[486]. Alle nichtigkeitsbegründenden Verstöße bis auf der

---

477 Vgl. Cass. com. v. 30. November 2004, Bull. Joly 2005, 241, Anm. *Le Cannu*; Cass. com. v. 18 April 1961, JCP 1961, II, 12164, Anm. *Bastian*.
478 Vgl. CA Paris v. 3. Dezember 1993, Bull. Joly 1994, 299, Anm. *Saintourens*; *Merle*, Rn. 580; vgl. auch die Fallbeispiele bei *Leroy*, EBLR 2007, 205, 231.
479 Vgl. Cass. com. v. 6. Juni 1990, préc.; *Cozian/Viandier/Deboissy*, Rn. 361, 368; *Merle*, Rn. 580.
480 Vgl. Cass. vom. v. 15. Juli 1992, Rev. sociétés 1993, 400, Anm. *Merle*; D. 1993, 279, Anm. *Le Diascorn*; Bull. Joly 1992, 1083, Anm. *Le Cannu*; RTD com. 1993, 112, Anm. *Reinhard*.
481 Vgl. *Cozian/Viandier/Deboissy*, Rn. 365; *Merle*, Rn. 695.
482 Vgl. Cass. com. v. 18. Juni 2002, Bull. Joly 2002, 1197, Anm. *Godon*; *Cozian/Viandier/Deboissy*, Rn. 365.
483 Vgl. Cass. com. v. 9. März 1993, JCP éd. E 1993, II, 448, Anm. *Viandier*; Zusammenfassung der Entscheidung bei *Cozian/Viandier/Deboissy*, Rn. 366.
484 Vgl. *Merle*, Rn. 487.
485 Vgl. Cass. com. v. 4. Juli 1995, JCP 1995, II, 22560, Anm. *Guyon*; D. 1996, 186, Anm. *Hallouin*; RTD civ. 1996, 412, Anm. *Gautier*; Cass. com. v. 17. Dezember 2002, RTD com. 2003, 322, Anm. *Champaud/Danet*; *Merle*, Rn. 487.
486 Vgl. *Grundmann*, European Company Law, Rn. 456.

nach allgemeinem Vertragsrecht unzulässige Gesellschaftszweck können geheilt werden (art. L. 235-3 ff. C.com.).

cc) Anfechtung und Sonderprüfung von Hauptversammlungsbeschlüssen der *plc*

Die Anfechtung von Hauptversammlungsbeschlüssen einer *plc* ist nur äußerst eingeschränkt möglich, da sie grundsätzlich lediglich der Gesellschaft offen steht[487]. Aktionäre sind ausnahmsweise anfechtungsberechtigt, wenn ihnen zustehende Sonderrechte tangiert wurden[488]. Im Übrigen wird eine inhaltliche Überprüfung der Hauptversammlungsbeschlüsse nur in den Extremfällen missbräuchlicher Benachteiligung von Aktionären durchgeführt. Dies liegt daran, dass Aktionäre einer *plc* bei ihrer Stimmrechtsausübung grundsätzlich weder die Interessen der Gesellschaft noch die der anderen Aktionäre zu berücksichtigen haben[489]. Anders als im deutschen Recht bestehen keine mitgliedschaftlichen Treuepflichten gegenüber den Mitaktionären[490]. Dennoch hat sich die britische Rechtsprechung bemüht, die Minderheit gegen Übervorteilung durch die Mehrheit zu schützen. Den Leitentscheidungen zufolge müssen satzungsändernde Beschlüsse zum einen nach bestem Wissen und Gewissen zum Vorteil der Gesellschaft erfolgen (*bona fide for the benefit of the company as a whole*)[491]. Zum anderen überprüfen die Gerichte Beschlüsse auf einen Betrug zulasten der Minderheit (*fraud on the minority*). Er liegt vor, wenn zum Zwecke der Erlangung persönlicher Vorteile unter grob unbilliger Ausnutzung der Mehrheitsmacht in schädigender Weise in die Rechtsstellung der Minderheit eingegriffen wird[492]. Die richterrechtlich entwickelten Figuren des *fraud on the minority* und der Entscheidungsfällung *bona fide for the benefit of the company as a whole* unterfallen mittlerweile der Kodifikation der ss. 994, 996 CA 2006[493]. Die Vorschriften ermächtigen das angerufene Gericht, nach freiem Ermessen Anordnungen zu treffen, wenn die Geschäftsführung oder ein bereits erfolgter oder beabsichtigter Akt der Gesellschaft Aktionäre unfair benachteiligt oder benachteiligte[494]. Damit ermöglichen die

---

487 Vgl. Foss v Harbottle (1843) 67 ER 189; Prudential Assurance Co. Ltd v Newman Industries Ltd (1982) 1 All ER 354; *Davies*, Gower's Company Law, 449–451; *Farrar/Hannigan*, 432–434; *Grundmann*, European Company Law, Rn. 457; Kreß, 79–86; *Müller*, RIW 1997, 994.

488 Vgl. *Davies*, Gower's Company Law, 449–453; *Farrar/Hannigan*, 434 f.; *Grundmann*, European Company Law, Rn. 457.

489 Vgl. Pender v. Lushington (1877) 6 ChD 70; North-West Transportation Co. Ltd v. Beatty (1887) 12 App Cas 589; Carruth v. ICI Ltd (1937) 2 All ER 422; *Davies*, Gower's Company Law, 486 f.; *Winkler*, 67; Kreß, 84 f.; *Müller*, RIW 1997, 994, 997.

490 Vgl. Phillips v. Manufacturers' Securities Ltd (1917) 116 LT 290, 296; *Davies*, Gower's Company Law, 487; *Winkler*, 67 f.; *Müller*, RIW 1997, 994, 997.

491 Vgl. Allen v Gold Reefs of West Africa Ltd (1900) 1 Ch 656, 671; Brown v. British Abrasive Wheel Co (1919) 1 Ch 290; British American Nickel Corp. v. O'Brien (1927) AC 369; Greenhalgh v. Arderne Cinemas Ltd (1951) Ch 286; *Davies*, Gower's Company Law, 486 unter Aufarbeitung der einschlägigen Rechtsprechung auf 487–494; Aufarbeitung der Rechtsprechung auch bei Kreß, 87–92.

492 Vgl. Pavlides v. Jensen (1956) Ch 565; *Winkler*, 69; ausführlich Darstellung der Rechtsprechung bei Kreß, 96–102.

493 Vgl. *Winkler*, 70 unter Verweis auf die Rechtsprechung zur Vorgängervorschrift der s. 459 CA 1985; auch *Davies*, Gower's Company Law, 494.

494 Ausführlich zu ss. 459 ff. CA 2006 unter Schilderung der einschlägigen Rechtsprechung *Davies*, Gower's Company Law, 511–530; *Morse*, Charlesworth's Company Law, 359–381; Lowry, ss. 994, 996 CA 2006 die Kontrolle sowohl der geschäftsführenden Verwaltungsratsmitglieder als auch der Mehrheitsaktionäre und insbesondere auch die Überprüfung von missbräuchlich gefassten Hauptversammlungsbeschlüssen[495]. Eine unfaire Benachteiligung im Sinne von s. 994 CA 2006 liegt vor, wenn ein objektiver Dritter unter Berücksichtigung aller Umstände des Einzelfalls das Verhalten als unbillig beeinträchtigend ansieht[496]. Bösgläubiges Handeln der Mehrheit muss hierfür, anders als für die Rechtsfigur des *fraud on the minority*, nicht nachgewiesen werden[497]. Für die Bestimmung des eventuell verletzten Schutzgutes von s. 994 CA 2006, der legitimen Erwartungen der Aktionäre[498], ist wiederum insbesondere die Realstruktur der Gesellschaft von Bedeutung[499]. In börsennotierten Gesellschaften ist die Rechtsprechung angesichts der jederzeitigen Veräußerbarkeit der Anteile bedeutend zurückhaltender bei der Annahme legitimer Erwartungen als in personalistisch strukturierten Gesellschaften[500].

Die Einhaltung der formellen Hauptversammlungsvorschriften in börsennotierten Gesellschaften[501] wird im Gegensatz zur deutschen und französischen Rechtslage nicht durch eine gerichtliche Beschlusskontrolle mit Annullierungsmöglichkeit, sondern durch eine unabhängige Sonderprüfung (*independent report*) ohne Einfluss auf die Wirksamkeit des Beschlusses gewährleistet (ss. 342 ff. CA 2006). Die Sanktionierung von Verstößen wird also den durch diese Sonderprüfung informierten Aktionären überlassen. Aktionäre mit 5 % der stimmberechtigten Anteile oder mindestens 100 Aktionäre mit einem Durchschnittsanteil am Grundkapital von 100 £ können vom Verwaltungsrat bis spätestens eine Woche nach der Hauptversammlung verlangen, eine unabhängige Sonderprüfung eines dort gefassten Hauptversammlungsbeschlusses zu veranlassen (s. 342 (1), (2) CA 2006). Der Verwaltungsrat hat dann innerhalb einer Woche ab Zugang des Begehrens einen geeigneten unabhängigen Sonderprüfer einzusetzen (s. 343 CA 2006)[502]. Tut er dies nicht, machen seine Mitglieder sich strafbar (s. 343 (4) CA 2006). Die Bestellung des Sonderprüfers und seine Identität sind auf der Internetseite der Gesellschaft zusammen mit dem

---

201–228; *Dine/Koutsias*, 262 ff. (bereits zu den Nachfolgervorschriften); *Müller*, RIW 1997, 994 ff.; Kreß, 108 ff.

495 Vgl. *Davies*, Gower's Company Law, 511; *Winkler*, 70 sowie die Rechtsprechungsbeispiele bei *Leroy*, EBLR 2007, 205, 231 f.

496 Vgl. Re RA Noble / Sons (Clothing) Ltd (1983) BCLC 273, 290 f.; dazu *Müller*, RIW 1997, 994.

497 Vgl. *Müller*, RIW 1997, 994.

498 Vgl. Re a Company (1986) BCLC 376; Re Saul D. Harrison / Sons plc (1995) 1 BCLC 14, CA.

499 Vgl. *Müller*, RIW 1997, 994.

500 Vgl. *Müller*, RIW 1997, 994 unter Verweis auf Re Blue Arrow plc (1987) BCLC 585; Re Tottenham Hotspur plc (1994) 1 BCLC 655.

501 Der zuständige Minister (*Secretary of State*) kann die Reichweite der Vorschriften vorbehaltlich eines Vetos der beiden Parlamentskammern (nach der sog. *negative resolution procedure*) einschränken (ss. 354 (3), 1289 CA 2006) und mit Zustimmung beider Parlamentskammern ausweiten (ss. 354 (2), 1290 CA 2006).

502 Zu den Voraussetzungen der Unabhängigkeit des Sonderprüfers vgl. ss. 344–346 CA 2006. Sie korrespondieren mit den für die Abschlussprüfer geltenden Inkompatibilitäten, so dass die Abschlussprüfer als Sonderprüfer bestellt werden können (s. 344 (2) CA 2006); vgl. *Alcock/Birds/Gale*, 127; *Scanlan/Harvey/Prime/Ogowewo*, 99.

Wortlaut des zu überprüfenden Beschlusses oder einer Beschreibung des zu prüfenden Abstimmungsgegenstandes zu publizieren (s. 351 (1) CA 2006). Der Bericht des Sonderprüfers muss begründet zu folgenden Punkten Stellung nehmen: (1) Adäquanz des Abstimmungsverfahrens, (2) Genauigkeit der Zählung der Stimmen, (3) hinreichende Würdigung der Wirksamkeit der Stellvertreterbestellung durch Aktionäre, (4) hinreichende Information über die Möglichkeit der Stellvertreterbestellung im Rahmen der Ladung, (5) Einhaltung der gesetzlichen Vorgaben bezüglich der von der Gesellschaft zur Verfügung gestellten Vertreter (s. 347 CA 2006). Um seinen Bericht erstellen zu können, hat der Sonderprüfer Anwesenheitsrechte bei der Abstimmung (soweit diese erst nach seiner Bestellung durchgeführt wird) und allen späteren mit der Abstimmung zusammenhängenden Verfahrensschritten (s. 348 (1) CA 2006). Er hat Anspruch auf eine Kopie der Ladung und alle sonstigen von der Gesellschaft im Zusammenhang mit der in Frage stehenden Abstimmung an stimmberechtigte Personen zur Verfügung gestellten Informationen (s. 348 (2) CA 2006), auf Zugang zu jeglichen Aufzeichnungen der Gesellschaft über die Abstimmung und die Hauptversammlung sowie auf Information durch die Verwaltungsratsmitglieder, Mitarbeiter, Gesellschafter, Banken, Anwälte und Prüfer der Gesellschaft (s. 349 (1)–(3) CA 2006). Sobald der Bericht fertig gestellt ist, ist er auf der Internetseite der Gesellschaft zu veröffentlichen (s. 351 (1)(d) CA 2006).

b) Vorliegen von und Bedürfnis für Börsengesellschaftsrecht zur Anfechtungsklage

Der Frage, wann Hauptversammlungsbeschlüssen die Wirksamkeit versagt werden soll, wohnt erhebliche praktische und rechtliche Spannung inne[503]. Der für die Durchführung der Hauptversammlung erforderliche Aufwand und insbesondere die Relevanz ihrer Beschlüsse für die Entwicklung der Gesellschaft erfordern, dass den Beschlüssen ein hohes Maß an Bestandssicherheit gewährt wird[504]. Es besteht die Gefahr, dass die Hinderung der Durchführung eines Hauptversammlungsbeschlusses aufgrund seiner (unberechtigten) Anfechtung die Gesellschaft und mit ihr die Mehrheit der Aktionäre schädigt[505]. Vor diesem Hintergrund ist insbesondere den Versuchen räuberischer Aktionäre, die Anfechtungsklage zur Erpressung der Gesellschaft mit dem Ziel des Abkaufs des Lästigkeitswerts der Klage zu nutzen, entgegenzuwirken. Die Hauptversammlungsvorschriften zum Schutz der Aktionäre und der Allgemeinheit können andererseits nur durchgesetzt werden, wenn ihre Nichteinhaltung wirksam sanktioniert wird. Besondere Berücksichtigung verlangt dabei der Umstand, dass die Anfechtung von Hauptversammlungsbeschlüssen – jedenfalls in der AG und der *S.A.* – das maßgebliche Mittel der Aktionärsminderheit ist, um sich gegen Mehrheitsmissbräuche zu verteidigen[506].

---

503 Vgl. *Raiser/Veil*, § 16 Rn. 120; *Bayer* in Hommelhoff u.a. (Hrsg.), Corporate Governance, 137, 141 f., auch zu den folgenden Ausführungen.
504 Vgl. *Röhricht* in Handbuch Corporate Governance, 513, 544.
505 Vgl. *Bayer* in Hommelhoff u.a. (Hrsg.), Corporate Governance, 137, 141.
506 Vgl. *Wackerbarth*, ZGR 2005, 686, 721; *Bayer* in Hommelhoff u.a. (Hrsg.), Corporate Governance, 137, 141; rechtsvergleichend zum Minderheitenschutz durch die materielle Beschlusskontrolle *Siems*, Konvergenz der Rechtssysteme, 264–269.

Im Gegensatz zur Rechtslage in der AG und der *S.A.* wird die Einhaltung der formellen Hauptversammlungsvorschriften in börsennotierten *plcs* nicht über die Sanktion der Nichtigkeit oder Anfechtbarkeit gewährleistet, sondern über einen Bericht eines unabhängigen Sonderprüfers, der die Wirksamkeit eventuell formell ordnungswidrig gefasster Beschlüsse nicht tangiert. Aktionäre mit 5 % der stimmberechtigten Anteile oder mindestens 100 Aktionäre mit einem Durchschnittsanteil am Grundkapital von 100 £ können vom Verwaltungsrat die Durchführung einer solchen Sonderprüfung verlangen (ss. 342–353 CA 2006). Das britische Gesellschaftsrecht geht also davon aus, dass das Aktionariat Verstöße gegen die Hauptversammlungsformalien selbst ausreichend sanktionieren kann. Vor dem Hintergrund dieser Annahme ist eine Sonderprüfung zur Ermöglichung einer informierten Entscheidung der Aktionäre lediglich in börsennotierten Gesellschaften angesichts ihrer Komplexität und ihres großen Kreises von (nicht unternehmerisch tätigen) Aktionären erforderlich. In nicht-börsennotierten Gesellschaften kann demgegenüber davon ausgegangen werden, dass der bedeutend kleinere und eher unternehmerisch tätige Aktionärskreis die Formfehler selbst bewerten kann. Letztendlich räumt das britische Recht bei Formverstößen damit der Bestandssicherheit der Hauptversammlungsbeschlüsse bei Formfehlern Priorität ein. Dadurch vermeidet es Verzögerungen bei der Umsetzung von unternehmerischen Maßnahmen durch langwierige Anfechtungsverfahren auf Grundlage behaupteter Formfehler und vor allem die in diesem Zusammenhang in Deutschland üblichen missbräuchlichen Klagen zur Erzielung von Sonderrenten. Inwieweit die Aktionäre tatsächlich in der Lage sind, Formverstöße zu sanktionieren, kann mangels empirischer Daten zu Formverstößen, Sonderprüfungen und ihren Folgen nicht beurteilt werden. In rechtsvergleichender Hinsicht handelt es sich bei der Sonderprüfung um ein Rechtsinstitut, dessen Existenz sich aus der vom britischen Recht getroffenen spezifischen Abwägung der gegenläufigen Interessen an der Durchsetzung der Hauptversammlungsvorschriften und an der Bestandssicherheit der Hauptversammlungsbeschlüsse zugunsten letzterer erklärt. Da die französische und die deutsche Rechtsordnung diesen Interessenkonflikt mit ihren Nichtigkeits- und Anfechtbarkeitsvorgaben deutlich anders bewerten, kann die Sonderprüfung der Einhaltung der Hauptversammlungsformalien in börsennotierten Gesellschaften für sie kein Vorbild sein.

In materieller Hinsicht besteht in allen Rechtsordnungen, wenn auch auf unterschiedlicher dogmatischer Grundlage, die Möglichkeit, Hauptversammlungsbeschlüsse ex post auf einen Mehrheitsmissbrauch kontrollieren zu lassen[507]. Ausgangspunkt der richterlichen Überprüfung sind jeweils einzelfallbezogen zu konkretisierende Generalklauseln. Sie gelten damit vom Ansatz her für alle Gesellschaften, während bei der Konkretisierung die Umstände des Einzelfalls heranzuziehen sind. Hierbei spielt die Realstruktur der jeweiligen Gesellschaft und damit vor allem auch ihre durch eine Börsennotierung geprägte Beteiligungsstruktur eine entscheidende Rolle. Dementsprechend sind zahlreiche gerade für eine Börsen-

---

507 Vgl. *Winkler*, 78; ausführliche rechtsvergleichende Würdigung bei Kreß, 126 ff.

notierung typische Mehrheits-/Minderheitskonflikte denkbar. Dennoch sind die denkbaren Fallgestaltungen zu mannigfaltig, als dass Aussagen zu speziellen Ausprägungen der Treuepflicht gerade in börsennotierten Gesellschaften getroffen werden könnten. Erforderlich wäre eine umfassende Untersuchung der Rechtsprechung zur Auslegung der jeweiligen Generalklauseln in börsennotierten Gesellschaften im Vergleich zu derjenigen in nicht-börsennotierten Gesellschaften, die den Rahmen dieser Arbeit sprengte. Eine Kodifizierung eventueller spezieller Ausprägungen der Generalklauseln für börsennotierte Gesellschaften ist aber auch ohnehin nicht sinnvoll, da die generalklauselartige Ausgestaltung ja gerade die zur Auflösung der zahlreichen denkbaren Konfliktsituationen erforderliche Flexibilität ermöglichen soll. Eine Kodifikation verschiedener Einzeltatbestände für börsennotierte Gesellschaften scheint vor diesem Hintergrund nicht wünschenswert, da von ihr angesichts der auch von Einzeltatbeständen nicht zu fassenden mannigfaltigen Fallgestaltungen keine adäquatere Behandlung der Interessenkonflikte zu erwarten ist, als sie durch die einzelfallbezogene Beurteilung auf Grundlage der Generalklausel ermöglicht wird.

Schließlich besteht die beschriebene Gefahr des Missbrauchs der Anfechtungsmöglichkeit durch räuberische Aktionäre nicht in allen untersuchten Jurisdiktionen in gleicher Weise. In Großbritannien wird sie schon dadurch vermieden, dass die Einhaltung der formellen Hauptversammlungsvorschriften nicht durch eine Anfechtungsmöglichkeit, sondern durch die in börsennotierten Gesellschaften mögliche Sonderprüfung gewährleistet wird. Letztere führt nicht zur Nichtigkeit des überprüften Beschlusses, so dass ein Erpressungspotential nicht besteht. Eine inhaltliche Überprüfung findet hingegen außerhalb schwerwiegender Benachteiligungen von Aktionärsgruppen nach ss. 994, 996 CA 2006, die räuberische Aktionäre regelmäßig nicht darlegen werden können, nicht statt, da den Aktionären im Übrigen keine Bindungen bei der Stimmrechtsausübung auferlegt sind. In Frankreich wird die Missbrauchsgefahr durch die Prüfung des berechtigten Interesses des Klägers an der Klageerhebung im Rahmen der Zulässigkeit eingedämmt. Allerdings kann ein berechtigtes Interesse im Sinne einer persönlichen Betroffenheit wohl in den meisten Fällen eintragungsbedürftiger Hauptversammlungsbeschlüsse dargelegt werden[508]. Maßgeblicher Grund für die weit geringere Bedeutung missbräuchlicher Anfechtungsklagen in der *S.A.* und der *plc* ist daher, dass die gerichtliche Kontrolle in beiden Rechtsordnungen nicht dazu führt, dass eine konstitutive Registereintragung des Hauptversammlungsbeschlusses unterbleibt. Deshalb kann keine *holdup*-Situation geschaffen werden, so dass räuberische Aktionäre kein Erpressungspotential gegenüber der Gesellschaft haben. Dementsprechend betrifft das Phänomen missbräuchlicher Anfechtungsklagen ausschließlich die AG, in der weitgehende Anfechtungsmöglichkeiten auch bei Verletzung formeller Vorschriften bestehen und vor allem die konstitutiv wirkende Eintragung bei Erhebung einer Anfechtungsklage ausgesetzt wird. Anstatt ausländischen Lösungen zu folgen und die konstitutive Wirkung der Registereintragung aufzuheben, hat sich der deutsche

---

508 Vgl. *Baums/Drinhausen*, ZIP 2008, 145, 156; *Baums* in Gutachten F zum 63. DJT, F102.

Gesetzgeber für die Einführung von Freigabeverfahren, zunächst für Umwandlungen, Eingliederungen und *Squeeze-outs*, und mit dem UMAG auch für Kapitalmaßnahmen und Unternehmensverträge, entschieden[509]. Insgesamt handelt es sich bei dem Missbrauch des Anfechtungsrechts aber, auch wenn ihm in der Praxis vor allem börsennotierte Gesellschaften zum Opfer fallen[510], um ein unabhängig von der Börsennotierung der Gesellschaft bestehendes Problem. Die dem Phänomen zugrunde liegende Anreizsituation, die Gesellschaften über die durch die Klageerhebung bewirkte faktische Registersperre unter Druck setzen und so zu überhöhten Zahlungen veranlassen zu können, besteht bei börsennotierten wie bei nicht börsennotierten Gesellschaften. Mangels grundsätzlicher börsengesellschaftsrechtlicher Interessenlage wird im Folgenden auch nicht nach einem Bedürfnis für eine grundlegende Differenzierung der Anfechtungsrechte nach dem Kriterium der Börsennotierung gefragt, sondern nur nach der Geeignetheit der in den untersuchten Ländern vorgefundenen börsengesellschaftsrechtlichen Teilregelungen. In Frankreich bestehen insofern keine speziellen Regelungen für börsennotierte Gesellschaften. Auch der deutsche Gesetzgeber hat das Anfechtungsrecht angesichts der geschilderten Interessenlage grundsätzlich auf alle Aktiengesellschaften unabhängig von ihrer Börsennotierung ausgerichtet. Er hat jedoch im Rahmen der Bekanntmachungspflichten nach §§ 248a, 149 Abs. 2, 3 AktG spezielles Börsengesellschaftsrecht geschaffen. Nur börsennotierte Gesellschaften haben eine Verfahrensbeendigung mitsamt ihren Nebenabreden sowie verfahrensvermeidende Vereinbarungen unverzüglich in den Gesellschaftsblättern (also jedenfalls im elektronischen Bundesanzeiger) bekannt zu machen. In den geschlossenen Gesellschafterkreisen nicht börsennotierter Gesellschaften bestehen alternative Kommunikationswege, auf denen die Aktionäre von der Prozessbeendigung/-vermeidung und ihren Modalitäten erfahren und gegen letztere opponieren können, so dass auf eine Veröffentlichungspflicht verzichtet werden konnte[511]. Unabhängig von der Frage der von der Bekanntmachungspflicht erfassten Gesellschaften erscheint die abschreckende Wirkung der Bekanntmachungspflicht zweifelhaft, da Vergleiche bereits vor der Gesetzesänderung durch das UMAG häufig in der Tagespresse veröffentlicht wurden, ohne das Phänomen der räuberischen Anfechtungsklagen zurückzudrängen[512]. In der Praxis hat die Veröffentlichungspflicht die Zahl räuberischer Anfechtungsklagen jedenfalls nicht verringern können[513]. Andererseits verursacht die Veröffentlichung der verfahrensbeendigenden bzw. -vermeidenden Bedingungen im elektronischen Bundesanzeiger der Gesellschaft nur geringe Kosten. Jedenfalls vom Ansatz her erscheint eine Veröffentlichung missbrauchsanfälliger Gestaltungen, die für die Gesellschaft mit nur geringen Kosten verbunden ist, als sinnvoller Bestandteil eines umfassenden Regelungskonzepts zur Vermeidung derartiger Missbräuche in bör-

---

509 Vgl. auch *Baums/Keinath/Gajek*, ZIP 2007, 1629, 1631; für eine Aufhebung der Registersperre auch *Assmann*, AG 2008, 208, 212; *Richter*, ZHR 172 (2008), 419, 453.
510 Vgl. *Baums/Keinath/Gajek*, ZIP 2007, 1629, 1638 f.
511 Vgl. Begr. RegE BT-Drucks. 15/5092, 24.
512 Vgl. *Raiser/Veil*, § 16 Rn. 184.
513 Vgl. *Smend*, ZCG 2008, 53, 57 sowie die Daten bei *Baums/Keinath/Gajek*, ZIP 2007, 1629, 1633 (Tabelle 3), 1649.

sennotierten deutschen Aktiengesellschaften. Eine Übernahme der Veröffentlichungspflichten für börsennotierte Aktiengesellschaften durch die anderen untersuchten Rechtsordnungen erscheint hingegen, da ihre Anfechtungsverfahren nicht vergleichbar missbrauchsanfällig sind und damit die ratio der Offenlegung entfällt, nicht sinnvoll.

II. Vermögensrechte/Dividendenanspruch

Die wichtigsten Vermögensrechte sind der Gewinn- oder Dividendenanspruch, das Bezugsrecht bei Kapitalerhöhungen und das Recht auf Teilhabe am Liquidationserlös[514]. Das Bezugsrecht wird aufgrund seines Zusammenhangs mit der Kapitalerhöhung im Rahmen des Kapitels 8 zur Finanzverfassung geschildert, das Recht auf Teilhabe am Liquidationserlös im Kapitel 9 zur Beendigung der Gesellschaft, so dass hier allein auf den Dividendenanspruch eingegangen wird.

1. Rechtsvergleichender Überblick zum Dividendenanspruch

Die Voraussetzungen des Dividendenanspruchs sind europarechtlich durch Art. 15 Abs. 1 lit. a) der Kapital-Richtlinie insoweit harmonisiert, als der Gesellschaft Ausschüttungen verboten sind, die eine Unterdeckung des Grundkapitals sowie der nicht angreifbaren Rücklagen bewirkten (Art. 15 Abs. 1 lit. a))[515]. Jede Ausschüttung entgegen Art. 15 ist von den Aktionären zumindest dann zurückzugewähren, wenn die Gesellschaft beweist, dass die Aktionäre die Unzulässigkeit kannten oder gekannt haben mussten (Art. 16). Weitergehende nationale Kapitalschutzregelungen sind zulässig[516].

a) *Dividendenanspruch in der AG*

Die Aktionäre einer AG haben gemäß § 58 Abs. 4 AktG Anspruch auf ihren Anteil am ausgeschütteten Gewinn, also des Gewinns, dessen Verteilung unter den Aktionären nicht durch Gesetz, Satzung oder Hauptversammlungsbeschluss ausgeschlossen ist.

---

514 Weitere Vermögensrechte sind der Rückzahlungsanspruch bei Kapitalherabsetzung zwecks Rückerstattung von Einlagen (zu diesem in Kapitel 8 unter III.3.) und die verschiedenen Ausgleichs-, Umtausch und Abfindungsansprüche im Umwandlungsrecht und im deutschen Konzernrecht (in Deutschland §§ 304, 305, 320 AktG, §§ 15, 29, 125, 196, 207 UmwG, dazu im Rahmen der Strukturmaßnahmen in Kapitel 9) sowie beim Ausschluss von Minderheitsaktionären (die im Rahmen der Untersuchung des *Squeeze-out* in diesem Kapitel unter III.2. geschildert werden).

515 Im deutschen Schrifttum ist umstritten, ob Art. 15 lediglich offene Gewinnausschüttungen (vgl. dazu die Nachweise bei *Fleischer*, ZGR-Sonderheft 17 (2006), 114, 119 in Fn. 24) oder auch versteckte Gewinnausschüttungen erfasst (so die wohl h.M., vgl. die Nachweise bei *Fleischer*, ZGR-Sonderheft 17 (2006), 114, 118 in Fn. 19).

516 Vgl. *Habersack*, Europ. GR, § 6 Rn. 36; *Grundmann*, Europ. GR, Rn. 344; *Schwarz*, Europ. GR, Rn. 596; *T. Bezzenberger*, Kapital der Aktiengesellschaft, 29.

Der mitgliedschaftliche Gewinnanspruch entsteht mit der Feststellung des den Bilanzgewinn ausweisenden Jahresabschlusses (im Regelfall durch Vorstand und Aufsichtsrat, § 172 AktG)[517] und geht auf Teilhabe am Bilanzgewinn nach Maßgabe des Gewinnverwendungsbeschlusses und der rechtlichen Ausgestaltung der Aktie (vor allem als Stamm- oder Vorzugsdividende). Vor Auflösung der Gesellschaft darf nur der Bilanzgewinn an die Aktionäre verteilt werden (§ 57 Abs. 3 AktG). Das Verbot der anderweitigen Gewinnausschüttung dient der Erhaltung des Grundkapitals sowie, indem die Ausschüttung in früheren Jahren erzielter Gewinne verhindert wird, der Erhöhung des Selbstfinanzierungspotentials der Gesellschaft[518]. Die Gesellschaft hat eine gesetzliche Rücklage in Höhe von 5 % des Jahresüberschusses zu bilden, bis die Rücklage den zehnten oder einen in der Satzung bestimmten höheren Teil des Grundkapitals erreicht (§ 150 Abs. 1, 2 AktG). Im Regelfall der Feststellung des Jahresabschlusses durch Vorstand und Aufsichtsrat können diese zudem bis zur Hälfte des Jahresüberschusses (bzw. einen satzungsmäßig festgelegten größeren oder kleineren Teil) als andere Gewinnrücklagen von der Gewinnverwendung ausnehmen und zu Selbstfinanzierungszwecken einbehalten (§ 58 Abs. 2 AktG)[519]. Da die Hauptversammlung bei ihrer anschließenden Entscheidung über die Verwendung des Bilanzgewinns an den von Vorstand und Aufsichtsrat festgestellten Jahresabschluss und ihre Rücklagenbildungen gebunden ist (§ 174 Abs. 1 AktG), hat sie keinen Einfluss auf die Höhe des ausgewiesenen Gewinns und deshalb nur begrenzte Möglichkeiten, vom Gewinnverwendungsvorschlag der Verwaltung abzuweichen[520]. Der Hauptversammlung verbleibt damit üblicherweise nur die Verteilung des nach Abzug der erwähnten Posten verbleibenden Bilanzgewinns (§ 174 AktG), die regelmäßig im Wege der Einstellung weiterer Beträge in Gewinnrücklagen oder der Gewinnausschüttung erfolgt (§ 58 Abs. 3 Satz 1 AktG)[521]. Weitergehende Entscheidungsbefugnisse erlangt sie nur in den – in Publikumsgesellschaften durchweg vermiedenen[522] – Ausnahmefällen, in denen der Aufsichtsrat den vom Vorstand vorgelegten Jahresabschluss nicht billigt oder in denen Vorstand

---

517 Vgl. BGHZ 7, 263, 264; 23, 150, 154; 65, 230, 235; 124, 27, 31; *Hüffer*, § 58 Rn. 26.

518 Vgl. *Kübler/Assmann*, § 15 II 4.b)bb).

519 Bis zum TransPuG durften lediglich nicht-börsennotierte Gesellschaften in jeglicher Weise Teile des Jahresüberschusses in andere Gewinnrücklagen einstellen, während die Satzungen börsennotierter Gesellschaften lediglich höhere Dotierungen zulassen durften. Die Sonderregelung für börsennotierte Aktiengesellschaften sollte den Interessen von Publikumsaktionären Rechnung tragen, die seither anders bewertet werden: mittlerweile geht der Gesetzgeber davon aus, dass auch in börsennotierten Gesellschaften ein Dialog zwischen Verwaltung und Aktionären über die Verwendung des Bilanzgewinns möglich ist, ohne dass aufgrund der Drucks der Aktionäre eine Unterfinanzierung der Gesellschaft droht; vgl. Fraktionsbegr. BT-Drucks. 12/6721, 8; RegBegr BT-Drucks. 14/8769, 12; *Hüffer*, § 58 Rn. 11. Die Zubilligung vermehrter Mitspracherechte der Hauptversammlung bei der Gewinnverwendung auch in börsennotierten Gesellschaften erhöht dabei die Allokationseffizienz des deutschen Kapitalmarkts und ist damit zu begrüßen; vgl. *Cahn/Senger* in Spindler/Stilz, § 58 Rn. 40; *Hüffer*, § 58 Rn. 11; *Hoffmann-Becking* in Hommelhoff u.a. (Hrsg.), Corporate Governance, 215, 218.

520 Vgl. *Raiser/Veil*, § 16 Rn. 4.

521 Andere Verwendungsweisen stehen der Hauptversammlung nur offen, wenn die Satzung sie vorsieht (§ 58 Abs. 3 Satz 2 AktG).

522 Vgl. *Raiser/Veil*, § 16 Rn. 4, § 18 Rn. 14.

und Aufsichtsrat übereinstimmend beschließen, die Feststellung des Jahresabschlusses der Hauptversammlung zu überlassen (§§ 173 Abs. 1 AktG). Die Höhe des Dividendenanspruchs unterliegt also in aller Regel zunächst der Festlegung des Bilanzgewinns durch die Verwaltung und sodann der Entscheidung der Kapitalmehrheit. Damit obliegt sie zwei Instanzen, die tendenziell am Verbleib des Kapitals in der Gesellschaft interessiert sind[523]. Als Korrektiv zugunsten der Minderheitsaktionäre (die typischerweise eine möglichst vollständige Ausschüttung der Überschüsse präferieren) dient § 254 AktG, der eine Anfechtung des Gewinnverwendungsbeschlusses durch Aktionäre mit 5 % des Grundkapitals oder einem anteiligen Betrag von 500.000 € zulässt, wenn der Beschluss die Dividende ohne gesetzliche Notwendigkeit auf einen unter 4 % des Grundkapitals liegenden Betrag absenkt, ohne dass dies für die Sicherung der Lebens- und Widerstandsfähigkeit der Gesellschaft notwendig ist.

b) *Dividendenanspruch in der* S.A.

Wie im deutschen Aktienrecht bedarf der Dividendenanspruch in der *S.A.* eines verteilungsfähigen Gewinns (*bénéfice distribuable*) und eines Gewinnverwendungsbeschlusses (*décision de distribution*) der Hauptversammlung (art. 225-100, 232-12 (1) C.com.)[524]. Mit dem Gewinnverwendungsbeschluss der Hauptversammlung entsteht der Anspruch der Aktionäre auf Auszahlung der Dividende[525]. Ein verteilungsfähiger Gewinn liegt vor, wenn bei Subtraktion der Altschulden und gesetzlichen und statutarische Gewinnrücklagen vom Jahresüberschuss eine positive Differenz verbleibt (art. L. 232-11 (1) C.com.). Im Gegensatz zur Situation in der AG stellt die Hauptversammlung (und nicht die Leitungsorgane) den Jahresabschluss fest (art. L. 225-100 (9) C.com.) und legt nach Feststellung des verteilungsfähigen Gewinns die Höhe der Dividende fest (art. L. 232-12 (1) C.com.). Die Modalitäten der Dividendenausschüttung werden durch die Hauptversammlung festgelegt, subsidiär durch den Verwaltungsrat bzw. Vorstand (art. L. 232-13 (1) C.com.). Anders als in der AG ist die Verwaltung auch nicht zur Bildung von Rücklagen befugt, so dass die Hauptversammlung bei der Entscheidung über die Ausschüttung des Bilanzgewinns als Dividende oder seine Einstellung in Rücklagen nur an die gesetzlichen und satzungsmäßigen Vorgaben gebunden ist[526]. Bis zur Erreichung einer gesetzlichen Gewinnrücklage von 10 % des Grundkapitals sind qua Gesetz 5 % des Jahresüberschusses abzüglich der Altschulden zurückzustellen (art. L. 232-10 C.com.).

In der Praxis wird in der Satzung regelmäßig eine *premier dividende* oder auch sog. satzungsmäßige Dividende (*dividende statutaire*) vorgesehen, deren Betrag als Zinssatz auf den Nennwert der Aktien festgelegt wird und die bei Vorliegen eines verteilungsfähigen Gewinns ausgeschüttet werden muss (art. L. 232-16 C.com)[527]. Ver-

523 Vgl. *Grundmann*, European Company Law, Rn. 461.
524 Vgl. *Cozian/Viandier/Deboissy*, Rn. 676.
525 Vgl. Paris v. 2. Mai 1935, Gaz. Pal. 1935, II, 113; Paris v. 15. November 1976, JCP 1979, II, 19129, Anm. *Evesque*; D. 1978, IR, 249, Anm. *Bousquet*; *Merle*, Rn. 298.
526 Vgl. *Merle*, Rn. 549; *Cozian/Viandier/Deboissy*, Rn. 341, 344.
527 Vgl. *Cozian/Viandier/Deboissy*, Rn. 678; *Merle*, Rn. 295.

bleibt nach der Ausschüttung der *premier dividende* ein ausschüttungsfähiger Gewinn, so kann eine zusätzliche sog. *superdividende* auf alle Aktien verteilt werden[528]. Wie im deutschen Recht muss nicht der gesamte verteilungsfähige Gewinn ausgeschüttet werden, sondern kann er auch ganz oder teilweise als freiwillige Gewinnrücklage (*réserve libre*) eingestellt werden[529]. Im Gegensatz zur AG kann die *S.A.* ohne Weiteres auf eine Ausschüttung verzichten (art. L. 232-12 C.com.)[530].

Die Dividende wird grundsätzlich im Verhältnis zum Nennwert der Aktie festgelegt[531]. Auf Genussscheine (*actions de jouissance*) entfallen nur nachrangige Dividenden[532], Vorzugsaktien können bevorrechtigte oder höhere Dividenden erhalten[533]. Seit 1994 ist die zuvor unproblematisch unter dem Regime der Vorzugsaktien (art. L. 228-11 C.com.) mögliche und übliche Gewährung einer sog. *dividende majoré* durch art. L. 232-14 C.com eingeschränkt[534]. Die *dividende majoré* ist eine zusätzliche Dividende, die Gesellschaft satzungsmäßig Aktionären gewähren kann, die ihre Namensaktien seit mehr als zwei Jahren halten. Der Treuebonus durch die *dividende majoré* für Namensaktionäre soll die Identifizierung der Aktionäre durch die Gesellschaft unterstützen und das Aktionariat stabilisieren[535]. Um den Missbrauch der Figur der *dividende majoré* durch alteingesessene Aktionärsmehrheiten zu unterbinden, sieht art. L. 232-14 C.com. nunmehr vor, dass der Treuebonus höchstens 10 % der Dividende betragen und in börsennotierten Gesellschaften pro Aktionär nur Aktien im Wert von bis zu 0,5 % des Grundkapitals erfassen darf. Während Anfang der 1990er Jahre noch zahlreiche börsennotierte Gesellschaften eine *dividende majoré* einräumten, taten dies 2004 nur noch drei[536].

c) *Dividendenanspruch in der* plc

Auch die Dividendenausschüttung der *plc* erfolgt aus dem verteilungsfähigem Gewinn (*distributable profit*, s. 830 (1) CA 2006) auf Grundlage eines Gewinnverwendungsbeschlusses. Mit dem Gewinnverwendungsbeschluss entsteht der Dividendenanspruch des einzelnen Aktionärs[537]. Verteilungsfähig sind die akkumulierten Gewinne seit Gründung der Gesellschaft, soweit sie noch nicht ausgeschüttet oder in Rücklagen eingestellt sind, minus der seitdem akkumulierten Verluste, soweit sie noch nicht abgeschrieben sind (s. 830 (1), (2) CA 2006)[538]. In *plcs* darf die Ausschüt-

---

528 Vgl. *Cozian/Viandier/Deboissy*, Rn. 678; *Merle*, Rn. 295.
529 Vgl. *Merle*, Rn. 295, 549.
530 Vgl. *Cozian/Viandier/Deboissy*, Rn. 678; *Merle*, Rn. 295; *Grundmann*, European Company Law, Rn. 464.
531 Vgl. *Merle*, Rn. 295.
532 Ausführlich zur *action de jouissance* vgl. *Merle*, Rn. 288.
533 Vgl. *Merle*, Rn. 295.
534 Vgl. *Merle*, Rn. 295-1; ausführlich zur Einführung der Beschränkung mit dem Loi n° 94-578 vom 12. Juli 1994 *autorisant le versement de primes de fidélité à certaines actions nominatives des sociétés commerciales Routier*, Bull. Joly 1996, 23 ff.; *Guyon*, Rev. sociétés 1995, 1 ff.
535 Vgl. *Merle*, Rn. 295-1.
536 Vgl. Rapport AMF 2004, 267; *Merle*, Rn. 295-1.
537 Vgl. Bond v Barrow Haematite Steel Co (1902) 1 Ch 353; *Mayson/French/Ryan*, 276.
538 Vgl. auch *Kumpan*, AG 2007, 461, 465; dort auch zu den aufgrund der Bestimmung von Gewinnen und Verlusten anhand der Bilanz jedenfalls in großen und börsennotierten Gesellschaften

tung – entsprechend der europarechtlichen Vorgaben zur Kapitalerhaltung – nicht die Summe der Aktiva abzüglich des eingezahlten Grundkapitals sowie der nicht ausschüttungsfähigen Rücklagen übersteigen (s. 831 CA 2006)[539]. Kraft Gesetzes ist der Jahresabschluss der Hauptversammlung nur zur Einsicht vorzulegen (s. 437 CA 2006). In der Praxis sehen aber fast alle Satzungen die Feststellung des Jahresabschlusses durch die Hauptversammlung vor (wie dies auch lit. D.2.1 Combined Code empfiehlt)[540]. Ebenso hat sie in üblicherweise über die Verwendung des Bilanzgewinns zu entscheiden[541]. Die Mustersatzungen gehen von einer Dividendenentscheidung durch einfachen Hauptversammlungsbeschluss aus, wobei die Dividendenhöhe den vom Verwaltungsrat im Lagebericht vorgeschlagenen Betrag nicht übersteigen soll (Art. 102 Table A, Art. 70 Schedule 3). Daneben kann der Verwaltungsrat Zwischendividenden (*interim dividends*) ausschütten, wenn dies ihm aufgrund des verteilungsfähigen Gewinns gerechtfertigt erscheint (Art. 103 Table A, Art. 70 (6) Schedule 3). Die Organe können auch ganz auf eine Ausschüttung verzichten[542]. Werden Dividenden ausgeschüttet, so bemisst sich ihre Höhe – in Abwesenheit einer anders lautenden Satzungsbestimmung – in Relation zur eingezahlten Kapitalbeteiligung (Art. 105 Table A, Art. 71 (1) Schedule 3). Auf Grundlage eines dahingehenden ordentlichen Hauptversammlungsbeschlusses kann der Verwaltungsrat Teile des Gewinns in Rücklagen einstellen (Art. 110 Table A, Art. 78 Schedule 3).

2. Vorliegen von und Bedürfnis für Börsengesellschaftsrecht zum Dividendenanspruch

Die Regelungen zur Verwendung des Jahresüberschusses inklusive seiner Ausschüttung stellen einen Kompromiss dar zwischen dem Interesse der Minderheitsaktionäre an der Ausschüttung möglichst des gesamten verteilungsfähigen Gewinns und den Interessen der Leitungsorgane und der kontrollierenden Aktionäre, den Gewinn zur Selbstfinanzierung durch eine breite Eigenkapitalbasis soweit wie möglich in der Gesellschaft zu halten[543]. Die Hauptversammlungen der *S.A.* und der *plc* sind – in Abwesenheit anders lautender Satzungsbestimmungen – frei in der Entscheidung über die Verteilung eines Gewinns, können eine Verteilung also auch völlig unterlassen. Nur die AG muss (soweit vorhanden) mindestens einen Gewinn in Höhe von 4 % des Grundkapitals ausschütten, allerdings auch nur, wenn die Bil-

---

nur geringen Abweichungen vom deutschen Recht. Zur Bestimmung der Gewinne und Verluste auch *Davies*, Gower's Company Law, 277 f.; *Mayson/French/Ryan*, 277 f.

539 Zum Verhältnis von s. 831 CA 2006 zu s. 830 CA 2006 vgl. *Davies*, Gower's Company Law, 277 f. (bezogen auf die inhaltlich identischen Vorgängervorschriften des CA 1985); zu den nicht ausschüttungsfähigen Rücklagen auch *Mayson/French/Ryan*, 278.

540 Vgl. *Winkler*, 75; *Hannigan*, Annotated Guide, 442.

541 Vgl. *Mayson/French/Ryan*, 399 f.; *Morse*, Charlesworth's Company Law, 243; *Winkler*, 75; EU-Handbuch GR/*Hohloch*, Rn. 179.

542 Vgl. Burland v Earle (1902) AC 83; *Mayson/French/Ryan*, 275.

543 Vgl. *Grundmann*, European Company Law, Rn. 461, 464; *Cahn/Senger* in Spindler/Stilz, § 58 Rn. 2; KK/*Lutter*, § 58 Rn. 20; MK/*Bayer*, § 58 Rn. 19; GK/*Henze*, § 58 Rn. 14; *Fleischer* in Schmidt/Lutter, § 58 Rn. 2.

dung zusätzlicher Reserven wirtschaftlich nicht mehr gerechtfertigt werden kann (§ 254 AktG). Diese Regelung wird weitgehend überlagert durch die allein in der AG nicht der Hauptversammlung, sondern der Verwaltung zustehenden Kompetenz zur Feststellung des Jahresüberschusses[544]. Vor allem aber ist die Befugnis der Verwaltung zur Einstellung der Hälfte des Überschusses (bzw. eines satzungsmäßig anders festgelegten Teils) in Gewinnrücklagen vor der Gewinnverteilung durch die Hauptversammlung eine nur in der AG zu findende Besonderheit, die im Vergleich zu den anderen Rechtsordnungen eine erhebliche Kompetenzverschiebung zugunsten der Verwaltung bewirkt. Die umfassenden Befugnisse der Verwaltung aus § 58 Abs. 2 AktG sollen vor dem Hintergrund der bei Einführung der Vorschrift in den 1960er Jahren vorherrschende Kapitalarmut der deutschen Aktiengesellschaften eine solide Eigenkapitalfinanzierung gewährleisten[545]. Problematisch ist jedoch, dass die Regelung eine weitgehende Selbstfinanzierung des Unternehmens auch in solchen Fällen garantiert, in denen es im Interesse der Aktionäre und der Gesamtwirtschaft wäre, größere Teile des Jahresüberschusses auszuschütten[546]. Rationale Aktionäre investierten ausgeschüttete Teile des Jahresüberschusses in rentabler wirtschaftende Unternehmen und führten sie so einer effizienteren Verwendung zu[547]. Letztendlich beeinträchtigen die weitreichenden Entscheidungsbefugnisse der Verwaltung damit die Allokationseffizienz des Kapitalmarkts[548]. Diesen Nachteil kann auch die inzwischen gemäß § 58 Abs. 2 Satz 2 AktG bestehende Möglichkeit zum Ausschluss der Befugnisse der Verwaltung zur Rücklagenbildung nicht ausreichend korrigieren, da ein satzungsändernder Beschluss ohne die nicht zu erwartende Unterstützung der Verwaltung in der Praxis nur in Ausnahmefällen durchsetzbar sein wird. Vielmehr haben sich die Verwaltungen auf Grundlage von § 58 Abs. 2 Satz 2 AktG vielfach zur Einstellung noch größerer Teile des Überschusses in Rücklagen ermächtigen lassen und so ihre Thesaurierungskompetenz erheblich ausgeweitet[549]. Von daher sollten die Hauptversammlungskompetenzen bei der Gewinnverwendung de lege ferenda so gestärkt werden, dass die Verwaltung deutlich stärker um einen Verbleib des Gewinns in der Gesellschaft werben muss[550]. Dies gilt aber, da der Gewinn börsennotierter wie nicht-börsennotierter Gesellschaften unter Umständen rentabler investiert werden kann, unabhängig von einer

---

544 Für Großbritannien wird hierbei von der in aller Regel getroffenen Satzungsgestaltung ausgegangen. Dies gilt auch für die Aussage des nächsten Satzes.

545 Vgl. *Raiser/Veil*, § 18 Rn. 15.

546 Vgl. *Raiser/Veil*, § 18 Rn. 15; überblicksartig zum Meinungsstand MK/*Bayer*, § 58 Rn. 17 ff.; überblicksartig zu den zugrundeliegenden Interessenkonflikten *Kübler/Assmann*, § 14 III. 1.a). Ausführlich zu den verschiedenen Möglichkeiten der Verwaltung der AG, der Selbstfinanzierung Vorrang einzuräumen, GK/*Henze*, § 58 Rn. 13; *Cahn/Senger* in Spindler/Stilz, § 58 Rn. 4 ff.

547 Vgl. *Cahn/Senger* in Spindler/Stilz, § 58 Rn. 8.

548 Vgl. *Cahn/Senger* in Spindler/Stilz, § 58 Rn. 8; GK/*Henze*, § 58 Rn. 13.

549 Vgl. KK/*Lutter*, § 58 Rn. 20; *Cahn/Senger* in Spindler/Stilz, § 58 Rn. 3; *Fleischer* in Schmidt/Lutter, § 58 Rn. 3, 22.

550 Vgl. *Cahn/Senger* in Spindler/Stilz, § 58 Rn. 8. Für Reformvorschläge vgl. die Nachweise bei *Fleischer* in Schmidt/Lutter, § 58 Rn. 3; *Grundmann*, European Company Law, Rn. 461; auch *Schütte*, 158 ff.

Börsennotierung (so dass ein Bedürfnis für spezielles Börsengesellschaftsrecht zur Gewinnverwendung grundsätzlich nicht besteht).

Damit bleibt als rechtsvergleichend aufgefundene börsengesellschaftsrechtliche Regelung die bei Börsennotierung nur eingeschränkt zulässige Auskehr von Sonderdividenden für langjährige Aktionäre nach französischem Recht. Gemäß art. L. 232-14 C.com. kann die Satzung Namensaktionären, die seit über zwei Jahren registriert sind, eine um bis zu 10 % erhöhte Dividende (*dividende majoré*) zuweisen. Bei an organisierten Märkten notierten Gesellschaften ist die Satzungsfreiheit insofern begrenzt, als die Gesamtzahl der von einer solchen Erhöhung betroffenen Aktien eines einzelnen Aktionärs nicht 0,5 % des Grundkapitals übersteigen darf. Die Gewährung eines Treuebonus für langjährige Namensaktionäre im Wege einer *dividende majoré* dient den Gesellschaften dazu, einerseits die Identifizierung ihrer Aktionäre zu erleichtern und andererseits das Aktionariat zu stabilisieren[551]. Jedoch ermöglicht sie alteingesessenen Aktionärsmehrheiten, Minderheitsaktionäre durch Aneignung eines überproportionalen Gewinnanteils systematisch zu übervorteilen[552]. Ein derartiges Missbrauchsrisiko senkt die Investitionsbereitschaft neuer Anleger, was sich in den Börsenkursen niederschlägt und die Eigenkapitalfinanzierung verteuert. Dementsprechend wurde nicht nur die Zulässigkeit von *dividendes majorés* in börsennotierten Gesellschaften gesetzlich eingeschränkt, sondern schütten auch nur noch die wenigsten börsennotierten Gesellschaften solche Dividenden aus. Das ist auch insofern sinnvoll, als eine Stabilisierung des Aktionariats durch Sonderdividenden den Markt für Unternehmenskontrolle und die von ihm ausgehenden Anreize für ein anlegergerechtes Verwaltungshandeln beeinträchtigt. Durch einen Treuebonus wird die Entscheidung der Aktionäre für oder gegen einen Verkauf ihrer Anteile in dem Sinne verzerrt, dass sie sich nicht mehr ausschließlich an der Profitabilität der Gesellschaft orientiert. Damit reflektieren die Kurse nicht mehr adäquat die Performance der Gesellschaft, sondern laufen Gefahr, da langjährige Aktionäre durch Treueboni trotz suboptimaler Performance zum Verbleib in der Gesellschaft motiviert werden, überhöht zu sein. Mit höheren Kursen schwinden aber auch die Anreize für potentielle Bieter, durch eine Übernahme unter Austausch des Managements Gewinne zu erzielen. Zudem beeinträchtigen Treueboni durch die von ihnen ausgehenden Anreize für die Altaktionäre zum sonst wirtschaftlich nicht sinnvollen Verbleib in der Gesellschaft die Erfolgsaussichten von Übernahmeangeboten, da sie die Erlangung der erforderlichen Mehrheit durch den Bieter erschweren. Damit sinkt die Wahrscheinlichkeit wertmaximierender Übernahmen, was wiederum die aus der Übernahmegefahr resultierenden erwünschten verhaltenssteuernden Wirkungen beeinträchtigt. Letztlich sind Treuedividenden in börsennotierten Gesellschaften deshalb angesichts ihrer für die Funktionalität des Kapitalmarkts und des Marktes für Unternehmenskontrolle nachteiligen Wirkungen abzulehnen. Hinzu kommt, dass ein Verbleib in der Gesellschaft aufgrund eines

---

551 Kritisch zur Geeignetheit der Regelung zur Erreichung dieser Ziele *Routier*, Bull. Joly 1996, 23, 29; *Guyon*, Rev. sociétés 1995, 1, 10 ff.
552 Vgl. *Routier*, Bull. Joly 1996, 23.

Treuebonus noch nicht bedeutet, dass die Altaktionäre ihre Verwaltungsrechte auch (im wohl erstrebten Sinne der Förderung einer langfristigen Unternehmenspolitik) ausüben. Will man den Einfluss kurzfristig investierter Finanzinvestoren in börsennotierten Aktiengesellschaften (soweit er überhaupt negativ zu bewerten ist, also vor allem bei beabsichtigter Erzielung von Sonderrenten[553]) nivellieren, ist nach alldem die Stärkung der informierten Stimmrechtsausübung im oben unter I.4.b) beschriebenen Sinne vorzuziehen. Sonderdividenden für langjährige Aktionäre börsennotierter Gesellschaften sollten hingegen ausgeschlossen sein, damit die Gesellschaft dem potentiellen Anlegern glaubwürdig versichern kann, dass eine über sie erfolgende Übervorteilung durch eine alteingesessene Mehrheit ausgeschlossen ist.

III. Erwerb und Veräußerung/Verlust der Mitgliedschaft

1. Übertragung des Anteils

a) *Rechtsvergleichender Überblick zur Übertragung des Anteils*

aa) Europarechtliche Vorgaben zur Anteilübertragung

Wesentliches Element eines funktionsfähigen Kapitalmarkts und damit einer effizienten Eigenkapitalfinanzierung auf diesem ist die möglichst freie Übertragbarkeit der dort gehandelten Anteile. Die Veräußerbarkeit der Anteile ist auf europäischer Ebene insofern partiell harmonisiert, als Übertragungsbeschränkungen im Rahmen eines öffentlichen Übernahmeangebots wie Stimmrechtsbeschränkungen der bereits oben unter I.3. geschilderten Durchgriffsregel nach Art. 11 der Übernahme-Richtlinie unterfallen. Satzungsmäßige wie zwischen der Gesellschaft und Aktionären oder zwischen Aktionären vereinbarte Beschränkungen der Übertragbarkeit der Wertpapiere gelten danach während des Angebotszeitraums nicht gegenüber dem Bieter (Art. 11 Abs. 2). Auch bezüglich der Übertragungsbeschränkungen statuiert die Richtlinie ein zweistufiges Optionsmodell. Die Mitgliedstaaten können sich gegen eine zwingende Einführung der Durchgriffsregel für Übertragungshindernisse entscheiden (*opt-out* des Gesetzgebers, Art. 12 Abs. 1), müssen den Gesellschaften mit Sitz in ihrem Hoheitsgebiet dann aber die satzungsmäßige Einführung gestatten (*opt-in* der Gesellschaft, Art. 12 Abs. 2). Zudem können die Mitgliedstaaten ihre Gesellschaften von der Anwendung der Durchgriffsregel durch die sog. Reziprozitätsregel freistellen, wenn die Gebote auch beim Bieter nicht gelten (Art. 12 Abs. 3). Bei Einführung der Reziprozitätsregel durch den nationalen Gesetzgeber können die Gesellschaften durch außerordentlichen Hauptversammlungsbeschluss für höchstens 18 Monate beschließen, dass die von ihnen qua *opt-in* angewandte Durchbrechungsregel im Falle eines Übernahmeangebots durch einen die Regel selbst nicht anwendenden Bieter ebenfalls ausgesetzt wird (Art. 12 Abs. 5).

---

553 Ausführlich hierzu oben unter I.1.b).

Eine weitere Harmonisierung bewirken für an amtlichen Märkten gehandelte Anteile die Art. 42 ff. der Kapitalmarktpublizitäts-Richtlinie. Gemäß Art. 46 Abs. 1 müssen Aktien, die an einem amtlichen Markt der Gemeinschaft zugelassen werden sollen, unbeschränkt handelbar sein. Nicht voll eingezahlte Aktien können den uneingeschränkt handelbaren Aktien gleichgestellt werden, wenn die Mitgliedstaaten ihre Handelbarkeit und die Transparenz der Transaktionen sicherstellen (Art. 46 Abs. 2). Auch vinkulierte Aktien können zur amtlichen Notierung zugelassen werden, wenn die Zulassungsbedürftigkeit der Übertragung nicht zu Marktstörungen führen kann (Art. 46 Abs. 3).

bb) Übertragung der Aktien in der AG

Grundsätzlich schränkt das AktG die Übertragbarkeit der Aktien einer AG nicht ein und untersagt statutarische Einschränkungen. Als Ausnahmen hiervon erlaubt § 68 Abs. 2 AktG der Gesellschaft, Namensaktien zu vinkulieren, also ihre Übertragung satzungsmäßig von ihrer Zustimmung abhängig zu machen, während § 71 AktG der Gesellschaft grundsätzlich verbietet, ihre eigenen Aktien zu erwerben. Zur Zulassung an einem organisierten Markt müssen die Wertpapiere frei handelbar sein (§ 32 Abs. 1 BörsG i.V.m. § 5 Abs. 1 BörsZulV). Nicht voll eingezahlte Wertpapiere können ausnahmsweise zugelassen werden, wenn sichergestellt ist, dass der Börsenhandel nicht beeinträchtigt wird und wenn in dem Prospekt auf die fehlende Volleinzahlung sowie auf die im Hinblick hierauf getroffenen Vorkehrungen hingewiesen wird oder, soweit kein Prospekt zu veröffentlichen ist, das Publikum auf andere geeignete Weise unterrichtet wird (§ 5 Abs. 2 Nr. 1 BörsZulV). Vinkulierte Aktien dürfen zum organisierten Markt zugelassen werden, wenn das Zustimmungserfordernis nicht zu einer Störung des Börsenhandels führt (§ 5 Abs. 2 Nr. 2 BörsZulV). Da vinkulierte Namensaktien in die Girosammelverwahrung einbezogen werden können und die Zustimmung der Gesellschaft elektronisch erteilt werden kann, führt das Zustimmungserfordernis in der Regel nicht mehr zu einer Beeinträchtigung der Handelbarkeit[554]. In Übernahmesituationen hat der deutsche Gesetzgeber den Gesellschaften das Wahlrecht über die Anwendung der Durchbrechungsregel belassen. Satzungsmäßig kann die Gesellschaft bestimmen, dass während der Annahmefrist eines Übernahmeangebots statutarische sowie zwischen der Zielgesellschaft und Aktionären oder zwischen Aktionären vereinbarte Übertragungsbeschränkungen von Aktien nicht gegenüber dem Bieter gelten (§ 33b Abs. 1, 2 Nr. 1 WpÜG). Führt die Gesellschaft die Durchbrechungsregel ein, kann die Hauptversammlung nach der Reziprozitätsregel bei mangelnder Gegenseitigkeit auf Seiten der Bietergesellschaft die Nichtgeltung beschließen (§ 33c WpÜG).

---

554 Vgl. *Heidelbach* in Schwark (Hrsg.), Kapitalmarktrechtskommentar, § 6 BörsZulV Rn. 3; dazu auch *Bayer*, Gutachten zum 67. DJT, E 103 f.

cc) Übertragung der Anteile in der *S.A.*

Auch Aktien der *S.A.* sind zur Gewährleistung eines funktionierenden Kapitalmarkts grundsätzlich frei veräußerbar[555]. Lediglich nicht-börsennotierte Gesellschaften können satzungsmäßig die Übertragung von Namensaktien von ihrer Zustimmung abhängig machen (art. L. 228-23 C.com.)[556] sowie Vorkaufsrechte der übrigen Gesellschafter statuieren[557]. Börsennotierten Gesellschaften ist eine Vinkulierung angesichts der von ihr ausgehenden Beeinträchtigung der Fungibilität der Aktien und damit des Kapitalmarkts hingegen nicht gestattet. Auf Vorkaufsrechte das Regime der Vinkulierung analog angewandt[558], so dass auch sie angesichts ihrer kapitalmarktbehindernden Wirkung in börsennotierten Gesellschaften nicht eingeführt werden können. Im Rahmen eines öffentlichen Übernahmeangebots können dem Bieter satzungsmäßige Übertragbarkeitsbeschränkungen nicht entgegengehalten werden (art. L. 233-34 C.com.). Für vertragliche Übertragungsbeschränkungen hat der Gesetzgeber demgegenüber den an organisierten Märkten notierten Gesellschaften freigestellt, ob sie die Durchbrechungsregel durch satzungsändernden Hauptversammlungsbeschluss einführen wollen (art. L. 233-35 C.com.). Im Gegensatz zum deutschen Recht wurde den Gesellschaften die Einführung der Reziprozitätsregel bei Nichtanwendung der Durchbrechungsregel auf Seiten des Bieters nicht ermöglicht.

dd) Übertragung der Anteile in der *plc*

Die Übertragbarkeit von *plc*-Anteilen bestimmt sich nach den Vorgaben der *articles* der Gesellschaft (s. 544 (1) CA 2006), bei deren Gestaltung ein prinzipiell unbeschränkter Spielraum besteht[559]. Die Mustersatzung des *Schedule 3* gewährt dem Verwaltungsrat einen allgemeinen Zustimmungsvorbehalt im Sinne einer Vinkulierung nur für nicht voll eingezahlte Aktien (Art. 63 (5) Schedule 3). Um an der *Official List* notiert zu werden, müssen die Aktien voll eingezahlt und frei von Belastungen sowie jeglichen Übertragungsbeschränkungen sein (LR 2.2.4). Entsprechend der Vorgaben der Kapitalmarktpublizitäts-Richtlinie können nicht voll eingezahlte Aktien zugelassen werden, wenn ihre Übertragbarkeit gewährleistet ist und die Anleger hinreichend informiert werden (LR 2.2.5). Ebenso können vinkulierte Aktien zugelassen werden, wenn das Zustimmungserfordernis nach Überzeugung der für die Zulassungsentscheidung zuständigen *FSA* einen ordnungsgemäßen Handel der Anteile nicht beeinträchtigt (LR 2.2.6). Da auch vinkulierte *plc*-Anteile im elektronischen Handelssystem *CREST* gehandelt werden und die Gesellschaft ihre Zustimmung elektronisch erteilen kann, wird das Zustimmungserfordernis

---

555 Vgl. Cass. com. v. 22. Oktober 1969, Rev. sociétés 1970, 288; *Merle*, Rn. 314 m.w.N. in Fn. 6; *Cozian/Viandier/Deboissy*, Rn. 690.
556 Ausführlich zur Vinkulierung *Merle*, Rn. 320 ff.
557 Vgl. ausführlich *Merle*, Rn. 325 f.
558 Vgl. *Merle*, Rn. 325.
559 Vgl. *Davies*, Gower's Company Law, 690 unter Schilderung von möglichen Gestaltungen 690–692; desw. *Mayson/French/Ryan*, 214 f. mit Rechtsprechungsnachweisen.

regelmäßig keine Beeinträchtigung der Handelbarkeit bewirken. Auch das britische Recht überlässt die Entscheidung über die Anwendung der Durchgriffsregel des Art. 11 der Übernahme-Richtlinie hinsichtlich von Übertragbarkeitsbeschränkungen einem satzungsändernden Hauptversammlungsbeschluss der börsennotierten Gesellschaften (ss. 966, 968 (2)(a), (b) CA 2006). Die Einführung der Reziprozitätsregel wurde den Gesellschaften nicht ermöglicht[560].

b) Vorliegen von und Bedürfnis für Börsengesellschaftsrecht zum Anteilsveräußerungsrecht

Die Aktienpreise in liquiden Kapitalmärkten sind in der Weise informationseffizient, als sie permanent die durch die Kauf- und Verkaufsentscheidungen geäußerten Informationen über die Gesellschaft aufnehmen und bewerten[561]. Voraussetzung eines auf diese Art und Weise informationseffizienten Kapitalmarkts ist seine Funktionalität, die wiederum eine möglichst unbeschränkte Übertragbarkeit der Anteile erfordert. Die freie Übertragbarkeit der Anteile maximiert die Liquidität der Aktienportfolios und die Möglichkeiten der Anleger, ihr Investment zu diversifizieren[562]. Den Gesellschaften eröffnet sie eine größtmögliche Flexibilität bei der Finanzierung[563]. Anleger sind eher bereit Anteile zu kaufen, die sie jederzeit wieder veräußern können. Die Möglichkeit jederzeitiger Liquidation des Investments erhöht die Bereitschaft zum Investment an sich. Dementsprechend erleichtert insbesondere die öffentliche Notierung der Anteile die Eigenkapitalfinanzierung für Gesellschaften[564]. Die insofern bestehenden Vorgaben der Kapitalmarktpublizitäts-Richtlinie zur freien Übertragbarkeit der Aktien bei Notierung an einem amtlichen Markt wurden in Großbritannien in den *Listing Rules* für den amtlichen Markt der *Official List* umgesetzt, in Frankreich und Deutschland im *Code de Commerce* bzw. im Börsengesetz und der Börsenzulassungsverordnung nicht nur für an amtlichen Märkten, sondern überschießend für an allen organisierten Märkten notierte Gesellschaften (wobei der amtliche Markt der *Official List* auch der einzige organisierte Markt in Großbritannien ist). In Frankreich sind Vinkulierungen und satzungsmäßige Vorkaufsrechte in börsennotierten Gesellschaften generell gemäß bzw. analog art. L. 228-23 C.com. ausgeschlossen. In Deutschland können lediglich vinkulierte Aktien ausgegeben werden, die auch zum Börsenhandel zugelassen werden können, wenn das Zustimmungserfordernis nicht zu einer Störung des Handels führt (was aber regelmäßig angesichts der Einbeziehung in die Girosammelverwahrung und der Möglichkeit elektronischer Zustimmungen nicht der Fall sein wird)[565]. In Großbritannien herrscht demgegenüber grundsätzlich Gestaltungs-

560 Vgl. *Freshfields Bruckhaus Deringer*, Implementing the Takeover Directive, 6.
561 Vgl. *Hansmann/Kraakman* in Kraakman u.a., Anatomy of Corporate Law, 33, 52; zu den Formen der Informationseffizienz (schwach, halbstreng und streng) vgl. *Rudolph/Röhrl* in Hopt u.a. (Hrsg.), Börsenreform, 143, 181 f.
562 Vgl. *Hansmann/Kraakman* in Kraakman u.a., Anatomy of Corporate Law, 1, 10.
563 Vgl. *Hansmann/Kraakman* in Kraakman u.a., Anatomy of Corporate Law, 1, 10.
564 Vgl. *Davies*, Gower's Company Law, 681.
565 Für einen Ausschluss der Vinkulierungsmöglichkeit für börsennotierte Gesellschaften aber *Rothärmel*, 312; *Roth*, AnwBl 2008, 580, 585; referierend *Bayer*, Gutachten zum 67. DJT, E 104.

freiheit bei der Einführung von Übertragbarkeitsbeschränkungen. Für eine Börsennotierung müssen die Anteile, wie nach deutschem Recht, frei übertragbar sein bzw. darf eine Vinkulierung den Börsenhandel nicht beeinträchtigen, was aber auch hier regelmäßig nicht der Fall sein wird. Letztlich zielen also alle Regelungen auf die Sicherstellung der Funktionalität des Kapitalmarkts zwecks Senkung der Kapitalkosten ab, indem sie von einer grundsätzlichen freien Übertragbarkeit ausgehen und Vinkulierungen nur zulassen, solange sie die Funktionsfähigkeit des Börsenhandels nicht stören. Lediglich das französische Recht schließt dabei Vinkulierungen in börsennotierten Gesellschaften komplett aus. Zur Gewährleistung der Funktionalität des Kapitalmarkts ist dieses weitreichende Verbot nicht erforderlich. Wie rechtsvergleichend aufgezeigt, würde eine Vinkulierung die freie Handelbarkeit auch der Anteile französischer Gesellschaften nicht beeinträchtigen, da der Handel dematerialisiert erfolgt und die Zustimmungen der Gesellschaft elektronisch erteilt werden könnten. Von daher stellt sich der generelle Ausschluss von Vinkulierungen in börsennotierten *Sociétés Anonymes* nach art. L. 228-23 C.com. als unnötig schwerwiegende Einschränkung ihrer Satzungsfreiheit dar. Vielmehr könnte den Gesellschaften jedenfalls aus Gesichtspunkten der hinreichenden Fungibilität Satzungsfreiheit hinsichtlich der Vinkulierung ihrer Aktien gewährt werden. Eine solche Übertragungsbeschränkung wird in den Aktienkurs eingepreist und erschwert die Finanzierung über den Kapitalmarkt. Von daher kann es grundsätzlich dem Markt überlassen werden, Vinkulierungen zu bewerten und so eventuell hinreichende Anreize zu ihrer Abschaffung bzw. zur Unterlassung ihrer Einführung zu setzen.

Übertragungsbeschränkungen beeinträchtigen aber nicht nur, wie geschildert, allgemein die Finanzierung über den Kapitalmarkt, sondern wirken auch übernahmehindernd, da sie die Erlangung der Kontrollmehrheit erschweren. So beeinträchtigen sie den Markt für Unternehmenskontrolle mit seiner Anreizwirkung für ein aktionärsinteressengerechtes Verhalten der Geschäftsleitung. Wünschenswert wäre insofern eine verpflichtende Umsetzung der übernahmerechtlichen Durchbrechungsregel gewesen, wie sie lediglich das französische Recht für satzungsmäßige Übertragungsbeschränkungen eingeführt hat (art. L. 233-34 C.com.). Im Übrigen wurde die Durchbrechungsregel für Übertragungshindernisse in den untersuchten Jurisdiktionen aber nicht zwingend umgesetzt, sondern deutschen Aktiengesellschaften Gestaltungsfreiheit hinsichtlich der Einführung sowohl der Durchbrechungsregel als auch der Reziprozitätsregel gewährt. Britische Gesellschaften haben Satzungsermessen hinsichtlich der Einführung der Durchbrechungsregel, können aber nicht die Reziprozitätsregel anwenden. In der *S.A.* steht die Einführung der Durchbrechungsregel für vertragliche Übertragungsbeschränkungen im Satzungsermessen der Gesellschaften, ohne dass ihnen eine Einführung der Reziprozitätsregel möglich wäre. Letztendlich zeigt sich in dieser weitgehenden Gestaltungsfreiheit vor allem in Deutschland, aber auch in Großbritannien und mit Abstrichen in Frankreich der schon im Rahmen der Erörterung der Stimmrechtsbeschränkungen geschilderte Geburtsfehler der Übernahme-Richtlinie[566]. Da die

---

566 Vgl. bereits oben I.3.b)aa).

widerstreitenden, einerseits von Liberalismus und andererseits von Protektionismus geprägten nationalen Positionen im Rahmen der Verhandlungen zur Richtlinie nicht vereinbart werden konnten, gelang nur eine Mindestharmonisierung der Durchbrechungsregel in Form des zweistufigen Optionsmodells. Den durch dieses eröffneten weiten Gestaltungsspielraum haben die Mitgliedstaaten in unterschiedlichem Maße ausgenutzt und so ihren Gesellschaften verschiedene Maße an Satzungsfreiheit gewährt. Ein europaweiter Ausgleich der konträren Regulierungsansätze einer weitgehend zwingenden Durchbrechungsregel einerseits und abwehrfreundlicher Konzepte andererseits konnte so naturgemäß nicht gelingen[567]. Auch wenn abzuwarten ist, wie die Gesellschaften von der ihnen eröffneten Gestaltungsfreiheit Gebrauch machen, ist doch davon auszugehen, dass ein Nebeneinander unterschiedlicher Übernahmeregime fortbestehen und so die Entwicklung eines europaweiten Marktes für Unternehmensübernahmen nicht gefördert werden wird. Es bleibt zu hoffen, dass die Gesellschaften sich unter dem Druck der Kapitalmarktkräfte freiwillig für eine Anwendung der Durchbrechungsregel entscheiden.

2. Auskaufsrechte und Andienungsrechte (*Squeeze-out* und *Sell-out*)

a) *Rechtsvergleichender Überblick zu* Squeeze-out *und* Sell-out

aa) Europarechtliche Vorgaben zum *Squeeze-out* und *Sell-out*

Auskaufsrechten der Mehrheitsaktionäre und Andienungsrechten der Minderheitsaktionäre kommt wesentliches Gewicht bei der Unterstützung und Abwicklung von Übernahmen, aber auch bei der möglichsten effizienten Unternehmensführung weit überwiegend kontrollierter Gesellschaften zu. Art. 15 der Übernahme-Richtlinie verlangt deshalb die Einführung eines *Squeeze-out*-Verfahrens bei Pflichtangeboten und freiwilligen Übernahmeangeboten an Gesellschaften, deren stimmrechtsverleihende Wertpapiere zumindest teilweise an einem organisierten Markt zugelassen sind (Art. 1 Abs. 1, 2 Abs. 1 lit. e); Art. 16 gewährleistet die Möglichkeit des *Sell-outs*[568]. Voraussetzung sind ein vorangegangenes Vollangebot an alle Wertpapierinhaber der Zielgesellschaft zum Erwerb sämtlicher Wertpapiere und die Überschreitung eines von den Mitgliedstaaten festzulegenden Schwellenwertes. Entweder muss der Bieter mindestens 90 % des stimmberechtigten Kapitals und der Stimmrechte der Zielgesellschaft halten oder er muss durch das Übernahmeangebot mindestens 90 % des stimmberechtigten Kapitals und 90 % der vom Angebot betroffenen Stimmrechte erlangt haben (Art. 15 Abs. 2, Art. 16 Abs. 2). Für den ersten Fall können die Mitgliedstaaten den Schwellenwert auf bis zu 95 % hochsetzen. Das Andienungs- bzw. Ausschlussrecht muss innerhalb von drei Monaten nach Ablauf der Annahmefrist ausgeübt werden (Art. 15 Abs. 4, Art. 16 Abs. 3), wobei die Mitgliedstaaten die Zahlung einer angemessene Abfindung sicherzustellen haben

567 In diesem Sinne auch *Merkt/Binder*, BB 2006, 1285, 1286.
568 Ausführlich zum Andienungsrecht vgl. *Hasselbach*, ZGR 2005, 387 ff.

(Art. 15 Abs. 5 Unterabs. 1 Satz 1 (i.V.m. Art. 16 Abs. 3)). Die Abfindung muss in derselben Form wie die Gegenleistung des Übernahmeangebots oder in Geld erfolgen, wobei die Mitgliedstaaten vorsehen können, dass zumindest wahlweise eine Geldleistung angeboten werden muss (Art. 15 Abs. 5 Unterabs. 1 Satz 2, 3). Beim Pflichtangebot gilt die Gegenleistung des vorangegangenen Angebots (die aus Wertpapieren oder Geld zu bestehen hat, Art. 5 Abs. 5, und deren grundsätzlich anhand der Marktbewertung vorzunehmende Berechnung in Art. 5 Abs. 4 vorgegeben wird) als angemessen (Art. 15 Abs. 5 Unterabs. 3). Bei freiwilligen Angeboten tut sie dies nur dann, wenn der Bieter durch das Angebot mindestens 90 % des vom Angebot betroffenen stimmberechtigten Kapitals erworben hat (§ 15 Abs. 5 Unterabs. 2). Die Bewertung des vorangegangenen Angebots durch den Markt wird in diesen Fällen also zur Beurteilung der Angemessenheit der im Angebot enthaltenen Gegenleistung herangezogen[569]. Ansonsten ist die Angemessenheit nach dem einschlägigen nationalen Recht zu ermitteln. Auch die Regelung der Abwicklung der Ausschluss- und Auskaufsmaßnahmen ist – abgesehen von der Ausübungsfrist des Art. 15 Abs. 4 – Sache der nationalen Gesetzgeber[570].

bb) Squeeze-out und Sell-out in der AG

Das deutsche Recht kennt zwei *Squeeze-out*-Verfahren, nämlich das in allen Aktiengesellschaften durchführbare aktienrechtliche *Squeeze-out*-Verfahren nach §§ 327a ff. AktG und das im Zuge der Umsetzung der Übernahme-Richtlinie geschaffene und lediglich bei Aktiennotierung an einem organisierten Markt nach einem Vollangebot mögliche übernahmerechtliche *Squeeze-out*-Verfahren nach §§ 39a f. WpÜG[571]. Entsprechend der Vorgaben der Übernahme-Richtlinie wurde parallel zum übernahmerechtlichen *Squeeze-out* ein *Sell-out*-Verfahren eingeführt (§ 39c WpÜG).

(1) Aktienrechtliches *Squeeze-out*-Verfahren

Mit dem im Rahmen der Normierung des Übernahmerechts 2001 eingeführten aktienrechtlichen *Squeeze-out*-Verfahren nach §§ 327a ff. AktG wurde erstmals für (sämtliche) Aktiengesellschaften die Möglichkeit des zwangsweisen Ausschlusses von Minderheitsaktionären geschaffen[572]. Der Hauptaktionär mit mindestens 95 % der Aktien kann einen Hauptversammlungsbeschluss herbeiführen, durch den die Übertragung der Aktien der Minderheitsaktionäre auf ihn zu einem angemessenen Preis beschlossen wird (§ 327a Abs. 1 AktG). Dafür legt der Hauptaktionär die Bar-

569 Vgl. *Habersack*, Europ. GR, 346.
570 Vgl. *Habersack*, Europ. GR, 346.
571 Für eine Aufgabe des aktienrechtlichen Verfahrens bei Umsetzung der Übernahme-Richtlinie bestand keine Notwendigkeit, da die Verfahren ohne Weiteres nebeneinander bestehen können; vgl. Erwägungsgrund 24 der Übernahme-Richtlinie sowie *Hüffer*, § 327a Rn. 1; *Austmann/Mennicke*, NZG 2004, 846, 847; *Krause*, BB 2004, 113, 118; *Wiesner*, ZIP 2004, 343, 349; *Merkt/Binder*, BB 2006, 1285, 1289.
572 Vgl. Art. 7 des Gesetzes zur Regelung von öffentlichen Angeboten und zum Erwerb von Wertpapieren und von Unternehmensübernahmen v. 20.12.2001, BGBl. I 2001, 3822. Ausführlich zu den §§ 327a ff. AktG *Fleischer*, ZGR 2002, 757 ff. m.w.N.

abfindung unter Berücksichtigung der Verhältnisse der Gesellschaft fest (§ 327b Abs. 1 AktG), wofür eine – unter Umständen langwierige – Unternehmensbewertung erforderlich ist[573]. Als Abfindung angemessen ist eine wirtschaftlich volle Entschädigung[574], für die der „wahre" Wert der Anteile (d.h. ihr Wert unter Einschluss aller stillen Reserven sowie des Geschäfts- bzw. Firmenwertes) zu ermitteln ist[575]. Die Untergrenze der angemessenen Abfindung bildet dabei der Vermögensverlust der Aktionäre, der im Verkehrswert der Aktie, also in aller Regel (in Abwesenheit außerordentlicher kursbeeinflussender Umstände) ihrem durchschnittlicher Börsenkurs innerhalb eines Zeitraums von drei Monaten unmittelbar vor der Hauptversammlung, liegt[576]. Mit der Eintragung des Übertragungsbeschlusses gehen alle Aktien auf den Hauptaktionär über (§ 327e Abs. 3 Satz 1 AktG). Im Gegenzug hat er unverzüglich die Barabfindung an die Minderheitsaktionäre auszuzahlen (§ 327b Abs. 3 AktG). Der Übertragungsbeschluss kann unter anderem mit der Begründung angefochten werden, dass die durch den Hauptaktionär festgelegte Barabfindung nicht angemessen sei (§ 327f Satz 1 AktG). Ist dies der Fall, so wird die angemessene Abfindung gerichtlich festgelegt (§ 327f Satz 2 AktG). Insbesondere aus der Festlegung der Abfindung durch den sie anschließend mit seiner Mehrheit beschließenden Hauptaktionär resultiert erhebliches Konfliktpotential. Dementsprechend sind die aktienrechtlichen *Squeeze-out*-Beschlüsse extrem anfechtungsanfällig, was sich in mehr als 60 Anfechtungsentscheidungen innerhalb der ersten vier Jahre nach Einführung der §§ 327a ff. AktG niedergeschlagen hat[577]. Auch wenn die Gerichte in den weit überwiegenden Fällen anhängiger Anfechtungsklagen die Eintragung der Übertragungsbeschlüsse in das Handelsregister im Wege des Freigabeverfahrens gestattet haben, verzögerten die Klagen die Umsetzung des *Squeeze-out* regelmäßig um sechs bis neun Monate[578].

(2) Übernahmerechtliches *Squeeze-out*- und *Sell-out*-Verfahren

Für Übernahmen börsennotierten Zielgesellschaften mit Sitz in Deutschland (§§ 1 Abs. 1, 2 Abs. 3 Nr. 1 WpÜG) wurden die Vorgaben der Übernahme-Richtlinie zu *Squeeze-out* und *Sell-out* gesondert in §§ 39a–39c WpÜG normiert. Grundsätzlich hat der Bieter die Wahl zwischen dem aktienrechtlichen und dem übernahmerechtlichen *Squeeze-out*, das aktienrechtliche Verfahren findet aber nach Stellung des über-

573 Vgl. *Rühland*, NZG 2006, 401, 402; *Diekmann*, NJW 2007, 17, 19; *Hüffer*, § 327b Rn. 5. Zur Bewertung hat sich in Praxis und Rechtsprechung die Ertragswertmethode durchgesetzt; vgl. *Zeidler* in Semler/Stengel, § 30 Rn. 7; *Hüffer*, § 327b Rn. 5. Überblicksartig zu den Bewertungsmethoden *Hüffer*, § 305 Rn. 19 f. m.w.N.
574 Vgl. BVerfG NJW 1962, 1667 („Feldmühle"); *Hüffer*, § 327b Rn. 5.
575 Zur Maßgeblichkeit des wahren Wertes vgl. BVerfGE 100, 289.
576 Vgl. BVerfGE 100, 289, 309; AG 2007, 697, 698 (zur Maßgeblichkeit des regelmäßig mit dem Börsenkurs identischen Verkehrswertes als Untergrenze); BGHZ 153, 47, 48 (zur Festsetzung des maßgeblichen Referenzzeitraums); BayObLG, AG 2005, 241, 242; *Hüffer*, § 327b Rn. 5; *Zeidler* in Semler/Stengel, § 30 Rn. 11; dort Rn. 12 m.w.N. sowie unten im Rahmen der Diskussion des regulären Delisting in Kapitel 6 I.1.b); dort auch zur Kritik an der Wahl des Referenzzeitraums.
577 Vgl. *Rühland*, NZG 2006, 401, 402. Ausführlich zum Missbrauchspotential des *Squeeze-out*-Beschlusses *Austmann/Mennicke*, NZG 2004, 846, 852.
578 Vgl. *Austmann/Mennicke*, NZG 2004, 846, 852.

nahmerechtlichen Ausschlussantrags nach § 39a WpÜG bis zum rechtskräftigen Abschluss des Ausschlussverfahrens keine Anwendung (§ 39a Abs. 6 WpÜG)[579]. Dem Bieter, dem nach Abschluss eines Übernahmeangebots mindestens 95 % des stimmberechtigten Kapitals gehören, sind auf seinen Antrag durch Gerichtsbeschluss und ohne Beteiligung der Hauptversammlung die übrigen Anteile gegen eine angemessene Abfindung zu übertragen (§ 39a Abs. 1, 5 WpÜG). Die Art der Abfindung hat dabei der Gegenleistung des Übernahme- oder Pflichtangebots zu entsprechen, während wahlweise stets eine Geldleistung anzubieten ist (§ 39a Abs. 3 Satz 1, 2 WpÜG). Die Mindestpreisregelung für die Gegenleistung des Angebots (§ 31 Abs. 3–6 WpÜG) gilt über die Richtlinienvorgaben hinaus nicht nur für Pflichtangebote, sondern auch für freiwillige Übernahmeangebote. Der Verzicht auf einen Hauptversammlungsbeschluss, wie er für das aktienrechtliche *Squeeze-out* erforderlich ist, kann einen erheblichen Zeitvorteil bewirken[580]. Insbesondere vermeidet er die in der Praxis vielfach missbräuchlich eingesetzten Anfechtungsklagen[581]. Allerdings unterliegt der gerichtliche *Squeeze-out*-Beschluss und damit auch die Angemessenheit der in ihm festgelegten Barabfindung der Überprüfung im Wege der sofortigen Beschwerde, die wiederum zu jahrelangen Verzögerungen führen kann[582]. Anders liegt es, wenn die Gegenleistung des (freiwilligen wie Pflicht-)Angebots kraft unwiderlegbarer gesetzlicher Vermutung als angemessene Abfindung zu betrachten ist, weil der Bieter aufgrund des Angebots mindestens 90 % des vom Angebot betroffenen Grundkapitals erlangt hat (§ 39a Abs. 3 Satz 3 WpÜG)[583]. Insofern geht die deutsche Umsetzung über die Richtlinienvorgaben, denen zufolge die Gegenleistung lediglich bei von 90 % des betroffenen Grundkapitals angenommenen Pflichtangeboten stets als angemessen gelten sollte (Art. 15 Abs. 5 Unterabs. 3), hinaus. Letztendlich führt sie in Verbindung mit der Mindestpreiskontrolle nach § 31 WpÜG zu einer die Richtlinienanforderungen übersteigenden Kontrolle sowohl bei freiwilligen Übernahmeangeboten als auch bei Pflichtangeboten[584]. Diese Lösung entspricht zwar nicht dem Richtlinienkonzept, demzufolge die Preisbildung lediglich bei Pflichtangeboten kontrolliert und im Übrigen dem Markt überlassen werden soll, wird von der Richtlinie aber auch nicht ausgeschlossen[585].

§ 39c WpÜG gestattet den *Sell-out*, indem er Minderheitsaktionären erlaubt, bei Überschreitung des Schwellenwerts aus § 39a WpÜG das von ihnen zunächst abge-

---

579 Ausführlich zum Verhältnis der beiden Verfahren *Deilmann*, NZG 2007, 721, 724.

580 Vgl. *Diekmann*, NJW 2007, 17, 19; *van Kann/Just*, DStR 2006, 328, 331.

581 Vgl. *Merkt/Binder*, BB 2006, 1285, 1291 m.w.N.; *DAV-Handelsrechtsausschuss*, NZG 2006, 177, 180 f.; *Rühland*, NZG 2006, 401, 402; *Richter*, ZHR 172 (2008), 419, 444, 456.

582 Vgl. *Diekmann*, NJW 2007, 17, 20; *van Kann/Just*, DStR 2006, 328, 331; zu den möglichen Bewertungsschwierigkeiten bei der Festlegung der Barabfindung auch *Merkt/Binder*, BB 2006, 1285, 1290.

583 Zur Berechnung der 90 %-Schwelle vgl. *Deilmann*, NZG 2007, 721, 723 f.; zur Frage der Vereinbarkeit der unwiderleglichen Vermutung mit höherrangigem Recht vgl. einerseits *Rühland*, NZG 2006, 401, 405 f.; andererseits *Merkt/Binder*, BB 2006, 1285, 1290 f. m.w.N.

584 Vgl. *Merkt/Binder*, BB 2006, 1285, 1290; für eine solche überschießende Umsetzung schon *Seibt/Heiser*, ZGR 2005, 200, 242.

585 Vgl. *Merkt/Binder*, BB 2006, 1285, 1290.

lehnte Angebot innerhalb von drei Monaten ab Ablauf der Annahmefrist doch noch anzunehmen. Insofern wird neben der übernahmerechtlichen „Zaunkönigsregelung“ mit der erweiterten Annahmefrist von zwei Wochen nach Ablauf des Angebots (§ 16 Abs. 2 WpÜG) den Aktionären eine weitere Möglichkeit gegeben, bei Erreichen einer bestimmten Beteiligung sich von Aktien an der Zielgesellschaft zu trennen[586].

cc) Squeeze-out und Andienungsrecht in der *S.A.*

Das französische Recht gestattet seit 1993 den Mehrheitsaktionären börsennotierter Gesellschaften mit Sitz in Frankreich nach einem öffentlichen Auskaufsangebot (*offre publique de retrait*), den *Squeeze-out* einer Minderheit von weniger als 5 % des Kapitals oder der Stimmrechte (*retrait obligatoire*) zu initiieren (art. L. 433-4 II. C.monét.fin i.V.m. art. 236-3 f., 237-1 ff. AMF)[587]. Bis zur Umsetzung der Übernahme-Richtlinie war es auch nach einem Übernahmeangebot erforderlich, diese zweistufige Prozedur mit Auskaufsangebot und anschließendem *Squeeze-out* durchzuführen. Im Rahmen der Umsetzung der Übernahme-Richtlinie wurde nunmehr ein einstufiges Verfahren geschaffen (art. L. 433-4 III. C.monét.fin. i.V.m. art. 237-14 AMF), bei dem sich der *Squeeze-out* unmittelbar an den Ablauf des Übernahmeangebots anschließt[588].

Ausgangspunkt des althergebrachten zweistufigen Verfahrens ist ein öffentliches Auskaufsangebot, dessen Einreichung sowohl auf Initiative des Mehrheitsaktionärs (*offre publique de retrait*) als auch der Minderheitsaktionäre (*demande publique de retrait*) erfolgen kann, wenn der Mehrheitsaktionär 95 % der Stimmrechte oder des Kapitals hält. Während der Mehrheitsaktionär hierfür ein Auskaufsangebot bei der *AMF* hinterlegt (art. 236-3 f. AMF), müssen die Minderheitsaktionäre bei der *AMF* beantragen, dem oder den Mehrheitsaktionären die Erstellung und Hinterlegung eines solchen öffentlichen Angebots aufzuerlegen (art. 236-1 f. AMF). Ratio legis des *offre* bzw. *demande publique de retrait* ist, Minderheitsaktionären den Ausstieg aus der Gesellschaft zu ermöglichen, wenn ihre Beteiligung angesichts der hohen Beteiligung des Mehrheitsaktionärs illiquide geworden ist[589]. Während die *AMF* bei Einreichung des Übernahmeangebots durch den Mehrheitsaktionär die Angebotsbedingungen prüft und Modifizierungen verlangen kann[590], aber kein Ermessen hinsichtlich der Zulassung des Angebots an sich hat, prüft sie beim Minderheitsantrag entsprechend des Gesetzeszwecks, ob der Börsenhandel tatsächlich durch die hohe Mehrheitsbeteiligung beeinträchtigt ist, bevor sie den Mehrheitsaktionär zur Abgabe eines Angebots verpflichtet[591]. Auch bei Umwandlung einer börsennotier-

---

586 Vgl. *Diekmann*, NJW 2007, 17, 20.

587 Vgl. *Merle*, Rn. 651-1 f.; *Cozian/Viandier/Deboissy*, Rn. 954; *Fleischer*, ZGR 2002, 757, 771 (unter Verweis auf die Vorgängerregelung des art. 5-6-1 AMF a. F.).

588 Vgl. auch *Freshfields Bruckhaus Deringer*, Public Takeovers in France, 36; *Urbain-Parleani* in Baums/Cahn (Hrsg.), Umsetzung der Übernahme-Richtlinie, 3, 17.

589 Vgl. CA Paris, Rev. dr. bancaire 1994, 85; *Rühland*, Squeeze-out, 155.

590 Zur Ermittlung des Übernahmepreises vgl. *Schindler*, 297–302.

591 Vgl. insofern art. 236-1 (2), 236-2 (2) AMF; desw. *Rühland*, Squeeze-out, 155; *Schindler*, 335 m.w.N.

ten *S.A.* in eine Kommanditgesellschaft sind die zuvor kontrollierenden Aktionäre und die Kommanditisten zur Abgabe eines Auskaufsangebots verpflichtet (art. 236-5 AMF). Schließlich kann die *AMF* ein Auskaufsangebot der kontrollierenden Aktionäre verlangen, wenn wesentliche Satzungsbestandteile (insbesondere hinsichtlich der Übertragbarkeit und der Stimmrechtsausstattung) geändert werden, bei Strukturmaßnahmen sowie, wenn eine Übertragung der wesentlichen Vermögensbestandteile der Gesellschaft beschlossen wird (art. 236-6 AMF)[592]. Durchgeführt wird das Angebot im Wege des Ankaufs der Aktien über den Kapitalmarkt im Laufe der Angebotsfrist (art. 236-7 (1) AMF).

Will der Mehrheitsaktionär später ein *Squeeze-out* durchführen, so muss er sich diese Möglichkeit bei Einreichung des Auskaufsangebots an die *AMF* vorbehalten (art. 237-2 (1) AMF). Er kann sich entweder bereits bei Einreichung für die anschließende Durchführung entscheiden oder aber das Ergebnis des Auskaufsangebots abwarten und spätestens zehn Tage nach dessen Abschluss beantragen, dass die Aktien der Minderheitsaktionäre, die das Angebot abgelehnt haben, durch *Squeeze-out*-Entscheidung der *AMF* auf ihn übertragen werden (art. 237-2 (1), 237-8 (1) AMF). Die ausgeschlossenen Aktionäre erhalten eine Abfindung, deren Höhe der Bieter objektiv unter Berücksichtigung der Aktiva, der Gewinne, des Börsenkurses und der Gesellschaftsaussichten mit Hilfe eines Bewertungsgutachtens eines unabhängigen Prüfers zu berechnen hat (art. L. 433-4 II. C.monét.fin., art. 237-2 (2) AMF) und die mindestens die Höhe des Auskaufsangebots haben muss (art. 237-8 (2) AMF). Die *AMF* lässt das Abfindungsangebot der Gesellschaft durch einen unabhängigen Sachverständigen auf die Einhaltung der Vorgaben überprüfen und hat bei Verstoß ein Vetorecht gegen die Durchführung des *Squeeze-out* (art. 237-2 (3) AMF)[593]. Hat der Mehrheitsaktionär sich bereits im Rahmen des Auskaufsangebots für einen anschließenden *Squeeze-out* der verbleibenden Minderheit entschieden, so muss er die potentielle Abfindung für alle Minderheitsaktionäre entsprechend der von der *AMF* genehmigten Aktienbewertung auf ein Anderkonto einzahlen (art. 237-4, 237-5 AMF). Hat er sich im Übernahmeangebot an die Minderheit das ob der tatsächlichen Durchführung des *Squeeze-out* vorbehalten und entscheidet er sich für dessen Durchführung, so muss die Abfindung nach oben angepasst werden, wenn seit ihrer Autorisierung durch die *AMF* kursrelevante Ereignisse stattgefunden haben (art. 237-8 (2) AMF). Die *AMF* ordnet in diesem Fall auch die tatsächliche Durchführung des *Squeeze-outs* und seine Bedingungen an (art. 237-8 (3) AMF). Mit der Übertragung der Aktien durch die Entscheidung endet ihre Börsennotierung (art. 237-8 (3) Satz 2 AMF). Bei Entscheidung für einen unmittelbar anschließenden *Squeeze-out* bei Abgabe des Rückzugsangebots werden die Aktien der Minderheitsaktionäre bei Ablauf der Angebotsfrist übertragen und verlieren ihre Börsennotierung (art. 237-10 (2) AMF). Die Minderheitsaktionäre können die Entscheidungen

592 Das Austrittsverfahren bei Verschmelzungen, Spaltungen, Formwechseln und Vermögensübertragungen wird ausführlich in Kapitel 9 behandelt.

593 Zum unabhängigen Sachverständigen vgl. die Nachweise bei *Merle*, Rn. 651 Fn. 4; auch *Rühland*, Squeeze-out, 156.

der *AMF*, insbesondere die Billigung der vom Mehrheitsaktionär vorgeschlagenen Abfindung, vor dem *Cour d'appel* von Paris anfechten[594]. Das Gericht prüft dann umfassend und vor allem auch die Angemessenheit der Abfindung, was in der Vergangenheit Anlass zahlreicher Verfahren war[595].

Das 2006 im Rahmen der Umsetzung der Übernahme-Richtlinie eingeführte einstufige *Squeeze-out*-Verfahren verzichtet nach öffentlichen Übernahmeangeboten auf das Erfordernis eines besonderen Auskaufsangebot, verläuft im Übrigen aber parallel zum zweistufigen Verfahren (art. L. 433-4 III. C.monét.fin. i.V.m. art. 237-14 AMF). Erlangt der Bieter im Rahmen des Übernahmeangebots 95 % des Grundkapitals oder der Stimmrechte, so kann er innerhalb von drei Monaten nach Beendigung des Angebots die Übertragung der ausstehenden Anteile durch Entscheidung der *AMF* verlangen (art. 237-14 (1) AMF). Im Übrigen hat der Bieter sich auch bei der Einreichung des Übernahmeangebots bei der *AMF* die Möglichkeit eines anschließenden *Squeeze-outs* vorzubehalten (art. 237-15 AMF) und ein Abfindungsangebot vorzulegen, das mindestens der Gegenleistung des Übernahmeangebots in Geld entspricht (art. 237-16 I., II. AMF). Nach Billigung des Abfindungsangebots legt die *AMF* das Datum des *Squeeze-outs* fest (art. 237-18 AMF). Mit der Übertragung wird die zuvor hinterlegte Abfindung ausgekehrt und endet die Börsennotierung der betroffenen Anteile (art. 237-18 (2) AMF).

dd) Squeeze-out und Sell-out in der *plc*

Das britische Recht kennt nur übernahmerechtliche *Squeeze-out*- und *Sell-out*-Verfahren (ss. 979 ff. CA 2006), allerdings für alle *plcs* unabhängig von ihrer Börsennotierung[596]. Voraussetzung ist jeweils ein Übernahmeangebot, d.h. ein Angebot zum Erwerb aller Aktien einer oder aller Aktiengattungen der Gesellschaft zu den gleichen Bedingungen (s. 974 (1)–(3) CA 2006). Erlangt der Bieter 90 % der Aktien und bei stimmberechtigten Aktien 90 % der Stimmrechte, auf die sich das Angebot bezieht, kann er die übrigen Aktionäre über seinen Willen zum Erwerb ihrer Aktien informieren (s. 979 (1)–(4) CA 2006)[597]. Diese Bekanntmachung des *Squeeze-out* kann innerhalb von sechs Monaten nach Abgabe des Übernahmeangebots und spätestens drei Monate nach dessen Ende erfolgen (s. 980 (1)–(3) CA 2006). Kraft der Bekanntmachung ist der Bieter befugt und verpflichtet, die restlichen Aktien zu den Konditionen des Übernahmeangebots zu erwerben (s. 981 (2), (3) CA 2006). Kann die nicht

---

594 Vgl. *Sieger/Hasselbach*, NZG 2001, 926, 927; *Austmann/Mennicke*, NZG 2004, 846, 852 f.

595 Vgl. CA Paris v. 16. Juni 1993, RJDA 1994, 154; CA Paris v. 3. Juli 1998, JCP 1998, 1478; Cass. com. v. 29. April 1997, RJDA 1997, n° 915; *Sieger/Hasselbach*, NZG 2001, 926, 927; *Rühland*, Squeeze-out, 157.

596 Vgl. *Merkt*, AG 2003, 126, 133; *Fleischer*, ZGR 2002, 751, 772; *Farrar/Hannigan*, 607–609; *Davies*, Gower's Company Law, 742 f.; zum Anwendungsbereich der Regelungen vgl. Ziff. 3 a) der Einführung des *City Code on Takeovers and Mergers*; *Rühland*, Squeeze-out, 162.

597 Es müssen also 90 % der nicht bereits dem Bieter oder ihm zuzurechnender Personen gehörenden stimmberechtigten Anteile erworben werden; vgl. *Mayson/French/Ryan*, 225 f.; zur Vorgängernorm der s. 429 (1) CA 1985 *Rühland*, Squeeze-out, 137 f., 142 m.w.N.; *Davies*, Gower's Company Law, 743; *Sieger/Hasselbach*, NZG 2001, 926.

in Geld bestehende Gegenleistung nicht mehr erbracht werden, so schuldet der Bieter ihr Äquivalent in bar (s. 981 (5) CA 2006). Auf Antrag eines Minderheitsaktionärs innerhalb von sechs Wochen ab der Bekanntmachung kann gerichtlich festgestellt werden, dass der Bieter nicht zum *Squeeze-out* berechtigt ist oder zu welchen Konditionen der Aktienerwerb durchzuführen ist (s. 986 (1), (2) CA 2006). Hierbei darf das Gericht die Gegenleistung des Übernahmeangebots nicht unterschreiten und nur überschreiten, wenn der Kläger nachweist, dass sie ihn unbillig benachteiligt (s. 986 (4) CA 2006). Soweit das Angebot durch 90 % des außenstehenden Grundkapitals und der Stimmrechte angenommen wird, betrachten die Gerichte es *prima facie* als ausgewogen[598]. Der dem Kläger offen stehende Nachweis, dass das Angebot trotz seiner Annahme durch den Markt unbillig ist, ist äußerst schwer zu erbringen[599]. Letztendlich sind seit ihrer Einführung 1929 nur etwas mehr als zehn Entscheidungen zu den *Squeeze-out*-Bestimmungen ergangen[600]. Nach beanstandungslosem Ablauf der Sechs-Wochen-Frist bzw. nach Ende des den Ablauf des *Squeeze-out*-Verfahrens hemmenden Gerichtsverfahrens (ohne eine den *Squeeze-out* ausschließende Entscheidung) hat der Bieter eine Kopie der Bekanntmachung sowie die Gegenleistung für die Aktien der Gesellschaft zu übermitteln, die letztere dann treuhänderisch für die Personen, deren Aktien durch den *Squeeze-out* erworben werden, hält (s. 981 (6), (9) CA 2006). Die Gesellschaft schreibt sodann die betroffenen Aktien auf den Bieter um (s. 981 (7), (8) CA 2006).

Auch ein von dem Übernahmeangebot betroffener Aktionär kann, sobald der Bieter im Rahmen eines Übernahmeangebots 90 % des Grundkapitals und 90 % der Stimmrechte der Gesellschaft erlangt, den Erwerb seiner Aktien durch den Bieter zu den Konditionen des Übernahmeangebots oder sonst vereinbarten Bedingungen verlangen (ss. 983, 985 (2) CA 2006). Der Bieter muss die Aktionäre, die sein Angebot nicht angenommen haben, innerhalb eines Monats nach Erlangung des Schwellenbesitzes an Aktien über dieses ihnen zustehende *Sell-out*-Recht informieren (s. 984 (3) CA 2006). Die Aktionäre müssen ihr Recht innerhalb von drei Monaten nach Ende des Übernahmeangebots, spätestens jedoch drei Monate nach der Information über ihre Möglichkeit des *Sell-outs* durch den Bieter ausüben (s. 984 (2) CA 2006). Auf Antrag des Aktionärs oder des Bieters können die Bedingungen des *Sell-out* wiederum gerichtlich festgelegt werden (s. 986 (3) CA 2006).

---

598 Re Hoare and Co Ltd (1933) 150 LT 374; Re Press Caps Ltd (1949) Ch 434; Nidditch v Calico Printers' Association Ltd 1961 SLT 282; *Mayson/French/Ryan*, 227.

599 Vgl. Re Press Caps (1949) Ch 434, 444; Re Sussex Brick Co Ltd (1961) Ch 289, 292.

600 Vgl. *Rühland*, NZG 2006, 401, 402 unter Verweis auf die überblicksartige Darstellung der Entscheidungen bei *Rühland*, Squeeze-out, 146-149; Zusammenfassung der Rechtsprechung auch bei *Mayson/French/Ryan*, 227 f. Zur geringen praktischen Bedeutung der gerichtlichen Überprüfung auch *Sieger/Hasselbach*, NZG 2001, 926, 927.

b) Vorliegen von und Bedürfnis für Börsengesellschaftsrecht zum Squeeze-out und Sell-out

aa) Squeeze-out-Verfahren

Rechtsvergleichend zeigt sich, dass sich die Anwendungsbereiche der von den untersuchten Jurisdiktionen eingeführten Ausschlussrechte einerseits nach dem Kriterium der Börsennotierung und andererseits nach dem Erfordernis eines vorangegangenen Übernahmeangebots unterscheiden. Während die Mehrheitsaktionäre von allen deutschen und börsennotierten französischen Aktiengesellschaften stets auf die *Squeeze-out*-Verfahren nach §§ 327a ff. AktG bzw. art. L. 433-4 II. C.monét.fin i.V.m. art. 236-1 ff. AMF zurückgreifen können, steht den Mehrheitsaktionären britischer Gesellschaften nur ein übernahmerechtliches Verfahren zur Verfügung. Dieses ist jedoch, anders als die übernahmerechtlichen *Squeeze-out*-Regeln in Deutschland und sämtliche *Squeeze-out*-Verfahren in Frankreich, auch in nicht börsennotierten Gesellschaften eröffnet. Danach steht lediglich in Frankreich nur börsennotierten Gesellschaften ein Ausschlussverfahren zur Verfügung, während deutsche Aktiengesellschaften ohne Börsennotierung auf das aktienrechtliche Ausschlussverfahren und britische *plcs* ohne Börsennotierung auf das übernahmerechtliche Ausschlussregime nach ss. 979 CA 2006 zurückgreifen können.

Die Beschränkung auf Übernahmesachverhalte scheint auf den ersten Blick insofern konsequent, als das Ausschlussrecht aus rechtsökonomischer Sicht vor allem der Verhinderung von *free-rider*-Problemen dient, die wirtschaftlich wünschenswerte Übernahmen verhindern können[601]. Insofern bezweckt das Ausschlussrecht insbesondere die Kompensation des Bieters für die mit der Übernahme übernommenen Kosten und Risiken[602]. Kann ein Aktionär davon ausgehen, dass das Übernahmeangebot auch ohne einen Verkauf seiner Anteile erfolgreich sein wird, so hat er, soweit er davon ausgeht, dass die Gesellschaft unter neuer Leitung erfolgreicher arbeiten wird, Anreize, das Übernahmeangebot nicht anzunehmen. Nach Erfolg der Übernahme hat sodann der Erwerber die Kosten seiner unternehmerischen Einflussnahme auf die Gesellschaft zu tragen, während die verbliebenen Kleinaktionäre kostenlos über die Wertsteigerung ihrer Anteile von der aufgrund der Intervention des Erwerbers verbesserten Performance der Gesellschaft profitieren. Es kommt daher zu einem Vermögenstransfer vom Großaktionär auf die verbliebenen Kleinaktionäre. Da die Aussicht auf diesen Vermögenstransfer Anreize zu einem den Erfolg der Übernahme gefährdenden Verbleib in der Gesellschaft bietet, müssen der Verbleib und mit ihm der Vermögenstransfer, um wertsteigernde Übernahmen zu unterstützen, durch die dem Erwerber eröffnete Möglichkeit zum *Squeeze-out* ausgeschlossen werden.

---

601 Vgl., auch zu den folgenden Ausführungen, *Bebchuk*, 109 QJE(1994), 957, 983 f.; *Grossman/Hart*, 35 J. Fin. (1980), 323, 333; *Easterbrook/Fischel*, Economic Structure of Corporate Law, 134–139; *Rühland*, Squeeze-out, 124; zusammenfassende ökonomische Rechtfertigung des *Squeeze-out* auch bei *Coates*, 147 U. Penn. L. Rev. (1999), 1251, 1327–1329 m.w.N. Zur Effizienz von Unternehmensübernahmen vgl. bereits unter I.3.b)aa).

602 Vgl. *High Level Group*, Takeover Bids, 70 f.; *Seibt/Heiser*, ZGR 2005, 200, 239 f.

Daneben verhindert das *Squeeze-out*-Recht aber unabhängig von der Erlangung der Mehrheitsposition durch ein vorangegangenes Übernahmeangebot ineffiziente *hold-out*-Konstellationen[603]. Beschrieben ist damit eine Situation, in der Minderheitsaktionäre aufgrund der erörterten Aussichten auf Vermögenstransfers vom Erwerber sich einem Verkauf ihrer Anteile verweigern. Ausgehend davon, dass der Auskauf der Minderheit die Vermeidung von Minderheitskosten[604] und damit eine effizientere Unternehmensführung ermöglichte, wäre die verhandlungstheoretische Ideallösung ein Verkauf der Anteile der Minderheitsaktionäre gegen den Anteilswert zuzüglich eines auszuhandelnden Teils der einzusparenden Minderheitskosten. Dieses Verhandlungsgleichgewicht wird nun durch die Aussicht der Minderheitsaktionäre auf die erwähnten Sonderrenditen zulasten des Erwerbers gestört. Verschärft wird die *hold-out*-Problematik durch den Umstand, dass die Minderheitskosten auch bei verringerter Minderheitsbeteiligung im Wesentlichen gleich bleiben, so dass es sich lohnt, als letzter zu verkaufen, um eine möglichst hohe Verkäuferrente zu erzielen[605]. Von daher haben strategisch agierende Minderheitsaktionäre wesentliche Anreize, trotz angebotener Beteiligung an den einzusparenden Minderheitskosten in der Gesellschaft zu verbleiben. Gäbe es kein Ausschlussrecht, so verhinderte diese Interessenlage regelmäßig die verhandlungsmäßige Bildung einer möglichst effizienten Unternehmensstruktur unter Vermeidung des Minderheitsaufwands[606]. Das Ausschlussrecht vermeidet die mit einer *hold-out*-Möglichkeit verbundenen Verhandlungskosten und ermöglicht die Aufteilung des Erlöses aus dem Wegfall der Minderheitskosten zwischen Erwerber und den ausgekauften Aktionären[607]. Da diese Konstellation aber unabhängig von vorangegangenen Übernahmeangeboten bestehen kann, sind *Squeeze-out*-Rechte auch außerhalb von Übernahmesituationen, wie sie das deutsche und das französische Recht ermöglichen, ökonomisch sinnvoll[608]. Dementsprechend sah auch noch der der Richtlinie 2006/68/EG vorausgegangene Kommissionsvorschlag[609] die Einführung eines unabhängig von Übernahmeangeboten bestehenden *Squeeze-out*-Rechts (und eines entsprechenden *Sell-out*-Rechts) in börsennotierten Gesellschaften als Art. 39a f. der Kapital-Richtlinie vor.

---

603 Vgl., auch zu den folgenden Ausführungen, *Rühland*, Squeeze-out, 125 m.w.N.; desw. *Fleischer*, ZGR 2002, 757, 762. Zur *hold-out*-Problematik *Davies/Hopt* in Kraakman u.a., Anatomy of Corporate Law, 157, 183; *Easterbrook/Fischel*, Economic Structure of Corporate Law, 134; *Posner*, Economic Analysis of Law, 458.

604 Minderheitskosten ergeben sich zum einen aus der Beachtung minderheitsschützender Vorschriften, zum anderen aus dem Störpotential der Minderheitsaktionäre (z.B. durch die Durchsetzung geplanter Strukturmaßnahmen aufhaltender Klageerhebungen); vgl. *Baums* in v. Rosen (Hrsg.), Übernahme börsennotierter Unternehmen, 165, 181 f.; *High Level Group*, Takeover Bids, 70.

605 Vgl. *Fleischer*, ZGR 2002, 757, 762; *Davies/Hopt* in Kraakman u.a., Anatomy of Corporate Law, 157, 183; *Rühland*, Squeeze-out, 125.

606 Vgl. *Fleischer*, ZGR 2002, 757, 762; *Rühland*, Squeeze-out, 180; *Baums* in v. Rosen u.a. (Hrsg.), Übernahme börsennotierter Unternehmen, 165, 182.

607 Vgl. *Baums* in v. Rosen (Hrsg.), Übernahme börsennotierter Unternehmen, 165, 182.

608 In diesem Sinne auch *Forum Europaeum Corporate Law Group*, 1 EBOR (2000), 165, 230.

609 KOM (2004) 730 endg. v. 21.9.2004.

Fraglich bleibt, ob *Squeeze-out*-Rechte nur bei Börsennotierung gerechtfertigt sind. Allein das französische Recht beschränkt den Ausschluss von Minderheitsaktionären auf börsennotierte Gesellschaften, während in deutschen Gesellschaften das aktienrechtliche und in britischen Gesellschaften das übernahmerechtliche Ausschlussverfahren auch auf nicht-börsennotierte Gesellschaften Anwendung findet. Gegen die Ausweitung der §§ 327a ff. AktG auch auf nicht-börsennotierte Gesellschaften wird im deutschen Schrifttum eingewandt, dass ein Bedürfnis für einen Ausschluss von Minderheitsgesellschaftern in geschlossenen Gesellschaftern nur bestehe, wenn diese zuvor an einer Börse notiert waren und sich von dieser zurückgezogen haben[610]. Zudem sei es rechtssystematisch fragwürdig, die geschlossene, kapitalmarktferne AG hinsichtlich des Ausschlusses von Minderheitsgesellschaftern anders zu behandeln als die GmbH[611]. Gegen eine Ausweitung des *Squeeze-out*-Rechts auf nicht-börsennotierte Gesellschaften wird zudem der Umstand angeführt, dass es als Ausgleich für das nur in börsennotierten Gesellschaften bei Erlangung einer Kontrollmehrheit abzugebenden Pflichtangebots fungiert[612]. Aber unabhängig von Übernahmesituationen und auch in nicht-börsennotierten Gesellschaften kann sich bei Erlangung einer erheblichen Kontrollmehrheit das geschilderte *hold-out*-Problem ergeben, das die wertmaximierend wirkende Vermeidung von Minderheitskosten verhindert. Dementsprechend bleibt die effizientere Verwaltung der Gesellschaft als Hauptargument für einen Minderheitsausschluss auch ohne vorangegangene Übernahme und Börsennotierung bestehen[613]. Die berechtigten Interessen der wenigen verbliebenen Minderheitsaktionäre reduzieren sich in diesem Fall auf ihre vermögensmäßigen Investitionsinteressen[614]. Wertungswidersprüche im Verhältnis zu Ausschlussrechten anderer Gesellschaftsformen wie der GmbH können durch eine gerichtliche Missbrauchskontrolle der Übertragung vermieden werden[615]. Deshalb sollte es bei Erreichung der *Squeeze-out*-Schwelle unabhängig von einer Börsennotierung und einem Übernahmeangebot möglich sein, den Minderheitsaktionären das Aktieneigentum und die damit verbundenen Interventionsrechte gegen volle wirtschaftliche Entschädigung zu entziehen[616].

---

610 Vgl. *Merkt*, AG 2003, 126, 133; *Fleischer*, ZGR 2002, 757, 772; HdbAG/*Marsch-Barner*/*Schäfer*, § 1 Rn. 20; referierend auch *Bayer*, Gutachten zum 67. DJT, E 105.

611 Vgl. *Merkt*, AG 2003, 126, 133; *Habersack*, ZIP 2001, 1230, 1234 f.; *Drygala*, AG 2001, 291, 297 f.; *Hüffer*, § 325a Rn. 4; *Bayer*, Gutachten zum 67. DJT, E 105 (der ein Bedürfnis für einen gesetzlichen *Squeeze-out* lediglich für die auch nicht im Freiverkehr gehandelte geschlossene AG verneint); dem zustimmend *Spindler*, AG 2008, 598, 603; a.A. der *DAV-Handelsrechtsausschuss*, NZG 1999, 850, 852.

612 Vgl. *Forum Europaeum Corporate Law Group*, 1 EBOR (2000), 165, 230.

613 So auch Begr. RegE-WpÜG, BT-Drucks. 14/7034, 32; *Singhof* in Spindler/Stilz, § 327a Rn. 6; MK/*Grunewald*, vor § 327a, Rn. 5; *Austmann*/*Mennicke*, NZG 2006, 846, 847; *Schäfer*, NJW 2008, 2536, 2541 f.

614 Vgl. *Austmann*/*Mennicke*, NZG 2006, 846, 847 unter Berufung auf BVerfG, WM 2000, 1948 (1949 f.) – Moto Meter; BVerfGE 100, 289 (305) – DAT/Altana; auch Begr. RegE-WpÜG, BT-Drucks. 14/7034, 32; auch *Singhof* in Spindler/Stilz, § 327a Rn. 6.

615 Vgl. *Singhof* in Spindler/Stilz, § 327a Rn. 6.

616 So auch *Austmann*/*Mennicke*, NZG 2006, 846, 847; im Ergebnis ähnlich *Forum Europaeum Corporate Law Group*, 1 EBOR (2000), 165, 231.

bb) *Sell-out*-Verfahren

Das deutsche Recht kennt nur die übernahmerechtlichen Andienungsverfahren für börsennotierte Gesellschaften nach § 16 Abs. 2 WpÜG (innerhalb von zwei Wochen nach Ablauf des öffentlichen Übernahmeangebots) und nach § 39c WpÜG (innerhalb von drei Monaten nach Ablauf des öffentlichen Übernahmeangebots, wenn der Bieter 95 % des stimmberechtigten Kapitals erlangt hat). Demgegenüber steht den Minderheitsaktionären französischer börsennotierter Gesellschaften unabhängig von einem vorangegangenen Übernahmeangebot die Möglichkeit offen, den Aufkauf ihrer Anteile vom Mehrheitsaktionär im Wege des *demande publique de retrait* zu verlangen, sobald der Mehrheitsaktionär 95 % des Kapitals oder der Stimmrechte hält. Nach britischem Recht haben die Minderheitsaktionäre sämtlicher Kapitalgesellschaften ein Andienungsrecht, allerdings nur, wenn der Bieter im Rahmen eines Übernahmeangebots 90 % des Kapitals und der Stimmrechte erlangt hat.

Das *Sell-out*-Recht verhindert das ohne ein Andienungsrecht nach einer Übernahme drohende Gefangenendilemma und reduziert so erheblich den Druck auf die Minderheitsaktionäre, zu niedrigen Preisen zu verkaufen[617]. Ausgangspunkt des Gefangenendilemmas ist der Umstand, dass die Aktionäre (börsennotierter) Publikumsgesellschaften in aller Regel ihr Verhalten nicht effektiv koordinieren können. Deshalb geraten sie auch bei zu niedrigen Übernahmeangeboten unter Verkaufsdruck (*pressure to tender*), da sie bei Ablehnung des Angebots Gefahr laufen, nach einem erfolgreichen Übernahmeangebot angesichts des dann illiquiden Marktes als Minderheitsaktionär in der Gesellschaft verbleiben zu müssen, ohne eine Übernahmeprämie zu erlangen[618]. In nicht-börsennotierten Gesellschaften besteht hingegen von vornherein kein liquider Markt, so dass sich die Verkaufsmöglichkeiten der Minderheit durch ein erfolgreiches Übernahmeangebot nicht in vergleichbarem Maße verschlechtern und sie des Schutzes durch ein Andienungsrecht nicht bedürfen. Droht hingegen in der börsennotierten Gesellschaft ein solches Gefangenendilemma, so wird es in das Angebot zulasten der Minderheitsaktionäre der Gesellschaft eingepreist. Will man nun eine adäquate Beteiligung der Altaktionäre am durch die Übernahme zu erzielenden Wertzuwachs der Gesellschaft durch eine ihrem Wertpotential entsprechende Übernahmeprämie gewährleisten, bedarf es der Beseitigung des Verkaufsdrucks mittels eines Andienungsrechts nach Abschluss der Übernahme. So wird das Vertrauen der Anleger in eine adäquate Abfindung im Falle einer Übernahme und damit ihre Investitionsbereitschaft erhöht, was die Kapitalkosten börsennotierter Gesellschaften verringert[619]. Ein Scheitern des Übernahmeangebots, weil zu viele Aktionäre die flexiblere Inanspruchnahme der *Sell-out*-Mög-

---

617 Vgl. *Liekefett*, RIW 2004, 824, 827; *High Level Group*, Takeover Bids, 72 f.; *Schmidt/Prigge*, DBW 62 (2002), 225, 235 f. Zu den Vorzügen von Andienungsrechten auch *Fleischer*, ZGR 2002, 757, 773; *Davies/Hopt* in Kraakman u.a., Anatomy of Corporate Law, 157, 184. Ausführliche rechtsökonomische Analyse bei *Ruffner*, 195 ff.

618 Ausführlich hierzu *Bebchuk*, 12 Del. J. Corp. L. (1987), 911 ff.; desw. *Liekefett*, RIW 2004, 824, 826; *Mülbert/Birke*, WM 2001, 705, 713; *Fleischer/Kalss*, 36.

619 Vgl. *High Level Group*, Takeover Bids, 74; desw. *Schmidt/Prigge*, DBW 2002, 225, 227 f.

lichkeit nach dessen Ende abwarten, vermeidet der Bieter, indem er den Vorteil des Abwartens durch einen attraktiven Übernahmepreis, auf den sich die Aktionäre ohne Risiko einlassen können, minimiert[620]. Aber auch außerhalb von Übernahmesituationen scheint ein Andienungsrecht in börsennotierten Gesellschaften, wie es auch der Kommissionsvorschlag zur Richtlinie 2006/68/EG als Art. 39b der 2. Gesellschaftsrechtlichen Richtlinie vorsah und wie es das französische Recht gewährleistet, zum Schutz der Minderheitsinteressen sinnvoll. Auch wenn der Mehrheitsaktionär seine erhebliche Beteiligung ohne ein öffentliches Übernahmeangebot erlangt hat, drohte der Minderheit ansonsten angesichts der dadurch eingetretenen Illiquidität des Marktes ein zwangsweiser Verbleib in der Gesellschaft mit der Gefahr der Übervorteilung durch den Mehrheitsaktionär[621]. Hier schafft die Gewährleistung einer gesetzlichen *exit*-Möglichkeit zu einem angemessenen Preis Vertrauen in die Kapitalanlage und fördert so die Funktionalität des Kapitalmarkts. Wünschenswert wäre im Ergebnis also die Gewährleistung einer *Sell-out*-Möglichkeit in börsennotierten Gesellschaften unabhängig von einem vorangegangenen öffentlichen Übernahmeangebot, etwa nach dem Vorbild des französischen Rechts.

---

620 Vgl. *Schmidt/Prigge*, DBW 2002, 225, 236.
621 Zu den Übervorteilungsmöglichkeiten des Mehrheitsaktionärs vgl. *Bebchuk*, 12 Del. J. Corp. L. (1987), 911, 918 f.

6. Kapitel: Kompetenzverteilung innerhalb der Gesellschaft

Nach den Rechtsstellungen der Verwaltungsorgane und der Aktionäre wird im Folgenden das Zusammenwirken der Gesellschaftsorgane auf börsengesellschaftsrechtliche Regelungen und Regelungsbedürfnisse untersucht. Als besonders konfliktbelastet stellen sich dabei Übernahmesituationen sowie Transaktionen der Gesellschaft mit mit ihr verbundenen Parteien (*related party transactions*) und dabei insbesondere die Gestaltung der Vergütung der Verwaltungsmitglieder dar, weshalb ihnen besondere Abschnitte gewidmet sind (unten II. bis IV.). Schließlich wird die Rolle der Abschlussprüfer im System der gesellschaftsinternen Kompetenzverteilung auf ein Bedürfnis für besondere Regelungen in börsennotierten Aktiengesellschaften untersucht (unten V.).

I. Grundsätzliche Kompetenzaufteilung zwischen der Verwaltung und der Hauptversammlung

1. Rechtsvergleichender Überblick zur grundsätzlichen Kompetenzaufteilung

a) *Grundsätzliche Kompetenzaufteilung in der AG*

Die Hauptversammlung der AG ist nach der aktienrechtlichen Kompetenzordnung zwingend fast völlig von der dem Vorstand obliegenden Führung der laufenden Geschäfte ausgeschlossen. Sie beschließt nur über die im Gesetz oder in der Satzung ausdrücklich genannten Materien (§ 119 Abs. 1 AktG). Geschäftsführungsmaßnahmen dürfen, da der Vorstand die Geschäfte der AG unter eigener Verantwortung zu leiten hat (§ 76 Abs. 1 AktG), nicht satzungsmäßig von der Zustimmung der Hauptversammlung abhängig gemacht werden[1]. Nur auf Verlangen des Vorstands (das jedenfalls bei Publikumsgesellschaften die absolute Ausnahme ist[2]) ist die Hauptversammlung zur Entscheidung über Fragen der Geschäftsführung befugt (§ 119 Abs. 2 AktG). Ausnahmsweise kann der Vorstand nach der Rechtsprechung des BGH in Sachen „Holzmüller“[3]/„Gelatine“[4] aus § 119 Abs. 2 AktG zur Vorlage an die Hauptversammlung verpflichtet sein (dazu sogleich).

---

1 Vgl. *K. Schmidt*, § 28 V.2.; *Hüffer*, § 119 Rn. 10; KK/*Mertens*, § 82 Rn. 31; KK/*Zöllner*, § 119 Rn. 17.

2 Vgl. *Raiser/Veil*, § 16 Rn. 1. Ein Interesse des Vorstands an der Anrufung der Hauptversammlung kann deshalb bestehen, weil er für eine rechtwidrige Maßnahme nicht schadensersatzpflichtig ist, wenn sie auf einem ordnungsgemäßen Hauptversammlungsbeschluss beruht (§ 93 Abs. 4 Satz 1 AktG).

3 BGHZ 83, 122.

4 BGH AG 2004, 384 = NJW 2004, 1860 = ZIP 2004, 993 („Gelatine I“); gleichlautend BGH ZIP 2004, 1001 („Gelatine II“).

Einerseits obliegen der Hauptversammlung gemäß § 119 AktG die grundlegenden Entscheidungen über den Fortbestand und die Struktur der Gesellschaft, insbesondere über die in § 119 Abs. 1 AktG genannten Maßnahmen der Satzungsänderung, der Herauf- oder Herabsetzung des Grundkapitals und der Auflösung der Gesellschaft (§ 119 Abs. 1 Nr. 5, 6, 8 AktG)[5]. Neben den in § 119 Abs. 1 AktG erwähnten Maßnahmen fallen der Abschluss eines Vertrags über die Übertragung des ganzen Gesellschaftsvermögens (§ 179a AktG), die Eingliederung (§§ 319 ff. AktG), der Abschluss von Unternehmensverträgen (§§ 291 ff. AktG) sowie die Umwandlung der AG durch Verschmelzung (§§ 2 ff., 60 ff. UmwG), Spaltung (§§ 123, 141 ff. UmwG), Vermögensübertragung (§§ 174 ff. UmwG) und Formwechsel (§§ 190 ff. UmwG) in die Zuständigkeit der Hauptversammlung[6]. Zum anderen ist die Hauptversammlung zuständig zur Wahl und Abberufung der Aktionärsvertreter im Aufsichtsrat (§§ 119 Abs. 1 Nr. 1, 101 Abs. 1, 103 Abs. 1 AktG) und zur Entlastung der Mitglieder des Vorstands und des Aufsichtsrats (§§ 119 Abs. 1 Nr. 3, 120 AktG). Sie beschließt über die Verwendung des Jahresgewinns (§§ 119 Abs. 1 Nr. 2, 174 AktG) und wählt die Abschlussprüfer (§§ 119 Abs. 1 Nr. 4 AktG, 318 Abs. 1 HGB), während der Aufsichtsrat den Prüfungsauftrag erteilt und die Honorarvereinbarung abschließt (§ 111 Abs. 2 Satz 3 AktG). Ausnahmsweise kann sie an der Feststellung des Jahresabschlusses beteiligt werden (§ 173 Abs. 1 AktG), was in der Praxis allerdings die absolute Ausnahme ist. Zudem kann die Hauptversammlung die bereits in Kapitel 4 unter II.5. thematisierte Geltendmachung von Organhaftungsansprüchen (§ 147 AktG) und die dafür unter Umständen notwendige Sonderprüfung (§ 142 AktG) veranlassen.

Über diese gesetzlichen Zuständigkeiten hinaus hat der BGH ungeschriebene Hauptversammlungskompetenzen für andere grundlegende Eingriffe in die Innenstruktur der AG und in die Mitverwaltungsrechte der Aktionäre entwickelt. Mit den „Gelatine"-Entscheidungen hat der BGH sein Konzept der ungeschriebenen Hauptversammlungskompetenzen nach der sog. „Holzmüller"-Doktrin einschränkend präzisiert. Der „Holzmüller"-Doktrin zufolge gibt es grundlegende Entscheidungen, die, obwohl sie durch die Außenvertretungsmacht des Vorstands, seine gemäß § 82 Abs. 2 AktG begrenzte Geschäftsführungsbefugnis und den Wortlaut der Satzung formal noch gedeckt sind, so tief in die Mitgliedsrechte der Aktionäre und deren im Anteilseigentum verkörpertes Vermögensinteresse eingreifen, dass der Vorstand vernünftigerweise nicht annehmen kann, er dürfe sie in eigener Verantwortung treffen, ohne die Hauptversammlung gemäß § 119 Abs. 2 AktG zu beteiligen[7]. Aufgrund ihrer Begriffsunschärfe führte die „Holzmüller"-Doktrin zu erheblicher Rechtsunsicherheit[8]. Dieser begegnete der BGH 2004 mit den „Gelatine„-

5 Die Hauptversammlungskompetenz für Kapitalmaßnahmen ist durch Art. 25 Abs. 1, 30 der Kapital-Richtlinie vorgegeben.

6 Die Hauptversammlungskompetenzen für die Verschmelzung und die Spaltung sind durch Art. 7 der Fusions-Richtlinie und Art. 5 der Spaltungs-Richtlinie vorgegeben.

7 Vgl. BGHZ 83, 122, 131.

8 Vgl. *Kübler/Assmann*, § 15 V 1.a) m.w.N. auf kritische Literaturstimmen in Fn. 75, 76; desw. die ausführlichen Schrifttumsnachweise bei MK/*Kubis*, § 119 Rn. 31 ff.; GK/*Koppensteiner*, Vor § 29 Rn. 43; *Spindler* in Schmidt/Lutter, § 119 Rn. 27 in Fn. 59.

Entscheidungen, durch die er die Reichweite der „Holzmüller"-Doktrin stark begrenzte und ungeschriebene Mitwirkungsbefugnisse der Hauptversammlung bei Maßnahmen, die das Gesetz dem Vorstand als Leitungsaufgabe zuweist, nur noch ausnahmsweise und in engen Grenzen anerkennt. Danach kommen ungeschriebene Hauptversammlungskompetenzen nur dann in Betracht, wenn eine vom Vorstand in Aussicht genommene Umstrukturierung der Gesellschaft die Kernkompetenz der Hauptversammlung zur Entscheidung über die Verfassung der Gesellschaft tangiert, weil sie Veränderungen nach sich zieht, die denjenigen zumindest nahe kommen, welche allein durch eine Satzungsänderung herbeigeführt werden können[9]. Die für eine ungeschriebene Hauptversammlungskompetenz erforderliche wesentliche Beeinträchtigung der Mitwirkungsbefugnisse der Aktionäre soll jedenfalls erst dann vorliegen, wenn die wirtschaftliche Bedeutung der Maßnahme in etwa die Ausmaße des der „Holzmüller"-Entscheidung zugrunde liegenden Sachverhalts erreicht[10]. Die veräußerten oder umstrukturierten Unternehmensteile müssen also regelmäßig einen Schwellenwert von 75 bis 80 % des Gesellschaftsvermögens oder der Umsatzerlöse erreichen[11]. Hat die Hauptversammlung ausnahmsweise ungeschriebene Mitwirkungsbefugnisse, ist wegen der grundlegenden Bedeutung der Materie für die Aktionäre ein Beschluss mit Dreiviertel-Mehrheit erforderlich[12].

Auch der Börsengang ist nach den vom BGH in der „Macrotron"-Entscheidung[13] aufgestellten Grundsätzen eine Maßnahme, die im Rahmen der Geschäftsführungsbefugnis des Vorstandes liegt[14]. Für den umgekehrten Vorgang des regulären *Delisting*, d.h. des Rückzugs von jeglicher Börsennotierung[15], hat der BGH in der Macrotron-Entscheidung[16] neben der kapitalmarktrechtlichen Regelung in § 39 Abs. 2 BörsG[17] einen besonderen aktienrechtlichen Schutz entwickelt. Jedenfalls

---

9 BGH AG 2004, 384, erster Leitsatz.

10 Vgl. BGH AG 2004, 384, zweiter Leitsatz.

11 Vgl. *Raiser/Veil*, § 16 Rn. 13.

12 Vgl. BGH AG 2004, 384 dritter Leitsatz, 388.

13 BGHZ 153, 47 = ZIP 2003, 387 = AG 2003, 273 = NJW 2003, 1032. Zur vorangegangenen Diskussion vgl. *Lutter*, FS für Zöllner, 363, 381; *Mülbert*, ZHR 165 (2001), 104, 120 ff.; *Hellwig/Bormann*, ZGR 2002, 465 ff.

14 Vgl. HdbAG/*Marsch-Barner/Schäfer*, § 1 Rn. 30. Vor der Macrotron-Entscheidung von einer ungeschriebenen Hauptversammlungskompetenz ausgehend wegen der durch den Börsengang bewirkten Strukturveränderung *Lutter*, FS für Zöllner, 363, 378; *Seibt* in VGR-Jahresheft Band 3, 37, 60 f.; *Fleischer*, ZHR 165 (2001), 513 ff. Die Börseneinführung ist allerdings tatsächlich häufig mit einer Kapitalerhöhung verbunden, die einen Beschluss der Hauptversammlung gemäß § 182 Abs. 1 AktG voraussetzt.

15 Gemeint ist die Börsenzulassung an einem organisierten Markt. Die Einbeziehung in den Freiverkehr kann auch ohne und sogar gegen den Willen des Emittenten erfolgen und genießt deshalb geringeren Bestandsschutz. Konsequenterweise erfolgt auch der Widerruf der Einbeziehung in den Freiverkehr von Amts wegen und ohne Antrag oder Mitwirkung des Emittenten; vgl. *Pfüller/Anders*, NZG 2003, 459, 460; *Mülbert*, ZHR 165 (2001), 104, 107 f.; *v.Schenk* in Semler, § 24 Rn. 54–59.

16 BGHZ 153, 47.

17 Gemäß § 39 Abs. 2 Satz 5 BörsG sind die näheren Bestimmungen des Widerrufs der Notierung in der Börsenordnung zu treffen. Als derartige nähere Bestimmungen können auch Angebeim vollständigen Rückzug von der Börse ist danach auf Basis von Art. 14 Abs. 1 GG ein mit einfacher Mehrheit zustimmender Beschluss der Hauptversammlung erforderlich[18]. Grund ist, dass das *Delisting* den Aktionären die Möglichkeit entzieht, den Wert ihrer Aktien jederzeit durch Veräußerung zu realisieren. Die durch den Rückzug von der Börse bewirkte Beeinträchtigung der Verkehrsfähigkeit der Aktie verursacht – insbesondere für Klein- und Minderheitsaktionäre – schwerwiegende wirtschaftliche Nachteile, die das Aktieneigentum beeinträchtigen[19]. Die Gesellschaft oder der Hauptaktionär müssen den Aktionären mit dem Beschlussantrag ein angemessenes Abfindungsangebot über den Kauf ihrer Aktien unterbreiten, dessen Höhe im Spruchverfahren überprüft werden kann[20]. Als Abfindung angemessen ist eine wirtschaftlich volle Entschädigung[21], für die durch eine Unternehmensbewertung der „wahre" Wert der Anteile (d.h. ihr Wert unter Einschluss aller stillen Reserven sowie des Geschäfts- bzw. Firmenwertes) zu ermitteln ist[22]. Die Untergrenze der angemessenen Abfindung bildet dabei der Vermögensverlust der Aktionäre, der im Verkehrswert der Aktie, d.h. in aller Regel (in Abwesenheit außerordentlicher kursbeeinflussender Umstände) ihrem durchschnittlichen Börsenkurs innerhalb eines Zeitraums von drei Monaten unmittelbar vor der Hauptversammlung, liegt[23]. Das überwiegende Schrifttum spricht sich demgegenüber dafür aus, auf einen Referenzkurs bis unmittelbar vor der Bekanntgabe des Projekts

---

botspflichten des Großaktionärs anlässlich eines *Delistings* eingeführt werden, wovon mehrere deutsche Börsen durch Verweis auf § 31 WpÜG Gebrauch gemacht haben; vgl. *Krolop*, 162.

18 Vgl. BGHZ 153, 47, 53 f.; auch MK/*Kubis*, § 119 Rn. 84; *Mülbert*, ZHR 165 (2001), 104, 129; überblicksartig zur Macrotron-Entscheidung auch *Pluskat*, BKR 2007, 54, 55 ff.; im Ergebnis ebenso, aber mit abweichender dogmatischer Begründung (als ungeschriebene Hauptversammlungskompetenz nach den Holzmüller/Gelatine-Grundsätzen) *Spindler* in Schmidt/Lutter, § 119 Rn. 51; *Hüffer*, § 119 Rn. 24; *Ulmer* in Bayer/Habersack (Hrsg.), Aktienrecht im Wandel II, 125; *Schwark*/Geiser, ZHR 161 (1997), 739, 761 ff.; *K. Schmidt*, NZG 2003, 601, 603; *Liebscher*, ZGR 2005, 1, 31; *Habersack*, AG 2005, 137, 141.

19 Vgl. BGHZ 153, 47, 53; kritisch zu dieser Begründung der Hauptversammlungszuständigkeit die in der vorangegangenen Fn. Zitierten.

20 Vgl. BGHZ 153, 47, 57; zu den Einzelheiten vgl. das SpruchG sowie *Eckhold* in Schäfer, § 62 Rn. 34 ff.; auch *Spindler* in Schmidt/Lutter, § 119 Rn. 53 m.w.N. Das OLG München verneint die Notwendigkeit eines Hauptversammlungsbeschlusses sowie eines im Spruchverfahren überprüfbaren Abfindungsangebots beim Wechsel einer KGaA vom organisierten Markt in das Freiverkehrssegment M:access der Börse München, da dieses einen dem organisierten Markt stark angenäherten funktionierenden Markt mit entsprechenden Schutzmechanismen (insbesondere Offenlegungspflichten) darstelle, auf dem die Verkehrsfähigkeit nicht eingeschränkt sei; vgl. OLG München, BB 2008, 1303 ff. m. Anm. *Feldhaus*.

21 Vgl. BVerfG NJW 1962, 1667 („Feldmühle").

22 Zur Maßgeblichkeit des „wahren" Wertes vgl. BVerfGE 100, 289. Zur Bewertung hat sich in Praxis und Rechtsprechung die Ertragswertmethode durchgesetzt; vgl. *Zeidler* in Semler/Stengel, § 30 Rn. 7; zu den Bewertungsmethoden *Hüffer*, § 305 Rn. 19 f. m.w.N.

23 Vgl. BVerfGE 100, 289, 309; AG 2007, 697, 698 (zur Maßgeblichkeit des regelmäßig mit dem Börsenkurs identischen Verkehrswertes als Untergrenze; zusammenfassende Schilderung der Vorgaben des BVerfG bei *Hüffer*, § 305 Rn. 20a ff.); BGHZ 153, 47, 48 (zur Festsetzung des maßgeblichen Börsenkurses); BayObLG, AG 2005, 241, 242; *Spindler* in Schmidt/Lutter, § 119 Rn. 53; *Hüffer*, § 119 Rn. 25; *Zeidler* in Semler/Stengel, § 30 Rn. 11. De lege ferenda für eine grundsätzliche alleinige Maßgeblichkeit des Börsenkurses für die Höhe der Abfindung *Bayer*, Gutachten zum 67. DJT, E 105 f.; dazu auch *Roth*, AnwBl 2008, 580, 584; *Richter*, ZHR 172 (2008), 419, 445, 456; für Satzungsfreiheit zur Festlegung des Abfindungsverfahrens *Spindler*, AG 2008, 598, 604.

abzustellen, da dessen Effekte ansonsten zulasten der dissentierenden Minderheitsaktionäre eingepreist würden[24]. Da das Austrittsrecht analog §§ 29 Abs. 1 Satz 2, 207 UmwG begründet wird, muss ein die Barabfindung beanspruchender Aktionär in der über das *Delisting* befindenden Hauptversammlung Widerspruch zur Niederschrift gegen den Hauptversammlungsbeschluss eingelegt haben[25]. Einer Rechtfertigung bedarf der *Delisting*-Beschluss angesichts des Interesses der Gesellschaft an einem Börsenrückzug und des Ausgleichs der Minderheitsinteressen durch das Abfindungsverfahren nicht, weshalb auch eine materielle Inhaltskontrolle nicht stattfindet[26].

Über die geschriebenen und ungeschriebenen Zuständigkeiten hinaus können der Hauptversammlung in der Satzung weitere Zuständigkeiten eingeräumt werden (§ 119 Abs. 1 AktG), wofür allerdings aufgrund der weitgehend zwingenden Kompetenzverteilung des AktG (§ 23 Abs. 5 AktG) und des zwingenden Ausschlusses der Hauptversammlung von der Geschäftsführung nur wenige Bereiche in Betracht kommen[27]. Namentlich kann die Satzung nicht die Wahl der Vorstandsmitglieder oder die Feststellung des Jahresabschlusses in die Hauptversammlung verlagern[28]. Ein Zustimmungsvorbehalt zugunsten der Hauptversammlung entsteht jedoch (in dem in börsennotierten Gesellschaften praktisch kaum vorkommenden Fall), wenn der Aufsichtsrat eine nach § 111 Abs. 4 AktG erforderliche Zustimmung zu einer Geschäftsführungsmaßnahme des Vorstands verweigert. Ein mit Dreiviertelmehrheit zustimmender Beschluss der Hauptversammlung kann in diesem Fall die fehlende Zustimmung des Aufsichtsrats ersetzen (§ 111 Abs. 4 Satz 3 AktG).

b) Grundsätzliche Kompetenzaufteilung in der S.A.

Das französische Aktienrecht weist dem Generaldirektor (*directeur général*) der monistischen *S.A.* und dem Vorstand der dualistischen *S.A.* umfassende Geschäftsführungsbefugnisse zu (art. L. 225-56 (1), 225-64 (1) C.com.). Dabei überschneiden sich in der monistischen *S.A.* die Kompetenzen des *directeur général* zu einem gewissen Grad mit denjenigen des Verwaltungsrats, der über die grundsätzlich Geschäftsstrategie des Unternehmens entscheidet und ihre Umsetzung kontrolliert (art. L. 225-35 (1) Satz 1 C.com.). Eingeschränkt ist der Verwaltungsrat hierbei nur durch den Gesellschaftszweck sowie die der Hauptversammlung ausdrücklich gesetzlich zugewiesenen Befugnisse (art. L. 225-35 (1) Satz 2 C.com.). Die Formulierung entspricht weitgehend der Aufgabenzuweisung an den Vorstand der dualisti-

---

24 Vgl. *Hüffer*, § 305 Rn. 24e; KK/*Koppensteiner*, § 305 Rn. 104; *Zeidler* in Semler/Stengel, § 30 Rn. 12 (jeweils mit zahlreichen weiteren Nachweisen); *Wasmann*, BB 2007, 680, 681 f.; *Weber*, ZGR 2004, 280, 284 ff. (aus ökonomischer Sicht); *Bungert/Eckert*, BB 2000, 1845, 1848; *Krieger*, BB 2002, 53, 56; *Vetter*, DB 2001, 1346, 1348; *Puszkajler*, BB 2003, 1692, 1694; *Bayer*, Gutachten zum 67. DJT, E 106.

25 Vgl. BayObLG ZIP 2005, 205, 209; *Hüffer*, § 119 Rn. 25; *Spindler* in Schmidt/Lutter, § 119 Rn. 53; *Raiser/Veil*, § 16 Rn. 15 m.w.N. in Fn. 36.

26 Vgl. BGHZ 153, 47, 58 f.; *Spindler* in Schmidt/Lutter, § 119 Rn. 53.

27 Vgl. *Kübler/Assmann*, § 15 V. 1.e); *Raiser/Veil*, § 16 Rn. 1; *Hüffer*, § 119 Rn. 10; *Wendt*, 114.

28 Vgl. *Raiser/Veil*, § 16 Rn. 1.

schen Gesellschaft, dessen Kompetenzen lediglich durch die explizit durch Gesetz der Hauptversammlung oder dem Aufsichtsrat zuerkannten Kompetenzen begrenzt sind (art. L. 225-64 (1) C.com.).

Damit beschließt die Hauptversammlung der *S.A.* grundsätzlich nur in den gesetzlich ausdrücklich genannten Fällen. Als außerordentliche Hauptversammlung hat sie die Grundlagenzuständigkeit für alle Satzungsänderungen (art. L. 225-96 (1) C.com.), Sitzverlegungen (art. L. 225-97 C.com.), Spaltungen und Verschmelzungen (art. L. 236-2 C.com.) sowie Übertragungen des gesamten Vermögens (art. L. 237-8 C.com.)[29]. Die ordentliche Hauptversammlung ist für alle anderen, der Hauptversammlung gesetzlich auferlegten Entscheidungen zuständig (art. L. 225-98 (1) C.com.). Weitergehend als das deutsche Aktienrecht umfassen diese die Beschlussfassung über alle Fragen bezüglich des Jahresabschlusses nach Vorlage der Berichte des Verwaltungsrats/Vorstands und der Abschlussprüfer (art. L. 225-100 (2), (9) C.com.). Nach der ihr danach (im Gegensatz zur grundsätzlichen Kompetenzverteilung in der AG) obliegenden Feststellung des Jahresabschlusses stellt die Hauptversammlung der *S.A.* den verteilungsfähigen Gewinn fest und beschließt über dessen Verwendung (art. L. 232-12 (1) C.com.)[30]. Daneben übt die Hauptversammlung die in art. L. 225-100 (10) C.com. aufgeführten Befugnisse aus: Sie bestellt, ersetzt und abberuft die Verwaltungs- bzw. Aufsichtsratsmitglieder (art. L. 225-18, 225-75 C.com.) und legt die Anzahl der den Verwaltungs-/Aufsichtsratsmitgliedern als Vergütung für ihre Tätigkeit zuzuerkennenden Präsenzmarken (*jetons de présence*) fest (art. L. 225-45 (1), 225-83 C.com.). Während die Vorstandsmitglieder der dualistischen *S.A.* vom Aufsichtsrat bestellt werden, kann die Hauptversammlung sie jederzeit abberufen (art. L. 225-61 (1) C.com.). Zudem wählt die Hauptversammlung die Abschlussprüfer (art. L. 225-228 (1) C.com.). Wenn die Hauptversammlung danach grundsätzlich von der Geschäftsführung ausgeschlossen ist, so sind ihr gesetzlich dennoch einige Mitwirkungsbefugnisse zugewiesen, während andere satzungsmäßig vorgesehen werden können[31]. Hauptfälle der gesetzlichen Mitwirkungsbefugnisse sind die Autorisierung des Erwerbs eigener Aktien durch die Gesellschaft (art. L. 225-209 C.com.)[32] und die Genehmigung zwischen der Gesellschaft und Aktionären mit mindestens 10 % der Stimmrechte oder Verwaltungsmitgliedern geschlossener Verträge (art. L. 225-40 (3), 225-88 (3) C.com.)[33]. Darüberhinaus können satzungsmäßig Zustimmungsvorbehalte der Hauptversammlung begründet werden (art. L. 225-35, 225-64 C.com.), wobei die gesetzlichen Befugnisse der Organe der S.A. jedoch nicht grundlegend verändert werden dürfen[34].

---

29 Die Hauptversammlungszuständigkeiten für Kapitalmaßnahmen sowie Spaltungen und Verschmelzungen (unter Beteiligung von Aktiengesellschaften als übertragende und übernehmende Rechtsträger) sind europarechtlich vorgegeben, vgl. bereits in diesem Kapitel Fn. 5, 6.

30 Dazu bereits Kapitel 5 II.1.b) und 2.

31 Vgl. *Merle*, Rn. 459.

32 Ausführlich dazu im 8. Kapitel unter II.

33 Die Regulierung der Geschäfte mit verbundenen Parteien wird unter III. ausführlich dargestellt.

34 Vgl. Cass. civ. v. 4. Juni 1946, JCP 1947, II, 3518 (*arrêt Motte*), Anm. *Bastian*; *Cozian/Viandier/Deboissy*, Rn. 552 f.; Rn. 565 mit Zusammenstellung der einschlägigen Rspr.; *Schmidt-Tiedemann*, 62;

Systematische ungeschriebene Hauptversammlungskompetenzen, wie sie richterrechtlich für das deutsche Aktienrecht entwickelt worden sind, gibt es in der *S.A.* nicht[35]. Da es an einer ausdrücklichen Regelung von Transaktionen wesentlicher Vermögensgegenstände fehlt, wird diskutiert, ob eine Hauptversammlungszuständigkeit über eine Gleichstellung solcher Maßnahmen mit einer Änderung des Unternehmensgegenstandes oder einer Veräußerung des gesamten Vermögens i.S.v. art. L. 237-8 C.com. begründet werden kann[36]. Die Spruchpraxis beurteilt die Zustimmungsbedürftigkeit ähnlich gelagerter Sachverhalte pragmatisch danach, inwieweit sie den Unternehmensgegenstand oder den Gesellschaftszweck berühren[37]. Der konsolidierte Corporate Governance-Kodex empfiehlt dem Verwaltungsrat/Vorstand insofern, Transaktionen von wesentlicher Bedeutung für das Gesellschaftsvermögen oder die Geschäftstätigkeit der Hauptversammlung vorzulegen (Ziff. 5.1 FCGK).

Die Entscheidung über den Börsengang der *S.A.* obliegt allein dem geschäftsführenden Organ[38]. Ein *Delisting* erfolgt einerseits qua Gesetz nach Ende eines öffentlichen Rückzugsangebots (*offre publique de retrait*) gemäß art. 433-4 C.monét.fin. i.V.m. art. 236-1 ff. AMF mit anschließendem *Squeeze-out* nach art. 237-1 ff. AMF, das bei einer Anteilskonzentration von 95 % durch den/die Mehrheitsaktionär(e) sowie die Minderheitsaktionäre initiiert werden kann[39]. Auch ohne *Squeeze-out* kann der Mehrheitsaktionär im Rahmen eines erfolgreichen öffentlichen Rückzugsangebots das *Delisting* beantragen[40]. Außerhalb dieser Fälle der Konzentration von 95 % der Anteile in den Händen eines Aktionärs oder einer Aktionärsgruppe enthält das französische Gesetz keine Regelungen zum freiwilligen *Delisting*. Lediglich nach Umwandlung einer *S.A.* in eine *société commandite par actions* (das französische Pendant zur KGaA), für die ein Hauptversammlungsbeschluss mit Zweidrittel-Mehrheit erforderlich ist, muss der Mehrheitsaktionär ein öffentliches Rückzugsangebots abgeben, in dem er sich ohne weitere Mehrheitserfordernisse einen späteren *Delisting*-Antrag vorbehalten kann (art. 236-5 AMF). In diesem Fall reicht also ein mit Zwei-

---

Guyon, Droit des affaires, Rn. 339; *Hübner/Constantinesco*, 222; *Sonnenberger/Autexier*, 195; *Fleischer* in Bayer/Habersack (Hrsg.), Aktienrecht im Wandel II, 430, 450.

35 Vgl. *Winkler*, 56.

36 Vgl. *Siems*, Konvergenz der Rechtssysteme, 217; *Wymeersch*, Working Paper 2001-04, Rn. 7; *Schindler*, 320; *Fanto*, 31 Cornell Int'l L. J. (1998), 31, 66.

37 Vgl. *Fleischer* in Bayer/Habersack (Hrsg.), Aktienrecht im Wandel II, 430, 452 unter Zusammenfassung einschlägiger Entscheidungen. So unterliegt nach CA Paris v. 14. März 1957, Gaz. Pal. 1957, II, 15 die Übertragung aller Bergbaulizenzen durch ein Bergbauunternehmen der Zustimmung der Hauptversammlung, nach CA Grenoble v. 31. Mai 1983, JCP 1984, II, 20177 die Übertragung der Anteilsmehrheit an einer Zeitung durch eine Holding, wenn die Beherrschung der Zeitung eigentlicher Unternehmensgegenstand der Holding ist und die Beteiligung den überragenden Teil am Gesellschaftsvermögen der Holding ausmacht. Grundsätzlich steht es der Geschäftsleitung aber frei, einen von mehreren Geschäftsbetrieben zu veräußern (und mit dem Erlös einen neuen Geschäftsbetrieb zu erwerben), solange die Geschäftstätigkeit dieselbe bleibt; vgl. Cass. com. v. 1. Februar 1994, Rev. sociétés 1994, 697 m. Anm. *Chaput*.

38 Vgl. CA Paris v. 7. Juni 1989, Rev. sociétés 1989, somm. 716; *Guyon*, Droit des affaires, 317; *Ohl*, 28.

39 Zum *Squeeze-out* nach französischem Recht siehe Kapitel 5 III.2.a)cc).

40 Vgl. *Krolop*, 67.

drittel-Mehrheit gefällter Hauptversammlungsbeschluss zum freiwilligen *Delisting* aus[41]. Im Übrigen ist die in den Vorgängernormen noch enthaltene Aufzählung einzelner Antragstatbestände nicht in das *règlement général* der *AMF* übernommen worden. Da nach art. L. 421-15 II. C.monét.fin. die *EURONEXT* als Börsenbetreiber (*entreprise de marché*) vorbehaltlich eines Widerspruchs der *AMF* im Rahmen der selbst gesetzten Marktregeln (*règles de marché*) über das *Delisting* entscheidet, hat sie einen Ermessenspielraum[42]. Leitbild bei der Ermessensausübung bleibt aber der gesetzlich vorgegebene Grundgedanke, dass ein vollständiges *Delisting* gegenüber den Minderheitsaktionären nur durch eine weit überwiegende Anteilskonzentration legitimiert wird, so dass ein Großaktionär grundsätzlich zunächst gehalten ist, im Wege eines öffentlichen Rückzugsangebots eine Beteiligungsquote von ca. 95 % zu erreichen[43]. Von dieser kann bei einem partiellen *Delisting* abgesehen werden, bei dem die Aktien auf einem anderen organisierten Markt handelbar bleiben[44].

c) *Grundsätzliche Kompetenzaufteilung in der* plc

Das britische Recht weist der Hauptversammlung explizit einige Befugnisse zu, während es die Kompetenzverteilung im Übrigen der Satzung überlässt[45]. Zu den zwingend in die Zuständigkeit der Hauptversammlung fallenden Materien gehören vor allem die Entscheidungen über Satzungsänderungen (ss. 21, 283 CA 2006), Kapitalmaßnahmen (ss. 551, 618, 620, 622, 641 CA 2006) inklusive des Ausschlusses des Bezugsrechts (ss. 570 f. CA 2006), die Bestellung des Abschlussprüfers (s. 489 (2) CA 2006), die Verschmelzung und Spaltung (ss. 907 (1), 922 (1) CA 2006) und die Auflösung der Gesellschaft (s. 84 Insolvency Act 1986)[46]. Daneben hat die Hauptversammlung Zustimmungsvorbehalte bei Insichgeschäften der Verwaltungsratsmitglieder sowie mit ihnen verbundener Personen mit der Gesellschaft (ss. 190 ff., 197 ff. CA 2006), bei nichtvertraglichen Abfindungen (s. 217 CA 2006), beim Abschluss von Arbeitsverträgen mit mehr als zwei Jahren Laufzeit (s. 188 CA 2006) und – bei Notierung an der *Official List* – bei Mitarbeiteraktienoptionsprogrammen und sonstigen langfristigen Anreizprogrammen für die Verwaltungsmitglieder (LR 9.4.1)[47]. Während die Hauptversammlungen börsennotierter Gesellschaften den Bericht zur Vergütung der Verwaltungsratsmitglieder (*directors' remuneration report*) zu genehmigen haben (s. 439 CA 2006), ist der Jahresabschluss

---

41 Für die Regulierung sonstiger Fälle eines kalten *Delisting* durch Strukturmaßnahmen vgl. Kapitel 9.

42 Vgl. art. P.1.4.1 ff. der Marktregeln der *EURONEXT Paris*; *Krolop*, 68 f.; zum Verfahren auch *de Vauplane/Bornet*, Rn. 491 ff.

43 Vgl. *Krolop*, 68; auch *Schwark*/Geiser, ZHR 161 (1997), 739, 750.

44 Vgl. *Krolop*, 69 unter Verweis auf den Widerruf der Notierung von *Torray Industries* am 1. April 2005, die die *EURONEXT* mit der fortbestehenden Notierung an der Tokyoter Börse begründete.

45 Vgl. Re Patent File Co. (1870) LR 6 Ch 83, 88; *Farrar/Hannigan*, 363; *Davies*, Gower's Company Law, 178; *Schmidt-Tiedemann*, 188; *Fleischer* in Bayer/Habersack (Hrsg.), Aktienrecht im Wandel II, 430, 452.

46 Die Hauptversammlungskompetenzen für Kapitalerhöhung und -herabsetzung sowie Spaltung und Verschmelzung sind europarechtlich vorgegeben, vgl. bereits in diesem Kapitel Fn. 5, 6.

47 Dazu unter III.1.c) und IV.1.d).

den Hauptversammlungen aller *plcs* qua Gesetz nur zur Einsicht vorzulegen (s. 437 CA 2006). In der Praxis sehen aber fast alle Satzungen die Feststellung des Jahresabschlusses durch die Hauptversammlung vor (wie dies auch lit. D.2.1 Combined Code empfiehlt)[48]. Ebenso hat sie in üblicherweise über die Verwendung des Bilanzgewinns zu entscheiden[49]. Auch die Bestellung der Verwaltungsratsmitglieder wird von den Mustersatzungen im Regelfall der Hauptversammlung zugewiesen (Art. 78 Table A, Art. 20 (a), 21 (2) Schedule 3). Daneben darf der Verwaltungsrat weitere Mitglieder berufen, deren Amtszeit dann mit der folgenden Hauptversammlung endet (Art. 79 Table A, Art. 20 (b), 21 (2) Schedule 3). Auch wenn spezielle Mitwirkungsrechte der Hauptversammlung weder gesetzlich noch in den Mustersatzungen vorgesehen sind, kann der Verwaltungsrat jede Art von Materie zwecks Genehmigung oder alleiniger Entscheidung an die Hauptversammlung verweisen[50]. Die Mustersatzungen ermächtigten die Hauptversammlung zudem dazu, den Verwaltungsratsmitgliedern mit Dreiviertel-Mehrheit Weisungen zu erteilen (Art. 70 Table A, Art. 4 (1) Schedule 3). Darüberhinaus sind die Gesellschafter nach *common law* befugt, die Gesellschaft durch einstimmige Entscheidung zu binden[51], was in der Praxis börsennotierter Gesellschaften aber nicht relevant ist.

Im Übrigen kann die Hauptversammlung jegliche Kompetenzen, die nicht satzungsmäßig dem Verwaltungsrat übertragen sind, ausüben[52]. Die dem Verwaltungsrat zugewiesenen Kompetenzen kann sie zudem durch satzungsändernden Beschluss auf sich zurückübertragen, hat also anders als die Hauptversammlungen der AG und der *S.A.* die Kompetenz-Kompetenz[53]. Die Führung der Geschäfte wird hierbei üblicherweise dem Verwaltungsrat übertragen (so Art. 70 Table A, Art. 3 Schedule 3), so dass die Hauptversammlung in aller Regel vom täglichen Geschäftsbetrieb ausgeschlossen ist[54]. Die Befugnisse der geschäftsführenden Verwaltungsratsmitglieder (*executive* oder *managing directors*) ergeben sich sodann allein aus ihrer Ermächtigung durch den Verwaltungsrat[55]. Dabei sind sie kraft ihrer Ernennung implizit zur Führung der zum gewöhnlichen Betrieb des Unternehmens gehörenden Geschäfte ermächtigt[56]. In Gesellschaften mit an der *Official List* börsennotierten Aktien besteht den *Listing Rules* zufolge auch bei nicht satzungsändernden wesentlichen Transaktionen einer gewissen Größe, sog. *class 1-transactions*, zum Schutz der Aktionäre ein Zustimmungsvorbehalt zugunsten der Hauptversamm-

---

48 Vgl. *Winkler*, 75; *Hannigan*, Annotated Guide, 442 sowie in Kapitel 5 unter II.1.c).

49 Vgl. *Mayson/French/Ryan*, 399 f.; *Morse*, Charlesworth's Company Law, 243; *Winkler*, 75; EU-Handbuch GR/*Hohloch*, Rn. 179.

50 Vgl. *Davies*, Gower's Company Law, 305; *Schmidt-Tiedemann*, 188.

51 Vgl. *Davies*, Gower's Company Law, 306, 334 ff. und die dort zusammengefasste Rechtsprechung.

52 Vgl. *Schmidt-Tiedemann*, 188; *Winkler*, 72; ausführlich *Davies*, Gower's Company Law, 299–303.

53 Vgl. *Rickford*, ECFR 2004, 391, 404; *Winkler*, 73 f.

54 Vgl. auch Howard Smith Ltd v Ampol Petroleum Ltd. (1974) AC 821, 837; *Siems*, Konvergenz der Rechtssysteme, 199.

55 Vgl. Harold holdsworth & Co. (Wakefield) Ltd. v Caddies (1955) 1 WLR 352; *Schmidt-Tiedemann*, 188.

56 Vgl. Freeman and Lockyer v Buckhurst Park Properties (Mangal) Ltd. & Anor (1964) 2 QB 480, 509; Hely-Hutchinson v Brayhead Ltd. & Anor (1968) 1 QB 549, 583; *Schmidt-Tiedemann*, 236 f.

lung, soweit die *UK Listing Authority* nicht einzelfallbezogen eine Ausnahme zulässt (LR 10.1.1, 10.5.1). Die Relevanz der Transaktion wird mittels eines Vergleichs des Gesellschaftsvermögens, des Umsatzes, des Gewinns und der Marktkapitalisierung der Gesellschaft mit diesen Zahlen des Transaktionsobjekts ermittelt. Sobald das Objekt hinsichtlich einer der Kennziffern 25 % erreicht, liegt eine *class 1-transaction* vor (LR 10.2.1 i.V.m. LR 10 Annex 1 G). Die *UK Listing Authority* kann von den Kennzahlen und dem Testverfahren abweichen, wenn die Umstände des Einzelfalls dies gebieten (LR 10 Annex 1 Ziff. 10). Als *class 1-transaction* werden auch *reverse takeovers* behandelt, d.h. Akquisitionen von Gesellschaften oder Vermögensgegenständen, bei denen eine der Finanzkennzahlen im Verhältnis zur betreffenden Kennzahl der Gesellschaft 100 % erreicht oder die eine grundlegende Änderung des Geschäfts, des Verwaltungsrats oder der Stimmrechtskontrolle der erwerbenden Gesellschaft bedeuteten (LR 10.2.2).

Schließlich bedarf der Rückzug von der *Official List* grundsätzlich eines mit Dreiviertel-Mehrheit gefassten zustimmenden Hauptversammlungsbeschlusses nach vorheriger frühzeitiger Information der Aktionäre durch ein *circular* mit von der *FSA* vorgegebenen Pflichtangaben (LR 5.2.4, 5.2.5 (2)). Auf einen solchen Beschluss kann unter anderem bei einem partiellen *Delisting* verzichtet werden, wenn die Aktien noch an einem anderen organisierten Markt in einem Mitgliedstaat des Europäischen Wirtschaftsraums zugelassen sind (LR 5.2.6). Ein spezielles Austrittsrecht der Minderheitsaktionäre gegen eine angemessene Abfindung ist nicht kodifiziert, so dass sie auf ihr Andienungsrecht nach ss. 938 ff. CA 2006 verwiesen sind[57]. Allerdings erfolgt ein *Delisting* in Großbritannien regelmäßig unter Umwandlung in eine *private company*, wofür der dissentierenden Minderheit ein gerichtliches Schutzverfahren zu Verfügung steht, in dessen Zuge auch die gerichtliche Zuerkennung eines Abfindungsanspruchs möglich ist[58]. Von daher haben die Vorschriften der *Listing Rules* den Charakter einer Auffangregelung für den Fall, dass ausnahmsweise keine Umwandlung in eine *private company* erfolgt[59].

2. Vorliegen von und Bedürfnis für Börsengesellschaftsrecht im Rahmen der grundsätzlichen Kompetenzaufteilung

Alle Jurisdiktionen teilen die Kompetenzen prinzipiell so auf, dass die Führung der täglichen Geschäfte aus Effizienzgründen dem Leitungsorgan obliegt, während Strukturmaßnahmen und generell Satzungsänderungen in die Zuständigkeit der Hauptversammlung fallen[60]. Dies gilt, trotz der ihr grundsätzlich gewährten Sat-

57 Zum Andienungsrecht vgl. Kapitel 5 unter III.2.a)dd).
58 Vgl. *Krolop*, 79; zu den Schutzvorkehrungen vgl. Kapitel 9 unter III.1.c) sowie *Davies*, Gower's Company Law, 124 ff.
59 Vgl. *Krolop*, 81.
60 Vgl. *Grundmann*, European Company Law, Rn. 428; *Rock/Kanda/Kraakman* in Kraakman u.a., Anatomy of Corporate Law, 131, 153; zur Effektivierung der Entscheidungsprozesse als Grundgedanke der Geschäftsführungskompetenz des zentralisierten Managements auch *Davies*, Gower's

zungsfreiheit, auch für die *plc* (in der Satzungs- und Strukturänderungen qua Gesetz der Hauptversammlung obliegen, während die Führung der täglichen Geschäfte satzungsmäßig in aller Regel dem Verwaltungsrat übertragen wird). Bestimmte regelmäßige Entscheidungen obliegen in allen Ländern trotz des Geschäftsleitungsmonopols der Verwaltung der Hauptversammlung, um eine durchgängige Kontrolle des Managements zu ermöglichen[61]. Dies gilt vor allem für die Entscheidungen über die Gewinnverwendung, die Bestellung der Unternehmensleitung und die Wahl der Abschlussprüfer, wobei allerdings bedeutende Unterschiede in der Ausgestaltung der einzelnen Rechte bestehen. So obliegt die Feststellung des Jahresabschlusses in der AG, anders als in der *S.A.* und üblicherweise in der *plc*, nicht der Hauptversammlung, sondern Vorstand und Aufsichtsrat[62]. Die Hauptversammlung der *plc* ist – anders als diejenige der monistischen *S.A.* – nicht zwingend und nach den Mustersatzungen nicht immer zur Berufung der Verwaltungsratsmitglieder zuständig. In der AG sowie der dualistischen *S.A.* beruft die Hauptversammlung lediglich die Mitglieder des Aufsichtsrats, der wiederum die Vorstandsmitglieder bestellt. Interventionen im Rahmen der laufenden Geschäfte sind der Hauptversammlung der AG (angesichts der aufgrund der zwingenden Kompetenzverteilung nur sehr begrenzt zulässigen satzungsmäßigen Einführung von Zustimmungsvorbehalten o.ä.) grundsätzlich nicht möglich, während der Hauptversammlung der *S.A.* weitergehende satzungsmäßige Genehmigungsvorbehalte eingeräumt werden können. Die Hauptversammlung der *plc* hat kein eigenes Entscheidungsrecht, kann dem Verwaltungsrat aber nach den Mustersatzungen mit Dreiviertel-Mehrheit Weisungen erteilen. Börsengesellschaftsrechtliche Besonderheiten finden sich im Rahmen der allgemeinen Kompetenzaufteilung in keiner der untersuchten Jurisdiktionen. Angesichts dessen, dass der der grundsätzlichen Kompetenzordnung zugrunde liegende Gedanke einer möglichst effizienten Geschäftsführung durch ein zentrales Management prinzipiell unabhängig von einer Börsennotierung der Gesellschaft Geltung beanspruchen kann, ist dies keine Überraschung. Anders liegt es für wesentliche Transaktionen, d.h. für „Holzmüller"-/„Gelatine"-ähnliche Fälle wesentlicher Änderungen der Unternehmensgrundlagen, für die die *Listing Rules* in Großbritannien mit der Hauptversammlungszuständigkeit bei *class 1-transactions* spezielles Gesellschaftsrecht für an der *Official List* notierte Aktiengesellschaften vorsehen (dazu unter a)). Zudem unterliegt der vollständige Rückzug von der Börse, das reguläre *Delisting*, in allen Jurisdiktionen besonderen Vorgaben zum Schutz der Minderheitsaktionäre (dazu unter b)).

Company Law, 370; *Ruffner*, 131; *Siems*, Konvergenz der Rechtssysteme, 199 f. m.w.N. in Fn. 25, 220. Ausführlich zum Umfang der Delegation der Befugnisse an die Geschäftsführung *Rock/Kanda/Kraakman* in Kraakman u.a., Anatomy of Corporate Law, 131 ff.

61 Vgl. auch *Siems*, Konvergenz der Rechtssysteme, 202 ff.

62 Zur Feststellung des Jahresabschlusses und Gewinnverwendung bereits Kapitel 5 unter II.2.

a) *Hauptversammlungszuständigkeiten bei wesentlicher Änderung der Sach- und Vermögenswerte*

Grundsätzlich sind Geschäftsführungsmaßnahmen, die die Sach- und Vermögenswerte der Gesellschaft tangieren, ohne die Struktur der Aktiengesellschaft oder ihre Satzung zu berühren, in allen untersuchten Rechtsordnungen nicht zustimmungspflichtig. Ausnahmen sehen die Jurisdiktionen für den Fall vor, dass eine Maßnahme so einschneidend auf die Gesellschaft wirkt, dass sie einer Satzungs- oder Strukturänderung bzw. einer Änderung des Gesellschaftsgegenstands oder einer Veräußerung des gesamten Vermögens gleichgestellt werden kann. Während nach der Rechtsprechung des BGH derartige Maßnahmen ab einer Wesentlichkeitsschwelle von ca. 80 % des Gesellschaftsvermögens (unabhängig von einer Börsennotierung) der Zustimmung durch Hauptversammlungsbeschluss mit Dreiviertel-Mehrheit bedürfen, belässt es das französische Recht bei börsennotierungsunabhängigen Einzelfallentscheidungen und der Kodexempfehlung an die Geschäftsleitung, Transaktionen von wesentlicher Bedeutung für das Gesellschaftsvermögen oder ihre Geschäftstätigkeit der Hauptversammlung vorzulegen (Ziff. 5.1 FCGK). Lediglich für Gesellschaften mit an der britischen *Official List* notierten Aktien besteht das besondere Regime der *Listing Rules* für *class 1-transactions*. Sobald das Transaktionsobjekt 25 % des Gesellschaftsvermögens, des Umsatzes, des Gewinns oder der Marktkapitalisierung der Gesellschaft erreicht, bedarf die Transaktion der Zustimmung der Hauptversammlung, soweit nicht eine behördliche Ausnahme erteilt wird. Grundlage der in den Rechtsordnungen anzutreffenden Differenzierungen ist das Bestreben, einerseits eine flexible und freie Geschäftsleitung zu ermöglichen, andererseits aber eine Umgehung der Hauptversammlungskompetenzen bei Satzungs- und Strukturänderungen durch materiell ähnlich wirkende, aber formal nicht zustimmungsbedürftige Geschäftsführungsmaßnahmen zu verhindern[63]. Insofern dient eine offene Regelung, die bei wesentlichen Änderungen die Zustimmung der Hauptversammlung verlangt, der besseren Kontrolle der Verwaltung[64]. Diese Kontrollmöglichkeit ist in der börsennotierten Publikumsgesellschaft angesichts des gerade dort besonders ausgeprägten Überwachungsprobleme und des im Vergleich zu nicht-börsennotierten Gesellschaften häufigeren Fehlens informeller Kontrolle durch unternehmerisch tätige Großaktionäre besonders sinnvoll. Ein solcher Schutz vor der Umgehung geschriebener Hauptversammlungskompetenzen ist aber, wie die nicht-börsennotierte Gesellschaften betreffenden französischen und deutschen Entscheidungen zeigen, auch ohne Börsennotierung erforderlich[65]. Der sonst regelmäßig gegen eine Beteiligung der Aktionäre bei Geschäftsführungsmaßnahmen sprechende Mangel an Sachverstand steht bei den erfassten wesentlichen Transaktionen nicht entgegen, da es sich bei ihnen angesichts ihrer Größe nicht um reine Managemententscheidungen, sondern auch um zur Beurteilung durch Aktionäre geeignete Investmententscheidungen handelt, bei denen die Ge-

63 Vgl. *Siems*, Konvergenz der Rechtssysteme, 218.
64 Vgl. *Siems*, Konvergenz der Rechtssysteme, 218.
65 Vgl. die Nachweise in diesem Kapitel in Fn. 3, 4, 37.

schäftsleitung gegenüber den Aktionären keinen wesentlichen Informationsvorsprung hat[66]. Fraglich bleibt allerdings, ob Zustimmungsvorbehalte nur – wie nach deutschem und französischen Recht – in den Ausnahmefällen „Holzmüller"-ähnlicher bzw. einer Änderung des Unternehmensgegenstandes oder Vermögensübertragung gleichkommender Sachverhalte oder bedeutend regelmäßiger bereits bei Überschreitung der 25 %-Schwelle der britischen *class 1-transactions* bestehen sollten. Maßgeblich ist eine Abwägung des durch einen Zustimmungsvorbehalt bewirkten Effizienzverlusts gegenüber der Geschäftsleitung durch eine informierte und flexible Verwaltung auf der einen Seite und der ohne Zustimmungsvorbehalt drohenden Umgehung von zwingenden Hauptversammlungskompetenzen zum Nachteil der Aktionäre auf der anderen Seite. Um den Effizienzverlust durch einen Zustimmungsvorbehalt einschätzen zu können, ist mit einzubeziehen, inwieweit die Aktionäre einzelne Transaktionen trotz eventueller Informationsdefizite gegenüber der Verwaltung adäquat bewerten können. Hierbei ist davon auszugehen, dass die Informationsdefizite schwinden, je bedeutender die Transaktion für die Gesellschaft wird, da sie sich damit nach und nach einer Entscheidung über den Charakter der Gesellschaft und damit über das Investment in die Gesellschaft an sich annähert[67]. Letztlich erfordert diese Abwägung über die Festlegung einer regelmäßigen Schwelle hinaus eine kontrollierende Beurteilung im Einzelfall. Eine solche ermöglichen die richterrechtlichen Grundsätze des deutschen Rechts, der einzelfallorientierte Pragmatismus der französischen Rechtsprechung und die *Listing Rules* in LR 10 Annex 1 Ziff. 10, so dass eine Entscheidung für eines der Modelle unterbleiben kann[68] (zumal sich in ihrem Rahmen keine börsengesellschaftsrechtlichen Sonderbedürfnisse ergeben).

b) Hauptversammlungskompetenz und Austrittsrecht beim regulären Delisting

Dass der Antrag auf Börsenzulassung in allen untersuchten Jurisdiktionen keiner Hauptversammlungszustimmung bedarf ist folgerichtig, da die Kapitalsammelfunktion der Aktiengesellschaft ohnehin einen Kapitalmarktbezug nahe legt[69]. Anders stellt sich die Interessenlage beim *Delisting* dar, bei dem den Aktionären die *exit*-Möglichkeit über den Kapitalmarkt genommen wird. Aus Unternehmenssicht können die Belastungen durch die besonderen Anforderungen an börsennotierte Gesellschaften (wie die Publizitäts- und sonstigen Zulassungsfolgepflichten und die im Zuge dieser Arbeit behandelten besonderen börsengesellschaftsrechtlichen Vorgaben) aus strategischen Gründen, aufgrund einer unbefriedigenden Kursentwicklung oder angesichts gewandelter Finanzierungsbedürfnisse die Vorteile einer Börsennotierung überwiegen[70]. Aus Sicht der (Minderheits-)Aktionäre bewirkt der

---

66 Vgl. *Davies*, Gower's Company Law, 299; *Fleischer* in Bayer/Habersack (Hrsg.), Aktienrecht im Wandel II, 430, 448; *Fleischer*, NJW 2004, 2335, 2336.
67 In diesem Sinne auch *Fleischer*, NJW 2004, 2335, 2336; *Davies*, Gower's Company Law, 299.
68 So im Ergebnis auch *Fleischer*, NJW 2004, 2335, 2339.
69 Vgl. *Siems*, Konvergenz der Rechtssysteme, 215.
70 Ausführlich zu den Motiven für ein Delisting *Pfüller/Anders*, NZG 2003, 459, 460 ff.; auch *Heidelbach* in Schwark (Hrsg.), § 38 BörsG Rn. 24; *Land/Hasselbach*, DB 2000, 557; *Streit*, ZIP 2002, 1279, 1280; *Richard/Weinheimer*, BB 1999, 1613, 1619 f.

Wegfall der Veräußerungsmöglichkeit über die Börse aber vor allem eine erhebliche Erschwerung der Beendigung ihres Investments, da das Finden eines Käufers ohne Börsennotierung mit wesentlich höheren Transaktionskosten verbunden ist[71]. Da diese Transaktionskosten eingepreist werden, hat das *Delisting* für sie beträchtliche negative Vermögensfolgen[72]. Dabei ist besonders zu berücksichtigen, dass ein zügiger *exit* für Minderheitsaktionäre mit geringer Beteiligung unter Umständen die einzige Möglichkeit sein wird, etwa bei einer als übermäßig empfundenen Thesaurierungspolitik der Gesellschaft ihren Anteil am Unternehmensgewinn zu realisieren[73]. Neben dem Fehlen eines Börsenkurses fallen die mit der Börsennotierung verbundenen besonderen Transparenzpflichten der Gesellschaft weg, was den Aktionären die Beurteilung der Lage des Unternehmens erschwert[74]. Schließlich entfällt weitestgehend die Kontrolle der Geschäftsleitung durch den Markt für Unternehmenskontrolle[75]. Aus diesen Faktoren entsteht ein erhöhter Schutzbedarf der Aktionäre börsennotierter Gesellschaften, dem über eine Hauptversammlungszuständigkeit sowie ergänzende Vermögenssicherungsrechte, d.h. Austrittsrechte gegen Abfindung, Rechnung getragen werden muss[76]. Dabei ist der Grundgedanke solcher Austrittsrechte, den Aktionären einen Anspruch auf den Preis ihrer Aktien vor der Bekanntgabe der das Austrittsrecht auslösenden Transaktion zu sichern[77]. Diesen sog. *pre-transaction standard* könnten die Aktionäre durch einen Verkauf ihrer Anteile nach Bekanntgabe der Maßnahme über den Kapitalmarkt nicht erlangen, da letzterer die bevorstehende Maßnahme bereits in den Aktienkurs eingepreist hat[78]. Da die Austrittsrechte einen zusätzlichen Schutz gegen die genannten Enteignungsrisiken gewähren, können sie Vorbehalte gegenüber einem Investment in börsennotierten Aktiengesellschaften abbauen, Risikoabschläge vermeiden und so die Gesellschaftsfinanzierung erleichtern[79].

---

71 Vgl. BGHZ 153, 47; *Heidelbach* in Schwark (Hrsg.), § 38 BörsG Rn. 26; *Krolop*, 17; *Kleindiek*, FS für Bezzenberger, 653, 655 f.; *Zetzsche*, NZG 2000, 1065, 1068. Die über den Freiverkehr oder das Internet bestehenden Verkaufsmöglichkeiten bieten keine Gewähr marktgerechter Preise; vgl. BGHZ 153, 47; *Heidelbach* in Schwark (Hrsg.), § 38 BörsG Rn. 26; *Hellwig/Bormann*, ZGR 2002, 465, 480. A.A. nunmehr angesichts der seit der Macrotron-Entscheidung gewandelten Gegebenheiten für das Freiverkehrssegment M:access der Münchner Börse OLG München, BB 2008, 1303, 1305 f. m. Anm. *Feldhaus*.

72 Vgl. *Hüffer*, § 119 Rn. 24; *Schwark*/Geiser, ZHR 161 (1997), 739, 762, die davon ausgehen, dass nach einem *Delisting* kaum mehr als der halbe Börsenpreis zu erzielen ist.

73 Vgl. *Vollmer/Grupp*, ZGR 1995, 459, 475.

74 Vgl. *Kümpel*, Bank- & Kapitalmarktrecht, Rn. 17.757 f.; *Heidelbach* in Schwark (Hrsg.), § 38 BörsG Rn. 26; *Krolop*, 18, überblicksartig zu den Transparenzpflichten dort 101 f., bei *Heidelbach*, a.a.O., und partiell auch oben in Kapitel 5 unter I.2.

75 In diesem Sinne auch *Krolop*, 18.

76 Vgl. *Siems*, Konvergenz der Rechtssysteme, 215; *Kalss/Burger/Eckert*, 370; *Lutter*, FS für Zöllner, 363, 381; *Mülbert*, ZHR 165 (2001), 104, 120 ff.; *Hellwig/Bormann*, ZGR 2002, 465 ff. Ausführlich zu Austrittsrechten bzw. *appraisal rights* aus rechtsökonomischer Sicht *Ruffner*, 195–210.

77 Vgl. *Ruffner*, 195; *Easterbrook/Fischel*, Economic Structure of Corporate Law, 145.

78 Vgl. *Ruffner*, 198; *Easterbrook/Fischel*, Economic Structure of Corporate Law, 149 ff.

79 Vgl. *Ruffner*, 196, 197; *Easterbrook/Fischel*, Economic Structure of Corporate Law, 145 f.; *Fischel*, Am.B.Found.Res.J. 1983, 875, 879.

Dementsprechend unterstellt das deutsche Recht nach den Grundsätzen der „Macrotron“-Entscheidung das vollständige *Delisting* einem mit einfacher Mehrheit zustimmenden Hauptversammlungsbeschluss und verpflichtet den Mehrheitsaktionär analog §§ 29, 207 UmwG zur Abgabe eines gerichtlich überprüfbaren Abfindungsangebots im Beschlussantrag. Vergleichbar verlangen die britischen *Listing Rules* einen mit Dreiviertel-Mehrheit gefassten Hauptversammlungsbeschluss, soweit den Aktionären nicht über eine Notierung der Aktien an einem anderen organisierten Markt des Europäischen Wirtschaftsraums (dessen hinreichende Liquidität unterstellt wird) eine *exit*-Möglichkeit verbleibt. Allerdings sieht das britische Recht für das reguläre *Delisting* keine besonderen Austrittsrechte vor, sondern belässt es insofern bei der frühzeitigen Information der Aktionäre und dem übernahmerechtlichen *Sell-out*-Recht aus ss. 983 ff. CA 2006. Das französische Recht lässt ein *Delisting* grundsätzlich nur bei Erreichung einer Beteiligungsschwelle von 95 % zu, bei der die Minderheitsaktionäre ein Andienungsrecht haben, stellt sich also noch rigider dar. Mittlerweile ist der zuständigen *EURONEXT Paris* im Einvernehmen mit der *AMF* aber ein Ermessensspielraum eröffnet worden, dessen praktische Ausnutzung abzuwarten ist. Eine Notierung an einem anderen organisierten Markt ist nach den *règles de marché* der *EURONEXT* im Rahmen der Entscheidung über ein partielles *Delisting* zugunsten des Emittenten zu berücksichtigen. Nach gefestigter Praxis ist für einen vollständigen Rückzug von der Börse stets ein öffentliches Rückzugsangebot notwendig, in dessen Rahmen die Minderheitsaktionäre ihre Beteiligung zu einem von der *AMF* gebilligten Preis an den Mehrheitsaktionär veräußern können[80].

Letztendlich gehen also alle untersuchten Rechtsordnungen für das vollständige *Delisting* von einer Hauptversammlungskompetenz und jedenfalls das deutsche und französische Recht von einem Austrittsrecht bzw. Pflichtangebot zu gerichtlich oder behördlich überprüfbaren Bedingungen aus. Das britische Recht kennt demgegenüber kein besonderes Austrittsrecht, so dass den Aktionären außerhalb von Formwechseln nur das übernahmerechtliche Andienungsrecht bei Erlangung einer Mehrheit von 90 % des Grundkapitals und 90 % der Stimmrechte, die Gegenstand des Angebots waren, bleibt. Bei einem *Delisting* ohne Übernahmeangebot sowie bei einem Mehrheitsbesitz zwischen der für den *Delisting*-Beschluss erforderlichen 75 % und 90 % sind die Minderheitsaktionäre daher nicht hinreichend gegen aus dem *Delisting* resultierende Vermögenseinbußen geschützt, da der drohende Fungibilitätsverlust durch das geplante *Delisting* in den Börsenkurs eingepreist wird und die Minderheitsaktionäre sich deshalb nur unter Verlusten von ihrem Investment trennen können. Im Interesse der Aktionärsminderheit (und damit letztlich zur Steigerung des Vertrauens in die Anlage in börsennotierten Gesellschaften) wäre die Einführung eines Abfindungsverfahrens nach deutschem oder französischem Vorbild zum *pre-transaction standard,* d.h. zu einem behördlich oder gerichtlich überprüfbaren Preis auf Grundlage des dem *Delisting*-Vorhabens vorangegangenen Börsen-

80 Vgl. *Krolop*, 69; zur entsprechenden Praxis des vormals zuständigen *Conseil des Bourses de Valeur* (*CBV*), der Vorvorgängerbehörde der *AMF*, vgl. *Schwark*/Geiser, ZHR 161 (1997), 739, 750.

kurses als Mindestpreis[81]. Rechtsvergleichend fällt im Übrigen das niedrige Mehrheitserfordernis des deutschen Rechts auf. Während der Rückzug von der Notierung an der *Official List* einen Hauptversammlungsbeschluss mit Dreiviertel-Mehrheit voraussetzt, muss der das reguläre *Delisting* einer *S.A.* initiierende Großaktionär (bzw. die Aktionärsgruppe) grundsätzlich eine Mehrheit von 95 % der Stimmen haben. Berücksichtigt man die Bedeutung der Fungibilität der Anteile für die Rechtsstellung der Aktionäre und die Stimmschwellen bei ähnlich auf die Mitgliedschaftsrechte der Aktionäre einwirkenden Maßnahmen wie Unternehmensverträgen, so verwundert, warum im deutschen Recht nicht entsprechend §§ 293 Abs. 1, 319 Abs. 2 AktG eine Mehrheit von drei Vierteln des bei der Beschlussfassung vertretenen Kapitals verlangt wird[82]. Für eine derartige Anhebung spricht auch die Überlegung, dass der durch das *Delisting* bewirkte Verlust der kontrollierenden Wirkung der Marktmechanismen hinreichender Legitimation durch die hiervon betroffenen Aktionäre bedarf[83]. Letztendlich kann nicht überzeugen, dass nach deutscher Rechtslage eine Minderheit von annähernd 50 % der Stimmrechte de facto zum Austritt aus der Gesellschaft gezwungen werden kann, wenn sie nicht durch einen Verbleib erhebliche Vermögenseinbußen riskieren will[84].

Schließlich ist mit dem weit überwiegenden deutschen Schrifttum[85] die Wahl des Referenzzeitraums für die Berechnung des als Untergrenze einer angemessenen Abfindung fungierenden Börsenkurses bis unmittelbar vor der Hauptversammlung zu kritisieren. Da das Austrittsrecht den *pre-transaction standard* vor der Bekanntgabe des *Delisting*-Vorhabens sichern soll, sollte für die Berechnung auf einen Zeitraum bis unmittelbar vor dieser Bekanntgabe abgestellt werden. Nur so kann verhindert werden, dass die nach der Bekanntgabe in den Börsenkurs eingepreisten nachteiligen Wirkungen der bevorstehenden *Delisting*-Entscheidung zulasten der dissentierenden Minderheitsaktionäre berücksichtigt werden (oder aber andererseits interessierte Kreise die Möglichkeit haben, nach Kenntniserlangung von der bevorstehenden Maßnahme die Kurse zulasten des Hauptaktionärs in die Höhe zu treiben[86]). Von daher ist zu hoffen, dass der BGH den Vorlagebeschluss des OLG Stuttgart vom 12. Februar 2007[87] nutzen wird, um den maßgeblichen Zeitpunkt seiner „Dreimonats“-Rechtsprechung von der Hauptversammlung auf die Bekanntgabe der gesellschaftsrechtlichen Maßnahme zu verschieben[88].

---

81 Ausführlich zur Preisbildung aus rechtsökonomischer Sicht *Ruffner*, 198 ff.
82 So auch *Spindler* in Schmidt/Lutter, § 119 Rn. 52 m.w.N.; MK/*Kubis*, § 119 Rn. 85; *K. Schmidt*, NZG 2003, 601, 603; *Kleindiek*, FS für Bezzenberger, 653, 663 f.; *Lutter*, FS für Zöllner, 363, 379 f.; *Zetzsche*, NZG 2000, 1065, 1066, 1068; *Hellwig*, ZGR 1999, 781, 799.
83 In diesem Sinne auch *Kleindiek*, FS für Bezzenberger, 653, 663.
84 Vgl. *Kleindiek*, FS für Bezzenberger, 653, 665.
85 Vgl. oben in diesem Kapitel Fn. 24.
86 Vgl. dazu die Schilderungen zu *Squeeze-out*-Sachverhalten bei *Wasmann*, BB 2007, 680, 681 sowie die Konstellation der Entscheidung BVerG BB 2007, 343, 344.
87 OLG Stuttgart, BB 2007, 682 = ZIP 2007, 530 = AG 2007, 209.
88 So auch *Wasmann*, BB 2007, 680, 682; im Ergebnis auch *Bayer*, Gutachten zum 67. DJT, E 106.

II. Abweichungen von der grundsätzlichen Kompetenzverteilung in Übernahmesituationen

1. Vorgaben der Übernahme-Richtlinie und Umsetzung in den untersuchten Jurisdiktionen

Im Fall von Übernahmeangeboten bezüglich Gesellschaften, deren stimmberechtigte Aktien zumindest teilweise an einem organisierten Markt eines Mitgliedstaats notiert sind, lassen alle Mitgliedstaaten entsprechend der Vorgaben der Übernahme-Richtlinie Einschränkungen der Befugnisse des Leitungsorgans zu. Gemäß der Richtlinie hat die Verwaltung der Zielgesellschaft während des Übernahmeverfahrens weiter im Gesellschaftsinteresse zu handeln und darf den Aktionären insbesondere nicht verwehren, das an sie gerichtete Übernahmeangebot selbst zu beurteilen (Art. 3 Abs. 1 lit. c)). Es ist der Verwaltung nach dem Vereitelungsverbot (auch als Neutralitätspflicht bezeichnet) untersagt, Übernahmeangebote ohne konkrete Ermächtigung der Hauptversammlung zu verhindern (Art. 9). Die Verwaltung darf allein ein konkurrierendes Angebot suchen (Art. 9 Abs. 2) und muss zwecks Ermöglichung einer informierten Entscheidung der Aktionäre eine Stellungnahme zum Angebot abgeben (Art. 9 Abs. 5)[89]. Funktional bewirkt das Vereitelungsverbot damit eine Verlagerung der Kompetenz zur Entscheidung über Abwehrmaßnahmen von der Verwaltung auf die Hauptversammlung[90]. Wie auch bei der Durchgriffsregel für übernahmehindernde Stimmrechtsgestaltungen und Übertragungsbeschränkungen[91] erlaubt die Übernahme-Richtlinie den Mitgliedstaaten jedoch, das Vereitelungsverbot nicht zwingend umzusetzen, wenn sie ihren Gesellschaften ermöglichen, sich ihm freiwillig zu unterwerfen (Art. 12). Ein *opt-out* des Mitgliedstaats ist also – wie auch im Rahmen der Durchbrechungsregel – nur möglich, wenn er zugleich ein *opt-in* seiner Gesellschaften zulässt. Ebenso können die Mitgliedstaaten ihren Gesellschaften auf zweiter Stufe ermöglichen, durch Hauptversammlungsbeschluss von der Anwendung des Vereitelungsverbots nach der Reziprozitätsregel abzusehen, wenn das Vereitelungsgebot beim Bieter nicht gilt (Art. 12 Abs. 3). Der Hauptversammlungsbeschluss zur Anwendung der Reziprozitätsregel darf frühestens 18 Monate vor der Bekanntgabe des Übernahmeangebots gefasst werden (Art. 12 Abs. 5).

Der deutsche Gesetzgeber hat den Gesellschaften insofern das Wahlrecht über die Anwendung des Vereitelungsverbots belassen (§§ 33, 33a WpÜG). Zwar geht § 33 Abs. 1 WpÜG von einer grundsätzlichen Neutralitätspflicht des Vorstands aus, relativiert diese aber umgehend in großem Maße. Grundsätzlich sind sowohl die Weiterführung bereits beschlossener (Abwehr-)Maßnahmen außerhalb des laufenden Geschäfts als auch die Ermächtigung der Verwaltung zu Abwehrmaßnahmen

89 Zur Bedeutung der Information der Aktionäre im Rahmen von Übernahmeangeboten vgl. *Davies/Hopt* in Kraakman u.a., Anatomy of Corporate Law, 157, 174–176.
90 Vgl. *Grundmann*, Europ. GR, Rn. 964.
91 Zur Durchgriffsregel siehe Kapitel 5 unter I.3. und III.1.

durch Vorratsbeschluss der Hauptversammlung mit einer Laufzeit von bis zu 18 Monaten und insbesondere die Genehmigung von Abwehrmaßnahmen des Vorstands durch den Aufsichtsrat zulässig (§ 33 Abs. 1 Satz 2, Abs. 2 WpÜG). Vor allem die Genehmigungsmöglichkeit durch den Aufsichtsrat weicht die Neutralitätspflicht angesichts des häufigen Interessengleichlaufs von Vorstand und jedenfalls der Anteilseignerbank im Aufsichtsrat weitgehend auf[92]. Die Gesellschaften können entsprechend der europarechtlich vorgegebenen Konzeption satzungsmäßig das Vereitelungsverbot einführen (§§ 33a WpÜG). Geschieht dies, kann die Hauptversammlung bei mangelnder Gegenseitigkeit auf Seiten der Bietergesellschaft entsprechend der Reziprozitätsregel die Nichtgeltung der Neutralitätspflicht beschließen (§ 33c WpÜG).

Die Leitungsorgane börsennotierter *sociétés anonymes* bedürfen hingegen für jegliche Maßnahmen zur Verhinderung der Übernahme außer der Suche nach weiteren Übernahmeangeboten der vorherigen Ermächtigung durch die Hauptversammlung (art. L. 233-32 (1) C.com.), das Vereitelungsverbot wurde also zwingend umgesetzt. Der französische Gesetzgeber hat allerdings hinsichtlich des Vereitelungsverbots die Reziprozitätsregel eingeführt, so dass die Hauptversammlung seine Nichtgeltung gegenüber Bietergesellschaften, die das Vereitelungsverbot nicht anwenden, beschließen kann (art. L. 233-33 C.com.)[93].

In Großbritannien wurde die Übernahme-Richtlinie in ss. 942 ff. CA 2006 sowie dem vom *Panel on Takeovers and Mergers*[94] nach s. 943 CA 2006 geschaffenen *City Code on Takeovers and Mergers* umgesetzt. Der *City Code* behält seinen vor Verabschiedung der Übernahme-Richtlinie bestehenden Anwendungsbereich bei, gilt also in überschießender Umsetzung der Richtlinie nicht nur für an organisierten Märkten notierte Gesellschaften, sondern für alle *public companies* sowie *private companies* in gewissen Konstellationen[95]. Den Geschäftsleitern sind nach der sog. *no-frustration-rule* jegliche Abwehrmaßnahmen ohne dahingehenden Hauptversammlungsbeschluss

---

92 Vgl. *Schanz*, NZG 2007, 927, 928; *Krause/Pötzsch* in Assmann/Pötzsch/Schneider, § 33 Rn. 54 m.w.N. in Fn. 2, 3; auch *Merkt/Binder*, BB 2006, 1285, 1288.

93 Vgl. *Freshfields Bruckhaus Deringer*, Implementation of the Takeover Directive, 4. Zur Frage der Europarechtskonformität der Einführung der Reziprozitätsregel bei gesetzlich zwingendem Vereitelungsverbot vgl. *Urbain-Parleani* in Baums/Cahn (Hrsg.), Umsetzung der Übernahme-Richtlinie, 3, 14 f.; *Rickford* in Baums/Cahn (Hrsg.), Umsetzung der Übernahme-Richtlinie, 60, 80–82; *Hopt*, D. 2007, 462, 464.

94 Das *Panel on Takeovers and Mergers* (wörtlich übersetzt: Gremium für Übernahmen und Fusionen) wurde 1968 zur Erstellung und Verwaltung des *City Code on Takeovers and Mergers* sowie zur Überwachung und Regulierung von Übernahmen und sonstigen unter den *Code* fallender Maßnahmen gegründet. Nach der Verabschiedung der Übernahme-Richtlinie wurden ihm gewisse regulatorische Kompetenzen zu deren Umsetzung übertragen (vgl. s. 943 (1) CA 2006). Überblicksartig zur Geschichte des *Panels* vgl. *Matthews*, Co. Law. 2007, 240; *Mayson/French/Ryan*, 221.

95 Vgl. die Einführung zum *City Code*, Ziff. 3.a); desw. *Alcock/Birds/Gale*, 298; auch Baum, RIW 2003, 421, 425; *Zinser*, RIW 2001, 481, 482. *Private Companies* werden erfasst, wenn sie in den letzten zehn Jahren zur *Official List* zugelassen waren, innerhalb dieses Zeitraums sonstwie für mindestens sechs Monate regelmäßig Preise für ihre Anteile veröffentlicht wurden, sie ihre Anteile öffentlich vermarktet haben oder einen Wertpapierprospekt veröffentlichen mussten; vgl. die Einführung zum *City Code*, Ziff. 3.a)ii).

untersagt (Regel 21 City Code), das Vereitelungsverbot wurde also verpflichtend umgesetzt. Die Einführung der Reziprozitätsregel wurde den Gesellschaften nicht ermöglicht[96].

2. Bewertung der Kompetenzverteilung in Übernahmesachverhalten

Wie die Durchbrechungsregel war auch das Vereitelungsverbot an die Geschäftsleitung ein zentraler Bestandteil des auf die Ermöglichung eines effektiven Marktes für Unternehmenskontrolle abzielenden ursprünglichen Konzepts der Übernahme-Richtlinie[97]. Das Vereitelungsverbot soll verhindern, dass die Verwaltungsmitglieder entgegen der Interessen der Gesellschafter Abwehrmaßnahmen ergreifen, um ihre Positionen (deren Verlust nach einer Übernahme zu erwarten ist) zu behalten oder Sonderabfindungszahlungen vom Bieter zu erlangen[98]. Hierfür verlagert es die Kompetenz zur Entscheidung über Abwehrmaßnahmen von der Verwaltung auf die Hauptversammlung. Wie bei der Durchbrechungsregel gestatteten die Interessengegensätze zwischen liberalen und protektionistischen Positionen im Rahmen der Verhandlungen zur Übernahme-Richtlinie aber letztendlich lediglich die Verabschiedung des zweistufigen Optionsmodells. Dieses gewährt den Mitgliedstaaten weitgehende Gestaltungsfreiheit, die jedenfalls der deutsche Gesetzgeber umfassend ausgenutzt hat, um die Befolgung der Neutralitätspflicht sowie die Anwendung der Reziprozitätsregel in das Ermessen der Gesellschaften zu stellen. Die Gegenposition bezieht das britische Recht mit seiner strikten Neutralitätspflicht und der Nichtanwendung der Reziprozitätsregel. Wie das britische Recht statuiert das französische Recht eine gesetzliche Neutralitätspflicht, ermöglicht den Gesellschaften allerdings die Anwendung der Reziprozitätsregel. So ergibt sich ein Bild divergierender Übernahmeregime, die der mit dem Richtlinienvorhaben ursprünglich beabsichtigten Entstehung eines europäischen Marktes für Unternehmensübernahmen entgegenstehen[99].

Ausgangspunkt der Bewertung der nationalen Lösungen auf ihre Allokationseffizienz ist der Umstand, dass die zur Abwehr ermächtigte Geschäftsleitung sich, da sie bei einem Übernahmeerfolg den Verlust ihres Arbeitsplatzes zu befürchten hat, in einem elementaren Interessenkonflikt befindet, der *agency costs* bewirkt[100]. Die

---

96 Vgl. *Freshfields Bruckhaus Deringer*, Implementing the Takeover Directive, 6.
97 Vgl. auch *Weber-Rey*, AG-Report 2007, 167, 168.
98 Vgl. *Urbain-Parleani* in Baums/Cahn (Hrsg.), Umsetzung der Übernahme-Richtlinie, 3, 7.
99 Vgl. auch *Merkt/Binder*, BB 2006, 1285, 1288.
100 Vgl. *Liekefett*, RIW 2004, 824, 834; *Mülbert/Birke*, WM 2001, 705, 709; *Krause/Pötzsch* in Assmann/Pötzsch/Schneider, § 33 Rn. 44; *Easterbrook/Fischel*, 94 Harv. L. Rev. (1981), 1161, 1174 ff., auch zu den folgenden Ausführungen; desw. *Grundmann* in Hopt u.a. (Hrsg.), Corporate Governance in Context, 421, 428 m.w.N.; *Merkt*, ZHR 165 (2001), 224, 233; *Schanz*, NZG 2007, 927; *Schmidt/Prigge*, DBW 62 (2003), 225, 232; *Davies/Hopt* in Kraakman u.a., Anatomy of Corporate Law, 157, 160 sowie die Nachweise bei *Hopt*, ZHR 166 (2002), 383, 424 in Fn. 198. Ausführliche Analyse der grundsätzlichen Ansätze zum Spielraum der Verwaltung bei Übernahmeangeboten (Neutralitätspflicht einerseits, freie Entscheidung der Verwaltung über die Annahme des Angebots nach dem Recht der meisten US-Bundesstaaten andererseits) bei *Davies/Hopt*, aaO., 163 ff.

nach deutschem Recht mögliche Ermächtigung zu Abwehrmaßnahmen sowie die nach deutschem und französischem Recht zulässige Einführung der Reziprozitätsregel durch Vorratsbeschlüsse vermögen diese Kosten nicht wesentlich zu relativieren, da die Beschlüsse einerseits mit Informationsdefiziten (wie der Unkenntnis des potentiellen Bieters und der konkreten Angebotsbedingungen) belastet sind und deshalb zu verzerrten Entscheidungen führen und andererseits nur schwierig rückgängig gemacht werden können[101]. Auch die Kontrolle des Vorstandshandelns durch ein Zustimmungserfordernis für Abwehrmaßnahmen durch den Aufsichtsrat, wie sie das WpÜG vorsieht, läuft aus Aktionärssicht fehl, da sich der Aufsichtsrat in Übernahmesituationen in einem vergleichbaren Interessenkonflikt wie der Vorstand befindet[102]. Vor allem aber ist der ökonomische Nutzen von Abwehrmaßnahmen generell fraglich[103]. Sind Abwehrmaßnahmen erfolgreich, so verhindern sie gesamtwirtschaftlich in aller Regel wertsteigernde Übernahmen[104]. Sind sie hingegen nicht erfolgreich, so erhöhen sie lediglich die Transaktionskosten, indem sie zu einer höheren Übernahmeprämie führen. Letztendlich verringern Abwehrmaßnahmen den Ertrag des Bieters und nehmen so Anreize für Unternehmensübernahmen. Damit bewirken sie einen Rückgang von Übernahmen und beeinträchtigen so deren allokationseffizienzerhöhende Wirkung und die Disziplinierung des Managements durch den Markt für Unternehmenskontrolle[105]. An der Börse kann dies zu Kursabschlägen führen und so die Kosten der Eigenkapitalfinanzierung erhöhen[106]. Für eine Zulassung von Verteidigungsmaßnahmen wird demgegenüber angeführt, dass sie der Geschäftsleitung dazu dienen können, zu niedrige Angebote abzuwehren, um die Gesellschaft einem nachfolgenden höheren Angebot zuzuführen und so die Allokationseffizienz zu steigern[107]. Angesichts des schwerwiegenden Interessenkonflikts, in dem sich die ablösungsgefährdeten Geschäftsleiter befinden, scheinen sie aber deutlich weniger geeignet zur Herbeiführung einer Wertmaximierung im Interesse der Aktionäre als prozedurale Regelungen zur Schaffung einer Auktionssituation, wie sie die Übernahme-Richtlinie in Art. 13 lit. c (der Vorschriften zur Regelung konkurrierender Angebote verlangt) vorsieht[108]. Wenn

---

101 Vgl. *Fleischer/Kalss*, 41 f.; *Krause/Pötzsch* in Assmann/Pötzsch/Schneider, § 33 Rn. 45.

102 Vgl. *Schmidt/Prigge*, DBW 62 (2003), 225, 232; *Hopt*, FS für Lutter, 1361, 1378, 1382.

103 Für ausführliche Diskussionen der ökonomischen Wirkungen von Abwehrmaßnahmen vgl. *Easterbrook/Fischel*, 94 Harv. L. Rev. (1981), 1161 ff.; *Liekefett*, RIW 2004, 824, 834 f.; *Mülbert/Birke*, WM 2001, 705, 709.

104 Vgl. *Mülbert/Birke*, WM 2001, 705, 709 sowie die dort, 707 f. und bei *Liekefett*, RIW 2004, 824, 825 geschilderten empirischen Studien zur Allokationseffizienz von Übernahmen; dazu auch die Nachweise bei *Davies/Hopt* in Kraakman u.a., Anatomy of Corporate Law, 157 in Fn. 2; desw. *Fleischer/Kalss*, 41.

105 Vgl. *Easterbrook/Fischel*, 94 Harv. L. Rev. (1981), 1161, 1176 f.; *Liekefett*, RIW 2004, 824, 834; *Mülbert/Birke*, WM 2001, 705, 709; *Fleischer/Kalss*, 41.

106 Vgl. *Liekefett*, RIW 2004, 824, 834 unter Verweis auf die Volkswagen AG; *Mülbert/Birke*, WM 2001, 705, 709.

107 Vgl. *Haddock/Macey/McChesney*, 73 Va. L. Rev. (1987), 701 ff.; *Wiese/Demisch*, DB 2001, 849, 850. Referierend zu weiteren Argumenten für Abwehrmaßnahmen der Geschäftsleitung *Liekefett*, RIW 2004, 824, 834 f.

108 Vgl. *Liekefett*, RIW 2004, 824, 834; *Mülbert/Birke*, WM 2001, 705, 712 f.; auch *Fleischer/Kalss*, 41; *Merkt*, ZHR 165 (2001), 224, 238. Grundlegend zur Förderung von Auktionen unter Effizienzgesichtspunkten 35 *Bebchuk*, Stan. L. Rev. (1982), 23 ff.; *Gilson*, Stan. L. Rev. (1982), 51 ff.; für eine die Suche nach konkurrierenden Angeboten nach der Richtlinie nicht als Vereitelungshandlung gilt (Art. 9 Abs. 2) und ausreichend lange Mindestangebotsfristen bestehen[109], hat die Geschäftsleitung hinreichenden Spielraum für die Herstellung einer Auktionssituation und bedarf hierfür keiner Abwehrmaßnahmen[110]. Auch das gegen die Neutralitätspflicht angeführte Argument, Abwehrmaßnahmen führten zu höheren Übernahmeprämien und gewährten so den Aktionären einen höheren Anteil am übernahmebedingten Effizienzgewinn[111], vermag nicht zu überzeugen. Zunächst steht schon nicht fest, dass alle Aktionäre an einer möglichst hohen Übernahmeprämie interessiert sind. So haben diversifiziert investierte Aktionäre, die Aktien der Bieter- und der Zielgesellschaft halten, kein Interesse an einer Übernahmeprämie, sondern lediglich an einer erfolgreichen, den kombinierten Wert beider Gesellschaften erhöhenden Übernahme[112]. Kosten für Abwehrmaßnahmen der Zielgesellschaft stellen sich dann als bloße Verschwendung dar[113]. Vor allem aber ermöglichen die beschriebenen auktionsfördernden Regelungen die Erzielung ebenso hoher Übernahmeprämien, vermeiden dabei aber die mit Abwehrmaßnahmen verbundenen *agency costs* und das Risiko eines Scheiterns der Übernahme[114]. *Stakeholder*-Interessen werden effizienter als durch das interessenkonfliktbelastete Management durch auf die Konfliktlagen abgestimmte Schutzgesetze gewahrt[115]. Zudem können Benachteiligungen von *Stakeholdern* empirisch ohnehin nicht als regelmäßige Folge von Übernahmen nachgewiesen werden, weshalb sie zur Rechtfertigung ökonomisch fragwürdiger Abwehrmaßnahmen der Verwaltung ausscheiden[116]. Nach alldem ist angesichts der Unterstützung der Suche alternativer Erwerber und der prozeduralen Förderung von Auktionssituationen durch die untersuchten Rechtsordnungen im Ergebnis eine verpflichtende Einführung der Neutralitätspflicht für börsennotierte Aktiengesellschaften ohne die Möglichkeit

---

völlige Passivitätspflicht *Easterbrook/Fischel*, 35 Stan. L. Rev. (1982), 1 ff. Zu den Modalitäten der Förderung von Auktionen *Davies/Hopt* in Kraakman u.a., Anatomy of Corporate Law, 157, 181–183.

109 Zu den Mindestangebotsfristen vgl. Art. 7 der Übernahme-Richtlinie (zwischen zwei und zehn Wochen mit Verlängerungsmöglichkeit), §§ 16, 21, 22 WpÜG (zwischen vier und zehn Wochen mit Verlängerungsmöglichkeit und insbesondere Anpassung der Frist an ein länger laufendes Konkurrenzangebot), art. 232-2, 232-10 AMF (25 bis 35 Tage mit Anpassung der Frist an Fristende eines späteren Konkurrenzangebots) sowie Regeln 31, 32.5 City Code (mindestens 21 Tage mit Verlängerungsmöglichkeit mit Organisation einer Auktion durch das *Takeover Panel* bei Angebotskonkurrenz).

110 Vgl. *Mülbert/Birke*, WM 2001, 705, 712; auch *Liekefett*, RIW 2004, 824, 834.

111 So *Haddock/Macey/McChesney*, 73 Va. L. Rev. (1987), 701, 702; *Wiese/Demisch*, DB 2001, 849, 850.

112 Vgl. *Easterbrook/Fischel*. Economic Structure of Corporate Law, 8; ausführlich *Mülbert/Birke*, WM 2001, 705, 711; auch *Liekefett*, RIW 2004, 824, 834.

113 Vgl. *Mülbert/Birke*, WM 2001, 705, 711; auch *Easterbrook/Fischel*, 94 Harv. L. Rev. (1981), 1161, 1175.

114 Vgl. *Liekefett*, RIW 2004, 824, 834; *Mülbert/Birke*, WM 2001, 705, 712 f.; *Fleischer/Kalss*, 41.

115 Vgl. *Liekefett*, RIW 2004, 824, 835 unter Verweis auf die einschlägigen Gläubiger- und Arbeitnehmerschutzregeln; *Mülbert/Birke*, WM 2001, 705, 715; *Merkt*, ZHR 165 (2001), 224, 239 ff.; ausführliche Kritik bei *Easterbrook/Fischel*, 94 Harv. L. Rev. (1981), 1161, 1190–1192.

116 Vgl. *Liekefett*, RIW 2004, 824, 835 unter Verweis auf die Studie von *Romano*, 9 Yale J. Reg. (1992), 119, 140; *Mülbert/Birke*, WM 2001, 705, 715.

der Anwendung der Reziprozitätsregel (wie durch das britische Recht) abwehrfreundlicheren Lösungen und insbesondere der weitgehenden Ermöglichung von Abwehrmaßnahmen durch das deutsche Recht vorzuziehen. Das ohne verpflichtende Umsetzung des Vereitelungsverbots bestehende Risiko, dass die Gesellschaften durch Vorratsbeschluss die Verwaltung zu Abwehrmaßnahmen ermächtigen oder die Reziprozitätsregel einführen und so ineffiziente Maßnahmen der Geschäftsleitung autorisieren, ist geeignet, das Anlegervertrauen in eine Unternehmensführung in ihrem Sinne zu unterminieren und so die Finanzierung über den Kapitalmarkt zu verteuern.

III. Regulierung von Transaktionen mit verbundenen Parteien/ Insichgeschäften

1. Rechtsvergleichender Überblick zur Regulierung von *related party transactions*

Der hier verwendete Begriff der Transaktionen mit verbundenen Parteien ist an die anglo-amerikanische Diskussion zu *related party transactions* angelehnt[117]. Erfasst werden Austauschverhältnisse zwischen der Gesellschaft und ihren Aktionären sowie ihren Verwaltungsmitgliedern. Im ersten Fall bestehen typischerweise Mehrheits-Minderheits-Konflikte, im zweiten stellen sich *Principal-Agent*-Probleme[118]. Aus europarechtlicher Sicht sind in diesem Zusammenhang Gesellschaften mit Wertpapiernotierung an einem organisierten Markt in der EU und Sitz in der Gemeinschaft nach IAS 24 i.V.m. Art. 4 der IFRS-Verordnung verpflichtet, nahe stehende Unternehmen und Personen und mit diesen getätigte Transaktionen im Konzernabschluss offen zu legen. „Nahestehende Unternehmen und Personen" sind nach der Definition der IAS 24.9 unter anderem solche, die direkt oder indirekt die Gesellschaft kontrollieren oder von dieser kontrolliert werden oder sonst wesentlichen Einfluss auf die Gesellschaft ausüben können, Verwaltungsmitglieder sowie den Genannten nahe stehende Personen. Mittlerweile haben auch andere Aktiengesellschaften Geschäfte der Gesellschaft mit nahestehenden Unternehmen und Personen, einschlielich Angaben zu deren Wertumfang, zur Art der Beziehung zu den nahestehenden Unternehmen und Personen sowie weitere Angaben zu den Geschäften, die für die Beurteilung der Finanzlage der Gesellschaft notwendig sind, im Lagebericht offen zu legen, sofern diese Geschäfte wesentliche Bedeutung haben und nicht zu marktüblichen Bedingungen zustande gekommen sind (Art. 43 Abs. 1

---

117 Zur Diskussion vgl. das *Related Party Transactions* betitelte Kapitel von *Hertig/Kanda* in Kraakman u.a., Anatomy of Corporate Law, 101 ff. sowie *McCahery/Vermeulen* in Hopt u.a. (Hrsg.), Corporate Governance in Context, 215 ff.

118 Vgl. *Fleischer*, ZGR-Sonderheft 17 (2006), 114, 116; *McCahery/Vermeulen* in Hopt u.a. (Hrsg.), Corporate Governance in Context, 215, 218; auch *Wackerbarth*, ZGR 2005, 686, 707 f., dem zufolge Insichgeschäfte zwischen der Gesellschaft und dem kontrollierenden Aktionär zulasten der Minderheit das Hauptproblem der Gesellschaft mit kontrollierenden Aktionären ist.

Nr. 7b der Bilanz-Richtlinie)[119]. Kleine und mittlere Gesellschaften i.S.v. Art. 27 der Richtlinie dürfen die Mitgliedstaaten von der Pflicht ausnehmen, Gesellschaften mit an organisierten Märkten notierten Wertpapieren also nicht (Art. 53a).

a) *Transaktionen mit verbundenen Parteien in der AG*

Eine einheitliche Regulierung von interessenkonfliktbehafteten Transaktionen oder *related party transactions* kennt das deutsche Aktienrecht nicht. Der Aufsichtsrat vertritt die Gesellschaft bei allen Rechtsgeschäften mit ihren Vorstandsmitgliedern, während die Gesellschaft interessierten Aufsichtsratsmitgliedern gegenüber durch den Vorstand und den Aufsichtsrat vertreten wird (§ 112 AktG). Eine satzungsmäßige Gestattung des Selbstkontrahierens durch den Vorstand scheitert an der zwingenden aktienrechtlichen Zuständigkeitsordnung[120]. Auch für eine Ausnahme von der Aufsichtsratskompetenz, etwa für im Rahmen der laufenden Geschäfte zu üblichen Bedingungen abgeschlossene Verträge mit Vorstandsmitgliedern oder im Wege einer Bagatellklausel, besteht nach h.M. kein Raum[121]. Zulässig ist aber ein Aufsichtsratsbeschluss, der die Angestellten der Gesellschaft zum Abschluss von Rechtsgeschäften des täglichen Lebens mit den Vorstandsmitgliedern ermächtigt[122]. Aus der Treuepflicht der Vorstandsmitglieder folgt ihre Pflicht, eine angemessene Kontrolle ihrer Tätigkeit zu ermöglichen, was insbesondere grundsätzlich die unverzügliche Offenlegung von Interessenkonflikten gegenüber den Vorstandskollegen und dem Aufsichtsrat erfordert[123]. Dementsprechend geht auch der DCGK davon aus, dass Vorstandsmitglieder den Aufsichtsrat über Interessenkonflikte informieren sollen (Ziff. 4.3.4 Satz 1 DCGK). Geschäfte zwischen der Gesellschaft einerseits und Vorstandsmitgliedern sowie diesen nahestehenden Personen andererseits sollen branchenüblichen Standards entsprechen (Ziff. 4.3.4 Satz 2 DCGK). Wesentliche Geschäfte sollen der Zustimmung des Aufsichtsrats bedürfen (Ziff. 4.3.4 Satz 3 DCGK). Umschrieben ist hiermit ein Kontrollstandard, demzufolge alle Eigengeschäfte des Vorstands mit der Gesellschaft fair und angemessen sein müssen[124]. Hätte die Gesellschaft das mit dem Vorstandsmitglied geschlossene Geschäft mit einem Dritten nicht zu denselben Bedingungen geschlossen (sog. *dealing at arm's length*), so liegt eine gerichtlich angreifbare Treuepflichtverletzung vor[125]. Auf-

---

119 Auch im Rahmen der Richtlinie gilt die Definition der „nahestehenden Unternehmen und Personen" nach IAS 24.9 (Art. 43 Abs. 1 Nr. 7b a.E. der 4. Gesellschaftsrechtlichen Richtlinie).

120 Vgl. *Fleischer*, WM 2003, 1045, 1052 m.w.N.; *Fleischer* in Fleischer (Hrsg.), Handbuch Vorstandsrecht, § 9 Rn. 21.

121 Vgl. *Hüffer*, § 112 Rn. 3; *Fleischer*, WM 2003, 1045, 1052; *Fleischer* in Fleischer (Hrsg.), Handbuch Vorstandsrecht, § 9 Rn. 21; a.A. *Wiedemann*, Organverantwortung, 19.

122 Vgl. *Geßler* in Geßler/Hefermehl, § 112 Rn. 11; *Fleischer*, WM 2003, 1045, 1052; *Fleischer* in Fleischer (Hrsg.), Handbuch Vorstandsrecht, § 9 Rn. 21 m.w.N.

123 Vgl. BGHZ 20, 239, 246; *Wiedemann*, Organverantwortung, 17–19 mit Schilderung der Rechtsprechung; KK/*Mertens*, § 93 Rn. 72; GK/*Hopt*, § 93 Rn. 185; Landwehrmann in Heidel (Hrsg.), § 93 AktG Rn. 35; *Enriques*, 2 Int. & Comp. Corp L. J. (2000), 297, 314.

124 Vgl. *Fleischer* in Fleischer (Hrsg.), Handbuch Vorstandsrecht, § 9 Rn. 22; GK/*Hopt*, § 93 Rn. 159; *Möllers* in Handbuch Corporate Governance, 405, 418.

125 Vgl. *Fleischer* in Fleischer (Hrsg.), Handbuch Vorstandsrecht, § 9 Rn. 22; *Fleischer*, WM 2003, 1045, 1052.

sichtsratsmitglieder spricht der Kodex lediglich insofern an, als sie den Aufsichtsrat allgemein über Interessenkonflikte informieren sollen (Ziff. 5.5.2 DCGK). Eine partielle Regelung konfliktbehafteter Transaktionen findet sich zudem in § 89 AktG, demzufolge eine Kreditgewährung durch die Gesellschaft an Mitglieder der Führungsebene der Gesellschaft (Vorstandsmitglieder, Prokuristen und Handlungsbevollmächtigte) und ihnen nahe stehende Personen nur aufgrund eines höchstens drei Monate im Voraus gefassten Aufsichtsratsbeschlusses, der sich auf bestimmte Kreditgeschäfte beziehen und deren Verzinsungs- und Rückzahlungsmodalitäten regeln muss, erfolgen darf[126]. Verstöße begründen eine Schadensersatzpflicht der verantwortlichen Organmitglieder aus §§ 93 Abs. 3 Nr. 8, 116 AktG sowie eine Pflicht zur sofortigen Rückgewähr des eingeräumten Kredits (§ 89 Abs. 5 AktG). Abgesehen von der Erstreckung des Zustimmungsvorbehalts auch auf Kreditvergaben an Ehegatten, Lebenspartner und minderjährige Kinder der Vorstandsmitglieder in § 89 Abs. 3 AktG bestehen keine Vorschriften, die explizit Sonderzuwendungen an nahe stehende Dritte erfassen. Die Rechtsprechung hat derartige Zuwendungen jedoch regelmäßig ohne nähere Begründung als Treuepflichtverstöße klassifiziert[127]. Soweit Verträge mit Aktionären zu unausgewogenen Vermögensverschiebungen führen, sind sie als verdeckte Gewinnausschüttung untersagt (§ 57 Abs. 1, 3 AktG). Bei verbundenen Unternehmen bestehen Ausgleichsansprüche der außenstehenden Aktionäre der abhängigen Gesellschaft bei Transaktionen zu deren Lasten (aus dem Beherrschungs- oder Gewinnabführungsvertrags i.V.m. § 304 AktG) bzw. ein Ausgleichsanspruch der abhängigen Gesellschaft im faktischen Konzern (§ 311 AktG)[128].

b) Transaktionen mit verbundenen Parteien in der S.A.

Im französischen Aktienrecht sind Geschäfte zwischen der Gesellschaft und Mitgliedern der Leitungsorgane oder Aktionären mit über 10 % der Stimmrechte – unabhängig von einer Börsennotierung – Gegenstand der detaillierten Regulierung der art. L. 225-38 ff., 225-86 ff. C.com.[129]. Ausreichend ist ein indirektes Interesse der genannten Personen an dem Geschäft (art. L. 225-38 (2), 225-86 (2) C.com.). Erfasst werden auch Geschäfte zwischen Gesellschaften, wenn ein Mitglied der Verwaltung der einen Gesellschaft Eigentümer, unbegrenzt haftender Gesellschafter, Geschäftsführer oder sonstiges Mitglied der Verwaltung der anderen Gesellschaft ist (art. L. 225-38 (3), 225-86 (3) C.com.), regelmäßig also auch Konzernverhältnisse.

---

126 Ausführlich zur Kreditgewährung an Vorstandsmitglieder *Fleischer* in Fleischer (Hrsg.), Handbuch Vorstandsrecht, § 9 Rn. 48 ff.; *Fleischer*, WM 2004, 1057 ff.

127 Vgl. BGH WM 1985, 1444; KG NZG 2001, 129; KG NZG 2001, 325, 326; OLG Düsseldorf GmbHR 1995, 227, 228; OLG Hamm BB 1997, 1062, 1063; überblicksartig *Fleischer*, WM 2003, 1045, 1057.

128 Angesichts des fehlenden Fallrechts zum Ausgleichsanspruch kritisch zu diesem *Hertig/Kanda* in Kraakman u.a., Anatomy of Corporate Law, 101, 125; *Forum Europaeum Corporate Law Group*, 1 EBOR (2000), 165, 204. Optimistischer *Hommelhoff*, 2 EBOR (2001), 61, 74, demzufolge das Fehlen jeglicher Rechtsprechung ein Zeichen des in der Praxis funktionierenden Minderheitenschutzes ist.

129 Vgl. ausführlich *Merle*, Rn. 398 ff.; *Cozian/Viandier/Deboissy*, Rn. 569 ff.; Überblick bei *Wendt*, 118 f.; *Storck*, ECFR 2004, 36, 48.

Der Abschluss bestimmter Insichgeschäfte mit Verwaltungsmitgliedern, die ein besonders hohes Risiko für das Gesellschaftsvermögen begründen wie die Gewährung von Darlehen, die Einräumung von Kreditlinien und die Übernahme von Bürgschaften, ist prinzipiell untersagt und wird mit der Nichtigkeit des Geschäfts sanktioniert (art. L. 225-43 (1), 225-91 (1) C.com.)[130].

Alle sonstigen Geschäfte zwischen der Gesellschaft und Verwaltungsmitgliedern oder Aktionären mit mehr als 10 % der Stimmrechte müssen das fünfstufige Kontrollverfahren für sog. *conventions réglementées* durchlaufen (art. L. 225-38 ff., 225-86 ff. C.com.). Ausgenommen sind im Rahmen der laufenden Geschäfte der Gesellschaft zu den üblichen Bedingungen abgeschlossene Verträge (art. L. 225-39 (1), 225-87 (1) C.com.), für die seit dem *Loi NRE* allerdings besondere Formvorgaben bestehen. Die Begünstigten dieser üblichen Geschäfte müssen seitdem den Vorsitzenden des Verwaltungsrats/Aufsichtsrats über die Transaktion informieren, solange diese nicht aufgrund ihres Gegenstandes oder ihrer geringen finanziellen Auswirkungen für keine der Parteien von Bedeutung ist (art. L. 225-39 (2), 225-87 (2) C.com.). Der Verwaltungsrats-/Aufsichtsratsvorsitzende berichtet dem Verwaltungsrat/Aufsichtsrat und den Abschlussprüfern über Inhalt und Beteiligte der Geschäfte (art. L. 225-39 (2), 225-87 (2) C.com.). Aktionäre können verlangen, über die Gesamtheit der zu den üblichen Bedingungen im Rahmen der laufenden Geschäfte durchgeführten Transaktionen informiert zu werden (art. L. 225-115 n° 6 C.com.), eine Formalität, die angesichts der großen Zahl solcher Vereinbarungen als zu aufwendig kritisiert wird[131]. Das außerhalb dieser gewöhnlichen Transaktionen im Rahmen des üblichen Geschäftsgangs einschlägige Genehmigungsverfahren für *conventions réglementées* läuft wie folgt ab: (1) Zunächst ist der an dem Geschäft Interessierte verpflichtet, den Verwaltungsrat bzw. Aufsichtsrat über das beabsichtigte Geschäft zu informieren (art. L. 225-40 (1), 225-88 (1) C.com.). (2) Dem Verwaltungsrat/Aufsichtsrat obliegt sodann die Entscheidung über die Einwilligung zu dem angesonnenen Geschäft (art. L. 225-38 (1), 225-86 (1) C.com.). Ist der Begünstigte Mitglied des entscheidenden Organs, darf er an der Beschlussfassung nicht teilnehmen (art. L. 225-40 (1), 225-88 (1) C.com.). Ein ohne vorherige Zustimmung des Verwaltungsrats/Aufsichtsrats abgeschlossenes Geschäft kann innerhalb von drei Jahren annulliert werden, wenn es für die Gesellschaft schädliche Folgen gehabt hat. Daneben kann der Begünstigte schadensersatzpflichtig sein (art. L. 225-42 (1), 225-90 (1) C.com.). Die Anfechtbarkeit kann durch einen Hauptversammlungsbeschluss nach Sonderbericht der Abschlussprüfer über die Gründe der Nichtbefolgung der Zu-

130 Gestattet sind derartige Geschäft nur, wenn es sich bei dem begünstigten Verwaltungsmitglied um eine juristische Person handelt (art. L. 225-43 (1), 225-91 (1) C.com.) sowie wenn die den Kredit gewährende oder die Sicherheit bestellende Gesellschaft ein Finanzunternehmen ist und es sich bei dem Geschäft um ein gewöhnliches zu den üblichen Konditionen handelt (art. L. 225-43 (3), 225-91 (3) C.com.). Geschäfte mit juristischen Personen als begünstigtem Verwaltungsratsmitglied unterfallen jedoch der sogleich zu schildernden Kontrollprozedur für *conventions réglementées*, vgl. *Merle*, Rn. 400; *Cozian/Viandier/Deboissy*, Rn. 572; auch *Fleischer*, WM 2004, 1057, 1059.

131 Vgl. *Storck*, ECFR 2004, 36, 48; *Bureau*, Bull. Joly 2001, 553, 583; *Malecki*, D. 2004, 43, 47.

stimmungsvorschriften geheilt werden (art. L. 225-42 (3), 225-90 (3) C.com.). (3) Innerhalb eines Monats nach der Zustimmung durch den Verwaltungs-/Aufsichtsrat hat der Präsident des Gremiums dem Abschlussprüfer über alle in dem Monat genehmigten Geschäfte zu berichten (art. L. 225-40 (2) i.V.m. R. 225-20 (1), L. 225-88 (2) i.V.m. R. 225-57 (1) C.com.). (4) Der Abschlussprüfer erstellt sodann für die Hauptversammlung einen Sonderbericht über die genehmigten Geschäfte des Geschäftsjahres (art. L. 225-40 (3), 225-88 (3) C.com.)[132]. (5) Über diesen beschließt die Hauptversammlung (ohne Beteiligung der Begünstigten, art. L. 225-40 (2)–(4), 225-88 (2)–(4) C.com.). Die Verweigerung der Zustimmung führt außerhalb von Betrugsfällen nicht zur Nichtigkeit der betroffenen Geschäfte (art. L. 225-41 (1), 225-89 (2) C.com.), da diese Sanktion angesichts der Beschlussfassung lange Zeit nach Vertragsschluss und häufig auch nach Durchführung des Geschäfts vom Gesetzgeber als unbillig empfunden wurde[133]. Stattdessen wird eine abgelehnte Vereinbarung dem Verwaltungsrat/Aufsichtsrat und den betroffenen begünstigten Personen zur Korrektur bzw. Anpassung an die Bedenken der Hauptversammlung vorgelegt, während die aus einer abgelehnten Vereinbarung entstandenen Nachteile von den Begünstigten und den verantwortlichen Verwaltungsrats-/Aufsichtsratsmitgliedern zu ersetzen sind (art. L. 225-41 (2), 225-89 (2) C.com.).

Französische Praktiker und das Schrifttum kritisieren das Verfahren der *conventions réglementées* angesichts seiner Komplexität, seiner Kosten- und Zeitintensivität und der nur unpräzise auf die Genehmigung oder Ablehnung aller Geschäfte innerhalb eines bestimmten Zeitraums beschränkten Kontrollkompetenzen der Hauptversammlung[134]. Dem Verfahren wird ein Maximum an Komplexität bei einem Minimum an Effizienz vorgeworfen[135]. Insbesondere wird eine Kontrolle sowohl durch den Verwaltungsrat/Aufsichtsrat als auch durch die Hauptversammlung für überflüssig gehalten[136]. Dies gelte umso mehr, als sich die Sonderberichte der Abschlussprüfer in der Praxis auf den gesetzlichen Mindestgehalt beschränkten, so dass zwischen ihnen und der den Aktionären bei gewöhnlichen Geschäften im Rahmen der normalen Geschäftstätigkeit vorzulegenden Liste dieser Geschäfte faktisch kaum ein Unterschied bestehe. Dementsprechend fehlten der Hauptversammlung regelmäßig die Grundlagen einer informierten Kontrollentscheidung[137]. Angesichts der geringen Kontrolldichte durch die Hauptversammlung einerseits und des mit ihrer Einschaltung und derjenigen der Abschlussprüfer andererseits verbundenen Aufwands wird eine Kontrolle jeglicher interessenkonfliktverdächtiger Maßnahmen

132 Zu den Einzelheiten des Berichts vgl. art. R. 225-31, 225-58 C.com.; Überblick bei *Merle*, Rn. 400.
133 Vgl. *Merle*, Rn. 400.
134 Vgl. die Schilderung der Kritikpunkte der französischen Industrie- und Arbeitgeberverbände *AFEP* und *MEDEF* und der Kapitalgesellschaftsvereinigung *ANSA* sowie der Pariser Industrie- und Handelskammer *CCIP* bei *Malecki*, D. 2004, 43 ff.; desw. *AFEP/ANSA/MEDEF*, 27 ff., 36 ff.; *CCIP*, Bericht des Rechtsausschusses, 30 ff.
135 Vgl. *Vatinet*, Rev. soc. 2001, 561, 563; in diesem Sinne auch *Le Cannu*, Bull. Joly 2001, 722, 729.
136 Vgl. *Vatinet*, Rev. soc. 2001, 561, 564.
137 Vgl. *Vatinet*, Rev. soc. 2001, 561, 565.

allein durch den Verwaltungsrat/Aufsichtsrat vorgezogen[138]. Im Übrigen wird vorgeschlagen, die Stimmrechtsschwelle für die Anwendung der Kontrollvorschriften bei Geschäften mit Aktionären der Gesellschaft für börsennotierte und nicht-börsennotierte Gesellschaften differenziert zu regeln, da in börsennotierten Gesellschaften auch schon weniger als 10 % der Stimmrechte zur Ausübung von Kontrolle ausreichen könnten[139].

c) *Transaktionen mit verbundenen Parteien in der* plc

Anders als das französische Aktienrecht kennt das britische keine umfassende Regulierung von *related party transactions*. Das bei sonstigen Interessenkonflikten der Verwaltungsratsmitglieder einschlägige Genehmigungserfordernis zugunsten des satzungsmäßig ermächtigten Verwaltungsrats oder der ansonsten zuständigen Hauptversammlung aus s. 175 CA 2006 findet auf Transaktionen mit der Gesellschaft keine Anwendung (s. 175 (3) CA 2006). Stattdessen bestehen Offenlegungspflichten, denen zufolge Verwaltungsmitglieder dem Verwaltungsrat Art und Umfang direkter oder indirekter persönlicher Interessen an einem bevorstehenden oder bereits abgeschlossenen Geschäft der Gesellschaft zu offenbaren haben, soweit ein Interessenkonflikt nicht vernünftigerweise ausgeschlossen ist (ss. 177, 182 CA 2006). Die interessierten Verwaltungsratsmitglieder sind nach den Mustersatzungen grundsätzlich von der Mitwirkung an der Beschlussfassung des Verwaltungsrats über die Transaktion ausgeschlossen (Art. 94 Table A, Art. 13 (3), 16 Schedule 3)[140]. Während die Verletzung der Offenlegungspflichten hinsichtlich bereits abgeschlossener Transaktionen strafbewährt ist (s. 183 CA 2006), wird eine nicht pflichtgemäße Offenlegung der Interessen hinsichtlich bevorstehender Geschäfte nach dem *common law* sanktioniert (ss. 177, 178 (1) CA 2006), d.h. das Verwaltungsratsmitglied hat der Gesellschaft die erlangten Vorteile zurückzuerstatten[141].

Über die Offenlegungspflichten hinaus der Zustimmung der Hauptversammlung bedürfen bedeutende Eigentumsübertragungen (*substantial property transactions*) von oder an Verwaltungsratsmitglieder und mit diesen verbundene Personen (ss. 190–196 CA 2006)[142] sowie die bis zur Gesellschaftsrechtsreform 2006 grund-

---

138 Vgl. *Vatinet*, Rev. soc. 2001, 561, 565.
139 Vgl. *Malecki*, D. 2004, 43, 44.
140 Hierzu auch *Mayson/French/Ryan*, 479.
141 Überblicksartig zu den Sanktionen nach *common law Mayson/French/Ryan*, 484–486.
142 Die Übertragung erheblicher Eigentumsbestandteile der Gesellschaft an Verwaltungsratsmitglieder und ihnen nahestehende Personen wurde 1980 einem Zustimmungsvorbehalt der Hauptversammlung unterstellt, nachdem sie sich in mehreren Untersuchungen des britischen Wirtschaftsministeriums (*Department of Trade and Industry, DTI*) als anfällig für Unterbewertungen zulasten der Gesellschaft, ihrer Aktionäre und Gläubiger (sowie sonstiger *Stakeholder*) erwiesen hatten; vgl. *Davies*, Gower's Company Law, 405. Mangels eines abstrakten Interessenkonflikts sind Vermögensübertragungen unter hundertprozentigen Konzernunternehmen, an die Verwaltungsratsmitglieder in der Insolvenz der Gesellschaft sowie unter Einsatz eines Investmentbrokers über behördlich anerkannte Börsen von der Zustimmungsbedürftigkeit ausgenommen (ss. 192–194 CA 2006). Ansonsten liegt die Schwelle für die Zustimmungsbedürftigkeit bei einem Wert des zu übertragenden Vermögensbestandteils von mehr als 100.000 £ oder mehr als 10 % des Gesellschaftsvermögens und zugleich über 5.000 £ (s. 191 (2) CA 2006). Durch die Vorlage an die Haupt-

sätzlich verbotenen Darlehen, Garantien und Sicherheitenbestellungen zugunsten dieses Personenkreises und vergleichbare Geschäfte (ss. 197–214 CA 2006)[143]. Verbundene Personen sind vor allem Familienmitglieder, Gesellschaften, an denen das Verwaltungsmitglied wesentlich beteiligt ist, und Geschäftspartner des Verwaltungsratsmitglieds (ss. 252 ff. CA 2006). Verstöße gegen das Zustimmungserfordernis führen zur Anfechtbarkeit des Geschäfts durch die Gesellschaft (ss. 195 (2), 213 (2) CA 2006). Daneben haben alle am Geschäft unmittelbar und mittelbar Beteiligten und insbesondere alle Verwaltungsmitglieder, die das Geschäft autorisiert haben, ihre direkten und indirekten Gewinne der Gesellschaft herauszugeben und haften dieser auf Schadensersatz (ss. 195 (3), (4), 213 (3), (4) CA 2006). Eine Anfechtung scheidet aus, wenn die Transaktion nicht mehr rückgängig gemacht werden kann, die Gesellschaft entschädigt wurde, die Rückabwicklung die Rechte gutgläubiger Dritter beeinträchtigte (ss. 195 (2), 213 (2) CA 2006) oder das Geschäft innerhalb eines akzeptablen Zeitrahmens nachträglich von der Hauptversammlung genehmigt wurde (ss. 196, 214 CA 2006)[144].

Während die am Geschäft interessierten Verwaltungsratsmitglieder grundsätzlich, soweit sie stimmberechtigte Aktionäre der Gesellschaft sind, beim Hauptversammlungsbeschluss über die Zustimmung zum Geschäft mit abstimmen dürfen, ist ihnen dies – wie interessierten Großaktionären – in an der *Official List* notierten Gesellschaften unter dem *Related Party Transactions*-Regime der *Listing Rules* untersagt (LR 11.1.7 (4)). Diesem zufolge müssen Gesellschaften mit an der *Official List* börsennotierte Aktien zudem jegliche Transaktion (und nicht nur wesentliche Eigentumsübertragungen und Kreditgeschäfte) mit *related parties* gegenüber der Börse und den Aktionären der Gesellschaft offen legen (LR 11.1.1, 11.1.7. (1), (2)) und vor allem durch die Hauptversammlung genehmigen lassen (LR 11.1.7. (3))[145]. Dabei hat die Gesellschaft die Zustimmung entweder vor Abschluss des Geschäfts einzuholen oder, soweit das Geschäft bei Abschluss der Bedingung der Genehmigung durch die Hauptversammlung unterworfen wird, vor seiner Durchführung (LR 11.1.7 (3)), so

---

versammlung soll erreicht werden, dass der Verwaltungsrat das Geschäft gründlicher bewertet und so zu einer möglichst objektiven Entscheidung gelangt, ohne das in das Geschäft involvierte Verwaltungsratsmitglied zulasten der Gesellschaft zu begünstigen; vgl. British Racing Driver's Club Ltd v. Hextall Erskine & Co (a firm) (1996) 3 All ER 667, 681 f.; *Davies*, Gower's Company Law, 406; *Mayson/French/Ryan*, 481 f.

143 Überblicksartig hierzu *Mayson/French/Ryan*, 481–483. Ausgenommen vom Zustimmungserfordernis sind unter anderem Kleinkredite bis 10.000 £, Finanzgeschäfte innerhalb von Unternehmensgruppen, im Rahmen der üblichen Geschäftstätigkeit vorgenommene Transaktionen; vgl. ss. 204–209 CA 2006. Zur Rechtslage vor dem CA 2006 vgl. *Fleischer*, WM 2004, 1057, 1058 f.

144 Geschäfte der Gesellschaft mit Verwaltungsratsmitgliedern oder mit ihnen verbundenen Personen können überdies stets von der Gesellschaft annulliert werden, wenn auf Seiten der Gesellschaft ein Verwaltungsratsmitglied unter Überschreitung seiner im Innenverhältnis beschränkten Vertretungsmacht aufgetreten ist (s. 41 CA 2006). Daneben sind die beteiligten Verwaltungsratsmitglieder und verbundenen Personen verpflichtet, der Gesellschaft jegliche Gewinne aus der Transaktion auszukehren und aus der Transaktion resultierende Schäden auszugleichen (s. 41 (3) CA 2006). Andere Personen als die Verwaltungsratsmitglieder und die mit ihnen Verbundenen bleiben durch s. 40 CA 2006 geschützt, d.h. die Transaktion ist außerhalb von Bösgläubigkeit ihnen gegenüber wirksam.

145 Zum Inhalt der erforderlichen Information vgl. LR 11.1.7 (2) i.V.m. LR 13.3, 13.6.

dass es noch verhindert werden kann. Die *related party* und mit dieser verbundene Personen sind von der Beschlussfassung auszuschließen (LR 11.1.7 (4)). Gemäß LR 11.1.9. gelten die Bestimmungen auch für die Änderung oder Novation von Geschäften mit *related parties*, und auch, wenn diese zum Zeitpunkt des Ausgangsgeschäfts noch keine Verbindung zur Gesellschaft hatten. *Related parties* sind zum einen Aktionäre, die aktuell oder während der letzten zwölf Monate vor dem Geschäftsabschluss eine wesentliche Beteiligung von mindestens 10 % der Stimmrechte an der Gesellschaft halten bzw. hielten (*substantial shareholders*), zum anderen Personen, die Verwaltungsratsmitglieder der Gesellschaft oder einer Konzerngesellschaft sind oder dies während der letzten zwölf Monate vor der Transaktion waren und schließlich mit solchen Großaktionären oder Verwaltungsmitgliedern verbundene Personen (*associates*, LR 11.1.4[146]). Auch Geschäfte der Gesellschaft mit Dritten, die einer *related party* zugute kommen, werden erfasst (LR 11.1.2). Ausgenommen vom *related party transaction*-Regime sind Geschäfte im Rahmen der laufenden Geschäfte der Gesellschaft, Transaktionen geringen Umfangs (*small transactions*, LR 11.1.6 (1) i.V.m. LR 11 Annex 1 R) und solche, die anderweitig reguliert sind und deshalb von den *Listing Rules* ausgespart werden[147]. *Small transactions* sind solche, deren Umfang im Verhältnis zum Gesellschaftsvermögen, Umsatz, Gewinn und der Marktkapitalisierung der Gesellschaft jeweils nicht mehr als 0,25 % beträgt (LR 11 Annex 1 R, Abs. 1). Auf mittelgroße Transaktionen (*smaller related party transactions*), deren Umfang hinsichtlich keines der Parameter im Verhältnis zur Gesellschaft 5 % übersteigt, aber bezüglich eines oder mehrerer der Parameter mehr als 0,25 % beträgt (so dass sie nicht dem *small transactions*-Regime unterfallen), findet LR 11.1.7 keine Anwendung (LR 11.1.10), eine Genehmigung durch die Hauptversammlung ist also entbehrlich. Stattdessen hat die Gesellschaft die *FSA* vor Abschluss des angesonnenen Geschäfts über dessen Bedingungen zu informieren und ihr die Veröffentlichung der Bedingungen im nächsten Jahresabschluss zuzusichern (LR 11.1.10 (2)(a), (c)). Dabei hat die Gesellschaft der *FSA* die schriftliche Bestätigung eines unabhängigen Sachverständigen vorzulegen, dass die Bedingungen des Geschäfts sich im Hinblick auf ihre Aktionäre als angemessen und vernünftig darstellen (LR 11.1.10 (2)(b)). Für die Berechnung der für die Einordnung als *small*, *smaller* oder übliche *related party transaction* maßgeblichen Größenparameter werden die innerhalb von 12 Monaten getätigten Transaktionen mit einer verbundenen Partei und ihren *associates* akkumuliert (LR 11.1.11). Die Transaktion, die in der Addition mit den vorausgegangenen hinsichtlich eines der Größenparameter das Verhältnis von 0,25 % bzw. 5 % zur Unternehmensgröße übersteigt, unterfällt sodann dem Regime

146 Nach dem Glossar der *Listing Rules* sind unter anderem die Ehepartner bzw. Lebenspartner und Kinder der interessierten Person sowie von dieser Personengruppe beherrschte Gesellschaften *associates* der mit der Gesellschaft verbundenen Person. Handelt es sich bei der verbundenen Person um eine Gesellschaft, so gelten alle Konzerngesellschaften als *associates*.

147 Vgl. dazu LR 11 Annex 1 R, Abs. 2–10. Es handelt sich insbesondere um Aktienoptionsprogramme und Langzeitanreizsysteme für Arbeitnehmer, Kredite zu geschäftsüblichen Bedingungen sowie Entschädigungen und Versicherungszahlungen im Einklang mit den Vorschriften des CA 2006. Die diesbezüglichen Regelungen werden im anschließenden Abschnitt zur Regulierung der Vergütung der Verwaltungsmitglieder untersucht.

der *smaller related party transactions* nach LR 11.1.10 (über 0,25 %) bzw. der regulären *related party transactions* nach LR 11.1.7 (über 5 %).

Ein Verstoß gegen die Vorgaben der *Listing Rules* (auch gegen das Erfordernis der Hauptversammlungszustimmung nach LR 11.1.7 (3)) tangiert die Wirksamkeit der Transaktion im Außenverhältnis nicht, sondern kann nur mit den von den *Listing Rules* vorgesehenen Sanktionsmechanismen sowie durch die allgemeinen Sanktionsmöglichkeiten der Hauptversammlung (Haftungsklagen gegen die verantwortlichen Organmitglieder sowie deren eventuelle Abberufung) geahndet werden[148]. Die *Listing Rules* ermöglichen unter anderem die Veröffentlichung einer Rüge (*censure*) an die Gesellschaft, mit der die *FSA* aussprechen kann, dass sie die Amtsfortführung durch ein Verwaltungsratsmitglied, das pflichtwidrig gehandelt hat, als abträglich für die Interessen der Gesellschaft erachtet (s. 91 FSAMA 2000 i.V.m. Ziff. 7.2 (1)(d) ENF)[149]. Zudem kann die *FSA* der Gesellschaft für Verstöße gegen die *Listing Rules* finanzielle Sanktionen auferlegen (s. 91 FSAMA 2000 i.V.m. Ziff. 7.2. (2)(b) ENF). Als *ultima ratio* bei schwersten Verstößen bleiben die Aussetzung und schließlich der Widerruf der Börsennotierung (LR 5.1, 5.2).

2. Vorliegen von und Bedürfnis für Börsengesellschaftsrecht zu Insichgeschäften

Im Mittelpunkt der Regulierung von *related party transactions* steht die Abwägung zwischen den Zielen der Verhinderung missbräuchlicher Geschäfte auf der einen Seite und der Vermeidung einer die laufende Geschäftstätigkeit der Gesellschaft über Gebühr einschränkenden Überregulierung auf der anderen Seite[150]. Dabei ist zwischen den Geschäften der Gesellschaft mit Organmitgliedern (bzw. diesen nahestehenden Personen) und Geschäften der Gesellschaft mit Großaktionären zu unterscheiden[151]. Während Transaktionen mit Verwaltungsmitgliedern aufgrund der aus ihrem direkten Einfluss auf die Entscheidungsfindung des Geschäftsführungsorgans resultierenden Gefahr einer „Selbstbedienung" missbrauchsanfällig sind[152], folgt die Missbrauchsgefahr bei Transaktionen mit Großaktionären aus derem Einfluss auf die Geschäftsleitung (in letzter Konsequenz vor allem aufgrund ihrer Nominierungs- und Abberufungsbefugnisse). Da die Wahrscheinlichkeit von Vermögensverschiebungen durch missbräuchliche *related party transactions* in den

---

148 Vgl. *K. Thoma*, Eigengeschäfte, 57.

149 Vgl. *K. Thoma*, Eigengeschäfte, 57. Für die Einzelheiten der Sanktionsmechanismen vgl. den *Enforcement Guide* zum *FSA-Handbook*, abrufbar unter http://fsahandbook.info/FSA/extra/4755.pdf, insbes. Ziff. 7 (*Financial Penalties and Public Censures*). Überblicksartig zu den Sanktionen *Mayson/French/Ryan*, 200 f.

150 Vgl. auch *Enriques*, 2 Int. & Comp. Corp. L. J. (2000), 297, 299 f.; *Ruffner*, 240.

151 Vgl. auch *Hertig/Kanda* in Kraakman u.a., Anatomy of Corporate Law, 101 mit einem umfassenden rechtsvergleichenden Überblick zu den Regulierungsstrategien für Geschäfte mit Verwaltungsmitgliedern, 102–118, und kontrollierenden Aktionären, 118–128.

152 Vgl. *Fleischer*, WM 2003, 1045, 1051; *Fleischer* in Fleischer (Hrsg.), Handbuch Vorstandsrecht, § 9 Rn. 18 m.w.N.

Börsenkurs eingepreist wird, kann eine inadäquate Regulierung die Eigenkapitalfinanzierung auch nicht missbräuchlich agierender Gesellschaften erheblich verteuern[153].

Die untersuchten Rechtsordnungen stimmen in ihrem Grundansatz insofern überein, als sie Transaktionen zwischen der Gesellschaft und ihren Verwaltungsmitgliedern grundsätzlich nicht untersagen, sondern Kontrollmechanismen unterwerfen[154]. Als Kontrollmechanismen dienen jeweils Genehmigungserfordernisse bestimmter Organe in Verbindung mit der Möglichkeit der nachträglichen gerichtlichen Überprüfung der materiellen Fairness der Transaktion[155]. Dafür sind zum einen die Interessen offen zu legen und zum anderen die konfliktbehafteten Geschäfte grundsätzlich unter Ausschluss des betroffenen Verwaltungsmitglieds zu genehmigen (in der AG durch den Aufsichtsrat, in der *S.A.* nach dem Regime der *conventions réglementées* und in der *plc* jedenfalls grundsätzlich nach den Mustersatzungen durch den Verwaltungsrat). Grund ist die gesetzgeberische Wertung, dass die wirtschaftlichen Vorteile der Geschäfte mit den verbundenen Parteien die drohenden Nachteile für die Minderheitsgesellschafter und Gesellschaftsgläubiger insgesamt aufwiegen[156]. Auf der anderen Seite können solche Transaktionen sowohl Verwaltungsmitgliedern als auch kontrollierenden Aktionären dazu dienen, private Sondervorteile zulasten der (übrigen) Aktionäre zu erzielen[157]. Vor diesem Hintergrund müssen nicht Geschäfte mit den verbundenen Parteien an sich verhindert werden, sondern lediglich missbräuchliche Geschäfte dieser Art, deren Ergebnisse für die Gesellschaft weniger vorteilhaft sind als diejenigen vergleichbarer, von einem vernünftigen und unabhängigen Entscheidungsträger für die Gesellschaft nach Treu und Glauben abgeschlossener Geschäfte (also Geschäfte, die nicht *at arms' length* getätigt wurden)[158]. Deshalb wurden in Großbritannien bis zur Gesellschaftsrechtsreform 2006 und werden in Frankreich Kredite der Gesellschaft an ihre Verwaltungsmitglieder und ähnliche Rechtsgeschäfte als besonders missbrauchsanfällig untersagt[159]. Der Untersagung dieser Geschäfte lag bzw. liegt die Überlegung zugrunde, dass bei ihnen die Gefahr der Eingehung zu für die Gesellschaft nachteiligen Bedingungen regelmäßig nicht durch schützenswerte Interessen oder wirt-

---

153 Ausführlich hierzu *Black*, 48 UCLA L. Rev. (2000–2001), 781, 804 f.

154 Vgl. auch *Fleischer*, ZGR-Sonderheft 17 (2006), 114, 116; *Fleischer* in Fleischer (Hrsg.), Handbuch Vorstandsrecht, § 9 Rn. 19; *K. Thoma*, Eigengeschäfte, 290 ff.

155 Hierzu grundlegend *Ruffner*, 240–242; ausführlich aus rechtsökonomischer Sicht zum Überprüfungsmaßstab nach Genehmigung durch ein unbeteiligtes Organ dort 243–251, insbes. 246 f., 250 f. Zur Differenzierung zwischen verfahrensmäßigen und materiellen Schutzvorkehrungen auch *Fleischer* in Fleischer (Hrsg.), Handbuch Vorstandsrecht, § 9 Rn. 20.

156 Vgl. *Fleischer*, ZGR-Sonderheft 17 (2006), 114, 116; *Fleischer*, WM 2003, 1045, 1051 f.; *Hertig/Kanda* in Kraakman u.a., Anatomy of Corporate Law, 101, 119; *McCahery/Vermeulen* in Hopt u.a. (Hrsg.), Corporate Governance in Context, 215, 228 unter Anführung der wichtigsten wertsteigernden Transaktionsarten zwischen verbundenen Parteien; *Ruffner*, 240.

157 Vgl. *McCahery/Vermeulen* in Hopt u.a. (Hrsg.), Corporate Governance in Context, 215, 228.

158 Vgl. *Enriques*, 2 Int. & Comp. Corp. L. J. (2000), 297, 299 f.; auch *Ruffner*, 240.

159 Vgl. *Fleischer*, ZGR-Sonderheft 17 (2006), 114, 117; *Enriques*, 2 Int. & Comp. Corp. L. J. (2000), 297, 306 f. Zum Verbot dieser Transaktionen bis zur britischen *Company Law Reform* vgl. ss. 330–344 CA 1985; *Davies*, Gower's Company Law, 408–410; *Mayson/French/Ryan*, 482.

schaftliche Vorteile zugunsten der Gesellschaft aufgewogen wird, zumal die Verwaltungsratsmitglieder regelmäßig kein schutzwürdiges Interesse an der Funktion ihres Arbeitgebers als Hausbank haben, da sie bei ausreichender Bonität jederzeit bei Dritten Darlehen zu marktüblichen Konditionen aufnehmen können [160]. Gegen ein allgemeines Verbot spricht jedoch, dass Organkredite als Rekrutierungshilfe, Personalbindungsinstrument und Vergütungsbestandteil auf einem kompetitiven Arbeitsmarkt für Manager durchaus im Interesse der Gesellschaft liegen können [161]. Berücksichtigt man zudem, dass ein allgemeines Verbot von Organkrediten zum Ausweichen auf andere Kompensationsformen führt und so das Kontrollbedürfnis nur verlagert, erscheint es vorzugswürdig, diese Transaktionen nicht generell zu verbieten, sondern sie – entsprechend der Ansätze des britischen und des deutschen Rechts – in börsennotierten wie nicht-börsennotierten Gesellschaften lediglich einer intensiven Kontrolle zu unterwerfen [162].

Abgesehen von den nach französischem Recht vollständig untersagten Organkrediten sind alle Geschäfte der Verwaltungsmitglieder mit der Gesellschaft einerseits in allen Jurisdiktionen (jedenfalls bei Wertpapiernotierung an einem organisierten Markt) im Abschluss offen zu legen (Art. 43 Abs. 1 Nr. 7b, 53a der Jahresabschluss-Richtlinie). Hierdurch wird das Informationsgefälle zwischen der Verwaltung und den Aktionären verringert und so die Wahrscheinlichkeit der gerichtlichen Verfolgung jedenfalls eindeutig missbräuchlicher Transaktionen erhöht. Weniger eindeutig konfliktbehaftete Transaktionen können die Offenlegungspflichten aber nicht verhindern [163]. Diese Transaktionen werden im Abschluss regelmäßig so dargestellt werden können, dass eine gerichtliche Verfolgung – auch angesichts der zu erwartenden Beweisschwierigkeiten – wenig aussichtsreich ist, so dass der Verwaltung weiterhin hinreichende Anreize zu ihrer Eingehung verbleiben [164]. Deshalb sollten andererseits bedeutende Transaktionen mit verbundenen Parteien über ihre Offenlegung hinaus der Genehmigung durch unabhängige Verwaltungsmitglieder (im Verwaltungsrat bzw. Aufsichtsrat), durch die nicht beteiligten Aktionäre oder durch beide unterliegen [165]. Angesichts der regelmäßig bestehenden Informationsvorteile der interessierten Organmitglieder sollten dabei hohe Anforderungen an die Offenlegung wesentlicher Informationen gestellt werden [166].

---

160 Vgl. *Davies*, Gower's Company Law, 408; referierend auch *Fleischer*, WM 2004, 1057, 1061. Dementsprechend sind derartige Transaktionen durch Kreditinstitute im Rahmen ihrer üblichen Geschäftstätigkeit von dem Verbot ausgenommen. Auch Kleinkredite (mangels der von ihnen ausgehenden Gefahr für das Gesellschaftsvermögen) und bis zu einer gewissen Höhe solche im Zusammenhang mit der Aufgabenwahrnehmung für die Gesellschaft oder der Verteidigung in Verfahren aufgrund der Funktion als Verwaltungsratsmitglied (angesichts des dann bestehenden schützenswerten Interesses des Mitglieds) nicht dem Zustimmungsvorbehalt.

161 Vgl. *Fleischer*, WM 2004, 1057, 1062 unter Anführung der Ergebnisse empirischer Untersuchungen zu den Verwendungszwecken von Organkrediten.

162 So im Ergebnis auch *Fleischer*, WM 2004, 1057, 1062; *Fleischer* in Fleischer (Hrsg.), Handbuch Vorstandsrecht, § 19 Rn. 51.

163 Vgl. *Black*, 48 UCLA L. Rev. (2000–2001), 781, 808.

164 Vgl. *Enriques*, 2 Int. & Comp. Corp. L. J. (2000), 297, 300 f.

165 Vgl. *Black*, 48 UCLA L. Rev. (2000–2001), 781, 808; auch *Ruffner*, 241.

166 Vgl. *Ruffner*, 241.

Dementsprechend statuiert das französische Recht mit seinem Regime der *conventions réglementées* Zustimmungserfordernisse sowohl des Verwaltungs-/Aufsichtsrat als auch (in der abgeschwächten Form der Generalgenehmigung der Transaktionen eines Geschäftsjahres nach Berichterstattung durch die Abschlussprüfer) der Hauptversammlung. In der *plc* haben die interessierten Verwaltungsratsmitglieder grundsätzlich nur den Verwaltungsrat über ihre Interessen in Geschäften der Gesellschaft zu informieren (ss. 177, 183 CA 2006) und werden an der Beschlussfassung des Verwaltungsrats beteiligt. Nur bedeutende Eigentumsübertragungen sowie Darlehen, Garantien und die Bestellung von Sicherheiten für die Verwaltungsratsmitglieder unterliegen einem Zustimmungsvorbehalt der Hauptversammlung. In an der *Official List* börsennotierten Aktiengesellschaften sind hingegen wesentliche Geschäfte mit aktuellen und während des letzten Jahres ausgeschiedenen Verwaltungsmitgliedern und mit diesen verbundenen Personen als *related party transactions* der Börse und den Aktionären umfassend offen zu legen und vor ihrem Abschluss bzw. jedenfalls ihrer Durchführung der Zustimmung der Hauptversammlung zu unterwerfen (LR 11.1.7.). Das Bedürfnis an einer effizienten Geschäftsführung berücksichtigen die *Listing Rules* zum einen, indem sie Geschäfte zu branchenüblichen Bedingungen und Geschäfte geringen Umfangs, deren wirtschaftliche Parameter im Verhältnis zum Vermögen der Gesellschaft, ihrem Umsatz, Gewinn und ihrer Marktkapitalisierung nicht mehr als 0,25 % ausmachen, von den Offenlegungs- und Zustimmungspflichten ausnehmen (LR 11.1.6). Zum anderen privilegieren sie mittelgroße Transaktionen, deren Parameter im Verhältnis zu den genannten Unternehmenskennzahlen zwar 0,25 %, aber nicht 5 % übersteigen, indem sie auf das Zustimmungserfordernis durch die Hauptversammlung verzichten und lediglich eine umfassende Information der *FSA* inklusive eines unabhängigen Sachverständigenberichts zur Wahrung der Aktionärsrechte durch die Transaktion verlangen (LR 11.1.10). Das deutsche Recht belässt es demgegenüber stets bei der Vertretung der Gesellschaft gegenüber dem Vorstand durch den Aufsichtsrat und der gerichtlichen Kontrolle von Geschäftsführungsmaßnahmen auf Treuepflichtverstöße, vertraut der Urteilsfähigkeit des Aufsichtsrats also bedeutend weitgehender als die französische und die britische Rechtsordnung[167]. Kritisch hieran erscheint, dass die Aufsichtsratsmitglieder gerade in der (börsennotierten) Publikumsgesellschaft angesichts ihrer dortigen de facto-Bestellung durch den Vorstand und ihrer persönlichen Verbundenheit zu dessen Mitgliedern[168] häufig weniger unabhängig vom Vorstand sein werden, als dies für die Beurteilung wesentlicher Transaktionen wünschenswert wäre. Die Möglichkeit der gerichtlichen Überprüfung vermag dieses Defizit angesichts ihrer praktischen Schwierigkeiten (die Klageerhebung abschreckende Informationsasymmetrien zwischen den beteiligten Parteien und den Aktionären, Unsicherheiten des Ergebnisses der nachträglichen materiellen Prüfung des Gerichts und daraus resultierende drohende und prohibitiv wirkende Kostenlast) nicht zu kompensieren. Von daher besteht jedenfalls in börsennotierten

---

167 So auch *Hertig/Kanda* in Kraakman u.a., Anatomy of Corporate Law, 101, 129.

168 Zum tatsächlichen Verhältnis von Aufsichtsrat und Vorstand vgl. bereits in Kapitel 4 unter II.1.a)aa) sowie 2.b)aa)(2).

Publikumsgesellschaften grundsätzlich ein Bedürfnis für weitere Schutzvorkehrungen hinsichtlich wesentlicher Insichgeschäften mit Verwaltungsmitgliedern.

Auch Transaktionen mit Großaktionären werden in allen untersuchten Jurisdiktionen angesichts ihrer möglichen wertmaximierenden Wirkung (wie sie sich in der Häufigkeit von Unternehmensgruppen und Mutter-Tochterverhältnissen zeigen) nicht per se untersagt[169]. Auf der anderen Seite stellen Insichgeschäfte zwischen der Gesellschaft und einem Aktionär zulasten der Minderheit ein Hauptproblem der Aktiengesellschaft mit kontrollierenden Großaktionären dar[170]. Vor diesem Hintergrund haben jedenfalls große Gesellschaften (und damit alle mit einer Wertpapiernotierung an einem organisierten Markt) nach Art. 43, 53a der Bilanz-Richtlinie Geschäfte mit „nahestehenden Personen" im Abschluss offen zu legen. Die Präventionswirkung der Offenlegungspflichten ist aber, wie soeben erwähnt, bei nicht eindeutig missbräuchlichen Transaktionen begrenzt. Zudem stehen einer Rückabwicklung der Geschäfte nach ihrer Durchführung häufig erhebliche praktische Schwierigkeiten entgegen.

Im deutschen Recht findet sich dennoch keine weitergehende spezielle Regelung dieser Transaktionen, d.h. der Vorstand vertritt die AG gegenüber dem Großaktionär. Missbräuchliche Transaktionen können lediglich im Wege der gerichtlichen Prüfung auf Treuepflichtverstöße sanktioniert werden. In Frankreich und Großbritannien sind die Geschäfte mit Aktionären mit in der *S.A.* mehr als und in der *plc* mindestens 10 % der Stimmrechte und mit diesen verbundenen Personen hingegen parallel zu den Transaktionen mit Verwaltungsmitgliedern geregelt. In der *S.A.* unterliegen sie also als *conventions réglementées* der Zustimmung durch den Verwaltungsrat/Aufsichtsrat und der summarischen Genehmigung durch die Hauptversammlung, während in allen *plcs* wesentliche Eigentumsübertragungen und Kreditgeschäfte und in an der *Official List* notierten Gesellschaften alle wesentlichen Transaktionen ab einem gewissen wirtschaftlichen Umfang der vorherigen Zustimmung der Hauptversammlung unter Ausschluss der Betroffenen bedürfen. Den Regulierungsansätzen liegt dabei stets das Bestreben zugrunde, effiziente Transaktionen nicht zu verhindern, dabei aber die möglichen Interessenkonflikte möglichst auszuschließen. Die insofern bestehenden Publikationspflichten gegenüber der Verwaltung und Genehmigungserfordernisse durch diese können die in Gesellschaften mit kontrollierenden Aktionären drohenden Missbräuche aber nicht hinreichend ausschließen, da die nominell unabhängigen Organmitglieder, die aufgrund der Transparenz das Geschäft verhindern könnten, de facto bei Anwesenheit sie (im dualistischen System mittelbar) wählender Mehrheitsaktionäre kaum unabhängig sind und darum nicht als wirksame Kontrollinstanz fungieren[171]. Von daher erscheint es auch in diesen Fällen jedenfalls ab einer gewissen wirtschaftlichen Erheblichkeit der Transaktion sinnvoll, zusätzliche Schutzvorkehrungen gegen missbräuchliche Transaktionen vorzusehen[172].

169 Vgl. *Hertig/Kanda* in Kraakman u.a., Anatomy of Corporate Law, 101, 119.
170 Vgl. *Wackerbarth*, ZGR 2005, 686, 707.
171 Vgl. *Black*, 48 UCLA L. Rev. (2000–2001), 781, 808; *Wackerbarth*, ZGR 2005, 686, 709.
172 In diesem Sinne auch *Black*, 48 UCLA L. Rev. (2000–2001), 781, 808.

Dabei stellt sich sowohl für Transaktionen mit Verwaltungsmitgliedern als auch für solche mit Großaktionären die differenzierte Herangehensweise der britischen *Listing Rules* mit ihren Vorgaben für *related party transactions* in an der *Official List* notierten Gesellschaften als vorbildlich dar. Die insofern getroffene Differenzierung nach der Börsennotierung soll vor allem nicht-börsennotierten Gesellschaften die Flexibilität erhalten, ohne kosten- und zeitaufwändige Hauptversammlungsgenehmigungen und Sachverständigenberichte Geschäfte mit verbundenen Parteien schließen zu können. Zudem besteht in nicht-börsennotierten geschlossenen Gesellschaften tendenziell ein größeres Bedürfnis für Vertragsschlüsse mit Verwaltungsmitgliedern oder Großaktionären, da diese eher über für die Gesellschaft nicht anderweitig zu erlangende wichtige Ressourcen verfügen[173]. Deshalb erachtet das britische Recht in nicht-börsennotierten Gesellschaften die Zustimmungsvorbehalte der Hauptversammlung bei wesentlichen Eigentumsübertragungen und den besonders missbrauchsanfälligen Kreditgeschäften für ausreichend. In börsennotierten Gesellschaften werden demgegenüber lediglich branchenübliche Geschäfte und Transaktionen geringen Umfangs mit verbundenen Parteien keinen besonderen Anforderungen unterworfen (LR 11.1.6). Für Transaktionen eines Umfangs von zwischen 0,25 und 5 % des Vermögens der Gesellschaft, ihres Umsatzes, ihres Gewinns oder ihrer Marktkapitalisierung gelten besondere Berichtspflichten gegenüber der *FSA*, die insbesondere eine unabhängige Sachverständigenbewertung der Wahrung der Aktionärsrechte beinhalten (LR 11.1.10). Lediglich wesentliche Transaktionen, deren Umfang 5 % zumindest eines der genannten Parameter im Verhältnis zur Gesellschaft übersteigen, bedürfen vor ihrem Abschluss bzw. jedenfalls vor ihrer Durchführung (bei Bedingung des Geschäfts durch die Hauptversammlungsgenehmigung) der Zustimmung durch die Hauptversammlung unter Ausschluss der interessierten Personen (LR 11.1.7). Indem nur die besonders interessenkonfliktbelasteten Übertragungen wesentlicher Eigentumsteile und Kreditgeschäfte in allen Gesellschaften unabhängig von ihrer Börsennotierung der Kontrolle durch die Hauptversammlung unterworfen werden, wird nicht-börsennotierten Gesellschaften, die typischerweise unternehmerisch tätige und die Geschäftsleitung kontrollierende Aktionäre haben, die nötige Flexibilität und Kostenersparnis ermöglicht. In börsennotierten Gesellschaften werden hingegen alle wirtschaftlich sehr bedeutenden Transaktionen mit verbundenen Parteien aufgrund der dort angesichts der typischerweise bedeutend gestreuteren Beteiligungsstruktur größeren *Principal-Agent*-Problematik vor ihrer Durchführung der einzelfallbezogenen Zustimmung der Hauptversammlung nach umfassender Information der Aktionäre unterworfen. Die konkrete Zustimmung der Hauptversammlung vor der Durchführung jedes konfliktbelasteten Geschäfts ermöglicht im Gegensatz zur Generalgenehmigung nach den französischen Regeln zur *convention réglementée* eine präzise Missbilligung einzelner Geschäfte und deren effizientere Sanktion, da der von der Missbilligung ausgehende Druck ihre Durchführung noch

---

173 Vgl. *Fleischer*, WM 2003, 1045, 1052; *Fleischer* in Fleischer (Hrsg.), Handbuch Vorstandsrecht, § 9 Rn. 19, jeweils mit Beispielen.

verhindern kann. Bei lediglich nachträglicher Missbilligung nach französischem Vorbild ist die Rückabwicklung bereits getätigter Geschäfte häufig nicht mehr möglich, so dass sie sich letztlich als ineffektiver Sanktionsmechanismus darstellt. Eine Überregulierung, die eine effiziente Geschäftsleitung unterminierte, vermeiden die *Listing Rules*, indem branchenübliche Transaktionen und solche geringen Umfangs von den Pflichten ausgenommen werden, also nur im Jahresabschluss offen zu legen sind (und dann der nachträglichen gerichtlichen Missbrauchskontrolle unterworfen werden können). Indem sie Transaktionen mittlerer Größe (bis zu einem Umfang von 5 % des Gesellschaftsvermögens, ihres Umsatzes, Gewinns und ihrer Marktkapitalisierung) besonderen Berichtspflichten gegenüber der *FSA* und insbesondere einem Sachverständigenbericht zur Wahrung der Aktionärsrechte unterstellen, ersparen die *Listing Rules* den Gesellschaften die Belastungen eines Hauptversammlungsbeschlusses (Verzögerung der Geschäftsleitungstätigkeit, Kosten der Durchführung der Hauptversammlung), fügen mit der unabhängigen Sachverständigenbewertung der Auswirkungen der Transaktion auf die Aktionärsrechte aber ein Korrektiv gegen missbräuchliche Gestaltungen ein. Auch wenn eine Verletzung der Vorgaben der *Listing Rules* die Wirksamkeit einer Transaktion im Außenverhältnis nicht tangiert, wird von dem Ergebnis des Sachverständigenberichts zur Wahrung der Aktionärsrechte bei mittelgroßen Transaktionen und erst recht von einer Missbilligung wesentlicher Transaktionen durch die Hauptversammlung ein erheblicher Druck auf die Geschäftsleitung ausgehen, von einer für missbräuchlich bewerteten Gestaltung abzusehen. Dabei rechtfertigen sich die nach der wirtschaftlichen Relevanz der Transaktion abgestuften Belastungen der Gesellschaft aus den mit der wirtschaftlichen Bedeutung der Transaktion aus Sicht der unbeteiligten Aktionäre zunehmenden nachteiligen Folgen missbräuchlicher Gestaltungen. Insofern stellen sie sich als für börsennotierte Gesellschaften mit ihren speziellen Kontrollproblemen adäquater Kompromiss zwischen den Zielen der Verhinderung missbräuchlicher Geschäfte auf der einen Seite und der Vermeidung einer die laufende Geschäftstätigkeit der Gesellschaft über Gebühr einschränkenden Überregulierung auf der anderen Seite dar.

In nicht börsennotierten Gesellschaften haben die nicht beteiligten Aktionäre demgegenüber in aller Regel andere Mittel, um ihre Missbilligung interessenkonfliktbehafteter Geschäfte auszudrücken. Auch der Informationsfluss ihnen gegenüber wird üblicherweise angesichts des überschaubaren Aktionärskreises und der typischerweise unternehmerischen Beteiligung gewährleistet sein, ohne dass es besonderer Informationsrechte wie nach den *Listing Rules* bedürfte. Angesichts der unternehmerischen Beteiligung werden sie regelmäßig auch genügend Sachverstand zur Evaluierung der Transaktionsbedingungen haben, so dass sie einer Sachverständigenbewertung wie nach LR 11.1.10 nicht bedürfen. Dementsprechend sind die Aktionäre nicht börsennotierter Gesellschaften typischerweise in der Lage, die Transaktionen mit verbundenen Parteien ohne weitere Schutzmechanismen auf hinreichender Informationsgrundlage zu bewerten, ihre Missbilligung den beteiligten Personen zur Kenntnis zu bringen und erforderlichenfalls eine gerichtliche Überprüfung anzustrengen. Die Eindämmung missbräuchlicher Transaktionen ist in nicht börsennotierten Gesellschaften deshalb auch ohne ihre Belastung durch besondere Informations- und Sachverständigenberichtspflichten sowie das Erfordernis eines Hauptversammlungsbeschlusses hinreichend gewährleistet.

IV. Insbesondere Vergütung der Leitungsorgane

Besonders konfliktbelastet ist, wie auch die öffentliche Diskussion über überhöhte Managergehälter und Abfindungszahlungen sowie als unbillig empfundene *Incentive*-Programme zeigt, die Ausgestaltung der Vergütung der Verwaltungsmitglieder als Sonderfall der *related party transactions*. Im Folgenden wird der Begriff der Vergütung umfassend im materiellen Sinne verstanden, so dass *Incentive*-Systeme (wie Aktienoptionsprogramme) sowie Versorgungs- und Abfindungszusagen miteinbezogen werden[174]. Dies erscheint sinnvoll, um für die Gesamtheit aller Vergütungsbestandteile eine Regelung zu finden, die einerseits den Wettbewerb fördert, andererseits aber auch einen Missbrauch ausschließt[175].

1. Rechtsvergleichender Überblick zur Regulierung der Vergütung der Verwaltungsmitglieder

a) *Europarechtliche Vorgaben zur Vergütung der Verwaltungsmitglieder*

Auf europäischer Ebene anerkennt die Empfehlung der Europäischen Kommission zur Vergütung der Mitglieder der Unternehmensleitung börsennotierter Gesellschaften vom 14. Dezember 2004 die Anfälligkeit der Vergütung für Interessenkonflikte auf Seiten der geschäftsführenden Verwaltungsratsmitglieder bzw. Vorstandsmitglieder und die damit einhergehende Kontrollproblematik, will aber die verschiedenen *Corporate Governance*-Systeme der Gemeinschaft in diesem Punkt respektieren[176]. Vor diesem Hintergrund betont sie die Relevanz der Offenlegung der Vergütungen für deren Beurteilung durch die Anleger und die Schaffung von Anlegervertrauen[177]. Gesellschaften mit an organisierten Märkten notierten Wertpapieren sollen der Empfehlung zufolge eine detaillierte Erklärung zur Vergütungspolitik in einen gesonderten Vergütungsbericht und/oder in den Jahresabschluss und den Lagebericht oder den Anhang zum Jahresabschluss aufnehmen sowie auf ihrer Internetseite veröffentlichen (Ziff. 3 der Empfehlung). Die Vergütungspolitik soll zum Gegenstand eines eigenen Tagesordnungspunktes der Jahreshauptver-

174 Vgl. für dieses materielle Verständnis auch Ziff. 4.2.3 Abs. 1 DCGK: „Die Gesamtvergütung der Vorstandsmitglieder umfasst die monetären Vergütungsteile, die Versorgungszusagen, die sonstigen Zusagen, insbesondere für den Fall der Beendigung der Tätigkeit, Nebenleistungen jeder Art und Leistungen von Dritten, die im Hinblick auf die Vorstandstätigkeit zugesagt oder im Geschäftsjahr gewährt wurden."

175 Zu diesem Ziel *Siems*, Konvergenz der Rechtssysteme, 207–209.

176 Vgl. Erwägungsgrund 2 der Empfehlung.

177 Vgl. Erwägungsgrund 3 der Empfehlung.

sammlung gemacht und dort einer bindenden oder bloß beratenden Abstimmung unterzogen werden (Ziff. 4)[178]. Zudem sollen die den einzelnen Mitgliedern der Unternehmensleitung gewährte Gesamtvergütung und sonstigen Leistungen im Jahresabschluss, dessen Anhang oder im gegebenenfalls gesondert erstellten Vergütungsbericht offen gelegt werden, wobei die Empfehlung detaillierte Vorgaben hinsichtlich des zu publizierenden Inhalts enthält (Ziff. 5).

Aktienbezogene variable Vergütungssysteme sowie deren erhebliche Änderung sollten der vorherigen Genehmigung durch einen Hauptversammlungsbeschluss bedürfen (Ziff. 6.1, 6.4)[179]. Dabei soll das Optionsprogramm als solches, nicht jedoch die konkrete Gewährung an einzelne Organmitglieder der Genehmigung unterliegen (Ziff. 6.1 Satz 2). Zur Genehmigung vorgelegt werden sollen die Gewährung von aktienbezogenen Vergütungsformen, ihre Höchstzahl und wesentliche Konditionen, die Ausübungsfristen der Optionen, sofern zulässig die Voraussetzungen für eine nachträgliche Änderung der Ausübungsbedingungen sowie langfristig angelegte *Incentive*-Leistungen für Mitglieder der Unternehmensleitung, die nicht auch allen anderen Mitarbeitern offen stehen (Ziff. 6.2). Die Hauptversammlung soll den Zeitraum festlegen, innerhalb dessen das zuständige Verwaltungsgremium aktienbezogene Vergütungen ausgeben darf (Ziff. 6.3). Soweit zulässig, sollen Rechte auf die Zeichnung zu einem Kurs unterhalb des bei Feststellung des Optionskurses geltenden Marktkurses oder unterhalb des durchschnittlichen Marktkurses in den letzten Tagen vor Feststellung des Optionskurses ebenfalls der Genehmigung durch die Aktionäre bedürfen (Ziff. 6.5). Die Empfehlung sieht eine umfangreiche Information der Aktionäre über die Konditionen des Aktienoptionsprogramms und seine Teilnehmer, die Art und Weise der beabsichtigten Bedienung mit Aktien und seine Kosten für die Gesellschaft vor der Beschlussfassung vor (Ziff. 7).

Zudem plädiert die Empfehlung der Kommission zu unabhängigen Organmitgliedern und Ausschüssen in Gesellschaften mit börsennotierten Wertpapieren für die Bildung eines ausschließlich aus nicht geschäftsführenden Verwaltungsratsmitgliedern bzw. Aufsichtsratsmitgliedern bestehenden Vergütungsausschusses, der mehrheitlich mit unabhängigen Mitglieder besetzt sein sollte (Ziff. 5 der Empfehlung i.V.m. Ziff. 3.1.1 des Anhangs I zur Empfehlung). Der Ausschuss soll dem Verwaltungsrat/Aufsichtsrat zumindest Vorschläge zur Vergütungspolitik hinsichtlich der geschäftsführenden Verwaltungsratsmitglieder/Vorstandsmitglieder und zur Festlegung der individuellen Vergütung dieser Personen, zur Höhe und Struk-

178 Vgl. *Fleischer*, DB 2005, 1611, 1617.

179 Aktienoptionsprogramme gewähren das Recht bzw. die Option, Aktien zu im Voraus bestimmten Konditionen nach Ablauf einer Sperr- oder Wartefrist ab Optionseinräumung bei Eintritt bestimmter Bedingungen zu erwerben. Übt der Begünstigte die Option aus, so hat er den Ausübungspreis gegen Lieferung der Aktien zu zahlen. Anschließend kann er durch Verkauf der Aktien den Gewinn realisieren, der in der Differenz zwischen dem Ausübungspreis und dem Börsenkurs liegt (sog. innerer Wert der Aktienoption); vgl. HdbAG/*Holzborn*, § 50 Rn. 3; *C.Eggert*, 33; *Feddersen/Pohl*, AG 2001, 26, 27.

tur der Vergütung der sonstigen Führungskräfte sowie zur allgemeinen Politik in Bezug auf aktienbezogene variable Vergütungssysteme unterbreiten (Ziff. 3.2. des Anhangs I).

b) Vergütung der Verwaltungsmitglieder in der AG

aa) Vorstandsvergütung

In der AG setzt der Aufsichtsrat die Gesamtbezüge (Gehalt, Gewinnbeteiligungen, Aufwandsentschädigungen, Versicherungsentgelte, Provisionen und Nebenleistungen jeder Art) der einzelnen Vorstandsmitglieder fest (§ 87 Abs. 1 AktG), wobei er die Entscheidung gemäß § 107 Abs. 3 Satz 1, 3 AktG einem Ausschuss überlassen kann[180]. Der Aufsichtsrat bzw. der eingesetzte Aufsichtsratsausschuss hat dafür zu sorgen, dass die Gesamtbezüge in einem angemessenen Verhältnis zu den Aufgaben des Vorstandsmitglieds und zur Lage der Gesellschaft stehen (§ 87 Abs. 1 Satz 1 AktG)[181]. Das Angemessenheitsgebot gilt sinngemäß für Ruhegelder, Hinterbliebenenbezüge und ähnliche Leistungen (§ 87 Abs. 1 Satz 2 AktG). Die Zusage überzogener Bezüge ist wirksam, macht den Aufsichtsrat aber gegenüber der Gesellschaft haftbar[182]. Verschlechtert sich die Lage der Gesellschaft wesentlich, so kann der Aufsichtsrat theoretisch die Bezüge der Vorstandsmitglieder reduzieren (§ 87 Abs. 2 AktG), was aber praktisch nie geschieht[183]. Der Deutsche Corporate Governance Kodex betont, dass der Aufsichtsrat einen Ausschuss bilden kann, dem unter anderem die Vorbereitung der Anstellungsbedingungen der Vorstandsmitglieder und damit auch ihrer Vergütung übertragen wird (Ziff. 5.1.2, 5.3.4 DCGK)[184]. Das Aufsichtsratsplenum soll auf Vorschlag des die Vorstandsverträge behandelnden Gremiums über die Struktur des Vergütungssystems einschließlich der wesentlichen Vertragselemente beschließen, die Struktur regelmäßig überprüfen und die Vergütung der einzelnen Vorstandsmitglieder in angemessener Höhe auf Grundlage einer Leistungsbeurteilung festlegen (Ziff. 4.2.2 DCGK). Hierbei unterstützt der Kodex die gängige Praxis, fixe und erfolgsbezogene Vergütungsbestandteile zu kombinieren (Ziff. 4.2.3 Abs. 2 DCGK). Die variablen Vergütungsteile sollten einmalige sowie jährlich wiederkehrende, an den geschäftlichen Erfolg gebundene Komponenten und auch Komponenten mit langfristiger Anreizwirkung und Risikocharakter enthalten (Ziff. 4.2.3 Abs. 2 Satz 2 DCGK).

Die Einführung der damit angesprochenen Aktienoptionsprogrammen als variable erfolgsabhängige Vergütungsbestandteile wurde durch das KonTraG erleichtert, indem die Ausgabe isolierter Aktienoptionen (ohne die bis dahin übliche und allein

---

180 Vgl. BGHZ 20, 239, 244; 41, 282, 285; GK/*Meyer-Landrut*, § 112 Rn. 3; *Semmer*, 108.
181 Zur Bestimmung der Angemessenheit der Vergütung vgl. *Lutter*, ZIP 2006, 733 ff.; *Thüsing*, ZGR 2003, 457 ff.; *Thüsing*, DB 2003, 1612 ff.
182 Vgl. *Kübler/Assmann*, § 15 III. 2.b)bb); *Hüffer*, § 87 Rn. 5; KK/*Mertens*, § 87 Rn. 3; GK/*Meyer-Landrut*, § 87 Rn. 4. Kritisch zu dieser Rechtsfolge *Lutter*, ZIP 2006, 733, 735 m.w.N.
183 Vgl. *Martens*, ZHR 169 (2005), 124, 130; *Peltzer*, FS für Lutter, 571, 582.
184 Rechtlich zulässig wäre auch die Delegation der Entscheidung über den Vertragsschluss an den Ausschuss, § 107 Abs. 3 AktG; hierzu auch *Hoffmann-Becking*, ZHR 169 (2005), 155 f.

zulässige Einbettung in eine Wandel- oder Optionsanleihe nach § 221 AktG) sowie ihre Erfüllung aus einem bedingten Kapital nach §§ 192 Abs. 2 Nr. 3, 193 Abs. 2 Nr. 4 AktG oder durch zurückerworbene eigene Aktien (§ 71 Abs. 1 Nr. 8 AktG) zugelassen wurde[185]. Bei durch zurückzuerwerbende Aktien zu bedienenden Optionsprogrammen ist ein Hauptversammlungsbeschluss mit einfacher Mehrheit entsprechend der Formalitäten des § 71 Abs. 3 AktG bzw. angesichts der ungleichmäßigen Behandlung der Aktionäre entsprechend der Vorgaben für den Bezugsrechtsausschluss mit Dreiviertel-Mehrheit des vertretenen Kapitals zu fällen (§§ 71 Abs. 1 Nr. 8 Satz 4, Abs. 3, 186 Abs. 3 AktG)[186], bei mittels bedingter Kapitalerhöhung zu erfüllenden Optionsprogrammen ebenfalls ein Hauptversammlungsbeschluss mit einer Mehrheit von drei Vierteln des vertretenen Kapitals (§ 193 Abs. 1 Satz 1 AktG). Einer Rechtfertigung und eines Vorstandsberichts bedarf die Kapitalerhöhung nicht[187]. Maximal 10 % des Grundkapitals können als Optionen ausgegeben werden (§§ 71 Abs. 2, 192 Abs. 3 AktG). Der Kapitalerhöhungsbeschluss muss die wesentlichen Grundzüge des Optionsprogramms statuieren (§ 193 Abs. 2 AktG). Danach müssen der Kreis der Berechtigten und die Aufteilung der Bezugsrechte auf die Berechtigten, die Erfolgsziele, die mindestens zweijährige Wartefrist bis zur erstmaligen Ausübung, die Ausübungszeiträume nach Ablauf der Wartefrist, der Ausgabepreis oder dessen Berechnungsmodalitäten sowie die Frage der Übertragbarkeit der Aktien festgelegt werden[188]. Für den Ermächtigungsbeschluss zum Erwerb eigener Aktien gelten die Vorgaben nach § 193 Abs. 2 Nr. 4 AktG (Angaben zur Aufteilung der Bezugsrechte auf die Berechtigten, zu den Erfolgszielen, den Erwerbs- und Ausübungszeiträumen und der Wartezeit) entsprechend (§ 71 Abs. 1 Nr. 8 Satz 5 AktG). Mangels Verweises auf § 193 Abs. 2 Nr. 3 AktG ist eine Festlegung des Ausgabepreises hingegen nicht notwendig und kann nach h.M. mangels Vorliegens einer für eine Analogie notwendigen Regelungslücke der Verwaltung überlassen werden[189]. Gleiches gilt für an Wandelschuldverschreibungen oder ähnliche Finanzinstru-

---

185 Vor dem KonTraG war die Ausgabe isolierter Optionen nach h.M. unzulässig, so dass die Praxis den Umweg über § 221 AktG wählte und die eigentlich als Finanzierungsinstrumente dienenden Wandel- und Optionsschuldverschreibungen zu Trägern der für die Führungskräfte benötigten Wertpapieroptionen umfunktionierte; vgl. HdbAG/*Holzborn*, § 50 Rn. 6; *Martens*, FS für Ulmer, 399 ff.; *Weiß*, 152, 154 ff.; *Knoll*, StB 2002, 88; für die vor dem KonTraG h.M. vgl. *Martens*, FS für Ulmer, 399, 400–405 sowie die Nachweise bei *Hüffer*, § 221 Rn. 75; *Weiß*, 158 Fn. 609. Zu den verschiedenen rechtlichen Gestaltungsmöglichkeiten für Optionsprogramme vgl. HdbAG/*Holzborn*, § 50 Rn. 18, 28 (auf Basis genehmigten Kapitals), 19 f., 29 ff. (auf Basis bedingten Kapitals), 21 ff., 50 ff. (durch Rückkauf eigener Aktien), 59 ff. (auf Basis von Wandel- und Optionsschuldverschreibungen). Im Schrifttum wird gefordert, alle Varianten der Optionsmodelle einheitlich in einer im Zusammenhang mit § 87 AktG stehenden Vorschrift zu regeln; vgl. *Martens*, ZHR 169 (2005), 124, 127; *Martens*, FS für Ulmer, 399, 417 f.

186 Zur Interpretation der Verweisung auf § 186 Abs. 3, 4 AktG in § 71 Abs. 1 Nr. 8 Satz 4 2. HS AktG vgl. *Cahn* in Spindler/Stilz, § 71 Rn. 130 ff.

187 Vgl. OLG Stuttgart AG 2001, 540, 543; HdbAG/*Holzborn*, § 50 Rn. 16.

188 In der Praxis hat sich dabei die Mindestwartefrist von zwei Jahren zur Regel entwickelt; vgl. *Lutter*, ZIP 2003, 737, 740.

189 Vgl. HdbAG/*Holzborn*, § 50 Rn. 52; MK/*Hefermehl/Spindler*, § 87 Rn. 34; *Ackermann/Suchan*, BB 2002, 1497, 1499; Friedrichsen, 223; *Weiß*, 248 f.; für eine analoge Anwendung von § 193 Abs. 2 Nr. 3 AktG hingegen *Krieger* in MHdbGR IV, § 63 Rn. 37.

mente angeknüpfte Aktienoptionen (§ 221 Abs. 4 Satz 2 AktG). Optionsprogramme auf Basis einer Wandel- oder Optionsanleihe hatten im Jahr 2005 noch einen Gesamtanteil von ungefähr 30 % an der Zahl aller Aktienoptionsprogramme[190]. Daneben herrschen Optionsprogramme auf Grundlage eines bedingten Kapitals vor, während Programme unter Rückerwerb eigener Aktien gemäß § 71 Abs. 1 Nr. 8 AktG in der Praxis selten durchgeführt werden[191]. Regelmäßig wird der Erwerb eigener Aktien nur als zusätzlicher Erwerbsweg neben der bedingten Kapitalerhöhung beschlossen, um der Verwaltung flexiblere Entscheidungen zu ermöglichen[192]. Im Rahmen der Vorgaben des jeweiligen Hauptversammlungsbeschlusses muss der Aufsichtsrat die weiteren Einzelheiten des Programms im Rahmen eines detaillierten Aktienoptionsplans beschließen[193]. Der DCGK widmet sich dem Problem der adäquaten Ausgestaltung von Aktienoptionen und vergleichbaren Gestaltungen, indem er empfiehlt, sie auf anspruchsvolle, relevante Vergleichsparameter zu beziehen (Ziff. 4.2.3 Abs. 3 DCGK)[194]. Der Aktienoptionsplan kann dabei Voraussetzungen für seine Änderung bei Wechsel der wirtschaftlichen Gegebenheiten enthalten[195]. Problematisch ist in diesem Rahmen das sog. *Repricing* der für die Ausübung der Option zu erfüllenden Bedingungen bzw. des Ausübungspreises[196]. Legt die Hauptversammlung nur die Modalitäten der Berechnung des Ausübungspreises fest, so kann sie durch einen performanceabhängigen Abschlag

---

190 Vgl. HdbAG/*Holzborn*, § 50 Rn. 6, der als Grund den durch § 221 AktG eröffneten größeren Gestaltungsspielraum nennt.

191 Vgl. auch *Semmer*, 111, 118; *Feddersen/Pohl*, AG 2001, 26, 33. Der Rückerwerb eigener Aktien zwecks Angebot an die Belegschaft, auch im Rahmen eines Optionsprogramms, gemäß § 71 Abs. 1 Nr. 2 AktG kommt für Vorstandsmitglieder nicht in Betracht und wird deshalb ausgeklammert; vgl. *Ackermann/Suchan*, BB 2002, 1497, 1498; *Hüffer*, § 71 Rn. 12; Friedrichsen, 60; *Weiß*, 241 f.; *Wulff*, 51; HdbAG/*Holzborn*, § 50 Rn. 25, 57.

192 Vgl. *Semmer*, 123 unter Verweis auf die Untersuchung von *Feddersen/Pohl*, AG 2001, 26, 33, der zufolge im Jahr 2000 nur 4 % der untersuchten Gesellschaften ausschließlich über den Erwerb eigener Aktien zu erfüllende Aktienoptionsprogramme auflegten, 9 % hingegen kombiniert durch eine bedingte Kapitalerhöhung sowie einen Erwerb eigener Aktien zu erfüllende Programme.

193 Vgl. HdbAG/*Holzborn*, § 50 Rn. 16.

194 Nach einer Mm. im Schrifttum verstoßen alle Optionsprogramme, deren Ausübungs- oder Kurshürde nicht an einen Index gebunden ist, gegen das Verwässerungsverbot. Der vom Vorstand erwirtschaftete Unternehmenswert müsse sich gegenüber der allgemeinen Börsenkursentwicklung des Indexes deutlich abheben, da der Vorstand sonst zulasten der Aktionäre die Kursprämie vereinnahme, die schon im Rahmen seiner herkömmlichen Vorstandstätigkeit durch das Gehalt vergütet wurde; vgl. *Martens*, ZHR 169 (2005), 124, 146. Die einhelligen Rechtsprechung hat hingegen auch Optionspläne, bei denen die absolute Kurssteigerung der Aktie als alleiniges Erfolgsziel bestimmt ist, unter dem Gesichtspunkt des Bezugsrechtsausschlusses gebilligt, sie aber bis jetzt nicht im Hinblick auf § 87 Abs. 1 AktG überprüft; vgl. OLG Stuttgart ZIP 1998, 1482, 1499; ZIP 2001, 1367; OLG Braunschweig WM 1998, 1929, 1933; LG Frankfurt a.M. WM 1997, 473, 476; *Fleischer* in Spindler/Stilz, § 87 Rn. 16. Der BGH hat die Revision gegen das Urteil des OLG Stuttgart von 2001 nicht angenommen und so die Berufungsentscheidung bestätigt; vgl. *Hoffmann-Becking*, ZHR 169 (2005), 155, 164. Ausführliche Schilderung und Kritik des der Entscheidung des OLG Stuttgart zugrunde liegenden Optionsprogramms der DaimlerChrysler AG bei *Adams*, ZIP 2002, 1325, 1339 ff.

195 Vgl. HdbAG/*Holzborn*, § 50 Rn. 16.

196 Ausführlich zum Repricing *Semmer*; HdbAG/*Holzborn*, § 50 Rn. 62 ff.; *Ackermann/Suchan*, BB 2002, 1497 ff.

eine flexible Reaktion auf allgemeine Börsenentwicklungen ermöglichen[197]. Legt die Hauptversammlung jedoch – wie regelmäßig – den Ausübungspreis selbst fest, so ist der Verwaltung eine Preisanpassung verwehrt und allein die Hauptversammlung hierzu befugt[198]. Ebenso wenig erlaubt die aktienrechtliche Kompetenzordnung im Rahmen des § 193 Abs. 2 Nr. 3 AktG, dass die Hauptversammlung die Verwaltung zur Anpassung des Ausübungspreises ermächtigt[199]. Bei Aktienoptionsprogrammen auf Basis des Rückkaufs eigener Aktien, bei denen die Hauptversammlung den Ausübungspreis nicht festlegen muss, erscheint eine nachträgliche Anpassung durch Vereinbarung mit den Bezugsberechtigten hingegen möglich, wenn der Hauptversammlungsbeschluss nach § 71 Abs. 1 Nr. 8 AktG eine entsprechende Ermächtigung enthält[200]. Der DCGK schließt demgegenüber jegliche nachträgliche Änderungen der Erfolgsziele oder der Vergleichsparameter aus (Ziff. 4.2.3 Abs. 3 Satz 3 DCGK). Für außerordentliche, nicht vorhergesehene Entwicklungen soll der Aufsichtsrat eine Begrenzungsmöglichkeit (*Cap*) vereinbaren (Ziff. 4.2.3 Abs. 3 Satz 4 DCGK).

bb) Aufsichtsratsvergütung

Für die Aufsichtsratstätigkeit wird üblicherweise eine Vergütung gewährt, die in der Satzung festzulegen oder von der Hauptversammlung zu bewilligen ist (§ 113 Abs. 1 AktG)[201]. Auch wenn die Hauptversammlung üblicherweise über die Vergütung entscheidet, wird der Aufsichtsrat jedenfalls in der Publikumsgesellschaft faktisch auf die Initiative oder zumindest die Billigung des Vorstands angewiesen sein[202]. Die Vergütung kann in einem festen Betrag oder einem Anteil am Jahresgewinn (der sog. Tantieme) bestehen und soll, wie die Vorstandsvergütung, in einem angemessenen Verhältnis zu den Aufgaben der Aufsichtsratsmitglieder und der Lage der Gesellschaft stehen (§ 113 Abs. 1 Satz 3 AktG). Werden den Aufsichtsratsmitgliedern (entsprechend der Empfehlung in Ziff. 5.4.6 Abs. 2 DCGK) gewinnabhängige Vergütungsbestandteile gewährt, so berechnet sich der Gewinnanteil zwingend nach dem Bilanzgewinn, vermindert um einen Betrag von mindestens vier vom Hundert der auf den geringsten Ausgabebetrag der Aktien geleisteten Einlagen (§ 113 Abs. 3 AktG)[203]. Für außerhalb des Überwachungsbereichs liegende Leistungen können Beraterverträge vereinbart werden, die zur Vermeidung von

---

197 Vgl. HdbAG/*Holzborn*, § 50 Rn. 63.

198 Vgl. HdbAG/*Holzborn*, § 50 Rn. 63; *Hüffer*, § 193 Rn. 7; GK/*Frey*, § 193 Rn. 46; *Friederichsen*, 180; *Ackermann/Suchan*, BB 2002, 1497, 1499; MK/*Hefermehl/Spindler*, § 87 Rn. 33; ausführlich *Semmer*, 106 ff., 145.

199 Vgl. HdbAG/*Holzborn*, § 50 Rn. 63; *Ackermann/Suchan*, BB 2002, 1497, 1499.

200 Vgl. HdbAG/*Holzborn*, § 50 Rn. 65; *Ackermann/Suchan*, BB 2002, 1497, 1499 f.; MK/*Hefermehl/Spindler*, § 87 Rn. 34.

201 Eine DAI-Untersuchung börsennotierter Gesellschaften aus dem Jahr 2002 ergab eine satzungsmäßige Vergütungsregelung bei 64,1 % der Gesellschaften; vgl. *DAI*, Aufsichtsratsvergütung bei börsennotierten Unternehmen, 23; Zusammenfassung der Ergebnisse bei *Vetter*, ZIP 2008, 1, 2.

202 Vgl. *Roth/Wörle*, ZGR 2004, 565, 615.

203 Kritisch hierzu *Hoffmann-Becking*, ZHR 169 (2005), 155, 174 ff.

Interessenkonflikten einer präzisen Tätigkeits- und Honorarbeschreibung und der Zustimmung des Aufsichtsrats bedürfen[204]. Aktienoptionen können Aufsichtsratsmitgliedern hingegen nicht gewährt werden (§§ 193 Abs. 2 Nr. 4, 221 Abs. 4 Satz 2 AktG). Optionen, die durch zurückgekaufte eigene Aktien (§ 71 Abs. 1 Nr. 8 AktG) oder durch Aktien aus einer bedingten Kapitalerhöhung bedient werden sollen, können nicht zum Bestandteil der Aufsichtsratsvergütung gemacht werden, da die genannten Kapitalmaßnahmen zu diesem Zweck unzulässig sind[205]. Die früher für zulässig gehaltene Beteiligung von Aufsichtsratsmitgliedern an Optionsprogrammen über Wandel- und Optionsanleihen wurde zunächst 2004 vom BGH in Zweifel gezogen[206] und sodann durch den mit dem UMAG in § 221 Abs. 4 Satz 2 AktG eingefügten Verweis auf § 193 Abs. 2 Nr. 4 Akt vom Gesetzgeber klarstellend für unzulässig erklärt[207]. Die Vergütung der Aufsichtsratsmitglieder sowie die ihnen vom Unternehmen für persönlich erbrachte Leistungen (insbesondere Beratungs- und Vermittlungsleistungen) gewährten Vorteile sollen im *Corporate Governance*-Bericht individualisiert und aufgegliedert nach Bestandteilen ausgewiesen werden (Ziff. 5.4.6 Abs. 3 DCGK).

cc) Veröffentlichungspflichten

Die Weigerung zahlreicher Gesellschaften, die Vergütungen der einzelnen Vorstandsmitglieder entsprechend der Vorgaben aus Ziff. 4.2.4 DCGK individualisiert offen zu legen[208], hat zur Verabschiedung des – ausschließlich börsennotierte Gesellschaften erfassenden – Vorstands-Vergütungsoffenlegungsgesetz (VorstOG) geführt[209]. Während nicht-börsennotierte Gesellschaften lediglich zur Angabe der Gesamtbezüge der Personengruppen der Vorstands-, Aufsichtsrats und Beiratsmitglieder verpflichtet sind, verlangt § 285 Nr. 9a) Satz 5 HGB (i.V.m. § 289 Abs. 2 Nr. 5 HGB) nunmehr von börsennotierten Gesellschaften im Anhang zum Jahresabschluss oder Lagebericht (bzw. Konzernanhang oder Konzernlagebericht, §§ 314 Abs. 1 Nr. 6, 315 Abs. 2 Nr. 4 HGB) die Angabe der Bezüge jedes einzelnen nament-

---

204 Vgl. BGHZ 126, 340; BGH DB 2006, 1834; *Leyens*, RabelsZ 67 (2003), 57, 84; *Müller-Michaels*, ZCG 2006, 99 ff.

205 Vgl. BGH WM 2004, 629 = ZIP 2004, 613 = NZG 2004, 376 = AG 2004, 265; *Kübler/Assmann*, § 15 IV. 3.a); kritisch *Fuchs*, WM 2004, 2233 ff.

206 Vgl. BGH WM 2004, 629, 631; kritisch *Hoffmann-Becking*, ZHR 169 (2005), 155, 177 ff.

207 Vgl. RegBegr BR-Drucks. 3/05, 52; *Hüffer*, § 221 Rn. 46b; HdbAG/*Holzmann*, § 50 Rn. 61 m.w.N. in Fn. 4; *Vetter*, ZIP 2008, 1, 5.

208 In einem im Februar 2005 an die Aufsichtsratsvorsitzenden deutscher AGs gerichteten Schreiben ging der Vorsitzende der Regierungskommission DCGK Cromme von lediglich 9 DAX-Unternehmen im Jahr 2004 aus; vgl. *Raiser/Veil*, § 13 Rn. 35. Eine Erhebung vor Inkrafttreten des VorstOG ergab folgenden Akzeptanzquoten: DAX 69,0 %, TecDAX 66,7 %, MDAX 37,5 %, SDAX 27,3 %, Prime 25,0 %, General 20,3 %; vgl. *v. Werder/Talaulicar*, DB 2005, 841, 844; vgl. auch die Analyse der Entsprechenserklärungen 2004 unter www.ey.com/global/content.nsf/Germany/Thema_-_Corporate_Governance_-_Entsprechenserklaerungen_-_Vorstand.

209 Vgl. Begr. der Empfehlung des Rechtsausschusses, BT-Drucks. 15/5860, 16; *Raiser/Veil*, § 14 Rn. 53; *Fleischer*, ZIP 2006, 451, 458; generell zur Vorstandsvergütung *Kübler/Assmann*, § 15 III 2b)bb); zum VorstOG *Fleischer*, DB 2005, 1611 ff.; DStR 2005, 1279 ff., 1318 ff.; *Thüsing*, ZIP 2005, 1389 ff.; *Spindler*, NZG 2005, 689 ff.; *Martens*, ZHR 169 (2005), 124 ff.; *Hoffmann-Becking*, ZHR 169 (2005), 155 ff.; *Baums*, ZHR 169 (2005), 299 ff.; *Leuering/Simon*, NZG 2005, 945 ff.

lich zu nennenden Vorstandsmitglieds (aufgeteilt nach erfolgsunabhängigen und erfolgsabhängigen Komponenten sowie solchen mit langfristiger Anreizwirkung). Zudem haben börsennotierte Gesellschaften die Leistungen anzugeben, die den einzelnen Vorstandsmitgliedern für den Fall der Beendigung ihrer Tätigkeit zugesagt worden sind (§ 285 Nr. 9a) Satz 6 HGB), also Abfindungs- und Pensionsverpflichtungen[210]. Hierbei ist der wesentliche Inhalt der Zusagen darzustellen, wenn sie in ihrer rechtlichen Ausgestaltung von den den Arbeitnehmern erteilten Zusagen nicht unerheblich abweichen (§ 285 Nr. 9a) Satz 7 HGB). Die Gesellschaft kann durch Hauptversammlungsbeschluss mit Dreiviertel-Mehrheit für bis zu fünf Jahre von den Publikationspflichten zur Vorstandsvergütung nach § 285 Nr. 9a) Satz 5–9 AktG befreit werden (§§ 286 Abs. 5, 314 Abs. 2 AktG). In jedem Fall sind Aktienoptionen mit ihrer Anzahl und ihrem Zeitwert zum Zeitpunkt der Gewährung im Anhang zum Jahresabschluss oder im Lagebericht anzugeben (§§ 285 Nr. 9a) Satz 4, 289 Abs. 2 Nr. 5 HGB). Ergänzt wird die Vergütungstransparenz dadurch, dass börsennotierte Gesellschaften im Lagebericht Angaben über die Grundzüge des Vergütungssystems der Gesellschaft für die Gesamtbezüge der Personengruppen der Aufsichtsrats-, Vorstands- und Beiratsmitglieder machen sollen (§ 289 Abs. 2 Nr. 5 HGB), um so den Publizitätsadressaten das Verständnis der einzelnen Vergütungsparameter zu erleichtern[211]. Unterstützend empfiehlt der DCGK insofern, dass der Aufsichtsratsvorsitzende die Hauptversammlung über die Grundzüge des Vergütungssystems informieren soll (Ziff. 4.2.3 Abs. 6 DCGK). Bei Verletzung der Informationspflichten droht der Gesellschaft ein Bußgeld in Höhe von 50.000 € (§ 334 Abs. 1 Nr. 1d), 2f), Abs. 3 HGB). Überzogene Vergütungsbestandteile kann die Hauptversammlung nach alldem nur sanktionieren, indem sie dem Aufsichtsrat und/oder Vorstand die Entlastung verweigert oder gemäß §§ 116, 93 Abs. 2 AktG Schadensersatzansprüche gegen einzelne Vorstands- und/oder Aufsichtsratsmitglieder wegen Verletzung des Angemessenheitsgebots aus § 87 Abs. 1 AktG geltend macht.

c) *Vergütung der Verwaltungsmitglieder in der* S.A.

aa) Festlegung der Vergütungsbestandteile und Ausgabe von Aktienoptionen

In der *S.A.* erfolgt die Vergütung der Verwaltungsratsmitglieder – außerhalb der mit bis zu einem Drittel der Mitglieder abschließbaren Dienstverträge – ausschließlich mittels Anwesenheits-Marken (*jetons de présence*), anders lautende Vereinbarungen sind unwirksam (art. 225-45, 225-44 (2) C.com.)[212]. Der jährliche Gesamtbetrag der

---

210 Vgl. Begr. RegE, BR-Drucks. 398/05, 10; *Thüsing*, ZIP 2005, 1389, 1392. Zur (eingeschränkten) Zulässigkeit der verschiedenen Formen von Abfindungs- und Anerkennungszahlungen vgl. *Martens*, ZHR 169 (2005), 124, 131 ff. unter Diskussion der für eine weitgehende Zulässigkeit eintretenden Literaturstimmen; vgl. auch *Lutter*, ZIP 2006, 733, 737 f. m.w.N.; insbes. für Sonderzahlungen a.A. *Hoffmann-Becking*, ZHR 169 (2005), 155, 161 ff.

211 Vgl. Begr. RegE, BR-Drucks. 398/05, 12; *Fleischer*, DB 2005, 1611, 1616.

212 Vgl. zur Vergütung *Merle*, Rn. 390. Ausführlich zu den Reformen durch das *Loi NRE* und das *Loi pour la confiance et al modernisation de l'économie* vgl. *Malecki*, Bull. Joly 2005, 1194 ff.; auch *Storck*, ECFR 2004, 36, 48 ff.; zum Reformgesetz *Loi n° 2007-1223* v. 21. August 2007 *en faveur du travail, de*

Marken in Geld wird von der Hauptversammlung festgesetzt, die Verteilung unter den Verwaltungsratsmitgliedern durch den Verwaltungsrat. Darüberhinaus kann der Verwaltungsrat für Mitglieder, die über ihre eigentlichen Funktionen hinausgehende Aufgaben übernommen haben, eine zusätzliche Sondervergütung festlegen (art. L. 225-46 C.com.). Auch die Vergütungen des Verwaltungsratspräsidenten, des geschäftsführenden Generaldirektors und der delegierten Generaldirektoren werden vom Verwaltungsrat unabhängig vom Präsenzmarkensystem festgesetzt (art. L. 225-47 (1), 225-53 (3) C.com.). Die Festsetzung der Vergütung beinhaltet die Festlegung von Abfindungen und sonstigen Vorteilen für den Fall der Beendigung oder der Änderung der Mandatsträgerschaft sowie von Zuwendungen für die Übernahme der Funktion[213]. Die Regelungen müssen durch die geleisteten Dienste gerechtfertigt und im Verhältnis zu diesen angemessen sein und dürfen der Gesellschaft keine übermäßigen Belastungen verursachen[214]. In der dualistischen S.A. gilt ein entsprechendes System, d.h. der Aufsichtsrat wird mit Präsenzmarken vergütet, deren Gesamtanzahl von der Hauptversammlung und deren Verteilung vom Aufsichtsrat festgelegt werden (art. L. 225-83 C.com.). Der Aufsichtsrat setzt auch sämtliche Vergütungsbestandteile der Vorstandsmitglieder fest (art. L. 225-63 C.com.).

Das Vergütungssystem insbesondere für Verwaltungs- und Aufsichtsratsmitglieder scheint auf den ersten Blick rigide. Allerdings kann der Verwaltungsrat/Aufsichtsrat die Beschränkungen auf die von der Hauptversammlung gewährten Präsenzmarken zum einen durch die bereits erwähnte Zuerkennung von Sondervergütungen für besondere Leistungen umgehen[215]. Zum anderen ist der Verwaltungsrat frei bei der Festsetzung der Vergütung seines Präsidenten sowie eventueller Generaldirektoren, der Aufsichtsrat entsprechend bei der Bestimmung der Vergütung der Vorstandsmitglieder. Schließlich können bis zu ein Drittel der Verwaltungsrats- und Aufsichtsratsmitglieder und alle Vorstandsmitglieder und Generaldirektoren mit der Gesellschaft (vertreten durch den Verwaltungs- bzw. Aufsichtsrat) Dienstverträge mit zusätzlichen Vergütungsregelungen schließen. Im Einklang mit der EU-Empfehlung und den Tendenzen in den anderen untersuchten Jurisdiktionen schlägt der konsolidierte französische Corporate Governance Kodex deshalb zur Vermeidung undurchsichtiger und überhöhter Vergütungsgestaltungen die Vorbereitung der diesbezüglichen Verwaltungsrats-/Aufsichtsratsentscheidungen durch möglichst transparent arbeitende und mehrheitlich mit unabhängigen Verwaltungsratsmitgliedern sowie ohne geschäftsführende Mitglieder besetzte Vergü-

---

l'emploi et du pouvoir d'achat vgl. *Le Cannu*, Rev. sociétés 2007, 465 ff.; *Paclot/Malecki*, D. 2007, 2481 ff.; auch *Paclot*, D. 2007, 1670 f.

213 Vgl. *Malecki*, Bull. Joly 2005, 1194, 1198, 1200.

214 Vgl. Cass. com. v. 3. März 1987, Bull. Joly 1987, 218; desw. Cass. com. v. 22. Januar 1991, Rev. sociétés 1992, 61, Anm. *Legros*; *Le Cannu*, Bull. Joly 1996, 567 ff.; *Malecki*, Bull. Joly 2005, 1194, 1198.

215 Im französischen Schrifttum wird am System der Präsenzmarken zudem kritisiert, dass es indirekte Vergütungen (im Wege z.B. von Sachvorteilen, Ersatz fiktiver Kosten, Vergütungen auf ein überhöht verzinstes Konto, Aktienoptionen) zulasse; vgl. *Merle*, Rn. 390 mit Beispielen für die möglichen Vergütungsformen und w.N.

tungsausschüsse vor (Ziff. 15 FCGK)[216]. Laut einer für die *AMF* durchgeführten Untersuchung hatten 58 % der Gesellschaften mit *appel publique à l'épargne* im Jahr 2003 einen solchen Vergütungsausschuss installiert[217].

Nach Autorisierung durch eine außerordentliche Hauptversammlung kann der Verwaltungsrat bzw. Vorstand der *S.A.* dem Verwaltungsratspräsidenten, dem Generaldirektor und den delegierten Generaldirektoren, den Vorstandsmitgliedern sowie den Angestellten der Gesellschaft, nicht aber den normalen Verwaltungsratsmitgliedern und den Aufsichtsratsmitgliedern, den Kauf von existierenden oder noch auszugebenden Aktien der Gesellschaft und/oder von ihr abhängiger börsennotierter Gesellschaften zu einem feststehenden Preis anbieten (art. L. 225-177 (1) Satz 1, 225-185 (3) Satz 1, (5) C.com.). Weder geschäftsführende noch bei der Gesellschaft angestellte Organmitglieder können damit im Ergebnis, wie auch Ziff. 15.3.2 Abs. 1 des konsolidierten *Corporate Governance*-Kodex klarstellt, keine Optionen erhalten. Der Kodex geht davon aus, dass der Vergütungsausschuss die Grundsätze der variablen Vergütung vorgibt und jährlich ihre Einhaltung überprüft (Ziff. 15.3.1 Abs. 4 FCGK). Die Hauptversammlung hat nach Bericht des Verwaltungsrats/Vorstands und Sonderbericht des Abschlussprüfers den Ermächtigungszeitraum von höchstens 38 Monaten (art. L. 225-177 (1) Satz 2 C.com.), die Bedingungen der Preisfestsetzung[218] und die den Berechtigten zur Ausübung ihrer Option zustehende Frist festzulegen (art. L. 225-183 C.com.). Die Ermächtigung hin-sichtlich noch zu emittierender Aktien beinhaltet den Verzicht der Aktionäre auf ihr Bezugsrecht (art. L. 225-178 (1) C.com.)[219]. Im Übrigen kann die Hauptversammlung die Entscheidungsbefugnisse über die Modalitäten des Aktienoptionsprogramms umfassend auf den Verwaltungsrat/Vorstand delegieren[220]. Im Rahmen der Vorgaben der Hauptversammlung bestimmt der Verwaltungsrat/Vorstand die Bedingungen des Optionsprogramms, wobei er eine Haltefrist von bis zu drei Jahren festlegen kann (art. L. 225-177 (2) C.com.). Er entscheidet über die Begünstigten des Optionsprogramms, soweit die Hauptversammlung dies noch nicht getan hat, und setzt den Ausübungspreis fest[221]. Personen mit Anteilen in Höhe von mehr als 10 % des Grundkapitals können keine Optionen erhalten (art. L. 225-182 (2) C.com.). Bei Optionsprogrammen zugunsten der Mitglieder der Leitungsorgane hat der Verwaltungsrat/Vorstand entweder zu bestimmen, dass die Optionen erst nach Ende des Mandats ausgeübt werden dürfen oder eine Anzahl der nach Ausübung der Optionen ausgegebenen Aktien festzulegen, die erst nach Mandatsende verkauft werden darf (art. L. 225-185 (3) Satz 2 C.com.)[222]. Während der Dauer der Option

216 Vgl. auch *Merle*, Rn. 390, 420; Ferrarini/Moloney in Ferrarini u.a. (Hrsg.), Reforming Company and Takeover Law, 267, 333 f.

217 Vgl. Bericht Ernst & Young an die AMF v. 8. Oktober 2003 für deren Jahresbericht 2004; *Malecki*, Bull. Joly 2005, 1194, 1204.

218 Vgl. *Cozian/Viandier/Deboissy*, Rn. 753; *Valuet/Lienhard*, art. L. 225-177 C.com., 632.

219 Die mit dem *Loi n° 2006-1770* vom 30. Dezember 2006 eingefügte Vorschrift kodifiziert nur die bereits zuvor bestehende Rechtslage; vgl. Foy/de Freminet, Rev. sociétés 2007, 1, 21 f.

220 Vgl. *Cozian/Viandier/Deboissy*, Rn. 754; *Valuet/Lienhard*, art. L. 225-177 C.com., 632, 634.

221 Vgl. *Cozian/Viandier/Deboissy*, Rn. 754.

222 Ausführlich hierzu *Foy/de Fréminet*, Rev. sociétés 2007, 1, 11–20.

darf der Ausübungspreis nicht modifiziert werden (art. L. 225-177 (4) C.com.), es sei denn, die Gesellschaft nimmt nach Beginn der Option kursrelevante Finanzoperationen vor[223]. Für die Festlegung des Ausübungspreises der Aktien nicht-börsennotierter Gesellschaften ist ein detailliertes Verfahren anhand gängiger objektiver Kriterien der Aktienbewertung vorgegeben (art. L. 225-177 (4) Satz 2–4 C.com.). In börsennotierten Gesellschaften darf der Ausübungspreis hingegen nicht weniger als 80 % des Durchschnittskurses der zwanzig der Preisfestlegung vorausgegangenen Börsentage betragen (art. L. 225-177 (4) Satz 5 C.com.). Der konsolidierte *Corporate Governance*-Kodex empfiehlt dringend, keinen Abschlag auf den Börsenkurs zu gewähren (Ziff. 15.3.2 Abs. 6 FCGK).

Insbesondere bei stagnierenden Kursen interessanter für die Begünstigten ist die seit dem 1. Januar 2005 bestehende Möglichkeit der Gesellschaft, ihren Mitarbeitern von der Gesellschaft zurückzukaufende oder noch zu emittierende Aktien in Höhe von bis zu 10 % des Grundkapitals kostenlos zuzuteilen (sog. *attribution d'actions gratuites*, art. L. 225-197-1 ff. C.com.)[224]. Unter den gleichen Bedingungen wie den Angestellten können dem Verwaltungsratspräsidenten, dem Generaldirektor, den delegierten Generaldirektoren und den Vorstandsmitgliedern Aktien zugeteilt werden (art. L. 225-197-1 II. C.com.). Ausgeschlossen von der Ausgabe sind Personen, die 10 % des Grundkapitals besitzen oder durch die Ausgabe erlangten (art. L. 225-197-1 II. (3) C.com.). Das Prozedere nach art. L. 225-197-1 ff. C.com. gleicht dem der Aktienoptionsprogramme.

bb) Partielle Kontrolle der Vergütungsregelungen als *conventions réglementées*

Ein einheitlicher Überwachungsmechanismus für sämtliche Vergütungsbestandteile fehlt im französischen Recht. Das im vorangegangenen Abschnitt zu *related party transactions* beschriebene Kontrollregime der *conventions réglementées* erfasst lediglich zum einen die Vergütungsregelungen der mit den Verwaltungsmitgliedern geschlossenen Verträgen und deren Modifikation, etwa die Erhöhung der vertraglichen Bezüge eines durch einen Dienstvertrag an die Gesellschaft gebundenen Verwaltungsratsmitglieds[225], und zum anderen Sondervergütungen, die der Verwaltungsrat seinen Mitgliedern bewilligt (art. L. 225-46, 225-84 C.com.). Die vom Verwaltungsrat außerhalb eventueller Dienstverträge festgelegte übliche Vergütung des Verwaltungsratsvorsitzenden sowie der Generaldirektoren (art. L. 225-47 (1), 225-53 C.com.) stellt hingegen keine *convention réglementée* dar[226]. Ebenso erfassen die Vorschriften zur *convention réglementée* nicht die Festlegung der üblichen,

---

223 Vgl. *Merle*, Rn. 535.

224 Vgl. *Merle*, Rn. 535, 537; *Cozian/Viandier/Deboissy*, Rn. 759; *Plantin*, JCP éd. E 2005, 524; ausführlich zu den mit dem *Loi n° 2006-1770* vom 30. Dezember 2006 eingefügten Modifikationen *Malecki*, D. 2007, 524, 527–529.

225 Vgl. Cass. soc. v. 8 Dezember 1976, préc., Rev. sociétés 1977, 251, Anm. *Balensi*; Cass. soc. v. 5. November 1982, Rev. sociétés 1983, 567, Anm. *Burgard*; *Merle*, Rn. 400.

226 Zur Nichterstreckung der Regeln über die *conventions réglementées* auf die Festlegung der (gesellschaftsrechtlichen) Vergütung vgl. *Merle*, Rn. 400.

nicht dienstvertraglichen Vorstandsvergütung durch den Aufsichtsrat (art. L. 225-63 C.com.).

In Gesellschaften mit börsennotierten Wertpapieren unterliegen darüberhinaus alle Arten von Verpflichtungen der Gesellschaft[227] zugunsten ihres Verwaltungsratspräsidenten, Generaldirektors, der delegierten Generaldirektoren oder der Vorstandsmitglieder, die Vergütungsbestandteile oder sonstige Vorteile enthalten, die (auch nur möglicherweise) für die Aufgabe oder Änderung der Funktion dieser Personen gezahlt werden, der Überprüfung als *conventions réglementées* (art. L. 225-42-1, 225-90-1 C.com.), also jegliche Abfindungsgestaltungen und Regelungen über „goldene Fallschirme"[228]. Die Abfindung muss an leistungsbasierte Kriterien gebunden sein, deren Einhaltung der Verwaltungsrat/Aufsichtsrat vor jeglicher Auszahlung festzustellen hat (art. L. 225-42-1 (2), (5), 225-90-1 (2), (5) C.com.)[229]. Bei dienstvertraglich an die Gesellschaft gebundenen *P-DG*, Generaldirektoren oder Vorständen einer *S.A.* mit börsennotierten Wertpapieren werden auch die in diesen Verträgen (möglicherweise) für den Fall der Beendigung oder Änderung ihrer Funktion gewährten Vergütungen und sonstigen Vorteile einer Überprüfung nach den soeben geschilderten Regelungen unterzogen (art. L. 225-22-1 i.V.m. art. L. 225-42-1, 225-79-1 i.V.m. art. L. 225-90-1 C.com.). Die Zustimmung des Verwaltungsrats bzw. Aufsichtsrats ist seit dem *Loi en faveur du travail, de l'emploi et du pouvoir* vom 21. August 2007 deutlich schneller als bei sonstigen *conventions réglementées*, nämlich innerhalb von fünf Tagen, bekannt zu machen (art. L. 225-42-1 (3), 225-90-1 (3) C.com. i.V.m. art. R. 225-34-1 (1), 225-60-1 (1) C.com.), um die Aktionäre und den Markt möglichst zügig über die für sie besonders interessanten Vereinbarungen zu informieren[230]. So soll die zur jederzeitigen Abberufung der Verwaltungsratsmitglieder befugte Hauptversammlung über die finanziellen Konsequenzen einer Abberufungsentscheidung in Kenntnis gesetzt werden[231]. Zudem hat die Billigung durch die Hauptversammlung seit dem Reformgesetz für jede zu begünstigende Person individuell zu erfolgen (art. L. 225-42-1 (4), 225-90-1 (4) C.com.)[232], um die allein dem Verwaltungsrat/Aufsichtsrat obliegende Begründung der Abfindungsverpflichtungen zwecks Vermeidung von Exzessen einer verbesserten gesellschaftsinternen Kontrolle zu unterwerfen[233].

---

227 Sowie von ihr kontrollierter und sie kontrollierender Gesellschaften.
228 Zu den denkbaren Gestaltungen und deren umfassender Regulierung durch art. L. 225-42-1, 225-90-1 C.com. vgl. *Malecki*, Bull. Joly 2005, 1194, 1198, 1199; zum auf Funktionsänderungen beschränkten Anwendungsbereich der Vorschriften auch *Le Cannu*, Rev. sociétés 2007, 465, 473; *Paclot/Malecki*, D. 2007, 2481, 2483.
229 Seine Entscheidung hat der Verwaltungsrat/Aufsichtsrat bekannt zu machen (art. L. 225-42-1 (3), 225-90-1 (3) C.com.). Näher zu den Leistungskriterien und dem Prozedere *Le Cannu*, Rev. sociétés 2007, 465, 474–477; *Paclot/Malecki*, D. 2007, 2481, 2484 f.
230 Vgl. *Paclot/Malecki*, D. 2007, 2481, 2488.
231 Vgl. *Malecki*, Bull. Joly 2005, 1194, 1197.
232 Ausführlich hierzu *Le Cannu*, Rev. sociétés 2007, 465, 477; *Paclot/Malecki*, D. 2007, 2481, 2485–2488.
233 Vgl. *Malecki*, Bull. Joly 2005, 1194, 1198.

cc) Veröffentlichungspflichten

Unabhängig von der organisationsrechtlichen Kontrolle durch Ausweitung der Vorschriften zur *convention réglementée* auf einige Vergütungsformen sind die Verwaltungsräte/Aufsichtsräte von Aktiengesellschaften mit an organisierten Märkten notierten Wertpapieren verpflichtet, die von ihnen bei der Bestimmung der Vergütung und sonstiger Vorteile der Mandatsträger der Gesellschaft angewandten Regeln im Lagebericht offen zu legen (art. L. 225-37 (7), 225-68 (7) C.com.). Darüberhinaus müssen sie in solchen Gesellschaften die Hauptversammlung umfassend über die jedem einzelnen Mandatsträger gewährte Vergütung informieren. Im Lagebericht müssen für jeden Mandatsträger gesondert die Gesamtvergütung sowie jegliche ihm sonst gewährten Vorteile, insbesondere Aktienoptionsprogramme, ausgewiesen werden (art. L. 225-102-1 (1), (7) C.com.). Gesellschaften ohne an organisierten Märkten notierte Wertpapiere müssen die Aktionäre demgegenüber lediglich über die Gesamtsumme des insgesamt den je nach Größe der Gesellschaft fünf bzw. zehn höchstbezahlten Mitarbeitern vergüteten Betrages informieren (art. L. 225-115 n° 4 C.com.)[234]. Über die von der Gesellschaft durchgeführten Aktienoptionsprogramme müssen alle *Sociétés Anonymes*, auch solche ohne börsennotierte Wertpapiere, zudem jährlich der Hauptversammlung einen Sonderbericht erstatten, indem insbesondere die Zahl der im Geschäftsjahr den Mandatsträgern und den zehn sonstigen Mitarbeitern mit den meisten Optionen gewährten Optionen und der Ausübungspreis, die Zahl der ausgeübten Optionen und die Zahl der Weiterverkäufe für jeden Begünstigten einzeln aufzuschlüsseln sind (art. L. 225-184 C.com.)[235]. Der Lagebericht von Gesellschaften mit börsennotierten Wertpapieren muss zudem sämtliche Zusagen der Gesellschaften über Vergütungen, Abfindungen oder sonstigen Vorteilszuwendungen für den Fall der Übernahme, Aufgabe oder Änderung des Mandats beinhalten (art. L. 225-102-1 (3), (7) C.com.). Der konsolidierte Corporate Governance-Kodex empfiehlt börsennotierten Gesellschaften insofern die Aufnahme eines dreigeteilten Vergütungsberichts in ihren Jahresabschluss (Ziff. 15.3.1 Abs. 3 FCGK). Der erste Teil soll die allgemeine Vergütungspolitik schildern, der zweite die individuelle Vergütung der einzelnen Verwaltungsratsmitglieder und der dritte Teil die individuellen und kumulierten Anwesenheitsmarken sowie die Regeln ihrer Zuteilung. Art. L. 823-10 (2) C.com. verpflichtet die Abschlussprüfer ausdrücklich, die Richtigkeit der hinsichtlich der Vergütung und sonstiger den Verwaltungsmitgliedern gewährten Vorteilen zur Verfügung gestellten Informationen zu überwachen. Bei Verletzung der Informationspflichten hinsichtlich der Gewährung von Vorteilen für die Übernahme, Beendigung oder Änderung der Mandatsträgerschaft können die betroffenen Vereinbarungen angefochten werden (art. L. 225-102-1 (3) Satz 4 C.com.). Im Übrigen ist die Verletzung der Informationspflichten gesetzlich nicht sanktioniert, so dass der Hauptversammlung

---

234 Vgl. *Cozian/Viandier/Deboissy*, Rn. 504; *Storck*, ECFR 2004, 36, 50.
235 Ausführlich zum Inhalt des Berichts vgl. *Valuet*, Bull. Joly 2001, 741, 743 sowie die Empfehlungen in Ziff. 15.3.2 FCGK.

allein die Abwahl des seine Informationspflichten verletzenden Verwaltungsrats/Vorstands bleibt[236].

d) Vergütung der Verwaltungsmitglieder in der plc

aa) Festlegung der Vergütungsbestandteile und Ausgabe von Aktienoptionen

Im britischen Recht fehlt eine gesetzliche Regelung zur Festsetzung der Vergütung der Verwaltungs-ratsmitglieder[237]. Nach *Common Law*-Grundsätzen führt die bloße Berufung auf einen Verwaltungsratsposten nicht zu Gehaltsansprüchen der betroffenen Person[238]. Die *articles* können eine Vergütung vorsehen (so Art. 82 Table A, Art. 23 Schedule 3). Eine solche Satzungsbestimmung führt aber nicht zu vollstreckbaren Ansprüchen der Verwaltungsratsmitglieder[239]. Üblicherweise resultiert der Vergütungsanspruch vielmehr aus einem zwischen der Gesellschaft und dem Verwaltungsratsmitglied geschlossenen Dienstvertrag[240]. Für die Auslegung dieses Vertrags kann dann bei Unklarheiten auf eine Vergütungsregelung in den *articles* zurückgegriffen werden[241]. Die Mustersatzung des *Table A* geht noch grundsätzlich von einer Festsetzung der Vergütung der Verwaltungsratsmitglieder durch einfachen Hauptversammlungsbeschluss aus (Art. 82 Table A), überlässt die praktisch entscheidendere Festsetzung der Bedingungen der zusätzlich mit den geschäftsführenden Verwaltungsratsmitgliedern geschlossenen Arbeitsverträge mitsamt deren Vergütungsregelungen aber dem Verwaltungsrat (Art. 84 Table A)[242]. Nach der neuen Mustersatzung des *Schedule 3* soll der Verwaltungsrat generell zur Festsetzung aller Vergütungsarten und -bestandteile der Verwaltungsratsmitglieder zuständig sein (Art. 23 (2), (3) Schedule 3). Zusätzlich kann der Verwaltungsrat ausgeschiedenen Verwaltungsratsmitgliedern Pensionen oder sonstige Vorteile gewähren (Art. 87 Table A, Art. 23 (3)(b) Schedule 3). Der *Combined Code* geht hierbei von einer Festsetzung der Bezüge der geschäftsführenden Verwaltungsratsmitglieder durch einen ausschließlich aus unabhängigen nicht-geschäftsführenden Verwaltungsratsmitgliedern bestehenden Vergütungsausschuss aus (lit. B.2.1., 2.2. Combined Code). Leistungsbasierte Vergütungskomponenten sollen einen wesentlichen Bestandteil der Vergütung geschäftsführender Verwaltungsratsmitglieder ausmachen, ihre Interessen denen der Aktionäre anpassen und sie zu größtmöglicher Leistung motivieren (lit. B.1, 1.1 Combined Code)[243]. Die Vergütung der nicht-geschäftsführenden Verwaltungsratsmitglieder soll vom Verwaltungsrat

---

236 Vgl. *Dom*, Rev. sociétés 2001, 533, 541.
237 Vgl. *Siems*, Konvergenz der Rechtssysteme, 207.
238 Vgl. Re George Newman and Co. (1895) 1 Ch 674; *Dine/Koutsias*, 153.
239 Vgl. ausführlich *Dine/Koutsias*, 154 f.
240 Vgl. *Dine/Koutsias*, 154.
241 Vgl. Re New British Iron Company Ex Parte Beckwith (1898) 1 Ch 324; Re Richmond Gate Property Co. Ltd (1965) 1 WLR 335; *Dine/Koutsias*, 154.
242 Zum Differenzierung zwischen der Vergütung als Verwaltungsratsmitglied (*remuneration as director*) und der in der Praxis im Vordergrund stehenden dienstvertraglichen Vergütung vgl. *Davies*, Gower's Company Law, 402.
243 Der Kodex enthält in seinem *Schedule A* inhaltliche Empfehlungen zur Gestaltung leistungsabhängiger Vergütungskomponenten.

festgesetzt werden (es sei denn, die Hauptversammlung ist nach den *articles* zuständig) und grundsätzlich keine Aktienoptionen enthalten (lit. B.1.3, 2.3 Satz 1 Combined Code). Bei Zulassung in den *articles* kann der Verwaltungsrat die Festlegung an einen Ausschuss delegieren (lit. B.2.3 Satz 2 Combined Code). Generell sollte kein Verwaltungsratsmitglied an der Festsetzung seiner eigenen Vergütung beteiligt sein (lit. B.2 Satz 2 Combined Code). Der Kodex strebt zurückhaltende und leistungsbezogene Vergütungs- und Pensionszusagen und den Abschluss von Arbeitsverträgen auf höchstens ein Jahr an, um unter anderem die Belohnung schlechter Leistung durch hohe Abfindungszahlungen zu vermeiden (lit. B.1.5, 1.6 Combined Code).

Aktienoptionsprogrammen für die Mitarbeiter der *plc* (und damit auch für die in aller Regel dienstvertraglich an die Gesellschaft gebundenen geschäftsführenden Verwaltungsratsmitglieder[244]) kann der Verwaltungsrat grundsätzlich ohne zustimmenden Hauptversammlungsbeschluss einführen. Weder bedarf die für das Optionsprogramm notwendige Kapitalerhöhung der Zustimmung der Hauptversammlung oder einer Zulassung in den *articles* (ss. 549 (1), (2)(a) CA 2006), noch besteht ein gesetzliches Bezugsrecht der Aktionäre (ss. 561 (5), 566 CA 2006), für dessen Ausschluss ein Hauptversammlungsbeschluss erforderlich wäre. In Gesellschaften mit am organisierten Markt der *Official List* notierten Aktien verlangen jedoch die *Listing Rules* für die Einführung und Modifikation von Aktienoptionsprogrammen sowie sonstiger langfristiger Anreizprogramme (im Sinne der Definition der *Listing Rules*[245]) für Verwaltungsratsmitglieder die vorherige Zustimmung durch die Hauptversammlung (LR 9.4.1)[246]. Auch der *Combined Code* empfiehlt eine Billigung aller Anreizprogramme sowie ihrer wesentlichen Änderung durch die Hauptversammlung (lit. B.2.4 Combined Code). Ohne Zustimmung der Hauptversammlung darf der Ausübungspreis von Aktienoptionen für Verwaltungsmitglieder nicht unterhalb des Börsenkurses des Tages seiner Bestimmung, des vorangegangenen Handelstages oder des Durchschnittspreises der bis zu 30 vorangegangenen Handelstage festgelegt werden (LR 9.4.4). Auch der *Combined Code 2006* empfiehlt insofern, geschäftsführenden Verwaltungsratsmitgliedern Aktienoptionen außerhalb der durch die *Listing Rules* zugelassenen Konstellationen nicht mit einem Rabatt zu gewähren (s. B.1.2 Combined Code). An nicht geschäftsführende Verwaltungsratsmitglieder sollten Aktienoptionen hingegen grundsätzlich gar nicht und ausnahmsweise nur mit vorheriger Zustimmung der Hauptversammlung und unter Festlegung einer Haltefrist von mindestens einem Jahr ab dem Zeitpunkt des Ausscheidens des nicht-geschäftsführenden Verwaltungsratsmitglieds aus seiner Posi-

244 Vgl. *Davies*, Gower's Company Law, 403.
245 Im Anhang der *Listing Rules* werden *long-term incentive schemes* wie folgt definiert: Jede Gestaltung (außerhalb eines Pensionsplans, eines hinausgeschobenen Bonuses oder eines anderen Bestandteils eines Vergütungspakets eines geschäftsführenden Verwaltungsratsmitglieds), die den Empfang von Werten durch Verwaltungsratsmitglieder oder Angestellte der Gesellschaft bewirken kann, an eine Bedingung hinsichtlich der Leistungserbringung durch diese Personen geknüpft ist und der Gesellschaft Kosten oder Leistungspflichten verursachen kann.
246 Vgl. auch *Davies*, Gower's Company Law, 403.

tion ausgegeben werden (s. B.1.3 Combined Code). Haltefristen regulieren die *Listing Rules* über den *Model Code on Directors' Dealings in Securities* in LR 9 Annex 1, zu dessen Befolgung die an der *Official List* notierten Gesellschaften ihre Management- und alle Verwaltungsratsmitglieder verpflichten müssen (LR 9.2.8). Personen mit Managementfunktionen dürfen mit den Aktien der Gesellschaft grundsätzlich nicht ohne vorherige Zustimmung (*clearance*) des Verwaltungsratsvorsitzenden (bei Verwaltungsratsmitgliedern) bzw. des Gesellschaftssekretärs oder zuständigen Verwaltungsratsmitglieds (bei sonstigen Personen mit Managementfunktionen) handeln (Ziff. 3, 4 (a), (e) des Model Code). Die Zustimmung ist stets zu versagen, wenn die Wertpapiere noch nicht ein Jahr gehalten werden, während sie im Übrigen im Ermessen des Verwaltungsrats liegt (Ziff. 8 (b)).

Will der Verwaltungsrat einem Mitglied, dass keine vertraglichen Schadensersatz- oder Abfindungsansprüche hat, dennoch eine Abfindung zuerkennen, so muss er diese von der Hauptversammlung genehmigen lassen (s. 217 CA 2006)[247]. Ohne Zustimmung der Hauptversammlung geleistete Zahlungen hält das begünstigte Verwaltungsratsmitglied als Treuhänder der Gesellschaft, während die verantwortlichen Verwaltungsratsmitglieder der Gesellschaft ersatzpflichtig sind (s. 222 (1) CA 2006). (Dienst-)vertragliche Schadensersatz- oder Abfindungsansprüche, die vor dem Anlass der Amtsbeendigung vereinbart wurden, sind von dem Zustimmungserfordernis explizit ausgenommen (s. 220 CA 2006). Um diese beurteilen zu können, sind die Dienstverträge mit Verwaltungsratsmitgliedern öffentlich zugänglich zu halten (s. 228 CA 2006). Zudem dürfen Dienstverträge, um hohe Abfindungszahlungen zu vermeiden, ohne Zustimmung der Hauptversammlung maximal für eine Laufzeit von zwei Jahren abgeschlossen werden (s. 188 CA 2006), wobei das Zustimmungserfordernis aber durch die Praxis rollierender Vertrage umgangen werden kann[248]. Der *Combined Code* strebt insofern eine Laufzeit von höchstens einem Jahr an (lit. B.1.6 Combined Code).

bb) Veröffentlichungspflichten

Nachdem die Offenlegung der Vergütungen unter der Vorgängerregelung der *Listing Rules* als ungenügend befunden wurde[249], sind die Verwaltungsräte börsennotierter Gesellschaften nunmehr gesetzlich verpflichtet, jährlich einen Bericht zur Vergütung der Verwaltungsratsmitglieder (*directors' remuneration report*) anzufertigen (s. 420 CA 2006). Sein erforderlicher Inhalt, die Art und Weise seiner Publikation und die Frage, welche seiner Elemente der Prüfung unterliegen, wird durch eine Verordnung entsprechend der Grundsätze der in Schedule 7 zum CA 1985 enthaltenen *Directors' Remuneration Report Regulation 2002* geregelt werden (s. 421 (1), (2) CA 2006)[250]. Die Vergütungsbestandteile sind danach auf die einzelnen Mitglieder

247 Ausführlich hierzu *Mayson/French/Ryan*, 430.
248 Vgl. bereits oben in Kapitel 4 unter II.3.a)aa)(3).
249 Vgl. DTI, *Directors' Remeration: A Consultative Document*, Dezember 2001 (Urn 01/1400), Ziff. 2.12; *Davies* in Hopt u.a. (Hrsg.), Corporate Governance in Context, 163, 175.
250 Vgl. DTI, *Implementation of the Companies Act 2006: A Consultative Document*, 2007, Ziff. 2.123–2.142; *Mayson/French/Ryan*, 431.

namentlich bezogen aufzuschlüsseln, während nicht börsennotierte Gesellschaften lediglich Daten ohne Bezug auf namentlich genannte Verwaltungsratsmitglieder zu veröffentlichen haben[251]. Zusätzlich zu den durchschnittlichen Bezügen der Mitglieder, die auch nicht börsennotierte Gesellschaften in den Anhang zum Jahresabschluss aufzunehmen haben, müssen börsennotierte Gesellschaften in ihrem Vergütungsbericht unter anderem Informationen zum Vergütungsausschuss, der Vergütungspolitik sowie personenbezogene Angaben zu den Dienstverträgen, Bezügen, Abfindungsvereinbarungen und Aktienoptionen der einzelnen Mitglieder, ihren Interessen in langfristigen Anreizprogrammen, ihren Pensionsansprüchen und sonstigen Versorgungszusagen sowie zu den an ausgeschiedene Verwaltungsratsmitglieder gezahlten Abfindungen aufnehmen[252]. Zusätzlich verlangen die *Listing Rules* weitere, über die Vorgaben der s. 420 CA 2006 hinausgehende, personenbezogene Angaben zu den Vergütungsbestandteilen, Pensionsmodellen und sonstigen den Verwaltungs-ratsmitgliedern gewährten Vorteilen (LR 9.8.6 (7), 9.8.8, 9.8.9). Alle vergütungsrelevanten Angaben werden in die Abschlussprüfung miteinbezogen (s. 497 CA 2006, LR 9.8.11). Der Vergütungsbericht für das letzte Geschäftsjahr wird auf der Jahreshauptversammlung durch ordentlichen Hauptversammlungsbeschluss gebilligt (s. 439 (1) CA 2006). Die Missbilligung des Vergütungsberichts hat keine direkten Auswirkungen auf die Vergütungsansprüche der Verwaltungsratsmitglieder (s. 439 (5) CA 2006), sondern nur empfehlenden Charakter, ist aber ein deutlicher Hinweis an die Verwaltung[253]. In der Praxis hat der Missbilligungsbeschluss zu einer erheblich kritischeren Diskussion der Vergütungen auf den Jahreshauptversammlungen großer britischer Gesellschaften geführt[254].

2. Vorliegen von und Bedürfnis für Börsengesellschaftsrecht zur Vergütung der Leitungsorgane

Die Vergütung der Mitglieder des Leitungsorgans ist eine Materie, in der eine wechselseitige Bevorzugung durch die beteiligten Organmitglieder zulasten der Aktionäre droht. Es besteht die Gefahr, dass die Mitglieder des die Vergütung festsetzenden Organs die Angemessenheit der Vergütung nicht allzu kritisch hinterfragen in der Erwartung, im Gegenzug hinsichtlich der eigenen Vergütung eine vergleichbare Behandlung erwarten zu können[255]. Im dualistischen System entsteht aufgrund der Abhängigkeit des Hauptversammlungsbeschlusses über die Auf-

---

251 Vgl. *Mayson/French/Ryan*, 431.

252 Vgl. die Aufzählung bei *Mayson/French/Ryan*, 431 f. Zum Inhalt des *Directors' Remuneration Reports* auch Ferrarini/Moloney in Ferrarini u.a. (Hrsg.), Reforming Company and Takeover Law in Europe, 267, 322–324; *Davies*, Gower's Company Law, 314 f.

253 Vgl. *Thüsing*, DB 2003, 1612, 1614.

254 Vgl. Ferrarini/Moloney in Ferrarini u.a. (Hrsg.), Reforming Company and Takeover Law, 267, 307 f. unter Schilderung zahlreicher Beispiele.

255 Vgl. *Davies*, Gower's Company Law, 402; ähnlich *Roth/Wörle*, ZGR 2004, 565, 615; *Hertig/Kanda* in Kraakman u.a., Anatomy of Corporate Law, 101, 102; Ferrarini/Moloney in Ferrarini u.a. (Hrsg.), Reforming Company and Takeover Law, 267, 274.

sichtsratsvergütung von der Empfehlung des Vorstands ein Funktionszusammenhang, innerhalb dessen der Aufsichtsrat durch Erhöhung der Vorstandsbezüge eine Befürwortung einer höheren eigenen Vergütung bewirken kann[256]. Im monistischen System mit seiner Festsetzung der Vergütung der einzelnen Verwaltungsratsmitglieder durch den Verwaltungsrat droht eine unmittelbare gegenseitige Bevorteilung[257]. Damit wird die Vergütung in allen Gesellschaften im Streubesitz nicht im Rahmen eines funktionierenden Aushandlungsprozesses, sondern institutionell bedingt unausgewogen zugunsten der Verwaltungsmitglieder festgesetzt, so dass strukturell ein Marktversagen vorliegt[258]. Demgegenüber haben kontrollierende Großaktionäre einen deutlich mäßigenden Einfluss auf das Vergütungsniveau[259]. Ein exzessives Vergütungsniveau kann das Anlegervertrauen beeinträchtigen und so die Eigenkapitalfinanzierung der börsennotierten Gesellschaften verteuern. Dementsprechend versuchen die untersuchten Jurisdiktionen, das beschriebene Marktversagen bei der Vergütungsgestaltung auf der einen Seite durch eine möglichst transparente und objektive Festlegung der Vergütung unter Vermeidung der gegenseitigen Bevorzugung durch die Verwaltungsmitglieder, vor allem durch möglichst mit unabhängigen Mitgliedern besetzte Vergütungsausschüsse im Verwaltungs- oder Aufsichtsrat, zu verhindern. Darüberhinaus unterstellt jedenfalls das französische Recht diverse Vergütungsgestaltungen der besonderen Kontrolle als *conventions réglementées* und damit unter anderem einem empfehlenden Hauptversammlungsbeschluss. Zum anderen müssen börsennotierte Gesellschaften in allen untersuchten Rechtsordnungen (in Frankreich alle Aktiengesellschaften mit börsennotierten Wertpapieren) die durchgeführten Vergütungsprogramme individuell auf die Verwaltungsmitglieder bezogen gegenüber der Hauptversammlung aufschlüsseln und in Großbritannien sodann einem bloß empfehlenden Hauptversammlungsbeschluss unterwerfen.

a) *Vergütungsausschüsse*

Entsprechend der Empfehlung der EU-Kommission zu unabhängigen Organmitgliedern und Ausschüssen in börsennotierten Gesellschaften wirken die *Corporate Governance*-Kodizes aller untersuchten Rechtsordnungen auf die Bildung von Vergütungsausschüssen im Verwaltungsrat bzw. Aufsichtsrat hin. Der Deutsche Cor-

---

256 Vgl. *Roth/Wörle*, ZGR 2004, 565, 615; in diesem Sinne auch *Le Cannu*, Rev. sociétés 2007, 465, 467.

257 Vgl. auch *Davies* in Hopt u.a. (Hrsg.), Corporate Governance in Context, 163, 171; grundlegend *Bebchuk/Fried*, Pay Without Performance; kritische Würdigung ihrer Aussagen bei *Bainbridge*, 83 Texas L. Rev. (2004–2005), 1615 ff.

258 Vgl. *Davies*, Gower's Company Law, 402; auch Ferrarini/Moloney in Ferrarini u.a. (Hrsg.), Reforming Company and Takeover Law, 267, 299, 317.

259 Vgl. Ferrarini/Moloney in Ferrarini u.a. (Hrsg.), Reforming Company and Takeover Law, 267, 309, 317 f.; *Elston/Goldberg*, 27 J. Bank. & Fin. 27 (2003), 1391 ff., deren Untersuchung deutscher Aktiengesellschaften zu dem Ergebnis kommt, dass die Vergütungen der Vorstandsmitglieder umso geringer sind, je höher die Anteilskonzentration ist; auch *Adams*, ZIP 2002, 1325 ff. unter Heranziehung der dies bestätigenden Befunde bei BMW (konzentrierter Anteilsbesitz) und DaimlerChrysler (Streubesitz).

porate Governance Kodex regt die Bildung eines Aufsichtsratsausschusses unter anderem zur Vorbereitung der Anstellungsbedingungen der Vorstandsmitglieder und damit auch ihrer Vergütung an (Ziff. 5.1.2, 5.3.4 DCGK), ohne sich zu seiner Besetzung zu äußern. Das Aufsichtsratsplenum soll auf Vorschlag des die Vorstandsverträge behandelnden Gremiums über die Struktur des Vergütungssystems beraten, die Struktur regelmäßig überprüfen und die Vergütung der einzelnen Vorstandsmitglieder in angemessener Höhe auf Grundlage einer Leistungsbeurteilung festlegen (Ziff. 4.2.2 DCGK). Dem französischen konsolidierten Corporate Governance-Kodex zufolge soll die Vorbereitung der Gehaltsentscheidungen des Verwaltungsrats bzw. Aufsichtsrats durch möglichst transparent arbeitende und mehrheitlich mit unabhängigen Verwaltungsratsmitgliedern sowie ohne geschäftsführende Mitglieder besetzte Vergütungsausschüsse erfolgen (Ziff. 15 FCGK). Schließlich geht der britische *Combined Code* von einer Delegation der Kompetenz zur Festsetzung der Bezüge der geschäftsführenden Verwaltungsratsmitglieder an einen ausschließlich aus nicht-geschäftsführenden Verwaltungsratsmitgliedern bestehenden Vergütungsausschuss aus (lit. B.2.1., 2.2. Combined Code). Neben den allgemein für die Bildung von Ausschüssen sprechenden Effizienzgesichtspunkten[260] soll die Vorbereitung bzw. in Großbritannien die Vornahme der Gehaltsentscheidungen durch möglichst von den zu begünstigenden Personen unabhängige Personen den Einfluss der interessierten Personen auf die Entscheidungsfindung relativieren und so die Qualität der Entscheidung erhöhen. Während die Kosten der Einschaltung eines Vergütungsausschusses für die Gesellschaft angesichts der durch ihn bewirkten allenfalls geringen Verzögerung der Entscheidungsabläufe gering sind, scheint seine Eignung zur Bewältigung der im Rahmen der Vergütungsgestaltung drohenden Konflikte – vor allem angesichts der gerade in Vergütungsfragen nur schwer zu garantierenden Unabhängigkeit seiner Mitglieder – fraglich[261]. Die Einschaltung eines möglichst unabhängigen Gremiums kann die Nachvollziehbarkeit und Objektivität der Vergütungsfestlegung erhöhen und ist deshalb vor dem Hintergrund ihrer geringen Kosten zu befürworten. Sie ist aber angesichts von Faktoren wie der weiterhin möglichen persönlichen Verbundenheit der Gremiumsmitglieder zu den betroffenen Personen sowie den zahlreichen denkbaren Interessenkongruenzen[262] als alleiniges Mittel zur Gewährleistung einer adäquaten Vergütungsgestaltung nicht ausreichend. Dies zeigt sich auch daran, dass Vergütungsausschüsse in der Praxis verschiedener Rechtsordnungen exzessive Vergütungsgestaltungen nicht haben verhindern können[263]. Vor diesem Hintergrund kann auch eine allgemeine Ausweitung der Kodexempfehlungen auf sämtliche Gesellschaften mit einer Notierung anderer Wertpapiere als Aktien an einem organisierten Markt, wie sie der EU-Empfehlung vorschwebt, nicht befürwortet werden.

---

260 Zu diesen oben in Kapitel 4 unter II.4.b)aa).

261 Vgl. *Hertig/Kanda* in Kraakman u.a., Anatomy of Corporate Law, 101, 109.

262 Überblicksartig hierzu Ferrarini/Moloney in Ferrarini u.a. (Hrsg.), Reforming Company and Takeover Law, 267, 301–303.

263 Vgl. insofern auch *Cheffins*, Company Law, 700; *Thüsing*, ZIP 2005, 1389, 1391 (für die USA); *Malecki*, Bull. Joly 2005, 1194, 1204 (für Frankreich).

Gesellschaften ohne börsennotierte Aktien werden in aller Regel kontrollierende Großgesellschafter haben, die exzessive Vergütungen verhindern können. Von daher besteht in ihnen üblicherweise kein der börsennotierten Publikumsgesellschaft vergleichbares Kontrolldefizit bei der Vergütungsgestaltung, das durch einen Vergütungsausschuss – mit zweifelhafter Effektivität – zu relativieren wäre. Die Verpflichtung zur Abgabe einer Entsprechenserklärung zur Befolgung einer Empfehlung zur Einrichtung eines Vergütungsausschusses stellte sich für Gesellschaften mit anderen börsennotierten Wertpapieren als Aktien deshalb weitestgehend als eine nicht durch Effizienzgewinne gerechtfertigte Belastung dar.

b) Sonstige Kontrollvorkehrungen (inkl. Vergütungspublizität)

Im Übrigen sehen die untersuchten Rechtsordnungen neben der für börsennotierte Gesellschaften mittlerweile durchgängig verpflichtenden detaillierten personenbezogenen Vergütungspublizität verschiedene organisationsrechtliche Kontrollmechanismen vor. Das französische Recht versucht die Kontrolle und Publizität der vertraglichen Abfindungsregelungen und verwandter Gestaltungen zugunsten dienstvertraglich an Gesellschaften mit börsennotierten Wertpapieren gebundener Generaldirektoren bzw. Vorstandsmitglieder zu gewährleisten, indem es sie den Vorschriften der *conventions réglementées* unterstellt (art. L. 225-22-1, 225-79-1 C.com.). Außervertragliche Verpflichtungen solcher Gesellschaften zugunsten ihres *P-DG*, ihres Generaldirektors, der delegierten Generaldirektoren oder Vorstandsmitglieder, die Leistungszusagen enthalten, die (möglicherweise) für den Fall der Aufgabe oder Änderung der Funktion dieser Personen gelten, unterfallen ebenfalls dem Regime der *conventions réglementées*, allerdings seit 2007 unter personenbezogener Billigung durch die Hauptversammlung (art. L. 225-42-1, 225-90-1 C.com.). Das Kontrollrégime der *conventions réglementées* erfasst zudem die Vergütungsregelungen in zwischen der Gesellschaft und den Mitgliedern der Verwaltung geschlossenen Verträgen und deren Modifikation sowie Sondervergütungen, die der Verwaltungsrat seinen Mitgliedern bewilligt (art. L. 225-46, 225-84 C.com.). Demgegenüber unterliegt die übliche, nichtvertragliche Vergütung nicht dem Kontrollregime. Dabei verwundert, warum die Transparenzvorschriften und die Kontrollvorkehrungen für die Vergütung der Mandatsträger in *Sociétés Anonymes* mit börsennotierten Wertpapieren nicht parallel geregelt sind[264]. Während auch die für die Amtsübernahme und während der Amtsausübung gewährten nichtvertraglichen Vergütungen und sonstigen Vorteile gemäß art. L. 225-102-1 (1), (3) C.com. im Lagebericht zu publizieren sind, werden sie – im Gegensatz zu den für den Fall der Beendigung oder Änderung des Mandats gewährten Vorteilen sowie allen dienstvertraglichen Vergütungsbestandteilen – nicht dem Kontrollverfahren der *conventions réglementées* unterstellt. Eine hinreichende Grundlage für die Differenzierung ist nicht ersichtlich, zumal eine einheitliche Behandlung aller Vergütungsfragen die unter Umständen schwierige Abgrenzung zwischen für die Amtsausübung oder -übernahme

---

264 Vgl. auch *Malecki*, Bull. Joly 2005, 1194, 1199, 1202.

gewährten und anlässlich der Beendigung oder Änderung der Funktion versprochenen Vorteilen vermiede[265].

Des Weiteren scheint die Effizienz der Kontrolle der Vergütungsregelungen anhand des Systems für die *conventions réglementées* zweifelhaft[266]. Während der Verwaltungsrat/Aufsichtsrat bei den üblichen *conventions réglementées*, also Geschäften der Gesellschaft mit verbundenen Parteien, gemäß art. L. 225-38 (1), 225-88 (1) C.com. auf erster Stufe des Kontrollverfahrens über von der Geschäftsführung der Gesellschaft (also dem/den Generaldirektor(en) oder dem Vorstand) abzuschließende Geschäfte beschließt und diese so noch beeinflussen kann, kontrolliert er mit den Vergütungsregelungen Materien, über die er selbst zuvor entschieden hat. Da davon auszugehen ist, dass der Verwaltungsrat/Aufsichtsrat seine gerade erst getroffene Entscheidung nicht umgehend revidieren wird, ist die Kontrollstufe wenig sinnvoll[267]. Als Kontrolle verbleibt allein die der Hauptversammlung eröffnete Möglichkeit, nach Bericht durch den Abschlussprüfer die Zustimmung zur Gesamtheit der Geschäfte des Berichtszeitraums zu verweigern (art. L. 225-40 (2)–(4), 225-88 (2)–(4) C.com.), ein wenig präziser und angesichts der regelmäßigen Beschränkung der Sonderberichte auf einen Minimalgehalt ineffizienter Sanktionsmechanismus. Lediglich hinsichtlich der Abfindungsgestaltungen, nicht aber hinsichtlich der ebenfalls der Kontrolle als *convention réglementée* unterliegenden sonstigen vertraglichen Vergütungsbestandteile, wurde dieses Manko durch die seit 2007 erforderliche personenbezogene Billigung beseitigt. Wünschenswert wäre insofern eine Ausweitung der personenbezogenen Einzelgenehmigung nach art. L. 225-42-1 (4), 225-90-1 (4) C.com. auf die sonstigen Vergütungsgestaltungen, um so eine ansatzweise präzise Missbilligung zu ermöglichen.

Im französischen Schrifttum wird überdies hinterfragt, warum die Ausweitung der Kontrollvorschriften der *conventions réglementées* auf Vorteilsvereinbarungen anlässlich der Beendigung oder Änderung eines Gesellschaftsmandats nur Aktiengesellschaften mit börsennotierten Wertpapieren erfasst[268]. Die Aktionäre nicht-börsennotierter Gesellschaften könnten an den im Zuge des Verfahrens veröffentlichten Informationen ebenso interessiert sein. Gegen eine solche Erstreckung spricht aber schon die soeben aufgezeigte Ineffizienz der Kontrolle einer Verwaltungsrats-/Aufsichtsratsentscheidung durch eben diese Organe, wie sie das Regime der *conventions réglementées* vorsieht. Es erscheint nicht sinnvoll, ein ineffizientes Verfahren auszuweiten. Zudem ist das Verfahren der *conventions réglementées* aufgrund der Erforderlichkeit eines Sonderberichts des Abschlussprüfers und eines Hauptversammlungsbeschlusses kosten- und zeitintensiv. Es stellte für Gesellschaften ohne börsennotierte Wertpapiere daher eine schwerwiegende Belastung dar, die regelmäßig nicht durch das Ziel der besseren Kontrolle der Abfindungsregelungen für die Verwaltungsmitglieder zu rechtfertigen wäre. Bei den französischen Aktiengesell-

265 So auch *Malecki*, Bull. Joly 2005, 1194, 1203.
266 Vgl. hierzu *Malecki*, Bull. Joly 2005, 1194, 1203.
267 So auch *Malecki*, Bull. Joly 2005, 1194, 1203.
268 So *Malecki*, Bull. Joly 2005, 1194, 1197.

schaften ohne börsennotierte Wertpapiere handelt es sich weit überwiegend um Gesellschaften mit überschaubarer Aktionärsstruktur. In derart strukturierten Gesellschaften stellt sich das Problem der Trennung von Eigentümerstellung und Gesellschaftskontrolle nicht mit gleicher Vehemenz wie in den börsennotierten Publikumsgesellschaften. Regelmäßig hat eine ausreichende Zahl der Gesellschafter direkten Einfluss auf die Verwaltungs-/Aufsichtsratsmitglieder und kann so auch Vergütungsvereinbarungen für die Beendigung oder Änderung von Direktoriums- oder Vorstandspositionen beeinflussen, ohne dazu einer besonderen Hauptversammlungskompetenz zu bedürfen. Zudem sind in der Gesellschaft ohne börsennotierte Wertpapiere regelmäßig genügend Gesellschafter unternehmerisch engagiert, so dass unterstellt werden kann, dass sie die für die Beurteilung der Adäquanz von Abfindungsregelungen für Geschäftsleiter erforderlichen Kenntnisse haben und hierzu einer Sonderprüfung nicht bedürfen. Diese Argumente gelten aber nicht nur für Gesellschaften ohne börsennotierte Wertpapiere, sondern auch für die vom Kontrollregime der *conventions réglementées* erfassten Aktiengesellschaften, die lediglich andere Wertpapiere als börsennotierte Aktien an einem organisierten Markt notiert haben. Ohne Börsennotierung von Aktien haben sie einen überschaubaren Aktionärskreis mit einer ausreichenden Zahl unternehmerisch tätiger Großaktionäre, die die gesellschaftsinterne Kontrolle wahrnehmen und ein exzessives Vergütungsniveau verhindern können. Da die kontrollierenden Großaktionäre ohnehin bestimmenden Einfluss auf die Vergütungsgestaltung ausüben, bedürfen diese Gesellschaften nicht der aufwändigen Kontrollprozedur mit Vorlagen an den Verwaltungs-/Aufsichtsrat, Prüfung der Vergütungsgestaltungen durch die Abschlussprüfer und Billigung durch die Hauptversammlung. Die Erstreckung dieser Prozedur auf Gesellschaften ohne börsennotierte Aktien verursachte daher Kosten, die nicht durch Gewinne in der Kontrollqualität ausgeglichen werden. Von daher sollte ein Kontrollregime nach dem Muster der *conventions réglementées* mit personenbezogener Einzelbilligung der Vergütungsgestaltungen auf Gesellschaften mit börsennotierten Aktien beschränkt werden.

Das Recht des Vereinigten Königreichs versucht der Gefahr eines Marktversagens bei der Festsetzung der Vergütung demgegenüber zum einen durch den Zustimmungsvorbehalt zugunsten der Hauptversammlung bei einem Vertragsschluss von über zwei Jahren (s. 188 CA 2006) zu begegnen. Der betroffene Vertrag mitsamt seiner Vergütungsregelung ist der Hauptversammlung vorzulegen (s. 188 (5) CA 2006), so dass sie überzogene Vergütungen durch Verweigerung der Zustimmung zum Vertragsschluss verhindern könnte. Tatsächlich ist der Zustimmungsvorbehalt für langfristige Verträge jedoch kaum zur Sanktion überhöhter Vergütungen geeignet, da die Praxis ihn durch den Abschluss der sog. *rolling contracts* umgeht. Einen weiteren Aspekt vergütungsrelevanter Kontrolle bewirkt s. 217 CA 2006, der zufolge außervertragliche Abfindungen an ausscheidende Verwaltungsratsmitglieder der Hauptversammlung offen zu legen und durch sie zu genehmigen sind (s. 217 CA 2006)[269]. Die praktisch weitaus wichtigeren Abfindungen anlässlich der

---

269 Vgl. auch *Davies*, Gower's Company Law, 402 f.

Beendigung eines mit einem Verwaltungsratsmitglied geschlossenen Arbeitsvertrags werden von diesem Zustimmungserfordernis allerdings nicht erfasst[270]. Im Rahmen der üblichen Vergütung sowie der Vergütungs- und Abfindungsbedingungen der mit den Verwaltungsratsmitgliedern geschlossenen Arbeitsverträge hat die Hauptversammlung keinen Zustimmungsvorbehalt. In börsennotierten Gesellschaften hat sie aber jedenfalls die Möglichkeit, die Billigung des vom Verwaltungsrat vorzulegenden Berichts zur Vergütung der Verwaltungsratsmitglieder im letzten Geschäftsjahr (*directors' remuneration report*) zu verweigern. Auch wenn eine Verweigerung der Billigung die Vergütung des letzten Geschäftsjahres aufgrund ihres rein empfehlenden Charakters unangetastet lässt, scheint sie in der Praxis eine Änderung der zukünftigen Vergütungspolitik der Gesellschaft zu bewirken[271]. Jedenfalls sind Anzeichen für den Verzicht auf ausufernde Gehaltserhöhungen bei besonders schlechter Performance der Gesellschaft festzustellen[272].

Mit dem *Directors' Remuneration Report* ist die Vergütungspublizität angesprochen. Börsennotierte Aktiengesellschaften aller Jurisdiktionen haben die Vergütungsbestandteile ihrer Organmitglieder umfassend und individualisiert im Jahresabschluss offen zu legen, in Frankreich sämtliche Aktiengesellschaften mit börsennotierten Wertpapieren. Während zahlreiche dieser Vergütungsbestandteile nach französischem Recht der deklaratorischen Zustimmung durch die Hauptversammlung unterliegen (wobei nur die Billigung der Abfindungszusagen individuell erfolgt), sieht das britische Recht eine empfehlende Billigung des *Directors' Remuneration Report* durch die Hauptversammlung vor (s. 437 CA 2006). Lediglich das deutsche Recht kennt keine gesonderte Billigung der Einzelvergütungen oder des Vergütungsberichts durch die Hauptversammlung und verweist diese auf die Verweigerung der Entlastung des Aufsichtsrats und/oder des Vorstands sowie Schadensersatzansprüche. Betrachtet man die Modalitäten der Vergütungspublizität, so sind die börsennotierten Gesellschaften aller untersuchten Jurisdiktionen zur individualisierten Angabe der Bezüge der Vorstandsmitglieder im Anhang zum Jahresabschluss verpflichtet. Dabei sind erfolgsunabhängige und erfolgsbezogene Komponenten und solche mit langfristiger Anreizwirkung aufzuschlüsseln und Zusagen für den Fall der Beendigung der Tätigkeit zu nennen. Börsennotierte AGs können sich jedoch durch Hauptversammlungsbeschluss mit Dreiviertel-Mehrheit für bis zu fünf Jahre von den vergütungsbezogenen Publikationspflichten nach § 286 Nr. 9a) Satz 5–9 AktG befreien lassen (§§ 286 Abs. 5, 314 Abs. 2 AktG). Börsennotierte *S.A.s* und *plcs* haben demgegenüber keine vergleichbare *opt-out*-Möglichkeit. Zusätzlich sollen börsennotierte deutsche Aktiengesellschaften im Lagebericht Angaben über die Grundzüge des Vergütungssystems der Gesellschaft für die Gesamtbezüge der Personengruppen der Aufsichtsrats-, Vorstands- und Beiratsmitglieder machen (§ 289 Abs. 2 Nr. 5 HGB). Demgegenüber sind die Verwaltungsräte/Aufsichtsräte börsennotierter *S.A.s* verpflichtet, die bei der Bestimmung der

270 Vgl. *Davies*, Gower's Company Law, 316.
271 In diesem Sinne auch *Davies*, Gower's Company Law, 315.
272 Vgl. *Dine/Koutsias*, 155.

Vergütung und sonstiger Vorteile der Mandatsträger der Gesellschaft angewandten Regeln offen zu legen (art. L. 225-37 (7), 225-68 (7) C.com.), wobei das Gesetz die offen zu legenden Details allerdings nicht präzisiert. Die Verwaltungsräte börsennotierter *plcs.* treffen dagegen hinsichtlich der Grundzüge des Vergütungssystems die detailliert festgelegten Offenlegungspflichten der *Directors' Remuneration Report Regulation 2002*.

Die Vergütungspublizität soll die Feststellung erleichtern, ob die Bezüge, wie von den Rechtsordnungen gefordert, in einem angemessenen Verhältnis zu den Aufgaben des Vorstandsmitglieds, seinem Arbeitseinsatz und der Lage der Gesellschaft stehen[273]. Durch die erleichterte Aufdeckung von Ungleichgewichten fördert die Publizität die Effizienz des Kapitalmarkts[274]. Dies ist umso notwendiger, als den Gehaltsverhandlungen zwischen Vorstandsmitgliedern und Aufsichtsrat bzw. Verwaltungsratsmitgliedern und Verwaltungsrat ein natürlicher Interessengegensatz fehlen kann, was die Vereinbarung überhöhter Vergütungen zulasten der Gesellschaft begünstigt[275]. Die Vergütungspublizität ist insofern ein sinnvoller Mechanismus zur Eindämmung der bei der Festlegung der Vergütung bestehenden *Principal-Agent*-Problematik[276]. Eine personalisierte Offenlegung ist dabei sinnvoll, weil die Angemessenheit der Vergütung für jedes Vorstandsmitglied gesondert zu beurteilen ist[277]. Z.B. im Rahmen der Entscheidung über die Entlastung der Verwaltung oder die Geltendmachung von Ersatzansprüchen gegen ihre Mitglieder können die Aktionäre ein zuverlässiges Urteil über die Angemessenheit nur fällen, wenn ihnen hinreichend aussagekräftige Informationen über die Vergütung jedes einzelnen Verwaltungsmitglieds zustehen[278]. Vor diesem Hintergrund stärkt der Einzelnachweis die Kontrollbefugnisse der Hauptversammlung. Neben der Verbesserung der gesellschaftsrechtlichen Kontrolle wird angesichts des bei Veröffentlichung hoher Vergütungen zu erwartenden öffentlichen Drucks eine vorauseilende Mäßigung des Vergütungsniveaus angestrebt[279]. Schließlich bezweckt die Stärkung der Publizität eine Verbesserung des Anlegerschutzes[280]. Die Offenlegung der Vergütung

---

273 Vgl. für das deutsche Recht Begr. RegE., BR-Drucks. 398/05, 5; *Raiser/Veil*, § 14 Rn. 53; *Fleischer*, DB 2005, 1611, 1612; *Thüsing*, ZIP 2005, 1389 f.; *Baums*, ZHR 169 (2005), 299, 300; für das britische Recht *Davies* in Hopt u.a. (Hrsg.), Corporate Governance in Context, 163, 175; für das französische Recht *Godon*, Bull. Joly 2001, 728, 740: Durch die Veröffentlichung der Einzelbezüge der Mandatsträger in Verbindung mit der ebenfalls im Lagebericht erfolgenden Publikation der Anzahl und Art der gehaltenen Mandate und ausgeübten Funktionen (art. L. 225-102-1 (4) C.com.) sollen die Aktionäre in die Lage versetzt werden, den Arbeitseinsatz der Mandatsträger bewerten und eventuelle Missverhältnisse zwischen diesem und der Vergütung feststellen zu können.

274 Vgl. *Schwark* in Hommelhoff u.a. (Hrsg.), Corporate Governance, 75, 98.

275 Vgl. *Fleischer*, DB 2005, 1611, 1612; ausführlich zur Problematik *Thüsing*, ZGR 2003, 457, 466.

276 Ausführlich hierzu Ferrarini/Moloney in Ferrarini u.a. (Hrsg.), Reforming Takeover and Company Law, 267, 311 f.

277 Vgl. *Fleischer*, DB 2005, 1611, 1612 m.w.N. in Fn. 23; KK/*Mertens*, § 87 Rn. 7.

278 Vgl. *Fleischer*, DB 2005, 1611, 1612.

279 Vgl. *Fleischer*, DB 2005, 1611, 1612; *Hoffmann-Becking*, ZHR 169 (2005), 155, 173; *Baums*, ZHR 169 (2005), 299, 300; kritisch referierend *Thüsing*, ZIP 2005, 1389, 1390.

280 Vgl. Beschlussempfehlung des Rechtsausschusses, BT-Drucks. 15/5860, 1 f., 16; Begr. RegE., BR-Drucks. 389/05, 8; *Fleischer*, DB 2005, 1611, 1613; *Baums*, ZHR 169 (2005), 299, 300, 306 ff.

unterstützt informierte Transaktionsentscheidungen, indem sie aktuellen und potentiellen Anlegern Kenntnisse der vergütungsvermittelten Anreize der einzelnen Vorstandsmitglieder verschafft und angesichts der Transparenz der Versorgungs- und Abfindungsregelungen Prognosen über das insbesondere in Übernahmesituationen von ihnen zu erwartende Verhalten ermöglicht[281]. Kritisch an der deutschen Publizitätsregelung erscheint vor diesem Hintergrund vor allem, dass die Angaben zu den Grundzügen des Vergütungssystems gemäß § 289 Abs. 2 Nr. 5 HGB lediglich gemacht werden „sollen". Das Ob und Wie eines solchen Vergütungsberichts bleibt damit – entgegen der EU-Empfehlung – nach wie vor der Selbstregulierung überlassen. Ob die den Verwaltungen auferlegten Angaben zu den „Grundzügen des Vergütungssystems der Gesellschaft" im Lagebericht hinreichende Informationen enthalten werden, ist angesichts der Ergebnisse einer empirischen Untersuchung der bereits freiwillig vorgelegten Vergütungsberichte zweifelhaft[282]. Ähnlich stellt sich die Situation im französischen Recht dar, das zwar die Offenlegung der Grundzüge des Vergütungssystems verlangt, aber keine Vorgaben zu den zu veröffentlichenden Informationen macht. Kritisch hieran ist, dass gerade die Vergütungsparameter und die Anreizpläne, d.h. die Bedingungen erfolgsbezogener Vergütungszahlungen inklusive derjenigen von Aktienoptionsplänen, zur Bewertung des *Corporate Governance*-Systems der Gesellschaft entscheidend sind[283]. Zwar können die Vorgaben der EU-Empfehlung zur Vergütung von Mitgliedern der Unternehmensleitung börsennotierter Gesellschaften für eine „europarechtsfreundliche Interpretation" der offenen deutschen und französischen Regelungen herangezogen werden[284]. Wünschenswerter wäre aber eine gesetzliche Präzisierung der zu veröffentlichenden Informationen entsprechend Ziff. 3.3 der EU-Empfehlung sowie der britischen *Directors' Remuneration Report Regulation 2002* und insbesondere eine Verpflichtung zur Offenlegung der Parameter erfolgsbezogener Komponenten und Abfindungszahlungen[285].

Nach der Diskussion der zu publizierenden Inhalte stellt sich die Frage der Rechtfertigung der Beschränkung der Offenlegungspflichten auf börsennotierte Gesellschaften, die sich im britischen und deutschen Recht findet. Die EU-Empfehlung

---

281 Vgl. *Fleischer*, DB 2005, 1611, 1613; ähnlich *Baums*, ZHR 169 (2005), 299, 300; *Kramarsch*, ZHR 169 (2005), 112, 113 f. Der Einwand, für Anleger sei eine individualisierte Aufschlüsselung ohne Informationswert (so *Augsberg*, ZRP 2005, 105, 107; *Sünner*, ZRP 2005, 39) wird durch die empirische Kapitalmarktforschung widerlegt; vgl. *Fleischer*, aaO.; *Baums*, aaO. unter Verweis auf *Kin Lo*, 35 J. Acc. & Econ. (2003), 285 ff.

282 Vgl. *Baums*, ZHR 169 (2005), 299, 307 unter Verweis auf die Untersuchung von Ernst & Young, Diskussionspapier zu Best Practice-Ansätzen des individuellen Ausweises nach 4.2.4. DCGK, 2004.

283 Vgl. *Spindler*, NZG 2005, 689, 691; *Baums*, ZHR 169 (2005), 299, 307; Ferrarini/Moloney in Ferrarini u.a. (Hrsg.), Reforming Company and Takeover Law, 267, 312.

284 Vgl. *Thüsing*, ZIP 2005, 1389, 1394. In diesem Sinne auch Begr RegE, BR-Drucks. 398/05, 13.

285 So auch *Thüsing*, ZIP 2005, 1389, 1394; *Baums*, ZHR 169 (2005), 299, 307. Jedenfalls für Abfindungen und vergleichbare Zusagen wohl a. A. *Spindler*, NZG 2005, 689, 690, der davon ausgeht, dass nach dem Willen des Gesetzgebers bei Zusagen für den Fall der Beendigung der Tätigkeit auch die Bedingungen der Fälligkeit der Leistungen bereits nach § 285 Satz 1 Nr. 9a) Satz 5 HGB anzugeben sind.

bezieht sich demgegenüber auf alle Gesellschaften mit börsennotierten Wertpapieren, während auch das französische Recht die Publikationspflichten allen Aktiengesellschaften mit börsennotierten Wertpapieren auferlegt. Die Regierungsbegründung zum VorstOG geht insofern davon aus, dass der Kreis der Anteilseigner in geschlossenen Gesellschaften nicht anonym sei und dass den Anteilseignern andere Mechanismen zur Kontrolle der Vergütungsfestlegung durch den Aufsichtsrat zur Verfügung stünden[286]. Diese Aussage trifft für nicht-börsennotierte deutsche Aktiengesellschaften aber nur bedingt zu, da sich das Auskunftsrecht der Aktionäre nach h.M. nicht auf die Bezüge der einzelnen Vorstandsmitglieder bezieht (da deren Kenntnis für die Entlastung von Vorstand und Aufsichtsrat nicht erforderlich sei)[287]. Zutreffend ist die Begründung jedoch insofern, als in börsennotierten Publikumsgesellschaften bei der Festlegung der Vergütung eine größere Missbrauchsgefahr besteht, weil die entscheidenden Organe in geschlossenen Gesellschaften in aller Regel durch den oder die Mehrheitsaktionäre kontrolliert werden[288]. Diese sind zudem regelmäßig unternehmerisch involviert und deshalb über die Vergütungsgestaltungen im Bilde, so dass sie der erweiterten Vergütungspublizität nicht bedürfen. Neben der Steigerung der Kontrolleffektivität erklärt sich die Begrenzung der Offenlegungspflichten auf börsennotierte Gesellschaften zudem aus ihrer intensiveren Marktteilnahme[289]. Die Offenlegung der Vorstandsvergütung und ihrer Grundsätze vermittelt aktuellen und potentiellen Marktteilnehmern Kenntnisse der Anreizsysteme der Verwaltungsmitglieder, erlaubt so Prognosen über ihr zukünftiges Verhalten und gestattet letztlich informiertere Investitionsentscheidungen[290]. Angesichts dessen, dass damit die verlässliche Kapitalmarktinformation einer der maßgeblichen Gesetzeszweck ist, verwundert die den börsennotierten Gesellschaften eröffnete *opt-out*-Möglichkeit aus §§ 286 Abs. 5, 314 Abs. 2 HGB. Sie verhindert, dass die Gesellschaften dem Kapitalmarkt verlässlich versprechen können, dass die Offenlegungspflichten auch nach einer künftigen Investitionsentscheidung bestehen bleiben werden und beeinträchtigt so das Anlegervertrauen[291]. Allerdings wird das *opt-out* praktisch wohl keine Bedeutung erlangen, da die erforderliche Dreiviertel-Mehrheit schwer zu erreichen ist und die Verwaltungen angesichts der zu befürchtenden negativen Wirkungen für ihr Ansehen sowie die Vertrauenswürdigkeit der Gesellschaft *opt-out*-Beschlussvorschläge kaum unterbreiten werden[292]. Während die Steigerung der Kontrolleffizienz damit in Gesellschaften mit anderen börsennotierten Wertpapieren als Aktien angesichts der mäßigenden

286 Vgl. Begr. RegE, BR-Drucks. 398/05, 9 f.
287 Vgl. OLG Düsseldorf AG 1997, 520; LG Berlin AG 1991, 34, 36; GK/*Decker*, § 131 Rn. 181, 191; *Hüffer*, § 131 Rn. 19; MK/*Kubis*, § 131 Rn. 211; KK/*Zöllner*, § 131 Rn. 48; *Fleischer*, DB 2005, 1611, 1613, 1617.
288 Vgl. *Fleischer*, DB 2005, 1611, 1613.
289 Vgl. *Fleischer*, DB 2005, 1611, 1613.
290 Vgl. *Fleischer*, DB 2005, 1611, 1613; in diesem Sinne auch *Baums*, ZHR 169 (2005), 299, 300.
291 Vgl. *Baums*, ZHR 169 (2005), 299, 307, der deshalb a.a.O., 299, 304 nur einen *opt-out* nicht-börsennotierter Gesellschaften (bei Erstreckung der Offenlegungspflichten auf diese) zulassen will; auch *Fleischer*, DB 2005, 1611, 1614.
292 Vgl. *Baums*, ZHR 169 (2005), 299, 308.

Wirkung der dort kontrollierenden Großaktionäre regelmäßig nicht erforderlich ist, spricht das kapitalmarktrechtlich vermittelte Argument der Unterstützung informierter Investitionsentscheidungen für eine Erstreckung der Offenlegungspflichten auf alle Gesellschaften mit börsennotierten Wertpapieren. Auch bei ausschließlicher Notierung von Schuldverschreibungen etc. an einem organisierten Markt haben die Anleger ein schützenswertes Interesse, die der Geschäftsleitung durch die Vergütung gesetzten Anreize zu kennen, um ihr zukünftiges Verhalten antizipieren zu können, da die Kursentwicklung auch dieser Wertpapiere maßgeblich von diesem Verhalten abhängt. Derartige Antizipationsmöglichkeiten erhöhen deshalb das Vertrauen auch in das Investment in andere börsennotierte Wertpapiere als Aktien und unterstützen so die Fremdkapitalfinanzierung auf den organisierten Kapitalmärkten. Von daher sollten die bisherigen börsengesellschaftsrechtlichen Berichtspflichten des deutschen und britischen Aktienrechts entsprechend der EU-Empfehlung und der französischen Rechtslage auf Gesellschaften mit börsennotierten Wertpapieren erstreckt werden.

Schließlich fragt sich, wie ein effizienter Sanktionsmechanismus für den Fall, dass Aktionäre die offen gelegten Vergütungen als exzessiv wahrnehmen, gestaltet sein sollte. Insofern ist die Hauptversammlung nach deutschem Recht anders als nach britischem Recht und der EU-Empfehlung nicht zur Erörterung des Vergütungsberichts sowie zur Fällung eines Missbilligungsbeschlusses berechtigt. Sie kann stattdessen, neben einer denkbaren Anfechtungsklage wegen verweigerter oder unvollständiger Informationen (§§ 131, 243, 120, 173 AktG) bzw. einem Auskunftsverfahren (§ 132 AktG) allein die Entlastung des Aufsichtsrats verweigern und Schadensersatzklage gegen die betreffenden Aufsichtsratsmitglieder erheben[293]. Eine ähnliche Position bezieht das französische Recht, das ebenfalls keinen Missbilligungsbeschluss kennt und die Aktionäre auf Schadenersatzansprüche sowie die Abberufung der Verwaltungsratsmitglieder verweist. Es unterwirft aber zahlreiche Vergütungsgestaltungen der Kontrolle als *conventions réglementées* und ermöglicht so jedenfalls eine personenbezogene empfehlende Billigung von Abfindungsgestaltungen sowie eine Generalgenehmigung sonstiger vertraglicher Vergütungsregelungen und etwaiger Sonderzahlungen durch die Hauptversammlung. Die Generalgenehmigung sämtlicher *conventions réglementées* eines Geschäftsjahres ist allerdings zu unpräzise, um Urteile über die erfassten vertraglichen Vergütungsregelungen und aktienrechtlichen Sonderzahlungen zu ermöglichen und kann deshalb kein adäquater Ersatz für einen Missbilligungsbeschluss hinsichtlich des Vergütungsberichts sein. Die 2007 eingeführte Einzelbilligung der Abfindungszusagen ist demgegenüber präziser als die auf alle Verwaltungsmitglieder bezogene Billigung des Vergütungsberichts und kann das Fehlen einer solchen Zuständigkeit der Hauptversammlung deshalb jedenfalls für Abfindungsgestaltungen mehr als kompensieren. Die Verweigerung der Entlastung im deutschen Recht bzw. Abberufung im französischen Recht erscheint demgegenüber im Vergleich zu einem Missbilligungsbeschluss unpräzise, da die Entscheidung über die Entlastung bzw. Abberu-

293 Vgl. *Baums*, ZHR 169 (2005), 299, 304.

fung nicht nur über die Gewährung der Vorstandsbezüge, sondern über das gesamte Aufsichtsrats-/Verwaltungsratsverhalten befindet[294]. Die darüberhinaus denkbaren Schadensersatzersatzklagen gegen die überhöht vergüteten und die für die Festsetzung der Vergütung verantwortlichen Organmitglieder bedürfen der Darlegung und des Beweises schuldhaft pflichtwidrig festgesetzter bzw. angenommener unangemessener Vergütungen, der in der Praxis in den meisten Fällen nicht gelingen dürfte[295]. Dementsprechend stellen die Klagemöglichkeiten kein effizientes Sanktionsmittel dar und können damit auch keine ausreichende Präventionswirkung entfalten. Angesichts der Ineffektivität der zivilrechtlichen Sanktionsmöglichkeiten liegt der Schwerpunkt des VorstOG – ähnlich der französischen Rechtslage – auf der präventiven Wirkung der Offenlegung[296]. Der aufgrund der Veröffentlichung überhöhter Gehälter zu befürchtende öffentliche Protest soll mäßigend auf die Forderungen der Vorstandsmitglieder und die Festlegung der Vergütung durch die Aufsichtsratsmitglieder wirken. Die Erfahrungen in den USA, in denen Offenlegungspflichten zur Begrenzung des Vergütungsniveaus nur bedingt tauglich waren, widersprechen diesem Ansatz nicht notwendigerweise[297]. Zum einen kann der exorbitante Anstieg des US-Vergütungsniveaus seit den 1990er Jahren auch auf andere Ursachen als einen durch die Offenlegung bewirkten „Wettbewerb um das höchste Gehalt" wie insbesondere die Zunahme aktienorientierter Vergütungen bei gleichzeitigen Kurssteigerungen zurückgeführt werden[298]. Zum anderen könnten in der deutschen Gesellschaft andere Gerechtigkeitsvorstellungen hinsichtlich der Vergütungsverteilung herrschen und deshalb Offenlegung zu einer verstärkten sozialen Kontrolle führt[299]. Will man angesichts des trotz einer solchen medialen Kontrolle von Extremfällen weiterhin in börsennotierten Aktiengesellschaften bestehenden Missbrauchspotentials auch die gesellschaftsinterne Kontrolle des Vergütungsniveaus stärken, erscheint – auch vor dem Hintergrund der positiven Erfahrungen in Großbritannien – eine Stärkung der Hauptversammlung durch die Ermöglichung eines Missbilligungsbeschlusses zum Vergütungsbericht nach Bericht durch die Abschlussprüfer (entsprechend der EU-Empfehlung und der britischen Rechtslage) wünschenswert[300]. Eine möglichst präzise Beurteilung erreichte man, indem man in Anlehnung an das seit 2007 im französischen Recht für Abfindungen vorgesehene Kontrollrégime der *conventions réglementées* mit personenbezogenem Hauptversammlungsbeschluss die Vergütungspakete der Verwaltungsmitglieder jeweils individuell der empfehlenden Billigung durch die Hauptver-

---

294 So für das deutsche Recht auch *Thüsing*, ZIP 2005, 1389, 1390.
295 So für das deutsche Recht *Baums*, ZHR 169 (2005), 299, 305.
296 Vgl. *Baums*, ZHR 169 (2005), 299, 305 f.; *Thüsing*, ZIP 2005, 1389, 1390; *Fleischer*, DB 2005, 1611, 1612 f.
297 Vgl. *Baums*, ZHR 169 (2005), 299, 305 f.; *Fleischer*, DB 2005, 1611, 1612 f.; *Thüsing*, ZIP 2005, 1389, 1390.
298 Vgl. *Baums*, ZHR 169 (2005), 299, 306; *Fleischer*, DB 2005, 1611, 1612 m.w.N. auf empirische Daten; zu den US-amerikanischen Erfahrungen auch *Thüsing*, ZIP 2005, 1389, 1391 m.w.N.
299 Vgl. *Baums*, ZHR 169 (2005), 299, 306; *Fleischer*, DB 2005, 1611, 1612; *Hoffmann-Becking*, ZHR 169 (2005), 155, 173.
300 So auch *Thüsing*, DB 2003, 1612, 1614.

sammlung unterstellte. Ein Mitbestimmungs- oder Vetorecht der Hauptversammlung sollte dabei vermieden werden, da seine Inflexibilität und Unberechenbarkeit zu großen Nachteilen der Gesellschaften auf dem globalen Arbeitsmarkt und damit zu erheblichen Kosten der Gesellschaften und ihrer Aktionäre führte[301]. Da sich die Kontrollproblematik wiederum aufgrund der sie nivellierenden Großaktionäre in Gesellschaften ohne börsennotierte Aktien nicht stellt, sollten derartige personenbezogene Hauptversammlungsbeschlüsse auf börsennotierte Aktiengesellschaften beschränkt werden.

c) Ausgestaltung von Aktienoptionsprogrammen

Aktienoptionen dienen einerseits dazu, qualifiziertes Personal für die Leitung der Gesellschaft zu akquirieren[302]. Zugleich sind sie ein Mechanismus der kapitalmarktorientierten *Corporate Governance*, der die Geschäftsleiter zur Beachtung der Eigentümerinteressen anhalten soll[303]. Durch die Gewährung von Optionen auf den Erwerb von Aktien beim Erreichen bestimmter Bedingungen, vor allem eines bestimmten Börsenkurses, wird versucht, die Interessen der Mitglieder der Leitungsorgane auf den Aktienkurs auszurichten und sie damit den Aktionärsinteressen im Sinne einer *shareholder value*-Orientierung anzugleichen. Die Ausrichtung der Geschäftsleiterinteressen auf das Aktionärswohl macht wiederum vor allem in Gesellschaften mit Streubesitz und den damit verbundenen Kontrolldefiziten Sinn[304]. In Gesellschaften mit kontrollierenden Großaktionären besteht hingegen allenfalls ein geringeres Bedürfnis für Optionsprogramme, da die Großaktionäre regelmäßig die Einhaltung der Aktionärsinteressen durch die Geschäftsleitung selbst überwachen[305].

Ausgehend von dieser Grundüberlegung entscheidet die konkrete Ausgestaltung der Optionsprogramme über ihre Eignung zur Eingrenzung der börsennotierten Publikumsgesellschaften immanenten *Principal-Agent*-Konflikte[306]. Werden die Ausübungsbedingungen inadäquat gesetzt, besteht die Gefahr einer nicht gerecht-

---

301 Vgl. *Davies* in Hopt u.a. (Hrsg.), Corporate Governance in Context, 163, 176 f.; ähnlich Martens, ZHR 169 (2005), 124, 148 f.; in diesem Sinn allgemeiner zu den Effizienzverlusten durch Entscheidungsbefugnisse der Hauptversammlung über konfliktbelastete Transaktionen mit dem Management *Hertig/Kanda* in Kraakman u.a., Anatomy of Corporate Law, 101, 110.

302 Vgl. *Siems*, Konvergenz der Rechtssysteme, 245; Ferrarini/Moloney in Ferrarini u.a. (Hrsg.), Reforming Company and Takeover Law, 276, 286.

303 Vgl. *Teichmann*, ZGR 2001, 645, 662; *Hüffer*, § 192 Rn. 17; *Fleischer*, ZGR 2001, 1, 9; Ferrarini/Moloney in Ferrarini u.a. (Hrsg.), Reforming Company and Takeover Law, 267, 285 f.; auch *Hansmann/Kraakman* in Kraakman u.a., Anatomy of Corporate Law, 33, 51; ausführlich zu den theoretischen Grundlagen der Vergütung mit Aktienoptionen *C.Eggert*, 34 ff.

304 Vgl. *Baums*, FS für Claussen, 3, 5; *Teichmann*, ZGR 2001, 645, 662; auch *Siems*, Konvergenz der Rechtssysteme, 245; *Hansmann/Kraakman* in Kraakman u.a., Anatomy of Corporate Law, 33, 51.

305 Vgl. *Rudolph*, BB 2003, 2053, 2054; Ferrarini/Moloney in Ferrarini u.a. (Hrsg.), Reforming Company and Takeover Law, 267, 317 f.; referierend *Teichmann*, ZGR 2001, 645, 662.

306 Vgl. *Teichmann*, ZGR 2001, 645, 662; *Ruffner*, 221; *C.Eggert*, 56; Ferrarini/Moloney in Ferrarini u.a. (Hrsg.), Reforming Company and Takeover Law, 267, 287 unter Schilderung der zu berücksichtigenden Risiken und Interessenkonflikte 287–299.

fertigten Bereicherung des Managements zulasten der Aktionäre[307]. Zudem kann eine ungeeignete Ausgestaltung der Vergleichsparameter eine kurzfristorientierte Unternehmensführung oder eine aktionärsinteressenwidrige Risikoaversität der Geschäftsleitung fördern sowie *windfall gains* ermöglichen, d.h. unberechtigte Gewinne, die nicht aufgrund besonderer Leistungen der Geschäftsleitung, sondern aufgrund allgemeiner Marktentwicklungen erzielt werden[308]. Um dies zu verhindern, erscheint es geboten, neben einer inhaltlich sachgerechten Ausgestaltung der Optionsprogramme die Entscheidung über ihre Einführung und Modifikation der Hauptversammlung zu überlassen und umfassende Veröffentlichungspflichten hinsichtlich ihrer Durchführung festzulegen[309].

Derartige Veröffentlichungspflichten bestehen mittlerweile, wie bereits im vorangegangenen Unterabschnitt geschildert, in allen untersuchten Jurisdiktionen durch die von börsennotierten Gesellschaften (in Frankreich von allen Aktiengesellschaften mit börsennotierten Wertpapieren) verpflichtend zu erstellenden Vergütungsberichte, die individuelle Angaben zur Zahl und den Bedingungen der den Verwaltungsmitgliedern gewährten und von diesen genutzten Optionen enthalten müssen. Zudem sind Optionsprogramme mittlerweile nach IFRS 2 als Kosten zu ihrem fairen Zeitwert am Tag der Gewährung zu bilanzieren, was die zuvor übliche Verschleierung der finanziellen Auswirkungen der Programme auf die Gesellschaft verhindert[310]. Auch ist – in Großbritannien jedenfalls in börsennotierten Gesellschaften – stets die Hauptversammlung zur Entscheidung über die Einführung eines Optionsprogramms zuständig, wobei der ermächtigende Beschluss jedenfalls die wesentlichen Grundzüge des Programms festlegen muss. Der Hauptversammlungsbeschluss in der AG muss zumindest die Aufteilung der Bezugsrechte auf die Berechtigten, die Erfolgsziele, die mindestens zweijährige Wartefrist bis zur erst-

---

307 Vgl. *Teichmann*, ZGR 2001, 645, 662; auch *Siems*, Konvergenz der Rechtssysteme, 246; *Ruffner*, 221; ausführlich aus rechtsökonomischer Sicht *Adams*, ZIP 2002, 1325 ff.

308 Vgl. *Siems*, Konvergenz der Rechtssysteme, 247 m.w.N.; *High Level Group*, Modern Regulatory Framework, 64; *Ruffner*, 221; *Fleischer*, ZGR 2001, 1, 9; *Baums*, FS für Claussen, 3, 12 sowie die Nachweise bei *Schwark* in Hommelhoff u.a. (Hrsg.), Corporate Governance, 75, 96 in Fn. 107.

309 In diesem Sinne referierend auch *Teichmann*, ZGR 2001, 645, 662; *Siems*, Konvergenz der Rechtssysteme, 247; zur Transparenz auch *C.Eggert*, 66. Daneben dienen die Publizitätspflichten, wie soeben im vorangegangenen Unterabschnitt erörtert, der Bewertung der vergütungsvermittelten Anreize durch den Kapitalmarkt, weshalb ihre Erstreckung auf alle Gesellschaften mit börsennotierten Wertpapieren sinnvoll ist.

310 Die zuvor übliche Praxis, Aktienoptionsprogramme mit ihrem inneren Wert (*intrinsic value*), also dem bei sofortiger Optionsausübung zu erzielenden finanziellen Vorteil, anzusetzen, führte bei der regelmäßigen Festlegung eines über dem Börsenkurs zum Zeitpunkt der Gewährung liegenden Ausübungspreises dazu, dass der innere Wert gleich null war. Der Gesellschaft entstanden also keine Kosten, so dass die Aktienoptionen sich bilanziell nicht auswirkten. Der nunmehr anzusetzende Gesamtwert (*fair value*) beschreibt den Gegenwartswert des möglichen Vorteils der Optionszusage und entspricht bei an der Börse gehandelten Optionen derem Kurswert; vgl. *Binz/Sorg*, BB 2002, 1273, 1275; *Hopt* in Hopt u.a. (Hrsg.), Corporate Goverance in Context, 119, 136; *Fleischer*, DB 2005, 1611, 1616; zu den zuvor möglichen Verschleierungstaktiken Ferrarini/Moloney in Ferrarini u.a. (Hrsg.), Reforming Company and Takeover Law, 267, 314; ausführlich zum Problem der Bilanzierung von Aktienoptionsprogrammen Crook in Ferrarini u.a. (Hrsg.), Reforming Company and Takeover Law, 347 ff.; überblicksartig *Adams*, ZIP 2002, 1325, 1336 f., 1344.

maligen Ausübung, die Ausübungszeiträume und die Frage der Übertragbarkeit der Aktien regeln. Während bei mittels bedingten Kapitalerhöhungen zu erfüllenden Optionsprogrammen auch der Ausgabepreis oder dessen Berechnungsmodalitäten festzulegen ist (§ 193 Abs. 2 Nr. 2 AktG), kann dies bei aus zurückzukaufenden Aktien zu bedienenden Programmen der Verwaltung überlassen werden. In der *S.A.* hat die außerordentliche Hauptversammlung neben der Ausübungsfrist stets die Bedingungen der Preisfestsetzung festzulegen (art. L. 225-183 C.com.), kann die Entscheidung über die weiteren Modalitäten des Optionsprogramms aber an die Verwaltung delegieren (art. L. 225-177 C.com.). Während in der *plc* grundsätzlich die Verwaltung ohne Beteiligung der Hauptversammlung über die Einführung eines Optionsprogramms und dessen Modalitäten entscheiden kann, unterliegt in an der *Official List* notierten Gesellschaften jede Einführung eines Programms (mitsamt aller Modalitäten) und jede Änderung der Modalitäten der Zustimmung der Hauptversammlung (LR 9.4.1).

Betrachtet man die Modalitäten der Optionsprogramme, so sprengte eine Untersuchung aller Konstellationen den Umfang dieser Arbeit, da die einzelnen Faktoren interagieren und deshalb der Abstimmung bedürfen[311]. Von daher beschränken sich die folgenden Ausführungen auf eine kursorische Betrachtung der für die Anreizwirkungen der Optionsprogramme entscheidenden Ausübungs- und Haltefristen, Anknüpfungspunkte des Erfolgsziels und Möglichkeiten eines *Repricing* (zumal das rechtsvergleichend herausgearbeitete Börsengesellschaftsrecht diese Bereiche betrifft).

Wartefristen bis zur Optionsausübung (wie die mindestens zweijährige nach § 193 Abs. 2 Nr. 4 AktG) wirken sich dabei entscheidend auf die Kurz- oder Langfristigkeit der der Verwaltung gesetzten Anreize aus. Ähnlich verhält es sich mit Haltefristen nach Ausübung der Optionen. Werden kurze oder keine Ausübungsfristen und kurze oder keine Haltefristen festgelegt, besteht die Gefahr einer kurzfristorientierten Geschäftsleitung mit dem Ziel einer nicht nachhaltigen Erhöhung der Ausübungsparameter zwecks Erzielung nicht gerechtfertigter Gewinne aus den Optionen[312]. Es müssen also ausreichend lange Warte- und/oder Haltefristen gesetzt werden, um die Verwaltung über die Optionen zu einer nachhaltigen Steigerung des Unternehmenswertes anhalten zu können. Insofern gestattet das französische Recht grundsätzlich die Festlegung einer Haltefrist von bis zu drei Jahren (art. L. 225-177 (2) C.com.). Für Optionen der Geschäftsleitungsmitglieder der *S.A.* ist jedoch entweder eine Ausübung der Optionen erst nach Ende des Mandats vorzuschreiben oder eine Anzahl der nach Ausübung der Optionen ausgegebenen Aktien festzulegen, die erst nach Mandatsende verkauft werden dürfen (art. L. 225-185 (3) Satz 2 C.com.). Die in der Praxis zur Regel gewordene zweijährige Mindestausübungsfrist des deutschen Rechts stellt sich demgegenüber als weniger geeignet zur Verhinderung von Kurzfriststrategien zwecks Erzielung von *windfall profits* dar und

---

311 Überblicksartig zu den möglichen Gestaltungen vgl. *C. Eggert*, 302–320.
312 Vgl. *C. Eggert*, 80; auch *Spindler*, DStR 2004, 36, 43.

wird dementsprechend im Schrifttum als regelmäßig zu kurz kritisiert[313]. Noch offener ist die Position des britischen Rechts, demzufolge die in börsennotierten Gesellschaften für die Veräußerung der über Optionen erlangten Aktien erforderliche Zustimmung des Verwaltungsrats bei kurzfristig angelegten Geschäften zu versagen ist. Kurzfristigkeit in diesem Sinne soll dabei lediglich stets vorliegen, wenn die Wertpapiere noch nicht ein Jahr gehalten werden, während die Beurteilung im Übrigen im Ermessen des Verwaltungsrats liegt (Ziff. 8 (b) des *Model Code on Directors' Dealings*). Letztendlich liegt der jeweiligen Fristbestimmung in der Praxis eine Abwägung unter Einbeziehung der Anreizziele der Gesellschaft zugrunde, deren mögliche individuelle Besonderheiten starren gesetzlichen Fristvorgaben entgegenstehen. Von daher sind die zwingenden Vorgaben des französischen Rechts ebenso wie eine Verlängerung der Mindestfrist des § 193 Abs. 2 Nr. 4 AktG kritisch zu sehen. Vorzugswürdig erscheint eine Kodexempfehlung, im Regelfall langfristige Ausübungs- und/oder Haltefristen von zusammen mindestens drei Jahren festzulegen[314], die die Verwaltung börsennotierter Gesellschaften zur Rechtfertigung abweichender Gestaltungen zwingt.

Ein weiterer besonders kritischer Faktor ist angesichts des mit den Optionsprogrammen verfolgten Ziels, die Interessen der begünstigten Verwaltungsmitglieder auf diejenigen der Aktionäre auszurichten, die Festlegung des Ausübungspreises. Damit Optionsprogramme die Begünstigten im Interesse einer Ausrichtung ihres Verhaltens auf das Wohl der Gesellschaft und der Aktionäre zur Steigerung des Wertes der Gesellschaft anhalten können, muss zumindest ein deutlich über dem Börsenkurs des Festlegungszeitpunktes liegendes Erfolgsziel festgesetzt werden. Dabei ist als Ansatzpunkt eine Anbindung des Erfolgsziels an die Kursentwicklung sachlich gerechtfertigt, da ein kontinuierlicher Kursanstieg aufgrund unternehmensspezifischer Gegebenheiten Ergebnis (auch) einer erfolgreichen Geschäftsleitungstätigkeit ist[315]. Um mit einem solchen kursorientierten Erfolgsziel die Verwaltung nicht für einen von ihrer Leistung unabhängigen allgemeinen Marktanstieg zu belohnen (und ihr so *windfall profits* zu ermöglichen), sind jedoch weitere aussagekräftige Kriterien zur Beurteilung der Leistung der Verwaltung wie die Koppelung des Erfolgsziels an (Branchen-)Indizes oder die Ergebnisse von Konkurrenzunternehmen erforderlich[316]. Auch wenn die Quantifizierung der Verwal-

313 So auch *Lutter*, ZIP 2003, 737, 74, der eine Verlängerung auf drei Jahre vorschlägt; auch *Baums*, FS für Claussen, 1997, 3, 10; *Hüffer*, AktG, § 194 Rn. 9 a.E.

314 Für eine regelmäßig zumindest mittelfristige Ausgestaltung auch *Spindler*, DStR 2004, 36, 43; ähnlich *Baums*, FS für Claussen, 3, 10.

315 Vgl. Martens, ZHR 169 (2005), 124, 144 f.; *C.Eggert*, 75, 78 f.; *Spindler*, DStR 2004, 36, 43.

316 Vgl. *Adams*, ZIP 2002, 1325, 1333 f. m.w.N.; *Spindler*, DStR 2004, 36, 43 m.w.N. in Fn. 120; *C.Eggert*, 75 ff.; *Hüffer*, § 87 Rn. 6 m.w.N.; MK/*Hefermehl*/*Spindler*, § 87 Rn. 29; Martens, ZHR 169 (2005), 124, 145 f. m.w.N. in Fn. 61; *Baums*, FS für Claussen, 3, 13; *Shleifer*/*Vishny*, 52 J. Finance (1997), 737, 744 (generell für die Gestaltung von *Incentive*-Programmen); Ferrarini/Moloney in Ferrarini u.a. (Hrsg.), Reforming Company and Takeover Law, 267, 281, 288 f.; in diesem Sinne auch noch der Deutsche Corporate Governance Kodex bis zum 21. Mai 2003 geltenden Fassung vom 2. Februar 2002 (Ziff. 4.2.3 Satz 4): „Aktienoptionen und vergleichbare Gestaltungen sollen auf vorher festgelegte Vergleichsparameter wie z.B. die Wertentwicklung von Aktienindizes oder das Erreichen bestimmter Kursziele bezogen sein." Ausführlich zur Ausrichtung auf Leistungstungsleistung aufgrund ihrer Beeinflussung durch Sondereffekte auf praktische Schwierigkeiten trifft, sollte doch grundsätzlich versucht werden, sie zu bestimmen und für den Fall von Unklarheiten dem das Erfolgsziel festlegenden Organ ein Ermessensspielraum eingeräumt werden[317]. Die insofern vom französischen Recht für börsennotierte Gesellschaften vorgesehene Untergrenze des Ausübungspreises von 80 % des Durchschnittskurses der zwanzig der Preisfestlegung vorausgegangenen Börsentage (art. L. 225-177 (4) Satz 5 C.com.) stellt demnach lediglich eine Mindestbedingung dar, die eine aktionärsinteressengerechte Festlegung der Ausübungsbedingungen nicht gewährleisten kann. Hieran kann auch die dringende Empfehlung des konsolidierten französischen Corporate Governance-Kodex, keinen Abschlag auf den Börsenkurs zum Zeitpunkt der Festlegung des Erfolgsziels zu gewähren (Ziff. 15.3.2 Abs. 6 FCGK), nicht viel ändern. Ähnlich verhält es sich mit der britischen Vorgabe aus LR 9.4.4, der zufolge der Ausübungspreis von Aktienoptionen für Verwaltungsmitglieder ohne Zustimmung der Hauptversammlung nicht unterhalb des Börsenkurses des Tages seiner Bestimmung, des vorangegangenen Handelstages oder des Durchschnittspreises der bis zu 30 vorangegangenen Handelstage festgelegt werden darf. In beiden Fällen handelt es sich letztlich nur um eine Grundvoraussetzung effizient ausgestalteter Optionsprogramme. Legte man den Ausübungspreis, zu dem die Aktien bei Erreichung der Erfolgsziele erworben werden können, unterhalb des Kurses zum Zeitpunkt der Optionseinräumung fest, so wären die Optionen von vornherein profitabel, was zum weitgehenden Wegfall der Verhaltensanreize für das Management führte und damit den Sinn des Optionsprogramms in Frage stellte[318]. Weitergehende Vorgaben enthält allein die Empfehlung der Ziff. 4.2.3 Abs. 3 DCGK, die Optionen auf anspruchsvolle, relevante Vergleichsparameter zu beziehen. Ihre Geeignetheit zur Erreichung aktionärsinteressengerechter Gestaltungen kann allerdings angesichts ihrer Unschärfe sowie der praktischen Erfahrungen mit Aktienoptionsprogrammen in deutschen Aktiengesellschaften und der Billigung wenig anspruchsvoller Parameter durch die Rechtsprechung bezweifelt werden[319]. Wünschenswert wären zumindest bedeutend konkretere Kodexvorgaben hinsichtlich der „anspruchsvollen, relevanten" Vergleichsparameter in Richtung auf eine Branchenindexierung oder die Heranziehung der Ergebnisse von Konkurrenzunternehmen.

Ein weiterer neuralgischer Punkt der adäquaten Ausgestaltung von Optionsprogrammen ist die in ihrem Rahmen eröffnete Möglichkeit eines *Repricing* durch eine nachträgliche Änderung der Bedingungen des Optionseintritts (des Erfolgsziels)

---

kriterien *C.Eggert*, 57–66, zur Gestaltung der Ausübungsbedingungen dort, 72–79; ausführliche Untersuchung verschiedener Gestaltungen aus wirtschaftswissenschaftlicher Sicht bei *Johnson/Tian*, 57 J. Fin. Econ. (2000), 3 ff.

317 Vgl. *Adams*, ZIP 2002, 1325, 1334. Zu den Schwierigkeiten des Vergleichs vor allem bei Mischunternehmen vgl. *Baums*, FS für Claussen, 2, 14; Ferrarini/Moloney in Ferrarini u.a. (Hrsg.), Reforming Company and Takeover Law, 267, 289.

318 Vgl. *C.Eggert*, 71.

319 Vgl. hierzu die Nachweise in diesem Kapitel in Fn. 194.

oder eine periodische Neuanpassung des Erfolgsziels an sinkende Kurse[320]. Die Erwartung einer solchen Preisanpassung schädigt die Anreize an die Geschäftsleitung, den Unternehmenswert nachhaltig zu erhöhen[321]. In der AG kann ein solches *Repricing* von Aktienoptionen für Vorstandsmitglieder grundsätzlich nur durch die Hauptversammlung erfolgen[322]. Sie hat die Erfolgsziele, Erwerbs- und Ausübungszeiträume und die Wartezeit für die erstmalige Ausübung festzulegen (§ 193 Abs. 2 Nr. 4 AktG). Weiterhin zulässig und gebräuchlich ist aber eine Genehmigung einer bestimmten Anzahl von Aktien durch die Hauptversammlung unter Festlegung der Bedingungen der Preisfestlegung und eine anschließende jährliche Festsetzung des Bezugskurses (bzw. Erfolgsziels) durch die Verwaltung je nach Höhe des Aktienkurses[323]. Auch in der *S.A.* hat die Hauptversammlung jedenfalls die Bedingungen der Bestimmung des Optionseintritts festzulegen. Während der Dauer der Option darf das Erfolgsziel nicht modifiziert werden (art. L. 225-177 (4) C.com.), es sei denn, die Gesellschaft nimmt nach Beginn der Option kursrelevante Finanzoperationen vor. Zulässig bleibt aber, vergleichbar der deutschen Rechtslage, eine fortschreitende Ausgabe periodisch neu (im Rahmen der Hauptversammlungsvorgaben zur Preisbestimmung) sinkenden Kursen angepasster Optionen auf Grundlage einer einzigen Hauptversammlungsermächtigung. Während die Verwaltung der *plc* grundsätzlich frei in der Einführung und Gestaltung von Optionsprogrammen und damit auch in der Festlegung des Erfolgsziels ist, unterliegen Einführung und Modifikation dieser Programme und damit auch ein *Repricing* bei Notierung an der *Official List* der vorherigen Zustimmung durch die Hauptversammlung (LR 9.4.1)[324]. Eine Neufestlegung des Erfolgsziels – auch im Rahmen eventueller Vorgaben der Hauptversammlung zur Preisfestlegung – bedarf demnach als wesentliche Änderung des Optionsprogramms einer erneuten Zustimmung durch die Hauptversammlung. Auch der *Combined Code* empfiehlt eine Billigung aller Anreizprogramme sowie wesentlicher Änderungen an diesen durch die Hauptversammlung (lit. B.2.4 Combined Code). Nach alldem unterliegt die Anpassung des Erfolgsziels eines laufenden Optionsprogramms an sinkende Kurse nur in börsennotierten *plcs* stets der Zustimmung der Hauptversammlung, während in der *S.A.* und der AG lediglich das echte *Repricing* ohne Hauptversammlungsbeteiligung ausgeschlossen ist. Demgegenüber ist in der *S.A.* wie in der AG die periodische Neubestimmung des Erfolgsziels durch die Verwaltung im Rahmen einer Hauptversammlungsermächtigung (und ihrer Vorgaben zur Preisfestlegung) möglich. Die bei einem solchen Vorgehen vermittelte Aussicht auf eine Anpassung der Optionen an eine negative Kurs-

---

320 Vgl. die ausführliche rechtsökonomische Kritik bei *Adams*, ZIP 2002, 1325, 1329 f. und die dortigen Rechenbeispiele zu den drohenden erheblichen finanziellen Konsequenzen einer periodischen Senkung des Ausübungspreises für die Gesellschaft.

321 Vgl. *Adams*, ZIP 2002, 1325, 1329; Ferrarini/Moloney in Ferrarini u.a. (Hrsg.), Reforming Company and Takeover Law, 267, 292; ausführlich *Bebchuk/Fried/Walker*, 69 U. Chi. L. Rev. (2002), 751, 759 f., 821–824.

322 Ausführlich dazu *Semmer*, 106 ff., 145.

323 Vgl. *Adams*, ZIP 2002, 1325, 1329. Zu der vergleichbaren Praxis in den USA *Bainbridge*, 83 Texas L. Rev. (2004–2005), 1615, 1634; *Bebchuk/Fried*, Pay Without Performance, 165.

324 Vgl. auch *Davies*, Gower's Company Law, 403.

entwicklung relativiert jedoch die mit den Optionen bezweckten Leistungsanreize an die Verwaltung erheblich[325]. Letztendlich führt ein *Repricing* regelmäßig dazu, dass die Verwaltung zulasten der Aktionäre Vermögenszuwächse erzielen kann, ohne diese durch Leistung gerechtfertigt zu haben[326]. Vielmehr ist ein *Repricing* in der überwältigenden Zahl der Fälle mit einer abnehmenden Rendite verbunden[327]. Angesichts dieser allein im Interesse der Geschäftsleitung liegenden Vermögensverschiebungen sind die in der AG und der *S.A.* bestehenden Möglichkeiten, der Verwaltung *Repricing*-Befugnisse zu gewähren, kritisch zu sehen. Vorzugswürdig wäre eine Hauptversammlungskompetenz für derartige wesentliche Änderungen der Ausübungsbedingungen vergleichbar der britischen Rechtslage.

V. Der Abschlussprüfer im System der gesellschaftsinternen Kompetenzverteilung

Die Funktion der Abschlussprüfer erschöpft sich in allen untersuchten Rechtsordnungen nicht mehr in ihrer historischen Aufgabe, den Jahresabschluss der Gesellschaft unter Einbeziehung der zugrunde liegenden Buchführung und des Lageberichts zu prüfen. Vielmehr sind sie – maßgeblich unter dem Einfluss europäischer Rechtsetzung – durch die Einbeziehung nichtbilanzieller Faktoren in ihren Prüfungsauftrag zu einem Kontrollorgan auch der guten Unternehmensführung der geprüften Gesellschaft geworden[328].

1. Rechtsvergleichender Überblick

a) *Europarechtliche Vorgaben zur Rolle der Abschlussprüfer*

Die Bestellung und die Abberufung der Abschlussprüfer sind in Art. 37 f. der 8. Gesellschaftsrechtlichen Richtlinie, die zum 29. Juni 2006 aufgehoben und durch die zum 29. Juni 2008 umzusetzende Richtlinie 2006/43/EG ersetzt wurde[329], teilweise harmonisiert. Bestellt wird der Abschlussprüfer durch die Hauptversammlung des zu prüfenden Unternehmens (Art. 37 Abs. 1 der Richtlinie 2006/43/EG). Die Mitgliedstaaten können alternative Systeme oder Modalitäten für die Bestellung zulassen, wenn diese darauf ausgerichtet sind, die Unabhängigkeit des Abschlussprüfers von den an der Geschäftsführung beteiligten Mitgliedern des Verwaltungs-

---

325 Ausführlich hierzu Ferrarini/Moloney in Ferrarini u.a. (Hrsg.), Reforming Company and Takeover Law, 267, 290–292; *Bebchuk/Fried/Walker*, 69 U. Chi. L. Rev. (2002), 751, 759 f., 821–824.
326 Vgl. Ferrarini/Moloney in Ferrarini u.a. (Hrsg.), Reforming Company and Takeover Law, 267, 292; *Bebchuk/Fried/Walker*, 69 U. Chi. L. Rev. (2002), 751, 759 f., 821–824.
327 Vgl. Ferrarini/Moloney in Ferrarini u.a. (Hrsg.), Reforming Company and Takeover Law, 267, 292 unter Verweis auf die Untersuchung von *Repricings* in den USA von *Brenner/Sundaram/Yermack*, 57 J. Fin. Econ. (2000), 108, 120.
328 Vgl. *Habersack* in Bayer/Habersack (Hrsg.), Aktienrecht im Wandel II, 681, 707; in diesem Sinne für das französische Recht *Merle*, Rn. 510.
329 Vgl. Art. 50, 53 Abs. 1 der Richtlinie 2006/43/EG.

organs oder vom Leitungsorgan des geprüften Unternehmens zu gewährleisten (Art. 37 Abs. 2). Eine Abberufung der Abschlussprüfer ist nach der Richtlinie nur bei Vorliegen triftiger Gründe unter Benachrichtigung der öffentlichen Aufsichtsstelle mit ausreichender Begründung zulässig (Art. 38 Abs. 1)[330].

Angesichts der für unzureichend befundenen Befolgung der Empfehlung, einen Prüfungsausschuss zu bilden, werden Unternehmen von öffentlichem Interesse (Kreditinstitute, Versicherungsunternehmen und Gesellschaften, die unter das Recht eines Mitgliedstaats fallen und deren übertragbare Wertpapiere zum Handel an einem geregelten Markt eines Mitgliedstaats zugelassen sind, Art. 2 Nr. 13) nunmehr durch Art. 41 der Richtlinie 2006/43/EG hierzu verpflichtet[331]. Die Aufgaben des Rechnungsprüfungsausschuss werden nicht abschließend angegeben mit (1) der Überwachung des Rechnungslegungsprozesses, (2) des internen Kontrollsystems, gegebenenfalls des internen Revisionssystems und des Risikomanagementsystems, (3) der Abschlussprüfung des Jahres- und des konsolidierten Abschlusses sowie (4) der Überprüfung und Überwachung der Unabhängigkeit der Prüfer bzw. der Prüfungsgesellschaft, insbesondere der von diesen für das geprüfte Unternehmen zusätzlich erbrachten Leistungen (Art. 41 Abs. 3). Der Vorschlag des Verwaltungs- oder Aufsichtsorgans für die Bestellung des Abschlussprüfers hat sich auf den Vorschlag des Prüfungsausschusses zu stützen (Art. 41 Abs. 3). Den Mitgliedstaaten bleibt überlassen, ob der Ausschuss aus nicht geschäftsführenden Mitgliedern des Verwaltungsorgans und/oder Aufsichtsorgans und/oder aus von der Hauptversammlung zu bestellenden Mitgliedern zusammengesetzt sein soll (Art. 41 Abs. 1 Satz 2). Mindestens ein Mitglied des Ausschusses muss jedoch unabhängig sein und über einschlägigen Sachverstand verfügen (Art. 41 Abs. 1 Satz 3). Dabei steht es den Mitgliedstaaten frei, Unternehmen, die ein die dem Prüfungsausschuss obliegenden Aufgaben wahrnehmendes Gremium (wie einen Aufsichtsrat oder Verwaltungsrat) haben, von der Pflicht zur Bildung eines Prüfungsausschusses freistellen, solange das Unternehmen die Zusammensetzung und Funktionsweise des Gremiums erläutert (Art. 41 Abs. 5). Andere Unternehmen von öffentlichem Interesse als solche mit börsennotierten Wertpapieren können von den Vorgaben nach Art. 41 ausgenommen werden (Art. 39).

Darüberhinaus haben die Mitgliedstaaten die Unabhängigkeit der Prüfer zu gewährleisten (Art. 22, 42). Hierfür haben sie sicherzustellen, dass die Prüfer von der Durchführung einer Abschlussprüfung absehen, wenn zwischen ihnen oder ihrem Netzwerk und dem geprüften Unternehmen unmittelbar oder mittelbar eine finanzielle oder geschäftliche Beziehung, ein Beschäftigungsverhältnis oder eine sonstige Verbindung (wie die Erbringung anderer Leistungen als Prüfungsleistungen)

---

330 Gründe für eine Befangenheit der Abschlussprüfer (als Grund einer Inkompatibilität oder Abberufung) nennt die Empfehlung der EU-Kommission zur Unabhängigkeit des Abschlussprüfers in der EU (lit. B.1–B.9). Zusammenfassung der Empfehlungen zu den Befangenheitsgründen *Hopt/Merkt* in Baumbach/Hopt, § 319 Rn. 8.

331 Vgl. bereits in Kapitel 4 unter II.4.a). Detailliert zu den als „Unternehmen von öffentlichem Interesse" erfassten Gesellschaften *Habersack*, AG 2008, 98 f.

besteht, aus der ein objektiver, verständiger und informierter Dritter den Schluss ziehen würde, dass ihre Unabhängigkeit gefährdet ist (Art. 22 Abs. 2 Satz 1). Risiken für Unabhängigkeit von Abschlussprüfern oder Prüfungsgesellschaften müssen durch Schutzmaßnahmen gemindert werden (Art. 22 Abs. 2 Satz 2). Bleibt die Unabhängigkeit trotz Schutzmaßnahmen wegen Eigeninteressen oder drohender Selbstprüfung gefährdet, dürfen der Abschlussprüfer oder die Prüfungsgesellschaft die Abschlussprüfung nicht durchführen (Art. 22 Abs. 2 Satz 3, 4). Die Prüfer müssen alle Risiken für ihre Unabhängigkeit in ihren Arbeitspapieren dokumentieren (Art. 22 Abs. 3) und in Gesellschaften von öffentlichem Interesse zudem dem Prüfungsausschuss (bzw. das seine Aufgaben wahrnehmende Gremium) jährlich schriftlich ihre Unabhängigkeit von dem geprüften Unternehmen versichern, ihn über die von ihnen gegenüber dem geprüften Unternehmen erbrachten zusätzlichen Leistungen informieren und mit ihm die Risiken für ihre Unabhängigkeit sowie die von ihnen gemäß Artikel 22 Absatz 3 dokumentierten Schutzmaßnahmen zur Minderung dieser Risiken erörtern (Art. 42 Abs. 1). Damit werden Nicht-Prüfungsleistungen durch die Richtlinie nicht per se untersagt, können bei sachgerechter Auslegung der Grundprinzipien aber faktisch ausgeschlossen sein[332]. Zudem handelt es sich bei den Richtlinienvorschriften nur um eine Mindestharmonisierung (Art. 52), so dass den Mitgliedstaaten ein generelles Verbot von prüfungsfernen Dienstleistungen möglich bleibt[333].

Für Gesellschaften von öffentlichem Interesse haben die Mitgliedstaaten überdies ein Rotationssystem einzuführen, nach dem die für die Durchführung der Abschlussprüfung im Auftrag der Prüfungsgesellschaft verantwortlichen Prüfungspartner spätestens sieben Jahre nach ihrer Bestellung vom Prüfungsmandat abgezogen werden, zur Mitwirkung an der Prüfung des geprüften Unternehmens frühestens nach Ablauf von zwei Jahren wieder berechtigt sind und mindestens während einer „Abkühlungsphase" von zwei Jahren nach ihrem Abzug keine wichtige Führungsposition in dem geprüften Unternehmen übernehmen dürfen (Art. 42 Abs. 2, 3). Das im Kommissionsvorschlag vorgesehene Wahlrecht der Mitgliedstaaten zur Einführung einer externen Rotation wurde vom EU-Parlament und vom Europäischen Rat nicht übernommen[334]. Wie von den Vorgaben zum Prüfungsausschuss können andere Unternehmen von öffentlichem Interesse als Gesellschaften mit börsennotierten Wertpapieren auch von der Pflicht zur Einführung eines Rotationssystems ausgenommen werden (Art. 39).

b) *Rolle der Abschlussprüfer in der AG*

aa) Bestellung, Überwachung und Abberufung des Abschlussprüfers der AG

Während die Hauptversammlung der AG die Abschlussprüfer wählt (§§ 119 Abs. 1 Nr. 4 AktG, 318 Abs. 1 HGB), erteilt der Aufsichtsrat den Prüfungsauftrag und schließt die Honorarvereinbarung ab (§ 111 Abs. 2 Satz 3 AktG). Die hierin liegende

332 Vgl. *Lanfermann*, DB 2005, 2644, 2646.
333 Vgl. *Lanfermann*, DB 2005, 2644, 2646.
334 Vgl. *Lanfermann*, DB 2005, 2644, 2648.

Neuregelung, die die Entscheidung über die Erteilung des Prüfungsauftrags vom Vorstand auf den Aufsichtsrat verlagerte, bezieht sich zwar nicht nur auf börsennotierte Gesellschaften, hat diese aber als Leitbild. Gerade in den großen kapitalmarktnotierten Gesellschaften, die durch eine Vielzahl anonymer Aktionäre geprägt werden, soll die Überwachungsfunktion des Aufsichtsrats unterstützt werden[335]. Hierfür ist der Prüfungsbericht nunmehr direkt dem Aufsichtsrat zuzuleiten, um die zuvor übliche Einflussnahme des Vorstands auf die Prüfungsergebnisse auszuschließen[336]. Zudem hat der Abschlussprüfer den Aufsichtsrat bei der Beratung des Jahresabschlusses zu unterstützen und dabei gegebenenfalls die Prüfungsergebnisse zu erläutern (§ 171 Abs. 1 AktG).

Die Pflicht zur Bildung eines Prüfungsausschusses aus Art. 41 der Richtlinie 2006/43/EG wurde durch das BilMoG in § 107 Abs. 3 Satz 2, Abs. 4 AktG in Ausnutzung der Befreiungsmöglichkeit nach Art. 41 Abs. 5 umgesetzt, so dass es Aktiengesellschaften mit börsennotierten Wertpapieren angesichts des bei ihnen bestehenden Aufsichtsrats freisteht, einen Prüfungsausschuss (mit dem sachverständigen Mitglied nach § 100 Abs. 5 AktG in der Fassung des BilMoG) zu bilden. Entsprechend der internationalen Tendenzen strebt § 171 Abs. 2 Satz 2 AktG jedoch die Bildung eines Prüfungsausschusses an, indem er verlangt, dass der Aufsichtsrat der Hauptversammlung offen legt, wie er die Geschäftsführung im laufenden Geschäftsjahr geprüft hat, wofür in börsennotierten Gesellschaften insbesondere mitzuteilen ist, welche Ausschüsse gebildet wurden. Der DCGK empfiehlt insofern die Bildung eines mit der Prüfung der Rechnungslegung, des Risikomanagements und der Compliance, der erforderlichen Unabhängigkeit des Abschlussprüfers, der Erteilung des Prüfungsauftrags an den Abschlussprüfer, der Bestimmung von Prüfungsschwerpunkten und der Honorarvereinbarung befassten Prüfungsausschusses (Ziff. 5.3.2 Satz 1 DCGK). Der Ausschussvorsitzende soll über einschlägige Kenntnisse der Rechnungslegung und interner Kontrollverfahren verfügen und kein ehemaliges Vorstandsmitglied sein (Ziff. 5.3.2 Satz 2, 3 DCGK). Ob der Ausschuss anstelle des Aufsichtsrats entscheidet oder diesem nur Vorschläge unterbreitet, überlässt der Kodex (soweit eine Delegation in den Grenzen der §§ 171, 314 AktG zulässig ist) der Entscheidung des Aufsichtsrats (Ziff. 5.3.5 DCGK). Die meisten börsennotierten Aktiengesellschaften haben einen Prüfungsausschuss eingerichtet[337].

Bei Besorgnis der Befangenheit (auch nur gegenüber mit ihnen zusammenarbeitenden Personen) sind Wirtschaftsprüfer von der Abschlussprüfung ausgeschlossen

---

335 Vgl. HdbAG/*Marsch-Barner/Schäfer*, § 1 Rn. 8, 9; auch *Habersack* in Bayer/Habersack (Hrsg.), Aktienrecht im Wandel II, 681, 702.

336 Vgl. *Leyens*, RabelsZ 67 (2003), 57, 87 f. m.w.N. in Fn. 185.

337 Vgl. DCGK-Kommentar/*Kremer*, Rn. 980; *Hopt/Leyens*, ECFR 2004, 135, 141; *Feddersen*, AG 2000, 385, 393; *Meder*, ZIP 2007, 1538, 1539. Im Geschäftsjahr 2005 hatten alle im DAX notierten Gesellschaften sowie 43 der 50 im MDAX notierten Gesellschaften einen Prüfungsausschuss (mit zwischen drei und sechs und durchschnittlich 4,7 Mitgliedern im DAX und zwischen zwei und sechs und durchschnittlich 3,8 Mitgliedern im MDAX) gebildet, vgl. *Quick/Höller/Koprivica*, ZCG 2008, 25, 31.

(§ 319 Abs. 2 HGB)[338]. In allen Gesellschaften sind Prüfer unter anderem bei nicht nur unwesentlichen finanziellen Interessen an der Gesellschaft, der Ausübung von gesetzlichen Vertretungs- oder Aufsichtsfunktionen oder Arbeitnehmertätigkeit für die Gesellschaft, der Beteiligung an der Erstellung des Jahresabschlusses sowie bei Bezug von jeweils mehr als 30 % des Gesamteinkommens von der zu prüfenden Gesellschaft[339] während der letzten fünf Jahre von der Prüfung ausgeschlossen (§ 319 Abs. 3 HGB). In Gesellschaften mit an einem organisierten Markt notierten Wertpapieren sind sie auch dann von der Prüfung ausgeschlossen, wenn sie (1) in den letzten fünf Jahren jeweils mehr als 15 % ihrer Gesamteinnahmen von der zu prüfenden Kapitalgesellschaft[340] bezogen haben und dies auch im laufenden Geschäftsjahr zu erwarten ist, (2) in dem zu prüfenden Geschäftsjahr über die Prüfungstätigkeit hinaus Rechts- oder Steuerberatungsleistungen erbracht haben, die über das Aufzeigen von Gestaltungsalternativen hinausgehen und die sich auf die Darstellung der Vermögens-, Finanz- und Ertragslage in dem zu prüfenden Jahresabschluss unmittelbar und nicht nur unwesentlich auswirken, (3) über die Prüfungstätigkeit hinaus in dem zu prüfenden Geschäftsjahr an der Entwicklung, Einrichtung und Einführung von Rechnungslegungsinformationssystemen mitgewirkt haben, sofern diese Tätigkeit nicht von untergeordneter Bedeutung war, oder (4) bereits mindestens sieben Mal einen Bestätigungsvermerk über die Prüfung des Jahresabschlusses gezeichnet haben und seit der Prüfung des Jahresabschlusses nicht drei oder mehr Jahre vergangen sind (§ 319a Abs. 1 HGB)[341]. Zur Vermeidung von Abhängigkeiten empfiehlt der DCGK dem Aufsichtsrat, vor Erstellung seines Wahlvorschlags eine Unabhängigkeitserklärung der in Betracht kommenden Prüfer einzuholen (Ziff. 7.2.1 DCGK).

Die Abberufung der Prüfer erfolgt durch das Gericht auf Antrag des Vorstands, Aufsichtsrats oder einer Aktionärsminderheit mit 5 % des Grundkapitals oder Aktien im Börsenwert von 500.000 € bei Vorliegen eines Abberufungsgrundes, insbesondere eines Ausschlussgrundes nach §§ 319 Abs. 2, 3, 319a HGB (§ 318 Abs. 3 HGB).

bb) Umfang des Prüfungsauftrags in der AG

Die Reformgesetze des letzten Jahrzehnts haben den Prüfungsauftrag in Richtung auf eine vermehrte Prüfung der *Corporate Governance* ausgedehnt[342]. So erstreckt sich die Pflichtprüfung in börsennotierten Gesellschaften auf das vom Vorstand nach § 91 Abs. 2 AktG hinsichtlich bestandsgefährdender Risiken einzurichtende Überwachungssystem (§ 317 Abs. 4 HGB). Dabei ist im Wege einer Systemprüfung

---

338 Ausführlich zur Befangenheit bzw. den Unabhängigkeitskriterien nach dem Bilanzrechtsreformgesetz *Hülsmann*, DStR 2005, 166, 167 ff.

339 Sowie von Gesellschaften, an denen die zu prüfende Gesellschaft zu mindestens 20 % beteiligt ist.

340 Sowie wiederum von Gesellschaften, an denen die zu prüfende Gesellschaft zu mindestens 20 % beteiligt ist.

341 Dementsprechend ist eine interne Rotation der verantwortlichen Prüfungspartner erforderlich; vgl. *Hopt/Merkt* in Baumbach/Hopt, § 319a Rn. 7.

342 Vgl. *Habersack* in Bayer/Habersack (Hrsg.), Aktienrecht im Wandel II, 681, 705 f.

(nicht einer Geschäftsführungsprüfung) zu beurteilen, ob dieses sich nicht nur auf das Rechnungswesen, sondern auf alle Unternehmensbereiche erstreckende Überwachungssystem vom Vorstand eingerichtet worden ist und ob es seine Aufgaben erfüllen kann[343]. In nicht börsennotierten Gesellschaften haben die Prüfer demgegenüber nur gemäß § 321 Abs. 1 Satz 3 HGB über im Rahmen der Abschlussprüfung festgestellte wesentliche Verstöße der gesetzlichen Vertreter gegen ihre Pflicht zur Einrichtung des Frühwarnsystems aus § 91 Abs. 2 AktG zu berichten[344]. Im Rahmen der Beurteilung der Lageberichterstattung des Vorstands nach §§ 321, 322 HGB haben die gestiegenen Anforderungen an den Inhalt von Anhang und Lagebericht auch den Gegenstand der Abschlussprüfung erweitert. Da börsennotierte Gesellschaften im Anhang detaillierte Angaben über die Vergütung der Organwalter und des Abschlussprüfers zu machen haben (§§ 285 Nr. 9, 17, 314 Nr. 6, 9 HGB), erstreckt sich die Prüfung nunmehr auch auf diese Gesichtspunkte der *Corporate Governance*. Ebenso sind die nunmehr im Lagebericht börsennotierter Gesellschaften gemäß §§ 289 Abs. 4, 315 Abs. 4 HGB enthaltenen übernahmerelevanten Angaben zur Aktionärsstruktur und möglichen Verteidigungsmitteln Gegenstand der Prüfung. Gleiches gilt, entsprechend der Vorgabe aus Art. 46a Abs. 2 Satz 3 der Jahresabschluss-Richtlinie, für das von Gesellschaften von öffentlichem Interesse (und damit allen Kapitalgesellschaften mit börsennotierten Wertpapieren) im Lagebericht zu beschreibende interne Risikomanagementsystem hinsichtlich des Rechnungslegungsprozesses (§§ 289 Abs. 5, 264d HGB in der Fassung des BilMoG).

c) *Rolle der Abschlussprüfer in der S.A.*

aa) Bestellung, Überwachung und Abberufung der Abschlussprüfer in der *S.A.*

Französische Aktiengesellschaften müssen bei der Erstellung konsolidierter Abschlüsse (und damit in quasi allen börsennotierten Gesellschaften) mindestens zwei Abschlussprüfer haben (art. L. 823-2 C.com.). Die Dualität soll der Entstehung eines Abhängigkeitsverhältnisses zwischen den Prüfern und der Gesellschaft vorbeugen und so sowie durch die doppelte Kontrolle eine hohe Qualität der Abschlussprüfung gewährleisten (Ziff. 14.2.2 FCGK). Die Prüfer werden auf Vorschlag des Verwaltungsrats/Aufsichtsrats durch die Hauptversammlung für sechs Geschäftsjahre gewählt (art. L. 225-228, 823-3 (1) C.com.) und sind wiederwählbar (art. L. 823-8 C.com.). Seit dem *Loi de sécurité financière* dürfen natürliche Personen in Gesellschaften mit *appel publique à l'épargne* nicht mehr als sechs Jahresabschlüsse in Folge unter-

---

343 Die Prüfung der Funktionsfähigkeit des Überwachungssystems verlangt dabei letztlich eine Prüfung der Eignung der vom Überwachungssystem gelieferten Daten und der Plausibilität der unternehmensinternen Richtlinien zur Risikobewertung zur Früherkennung bestandsgefährdender Risiken; vgl. *Hopt/Merkt* in Baumbach/Hopt, § 317 Rn. 9; MKHGB/*Ebke*, § 317 Rn. 82; *Morck* in Koller/Roth/Morck, § 317 Rn. 5; HdbAB/Nonnenmacher, § 55 Rn. 174.

344 Vgl. *IDW*, PS 450 Rn. 107; HdbAG/*Nonnenmacher*, § 55 Rn. 176. In der betriebswirtschaftlichen Literatur wird allerdings auch den Aufsichtsräten nicht börsennotierter Aktiengesellschaften empfohlen, den Prüfungsauftrag auf das Risikofrüherkennungssystem zu erstrecken; vgl. MKHGB/*Ebke*, § 317 Rn. 79.

zeichnen (art. L. 822-14 (1) C.com.), die unterzeichnenden Partner der Prüfungsgesellschaften müssen also rotieren[345]. Der konsolidierte *Corporate Governance*-Kodex empfiehlt eine Beendigung der Mandate der beiden Prüfer zu verschiedenen Zeitpunkten (Ziff. 14.2.2 Abs. 4 FCGK). Nach Ablauf der gesetzlichen Amtszeit von sechs Jahren soll die Abschlussprüferposition öffentlich ausgeschrieben werden (Ziff. 14.2.2 Abs. 1 Satz 2 FCGK). Für börsennotierte Gesellschaften sollte der Prüfer neben dem Prüfungsauftrag grundsätzlich keine prüfungsfernen Tätigkeiten und untergeordnete Tätigkeiten nur mit vorheriger Zustimmung des Prüfungsausschusses erbringen (Ziff. 14.2.2 Abs. 5, 6 FCGK).

Die Vorgaben des Art. 41 der Richtlinie 2006/43/EG zur Bildung eines Prüfungsausschusses in Gesellschaften von öffentlichem Interesse (und damit jedenfalls in allen Gesellschaften mit börsennotierten Wertpapieren) und dessen Besetzung mit einem unabhängigen sachverständigen Mitglied werden von der französischen Regierung durch *ordonnance* umgesetzt werden[346]. Zur Vermeidung von Abhängigkeiten zwischen der Geschäftsleitung und den Prüfern empfiehlt der Kodex im Einklang mit den europäischen Tendenzen die Bildung eines Prüfungsausschusses, der zu mindestens zwei Dritteln aus unabhängigen Verwaltungsratsmitgliedern und ohne geschäftsführende Mitglieder zusammengesetzt sein soll (Ziff. 14, 14.1 FCGK). Wie die sonstigen Ausschüsse der *S.A.* kann er nur beratende Funktion haben, da nicht in die zwingend dem Verwaltungsrat zugewiesenen Entscheidungskompetenzen eingegriffen werden darf[347]. Eine der Hauptaufgaben des Ausschusses ist die Erarbeitung von Vorschlägen an den Verwaltungsrat zu den von ihm der Hauptversammlung zur Bestellung vorzuschlagenden Abschlussprüfer (Ziff. 14.2.2 Abs. 1 Satz 1 FCGK). Der Prüfungsausschuss soll zudem die Angemessenheit der Vergütung der Prüfer überwachen und gewährleisten, dass sie im Verhältnis zu den Gesamteinkünften der jeweiligen Prüfungsgesellschaft keine deren Unabhängigkeit gefährdende Dimension erlangt (Ziff. 14.2.2 Abs. 2 FCGK)[348]. Praktisch alle im *CAC 40* notierten Gesellschaften haben seit geraumer Zeit einen Prüfungsausschuss gebildet[349].

Die Inkompatibilitäten ähneln denjenigen des deutschen Rechts. Maßgeblicher Gesichtspunkt ist die Wahrung der Unabhängigkeit der Prüfer, die bei einer Arbeitnehmer- oder Geschäftsleitertätigkeit zum Prüfungszeitpunkt und während der vorangegangenen fünf Jahre ebenso ausgeschlossen ist wie bei nicht nur unerheb-

---

345 Vgl. *Merle*, Rn. 505.

346 Ermächtigungsgrundlage ist Art. 32 des *loi n° 2008-649* v. 3. Juli 2008 *portant diverses dispositions d'adaptation du droit des sociétés au droit communautaire (1)*, JO n° 155 v. 4. Juli 2008, 10705.

347 Vgl. *Delga*, D. 2002, 2858; Ziff. 14 Abs. 1 Satz 2 FCGK sowie in Kapitel 4 unter II.4.a)cc).

348 Zur komplexen Regulierung der Vergütung der Prüfer vgl. die Schilderung bei *Merle*, Rn. 509. Der den Prüfern als Vergütung gezahlte Betrag wird den Aktionären am Gesellschaftssitz offengelegt, art. L. 820-3 (2) C.com.

349 Vgl. *Merle*, Rn. 513-1 Fn. 6 unter Berufung auf eine Untersuchung des *Centre de recherches de Droit des affaires et de l'économie (CRDAE)* der Universität Paris I über die Umsetzung der Corporate Governance-Empfehlungen in den Jahren 1995–1999 durch die *CAC 40*-Gesellschaften; Zusammenfassung der Untersuchung in Rev. sociétés 2002, 189 f.

lichen geschäftlichen Beziehungen zur Gesellschaft außerhalb des Prüfungsauftrags (art. L. 822-10 C.com.)[350]. Ein auf Grund der Ermächtigung in art. L. 822-16 C.com. aufgestellter Pflichtenkodex (*code de déontologie*) präzisiert die nach art. L. 822-11 C.com. zu Inkompatibilitäten führenden persönlichen, finanziellen und geschäftlichen Verbindungen zur Gesellschaft[351]. Darüberhinaus ist es dem Prüfer bzw. der Prüfungsgesellschaft nunmehr gesetzlich untersagt, der Gesellschaft prüfungsferne Dienstleistungen zu erbringen (art. L. 822-11 II. C.com.).

Üblicherweise endet die Amtszeit der Prüfer mit dem Ende der Jahreshauptversammlung, die über den sechsten von ihnen geprüften Jahresabschluss beschlossen hat (art. L. 225-299 (1) C.com.). Eine Abberufung erfolgt zur Wahrung der Unabhängigkeit der Prüfer nur bei Vorliegen eines Abberufungsgrundes durch das Gericht auf Antrag unter anderem der Verwaltungsorgane, einer Aktionärsminderheit mit 5 % des Grundkapitals sowie einer Aktionärsvereinigung i.S.v. art. L. 225-120 C.com. (art. L. 823-6, art L. 225-233 i.V.m. art. L. 823-7 C.com.). Die gesellschaftsformübergreifend normierten Abberufungsgründe setzen eine schuldhafte Pflichtverletzung, das Entstehen einer Inkompatibilität oder eines physischen Hinderungsgrundes voraus[352].

bb) Umfang des Prüfungsauftrags in der *S.A.*

Auch im französischen Recht wurde die Aufgabe der Rechnungsprüfer über die ursprüngliche der Prüfung des Jahresabschlusses hinaus auf Gesichtspunkte der *Corporate Governance* erweitert (art. L. 823-10 C.com.)[353]. Wie im deutschen Recht spiegelt sich dabei die Ausweitung der Berichtspflichten der Verwaltung in einer Erweiterung des Prüfungsauftrags der Abschlussprüfer wieder. Die Pflichtprüfung beinhaltet die Verifikation der prüfbaren Angaben der Verwaltung im Lagebericht und die Überwachung der Übereinstimmung dieser Angaben mit dem Jahresabschluss (art. L. 823-10 (2) C.com.). Damit erstreckt sie sich auch auf die von an organisierten Märkten notierten Aktiengesellschaften in Umsetzung von Art. 10 der Übernahme-Richtlinie nach art. L. 225-100-3 C.com. in den Lagebericht aufzunehmenden Informationen zur Kapitalstruktur. Art. L. 823-10 (2) Satz 2 C.com. stellt (überflüssigerweise) klar, dass die Abschlussprüfer auch zur Prüfung aller im Lagebericht enthaltenen Angaben zur Vergütung und sonstigen den Verwaltungsmitgliedern gewährten Vorteilen (die in Gesellschaften mit börsennotierten Wertpapieren bedeutend ausführlicher und individuell auf die namentlich zu nennenden Organmitglieder zu erfolgen haben, art. L. 225-102-1 (1)-(3) C.com.) verpflichtet sind[354]. Entsprechend der Vorgaben aus Art. 46a Abs. 2 Satz 3, 4 der geänderten Jahresabschluss-Richtlinie sind die Angaben zum internen Risikomanagement-

350 Ausführlich zu den Inkompatibilitäten des französischen Rechts *Merle*, Rn. 503-1.
351 Überblicksartig zum Pflichtenkodex *Cozian/Viandier/Deboissy*, Rn. 773.
352 Überblicksartig zu den Abberufungsgründen *Merle*, Rn. 506; auch *Cozian/Viandier/Deboissy*, Rn. 775.
353 Zur Pflichtprüfung vgl. *Cozian/Viandier/Deboissy*, Rn. 777; *Merle*, Rn. 511.
354 Zu den sonstigen Berichtspflichten der Abschlussprüfer vgl. *Merle*, Rn. 512; *Cozian/Viandier/Deboissy*, Rn. 779–781.

system für den Rechnungslegungsprozess im von allen Gesellschaften mit *appel publique à l'épargne* abzugebenden *Corporate Governance-Statement* in die Prüfung mit einzubeziehen (art. L. 225-235 C.com.).

d) *Rolle der Abschlussprüfer in der plc*

aa) Bestellung, Überwachung und Abberufung der Abschlussprüfer in der *plc*

Der Abschlussprüfer der *plc* wird jährlich durch einfachen Hauptversammlungsbeschluss auf der Jahreshauptversammlung bestellt (s. 489 (2) CA 2006). Regelmäßig unterbreitet der Verwaltungsrat der Hauptversammlung die Bestellungs- und Abberufungsvorschläge seines Prüfungsausschusses (ss. C.3.2, C.3.6 Combined Code). Der Verwaltungsrat selbst kann den Abschlussprüfer vor der ersten Jahreshauptversammlung sowie bei Vakanz des Amtes bestellen (s. 489 (3) CA 2006). Wurde auf der Jahreshauptversammlung kein Prüfer bestellt oder unterlässt der nach s. 489 (3) CA 2006 vor der ersten Hauptversammlung zuständige Verwaltungsrat eine Bestellung, so können die Aktionäre die Bestellung jederzeit vornehmen (s. 489 (4) CA 2006). Unterlässt die Gesellschaft die Bestellung eines Abschlussprüfers, so kann sie durch den Minister erfolgen (s. 490 CA 2006). Die Vergütung des Abschlussprüfers wird durch ordentlichen Hauptversammlungsbeschluss bestimmt bzw. die Bedingungen ihrer Festlegung durch den Verwaltungsrat durch einen solchen Hauptversammlungsbeschluss vorgegeben (s. 492 (1) CA 2006), wobei eine Delegation an den Verwaltungsrat üblich ist[355]. Der zuständige Minister (*Secretary of State*) ist insofern befugt, Vorschriften zur Offenlegung der Anstellungsbedingungen des Abschlussprüfers einschließlich seiner Vergütung einzuführen (s. 493 CA 2006), beabsichtigt aber bis dato nicht, diese Befugnis auszunutzen[356]. Zudem ist der *Secretary of State* ermächtigt, Offenlegungspflichten hinsichtlich der außerhalb der Prüfung von der beauftragten Wirtschaftsprüfungsgesellschaft für die Gesellschaft geleisteten Dienste einzuführen (s. 494 CA 2006). Die vor dem CA 2006 unter der vergleichbaren Ermächtigungsgrundlage eingeführten Vorschriften bezogen sich nur auf große Gesellschaften im Sinne der europarechtlichen Vorgaben, also auch auf Gesellschaften mit börsennotierten Wertpapieren[357]. Gesetzliche Inkompatibilitäten bestehen lediglich gemäß der weiter geltenden s. 27 (1) CA 1989 für Personen, die Organmitglieder oder Angestellte der Gesellschaft oder einer verbundenen Gesellschaft sind sowie Angestellte und Partner dieser Person bzw. der Prüfungsgesellschaft, der die Person angehört. Die Ermächtigung aus s. 27 (2) CA 1989 an den *Secretary of State*, weitere Inkompatibilitäten auf Grundlage von die Unabhängigkeit gefährdenden Beziehungen zur Gesellschaft festzulegen, wurde nicht ausgenutzt[358].

---

355 Vgl. *Davies*, Gower's Company Law, 570. Bei ausnahmsweiser Bestellung des Abschlussprüfers durch den Verwaltungsrat oder das Ministerium legen jeweils diese die Vergütung fest, s. 492 (2), (3) CA 2006.
356 Vgl. *Mayson/French/Ryan*, 502.
357 Vgl. *Mayson/French/Ryan*, 502.
358 Vgl. *Davies*, Gower's Company Law, 567 f.

Gemäß DTR 1B.1., 7.1 müssen Gesellschaften mit börsennotierten Wertpapieren in Umsetzung von Art. 41 der Richtlinie 2006/43/EG nunmehr einen Prüfungsausschuss bilden bzw., wie die *plc* mit dem Verwaltungsrat, ein dessen Aufgaben wahrnehmendes Gremium mit einem unabhängigen sachverständigen Mitglied haben[359]. Der *Combined Code* empfiehlt die Bildung eines ausschließlich aus unabhängigen nicht-geschäftsführenden Verwaltungsratsmitgliedern bestehenden Prüfungsausschusses mit zumindest einem Mitglied mit einschlägigem Sachverstand (lit. C.3.1 Combined Code). Quasi alle börsennotierten britischen Gesellschaften haben einen Prüfungsausschuss mit zumindest einem Finanzexperten, wobei rund 60 % der Ausschüsse vollständig mit unabhängigen Mitgliedern besetzt sind[360]. Der Ausschuss soll unter anderem Vorschläge zur Bestellung und Abberufung der Abschlussprüfer machen, ihre Anstellungsbedingungen festlegen und ihre Unabhängigkeit, Objektivität und Effektivität überprüfen (lit. C.3.2 Combined Code). Daneben soll der Ausschuss ein Konzept hinsichtlich der Beauftragung prüfungsferner Dienste bei der mit der Prüfung beauftragten Gesellschaft entwickeln und dessen Einhaltung durch die Geschäftsleitung überwachen (lit. C.3.2 a.E. Combined Code). In einem besonderen Abschnitt des Lageberichts soll die Arbeit des Prüfungsausschusses beschrieben werden sowie bei Erbringung prüfungsferner Dienste durch die Abschlussprüfer erläutert werden, wie ihre Objektivität und Neutralität gewährleistet wird (lit. C.3.3, C.3.7 Combined Code). Die Kodexempfehlungen werden durch die ausführlichen Hinweise in der *Guidance on Audit Committees* des *Financial Reporting Council*, der sog. *Smith Guidance*[361], ergänzt. Danach soll der Prüfungsausschuss unter anderem sicherstellen, dass die Prüfer und ihre Angestellten keine familiären, finanziellen, arbeitsvertraglichen oder sonstigen unüblichen geschäftlichen Beziehungen zur Gesellschaft haben sowie dass die Firmen die britischen Richtlinien der Prüfungsprofession zur Rotation der verantwortlichen Prüfungspartner befolgen (Ziff. 4.25, 4.27 Smith Guidance)[362]. Zudem soll der Prüfungsausschuss einen Standpunkt der Gesellschaft zur Erbringung von prüfungsfernen Dienstleistungen durch die Prüfungsgesellschaften entwickeln und dabei Dienstleistungen festlegen, von denen die Prüfer ausgeschlossen sind, die der vorherigen Zustimmung des Prüfungsausschusses bedürfen und die zustimmungsfrei sind (Ziff. 4.28–4.31 Smith Guidance).

---

359 Zur Umsetzung vgl. *BERR*, Implementation of the Directive 2006/43/EC – Policy Conclusions and Draft Regulations, Juli 2007, Ziff. 2.54; *FSA*, Implementation of the 8th Company Law Directive – Consultation Paper, Dezember 2007, Ziff. 1.9, 1.11 f.

360 Vgl. *FSA*, Implementation of the 8th Company Law Directive – Consultation Paper, Dezember 2007, Ziff. 4.6–4.8, wo 88 % der Ausschüsse der FTSE 350-Gesellschaften und ca. 50 % der Gesellschaften außerhalb des FTSE 350 als vollständig unabhängig beschrieben werden.

361 Financial Reporting Council, Guidance on Audit Committees (Smith Guidance), Januar 2003, abrufbar unter www.frc.org.uk/documents/pagemanager/frc/The%20Smith%20Guidance%20on%20Audit%20Committees%20June%202006.pdf.

362 Die damit angesprochenen *Ethical Standards* des *Auditing Practices Board* des *Financial Reporting Council* (*FRC*) stellen Richtlinien zur Gewährleistung der Integrität, Objektivität und Unabhängigkeit der Abschlussprüfer auf. Ihnen zufolge soll bei der Prüfung von Gesellschaften mit börsennotierten Wertpapieren der zeichnende Prüfungspartner nach fünf Jahren ausgetauscht werden (*Ethical Standard 3, Ziff.* 12 i.V.m. dem Glossar zu den *Ethical Standards*, das *listed companies* im Sinne der *Standards* als Gesellschaften mit börsennotierten Wertpapieren definiert).

Das Amt des Abschlussprüfers endet mit dem Ende der seiner Bestellung folgenden Jahreshauptversammlung, es sei denn, er wird erneut berufen (s. 491 (1)(b) CA 2006). Zudem kann die Hauptversammlung den Abschlussprüfer jederzeit nach Durchführung eines Bekanntmachungsverfahrens durch einfachen Hauptversammlungsbeschluss abberufen (s. 510 (1), (2) CA 2006). Auf die beabsichtigte Abberufung ist die Gesellschaft im Wege einer *special notice* besonders hinzuweisen (s. 511 (1) CA 2006). Sie hat den betroffenen Prüfer sodann vor der Hauptversammlung schriftlich anzuhören und seine Stellungnahme zusammen mit der Ladung oder durch Verlesung auf der Hauptversammlung unter den Aktionären zu verbreiten (s. 511 (2)–(5) CA 2006). Daneben hat der Abschlussprüfer ein Rederecht auf der Hauptversammlung (s. 511 (5) CA 2006). So soll gewährleistet werden, dass kritische Abschlussprüfer nicht abberufen werden können, ohne zuvor ihre Vorbehalte gegenüber der Rechnungslegung der Gesellschaft zur Kenntnis der Aktionäre gebracht zu haben[363]. Die Abberufung lässt eventuelle Schadensersatzansprüche des Abschlussprüfers wegen der Beendigung seines Amtes unberührt (s. 510 (3) CA 2006).

Endet das Amt eines Abschlussprüfers, so hat er der Gesellschaft und der Registerstelle eine Stellungnahme zu den Gründen zu übermitteln (s. 519, 521 CA 2006). Während die Abschlussprüfer nicht-börsennotierter Gesellschaften auf die Stellungnahme verzichten können, wenn sie der Ansicht sind, dass keine Umstände vorliegen, die zur Kenntnis der Aktionäre oder der Gläubiger der Gesellschaft gebracht werden müssen, sind die Abschlussprüfer börsennotierter Gesellschaften stets zur Stellungnahme verpflichtet (s. 519 (1), (3) CA 2006). Die Gesellschaft muss die Stellungnahme unter anderem allen Aktionären zusenden oder eine gerichtliche Verfügung erwirken, kraft derer sie die Übermittlung wegen missbräuchlich zulasten der Gesellschaft gehender Bestrebungen des Abschlussprüfers unterlassen kann (s. 520 (2), (4) CA 2006). Zusammen mit der zu verbreitenden Stellungnahme kann der Abschlussprüfer die Einberufung einer Hauptversammlung zwecks Befassung mit den Umständen seiner Abberufung verlangen (s. 518 CA 2006). Von börsennotierten Gesellschaften können Aktionärsminderheiten mit einer Beteiligung von mindestens 5 % der Stimmrechte oder 100 Aktionäre mit stimmberechtigen Aktien, auf die durchschnittlich mindestens 100 £ eingezahlt sind, seit der Gesellschaftsrechtsreform verlangen, dass eine Erklärung zu Umständen der Abberufung, die die Minderheit auf der nächsten Jahreshauptversammlung thematisieren möchte, auf der Gesellschafts-Internetseite veröffentlicht wird (s. 527 CA 2006).

bb) Umfang des Prüfungsauftrags in der *plc*

Die Hauptaufgabe des Abschlussprüfers ist die Erstellung des Prüfungsberichts über den Jahresabschluss des zurückliegenden Geschäftsjahres an die Hauptversammlung (s. 495 CA 2006). Dabei muss der Abschlussprüfer sich dazu äußern, ob die Informationen im Lagebericht mit denjenigen des Jahresabschlusses übereinstimmen (s. 496 CA 2006). Dies beinhaltet die Verifizierung der in Umsetzung der

363 Vgl. *Mayson/French/Ryan*, 501.

Vorgaben des Art. 10 der Übernahme-Richtlinie von an organisierten Märkten notierten Gesellschaften nach s. 992 CA 2006 zwingend in ihren Lagebericht aufzunehmenden übernahmerelevanten Angaben. Bei der Prüfung börsennotierter Gesellschaften muss sich der Prüfungsbericht zudem zum prüfbaren Teil des Vergütungsberichts (*director' remuneration report*) äußern und angeben, ob dieser im Einklang mit den gesetzlichen Vorgaben und den Zahlen des Jahresabschlusses erstellt wurde (s. 497 CA 2006)[364]. Der Prüfung unterliegen die Angaben zu Zahlungen an Verwaltungsmitglieder im Zusammenhang mit ihrem Amtsverlust, zu den Aktienoptionen jedes Verwaltungsratsmitglieds, zu ihren Interessen in langfristigen *Incentive*-Programmen, ihren Pensionsansprüchen und sonstigen Ruhestandsbezügen, ihren Abfindungszusagen sowie den Zahlungen an Dritte im Zusammenhang mit Diensten der Verwaltungsratsmitglieder[365].

2. Vorliegen von und Bedürfnis für Börsengesellschaftsrecht zu Bestellung und Abberufung der Abschlussprüfer und ihrer Rolle im System der gesellschaftsinternen *Corporate Governance*

In allen untersuchten Jurisdiktionen ist die Abschlussprüfung, wesentlich beeinflusst durch europarechtliche Vorgaben, zu einer eigenen Säule der *Corporate Governance* ausgebaut worden[366]. Zahlreiche Aspekte außerhalb der Rechnungslegung sind zum Gegenstand der Prüfung geworden (so die vergütungs- und übernahmerelevanten Angaben im Anhang zum Jahresabschluss bzw. den Lage- oder Vergütungsberichten börsennotierter Gesellschaften), weshalb eine Entwicklung in Richtung auf eine allgemeine *business audit* konstatiert wird[367]. Speziell den Abschlussprüfern von Gesellschaften mit börsennotierten Wertpapieren kommt deshalb auch in den Augen der US-amerikanischen Wertpapieraufsichtsbehörde *SEC* die Funktion eines Torwächters der Finanzmärkte (*gatekeeper of the financial market*) und damit eines Wahrers von Anlegerinteressen zu[368].

Aus rechtsökonomischer Sicht ist die Abschlussprüfung ein Instrument zur Bewältigung des klassischen *Principal-Agent*-Konflikts[369]. Die periodische Offenlegung der Finanzberichte dient der Verringerung der zwischen der Geschäftsleitung und den Aktionären bestehenden Informationsasymmetrie. Da dabei für die Geschäftsleiter

---

364 Der prüfbare Teil des Vergütungsberichts wird durch eine Verordnung entsprechend der Grundsätze der in Schedule 7 zum CA 1985 enthaltenen *Directors' Remuneration Report Regulation 2002* festgelegt werden (s. 421 (1), (2) CA 2006); vgl. DTI, *Implementation of the Companies Act 2006: A Consultative Document*, 2007, Ziff. 2.123–2.142; *Mayson/French/Ryan*, 431.

365 Vgl. *Mayson/French/Ryan*, 432.

366 Vgl. *Habersack* in Bayer/Habersack (Hrsg.), Aktienrecht im Wandel II, 681, 682; *Hommelhoff/Mattheus* in Corporate Governance, 639, 655 ff. (beide für das deutsche Recht).

367 Vgl. *Habersack* in Bayer/Habersack (Hrsg.), Aktienrecht im Wandel II, 681, 683; *Hommelhoff/Mattheus* in Handbuch Corporate Governance, 639, 643 ff.

368 Vgl. *Habersack* in Bayer/Habersack (Hrsg.), Aktienrecht im Wandel II, 681, 683 m.w.N. in Fn. 3., 704.

369 Vgl. *Hommelhoff/Mattheus* in Handbuch Corporate Governance, 639, 649.

zahlreiche Anreize zur Falschdarstellung in den Finanzberichten bestehen, ist die Abschlussprüfung erforderlich, um die Bilanzierungspflichtigen zu normkonformem Berichtsverhalten zu veranlassen und die Normbefolgung zu überwachen[370]. Die testierte Finanzberichterstattung soll sodann gewährleisten, dass den Aktionären verlässliche Informationen zur Beurteilung der Leistung der Geschäftsleitung zur Verfügung stehen. Eine effektive Abschlussprüfung dient insofern der Steigerung des Anlegervertrauens und damit der Funktionsfähigkeit der Kapitalmärkte (die wiederum unter anderem Voraussetzung der externen Kontrolle der Geschäftsleitung über den Markt für Unternehmenskontrolle ist)[371]. Dies gilt umso mehr, als die Ausweitung der Gegenstände der internen Berichterstattung an den Aufsichtsrat bzw. den Prüfungsausschuss im Verwaltungsrat dessen Überwachung der Geschäftsleitung effektiviert und so wiederum die Verlässlichkeit der gesellschaftsinternen Kontrolle stärkt. In Gesellschaften mit einer Notierung von anderen Wertpapieren als Aktien an einem organisierten Markt (die nach den europarechtlichen Vorgaben stets prüfungspflichtig sind und dabei dem strengsten Prüfungsmaßstab unterliegen) besteht zwar angesichts der in ihnen das Überwachungsdefizit ausgleichenden kontrollierenden Großaktionäre kein vergleichbar drängendes gesellschaftsinternes Bedürfnis für eine Verringerung von Informationsasymmetrien zwischen Geschäftsleitung und Aktionären. Eine standardisierte Abschlussprüfung ist in ihnen aber – ebenso wie in Gesellschaften mit börsennotierten Aktien – unerlässlich zur Steigerung des Vertrauens potentieller Anleger in ein Wertpapierinvestment, da sie zu einer informierten Anlageentscheidung verlässlicher Finanzinformationen bedürfen[372].

Unabdingbare Voraussetzung für eine effektive Prüfung zur Gewährleistung dieser Ziele sind unabhängige und kritisch hinterfragende Abschlussprüfer, die auf hohem fachlichem Niveau und mit persönlicher Integrität ohne Rücksicht insbesondere auf die Interessen des Vorstands/Verwaltungsrats dessen Information auf ihre Richtigkeit untersuchen[373]. Die notwendige Unabhängigkeit kann mit den wirtschaftlichen Interessen der Abschlussprüfer als im Wettbewerb stehenden Freiberuflern konfligieren[374]. Hierbei begünstigt insbesondere die im Rahmen der Bestrebungen um eine Ertragsoptimierung vorgenommene Ausweitung der prüfungsnahen Beratungsdienstleistungen der Prüfungsfirmen eine Kooperation zwischen Geschäftsleitung und Prüfern und läuft so Gefahr, den unabhängigen Blick auf die zu prüfenden Finanzberichte zu trüben (zumal die Einnahmen aus diesen Leistungen diejenigen aus der Abschlussprüfung zuletzt zum Teil deutlich über-

---

370 Vgl. *Hommelhoff/Mattheus* in Handbuch Corporate Governance, 639, 649; *Ebke* in Ferrarini u.a. (Hrsg.), Reforming Company and Takeover Law, 507, 514.
371 Vgl. *Ebke* in Ferrarini u.a. (Hrsg.), Reforming Company and Takeover Law, 507 f.
372 Vgl. auch *Hommelhoff/Mattheus* in Handbuch Corporate Governance, 639, 651; *Peltzer*, DCGK, 127 m.w.N.
373 Vgl. *Hommelhoff/Mattheus* in Handbuch Corporate Governance, 639, 652; *Hopt/Merkt* in Baumbach/Hopt, § 319 Rn. 4.
374 Vgl. *Hommelhoff/Mattheus* in Handbuch Corporate Governance, 639, 652.

stiegen)[375]. Gerade der Anstieg der Vergütungen für prüfungsferne Beratungsdienstleistungen scheint die Anreize für eine Annäherung an das Management erheblich vergrößert und so ungenügend sorgfältige Abschlussprüfungen mit den Folgen der Manipulationsskandale wie *Enron*, *Worldcom* und *Parmalat* gefördert zu haben[376]. Während Untersuchungen darauf hindeuten, dass die sorgloseren Prüfungen in den 1990er Jahren auch durch einen überhitzten Markt, auf dem die Investoren weniger Wert auf solide Finanzbasisdaten legten, befördert wurden, ist davon auszugehen, dass die Marktakteure ihre Sorglosigkeit nach den Skandalen und dem Platzen der *New Economy*-Blase korrigiert haben und damit wieder eine gestiegene Nachfrage nach verlässlicher Finanzberichterstattung besteht[377].

Deshalb haben sich die Reformen in den untersuchten Jurisdiktionen – wie weltweit – auf die Angebotsseite konzentriert, indem Interessenkonflikte der Abschlussprüfer einer Regulierung unterworfen wurden. Gemeinsamer Ansatzpunkt ist die Aufstellung von Unabhängigkeitskriterien, die Einführung von Vorgaben zu ihrer Einhaltung (wie die Einschränkung oder der Ausschluss der Erbringung von Beratungsdienstleistungen sowie die Einführung von Rotationsverfahren) und die Überprüfung der Einhaltung der Unabhängigkeitskriterien durch möglichst objektive, von der Geschäftsleitung unabhängige Prüfungsausschüsse, wie sie Art. 41 der Richtlinie 2006/43/EG nunmehr für alle Gesellschaften mit börsennotierten Wertpapieren anstrebt[378]. Ein regelmäßig zusammentretendes, von der Geschäftsleitung unabhängig besetztes und sachverständiges Gremium erscheint geeignet, die wesentlichen Defizite bei der Überwachung der Unabhängigkeit der Prüfer zu verringern und so die Verlässlichkeit der Prüfung zu erhöhen[379].

Betrachtet man die Einschränkung der unabhängigkeitsgefährdenden Wirkung von Beratungsdienstleistungen, so gewährt Art. 22 Abs. 2 der Richtlinie 2006/43/EG den Mitgliedstaaten insofern Gestaltungsspielraum, als er lediglich verlangt, dass

---

375 Vgl. *Hommelhoff/Mattheus* in Handbuch Corporate Governance, 639, 652; *Ebke* in Ferrarini u.a. (Hrsg.), Reforming Company and Takeover Law, 507, 522 f.; *Davies* in Hopt u.a. (Hrsg.), Corporate Governance in Context, 163, 179 f.: So stieg der Anteil der Beratungsleistungen an den Gesamteinnahmen der großen US-Wirtschaftsprüfungsgesellschaften während des letzten Viertels des 20. Jahrhunderts von 12 % auf 50 %. In Großbritannien erhielten die *Big Four*-Prüfungsgesellschaften vor den Skandalen von den von ihnen geprüften Gesellschaften zwischen eineinhalb und zweieinhalb mal mehr Vergütungen für Beratungsleistungen als für Prüfungsleistungen. *Coffee* schildert in Ferrarini u.a. (Hrsg.), Reforming Company and Takeover Law, 455, 471 f. eine Studie für 2002, der zufolge große US-Aktiengesellschaften ihren Prüfern durchschnittlich für prüfungsferne Beratungsleistungen das dreifache zahlten wie für die Prüfungsleistungen.

376 Ausführlich zu den insofern trotz des grundsätzlichen Interesses der Prüfungsgesellschaften an der Aufrechterhaltung ihrer Reputation bestehenden Anreizen zur Herabsenkung der Prüfungsstandards *Davies* in Hopt u.a. (Hrsg.), Corporate Governance in Context, 163, 179; *Coffee* in Ferrarini u.a. (Hrsg.), Reforming Company and Takeover Law, 455, 461 ff., insbes. 471 ff. (am Beispiel des Niedergangs von Arthur Andersen).

377 Vgl. *Davies* in Hopt u.a. (Hrsg.), Corporate Governance in Context, 163, 180.

378 Überblicksartig zu den sonstigen Maßnahmen zur Gewährleistung einer qualitativ hochwertigen Abschlussprüfung *Ebke* in Ferrarini u.a. (Hrsg), Reforming Company and Takeover Law, 507, 509.

379 Vgl. auch *Davies* in Hopt u.a. (Hrsg.), Corporate Governance in Context, 163, 183 f.

sie sicherstellen, dass Prüfer von der Durchführung einer Abschlussprüfung absehen, wenn zwischen ihnen oder ihrem Netzwerk und dem geprüften Unternehmen unmittelbar oder mittelbar eine finanzielle oder geschäftliche Beziehung, ein Beschäftigungsverhältnis oder eine sonstige Verbindung (wie die Erbringung anderer Leistungen als Prüfungsleistungen) besteht, aus der ein objektiver, verständiger und informierter Dritter den Schluss ziehen würde, dass ihre Unabhängigkeit gefährdet ist. Das französische Recht geht über diese Vorgaben hinaus, indem es mittlerweile den Abschlussprüfern die Erbringung jeglicher prüfungsferner Dienstleistungen für die zu prüfende Gesellschaft untersagt (art. L. 822-11 II. C.com.). Das deutsche Recht versucht Interessenkonflikte demgegenüber einzudämmen, indem es grundsätzlich bei einem Bezug von jeweils 30 % des Gesamteinkommens der Prüfungsgesellschaft der letzten fünf Jahre und in Gesellschaften mit börsennotierten Wertpapieren bereits bei einem solchen von jeweils 15 % eine Prüfung verbietet (§§ 319 Abs. 3 Nr. 5, 319a Abs. 1 Nr. 1 HGB). Zudem ist die Erbringung besonders konfliktbelasteter prüfungsferner Beratungsleistungen in wirtschaftlichen, rechtlichen und steuerlichen Angelegenheiten zwar grundsätzlich zulässig, in Gesellschaften mit an organisierten Märkten notierten Wertpapieren aber ausgeschlossen, soweit sie sich auf die Darstellung der Vermögens-, Finanz- und Ertragslage in dem zu prüfenden Jahresabschluss unmittelbar und nicht nur unwesentlich auswirkt (§§ 319 Abs. 3 Nr. 3, 319a Abs. 1 Nr. 2 HGB). Die strengeren Vorgaben für Gesellschaften mit börsennotierten Wertpapieren sollen eine interessenkonfliktbelastete Selbstprüfung vermeiden[380] und so dem bei diesen Gesellschaften angesichts der Notwendigkeit einer verlässlichen Prüfung für die Funktionsfähigkeit der Kapitalmärkte besonders großen Bedürfnis für eine Gewährleistung der Unabhängigkeit Rechnung tragen. Das britische Recht belässt es hingegen, da von der insofern bestehenden Verordnungsermächtigung kein Gebrauch gemacht wurde, bei (aufgrund der nur für Gesellschaften mit börsennotierten Aktien verpflichtenden Entsprechenserklärung vor allem auf diese Gesellschaften bezogenen) Kodexempfehlungen an den Prüfungsausschuss, die Unabhängigkeit der Prüfer zu überwachen und gegebenenfalls zu erläutern, wie ihre Unabhängigkeit trotz der Erbringung prüfungsferner Dienstleistungen gewährleistet wurde (lit. C.3.2, C.3.7 Combined Code). Präzisiert werden die Vorgaben des *Combined Code* durch die *Smith Guidance*, die dem Prüfungsausschuss insofern empfiehlt, sich über konfliktbelastete Beziehungen der Prüfer zur Gesellschaft zu informieren und verbindliche Standards zur Zulässigkeit und Zustimmungsbedürftigkeit von prüfungsfernen Geschäften mit den Abschlussprüfern festzulegen (Ziff. 4.24 ff. Smith Guidance). Kritisch an einem vollständigen Verbot von Beratungsleistungen durch die Prüfungsgesellschaften ist, dass diese aufgrund ihrer im Rahmen der Prüfung erlangten unternehmensspezifischen Kenntnisse häufig in der Lage sein werden, Beratungsleistungen preiswerter anbieten zu können als Dritte[381]. Damit stellt sich die Frage, ob der Kostenzuwachs bei Beauftragung Dritter durch die aufgrund der Vermeidung potentieller Interessen-

380 Vgl. *Hopt/Merkt* in Baumbach/Hopt, § 319a Rn. 3.
381 Vgl. *Davies* in Hopt u.a. (Hrsg.), Corporate Governance in Context, 163, 180.

konflikte eingesparten Kosten ausgeglichen wird[382]. Während das französische Recht die Abwägung zugunsten einer generellen Vermeidung der Interessenkonflikte trifft, schließt das deutsche Recht für Gesellschaften mit an organisierten Märkten notierten Wertpapieren Beratungsdienstleistungen lediglich aus, soweit sie sich auf die Darstellung der Vermögens-, Finanz- und Ertragslage in dem zu prüfenden Jahresabschluss unmittelbar und nicht nur unwesentlich auswirken (§ 319a Abs. 1 Nr. 2 HGB). Das britische Recht überlässt die Problematik den Empfehlungen des *Combined Code* und der *Smith Guidance* an die Prüfungsausschüsse, eine kohärente Geschäftspolitik zu den prüfungsfernen Dienstleistungen zu entwickeln (und dabei gewisse Geschäfte auszuschließen und andere ihrer Zustimmung zu unterstellen). Angesichts der unüberschaubaren Fallkonstellationen und mangels verlässlicher Daten zu den Kosten des Verzichts auf Beratungsleistungen der Prüfer im Vergleich zu den Kosten möglicher Interessenkonflikte fällt eine Entscheidung für eine restriktivere oder flexiblere Regulierungsstrategie schwer[383]. Solange keine eingehende Untersuchung der Kosten eines umfänglichen Verbots vorliegt, sollte jedoch von einem vollständigen Verbot entsprechend der französischen Regelung abgesehen werden.

Schließlich verlangt Art. 42 Abs. 2 der Richtlinie 2006/43/EG in Gesellschaften von öffentlichem Interesse die Einführung eines internen Rotationssystems in den Prüfungsgesellschaften, nach dem der verantwortliche Prüfungspartner nach höchstens fünf Jahren von der Prüfung abzuziehen ist und frühestens zwei Jahre später wieder an ihr beteiligt werden darf. Alle untersuchten Jurisdiktionen haben vergleichbare Rotationsregeln eingeführt, die im Zuge der Richtlinienumsetzung jeweils geringfügig angepasst werden müssen. Das deutsche Recht geht bis jetzt davon aus, dass Prüfer in Gesellschaften mit börsennotierten Wertpapieren von der Prüfung ausgeschlossen sind, wenn sie bereits mindestens sieben Mal einen Bestätigungsvermerk über die Prüfung des Jahresabschlusses gezeichnet haben und seit der Prüfung des Jahresabschlusses nicht drei oder mehr Jahre vergangen sind (§ 319a Abs. 1 Nr. 4 HGB). Das französische Recht verlangt in Gesellschaften mit *appel publique à l'épargne* eine Rotation der verantwortlichen Prüfungspartner nach sechs Jahren (art. L. 822-14 C.com.). Für britische Gesellschaften sieht der *Ethical Standard 3* des *Auditing Practices Board* für Gesellschaften mit börsennotierten Wertpapieren eine Rotation der zeichnenden Prüfungspartner nach fünf Jahren vor. Die interne Rotation nach all diesen Vorgaben soll der abstrakten Gefahr der Entwicklung einer der Unabhängigkeit der Prüfer abträglichen zu großen persönlichen Verbundenheit zu Mitgliedern der Geschäftsleitung entgegenwirken[384]. Auf das Erfordernis einer externen Rotation der beauftragten Prüfungsgesellschaft wird dabei verzichtet, um den Verlust der Expertise des Prüfungsteams und die damit verbundenen erhöhten Kosten und verminderte Qualität der anschließenden Prüfung zu vermeiden[385].

---

382 Vgl. *Davies* in Hopt u.a. (Hrsg.), Corporate Governance in Context, 163, 181.
383 So auch *Davies* in Hopt u.a. (Hrsg.), Corporate Governance in Context, 163, 181.
384 Vgl. *Davies* in Hopt u.a. (Hrsg.), Corporate Governance in Context, 163, 185.
385 Vgl. *Davies* in Hopt u.a. (Hrsg.), Corporate Governance in Context, 163, 186; ausführlich dazu *Niehus*, DB 2005, 884 ff.; kritisch *Weber*, AG 2005, 877 ff.

Spezielles Börsengesellschaftsrecht findet sich nach alldem rechtsvergleichend zum einen im Rahmen der Amtsbeendigung der Abschlussprüfer nach britischem Recht. Dort sind die Prüfer stets zur Stellungnahme über die Gründe ihrer Abberufung verpflichtet, während sie in nicht-börsennotierten Gesellschaften auf eine solche Stellungnahme verzichten können, wenn sie der Ansicht sind, dass keine Umstände vorliegen, die zur Kenntnis der Aktionäre oder der Gläubiger der Gesellschaft gebracht werden müssen (s. 519 (1), (3) CA 2006). Von börsennotierten Gesellschaften können Aktionärsminderheiten mit einer Beteiligung von mindestens 5 % der Stimmrechte oder 100 Aktionäre mit stimmberechtigen Aktien, auf die durchschnittlich mindestens 100 £ eingezahlt sind, zudem seit der Gesellschaftsrechtsreform verlangen, dass eine Erklärung zu Umständen der Abberufung, die die Minderheit auf der nächsten Jahreshauptversammlung thematisieren möchte, auf der Internetseite der Gesellschaft veröffentlicht wird (s. 527 CA 2006). Die Vorschriften erklären sich aus der Sonderposition des britischen Rechts, eine freie Abberufung der Prüfer durch die Hauptversammlung zuzulassen und die Unabhängigkeit der Abberufungsentscheidung von der Einflussnahme durch die Verwaltung über prozedurale Vorkehrungen sicherzustellen. Hier soll die Stellungnahme der Prüfer und die Stellungnahmemöglichkeit der Aktionärsminderheit in börsennotierten Gesellschaften gewährleisten, dass eine in der Publikumsgesellschaft wenig kontrollierte Verwaltung sich nicht über einen Abberufungsvorschlag (dem die Hauptversammlung ohne Argumente gegen die Verwaltungsposition regelmäßig folgen dürfte) missliebiger Prüfer entledigt. Aufgrund ihrer Pfadabhängigkeit können die Regelungen nicht als Vorbild für börsengesellschaftsrechtliche Regelungen in anderen Jurisdiktionen dienen.

Zum anderen erstreckt § 317 Abs. 4 HGB die Pflichtprüfung lediglich in börsennotierten Aktiengesellschaften auf die Eignung des von allen Aktiengesellschaften einzurichtenden Frühwarnsystems zur Vermeidung bestandsgefährdender Entwicklungen. Für börsennotierte Gesellschaften wird so eine besondere Gewähr für die Qualität der internen Kontrollmaßnahmen geschaffen, so dass § 91 Abs. 2 AktG eine börsengesellschaftsrechtliche Dimension erlangt. Im deutschen Schrifttum wird den Aufsichtsräten nicht börsennotierter Gesellschaften allerdings empfohlen, den Prüfungsauftrag aufgrund des Erkenntnispotentials des Risikoüberwachungssystems für den Abschlussprüfer um dessen Prüfung zu ergänzen[386]. Ohnehin haben die Prüfer in nicht börsennotierten Gesellschaften über die im Rahmen der Abschlussprüfung festgestellten Verstöße der Vorstandsmitglieder gegen gesetzliche Vorschriften und damit auch gegen ihre Pflicht zur Einrichtung des Frühwarnsystems aus § 91 Abs. 2 AktG zu berichten (§ 321 Abs. 1 Satz 3 HGB). § 317 Abs. 4 HGB vertieft die Prüfungsintensität in börsennotierten Gesellschaften also lediglich, indem er in diesen eine Systemprüfung der Eignung des Überwachungssystems zur Früherkennung bestandsgefährdender Entwicklungen verlangt. Ob eine solche vertiefte Prüfung effizient ist oder es, wie auch nach britischem und französischem Recht bei der allgemeinen Prüfung unter Bericht zu dabei festge-

386 Vgl. MK HGB/*Ebke*, § 317 Rn. 79 m.w.N. in Fn. 298.

stellten Gesetzesverstößen (und damit auch eventuellen wesentlichen Organisationspflichtverletzungen der Leitungsorgane) belassen werden kann, kann hier dahinstehen. Die Beantwortung der Frage erforderte einen empirischen Vergleich der mit der Prüfung nach § 317 Abs. 4 verbundenen Kosten und Qualitätsgewinne der Früherkennungssysteme mit der Qualität der Früherkennungssysteme in Gesellschaften ohne vertiefte diesbezügliche Prüfung, der im Rahmen dieser Arbeit nicht geleistet werden kann. Sollte die vertiefte Prüfung über ihren Kosten liegende Qualitätsvorteile bewirken, bliebe zu beantworten, ob sie nur auf börsennotierte oder auch auf sonstige Aktiengesellschaften erstreckt werden sollte. Sieht man den maßgeblichen Grund für ein Prüfungserfordernis in der erhöhten Komplexität der zu prüfenden Gesellschaft (und der deshalb erforderlichen Unterstützung des Aufsichtsrats bei der Beurteilung der Organisationsmaßnahmen des Vorstandes), so ermöglichte eine Anbindung an die Unternehmenskennzahlen für große Gesellschaften nach Art. 27, 53a der Jahresabschluss-Richtlinie, präziser typischerweise komplex strukturierte Gesellschaften zu erfassen[387]. Sieht man den maßgeblichen Zweck der vertieften Prüfung des Risikofrüherkennungssystems hingegen in der verlässlichen Kapitalmarktinformation, so sollten alle kapitalmarktorientierten Gesellschaften durch eine Ausdehnung der Prüfungspflicht auf alle Gesellschaften mit an einem organisierten Markt notierten Wertpapieren erfasst werden[388]. Von daher sollte der Anwendungsbereich von § 317 Abs. 4 HGB jedenfalls entsprechend des Grundgedankens des § 264d HGB auf alle Gesellschaften mit börsennotierten Wertpapieren ausgedehnt werden.

Zusammenfassend bleibt zu betonen, dass die zur Bestellung und Abberufung der Abschlussprüfer sowie ihrem Prüfungsauftrag bestehenden Sonderregeln für Gesellschaften „von öffentlichen Interesse" sich – neben den besonders regulierten Industrien – nicht nur auf Gesellschaften mit börsennotierten Aktien, sondern auf alle Gesellschaften mit börsennotierten Wertpapieren, also auch Schuldtiteln, beziehen. Außerhalb der pfadabhängigen börsengesellschaftsrechtlichen Sonderregelungen des britischen Gesellschaftsrechts zur Abberufung der Prüfer betreffen die Regelungen nicht nur Aktiengesellschaften, sondern auch Gesellschaften anderer Rechtsform, die sich am organisierten Kapitalmarkt fremdkapitalfinanzieren. Hinter den Regelungen steht stets das Bedürfnis, die Seriosität der Finanzberichterstattung von Gesellschaften, die organisierte Kapitalmärkte (zur Eigen- wie Fremdkapitalfinanzierung) in Anspruch nehmen, besonders intensiv zu gewährleisten, um so das Anlegervertrauen und mit diesem die Funktionsfähigkeit der Kapitalmärkte zu

387 Erfasst wären damit einerseits Gesellschaften mit börsennotierten Wertpapieren (Art. 53a) und andererseits Gesellschaften, die zwei der drei Faktoren einer Bilanzsumme von 17,5 Mill. €, eines Nettoumsatzerlöses von 35 Mill. € und einer Mitarbeiterzahl von 250 erreichen (Art. 27). Zur internen Unterstützungsfunktion des Abschlussprüfers *Hommelhoff/Mattheus*, BB 2007, 2787. Dort, 2788, auch kritisch zu den Umstimmigkeiten aufgrund der Divergenzen zwischen der Reichweiten der Einrichtungspflicht nach § 91 Abs. 2 AktG (alle Aktiengesellschaften), der Lageberichtspflicht zum Risikomanagementsystem nach § 289 Abs. 2 Nr. 1 HGB (alle Kapitalgesellschaften sowie die nach § 264a HGB gleichgestellten Personengesellschaften) und der Prüfungspflicht nach § 317 Abs. 4 HGB.
388 So auch *Hommelhoff/Mattheus*, BB 2007, 2787, 2789, 2791.

stärken. Zwar besteht in börsennotierten Publikumsgesellschaften eine zusätzliche Notwendigkeit für eine zuverlässige Abschlussprüfung, um die dort verschärft auftretenden *Principal-Agent*-Probleme einzudämmen. Aber auch bei Notierung anderer Wertpapiere als Aktien an einem organisierten Kapitalmarkt ist eine verlässliche Abschlussprüfung erforderlich, um Anlegervertrauen und damit die Funktionsfähigkeit der Kapitalmärkte für diese Wertpapierformen zu gewährleisten. Mithin haben die hier behandelten Vorschriften zwar auch die besonderen gesellschaftsrechtlichen Problemstellungen von Aktiengesellschaften mit börsennotierten Aktien im Blick, zielen aber vor allem auf darüberhinausgehende kapitalmarktrechtliche Regelungsziele für jegliche Wertpapiernotierungen ab. Daher werden sie zwar zum einen börsengesellschaftsrechtlichen Bedürfnissen gerecht, zum anderen aber auch und maßgeblich unabhängig von der Gesellschaftsform der Emittenten bestehenden kapitalmarktrechtlichen Gesichtspunkten. Letztendlich handelt es sich bei den Regelungen deshalb weder um spezielles Recht für die den Gegenstand dieser Untersuchung bildenden Gesellschaften mit börsennotierten Aktien noch besteht im Rahmen der Bestellung, Abberufung und des Prüfungsauftrags der Abschlussprüfer ein Bedürfnis für spezielle Vorgaben nur für solche Gesellschaften.

Teil 3: Börsengesellschaftsrecht außerhalb der Organisationsverfassung

7. Kapitel: Gründung der Gesellschaft und Wirkung und Haftung gegenüber Dritten (Außenverhältnis)

I. Gesellschaftsgründung

Die untersuchten Rechtsordnungen haben den ihnen im Rahmen der Richtlinienvorgaben verbleibenden Spielraum bei der Regulierung der Gesellschaftsgründung mangels börsengesellschaftsrechtlicher Bedürfnisse nicht zur Schaffung spezieller Regelungen für börsennotierte Gesellschaften genutzt[1]. Insbesondere darf, wie bereits im Rahmen der Einleitung betont, das besondere Gründungsregime des französischen Rechts für öffentlich zur Zeichnung aufrufende Gesellschaften, die *S.A. faisant publiquement appel à l'épargne*, nicht als Börsengesellschaftsrecht missverstanden werden. Bei der Gründung bestehen keine spezifischen Interessenkonflikte für Gesellschaften mit börsennotierten Anteilen, so dass auch kein spezielles Gesellschaftsrecht für sie benötigt wird. Dies ergibt sich schon daraus, dass Gesellschaften eine Börsennotierung erst nach Abschluss ihrer Gründung anstreben können, die Gründung also zwingend börsenfern erfolgt. So muss der Emittent am regulierten Markt in Deutschland zuzulassender Aktien mindestens drei Jahre als Unternehmen bestanden und seine Jahresabschlüsse für die drei dem Antrag vorangegangenen Geschäftsjahre entsprechend den hierfür geltenden Vorschriften offen gelegt haben (§ 32 BörsG i.V.m. § 3 BörsZulV). Ebenso werden Aktien im Vereinigten Königreich nur an der *Official List* notiert, wenn ihr Emittent ordnungsgemäß registriert (*incorporated*) und damit wirksam gegründet ist (s. 75 (1) FSAMA 2000 i.V.m. LR 2.2.1)

1 Rechtsvergleichend zur Gesellschaftsgründung in Deutschland, Frankreich und Großbritannien *Schwanna*; überblicksartig für die AG *Kübler/Assmann*, § 15 I.; *Eisenhardt*, § 38; für die *S.A. Merle*, Rn. 251–266; *Cozian/Viandier/Deboissy*, Rn. 461–472; *Germain* in Ripert/Roblot, Rn. 1397–1503; *Guyon*, Droit des affaires, Rn. 282–287; für die *plc Davies*, Gower's Company Law, 69–85; *Lowry/Dignam*, 144 ff.; *Morse*, Charlesworth's Company Law, 55 ff.; *Pettet*, 87 ff. (alle zur Rechtlage nach dem CA 1985); *Dine/Koutsias*, 11–19; *Mayson/French/Ryan*, 39 ff.; zu den insofern im Rahmen der Gesellschaftsrechtsreform bewirkten Änderungen (insbesondere Einebnung der Differenzierung zwischen *memorandum of association* und *articles* hin zu einer einheitlichen Satzung in den *articles*) auch *Jänig*, RIW 2006, 270, 271 f.; *Alcock/Birds/Gale*, 69 f. Überblicksartig zu den Vorgaben zur Gesellschaftsgründung nach der 1. Gesellschaftsrechtlichen (Publizitäts-)Richtlinie und der 2. Gesellschaftsrechtlichen (Kapital-)Richtlinie *Grundmann*, European Company Law, Rn. 233 ff.; *Schwarz*, Europ. GR, Rn. 362 ff.; rechtsvergleichende Aufarbeitung der Umsetzung der 1. Gesellschaftsrechtlichen Richtlinie bei *Fischer-Zernin*.

und in den letzten drei Jahren seine Jahresabschlüsse publiziert hat (LR 6.1.3 (1)). Schließlich werden auch in Frankreich lediglich wirksam gegründete Gesellschaften, die in den vorangegangenen drei Jahren ihre Jahresabschlüsse veröffentlicht haben, zur Notierung am organisierten Markt zugelassen (art. L. 421-14 C.monét.fin. i.V.m. Instruction N3-01 Art. 3 der Euronext). Die in Frankreich für Gesellschaften mit *appel publique à l'épargne* geltenden besonderen Gründungsvorschriften betreffen deshalb nicht etwa eine Gründung unter Inanspruchnahme der Börse, sondern ausschließlich die neben der Börsennotierung auch der Rechtsfigur des *appel publique à l'épargne* unterfallende börsenferne Gründung unter öffentlichem Aufruf zur Zeichnung von Wertpapieren[2]. Terminologisch wird insofern auch zwischen einer simultanen und einer sukzessiven Gesellschaftsgründung (*fondation simultanée* und *fondation successive*) unterschieden. Bei der simultanen Gründung zeichnen die Gesellschaftsgründer selbst das gesamte Gesellschaftskapital im geschlossenen Kreis. Die nicht öffentlich zur Zeichnung aufrufende *S.A.* wird durch einen zeitlich auf einen Punkt fallenden Akt gegründet, wenn die über das notwendige Kapital verfügenden Gründer das gesamte Gesellschaftskapital zeichnen und die Leistungen auf die Einlagen erbringen. Bei der sukzessiven Gründung, der Gründung mit *appel publique à l'épargne,* fordern die Gründer hingegen öffentlich zur Zeichnung auf, weshalb die Zeichnung und mit ihr die Gründung schrittweise erfolgen[3]. Aufgrund dieses zeitlich gestreckten Gründungsvorgangs bestehen für die *S.A.* mit *appel à l'épargne* besondere und komplexere Gründungsanforderungen als für die geschlossene *S.A.*[4]. Während des gestreckten Gründungszeitraums ist es notwendig, die po-

2 Gemäß art. L. 411-1 C.monét.fin. erfolgt ein *appel publique à l'épargne* nicht nur bei der Zulassung eines Finanzinstruments zum Handel an einem organisierten Markt, sondern auch bei der Emission oder der Übertragung von Finanzinstrumenten in die Öffentlichkeit unter Rückgriff auf Werbung, Marketing, Kreditinstitute oder Investmentdienstleister. Die Notierung an einem organisierten Markt stellt also stets einen *appel publique à l'épargne* dar, während das Institut des *appel publique à l'épargne* nicht auf derartige Notierungen beschränkt ist, sondern bedeutend weitreichender auch sonstige an die Öffentlichkeit gerichtete Aufforderungen zur Zeichnung von Wertpapieren unter Einschaltung von Werbung oder Dienstleistern im Anlagegeschäft erfasst.

3 Vgl. *Merle*, Rn. 255; *Schwanna*, 266.

4 Im Gegensatz zur einfachen S.A. ist ein Satzungsentwurf (*projet de statuts*) nicht nur fakultativ, sondern zwingend von einem oder mehreren Gründern zu unterschreiben und beim Handelsgericht (*tribunal de commerce*) des zukünftigen Gesellschaftssitzes zu hinterlegen (art. L. 225-2 (1) C.com.), um die zukünftigen Zeichner über den rechtlichen Statuts der Gesellschaft zu unterrichten und so vor überraschenden Änderungen des Satzungsentwurfs während des Gründungsvorgangs zu schützen. Der Information der zukünftigen Aktionäre dient auch die umfassende Pflichtmitteilung (*notice*) über die Charakteristika der Gesellschaft im *Bulletin des Annonces Légales Obligatoires* (*BALO*) nach art. L. 225-2 (2) C.com. Im Rahmen der Aufbringung des bedeutend höheren Mindestkapitals (von 225.000 € gegenüber 37.000 € bei der einfachen S.A.) müssen die Anleger zudem – im Gegensatz zur einfachen S.A. – zwingend Zeichnungsscheine (*bulletins de souscription*) unterzeichnen, die die Zahl der gezeichneten Wertpapiere ausweisen und die Verpflichtung zur Übernahme der Aktien begründen. Schließlich bedarf es nur in der Gesellschaft mit *appel publique à l'épargne* angesichts ihres zuvor nicht feststehenden Aktionärskreises einer konstituierenden Hauptversammlung, die über die Annahme der Satzung in der hinterlegten Form entscheidet und den ersten Verwaltungsrat bzw. Aufsichtsrat sowie die Rechnungsprüfer beruft (art. L. 225-7 (2) Satz 2 C.com.).

tentiellen Anteilseigner durch strengere und zwingende Verfahrensvorschriften gegen unzuverlässiges Verhalten der Gründer zu schützen[5].

II. Verpflichtung der Gesellschaft (Vertretungsbefugnisse)

Auch die Verpflichtung von Kapitalgesellschaften im Außenverhältnis ist europarechtlich teilweise harmonisiert, ohne dass hierbei besondere Regelungen für kapitalmarktfinanzierte Aktiengesellschaften geschaffen worden wären. Die ursprünglich von der EU-Kommission avisierten Bestimmungen zur Geschäftsführungskompetenz und Vertretung sind nach Rücknahme des Vorschlags für eine 5. Gesellschaftsrechtliche (Struktur-)Richtlinie[6] und der Aufgabe des Projekts einer 9. Gesellschaftsrechtlichen (Konzernrechts-)Richtlinie[7] obsolet geworden[8]. Die Regelung des Bestehens der organschaftlichen Vertretungsmacht an sich sowie erst recht sonstiger Vertretungsmacht für die Gesellschaft ist damit weiterhin Aufgabe der nationalen Rechtsordnungen. Hierbei haben sie aber die europarechtlich garantierten Grundsätze der unbeschränkten und unbeschränkbaren Vertretungsmacht (Art. 9 der Publizitäts-Richtlinie) und des Schutzes des guten Glaubens in das Bestehen der Vertretungsmacht (Art. 8 i.V.m. Art. 3 der Publizitäts-Richtlinie) zu beachten. Das nach Vorbild des deutschen Aktienrechts geschaffene Regime gewährleistet dem Vertragspartner der Gesellschaft größtmögliche Unabhängigkeit vom jeweils anwendbaren Recht, da er sich darauf verlassen kann, dass jede europäische Kapitalgesellschaft verpflichtet wird, wenn er mit dem publizierten Organ(mitglied) kontrahiert[9].

---

5 Vgl. *Merle*, Rn. 255. Die Komplexität der besonderen Gründungsvorschriften für die *S.A. faisant appel public à l'épargne* hat sich in der französischen Praxis jedoch als abschreckend erwiesen. Zwischen 1970 und 1979 wurden nur zehn und zwischen 1991 und 1997 nur sieben neue *S.A.* mit *appel publique à l'épargne* gegründet; vgl. *Merle*, Rn. 266; *Schwanna*, 294 unter Berufung auf die Jahresreporte der *Commission des Opérations de Bourse*. Stattdessen werden in aller Regel einfache *S.A.* gegründet, indem eine oder mehrere Banken als (Mit-)Gründer auftreten und das gesamte Gesellschaftskapital zeichnen. Später können die Aktien dann öffentlich platziert werden; vgl. *Merle*, Rn. 266; *Germain* in Ripert/Roblot, Rn. 1052.

6 Vorschlag einer 5. Richtlinie vom 9. Oktober 1972 über die Struktur der Aktiengesellschaft sowie die Befugnisse und Verpflichtungen ihrer Organe (ABl. 1972 C 131/49); geänderter Vorschlag vom 19. August 1983 (ABl. 1983, C 240/2), erneut geändert durch Vorschlag vom 20. Dezember 1990 (ABl. 1991, C 7/4) sowie durch weiteren Vorschlag vom 20. November 1991 (ABl. 1991, C 321/9). Zur Rücknahme des Vorschlags vgl. die Mitteilung der Kommission vom 21. Dezember 2001, KOM (2001) 763 endg., 22.

7 Vgl. zur Konzernrechtsrichtlinie den geänderten Vorentwurf einer 9. Richtlinie von 1984 betreffend die Auflösung und Liquidation von Gesellschaften, abgedruckt bei *Lutter*, Europäisches Unternehmensrecht, 244 ff.

8 Vgl. zur Abstandnahme von den Projekten den Aktionsplan der EU-Kommission vom 21. Mai 2003, 5, Ziff. 1.1., 2.2., 3.1., 3.3.; dazu *Bayer*, BB 2004, 1 ff.; *Habersack*, NZG 2004, 1 ff.; 2006, 445, 447 ff.; *Hopt*, ZIP 2005, 461 ff.; *van Hulle/Maul*, ZGR 2004, 484; *Maul/Lanfermann/Eggenhöfer*, BB 2003, 1289 ff.; *Wiesner*, ZIP 2003, 977 ff.; *Behrens* in Handbuch EU-Wirtschaftsrecht, E. III. Rn. 27, 69.

9 Vgl. *Grundmann*, European Company Law, Rn. 249. Die Mitgliedstaaten können den grundsätzlich unbegrenzten Umfang im Rahmen der Vorgaben des Art. 9 moderat einschränken sowie bis hin zur Einzelvertretungsmacht erweitern (Art. 9 Abs. 3). Ausführlich zu den nach Art. 9 zuläs-

Die nationalen Gesetzgeber haben den ihnen bei der Regulierung der organschaftlichen Vertretung verbleibenden Spielraum mangels sinnvollerweise nicht zur Schaffung spezieller gesellschaftsrechtlicher Regelungen für börsennotierte Gesellschaften ausgenutzt. Im Rahmen der Vertretungsbefugnisse besteht keine besondere kapitalmarktspezifische Interessenlage. Vielmehr berühren die Vertretungsregelungen gesellschaftsformübergreifend bei allen (Kapital-) Gesellschaften die Belange des Verkehrsschutzes und der Rechtssicherheit im Rahmen von Vertragsschlüssen mit den Gesellschaften. Die Vertretungsregelungen sollen sicherstellen, dass potentielle Vertragspartner sich beim Vertragsschluss mit einem Gesellschaftsorgan auf das Zustandekommen des Vertrags mit dem avisierten Vertragspartner verlassen können[10]. Mithin soll das Vertrauen in den Vertragsschluss mit Gesellschaften und damit deren unternehmerische Betätigung gefördert werden. Dem liegt ein an den Einflusssphären orientierter Ausgleich der Interessen der Gesellschafter und der Gesellschaftsgläubiger zugrunde[11]. Während den Gesellschaftern daran gelegen ist, dass ein fehlerhaft bestelltes oder seine Befugnisse im Innenverhältnis überschreitendes Verwaltungsmitglied die Gesellschaft nicht verpflichten kann, führte dies für potentielle Vertragspartner der Gesellschaft zu wesentlichen Informationskosten hinsichtlich des Innenverhältnisses der Gesellschaft. Angesichts ihres nur eingeschränkten Zugangs zu diesen Informationen über die gesellschaftsinternen Bestellungsvorgänge und Vertretungsbeschränkungen blieben jedenfalls Unsicherheiten hinsichtlich der Wirksamkeit der angesonnenen Verpflichtung der Gesellschaft, die die Bereitschaft zum Vertragsschluss mit Kapitalgesellschaften senkten. Die Gesellschafter erscheinen demgegenüber weniger schutzwürdig, da sie im Gegensatz zu den Gläubigern die Bestellung und die Durchsetzung der Vollmachtsbeschränkungen im Innenverhältnis beeinflussen können. Daher erscheint eine nach außen unbeschränkte Vertretungsbefugnis, die die Risiken gesellschaftsinterner Bestellungsfehler und der Nichteinhaltung von Vollmachtsbeschränkungen durch die Geschäftsleiter grundsätzlich den diesen Risiken näher stehenden Gesellschaftern auferlegt, zur Erhöhung der Akzeptanz von Kapitalgesellschaften als Vertragspartnern sinnvoll. Dem Schutzbedürfnis der Gesellschafter, eine Verpflichtung ihrer Gesellschaft durch Unbefugte zu vermeiden, wird dadurch Rechnung getragen, dass die unbegrenzte Vertretungsmacht der Organmitglieder nur insoweit besteht, als sich ihre Organzugehörigkeit aus den Publizitätsquellen ergibt und die Dritten gutgläubig sind. Die diesem Lösungsansatz zugrunde liegende Interessenlage, die letztendlich zugunsten der Vermeidung von Unsicherheiten über die Vertretungsbefugnisse zwecks Unterstützung der wirtschaftlichen Tätigkeit der Gesellschaften aufzulösen ist, besteht im geschäftlichen Verkehr mit allen Kapitalgesellschaften unabhängig von deren eventueller Börsennotierung. Besonderer Regelungen für börsennotierte Gesellschaften bedarf es deshalb nicht.

---

sigen Abstufungen *Grundmann*, European Company Law, Rn. 251 ff. Für einen Überblick zu den in den Mitgliedsländern eingeführten Modifikationen vgl. *Fischer-Zernin*, 302.

10 Vgl. für die europarechtlichen Vorgaben *Grundmann*, European Company Law, Rn. 232.

11 Vgl. auch *Fischer-Zernin*, 216–218.

III. Beschränkte Haftung der Gesellschafter für Verpflichtungen der Gesellschaft

Auch zur (beschränkten) Gesellschafterhaftung kann weder rechtsvergleichend Börsengesellschaftsrecht festgestellt werden, noch erscheint es erforderlich oder sinnvoll. Dies ergibt sich wiederum daraus, dass hinter der (auch europarechtlich gewährleisteten[12]) Haftungsbeschränkung keine kapitalmarktspezifische Interessenlage steht. Der Sinn und Zweck der Haftungsbeschränkung besteht kapitalgesellschaftsformübergreifend darin, die Kapitalanlage durch nicht unternehmerisch tätige Gesellschafter, wie sie für die Sammlung großer Mengen von Kapital unerlässlich ist, zu fördern[13]. Dementsprechend hat sich die Haftungsbeschränkung in allen Jurisdiktionen mit marktwirtschaftlichem Wirtschaftssystem aufgrund ökonomischer Notwendigkeiten zu einem grundlegenden Merkmal der Kapitalgesellschaften entwickelt[14].

Müssten Kapitalanleger sich mangels Haftungsbeschränkung auf ihre Einlage wegen der Gefahr für ihr weiteres Vermögen mit den komplexen Verhältnissen des jeweiligen Unternehmens (auf dessen Leitung sie zudem ja keinen Einfluss nehmen können) vertraut machen, so verlöre die Kapitalanlage wesentlich an Attraktivität. Für die Anleger entstünden im Rahmen des Bestrebens, die Haftungsrisiken einzuschätzen, erhebliche Informationskosten[15]. Deshalb schreckte die Vermögenshaftung viele potentielle Anleger ab oder bewegte sie dazu, eine so hohe Risikokompensation für ihren Finanzierungsbeitrag zu verlangen, dass der erhoffte Ertrag des Unternehmens aufgezehrt würde[16]. Eine effektive Kapitalsammlung in dem Umfang, der für unternehmerische Projekte einer gewissen Größe notwendig ist, wäre ausgeschlossen. Das Problem der Beeinträchtigung der effektiven Kapitalversorgung durch die drohende volle Haftung der Gesellschafter stellt sich aber unabhängig von einer eventuellen Börsennotierung bei allen Kapitalgesellschaften. Auch

---

12 Art. 2 Abs. 1 der 12. Gesellschaftsrechtlichen (Einpersonengesellschafts-)Richtlinie statuiert den allgemeinen Rechtsgrundsatz der Begrenzung der Haftung der Gesellschafter aller Kapitalgesellschaften auf ihre Einlage. Aus der Anordnung der beschränkten Haftung für den vorher problematischsten Fall der Einmann-GmbH folgt *a maiore* die generelle Geltung des zuvor ungeschriebenen gemeinschaftsrechtlichen Grundsatzes für alle Kapitalgesellschaften; vgl. *Grundmann*, Europ.GR, Rn. 286. Für die AG ergibt sich die Beschränkung der Haftung der Aktionäre aus § 1 Abs. 1 Satz 2 AktG, für die *S.A.* aus art. L. 225-1 Satz 1 C.com., für die *plc* aus s. 3 CA 2006.

13 Vgl. *Hansmann/Kraakman* in Kraakman u.a., Anatomy of Corporate Law, 1 f., 8; *Adams*, Eigentum, 47–52; *Grundmann*, Europ.GR, Rn. 287 m.w.N.; *Lowry/Dignam*, 45–48; *Davies*, Introduction, 63 f.; *Didier*, Entreprise en société, 82 f.; *Behrens*, FS für Drobnig, 491, 502 f.; *Roth*, ZGR 1986, 371, 372 f. m.w.N.; *Teichmann*, NJW 2006, 2444 ff. (mit Nachweisen zur Reformdiskussion vor dem Hintergrund des Wettbewerbs der Gesellschaftsrechte); grundlegend zur ökonomischen Analyse der Haftungsbeschränkung *Easterbrook/Fischel*, U. Chi. L. Rev. 52 (1985), 89–117; *Easterbrook/Fischel*, Economic Structure of Corporate Law, 41 ff.; Halpern/Trebilcock/Turnbull, 30 U. Toronto LJ (1980), 117 ff.

14 Vgl. *Hansmann/Kraakman* in Kraakman u.a., Anatomy of Corporate Law, 1 f., 8; *Grier*, Company Law, 7.

15 Vgl. *Behrens*, FS für Drobnig, 491, 502; *Grundmann*, Europ.GR, Rn. 287; *Easterbrook/Fischel*, U. Chi. L. Rev. 52 (1985), 89, 94.

16 Vgl. *Adams*, Eigentum, 48.

nicht börsennotierte Aktiengesellschaften und Gesellschaften mit beschränkter Haftung sind ab einer bestimmten Unternehmensgröße für eine effektive Eigenkapitalversorgung auf die Investments nicht unternehmerisch tätiger Gesellschafter angewiesen[17].

Aber auch hinsichtlich der unternehmerisch tätigen Gesellschafter hat sich die Haftungsbeschränkung gesellschaftsformübergreifend durchgesetzt[18], ohne dass sich hierbei ein Bedürfnis für spezielle Regelungen für kapitalmarktnotierte Gesellschaften ergeben hätte. Maßgeblicher Gesichtspunkt ist insofern die volkswirtschaftlich erwünschte Förderung der unternehmerischen Risikobereitschaft[19]. Neben dieser bewirkt die Haftungsbeschränkung zudem in Verbindung mit der Rechtspersönlichkeit der Kapitalgesellschaften, dass das persönliche Vermögen der Gesellschafter allein ihren Gläubigern haftet, während das Gesellschaftsvermögen exklusiv den Gesellschaftsgläubigern zur Verfügung steht. Dies hat in der Praxis den erwünschten Effekt, dass beide Haftungsmassen als Kreditsicherheit einen höheren Wert erlangen (da die jeweils bevorrechtigten Gläubiger sie besser bewerten können), was die Fremdkapitalfinanzierung verbilligt[20]. Weitere erwünschte Effekte der Haftungsbeschränkung sind die Flexibilität der Risikoverteilung zwischen Gesellschaftern und Kreditgebern, die Reduzierung der Transaktionskosten durch Vereinfachung und Stabilisierung des Anteilspreises (die das Entstehen von Kapitalmärkten wesentlich unterstützt), die Investoren eröffnete Möglichkeit der Risikodiversifizierung sowie die Unterstützung der Kontrolle der Unternehmensführung, die aufgrund der Risikoübertragung auf die Kreditgeber auch von diesen überwacht wird[21]. Indem die standardisiert auf die Einlage beschränkte Haftung den freien Handel der Anteile erst ermöglicht (da sie die bei unbeschränkter Haftung zur Abschätzung des eigenen Haftungsrisikos notwendige Information über die Vermögenslage der übrigen Gesellschafter überflüssig macht), unterstützt sie zudem das Entstehen eines Marktes für Unternehmenskontrolle, der die Geschäftsleiter zu effizientem Verhalten anhält[22].

Allenfalls in Ausnahmefällen kann eine Durchbrechung der Haftungsbeschränkung für unternehmerisch tätige Gesellschafter geboten sein, um einen sorgfältigen Umgang mit dem investierten Kapital durch sie zu gewährleisten[23]. Der mit einer

---

17 Vgl. *Davies*, Introduction, 66.

18 Vgl. *Adams*, Eigentum, 12; *Grundmann*, Europ.GR, Rn. 287; *Behrens*, FS für Drobnig, 491, 502–504.

19 Vgl. *Teichmann*, NJW 2006, 2444, 2445 m.w.N. in Fn. 11; *Fleischer*, ZGR 2001, 1, 18.

20 Ausführlich hierzu *Hansmann/Kraakman* in Kraakman u.a., Anatomy of Corporate Law, 9; desw. *Davies*, Introduction, 66 f.

21 Vgl. *Hansmann/Kraakman* in Kraakman u.a., Anatomy of Corporate Law, 9 f. m.w.N.; *Easterbrook/Fischel*, U. Chi. L. Rev. 52 (1985), 89, 93 ff.; *Halpern/Trebilcock/Turnbull*, 30 U. Toronto L.J. (1980), 117, 123 ff.; zusammenfassend *Adams*, Eigentum, 49–52; *Davies*, Introduction, 63–68; *Cheffins*, 499 ff.

22 Vgl. *Easterbrook/Fischel*, U. Chi. L. Rev. 52 (1985), 89, 95 f.; *Adams*, Eigentum, 50 mit Nachweisen zur Theorie und Empirie des Marktes für Unternehmenskontrolle in Fn. 73.

23 So *Adams*, Eigentum, 67–70, 90–93; *Easterbrook/Fischel*, U. Chi. L. Rev. 52 (1985), 89, 109–113; *Halpern/Trebilcock/Turnbull*, 30 U. Toronto L.J. (1980), 117, 145 ff.

unbeschränkten Haftung avisierte sorgfältige Kapitaleinsatz kann nur den Schutz Dritter, nicht denjenigen der unternehmerisch tätigen Gesellschafter selbst bezwecken[24]. Eine staatliche Anordnung, mit investiertem Kapital in einer bestimmten Art und Weise, nämlich sorgfältig umzugehen, greift in Marktprozesse ein und verhindert potenziell Wohlfahrtsgewinne, die etwa durch eine riskantere, aber auch lukrativere Geschäftsstrategie zu erzielen wären. Zu rechtfertigen ist der Markteingriff nur, wenn die Dritten sich nicht selbst schützen können, also bei einem Marktversagen. Ein solches kann aber bei freiwilligen Gläubigern, die selbst über ihre Verpflichtung entscheiden (z.B. Vertragsgläubigern), effizienter durch Unterstützung des möglichst selbständigen Schutzes der Dritten verhindert werden[25]. Hier vermeiden Publizitätspflichten und standardisierte Kapitalausstattungsregeln ein Marktversagen, indem sie die Informationen bereitstellen, die freiwillige Gläubiger für eine ihre Interessen wahrende informierte Entscheidung benötigen[26]. Bei unfreiwilligen (also v.a. deliktischen) Gläubigern entsteht ein Marktversagen in Form einer Externalität dann, wenn die gewinnsteigernden Vorteile eines Dritte schädigenden Geschäftsführerverhaltens bei der Gesellschaft und ihren Kapitaleignern anfallen, während die Geschädigten die Nachteile zu tragen haben, weil ihre Schäden aus dem Gesellschaftsvermögen nicht kompensiert werden können[27]. Soweit diese Fälle typisierbar sind, können Anreize für die Gesellschaft zum freiwilligen Abschluss von Versicherungen bestehen[28] oder Versicherungspflichten für die Gesellschaft die unfreiwilligen Gläubiger effizienter schützen[29]. Versicherungspflichten sollen in diesem Fall die Vermögensinteressen der potentiellen unfreiwilligen Gläubiger sichern, ohne unternehmerische Anreize für die Gesellschafter zu beseitigen, wie dies von einer unbeschränkten Haftung zu befürchten wäre[30]. Lediglich wenn kein ausreichendes Eigenkapital und kein dieses ersetzender Versicherungsschutz besteht, wird eine Durchbrechung der Haftungsbeschränkung im Wege einer Außenhaftung des Managements und/oder des Haftungsdurchgriffs auf die kontrollierenden Kapitaleigner (wie er in allen untersuchten Jurisdiktionen im Falle des Missbrauchs der Gesellschaft zugelassen wird) befürwortet[31]. Unabhängig

---

24 Vgl., auch zu den folgenden Ausführungen, *Grundmann*, Europ.GR, Rn. 287; *Behrens*, FS für Drobnig, 491, 502–504.

25 Vgl. *Easterbrook/Fischel*, U. Chi. L. Rev. 52 (1985), 89, 105 f.; *Grundmann*, Europ.GR, Rn. 287.

26 Vgl. *Grundmann*, Europ.GR, Rn. 287; ausführlich zum Schutz der Gläubiger durch Publizitätspflichten *Hertig/Kanda* in Kraakman u.a., Anatomy of Corporate Law, 79–83, zu demjenigen durch die Kapitalausstattungsregeln dort, 83–87 sowie *Davies*, Introduction, 83–93.

27 Vgl. *Behrens*, FS für Drobnig, 491, 504.

28 Hierzu ausführlich *Easterbrook/Fischel*, U. Chi. L. Rev. 52 (1985), 89, 107–109.

29 Vgl. *Grundmann*, Europ.GR, Rn. 287; ausführlich *Adams*, Eigentum, 59 f., 93 (der Versicherungspflichten gekoppelt mit staatlicher präventiver Aufsicht für besonders gefahrgeneigte Tätigkeitsfelder von Gesellschaften vorschlägt); desw. *Davies*, Introduction, 81; *Pettet*, 32; kritisch referierend *Easterbrook/Fischel*, U. Chi. L. Rev. 52 (1985), 89, 115. Zusammenfassend zu den Strategien zum Schutz unfreiwilliger Gläubiger vgl. *Hertig/Kanda* in Kraakman u.a., Anatomy of Corporate Law, 77, 83 ff., 88 ff.; *Easterbrook/Fischel*, U. Chi. L. Rev. 52 (1985), 89, 114–117.

30 Vgl. *Grundmann*, Europ.GR, Rn. 287.

31 Vgl. ausführlich *Adams*, Eigentum, 67–70, 90–93; referierend *Hertig/Kanda* in Kraakman u.a., Anatomy of Corporate Law, 88 ff., 92 ff.; in diesem Sinne wohl auch *Easterbrook/Fischel*, U. Chi. L. Rev. 52 (1985), 89, 109 f., 115 f.; desw. *Behrens*, FS für Drobnig, 491, 504.

von der Frage seiner Bewältigung besteht die aufgezeigte Gefahr eines Marktversagens bei Haftung der Gesellschaft gegenüber unfreiwilligen Gläubigern jedoch bei allen Gesellschaften mit Haftungsbeschränkung. Deshalb ergibt sich aus diesem potentiellen Marktversagen kein spezielles Regelungsbedürfnis für die untersuchten börsennotierten Aktiengesellschaften.

Aber nicht nur die Frage des Schutzes unfreiwilliger Gläubiger, sondern sämtliche mit der Haftungsbeschränkung zusammenhängende Problemkreise erstrecken sich auf alle Kapitalgesellschaften und nicht nur auf die kapitalmarktnotierten. Zwar erleichtert die beschränkte Haftung, indem sie die Informationskosten erheblich senkt und den Anlegern die Diversifizierung ihrer Risiken ermöglicht, wesentlich den freien Handel der Gesellschaftsanteile und damit auch das Entstehen von Kapitalmärkten, auch organisierten[32]. Dies bedeutet aber nicht, dass ein Bedürfnis für besondere Regelungen zur Haftung der Gesellschafter an organisierten Kapitalmärkten notierter Gesellschaften bestünde. Die Notwendigkeit für eine beschränkte Haftung der Gesellschafter ergibt sich, wie aufgezeigt, vor allem aus den Zielen der Steigerung der Attraktivität des Investments in Kapitalgesellschaften für nicht unternehmerisch tätige Gesellschafter (durch Minimierung der hierbei anfallenden Informationskosten), der Schaffung von Anreizen zu wirtschaftlich sinnvoller, aber auch riskanter Betätigung für die unternehmerisch tätigen Gesellschafter und der erwünschten Trennung der Haftungsmassen. Diese Interessenlage ist allen Kapitalgesellschaften (im Fall der Unterstützung des Investments jedenfalls allen, die ob ihrer Größe der Eigenkapitalfinanzierung durch nicht unternehmerisch tätige Gesellschafter bedürfen) immanent, ohne dass kapitalmarktspezifische Regelungsproblematiken aufträten.

---

32 Vgl. *Adams*, Eigentum, 51; *Cheffins*, 499; *Teichmann*, NJW 2006, 2444, 2445; *Halpern/Trebilcock/Turnbull*, 30 U. Toronto L. J. (1980), 117, 136–138.

8. Kapitel: Finanzverfassung der Gesellschaft

Das gesamte System der kapitalschützenden Normen für Aktiengesellschaften in den EG-Mitgliedstaaten beruht auf der Umsetzung der Kapital-Richtlinie[1]. Die europäische Regelung ist von dem kontinentaleuropäischen Gedanken geprägt, dass als Korrelat der Marktteilnahme mit beschränkter Haftung vor allem aus Gläubigerschutzgründen ein Kapitalstock aufzubringen und zu erhalten sei[2]. Dementsprechend regelt die Richtlinie das Mindestkapital, die effektive Aufbringung, den Erhalt sowie die Erhöhung und die Herabsetzung des Kapitals. Daneben bezweckt die Richtlinie den Schutz der Aktionäre im Wege der Beteiligung der Hauptversammlung an Kapitalmaßnahmen sowie der Gewährleistung von Informationspflichten bei schweren Verlusten, des Bezugsrechts bei Kapitalerhöhungen und des Gleichbehandlungsgrundsatzes[3]. Die Änderungsrichtlinie 2006/68/EG, die zum 15. April 2008 umzusetzen war, stellt eine erste Reaktion auf die vielfältige Kritik am als rigide und dabei ineffektiv empfundenen Kapitalschutzsystem der Richtlinie dar[4]. Sie erleichtert Sachkapitalerhöhungen, den Erwerb eigener Aktien sowie die finanzielle Unterstützung Dritter beim Erwerb von Aktien der Gesellschaft[5]. Im Übrigen hat die EU-Kommission im Anschluss an den Vorschlag der *High Level Group of Company Law Experts*[6] durch eine von KPMG durchgeführte Studie[7] prüfen lassen, ob ein alternatives, nicht auf dem Konzept eines festen Mindestnennbetrags beruhendes Kapitalsystem eingeführt werden sollte[8]. In ihrer Mitteilung über ein ver-

---

1 Zur Bedeutung der Richtlinie vgl. *Hüffer*, NJW 1979, 1065 m.w.N.

2 Vgl. *Grundmann*, Europ. GR, Rn. 314; *Habersack*, Europ. GR, § 6 Rn. 3; *Lutter*, AG 1998, 375.

3 Vgl. die Aufzählung bei *Habersack*, Europ. GR, § 6 Rn. 3.

4 Zusammenfassend zur Kritik am Kapitalschutzsystem der 2. Gesellschaftsrechtlichen Richtlinie vgl. *Grundmann*, Europ. GR, Rn. 320 ff. m.w.N.; *Habersack*, Europ. GR, § 6 Rn. 18 f.; ausführlich *Rickford*, EBLR 2004, 919 ff. (zusammengefasst bei *Micheler*, ZGR 2004, 324, 330 ff.; *Micheler*, ZGR-Sonderheft 17 (2006), 511 ff.); *Ferran*, ECFR 2006, 178 ff.; *Kübler*, EBLR 2004, 1031 ff.; *Kübler* in Hopt/Wymeersch (Hrsg.), Capital Markets and Company Law, 95 ff.; *Ferran*, ebenda, 115 ff.; Kahan, ebenda, 145 ff.; *Hertig/Kanda* in Kraakman u.a., Anatomy of Corporate Law, 71 ff.; *Koll-Möllenhoff*, 221 ff., 253 ff.; referierend auch *Lutter*, ZGR-Sonderheft 17 (2006), 1, 2 f.; *Lanfermann/Röhricht*, BB 2007, Beilage 5, 8 ff.; *Kuhner*, ZGR 2005, 753, 760 f., 769 ff.; *Fuchs/Stibi*, BB 2007, 93 ff. (unter Einbeziehung des Vorschlags des Instituts der Wirtschaftsprüfer (IDW), abrufbar unter www.idw.de, 96 f.); *Kleindiek*, BB 2007, Beilage 5, 2 ff. Kernargumente sind, dass freiwillige Gläubiger sich bei ausreichender Information (und damit geringerer Eingriffsintensität) effizienter selbst schützen könnten, während unfreiwillige Gläubiger trotz der Kapitalschutzregeln im Insolvenzfall in aller Regel nur eine sehr geringe Quote erlangen (die Regeln also insofern zur Erreichung ihres Zwecks nicht geeignet erscheinen). Für Argumente für ein festes Kapitalschutzsystem vgl. *Lutter*, ZGR-Sonderheft 17 (2006), 1, 3–6 sowie generell die Beiträge im ZGR-Sammelheft 17 (2006); desw. *Kuhner*, ZGR 2005, 753, 761 ff.

5 Ausführlich dazu *Habersack*, Europ. GR, § 6 Rn. 26, 52 ff. sowie die Schilderungen der Richtlinienvorschriften in den folgenden Abschnitten.

6 Vgl. *High Level Group*, Modern Regulatory Framework, 91.

7 Vgl. *KPMG*, Feasibility study on an alternative to the capital maintenance system – main report.

8 Vgl. Aktionsplan der EU-Kommission v. 21. Mai 2003, Ziff. 3.2. Die Studie wurde von der Kommission im September 2006 in Auftrag gegeben, vgl. die Mitteilung der Kommission über ein vereinfachtes Unternehmensumfeld in den Bereichen Gesellschaftsrecht, Rechnungslegung und Abschlussprüfung vom 10. Juli 2007 lud die Kommission insofern die interessierten Kreise zur Stellungnahme unter anderem zu der Frage ein, ob die Kapital-Richtlinie oder jedenfalls ihr Kapitalerhaltungssystem aufgehoben werden sollten (Ziff. 3.1.1. der Mitteilung). Alternativ stellte sie eine Vereinfachung der Richtlinienvorgaben nach Auswertung der Durchführbarkeitsstudie in Aussicht (Ziff. 3.1.2. der Mitteilung). Die am 1. Februar 2008 veröffentlichte KPMG-Studie kommt allerdings zu dem Ergebnis, dass das derzeitige Kapitalerhaltungsregime der Kapital-Richtlinie den Gesellschaften keine signifikanten Kosten auferlegt und diese zudem nicht geringer sind als diejenigen der alternativen Kapitalregime[9]. Deshalb will die Kommission nunmehr jedenfalls in absehbarer Zeit auf eine Revision der Richtlinie verzichten[10].

I. Kapitalaufbringung und Kapitalerhaltung

Die Kapitalaufbringung von Aktiengesellschaften ist (unabhängig von einer Börsennotierung von Aktien oder sonstigen Wertpapieren) weitgehend durch die Kapital-Richtlinie harmonisiert[11]. Das Kapitalschutzsystem der Richtlinie basiert auf dem kontinentaleuropäischen Grundsatz des festen Kapitals, demzufolge der Wert von Aktien entweder unmittelbar durch einen bezifferten Geldbetrag (den Nennwert) oder mittelbar durch die Angabe der in der Aktie verkörperten Quote eines bezifferten Gesamtkapitals (den rechnerischen Wert) feststehen muss[12]. Auch die Kapitalerhaltung ist – wiederum für alle Aktiengesellschaften unabhängig von ihrer etwaigen Börsennotierung – durch die Ausschüttungsbegrenzungen des Art. 15 der Kapital-Richtlinie harmonisiert[13]. Ebensowenig haben die untersuchten nationalen Rechtsordnungen im Rahmen der Kapitalaufbringung und -erhaltung Sondervorschriften für börsennotierte Aktiengesellschaften geschaffen. Dies ist konsequent, da keine börsengesellschaftsrechtlichen Regelungsbedürfnisse bestehen. Die Kapitalaufbringung und die Kapitalerhaltung bezwecken neben der

---

einfachtes Unternehmensumfeld in den Bereichen Gesellschaftsrecht, Rechnungslegung und Abschlussprüfung vom 10. Juli 2007, KOM 2007, 394 endg., Ziff. 3.1.1.

9 Vgl. *KPMG*, Feasibility study on an alternative to the capital maintenance system – main report, 3 ff.

10 Vgl. *Generaldirektion Binnenmarkt der EU-Kommission*, Result of the external study, 2.

11 Rechtsvergleichend zu den Kapitalschutzsystemen *Fleischer*, ZGR-Sonderheft 17 (2006), 114 ff.; *T. Bezzenberger*, Kapital der Aktiengesellschaft, 261 ff.; *Koll-Möllenhoff*, 67 ff., 162 ff.; *Nienhaus*, 23 ff., 59 ff.

12 Zulässig sind damit unechte nennwertlose Aktien, während die im angloamerikanischen Recht gebräuchlichen echten nennwertlosen Aktien (bei denen die Quote auf eine Gesellschaft ohne gezeichnetes Kapital lautet) unzulässig sind; vgl. *Grundmann*, Europ. GR, Rn. 330; desw. *Koll-Möllenhoff*, 81 m.w.N. in Fn. 346; ausführlich zum Grundsatz des festen Kapitals *Habersack*, Europ. GR, § 6 Rn. 16 ff.

13 Überblicksartig zu den Ausschüttungsverboten vgl. *Grundmann*, Europ. GR, Rn. 342; *Habersack*, Europ. GR, § 6 Rn. 33 ff.

Gesellschaftsfinanzierung[14] und der Funktion der Kapitalbeteiligung als Maßstab für die Aufteilung der gesellschaftsinternen Befugnisse der Gesellschafter (mit den sich aus der festen Aufteilung ergebenden minderheitsschützenden Aspekten) vor allem den abstrakten Gläubigerschutz[15]. Da den Gläubigern sämtlicher Aktiengesellschaften nur deren Vermögen als Haftungsmasse zur Verfügung steht, soll das feste Grundkapital sie vor einem Ausfall ihrer Forderungen schützen[16]. Rechtsökonomisch stellt sich das Mindestkapital damit als „Preis" der Haftungsbeschränkung dar[17]. Hierbei kann das feste Kapital, wie auch immer wieder von seinen Gegnern betont wird, als den allgemeinen unternehmerischen Risiken unterfallendes Eigenkapital nicht die Insolvenz der Gesellschaft verhindern[18]. Es bietet aber eine Gewähr für die Seriosität der Unternehmensführung, indem es bei der Gründung den erfolgreichen Geschäftsbeginn unterstützt und ein schnelles Abgleiten in die Insolvenz verhindert, im weiteren Geschäftsleben die Ausschüttung nur von freien Mitteln sicherstellt und zudem als Warnmechanismus bei wesentlichen Verschlechterungen der wirtschaftlichen Situation der Gesellschaft dient[19]. Sowohl die anfängliche Ausstattung mit einem Nettovermögen als auch das Verbot überhöhter Ausschüttungen unterstützen die wirtschaftliche Gesundheit der Gesellschaft und verringern im Interesse der Gesellschaftsgläubiger die Insolvenzwahrscheinlichkeit[20]. Zudem markieren die Regeln zur Einberufung der Hauptversammlung bei schweren Verlusten feste Punkte, an denen die Geschäftsleitungen und die kontrollierenden Aktionäre die Gesellschaft restrukturieren oder auflösen müssen. Diese erleichtern es wiederum den Gläubigern und Insolvenzverwaltern, bei Verletzung

---

14 Ausführliche Kritik zur Finanzierungsfunktion des Grundkapitals bei *Koll-Möllenhoff*, 233–235.

15 Vgl. *Bayer* in Bayer/Habersack (Hrsg.), Aktienrecht im Wandel II, 709, 711, 761; *Grundmann*, European Company Law, 190 f.; *Lutter*, ZGR-Sonderheft 17 (2006), 1, 2–6, auch zu den sonstigen Zwecken des festen Kapitals; zu diesen auch *Pentz/Priester/Schwanna*, ZGR-Sonderheft 17 (2006), 42, 45 ff.; *Koll-Möllenhoff*, 35, überblicksartig zu den Schutzzwecken 44–50; zur Definition des Verhältnisses der Mitgliedschaftsrechte durch das Grundkapital und dem dadurch bewirkten Minderheitenschutz *Ekkenga/Bayer*, ZGR-Sonderheft 17 (2006), 342, 345 ff. Für eine rechtsökonomische Rechtfertigung des Mindestkapitals vgl. *Eidenmüller/Grunewald/Noack*, ZGR-Sonderheft 17 (2006), 17 ff., insbes. 24 ff. (die vorschlagen, den Mitgliedstaaten freizugeben, ob und welches Mindestkapital sie fordern, um so einen diesbezüglichen Wettbewerb der Rechtsformen zu stimulieren); überblicksartig auch *Micheler*, ZGR 2004, 324, 332–334.

16 Vgl. *Guyon*, Droit des affaires, Rn. 110; *Davies*, Gower's Company Law, 200; Koll-Möllenbach, 45 m.w.N.; dort, 235–237 kritisch zur Verringerung des Vermögensrisikos der Gläubiger durch das Grundkapital.

17 Vgl. *Micheler*, ZGR 2004, 324, 330; *Grundmann*, European Company Law, 187 m.w.N. in Fn. 8; *Eidenmüller/Grunewald/Noack*, ZGR-Sonderheft 17 (2006), 17, 21 ff. m.w.N. für eine zusammenfassende Schilderung der ökonomischen Funktion der Haftungsbeschränkung; dazu ausführlich *Easterbrook/Fischel*, Economic Structure of Corporate Law, 41 ff.

18 Referierend insofern *Grundmann*, European Company Law, 190; *Lutter*, ZGR-Sonderheft 17 (2006), 1, 3; *Kleindiek*, BB 2007, Beilage 5, 2, 4 mit zahlreichen Nachweisen in Fn. 26; aufgrund des mangelnden Gläubigerschutzes kritisch *Rickford*, EBLR 2004, 919, 931 ff.; *Ferran*, ECFR 2006, 178, 182 sowie die übrigen in diesem Kapitel in Fn. 4 nachgewiesenen Stimmen.

19 Vgl. *Lutter*, ZGR-Sonderheft 17 (2006), 1, 3; *Kuhner*, ZGR 2005, 753, 768; zur Warnfunktion auch *Hertig/Kanda* in Kraakman u.a., Anatomy of Corporate Law, 71, 85.

20 Vgl. *Lutter*, ZGR-Sonderheft 17 (2006), 1, 4; auch *Eidenmüller/Grunewald/Noack*, ZGR-Sonderheft 17 (2006), 17, 27.

der Pflichten gegen die Verantwortlichen vorzugehen[21]. Dabei sorgen die Kapitalregeln auch für Rechtssicherheit auf Seiten der Geschäftsleiter und Gesellschafter, da die Einhaltung der Regeln ihre Inanspruchnahme im Falle der Liquidation oder Insolvenz ausschließt[22].

Angesichts dieser positiven Aspekte der Kapitalbindungsregeln treffen einflussreiche Gläubiger in Rechtsordnungen ohne festes Kapital mit der Gesellschaft regelmäßig den festen Kapitalregeln vergleichbare Abreden, sog. *covenants*[23]. Die Möglichkeit solcher und sonstiger Sicherungsabreden ist ein Hauptargument für die Deregulierung der Kapitalregeln in Richtung auf die Zulassung flexiblerer und damit den jeweiligen Umständen besser angepasster Verhandlungslösungen[24]. Die Abreden verursachen aber relativ hohe Transaktionskosten und kommen nur den vertraglichen Gläubigern mit ausreichender Verhandlungsmacht zugute, während das feste Kapital für alle, auch deliktische, Gläubiger wirkt[25]. Dabei ist umstritten, ob und inwiefern andere gesetzgeberische Maßnahmen als die Kapitalschutzregeln wirtschaftlich unterlegene Vertragsgläubiger und deliktische Gläubiger effizienter schützen können[26]. Letztendlich kann eine grundsätzliche Entscheidung für oder gegen ein festes Kapitalsystem im Rahmen der vorliegenden Arbeit jedoch unterbleiben. Zum einen will die EU-Kommission aufgrund des Ergebnisses der eingangs erwähnten KPMG-Studie, dass das Kapitalerhaltungsregime der Kapital-Richtlinie den Gesellschaften keine signifikanten Kosten auferlege und diese zudem nicht geringer seien als diejenigen der alternativen Kapitalregime[27], jedenfalls in absehbarer Zeit auf eine Revision der Richtlinie verzichten[28]. Vor allem aber kann die Frage der Effektivität des Kapitalschutzsystems der Kapital-Richtlinie und seiner eventuell wünschenswerten Modifikationen[29] im Rahmen dieser Untersuchung ausgeklammert werden, da sich bei ihr keine börsengesellschaftsrechtlichen Sonderbedürfnisse ergeben. Das dem festen Kapital zugrunde liegende Bedürfnis für den Schutz der Gläubiger folgt aus der auf das Gesellschaftsvermögen beschränkten Haftung der Gesellschaft und ist damit von einer eventuellen Börsennotierung unabhängig. Ebenso wie des Gläubigerschutzes bedürfen alle Aktiengesellschaften der Eigenkapitalfinanzierung und der Aufteilung der gesellschaftsinternen Rechte auf die Gesellschafter.

---

21 Vgl. *Hertig/Kanda* in Kraakman u.a., Anatomy of Corporate Law, 71, 85; in diesem Sinne auch *Lutter*, ZGR-Sonderheft 17 (2006), 1, 3.

22 Vgl. *Lutter*, ZGR-Sonderheft 17 (2006), 1, 4 f.; *Kuhner*, ZGR 2005, 753, 786 f.

23 Vgl. *Lutter*, ZGR-Sonderheft 17 (2006), 1, 5; *Ferran*, ECFR 2006, 178, 183 ff. (unter ausführlicher Diskussion der üblichen Gestaltungen der *covenants*).

24 Vgl. *Rickford*, EBLR 2004, 919, 932; *Ferran*, ECFR 2006, 178, 185, 189; *Kübler*, EBLR 2004, 1031, 1032; *Micheler*, ZGR 2004, 324, 330 f.; referierend *Kuhnert*, ZGR 2005, 753, 760.

25 Vgl. *Lutter*, ZGR-Sonderheft 17 (2006), 1, 5; *Micheler*, ZGR 2004, 324, 331; auch *Kuhnert*, ZGR 2005, 753, 761–763; kritisch referierend auch *Ferran*, ECFR 2006, 178, 185, 191 ff.

26 Vgl. *Micheler*, ZGR 2004, 324, 331 mit anschließender Diskussion der diesbezüglichen Reformvorschläge; *Kübler*, EBLR 2004, 1031, 1032, zum Diskussionsstand vgl. die Nachweise in diesem Kapitel in Fn. 4.

27 Vgl. *KPMG*, Feasibility study on an alternative to the capital maintenance system – main report, 3 ff.

28 Vgl. *Generaldirektion Binnenmarkt der EU-Kommission*, Result of the external study, 2.

29 Ausführlich hierzu die Nachweise in diesem Kapitel in Fn. 4.

II. Erwerb eigener Aktien durch die Gesellschaft und *Financial Assistance*

1. Erwerb eigener Aktien durch die Gesellschaft

a) *Rechtsvergleichender Überblick zum Erwerb eigener Aktien durch die Gesellschaft*

Der Erwerb eigener Aktien durch die Gesellschaft ist durch Art. 18 ff. der Kapital-Richtlinie harmonisiert, wobei die Vorgaben durch die Änderungsrichtlinie 2006/68/EG erheblich liberalisiert worden sind[30]. Um die Kapitalaufbringung sicherzustellen, bleibt der Gesellschaft die Zeichnung eigener Aktien unter Einbeziehung verschiedener Umgehungstatbestände grundsätzlich verboten (Art. 18, 24a der Kapital-Richtlinie und § 71 Abs. 1 AktG, art. L. 225-206 (1) C.com., s. 658 (1) CA 2006). Für voll eingezahlte Aktien können die Mitgliedstaaten jedoch den derivativen (Rück-)Erwerb aus ausschüttungsfähigen Mitteln unter Beachtung des Gleichbehandlungsgrundsatzes zulassen (Art. 19 Abs. 1, 42). Über den Erwerb der eigenen Aktien hat die Hauptversammlung zu entscheiden, wobei sie die Einzelheiten des Erwerbs (insbesondere die Höchstzahl der zu erwerbenden Aktien und die Dauer der Genehmigung) festzulegen hat (Art. 19 Abs. 1 a)). Mit der Änderungsrichtlinie wurde die Höchstdauer des von den Mitgliedstaaten festzulegenden längstmöglichen Genehmigungszeitraums für den Erwerb nach Art. 19 von 18 Monaten auf fünf Jahre verlängert (Art. 19 Abs. 1 a))[31]. Die zuvor den Gesellschaften auferlegte Höchstzahl gehaltener eigener Aktien von 10 % des Grundkapitals wurde dahingehend modifiziert, dass den nationalen Gesetzgeber nunmehr die Festlegung einer solchen Höchstzahl freigestellt ist, sie jedoch nicht unter 10 % des Grundkapitals liegen darf (Art. 19 Abs. 1 c) i))[32]. Im Ergebnis haben die nationalen Gesetzgeber damit die Wahl, den Erwerb eigener Aktien bis zur Grenze des Nettoaktivvermögens (d.h. des gezeichneten Kapitals zuzüglich der gebundenen Rücklagen) bzw. bis zur Höhe des auch für eine Dividendenzahlung zur Verfügung stehenden Betrags zuzulassen[33]. In der Fassung des Kommissionsvorschlags der Änderungsrichtlinie sollte Art. 19 Abs. 1 b) ausdrücklich klarstellen, dass ein Erwerb über die Börse dabei dem Gleichbehandlungsgrundsatz genügt. Die letztendlich verabschiedete Fassung enthält den Passus nicht mehr, ohne dass die Rechtslage deshalb anders zu beurteilen wäre[34]. Bei Notwendigkeit des Erwerbs zur Abwehr eines drohenden schweren Schadens für die Gesellschaft und bei Rückerwerb zur Ausgabe als Belegschaftsaktien können die Mitgliedstaaten von der zwingenden Kompetenz der Hauptversammlung aus Art. 19 Abs. 1 lit. a) Satz 1 zur Genehmigung des Erwerbs mitsamt seiner Einzelheiten, insbesondere der Höchstzahl der zu erwerbenden Aktien, der Geltungsdauer der Genehmigung und des niedrigsten und höchsten Erwerbspreises, absehen (Art. 19 Abs. 2, 3). Generell ausnehmen von den Voraussetzungen

---

30 Dazu *Habersack*, Europ. GR, § 6 Rn. 47; ausführlich *Oechsler*, ZHR 170 (2006), 72 ff.

31 Zu Sinn und Zweck der Änderung vgl. *Oechsler*, ZHR 170 (2006), 72, 79 f.

32 Ausführlich zum Wegfall der Zehnprozentgrenze *Oechsler*, ZHR 170 (2006), 72, 73 ff.

33 Vgl. *Lanfermann/Röhricht*, BB 2007, Beilage 5, 8, 10; *Maul*, BB 2005, Beilage 19, 2, 12.

34 Vgl. MK/*Oechsler*, § 71 Rn. 200 ff.; *Habersack*, Europ. GR, § 6 Rn. 52; *Habersack*, ZIP 2004, 1121 ff.; ausführlich *Oechsler*, ZHR 170 (2006), 72, 85 ff.

nach Art. 19 können die Mitgliedstaaten den Rückerwerb von Aktien unter anderem zum Zwecke einer Kapitalherabsetzung, aufgrund einer Gerichtsentscheidung, im Rahmen einer Gesamtrechtsnachfolge, ohne Gegenleistung, zur Abfindung von Minderheitsaktionären verbundener Gesellschaften sowie durch Finanzinstitute im Rahmen einer Verkaufskommission (Art. 20 Abs. 1). Die Anzahl der nach Art. 20 Abs. 1 erworbenen Aktien wird insofern begrenzt, als die 10 % des Grundkapitals übersteigenden Aktien nach drei Jahren veräußert oder annulliert werden müssen (Art. 20 Abs. 2, 3)[35]. Dem Strukturproblem, dass der die Rechte aus den Aktien der Gesellschaft ausübende Vorstand Einfluss auf die Entscheidungsfindung der Hauptversammlung und insbesondere auf seine eigene Kontrolle gewinnen könnte[36], begegnet Art. 22 Abs. 1 lit. a), der eigenen Aktien das Stimmrecht abspricht[37]. Dies gilt auch für Aktien, die durch abhängige Gesellschaften gehalten werden (Art. 24a). Ein bilanzieller Aktivposten für eigene Aktien muss durch eine gleich hohe, nicht verfügbare Rücklage neutralisiert werden (Art. 22 Abs. 1b))[38]. In den Lagebericht sind die in Art. 22 Abs. 2 genannten Angaben zu Aktienrückkäufen der Gesellschaft aufzunehmen[39]. Ein unzulässiger Erwerb eigener Aktien lässt die Wirksamkeit des Erwerbs unberührt, führt aber zur Pflicht zur Veräußerung der Aktien innerhalb eines Jahres nach ihrem Erwerb (Art. 21 Satz 1)[40]. Erfolgt der Verkauf nicht, so sind die Aktien für nichtig zu erklären, während die Mitgliedstaaten ermächtigt sind, zusätzlich eine Kapitalherabsetzung vorzuschreiben und dies tun müssen, soweit das Nettoaktivvermögen nach Annullierung das Grundkapital und die gebundenen Rücklagen unterschreitet (Art. 21 Satz 2 i.V.m. Art. 20 Abs. 3).

Bis dato wurde in den untersuchten Rechtsordnungen von dem durch die Änderungsrichtlinie eröffneten Gestaltungsspielraum noch kein Gebrauch gemacht[41].

So erlaubt im deutschen Aktienrecht § 71 Abs. 1 Nr. 8 AktG der Hauptversammlung entsprechend der Vorgaben des Art. 19 der Kapital-Richtlinie a.F., die Verwaltung mit einfacher Mehrheit auf höchstens 18 Monate zu ermächtigen, bis zu 10 % der

---

35 Umsetzung in § 71c Abs. 2 AktG, art. L. 225-210 (1) C.com., s. 725 (1), (2) CA 2006. Zum vor der Gesellschaftsrechtsreform 2006 geltenden britischen Regime, unter dem zurückgekaufte Aktien in das (nunmehr abgeschaffte) *authorized share capital* zurückfielen und deshalb auf die Einhaltung der 10 %-Vorgabe aus Art. 19 Abs. 1 lit. b) der Kapital-Richtlinie verzichtet werden konnte, vgl. *Davies*, Gower's Company Law, 252; *Lüken*, 330 m.w.N. in Fn. 123.

36 Vgl. *Habersack*, Europ. GR, § 6 Rn. 47; *Kübler/Assmann*, § 14 I 2c)dd); ausführlich *Huber*, FS für Duden, 137, 142 ff.

37 Umsetzung in § 71b AktG, s. 726 (2) CA 2006 (AGs und *plcs* stehen jeweils überschießend keine Rechte aus eigenen Aktien zu), art. L. 225-210 (4) C.com. (keine Stimmrechte und überschießend keine Dividendenansprüche).

38 Umsetzung in § 71 Abs. 2 Satz 2 AktG i.V.m. § 272 Abs. 4 HGB, art. L. 225-210 (3) C.com., ss. 733 ff. CA 2006.

39 Umgesetzt in § 71 Abs. 3 AktG, art. L. 225-209 (2) C.com.

40 Umsetzung in § 71c Abs. 1 AktG, art. L. 225-214 C.com., s. 725 (3) CA 2006.

41 Zur Diskussion über die Ausnutzung der eröffneten Spielräume vgl. *Bezzenberger* in Schmidt/Lutter, § 71 Rn. 10 m.w.N.; *Oechsler*, ZHR 170 (2006), 72, 73 ff.; *Escher-Weingart/Kübler*, ZHR 162 (1998), 537, 558 f., die für eine Aufgabe 10 %-Eigenbesitzgrenze plädieren; dagegen *Bayer*, BB 2004, 1, 8; Group of German Experts of Corporate Law, ZIP 2003, 863, 873; referierend *Escher-Weingart*, Reform durch Deregulierung, 271 m.w.N.

Aktien der Gesellschaft unter Gleichbehandlung der Aktionäre zurückzukaufen, ohne dass dabei eine Festlegung des Erwerbszwecks durch die Hauptversammlung erforderlich wäre. Allein der Handel in eigenen Aktien ist ausgeschlossen (§ 71 Abs. 1 Nr. 8 Satz 2). Erwerb und Veräußerung über die Börse im Sinne einer Abwicklung in allen Marktsegmenten, auch ausländischen[42], wahren den Gleichbehandlungsgrundsatz (§ 71 Abs. 1 Nr. 8 Satz 4 AktG). § 71 Abs. 1 Nr. 1–6 AktG setzen die von Art. 19 Abs. 2, 3 und 20 der Kapital-Richtlinie gestatteten Bereichsausnahmen von Art. 19 (bzw. von Art. 19 Abs. 1 Satz 1 im Falle des Art. 19 Abs. 2, 3) in gesetzliche Ermächtigungstatbestände um[43]. Nr. 7 gestattet Kreditinstituten, Finanzdienstleistungsinstituten und Finanzunternehmen auf der Basis der Ermächtigung aus Art. 19 Abs. 1, aufgrund eines Hauptversammlungsbeschlusses ihre eigenen Aktien in den Wertpapierhandel mit einzubeziehen und hierfür am Tagesende einen Handelsbestand von bis zu 5 % des eigenen Grundkapitals zu halten. In allen Fallgruppen außer dem unentgeltlichem Erwerb, der Gesamtrechtsnachfolge und der Einziehung zur Kapitalherabsetzung dürfen die erworbenen Aktien zusammen mit den bereits von der Gesellschaft gehaltenen nicht mehr als 10 % des Grundkapitals ausmachen (§ 71 Abs. 2 Satz 1 AktG).

Im französischen Aktienrecht wurden nicht alle Ermächtigungstatbestände des Art. 20 umgesetzt, während mit art. L. 225-209 C.com. als Umsetzung von Art. 19 Abs. 1 a.F. eine § 71 Abs. 1 Nr. 8 AktG vergleichbare Ermächtigungsmöglichkeit durch die Hauptversammlung besteht[44]. Zum einen kann die Hauptversammlung die Verwaltung anlässlich einer nicht durch Verluste motivierten, d.h. effektiven, Kapitalherabsetzung ermächtigen, eigene Aktien der Gesellschaft zwecks Annullierung zu erwerben (art. L. 225-207 C.com.). Der Rückerwerb ist des Weiteren zulässig zur Bedienung von Optionsprogrammen sowie zur Ausgabe von Gratisaktien an die Belegschaft, wobei die Optionen bzw. Gratisaktien innerhalb eines Jahres ausgegeben werden müssen (art. L. 225-208 C.com.). Art. L. 225-213 C.com. lässt den Erwerb eigener Aktien im Rahmen der Gesamtrechtsnachfolge sowie durch Gerichtsentscheidung zu. Lediglich an organisierten Märkten notierten Gesellschaften ist darüberhinaus gestattet, vergleichbar § 71 Abs. 1 Nr. 8 AktG nach für einen Zeitraum von bis zu 18 Monaten erteilbarer Ermächtigung durch die Hauptversammlung bis zu 10 % ihres Grundkapitals zu jedwedem Zweck zu erwerben (art. L. 225-209 (1) C.com.). Die Hauptversammlung bestimmt die Modalitäten und die Erwerbszwecke (art. L. 225-209 (1) Satz 2 C.com.).

---

42 Vgl. Reg.Begr. BT-Drucks. 13/9712, 13 (unter Verweis auf § 10 Abs. 1 Satz 1 BörsG a.F., nunmehr § 2 Abs. 1 Satz 1 BörsG); MK/*Oechsler*, § 71 Rn. 253; *Hüffer*, § 71 Rn. 19k.

43 Nr. 1 regelt den Noterwerb zur Abwendung eines schweren, unmittelbar drohenden Schadens von der Gesellschaft. Nr. 2, 3 und 6 erleichtern die Ausgabe von Aktien an Arbeitnehmer, die Abfindung außenstehender Aktionäre im Konzern und die Einziehung von Aktien zum Zweck der Kapitalherabsetzung. Nr. 4 und 5 regeln die Sonderfälle des unentgeltlichen Erwerbs der Aktien sowie der Gesamtrechtsnachfolge.

44 Überblicksartig hierzu *Merle*, Rn. 279 ff.; *Cozian/Viandier/Deboissy*, Rn. 817 ff.; kurz auch MK/*Oechsler*, § 71 Rn. 45–48.

Schließlich ist auch britischen Gesellschaften mit Haftungsbeschränkung (*limited companies*) der Erwerb eigener Aktien grundsätzlich verboten (s. 658 (1) CA 2006), während ss. 690 bis 708 CA 2006 den Vorgaben der Kapital-Richtlinie a. F. entsprechende Ausnahmen vorsehen[45]. Ausgenommen vom Verbot des Rückerwerbs sind unentgeltlich, zum Zwecke der Kapitalherabsetzung sowie aufgrund gerichtlicher Entscheidung erworbene Aktien (s. 659 CA 2006). Im Übrigen differenzieren die Art. 19 Abs. 1 umsetzenden gesetzlichen Vorgaben danach, ob der Erwerb als *market purchase* oder *off-market purchase* über eine anerkannte Börse erfolgt oder nicht (ss. 693 f., 697, 701 CA 2006). Als Rückkäufe über eine anerkannte Börse gelten dabei einerseits solche über die *Official List* und andererseits solche, bei denen die Gesellschaft vom Börsenveranstalter zeitlich unbegrenzt Handelsmöglichkeiten zur Verfügung gestellt bekommen hat, ohne dass einzelne Transaktionen der Zustimmung der Börse bedürften (s. 693 (2), (3) CA 2006), d.h. Rückkäufe am freiverkehrsähnlichen *Alternative Investment Market* (*AIM*). Ausländische Börsen sind keine „anerkannten Börsen" im Sinne der Vorschrift, so dass Käufe über sie keine *market purchases* darstellen (s. 693 (5) CA 2006). *Market purchases*, also Rückkäufe über eine inländische Börse, bedürfen der auf höchstens 18 Monate befristeten und mit einfacher Mehrheit zu erteilenden Ermächtigung durch die Hauptversammlung, die die Höchstzahl der zurückzuerwerbenden Aktien sowie den Mindest- und den Höchstpreis (gegebenenfalls deren Berechnungsgrundlage im Verhältnis zu einem Index) bestimmen muss (s. 701 CA 2006). Der Erwerb ist für jeden Zweck außerhalb des Handels mit eigenen Aktien zulässig (s. 659 (1) CA 2006). Bei Erwerbsvorgängen außerhalb inländischer Börsen (*off-market purchases*) muss die Verwaltung sich hingegen – ebenfalls auf höchstens 18 Monate befristet – durch (mit Dreiviertel-Mehrheit zu fällenden[46]) Sonderbeschluss der Hauptversammlung zum Abschluss der einzelnen Erwerbsverträge mitsamt ihrer konkreten Bedingungen ermächtigen lassen oder die einzelnen Verträge vor Durchführung der Erwerbsvorgänge durch solche Sonderbeschlüsse genehmigen lassen (s. 694 CA 2006). Während zurückgekaufte Aktien grundsätzlich qua Gesetz annulliert werden, können Aktien, die an einem organisierten Markt des Europäischen Wirtschaftsraums oder dem britischen *Alternative Investment Market* (*AIM*) gehandelt werden, als Verwaltungsaktien (*treasury shares*) gehalten werden (ss. 706, 724 CA 2006)[47]. Die Gesellschaft ist in der Verwendung der Verwaltungsaktien frei, kann sie daher wieder verkaufen, mit ihnen ein Mitarbeiteraktienoptionsprogramm bedienen oder sie annullieren (ss. 727 (1), 729 (1) CA 2006). Für den Rückerwerb eigener Aktien durch an der *Official List* börsennotierte Gesellschaften enthält LR 12 zusätzliche Vorgaben. Danach dürfen im Rahmen einer Hauptversammlungsermächtigung lediglich bis zur 15 % einer Aktiengattung erworben werden, und zwar nur zu einem den Börsenkurs der letzten fünf Handelstage nicht übersteigenden Preis, ohne dass ein Angebot an alle Aktionäre

---

45 Überblicksartig hierzu *Mayson/French/Ryan*, 281–284; *Davies*, Gower's Company Law, 245 ff. (zur teilweise entsprechenden Rechtslage nach dem CA 1985).

46 Vgl. s. 283 CA 2006.

47 Überblicksartig zum Regime der *treasury shares Mayson/French/Ryan*, 283.

der Gattung gemacht werden muss (LR 12.4.1)[48]. Der Erwerb von mehr als 15 % der Aktien einer Gattung erfordert hingegen zusätzlich ein öffentliches Erwerbsangebot (*tender offer*) an alle Aktionäre der betroffenen Gattung (LR 12.4.2). Der Entschluss der Verwaltung, sich zu einem Rückerwerb ermächtigen zu lassen, muss, ebenso wie einzelne Erwerbsvorgänge, frühzeitig an einen von der *FSA* anerkannten Informationsdienst weitergeleitet werden (LR 12.4.4–12.4.6).

b) Vorliegen von und Bedürfnis für Börsengesellschaftsrecht zum Erwerb eigener Aktien

Rechtsvergleichend besteht anhand der Börsennotierung differenzierendes Gesellschaftsrecht nur im Rahmen des zweckungebundenen Erwerbs in Umsetzung von Art. 19 Abs. 1 der Kapital-Richtlinie. Französischen Aktiengesellschaften ist ein solcher Erwerb aufgrund einer Hauptversammlungsermächtigung nur bei Notierung an einem organisierten Markt gestattet (art. L. 225-209 C.com.). Das deutsche Aktienrecht differenziert hingegen lediglich im Rahmen der Vermutung der Einhaltung des Gleichbehandlungsgrundsatzes bei Erwerb und Wiederverkauf über die Börse gemäß § 71 Abs. 1 Nr. 8 Satz 4 AktG anhand der Börsennotierung, meint dabei aber nicht nur die Notierung an einem organisierten Markt i.S.d. MiFiD-Richtlinie, sondern auch solche an sonstigen, auch ausländischen, börsenmäßig organisierten Märkten i.S.v. § 2 Abs. 1 BörsG. Das britische Recht schließlich differenziert bei den Voraussetzungen für die Rückkaufsermächtigung nach *market purchases* über eine inländische Börse (wobei wiederum nicht nur der organisierte Markt, sondern auch andere Börsensegmente wie der *AIM* gemeint sind) und sonstigen *off-market purchases*. Dabei unterstellen die *Listing Rules* den Rückerwerb von mindestens 15 % einer Aktiengattung durch an der *Official List* notierte Gesellschaften, indem sie für diesen Fall ein außerbörsliches *tender offer* an alle Aktionäre verlangen, dem für den *off-market purchase* geltenden Regime. Schließlich dürfen nur an einem organisierten Markt (auch innerhalb des Europäischen Wirtschaftsraums) sowie am *Alternative Investment Market* notierte Aktien als Verwaltungsaktien gehalten werden (s. 725 CA 2006).

Die Beurteilung der Effizienz dieser Gestaltungen sowie des Bedürfnisses für die Schaffung weiterer börsengesellschaftsrechtlicher Regelungen erfordert zunächst eine Verdeutlichung der ökonomischen Hintergründe der partiellen Gestattung des Erwerbs eigener Aktien durch die Gesellschaft. Aus Sicht des Kapitalschutzes liegen die Gefahren des derivativen Erwerbs eigener Aktien durch die Gesellschaft darin, dass der Rückerwerb eigener Aktien faktisch eine Rückgabe von Kapital an die Aktionäre bedeutet und so unmittelbar die Kapitalerhaltung gefährdet[49]. Unter

---

48 Der Erwerb von mehr als 10 % einer Aktiengattung ist dabei zulässig, da zurückerworbene Aktien ja grundsätzlich annulliert werden und deshalb die 10 %-Grenze nach Art. 19 Abs. 1 lit. b) der Kapital-Richtlinie a. F. nicht tangiert ist.

49 Vgl. *Bungeroth* in Geßler/Hefermehl, § 71 Rn. 3; *Hüffer*, § 71 Rn. 1; KK/*Lutter*, § 71 Rn. 10; MK/*Oechsler*, § 71 Rn. 21; *Drinkuth*, 196, 199; *Koll-Möllenhoff*, 176; *Siems*, Konvergenz der Rechtssysteme, 106; *Cahn* in Bayer/Habersack (Hrsg.), Aktienrecht im Wandel, 763, 774; *Cahn* in Spindler/Stilz, § 71 Rn. 14; *Lüken*, 82 ff.

Kapitalschutzgesichtspunkten unbedenklich ist demgegenüber ein unentgeltlicher Erwerb durch die Gesellschaft, da er das Gesellschaftsvermögen nicht mindert[50]. Ebenso können Erwerbsvorgänge zum Zweck der Weitergabe der Aktien an Dritte (z.B. als Belegschaftsaktien oder zum Erwerb von Unternehmen) unproblematisch sein, wenn der Gesellschaft bei der Weitergabe eine angemessene Gegenleistung zufließt[51]. Allerdings besteht in diesen Konstellationen stets das Risiko, dass die Weitergabe zu einem angemessenen Preis scheitert[52]. Der beim derivativen entgeltlichen Rückerwerb drohenden Entstehung eines Doppelschadens aus Verlusten aus dem laufenden Geschäft sowie Verlusten aus einer daraus resultierenden Neubewertung der gehaltenen eigenen Aktien begegnet die bilanzielle Neutralisierung nach Art. 22 Abs. 1 lit. b) der Kapital-Richtlinie[53]. Neben der Kapitalerhaltung kann der Aktienerwerb das Kompetenzgefüge der Gesellschaft tangieren, wenn der Vorstand die Rechte aus den eigenen Aktien der Gesellschaft ausüben und so die Willensbildung der Hauptversammlung und insbesondere seine eigene Kontrolle durch sie beeinflussen kann[54]. Eine solche Selbstkontrolle der Verwaltung verhindert Art. 22 Abs. 1 lit. a) der Kapital-Richtlinie, indem er das Stimmrecht von Verwaltungsaktien ausschließt. Zudem kann die Gesellschaftermehrheit den Erwerb eigener Aktien durch die Gesellschaft dazu nutzen, erwartete Kursverluste durch Verkauf an die von ihr beherrschte Gesellschaft zulasten der Minderheit zu vermeiden, weshalb beim Rückerwerb allen Aktionären Chancengleichheit eingeräumt werden muss[55]. Schließlich kann der anonyme Rückerwerb eigener Aktien über die Börse den Eindruck lebhafter Marktnachfrage erwecken und so der unzulässigen Kursmanipulation dienen[56], eine Problematik, der sich vor allem die Marktmissbrauchs-Richtlinie und die *Safe-Harbor*-Verordnung 2273/2003/EG annehmen[57]. Diesen zu bedenkenden Faktoren stehen verschiedene legitime Zwecke eines Rückerwerbs gegenüber, so z.B. die schon erwähnte Ausgabe von Belegschaftsaktien, die Bedienung von Aktienoptionen, legale Kurspflegemaßnahmen wie die Signalsetzung zur Beseiti-

---

50 Vgl. KK/*Lutter*, § 71 Rn. 58 ff.; *Koll-Möllenhoff*, 176; *Lüken*, 87; *Benkendorff*, 85.

51 Vgl. KK/*Lutter*, § 71 Rn. 60; *Hüffer*, § 71 Rn. 17; *Koll-Möllenhoff*, 176.

52 In diesem Sinne auch *Koll-Möllenhoff*, 176.

53 Vgl. *Cahn* in Spindler/Stilz, § 71 Rn. 14; MK/*Oechsler*, § 71 Rn. 19; *Oechsler*, ZHR 170 (2006), 72, 75; *Habersack*, ZIP 2004, 1121, 1122; *Huber*, FS für Duden, 137, 139. Kritisch zum Schutz durch die bilanzielle Neutralisierung *Cahn*, a.a.O. sowie *Huber*, a.a.O., 141, da bei Entwertung der eigenen Aktien aufgrund von Verlusten der in Höhe des Erwerbspreises gebildeten Rücklage kein gleich hohes Aktivum mehr gegenüberstehe, was die bilanzielle Lage doppelt verschlechtere; a.A. *Oechsler*, ZHR 170 (2006), 72, 75 f.

54 Vgl. *Kübler/Assmann*, § 14 I 2 c)dd); MK/*Oechsler*, § 71 Rn. 23; *Cahn* in Spindler/Stilz, § 71 Rn. 15; *Cahn* in Bayer/Habersack (Hrsg.), Aktienrecht im Wandel II, 763, 775. *Koll-Möllenhoff*, 176; *Drinkuth*, 199; *Raiser/Veil*, § 19 Rn. 11; *Siems*, Konvergenz der Rechtssysteme, 106; *Escher-Weingart*, Reform durch Deregulierung, 272.

55 Vgl. *Kübler/Assmann*, § 14 I 2c)dd); *Rock/Kanda/Kraakman* in Kraakman u.a., Anatomy of Corporate Law, 131, 149; *Cahn* in Spindler/Stilz, § 71 Rn. 16; *Cahn* in Bayer/Habersack (Hrsg.), Aktienrecht im Wandel II, 763, 775 f.; MK/*Oechsler*, § 71 Rn. 22.

56 Ausführlich hierzu *Cahn* in Bayer/Habersack (Hrsg.), Aktienrecht im Wandel II, 763, 777 f.; *Cahn* in Spindler/Stilz, § 71 Rn. 19; *Fried*, 67 U. Chi. L. Rev. (2000), 421, 441 ff.; desw. *Kübler/Assmann*, § 14 I 2 c)dd); *Koll-Möllenhoff*, 176 m.w.N. in Fn. 1034.

57 Vgl. MK/*Oechsler*, § 71 Rn. 25; zum Regelungsinhalt der Verordnung dort, Rn. 344 ff.

gung von Unterbewertungen und die Rückgabe nicht benötigter Liquidität an den Kapitalmarkt[58]. Durch die Reduzierung überschüssiger Liquidität werden zudem Übernahmeanreize gesenkt, weshalb Aktienrückkäufe auch als Verteidigungsmaßnahmen gegen Übernahmen eingesetzt werden können (ein allerdings aus Sicht der wünschenswerten Überwachung der Verwaltung über den Markt für Unternehmenskontrolle zweifelhaftes Anliegen, das im Rahmen öffentlicher Übernahmeangebote, wie oben in Kapitel 6 unter II. dargelegt, dem übernahmerechtlichen Vereitelungsverbot unterworfen werden sollte)[59]. Erstens kann der Erwerber die Übernahme nicht mehr mit den freien Rücklagen finanzieren, zweitens kann das in dem Rückkauf liegende Signal an den Kapitalmarkt selbst bereits einen eine Unterbewertung minimierenden Effekt, den sog. *Signalling Effect*, haben[60] und drittens führt die durch den Rückkauf bewirkte Reduzierung der Aktien zu einer Erhöhung des Gewinns je Aktie und damit in aller Regel zu einem Kursanstieg, der die Übernahme verteuert[61]. Der Abbau von Unterbewertungen ist aber vor allem unabhängig von dem Ziel der Abwendung eventueller Übernahmegefahren sinnvoll, um die Kosten der Eigenkapitalfinanzierung zu senken[62]. Hierbei kann die Verwaltung durch einen Aktienrückkauf signalisieren, dass sie aufgrund ihres positionsimmanenten Informationsvorsprungs das Vermögen der Gesellschaft für durch den Kapitalmarkt unterbewertet hält und so dortige Informationsdefizite beseitigen[63]. Durch die Erhöhung der Informationseffizienz der Kapitalmärkte wird deren Allokationseffizienz gesteigert, da durch ungleiche Informationsverteilung bedingte Fehlallokationen vermieden werden[64]. Damit stellen sich Aktienrückkäufe als wesentliches Mittel zur Gewährleistung der Funktionsfähigkeit der Kapitalmärkte dar[65]. Maßgeblich für die Zulassung des Erwerbs eigener Aktien spricht zudem die

---

58 Ausführlich hierzu *Escher-Weingart*, Reform durch Deregulierung, 276 ff.; *Cahn* in Bayer/Habersack (Hrsg.), Aktienrecht im Wandel II, 763, 768 ff.; *Cahn* in Spindler/Stilz, § 71 Rn. 3 ff.; MK/*Oechsler*, § 71 Rn. 1–12; desw. *Maul*, BB 2005, Beilage 19, 2, 13; *Koll-Möllenhoff*, 177; *Baldamus*, 147; *Lüken*, 67 ff.; *Farrar/Hannigan*, 184; *Rock/Kanda/Kraakman* in Kraakman u.a., Anatomy of Corporate Law, 131, 149; *Merle*, Rn. 279.

59 Vgl. MK/*Oechsler*, § 71 Rn. 2, 10, 24; *Cahn* in Bayer/Habersack (Hrsg.), Aktienrecht im Wandel II; 763, 772 f., 778; *Cahn* in Spindler/Stilz, § 71 Rn. 11, 20; *Koll-Möllenhoff*, 177; *Kübler*, Aktie, 46; *Escher-Weingart*, Reform durch Deregulierung, 277; auch *Merle*, Rn. 279; *Lüken*, 76 f.; *Schanz*, NZG 2007, 927, 931.

60 Dazu *Escher-Weingart*, Reform durch Deregulierung, 277 f. m.w.N.; *Cahn* in Bayer/Habersack, Aktienrecht im Wandel II, 763, 770; *Böhm* in v. Rosen (Hrsg.), Übernahme börsennotierter Unternehmen, 327, 334 f.; *Kopp*, 110 ff.; desw. MK/*Oechsler*, § 71 Rn. 3; *Lüken*, 73 f.; *D.Posner*, AG 1994, 312, 314; ausführliche Darstellung und Kritik der *signaling theory* bei *Fried*, 67 U. Chi. L. Rev. (2000), 421, 441 ff.

61 Vgl. *Cahn* in Bayer/Habersack (Hrsg.), Aktienrecht im Wandel II, 763, 772 f.; *Merle*, Rn. 279; *Escher-Weingart*, Reform durch Deregulierung, 277; zur Steigerung der Aktienrendite und des Ertrags je Aktie auch BegrRegE KonTraG, BT-Drucks. 13/9712, 13; *Cahn* in Bayer/Habersack (Hrsg.), Aktienrecht im Wandel II, 763, 768 m.w.N. in Fn. 8; *Cahn* in Spindler/Stilz, § 71 Rn. 3 m.w.N. in Fn. 7.

62 Vgl. *Escher-Weingart*, Reform durch Deregulierung, 278; *Kübler*, Aktie, 43; *Lüken*, 69 f.; *D. Posner*, AG 1994, 312, 314.

63 Vgl. MK/*Oechsler*, § 71 Rn. 1; *Cahn* in Spindler/Stilz, § 71 Rn. 6.

64 Vgl. MK/*Oechsler*, § 71 Rn. 1.

65 So auch MK/*Oechsler*, § 71 Rn. 1.

durch sie bewirkte und auf international konkurrierenden Kapitalmärkten notwendige Flexibilisierung der Unternehmensfinanzierung, die eine allokationseffizientere Mittelverwendung ermöglicht[66]. Insofern gestatteten Aktienrückkäufe über die durch sie bewirkte grundsätzlichen Erhöhung der Allokationseffizienz der Kapitalmärkte hinaus eine effizientere Unternehmensfinanzierung, indem sie eine flexiblere Optimierung des Verhältnisses von Eigen- und Fremdkapital zulassen[67]. Insbesondere in Niedrigzinsphasen kann teures Eigenkapital im Wege eines kreditfinanzierten Aktienrückkaufs durch billigeres Fremdkapital ersetzt und über die hiermit verbundene Hebelwirkung (*leverage*) die Eigenkapitalrendite erhöht werden[68]. Daneben stellen sich Aktienrückkäufe als gegenüber Dividenden und Kapitalherabsetzungen flexiblere Alternative zur Ausschüttung nicht mehr benötigter Mittel dar. Eine Dividendenausschüttung droht (neben den mit ihr häufig verbundenen steuerlichen Nachteilen) angesichts der dann stark schwankenden Ausschüttungszahlen fehlinterpretiert zu werden mit der Folge einer unberechtigten Unterbewertung[69]. Kapitalherabsetzungen werden hingegen regelmäßig mit Sanierungsfällen in Verbindung gebracht und sind angesichts ihrer gesetzlichen Voraussetzungen bedeutend schwerfälliger durchzuführen als Rückkäufe[70]. Gegenüber Dividendenausschüttungen und Kapitalherabsetzungen gewährt der Aktienrückkauf den Aktionären zudem vermehrte Entscheidungsbefugnisse, ob sie über den Verkauf ihrer Anteile den Gewinn realisieren oder über deren Halten an weiteren Wertsteigerungen teilhaben wollen[71]. Die Gesellschaft ist ihrerseits nicht an einen festen Ausschüttungszeitpunkt gebunden, sondern kann die Rückkäufe flexibel entsprechend der wirtschaftlichen Gegebenheiten vornehmen[72]. Diese flexibleren Ausschüttungsmöglichkeiten können letztendlich verhindern, dass die Gesellschaft im Vergleich zur Allokationseffizienz des Marktes (bei Rückgabe der Mittel an diesen) suboptimale Anlageentscheidungen trifft[73]. Schließlich lässt sich über den Rückkauf von Aktien die Eigentümerstruktur gestalten, was die Einsparung von den auf die einzelnen Aktionäre entfallenden Verwaltungskosten[74] und insbesondere in nicht-börsennotierten Gesellschaften das Ausscheiden eines Gesellschafters ohne

---

66 Ausführlich hierzu *Escher-Weingart*, Reform durch Deregulierung, 279–281; desw. *Kübler*, Aktie, 48; *Koll-Möllenhoff*, 177 und die in diesem Kapitel in Fn. 58 Zitierten.

67 Vgl. *Cahn* in Bayer/Habersack (Hrsg.), Aktienrecht im Wandel, 763, 768; MK/*Oechsler*, § 71 Rn. 5; *Böhm* in v. Rosen (Hrsg.), Übernahme börsennotierter Unternehmen, 327, 328; *Kübler*, Aktie, 43; *Escher-Weingart*, Reform durch Deregulierung, 280.

68 Vgl. *Cahn* in Bayer/Habersack (Hrsg.), Aktienrecht im Wandel, 763, 768; *Böhm* in v. Rosen (Hrsg.), Übernahme börsennotierter Unternehmen, 327, 328; *Kübler*, Aktie, 43; MK/*Oechsler*, § 71 Rn. 5; *Escher-Weingart*, Reform durch Deregulierung, 280; *Hirsch*, 42; *Lüken*, 69 f.

69 Vgl. *Escher-Weingart*, Reform durch Deregulierung, 280; *Cahn* in Bayer/Habersack (Hrsg.), Aktienrecht im Wandel II, 763, 769 m.w.N. in Fn. 20; MK/*Oechsler*, § 71 Rn. 8.

70 Vgl. *Lüken*, 69; *Benkendorff*, 50; *Claussen*, DB 1998, 177, 179.

71 Vgl. *Escher-Weingart*, Reform durch Deregulierung, 280; *Cahn* in Bayer/Habersack (Hrsg.), Aktienrecht im Wandel II, 763, 771; MK/*Oechsler*, § 71 Rn. 8; *Lüken*, 71; *Skog*, ZGR 1997, 306, 309.

72 Vgl. *Escher-Weingart*, Reform durch Deregulierung, 280; *Cahn* in Bayer/Habersack (Hrsg.), Aktienrecht im Wandel II, 763, 769; *Lüken*, 71; *Skog*, ZGR 1997, 306, 309.

73 Vgl. *Escher-Weingart*, Reform durch Deregulierung, 280.

74 Vgl. MK/*Oechsler*, § 71 Rn. 9; *Cahn* in Spindler/Stilz, § 71 Rn. 13; *Escher-Weingart/Kübler*, ZHR 162 (1998), 537, 553.

Aufnahme eines neuen (also unter Beibehaltung der alten Beteiligungsverhältnisse) ermöglicht, wenn die übrigen Aktionäre nicht hinreichend liquide zum Erwerb der Anteile des ausscheidenden Gesellschafters sind[75].

Aus den letztgenannten Überlegungen folgt, dass eine Beschränkung des Rückerwerbs auf börsennotierte Gesellschaften, wie sie das französische Recht in art. L. 225-209 C.com. vorsieht[76], nicht sinnvoll erscheint. Gerade in nicht-börsennotierten Gesellschaften kann nach dem Gesagten ein besonderes Bedürfnis für die Steuerung der Eigentümerstruktur über Rückkäufe bestehen[77]. Vor allem aber bedürfen nicht-börsennotierte Gesellschaften wie börsennotierte Gesellschaften möglichst effektiver Bedingungen der Unternehmensfinanzierung, was unter anderem die Möglichkeit zur flexiblen Optimierung des Verhältnisses von Eigen- und Fremdkapital sowie zur flexiblen Ausschüttung nicht benötigter Mittel über Aktienrückkäufe voraussetzt. Das Argument der möglichst effizienten Unternehmensfinanzierung spricht auch gegen eine Beschränkung der Gestattung von Verwaltungsaktien auf an organisierten Märkten des EWR und am *AIM* notierte Gesellschaften, wie sie das britische Recht vorsieht. Durch das Verbot von Verwaltungsaktien wird nicht in diesen Marktsegmenten notierten Gesellschaften eine kurzfristige Eigenkapitalaufnahme durch Verkauf der Verwaltungsaktien unmöglich gemacht, ohne dass hierfür eine überzeugende Rechtfertigung ersichtlich wäre. Zwar wurde insofern im deutschen Schrifttum im Rahmen des Gesetzgebungsprozesses zum KonTraG die den französischen und britischen Ansätzen nahestehende Forderung erhoben, die Zulassung des Rückerwerbs nach § 71 Abs. 1 Nr. 8 AktG auf börsennotierte Gesellschaften zu beschränken, da nur bei Börsennotierung der Anteile die Gleichbehandlung der Aktionäre gewährleistet werden könne[78]. Diese Argumentation vermochte den Gesetzgeber jedoch zu Recht nicht zu überzeugen, da die außerhalb eines Erwerbs über die Börse in Betracht kommenden *tender*-Verfahren im Wege öffentlicher Angebote an sämtliche Aktionäre die Einhaltung des Gleichbehandlungsgebots ermöglichen, indem sie allen Aktionären die Chance auf eine gleichrangige Beteiligung am Rückerwerb durch die Gesellschaft gewährleisten[79].

---

75 Vgl. BegrRegE KonTraG, BT-Drucks. 13/9712, 13; *Cahn* in Spindler/Stilz, § 71 Rn. 8, 12; *Lüken*, 158; *Wastl*, DB 1997, 461, 464; *Kindl*, DStR 1999, 1276, 1279.

76 Gemäß art. L. 225-209 C.com. dürfen nur börsennotierte Aktiengesellschaften auf Grundlage eines Hauptversammlungsbeschlusses ihre Aktien bis zu einer Höhe von 10 % ihres Grundkapitals ohne weitere Einschränkungen zurückerwerben, während nicht börsennotierte Gesellschaften zum Rückerwerb eigener Anteile nur befugt sind, um ihr Kapital herabzusetzen oder die Anteile an ihre Mitarbeiter zu verteilen (art. L. 225-207, 225-208 C.com.).

77 Vgl. BegrRegE KonTraG, BT-Drucks. 13/9712, 13; *Lüken*, 158; *Wastl*, DB 1997, 461, 464; *Kindl*, DStR 1999, 1276, 1279.

78 So Martens, AG 1996, 337, 339 f.; referierend *Lüken*, 158.

79 Vgl. BegrRegE KonTraG, BT-Drucks. 13/9712, 13; *Wastl*, DB 1997, 461, 464; *Kindl*, DStR 1999, 1276, 1279; *v. Rosen/Helm*, AG 1996, 434, 439; *Benkendorff*, 244; *Lüken*, 159 ff. unter Schilderung der verschiedenen Rückkaufverfahren (*fixed price tender offer*, *Dutch auction tender offer*, *transferable put rights*, individuell ausgehandelte Kaufverträge/*privately negotiated repurchases*) und ihrer Zulässigkeit vor dem Hintergrund des Gleichbehandlungsgrundsatzes. Überblicksartig zu den Rückkaufmethoden auch *Fried*, 67 U. Chi. L. Rev. (2000), 421, 428 ff.; MK/*Oechsler*, § 71 Rn. 13 ff.; *Bezzenberger* in Schmidt/Lutter, § 71 Rn. 25 ff.

Sinnvoll ist deshalb vielmehr eine nicht nach einer Notierung am organisierten Markt oder sonstigen Marktsegmenten differenzierende Zulassung des Aktienrückerwerbs unter differenzierender Regulierung der Erwerbsmodalitäten, wie sie im deutschen Recht mit der Privilegierung des Erwerbs über die Börse in § 71 Abs. 1 Nr. 8 Satz 4 AktG und im britischen Recht mit der getrennten Regelung von Rückkäufen über die Börse (*market purchases*) und außerhalb der Börse (*off-market purchases*, ss. 694, 697, 701 CA 2006) angelegt ist. Spezielles Gesellschaftsrecht für börsennotierte Gesellschaften liegt hierin insofern, als ein Rückerwerb außerhalb der Börse börsennotierten wie nicht-börsennotierten Gesellschaften offen steht[80], ein solcher über die Börse aber selbstverständlich nur Gesellschaften mit dort notierten Anteilen. Dabei handelt es sich bei den deutschen und britischen Regelungen aber nicht um Börsengesellschaftsrecht im Sinne dieser Untersuchung, da sie nicht nur bei Notierung an einem organisierten Markt einschlägig sind. Vielmehr erfasst § 71 Abs. 1 Nr. 8 Satz 4 AktG alle börsenmäßig organisierten Marktsegmente, auf denen ordnungsgemäß i.S.v. § 24 Abs. 2 BörsG ein Börsenpreis zustande kommt und damit auch den Freiverkehr und entsprechende ausländische Märkte[81]. Die britischen Normen zum *market purchase* beziehen sich lediglich auf inländische Märkte, dort aber auf alle börsenmäßig organisierten Segmente inklusive des *AIM*. Die differenzierenden Regelungen rechtfertigen sich daraus, dass Rückkäufe über die Börse (auch über nicht organisierte Märke wie den Freiverkehr oder den *AIM*) zu einem objektiv zustande gekommenen Börsenpreis erfolgen und dabei allen Aktionären offen stehen und daher erheblich weniger anfällig für die Benachteiligung einzelner Aktionäre sind[82]. Dementsprechend geht § 71 Abs. 1 Nr. 8 Satz 4 davon aus, dass die Gleichbehandlung der Aktionäre beim Erwerb eigener Aktien im Börsenhandel bereits durch die Chancengleichheit, die der Börsengang nach § 22 Abs. 1 Satz 1 BörsG bewirkt, hergestellt wird[83]. Zweifelhaft erscheint hingegen, warum das britische Recht ausländische Marktsegmente aus dem *market purchase*-Regime ausnimmt. Soweit sie die Zuverlässigkeit der Preisbildung gewährleisten, droht auch bei Rückerwerb auf ihnen keine Ungleichbehandlung der Aktionäre, so dass im Interesse einer flexiblen Unternehmensfinanzierung ihre Einbeziehung in das weniger strikte Regime nahe läge. Im Übrigen differenziert das britische Recht erheblich weitreichender als das deutsche, allerdings zulasten der *off-market purchases*, indem es für diese eine vorherige Ermächtigung zur Vornahme der Erwerbsgeschäfte zu konkret festgelegten Bedingungen oder eine Genehmigung der abgeschlossenen Erwerbsverträge vor ihrer Durchführung mit Dreiviertel-Mehrheit verlangt, während es für *market purchases* eine Ermächtigung mit einfacher Mehrheit ausreichen lässt, die lediglich die Höchstzahl der zurückzuerwerbenden Aktien sowie den Mindest- und den Höchstpreis (gegebenenfalls deren Berechnungsgrundlage im Verhältnis zu einem Index) bestimmen muss (s. 701 CA 2006). Die Differenzierung wird aller-

80 A.A. für das deutsche Recht (Pflicht zum Rückerwerb über die Börse bei Börsennotierung) jedoch KK/*Lutter*, § 71 Rn. 15; Martens, AG 1996, 337, 340; *Peltzer*, WM 98, 322, 329.
81 Vgl. RegBegr KonTraG, BT-Drucks. 13/9712, 13; MK/*Oechsler*, § 71 Rn. 253.
82 Vgl. *Davies*, Gower's Company Law, 257.
83 Vgl. *Lüken*, 157; *Claussen*, DB 1998, 177, 180; *Huber*, FS für Kropff, 101, 113.

dings zu einem gewissen Grad durch die *Listing Rules* relativiert, die, da *market purchases* erheblichen Umfangs ebenso wie derartige *off-market purchases* das Machtgefüge innerhalb der Gesellschaft wesentlich verändern können, von an der *Official List* notierten Gesellschaften ab Erwerb von 15 % einer Aktiengattung die Abgabe eines öffentlichen Angebots (*tender offer*) verlangen (LR 12.4.2 f.). Dieses Angebot unterfällt als *off-market purchase* dem strengeren Regime der ss. 694 ff. CA 2006, setzt also eine Billigung der konkreten Erwerbsvorgänge durch Sonderbeschluss der Hauptversammlung mit Dreiviertel-Mehrheit voraus. Letztendlich soll dadurch allen Aktionären aus Gründen der Gleichbehandlung der Erwerbsalternativen auch bei Erwerb über die Börse die Möglichkeit gegeben werden, gegen grundlegende Änderungen der Machtverhältnisse effektiver opponieren zu können oder jedenfalls aufgrund des *tender offers* eine die Gleichbehandlung besser gewährleistende *exit*-Option zu haben[84].

Eine vertiefte Untersuchung der Frage, ob die britischen Regelungen zum *off-market purchase* einen effektiveren Schutz vor Ungleichbehandlungen der Aktionäre bei Rückkäufen durch die Gesellschaft gewährleisten als das deutsche Recht, kann unterbleiben, da es sich bei den differierenden Regelungen zum *off-market purchase* und den korrespondierenden Erwerbsvorgängen außerhalb der Privilegierung nach § 71 Abs. 1 Nr. 8 Satz 4 AktG gerade nicht um spezielles Börsengesellschaftsrecht im Sinne des Gegenstands dieser Arbeit handelt. Auch die *market purchase*-Regelungen sowie § 71 Abs. 1 Nr. 8 Satz 4 AktG differenzieren, wie aufgezeigt, nicht nach einer Notierung am organisierten Markt im Sinne des Untersuchungsgegenstandes dieser Arbeit, sondern sinnvollerweise nach einer solchen an allen (für das britische Recht inländischen) Marktsegmenten, die eine zuverlässige Preisbildung und eine gleichwertige Chance der Aktionäre zum Verkauf gewährleisten und damit das Missbrauchspotential des Rückkaufs begrenzen. Dabei sind die beiden Lösungen von ihrer jeweiligen Pfadabhängigkeit, d.h. ihrer Einbindung in konzeptionell unterschiedliche Regelungsgefüge, geprägt. Während das deutsche Recht den Schutz der Anleger vor Ungleichbehandlungen ex post über eine gerichtliche Missbrauchskontrolle gewährleistet und diese bei Rückkauf über die Börse für entbehrlich erachtet, zieht das britische Recht eine ex ante-Kontrolle durch Genehmigung der einzelnen Erwerbsgeschäfte durch die Hauptversammlung vor, auf die bei Börsenrückkäufen unterhalb von 15 % einer Gattung angesichts ihres erheblich geringeren Missbrauchspotentials verzichtet wird. Die Beurteilung der Frage, welches der Regelungssysteme effizienter ist, erforderte eine empirische Untersuchung der in den beiden Rechtsordnungen über eine Börse und börsenfern durchgeführten Rückkäufe auf ihre Anfälligkeit für Ungleichbehandlungen sowie einen Vergleich der mit den unterschiedlichen Konzeptionen verbundenen Kosten, die im Rahmen dieser Arbeit nicht zu leisten ist. Festzuhalten bleibt, dass unabhängig von der aktienrechtlichen Grundkonzeption zur Verhinderung von Ungleichbehandlungen eine Privilegierung von Rückerwerbsgeschäften auf (auch ausländischen) Marktsegmenten, deren Organisation die Chancengleichheit und eine adäquate Preisbildung

---

84 Vgl. *Davies*, Gower's Company Law, 259.

gewährleistet, sinnvoll erscheint, um eine möglichst flexible Unternehmensfinanzierung zu ermöglichen.

2. Unterstützung Dritter beim Erwerb von Aktien der Gesellschaft (*Financial Assistance*)

Das an die Gesellschaft gerichtete Verbot aus Art. 23 der Kapital-Richtlinie, den Erwerb ihrer Aktien durch Dritte finanziell zu unterstützen, wurde durch die Änderungsrichtlinie 2006/68/EG erheblich relativiert, um eine flexiblere Gestaltung von Änderungen in den Besitzverhältnissen zu ermöglichen[85]. Mittel hierzu ist ein mit satzungsändernder Mehrheit zu fassender Hauptversammlungsbeschluss nach schriftlichem Verwaltungsbericht über die Gründe und Konditionen des Geschäfts, das Gesellschaftsinteresse an ihm und die mit ihm verbundenen Risiken für die Liquidität und Solvenz der Gesellschaft (Art. 23 Abs. 1 Unterabs. 3). Ein Vorratsbeschluss der Hauptversammlung ist dabei nicht möglich[86]. Das auf Grundlage des Hauptversammlungsbeschlusses getätigte Geschäft muss auf Initiative und unter Verantwortung der Verwaltung nach Prüfung der Kreditwürdigkeit des Geschäftspartners zu fairen, marktüblichen Konditionen durchgeführt werden (Unterabs. 2)[87]. Das Geschäft darf nicht zu einem Absinken des Nettoaktivvermögens der Gesellschaft unter die Summe aus gezeichnetem Kapital und gesetzlicher Rücklage führen, während die Gesellschaft auf der Passivseite der Bilanz eine der Unterstützungsleistung entsprechende nicht ausschüttbare Rücklage einstellen muss (Unterabs. 4). Schließlich muss der Aktienkauf des Dritten zu einem angemessenen Preis erfolgen (Unterabs. 5).

Von den durch die Richtlinienänderung geschaffenen Flexibilisierungsmöglichkeiten ist in den untersuchten Jurisdiktionen noch kein Gebrauch gemacht worden[88]. Noch verbieten §§ 71a, 71d AktG der AG entsprechend der Vorgaben der Kapital-Richtlinie vor ihrer Änderung, Dritte beim Erwerb ihrer Aktien zu unterstützen. Ausnahmen bestehen lediglich für Kredit- und Finanzdienstleistungsinstitute im Rahmen ihrer üblichen Geschäftstätigkeit und für Mitarbeiteraktien (§ 71a

---

85 Vgl. Erwägungsgrund 5 der Richtlinie. Für eine Diskussion der Änderungen des Art. 23 vgl. MK/*Oechsler*, § 71a Rn. 8 f.; *Cahn* in Spindler/Stilz, § 71a Rn. 5 ff.; *Oechsler*, ZHR 170 (2006), 72, 81 ff.; *Freitag*, AG 2007, 157 ff.; *Schmolke*, WM 2005, 1828 ff.

86 Dies folgt daraus, dass Art. 23 anders als der Parallelfall des Erwerbs eigener Aktien nach Art. 19 Abs. 1 lit. c keine Befristungsmöglichkeit vorsieht und der Wortlaut des Art. 23 Unterabs. 3 die Pflicht zur Einholung des Beschlusses im jeweiligen Einzelfall nahe legt; vgl. MK/*Oechsler*, § 71a Rn. 8.

87 Weshalb es für den Erwerber regelmäßig wirtschaftlich uninteressant sein wird; vgl. *Freitag*, AG 2007, 157, 164.

88 Zur Diskussion über eine weitgehendere Gestattung der *financial assistance* bzw. von *leveraged buyouts* vgl. MK/*Oechsler*, § 71a Rn. 7 ff.; *Oechsler*, ZHR 170 (2006), 72, 81 ff. (für eine Flexibilisierung); Group of German Experts of Corporate Law, ZIP 2003, 863, 873 (aufgrund der mangelnden Klärung der ökonomischen Wirkungen der *leveraged buyouts* gegen eine Flexibilisierung); für Großbritannien (wo die Regierung für eine weitgehende Zulassung der *financial assistance* eintritt) *Davies*, Gower's Company Law, 260 f.; *Cahn* in Spindler/Stilz, § 71a Rn. 4 m.w.N. in Fn. 15.

Abs. 1 Satz 2 AktG). Ebenso ist französischen Aktiengesellschaften grundsätzlich jegliche Unterstützung Dritter beim Erwerb der Gesellschaftsanteile untersagt, während die im Rahmen der üblichen Geschäftstätigkeit von Kredit- und Finanzdienstleistungsunternehmen und zur Ausübung von Mitarbeiteraktienoptionsprogrammen erbrachten Unterstützungsleistungen zulässig sind (art. L. 225-216 C.com.)[89]. Auch britischen *public companies* ist (im Gegensatz zu *private companies*, denen die *financial assistance* seit der Gesellschaftsrechtsreform 2006 vorbehaltlos gestattet ist) grundsätzlich jede direkte oder indirekte finanzielle Unterstützung des Erwerbs ihrer Aktien durch Dritte verboten (s. 678 CA 2006)[90]. Eine Reihe von enumerativ aufgeführten Transaktionen (u.a. die Verteilung von Gesellschaftsmitteln im Zuge der Dividendenausschüttung oder der Auflösung der Gesellschaft, die Zuteilung von Bonus-Aktien, Kapitalherabsetzungen sowie der Rückerwerb eigener Aktien im Einklang mit den gesetzlichen Vorschriften) sind dem Verbot entzogen (s. 681 CA 2006). Wie nach deutschem und französischem Recht sind Unterstützungsleistungen durch Finanzinstitute im Rahmen ihrer gewöhnlichen Geschäfte sowie solche zugunsten von Mitarbeiteraktienprogrammen zulässig, soweit sie entweder das Gesellschaftsvermögen nicht tangieren oder aus dem verteilungsfähigen Gewinn finanziert werden (s. 682 CA 2006). Weitergehend als nach den anderen Rechtsordnungen unterfallen darüberhinaus Unterstützungsleistungen, die zu einem anderen Zweck als dem Erwerb der Aktien erfolgen, diesen zugleich lediglich reflexartig fördern und im wohlverstandenen Interesse der Gesellschaft erfolgen, nicht dem Verbot (s. 678 (2) CA 2006)[91].

Die Beschränkungen der *financial assistance* sollen die wirtschaftlichen Interessen der Gesellschaftsgläubiger an der Verhinderung von Ausschüttungen außerhalb der Gewinnverteilung sowie diejenigen der Minderheitsgesellschafter an der Vermeidung unkontrollierter Verwendungen des Gesellschaftskapitals schützen, ohne dabei auf den Schutz vor Umgehungen der Vorschriften zum Rückerwerb eigener Aktien beschränkt zu sein[92]. Das Schutzbedürfnis der Minderheit folgt dabei aus dem Umstand, dass in der Unterstützung des Aktienerwerbs durch bereits beteiligte oder künftige Aktionäre eine Verwendung des allen Gesellschaftern gemeinschaftlich zustehenden Gesellschaftsvermögens zu ausschließlich individuellen Zwecken einzelner Alt- bzw. Neuaktionäre liegt, die notwendigerweise eine Minderung des allen Aktionären zustehenden Gewinns zur Folge hat[93]. Das Erfordernis einer Ermächtigung zur Durchführung von Unterstützungsmaßnahmen durch mit satzungsändernder Mehrheit gefassten Hauptversammlungsbeschluss soll die

---

89 Für Rechtsprechungsbeispiele und zahlreiche Literaturnachweise vgl. *Merle*, Rn. 281 Fn. 4.

90 Ausführlich zum britischen Regime der *financial assistance Mayson/French/Ryan*, 286–290; *Proctor*, Co. Law. 2007, 3 ff.; *Tal*, GmbHR 2007, 254 ff.; zu den Vorgängerregelungen der ss. 151 ff. CA 1985 *Davies*, Gower's Company Law, 259 ff.; *Kumpan*, AG 2007, 461, 462 f.

91 Diese Ausnahme wird von der Rechtsprechung, um Umgehungen des Unterstützungsverbots zu vermeiden, restriktiv interpretiert; vgl. Brady v. Brady (1989) 1 AC 755; Acatos and Hutcheson *plc* v. Watson (1995) 1 BCLC 218; (1995) BCC 441; zusammenfassend *Davies*, Gower's Company Law, 264 ff.; *Dine/Koutsias*, 132 f.; MK/*Oechsler*, § 71a Rn. 7; *Kumpan*, AG 2007, 461, 462.

92 Vgl. *Nuyken*, ZIP 2004, 1893, 1894 m.w.N.; *Freitag*, AG 2007, 157, 163.

93 Vgl. *Freitag*, AG 2007, 157, 163.

Verwaltung zudem daran hindern, eigenmächtig mit Mitteln der Gesellschaft auf die Zusammensetzung des Aktionärskreises einzuwirken, um den Einfluss kritischer Aktionäre zu verwässern[94]. Die besondere Praxisrelevanz der Regulierung der *Financial Assistance* liegt dabei darin, dass die Begrenzung ihrer Zulässigkeit die Möglichkeit von *Leveraged-Buyouts* (*LBOs*), bei denen die Aktiva der Gesellschaft als Sicherheit für die zum Erwerb ihrer Anteile von den Erwerbern aufgenommenen Darlehen dienen, einschränkt[95]. Solche Unternehmenskäufe bergen hohe Risiken für die Gesellschaft, da sie in der Regel zu einem Ansteigen der Fremdkapitalquote und der Fremdkapitalkosten der Gesellschaft führen[96]. Der Erwerber konzentriert die Risiken aus der Fremdfinanzierung in der Zielgesellschaft und macht sich hierbei die Hebelwirkung (*leverage*) des Fremdkapitals für die Rendite des von ihm eingesetzten Eigenkapitals zunutze[97]. Die *leverage* ergibt sich daraus, dass die Eigenkapitalrendite mit steigender Verschuldung zunimmt, solange die Gesamtkapitalrendite größer ist als der Fremdkapitalzins[98]. Weil der *Cash-Flow* der Gesellschaft zur Tilgung des Darlehens verwandt wird, schwindet die Möglichkeit der Gesellschaft, ihre Investitionen selbst zu finanzieren, weshalb sie auf eine Fremdkapitalfinanzierung zurückgreifen muss. Da aber ihr Vermögen der Sicherung des Darlehens dient, kann sie diese Investitionsdarlehen oft nur unzureichend selbst besichern, was zu schlechteren Kreditkonditionen führt[99]. Diese Problematik besteht aber unabhängig von einer Börsennotierung der Gesellschaft[100]. Ebenso ergeben sich im Rahmen der eingangs geschilderten Regelungszwecke des Art. 23 der Kapital-Richtlinie, des Gläubiger- und Minderheitenschutzes, keine börsennotierungsspezifischen Sonderkonstellationen. Da damit weder Börsengesellschaftsrecht zur *financial assistance* vorliegt noch börsengesellschaftsrechtliche Regelungsbedürfnisse ersichtlich sind, sollten auch die nunmehr nach der Richtlinienänderung bestehenden Gestaltungsspielräume für eine weitgehendere Zulassung finanzieller Unterstützungsleistungen der Gesellschaft zugunsten Dritter nicht zur Schaffung von speziellen Regelungen für Gesellschaften mit an organisierten Märkten notierten Aktien genutzt werden.

---

94 Vgl. *Freitag*, AG 2007, 157, 163; *Nuyken*, ZIP 2004, 1893, 1894; *Hüffer*, § 71 Rn. 1.

95 Zur Problematik von *leveraged buyouts* vgl. MK/*Oechsler*, § 71a Rn. 2; *Enriques/Macey*, 86 Cornell L. Rev. (2001), 1165, 1181; *Koll-Möllenhoff*, 178 f.; *Schneider*, AG 2006, 577, 578; *Schäffler*, BB 2006, Beilage 9, 1 ff.; *Freitag*, AG 2007, 157, 158 f.; *Nuyken*, ZIP 2004, 1893 ff. (die letzten drei unter ausführlicher Schilderung der typischerweise verwendeten rechtlichen Konstruktionen).

96 Vgl. *Koll-Möllenhoff*, 178; in diesem Sinne MK/*Oechsler*, § 71a Rn. 2; ausführlich unter Anführung von Beispielen der jüngeren Zeit *Schneider*, AG 2006, 577 ff.

97 Vgl. *Schäffler*, BB 2006, Beilage 9, 1; auch *Freitag*, AG 2007, 157, 158.

98 Vgl. *Schäffler*, BB 2006, Beilage 9, 1.

99 Vgl. *Baldamus*, 196; *Koll-Möllenhoff*, 179.

100 In diesem Sinne auch *Schneider*, AG 2006, 577, 580.

III. Kapitalerhöhung (inkl. Bezugsrechtsausschluss) und Kapitalherabsetzung

1. Kapitalerhöhung

Kapitalerhöhungen können in effektive Kapitalerhöhungen (aus Mitteln Dritter) und nominelle Kapitalerhöhungen (aus Gesellschaftsmitteln) untergliedert werden. Im Rahmen der effektiven Kapitalerhöhung kann wiederum zwischen der ordentlichen und der bedingten Kapitalerhöhung sowie dem genehmigten Kapital differenziert werden[101]. Zwar haben das französische und das britische Recht anders als das deutsche Aktienrecht keine explizit die bedingte Kapitalerhöhung und das britische Recht keine explizit die Kapitalerhöhung aus Gesellschaftsmitteln regulierenden Normen geschaffen, es finden sich aber funktional entsprechende Rechtsinstitute[102]. Im Gegensatz zur ordentlichen Kapitalerhöhung ermöglicht eine bedingte Erhöhung, die Aufstockung des Kapitals zu beschließen und dann nur insoweit durchzuführen, als die durch sie begünstigten Inhaber von Options- und Bezugsrechten (aus Wandelschuldverschreibungen, Optionsgewährungen im Ausgleich zur Verschmelzung durch Aufnahme, Aktienoptionsprogrammen für Mitarbeiter und Geschäftsführungsangehörige) von diesen Rechten Gebrauch machen. Eine Delegation der Entscheidung über die Durchführung einer Kapitalerhöhung an die Verwaltung, das sog. genehmigte Kapital, gestattet der Gesellschaft gegenüber der zeitaufwendigen ordentlichen Kapitalerhöhung flexiblere Reaktionen auf ihre Finanzierungsbedürfnisse und für sie günstige Kapitalmarktbedingungen[103]. Die nominelle Kapitalerhöhung bzw. Kapitalerhöhung aus Gesellschaftsmitteln schließlich bewirkt, dass Kapital- und/oder Gewinnrücklagen in Grundkapital umgewandelt werden, was zweckmäßig ist, wenn Grundkapital und Gesellschaftsvermögen zu weit auseinander liegen[104].

a) *Rechtsvergleichender Überblick zur Kapitalerhöhung*

Die Kapital-Richtlinie gibt für effektive Kapitalerhöhungen eine gesetzlich nicht beschränkbare Hauptversammlungskompetenz vor (Art. 25 Abs. 1), während sie die Festlegung der Beschlussmehrheiten den nationalen Gesetzgebern überlässt[105].

---

101 Vgl. *Kübler/Assmann*, § 16 IV 1.; *Hüffer*, § 182 Rn. 2 (für das deutsche Recht); *Merle*, 656 f. Rn. 552-2; Mémento Pratique – Sociétés Commerciales, Rn. 11602 (für das französische Recht); für das britische Recht die Ausführungen bei *Mayson/French/Ryan*, 158 ff., 274 f.; *Davies*, Gower's Company Law, 239 f.

102 Vgl. auch *Hirte* in Bayer/Habersack (Hrsg.), Aktienrecht im Wandel II, 827, 845.

103 Vgl. *Kübler/Assmann*, § 16 IV 3; *Hüffer*, § 202 Rn. 2; *Raiser/Veil*, § 20 Rn. 39.

104 Vgl. *Davies*, Gower's Company Law, 239; *Kübler/Assmann*, § 16 IV 4; *Raiser/Veil*, § 20 Rn. 47; dort auch zu Gründen für eine nominelle Kapitalerhöhung (Kreditstärkung durch Heraufsetzung des Grundkapitals; Bindung der Aktionäre durch Ausgabe von Gratisaktien; Senkung des Börsenkurses durch die Vermehrung der Zahl der Aktien zur Erhöhung der Attraktivität für Kleinanleger).

105 Vgl. *Habersack*, Europ. GR, § 6 Rn. 61; *Grundmann*, European Company Law, Rn. 388. Ausführlich zu den europarechtlichen Vorgaben für Kapitalerhöhungen *Habersack*, Europ. GR, § 6 Rn. 58–73; überblicksartig *Grundmann*, European Company Law, Rn. 388–391.

Abweichend von der grundsätzlichen Erforderlichkeit eines Hauptversammlungsbeschlusses können die Satzung oder die Hauptversammlung genehmigtes Kapital einführen, also die Verwaltung zur Durchführung einer Kapitalerhöhung ermächtigen, was höchstens für fünf Jahre mit mehrfacher Verlängerungsmöglichkeit zulässig ist (Art. 25 Abs. 2). Von dieser Maximalgewährleistung des genehmigten Kapitals können die Mitgliedstaaten bis zum völligen Verbot jeglichen genehmigten Kapitals abweichen[106]. Nominelle Kapitalerhöhungen thematisiert die Kapital-Richtlinie nur insofern, als sie in Art. 15 Abs. 3 statuiert, dass die Vorschriften über die Kapitalbindung nach Art. 15 Abs. 1, 2 die mitgliedstaatlichen Regelungen zur Kapitalerhöhung aus Gesellschaftsmitteln nicht berühren.

In Umsetzung der Vorgaben aus Art. 25 der Kapital-Richtlinie bedarf die zur Kapitalerhöhung in der AG erforderliche Satzungsänderung grundsätzlich eines Hauptversammlungsbeschlusses mit einer Mehrheit von mindestens drei Vierteln des vertretenen Kapitals (§§ 179 Abs. 2, 182 Abs. 1, 192 Abs. 1, 207 Abs. 1, 222 Abs. 1 AktG)[107]. Bedingte Kapitalerhöhungen sind auf höchstens die Hälfte des Grundkapitals, bei Aktienoptionsprogrammen auf höchstens 10 % des Grundkapitals begrenzt (§ 192 Abs. 3 AktG)[108]. Satzungsmäßig kann der Vorstand für bis zu fünf Jahre (ohne Verlängerungsmöglichkeit) ermächtigt werden, das Grundkapital durch Ausgabe neuer Aktien gegen Einlagen bis zu einem bestimmten Nennbetrag, der die Hälfte des Grundkapitals nicht übersteigen darf, zu erhöhen und so genehmigtes Kapital geschaffen werden (§ 202 Abs. 1, 2 AktG). Die Aktien sollen nur mit Zustimmung des Aufsichtsrats ausgegeben werden (§ 202 Abs. 3 Satz 2 AktG). Zwingend erforderlich ist eine Zustimmung des Aufsichtsrats, wenn der Vorstand auch zur Festlegung des Inhalts der Aktienrechte oder der Bedingungen der Aktienausgabe ermächtigt ist (§ 204 Abs. 1 AktG).

Effektive Kapitalerhöhungen in der *S.A.* bedürfen als satzungsändernde Maßnahme eines Hauptversammlungsbeschlusses mit einem Quorum von einem Viertel der Stimmrechte bei erster Einberufung und von einem Fünftel bei zweiter Einberufung sowie einer Mehrheit von zwei Dritteln der vertretenen Stimmen (art. L. 225-96 (2), (3) C.com.)[109]. Als der bedingten Kapitalerhöhung funktional entsprechendes Rechtsinstitut normiert der *Code de Commerce* die „Kapitalerhöhung, die aus der Ausübung von Options- und Bezugsrechten aus Wandelschuldverschreibungen

---

106 Vgl. *Habersack*, Europ. GR, § 6 Rn. 63; für die Zulässigkeit der Begrenzung der Höchstermächtigungsfrist vgl. *Grundmann*, Europ. GR, Rn. 355.

107 Während die Satzung prinzipiell höhere oder niedrigere Kapitalmehrheiten festlegen kann, können die Mehrheiten bei den besonders einschneidenden Maßnahmen der Ausgabe von Vorzugsaktien ohne Stimmrecht (§ 182 Abs. 1 Satz 2 AktG), des Ausschlusses des Bezugsrechts (§ 186 Abs. 3 Satz 3 AktG), der bedingten Kapitalerhöhung (§ 193 Abs. 1 Satz 2 AktG) sowie des genehmigten Kapitals (§ 202 Abs. 2 Satz 3 AktG) nur heraufgesetzt werden.

108 Ihr Verfahren entspricht weitestgehend demjenigen der ordentlichen Kapitalerhöhung (§§ 193–201 AktG). Zur Regulierung von Aktienoptionsprogrammen bereits in Kapitel 6 unter IV.1.b)aa).

109 Ausführlich zur Kapitalerhöhung in der *S.A. Merle*, Rn. 552 ff.; Mémento Pratique – Sociétés Commerciales, Rn. 11601 ff.; *Guyon*, Droit des affaires, 454 ff.; *Germain* in Ripert/Roblot, Rn. 1928 ff.

resultiert" (*augmentation du capital résultant de l'exercice des droits attachés aux valeurs mobilières donnant accès au capital*, art. L. 225-129 (2) Satz 2 C.com.)[110]. Die Entscheidung über die Modalitäten der Aktienausgabe kann die Hauptversammlung an den Verwaltungsrat/Vorstand delegieren (art. L. 225-129-1 C.com.). Darüberhinaus kann sie den Verwaltungsrat/Vorstand für eine Dauer von maximal 26 Monaten unter Festlegung der Obergrenze der Erhöhung zur Entscheidung über die Kapitalerhöhung selbst ermächtigen und so genehmigtes Kapital schaffen (art. L. 225-129-2 (1) C.com.). In Aktiengesellschaften mit an organisierten Märkten notierten Wertpapieren ist eine Subdelegation der Entscheidungskompetenz vom Verwaltungsrat/Vorstand auf einen geschäftsführenden Generaldirektor bzw. ein Vorstandsmitglied möglich (art. L. 225-129-4 (1) C.com.). In allen Fällen muss die Kapitalerhöhung innerhalb von fünf Jahren nach dem Erhöhungsbeschluss bzw. der Ermächtigung der Verwaltung bei genehmigtem Kapital durchgeführt werden (art. L. 225-129 (2) C.com.).

Der *Companies Act 2006* differenziert nicht explizit zwischen ordentlichen und bedingten Kapitalerhöhungen einer *plc* sowie genehmigten Kapital, sondern umschreibt diese Varianten, indem er davon ausgeht, dass die Ermächtigung zur Kapitalerhöhung unbeschränkt, für einen bestimmten Zweck oder unter bestimmten Bedingungen erteilt werden kann (s. 551 (2) CA 2006)[111]. Dementsprechend kann die Hauptversammlung eine konkrete ordentliche Kapitalerhöhung beschließen und den Verwaltungsrat lediglich zu ihrer Durchführung ermächtigen, ihn aber auch zur Entscheidung über das ob der Ausgabe neuer Aktien ermächtigen und so genehmigtes Kapital schaffen[112]. Obwohl der Erhöhungsbeschluss die *articles* ändert, bedarf er keiner *special resolution* mit Dreiviertel-Mehrheit, sondern nur einer einfachen Mehrheit (s. 551 (8) CA 2006). Die Ermächtigung muss die maximal auszugebenden Aktien angeben sowie auf höchstens fünf Jahre ab Erteilung der Ermächtigung befristet sein und kann durch Hauptversammlungsbeschluss um höchstens fünf Jahre verlängert werden (s. 551 (3), (4) CA 2006).

Die Durchführung der Kapitalerhöhung ist europarechtlich parallel zur Kapitalaufbringung normiert, indem die Erbringung der Einlagen weitgehend den Art. 9–10b der Kapital-Richtlinie entsprechenden Vorgaben unterstellt wird (Art. 26, 27). Während die ordentliche Kapitalerhöhung in aller Regel gegen Bareinlagen erfolgt (und dann ein Viertel des Nennbetrags sowie das Agio einzuzahlen sind, § 188 Abs. 2 AktG i.V.m. § 36 AktG, art. L. 225-144 (1) C.com., s. 586 (1) CA 2006), bestehen für die Erhöhung gegen Sacheinlagen in allen Jurisdiktionen europarechtskonform der Sachgründung entsprechende Schutzvorschriften zur Einbringung und Bewertung. Sacheinlagen sind bei Zeichnung vollständig zu erbringen und unterliegen der Kontrolle durch unabhängige Prüfer (§§ 183 Abs. 3, 188 Abs. 2 i.V.m. § 36a, 194 Abs. 4, 205 Abs. 3 AktG, art. L. 225-147 C.com., ss. 593 (1)(a), 596 (3)(d) CA 2006). Die

110 Vgl. art. L. 225-129 (2) S. 2 C.com.; GK/*Hirte*, § 202 Rn. 69; *Butters*, ZBB 2001, 44, 47.
111 Ausführlich zur Kapitalerhöhung in der *plc Mayson/French/Ryan*, 158 ff.; *Davies*, Gower's Company Law, 239 f.
112 Vgl. *Mayson/French/Ryan*, 160.

durch die Änderungsrichtlinie 2006/68/EG in die Kapital-Richtlinie eingefügten Art. 10a und 10b erlauben den Mitgliedstaaten eine Relativierung des Prüfungsstandards, indem sie ihnen gestatten, in den folgenden drei Fällen von einer Einlagenprüfung abzusehen: Erstens, wenn als Sacheinlagen Wertpapiere oder Geldmarktinstrumente eingebracht werden, die zu einem gewichteten Durchschnittspreis bewertet werden, zu dem sie in den drei Monate vor ihrer Einbringung auf einem organisierten Markt gehandelt wurden und keine außergewöhnlichen Umstände den Preis erheblich beeinflusst haben (Art. 10a Abs. 1); zweitens, wenn der Gegenstand innerhalb der seiner Einbringung vorangegangenen sechs Monate bereits der Bewertung durch Sachverständige unterlag (Art. 10a Abs. 2) und drittens gemäß Art. 10a Abs. 3, wenn sich der Wert des Gegenstandes aus einem geprüften Jahresabschluss ergibt (sofern nicht in den letzten beiden Fällen zwischenzeitlich wertmindernde Umstände eingetreten sind)[113]. Ein Gesetzesentwurf zur Ausnutzung des durch Art. 27 Abs. 2 i.V.m. Art. 10a erweiterten Spielraums zum Absehen von einer Sachverständigenbewertung von Sacheinlagen liegt bis dato nur für das deutsche Aktienrecht vor. § 183a AktG-RegE ARUG verweist insofern auf § 33a AktG-RegE ARUG, will also Ausnahmen bei der Einbringung von Wertpapieren und Geldmarktinstrumenten mit einer Börsenbewertung sowie bei der Einbringung sonstiger innerhalb der letzten sechs Monate durch einen Sachverständigen bewerteter Gegenstände ermöglichen[114]. Art. 27 Abs. 3 der Kapital-Richtlinie erlaubt den nationalen Gesetzgebern zudem, eine Ausnahme von der Sacheinlagenprüfung bei Fusionen und öffentlichen Übernahme- oder Umtauschangeboten zu schaffen, da bei ihnen ohnehin vergleichbare Sachverständigenberichte zur Bewertung der Einlagen gesetzlich vorgesehen sind (Art. 27 Abs. 3)[115]. Während das britische Recht in Umsetzung von Art. 27 Abs. 3 jegliche durch ein Aktientauschangebot an alle Aktionäre der Zielgesellschaft im Rahmen einer Strukturmaßnahme gegen noch zu schaffende Aktien zu erlangende Aktien der anderen Gesellschaft von der Bewertungspflicht ausnimmt (ss. 594, 595 CA 2006), schreibt das deutsche Recht sich überschneidende Prüfungen der Sacheinlagen sowie der Verschmelzung vor (§ 183 Abs. 3 i.V.m. § 34 Abs. 2 AktG, § 60 i.V.m. §§ 9–12 UmwG)[116]. Das französische Recht nimmt hingegen in Umsetzung von Art. 27 Abs. 3 lediglich börsennotierte *Sociétés Anonymes* von der Prüfungspflicht aus, und nur, wenn die Kapitalerhöhung zum Aktientausch im Rahmen eines öffentlichen Übernahme- oder Fusionsangebots an eine andere, in einem EU- oder OECD-Mitgliedstaat börsennotierte Gesellschaft dient (art. L. 225-148 (1) C.com.). Die Prüfer haben lediglich im Emissionsprospekt und auf der ersten Hauptversammlung nach der Kapitalerhöhung ihre Bewertung der Maßnahme mitzuteilen (art. L. 225-148 (2) C.com.). Im Übrigen

---

113 Als nicht weitgehend genug kritisieren *Eidenmüller/Grunewald/Noack*, ZGR-Sonderheft 17 (2006), 17, 29, die durch Art. 10a, b bewirkten Reformen. Sie plädieren aus Effizienzgründen für eine Einlagenprüfung erst im Rahmen eines Nachforderungsprozesses in der Insolvenz der Gesellschaft.

114 Für die bedingte Kapitalerhöhung verweist § 194 Abs. 5 AktG-RegE ARUG auf § 183a AktG-RegE ARUG, für genehmigtes Kapital § 205 Abs. 5 AktG-RegE ARUG.

115 Vgl. *Grundmann*, European Company Law, Rn. 391.

116 Kritisch dazu *Hirte* in Bayer/Habersack (Hrsg.), Aktienrecht im Wandel II, 827, 854.

kann die Hauptversammlung lediglich in Gesellschaften mit börsennotierten Wertpapieren den Verwaltungsrat/Vorstand für bis zu 26 Monate ermächtigen, Kapitalerhöhungen gegen Sacheinlagen in Form von Aktien oder Wandelschuldverschreibungen (*valeurs mobilières donnant accès au capital*) bis zur Höhe von 10 % des Grundkapitals durchzuführen. Nur in diesem Fall kann die Verwaltung die sonst der Hauptversammlung zustehenden Kompetenzen zur Genehmigung der Sacheinlagen, Feststellung der Durchführung der Kapitalerhöhung und Herabsetzung der Bewertung der Sacheinlagen ausüben (art. L. 225-147 (5) C.com.).

b) Vorliegen von und Bedürfnis für Börsengesellschaftsrecht zur Kapitalerhöhung

Die Kapitalerhöhungsvorschriften dienen vornehmlich dem Schutz der Aktionäre[117]. Aus Sicht der Gläubiger ist eine Erhöhung des Kapitals ausschließlich positiv zu bewerten, da die Zuführung weiteren Eigenkapitals die Gefahr eines Durchschlagens von Verlusten auf sie verringert, so dass sie nicht schutzbedürftig sind[118]. Das demgegenüber auf Seiten der Aktionäre bestehende Schutzbedürfnis ergibt sich vor allem daraus, dass ihre Einflussmöglichkeiten in der Gesellschaft an ihre Beteiligung gebunden sind, die im Zuge einer Kapitalerhöhung verwässert zu werden droht[119]. Die Aufrechterhaltung dieser Einflussmöglichkeiten erfordert bei Kapitalerhöhungen die Zeichnung neuer Aktien. Zudem ist die Verwässerungsgefahr umso größer, je weniger sichergestellt ist, dass der Gesellschaft ein dem in den ausgegebenen Aktien verkörperten Anteil am Gesellschaftsvermögen entsprechender Gegenwert zufließt[120]. Um zu verhindern, dass die Verwaltung oder ein sie beeinflussender Großaktionär eine Kapitalerhöhung unbeschränkt dazu nutzen kann, den Einfluss missliebiger Aktionäre zu vermindern, liegt die Erhöhungsentscheidung bzw. die Ermächtigung der Verwaltung zu einer solchen Entscheidung im Falle des genehmigten Kapitals (ebenso wie diejenige über den Ausschluss des Bezugsrechts sowie die Delegation dieser Entscheidung) zwingend in den Händen der Hauptversammlung. Dieses Schutzes vor einer Verwässerung ihrer Beteiligung bedürfen die Aktionäre unabhängig von einer Börsennotierung der Gesellschaft. Dementsprechend verwundert es wenig, dass rechtsvergleichend mit art. L. 225-148 C.com. nur eine anhand der Notierung der Aktien der Gesellschaft an einem organisierten Markt differenzierende Regelungen vorgefunden werden kann.

Die Vorschrift nimmt Kapitalerhöhungen börsennotierter Gesellschaften gegen Sacheinlagen in Form von an einem organisierten Markt notierten Aktien und Wandelschuldverschreibungen im Rahmen eines Aktientausches bei Übernahmen oder Verschmelzungen von der Sachverständigenprüfung nach art. L. 225-147 C.com.

---

117 Vgl. EuGH v. 30. Mai 1991, Rs. C-19/90 und C-20/90, Slg. 1991, I-2691, 2727 ff.; EuGH v. 24. März 1992, Rs. C-381/89, Slg. 1992, I-2111, 2142 ff.; EuGH v. 12. November 1992, Rs. C-134/91 und C-135/91, Slg. 1992, I-5699, 5718 ff.; EuGH v. 12. März 1996, Rs. C-441/93, Slg. 1996, I-1347, 1371 ff.; EuGH v. 12. Mai 1998, Rs. C-367/96, Slg. 1998, I-2843; *Habersack*, Europ. GR, § 6 Rn. 58.

118 Vgl. *Habersack*, Europ. GR, § 6 Rn. 58.

119 Vgl. hierzu und zu den folgenden Ausführungen *Habersack*, Europ. GR, § 6 Rn. 58; desw. *Wamser* in Spindler/Stilz, § 202 Rn. 2 f.

120 Vgl. *Wamser* in Spindler/Stilz, § 202 Rn. 2.

aus, um doppelte Berichtspflichten zu vermeiden. Die funktional vergleichbare britische Regelung nach ss. 594 f. CA 2006 nimmt demgegenüber alle als Sacheinlagen durch Angebote zum Aktientausch an alle Gesellschafter der Zielgesellschaft zu erlangenden Aktien von der Bewertungspflicht aus, ohne dabei nach dem Kriterium der Börsennotierung oder einer Wertpapiernotierung an einem organisierten Markt zu differenzieren. Lediglich das deutsche Recht hat, nachdem es zunächst in Umsetzung von Art. 27 Abs. 3 auf eine Einlagenprüfung bei der Verschmelzung verzichtete, mittlerweile in Umsetzung von Art. 10 der Fusions-Richtlinie der Einlagenprüfung weitgehend entsprechende Berichtspflichten für die Verschmelzung eingeführt und so sich überschneidende Berichtspflichten geschaffen (§ 183 Abs. 3 i.V.m. § 34 Abs. 2 AktG, § 60 i.V.m. §§ 9–12 UmwG)[121]. Die nach der Notierung der Aktien an einem organisierten Markt der EU oder der OECD differenzierende französische Regelung geht davon aus, dass bei einer solchen Notierung der Marktpreis der gegen die neu zu schaffenden Aktien einzutauschenden Anteile (bzw. Wandelschuldverschreibungen oder Optionsscheine) verlässlich zustande kommt und daher einer Sachverständigenbewertung nicht bedarf. Damit trifft der französische Gesetzgeber in Umsetzung des nicht auf börsennotierte Aktien beschränkten Art. 27 Abs. 3 eine Regelung, deren Ansatz demjenigen der nunmehr nach Art. 27 Abs. 2 i.V.m. Art. 10a Abs. 1 der geänderten Kapital-Richtlinie zulässigen Ausnahme von der Sachverständigenbewertung ähnelt. Gemäß Art. 10a Abs. 1 können die Mitgliedstaaten beschließen, dass ein Sachverständigenbericht entbehrlich ist, wenn auf Beschluss des Leitungsorgans übertragbare Wertpapiere oder Geldmarktinstrumente als Sacheinlage eingebracht und dabei zu dem gewichteten Durchschnittspreis bewertet werden, zu dem sie während einer von den Mitgliedstaaten zu bestimmenden Zeitspanne vor dem Tag ihrer Einbringung auf einem organisierten Markt gehandelt wurden. Während das ob und wie der Umsetzung des durch Art. 10a Abs. 1 eingeräumten Wahlrechts noch nicht absehbar ist, erscheint die durch es ermöglichte Vereinfachung des Verfahrens von Kapitalerhöhungen gegen Sacheinlagen grundsätzlich positiv[122]. Allerdings bräuchte sich eine Umsetzung im Gegensatz zu art. L. 225-148 C.com. nicht auf Kapitalerhöhungen durch börsennotierte Gesellschaften und auch nicht auf solche im Rahmen von Aktientauschangeboten an alle Aktionäre einer Zielgesellschaft zu beschränken und sollte dies mangels für derartige Beschränkungen sprechender Gesichtspunkte auch nicht tun. Vielmehr sollte allen Gesellschaften unabhängig von der Börsennotierung ihrer Aktien Kapitalerhöhungen gegen auf organisierten Märkten notierte übertragbare Wertpapiere und Geldmarktinstrumente angesichts der Verlässlichkeit der dort gefundenen Preise ohne weitere Sachverständigenprüfung ermöglicht werden[123]. Die Art. 27 Abs. 3 umsetzenden Vorgaben sollten hingegen nicht – wie nach art. L. 225-148 C.com. – zu einer Differenzierung anhand der Börsennotierung der im Wege eines Aktientausches zu erlangenden Anteile, sondern – nach dem Vorbild der britischen Regelung in ss. 594, 595 CA 2006 – zur Reduzierung der sich bei

---

121 Vgl. *Hirte* in Bayer/Habersack (Hrsg.), Aktienrecht im Wandel II, 827, 854.
122 In diesem Sinne auch *Servatius* in Spindler/Stilz, § 183 Rn. 45 f.
123 So auch *Pentz/Priester/Schwanna*, ZGR-Sonderheft 17 (2006), 42, 76 f.

Strukturmaßnahmen und Kapitalerhöhungen gegen Sacheinlagen überschneidenden Sachverständigenberichtspflichten auf eine einzige (unabhängig von einer eventuellen Börsennotierung bestehende) Bewertungspflicht nur zur Strukturmaßnahme genutzt werden[124].

Im Übrigen finden sich lediglich im französischen Aktienrecht Normen, die nach der Notierung von jeglichen Wertpapieren, also auch Schuldverschreibungen etc., an einem organisierten Markt unterscheiden, und die im folgenden, auch wenn sie sich nicht entsprechend des Untersuchungsgegenstandes dieser Arbeit auf börsennotierte Aktien beschränken, kurz näher betrachtet werden. Außerhalb von art. L. 225-148 C.com. kann die außerordentliche Hauptversammlung einer *S.A.* bei Notierung von Wertpapieren an einem organisierten Markt den Verwaltungsrat/Vorstand für einen Zeitraum von maximal 26 Monaten zur Durchführung einer Kapitalerhöhung von nicht mehr als 10 % des Grundkapitals gegen Sacheinlagen in Form von Aktien oder Wandelschuldverschreibungen (*valeurs mobilières donnant accès au capital*) ermächtigen (art. L. 225-147 (6) Satz 1 C.com.), um so auch außerhalb eines öffentlichen Umtauschangebots und beiderseitiger Börsennotierung i.S.v. art. L. 225-148 C.com. zügige Akquisitionen gegen Aktien zu gestatten[125]. In diesem Fall übt die Verwaltung die sonst der Hauptversammlung zustehenden Kompetenzen zur Genehmigung der Sacheinlagen, Feststellung der Durchführung der Kapitalerhöhung und Herabsetzung der Bewertung der Sacheinlagen aus (art. L. 225-147 (6) Satz 2 C.com.). Demgegenüber darf genehmigtes Kapital in der AG stets ohne weitere Beteiligung der Hauptversammlung gegen Sacheinlagen ausgegeben werden, wenn der Vorstand hierzu durch die Hauptversammlung ermächtigt wird (§ 205 Abs. 1 AktG). Gleiches gilt für die *plc* nach s. 551 (2) CA 2006. Insgesamt kann ein Bedürfnis für zügige Akquisitionen gegen Aktien aber bei allen Aktiengesellschaften auch ohne Notierung von Wertpapieren an einem organisierten Markt bestehen, so dass die Grundlage der französischen Differenzierung fragwürdig ist. Es ist nicht ersichtlich, warum die Verwaltung nicht auch entsprechend der deutschen und britischen Rechtslage unabhängig von einer Wertpapiernotierung an einem organisierten Markt zur Durchführung von genehmigten Kapitalerhöhungen gegen Sacheinlagen ermächtigt werden können sollte.

Darüberhinaus werden französische Gesellschaften mit börsennotierten Wertpapieren insofern privilegiert, als ihre Leitungsorgane bei genehmigtem Kapital die auf sie delegierten Befugnisse zur Entscheidung über eine Kapitalerhöhung und/oder deren Modalitäten an den jeweiligen Organvorsitzenden oder mit dessen Zustimmung an einzelne Verwaltungsrats- bzw. Vorstandsmitglieder übertragen können (art. L. 225-129-4 (1) C.com.). Genehmigtes Kapital soll gegenüber der zeitaufwendigen ordentlichen Kapitalerhöhung flexiblere Reaktionen auf Finanzierungsbedürfnisse der Gesellschaft und günstige Kapitalmarktbedingungen ermöglichen[126]. Das Leitungsorgan wird in die Lage versetzt, junge Aktien in dem

124 So im Ergebnis auch *Hirte* in Bayer/Habersack (Hrsg.), Aktienrecht im Wandel II, 827, 854.
125 Vgl. *Merle*, Rn. 565.
126 Vgl. *Wamser* in Spindler/Stilz, § 202 Rn. 3; *Kübler/Assmann*, § 16 IV 3; *Hüffer*, § 202 Rn. 2; *Raiser/Veil*, § 20 Rn. 39.

Zeitpunkt auszugeben, in dem die Gesellschaft eine optimale Gegenleistung erzielen sowie diese bestmöglich (z.B. im Rahmen von Unternehmensbeteiligungen) nutzen kann[127]. Die französische Subdelegationsmöglichkeit soll Gesellschaften mit börsennotierten Wertpapieren dabei die zügige Anpassung ihrer Kapitalerhöhungen an die Entwicklungen des Kapitalmarktes noch weiter erleichtern[128]. Indem nicht nur ein Zusammentreten der Hauptversammlung, sondern auch ein solches des Verwaltungsrats/Vorstands vermieden wird, soll den kapitalmarktaktiven Gesellschaften eine größtmögliche Flexibilität bei der Gestaltung ihrer Kapitalstruktur gestattet werden[129]. Fraglich bleibt, inwiefern die Differenzierung anhand der Börsennotierung von Wertpapieren im Rahmen der Subdelegationsmöglichkeit innerhalb des Leitungsorgans sinnvoll ist. Grundlage einer Entscheidung ist eine Abwägung des Interesses an einer noch schnelleren Erhöhungsentscheidung zwecks möglichst flexibler Unternehmensfinanzierung auf der einen Seite und an einem Schutz der Aktionäre vor einer Verwässerung ihrer Anteile durch für sie nachteilige Erhöhungsentscheidungen auf der anderen Seite. Rechtsvergleichend fällt dabei auf, dass sowohl das deutsche als auch das britische Recht allen Aktiengesellschaften unabhängig von einer Notierung ihrer Wertpapiere an einem organisierten Markt eine Delegation der Entscheidung über die Ausnutzung des genehmigten Kapitals an einzelne Verwaltungsrats-/Vorstandsmitglieder ermöglichen. In der AG ist die Subdelegation der Geschäftsführungsaufgabe der Entscheidung über die Ausnutzung eines genehmigten Kapitals an einzelne Vorstandsmitglieder stets möglich, indem durch die Satzung oder Geschäftsordnung gemäß § 77 Abs. 1 Satz 2 AktG von der gesetzlich vorgegebenen Gesamtgeschäftsführung mit Einstimmigkeitserfordernis zugunsten einer Einzelgeschäftsführung (eventuell mit funktionsbezogener Beschränkung auf die Entscheidung über die Ausnutzung des genehmigten Kapitals) abgewichen wird[130]. Auch ohne Subdelegation ergeht der Vorstandsbeschluss zur Ausnutzung des genehmigten Kapitals in der AG formlos[131], kann also auch (je nach Geschäftsordnung des Vorstands) per Umlaufbeschluss sowie unter sonstiger Vermeidung einer räumlichen Zusammenkunft mündlich oder fernmündlich und damit unter Eingrenzung der mit der Entscheidungsfindung verbundenen Verzögerungen gefasst werden[132]. Daneben soll die Entscheidung der Zustimmung des Aufsichtsrats unterliegen und tut dies qua Gesetz im praktischen Regelfall, in dem der Vorstand auch über den Inhalt der Aktienrechte oder die Modalitäten der Aktienausgabe entscheidet (§§ 202 Abs. 3 Satz 2, 204 Abs. 1 AktG). Der

---

127 Vgl. *Wamser* in Spindler/Stilz, § 202 Rn. 3.

128 Vgl. *Merle*, Rn. 552-6; Mémento Pratique – Sociétés Commerciales, Rn. 11618.

129 In diesem Sinne *Merle*, Rn. 552-6; Mémento Pratique – Sociétés Commerciales, Rn. 11618.

130 Zur Qualifikation der Entscheidung über die Ausnutzung des genehmigten Kapitals als Geschäftsführungsmaßnahme vgl. *Hüffer*, § 202 Rn. 20; KK/*Lutter*, § 204 Rn. 17; *Krieger* in MHdbGR IV, § 58 Rn. 28. Zur Delegationsfähigkeit von Geschäftsführungsmaßnahmen (im Gegensatz zu Geschäftsleitungsmaßnahmen) vgl. *Hüffer*, § 76 Rn. 7 f.; zu den denkbaren Gestaltungsmöglichkeiten dort, § 77 Rn. 10.

131 Vgl. *Wamser* in Spindler/Stilz, § 202 Rn. 85.

132 Zur Formlosigkeit von Vorstandsbeschlüssen vgl. KK/*Mertens*, § 77 Rn. 27; *Hüffer*, § 77 Rn. 6; MK/*Spindler*/Hefermehl, § 77 Rn. 4.

Aufsichtsrat kann wiederum einen Ausschuss mit der Zustimmungsbefugnis betrauen[133]. In der *plc* steht eine Subdelegation der Entscheidungskompetenzen des grundsätzlich als Kollegialorgan entscheidenden Verwaltungsrats noch weitergehend vollständig im Satzungsermessen der Gesellschaft[134]. Ebenso stehen die Modalitäten der Beschlussfassung im Satzungsermessen, so dass eine Abstimmung per Telefon oder Email zugelassen werden kann. Im Ergebnis gewähren damit sowohl das deutsche als auch das britische Recht auch Gesellschaften ohne börsennotierte Wertpapiere die Flexibilität, die das französische Recht lediglich den Gesellschaften mit börsennotierten Wertpapieren zuerkennt. Der Schwerpunkt von art. L. 225-129-4 C.com. liegt damit auf einer Einschränkung der Satzungsfreiheit von Gesellschaften ohne Wertpapiernotierung an einem organisierten Markt. Während das Bedürfnis für schnelle Kapitalerhöhungsentscheidungen auch aufgrund von sich aus einer Wertpapiernotierung an einem organisierten Kapitalmarkt ergebenden Finanzierungsmöglichkeiten bestehen kann, kann diesem Beschleunigungsbedürfnis zunächst auch durch die beschriebenen Möglichkeiten zur formlosen Beschlussfassung im Kollegialorgan Rechnung getragen werden. Im Übrigen kann sich ein Bedürfnis für eine möglichst zügige Erhöhungsentscheidung aber auch ohne eine Finanzierung über den organisierten Kapitalmarkt ergeben. Eine erhöhte Schutzbedürftigkeit der Aktionäre in Gesellschaften ohne börsennotierte Wertpapiere, die einer Subdelegation entgegenstehen könnte, ist ebenfalls nicht ersichtlich (vielmehr wird in den börsenfernen Gesellschaften in aller Regel angesichts der dort abgeschwächten *Principal-Agent*-Probleme jedenfalls eine bessere Überwachung der Geschäftsleitung durch die Aktionäre als in Gesellschaften mit börsennotierten Aktien gewährleistet sein). Deshalb ist die im Ausschluss der Delegationsmöglichkeit durch art. L. 225-129-4 C.com. liegende Belastung der Gesellschaften ohne börsennotierte Wertpapiere nicht gerechtfertigt.

Im Ergebnis überzeugen die von art. L. 225-129-4, 225-147 (6), 225-148 C.com. getroffenen Differenzierungen anhand der Aktien- bzw. Wertpapiernotierung an einem organisierten Markt damit nicht. Auch im Übrigen besteht im Rahmen der Kapitalerhöhung kein Bedürfnis für spezielle Regelungen für börsennotierte Gesellschaften.

2. Bezugsrecht und sein Ausschluss

a) *Rechtsvergleichender Überblick zum Bezugsrecht und seinem Ausschluss*

aa) Europarechtliche Vorgaben zum Bezugsrecht

Die Kapital-Richtlinie harmonisiert das Bezugsrecht der Aktionäre insofern, als Art. 29 Abs. 1 jedem Aktionär bei Kapitalerhöhungen gegen Bareinlagen ein Bezugsrecht entsprechend seiner Kapitalbeteiligung garantiert. Das Bezugsrecht be-

---

133 Dies folgt aus § 107 Abs. 3 AktG; vgl. *Hüffer*, § 202 Rn. 21; KK/*Lutter*, § 202 Rn. 23; *Krieger* in MHdbGRIV, § 58 Rn. 29.
134 Dazu bereits in Kapitel 4 unter II.4.a)dd).

steht nicht nur bei der Ausgabe von Aktien, sondern auch bei derjenigen von Wertpapieren, die in Aktien umgewandelt werden können oder ein Bezugsrecht auf Aktien begründen, also Wandelschuldverschreibungen, nicht hingegen bei der Umwandlung in Aktien bzw. der Ausübung der Bezugsrechte selbst (Art. 29 Abs. 6). Für Sachkapitalerhöhungen gilt gemeinschaftsrechtlich hingegen allein das Willkürverbot als Ausfluss des Gleichbehandlungsgrundsatzes[135].

Die Möglichkeit der Ausübung des Bezugsrechts soll gewährleistet werden, indem die Gesellschaft zur Bekanntmachung (sowie nach Wahl der Mitgliedstaaten zur persönlichen Mitteilung gegenüber Namensaktionären) des Bezugsrechts und der mindestens zweiwöchigen Bezugsfrist ab Bekanntmachung/Absendung der persönlichen Mitteilungen verpflichtet wird (Art. 29 Abs. 3). Ein Bezugsrechtsausschluss bei Barkapitalerhöhung kann ausschließlich aufgrund eines mit qualifizierter Mehrheit gefassten Hauptversammlungsbeschlusses nach Berichterstattung des Verwaltungs- oder Leitungsorgans über die Gründe des Bezugsrechtsausschlusses und des vorgeschlagenen Ausgabepreises erfolgen (Art. 29 Abs. 4, 40). Erforderlich ist mindestens eine Zwei-Drittel-Mehrheit des vertretenen Kapitals, wobei die Mitgliedstaaten eine einfache Mehrheit ausreichen lassen können, wenn die Hälfte des gezeichneten Kapitals vertreten ist (Art. 40). Bei genehmigten Kapital kann das mitgliedstaatliche Recht zulassen, dass die Satzung, der Errichtungsakt oder die Hauptversammlung mit den genannten Mehrheiten das zur Entscheidung über die Kapitalerhöhung berufene Leitungsorgan zur Beschränkung oder zum Ausschluss des Bezugsrechts ermächtigen (Art. 29 Abs. 5).

bb) Bezugsrecht und sein Ausschluss in der AG

In der AG hat jeder Aktionär über die europarechtlichen Vorgaben hinaus im Rahmen jeder ordentlichen Kapitalerhöhung sowie bei genehmigten Kapital – also auch bei einer Erhöhung gegen Sacheinlagen – innerhalb einer mindestens zweiwöchigen Frist das Recht zum Bezug einer seiner bisherigen Beteiligung entsprechenden Anzahl neuer Aktien bzw. neuer Wandelschuldverschreibungen (§§ 186 Abs. 1, 203 Abs. 1, 221 Abs. 1, 4 AktG). Das Bezugsrecht der Aktionäre kann im Kapitalerhöhungsbeschluss der Hauptversammlung mit einer Mehrheit von drei Vierteln des bei der Beschlussfassung vertretenen Kapitals ausgeschlossen werden, wobei satzungsmäßig größere Mehrheiten und weitere Erfordernisse festgelegt werden können (§ 186 Abs. 3 AktG). Da der Bezugsrechtsausschluss ein schwerwiegender Eingriff in die Aktionärsrechte ist, bedarf er nach der Rechtsprechung des BGH der Rechtfertigung durch einen sachlichen Grund[136]. Voraussetzung der durch die Gesellschaft darzulegenden und nachzuweisenden Rechtfertigung ist, dass zum

---

135 Vgl. *Grundmann*, Europ.GR, Rn. 358.
136 Vgl. BGHZ 71, 40, 46; 83, 319, 321; 120, 141, 145 f.; 125, 239, 241; OLG Stuttgart, AG 1998, 529, 531; OLG Braunschweig, AG 1999, 84, 86. Ebenso die ganz h.M. im Schrifttum, vgl. nur GK/*Wiedemann*, § 186 Rn. 134 ff.; *Hüffer*, § 186 Rn. 25; KK/*Lutter*, § 186 Rn. 58 ff.; überblicksartig zur Entwicklung der materiellen Schranken des Bezugsrechtsausschlusses *Zöllner*, AG 2002, 585, 586 ff.

Zeitpunkt der Beschlussfassung ein spezifisches Interesse der Gesellschaft an einer Kapitalerhöhung unter Bezugsrechtsausschluss besteht sowie dass der Ausschluss zur Erreichung des angestrebten Zieles geeignet, erforderlich und verhältnismäßig im engeren Sinne ist[137]. Gesetzliche Vorgaben zur Festlegung des Ausgabekurses der ohne Bezugsrecht auszugebenden Aktien bestehen außerhalb des Anfechtungsrechts bei unangemessen niedrigem Ausgabebetrag (§ 255 Abs. 2 Satz 1 AktG) nicht[138]. Für die Beurteilung der Angemessenheit des Ausgabepreises kommt es nach der Rechtsprechung nicht auf den Börsenkurs als solchen, sondern auf den wirklichen, unter Einschluss stiller Reserven und des inneren Geschäftswerts zu ermittelnden Wert des Unternehmens an[139].

Bei genehmigtem Kapital kann das Bezugsrecht bereits in der Ermächtigung des Vorstands zur Durchführung der Kapitalerhöhung ausgeschlossen (§ 203 Abs. 1 AktG) oder der Vorstand zum Bezugsrechtsausschluss ermächtigt werden (§ 203 Abs. 2 AktG). Der Ermächtigungsbeschluss der Hauptversammlung bedarf wiederum einer Dreiviertel-Mehrheit des bei der Beschlussfassung vertretenen Kapitals, sofern die Satzung nicht eine größere Mehrheit oder weitere Erfordernisse bestimmt (§ 203 Abs. 1 i.V.m. § 186 Abs. 3 Satz 1, 2, § 203 Abs. 2 i.V.m. § 202 Abs. 2 Satz 2, 3 AktG). Hinsichtlich der materiellen Rechtmäßigkeit des Beschlusses der Hauptversammlung (§ 203 Abs. 1 AktG) bzw. des Vorstands (§ 203 Abs. 2 AktG) stellt der BGH seit der Siemens/Nold-Entscheidung[140] geringere Anforderungen als bei der einfachen Kapitalerhöhung nach § 186 AktG. Die Maßnahme, zu deren Durchführung der Vorstand ermächtigt werden soll, muss lediglich im wohlverstandenen Interesse der Gesellschaft liegen und der Hauptversammlung allgemein und in abstrakter Form bekannt gegeben werden[141]. Der Vorstand darf von der Ermächtigung zur Kapitalerhöhung und zum Bezugsrechtsausschluss nur dann Gebrauch machen, wenn das konkrete Vorhaben der abstrakten Umschreibung entspricht und auch im Zeitpunkt der Realisierung noch im wohlverstandenen Interesse der Gesellschaft liegt[142].

Um börsennotierten Gesellschaften die Finanzierung durch Eigenkapitalaufnahme zu erleichtern[143], bedarf ein Bezugsrechtsausschluss im Rahmen einer Kapitalerhöhung gegen Bareinlagen in Höhe von weniger als 10 % des Grundkapitals, bei der der Ausgabebetrag den Börsenkurs nicht wesentlich unterschreitet, keiner Rechtfertigung (§ 186 Abs. 3 Satz 4 AktG, der auch bei genehmigten Kapital über

---

137 Die Rechtfertigung kann sich z.B. daraus ergeben, Transaktionen wie die Abfindung von Aktionären übernommener Gesellschaften, die Ausgabe von Belegschaftsaktien oder die Einführung der Gesellschaft an einem ausländischen Kapitalmarkt zu ermöglichen; vgl. nur *Kübler/Assmann*, § 16 IV 1.c).

138 Überblicksartig hierzu *Bagel*, 16 f.

139 Vgl. BGHZ 71, 40, 51; OLG Frankfurt, AG 1999, 231, 232 f.; *Hüffer*, § 255 Rn. 5 m.w.N.

140 Vgl. BGHZ 136, 133 ff.; ausführliche Würdigungen der Entscheidung bei *Cahn*, ZHR 163 (1999), 554 ff.; ZHR 164 (2000), 113 ff.

141 Vgl. BGHZ 136, 133, 1. Leitsatz.

142 Vgl. BGHZ 136, 133, 2. Leitsatz.

143 Vgl. BT-Drucks. 12/6721, 10; *Hüffer*, § 186 Rn. 39a.

§ 203 Abs. 1 Satz 1 AktG sowie bei Wandelschuldverschreibungen über § 221 Abs. 4 AktG Anwendung findet). Die Norm begründet nach h.M. eine Vermutung der sachlichen Rechtfertigung des Bezugsrechtsausschlusses bei Vorliegen ihrer Tatbestandsvoraussetzungen, die widerlegt werden kann[144]. Der Börsenpreis muss auf den deutschen börsenmäßig organisierten Märkten des regulierten Marktes (§§ 32 ff. BörsG) oder des Freiverkehrs (§ 48 BörsG) oder auf organisierten Märkten des Europäischen Wirtschaftsraums festgelegt worden sein[145]. Es muss sich um einen Durchschnittskurs vergleichbarer Wertpapiere handeln, wobei der Zeitraum seiner Festlegung vom Gesetz offen gelassen wird. Während die Mm. von einer Preisbestimmung zum Zeitpunkt der Einladung zur Hauptversammlung ausgeht[146], stellt die h.M. auf einen Zeitraum von einigen, z.B. fünf, Tagen vor der Ausgabe der Aktien ab[147]. Auch die Frage, wann eine Unterschreitung des so gebildeten Durchschnittskurses wesentlich ist (und die Vermutung deshalb nicht mehr greift), ist nicht abschließend geklärt. Von starren Grenzen ist dabei, da in der Sache das je nach Wert differierende und von der Marktlage abhängige Volatilitätsrisiko berücksichtigt werden soll, abzusehen[148]. Weitgehende Einigkeit besteht jedenfalls insofern, als eine wesentliche Unterschreitung regelmäßig anzunehmen ist, wenn der Ausgabebetrag mehr als 5 % unter dem Börsenkurs liegt[149].

cc) Bezugsrecht und sein Ausschluss in der *S.A.*

Im Gegensatz zum deutschen Aktienrecht gewährt das französische ein Bezugsrecht (innerhalb einer Bezugsfrist von mindestens fünf Tagen, art. L. 225-241 (1) C.com.) nur bei ordentlichen und genehmigten Kapitalerhöhungen gegen Bareinlagen, nicht hingegen bei solchen gegen Sacheinlagen (art. L. 225-132 (2) C.com.)[150]. Grundlage der gesetzlichen Differenzierung ist, dass die Gesellschaft bei einer Kapitalerhöhung gegen Sacheinlagen gerade an der Sacheinlage interessiert ist, die andere Aktionäre ihr nicht verschaffen können[151]. Über das zwingend nach art.

---

144 Vgl. *Hüffer*, § 186 Rn. 39e; MK/*Peifer*, § 186 Rn. 88; MK/*Bayer*, § 203 Rn. 78; GK/*Wiedemann*, § 186 Rn. 150; *Zöllner*, AG 2002, 585, 591 f.; a.A. *Veil* in Schmidt/Lutter, § 186 Rn. 44.
145 Vgl. *Veil* in Schmidt/Lutter, § 186 Rn. 42; *Hüffer*, Rn. 39c; MK/*Peifer*, § 186 Rn. 87; *Schlitt/Schäfer*, AG 2005, 67, 68; *Servatius* in Spindler/Stilz, § 186 Rn. 58 (weitergehend für jegliche Auslandsnotierungen).
146 So *Servatius* in Spindler/Stilz, § 186 Rn. 59.
147 Vgl. *Veil* in Schmidt/Lutter, § 186 Rn. 42; *Hüffer*, § 186 Rn. 39d; *Lutter*, AG 1994, 429, 442; *Schlitt/Schäfer*, AG 2005, 67, 71 m.w.N. in Fn. 62.
148 Vgl. *Hüffer*, § 186 Rn. 39d; *Schlitt/Schäfer*, AG 2005, 67, 70 m.w.N. in Fn. 47; *Schwark*, FS für Claussen, 357, 372 f.
149 Vgl. Fraktionsbegr. BT-Drucks. 12/6721, 9; *Veil* in Schmidt/Lutter, § 186 Rn. 42; *Servatius* in Spindler/Stilz, § 186 Rn. 59; MK/*Peifer*, § 186 Rn. 87; *Schlitt/Schäfer*, AG 2005, 67, 70; *Hüffer*, § 186 Rn. 39d; für 3 % als Höchstgrenze KK/*Lutter*, Nachtrag zu § 186 Rn. 15.
150 Bei bedingtem Kapital beinhaltet der Beschluss über die Ausgabe von Options- und Bezugsrechten qua Gesetz den Verzicht der Aktionäre auf ihr Bezugsrecht an den Aktien, auf die die Options- und Bezugsrechte bezogen sind (art. L. 225-132 (6) C.com.). Zum Bezugsrecht in der *S.A.* und seinem Ausschluss vgl. *Germain* in Ripert/Roblot, Rn. 1934 ff.; Mémento Pratique – Sociétés Commerciales, Rn. 11710 ff.; *Merle*, Rn. 558 ff.; *Cozian/Viandier/Deboissy*, Rn. 792 ff.; *Vidal*, Rn. 996 ff.; *Guyon*, Droit des affaires, Rn. 431 f.
151 Vgl. *Cozian/Viandier/Deboissy*, Rn. 802; *Merle*, Rn. 564; *Guyon*, Droit des affaires, Rn. 435.

L. 225-132 C.com. geschützte Bezugsrecht hinaus erlaubt das französische Aktienrecht, den bezugsberechtigten Aktionären durch außerordentlichen Hauptversammlungsbeschluss ein weiteres, sog. reduziertes Bezugsrecht (*souscription à titre réductible*) einzuräumen oder den Verwaltungsrats/Vorstand zu dieser Entscheidung zu ermächtigen (art. L. 225-133 C.com.)[152]. Das reduzierte Bezugsrecht bewirkt, dass Aktien, die während der bevorrechtigten Bezugsperiode nicht gezeichnet werden, unter den Aktionären, die ihr normales Bezugsrecht ausgeübt haben und anschließend auch ihr reduziertes Bezugsrecht ausüben, entsprechend ihrer bisherigen Kapitalbeteiligung aufgeteilt werden. Diese Aktionäre erhalten also mehr Aktien, als ihnen aus der ihrer Kapitalbeteiligung entsprechenden üblichen Bezugsberechtigung zustehen. Da das Verteilungsverfahren beim reduzierten Bezugsrecht komplex und zeitaufwändig ist und zudem häufig der Verwaltungsrat/Vorstand zur Entscheidung über seine Einführung ermächtigt ist, wird das Recht nur selten eingeräumt[153].

Zur Entscheidung über den Ausschluss des Bezugsrechts ist allein die Hauptversammlung im Rahmen des Kapitalerhöhungsbeschlusses und nach Berichten des Verwaltungsrats/Vorstands sowie des Rechnungsprüfers befugt, eine Ermächtigung des Verwaltungsrats/Vorstands ist – anders als nach deutschem Recht – nicht möglich (art. L. 225-135 (1) C.com.)[154]. Im Gegensatz zur für die AG geltenden Rechtslage bedarf der Bezugsrechtsausschluss keiner der gerichtlichen Nachprüfung unterliegenden sachlichen Rechtfertigung, sondern unterfällt nur der allgemeinen Missbrauchskontrolle auf einen *abus de majorité*[155]. In Gesellschaften mit börsennotierten Aktien und Wandelschuldverschreibungen (*titres de capital*) kann die Hauptversammlung, wenn sie das Bezugsrecht ausschließt, für die Aktionäre eine bevorrechtigte Zeichnungsperiode (*délai de priorité de suscription*) von mindestens drei Tagen einrichten oder den Verwaltungsrat/Vorstand zur Entscheidung über die Einrichtung einer solchen Zeichnungsfrist und ihre Dauer ermächtigen (art. L. 225-135 (2) i.V.m. art. R. 225-131 C.com.)[156]. Die Festlegung einer solchen kurzen bevorrechtigten Zeichnungsperiode soll die Durchführung der Kapitalerhöhung im Verhältnis zur Kapitalerhöhung ohne Bezugsrechtsausschluss beschleunigen, dabei aber weniger intensiv in die Rechte der Aktionäre eingreifen.

Die Preisbildung bei Kapitalerhöhungen ohne Bezugsrecht bzw. unter Bezugsrechtsausschluss ist für Gesellschaften mit börsennotierten Aktien oder Wandelschuldverschreibungen speziell geregelt (art. L. 225-136 n° 1 C.com.): Soweit die

---

152 Zusammenfassend zum *droit de suscription à titre réductible Merle*, Rn. 558; *Jaeger*, 91 f.
153 Vgl. *Merle*, Rn. 558.
154 Bei genehmigtem Kapital berichtet der Rechnungsprüfer an Verwaltungsrat/Vorstand und das jeweilige Leitungsorgan anschließend an die Hauptversammlung, bevor diese über den Bezugsrechtsausschluss entscheidet (art. L. 225-135 (1) Satz 4 C.com.).
155 Vgl. *Bagel*, 170 (unter Schilderung der allgemeinen Grundsätze der Missbrauchskontrolle, 170 ff.); *Jaeger*, 99. Zum *abus de majorité* siehe Kapitel 5 unter I.5.a)bb).
156 Es handelt sich um die Kodifikation eines ursprünglich von der Vorgängerbehörde der *AMF*, der *COB*, entwickelten Instituts; vgl. *Cozian/Viandier/Deboissy*, Rn. 795; Mémento Pratique – Sociétés Commerciales, Rn. 11762; zu den diesbezüglichen Empfehlungen der *COB Bagel*, 207–209.

auszugebenden Wertpapiere mit den bereits börsennotierten vergleichbar sind, muss ihr Ausgabepreis nach den Bestimmungen einer Rechtsverordnung des *Conseil d'État* und nach Beratung mit der Finanzmarktaufsichtsbehörde *AMF* festgelegt werden (art. L. 225-136 n° 1 (1) C.com.). Danach muss der Emissionspreis mindestens dem Durchschnittskurs der letzten drei Handelstage vor seiner Festlegung entsprechen, wobei ein Abschlag von 5 % zulässig ist (art. R. 225-119 C.com.). Bis zu einem Limit von 10 % des Grundkapitals jährlich kann die Hauptversammlung das Verfahren vereinfachen, indem sie den Verwaltungsrat/Vorstand ermächtigt, den Ausgabepreis nach von ihr auf Grundlage von Berichten des Verwaltungsrats/Vorstands und des Rechnungsprüfers aufgestellten Bedingungen festzulegen (art. L. 225-136 n° 1 (2) C.com.). Ohne Börsennotierung vergleichbarer Aktien oder Wandelschuldverschreibungen werden der Ausgabepreis oder die Bedingungen seiner Festlegung hingegen stets durch Hauptversammlungsbeschluss auf Grundlage solcher Bericht des Verwaltungsrats/Vorstands sowie des Rechnungsprüfers festgelegt (art. L. 225-136 n° 2 C.com).

dd) Bezugsrecht und sein Ausschluss in der *plc*

In der *plc* wird das (innerhalb einer dreiwöchigen Frist auszuübende) Bezugsrecht der Aktionäre wie in der *S.A.* nur bei Kapitalerhöhungen gegen Bareinlagen gesetzlich gewährleistet (ss. 561 f., 565 CA 2006)[157]. Europarechtskonform besteht es auch bei der Ausgabe von zum Umtausch in oder zum Bezug von Aktien berechtigenden Wertpapieren (s. 560 (1)(b) CA 2006). Bei der Ausgabe von Aktien zur Bedienung von Mitarbeiterbeteiligungsprogrammen ist das Bezugsrecht qua Gesetz ausgeschlossen (s. 566 CA 2006). Die *articles* von *companies limited by shares* können alternative Bezugsrechtsklauseln enthalten, die ein Bezugsrecht aller Aktionäre vorsehen und dem Informations- und Fristenstandard der s. 562 CA 2006 entsprechen müssen (s. 568 CA 2006). Bei unbeschränkt und unbedingt genehmigten Kapital kann der Verwaltungsrat in den *articles* oder durch Sonderhauptversammlungsbeschluss (*special resolution*) mit Dreiviertel-Mehrheit allgemein zum Ausschluss des Bezugsrechts ermächtigt werden (s. 570 CA 2006). Im Übrigen kann die Hauptversammlung nach begründeter Empfehlung des Verwaltungsrats per Sonderbeschluss das Bezugsrecht für eine bestimmte Kapitalerhöhung ausschließen oder modifizieren (s. 571 CA 2006). Schließlich kann die Gesellschaft in ihren *articles* oder per Sonderbeschluss das Bezugsrecht beim Verkauf von Verwaltungsaktien der Gesellschaft (*treasury shares*) ausschließen (s. 573 CA 2006). Eine dem deutschen Recht vergleichbare inhaltliche Kontrolle der sachlichen Rechtfertigung des Bezugsrechtsausschlusses kennt das britische Recht nicht, so dass es bei der allgemeinen Missbrauchskontrolle bleibt[158]. Auch für die Festlegung des Ausgabekurses macht das

157 Das Wirtschaftsministerium kann mit Zustimmung der beiden Parlamentskammern die Frist verlängern oder bis auf 14 Tage verkürzen (s. 562 (6), (7) i.V.m. s. 1290 CA 2006). Ausführlich zum Bezugsrecht und seinem Ausschluss in der *plc Mayson/French/Ryan*, 161–163; *Davies*, Gower's Company Law, 631–638.

158 Vgl. *Ekkenga/Bayer*, ZGR-Sonderheft 17 (2006), 342, 361 f.; *Bagel*, 116 f. (unter Schilderung der den Bezugsrechtsausschluss begrenzenden allgemeinen minderheitsschützenden Rechtsinstitute und Rechtsprechungsgrundsätze, 118 ff.).

britische Recht keine Vorgaben, sondern äußert sich zur Preisbestimmung nur insofern, als der Verwaltungsrat in seiner begründeten Empfehlung an die Hauptversammlung vor einem konkreten Bezugsrechtsausschluss durch sie nach s. 571 CA 2006 den beabsichtigen Ausgabepreis festzulegen und zu begründen hat (s. 571 (6) CA 2006)[159]. Daher wird die Bestimmung des Ausgabekurses lediglich durch das allgemeine Verbot einer unfairen Benachteiligung von Aktionären nach ss. 994, 996 CA 2006 begrenzt[160]. Eine gewissen Schutz vor missbräuchlichen Ausgabepreisen streben die *Listing Rules* an, indem sie an der *Official List* notierte Gesellschaften verpflichten, Einnahmen über dem Ausgabepreis den Aktionären zukommen lassen, die ihr Bezugsrecht nicht ausgeübt haben (LR 9.5.4)[161]. Im Übrigen befassen sich die *Listing Rules* mit dem Bezugsrechtsausschluss im Wesentlichen nur insoweit, als sie ihn bei Vorliegen der gesetzlichen Voraussetzungen ebenfalls für zulässig erklären (LR 9.3.11, 9.3.12)[162]. Institutionelle Investoren und britische Gesellschaften mit einer Erstnotierung an der *Official List* unterliegen zudem der freiwilligen Selbstregulierung durch die *Pre-Emption Principles* (Bezugsrechtsprinzipien) der *Pre-Emption Group*, eines Zusammenschlusses von Vertretern von Investmentgesellschaften, börsennotierten Aktiengesellschaften und des *Financial Reporting Councils* (*FRC*)[163]. Neben den primär angesprochenen an der *Official List* notierten Gesellschaften wenden sich die *Principles* auch an am *Alternative Investment Market* (*AIM*) notierte Gesellschaften, anerkennen aber deren Bedürfnisse für mehr Flexibilität (Ziff. 5). Die praktische Relevanz der *Principles* folgt daraus, dass die sie unterstützenden professionellen Investoren fast die Hälfte des Grundkapitals der börsennotierten britischen Gesellschaften halten[164]. Den Prinzipien zufolge sollen Gesellschaften unter normalen Umständen nicht mehr als 7,5 % ihres Kapitals innerhalb von drei Jahren gegen Bareinlagen an andere Personen als die Altaktionäre ausgeben (Ziff. 10). Im Übrigen gehen die *Principles* davon aus, dass Kapitalerhöhungen unter Bezugsrechtsausschluss bis zu 5 % des Grundkapitals und zu einem nicht mehr als 5 % unter dem aktuellen Kurs liegenden Ausgabepreis grundsätzlich von der Aktionärsseite als üblich (*routine*) anzusehen und darum regelmäßig von ihr zu unterstützen sind (Ziff. 7, 8, 11). Für Kapitalerhöhungen unter Bezugsrechtsausschluss oberhalb dieser Kennzahlen sowie solche, die aus sonstigen Gründen als *non-routine* und damit nicht ohnehin in der Regel unterstützungswürdig anzusehen sind, empfehlen die *Principles* der Gesellschaft und den Investoren eine möglichst umfassende

---

159 Vgl. *Bagel*. 147; *Jaeger*, 97 f.; *Wymeersch*, AG 1998, 382, 383.

160 Vgl. *Bagel*, 147.

161 Gemeint ist das Aufgeld abzüglich der Emissionskosten, wobei die Weiterleitungspflicht an die Aktionäre erst ab einer Bagatellgrenze von 5 £ besteht.

162 Zu den mittlerweile aufgehobenen Beschränkungen der *Listing Rules* a.F. vgl. *Davies*, Gower's Company Law, 636 f.; *Wymeersch*, AG 1998, 382, 390; *Bagel*, 149, 312.

163 Zum Anwendungsbereich der *Pre-Emption Principles* vgl. deren Ziff. 5 und 6. Die *Principles* sind die Nachfolgeregulierung der *Pre-Emption Guidelines* und wurden auf Empfehlung des *Myners*-Berichts zu Bezugsrechten (*Myners*, Pre-Emption Rights – Final Report, 35 ff.) geschaffen. Zur Vorgängerregulierung vgl. *Myners*, Pre-Emption Rights – Invitation, 5; *Davies*, Gower's Company Law, 637; *Bagel*, 148 f. Die aktuelle Zusammensetzung der herausgebenden *Pre-Emption Group* kann unter http://www.pre-emptiongroup.org.uk/aboutus/index. htm abgerufen werden.

164 Vgl. *Myners*, Pre-Emption Rights – Invitation, 5 f.

gegenseitige Information und weitgehende Kooperation (Ziff. 15 ff.). Ermächtigungen an den Verwaltungsrat zum Bezugsrechtsausschluss im Rahmen solcher *non-routine* Kapitalmaßnahmen sollen nur für höchstens 15 Monate oder bis zur nächsten Hauptversammlung erteilt werden (Ziff. 19).

b) Vorliegen von und Bedürfnis für Börsengesellschaftsrecht zum Bezugsrechtsausschluss

Bezugsrechte gewährleisten die anteiligen Rechte der Minderheitsgesellschafter, indem sie verhindern, dass kontrollierende Gesellschafter ihren Anteil (zu zu geringen Preisen) überproportional erhöhen[165]. Damit schützen sie die Altaktionäre vor einer Verwässerung ihrer proportionalen Mitwirkungsrechte einerseits und ihrer finanziellen Position andererseits[166]. Dabei verhindern Bezugsrechte, dass die Verwaltung ihr missliebige Beteiligungsverhältnisse durch Kapitalerhöhungen zugunsten außenstehender Anleger verändert und gewährleisten so die grundsätzliche Aktionärskontrolle über die Gesellschaft[167]. Ohne Bezugsrechte drohte damit ein *agency*-Konflikt zulasten der Aktionäre, der ihre Anlagebereitschaft senken und so die Eigenkapitalfinanzierung verteuern könnte[168]. Das Bedürfnis für den neben dieser Sicherstellung der proportionalen Mitwirkungsrechte erforderlichen und durch Bezugsrechte gewährleisteten Schutz der finanziellen Position der Altaktionäre ergibt sich insbesondere daraus, dass neue Aktien häufig zu einem Abschlag auf den Marktpreis platziert werden, um den Emissionserfolg sicherzustellen[169]. Da alle Aktien nach der Platzierung üblicherweise zu einem Kurs zwischen dem ursprünglichen Börsenkurs und dem Emissionskurs gehandelt werden, haben die Altaktionäre ein schutzwürdiges Interesse, den zu erwartenden Wertverlust ihres Ursprungsdepots durch den Wertzuwachs der aufgrund ihrer Bezugsberechtigung zu erwerbenden neu emittierten Aktien auszugleichen[170]. Wenn die Altaktionäre ihr Bezugsrecht nicht ausüben wollen oder mangels Liquidität nicht können, können sie es jedenfalls verkaufen und so den Wertverlust ihres Depots kompensieren[171].

Bei der rechtsvergleichenden Betrachtung dieses Vermögensschutzes durch das Bezugsrecht fällt der den Aktionären an der *Official List* notierter Gesellschaften durch

165 Vgl. *Rock/Kanda/Kraakman* in Kraakman u.a., Anatomy of Corporate Law, 147 f.; *Ruffner*, 265; *Davies*, Gower's Company Law, 632; *Bezzenberger*, ZIP 2002, 1917, 1918; ausführlich zur Legitimation von Bezugsrechten *Myners*, Pre-Emption Rights – Final Report, 9 ff.

166 Vgl. *Myners*, Pre-Emption Rights – Final Report, 10 sowie die dort in Annex C aufgeführte Literatur.

167 Vgl. *Myners*, Pre-Emption Rights – Final Report, 12; auch *Ruffner*, 265 f.

168 Vgl. *Myners*, Pre-Emption Rights – Final Report, 12; dort, 15 ff., zu dem komparativen Befund, dass die Investmentbereitschaft auf dem US-Kapitalmarkt trotz des regelmäßigen Fehlens von Bezugsrechten aufgrund der alternativen Sicherungsmechanismen vor allem über Aktionärsklagen nicht beeinträchtigt zu sein scheint.

169 Vgl. *Davies*, Gower's Company Law, 632; anschaulich zu den finanziellen Auswirkungen einer Ausgabe der neuen Aktien unter ihrem Kurs auf den Wert der alten Aktien auch *Cozian/Viandier/Deboissy*, Rn. 800.

170 Vgl. *Davies*, Gower's Company Law, 632; *Bezzenberger*, ZIP 2002, 1917, 1918.

171 Vgl. *Davies*, Gower's Company Law, 632; *Zöllner*, AG 2002, 585; *Bezzenberger*, ZIP 2002, 1917, 1918.

LR 9.5.4 gewährte zusätzliche Schutz auf. Üben sie ihr Bezugsrecht nicht aus, so steht ihnen das über dem festgelegten Ausgabepreis liegende Aufgeld (abzüglich der Emissionskosten sowie nur oberhalb einer Bagatellgrenze) zu. Die Regelung bewirkt, dass statt der Gesellschaft die Altaktionäre von einem zu niedrig angesetzten Ausgabepreis profitieren und so den Wertverlust ihres Depots jedenfalls teilweise kompensieren können, ohne zur Ausübung ihrer Bezugsrechte gezwungen zu sein. Dabei beseitigt sie mit der Aussicht auf Aufgelder wesentliche Anreize der Gesellschaften für eine zu niedrige Festsetzung des Ausgabepreises zulasten der finanziellen Position der Altaktionäre. Ob eine solche Regelung sinnvoll ist, hängt maßgeblich davon ab, inwieweit die finanzielle Situation der Altaktionäre hinreichend durch den ihnen offen stehenden Bezugsrechtsverkauf sowie eine die Möglichkeit der gerichtlichen Überprüfung der Bedingungen der Preisfestlegung geschützt sind. Erforderlich wäre also insbesondere eine empirische Untersuchung, ob der Bezugsrechtshandel in den Jurisdiktionen finanzielle Einbußen der Altaktionäre hinreichend kompensieren kann und dadurch eine Regelung wie LR 9.5.4 überflüssig macht. Da eine solche Untersuchung im Zuge dieser Arbeit nicht geleistet werden kann, muss eine endgültige Bewertung der LR 9.5.4 unterbleiben.

Unabhängig von einem solchem Verzicht der Gesellschaft auf das Aufgeld bewirken Bezugsrechte, wie alle Maßnahmen zum Minderheitsschutz, Kosten. Sie verzögern die Ausgabe neuer Aktien, da die Gesellschaften die Aktien zunächst ihren Aktionären anbieten müssen, bevor sie sich an den Markt wenden können. Um während der Bezugsfrist das Risiko eines Absinkens des Börsenkurses unter den Ausgabepreis der Aktien (und damit eines Scheiterns der Kapitalerhöhung) zu minimieren, muss der Ausgabepreis mit einem erheblichen Abschlag vom Börsenkurs von regelmäßig 20 bis 25 % festgesetzt werden[172]. Dadurch erhält die Gesellschaft einen zu geringen Erlös für die neuen Aktien, während die alten Aktien in ihrem Wert verwässert werden und die Altaktionäre zum Ausgleich den Erlös aus der Veräußerung ihrer Bezugsrechte kassieren[173]. Darüberhinaus schränken Bezugsrechte die Fähigkeit der Geschäftsleitung, Aktienpakete mit signifikanter Stimmkraft auszugeben, ein. Sowohl dieser Faktor als auch die Notwendigkeit eines Sicherheitsabschlags erhöhen die Kosten der Eigenkapitalfinanzierung. Vor diesem Hintergrund kann ein Ausschluss der individuellen Bezugsrechte im Gesellschaftsinteresse gerechtfertigt sein[174]. Dabei sollen die Regelungen zum Bezugsrechtsausschluss auf der

---

172 Vgl. *Marsch-Barner*, AG 1994, 532; *Hoffmann-Becking* in Hommelhoff u.a. (Hrsg.), Corporate Governance, 207, 227 (für die deutsche Situation der mindestens zweiwöchigen Bezugsfrist. In Frankreich mit seiner mindestens fünftägigen und in Großbritannien mit seiner mindestens dreiwöchigen Bezugsfrist sinken bzw. steigen die durchschnittlichen Risikoabschläge entsprechend der durchschnittlich kürzeren bzw. längeren Bezugsfristen); zu dem wirtschaftlichen Nachteil des Bezugsrechtsabschlags auch *Bezzenberger*, ZIP 2002, 1917, 1921 sowie das dort in Fn. 25 nachgewiesene Schrifttum.

173 Wirtschaftlich handelt es sich bei dem Ertrag aus der Bezugsrechtsveräußerung um eine Rückzahlung von Gesellschaftsvermögen an die Aktionäre, präziser um eine wirtschaftliche Einlagenrückgewähr durch Unterlassen der an sich nach den Marktverhältnissen möglichen Vermögensmehrung; vgl. *Hoffmann-Becking* in Hommelhoff u.a. (Hrsg.), Corporate Governance, 207, 227.

174 Vgl. *Merle*, Rn. 559; CA Paris v. 27. Februar 1997; Bull. Joly 1997, 677, Anm. *Le Cannu*.

einen Seite der Gesellschaft die Eigenkapitalfinanzierung erleichtern, auf der anderen Seite aber den Schutz des gesellschaftsinternen, über die proportionale Beteiligung vermittelten Einflusses der Aktionäre und ihrer relativen finanziellen Stellung möglichst weitgehend aufrecht erhalten[175]. Die Sicherstellung der gesellschaftsinternen Machtbefugnisse liegt vor allem im Interesse von Großaktionären sowie eine beherrschende Stellung anstrebenden Gesellschaftern und wird maßgeblich über die für einen Bezugsrechtsausschluss notwendige qualifizierte Hauptversammlungsmehrheit erzielt[176]. Die Gewährleistung des finanziellen Wertes der Beteiligung hingegen erfolgt im Interesse sämtlicher Anleger, maßgeblich aber der Minderheits- und Kleinaktionäre, die sich einem Bezugsrechtsausschluss aufgrund ihrer geringen Beteiligung nicht widersetzen können und daher ein besonderes Interesse am Schutz jedenfalls ihrer finanziellen Position haben[177]. Dabei kommt der Festlegung des Ausgabekurses dann, wenn der Bezugsrechtsausschluss ohne inhaltliche Rechtfertigung möglich ist, noch gesteigerte Bedeutung für die Wahrung der finanziellen Interessen der Altaktionäre zu[178].

Das deutsche Aktienrecht verlangt insofern für den Bezugsrechtsausschluss grundsätzlich über den mit Dreiviertel-Mehrheit zu fassenden Hauptversammlungsbeschluss hinaus eine sachliche Rechtfertigung und versucht so, die Aktionärsinteressen bereits im Rahmen der Entscheidung über die Maßnahme gesetzlich umfassend zu schützen. Lediglich am deutschen regulierten Markt und Freiverkehr sowie an organisierten Märkten des Europäischen Wirtschaftsraums notierten Gesellschaften wird die Eigenkapitalaufnahme im Wege von Kapitalerhöhungen gegen Bareinlagen unter Bezugsrechtsausschluss durch § 186 Abs. 3 Satz 4 AktG erleichtert. Der entsprechend der Vorschrift vorgenommene Bezugsrechtsausschluss für eine Barkapitalerhöhung von nicht mehr als 10 % des Grundkapitals zu einem den Börsenkurs nicht wesentlich unterschreitenden Ausgabekurs bedarf nicht der sonst erforderlichen Prüfung, ob er im überwiegenden Interesse der Gesellschaft liegt und sachlich gerechtfertigt ist. Hierdurch soll eine kurzfristige Abwicklung der Kapitalerhöhung erreicht und so ein Sicherheitsabschlag auf den Ausgabebetrag der jungen Aktien vermieden werden, ohne dabei die schutzwürdigen Interessen der Altaktionäre zu beeinträchtigen[179]. Können die Aktien auch ohne rechtfertigen Sachverhalt ohne Bezugsrechte ausgegeben werden, so entfällt die zweiwöchige Bezugsfrist. Da der Verkauf über die eingeschalteten Emissionsbanken kurzfristig erfolgen kann, entfällt ein Großteil des Kursrisikos, so dass die

---

175 Vgl. *Wymeersch*, AG 1998, 382, 391; für § 186 Abs. 3 Satz 4 AktG Fraktionbegr. BT-Drucks. 12/6721, 9 f.; *Servatius* in Spindler/Stilz, § 186 Rn. 55.

176 Vgl. *Wymeersch*, AG 1998, 382, 391.

177 Vgl. *Wymeersch*, AG 1998, 382, 391; *Bezzenberger*, ZIP 2002, 1917, 1921; der Gedanke klingt auch in BVerfG ZIP 2000, 1670, 1671 f. an.

178 Vgl. *Bagel*, 191.

179 Vgl. Fraktionsbegr BT-Drucks. 12/6721, 9 f.; referierend *Servatius* in Spindler/Stilz, § 186 Rn. 55; *Hüffer*, § 186 Rn. 39b; *Marsch-Barner*, AG 1994, 532 f.; Heinsius, FS für Kellermann, 115, 124 ff., 128 f. Zu weiteren gesetzgeberischen Zielen des § 186 Abs. 4 Satz 3 AktG vgl. *Hüffer*, § 186 Rn. 39a m.w.N.

Aktien mit einem bedeutend kleineren Kursabschlag platziert werden können[180]. Die Altaktionäre erschienen dem Gesetzgeber demgegenüber weniger schutzwürdig, da sie ihre relative Beteiligung grundsätzlich durch Nachkauf über die Börse aufrecht erhalten und so auch den durch die diskontierte Ausgabe der neuen Aktien bewirkten Wertverlust ihres Depots ausgleichen können[181]. Die 10 %-Grenze für die Kapitalerhöhung soll dabei gewährleisten, dass die Aktionäre nur eine relativ überschaubare Menge weiterer Aktien erwerben müssen, um ihre Beteiligungsquote zu erhalten[182]. Neben der Erwerbsmöglichkeit über die Börse erklärt sich die Differenzierung anhand einer Börsennotierung in § 186 Abs. 3 Satz 4 AktG auch daraus, dass nur ein Börsenkurs eine verlässliche Bemessungsgrundlage für einen im finanziellen Interesse der Altaktionäre möglichst realistischen Ausgabepreis darstellt[183]. Dabei erscheint die Anbindung an die ordentliche Kapitalerhöhung in § 186 AktG verfehlt, da die zu unterstützende kurzfristige Eigenkapitalbeschaffung ohnehin die Ausnutzung eines genehmigten Kapitals erfordert[184]. Im Übrigen geht § 186 Abs. 3 Satz 4 AktG implizit vom Leitbild der börsennotierten Publikums-AG mit breitem Streubesitz und vom Bezugsrecht ohnedies einflussloser Kleinaktionäre aus, ohne dies hinlänglich deutlich zu machen[185]. Vor allem aber berücksichtigt die Regelung nicht hinreichend, dass der vereinfachte Bezugsrechtsausschluss sehr wohl die Position der Altaktionäre beeinträchtigen kann. So kann der Zukauf über die Börse gar nicht oder nur zu deutlich steigenden Börsenkursen erheblich über dem Ausgabepreis möglich und so den Altaktionären die Aufrechterhaltung ihrer Beteiligungsquote erheblich erschwert sein[186]. Werden sie nicht an der Neuemission beteiligt, haben sie dann keine Möglichkeit, ihre Beteiligungsquote aufrecht zu erhalten, ohne finanzielle Einbußen zu erleiden. Die Beschränkung der Befugnis zum vereinfachten Bezugsrechtsausschluss auf Fälle der Aktienausgabe nicht wesentlich unter dem Börsenpreis begrenzt diese finanziellen Nachteile lediglich, ohne das Grundproblem beheben zu können. Daher geht das überwiegende Schrifttum davon aus, dass der erleichterte Bezugsrechtsausschluss nur zulässig ist, wenn als ungeschriebenes Tatbestandsmerkmal des § 186 Abs. 3 Satz 4 AktG gewährleistet ist, dass die neuen Aktien entweder breit an der Börse gestreut werden und die vom Bezugsrecht ausgeschlossenen Aktionäre so tatsächlich die Möglichkeit haben, ihre Beteili-

---

180 Vgl. die Amtliche Begründung zum Gesetz für kleine Aktiengesellschaften und zur Deregulierung des Aktienrechts, ZIP 1994, 253; *Marsch-Barner*, AG 1994, 532; *Hoffmann-Becking* in Hommelhoff u.a. (Hrsg.), Corporate Governance, 207, 228; *Hoffmann-Becking*, ZIP 1995, 1, 9; *Schlitt/Schäfer*, AG 2005, 67.

181 Vgl. Fraktionsbegr. BT-Drucks. 12/6721, 10 f. Kritisch hierzu, vor allem da Börsenkurse aufgrund starker Nachfrage auch der Altaktionäre wesentlich über dem Ausgabepreis liegen und letzteren die Aufrechterhaltung ihrer Beteiligungsquote so erheblich erschweren können, *Zöllner*, AG 1994, 336, 340 f.

182 Vgl. *Claussen*, WM 1996, 609, 614.

183 Vgl. *Schlitt/Schäfer*, AG 2005, 67, 68.

184 Vgl. *Hüffer*, § 186 Rn. 39b; *Schlitt/Schäfer*, AG 2005, 67; *Zöllner*, AG 1994, 336, 341.

185 So *Hüffer*, § 186 Rn. 39b; *Hoffmann-Becking*, ZIP 1995, 1, 8.

186 Vgl. *Zöllner*, AG 1994, 336, 340 f.; *Claussen*, AG 1995, 163, 169; WM 1996, 609, 614; *Schwark*, FS für Claussen, 357, 373; *Hirte*, ZIP 1994, 356, 359 f.; *Hoffmann-Becking*, ZIP 1995, 1, 10; *Bezzenberger*, ZIP 2002, 1917, 1921; auch MK/*Bayer*, § 203 Rn. 77; *Hüffer*, §186 Rn. 39g.

gungsquote durch einen Zukauf über die Börse aufrecht zu erhalten oder wenn ihnen eine sonstige Möglichkeit des Aktienerwerbs, z.B. über ein Vorerwerbsrecht, eingeräumt wird[187].

Ein einem solchen Vorkaufsrecht entsprechendes Rechtsinstitut bei Kapitalerhöhungen unter Bezugsrechtsausschluss ist im französischen Recht für Gesellschaften mit börsennotierten Aktien oder Wandelschuldverschreibungen mit der bevorrechtigte Zeichnungsperiode (*délai de priorité de suscription*) kodifiziert (art. L. 225-135 (2) i.V.m. art. R. 225-131 C.com., dazu sogleich). Dabei privilegiert das französische Recht Gesellschaften mit börsennotierten Aktien und Wandelschuldverschreibungen zunächst, indem es den Verwaltungen dieser Gesellschaften gestattet, den Preis vergleichbarer neuer Wertpapiere nach Abstimmung mit der *AMF* anhand des Durchschnittskurses der letzten drei Handelstage unter einem Maximalabschlag von 5 % festzulegen (art. L. 225-136 n° 1 (1) i.V.m. art. R. 225-119 C.com.). Zudem können die Hauptversammlungen dieser Gesellschaften den Verwaltungsrat/Vorstand ermächtigen, den Ausgabepreis neuer Aktien bis zu einer Höhe von 10 % des Grundkapitals pro Jahr nach von den Hauptversammlungen auf Grundlage von Berichten des Verwaltungsrats/Vorstands und des Rechnungsprüfers aufgestellten Bedingungen festzulegen (art. L. 225-136 n° 1 (2) C.com.). Ohne Börsennotierung vergleichbarer Aktien oder Wandelschuldverschreibungen wird der Ausgabepreis hingegen stets durch Hauptversammlungsbeschluss auf Grundlage eines geprüften Berichts des Verwaltungsrats/Vorstands festgelegt (art. L. 225-136 n° 2 C.com). Durch die Delegationsmöglichkeit soll börsennotierten Gesellschaften ermöglicht werden, ihr Kapital flexibel und kontinuierlich zu erhöhen, ohne stets den Preis jeder Erhöhung durch die Hauptversammlung festlegen lassen zu müssen[188]. Ratio der Privilegierung bei Börsennotierung vergleichbarer Wertpapiere ist wiederum, dass die Altaktionäre auch ohne Bezugsrecht grundsätzlich ihrer ursprünglichen Beteiligung entsprechende neue Aktien über die Börse nachkaufen und so sowohl ihre relative Beteiligung aufrecht erhalten als auch den durch einen eventuellen unter dem Börsenkurs liegenden Ausgabekurs entstehenden Wertverlust ihres Ausgangsdepots kompensieren können[189]. Entscheiden sich die Altaktionäre gegen einen Erwerb weiterer Anteile oder erhalten sie bei einer überzeichneten Emission keine oder nur unterproportional viele neue Aktien, so wird der Wertverlust ihres Depots durch die Anbindung der Preisfestlegung an den Börsenkurs und die Beschränkung des Abschlags auf höchstens 5 % jedenfalls eingegrenzt[190]. Insgesamt schränkt die detaillierte Regulierung der Preisfestlegung daher über die restriktiven Voraussetzungen der Rechtsfigur des *abus de majorité* hinaus Kapitalerhöhungen unter Bezugsrechtsausschluss zum finanziellen Nachteil der Minderheitsaktionäre

---

187 Vgl. MK/*Bayer*, § 203 Rn. 78; GK/*Hirte*, § 203 Rn. 114; *Bayer*, ZHR 163 (1999), 505, 541 ff.; *Lutter*, AG 1994, 429, 442; in diesem Sinne auch *Hüffer*, § 186 Rn. 39g; *Henze*, ZHR 167 (2003), 1, 6; zum Vorerwerbsrecht insbesondere MK/*Bayer*, § 203 Rn. 78; *Claussen*, AG 1995, 163, 169; WM 1996, 609, 614 f.; *Schwark*, FS für Claussen, 357, 373 ff.

188 Mémento Pratique – Sociétés Commerciales, Rn. 11768.

189 Vgl. *Bagel*, 192.

190 Vgl. *Bagel*, 192.

ein und schützt so jedenfalls ihre Vermögensposition bis zu einem gewissen Grad[191]. Dem aus Sicht der Altaktionäre fortbestehenden Problem, ohne Bezugsberechtigung aufgrund einer überhöhten Nachfrage nicht oder nur zu einem überhöhten Preis ihrer ursprünglichen Kapitalbeteiligung entsprechende neue Aktien erwerben zu können, widmet sich das bereits erwähnte von der *AMF* entwickelte Rechtsinstitut der bevorrechtigten Zeichnungsperiode (*délai de priorité de suscription*) nach art. L. 225-135 (2) i.V.m. art. R. 225-131 C.com. Es ermöglicht in Gesellschaften mit börsennotierten Aktien und Wandelschuldverschreibungen, bei Ausschluss des Bezugsrechts eine bevorrechtigte Zeichnungsperiode von mindestens drei Börsentagen für die Altaktionäre einzurichten oder die Verwaltung zu dieser Entscheidung zu ermächtigen. Im Unterschied zur Rechtslage bei der Frist zur Ausübung des Bezugsrechts kann dadurch sofort mit der Emission des Anteils der Wertpapiere, der voraussichtlich nicht von den Altaktionären gezeichnet wird, auf dem öffentlichen Markt begonnen werden[192]. Im Ergebnis kann den börsennotierten Gesellschaften so eine weitgehend flexible Eigenkapitalfinanzierung ermöglicht werden, während den Altaktionären ein größtmöglicher Schutz gegen die Verwässerung sowohl ihrer Mitwirkungsrechte als auch ihrer Vermögensposition geboten wird[193].

Ähnlich wie das deutsche und das französische Aktienrecht versucht auch die freiwillige Selbstregulierung der britischen *Pre-Emption Principles*, die Interessen der Gesellschaft an einer flexiblen Eigenkapitalfinanzierung und der Altaktionäre am Schutz ihrer proportionalen Beteiligung und ihrer finanziellen Position zum Ausgleich zu bringen. Während das britische Gesellschaftsrecht insofern, anders als das deutsche und das französische, keine Privilegierungen für Kapitalerhöhungen innerhalb gewisser Grenzen unter Anlehnung des Ausgabepreises an Börsenpreise kennt, unterstützen die *Pre-Emption Principles* einerseits die regelmäßige Billigung solcher als „üblich" (*routine*) bezeichneter Kapitalerhöhungen unter Bezugsrechtsausschluss durch die Aktionäre und befürworten andererseits eine verschärfte Kontrolle der sonstigen, „unüblichen" (*non-routine*) Kapitalerhöhungen unter Bezugsrechtsausschluss durch die Aktionäre. Die üblichen Kapitalerhöhungen unter Bezugsrechtsausschluss sind dabei vom Umfang her auf 5 % des Grundkapitals beschränkt, so dass sie die Beteiligungsverhältnisse nicht wesentlich verändern und damit die proportionalen Mitwirkungsrechte der Aktionäre nicht erheblich verwässern können. Dabei erhöht die Beschränkung des Umfangs der Erhöhung auch die Wahrscheinlichkeit für die Altaktionäre, ihre Beteiligungsquote durch Zukäufe über die Börse halten und so auch drohende finanzielle Einbußen ihres Depots ausgleichen zu können. Zudem liegen übliche, regelmäßig zu billigende, Kapitalerhöhungen nach den *Pre-Emption Principles* nur vor, solange die Gesellschaften nicht innerhalb eines Zeitraums von drei Jahren mehr als 7,5 % ihres Grundkapitals an andere Personen als Altaktionäre ausgegeben haben, ein weiterer Mechanismus zur Sicherung der proportionalen Beteiligung. Schließlich darf der Ausgabepreis der

---

191 In diesem Sinne auch *Bagel*, 193 f., 195.
192 Vgl. Mémento Pratique – Sociétés Commerciales, Rn. 11762; *Bagel*, 208.
193 So auch *Bagel*, 208.

neuen Aktien nicht mehr als 5 % unterhalb des aktuellen Börsenkurses liegen, so dass die finanzielle Position der Altaktionäre, auch wenn sie keine ihrer Beteiligung entsprechenden neuen Aktien über die Börse erwerben, jedenfalls bis zu einem gewissen Grad geschützt ist. Im Fall üblicher Kapitalerhöhungen unter Bezugsrechtsausschluss, die die Rechtsstellung der Aktionäre nur begrenzt tangieren, soll dem Finanzierungsinteresse der Gesellschaft damit regelmäßig, soweit keine außergewöhnlichen Umstände vorliegen, der Vorrang gegeben werden. In allen anderen Fällen hingegen sollen die Gesellschaft und die Aktionäre im Wege eines kooperativen Aushandlungsprozesses unter intensiver gegenseitiger Information eine Einzelfallabwägung treffen.

Letztendlich streben damit alle untersuchten Rechtsordnungen – auf Gesetzesebene oder im Wege freiwilliger Selbstverpflichtung – eine Privilegierung von Kapitalerhöhungen unter Bezugsrechtsausschluss, die nicht wesentlich in die Rechtsstellung der Aktionäre eingreifen, an, um den Gesellschaften eine flexiblere Eigenkapitalfinanzierung unter Verzicht auf bezugsrechtsbedingte Sicherheitsabschläge zu ermöglichen. Bei diesen weniger intensiv die Position der Altaktionäre tangierenden Erhöhungen handelt es sich um solche unter Ausgabe eines begrenzten Kontingents börsennotierter Aktien (bzw. Wandelschuldverschreibungen) zu einem eng am aktuellen Börsenkurs orientierten Ausgabepreis. Wie aufgezeigt, besteht – auch aufgrund des beschränkten Umfangs der privilegierten Kapitalerhöhung – bei Börsennotierung eine wesentlich erhöhte Wahrscheinlichkeit, dass die Aktionäre ihre Beteiligungsquote mittels Zukauf über die Börse aufrecht erhalten können. So können sie nicht nur eine Verwässerung ihrer Beteiligung vermeiden, sondern auch durch einen niedrigen Ausgabekurs bedingte drohende Wertverluste ihrer Altaktien ausgleichen. Die Festlegung des Ausgabekurses mit einem allenfalls stark begrenzten Abschlag zum aktuellen Börsenkurs schützt die Altaktionäre davor, ohne Zukauf neuer Aktien aufgrund der Preisanpassung ihrer Altaktien erhebliche finanzielle Verluste zu erleiden und deshalb einem faktischen Zwang zum Kauf zu unterliegen. Die Rechtfertigung des jeweils erleichterten Bezugsrechtsausschlusses bleibt jedoch insofern problematisch, als die für sie herangezogene Möglichkeit des Zukauf über die Börse gar nicht oder nur zu deutlich steigenden Börsenkursen erheblich über dem Ausgabepreis bestehen kann [194]. In diesen Fällen ist den Altaktionären eine Aufrechterhaltung ihrer Beteiligungsquote nur unter – eventuell erheblichen – finanziellen Einbußen möglich. Dementsprechend ist mit den gewichtigen Vertretern im deutschen Schrifttum [195] davon auszugehen, dass die Vermutung für die Zulässigkeit des erleichterten Bezugsrechtsausschluss nach § 186 Abs. 3 Satz 4 AktG nur einschlägig ist, wenn die Altaktionäre tatsächlich die Möglichkeit eines Zukaufs ihrer Beteiligung entsprechender Aktien – über die Börse oder im Wege von Vorkaufsrechten oder sonstigen Gestaltungen – haben.

194 Vgl. *Zöllner*, AG 1994, 336, 340 f.; *Claussen*, AG 1995, 163, 169; WM 1996, 609, 614; *Schwark*, FS für Claussen, 357, 373; *Hirte*, ZIP 1994, 356, 359 f.; *Hoffmann-Becking*, ZIP 1995, 1, 10; *Bezzenberger*, ZIP 2002, 1917, 1921; auch MK/*Bayer*, § 203 Rn. 77; *Hüffer*, §186 Rn. 39g.
195 Vgl. die Nachweise in diesem Kapitel in Fn. 187.

Dabei haben Vorkaufsrechte oder bevorrechtigte Zeichnungsperioden, wie sie das französische Recht für Gesellschaften mit börsennotierten Aktien und Wandelschuldverschreibungen mit dem *délai de priorité de suscription* in art. L. 225-135 (2) i.V.m. art. R. 225-131 C.com. kodifiziert hat, den Vorteil, dass ohne Abwarten einer Bezugsfrist sogleich mit der Ausgabe des Anteils der neuen Aktien, der prognostisch nicht von den Altaktionären gezeichnet werden wird, auf dem Kapitalmarkt begonnen werden kann. So wird in den Fällen, in denen die Möglichkeit der Aktionäre zum Erwerb ihrer Beteiligung entsprechender Anteile über die Börse zu adäquaten Kursen – z.B. aufgrund des Vorhandenseins kaufwilliger Großaktionäre – nicht hinreichend gewährleistet ist, auf der einen Seite sichergestellt, dass die Altaktionäre ihre Beteiligungsquote und ihre Vermögensposition wahren können, während die börsennotierten Gesellschaften zwecks effektiverer Eigenkapitalfinanzierung eine Bezugsfrist weiterhin vermeiden können. In Großbritannien lassen die ohnehin nur über freiwillige Selbstverpflichtungen der beteiligten Parteien einschlägigen *Pre-Emption Principles* hinreichend Spielraum für ein solches Vorgehen, indem sie lediglich für die üblichen Kapitalerhöhungen unter Bezugsrechtsausschluss von einer in aller Regel erfolgenden Billigung der Aktionäre ausgehen. Da die üblichen Erhöhungen in diesem Sinne implizit eine bestehende Zukaufsmöglichkeit der Altaktionäre entsprechend ihrer Beteiligung voraussetzen, führt ihr Fehlen zum Eingreifen der Vorschriften für unübliche Kapitalerhöhungen. Diese sehen eine umfassende Aushandlung der Bedingungen des Bezugsrechtsausschlusses zwischen der Verwaltung und den Aktionären vor, in deren Rahmen ohne Weiteres Vorkaufsrechte oder bevorrechtigte Zeichnungsperioden nach dem beschriebenen Muster festgelegt werden können. Ob diese von Gestaltungsfreiheit geprägte Verhandlungslösung die Aktionärsminderheit weniger effektiv schützt als die gesetzlichen Vorgaben des deutschen und französischen Rechts, kann in Ermangelung einer empirischen Untersuchung der Auswirkungen der bei Börsennotierung der Aktien/Wandelschuldverschreibungen unter Bezugsrechtsausschluss durchgeführten Kapitalerhöhungen auf die finanzielle Stellung der Altaktionäre/Altobligationäre unter den verschiedenen Regimen nicht abschließend geklärt werden.

3. Kapitalherabsetzung

Wie bei der Kapitalerhöhung kann auch bei der Kapitalherabsetzung zwischen effektiven und nominellen Herabsetzungen unterschieden werden. Die effektive Kapitalherabsetzung dient der Ausschüttung überschüssigen Grundkapitals an die Aktionäre als buchmäßiger Gewinn[196]. Die nominelle Kapitalherabsetzung hingegen fängt Verluste auf, indem sie das Grundkapital an das durch Verluste geschrumpfte Gesellschaftsvermögen anpasst[197]. Praktische Relevanz haben vor allem nominelle Kapitalherabsetzungen, die fast immer im Wege der vereinfachten Kapi-

196 Vgl. *Kübler/Assmann*, § 16 V 1.a); *Raiser/Veil*, § 21 Rn. 1.
197 Vgl. *Kübler/Assmann*, § 16 V 1.b); *Raiser/Veil*, § 21 Rn. 1.

talherabsetzung und häufig bei gleichzeitiger effektiver Kapitalerhöhung als Sanierung durchgeführt werden[198]. Die Kapitalherabsetzung dient in diesen Fällen dazu, der Gesellschaft die Auszahlung künftiger Gewinne als Dividende zu ermöglichen und ihr die neuerliche Kapitalaufnahme zu erleichtern[199].

Auch die Kapitalherabsetzungsregeln sind weitgehend durch die Kapital-Richtlinie harmonisiert (Art. 30 ff.)[200]. Zuständig ist die Hauptversammlung (Art. 30), die, ebenso wie die tangierten Aktiengattungen im Rahmen ihrer Sonderbeschlüsse (Art. 31), mit qualifizierter Mehrheit von nicht weniger als zwei Dritteln der vertretenen Stimmen oder des vertretenen gezeichneten Kapitals bzw. der einfachen Mehrheit bei Anwesenheit von mehr als der Hälfte des vertretenen Kapitals entscheidet (Art. 40)[201]. Die Gläubiger können grundsätzlich die Bestellung von Sicherheiten für ihre im Zeitpunkt der Bekanntmachung der Herabsetzungsentscheidung entstandenen, aber noch nicht fälligen Forderungen verlangen (Art. 32 Abs. 1)[202], wobei eine rechtswidrige Unterlassung der Bestellung die Wirksamkeit der Herabsetzung hindern muss (Art. 32 Abs. 2). Bei der ihnen obliegenden Festlegung der Bedingungen der Sicherheitenbestellung müssen die Mitgliedstaaten seit der Änderungsrichtlinie 2006/68/EG jedenfalls dafür sorgen, dass die Gläubiger das Recht haben, bei einer Verwaltungsbehörde oder einem zuständigen Gericht angemessene Sicherheiten zu beantragen, wenn sie glaubhaft machen können, dass die Befriedigung ihrer Forderungen durch die Herabsetzung des gezeichneten Kapitals gefährdet ist und sie von der Gesellschaft keine angemessenen Sicherheiten erhalten haben (Art. 32 Abs. 1 Unterabs. 2). Für nominelle Kapitalherabsetzungen können die

---

198 Das AktG anerkennt das Sanierungsverfahren in §§ 228, 235 AktG; dazu BGHZ 119, 305; 129, 136; 138, 71; *Raiser/Veil*, § 21 Rn. 3; auch *Kübler/Assmann*, § 16 V 4. Zur Kapitalherabsetzung in der *S.A.* zu Sanierungszwecken, dem sog. *coup d'accordéon*, vgl. *Merle*, Rn. 569, 572; *Cozian/Viandier/Deboissy*, Rn. 810; *Germain* in Ripert/Roblot, Rn. 1962.

199 Vgl. insofern das Beispiel bei *Raiser/Veil*, § 21 Rn. 2 sowie *Kübler/Assmann*, § 16 V 1.b).

200 Vgl. die überblicksartigen Schilderung bei *Koll-Möllenhoff*, 195–197 mit anschließenden rechtsvergleichenden Ausführungen, 197–205.

201 In Umsetzung dieser Vorgaben differenziert das deutsche Aktienrecht zwischen der zu jedem Zweck effektiv und nominell möglichen ordentlichen Kapitalherabsetzung (§§ 222–228 AktG), der zwingend nominellen vereinfachten Kapitalherabsetzung (§§ 229–236 AktG) und der ebenfalls notwendigerweise nominellen Kapitalherabsetzung durch Einziehung (§§ 237–239 AktG). Die Hauptversammlung der AG entscheidet in allen Fällen mit qualifizierter Mehrheit von drei Vierteln des bei der Beschlussfassung vertretenen Kapitals, wobei die notwendige Mehrheit satzungsmäßig heraufgesetzt werden kann (§ 222 Abs. 1 i.V.m. §§ 229 Abs. 3, 237 Abs. 2 AktG). In der *S.A.* beschließt die Hauptversammlung über nominelle wie effektive Herabsetzungen mit Zweidrittel-Mehrheit (art. L. 225-204 C.com.); dazu *Merle*, 569 ff.; *Cozian/Viandier/Deboissy*, Rn. 810 ff.; *Germain* in Ripert/Roblot, Rn. 1961 ff.; Mémento Pratique – Sociétés Commerciales, Rn. 12160 ff. Britische Gesellschaft mit Haftungsbeschränkung (*limited companies*) schließlich können ihr Kapital (nominell wie effektiv) durch einen gerichtlich zu bestätigenden, mit Dreiviertel-Mehrheit zu fassenden außerordentlichen Hauptversammlungsbeschluss (*special resolution*) herabsetzen (s. 641 (1) i.V.m. s. 283 CA 2006); ausführlich dazu *Mayson/French/Ryan*, 267 ff.; *Davies*, Gower's Company Law, 242–245.

202 Dabei können die Mitgliedstaaten das Recht auf Sicherheitenbestellung nur für die Fälle ausschließen, dass der Gläubiger bereits ausreichende Sicherheiten hat oder das Gesellschaftsvermögen so groß ist, dass Sicherheiten nicht erforderlich sind (Art. 32 Abs. 1 Unterabs. 1 Satz 2 n.F. bzw. Art. 32 Abs. 1 Satz 3 a.F.).

Mitgliedstaaten von einer Anwendung der Sicherungsvorschriften nach Art. 32 abgesehen (Art. 33). Das Grundkapital darf grundsätzlich nicht unter die Mindesthöhe nach Art. 6 herabgesetzt werden, es sei denn, gleichzeitig erfolgt im Rahmen einer Sanierung eine Kapitalerhöhung auf diesen oder einen höheren Betrag (Art. 34)[203].

Weder haben die untersuchten Jurisdiktionen in Umsetzung dieser Vorgaben besondere Regelungen zur Kapitalherabsetzung für börsennotierte Gesellschaften geschaffen noch besteht ein Bedürfnis für sie. Effektive Kapitalherabsetzungen dienen vor allem den legitimen Zielen der Rückgabe nicht mehr benötigter Liquidität an den Kapitalmarkt sowie in gewissen Konstellationen dem Ausschluss ausscheidewilliger Aktionäre[204]. Nominelle Kapitalerhöhungen sollen demgegenüber regelmäßig eine Sanierung der Gesellschaft vorbereiten[205]. Dabei droht einerseits eine Beeinträchtigung der Interessen der Aktionäre durch eine willkürliche oder gegen ihren Willen erfolgende Herabsetzung ihrer Beteiligung und ihres Anspruchs auf den Liquidationserlös[206]. Diesen Belangen wird vor allem durch die für den Herabsetzungsbeschluss erforderliche qualifizierte Mehrheit Rechnung getragen. Andererseits und vor allem besteht die Gefahr von Ausschüttungen an die Aktionäre zum Nachteil der Gesellschaftsgläubiger, der die europarechtlich vorgegebenen Schutzvorkehrungen zu ihren Gunsten begegnen. Bei der effektiven Kapitalherabsetzung wird der Gesellschaft Vermögen entzogen, wodurch sich ihr Insolvenzrisiko und mit diesem das Ausfallrisiko der Gläubiger erhöht, weil das Verlustpolster der Gesellschaft aufgrund ihres geringeren Grundkapitals reduziert wird[207]. Die nominelle Kapitalherabsetzung tangiert die Gläubigerinteressen insofern, als sie der Gesellschaft ermöglicht, einen Verlustvortrag zu beseitigen und in den folgenden Jahren Dividenden auszuschütten, ohne zunächst den zuvor bestehenden Verlustvortrag ausgleichen zu müssen[208]. Die geschilderten Interessenlagen bestehen jedoch unabhängig von einer eventuellen Börsennotierung bei Kapitalherabsetzungen sämtlicher Aktiengesellschaften, weshalb das Fehlen spezieller Regelungen nicht verwundert und ein Bedürfnis für die Schaffung börsengesellschaftsrechtlicher Vorschriften zur Kapitalherabsetzung nicht besteht.

IV. Aufstellung des Jahresabschlusses/Rechnungslegung

Nachdem die Befugnisse zur Billigung des Jahresabschlusses (Hauptversammlung in der *plc* und der *S.A.*, Aufsichtsrat in der AG) und die Kompetenzverteilung im Rahmen der Entscheidung über die Gewinnverwendung bereits im Rahmen der Unter-

---

203 Vgl. die Umsetzungen in § 228 AktG, art. L. 224-1 C.com., ss. 650 f. CA 2006.
204 Vgl. KK/*Lutter*, Vorb. vor § 222 Rn. 4; *Koll-Möllenhoff*, 194; *Merle*, Rn. 569.
205 Vgl. KK/*Lutter*, Vorb. vor § 222 Rn. 8; *Raiser/Veil*, § 21 Rn. 3; *Kübler/Assmann*, § 16 V 4; *Koll-Möllenhoff*, 193 f.; *Merle*, Rn. 569.
206 Vgl. KK/*Lutter*, Vorb. vor § 222 Rn. 19; *Hüffer*, § 222 Rn. 3; *Koll-Möllenhoff*, 193; *Drinkuth*, 253.
207 Vgl. KK/*Lutter*, Vorb. vor § 222 Rn. 14, 17; *Koll-Möllenhoff*, 193.
208 Vgl. KK/*Lutter*, Vorb. vor § 222 Rn. 18; *Koll-Möllenhoff*, 193 m.w.N. in Fn. 1139; *K. Schmidt*, § 29 III 5.

suchung des Dividendenanspruchs behandelt wurden (oben Kapitel 5 II.), kann hier insofern auf die dortigen Ausführungen verwiesen werden und die Erstellung des Jahresabschlusses, d.h. die Rechnungslegung, in den Mittelpunkt gestellt werden kann.

1. Rechtsvergleichender Überblick zur Rechnungslegung

Die Rechnungslegung ist durch die Jahresabschluss-Richtlinie und die Konzernrechnungslegungs-Richtlinie, die die 8. Gesellschaftsrechtliche Richtlinie ersetzende Richtlinie 2006/43/EG sowie die IFRS-Verordnung weitgehend harmonisiert. Die Jahresabschluss-Richtlinie legt Bilanz, Gewinn- und Verlustrechnung und Anhang als Mindestbestandteile des Jahresabschlusses fest (Art. 2 Abs. 1) und präzisiert die Inhalte dieser Dokumente (Art. 8 ff.)[209]. Daneben regelt sie den Mindestinhalt des Lageberichts insofern, als er eine ausgewogene und umfassende, dem Umfang und der Komplexität der Gesellschaft angemessenen Analyse des Geschäftsverlaufs, des Geschäftsergebnisses und der Lage der Gesellschaft zu beinhalten hat (Art. 46). Um die Verlässlichkeit der Rechnungslegung zu gewährleisten, wird ihre Prüfung durch Abschlussprüfer (deren Qualifikation durch die Richtlinie 2006/43/EG garantiert wird) vorgeschrieben (Art. 51 f.). Wie bereits erwähnt und in Kapitel 6 unter V. diskutiert, werden jedenfalls Gesellschaften mit börsennotierten Wertpapieren als Unternehmen von öffentlichem Interesse nunmehr durch Art. 41 der Richtlinie 2006/43/EG zur Bildung eines Prüfungsausschusses verpflichtet, der den Rechnungslegungsprozess, die internen Kontrollsysteme, die Abschlussprüfung sowie die Unabhängigkeit der Prüfer überwachen soll (Art. 41 Abs. 2). Dabei können die Mitgliedstaaten Gesellschaften, deren Aufsichtsräte oder Verwaltungsräte die beschriebenen Aufgaben wahrnehmen, von der Pflicht zur Schaffung eines Prüfungsausschusses ausnehmen (Art. 41 Abs. 5)[210]. Die Mitglieder der Leitungs-, Verwaltungs- und Aufsichtsorgane sind kollektiv für die Einhaltung der europarechtlichen Vorgaben im Jahresabschluss und Lagebericht verantwortlich (Art. 50b, 50c der Jahresabschluss-Richtlinie)[211]. Kapitalmarktorientierte Konzerne, in denen zumindest die Wertpapiere einer Konzerngesellschaft an einem organisierten Kapitalmarkt notiert sind, sind zur Rechnungslegung nach den IFRS verpflichtet (Art. 4 IFRS-Verordnung). Für die Rechnungslegung nicht kapitalmarktorientierter Konzerne und aller den Bilanz-Richtlinien unterfallenden Einzelunternehmen entscheiden die Mitgliedstaaten über die Einführung der IFRS (Art. 5 IFRS-Verordnung). Während das Vereinigte Königreich in Umsetzung von Art. 5 der IFRS-Verordnung die Verwendung von IFRS in Einzelabschlüssen gestattet (s. 395 (1) CA 2006) und Frankreich sie nicht erlaubt, beschreitet das deutsche Recht einen Mittelweg: Es lässt die Bilanzierung nach IFRS in Einzelabschlüssen zu, verlangt aber eine

---

209 Für die Umsetzung vgl. §§ 264 ff. HGB, art. L. 123-13 ff. C.com., ss. 394, 396, 414 CA 2006.
210 Zur Umsetzung der Vorgaben in den untersuchten Jurisdiktionen siehe oben Kapitel 6 V.1.
211 Eingefügt durch die Änderungsrichtlinie 2006/46/EG.

kumulative Bilanzierung nach den HGB-Regeln (§ 325 Abs. 2a HGB)[212]. Alle untersuchten Länder lassen die Bilanzierung nach IFRS auch in konsolidierten Abschlüssen von Gesellschaften ohne börsennotierte Wertpapiere zu (§ 315a Abs. 3 HGB, art. L. 233-24 C.com., s. 403 (2) CA 2006)[213]. Gesellschaften mit an organisierten Kapitalmärkten notierten Wertpapieren gelten im Übrigen unabhängig von den sonst einschlägigen Faktoren der Bilanzsumme, des Umsatzes und der Anzahl der Arbeitnehmer als große Gesellschaften im Sinne der europarechtlichen Vorgaben und unterfallen deshalb zwingend dem strengsten Rechnungslegungsstandard (Art. 53a der Jahresabschluss-Richtlinie).

2. Vorliegen von und Bedürfnis für Börsengesellschaftsrecht zur Rechnungslegung

Die Rechnungslegung dient in der Aktiengesellschaft den drei Zwecken der allgemeinen Information des Rechtsverkehrs, der spezifischen vergleichbaren Information der Kapitalmärkte und der Bemessung des ausschüttungsfähigen Gewinns[214]. Dabei ergeben sich Zielkonflikte, da die Bilanz zum einen ein zutreffendes Bild der Vermögenslage der Gesellschaft zugunsten der Gläubiger und Gesellschafter zeichnen, zum anderen im Interesse der Kapitalerhaltung vorsichtig ausgestaltet sein und letztlich den Anforderungen internationaler Vergleichbarkeit der Unternehmensdaten entsprechen soll, um den Anlegern rationale Investmententscheidungen zu erleichtern[215]. Hierbei droht insbesondere der im Interesse der Gewährleistung vergleichbarer Unternehmensinformationen an den Kapitalmarkt erfolgte Bedeutungszuwachs der Bilanzierung nach IAS/IFRS die Funktion der Bilanz als Grundlage einer sachgerechten Ausschüttung zu beeinträchtigen[216]. Während die Gesellschaft alle über das gebundene Kapital hinausgehenden Erträge ausschütten darf,

---

212 Vgl. *Ferran*, ECFR 2006, 178, 201 sowie die Untersuchung der EU-Kommission zur Implementierung der Wahlmöglichkeiten der IFRS-Verordnung v. 25. Februar 2008, http://ec.europa.eu/internal_market/accounting/ docs/ias/ias-use-of-options_en.pdf.

213 Vgl. die Untersuchung der EU-Kommission zur Implementierung der Wahlmöglichkeiten der Verordnung (vorangegangene Fn.).

214 Vgl. *Schön/Osterloh-Konrad* in Bayer/Habersack (Hrsg.), Aktienrecht im Wandel II, 893, 952; *Schön*, ZGR 2000, 706, 709, 729 ff. Hinzu kommt jedenfalls für das deutsche Recht die Maßgeblichkeit der handelsrechtlichen Grundsätze ordnungsgemäßer Buchführung für die steuerliche Gewinnermittlung; zum Verhältnis von Handels- und Steuerbilanz in Großbritannien *Schön*, Steuerliche Maßgeblichkeit, 283 ff. (der von einer de facto Maßgeblichkeit der Handelsbilanz für die Steuerbilanz spricht, 302, 352); zur Rechtslage in Frankreich dort 365 ff., insbes. 377–380 (grundsätzliche Maßgeblichkeit, soweit keine steuerrechtlichen Sonderregeln entgegenstehen); zu dem durch die steuerliche Maßgeblichkeit vermittelten Anreiz zum Ansatz konservativer Rechnungslegungsgrundsätze vgl. *Hertig/Kanda* in Kraakman u.a., Anatomy of Corporate Law, 71, 82; für einen Überblick zum Diskussionsstand hinsichtlich der Fortgeltung/Modifikation des deutschen Maßgeblichkeitsgrundsatzes aufgrund der Einführung von IAS/IFRS vgl. *Schön*, Steuerliche Maßgeblichkeit, 207 ff.

215 Vgl. *Schön*, ZGR 2000, 706, 713.

216 Vgl. *Schön/Osterloh-Konrad* in Bayer/Habersack (Hrsg.), Aktienrecht im Wandel II, 893, 952; *Lutter*, ZGR-Sonderheft 17 (2006), 1, 10 f.; auch *Fuchs/Stibi*, BB 2007, 93, 94; *Kleindiek*, BB 2007, Beilage 5, 2; ausführlich zu den Zielkonflikten *Schön*, ZGR 2000, 706, 709 ff., 729 ff.

hängt die Feststellung des Gewinns maßgeblich von der Art und Weise der Bilanzierung ab. Im kontinentaleuropäischen Recht war diese von jeher vom Realisations- bzw. Imparitätsprinzip geprägt, das eine vorsichtige Bewertung entsprechend kaufmännischer Sorgfaltsmaßstäbe verlangt[217]. Im Sinne der Ausschüttungsbegrenzungsfunktion der Bilanz wurde im Wesentlichen statisch bilanziert, indem Risiken vorzeitig und Chancen erst bei ihrer Realisierung angesetzt wurden[218]. Aufgrund der IFRS-Verordnung sind Gesellschaften mit börsennotierten Wertpapieren seit dem 1. Januar 2005 zur Aufstellung ihrer konsolidierten Jahresabschlüsse nach den *International Financial Reporting Standards* verpflichtet (Art. 4 IFRS-Verordnung), während die Mitgliedstaaten die Bilanzierung nach IFRS Gesellschaften mit börsennotierten Wertpapieren auch für den Einzelabschluss sowie börsenfernen Gesellschaften für den Konzernabschluss und den Einzelabschluss gestatten können (Art. 5 IFRS-Verordnung). In Umsetzung der Ermächtigung aus Art. 5 hat Großbritannien allen Gesellschaften auch die Bilanzierung ihrer Einzelabschlüsse nach IFRS gestattet, während sie französischen Gesellschaften untersagt ist und deutsche Kapitalgesellschaften zwar einen IFRS-Einzelabschluss veröffentlichen können, in jedem Fall aber auch einen HGB-Abschluss erstellen müssen. Zudem lassen alle untersuchten Länder die Bilanzierung nach IFRS auch in konsolidierten Abschlüssen von Gesellschaften ohne börsennotierte Wertpapiere zu. Die IFRS sehen im Interesse der Kapitalmarktinformation eine weitgehende Aufgabe des Vorsichtsprinzips zugunsten einer Bilanzierung zu Marktwerten (*fair values*) vor, was zu einer günstigeren Bewertung des Gewinns führen kann[219]. Die Erfüllung der Informationsfunktion bedingt dabei eine dynamische Bilanzierung, die günstige und ungünstige Erfolgsbeiträge symmetrisch abbildet und zukunftsorientierte Werte ansetzt, um über die zu erwartenden Zahlungsströme Auskunft geben zu können[220]. Ein Ansatz zum *fair value* meint dabei den Betrag, zu dem ein Gegenstand zwischen informierten Parteien im Rahmen einer Transaktion zu marktüblichen Konditionen (*arm's length transaction*) übertragen bzw. zu dem eine Verbindlichkeit zu marktüblichen Konditionen getilgt würde[221]. Änderungen der relevanten Marktpreise oder sonstiger Bewertungsdeterminanten führen deshalb zur Änderung des (nicht realisierten) Gewinns. Allerdings ist zweifelhaft, ob die IFRS-Bilanzierung tatsächlich zum Ausweis höherer Gewinne führt[222]. Eine Studie der Ruhruniversität Bochum und der Privatbank Sal. Oppenheim kommt insofern zu dem Ergebnis, dass jedenfalls die Gewinne der im DAX notierten Gesellschaften durch die Umstellung

---

217 Vgl. *Lutter*, ZGR-Sonderheft 17 (2006), 1, 10. Dagegen dominiert in Großbritannien seit jeher das in erster Linie Informationszwecken dienende *true and fair view*-Prinzip; vgl. *Schön*, ZGR 2000, 706, 717.
218 Vgl. *Schön*, ZGR 2000, 706, 714.
219 Vgl. *Schön/Osterloh-Konrad* in Bayer/Habersack (Hrsg.), Aktienrecht im Wandel II, 893, 952.
220 Vgl. *Schön*, ZGR 2000, 706, 713.
221 Vgl. *Ferran*, ECFR 2006, 178, 205.
222 Vgl. *Ferran*, ECFR 2006, 178, 206, 207, 211. Während *Lutter*, ZGR-Sonderheft 17 (2006), 1, 10 davon ausgeht, dass die Gewinne nach IFRS günstiger bewertet werden, sieht *Rickford*, EBLR 2004, 919, 958–965 Belege für die Senkung des Gewinns durch die IFRS-Bilanzierung; vgl. insofern auch das Fallbeispiel bei *Ferran*, ECFR 2006, 178, 207 f.

auf die IFRS-Rechnungslegung in den Jahren 2004 und 2005 um durchschnittlich 10 bis 15 % höher ausgewiesen wurden als bei Bilanzierung nach dem HGB[223]. Die von der EU-Kommission 2005 in Auftrag gegebene KPMG-Studie zur Auswirkung der Einführung von IFRS auf Dividenden hingegen hat eine generelle erhebliche Erhöhung der Gewinne aufgrund des Bilanzierungswechsels nicht feststellen können[224]. Sie konzediert aber, dass es in gewissen Situationen zu einer wesentlichen Erhöhung kommen kann[225]. Führt die IFRS-Bilanzierung zu einer zu optimistischen Bewertung der Gewinne, droht die Ausschüttung reiner Buchgewinne[226]. Um dieser Gefahr zu begegnen, werden verschiedene Maßnahmen diskutiert[227]. Letztendlich sollte sich die Rechtfertigung der von der Verordnung und den nationalen Gesetzgebern vorgenommenen (und von den Reformvorschlägen aufgenommenen) Differenzierungen im Rahmen der Pflichten und Erlaubnisse zur Bilanzierung nach IFRS aber aus den Informationsbedürfnissen des Kapitalmarkts ergeben und nicht auf dort börsennotierte Aktien beschränkt sein. Die Gewährleistung der Funktionsfähigkeit des Kapitalmarkts erfordert die Zurverfügungstellung europaweit hinreichend vergleichbarer und aussagekräftiger Finanzinformationen für alle Gesellschaften mit börsennotierten Wertpapieren[228], so dass das Bedürfnis für eine IFRS-Bilanzierung und mit ihm die eventuelle Gefahr einer Ausschüttung von Buchgewinnen grundsätzlich rechtsformübergreifend besteht. Eine vertiefte Untersuchung des Rechnungslegungsrechts darauf, ob es diese Grundüberlegung durchgängig Geltung beanspruchen kann oder ob eventuell doch börsengesellschaftsrechtliche Notwendigkeiten bestehen, ist im Rahmen dieser Arbeit angesichts des Umfangs der Aufgabenstellung nicht zu leisten und muss einer gesonderten Monographie überlassen bleiben.

---

223 Vgl. die am 11. Januar 2007 veröffentliche Studie unter www.oppenheim.de/de/05_public_relations/content/presseportal/10_pressemitteilungen/2007/2007-01-11_accounting-does-matter/2007-01-11_pm_accounting-does-matter.pdf

224 Vgl. *KPMG*, Feasibility study on an alternative to the capital maintenance system – main report, 7, 315 ff.

225 Vgl. *KPMG*, vorangegangene Fn.

226 Vgl. *Lutter*, ZGR-Sonderheft 17 (2006), 1, 10.

227 Für überblicksartige Zusammenfassungen der Diskussion (jeweils unter Einbeziehung der nachfolgend nicht gesondert geschilderten Vorschläge der sog. Niederländischen Gruppe und der *High Level Group* of Company Law Experts, die wie der *Rickford*-Vorschlag zugunsten eines Solvenztests argumentieren) vgl. *KPMG*, Feasibility study on an alternative to the capital maintenance system – main report, 269 ff.; *Generaldirektion Binnenmarkt der EU-Kommission*, Results of the external study, 3 ff., 12 ff.; *Lanfermann/Röhricht*, BB 2007, Beilage 5, 8, 10 ff.; *Fuchs/Stibi*, BB 2007, 93, 94 ff.; *Kleindiek*, BB 2007, Beilage 5, 2 ff.

228 Zusammenfassend zur Überlegenheit der IFRS für Gesellschaften mit börsennotierten Wertpapieren *Schön*, ZGR 2000, 706, 733 ff.

9. Kapitel: Strukturmaßnahmen und Beendigung der Gesellschaft

Im Rahmen von Strukturänderungen sowie der Auflösung der Gesellschaft bestehen börsengesellschaftsrechtliche Sonderinteressen nur insofern, als bestimmte Strukturmaßnahmen sowie die Auflösung der Gesellschaft zum Verlust der Börsennotierung der Gesellschaft im Wege des „kalten *Delisting*“[1] und damit zu einer wesentlichen Fungibilitätseinbuße für die Aktionäre führen. Insofern besteht eine ähnliche Interessenlage wie beim regulären *Delisting*, die besondere Vorkehrungen zum Schutz der gegen die Strukturmaßnahme opponierenden Minderheitsaktionäre erforderlich machen kann[2]. Zu einem solchen kalten *Delisting* führen Verschmelzungen und Aufspaltungen börsennotierter Aktiengesellschaften auf nicht börsennotierte bzw. nicht börsenfähige Gesellschaften sowie Eingliederungen in diese (unten II.), des Weiteren Formwechsel börsennotierter Aktiengesellschaften in nicht börsenfähige Rechtsformen (unten III.). Ähnliche Wirkungen zeitigen übertragende Auflösungen, bei denen das Vermögen der aufzulösenden börsennotierten Gesellschaft auf eine oder mehrere andere nicht börsennotierte Gesellschaft(en) übertragen und die übertragende Gesellschaft anschließend liquidiert wird (unten IV.). Verschmelzungen und Aufspaltungen führen zur Auflösung des Rechtsträgers und damit zum Verlust einer eventuellen Börsennotierung. Soweit die nationalen Rechtsordnungen Abspaltungen vorsehen, so bewirken diese keine Auflösung des übertragenden Rechtsträgers und deshalb auch keinen Fortfall seiner Börsennotierung *ipso iure*. Die Aktionäre der übertragenden Gesellschaft erhalten jedoch für ihren Anteil am übertragenen Teil der Aktien nicht börsennotierte Anteile der übernehmenden Gesellschaft. Die hierbei auftretende Problematik des Fungibilitätsverlusts eines Teils der Anteile entspricht der bei der Aufspaltung hinsichtlich aller Anteile auftretenden, so dass die insofern im Rahmen der bewertenden Teile dieses Kapitels auf Aufspaltungen bezogenen Erörterungen für Abspaltungen entsprechend gelten. Bei der Spaltungsvariante der Ausgliederung hingegen fließen die im Gegenzug für die Anteile der übertragenden Gesellschaft geleisteten Anteile der übernehmenden Gesellschaft an die übertragende Gesellschaft selbst und nicht an ihre Aktionäre. Die übertragende Gesellschaft löst sich also weder auf mit der Folge eines kalten *Delisting* noch wechseln ihre Aktionäre in den übernehmenden Rechtsträger und verlieren so bei fehlender Börsennotierung die Fungibilität eines Teils ihrer Anteile. Von daher können sich im Rahmen der Ausgliederung keine börsengesellschaftsrechtlichen Bedürfnisse ergeben, weshalb sie im Folgenden außer Betracht bleibt. Im Rahmen der bewertenden Ausführun-

---

1 Als kaltes *Delisting* wird das *Going Private* im Rahmen von Umwandlungs-, Verschmelzungs- oder Eingliederungsvorgängen bezeichnet, bei denen der Emittent in einer nicht börsennotierten Gesellschaft aufgeht; vgl. *Heidelbach* in Schwark (Hrsg.), § 38 BörsG Rn. 49; *Pfüller/Anders*, NZG 2003, 459, 460; *Streit*, ZIP 2002, 1279, 1280; *Adolff/Thieves*, BB 2003, 797, 805; *Streit*, ZIP 2002, 1279, 1280.

2 Zur Interessenlage beim regulären *Delisting* siehe Kapitel 6 unter I.2.b).

gen meint der Begriff der Spaltung deshalb Auf- und Abspaltungen (die zu Fungibilitätseinbußen führen können).

I. Europarechtliche Vorgaben zu den Strukturmaßnahmen und der Auflösung

Auf europäischer Ebene sind lediglich Verschmelzungen und Spaltungen unter der Beteiligung von Aktiengesellschaften als übertragenden und übernehmenden Gesellschaften harmonisiert. Die innerstaatliche Verschmelzung bzw. Fusion von Aktiengesellschaften regelt die 3. Gesellschaftsrechtliche (Fusions-)Richtline, die grenzüberschreitende die Richtlinie 2005/56/EG über die Verschmelzung von Kapitalgesellschaften aus verschiedenen Mitgliedstaaten[3]. Die Spaltung von Aktiengesellschaften, die aufgrund ihrer sachlichen Nähe ursprünglich zusammen mit der Verschmelzung geregelt werden sollte[4], wurde letztendlich durch die an der Fusions-Richtlinie orientierte 6. Gesellschaftsrechtliche (Spaltungs-)Richtlinie vereinheitlicht.

Nachdem der einstimmige Verzicht auf eine Sachverständigenprüfung des Verschmelzungs-/Spaltungsplans durch die Aktionäre mittels der Änderungsrichtlinie 2007/63/EG zugelassen wurde, prüft die EU-Kommission derzeit im Rahmen ihrer Bemühungen zur Verringerung des durch europäische Regelungen verursachten Verwaltungsaufwands eine Aufhebung der Fusions- und der Spaltungs-Richtlinie bzw. ihre Vereinfachung und hat die interessierten Kreise mit ihrer Mitteilung über ein vereinfachtes Unternehmensumfeld in den Bereichen Gesellschaftsrecht, Rechnungslegung und Abschlussprüfung vom 10. Juli 2007 zur Stellungnahme zu diesem Vorhaben eingeladen (Ziff. 3.1.1, 3.1.2 der Mitteilung). Im beschleunigten Gesetzgebungsverfahren befindet sich momentan ein Kommissionsvorschlag für eine neue Fusions-Richtlinie, die die verschiedenen die Verschmelzung betreffenden Rechtsakte der Gemeinschaft konsolidieren soll[5].

---

3 Die Richtlinie 2005/56/EG knüpft dabei an die Regelungen der Fusions-Richtlinie an; vgl. Erwägungsgrund Nr. 4 sowie Art. 4 Abs. 1 lit. b der Richtlinie 2005/56/EG, dem zufolge auf grenzüberschreitende Verschmelzungen das jeweils für die beteiligten Gesellschaften geltende nationale Recht anzuwenden ist, soweit die Richtlinie 2005/56/EG nichts anderes bestimmt; vgl. auch *Grundmann*, Europ. GR, Rn. 857; *S. Eggert*, 3.

4 Zur Entstehungsgeschichte vgl. den Richtlinienvorschlag vom 16. Juni 1970, ABl. 190 C 89/20; desw. *Grundmann*, Europ. GR, Rn. 845; *Grünwald*, 33; *S. Eggert*, 5, 12.

5 Vgl. EG-Kommission, Vorschlag für eine Richtlinie des Parlaments und des Rates über die Verschmelzung von Aktiengesellschaften (konsolidierte Fassung) vom 29. Januar 2008, KOM(2008), 26 endg.; dazu die befürwortenden Stellungnahmen des Europäischen Wirtschafts- und Sozialausschusses vom 12. März 2008, http://eescopinions.eesc.europa.eu/eescopiniondocument.aspx?language=de&docnr=664&year=2004, sowie des Europäischen Parlaments in der 1. Lesung vom 17. Juni 2008, A6/2008/36.

1. Europarechtliche Vorgaben zur Verschmelzung

Die Fusions-Richtlinie harmonisiert lediglich Verschmelzungen, bei denen Aktiengesellschaften sowohl als übertragender als auch als übernehmender Rechtsträger beteiligt sind (Art. 1 Abs. 1). Im Rahmen der Fusionen sind die Verschmelzung durch Aufnahme durch einen schon bestehenden Rechtsträger (Art. 3, 5–22 der Fusions-Richtlinie) und die Verschmelzung durch Neugründung eines neu zu schaffenden Rechtsträgers (Art. 4, 23) zu unterscheiden. Die Verschmelzung bewirkt, dass alle Aktiva und Passiva der übertragenden Gesellschaft im Wege der Universalsukzession auf die übernehmende Gesellschaft übergehen (Art. 19 Abs. 1 lit. a)), während die übertragende Gesellschaft ohne Abwicklung aufgelöst wird (Art. 19 Abs. 1 lit. c)) und ihre Aktionäre Gesellschafter der übernehmenden Gesellschaft werden (Art. 19 Abs. 1 lit. b)). Bei Verschmelzung einer börsennotierten Aktiengesellschaft auf eine nicht-börsennotierte Gesellschaft bedeutet dies einen Verlust der Börsennotierung im Wege eines kalten *Delisting*.

Das Erlöschen des übertragenden Rechtsträgers sowie die ipso iure entstehende Aktionärsstellung in der übernehmenden Gesellschaft erfordern Schutzmaßnahmen zugunsten der Aktionäre und der Gläubiger, deren Mindestgehalt die Fusions-Richtlinie gewährleistet[6]. Da die unterschiedlichen Wertverhältnisse häufig einer Abfindung ausschließlich in Aktien entgegenstehen[7], müssen die Mitgliedstaaten in ihren Rechten Verschmelzungen mit einer baren Zuzahlung von bis zu 10 % des Nennbetrags oder rechnerischen Werts der gewährten Aktien zulassen (Art. 3 Abs. 1), während ihnen die Zulassung von diese Schwelle überschreitenden Verschmelzungen freisteht (Art. 30). Den Schutz der Aktionäre der verschmelzenden Gesellschaften will die Richtlinie durch Informationspflichten zugunsten der über die Verschmelzung entscheidenden Hauptversammlungen gewährleisten[8], während für die Gläubiger angemessene Sicherungsmechanismen vorgesehen werden müssen[9]. Die Leitungsorgane der beteiligten Gesellschaften haben gemeinsam einen schriftlichen Verschmelzungsplan (bzw. -vertrag, wie ihn das deutsche Recht nennt) zu erstellen und zu publizieren (Art. 5, 6). Gesondert hat das jeweilige Leitungsorgan aus der Sicht der Interessenlage seiner Gesellschaft einen den Verschmelzungsplan erläuternden Verschmelzungsbericht zu verfassen (Art. 9), in den die Aktionäre Einsicht nehmen können (Art. 11 Abs. 1 lit. d)). Der Verschmelzungsplan, insbesondere das in ihm vorgeschlagene Umtauschverhältnis, wird durch Sachverständige geprüft, die einen Bericht für die Aktionäre erstellen (Art. 10)[10].

---

6 Vgl. *Habersack*, Europ. GR, 195, 199; *Merle*, 861 Rn. 674.

7 Dazu *Grundmann*, Europ. GR, Rn. 859; *Habersack*, Europ. GR, Rn. 215; *Schwarz*, Europ. GR, Rn. 642; *S. Eggert*, 16.

8 Vgl. *Habersack*, Europ. GR, 202 f.; *Grundmann*, Europ. GR, Rn. 865.

9 Die nationalen Gesetzgeber müssen für Gläubiger der sich verschmelzenden Gesellschaften, deren Forderungen vor der Bekanntmachung des Verschmelzungsplan entstanden und noch nicht fällig sind, ein angemessenes Schutzsystem vorsehen, das jedenfalls bei Erforderlichkeit ausreichende Sicherheitsleistungen beinhaltet (Art. 13–15).

10 Dabei haften die Organmitglieder und die Prüfer des Verschmelzungsberichts den Aktionären persönlich für jede Fahrlässigkeit (Art. 20 f.).

Gemäß des durch die Richtlinie 2007/63/EG eingefügten und zum 31. Dezember 2008 umzusetzenden Art. 10 Abs. 4 können die Aktionäre und Inhaber sonstiger stimmberechtigter Wertpapiere aller beteiligten Gesellschaften nunmehr einstimmig auf die Sachverständigenprüfung verzichten. Auf Grundlage ihrer umfassenden Einsichtnahmebefugnisse (Art. 11) beschließen die Aktionäre der beteiligten Gesellschaften über die Verschmelzung mit einer Mehrheit von mindestens zwei Dritteln des vertretenen Kapitals bzw. mit satzungsändernder Mehrheit, soweit die Verschmelzung eine Satzungsänderung notwendig macht (Art. 7). Dabei können die Mitgliedstaaten eine einfache Mehrheit zulassen, wenn mindestens die Hälfte des Kapitals vertreten ist (Art. 7 Abs. 1 Unterabs. 2 Satz 1). Die Mitgliedstaaten können den Gesellschaften ein Absehen von den Anforderungen nach Art. 9 bis 11 gestatten, wenn die Minderheitsaktionäre der übertragenden Gesellschaft ein Austrittsrecht zum (gegebenenfalls gerichtlich festzusetzenden) Wert ihrer Beteiligung haben (Art. 28). Unter gewissen Voraussetzungen können die Mitgliedstaaten auf die Zustimmung durch die Hauptversammlung verzichten[11]. Anschließend haben die Mitgliedstaaten eine weitere unabhängige vorbeugende Prüfungsinstanz zu schaffen. Hierfür ist eine gerichtliche oder behördliche Kontrolle der Rechtmäßigkeit oder die notarielle Beurkundung der Niederschriften der Hauptversammlungen oder eines im Anschluss an die Hauptversammlungen geschlossenen Verschmelzungsvertrags vorzusehen (Art. 16 Abs. 1 Satz 1), wobei eine Kumulation der Prüfungsinstanzen zulässig ist[12]. Schließlich ist die Verschmelzung offen zu legen (Art. 18). Während die Wirkung der Verschmelzung, wie bereits erörtert, in Art. 19 weitgehend harmonisiert ist, bleibt die Festlegung des Zeitpunkts ihrer Wirksamkeit den nationalen Rechtsordnungen überlassen (Art. 17). Die Nichtigkeit fehlerhafter Verschmelzung können die Mitgliedstaaten nur unter stark eingeschränkten Voraussetzungen anordnen (Art. 22).

---

11 Art. 8 der Fusions-Richtlinie erlaubt einen Verzicht, wenn (1.) der Verschmelzungsplan mindestens einen Monat vor der Hauptversammlung der übertragenden Gesellschaft für die übernehmende Gesellschaft offengelegt wurde, (2.) den Aktionären der übernehmenden Gesellschaft mindestens einen Monat vor diesem Zeitpunkt die Einsichtnahme in den Plan und die sonstigen in Art. 11 Abs. 1 der Fusions-Richtlinie genannten Unterlagen möglich war und (3.) Aktionären der übernehmenden Gesellschaft mit einem Mindestanteil von höchstens 5 % des stimmberechtigten Grundkapitals die Einberufung einer Hauptversammlung ihrer Gesellschaft zur Beschlussfassung über die Maßnahme möglich war. Auf die Zustimmung der Hauptversammlung der übernehmenden Gesellschaft zur Verschmelzung kann unter vergleichbaren Voraussetzungen auch verzichtet werden, wenn die übernehmende Gesellschaft 90 % der Anteile an der/den übertragenden Gesellschaft hält (Art. 27). Anders als bei Art. 8 muss keine Einsichtsmöglichkeit in den Verschmelzungsbericht und den Prüfungsbericht vorgeschrieben werden, den Aktionären im Übrigen aber das Recht auf Abschriften eingeräumt werden. Hauptversammlungsbeschlüsse aller beteiligten Gesellschaften sind unter Art. 27 weitgehend entsprechenden Voraussetzungen entbehrlich, wenn die übernehmende Gesellschaft 100 % der Anteile der übertragenden Gesellschaft besitzt (Art. 25).

12 Vgl. *Grundmann*, Europ. GR, Rn. 882 in Fn. 55; *Habersack*, Europ. GR, 206; *Hommelhoff/Riesenhuber* in Grundmann, Systembildung, 259, 273. Um einen gleichwertigen Prüfungsstandard zu garantieren, ist ein beurkundender Notar zur umfassenden Prüfung der formalen und materiellen Rechtsmäßigkeit der Verschmelzung verpflichtet; vgl. *Grundmann*, a.a.O.; *Hommelhoff/Riesenhuber*, a.a.O.

2. Europarechtliche Vorgaben zur Spaltung

Für die verschmelzungsähnlichen Vorgänge der Auf- und Abspaltung unter Beteiligung von Aktiengesellschaften als übertragenden und übernehmenden Gesellschaften übernimmt die Spaltungs-Richtlinie das Schutzkonzept der Fusions-Richtlinie[13]. Im Unterschied zur Rechtslage bei der Verschmelzung verpflichtet die Spaltungs-Richtlinie die Mitgliedstaaten jedoch nicht zur Einführung des Rechtsinstituts der Spaltung. Sehen die nationalen Rechtsordnungen aber Spaltungsmöglichkeiten vor, so haben sie die Richtlinienvorgaben einzuhalten (Art. 1). Diese regulieren von den verschiedenen Formen der Spaltung lediglich die Aufspaltung ausführlich (Art. 2–24). Sehen die nationalen Rechte Spaltungsformen vor, bei denen die übertragende Gesellschaft bestehen bleibt (wie die Abspaltung), so sind die Vorgaben zur Aufspaltung entsprechend anzuwenden (Art. 25).

Da im Rahmen der Aufspaltung das gesamte Vermögen eines Rechtsträgers auf mindestens zwei andere Rechtsträger übertragen und der übertragende Rechtsträger ohne Abwicklung aufgelöst wird, während die Gesellschafter des übertragenden Rechtsträgers im Gegenzug Anteile oder Mitgliedschaften an den übernehmenden Rechtsträgern erhalten (Art. 2 Abs. 1, Art. 17), besteht der Unterschied zur Verschmelzung allein darin, dass die Vermögensübertragung auf mindestens zwei bereits bestehende oder zu gründende Rechtsträger erfolgt[14]. Aus Sicht der beteiligten Aktionäre und der betroffenen Gläubiger ist die Abweichung unerheblich, weshalb durchgängig den Verschmelzungsvorschriften entsprechende Schutzmechanismen bestehen und weitgehend auf die Vorschriften der Fusions-Richtlinie verwiesen wird[15]. Wie bei der Verschmelzung sind ein Spaltungsplan, Spaltungsberichte und Prüfungsberichte zum Spaltungsplan zu erstellen (Art. 3, 7, 8)[16] und sodann Hauptversammlungsbeschlüsse der beteiligten Gesellschaften mit den für den Verschmelzungsbeschluss geltenden Mehrheiten (also Zweidrittelmehrheit, satzungsändernder Mehrheit oder einfacher Mehrheit bei einem Quorum von der Hälfte des Kapitals) herbeizuführen (Art. 5 Abs. 1 der Spaltungs-Richtlinie i.V.m. Art. 7 der Fusions-Richtlinie). Unter bestimmten Voraussetzungen kann wiederum von einer Beteiligung der Hauptversammlung abgesehen werden[17]. Auf Austrittsrechte geht die

---

13 Damit reguliert die Richtlinie die Vorgänge, deren Wirkungen denen der Verschmelzung am Nächsten kommen und die deshalb eine besondere Umgehungsgefahr begründen; vgl. *Habersack*, Europ. GR, 216. Die Mitgliedstaaten können daneben weitere Spaltungsvorgänge normieren (wie z.B. die Ausgliederung nach § 123 Abs. 3 UmwG).

14 Vgl. *Habersack*, Europ. GR, 211.

15 Vgl. die zahlreichen Verweisungen in Art. 2–20.

16 Wie bei der Spaltung haben nunmehr sämtliche Aktionäre und Inhaber sonstiger stimmberechtigter Wertpapiere aller beteiligten Gesellschaften gemäß dem durch die Richtlinie 2007/63/EG geänderten und zum 31. Dezember 2008 umzusetzenden Art. 10 der 6. Gesellschaftsrechtlichen Richtlinie zwingend (und nicht mehr nur wie zuvor nach Entscheidung der Mitgliedstaaten) das Recht, einstimmig auf die Sachverständigenprüfung zu verzichten.

17 Wie Art. 8 der Fusions-Richtlinie erlaubt Art. 6 der Spaltungs-Richtlinie einen Verzicht, wenn der Verschmelzungs- bzw. Spaltungsplan mindestens einen Monat vor der Hauptversammlung der übertragenden Gesellschaft(en) für die übernehmende(n) Gesellschaft(en offengelegt wurde, den Aktionären der übernehmenden Gesellschaft(en) mindestens ein Monat vor diesem

Richtlinie nur insoweit ein, als sie ihre Einführung bei nichtverhältniswahrenden Spaltungen zulässt (Art. 5 Abs. 2). Die präventive weitere Kontrolle (Art. 14 der Spaltungs-Richtlinie i.V.m. Art. 16 der Fusions-Richtlinie) und die Eintragung (Art. 16 der Spaltungs-Richtlinie) sind wie bei der Verschmelzung geregelt. Die Mitgliedstaaten können von der Einhaltung bestimmter Schutzvorgaben absehen, wenn die Spaltung unter gerichtlicher Aufsicht erfolgt (Art. 23). Diese Verfahrensvariante wurde insbesondere im Hinblick auf Großbritannien eingeführt, wo Umstrukturierungsmaßnahmen typischerweise unter Aufsicht eines Gerichts durchgeführt werden[18]. Wie bei der Verschmelzung bleibt die Festlegung des Zeitpunkts der Wirksamkeit den Mitgliedstaaten überlassen (Art. 15), während die bereits erwähnte Wirkung weitgehend harmonisiert ist (Art. 17). Wie im Rahmen der Verschmelzung haben die Mitgliedstaaten für einen angemessenen Schutz der Gläubiger zu sorgen, deren Forderungen vor Bekanntmachung des Spaltungsplans entstanden und noch nicht fällig waren (Art. 12 Abs. 1), was jedenfalls Vorkehrungen für die Bestellung adäquater Sicherheiten erfordert (Art. 12 Abs. 2)[19].

II. *Delisting* durch Verschmelzung und Spaltung

1. Rechtsvergleichender Überblick zur Verschmelzung und Spaltung

a) Verschmelzung und Spaltung der AG

Die Verschmelzungsvorgaben sind im deutschen Recht überschießend rechtsformübergreifend in §§ 3–38 UmwG umgesetzt, während die §§ 39 ff. UmwG rechtsformspezifische Sondervorschriften und die §§ 60–76 UmwG solche für die AG enthalten[20]. Auch die europarechtlichen Vorgaben zur Spaltung setzt das UmwG überschießend rechtsformübergreifend um[21], wobei § 125 Satz 1 UmwG die über-

---

Zeitpunkt die Einsichtnahme in den Plan und die sonstigen in Art. 9 Abs. 1 der Spaltungs-Richtlinie genannten Unterlagen möglich war und drittens Aktionäre der übernehmenden Gesellschaft(en) mit einem Mindestanteil von höchstens 5 % des stimmberechtigten Grundkapitals die Einberufung einer Hauptversammlung ihrer Gesellschaft(en) zur Beschlussfassung über die Maßnahme möglich war. Bei Spaltungen kann bei 100 %igem Anteilsbesitz unter vergleichbaren Umständen wie nach Art. 25 der Fusions-Richtlinie (dazu oben in diesem Kapitel Fn. 11) auf den Hauptversammlungsbeschluss der übertragenden Gesellschaft verzichtet werden (Art. 20 der Spaltungs-Richtlinie).

18 Vgl. *S. Eggert*, 21 sowie sogleich unter II.1.c).

19 Alternativ kann die gesamtschuldnerische und gleichrangige Haftung aller begünstigten Gesellschaften für die Verpflichtungen der gespaltenen Gesellschaft angeordnet werden (Art. 12 Abs. 6).

20 Daneben besteht die Möglichkeit der vollständigen Übertragung des Vermögens auf die öffentliche Hand (§§ 174 ff. UmwG). Für sie gelten die Verschmelzungsvorschriften entsprechend (§ 176 UmwG), weshalb sie nicht gesondert behandelt wird.

21 Die Spaltung ist in den allgemeinen, rechtsformunabhängigen Vorschriften der §§ 123–137 UmwG und den rechtsformabhängigen Vorschriften der §§ 137–151 UmwG geregelt, wobei §§ 141–146 UmwG spezielle Vorschriften für Spaltungen unter Beteiligung von Aktiengesellschaften enthalten.

wiegende Zahl der Verschmelzungsregeln für entsprechend anwendbar erklärt[22]. Aktiengesellschaften können danach als übertragender, übernehmender und neuer Rechtsträger an Verschmelzungen und Spaltungen teilnehmen. Als Spaltungsvarianten reguliert das UmwG die Aufspaltung, die Abspaltung und die Ausgliederung (§ 123 UmwG). Nachdem die Vertretungsorgane der beteiligten Rechtsträger den notariell beurkundeten Verschmelzungs- bzw. Spaltungsvertrag geschlossen haben (§§ 4–6 UmwG, bei der Spaltung § 126 Abs. 1 UmwG), haben sie an die Aktionäre der Rechtsträger die Verschmelzungs-/Spaltungsberichte zu erstatten, in denen sie insbesondere das Umtauschverhältnis der Anteile (inklusive der Barzuzahlung von höchstens 10 %) und die Höhe der bei einer formwechselnden Verschmelzung/Auf- und Abspaltung sowie einer solchen einer börsennotierten auf eine nicht börsennotierte Aktiengesellschaft (bzw. im Rahmen der Aufspaltung auf mehrere nicht börsennotierte Gesellschaften) den dissentierenden Gesellschaftern gemäß § 29 Abs. 1 Satz 1 UmwG anzubietende Barabfindung zu erläutern und zu begründen haben (§ 8 Abs. 1 UmwG, für die Spaltung § 127 UmwG i.V.m. § 8 Abs. 1 Satz 2–4, Abs. 2, 3 UmwG)[23]. Die Barabfindungspflicht gilt nach dem Gesetzeswortlaut nicht bei Verschmelzung/Spaltung einer (börsennotierten) AG auf eine bzw. mehrere (nicht börsennotierte) KGaA, da Verschmelzungen/Spaltungen dieser Gesellschaften gemäß § 78 Satz 4 UmwG nicht als Rechtsformänderungen i.S.v. § 29 UmwG gelten. Der Untergang des übertragenden Rechtsträgers (§ 20 Abs. 1 Nr. 2 UmwG für die Verschmelzung, § 131 Abs. 1 Nr. 1 UmwG für die Aufspaltung) führt stets – auch bei Verschmelzung/Aufspaltung einer AG auf eine bzw. mehrere KGaA – zur Erledigung seiner eventuellen Börsenzulassung gemäß § 43 Abs. 2 VwVfG[24]. Das Austrittsrecht aus § 29 Abs. 1 Satz 1 UmwG besteht nur zugunsten derjenigen Gesellschafter, die ihren Widerspruch gegen den Verschmelzungs-/Spaltungsbeschluss im Rahmen der über diesen abstimmenden Gesellschafterversammlung zur Niederschrift des Notars erklärt und gegen den Beschluss gestimmt haben[25]. Die Barabfindung muss die Verhältnisse des übertragenden Rechtsträgers im Zeitpunkt der Beschlussfassung über die Strukturmaßnahme berücksichtigen (§ 30 Abs. 1 Satz 1 UmwG). Zur Ermittlung der angemessenen Barabfindung hat das Vertretungsorgan den wahren Wert der Anteile, d.h. ihren Wert unter Einschluss aller stillen Reserven

---

22 Auf eine Zitierung der Verweisungsnorm des § 125 Satz 1 UmwG wird im Folgenden aus Übersichtlichkeitsgründen verzichtet.

23 Die Barabfindungspflicht gilt nicht im Rahmen der Spaltungsvariante der Ausgliederung, § 125 Satz 1 UmwG, da die Anteilsinhaber in ihrem Falle nicht in den übernehmenden Rechtsträger wechseln, sondern die Anteile des übernehmenden Rechtsträgers an den übertragenden Rechtsträger geleistet werden; vgl. Reg.Begr. Ganske, 152; *Stengel/Schwanna* in Semler/Stengel, § 125 Rn. 9.

24 Vgl. *Heidelbach* in Schwark (Hrsg.), § 38 BörsG Rn. 50; *Groß*, Kapitalmarktrecht, § 38 BörsG Rn. 38; *Lohner* in Deilmann/Lorenz (Hrsg.), Börsennotierte AG, § 16 Rn. 13; *Krolop*, 51; Schiemzig, 86 f.; *de Vries*, 25; *Pluskat*, BKR 2007, 54, 55; *Groß*, ZHR 165 (2001), 141, 149; *Land/Hasselbach*, DB 2000, 557, 559; *Kleindiek*, FS für Bezzenberger, 653, 654; *Meyer-Landrut/Kiem*, WM 1997, 1361, 1366; *Adolff/Thieves*, BB 2003, 797, 805. A.A. wohl *Steck*, AG 1998, 460, 462; *Richard/Weinheimer*, BB 1999, 1613, 1618, die die Zulassungsstelle als zum Widerruf der Börsenzulassung verpflichtet sehen, also von einer Ermessenreduzierung auf Null ausgehen.

25 Vgl. *Kalss* in Semler/Stengel, § 29 Rn. 21 f.; *Marsch-Barner* in Kallmeyer, § 29 Rn. 12 f.; *Grunewald* in Lutter, § 29 Rn. 10.

sowie des Geschäfts- oder Firmenwerts, im Wege einer Unternehmensbewertung nach den allgemein in Rechtsprechung, Theorie und Praxis akzeptierten Prinzipien zu ermitteln[26]. Neben dem wahren Wert der Anteile ist der Vermögensverlust, den der Gesellschafter durch die gesellschaftsrechtliche Maßnahme erleidet, zu berücksichtigen[27]. Bei börsennotierten Unternehmen liegt der Vermögensverlust im Verkehrswert der Aktie, der nach der Rechtsprechung regelmäßig mit dem Börsenkurs identisch ist[28]. Da der Verkehrswert die Untergrenze einer angemessenen vollen wirtschaftlichen Entschädigung bildet, ist die Festsetzung einer unterhalb des Börsenkurses liegenden Abfindung unangemessen, soweit der Börsenkurs den Verkehrswert nicht ausnahmsweise – etwa aufgrund einer Marktenge oder zu geringer Volatilität – nicht widerspiegelt[29]. Dabei ist nach der Rechtsprechung des BGH unter Außerachtlassung außergewöhnlicher Ausschläge oder sprunghafter Entwicklungen auf einen Durchschnittskurs in größtmöglicher Nähe zur Hauptversammlung abzustellen, wobei ein Zeitraum von drei Monaten unmittelbar vor der Hauptversammlung erforderlich, aber auch ausreichend ist[30]. Die Angemessenheit des Abfindungsangebots wird durch den gerichtlich zu bestellenden Verschmelzungs-/Spaltungsprüfer geprüft (§ 30 Abs. 2 UmwG).

Nach Prüfung des Verschmelzungs-/Spaltungsvertrags durch die Verschmelzungs-/ Spaltungsprüfer und Bericht durch diese (§§ 9–12, 60 UmwG) beschließen die Anteilsinhaber der beteiligten Rechtsträger über die Verschmelzung/Spaltung und verleihen dem Verschmelzungs-/Spaltungsvertrag durch ihre Billigung Wirksamkeit (§ 13 Abs. 1 UmwG). Die Hauptversammlung einer beteiligten AG hat grundsätzlich mit Dreiviertelmehrheit des vertretenen Kapitals zu beschließen, wenn nicht die Satzung größere Mehrheiten oder weitere Erfordernisse vorschreibt (§ 65 UmwG). Der Formwechsel in eine Personengesellschaft bedarf angesichts der mit ihm verbundenen qualitativen Veränderung der Mitgliedschaft und der Übernahme der persönlichen Haftung der einstimmigen Zustimmung sämtlicher Gesellschafter (§ 233 Abs. 1 UmwG)[31]. Einem Formwechsel in eine KGaA müssen alle Aktionäre zustimmen, die in der KGaA die Stellung eines persönlich haftenden Gesellschafters erlangen sollen (§ 240 Abs. 2 UmwG). Der europarechtlich gewährleistete Spielraum, unter bestimmten Voraussetzungen von einem bzw. allen Hauptversammlungsbeschlüssen abzusehen[32], wurde lediglich teilweise in § 62 UmwG

---

26 Vgl. BVerfGE 100, 289; *Kalss* in Semler/Stengel, § 29 Rn. 26; ausführlich *Zeidler* in Semler/Stengel, § 30 Rn. 7 ff., § 9 Rn. 34. In der Rechtsprechung und Praxis hat sich die Ertragswertmethode durchgesetzt; vgl. Zeidler a.a.O., § 30 Rn. 7.

27 Vgl. BVerfGE 100, 289; *Zeidler* in Semler/Stengel, § 30 Rn. 8.

28 Vgl. BVerfGE 100, 289; *Zeidler* in Semler/Stengel, § 30 Rn. 8.

29 Vgl. BVerfGE 100, 289; *Zeidler* in Semler/Stengel, § 30 Rn. 8 f.; *Pfüller/Anders*, NZG 2003, 459, 463.

30 Vgl. BGH ZIP 2001, 734; *Zeidler* in Semler/Stengel, § 30 Rn. 11; dort Rn. 12 m.w.N. in Fn. 32 zur Kritik an der Wahl des Referenzzeitraums bis unmittelbar vor der Hauptversammlung anstatt bis unmittelbar vor der Bekanntgabe der beabsichtigten gesellschaftsrechtlichen Maßnahme.

31 Vgl. *Raiser/Veil*, § 46 Rn. 49.

32 Dazu oben in diesem Kapitel Fn. 11, 17.

ausgenutzt[33]. Gegen den notariell zu beurkundenden Verschmelzungs-/Spaltungsbeschluss kann innerhalb eines Monats Anfechtungsklage erhoben werden, die allerdings nicht auf die Unzulänglichkeit des Austauschverhältnisses oder der Barabfindung gestützt werden kann (§§ 14, 32 UmwG)[34]. Vielmehr werden die Anteilseigner des übertragenden Rechtsträgers für Ausgleichsansprüche aufgrund eines unzulänglichen Austauschverhältnisses oder einer zu geringen Barabfindung auf das Spruchverfahren nach dem SpruchG verwiesen (§§ 15, 34 UmwG). Die die Verschmelzung/Spaltung hindernde Anfechtungsklage wird also durch eine die Gesellschaften schützende Leistungsklage ersetzt[35]. Nach der Beschlussfassung melden die Vertretungsorgane der beteiligten Rechtsträger die Verschmelzung/Spaltung im Falle der Beteiligung einer AG zur Eintragung in das Handelsregister an (§§ 16 Abs. 1, 38 UmwG). Mit der Eintragung der Verschmelzung/Spaltung beim übernehmenden Rechtsträger zeitigt die Maßnahmen ihre Wirkungen: Das Vermögen des übertragenden Rechtsträgers (bzw. bei Abspaltungen dessen abgespaltener Teil) geht im Wege der Universalsukzession auf den/die übernehmenden Rechtsträger über, der übertragende Rechtsträger erlischt bei Verschmelzung und Aufspaltung und seine Anteilsinhaber werden Anteilsinhaber des übernehmenden Rechtsträgers bzw. der übernehmenden Rechtsträger (§ 20 Abs. 1 Nr. 1–3 UmwG bzw. § 131 Abs. 1 Nr. 1–3 UmwG). Mängel der notariellen Beurkundung des Verschmelzungsvertrags werden ebenso geheilt wie sonstige Mängel des Verschmelzungsverfahrens (§ 20 Abs. 1 Nr. 4, Abs. 2 UmwG bzw. § 131 Abs. 1 Nr. 4, Abs. 2 UmwG).

Ähnlich wie eine Verschmelzung wirkt die Eingliederung nach §§ 319 ff. AktG. Sie erfolgt durch Hauptversammlungsbeschluss, wenn sich 95 % der Aktien der einzugliedernden Gesellschaft in der Hand der zukünftigen Hauptgesellschaft befinden. Die Eingliederung bewirkt, dass die Anteile der einzugliedernden Gesellschaft auf die Hauptgesellschaft übergehen, während die Minderheitsaktionäre eine angemessene Abfindung erhalten. Da den Aktionären neben einer Barabfindung stets eine Abfindung in Form von Aktien der Hauptgesellschaft anzubieten ist, lässt die Eingliederung ein wesentliches der im Rahmen von *Delisting*-Vorhaben regelmäßig verfolgten Ziele, die Beseitigung des Streubesitzes und der mit ihm verbundenen Belastungen, nicht zu, sondern droht, die Minderheitenprobleme nur auf die Hauptgesellschaft zu verlagern. Von daher hat ihre praktische Bedeutung nach der Einführung der Möglichkeit zum *Squeeze-out* der Minderheit gegen angemessene Barabfindung gemäß § 327a AktG erheblich abgenommen[36]. Nach der Eingliederung behält die eingegliederte Gesellschaft ihre Selbständigkeit, so dass eine et-

---

33 Der deutsche Gesetzgeber hat bei 100 %-Beteiligung lediglich ein Absehen von der Zustimmung der Hauptversammlung der übernehmenden Gesellschaft, nicht hingegen – wie von Art. 25 der Fusions-Richtlinie zugelassen – von derjenigen der Hauptversammlung der übertragenden Gesellschaft ermöglicht (§ 62 Abs. 1 UmwG).

34 Ausführlich zum Rechtsschutz nach den allgemeinen Regeln und dem Spruchverfahren *S. Eggert*, 242–258.

35 Vgl. *Kübler/Assmann*, § 27 II. 2.d)aa); *S. Eggert*, 252.

36 Zu diesem Befund auch *Lohner* in Deilmann/Lorenz (Hrsg.), Börsennotierte AG, § 16 Rn. 20. Ausführlich zum *Squeeze-out* nach §§ 327a AktG in Kapitel 5 unter III.2.a)bb).

waige Börsennotierung nicht ohne Weiteres wegfällt, einem regulären *Delisting* aber keine Hindernisse, insbesondere keine Minderheitenschutzaspekte, mehr entgegenstehen[37]. Die Minderheitsaktionäre verlieren jedoch mit ihren Aktien an der eingegliederten Gesellschaft auch die Möglichkeit, diese über die Börse zu handeln. Jedenfalls wenn die Hauptgesellschaft eine abhängige Gesellschaft ist, ist den Minderheitsaktionären zwingend auch ein Barabfindungsangebot zu unterbreiten ist (§ 320b Abs. 1 Satz 3 AktG). Nach h.M. besteht dieses Wahlrecht in Anlehnung an die Macrotron-Entscheidung des BGH[38] auch, wenn eine börsennotierte in eine nicht börsennotierte Gesellschaft eingegliedert wird[39]. Die Hauptgesellschaft muss den Aktionären mit dem Beschlussantrag also ein Abfindungsangebot über den Kauf ihrer Aktien zu einem ihrem wirklichen Wert im Zeitpunkt der Eingliederung entsprechenden Betrag unterbreiten, wobei die Höhe im Spruchverfahren überprüft werden kann. Die Untergrenze bildet dabei, wie beim regulären *Delisting* und der Verschmelzung/Aufspaltung, der Verkehrswert der Aktie, also ein Referenzwert, der sich – unter Nichtberücksichtigung außerordentlicher kursbeeinflussender Umstände – aus dem durchschnittlichen Börsenkurs innerhalb eines Zeitraums von drei Monaten unmittelbar vor der Hauptversammlung errechnet[40].

b) *Verschmelzung und (Auf-)Spaltung der* S.A.

Im französischen Recht sind die Richtlinienvorgaben zur Verschmelzung (*fusion*) und Spaltung (*scission*) zusammen rechtsformübergreifend in art. L. 236-1 bis 236-7, art. R. 236-1 ff. C.com. umgesetzt, während art. L. 236-8 bis 236-22 C.com. Sonderregeln für die *S.A.* enthalten[41]. Neben der Verschmelzung sieht das französische Recht einerseits eine Aufspaltung durch Übertragung des vollständigen Vermögens der übertragenden Gesellschaft auf mehrere übernehmende Rechtsträger vor (art. L. 236-1 (2) C.com.), andererseits entsprechend § 123 Abs. 3 UmwG eine Ausgliederung (*apport partiel d'actif*), bei der der übertragende Rechtsträger gegen die Übertragung von Teilen seines Vermögens Anteile am übernehmenden Rechtsträger er-

---

37 Vgl. auch *Lohner* in Deilmann/Lorenz (Hrsg.), Börsennotierte AG, § 16 Rn. 18; *de Vries*, 135; *Krolop*, 46; dort, 46 f., zur Frage, ob mit der faktischen Beendigung des Handels der börsennotierten Aktien eine Erledigung der Börsenzulassung *ipso iure* eintritt (so *Groß*, ZHR 165 (2001), 141, 150) oder es eines Widerrufs der Geschäftsführung der Börse gemäß § 39 BörsG bedarf (so *Krolop*, 46 f. m.w.N.). Auch nach der eine Erledigung ablehnenden Ansicht ist das Widerrufsermessen der Börse bei Antragsstellung der Gesellschaft jedenfalls auf Null reduziert; vgl. *Heidelbach* in Schwark (Hrsg.), § 38 BörsG Rn. 51 m.w.N.; *Lohner* in Deilmann/Lorenz (Hrsg.), Börsennotierte AG, § 16 Rn. 18; *Krolop*, 46; *Groß*, ZHR 165 (2001), 11, 150; *Pluskat*, WM 2002, 833, 836 f.; *Steck*, AG 1998, 460, 462.

38 BGHZ 153, 47; dazu in Kapitel 6 unter I.1.a).

39 Vgl. *Singhof* in Spindler/Stilz, § 320b Rn. 7; *Ziemons* in Schmidt/Lutter, § 320b Rn. 6; *Habersack* in *Emmerich/Habersack*, § 320b Rn. 5; *Krieger* in MHdbGR IV, § 73 Rn. 43; *Pluskat*, BKR 2007, 54, 59; *Grunewald*, ZIP 2004, 542, 543 f.

40 Vgl. BVerfGE 100, 289, 309; BGHZ 147, 108, 118; *Singhof* in Spindler/Stilz, § 320b Rn. 9; *Ziemons* in Schmidt/Lutter, § 320b Rn. 14, § 305 Rn. 98 ff.; *Hüffer*, § 320b Rn. 2, § 305 Rn. 17 ff.

41 Dabei kannte das französische Recht bereits vor der Verabschiedung der Fusions- und der Spaltungsrichtlinie eine umfassende Regulierung von Verschmelzungen und Spaltungen und diente dem Europäischen Regelgeber als Vorbild; vgl. *S.Eggert*, 40 m.w.N. Ausführlich zum Verschmelzungs- und Spaltungsregime *Guyon*, Droit des affaires, 666 ff.

hält[42], nicht aber ein der deutschen Abspaltung entsprechendes Rechtsinstitut. Die Ausgliederung unter Beteiligung einer oder mehrerer *Sociétés Anonymes* kann von den Parteien dem Regime der Spaltung unterstellt werden (art. L. 236-22 C.com.)[43] und wird hier, da sie nicht zu einem Wegfall einer eventuellen Börsennotierung der ihre Anteile an der übertragenden Gesellschaft behaltenden Aktionäre führt, nicht weiter thematisiert[44].

Nach der gemeinsamen Erstellung eines Verschmelzungs- bzw. Aufspaltungsplans und dessen Publikation (art. L. 236-5 (1), (2), art. R. 236-1 f. C.com.) haben die Leitungsorgane der beteiligten Rechtsträger den Hauptversammlungen das Projekt im Rahmen ihrer Verschmelzungs-/Spaltungsberichte unter besonderer Berücksichtigung des entsprechend der wirklichen Werte der Gesellschaften festzulegenden Austauschverhältnisses und der für seine Bestimmung angewandten Bewertungsmethoden schriftlich zu erläutern (art. L. 236-9 (4), art. R. 236-5 C.com.)[45]. Dabei ist eine bare Zuzahlung von bis zu 10 % zulässig (art. L. 236-1 (4) C.com.). Ein allgemeines Austrittsrecht dissentierender Aktionäre kennt das französische Recht dagegen, auch wenn es von verschiedenen Seiten gefordert wird, nicht[46]. Für Verschmelzungen/Aufspaltungen börsennotierter Gesellschaften auf nicht-börsennotierte Gesellschaften verlangt die Finanzmarktaufsichtsbehörde *AMF* allerdings, dass die übernehmenden Gesellschaften entweder ihre Marktzulassung beantragen oder der dissentierenden Minderheit den Tausch ihrer Anteile gegen börsennotierte Titel anbieten und ihnen so die Veräußerbarkeit ihrer Titel aufrecht erhalten oder aber die Mehrheitsaktionäre der übertragenden Gesellschaft den dissentierenden Minderheitsaktionären den Kauf ihrer Anteile anbieten (art. 236-6 AMF)[47]. Die Mehrheitsaktionäre der börsennotierten Gesellschaft haben insofern die *AMF* über die beabsichtigte Strukturmaßnahme zu informieren, damit die *AMF* entscheiden kann, ob sie ihnen die Abgabe eines öffentlichen Aufkaufsangebots (*offre publique de retrait*) oder sonstige Maßnahmen auferlegt. Muss ein öffentliches Aufkaufsverfahren durchgeführt werden, so hat der Mehrheitsgesellschafter alle ihm angebotenen Ak-

---

42 Vgl. *Merle*, Rn. 672, 686; ausführlich zum *apport partiel d'actif* vgl. *Guyon*, Droit des affaires, 681 ff.; *Cozian/Viandier/Deboissy*, Rn. 1355 ff.; *Germain* in Ripert/Roblot, Rn. 1989; *Vidal*, Rn. 395 f.

43 In Fällen, in denen ein sehr bedeutender Teil des Gesellschaftsvermögens übertragen wird, empfiehlt die *AMF* die Anwendung der Spaltungsvorschriften, da sie einen besseren Schutz der Aktionäre gewährleisten (ansonsten steht er im Ermessen der Geschäftsleitung); vgl. Empfehlung der COB v. 19. Dezember 1972; Bull. COB n° 95, Juli–August 1977, 6; *Merle*, Rn. 686; *Cozian/Viandier/Deboissy*, Rn. 1358; *Guyon*, Droit des affaires, 682.

44 Vgl. dazu auch die auf die Ausgliederung bezogenen Ausführungen am Anfang des Kapitels.

45 Überblicksartig zum Verfahren der Verschmelzung und Spaltung vgl. *S.Eggert*, 44–46. Zur Festlegung des Austauschverhältnisses vgl. Éditions Lefebvre, Restructurations, Rn. 770 f.; *Chadefaux*, 35 f.; Mémento Pratique Sociétés Commerciales, Rn. 26433 ff.

46 Die *AMF* wirkt seit längerem auf ein Austrittsrecht zur Ergänzung des Minderheitenschutzes hin; vgl. *S.Eggert*, 215; *Sonnenberger/Dammann*, Rn. III 144; *Tauchert-Nosko*, 131; *Routier*, Fusions, Rn. 322, 323, der dort für ein allgemeines Austrittsrecht auch in nicht börsennotierten Gesellschaften eintritt.

47 Dazu Mémento Pratique – Sociétés Commerciales , Rn. 26503; *Guyon*, Droit des affaires, 674 (unter Verweis auf art. 5-6-6 CMF); *Routier*, Fusions, Rn. 322; Lamy Sociétés Commerciales, Rn. 1716; *S.Eggert*, 215 f.; *Tauchert-Nosko*, 131; *Schindler*, 342–347; grundlegend zur Entwicklung der Position der *AMF* Rapport *Lepetit*, 6, 25 ff.

tien zu dem von der *AMF* bei Zulassung des Angebots genehmigten Preis zu übernehmen[48]. Der Preis wird wie bei Übernahmeangeboten maßgeblich anhand des Börsenkurses innerhalb eines jeweils gesondert festgelegten Zeitraums bestimmt, wobei die einschlägige Rechtsprechung Zeiträume von 60 Börsentagen bis zu zwei Jahren gebilligt hat[49]. Weitere maßgebliche Faktoren, vor allem zur Berichtigung eines durch Strukturmaßnahmen stark abgesunkenen Börsenkurses, sind die wertberichtigte Summe des Nettoaktivvermögens, das Nettoergebnis, das laufende Ergebnis vor Steuern, das Verhältnis von Börsenkapitalisierung und Umsatz, die Eigenfinanzierungskapazität sowie der Geschäftswert[50]. Dabei hat die *AMF* einen weiten Beurteilungsspielraum, der seine Grenze in der Verletzung von Minderheitsinteressen findet[51]. Von daher findet, anders als nach dem deutschen Spruchverfahren, eine grundlegende richterliche Prüfung des durch die *AMF* festgelegten Preises nicht statt. Auch ist den Aktionären nicht notwendigerweise eine dem durch eine Unternehmensbewertung festgelegten inneren Wert ihrer Beteiligung entsprechende Abfindung zu zahlen, sondern lediglich eine nach den obigen Kriterien billige, „ihre Interessen nicht verletzende“[52].

Nach Prüfung des Verschmelzungs-/Aufspaltungsplans und Bericht hierüber durch die Sachverständigen (art. L. 236-10, art. R. 236-6 f. C.com.) entscheiden die Gesellschafterversammlungen der beteiligten Rechtsträger über die Verschmelzung bzw. Spaltung nach den Regelungen zur Satzungsänderung (art. L. 236-2 (2) C.com.). Die europarechtlich eröffneten Möglichkeiten, von einem Hauptversammlungsbeschluss abzusehen[53], hat der französische Gesetzgeber teilweise in art. L. 236-11 C.com. umgesetzt[54]. Werden durch die Verschmelzung/Aufspaltung die Verpflichtungen aller oder einzelner Gesellschafter erhöht (so bei Verschmelzung einer Kapitalgesellschaft auf eine Personengesellschaft), so müssen alle betroffenen Gesellschafter zustimmen (art. L. 236-5 C.com.). Alle beteiligten Gesellschaften haben eine

---

48 Vgl. *Schindler*, 347; ausführlich zum *offre publique de retrait* oben Kapitel 5 III.2.a)cc).
49 Zur Anwendung der zu Übernahmeangeboten ergangenen Rechtsprechung auf das öffentliche Aufkaufsangebot des *offre publique de retrait* vgl. CA Paris v. 16. Mai 1995, Rev. sociétés 1995, 535 m. Anm. *Faugérolas*; *Schindler*, 351). Zu den für Übernahmeangeboten geltenden Vorgaben vgl. *Schindler*, 350, 298 f. (unter Schilderung der einschlägigen Rechtsprechung in CA Paris v. 7. November 1990, Bull. Joly 1991, 62, m. Anm. *Le Cannu*; CA Paris v. 18. April 1991, Rev. sociétés 1991, 765; CA Paris v. 8. Juli 1992, Bull. Joly 1992, 1210; CA Paris v. 6. April 1994, Gaz. Pal. 1994, 443; CA Paris v. 16. Mai 1995, Rev. sociétés 1995, 535, m. Anm. *Faugérolas*).
50 Vgl. die Nachweise in der vorangegangenen Fn.
51 Vgl. CA Paris v. 18. April 1991, aaO.; CA Paris v. 8. Juli 1992, a.a.O.; *Schindler*, 300.
52 Vgl. *Schindler*, 301 f., 350, kritisch 372 f.; *Le Cannu*, Bull. Joly 1991, 70; Bull. Joly 1991, 613; Faugérolas, Bull. Joly 1992, 1212, 1214.
53 Vgl. oben in diesem Kapitel Fn. 11, 17.
54 So ist bei Verschmelzung einer 100 %igen Tochtergesellschaft auf ihre Muttergesellschaft lediglich die Zustimmung der Hauptversammlung der übertragenden, nicht hingegen diejenige der Hauptversammlung der übernehmenden Gesellschaft entbehrlich (art. L. 236-11 Satz 1 C.com.). Die Möglichkeit, gemäß Art. 27 der Fusions-Richtlinie bei 90 %iger Beteiligung unter bestimmten Umständen von der Zustimmung der Hauptversammlung der Muttergesellschaft abzusehen, wurde, ebenso wie diejenige nach Art. 20 der Spaltungs-Richtlinie, unter ähnlichen Voraussetzungen auf die Zustimmung der Hauptversammlung der übertragenden Gesellschaft zu verzichten, nicht ausgenutzt; vgl. *S. Eggert*, 193 f.

Entsprechenserklärung (*déclaration de conformité*) bei der Geschäftsstelle des Registergerichts einzureichen, in der sie alle Schritte des Verfahrens festhalten und die Durchführung in Übereinstimmung mit den gesetzlichen und satzungsmäßigen Vorgaben bestätigen (art. L. 236-6 (3) Satz 1 C.com.). Der Urkundsbeamte (*greffier*) hat die Übereinstimmung der Angaben mit den rechtlichen Vorgaben, nicht aber ihre inhaltliche Richtigkeit, zu überprüfen (art. L. 236-6 (3) Satz 2 C.com.). Abgesehen von der Entsprechenserklärung hat die übertragende Gesellschaft ihre Auflösung nach den hierfür geltenden Vorschriften zu publizieren, während die übernehmende(n) Gesellschaft(en) den Publizitätsvorgaben für Satzungsänderungen zu entsprechen haben[55]. Bei Gründung neuer Gesellschaften werden Verschmelzungen/Aufspaltungen mit der Eintragung der letzten Gesellschaft wirksam, ansonsten mit dem letzten Hauptversammlungsbeschluss, soweit der Verschmelzungs-/Spaltungsvertrag nicht einen anderen Zeitpunkt festlegt (art. L. 236-4 C.com.). Mit der Wirksamkeit der Maßnahme löst sich die übertragende Gesellschaft (entsprechend der europarechtlichen Vorgaben bei ausschließlicher Beteiligung von Aktiengesellschaften) ipso iure auf, während ihr Vermögen auf den/die übernehmenden Rechtsträger übergeht und ihre vormaligen Anteilsinhaber Gesellschafter der übernehmenden Gesellschaft werden (art. L. 236-3-I. C.com.). Eine Anfechtung der Verschmelzung/Spaltung ist nur aufgrund der Nichtigkeit eines der Hauptversammlungsbeschlüsse nach den allgemeinen Vorschriften oder bei fehlender Entsprechenserklärung und nur innerhalb von sechs Monaten ab dem Zeitpunkt der letzten Registereintragung (statt der sonst geltenden Dreijahresfrist) möglich (art. L. 235-1, 235-8, 235-9 (2) C.com.)[56]. Das Gericht muss der Gesellschaft bei behebbaren Mängeln eine Frist zur Korrektur setzen, bevor es die Maßnahme annulliert (art. L. 235-8 (2) C.com.). Dementsprechend sind Nichtigkeitsklagen in der Praxis nur selten erfolgreich[57]. Ein dem deutschen Spruchverfahren vergleichbares besonderes Verfahren zur Angemessenheitskontrolle existiert nicht.

c) *Verschmelzung und Spaltung der* plc

In der Praxis britischer Gesellschaften spielen Verschmelzungen und Spaltungen im Verhältnis zur Übernahme eine untergeordnete Rolle[58]. Der *Companies Act 2006* reguliert in ss. 895–901 CA 2006 allgemein eine Vielzahl von Strukturmaßnahmen (*arrangements and reconstructions*) für alle Gesellschaftsformen, während ss. 902 ff. CA

---

55 Vgl. *Merle*, Rn. 683; *Cozian/Viandier/Deboissy*, Rn. 1329; *S. Eggert*, 45.

56 Vgl. *Cozian/Viandier/Deboissy*, Rn. 1327; ausführlich zur Nichtigkeitsklage bei Verschmelzungen und Spaltungen nach französischem Recht *Chadefaux*, Rn. 162–168; *S. Eggert*, 258–261.

57 Vgl. *S. Eggert*, 259 (unter Heranziehung der Beispiele CA Paris v. 13. November 1990, Rev. sociétés 1991, 137, m. Anm. *Guyon*; CA Paris v. 28. Dezember 1992, Bull. Joly 1993, 434, m. Anm. *Le Cannu*).

58 Vgl. *Davies*, Gower's Company Law, 794 f., 799; *S. Eggert*, 10, 57, 65; Palmer's Company Law, Rn. 16.104; *Triebel/Hodgson/Kellenter/Müller*, Rn. 771. Der Hauptgrund ist, dass Fusionen und Aufspaltungen erst mit ihrer gerichtlichen Billigung und damit nach einem strategisch nachteilig langen Zeitraum bindend werden, während der Bieter im Rahmen von Übernahmen bereits vor Abgabe eines Übernahmeangebots bindende Verkaufszusagen einholen kann; vgl. *Davies*, Gower's Company Law, 795, für weitere Gründe siehe dort, 799; zu den Nachteilen auch *Prinz*, 261–265.

2006 spezielle Regelungen für Verschmelzungen (*mergers*) und Spaltungen (*divisions*) unter Beteiligung einer *public company* enthalten und dabei die Vorgaben der Fusions- und der Spaltungsrichtlinie umsetzen[59]. Verschmelzungen und Aufspaltungen unter Beteiligung dieser Gesellschaften werden danach durchgeführt, indem die Geschäftsleitungen der beteiligten Gesellschaften einen Plan der in Aussicht genommenen Strukturmaßnahme (*scheme of arrangement*) aufstellen, der auf Grundlage der Verschmelzungs-/Spaltungsberichte der jeweiligen Geschäftsleitungen und nach Sachverständigenbewertung von den beteiligten Hauptversammlungen mit einfacher Stimmenmehrheit sowie einer Mehrheit von 75 % des Kapitals zu genehmigen ist (ss. 905, 907–909, 920, 922–924 CA 2006)[60]. Ausnahmsweise können Hauptversammlungsbeschlüsse entsprechend den Vorgaben der Art. 8, 25, 27 der Fusions-Richtlinie und Art. 6, 20 der Spaltungs-Richtlinie entbehrlich sein (ss. 916–918, 931, 932 CA 2006). Zusätzlich unterliegt die Maßnahme der gerichtlichen Genehmigung (ss. 899, 903 (1) CA 2006), so dass von den durch Art. 23 der Spaltungs-Richtlinie ermöglichten Verfahrenserleichterungen Gebrauch gemacht werden konnte[61].

Im Rahmen der gerichtlichen Anhörung und Prüfung stellt die ständige Rechtsprechung maßgeblich auf die formelle Rechtmäßigkeit des Verfahrens, des Weiteren im Wege der Evidenzkontrolle auf die faire Einteilung und Vertretung der abstimmenden Gesellschafterklassen sowie die materielle Gerechtigkeit und wirtschaftliche Vernunft der Maßnahme aus der Sicht eines redlichen Geschäftsmannes ab[62]. Dabei hat das die Maßnahme billigende Gericht unter anderem die Befugnis, Vorkehrungen zugunsten dissentierender Aktionäre zu treffen (s. 900 (2)(e) CA 2006) und so z. B. ein Austrittsrecht entsprechend des den Aktionären bei einer freiwilligen bzw. übertragenden Auflösung (*voluntary liquidation*) gemäß s. 110 Insolvency Act (IA) 1986 zustehenden vorzusehen. Bei dieser *voluntary liquidation* wird die Gesellschaft

---

59 Die ss. 895–901 CA 2006 entsprechen weitestgehend ihren Vorgängervorschriften ss. 425–427 CA 1985, ss. 902 ff. CA 2006 den Vorgängernormen der s. 427A CA 1985 und dem Schedule 15 zum CA 1985; vgl. Palmer's Company Law – Annotated Guide, General Note zu s. 895, General Note zu s. 902. Überblicksartig zur Entstehungsgeschichte der Normen *S. Eggert*, 57 f.; zum Verfahren der Verschmelzung und Spaltung nach ss. 425 ff. CA 1985 dort, 61–63 sowie Palmer's Company Law, Rn. 12.001–12.034; *Prinz*, 97 ff., 361 ff. Das gesellschaftsformübergreifende Verfahren nach ss. 895–901 CA 2006 (unter ss. 425 ff. CA 1985 als *schemes of arrangement* bezeichnet) basiert auf der Erstellung eines formalisierten Vergleichsplans, der nicht auf einen festen Anwendungsbereich beschränkt ist. Vielmehr ermöglicht das Verfahren, die gesamte Gesellschafter- und/oder Gläubigerstruktur einer Gesellschaft durch qualifizierte Mehrheitsbeschlüsse der jeweils betroffenen Gesellschafter und/oder Gläubiger unter gerichtlicher Aufsicht zu modifizieren; vgl. *Prinz*, 31.

60 Zur Entstehungsgeschichte der Normen bis zum Erlass der Vorgängervorschriften des CA 1985 vgl. *S. Eggert*, 57 f.; überblicksartig zum Verfahren der Verschmelzung und Spaltung nach den Vorgängernormen des CA 1985 dort, 61–63.

61 Vgl. *S. Eggert*, 61.

62 Vgl. Re Anglo-Continental Supply Co. Ltd (1922) 2 Ch. 723, 726; zum Umfang der gerichtlichen Prüfung vgl. auch *Morse*, Charlesworth's Company Law, 666 f.; *Dine/Koutsias*, 306 f.; *Davies*, Gower's Company Law, 794 ff.; *Prinz*, 137 ff.; ausführlich zum gerichtlichen Spielraum und dessen Ausnutzung in der Praxis Palmer's Company Law, Rn. 12.026–12.033.2. Dabei sind die genannten Kriterien nicht abschließend; vgl. *Prinz*, 137.

aufgelöst, während ein durch Sonderbeschluss ermächtigter Liquidator das gesamte Gesellschaftsvermögen auf die übernehmende Gesellschaft überträgt und die im Gegenzug zu gewährenden Anteile dieser Gesellschaft oder die von ihr erhaltene Barzahlung unter den Gesellschaftern der aufgelösten Gesellschaft verteilt[63]. Dabei können Gesellschafter, die nicht für den Auflösungsbeschluss gestimmt haben und innerhalb von sieben Tagen nach der Beschlussfassung schriftlich gegenüber dem Abwickler widersprechen, verlangen, dass der Abwickler den Beschluss nach seiner Wahl entweder nicht ausführt oder ihre Anteile zu einem – erforderlichenfalls im Wege eines Schiedsspruches nach dem *Companies Clauses Consolidation Act 1845* – zu vereinbarenden Preis erwirbt (s. 111 (2)–(4) IA 1986)[64]. Regelmäßig müssen Minderheiten also ausgekauft werden, um die Maßnahme durchzuführen[65]. Dabei hat sich der Kaufpreis am Wert der Anteile vor der Strukturmaßnahme zu orientieren, während infolge der Maßnahme auftretende Preissteigerungen außer acht zu bleiben haben[66]. In Abwesenheit eines Marktpreises ist per Bewertung des Vermögens der Gesellschaft festzustellen, wie hoch der Anteil der betroffenen Gesellschafter am hypothetischen Liquidationserlös gewesen wäre[67]. Angesichts seiner Inflexibilität wird das Verfahren nach ss. 110 f. IA 1986 jedoch kaum genutzt[68]. Zur Vermeidung von Umgehungen der ss. 110 f. IA 1986 und angesichts der diesen zugrunde liegenden gesetzlichen Wertung muss einzelnen Entscheidungen zufolge der dissentierenden Minderheit auch im Rahmen von Strukturmaßnahmen nach ss. 902 ff. CA 2006 ein solches Austrittsrecht jedenfalls zugestanden werden, wenn sie der *voluntary liquidation* nach s. 110 IA 1986 wirtschaftlich vergleichbare Wirkungen haben[69]. Dennoch sind derartige gerichtliche Anordnungen in der Praxis die Ausnahme[70], wie die Gerichte allgemein die mit qualifizierter Mehrheit gefällten Gesellschaf-

---

63 Überblicksartig dazu *Davies*, Gower's Company Law, 802 f.; *Morse*, Charlesworth's Company Law, 658 ff.; *Pettet*, 406 f.; *Farrar/Hannigan*, 605–607; ausführlich Palmer's Company Law, Rn. 12.101–12.116; *Prinz*, 336–361; auch noch sogleich unter IV.1.c).

64 Ausführlich hierzu Palmer's Company Law, Rn. 12.108 f.; auch *Prinz*, 349–351. Der Companies Clauses Consolidation Act 1845 geht davon aus, dass die Parteien das Schiedsverfahren festlegen können. Einigen sie sich nicht, so bestimmt jede Partei einen Schiedsrichter und diese, so sie zu keiner Einigung kommen, bzw. das Gericht (soweit sich die Schiedsrichter auch insofern nicht einigen können) einen weiteren mit Letztentscheidungsrecht.

65 Vgl. auch *Farrar/Hannigan*, 606; *Prinz*, 349.

66 Vgl. Re Mysore West Gold Mining Company (1889) 42 ChD 535; Palmer's Company Law, Rn. 12.108.1; *Davies*, Gower's Company Law, 762; *Prinz*, 350.

67 Vgl. *Prinz*, 350.

68 Vgl. *Grier*, Company Law, 294; *Pettet*, 110 f. Die wesentlichen gegen die Nutzung des Verfahrens sprechenden Gesichtspunkte sind, dass die Gesellschaft sich in Liquidation befinden muss, die Aktionärs- und Gläubigerrechte nicht modifiziert werden dürfen und lediglich Verkäufe und Verschmelzungen (*amalgamations* bzw. *mergers*) zulässig sind.

69 Vgl. Re Anglo-Continental Supply Co Ltd (1922) 2 Ch 723; *Farrar/Hannigan*, 606 f.; zur Möglichkeit der Einräumung von Austrittsrechten bei mit ss. 110 f. Insolvency Act 1985 vergleichbaren Maßnahmen auch Palmer's Company Law, Rn. 12.033; *Davies*, Gower's Company Law, 799; *S. Eggert*, 218; *Prinz*, 477.

70 Vgl. *Davies*, Gower's Company Law, 799 in Fn. 39. Dementsprechend geht auch *Pettet*, 111, davon aus, dass die Prozedur nach der Vorgängervorschrift s. 425 CA 1985 gegenüber der übertragenden Auflösung nach s. 110 f. Insolvency Act 1986 gerade den Vorteil hat, eine Pflicht zum Aufkauf der Anteile der dissentierenden Minderheit zu vermeiden.

terentscheidungen nach ss. 895 ff. CA 2006 nur mit großer Zurückhaltung modifizieren[71]. Denkbar ist im Übrigen, dass Minderheitsaktionäre, wenn sie eine unfaire Benachteiligung durch die Mehrheit darlegen können, über s. 994 CA 2006 erreichen, dass der Mehrheit gerichtlich der Aufkauf ihrer Anteile auferlegt wird[72]. Es handelt sich aber um eine eher theoretische Möglichkeit, da Gerichte im Rahmen der Prüfung des Verschmelzungs-/Aufspaltungsvorhabens nach ss. 899 f. CA 2006 unfaire Benachteiligungen im Sinne von s. 994 CA 2006 nicht billigen werden[73].

Mit Einreichung einer Ausfertigung der gerichtlichen Genehmigung beim Handelsregister wird die Maßnahme wirksam (s. 899 (4) CA 2006). Die Verschmelzungs- bzw. Spaltungswirkungen treten dann zum gerichtlich nach s. 939 CA 2006 festgesetzten Stichtag ein. Angesichts der gerichtlichen Kontrolle während des gesamten Verschmelzungs-/Spaltungsverfahrens besteht ein im Vergleich zur den anderen untersuchten Rechtsordnungen geringeres Bedürfnis für eine nachträgliche gerichtliche Überprüfung der Maßnahme[74]. Sie erfolgt im Wege des Einspruchs (*appeal*) gegen die gerichtliche Billigung der Strukturmaßnahme, die dem *Court of Appeal* eine umfassende Kontrolle der Maßnahme bis hin zu ihrer Rückgängigmachung ermöglicht[75]. Ein dem deutschen Spruchverfahren vergleichbares Verfahren speziell zur Kontrolle des Austauschverhältnisses oder einer Barabfindung kennt das britische Recht nicht.

2. Vorliegen von und Bedürfnis für Börsengesellschaftsrecht zur Verschmelzung und Spaltung

Spezielle Regelungen für börsennotierte Gesellschaften bestehen danach einerseits mit § 29 Abs. 1 Satz 1 UmwG (i.V.m. § 125 Satz 1 UmwG), der der dissertierenden Minderheit nicht nur bei formwechselnden Verschmelzungen/Auf- und Abspaltungen, sondern auch bei solchen einer börsennotierten Aktiengesellschaft auf eine bzw. mehrere nicht börsennotierte Aktiengesellschaften einen Abfindungsanspruch gegen den/die übernehmenden Rechtsträger gewährt. Gleiches gilt nach h.M. für die Eingliederung einer börsennotierten in eine nicht börsennotierte Gesellschaft.

---

71 Die britischen Gerichte sehen die Mehrheitsentscheidung als Indiz für deren wirtschaftliche Vernunft und Fairness an, billigen der Mehrheit insofern eine Einschätzungsprärogative zu und verpflichten die Minderheit zum Beweis der Unfairness bzw. Ungerechtigkeit der Maßnahme; vgl. Palmer's Company Law, Rn. 12.030; *Morse*, Charlesworth's Company Law, 666; Farrar, 604 f.; *Dine/Koutsias*, 306; *Koller*, 272 f.; *Prinz*, 137, 145.

72 Vgl. *Davies*, Gower's Company Law, 735 ff.; *S. Eggert*, 218 f.; *Rock/Kanda/Kraakman* in Kraakman u.a., Anatomy of Corporate Law, 131, 141. Allgemein zum Rechtsbehelf nach s. 994 CA 2006 siehe oben Kapitel 5 I.5.a)cc).

73 Vgl. auch *S. Eggert*, 219. Dementsprechend existiert auch, soweit ersichtlich, keine Rechtsprechung zu unbilligen Benachteiligungen i.S.v. s. 994 CA 2006 im Rahmen von Verschmelzungen/Aufspaltungen; vgl. *S. Eggert*, a.a.O.

74 Vgl. *S. Eggert*, 266. Dementsprechend wird der Einspruch auch in der britischen Literatur nicht näher thematisiert und findet sich, soweit ersichtlich, keine einschlägige Rechtsprechung; zu letzterem auch *S. Eggert*, 267.

75 Überblicksartig dazu S. Eggert, 266 f.

Funktional vergleichbar verlangt die französische Kapitalmarktaufsichtsbehörde *AMF* bei Verschmelzungen/Aufspaltungen börsennotierter Gesellschaften auf nichtbörsennotierte Gesellschaften, dass die übernehmenden Gesellschaften entweder ihre Marktzulassung beantragen oder den dissentierenden Minderheitsaktionären der börsennotierten Gesellschaft den Tausch ihrer Anteile gegen börsennotierte Titel anbieten (und ihnen so die Veräußerbarkeit ihrer Titel aufrecht erhalten) oder aber die Mehrheitsaktionäre der übertragenden Gesellschaft den dissentierenden Minderheitsaktionären den Kauf ihrer Anteile im Wege eines öffentlichen Aufkaufsangebots (*offre publique de retrait*) anbieten (art. 236-6 AMF). Im britischen Recht haben die Gerichte demgegenüber im Rahmen der ihnen obliegenden Kontrolle der Strukturmaßnahme unter anderem rechtsformübergreifend und unabhängig von einer Börsennotierung der Gesellschaft die Befugnis, Vorkehrungen zugunsten dissentierender Aktionäre zu treffen (s. 900 (2)(e) CA 2006) und so z.B. ein Austrittsrecht in Anlehnung an s. 111 IA 1986 zu etablieren. Auch wenn einzelne Entscheidungen der dissentierenden Minderheit ein solches Austrittsrecht jedenfalls zubilligen wollen, wenn eine der *voluntary liquidation* nach s. 110 IA 1986 wirtschaftlich vergleichbare Strukturmaßnahme durchgeführt wird, bleiben entsprechende gerichtliche Anordnungen in der Praxis die Ausnahme.

Damit stellt sich die Frage, inwieweit ein Bedürfnis für Austrittsrechte bei Verschmelzungen/Auf- und Abspaltungen börsennotierter auf nicht börsennotierte Gesellschaften oder für sonstige börsengesellschaftsrechtliche Regelungen besteht. Ausgangspunkt der Beantwortung sind die maßgeblichen Zwecke der Verschmelzungs- und Spaltungsregulierung, der Schutz der Gläubiger der wegfallenden Gesellschaft sowie der Aktionäre der beteiligten Gesellschaften. Da eine Börsennotierung der übertragenden Gesellschaft für die Position der Gläubiger irrelevant ist, können Aspekte des Gläubigerschutzes keine Notwendigkeit für spezielle Regelungen für börsennotierte Gesellschaften im Sinne des Untersuchungsgegenstandes dieser Arbeit begründen. Zu klären bleibt deshalb, ob die im Rahmen von Verschmelzungen/Auf- und Abspaltungen tangierten Belange der Aktionäre eine börsengesellschaftsrechtliche Regulierung erfordern. Den Aktionären der übertragenden Gesellschaft, die qua Gesetz Aktionäre der übernehmenden Gesellschaft werden, droht bei der Verschmelzung/Auf- und Abspaltung eine Enttäuschung ihrer in ihr Investment in die übertragende Gesellschaft gesetzten Erwartungen[76]. Mit der Strukturmaßnahme kann aber auch eine Neuausrichtung der übernehmenden Gesellschaft einhergehen, was die Belange ihrer Aktionäre berührt. Die Interessen der Aktionäre aller betroffenen Gesellschaften sind insofern betroffen, als sich durch die Strukturmaßnahme ihr relativer Anteil an der aus der Maßnahme resultierenden größeren Gesellschaft reduziert, was wiederum ihre Einflussmöglichkeiten (auch über an Beteiligungsschwellen gebundene Minderheitenrechte) verringert[77]. Schließlich droht im Rahmen von Verschmelzungen/Spaltungen eine Verwässerung sowohl der Beteiligungs- als auch der Vermögensposition, wenn das

76 Vgl. hierzu und den folgenden Ausführungen *Raiser/Veil*, § 46 Rn. 34 ff.; *S. Eggert*, 68.
77 Vgl. *Raiser/Veil*, § 46 Rn. 36 f.; *S. Eggert*, 68 f.

Umtauschverhältnis der den Aktionären der übertragenden Gesellschaft für ihre Anteile zu gewährenden Anteile der übernehmenden Gesellschaft nicht den Wertverhältnissen entsprechend festgelegt wird[78]. All diese Minderheiteninteressen werden bei allen Verschmelzungen und Auf- und Abspaltungen unabhängig von einer eventuellen Börsennotierung und einem aus der Strukturmaßnahme resultierenden kalten *Delisting* tangiert. Sie werden maßgeblich durch die (bei Beteiligung von Aktiengesellschaften auf beiden Seiten auch europarechtlich gewährleisteten) Elemente des umfassenden Verschmelzungs-/Spaltungsplans, der diesbezüglichen Berichte der Geschäftsleitungen sowie der Sachverständigen, des grundsätzlich notwendigen Hauptversammlungsbeschlusses mit qualifizierter Mehrheit und des Anspruchs der Aktionäre auf Austausch ihrer Anteile gegen Anteile der aufnehmenden Gesellschaft in einem angemessenen Verhältnis sowie im britischen Recht der stets erfolgenden gerichtlichen Kontrolle der Maßnahme geschützt[79]. Durch die Hauptversammlungszuständigkeit in Verbindung mit den umfassenden Informationspflichten wird sichergestellt, dass die Entscheidung über die Strukturmaßnahmen bei den Aktionären liegt und ihnen die für eine ihre Interessen wahrende Entscheidung notwendigen Informationen in verifizierter und damit verlässlicher Form bereitgestellt werden[80]. Der Anspruch auf einen Anteilstausch in einem angemessenen Verhältnis sowie seine gerichtliche Durchsetzungsmöglichkeit und die damit einhergehende gerichtliche Überprüfung des Austauschverhältnisses (bzw. in Großbritannien die stets erfolgende gerichtliche Kontrolle der Maßnahme) gewährleisten wiederum, dass die relative Beteiligung der Anteilseigner durch die Strukturmaßnahme nicht verwässert wird.

Auf die einleitend besonders herausgestellten Austrittsrechte, deren Regulierung nach französischem Recht börsengesellschaftsrechtlich ausgerichtet ist und nach deutschem Recht mit der Erstreckung von § 29 Abs. 1 UmwG auf jegliche Formen des kalten *Delisting* unter Einbeziehung formwahrender Verschmelzungen/Auf- und Abspaltungen auf nicht börsennotierte Aktiengesellschaften jedenfalls börsengesellschaftsrechtliche Elemente beinhaltet, gehen die Fusions- und die Spaltungs-Richtlinie hingegen nur insoweit ein, als die Fusions-Richtlinie sie zur Voraussetzung von Verfahrenserleichterungen macht (Art. 28) und die Spaltungs-Richtlinie ihre Einführung für nichtverhältniswahrende Spaltungen vorschlägt. § 29 Abs. 1 Satz 1 UmwG verlangt bei formwechselnder Verschmelzung (sowie i.V.m. § 125 UmwG bei formwechselnder Auf- und Abspaltung) sowie bei Verschmelzung/Auf- und Abspaltung einer börsennotierten Aktiengesellschaft auf eine nichtbörsennotierte Aktiengesellschaft (bzw. auf nicht börsennotierte Aktiengesellschaften im Fall der Auf- und Abspaltung) von den übernehmenden Gesellschaften, den Gesellschaftern der übertragenden Gesellschaft, die ihren Widerspruch gegen die

---

78 Vgl. *Raiser/Veil*, § 46 Rn. 36 f.; *S. Eggert*, 69.

79 Vgl. insofern *Richard/Weinheimer*, BB 1999, 1613, 1617 (für §§ 12, 65 UmwG); *Raiser/Veil*, § 46 Rn. 39 ff. (für die diesbezüglichen Regelungen des UmwG); *S. Eggert*, 69 f. (für die Fusions- und die Spaltungs-Richtlinie).

80 Vgl. *Hommelhoff/Riesenhuber* in Grundmann, Systembildung, 259, 272; *S. Eggert*, 70 f.; ausführliche rechtsvergleichende Untersuchung der Informationsrechte dort, 73–174.

Strukturmaßnahme zur Niederschrift erklärt haben, im Verschmelzungs-/Spaltungsplan ein Angebot zum Erwerb ihrer Anteile gegen eine angemessene Barabfindung zu machen. Dadurch adressiert die Vorschrift auch die bereits beim regulären *Delisting* diskutierte Problematik, dass der Tausch von börsennotierten Anteilen gegen nicht-börsennotierte Anteile sich für die Gesellschafter der übertragenden Gesellschaft regelmäßig schwerwiegend auf die Veräußerbarkeit ihrer Anteile auswirkt[81]. In Anerkenntnis dieser Fungibilitätsprobleme lässt auch die französische Kapitalmarktaufsichtsbehörde *AMF*, anders als der französische Gesetzgeber, der die Minderheitsrechte auch ohne Austrittsrecht für ausreichend gewährleistet erachtet[82], ein kaltes *Delisting* nur zu, wenn die übernehmende Gesellschaft den Aktionären entweder die Veräußerbarkeit ihrer Titel durch Beantragung einer eigenen Marktzulassung oder durch Tausch gegen börsennotierte Titel aufrecht erhält oder die Mehrheitsaktionäre der übertragenden Gesellschaft ihnen den Aufkauf ihrer Anteile im Wege eines öffentlichen Aufkaufsangebots anbieten (art. 236-6 AMF). Im britischen Recht hat das über die Verschmelzung/Spaltung befindende Gericht demgegenüber die Möglichkeit, Anordnungen zugunsten der dissentierenden Minderheitsgesellschafter zu treffen (s. 900 (2)(e) CA 2006) und dabei auch ein Austrittsrecht einzuführen, tut dies aber regelmäßig nicht. Vielmehr wird grundsätzlich der über die qualifizierte Beschlussmehrheit und vor allem die gerichtliche Kontrolle der Bedingungen der Strukturmaßnahme inklusive des Austauschverhältnisses bewirkte Minderheitenschutz für ausreichend erachtet[83]. Für ein Austrittsrecht zum *pre-transaction standard* beim kalten *Delisting* durch Verschmelzungen/Aufspaltungen spricht, wie bereits im Rahmen der Diskussion des regulären *Delisting* erörtert, dass der Wegfall der Veräußerungsmöglichkeit über die Börse den Minderheitsaktionären die Beendigung ihres Investments erheblich erschwert, da das Finden eines Käufers mit wesentlich höheren Transaktionskosten verbunden ist[84]. Zudem fallen nicht nur der Börsenkurs, sondern auch die mit der Börsennotierung verbundenen Transparenzpflichten der Gesellschaft weg, was Informationsdefizite auf Seiten der Aktionäre verstärkt[85]. Letztlich entfällt mit der Börsennotierung auch weitestgehend die Kontrolle der Geschäftsleitung durch den Markt für Unternehmenskontrolle. Da die Transaktionskosten und die sonstigen Faktoren mit dem Bekanntwerden des Vorhabens in den Börsenkurs eingepreist werden, hat das *Delisting* erhebliche negative Vermögensfolgen für die Aktionäre, die die Aktionäre auch nicht mehr durch einen Verkauf über die Börse vermeiden können[86]. Hieraus entsteht ein erhöhter Schutzbedarf der Aktionäre börsennotierter Gesell-

---

81 Zur diesbezügliche Diskussion im Rahmen des regulären *Delisting* siehe Kapitel 6 unter I.2.b).

82 Vgl. *S. Eggert*, 215; *Sonnenberger/Dammann*, Rn. III 144.

83 In diesem Sinne auch *Farrar/Hannigan*, 604.

84 Vgl. BGHZ 153, 47; *Krolop*, 17; *Kleindiek*, FS für Bezzenberger, 653, 655 f.; *Zetzsche*, NZG 2000, 1065, 1068.

85 Vgl. *Kümpel*, Bank- & Kapitalmarktrecht, Rn. 17.757 f.; *Krolop*, 18, überblicksartig zu den Transparenzpflichten dort 101 f. sowie partiell auch in Kapitel 5 unter I.2.

86 Vgl. *Ruffner*, 198; *Easterbrook/Fischel*, Economic Structure of Corporate Law, 149 ff.; auch Rapport *Lepetit*, 25 f.

schaften, dem wie beim regulären *Delisting* über ein die Hauptversammlungszuständigkeit ergänzendes Vermögenssicherungsrecht in Form eines Austrittsrechts gegen Abfindung Rechnung getragen werden sollte. So kann verhindert werden, dass die Minderheitsaktionären aus einem kalten *Delisting* (bzw. einem Tausch börsennotierter in nicht börsennotierte Anteile im Rahmen einer Abspaltung) drohenden Nachteile deren Investitionsbereitschaft senken bzw. einen Risikoabschlag bedingen, was die Funktionsfähigkeit des Kapitalmarkts beeinträchtigte und letztlich die Eigenkapitalfinanzierung verteuerte[87]. Als Nebeneffekt schützen Austrittsrechte dabei die Aktionäre in ihrer Gesamtheit, da sie Verwaltungsentscheidungen für aus Sicht einer hinreichenden Minderheit der Aktionäre missliebige Strukturmaßnahmen verteuern[88]. Damit ist aber auch ein wesentliches Argument gegen Austrittsrechte angesprochen, nämlich dass ihre Kosten unter Umständen Transaktionen verhindern können, die den Wert der Gesellschaft erhöht hätten[89]. Eine Barabfindungspflicht kann zu einer erheblichen Liquiditätsbelastung führen. Vorzugswürdig könnte deshalb sein, den mit dem Verlust der Fungibilität der abgegebenen Anteile verbundenen Wertverlust im Rahmen der Unternehmensbewertung zur Festsetzung der Höhe der Gegenleistung in Gestalt von Anteilen der aufnehmenden bzw. Hauptgesellschaft durch einen „Fungibilitätszuschlag" auszugleichen[90]. Neben der praktischen Schwierigkeiten seiner Durchführung[91] verkennt dieser Ansatz jedoch, dass die transaktionshindernde Wirkung des Austrittsrechts, wie soeben erörtert, gerade im Interesse einer Ausrichtung des Managementverhaltens auf die Aktionärsinteressen liegt. Werden die Austrittsrechte so ausgestaltet, dass die Aktionäre, die von ihnen Gebrauch machen wollen, dies der Gesellschaft vor der Beschlussfassung über die Maßnahme anzuzeigen haben, werden nachträgliche Liquiditätsschwierigkeiten vermieden und die Verwaltungen lediglich erforderlichenfalls gezwungen, den Interessen einer hinreichend großen Zahl von Aktionären widersprechende Strukturmaßnahmen zu unterlassen[92]. Insofern dienen adäquat gestaltete Austrittsrechte nicht nur dem Minderheitenschutz, sondern auch dem Investorenschutz ex ante, indem sie die Wahrscheinlichkeit wertreduzierender Umstrukturierungen verringern[93]. Letztendlich stellt sich ein Austrittsrecht bei formwechselnden Verschmelzungen/Auf- und Abspaltungen börsennotierter Aktiengesellschaften und solchen börsennotier-

---

87 In diesem Sinne auch *Easterbrook/Fischel*, Economic Structure of Corporate Law, 145 f.

88 Vgl. *Rock/Kanda/Kraakman* in Kraakman u.a., Anatomy of Corporate Law, 131, 140; *Ruffner*, 197; *Easterbrook/Fischel*, Economic Structure of Corporate Law, 145 f.

89 Insofern referierend *Rock/Kanda/Kraakman* in Kraakman u.a., Anatomy of Corporate Law, 131, 140; auch *Pettet*, 111; zum Austrittsrecht nach s. 111 IA 1986 *Prinz*, 349; *Davies*, Gower's Company Law, 762.

90 So *Steck*, AG 1998, 460, 464 ff.; *Richard/Weinheimer*, BB 1999, 1613, 1617; referierend *Funke*, 86–89.

91 So ist eine wertmäßige Quantifizierung der Fungibilitätseinbuße nur schwer zu leisten; vgl. *Funke*, 89; *de Vries*, 129; *Groß*, ZHR 165 (2001), 141, 161; *Kruse*, WM 2003, 1843, 1847. Ausführliche Kritik des Konzepts eines Fungibilitätszuschlags bei *Funke*, 89–99.

92 Vgl. *Ruffner*, 196 f., 207.

93 Vgl. *Ruffner*, 197; *Easterbrook/Fischel*, Economic Structure of Corporate Law, 145 f.; *Rock/Kanda/Kraakman* in Kraakman u.a., Anatomy of Corporate Law, 131, 140.

ter Aktiengesellschaften auf nicht-börsennotierte Aktiengesellschaften damit als im Interesse des Schutzes sowohl der dissentierenden Aktionärsminderheit wie aller Anleger vorbildliche Maßnahme dar. Da ein solches Austrittsrecht die Aktionäre börsennotierter Gesellschaften vor den mit dem *Delisting* (bzw. dem Erhalt nicht börsennotierter Anteile im Rahmen einer Abspaltung) einhergehenden oben beschriebenen Enteignungsrisiken schützt, stärkt es die Investitionsbereitschaft in börsennotierten Gesellschaften, vermeidet den sonst in die Börsenkurse eingepreisten Enteignungsrisikoabschlag und erleichtert so im Ergebnis die Eigenkapitalfinanzierung[94].

Dieses Ergebnis wird umso effizienter erzielt, je verlässlicher sich der Schutz der Investoren vor den genannten Enteignungsrisiken aus ihrer Sicht darstellt. Von daher erscheint ein für alle Fälle des kalten *Delistings* (sowie der Abspaltung von börsennotierten auf nicht börsennotierte Gesellschaften) vorgegebenes Austrittsrecht entsprechend der deutschen Rechtslage gegenüber der weniger kalkulierbaren, aber jedenfalls auf die Gewährleistung der Veräußerbarkeit der erlangten Anteile abstellenden Position der *AMF* vorzugswürdig. Beide Lösungen sind aus Investorensicht bedeutend berechenbarer als die in ihrer praktischen Ausnutzung kaum vorhersehbare Befugnis britischer Gerichte, auch Anordnungen zugunsten der dissentierenden Minderheitsaktionäre zu treffen, und dieser daher vorzuziehen. Vorbildlich für die Auslegung des § 29 Abs. 1 Satz 1 UmwG ist dabei die Position der *AMF*, eine Barabfindungspflicht nicht bei beabsichtigter Notierung der übernehmenden Gesellschaft(en) nach der Durchführung der Maßnahme zu gewähren. Da die Aktionäre die Handelbarkeit ihrer Aktien in diesem Fall nur vorübergehend verlieren, bietet sich für diese Konstellationen eine teleologische Reduktion des § 29 Abs. 1 Satz 1 UmwG an[95]. Betrachtet man die Festlegung der Höhe der Barabfindung, so kann die französische Position, es bei einer nach den für Übernahmeangebote geltenden Regeln unter Einbeziehung mehrerer Faktoren (inklusive des Börsenkurses) festgelegten Mindestabfindung zu belassen, nicht überzeugen, da sie mangels Unternehmensbewertung nicht sicherstellt, dass die Aktionäre eine volle wirtschaftliche Entschädigung zum *pre-transaction standard* erhalten[96]. Schließlich sollte für die Festlegung der Untergrenze der Barabfindung im Rahmen eines Austrittsrechts, wie bereits beim regulären *Delisting* erörtert, nicht auf einen Referenzkurs bis zur über die Strukturmaßnahme beschließenden Hauptversammlung, sondern, da der von der Erwartung der Strukturmaßnahme unbeeinflusste *pre-transaction standard* gewährleistet werden soll, auf einen Referenzkurs bis zur Bekanntgabe des Projekts abgestellt werden[97].

Bei der Betrachtung der deutschen Rechtslage verwundert schließlich, dass gemäß §§ 29 Abs. 1 Satz 1, 78 Satz 4 UmwG zwar ein *Delisting* durch Verschmelzung/Auf-

---

94 In diesem Sinne auch *Ruffner*, 196, 197; *Easterbrook/Fischel*, Economic Structure of Corporate Law, 146; *Fischel*, Am.B.Found.Res.J. 1983, 875, 879.

95 So auch *Meyer/Weiler*, DB 2007, 1235, 1236; *Drinhausen*, BB 2006, 2313, 2314.

96 In diesem Sinne auch *Schindler*, 372 f.

97 Dazu bereits in Kapitel 6 unter I.2.b).

und Abspaltung von börsennotierten Aktiengesellschaften auf nicht börsennotierte Aktiengesellschaften ein Austrittsrecht begründet, nicht aber zu einem *Delisting* führende Verschmelzungen/Spaltungen unter Beteiligung von Aktiengesellschaften und Kommanditgesellschaften auf Aktien als übertragenden und übernehmenden Rechtsträgern. Für diesen Fall eines kalten *Delisting* wird man aber wohl von einer analogen Anwendung des mit Wirkung zum 25. April 2007 neu gefassten § 29 Abs. 1 Satz 1 UmwG ausgehen müssen[98]. Während sich ohne Börsennotierung der übertragenden Gesellschaft Gründe für eine Differenzierung gegenüber den sonstigen Mischverschmelzungen ohne *Delisting*-Problematik anführen lassen (wie die vom Gesetzgeber herangezogene lediglich geringfügige Veränderung der Rechtstellung der Aktionäre bei Verschmelzung/Aufspaltung auf eine KGaA[99]), ist eine Rechtfertigung für eine unterschiedliche Behandlung des kalten *Delistings* bei Verschmelzung/Spaltung börsennotierter Aktiengesellschaften auf nicht börsennotierte Aktiengesellschaften und desjenigen bei Verschmelzung/Spaltung börsennotierter Aktiengesellschaften auf nicht börsennotierte Kommanditgesellschaften auf Aktien (und andersherum) nicht ersichtlich. Wenn das kalte *Delisting* bei rechtsformwahrender Verschmelzung/Spaltung von Aktiengesellschaften ein Austrittsrecht nach § 29 Abs. 1 Satz 1 UmwG begründet, muss dies erst recht für das vom Gesetzgeber offensichtlich bei der Neufassung der Vorschrift übersehene kalte *Delisting* bei der Verschmelzung/Spaltung unter Beteiligung von Aktiengesellschaften und Kommanditgesellschaften auf Aktien (sowie bei ausschließlicher Beteiligung letzterer) gelten[100].

---

98 So auch *Meyer/Weiler*, DB 2007, 1235, 1236. Ähnlich ist wohl auch der Verweis auf die Ausführungen zur analogen Anwendung des § 29 Abs. 1 Satz 1 UmwG von *Kalss* in Semler/Stengel, § 29 Rn. 16 bei *Perlitt* in Semler/Stengel, § 78 Rn. 35 in Fn. 70 zu verstehen. In diesem Sinne auch, allerdings vor der Novellierung des § 29 Abs. 1 Satz 1 UmwG und für den Formwechsel einer börsennotierten AG in eine nicht börsennotierte KGaA, *Pluskat*, BKR 2007, 54, 59; *Walz* in Münchener Anwaltshandbuch Aktienrecht, § 50 Rn. 38; *Lohner* in Deilmann/Lorenz (Hrsg.), Börsennotierte AG, § 16 Rn. 16. Grundsätzlich in diesem Sinne für ein Austrittsrecht bei sämtlichen Formen des kalten *Delisting Grunewald*, ZIP 2004, 542, 544. Vor Novellierung des § 29 Abs. 1 Satz 1 UmwG für dessen analoge Anwendung auf sämtliche Verschmelzungen börsennotierter auf nicht börsennotierte Gesellschaften MK/*Kubis*, § 119 Rn. 89; *Lohner* in Deilmann/Lorenz (Hrsg.), Börsennotierte AG, § 16 Rn. 15; *Pluskat*, WM 2002, 833, 835. Für eine Schließung von Schutzlücken durch analoge Anwendung der §§ 29, 207 UmwG auch *Hüffer*, § 119 Rn. 26.

99 Dazu referierend *Kalss* in Semler/Stengel, § 29 Rn. 6; *Schindler*, 117. Kritisch insofern *Perlitt* in Semler/Stengel, § 78 Rn. 36 m.w.N.; vgl. auch die differenzierte Argumentation bei *Scheel* in Semler/Stengel, § 250 Rn. 2.

100 So auch *Meyer/Weiler*, DB 2007, 1235, 1236.

III. *Delisting* durch Formwechsel

1. Rechtsvergleichender Überblick zum Formwechsel

a) *Formwechsel der AG*

Der Formwechsel deutscher Gesellschaften ist im UmwG zunächst allgemein rechtsformübergreifend in §§ 190–213 UmwG und anschließend rechtsformspezifisch geregelt, für Kapitalgesellschaften in §§ 226–257 UmwG. Eine Kapitalgesellschaft kann durch Umwandlungsbeschluss bei Wahrung ihrer Identität die Rechtsform einer GbR, einer Personenhandelsgesellschaft, einer Partnerschaftsgesellschaft, einer anderen Kapitalgesellschaft oder einer eingetragenen Genossenschaft erlangen (§ 226 UmwG). Neben den Umwandlungsvorschriften sind dabei die rechtsformspezifischen Gründungsvorschriften zu beachten (§ 197 UmwG)[101]. Bei einer börsennotierten Aktiengesellschaft führt die formwechselnde Umwandlung dazu, dass ihre Aktien im Anschluss nicht mehr börslich gehandelt werden können, bewirkt also ein kaltes *Delisting* nach § 43 Abs. 2 VwVfG[102]. Das Vertretungsorgan des formwechselnden Rechtsträgers hat in einem detaillierten Umwandlungsbericht die Gründe für die Umwandlung und die künftige Beteiligung der Anteilseigner zu erörtern (§ 192 Abs. 1 AktG). Bereits in diesem Bericht hat der formwechselnde Rechtsträger jedem Anteilseigner, der gegen den späteren Umwandlungsbeschluss Widerspruch zur Niederschrift erhebt, den Erwerb seiner Anteile gegen eine angemessene, seiner Beteiligung wertmäßig entsprechenden Barabfindung anzubieten (§ 207 Abs. 1 UmwG)[103]. Ausgenommen von unter anderem dem Austrittsrecht nach § 207 Abs. 1 UmwG ist wiederum (vergleichbar der Situation bei der Verschmelzung/Spaltung nach §§ 29, 78 Satz 4 UmwG) der Formwechsel einer AG in eine KGaA sowie einer KGaA in eine AG (§ 250 UmwG)[104].

Im Rahmen der Barabfindung ist der Börsenkurs nach den zum regulären *Delisting* sowie zur Verschmelzung und Aufspaltung geschilderten Grundsätzen zu berücksichtigen[105]. Dementsprechend ist nicht nur der wahre Wert der nach der Strukturmaßnahme zu erwerbenden Anteile, sondern auch der im Verkehrswert der Aktie verkörperte und regelmäßig mit dem Börsenkurs identische Vermögensverlust mit einzubeziehen. Da der Verkehrswert die Untergrenze einer angemessenen vollen wirtschaftlichen Entschädigung bildet, ist die Festsetzung einer unterhalb des Börsenkurses liegenden Abfindung unangemessen, soweit der Börsenkurs den

---

101 Durch die Anwendung der Gründungsvorschriften soll eine Umgehung der Bestimmungen über die Kapitalaufbringung durch Umwandlung in eine Rechtsform mit umfangreicheren Anforderungen (wie bei Umwandlung einer Personengesellschaft in eine GmbH oder AG) verhindert werden; vgl. *Raiser/Veil*, § 47 Rn. 16.

102 Vgl. die Nachweise in diesem Kapitel in Fn. 24.

103 Zum Erfordernis eines vollen wirtschaftlichen Ausgleichs als Voraussetzung einer „angemessenen" Barabfindung vgl. BVerfG NJW 1962, 1669; *Zeidler* in Semler/Stengel, § 30 Rn. 6.

104 Vgl. auch *Pluskat*, BKR 2007, 54, 55.

105 Vgl. *Zeidler* in Semler/Stengel, § 208 Rn. 5. Zu den Grundsätzen oben in Kapitel 6 unter I.1.a) und in diesem Kapitel unter II.1.a).

Verkehrswert nicht ausnahmsweise – etwa aufgrund einer Marktenge oder zu geringer Volatilität – nicht widerspiegelt[106]. Die Angemessenheit dieses Abfindungsangebots wird wiederum durch den gerichtlich zu bestellenden Umwandlungsprüfer geprüft (§ 208 UmwG i.V.m. § 30 Abs. 2 UmwG). Auf Grundlage des Umwandlungsberichts fasst die Gesellschafterversammlung den notariell zu beurkundenden Umwandlungsbeschluss (§ 192 Abs. 1, 3 UmwG), mit dem zugleich die neue Satzung festgestellt wird[107]. Soll eine Kapitalgesellschaft in eine GbR, OHG oder Partnerschaftsgesellschaft umgewandelt werden, müssen alle Gesellschafter, auch die nicht erschienenen, zustimmen (§ 233 Abs. 1 UmwG)[108]. Der Formwechsel einer AG in eine andere Kapitalgesellschaftsform bedarf der Zustimmung einer Dreiviertelmehrheit des vertretenen Kapitals sowie gegebenenfalls derjenigen Aktionäre, die in einer KGaA die Komplementärsstellung einnehmen sollen (§ 240 Abs. 1, 2 UmwG). Mängel des Umwandlungsbeschlusses können innerhalb eines Monats im Wege der Anfechtungsklage geltend gemacht werden (§ 195 Abs. 1 UmwG). Sie kann nicht auf eine unzureichende Bemessung der Anteile an dem Rechtsträger in der neuen Rechtsform gestützt werden (§ 195 Abs. 2 UmwG). Für diesen Fall sieht das Gesetz eine Barzuzahlung durch den Rechtsträger vor, deren Höhe gerichtlich im Wege des Spruchverfahrens festgesetzt wird (§ 196 UmwG). Die Gesellschaft wird also wiederum durch eine Leistungsklage vor aufgrund der Anfechtungsanfälligkeit der Anteilsbemessung häufig drohenden Verzögerungen der Umwandlung geschützt[109]. Anschließend ist die Umwandlung einzutragen und bekannt zu machen (§ 201 UmwG). Die Eintragung der Umwandlung in das Register des Rechtsträgers hat folgende Wirkungen (§ 202 UmwG): Der formwechselnde Rechtsträger besteht in der neuen Rechtsform weiter (Abs. 1 Nr. 1), während die Anteilseigner nach den für die neue Rechtsform geltenden Regeln beteiligt sind (Abs. 1 Nr. 2) und Mängel des Umwandlungsverfahrens geheilt werden (Abs. 1 Nr. 1, Abs. 2).

b) Formwechsel der S.A.

Auch die formändernde Umwandlung (*transformation*) der *S.A.* vollzieht sich vor allem nach gesellschaftsformübergreifend geltenden Regeln und bedarf einer Satzungsänderung (art. 1844-3 C.civ., art. L. 225-245 (2), (3), 225-245-1 (4) C.com.)[110]. Jede *S.A.* kann ihre Rechtsform unter Wahrung ihrer Identität ändern, soweit sie mindestens seit zwei Jahren existiert und ihre Abschlüsse der ersten zwei Geschäftsjahre von der Hauptversammlung genehmigt wurden (art. 1844-3 C.civ., art. L. 210-6

---

106 Vgl. BVerfG AG 1999, 568; *Zeidler* in Semler/Stengel, § 30 Rn. 8 f.
107 Vgl. *Raiser/Veil*, § 47 Rn. 24.
108 Soll sie in eine KG umgewandelt werden, genügt eine Dreiviertelmehrheit des vertretenen Kapitals (§ 233 Abs. 2 Satz 1 UmwG). Alle Gesellschafter, die in der KG die mit einer unbeschränkten Haftung verbundene Komplementärsstellung übernehmen sollen, müssen zustimmen (§ 233 Abs. 2 Satz 3 UmwG).
109 Vgl. *Kübler/Assmann*, § 28 II. 4.b).
110 Ausführlich zu den rechtsformübergreifend geltenden Regeln Mémento Pratique – Sociétés Commerciales, Rn. 1200 ff.; *Merle*, Rn. 98–104; *Cozian/Viandier/Deboissy*, Rn. 406–414, zu den *S.A.*-spezifischen Mémento Pratique – Sociétés Commerciales, Rn. 13200 ff.; *Merle*, Rn. 582–585; *Cozian/Viandier/Deboissy*, Rn. 833–837.

(1), 225-243 C.com.). Die Hauptversammlung beschließt über die Umwandlung auf Bericht der Rechnungsprüfer grundsätzlich mit den für außerordentliche Hauptversammlungsbeschlüsse erforderlichen Quoren und Mehrheiten (art. L. 225-244 (1), 225-245 (3) C.com.). Soll die *S.A.* in eine *société en nom collectif* (*S.N.C.*), das Pendant zur OHG, umgewandelt werden, so ist die Zustimmung aller – nach Formänderung unbegrenzt haftender – Gesellschafter erforderlich (art. L. 225-245 (1) C.com.). Aus dem gleichen Grund ist bei Umwandlung in eine *société en commandite simple* (*S.C.S.*, das Pendant zu KG) oder in eine *société en commandite par actions* (*S.C.A.*, das Pendant zur KGaA) zusätzlich zur Zweidrittelmehrheit der vertretenen Stimmen die Zustimmung der zukünftig persönlich haftenden Gesellschafter notwendig (art. L. 225-245 (2) C.com.). Die Umwandlung in die vereinfachte und vom Kapitalmarkt ausgeschlossene Aktiengesellschaft *S.A.S.* ist nur mit Zustimmung aller Aktionäre möglich (art. L. 227-3 C.com.)[111]. Eine Umwandlung in das GmbH-Pendant der *S.A.R.L.* wird in der Praxis dadurch eingeschränkt, dass die *S.A.R.L.* höchstens 100 Gesellschafter haben darf (art. L. 223-3 C.com.). Zudem versucht das französische Recht für diesen Fall den Minderheitsinteressen an einer Fungibilität der Anteile durch eine erhöhte Beschlussmehrheit von Dreivierteln des Kapitals für den Umwandlungsbeschluss Rechnung zu tragen (art. L. 225-245 C.com.)[112]. Diese Lösung wird im französischen Schrifttum als schlechter Kompromiss kritisiert, da der Minderheitenschutz effektiver über einen Abfindungsanspruch der dissentierenden Aktionäre zu bewirken wäre[113]. Ein solches Abfindungsrecht steht den Aktionären zum einen bei Formwechsel einer börsennotierten *S.A.* in eine *S.C.A.* zu, bei der die Hauptaktionäre ein öffentliches Aufkaufsangebot (*offre publique de retrait*) unterbreiten müssen (art. 236-5 AMF). Zum anderen verlangt die *AMF* bei sonstigen Formwechseln börsennotierter Aktiengesellschaften, wie bei Verschmelzungen und Aufspaltungen auf nicht börsennotierte Gesellschaften, dass die Gesellschaft die Veräußerbarkeit ihrer Anteile aufrecht erhält oder die Mehrheitsaktionäre den dissentierenden Minderheitsaktionären ein öffentliches Aufkaufsangebot (*offre publique de retrait*) machen (art. 236-6 (1) n° 1 AMF). Hierfür bestehen umfassende Informationspflichten gegenüber der *AMF* über die beabsichtigte Maßnahme, aufgrund derer die *AMF* prüft, ob die Wahrung der Rechte der Anteilseigner die Anordnung der Abgabe eines Aufkaufsangebots erfordert (art. 236-6 (2) AMF). Der Umwandlungsbeschluss ist wie alle satzungsändernden Maßnahmen bekannt zu machen (art. L. 225-244 (3), art. R. 225-165 C.com.). Mit der Bekanntmachung wird die Formänderung gegenüber Dritten wirksam[114]. Der Beschluss kann gerichtlich auf betrügerische Motive (*fraude*) und Rechtsmissbrauch (*abus de droit*) überprüft und gegebenenfalls annulliert werden[115].

---

111 Tragender Grund hierfür ist der geringere Minderheitenschutz in der *S.A.S.*; vgl. *Guyon*, Droit des affaires, Rn. 568.

112 Vgl. *Guyon*, Droit des affaires, Rn. 568.

113 Vgl. *Guyon*, Droit des affaires, Rn. 568.

114 Vgl. Cass. crim. v. 3. Januar 1986, D. 1987, 84, Anm. *Bouloc*; CA Paris v. 28. März 1990, D. 1990, 428; *Cozian/Viandier/Deboissy*, Rn. 408; *Merle*, Rn. 100, 585; Mémento Pratique – Sociétés Commerciales, Rn. 1219; *Germain* in Ripert/Roblot, Rn. 1138.

115 Vgl. *Merle*, Rn. 99; Cass. com. v. 3. Dezember 2002, BRDA 2-2003, 5; T. com. Paris v. 29. Juni 1981, Rev. sociétés 1982, 791, Anm. *Guilberteau*; CA Paris v. 28. November 1990, Bull. Joly 1991,

c) *Formwechsel der* plc

Das britische Recht gestattet den Formwechsel (*re-registration*) einer *public company* in eine *private company* (ss. 89 (b), 97–101 CA 2006) sowie in eine *unlimited private company* (ss. 89 (e), 109–111 CA 2006)[116]. Der Status als *public company* ist Voraussetzung für die Zulassung zum Börsenhandel, der Formwechsel in eine *private company* führt also zum Verlust der Notierung[117]. Erforderlich für den Formwechsel in eine *private company* ist ein mit Dreiviertelmehrheit zu fassender Sonderbeschluss (*special resolution*, ss. 97 (1)(a), 283 CA 2006), der die relevanten Satzungsänderungen vornimmt[118]. Mindestens fünfzig Aktionäre oder solche mit mindestens fünf Prozent des Grundkapitals können, soweit sie der Maßnahme nicht zugestimmt haben, innerhalb von 28 Tagen die gerichtliche Annullierung des Umwandlungsbeschlusses beantragen (s. 98 CA 2006). Das Gericht kann nach freiem Ermessen Anordnungen treffen und dabei unter anderem der Gesellschaft den Erwerb der Anteile der widersprechenden Minderheit auferlegen (s. 98 (4), (5) CA 2006)[119]. Dem Formwechsel in eine *unlimited private company* müssen demgegenüber angesichts der aus ihr resultierenden Haftungserweiterung alle Gesellschafter zustimmen (s. 109 (1) CA 2006). Innerhalb von 15 Tagen nach dem Umwandlungsbeschluss muss die Gesellschaft das Handelsregister (*Companies House*) unter Übersendung der geänderten Satzung benachrichtigen (ss. 29, 30, 94 (2)(b), 100 (2)(b), 103 (2)(b), 106 (2)(c), 110 (2)(b) CA 2006).

2. Vorliegen von und Bedürfnis für Börsengesellschaftsrecht zur Rechtsformänderung

Die Interessenlage im Rahmen der Rechtsformänderung ist aus Aktionärssicht der oben unter II.2. diskutierten bei formändernden Verschmelzungen/Auf- und Abspaltungen börsennotierter Aktiengesellschaften sowie solchen börsennotierter Aktiengesellschaften auf nicht börsennotierte Aktiengesellschaften vergleichbar[120]. Wie diese Maßnahmen bewirkt eine Rechtsformänderung einer börsennotierten Gesellschaft in eine nicht börsenfähige Rechtsform ein kaltes *Delisting* mit seinen nachteiligen Auswirkungen auf die Informationspflichten der Gesellschaft, die Kontrolle der Verwaltung durch den Markt für Unternehmenskontrolle und vor allem, maßgeblich bedingt durch den Fungibilitätsverlust, die finanzielle Stellung der Minderheitsaktionäre. Die Beeinträchtigung ihrer Position können die Aktionäre nach Bekanntgabe der beabsichtigten Maßnahme, da ihre absehbaren Wirkun-

---

182; T. com. Lyon v. 23. Januar 1995, Dr. sociétés 1995, n° 102, Anm. *Vidal*; auch *Guyon*, Droit des affaires, Rn. 568; Mémento Pratique – Sociétés Commerciales, Rn. 1214.

116 Überblicksartig zum Umwandlungsregime des CA 2006 *Mayson/French/Ryan*, 64–67; zu den Vorgängernormen des CA 1985 *Davies*, Gower's Company Law, 85–89.

117 Vgl. *Krolop*, 79.

118 Vgl. *Davies*, Gower's Company Law, 87.

119 Dazu auch *Davies*, Gower's Company Law, 87.

120 In diesem Sinne für das Austrittsrecht nach § 207 UmwG und dasjenige nach § 29 UmwG *Kalss* in Semler/Stengel, § 207 Rn. 1.

gen umgehend in den Börsenkurs eingepreist werden, nicht mehr durch einen Verkauf ihrer Anteile am Kapitalmarkt kompensieren.

Dieser sich bei Formänderungen einer börsennotierten Aktiengesellschaft in eine nicht börsenfähige Gesellschaftsform oder eine nicht börsennotierte Gesellschaft anderer Rechtsform ergebenden Problemstellung tragen die untersuchten Jurisdiktionen auf verschiedene Art und Weise Rechnung. So wird der in der AG beim regulären *Delisting* über das BörsG und die in der Macrotron-Entscheidung entwickelten Grundsätze gewährleistete Minderheitenschutz im Rahmen des kalten *Delistings* aufgrund formwechselnder Umwandlung durch den geprüften Umwandlungsbericht, die qualifizierten Mehrheitserfordernisse für den Umwandlungsbeschluss und insbesondere die Abfindungsansprüche dissentierender Gesellschafter nach § 207 UmwG erreicht[121]. Für die Höhe letzterer ist bei vormaliger Börsennotierung der umgewandelten Aktiengesellschaft, wie beim regulären *Delisting* und beim *Delisting* durch Verschmelzung/Aufspaltung, wiederum neben dem wahren Wert der Anteile maßgeblich auf den regelmäßig im mit dem Börsenkurs identischen Verkehrswert liegenden Vermögensverlust der Anleger abzustellen. Dabei ist, solange der Börsenkurs den Verkehrswert in Abwesenheit außerordentlicher Umstände repräsentiert, die Festsetzung einer unterhalb des Börsenkurses liegenden Abfindung unangemessen. Während das deutsche Umwandlungsrecht damit ein gesetzliches Austrittsrecht der dissentierenden Gesellschafter vorhält und bei der Bemessung der Abfindung den Fungibilitätsverlust aufgrund eines kalten *Delistings* berücksichtigt, hat der französische Gesetzgeber ein Austrittsrecht für verzichtbar gehalten. Demgegenüber verlangt die *AMF* bei Formwechseln von börsennotierten Gesellschaften – wie bei formwechselnden Verschmelzungen/Aufspaltungen – nach Prüfung des Projekts grundsätzlich die Abgabe eines öffentlichen Aufkaufsangebots zugunsten der dissentierenden Minderheit durch die Mehrheitsaktionäre, soweit die Veräußerbarkeit nicht auf anderem Wege aufrecht erhalten wird (art. 236-6 AMF). Bei Umwandlungen einer börsennotierten *S.A.* in eine Kommanditgesellschaft auf Aktien ist ein solches Aufkaufsangebot stets und ohne vorherige Prüfung der Bedingungen der Maßnahme erforderlich (art. 236-5 AMF). Den Gesellschaftern einer *plc* wird der Austritt bei Wegfall der Veräußerbarkeit über die Börse hingegen weder gesetzlich noch von der Finanzmarktaufsichtsbehörde garantiert, sondern kann ihnen lediglich auf Antrag einer qualifizierten Minderheit gerichtlich nach s. 98 (4), (5) CA 2006 gewährt werden.

Mithin stellt sich nicht nur die Interessenkonstellation aus Aktionärssicht, sondern auch die Rechtslage rechtsvergleichend nicht wesentlich anders dar als im Rahmen der im vorangegangenen Abschnitt behandelten Verschmelzung/Auf- und Abspaltung börsennotierter Gesellschaften auf nicht börsennotierte Gesellschaften. Während das deutsche Recht den dissentierenden Minderheitsgesellschaftern stets und die französische Kapitalmarktaufsichtsbehörde *AMF* nach einer Prüfung bei

---

121 Vgl. *Heidelbach* in Schwark (Hrsg.), § 38 BörsG Rn. 50; *Richard/Weinheimer*, BB 1999, 1613, 1619.

Wegfall der Veräußerbarkeit über die Börse Austrittsrechte gewähren, sieht das britische Recht die Möglichkeit eines Austrittsrechts nur im Rahmen einer gerichtlichen Anordnung auf Antrag einer qualifizierten Minderheit von fünfzig Aktionären oder Aktionären mit 5 % des Kapitals vor. Für eine Sicherung der in der freien Veräußerbarkeit der Anteile über die Börse liegenden Vermögensposition über ein verlässliches Austrittsrecht bei kaltem *Delisting* aufgrund eines Formwechsels sprechen dabei die selben Argumente wie im Rahmen eines kalten *Delistings* bei formwechselnden Verschmelzungen/Auf- und Abspaltungen[122]. Ein für die Anleger kalkulierbares Austrittsrecht zum *pre-transaction standard* vermeidet die mit dem *Delisting* einhergehenden Enteignungsrisiken, stärkt so die Bereitschaft zur Investition in börsennotierte Gesellschaften (bzw. vermeidet Sicherheitsabschläge) und unterstützt dadurch die Eigenkapitalfinanzierung über organisierte Kapitalmärkte[123]. Dieses Ergebnis wird umso effizienter erzielt, je kalkulierbarer der Schutz vor den aus einem *Delisting* drohenden Enteignungsrisiken für die Anleger ist. Da insofern die erforderlichen Minderheiten für die nach britischem Recht notwendige gerichtliche Anordnung zugunsten dissentierender Minderheitsaktionäre nach s. 98 CA 2006 häufig prohibitiv hoch sein dürften und die Anordnung eines Aufkaufs zudem im Ermessen des Gerichts liegt, ist der den Aktionären von *public limited companies* gewährte Schutz ihrer in der Veräußerbarkeit liegenden Vermögensposition für sie wenig berechenbar. Vor diesem Hintergrund dürfte es bei der Anlage in börsennotierte Gesellschaften zu Risikoabschlägen kommen, die verlässliche Austrittsrechte nach dem Vorbild der deutschen, aber auch der französischen Rechtslage vermeiden. Für die Festlegung der Untergrenze der zu zahlenden Barabfindung sollte dabei wiederum, wie bereits beim regulären *Delisting* und dem *Delisting* durch Verschmelzung/Aufspaltung erörtert, nicht auf einen Referenzkurs bis zur über die Strukturmaßnahme beschließenden Hauptversammlung, sondern auf einen Referenzkurs bis zur Bekanntgabe des Projekts abgestellt werden[124].

Schließlich fällt im deutschen Recht erneut auf, dass Formwechsel unter Verlust der Börsennotierung grundsätzlich zu einem Austrittsrecht führen, nicht aber diejenigen unter Beteiligung von Aktiengesellschaften und Kommanditgesellschaften auf Aktien (§§ 207, 250 UmwG). Ähnlich wie bei der Verschmelzung rechtfertigt sich die Ausnahme vom grundsätzlich bestehenden Austrittsrecht in dieser Konstellation, soweit kein Verlust der Börsennotierung im Raum steht, aus der lediglich geringfügigen Beeinträchtigung der Rechtsstellung der Aktionäre durch den Formwechsel. Diese Rechtfertigung besteht aber nur außerhalb von zum Verlust der Börsennotierung führenden Konstellationen. Bewirkt ein Formwechsel einer AG in eine KGaA ein kaltes *Delisting*, so muss wie bei der Verschmelzung/Spaltung mit den Argumenten der Macrotron-Rechtsprechung ein Austrittsrecht analog §§ 207, 29 Abs. 1 Satz 1 UmwG bestehen[125]. Während der Gesetzgeber den zum Verlust der

122 Dazu soeben unter II.2.

123 Vgl. *Ruffner*, 196, 197; *Easterbrook/Fischel*, Economic Structure of Corporate Law, 146; Fischel, Am.B.Found.Res.J. 1983, 875, 879.

124 Vgl. bereits oben Kapitel 6 I.2.b) sowie in diesem Kapitel unter II.2.

125 Für eine Analogie zu § 207 UmwG (vor der Neufassung des § 29 Abs. 1 Satz 1 UmwG und deshalb ohne dessen Erwähnung) auch *Pluskat*, BKR 2007, 54, 59; *Walz* in Münchener Anwalts-

Börsennotierung führenden Formwechsel einer AG in eine KGaA nicht geregelt hat, sind im Rahmen des Austrittsrechts keine Gründe für eine Differenzierung eines *Delistings* aufgrund Antrags des Emittenten, formwahrender Verschmelzung/Spaltung, formwechselnder Verschmelzung/Spaltung oder Rechtsformwechsels ersichtlich[126]. Aus Sicht der dissentierenden Minderheitsaktionäre führen alle Varianten zu einer Fungibilitätseinbuße und den weiteren soeben thematisierten Nachteilen mit ihren die Bereitschaft zur Kapitalanlage senkenden Wirkungen, was die Zuerkennung eines Austrittsrechts gegen angemessene Barabfindung rechtfertigt.

IV. *Delisting* durch Auflösung der Gesellschaft

1. Rechtsvergleichender Überblick zur Auflösung der Gesellschaft

Auch die Auflösung der Gesellschaft führt zum Verlust der Börsennotierung. Fragen des Minderheitenschutzes mit börsengesellschaftsrechtlichen Aspekten stellen sich hier bei übertragenden Auflösungen, die zu einem *Delisting* unter Herausdrängung der Minderheit aus der Gesellschaft genutzt werden können. Dabei wird das Vermögen der börsennotierten Gesellschaft im Rahmen eines *Asset Deals* auf eine vom Mehrheitsaktionär beherrschte nicht börsennotierte Erwerbergesellschaft übertragen und die übertragende Gesellschaft anschließend aufgelöst[127]. Die Minderheitsaktionäre verlieren so ihre Aktionärsstellung und erhalten mit ihrem Anteil am Liquidationserlös wirtschaftlich eine Barabfindung[128].

a) Auflösung der AG

Die Auflösung der AG vollzieht sich in den drei Schritten der eigentlichen Auflösungsentscheidung, der ihr folgenden Abwicklung und der letztendlichen Löschung der Gesellschaft aus dem Handelsregister. Zunächst wird die Gesellschaft durch Hauptversammlungsbeschluss, behördlichen oder gerichtlichen Akt aufgelöst, soweit einer der abschließenden gesetzlichen Auflösungsgründe vorliegt. Die Auflösungsentscheidung durch die Hauptversammlung erfordert einen (satzungsändernden) Hauptversammlungsbeschluss mit Dreiviertelmehrheit des bei der Beschlussfassung vertretenen Kapitals (§ 262 Abs. 1 Nr. 2 Satz 1 AktG)[129]. Der Auf-

---

handbuch Aktienrecht, § 50 Rn. 38; *Lohner* in Deilmann/Lorenz (Hrsg.), Börsennotierte AG, § 16 Rn. 16. Grundsätzlich für eine Schließung von Schutzlücken beim kalten *Delisting* durch analoge Anwendung der §§ 29, 207 UmwG *Hüffer*, § 119 Rn. 26; in diesem Sinne für ein umfassendes Austrittsrecht bei zum Verlust der Börsennotierung führenden Maßnahmen auch *Grunewald*, ZIP 2004, 542, 544.

126 So auch *Grunewald*, ZIP 2004, 542, 544.

127 Vgl. MK/*Stein*, § 179a Rn. 71; *Walz* in Münchener Anwaltshandbuch Aktienrecht, § 50 Rn. 27; *Holzborn* in Spindler/Stilz, § 179a Rn. 34; *Seibt* in Schmidt/Lutter, § 179a Rn. 24.

128 Vgl. *de Vries*, 140.

129 Die Satzung kann eine größere Kapitalmehrheit und weitere Erfordernisse vorsehen (§ 262 Abs. 1 Nr. 2 Satz 2 AktG). Weitere Auflösungsgründe sind der Zeitablauf bei Errichtung der AG für einen befristeten Zeitraum (§ 262 Abs. 1 Nr. 1 AktG), die Eröffnung des Insolvenzverfahrens über lösungsentscheidung folgt die Abwicklung durch die hierfür anstelle des Vorstands bestellten, aber häufig mit diesem identischen Abwickler (§§ 265, 269 AktG)[130]. Nach Publikation der Auflösung im Handelsregister haben die Abwickler das Vermögen der AG durch Beendigung der laufenden Geschäfte, Einziehung der Forderungen, Umsetzung des Vermögens in Geld und Befriedigung der Gläubiger zu bereinigen (§ 268 Abs. 1 Satz 1 AktG). Sie haben eine Eröffnungsbilanz sowie für den Schluss eines jeden Jahres einen Jahresabschluss und einen Jahresbericht aufzustellen, über den die Hauptversammlung beschließt (§ 270 Abs. 1, 2 AktG)[131]. Die Gläubiger werden durch dreimalige Bekanntmachung in den Gesellschaftsblättern zur Anmeldung ihrer Ansprüche aufgefordert (§ 267 AktG). Nach Befriedigung bzw. Stellung von Sicherheiten für alle bekannten Forderungen und Ablauf eines Sperrjahres seit der dritten Bekanntmachung (§ 272 Abs. 1 AktG) darf das verbliebene Gesellschaftsvermögen an die Aktionäre ausgekehrt werden (§ 271 AktG). Ist die Abwicklung beendet und die Schlussrechnung gelegt, so wird die Gesellschaft aus dem Handelsregister gelöscht (§ 273 AktG).

Mit der Liquidation erledigt sich die Börsenzulassung ipso iure gemäß § 43 Abs. 2 VwVfG[132], so auch bei der übertragenden Auflösung i.S.v. § 179a AktG. Eine besondere gesetzliche Abfindungsregelung für übertragende Auflösungen existiert nicht. Vielmehr wird der Liquidationserlös nach den allgemeinen Regeln entsprechend der bisherigen Beteiligung der Aktionäre verteilt wird, so dass letztere im wirtschaftlichen Ergebnis eine Barabfindung erhalten[133]. Auch wenn der Ausschluss der Minderheitsaktionäre durch übertragende Auflösung auf den Mehrheitsaktionär der Umgehung der umwandlungsrechtlichen Minderheitsschutzvorschriften dienen kann, ist er rechtlich zulässig[134]. Hieran hat nach ganz h.M. auch die Einführung der *Squeeze-out*-Regelungen nach §§ 327a ff. AktG nichts geändert[135]. Allerdings müssen die Minderheitsaktionäre nach der Rechtsprechung des BVerfG für den Verlust ihrer Aktien wirtschaftlich voll entschädigt werden, wobei die Abfin-

---

das Vermögen der AG sowie die Ablehnung des Insolvenzantrags mangels Masse (§ 262 Abs. 1 Nr. 3, 4 AktG), die rechtskräftige Feststellung eines schwerwiegenden Satzungsmangels nach § 144a FGG (§ 262 Abs. 1 Nr. 5 AktG), die Löschung der Gesellschaft wegen Vermögenslosigkeit nach § 141a FGG (§ 262 Abs. 1 Nr. 6 AktG), ein rechtskräftiges Auflösungsurteil wegen Gefährdung des Gemeinwohls durch gesetzwidriges Verhalten (§ 396 AktG) sowie ein behördliches Verbot wegen verfassungswidriger Zielrichtung gemäß § 17 VereinsG.

130 Zur häufigen Identität von Vorstand und Abwicklern vgl. *Kübler/Assmann*, § 16 VI. 3.a).

131 Verweigert die Hauptversammlung die Billigung, so können die Abwickler eine den Hauptversammlungsbeschluss ersetzende Gerichtsentscheidung herbeiführen (§ 270 Abs. 3 AktG).

132 Vgl. *Heidelbach* in Schwark (Hrsg.), § 38 Rn. 52; *Walz* in Münchener Anwaltshandbuch Aktienrecht, § 50 Rn. 31; *Krolop*, 46; *Groß*, ZHR 165 (2001), 141, 150; *de Vries*, 139.

133 Vgl. *de Vries*, 140.

134 Vgl. BVerfG, ZIP 2000, 1670; BGHZ 103, 185 („Linotype"); BayObLG, AG 1999, 185; OLG Stuttgart, AG 1997, 136, 137 („Moto Meter II"); *Holzborn* in Spindler/Stilz, § 179a Rn. 36 f. m.w.N.; *Hüffer*, § 179a Rn. 6, 12a; *Seibt* in Schmidt/Lutter, § 179a Rn. 25 m.w.N. in Fn. 94; MK/*Stein*, § 179a Rn. 73.

135 Vgl. *Seibt* in Schmidt/Lutter, § 179a Rn. 25 m.w.N. in Fn. 95; *Holzborn* in Spindler/Stilz, § 179a Rn. 37; MK/*Stein*, § 179a Rn. 74 m.w.N. in Fn. 140; *Wolf*, ZIP 2002, 153, 154; a.A. LG Hanau, NZG 2002, 1040, 1047; *Wilhelm/Dreier*, ZIP 2003, 1369, 1373 ff.

dungshöhe der gerichtlichen Überprüfung unterliegt[136]. Die gerichtliche Kontrolle ist erforderlich, da eine volle wirtschaftliche Entschädigung aus der Abwicklungsmasse, die bei einem Verkauf an einen Dritten aufgrund des dann gegebenen Interessengleichlaufs der Mehrheit und der Minderheit an einem möglichst hohen Verkaufspreis gewährleistet ist, bei Beteiligung des Großaktionärs auf Verkäufer- und Käuferseite gefährdet erscheint[137]. Während das BVerfG es dem Ermessen der Zivilgerichte überlassen hat, ob die Kontrolle im Wege des Spruchverfahrens oder einer Anfechtungsklage erfolgen soll, hat sich der BGH mit der Macrotron-Entscheidung für die den Rechtsschutzzielen der Betroffenen adäquatere Wertkontrolle im Rahmen eines Spruchverfahrens entschieden[138]. Die das reguläre *Delisting* betreffende Begründung der Entscheidung kann auch für die Angemessenheitskontrolle im Rahmen einer übertragenden Auflösung Geltung beanspruchen[139]. Auch bei dieser wäre eine Anfechtungsklage unzweckmäßig, da sie nicht zu einer Neubewertung führte, der Gesellschaft durch die Notwendigkeit eines neuen Hauptversammlungsbeschlusses und der dadurch verursachten Verzögerung der Maßnahme überhöhte Kosten auferlegte und überdies ein erhöhtes Erpressungs- und damit Missbrauchspotential bärge, und wird das auf Wertkontrolle gerichtete Spruchverfahren den Interessen der Beteiligten deshalb besser gerecht[140]. Die für die analoge Anwendung des Spruchverfahrens erforderliche planwidrige Regelungslücke liegt im Anschluss an die Macrotron-Entscheidung des BGH und die Moto Meter-Entscheidung des BVerfG in der Unzulänglichkeit des formellen Minderheitenschutzes für die Gewährleistung des verfassungsrechtliche gebotenen umfassenden Schutzes des Vermögens der Minderheitsaktionäre[141]. Umwandlungsrechtliche Vorschriften sind dagegen nach h. M. weder unmittelbar noch analog anwendbar[142].

b) *Auflösung der* S.A.

Die *S.A.* wird nach dem für alle Gesellschaften geltenden Verfahren des art. 1844-7 C.civ. aufgelöst[143], wobei der Auflösungsvorgang ebenfalls in die Auflösungsentscheidung, die Abwicklung und die letztendliche Löschung der Gesellschaft aus

---

136 Vgl. BVerfG, ZIP 2001, 1670 („Moto Meter"); zusammenfassend MK/*Stein*, § 179a Rn. 77; *Lohner* in Deilmann/Lorenz (Hrsg.), Börsennotierte AG, § 16 Rn. 23 ff.; *de Vries*, 140.
137 Vgl. BVerfG, ZIP 2001, 1670, 1672; BayObLG, AG 1999, 185 („Magna Media"); *Holzborn* in Spindler/Stilz, § 179a Rn. 35; MK/*Stein*, § 179a Rn. 72.
138 Vgl. BGHZ 153, 47, 51 f.
139 Vgl. *Holzborn* in Spindler/Stilz, § 179a Rn. 43; MK/*Stein*, § 179a Rn. 83; *Seibt* in Schmidt/Lutter, § 179a Rn. 29.
140 Vgl. *Holzborn* in Spindler/Stilz, § 179a Rn. 43; MK/*Stein*, § 179a Rn. 82 f.; *K. Schmidt*, NZG 2003, 601, 603; LG Köln, AG 1999, 333, 334.
141 Vgl. *Seibt* in Schmidt/Lutter, § 179a Rn. 29; MK/*Stein*, § 179a Rn. 84 f.; *Wolf*, ZIP 2002, 153, 158.
142 Vgl. BayObLG, AG 1999, 185; OLG Stuttgart, AG 1994, 411, 412; AG 1997, 136, 137; *Holzborn* in Spindler/Stilz, § 179a Rn. 41; *Hüffer*, § 179a Rn. 12a; MK/*Stein*, § 179 Rn. 82 f.; a.A. *Lutter/Drygala*, FS für Kropff, 191, 208, 214 f., 222 sowie die Nachweise bei *Seibt* in Schmidt/Lutter, § 179a Rn. 28 in Fn. 107 und MK/*Stein*, § 179a Rn. 79.
143 Vgl. *Merle*, 698 Rn. 586, zum Verfahren 147 ff. Rn. 115 ff.; *Cozian/Viandier/Deboissy*, 364 Rn. 838, zum Verfahren 203 ff. Rn. 440–449; *Sonnenberger/Dammann*, Rn. III 149 ff.

dem Handelsregister unterteilt werden kann. Als Auflösungsgründe sieht art. 1844-7 C.civ. gesellschaftsformübergreifend die Auflösung bei Ablauf der vereinbarten Lebensdauer der Gesellschaft (n° 1), bei Erreichung oder Wegfall des Geschäftszwecks (n° 2), bei Annullierung des Gesellschaftsvertrags (n° 3), durch Auflösungsurteil auf Antrag eines Gesellschafters bei hinreichendem Grund (n° 5) sowie bei Vereinigung aller Anteile in einer Hand (n° 6 i.V.m. art. 1844-5 C.civ.) und bei Auflösungsbeschluss der Gesellschafterversammlung vor (n° 4)[144]. Weitere Auflösungsgründe können in der Satzung vereinbart werden (art. 1844-7 n° 8 C.civ.)[145]. Entscheidet die Hauptversammlung über die Auflösung, so hat sie dies als außerordentliche Hauptversammlung mit Zweidrittelmehrheit der vertretenen Stimmen zu tun (art. 1844-7 n° 4 C.civ. i.V.m. art. L. 225-246, 225-96 (3) C.com.).

Wie im deutschen Recht wird die Abwicklung durch die – mangels entgegenstehender Satzungsbestimmung – von der Hauptversammlung anstelle des Verwaltungsrats/Vorstands bestellten Abwickler durchgeführt (art. L. 237-1, 237-18 C.com.)[146]. Nach Bekanntmachung der Auflösung der Gesellschaft im Handelsregister haben die Abwickler die Forderungen der Gesellschaft einzuziehen, das Vermögen zu Geld zu verwerten, die Schulden zu bereinigen und eventuelle Überschüsse an die Aktionäre zu verteilen (art. L. 237-2, 237-24 C.com.). Nach Begleichung der Schulden erhält zunächst jeder Aktionär seine Einlage, soweit diese noch vorhanden ist, nach den Regeln über die Erbauseinandersetzung – prinzipiell in Natur – zurückerstattet (art. 1844-9 C.civ.)[147]. Verbleibt allein Geld als Liquidationserlös, so erhält jeder Aktionär einen seiner Beteiligung entsprechenden Betrag ausgezahlt[148]. Verbleibt nach Befriedigung der Gläubiger darüberhinaus ein über dem Grundkapital liegender Betrag, der sog. *boni de liquidation* (Liquidationsgewinn), so wird er in Ermangelung einer entgegenstehenden Satzungsbestimmung an die Aktionäre entsprechend ihrer Beteiligung ausgezahlt (art. L. 237-29 C.com.). Nach Ende der Liquidation beschließt die Hauptversammlung über die Schlussrechnung der Abwickler, entlastet diese und stellt den Abschluss der Abwicklung fest (art. L. 237-9 C.com.). Der Abschluss der Abwicklung ist in den Gesellschaftsblättern und im Handelsregister zu publizieren (art. L. 237-11 i.V.m. art. R. 237-7, 237-8 C.com.). Mit der Publikation des Abwicklungsabschlusses endet die juristische Existenz der Gesellschaft (art. 1844-8 (3) C.com.). Mit Nachweis der Erfüllung der Bekanntmachungspflichten wird die Gesellschaft aus dem Handelsregister gelöscht (art. R. 237-9 C.com.).

---

144 Speziell eine *S.A.* kann zudem auf Antrag einer Person mit berechtigtem Interesse gerichtlich aufgelöst werden, wenn die Zahl ihrer Aktionäre für einen Zeitraum von mehr als einem Jahr unter sieben gesunken ist (art. L. 225-247 C.com.) und wenn das Mindestkapital unterschritten und nicht wieder ausgeglichen wurde (art. L. 224-2 C.com.).

145 Ausführlich zu den Auflösungsgründen des art. 1844-7 C.civ. vgl. *Merle*, 140 ff. Rn. 105–114; *Cozian/Viandier/Deboissy*, 195 ff. Rn. 417–439.

146 Vgl. *Merle*, 151 Rn. 119; *Cozian/Viandier/Deboissy*, 205 Rn. 444.

147 Vgl. *Cozian/Viandier/Deboissy*, 207 Rn. 449; *Merle*, 156 ff. Rn. 124 f.

148 Vgl. *Cozian/Viandier/Deboissy*, 207 Rn. 449; *Merle*, 157 Rn. 125.

Die übertragende Auflösung ist, anders als im deutschen Recht, nicht gesondert reguliert. Sie kann aber mittels der Übertragung des Gesellschaftsvermögens im Wege des *apport partiel d'actif* und anschließender Auflösung der Gesellschaft durchgeführt werden[149]. Beim *apport partiel d'actif* erhält die übertragende Gesellschaft für ihre Vermögensgegenstände Anteile der übernehmenden Gesellschaft, die dann im Zuge der Abwicklung verwertet werden. Der Liquidationserlös wird unter den Aktionären entsprechend ihrer früheren Kapitalbeteiligung verteilt. Wird der *apport partiel d'actif* von den Parteien dem Regime der Spaltung unterstellt (art. L. 236-22 C.com.), so entscheidet die Hauptversammlung mit satzungsändernder Mehrheit nach Berichten der Geschäftsleitung und von Sachverständigen auch zum Austauschverhältnis. Da das französische Recht kein besonderes Verfahren zur Wertkontrolle des Austauschverhältnisses kennt, kommt lediglich eine Überprüfung im Rahmen einer Anfechtung des Hauptversammlungsbeschlusses in Betracht. Wird der *apport partiel d'actif* nicht über die Spaltungsvorschriften durchgeführt, so steht er im Ermessen der Geschäftsleitung und seine Bedingungen können allenfalls Anlass zu einer Haftungsklage geben[150]. Für eine Übertragung des gesamten Vermögens ist allerdings ein (anfechtbarer) Hauptversammlungsbeschluss mit satzungsändernder Mehrheit erforderlich (art. L. 237-8 n° 4 C.com.). Angesichts des besseren Minderheitenschutzes durch die Spaltungsregeln (u.a. aufgrund der sachverständigen Prüfung des Austauschverhältnisses) empfiehlt die *AMF* jedenfalls bei der Übertragung wesentlicher Vermögensgegenstände eine Anwendung der Spaltungsnormen[151]. Überträgt eine börsennotierte Gesellschaft alle oder die wesentlichen Vermögensgegenstände, ist die *AMF* wie im Rahmen der Umwandlungsfälle durch die Mehrheitsaktionäre zu informieren, damit sie über deren Pflicht zur Abgabe eines Aufkaufsangebots entscheiden kann (art. 236-6 n° 2 AMF).

c) *Auflösung der* plc

Die *plc* kann durch die Hauptversammlung oder auf Gerichtsbeschluss aufgelöst werden[152]. Die Hauptversammlung kann die sog. freiwillige Auflösung (*voluntary winding up*) mit satzungsändernder Dreiviertel-Mehrheit beschließen (s. 84 (1)(c) *Insolvency Act 1986* (IA 1986)[153]. Dabei initiiert der Hauptversammlungsbeschluss

149 Zum *apport partiel d'actif* vgl. die Nachweise in diesem Kapitel in Fn. 42.
150 Kritisch deshalb auch *Guyon*, Droit des affaires, 682.
151 Vgl. die Empfehlung der *COB* v. 19. Dezember 1972; Bull. COB n° 95, Juli–August 1977, 6; *Merle*, Rn. 686; *Cozian/Viandier/Deboissy*, Rn. 1358.
152 Vgl. *Davies*, Gower's Company Law, 855; *Dine/Koutsias*, 315; zur übertragenden Auflösung nach ss. 110 f. Insolvency Act *Davies*, Gower's Company Law, 802 f.
153 Überblicksartig dazu *Mayson/French/Ryan*, 647–650; *Dine/Koutsias*, 316; *Davies*, Gower's Company Law, 859 ff. Gründe für einen gerichtlichen Auflösungsbeschluss sind (1) eine Eintragung der *plc* für mehr als ein Jahr, ohne dass eine Bestätigung der Einhaltung der Mindestkapitalanforderungen erteilt worden wäre, (2) der Nichtbeginn oder die Unterbrechung der Geschäftstätigkeit für mindestens ein Jahr, (3) das Absinken der Mitgliederzahl unter zwei (soweit die Gesellschaft sich nicht in eine Einmann-Gesellschaft umwandelt), (4) die Unfähigkeit zur Bedienung der Gesellschaftsverbindlichkeiten sowie (5) die Erforderlichkeit der Auflösung aus Gerechtigkeits- und Billigkeitsgesichtspunkten. Antragsberechtigt sind unter anderem die Gesellschaft, einzelne Verwaltungsratsmitglieder, die Aktionäre und die Gläubiger der Gesellschaft, soweit sie ein berechtigtes Interesse an der Auflösung darlegen können; vgl. *Dine/Koutsias*, 315.

nur dann das Verfahren der freiwilligen Auflösung, wenn der Verwaltungsrat vor der Beschlussfassung eine Solvenzbestätigung, dass die Gesellschaft ihre Verbindlichkeiten innerhalb von zwölf Monaten wird zahlen können, erteilt hat (s. 89 IA 1986). Geht der Verwaltungsrat hingegen davon aus, dass die Begleichung der Schulden nicht möglich sein wird, ist die Gläubigerversammlung einzuberufen und das reguläre Insolvenzverfahren des *creditors' winding up* durchzuführen (s. 90 IA 1986)[154]. Wie in den anderen Rechtsordnungen wird die Liquidation durch einen von der Hauptversammlung bestellte Abwickler (*liquidator*) durchgeführt (s. 91 (1) IA 1986)[155]. Nach Bereinigung des Gesellschaftsvermögens durch Beendigung der laufenden Geschäfte, Einziehung der Forderungen, Umsetzung des Vermögens in Geld und Befriedigung der Gläubiger präsentiert der Abwickler den Aktionären und Gläubigern der Gesellschaft seine Schlussrechnung (s. 94 (1) IA 1986). Innerhalb einer Woche nach der Versammlung übermittelt der Abwickler die Schlussrechnung und die Beschlussprotokolle (inklusive des Auflösungsantrags der Hauptversammlung) der Registerstelle. Dort werden die Unterlagen registriert und das Auflösungsbegehren im Registerblatt bekannt gemacht (s. 1003 (3) CA 2006). Drei Monate nach der Veröffentlichung kann die Registerstelle die Gesellschaft aus dem Register streichen (s. 1003 (3) CA 2006), wodurch ihre rechtliche Existenz endet (s. 1003 (5) CA 2006).

Bei der bereits im Abschnitt zur Verschmelzung und Spaltung erwähnten übertragenden Auflösung nach ss. 110 f. IA 1986 wird die Gesellschaft aufgelöst, während ein durch Sonderbeschluss ermächtigter Abwickler das gesamte Gesellschaftsvermögen auf die übernehmende Gesellschaft überträgt und die im Gegenzug zu gewährenden Anteile dieser Gesellschaft oder die von ihr erhaltene Barzahlung unter den Gesellschaftern der aufgelösten Gesellschaft verteilt[156]. Dabei unterliegen jegliche Maßnahmen des Abwicklers der gerichtlichen Prüfung auf Antrag betroffener Aktionäre (s. 112 IA 1986)[157]. Erfolgt die Übertragung des Vermögens nicht gegen Anteile, sondern gegen eine Barzahlung, so kann deren Angemessenheit unter der allgemeinen Vorschrift der s. 112 IA 1986 auf Antrag von Aktionären gerichtlich überprüft werden. Überdies können Gesellschafter, die nicht für den Auflösungsbeschluss gestimmt haben und innerhalb von sieben Tagen nach der Beschlussfassung schriftlich gegenüber dem Abwickler widersprechen, verlangen, dass der Abwickler den Beschluss nach seiner Wahl entweder nicht ausführt oder ihre Anteile zu einem – erforderlichenfalls im Wege eines Schiedsspruches nach dem *Companies Clauses Consolidation Act 1845* – zu vereinbarenden Preis erwirbt (s. 111 (2)–(4) IA 1986)[158]. Da das Verfahren nach ss. 110 f. IA 1986 nur bei Abwicklung der Gesellschaft genutzt werden kann, keine Modifikation der Gesellschafter- und

154 Dazu *Mayson/French/Ryan*, 649.

155 Ausführlich zur Liquidation *Mayson/French/Ryan*, 656 ff.; desw. *Davies*, Gower's Company Law, 860 ff.

156 Zur *voluntary liquidation* vgl. die Nachweise in diesem Kapitel in Fn. 63.

157 Dazu *Mayson/French/Ryan*, 663.

158 Zum Austrittsrecht nach s. 111 IA 1986 in diesem Kapitel oben unter II.1.c) sowie die Nachweise in Fn. 64.

Gläubigerrechte zulässt und lediglich Verkäufe (bei Übertragung des Gesellschaftsvermögens gegen Barzahlung) und verschmelzungsähnliche Vorgänge (bei Übertragung des Vermögens gegen Anteile der übernehmenden Gesellschaft) zulässt, tritt seine praktische Bedeutung deutlich hinter die flexibleren *amalgamations and reconstructions* nach ss. 895 ff. CA 2006 zurück[159].

2. Vorliegen von und Bedürfnis für Börsengesellschaftsrecht zur Auflösung der Gesellschaft

Rechtsvergleichend findet sich nach alldem kein die Auflösung direkt betreffendes spezielles Börsengesellschaftsrecht. Allerdings verlangt die *AMF* von börsennotierten Gesellschaften die Information über eine geplante Übertragung des gesamten Gesellschaftsvermögens oder wesentlicher Teile davon und behält sich für diese Fälle die Verpflichtung der Mehrheitsaktionäre zur Abgabe eines öffentlichen Aufkaufsangebots vor (art. 236-6 n° 3 AMF). Die Vorschrift ist auch im Rahmen der übertragenden Auflösung einer börsennotierten *Sociétés Anonyme* einschlägig und vermittelt dieser eine börsengesellschaftsrechtliche Dimension.

Ein Bedürfnis für Börsengesellschaftsrecht kann sich auch im Rahmen der Auflösung lediglich aus dem Umstand ergeben, dass mit der Auflösung auch die Börsennotierung wegfällt. Grundsätzlich, d.h. bei einer Liquidation ohne Übertragung der Vermögenswerte der Gesellschaft auf vom Mehrheitsgesellschafter beherrschte andere Gesellschaften, ergeben sich keine besonderen börsengesellschaftsrechtlichen Problemstellungen. Zwar endet mit der Auflösung der Gesellschaft selbstverständlich auch die Börsennotierung ihrer Anteile. Die Minderheitsgesellschafter sind aber – unabhängig von einer Börsennotierung – hinreichend durch die qualifizierten Mehrheitserfordernisse und ihren Anspruch auf Beteiligung am Liquidationserlös entsprechend ihrer vorherigen Kapitalbeteiligung geschützt. Problematisch erscheint der Minderheitenschutz hingegen im Rahmen übertragender Auflösungen, bei denen das Vermögen der aufzulösenden Gesellschaft unter Herausdrängung der Minderheit auf eine andere, vom Mehrheitsaktionär beherrschte, Gesellschaft übertragen wird. Da die Minderheitsgesellschafter dabei jedoch – jedenfalls nach französischem und deutschen Recht – nicht Gesellschafter der übernehmenden nicht-börsennotierten Gesellschaft werden, sondern wirtschaftlich gegen eine Barabfindung aus der börsennotierten Gesellschaft ausscheiden, stellt sich das für das kalte *Delisting* in den Umwandlungskonstellationen prägende Problem einer „Gefangennahme" in der neuen Gesellschaft unter Verlust der in der Veräußerbarkeit liegenden Eigentumsposition nicht. Anders kann es bei der *voluntary liquidation* nach ss. 110 f. IA 1986 aussehen. Bei ihr besteht die in den anderen Rechtsordnungen nicht anzutreffende Besonderheit, dass der Abwickler den Aktionären der aufgelösten Gesellschaft ähnlich wie im Rahmen einer Verschmelzung als Liquidationserlös auch im Gegenzug für das Vermögen der aufgelösten Gesell-

---

159 Vgl. *Grier*, Company Law, 294; *Pettet*, 110 f. Zu den *amalgamations and reconstructions* oben unter II.1.c).

schaft erhaltene Anteile der übernehmenden Gesellschaft gewähren kann. Von daher drohte den Aktionären ohne Austrittsrecht gegen angemessene Abfindung – wie in den Umwandlungsfällen – eine mangels Fungibilität nur schwer zu beendende Mitgliedschaft in einer neuen Gesellschaft. Dementsprechend garantiert das britische Recht den dissentierenden Aktionären für solche übertragenden Auflösungen gegen Anteile der übernehmenden Gesellschaft (die allerdings angesichts des in aller Regel mit der übertragenden Auflösung verfolgten Zwecks der Hinausdrängung der Minderheit die absolute Ausnahme sein dürften) ein Austrittsrecht gegen eine von den Parteien zu vereinbarende und erforderlichenfalls im Wege eines Schiedsspruchs festzulegende Barabfindung in Höhe des Wertes der Anteile vor der Strukturmaßnahme.

Außerhalb dieser funktional verschmelzungsähnlichen Sonderkonstellation besteht, da der Ausschluss der Minderheit aus der Gesellschaft gegen eine Barabfindung Hauptzweck der übertragenden Auflösung ist und überdies nach deutschem und französischen Recht eine unmittelbare Übertragung im Gegenzug für das Vermögen der auszulösenden Gesellschaft erhaltenener Anteile der übernehmenden Gesellschaft an die Aktionäre wie nach s. 110 IA 1986 rechtlich nicht möglich ist, kein Bedürfnis für ein börsengesellschaftsrechtliches Austrittsrecht wie im Rahmen der Umwandlungsfälle. Die Vermögensposition der Minderheit bei übertragenden Auflösungen ist unabhängig von einer Börsennotierung abschließend und ausreichend über ihre Teilhabe am Erlös aus dem Verkauf des Gesellschaftsvermögens über ihren Anspruch auf Beteiligung am Liquidationserlös geschützt[160]. Von daher überrascht die Position der *AMF*, auch bei Übertragungen des gesamten Vermögens oder seiner wesentlichen Teile durch eine börsennotierte auf eine vom Mehrheitsaktionär beherrschte nicht börsennotierte Gesellschaft grundsätzlich die Verpflichtung des Mehrheitsaktionärs zur Abgabe eines Aufkaufsangebots in Betracht zu ziehen. Jedenfalls bei anschließender Auflösung der Gesellschaft steht den Minderheitsaktionären ohnehin wirtschaftlich ein Austrittsrecht zu. In allen Fällen übertragender Auflösungen – unabhängig von einer Börsennotierung der aufgelösten Gesellschaft – stellt sich vielmehr die Frage der Gewährleistung einer wirtschaftlich vollen Entschädigung der Minderheit. Wenn der Mehrheitsaktionär sowohl auf Verkäufer- als auch auf Käuferseite auftritt, droht eine Übertragung des Gesellschaftsvermögens zu einem zu niedrigen Preis. Dementsprechend verlangt die deutsche Rechtsprechung eine gerichtliche Kontrollmöglichkeit der Angemessenheit der Abfindung der Minderheit im Wege des Spruchverfahrens. Das britische Recht unterstellt jegliche Maßnahmen des Abwicklers und damit auch die Übertragung des Vermögens der aufzulösenden Gesellschaft mitsamt ihren Modalitäten der gerichtlichen Kontrolle (s. 112 IA 1986). Nach französischem Recht werden Vermögensübertragungen im Vorfeld einer Auflösung entweder den Verschmelzungs- und Spaltungsregeln unterstellt (mit der Folge einer sachverständigen Prüfung des Austauschverhältnisses und einer Möglichkeit der Anfechtung des Hauptversammlungsbeschlusses) oder stehen im Ermessen der Geschäftsleitung, so dass unange-

160 Vgl. *Krolop*, 38.

messene Übertragungen lediglich im Wege von Haftungsklagen gegen diese angegriffen werden können. Für Übertragungen des gesamten Vermögens ist allerdings stets ein Hauptversammlungsbeschluss mit satzungsändernder Mehrheit erforderlich (art. L. 237-8 n° 4 C.com.), so dass eine Überprüfungsmöglichkeit im Wege der Anfechtung besteht. Vor dem Hintergrund des besseren Minderheitenschutzes empfiehlt die *AMF* für alle Vermögensübertragungen von einigem Gewicht eine Anwendung der Verschmelzungs-/Spaltungsregeln. Wenn sie im Übrigen bei Übertragung des gesamten Vermögens oder der wesentlichen Teile davon durch eine börsennotierte auf eine nicht börsennotierte, vom Mehrheitsgesellschafter beherrschte Gesellschaft grundsätzlich ein Aufkaufsangebot verlangt, so liegt hierin jedenfalls für übertragende Auflösungen insofern eine Überregulierung, als auch ohne Auskaufsangebot mit der Auflösung der Gesellschaft ein Austritt aus ihr erfolgt und allein die Vermögensposition der Minderheit schutzbedürftig ist. Allerdings kann die *AMF* nur im Rahmen eines Aufkaufsangebots dessen Modalitäten überprüfen und so gewährleisten, dass die Minderheitsaktionäre im Ergebnis über ihre Beteiligung am Liquidationserlös wirtschaftlich voll entschädigt werden. Die *AMF* sieht also ein Bedürfnis für eine solche Kontrolle neben der Möglichkeit der Anfechtung des Hauptversammlungsbeschlusses zur Übertragung des gesamten Vermögens. Die zugrunde liegende Problematik eines vollen Wertausgleichs bei übertragenden Auflösungen besteht aber, wie aufgezeigt, unabhängig von einer Börsennotierung der übertragenden Gesellschaften stets, wenn der Mehrheitsgesellschafter auf Verkäufer- wie Käuferseite beteiligt ist. Allgemein sprechen für eine auf eine Wertkontrolle ausgerichtete Kontrolle an Stelle einer Überprüfung im Rahmen eines Anfechtungsverfahrens die insofern vom BGH angeführten Argumente des effektiveren Rechtsschutzes der Minderheitsaktionäre unter Vermeidung übermäßiger Belastungen der Gesellschaft durch die mit einem Anfechtungsprozess verbundenen Verzögerungen der Maßnahme mitsamt des diesen innewohnenden Erpressungspotentials. Insofern ist die *AMF* kompetenziell auf die Überprüfung von Übertragungen börsennotierter Gesellschaften beschränkt und an einer Ausdehnung der Wertkontrolle gehindert. Angesichts der unabhängig von einer Börsennotierung bestehenden Grundproblematik des Interessenkonflikts auf Seiten des Mehrheitsaktionärs erscheint jedoch eine nicht nur auf börsennotierte Gesellschaften beschränkte Kontrolle wie nach dem deutschen Spruchverfahren vorzugswürdig. Ein Bedürfnis eine spezielle Regelung übertragender Auflösungen durch börsennotierte Gesellschaften liegt nach alldem nicht vor.

Teil 4: Zusammenfassung der Ergebnisse

Im Rahmen der Gesellschaftsgründung und der Regulierung ihres Außenverhältnisses bestehen keine Bedürfnisse für die Schaffung spezieller Regelungen für börsennotierte Aktiengesellschaften [1]. Im Rahmen der Organisationsverfassung, der Finanzverfassung und von Strukturmaßnahmen sollte ein effizientes Gesellschaftsrecht für börsennotierte Aktiengesellschaften hingegen folgenden Aspekten gerecht werden:

Die von Art. 46a der Jahresabschluss-Richtlinie verlangte Verpflichtung zur Abgabe einer Erklärung zur Unternehmensführung, des *Corporate Governance-Statements*, sollte, wie durch den deutschen und den britischen Gesetzgeber geschehen, in Ausnutzung der der *opt-out*-Möglichkeit nach Art. 46a Abs. 3 lediglich für Gesellschaften mit börsennotierten Aktien und solche mit lediglich anderen börsennotierten Wertpapieren, aber einem Handel der Aktien über ein multilaterales Handelssystem, umgesetzt werden [2]. Eine Ausweitung der Erklärungspflichten auf alle Gesellschaften mit an einem organisierten Markt notierten Wertpapieren sollte nur nach einem empirischen Nachweis ihrer Notwendigkeit erfolgen. Die durch eine Ausweitung der Berichtspflichten bewirkten Belastungen für kleine und mittlere Unternehmen wären zu groß, als dass man sie ohne weiteres übernehmen könnte. Vielmehr drohte eine Ausweitung des *Corporate Governance-Statements* auf alle Gesellschaften mit börsennotierten Wertpapieren (und damit auch auf mittelständische Unternehmen, die sich über Schuldtitel an der Börse finanzieren) diesen erheblichen Aufwand aufzuerlegen, der angesichts des relativen Desinteresses des Kapitalmarkts an den in der Erklärung enthaltenen Informationen und der sonstigen Informationsmöglichkeiten der in diesem Marktsegment hauptsächlich operierenden professionellen Investoren nicht gerechtfertigt erschiene.

---

1 Siehe Kapitel 7 unter I., II. und III.
2 Siehe Kapitel 3 unter IV.

I. Organisationsverfassung

1. Rechtsstellung der Leitungsorgane

a) *Aufstellung eines Katalogs von Geschäften, die der Zustimmung des Überwachungsorgans-/gremiums bedürfen*

Im Rahmen der grundsätzlichen Aufteilung der Leitungs- und Überwachungsfunktionen sollte der Verwaltungsrat/Aufsichtsrat börsennotierter Gesellschaften bei Entscheidungen von grundlegender Bedeutung beteiligt werden und hierfür durch diese Organe oder die Satzung ein Katalog zustimmungsbedürftiger Materien aufgestellt werden[3]. Börsennotierte Publikumsgesellschaften ohne kontrollierende Großaktionäre bedürfen derartiger Zustimmungsvorbehalte hinsichtlich grundlegender Entscheidungen zur präventiven Kontrolle der Geschäftsleitung aufgrund der in ihnen besonders akuten *Principal-Agent*-Probleme. Ohne vorherige Beteiligung des Aufsichtsrats/der nicht-geschäftsführenden Verwaltungsratsmitglieder besteht eine erhöhte Gefahr, dass die Geschäftsleiter im Rahmen der grundlegenden Entscheidungen Schäden erheblichen Ausmaßes zulasten der Aktionäre verursachen. Da diese bei den betroffenen grundlegenden Entscheidungen durch eine ex-post-Kontrolle regelmäßig nicht mehr zu korrigieren wären, tritt das mit ex-ante-Kontrollen verbundene Risiko voreingenommener ex-post-Kontrollen hinter die bei wesentlichen Entscheidungen in Publikumsgesellschaften ohne präventive Kontrolle drohende Gefahr irreversibler erheblicher Schäden zurück. In Gesellschaften mit kontrollierenden Aktionären, deren Einfluss die *Principal-Agent*-Problematik relativiert, sind Zustimmungsvorbehalte aus Gesichtspunkten des Minderheitenschutzes sinnvoll, da sie eine ex-ante-Kontrolle durch von der Gesellschaft und den kontrollierenden Großaktionären unabhängige Aufsichtsrats- oder Verwaltungsratsmitglieder im Interesse der Minderheitsaktionäre ermöglichen. Eine vergleichbar effektive Kontrolle wäre auch hier angesichts der Tragweite und Irreversibilität der Entscheidungen nachträglich in vielen Fällen nicht mehr möglich.

Lediglich in der AG ist angesichts der aufgrund der unternehmerischen Mitbestimmung bestehenden Vorbehalte gegen eine solche Beteiligung des Aufsichtsrats die in § 111 Abs. 4 Satz 2 AktG erfolgte gesetzliche Anbindung der Pflicht notwendig. In der *S.A.* und der *plc* kann die Aufstellung eines Zustimmungskatalogs demgegenüber mangels vergleichbarer Mitbestimmungsproblematiken über eine Kodexempfehlung gewährleistet werden. Eine Präzisierung der zustimmungsbedürften wesentlichen Materien sollte in allen Jurisdiktionen angesichts der differierenden Einflussfaktoren (wie der Größe der Gesellschaft, ihrer Branche und ihrer Organisationsstruktur) allenfalls über Kodexempfehlungen erfolgen, um den zur Konkretisierung berufenen und angesichts ihrer Sachnähe kompetenten Gesellschaftsorganen die zur Berücksichtigung der jeweiligen Besonderheiten der Gesellschaft erforderliche Flexibilität zu gewährleisten.

---

3 Siehe Kapitel 4 II.1.b)aa).

b) Konkretisierung der Berichtspflichten der Geschäftsleitung gegenüber dem Überwachungsorgan-/gremium

Die Verstetigung des Informationsflusses zwischen Vorstand/geschäftsführenden Verwaltungsratsmitgliedern und Aufsichtsrat/nicht geschäftsführenden Verwaltungsratsmitgliedern sollte durch eine Kodexempfehlung zur Konkretisierung der regelmäßigen Berichtspflichten durch die zur Überwachung berufenen Personen entsprechend der deutschen und französischen Kodexvorgaben (Ziff. 3.4. DCGK, Ziff. 4 FCGK) gefördert werden[4]. Präzisierte regelmäßige Berichtspflichten in diesem Sinne unterstützen eine Kultur stetiger Information des Überwachungsorgans/-gremiums durch die Geschäftsleitung als Voraussetzung ihrer effektiven Kontrolle. Eine solche ist gerade in Publikumsgesellschaften mit ihrer defizitären Kontrolle durch die Anteilseigner erforderlich. Aber auch in Gesellschaften mit kontrollierenden Großaktionären ist ein möglichst umfassender Informationsfluss an die überwachenden Verwaltungsmitglieder notwendig, hier vor allem zur Ermöglichung eines effektiven Minderheitenschutzes durch die nicht mit den kontrollierenden Großaktionären verbundenen überwachenden Organmitglieder. Angesichts der weitgehenden Befolgung der diesbezüglichen Kodexempfehlungen in der Praxis bedarf die grundsätzliche Pflicht zur Aufstellung eines Berichtskatalogs keiner gesetzlichen Anbindung. Auch inhaltliche Vorgaben zu den Berichtspflichten können, da die Berichtspflichten mit den je nach Gesellschaftsstruktur und -betätigungsfeld differierenden Überwachungsaufgaben korrelieren sollten, unter Flexibilitätsgesichtspunkten unterbleiben und die Festlegung insofern den sachnäheren Aufsichtsratsmitgliedern/nicht geschäftsführenden Verwaltungsratsmitgliedern überlassen werden.

c) Keine Notwendigkeit für börsengesellschaftsrechtliche Sonderregeln zur Zahl der Arbeitnehmervertreter in mitbestimmten Verwaltungs-/Aufsichtsräten sowie zur Vorstandsgröße

Im Rahmen der grundsätzlichen Zusammensetzung des bzw. der Leitungs- und Überwachungsorgane besteht kein Bedürfnis für spezielle Regelungen für börsennotierte Gesellschaften[5]. Die Ausrichtung der französischen Gestattung, im Rahmen der freiwilligen Mitbestimmung in monistisch strukturierten Gesellschaften bei Wahrung der Drittelparität bis zu fünf statt bis zu vier Arbeitnehmer in den Verwaltungsrat wählen zu können (art. L. 225-27 (1) C.com.), soll keinen börsennotierungsspezifischen Sonderinteressen, sondern allein dem unterstellten erhöhten Überwachungsaufwand in diesen Gesellschaften gerecht werden. Insofern hätte die Anbindung der Privilegierung präziser über die Unternehmenskennzahlen des europäischen Bilanzrechts für große Gesellschaften aus Art. 27, 53a der Jahresabschluss-Richtlinie erfolgen können. Diese sind besser geeignet, Konstellationen zu beschreiben, in denen typischerweise eine komplexere und damit überwachungs-

4 Siehe Kapitel 4 II.1.b)bb).
5 Siehe Kapitel 4 II.2.b)bb)(1).

intensivere Gesellschaftsstruktur besteht. Insbesondere erfassen sie auch die typischerweise komplex strukturierten Gesellschaften mit anderen börsennotierten Wertpapieren als Aktien sowie ab einer gewissen Gesellschaftsgröße. Gleiches gilt für die Anbindung der zwingenden Mitbestimmung der an der Gesellschaft beteiligten Arbeitnehmer an die Notierung von Wertpapieren an einem organisierten Markt (art. L. 225-23, 225-71 C.com.). Auch hier hätte die Privilegierung präziser über die Vorgaben des europäischen Bilanzrechts für große Gesellschaften erfolgen sollen, um auch große und deshalb typischerweise komplex strukturierte Gesellschaften ohne Wertpapiernotierungen zu erfassen (und so auch die für diese de lege lata bestehenden Anreize zur Vermeidung einer Wertpapiernotierung zu beseitigen). Auch die Zulassung von bis zu sieben statt bis zu fünf Vorstandsmitgliedern in börsennotierten Gesellschaften (art. L. 225-58 (1) C.com.) basiert auf der unterstellten größeren Komplexität der Leitung der Geschäfte, die präziser über die Faktoren aus Art. 27, 53a indiziert würde. Im Übrigen ist eine gesetzliche Begrenzung der Zahl der Vorstandsmitglieder aber ohnehin abzulehnen, da sie die Organisationsbefugnisse der Geschäftsleitung erheblich einschränkt, ohne dies durch nachweisbare Effizienzgewinne rechtfertigen zu können.

d) Besetzung des zur Überwachung berufenen Organs mit unabhängigen Mitgliedern

Das zur Überwachung berufene Organ sollte entsprechend der EU-Empfehlung zur Unabhängigkeit von Organmitgliedern und der Kodextendenzen zur Effektivierung der gesellschaftsinternen Kontrolle und damit zur Steigerung des Anlegervertrauens mit einer ausreichenden Zahl unabhängiger Mitglieder besetzt werden[6]. Entsprechend der Kodexvorgaben sollte die Beurteilung der Unabhängigkeit aus Gesichtspunkten der Sachnähe und der Flexibilität dem Aufsichtsrat/Verwaltungsrat obliegen, dieser sich allerdings gegenüber den Aktionären zu seiner Bewertung begründet erklären müssen. Die für die EU-Empfehlung zentralen Transparenz- und Kommunikationsvorgaben, nach denen gegenüber der Hauptversammlung anzugeben ist, welche Organmitglieder als unabhängig gelten und bei Gegenindizien die Gründe zu erläutern sind, haben der französische und der britische Kodex sinnvollerweise als Empfehlungen zu gegen die Unabhängigkeit sprechenden Indizien und zur Publikation der (bei Gegenindizien begründeten) Bewertung der Mitglieder im Lagebericht umgesetzt. Vor diesem Hintergrund sollte der DCGK um die Unabhängigkeit kontraindizierende Faktoren sowie eine Berichtspflicht des Aufsichtsrats zu seiner Beurteilung und ihren Gründen ergänzt werden. Erst der durch hinreichend präzise Veröffentlichungspflichten generierte Rechtfertigungsdruck zwingt den Verwaltungsrat/Aufsichtsrat zu einer möglichst objektiven Beurteilung der Unabhängigkeit seiner Mitglieder. Eine solche objektive Beurteilung ist wiederum Voraussetzung der Besetzung des Organs mit einer hinreichenden Zahl unabhängiger Mitglieder.

Dabei sollte der kontraindizierende Faktor eines Wechsels von der Geschäftsleitung in das Überwachungsorgan/-gremium ohne *cooling-off*-Periode stärker sanktioniert

---

6 Siehe Kapitel 4 II.2.b)bb)(2).

und per Kodexempfehlung ausgeschlossen werden (was den Gesellschaften weiterhin die Flexibilität beließe, ihn begründet zuzulassen)[7]. Ein solcher Wechsel ist, da die betreffenden Personen auch über Beraterverträge an die Gesellschaft gebunden werden können, zur Vermittlung von Sachverstand nicht erforderlich, droht aber das Kontrollniveau erheblich zu beeinträchtigen. Zudem sollte die als Indiz einzubeziehende Amtszeit im Überwachungsorgan (die nach der EU-Empfehlung zwischen drei und zwölf Jahren liegen sollte) angesichts der sich entwickelnden persönlichen Verbindungen und der durch sie möglichen Beeinträchtigung der Kontrollqualität restriktiver als durch die französischen und britischen Kodizes (zwölf respektive neun Jahre) gehandhabt werden[8].

Betrachtet man die weiteren Kriterien der Unabhängigkeit, so sollte grundsätzlich nicht nur eine Abhängigkeit von der Gesellschaft oder ihrem Vorstand bzw. den geschäftsführenden Verwaltungsratsmitgliedern/Generaldirektoren (aufgrund persönlicher Verbindungen oder des Bezugs von diesen Personen beeinflusster Vorteile), sondern auch eine interessenkonfliktbegründende Verbindung zum Großaktionär kontraindizierend wirken. Nur so kann gewährleistet werden, dass die zur Überwachung berufenen Organmitglieder ihr Amt maßgeblich der Verfolgung des Unternehmensinteresses widmen, anstatt sich von Einzelinteressen bestimmter Bezugsgruppen oder ihren persönlichen Interessen leiten zu lassen. Dem legitimen Interesse von kontrollierenden Großaktionären, ihre Leitungsmacht über ihre Nominierungsbefugnisse für das Überwachungsorgan wahrzunehmen, sollte nicht (wie wohl nach dem DCGK und tendenziell auch nach dem französischen konsolidierten Kodex) über eine Nivellierung des Unabhängigkeitsstandards in Bezug auf die Verbindung zum Großaktionär, sondern über eine Flexibilisierung der Vorgaben zur zahlenmäßigen Besetzung des Überwachungsorgans mit auch vom Großaktionär unabhängigen Mitgliedern Rechnung getragen werden.

Während eine effektive Überwachung unter Eingrenzung der *Principal-Agent*-Probleme in Publikumsgesellschaften voraussetzt, dass der Aufsichtsrat/Verwaltungsrat mindestens zur Hälfte mit unabhängigen (nicht geschäftsführenden) Mitgliedern besetzt wird, kann dieses Zahlenverhältnis bei Vorhandensein kontrollierender Großaktionäre (in Anlehnung an die Positionen des französischen Kodex und der *Listing Rules* der *NYSE* und der *NASDAQ*) relativiert werden. Dennoch sollte neben den von den kontrollierenden Großaktionären bestellten Organmitgliedern eine ausreichende Zahl an unabhängigen Organmitgliedern berufen werden, um eine Ausnutzung der kontrollierenden Position zu dem Gesellschaftsinteresse (und damit dem Interesse der Minderheitsaktionäre) widersprechenden Zwecken zu vermeiden. Außerhalb von Abhängigkeitsverhältnissen (in denen eine Mehrheit des herrschenden Aktionärs gewährleistet werden muss) kann eine effektive Kontrolle der Großaktionäre durch eine Zusammensetzung der nicht-geschäftsführenden Verwaltungsratsmitglieder bzw. des Aufsichtsrats nicht mehr als zur Hälfte mit

7 Siehe Kapitel 4 II.2.b)bb)(2).
8 Siehe Kapitel 4 II.2.b)bb)(2)(c).

von Großaktionären abhängigen Mitgliedern und im Übrigen mit unabhängigen Mitgliedern ermöglicht werden. In mitbestimmten Gesellschaften (nach deutschem oder französischem Recht) kann dies ohne Gefährdung der Leitungsmacht der Mehrheitsaktionäre geschehen, indem unabhängige Organmitglieder auch der Arbeitnehmerseite berufen werden.

e) Unabhängiger Finanzexperte im Verwaltungs-/Aufsichtsrat

Die Bestellung eines unabhängigen Finanzfachmanns ist nicht nur in börsennotierten Aktiengesellschaften, sondern entsprechend der Vorgabe aus Art. 41 Abs. 1 Satz 3 der Richtlinie 2006/43/EG in allen Gesellschaften mit börsennotierten Wertpapieren zweckmäßig, so dass kein Bedürfnis für spezielles Börsengesellschaftsrecht im Sinne dieser Untersuchung besteht[9]. Sowohl die Eigen- als auch die Fremdkapitalfinanzierung auf den organisierten Kapitalmärkten bedürfen der Gewährleistung verlässlicher Finanzinformationen durch ein sachkundiges Mitglied im zur Überwachung der Abschlussprüfung berufenen Organ/Gremium.

f) Bestellung: Stimmrechtsausschluss bei wechselseitiger Beteiligung

Ein börsengesellschaftsrechtlicher Stimmrechtsausschluss für Aufsichtsrats-/Verwaltungsratswahlen für den Sonderfall wechselseitiger Beteiligung in Anlehnung an § 328 Abs. 3 AktG sollte zur effektiven Vermeidung einer unerwünschten Selbstkontrolle der Verwaltung bei einer niedrigeren Stimmrechtsschwelle als 25 %, etwa 10 %, ansetzen und auf weitere ähnlich konfliktbelastete Beschlussgegenstände erstreckt werden[10]. Auch eine Stimmrechtsmacht des an der börsennotierten Gesellschaft wechselseitig beteiligten Unternehmens von weniger als 25 % kann in Publikumsgesellschaften angesichts der dort regelmäßig überschaubaren Hauptversammlungspräsenzen bestimmenden Einfluss bedeuten. Das Zusammenwirken der Verwaltungen der wechselseitig beteiligten Unternehmen kann die Verwaltung der börsennotierten Gesellschaft zudem auch außerhalb der Entscheidung über die Bestellung der Aufsichtsrats-/Verwaltungsratsmitglieder, z.B. bei denjenigen über die Entlastung des Vorstands/der geschäftsleitenden Verwaltungsratsmitglieder und über die Abberufung der Aufsichtsrats-/Verwaltungsratsmitglieder, vor der notwendigen Kontrolle isolieren.

g) Bestellung: Einzelwahl

Die Wahlen zum Aufsichtsrats/Verwaltungsrat sollten gerade in der börsennotierten Publikumsgesellschaft mit ihren wesentlich von der Verwaltung bestimmten Wahlvorschlägen grundsätzlich als Einzelwahlen durchgeführt werden, um einen faktischen Druck zur Berufung missliebiger Kandidaten zu vermeiden[11]. In börsennotierten Gesellschaften mit kontrollierenden Großaktionären treffen diese hin-

9 Siehe Kapitel 4 II.2.a)bb).
10 Siehe Kapitel 4 II.2.b)bb)(1).
11 Siehe Kapitel 4 II.2.b)bb)(2).

gegen die Auswahlentscheidung bereits vor der Wahl, so dass eine Einzelwahl weniger notwendig ist. Sie ermöglicht Minderheitsaktionären aber jedenfalls, personenbezogen gegen die Mehrheitsentscheidung zu opponieren und stellt dabei für die Gesellschaft nur eine geringe Belastung dar. Während die Verwaltungsratsbestellung in der *plc* nach s. 160 CA 2006 im Wege von Einzelwahlen durchgeführt wird (soweit die Hauptversammlung nicht einstimmig etwas anderes bestimmt), werden die Wahlen in der *S.A.* auch in Abwesenheit einer Norm in der Regel per Einzelwahl durchgeführt. Angesichts der in der AG weit verbreiteten *en bloc*-Wahlen zum Aufsichtsrat wurde hingegen mit Ziff. 5.4.3 DCGK sinnvollerweise eine Kodexempfehlung zur Einzelwahl eingeführt, die in der Praxis weitgehend befolgt wird. Eine solche Empfehlung bietet sich auch für börsennotierte *Sociétés Anonymes* an, um die Bestellung geeigneter Personen nicht nur durch die praktische Übung, sondern auch regulatorisch, aber hinreichend flexibel, abzusichern.

h) Bestellung: Nominierungsausschüsse und ihre Besetzung

Die Bildung von Nominierungsausschüssen des Verwaltungs-/Aufsichtsrats in börsennotierten Gesellschaften sowohl für die Wahlvorschläge an die Hauptversammlung als auch für die Wahlen der geschäftsführenden Verwaltungsratsmitglieder/Vorstandsmitglieder durch den Verwaltungsrat/Aufsichtsrat wird sinnvollerweise entsprechend der EU-Empfehlung zur Ausschussbildung durch die Kodizes aller untersuchten Jurisdiktionen empfohlen[12]. Allein in der AG erfordert die unternehmerische Mitbestimmung dabei die Bildung zweier Ausschüsse. Einerseits sollte ein nur mit Anteilseignern besetzter Nominierungsausschuss zur Vorbereitung der Vorschläge an die Hauptversammlung für die Wahl der Anteilseignerbank im Aufsichtsrat eingerichtet werden. Andererseits sollte ein weiterer, auch mit Arbeitnehmervertretern besetzter Personalausschuss zur Vorbereitung der Wahlen der Vorstandsmitglieder durch den Aufsichtsrat gebildet werden. Auch wenn die meisten deutschen börsennotierten Gesellschaften auch ohne diesbezügliche Kodex-Vorgabe einen Personalausschuss installiert haben, sollte der DCGK – auch vor dem Hintergrund der Erwartungen des Kapitalmarkts angesichts der international mangels vergleichbarer Mitbestimmungsproblematiken üblichen Wahrnehmung der Aufgaben des Personalausschusses durch die Nominierungsausschüsse – um eine diesbezügliche klarstellende Empfehlung ergänzt werden.

Bei der Besetzung der Nominierungsausschüsse sollten die Kodizes differenzieren und börsennotierten Publikumsgesellschaften die Bildung von mehrheitlich mit unabhängigen Mitgliedern besetzten Nominierungsausschüssen empfehlen, börsennotierten Aktiengesellschaften mit kontrollierenden Großaktionären hingegen eine mehrheitliche Besetzung mit von den Großaktionären abhängigen Mitgliedern ermöglichen. Entsprechend der französischen und britischen Kodexempfehlungen und der EU-Empfehlung sollte dabei auch der DCGK für Publikumsgesellschaften um die Empfehlung einer mehrheitlichen Besetzung des Nominierungs-

12 Siehe Kapitel 4 II.2.b)bb)(3).

ausschusses mit von der Gesellschaft und ihren Gesellschaftern unabhängigen Mitgliedern ergänzt werden. Nur bei von der Gesellschaft und ihrer Geschäftsleitung unabhängigen Mitgliedern ist in der Publikumsgesellschaft gewährleistet, dass sich zumindest die unabhängigen Mitglieder bei ihren Wahlvorschlägen nicht von den Wünschen des Vorstands, sondern von objektiven Kriterien leiten lassen. Eine mehrheitliche Besetzung des Nominierungsausschusses mit unabhängigen Mitgliedern sichert sodann, dass sich die eher objektiven Entscheidungen der unabhängigen Mitglieder durchsetzen. In Gesellschaften mit kontrollierenden Großaktionären sollten hingegen neben solchen unabhängigen Mitgliedern mehrheitlich Vertreter der Großaktionäre sitzen können dürfen, um den Großaktionären die Durchsetzung ihrer Eigentümerinteressen über ihre Nominierungsbefugnisse zu ermöglichen. Insofern wäre auch eine Anpassung der EU-Empfehlung, die pauschal eine mehrheitliche Besetzung mit auch vom Großaktionär unabhängigen Mitgliedern anrät, wünschenswert.

i) Persönliche Voraussetzungen: Ämterhäufungsbeschränkungen

Die im Rahmen der Ämterhäufungsbegrenzungen nach Ziff. 5.4.5 Satz 2 DCGK und art. L. 225-21, 225-77, 225-94 C.com. bestehenden Differenzierungen allein anhand der Börsennotierung von Aktien (nach der DCGK-Empfehlung) bzw. von Wertpapieren (nach den französischen Regelungen) sollten aufgegeben werden[13]. Ihnen liegen maßgeblich keine börsennotierungsspezifischen, sondern von der Arbeitsbelastung durch die jeweiligen Mandate bestimmte Interessenlagen zugrunde. Die Größenvorgaben nach Art. 27, 53a indizieren die größere Komplexität der Gesellschaft, aus der typischerweise eine erhöhte Arbeitsbelastung ihrer Organmitglieder resultiert, präziser als eine Orientierung allein anhand der Notierung von Aktien oder Wertpapieren, indem sie auch große Gesellschaften ohne börsennotierte Wertpapiere erfassen. Da die mit den verschiedenen Ämtern verbundene Arbeitsbelastung nicht abschließend abstrakt-generell für alle denkbaren Fälle beurteilt werden kann und angesichts der weitgehenden Befolgung der bestehenden Kodexvorgaben in der Praxis erscheint eine Kodexempfehlung als adäquates Regulierungsniveau. Sie gewährleistet den angesprochenen Gesellschaften die Flexibilität, ihren Organmitgliedern bei in ihren Augen geringer Arbeitsbelastung durch die Mandate eine Überschreitung der empfohlenen Zahl im Wege des *comply or explain* zu ermöglichen. Indem sie sich maßgeblich an börsennotierte Gesellschaften mit den für sie typischen *agency*-Problemen wendet, vermeidet sie zudem eine Überregulierung für nicht-börsennotierte Gesellschaften mit ihrem aufgrund ihrer unternehmerisch tätigen Hauptgesellschafter typischerweise geringerem Bedürfnis für die Gewährleistung einer konzentrierten Geschäftsleitung mit effektiver Kontrolle durch den Aufsichtsrat/die nicht geschäftsführenden Verwaltungsratsmitglieder. Eine solche Kodexempfehlung sollte in Anlehnung an Ziff. 5.4.5 Satz 2 DCGK nicht nur den Geschäftsleitungsmitgliedern, sondern auch den Aufsichtsratsmitgliedern/nicht geschäftsführenden Verwaltungsratsmitgliedern die Übernahme

---

13 Siehe Kapitel 4 II.2.c)bb).

von nicht mehr als z.B. drei Überwachungsmandaten in (auch ausländischen) konzernexternen Gesellschaften empfehlen.

Über eine solche Kodexempfehlung zur Ämterhäufungsbeschränkung hinaus sollte der Hauptversammlung die Beurteilung des potentiellen Arbeitseinsatzes der von ihr zu bestellenden Organmitglieder ermöglicht werden, indem der Aufsichtsrat/Verwaltungsrat börsennotierter Gesellschaften in Anlehnung an § 125 Abs. 1 Satz 3 AktG verpflichtet wird, seinen Vorschlägen zur Wahl von Aufsichtsrats-/Verwaltungsratsmitgliedern Angaben über die Mitgliedschaften der Vorgeschlagenen in anderen – auch ausländischen – Aufsichtsgremien beizufügen. Insofern sollte die Soll-Vorschrift des § 125 Abs. 1 Satz 3 AktG zur Offenlegung der Mitgliedschaften in ausländischen Gremien zu einer Pflicht aufgewertet werden. Erst die verlässliche Information über alle anderweitigen Ämtern ermöglicht der Hauptversammlung der börsennotierten Gesellschaft die Beurteilung, ob der Betreffende trotz anderweitiger Belastungen zur Erfüllung seiner Aufgabe in der Lage sein wird. Dagegen ist eine solche Informationspflicht in Gesellschaften ohne börsennotierte Aktien überflüssig, da der überschaubare und typischerweise jedenfalls zu Teilen unternehmerisch tätige Aktionärskreis über andere Informationskanäle verfügt.

Schließlich sollte eine solche Berichtspflicht im Rahmen der Wahlvorschläge durch eine an art. L. 225 102-1 (4) C.com. orientierte Pflicht zur Offenlegung aller von den Organmitgliedern während des Geschäftsjahrs ausgeübten Ämter im Lagebericht börsennotierter Gesellschaften ergänzt werden. Sie ermöglicht den Aktionären börsennotierter Gesellschaften, die keine anderweitigen Informationsmöglichkeiten besitzen, auch außerhalb von Wahlvorschlägen während noch laufender Amtszeiten eine Beurteilung des Arbeitseinsatzes der Organmitglieder und damit die Entscheidung über eventuelle Sanktionen.

j) *Amtszeiten und Abfindungsansprüche*

Gerade in börsennotierten Publikumsgesellschaften ist eine Unterstützung kürzerer Amtszeiten der Mitglieder der Geschäftsleitung notwendig, um die Verantwortlichkeit der Geschäftsleiter gegenüber den Aktionären zu stärken[14]. Insofern sollten striktere Kodexempfehlungen im DCGK und im FCGK für eine regelmäßige Bestellung zu kürzeren Amtszeiten, etwa solchen in Einklang mit den höchstens dreijährigen der britischen Mustersatzungen, eingeführt werden. Solche Empfehlungen belassen den Gesellschaften die Flexibilität, die Amtszeiten den unternehmensspezifischen Bedürfnissen und eventuellen sich im Rahmen der Vertragsverhandlungen mit Geschäftsleitungsmitgliedern ergebenden Notwendigkeiten anzupassen, können durch den aus ihnen resultierenden Erklärungsdruck aber eine Abkehr von der regelmäßigen Ausnutzung der Höchstlaufzeiten bewirken. Aus kürzeren Amtszeiten folgen regelmäßigere Wiederbestellungsentscheidungen und gegebenenfalls geringere Abfindungsansprüche und damit stärkere Anreize zur Ausrichtung des Managementverhaltens auf das Aktionärsinteresse.

---

14 Siehe Kapitel 4 II.3.b)bb)

Ergänzt, aber nicht ersetzt werden kann eine solche Empfehlung zur Begrenzung der regelmäßigen Amtszeiten durch eine Kodexempfehlung zur unmittelbaren Beschränkung der Abfindungshöhe durch Vereinbarung eines Abfindungscaps (etwa in Anlehnung an die Empfehlung nach Ziff. 4.2.3 Abs. 4 DCGK) und durch die Offenlegung der Abfindungszusagen (wie sie in allen Jurisdiktionen im Vergütungsbericht der börsennotierten Gesellschaften zu erfolgen hat). Während eine drohende Abberufung ohne oder mit begrenzter Kompensation der Geschäftsleitung Anreize zur Ausrichtung ihres Verhaltens auf die Aktionärsinteressen gibt, relativieren hohe Abfindungszusagen oder die Aussicht auf hohe Abfindungsvergleiche diese Anreize. Gerade börsennotierte Publikumsgesellschaften bedürfen angesichts ihrer *agency*-theoretisch bedingten Kontrolldefizite einer solchen Anreizbildung in Richtung auf eine Verfolgung der Aktionärsinteressen. Dabei stellt sich eine Kodexvorgabe auch als adäquate Regulierung dar, weil dienstvertragliche Abfindungscaps – jedenfalls nach deutschem Recht – nur schwer rechtswirksam umzusetzen sind. Effektiver und deshalb jedenfalls notwendig bleibt eine Begrenzung der üblichen Amtszeiten, die das Entstehen exzessiver vertraglicher Restvergütungsansprüche von vornherein eingrenzt. Für den Sonderfall der *Change of Control*-Klauseln sollte, anders als von Ziff. 4.2.3 DCGK empfohlen, keine über das allgemeine Abfindungscap hinausgehende Abfindung unterstützt werden. Eine höhere Abfindung im Falle von Kontrollwechseln kann nur das Ziel verfolgen, die Geschäftsleiter übernahmefreundlich einzustellen. Eine gute Unternehmensverfassung sollte Übernahmen jedoch neutral gegenüber stehen und deshalb die Geschäftsleiter im Fall des Amtsverlusts aufgrund von Kontrollwechseln nicht gegenüber einem Amtsverlust aus sonstigen Gründen privilegieren. Ihr Handeln im Gesellschaftsinteresse in Übernahmesituationen sollte durch andere Maßnahmen wie eine Neutralitätspflicht sichergestellt werden.

k) *Ausschussbildung und Überwachungsintervalle*

Generell ist die Förderung der Bildung von Verwaltungsrats-/Aufsichtsratsausschüssen, wie sie die EU-Empfehlung zur Ausschussbildung und die nationalen Kodizes für die Nominierung, Vergütung und Rechnungsprüfung sowie – je nach Struktur und Unternehmensgegenstand der Gesellschaft – für weitere Themen anstreben, zur gerade in der börsennotierten Publikumsgesellschaft mit ihren Überwachungsdefiziten von Aktionärsseite notwendigen Verbesserung der Überwachungsqualität durch den Verwaltungsrat/Aufsichtsrat sinnvoll[15].

Daneben sollten die Kodexvorgaben auf eine häufigere, z.B. in der Regel monatliche, Sitzungsfrequenz für sämtliche börsennotierte Gesellschaften in den *Corporate Governance*-Kodizes hinwirken[16]. Jedenfalls in der börsennotierten Publikumsgesellschaft mit ihren besonders akuten *agency*-Konflikten ist eine Erhöhung und Verstetigung der Sitzungsfrequenz geboten, um die in ihr maßgeblich dem Aufsichtsrat

15 Siehe Kapitel 4 II.4.c)aa).
16 Siehe Kapitel 4 II.4.c)bb).

bzw. den unabhängigen Verwaltungsratsmitgliedern obliegende Kontrolle der Geschäftsleitung zu verbessern. Häufigere Sitzungen führten zu einer regelmäßigeren Überwachung der Geschäftsführung, von der ein Qualitätsgewinn zu erwarten ist. In Gesellschaften mit kontrollierenden Großaktionären, die zur Überwachung der Geschäftsführung nicht in gleicher Weise wie Publikumsgesellschaften auf den Aufsichtsrats bzw. die nicht-geschäftsführenden Verwaltungsratsmitglieder angewiesen sind, stellen zusätzliche Verwaltungsratssitzungen aus Sicht der Geschäftsleitungskontrolle jedenfalls keinen Nachteil dar, haben aber unter Gesichtspunkten des Minderheitenschutzes wesentliche Vorteile. Daneben haben häufigere Sitzungen aufgrund des mit ihnen verbundenen Zeit- und Arbeitsaufwandes den positiven Nebeneffekt, Verwaltungsrats-/Aufsichtsratsmitglieder von der Annahme zu vieler weiterer Mandate abzuhalten und so die Überwachungsqualität zu erhöhen. Eine derartige konkretere Kodexempfehlung zur z.B. monatlichen Sitzungen beließe den Gesellschaften die Flexibilität, auf gesellschaftsspezifische Besonderheiten wie etwa an Stelle des Verwaltungsrats/Aufsichtsrats agierende Ausschüsse durch seltenere Plenumssitzungen Rücksicht zu nehmen. Sie erzeugte aber den in Hinblick auf eine Verstetigung und Effektivierung der gesellschaftsinternen Kontrolle wünschenswerten Erklärungsdruck.

l) *Verantwortlichkeit der Geschäftsleiter*

Die Effizienz strafrechtlicher Sondervorschriften für Pflichtverstöße der Verwaltungsmitglieder börsennotierter Gesellschaften wie die erhöhten Strafandrohungen in § 404 Abs. 1 AktG ist fragwürdig, zumal von ihnen keine größeren Abschreckungswirkungen auszugehen scheinen. Angesichts dieser nicht nachweisbaren Anreizwirkungen stellen sie sich nicht als notwendiger Bestandteil eines speziellen Gesellschaftsrechts für börsennotierte Gesellschaften dar[17].

Ebenso können die Veröffentlichungspflichten zur Einleitung und Beendigung von Haftungsklagen gegen Verwaltungsmitglieder nach §§ 142 Abs. 2 Satz 3, 149 Abs. 1, 2 AktG kein Vorbild für britische und französische börsennotierte Gesellschaften sein[18]. Die Veröffentlichungen im elektronischen Bundesanzeiger verursachen der Gesellschaft zwar nur geringe Kosten, stellen sich aber weitgehend als überflüssige Förmlichkeit dar.

Vorbildlich zur gerade in den von *Principal-Agent*-Problemen geprägten börsennotierten Publikumsgesellschaften notwendigen Aufrechterhaltung der verhaltenssteuernden Wirkung der Haftung ist hingegen die Empfehlung zur Vereinbarung eines angemessenen Selbstbehalts bei Abschluss einer *D&O*-Versicherung nach Ziff. 3.8 DCGK dar[19]. Für eine solche Vorgabe besteht aber letztendlich, wie insgesamt für eine effektive Innenhaftung der Verwaltungsmitglieder, auch in nicht börsennotierten Gesellschaften ein Bedürfnis.

---

17 Siehe Kapitel 4 II.5.b).
18 Siehe Kapitel 4 II.5.b)aa).
19 Siehe Kapitel 4 II.5.b)bb).

2. Rechtsstellung der Aktionäre

a) Einberufungsverfahren und Ladungsfrist

Die Möglichkeit der persönlichen Ladung der Namensaktionäre auf elektronischem Wege (bei Zustimmung der betroffenen Aktionäre), wie sie alle untersuchten Jurisdiktionen für börsennotierte Gesellschaften vorsehen, ist gerade für börsennotierte Gesellschaften mit ihrem typischerweise internationalem Anlegerkreis sinnvoll, um die Wahrnehmung der Hauptversammlungsrechte gefährdende Postlaufzeiten vermeiden zu können[20]. Gleiches gilt für die Informationsmöglichkeiten der französischen und deutschen Inhaberaktionäre über die elektronischen Veröffentlichungen der Ladung auf den Webseiten des elektronischen Bundesanzeigers bzw. des *BALO*. Dabei gewährleistet die nunmehr aufgrund von Art. 5 Abs. 4 der Aktionärsrechte-Richtlinie einzuführende Pflicht zur Veröffentlichung der Ladung und der der Hauptversammlung vorzulegenden Unterlagen auf der Internetseite der Gesellschaft (unabhängig von den jeweiligen Satzungsgestaltungen über eine elektronische Ladung der Namensaktionäre sowie den elektronischen Veröffentlichungen im Bundesanzeiger und dem *BALO*) eine gemeinschaftsweit einheitliche verlässliche und ortsunabhängig einfach zugängliche Informationsquelle. Sie erleichtert so die Rechtswahrnehmung gerade der internationalen Anleger börsennotierter Gesellschaften, fördert so das Vertrauen in ein Investment in diese Gesellschaften und stellt sich damit als sinnvolle börsengesellschaftsrechtliche Regelung dar.

Dies gilt umso mehr, als auch bei elektronischer Information der eingetragenen Aktionäre das gerade in börsennotierten Gesellschaften mit ihren internationalen Aktionärskreisen auftretende Problem der Informationsweitergabe in Verwahrketten bestehen bleibt. Der alternative, einfach zugängliche Informationsweg der Online-Veröffentlichung der Ladungsunterlagen erleichtert die Information der wirtschaftlich berechtigten Anleger wesentlich und birgt so erhebliches Potential zur Steigerung der Hauptversammlungspräsenzen. Durch die Senkung der Informationskosten werden zudem dortige informierte Entscheidungen unterstützt.

Auch die nunmehr durch Art. 5 Abs. 1 der Aktionärsrechte-Richtlinie erfolgte Festlegung der Einberufungsfrist auf mindestens 21 Tagen vor der Hauptversammlung ist (ebenso wie eine längere Frist wie diejenige des § 123 Abs. 1 AktG von 30 Tagen vor dem Versammlungstag) sinnvoll. Gerade in börsennotierten Gesellschaften besteht ein Bedürfnis für eine hinreichend lange Einberufungsfrist, da die eingetragenen Intermediäre hinreichende Zeit benötigen, um die wirtschaftlich berechtigten Anleger zu informieren, zumal die von diesen erteilten Stimmrechtsvollmachten und Weisungen üblicherweise ebenfalls Ketten von Vermittlern durchlaufen müssen.

Eine bemerkenswerte und – nach Analyse der abzuwartenden Erfahrungen in der britischen Praxis – eventuell vorbildliche Möglichkeit zur Relativierung des in Ver-

---

20 Siehe Kapitel 5 I.1.b)aa).

wahrketten virulenten Informationsproblems bieten die im Zuge der *Company Law Reform* neu geschaffenen ss. 146, 149 CA 2006. Ihnen zufolge können die Treuhänder/eingetragenen Intermediäre den wirtschaftlich Berechtigten in börsennotierten Gesellschaften zusätzliche Informationsansprüche gegen die Gesellschaft inklusive eines solchen auf Übersendung der Ladung zuerkennen.

b) Legitimationsverfahren

Die generelle Untersagung von Übertragungsbeschränkungen in börsennotierten Gesellschaften zugunsten eines Stichtags mit fortbestehender Stimmberechtigung bei Aktienübertragung zwischen Stichtag und Hauptversammlung entsprechend des Art. 7 der Aktionärsrechts-Richtlinie und der auch schon vor ihrer Umsetzung in allen untersuchten Jurisdiktionen bestehenden Rechtslage ist angesichts der dahingehenden Anlegerinteressen und zur Unterstützung der grenzüberschreitenden Stimmrechtsausübung durch internationale Investoren sinnvoll[21].

Bei der Bemessung des Zeitraums zwischen dem *Record Date* und dem Versammlungsdatum sollte – unter Beachtung des legitimen Interesses der Gesellschaft an einem ausreichenden Zeitraum für die Erstellung des Teilnehmerverzeichnisses – eine möglichst kurze Zeitspanne in Anlehnung an die Zwei- bzw. Dreitagesfristen des britischen und französischen Rechts (Ziff. 41 (1) Uncertified Securities Regulations 2001, art. R. 225-85 I. C.com.) gewählt werden. Je weiter der Stichtag von der Hauptversammlung entfernt liegt, umso wahrscheinlicher ist die Teilnahme von Personen, denen, da sie ihre Aktien bereits weiterveräußert haben, mangels eigener Betroffenheit durch die Hauptversammlungsbeschlüsse wesentliche Anreize für eine Stimmabgabe im Interesse der Gesellschaft (bzw. der Aktionäre) fehlen. Reziprok werden Aktionäre, die ihre Aktien zwischen dem Stichtag und der Hauptversammlung erwerben, an der Stimmrechtsausübung gehindert, obwohl sie für ihr Stimmrecht bezahlt und die ökonomischen Anreize für eine Stimmrechtsausübung im Interesse der Gesellschaft haben (ohne dies beim Erwerb über die Börse durch eine Vereinbarung mit dem Veräußerer vermeiden zu können). Die Gesellschaftsinteressen verlangen, auch angesichts der Möglichkeit elektronischer Nachweise, keinen länger als zwei bis drei Tage vor der Hauptversammlung liegenden Stichtag.

c) Formalitäten bezüglich der Beschlussfassung

Auf gesetzliche Quoren für Hauptversammlungsbeschlüsse wie diejenigen des französischen Rechts sollte jedenfalls in börsennotierten Gesellschaften verzichtet und den Gesellschaften insofern Satzungsfreiheit zugebilligt werden[22]. Quoren sind zur Erreichung ihres Ziels, Zufallsmehrheiten zu verhindern, ohnehin allenfalls bedingt geeignet und verfehlen es jedenfalls in börsennotierten Publikumsgesellschaften regelmäßig, da sie üblicherweise verpasst werden. In der französischen Praxis bewirken sie deshalb nicht unerheblichen organisatorischen Aufwand. Ent-

21 Siehe Kapitel 5 I.1.b)bb).
22 Siehe Kapitel 5 I.1.b)cc).

weder muss bis zum Ende der Anmeldephase zweigleisig geplant werden oder, wenn die Verfehlung des Quorums früh feststeht, unnötigerweise zu zwei Hauptversammlungen geladen werden. Da diesem Aufwand kein hinreichender Gewinn gegenübersteht, sind die Quoren jedenfalls in börsennotierten Gesellschaften ineffizient und überflüssig. Dies gilt umso mehr, als aus Sicht ausländischer Anleger regelmäßig Unklarheiten darüber bestehen werden, welche Versammlung die entscheidungsbefugte ist, was erhöhte Teilnahmekosten und damit ein Fernbleiben von der Hauptversammlung nahe legt.

Die börsengesellschaftsrechtliche Differenzierung im Rahmen des Beurkundungserfordernisses von Hauptversammlungsbeschlüssen nach § 130 Abs. 1 AktG sollte eingeebnet werden. Die Privilegierung anderer als Grundlagenbeschlüsse in nicht börsennotierten Gesellschaften bewirkt nur geringe Kostenersparnisse, ohne hinreichend sachlich gerechtfertigt zu sein. Die Beantwortung der Frage, ob die nur in der AG bestehende Beurkundungspflicht mitsamt ihrer Nichtigkeitssanktion für Formverstöße an sich sinnvoll oder eine Dokumentation der Willensbildung über eine vom Versammlungsvorsitzenden unterschriebene Niederschrift ohne Nichtigkeitssanktion entsprechend der Rechtlage in der *S.A.* und der *plc* vorzuziehen ist, muss einer börsennotierungsunabhängigen Untersuchung der Beschlussförmlichkeiten überlassen bleiben.

d) *Informationsrechte der Aktionäre*

Ein individuelles Auskunftsrecht, wie es von Art. 9 der Aktionärsrechte-Richtlinie für börsennotierte Gesellschaften verlangt wird, ist entsprechend der seit jeher für die AG und die *S.A.* bestehenden Rechtslage nicht nur für börsennotierte Gesellschaften sinnvoll[23]. Zwar werden die Aktionäre nicht börsennotierter Gesellschaften häufig auch ohne ein individuelles Auskunftsrecht in der Lage sein, über informelle Kanäle die für sie relevanten Auskünfte zu erhalten. Dennoch bedürfen doch auch sie und jedenfalls eventuelle Minderheitsaktionäre effektiver und flexibler Informationsmöglichkeiten, um die Verwaltung effizient kontrollieren zu können. Hier dient das individuelle Auskunftsrecht der Kompensation der Defizite der übrigen Informationsansprüche festgelegten Inhalts.

Die im britischen Recht seit jeher bestehende und in den übrigen Jurisdiktionen nunmehr gemäß Art. 5 Abs. 4 der Aktionärsrechte-Richtlinie einzuführende Pflicht börsennotierter Gesellschaften zur Veröffentlichung der der Hauptversammlung vorzulegenden Unterlagen, insbesondere der Finanzberichterstattung, auf ihrer Internetseite, ist ein sinnvoller Bestandteil eines speziellen Gesellschaftsrechts für börsennotierte Gesellschaften. Die Online-Publikation vereinfacht den Informationsfluss erheblich, was angesichts der praktischen Hindernisse gegenüber einer persönlichen Einsichtnahme und drohender langer Postlaufzeiten insbesondere im Interesse ausländischer Anleger ist. Geringere Informationskosten senken die Hür-

---

23 Siehe Kapitel 5 I.2.b)aa).

den gegenüber einer Stimmrechtsausübung und unterstützen so die Bereitschaft zur Anlage in börsennotierten Gesellschaften.

Die aus Art. 10 der Übernahme-Richtlinie folgende Pflicht börsennotierter Gesellschaften, Angaben zu der Struktur der Gesellschaft und etwaigen Übernahmehindernissen in ihren Lagebericht aufzunehmen, sollte nicht entsprechend art. L. 225-100-3 C.com. auf Gesellschaften mit anderen börsennotierten Wertpapieren als Aktien erstreckt werden[24]. Die Publikationspflichten sollen möglichen Bietern die notwendige Informationsgrundlage zur Entscheidung über ein öffentliches Übernahmeangebot hinsichtlich einer börsennotierten Aktiengesellschaft verschaffen und sollten deshalb auf diese Gesellschaften beschränkt bleiben.

Den politischen Programmvorgaben des britischen und des französischen Rechts, die von den Geschäftsleitungen börsennotierter Gesellschaften bzw. solcher mit börsennotierten Wertpapieren Angaben zu den sozialen und ökologischen Folgen der Geschäftstätigkeit und der Art und Weise ihrer Berücksichtigung durch die Gesellschaft im Lagebericht verlangen (s. 417 (5) CA 2006, art. L. 225-102-1 (5) C.com.), liegen keine spezifisch aus der Börsennotierung von Aktien bzw. Wertpapieren resultierenden Bedürfnisse zugrunde[25]. Deshalb sind sie kein zwingender Bestandteil eines besonderen Gesellschaftsrechts für börsennotierte Aktiengesellschaften. Die Berichtspflichten sind auf die genannten Gesellschaften lediglich aufgrund deren typischer Unternehmensgröße und der daraus folgenden Erheblichkeit der sozialen und ökologischen Auswirkungen ihrer Geschäftstätigkeit bezogen. Die Anbindung hätte von daher auch anhand der Kriterien nach Art. 27, 53a der Jahresabschluss-Richtlinie erfolgen können und dann auch wirtschaftlich bedeutende Gesellschaften ohne börsennotierte Wertpapiere erfasst. Die als weiteres Ziel der Regelungen angeführte Förderung des Vertrauens insbesondere ausländischer Anleger in ein Investment in nachhaltig wirtschaftende Gesellschaften erfordert keine Berichtspflichten, sondern kann der freiwilligen Unternehmenskommunikation der Gesellschaften überlassen werden.

e) Proportionalität von Beteiligung und Stimmrecht

Grundsätzlich sollten die Stimmrechte in börsennotierten Gesellschaften proportional zur Beteiligung ausgestaltet sein. Insofern wäre eine verpflichtende Einführung der Durchbrechungsregel unter Ausschluss der Reziprozitätsregel für börsennotierte Aktiengesellschaften (durch den europäischen oder wenigstens die nationalen Gesetzgeber) wünschenswert gewesen[26]. Auch wenn abzuwarten ist, inwieweit die Gesellschaften von der Durchbrechungsregel und in Deutschland zusätzlich von der Reziprozitätsregel Gebrauch machen, steht doch zu erwarten, dass vom zweistufigen Optionsmodell nach Art. 11, 12 der Übernahmerichtlinie und seiner Umsetzung in den untersuchten Mitgliedstaaten kaum übernahmefördernde

24 Siehe Kapitel 5 I.2.b)bb).
25 Siehe Kapitel 5 I.2.b)cc).
26 Siehe Kapitel 5 I.3.b)aa).

Wirkung ausgehen wird. Damit sind sowohl die europarechtlichen Vorgaben als auch ihre Umsetzungen durch die untersuchten Jurisdiktionen, die die Einführung der Durchbrechungsregel (abgesehen von der zwingenden Durchbrechung der Höchststimmrechte auf der ersten Hauptversammlung einer *S.A.* nach erfolgreichem Übernahmeangebot) ins Satzungsermessen der Gesellschaften gestellt haben, zur Erreichung des ursprünglich mit dem Vorhaben einer Übernahme-Richtlinie verfolgten Ziels, der Unterstützung eines gemeinsamen Marktes für Unternehmensübernahmen mit seiner gerade in börsennotierten Publikumsgesellschaften wünschenswerten verhaltenssteuernden Wirkung auf das Management, wenig geeignet.

Insbesondere Höchststimmrechte verhindern, soweit sie nicht mittels der Durchbrechungsregel ausgesetzt werden, in gravierender Weise, dass der Erwerber seinen Einfluss geltend machen kann, und beseitigen so wesentliche Übernahmeanreize[27]. Zudem erhöhen sie, wie alle vom Proportionalitätsprinzip abweichenden Gestaltungen, die Informationskosten der Anleger und beeinträchtigen die Kontrolle der Geschäftsleitung durch Großaktionäre schwerwiegend. Vor diesem Hintergrund ist die Abschaffung von Höchststimmrechten in börsennotierten AGs durch das KonTraG vorbildlich und ihre Zulassung in der *S.A.*, erst recht aber in der *plc* mangels einer dortigen verpflichtenden Durchbrechung auf der ersten Hauptversammlung nach erfolgreichem Übernahmeangebot, kritisch.

Ähnlich kritisch sind Mehrfachstimmrechte in börsennotierten Gesellschaften zu sehen. Sie verwässern die internen Einflussmöglichkeiten aktiver Aktionäre, die nicht mit Mehrfachstimmrechten ausgestattet sind, und erschweren, soweit die Gesellschaft die Durchbrechungsregel nicht einführt, feindliche Übernahmen. Da der erhöhten Machtfülle der Inhaber von Mehrfachstimmrechten keine entsprechende Kapitalbeteiligung gegenüber steht, haben sie keine hinreichenden Anreize für ihrem Stimmeinfluss entsprechende Kontrollanstrengungen. Vielmehr droht eine Ausnutzung des überproportionalen Einflusses zur Erzielung von Privatrenten zulasten der Minderheit, zumal die Inhaber von Mehrfachstimmrechten nicht die vollen ökonomischen Konsequenzen ihrer Handlungen zu tragen haben. Hieraus resultiert ein Anreiz, den überproportionalen Einfluss zur Erzielung von Sondervorteilen zulasten aller Aktionäre auszunutzen. Angesichts dieser Interessenlage erscheint wiederum die Abschaffung von Mehrfachstimmrechten durch das KonTraG vorbildlich, während die Zulassung von Doppelstimmrechten in börsennotierten *S.A.s* und jeglicher Formen von Mehrfachstimmrechten in börsennotierten *plcs* kritisch gesehen werden muss.

Vergleichbare Argumente lassen sich gegen stimmrechtslose Vorzugsaktien in börsennotierten Gesellschaften anführen. Auch hier steht der überproportionalen Erhöhung des Einflusses der stimmberechtigten Aktionäre keine entsprechende Kapitalbeteiligung gegenüber, die einen dem Einfluss gerecht werdenden Überwachungsaufwand rechtfertigte. Vielmehr droht, wie bei Mehrfachstimmrechten,

27 Siehe Kapitel 5 I.3.b)bb).

eine Ausnutzung des überproportionalen Einflusses zur Erzielung von Sonderrenten zulasten der Vorzugsaktionäre.

Letztendlich sehen börsennotierte Gesellschaften aller Jurisdiktionen ohnehin zunehmend freiwillig von Einschränkungen des Proportionalitätsprinzips ab, um möglichst effizient Eigenkapital an den internationalen Kapitalmärkten aufnehmen zu können. Erhöhte Informationskosten durch komplizierte Kapitalstrukturen, verschlechterte Möglichkeiten der internen Kontrolle der Geschäftsleitung und Übernahmehindernisse mitsamt der aus ihnen folgenden verringerten Verhaltenssteuerung der Geschäftsleitung über den Markt für Unternehmenskontrolle schlagen sich in vielen Fällen in den Börsenkursen nieder und verteuern so die Eigenkapitalfinanzierung. Deshalb ist zu erwarten, dass der vermehrte Wettbewerb börsennotierter Gesellschaften um Finanzierungsmittel auch ohne gesetzliche Einschränkungen der Gestaltungsfreiheit zu einer verstärkten Stimmrechtsgestaltung nach dem Proportionalitätsprinzip führen wird.

f) Modalitäten der Stimmrechtsausübung und Stimmrechtsvertretung

Zur effektiveren Kontrolle sowohl der Geschäftsleitungen als auch auf Sonderrenten abzielender Investoren ist eine Erhöhung der Hauptversammlungspräsenzen börsennotierter Gesellschaften notwendig[28]. Hierfür sind die für die Aktionäre mit der Stimmrechtsausübung verbundenen Kosten zu reduzieren und ihre Einflussmöglichkeiten zu stärken. Die Senkung der Kosten beeinflusst die Kosten-Nutzen-Abwägung der zu rationaler Apathie neigenden Aktionäre in Richtung auf ein vermehrtes Engagement. Hierfür müssen zunächst die Kosten der Stimmrechtsausübung an sich inklusive der Kosten der Stimmrechtsvertretung gesenkt werden. Bei der Stimmrechtsvertretung muss sichergestellt werden, dass der Wille des Aktionärs sich durchsetzt und ein weiterer Machtzuwachs der Verwaltung durch deren Ermächtigung zur Stimmrechtsausübung nach ihrem Ermessen oder eine unreflektierte Weisungserteilung in ihrem Sinne möglichst vermieden wird. Sodann müssen Maßnahmen zur Stärkung der Anlegerkontrolle aber auch die Kosten koordinierten Verhaltens senken, um so ein kollektives Vorgehen der Anleger (und mit ihm eine verbesserte Einflussnahme) schon bei geringerem Grenznutzen für den Einzelnen ökonomisch sinnvoll zu machen.

Zur Senkung der Kosten der Stimmrechtsausübung an sich ist die durch Art. 8 und 12 der Aktionärsrechte-Richtlinie nunmehr allen Mitgliedstaaten auferlegte Pflicht, ihren Gesellschaften eine Stimmabgabe per Brief und auf elektronischem Wege zu ermöglichen, zu begrüßen. Insbesondere das Potential der elektronischen Stimmabgabe zur Kostensenkung auf Seiten der Aktionäre und die positiven Erfahrungen mit elektronischen Bevollmächtigungen lassen eine Erhöhung der Hauptversammlungspräsenzen erwarten. Dabei stellt sich die bloße Ermöglichung der Zulassung der elektronischen Stimmabgabe durch die Gesellschaften angesichts der erheblichen Kosten, die mit der Einführung eines elektronischen Echtzeit-Abstim-

---

28 Siehe Kapitel 5 I.4.b)dd).

mungssystems auf Seiten der Gesellschaft verbunden sein können, als gegenüber einer Einführungspflicht überlegener Regulierungsansatz dar. Die Gesellschaften unter dem Einfluss der Marktkräfte sind eher als der Gesetzgeber in der Lage, die Vorzüge der benötigten neuartigen technischen Lösungen gegen ihre Probleme und Kosten abzuwägen.

Die Möglichkeit der virtuellen Teilnahme an der Hauptversammlung relativiert die aus Sicht gerade von Kleinanlegern bestehenden Anreize zu rationaler Apathie allerdings nur unwesentlich, da sie weiterhin einen im Verhältnis zu ihrer Beteiligung hohen Informations- und Zeitaufwand auf sich nehmen müssen. Deshalb bedarf es weiterer Anreize zur vermehrten Stimmrechtsausübung in Form einer effizienten Stimmrechtsvertretung unter Sicherstellung der Durchsetzung des Aktionärswillens. Die europaweite Gewährleistung der freien Vertreterwahl und der organisierten Stimmrechtsvertretung in börsennotierten Gesellschaften durch Art. 10 Abs. 1, 5 der Aktionärsrechte-Richtlinie ist deshalb zu begrüßen. Entscheidend sind aber die Modalitäten der organisierten Stimmrechtsvertretung, da die in dem jeweiligen Land auftretenden professionellen Vertreter für den internationalen und verstreuten Anlegerkreis börsennotierter Gesellschaften regelmäßig die einzige Vertretungsmöglichkeit darstellen. Da die befürwortete Erhöhung der Hauptversammlungspräsenzen nicht nur der Relativierung des Einflusses aktiver Aktionärsminderheiten, sondern vor allem der Erreichung repräsentativer Mehrheiten zur Kontrolle der Verwaltung dienen soll, kommt dabei den Modalitäten der Weisungserteilung an die professionellen Vertreter wesentliche Bedeutung zu. Erhöht man die Hauptversammlungspräsenzen durch Gewährleistung einer grenzüberschreitenden organisierten Stimmrechtsvertretung, ohne die Erteilung informierter Weisungen zu unterstützen, stärkt man letztendlich die Verwaltungen zulasten der gerade nicht apathischen Aktionärsminderheit, die genau die Kontrolle ausüben will, deren Fehlen als Funktionsdefizit der Publikumsgesellschaft identifiziert wurde. Von daher sollte eine institutionelle Stimmrechtsvertretung entsprechend der h.M. im deutschen Schrifttum nur aufgrund ausdrücklicher Weisungen, nicht hingegen per Blanko-Vollmacht, zulässig sein. Dabei sollte die Weisungserteilung in börsennotierten Gesellschaften durch Vollmachtsformulare unterstützt werden, die nach britischem Vorbild zum einen die Bevollmächtigung eines anderen Vertreters und zum anderen die Erteilung bindender Weisungen an diesen oder den von der Gesellschaft benannten Vertreter zulassen.

Darüberhinaus bleibt sicherzustellen, dass die Weisungserteilung nicht zu einer bloßen Förmlichkeit verkommt und praktisch durchgängig im Sinne der Verwaltungsvorschläge erfolgt. Hierfür sind Möglichkeiten zur Schaffung eines Marktes für Stimmrechtsvertretung, auf dem die professionellen Stimmrechtsvertreter in einen Qualitätswettbewerb um Vollmachten treten, zu untersuchen. Da die rational apathischen Kleinanleger angesichts ihrer geringen Beteiligung kaum den für eine informierte Weisungserteilung erforderlichen Informationsaufwand aufbringen werden, kann eine reflektierte Weisungserteilung durch sie nur auf der Grundlage informierter Gegenvorschläge bzw. einer Evaluation durch sachverständige Dritte (wie die professionellen Stimmrechtsvertreter) erfolgen. Damit die Evaluation der

Verwaltungsvorschläge und die Erstellung eventueller Gegenvorschläge (für die die Anleger nicht zu zahlen bereit sind) für die sachverständigen Dritten nicht mit prohibitiv hohen Kosten verbunden ist, müssen ihnen ökonomische Anreize für die Aufbringung dieses Aufwands geboten werden. Ein möglicher Weg ist die Zuerkennung eines Dividendenbonus für die Stimmrechtsabgabe. Sie bewirkte eine die *free rider*-Problematik entschärfende Umverteilung zugunsten aktiver Aktionäre und ermöglichte, die professionellen Vertreter über eine Beteiligung am Dividendenbonus zu vergüten. Allerdings könnten derartige Präsenzboni – bei unterstellter Beseitigung der Hindernisse der Stimmausübung entsprechend der Vorgaben der Aktionärsrechte-Richtlinie – ein rechtsökonomisches Gleichgewicht stören, indem sie die Entscheidung insbesondere institutioneller Investoren zwischen *voice* und *exit* verzerren. Deshalb bedarf die Frage der Einführung von Präsenzboni noch einer vertieften Untersuchung der Ausgewogenheit des nach Umsetzung der Richtlinienvorgaben bestehenden Entscheidungsumfeldes für institutionelle Investoren. Stellte es sich tatsächlich als ausgewogen dar, so wären die Auswirkungen der Präsenzboni auf die Entscheidungsfindung der institutionellen Investoren einerseits und auf den Markt für Stimmrechtsvertretung andererseits zu quantifizieren und gegeneinander abzuwägen. Auf dieser Grundlage könnte beantwortet werden, ob und inwieweit die Einführung von derartigen Boni, wie von den Kritikern befürchtet, einen ungestörten Marktmechanismus verzerrte und ob sie deshalb trotz ihrer möglichen positiven Effekte für den Markt für Stimmrechtsvertretung ineffizient wäre.

Eine Abstimmungspflicht institutioneller Investoren ist hingegen abzulehnen. Den durch sie bewirkten Kosten (insbesondere dem Anreiz zum Investment in anderen Jurisdiktionen) stünde kein hinreichender Gewinn an Überwachungsqualität gegenüber, weil eine rational möglichst kostengünstige Erfüllung der Pflicht durch Abstimmung im Sinne der Verwaltungsvorschläge nahe läge.

Neben einer Unterstützung der Stimmrechtsvertretung auf Grundlage informierter Weisungen (zur Senkung der Kosten der Einflussnahme) erfordert eine Erhöhung der Anreize für eine Stimmrechtsausübung und damit der Stärkung der Kontrolle der Verwaltung durch die Aktionäre eine Steigerung der Einflussmöglichkeiten der Aktionäre im Wege der Erleichterung ihrer Koordination. Die Bereitschaft der Aktionäre zur Ausübung ihrer Verwaltungsrechte wird maßgeblich einerseits von ihren Einflussmöglichkeiten und andererseits von den Kosten der Einflussnahme bestimmt. Je geringer die Einflussmöglichkeiten der einzelnen Aktionäre sind, umso eher übersteigt der Aufwand der Überwachung der Gesellschaft (und der dementsprechenden Stimmrechtsausübung) insbesondere aufgrund der mit ihr verbundenen Informationskosten ihren Nutzen. Während die Kosten der Einflussnahme nun durch die Erleichterung der Stimmrechtsausübung und die Gewährleistung einer effizienten Stimmrechtsvertretung unter Durchsetzung des Aktionärswillens verringert werden können, lassen sich die Einflussmöglichkeiten der Aktionäre durch die Unterstützung einer koordinierten Stimmrechtsausübung steigern. Hierbei muss mittels geeigneter Arrangements die typischerweise bestehende *collective action*-Problematik vermieden werden, dass die Kosten koordinierten Verhaltens für den Einzelnen den mit diesem Verhalten von ihm erzielbaren

Nutzen übersteigen. In börsennotierten Gesellschaften mit ihrem typischerweise weitgehend anonymen und verstreuten Anlegerkreis ist deshalb insbesondere die Unterstützung einer effektiven Kontaktaufnahme und Kommunikation zwischen den Aktionären erforderlich. Insofern stellt sich das elektronische Aktionärsforum gemäß § 127a AktG angesichts der mit seiner Nutzung verbundenen Kostenersparnis gegenüber einer direkten Kontaktaufnahme mit den einzelnen Aktionären (die überdies bei Inhaberaktionären ohnehin nicht möglich ist) als vorbildliche Einrichtung zur Relativierung des Problems kollektiver Aktion dar. Das Forum muss allerdings von den umworbenen Aktionären aus eigenem Antrieb aufgesucht werden. Deshalb kann es deutlich weniger effektiv zur gemeinsamen Organisation sein als eine von den opponierenden Aktionären ausgehende persönliche Kontaktaufnahme jedenfalls mit den umworbenen Namensaktionären. Die insofern lediglich im deutschen Recht anzutreffende Beschränkung des Einsichtsrechts in das Aktienregister börsennotierter Gesellschaften auf zur eigenen Person eingetragene Daten nach § 67 Abs. 6 AktG vermag nicht zu überzeugen. Die Regelung sollte zugunsten eines allgemeinen Einsichtsrechts nach französischem und britischem Vorbild reformiert werden. Aus der Beschränkung entsteht ein Informationsgefälle, das der Verwaltung am Markt für Unternehmenskontrolle einen erheblichen Vorteil verschafft. Sie kann mit den Registerdaten *Investor-Relations*-Maßnahmen in ihrem Sinne durchführen, während opponierenden Aktionären ein persönlicher Zugang zu den Mitaktionären mangels ihrer Kenntnis verwehrt ist. Hierunter leidet die Organisation der Aktionäre und damit die Kontrolle der Verwaltung in börsennotierten Publikumsgesellschaften. Die datenschutzrechtlichen Bedenken gegenüber einem allgemeinen Einsichtsrecht werden dadurch relativiert, dass die Aktionäre ihre Anonymität durch die Eintragung von Intermediären wahren können. Fortbestehenden datenschutzrechtlichen Bedenken kann durch weniger einschneidende Maßnahmen als einen Ausschluss des Einsichtsrechts wie z.B. dessen Beschränkung auf Namen und Adressen und einen Zeitraum vor der Hauptversammlung Rechnung getragen werden.

g) Anfechtung und sonstige Möglichkeiten der Beschlusskontrolle

Lediglich das britische Recht reguliert die Kontrolle von Hauptversammlungsbeschlüssen auf Formfehler speziell für börsennotierte Gesellschaften, indem es nur in ihnen einer qualifizierten Aktionärsminderheit das Recht zur Initiierung einer Sonderprüfung durch einen unabhängigen Sachverständigen gestattet (ss. 342–353 CA 2006)[29]. Das britische Recht entscheidet die Abwägung der gegenläufigen Interessen an der Durchsetzung der Hauptversammlungsvorschriften und der Bestandssicherheit der Hauptversammlungsbeschlüsse zugunsten letzterer und überlässt die Sanktionierung von Formverstößen den Aktionären. Lediglich in börsennotierten Gesellschaften bedürfen die typischerweise nicht unternehmerisch tätigen Publikumsaktionäre einer sachverständigen Prüfung, um eine informierte Entscheidung über eventuelle Sanktionsmaßnahmen treffen zu können. Für Gesell-

29 Siehe Kapitel 5 I.5.b).

schaften ohne Börsennotierung geht das britische Gesellschaftsrecht hingegen davon aus, dass der bedeutend kleinere und eher unternehmerisch tätige Aktionärskreis die Formfehler selbst bewerten kann. Inwieweit die Aktionäre tatsächlich in der Lage sind, (mit und ohne Sonderprüfung) Formverstöße zu sanktionieren, kann mangels empirischer Daten zu Formverstößen, Sonderprüfungen und ihren Folgen nicht bewertet werden. Jedenfalls ist die börsengesellschaftsrechtliche Sonderprüfung eine Konsequenz der vom britischen Gesellschaftsrecht vorgenommenen spezifischen Bewertung der Interessen an der Einhaltung der Formvorschriften einerseits und der Bestandssicherheit der Beschlüsse andererseits. Da das französische und das deutsche Aktiengesellschaftsrecht diesen Interessenkonflikt mit ihren Nichtigkeits- und Anfechtbarkeitsvorgaben deutlich anders bewerten, kann das pfadabhängige britische Konzept der Sonderprüfung in börsennotierten Gesellschaften auf sie nicht übertragen werden.

Das Problem räuberischer Aktionäre und ihrer Eindämmung stellt sich nur in der AG, da nur dort die Klageerhebung dazu führt, dass eine konstitutive Registereintragung des Hauptversammlungsbeschlusses unterbleibt und so eine *holdup*-Situation mit Erpressungspotential geschaffen werden kann. Dabei handelt es sich bei dem Missbrauch des Anfechtungsrechts um ein grundsätzlich unabhängig von der Börsennotierung der Gesellschaft bestehendes Problem. Lediglich die börsengesellschaftsrechtlichen Bekanntmachungspflichten zur Verfahrensbeendigung/-vermeidung und ihren Modalitäten (§ 248a i.V.m. § 149 Abs. 2, 3 AktG) sollen der Anonymität der börsennotierten Gesellschaft Rechnung tragen. Die geschlossenen Aktionärskreise nicht börsennotierter Gesellschaften haben hingegen hinreichende anderweitige Informationsmöglichkeiten. Auch wenn die Veröffentlichungspflichten im elektronischen Bundesanzeiger in der Praxis keine nennenswerten Auswirkungen auf die Zahl räuberischer Klagen gehabt zu haben scheinen, verursachen sie der Gesellschaft nur geringe Kosten und erscheinen jedenfalls vom Ansatz her als sinnvoller Bestandteil eines umfassenden Regelungskonzepts zur Vermeidung derartiger Missbräuche in börsennotierten deutschen Aktiengesellschaften. Eine Übernahme der Veröffentlichungspflichten für die börsennotierten Aktiengesellschaften der anderen untersuchten Rechtsordnungen ist hingegen, da ihre Beschlusskontrollverfahren nicht vergleichbar missbrauchsanfällig sind und damit die ratio der Offenlegung entfällt, nicht sinnvoll.

h) Dividendenanspruch

Im Rahmen des Dividendenanspruchs und der Gewinnverwendung besteht ein Bedürfnis für spezielle börsengesellschaftsrechtliche Regelungen insofern, als Sonderdividenden für langjährige Aktionäre, wie sie das französische Recht kennt und für börsennotierte Gesellschaften in art. L. 232-14 C.com. restriktiver reguliert, jedenfalls in börsennotierten Gesellschaften angesichts ihrer nachteiligen Wirkungen auf die Funktionalität des Kapitalmarkts und den Markt für Unternehmenskontrolle generell abzulehnen sind[30]. Ein Treuebonus durch eine Sonderdividende soll das

---

30 Siehe Kapitel 5 II.2.

Aktionariat stabilisieren und so den Einfluss kurzfristig agierender Investoren senken. Ein Verbleib in der Gesellschaft aufgrund eines Treuebonus bedeutet aber nicht, dass die Altaktionäre ihre Verwaltungsrechte auch im wohl erstrebten Sinne der Förderung einer langfristigen Unternehmenspolitik ausüben. Zudem gestattet die Möglichkeit einer Sonderdividende alteingesessenen Aktionärsminderheiten, kürzer investierte Minderheiten systematisch zu übervorteilen. Dieses Missbrauchsrisiko senkt die Investitionsbereitschaft neuer Anleger und verteuert so die Eigenkapitalfinanzierung. Indem Treueboni den Altaktionären Anreize zum Verbleib in der Gesellschaft trotz suboptimaler Performance bieten, verzerren sie die Börsenkurse und erschweren Übernahmen, was wiederum die von ihrer Gefahr ausgehende disziplinierende Wirkung auf das Management relativiert. Deshalb ist zur Relativierung des Einflusses kurzfristig investierter Finanzinvestoren in börsennotierten Aktiengesellschaften (soweit er überhaupt negativ zu bewerten ist, also vor allem bei beabsichtigter Erzielung von Sonderrenten) eine Erhöhung der Hauptversammlungspräsenzen unter Förderung der informierten Stimmrechtsausübung durch die bei Ziff. 30 beschriebenen Maßnahmen vorzuziehen.

i) Übertragbarkeit der Anteile

Der generelle Ausschluss von Vinkulierungen in börsennotierten *Sociétés Anonymes* nach art. L. 228-23 C.com. stellt eine nicht durch das Ziel der Aufrechterhaltung des freien Handels der Anteile zu rechtfertigende und damit unverhältnismäßige Einschränkung der Satzungsfreiheit dieser Gesellschaften dar[31]. Wie nach deutschem und nach britischem Recht sollte den Gesellschaften hinsichtlich der Frage der Vinkulierung ihrer Aktien Satzungsfreiheit gewährt werden. Grundsätzlich kann es dem Markt überlassen werden, Vinkulierungen zu bewerten und so eventuell hinreichende Anreize zu ihrer Abschaffung bzw. zur Unterlassung ihrer Einführung zu setzen.

Für Übernahmesituationen wäre hingegen eine verpflichtende Umsetzung der übernahmerechtlichen Durchbrechungsregel für Übertragungsbeschränkungen, wie sie lediglich das französische Recht für satzungsmäßige Übertragungsbeschränkungen eingeführt hat (art. L. 233-34 C.com.), sinnvoll gewesen. Übertragungsbeschränkungen erschweren die Erlangung der Kontrollmehrheit und beeinträchtigen so den Markt für Unternehmenskontrolle mit seiner Anreizwirkung für ein aktionärsinteressengerechtes Verhalten der Geschäftsleitung. Es bleibt zu hoffen, dass die Gesellschaften von der ihnen eröffneten Gestaltungsfreiheit unter dem Druck der Kapitalmarktkräfte durch Einführung der Durchbrechungsregel und Nichtanwendung der deutschen AGs offen stehenden Reziprozitätsregel Gebrauch machen.

---

31 Siehe Kapitel 5 III.1.b).

j) Squeeze-out *und* Sell-out

Ein *Squeeze-out*-Recht ist unabhängig von einer Börsennotierung und einem Übernahmeangebot sinnvoll, um einen Ausschluss der Minderheitsaktionäre gegen eine volle wirtschaftliche Entschädigung zu ermöglichen[32]. Unabhängig von Übernahmesituationen und auch in nicht-börsennotierten Gesellschaften kann sich bei Erlangung einer erheblichen Kontrollmehrheit ein *hold-out*-Problem ergeben, das die wertmaximierend wirkende Vermeidung von Minderheitskosten verhindert. Das Ziel einer effizienteren Verwaltung der Gesellschaft streitet maßgeblich für die Ermöglichung eines Minderheitsausschluss auch ohne vorangegangenes Übernahmeangebot und Börsennotierung. Die berechtigten Interessen der wenigen verbliebenen Minderheitsaktionäre reduzieren sich in diesem Fall auf ihre vermögensmäßigen Investitionsinteressen und werden durch die volle wirtschaftliche Entschädigung gewahrt. Wertungswidersprüche im Verhältnis zu Ausschlussrechten anderer Gesellschaftsformen wie der GmbH können durch eine gerichtliche Missbrauchskontrolle der Übertragung vermieden werden.

Ein *Sell-out*-Recht der Minderheit erscheint hingegen nur in börsennotierten Gesellschaften, dort aber unabhängig von einem vorangegangenen Übernahmeangebot (wie nach der französischen Rechtslage und dem Kommissionsvorschlag der Richtlinie 2006/68/EG für Art. 39b der Kapital-Richtlinie), erforderlich, um das sonst drohende Gefangenendilemma zu vermeiden[33]. Da die Kleinaktionäre börsennotierter (Publikums-)Gesellschaften ihr Verhalten in aller Regel nicht effektiv koordinieren können, geraten sie bei Übernahmeangeboten ohne ein späteres Andienungsrecht unter Verkaufsdruck. Bei Ablehnung des Angebots laufen sie Gefahr, nach einem erfolgreichen Übernahmeangebot angesichts des dann illiquiden Marktes als Minderheitsaktionäre in der Gesellschaft verbleiben zu müssen, ohne eine Übernahmeprämie zu erlangen. Das drohende Gefangenendilemma wird in Abwesenheit eines Andienungsrechts in das Übernahmeangebot eingepreist. Zur Sicherstellung einer adäquaten Beteiligung der Altaktionäre am durch die Übernahme zu erzielenden Wertzuwachs der Gesellschaft durch eine ihrem Wertpotential entsprechende Übernahmeprämie bedarf es der Beseitigung des Verkaufsdrucks mittels eines Andienungsrechts nach Abschluss der Übernahme. So wird das Vertrauen der Anleger in eine adäquate Abfindung im Falle einer Übernahme und damit ihre Investitionsbereitschaft erhöht, was die Kapitalkosten börsennotierter Gesellschaften verringert. Aber auch bei Erlangung der wesentlichen Beteiligung ohne ein Übernahmeangebot droht der Minderheit ohne ein Andienungsrecht angesichts der dadurch eingetretenen Illiquidität des Marktes ein zwangsweiser Verbleib in der Gesellschaft mit der Gefahr der Übervorteilung durch den Mehrheitsaktionär (die wiederum ohne ein Andienungsrecht die Investitionsbereitschaft senkte und so die Gesellschaftsfinanzierung verteuerte). In nicht-börsennotierten Gesellschaften besteht hingegen von vornherein kein liquider Markt, so dass sich die Rechtsstellung

32 Siehe Kapitel 5 III.2.b)aa).
33 Siehe Kapitel 5 III.2.b)bb).

der Minderheit durch ein erfolgreiches Übernahmeangebot oder eine auf sonstige Weise erlangte erhebliche Mehrheitsbeteiligung eines anderen Aktionärs nicht in vergleichbarem Maße verschlechtert und sie des Schutzes durch ein Andienungsrecht nicht bedürfen.

3. Kompetenzverteilung innerhalb der Gesellschaft

a) *Zustimmungsvorbehalte bei wesentlichen Transaktionen*

Da eine Umgehung geschriebener Hauptversammlungskompetenzen durch ähnlich wirkende, aber formal nicht zustimmungsbedürftige Geschäftsführungsmaßnahmen mit erheblichen Auswirkungen für die Gesellschaft droht, unterwerfen alle untersuchten Jurisdiktionen sinnvollerweise Maßnahmen, deren Wirkung derjenigen von Satzungs- oder Strukturänderungen, einer Veräußerung des gesamten Vermögens oder einer Änderung des Gesellschaftsgegenstandes vergleichbar sind, der Zustimmung der Hauptversammlung[34]. Lediglich das britische Recht tut dies mit dem besonderen Regime der *Listing Rules* für *class 1-transactions* im Wege spezieller Regelungen für börsennotierte Gesellschaften. Eine solche Differenzierung ist jedoch, da auch ohne Börsennotierung eine Umgehung der geschriebenen Hauptversammlungszuständigkeiten drohen kann (wie die auch zu börsenfernen Sachverhalten ergangenen deutschen und französischen Entscheidungen zeigen), nicht gerechtfertigt. Sinnvoll erscheint daher die börsennotierungsunabhängige Typisierung regelmäßiger Erheblichkeitsschwellen (wie nach der deutschen Rechtsprechung und in Anlehnung an die *Listing Rules*) unter kontrollierender Beurteilung des Einzelfalls, wie sie alle untersuchten Rechtsordnungen ermöglichen.

b) *Hauptversammlungskompetenz und Austrittsrecht beim regulären* Delisting

In allen untersuchen Jurisdiktionen unterliegt das reguläre *Delisting* angesichts seiner Auswirkungen auf die Rechtsstellung der Aktionäre zu Recht der Zustimmung der Hauptversammlung[35]. Rechtsvergleichend fällt auf, dass die deutsche Rechtsprechung einen Hauptversammlungsbeschluss mit einfacher Mehrheit ausreichen lässt, während nach britischem und französischem Recht qualifizierte Mehrheiten erforderlich sind. Da der Verlust der Fungibilität ihrer Anteile die Vermögensposition der Aktionäre ähnlich wie auch nach deutschem Recht einer Dreiviertel-Mehrheit bedürfende Strukturmaßnahmen tangiert und da der Verlust der kontrollierenden Wirkung des Marktes legitimiert werden muss, sollte auch das reguläre *Delisting* einer AG eines mit Dreiviertel-Mehrheit gefassten Hauptversammlungsbeschlusses bedürfen. Nur so kann verhindert werden, dass eine Minderheit von annähernd 50 % der Stimmrechte de facto zum Austritt aus der Gesellschaft gezwungen werden kann, wenn sie nicht durch einen Verbleib erhebliche Vermögenseinbußen riskieren will.

---

34 Siehe Kapitel 6 I.2.a).
35 Siehe Kapitel 6 I.2.b).

Im Interesse der Aktionärsminderheit und damit letztlich zur Steigerung des Vertrauens in die Anlage in börsennotierten Gesellschaften bedarf es beim regulären *Delisting* zudem eines verlässlichen Abfindungsverfahrens zum *pre-transaction standard*, d.h. zu einem behördlich oder gerichtlich überprüfbaren Preis auf Grundlage des dem *Delisting*-Vorhabens vorangegangenen Börsenkurses als Mindestpreis (nach deutschem oder französischem Vorbild). Ein verlässliches Austrittsrecht gewährt einen Schutz gegen die bei einem *Delisting* bestehenden Enteignungsrisiken und baut so Vorbehalte gegenüber einem Investment in börsennotierten Aktiengesellschaften ab, was Risikoabschläge vermeidet und dadurch die Gesellschaftsfinanzierung erleichtert.

Der Referenzzeitraum des bei der Bemessung der Abfindung zu berücksichtigenden Börsenkurses sollte im Gegensatz zur deutschen Rechtsprechung bis unmittelbar vor der Bekanntgabe des *Delisting*-Vorhabens (und nicht bis unmittelbar vor der über das Vorhaben entscheidenden Hauptversammlung) festgelegt werden. Das Austrittsrecht soll den *pre-transaction standard* vor der Bekanntgabe des *Delisting*-Vorhabens sichern. Nur bei Bemessung des Kurses anhand des Zeitraums vor der Bekanntgabe des Rückzugsplans kann verhindert werden, dass die nach der Bekanntgabe in den Börsenkurs eingepreisten nachteiligen Wirkungen der bevorstehenden *Delisting*-Entscheidung zulasten der dissentierenden Minderheitsaktionäre berücksichtigt werden (oder aber andererseits interessierte Kreise die Möglichkeit haben, nach Kenntniserlangung von der bevorstehenden Maßnahme die Kurse zulasten des Hauptaktionärs in die Höhe zu treiben).

c) Neutralitätspflicht der Geschäftsleitung bei Übernahmeangeboten

Die divergierende Umsetzung des Optionsmodells der Art. 3, 12 der Übernahme-Richtlinie durch die untersuchten Jurisdiktionen (Gestaltungsfreiheit der börsennotierten AG hinsichtlich der Einführung sowohl der Neutralitätspflicht als auch der Reziprozitätsregel, gesetzliche Neutralitätspflicht ohne Möglichkeit der Einführung der Reziprozitätsregel in der *plc*, gesetzliche Neutralitätspflicht mit Möglichkeit der Einführung der Reziprozitätsregel in der börsennotierten *S.A.*) steht der mit dem Richtlinienvorhaben ursprünglich beabsichtigten Entstehung eines europäischen Marktes für Unternehmensübernahmen entgegen[36]. Effizient wäre angesichts der Unterstützung der Suche alternativer Erwerber und der prozeduralen Förderung von Auktionssituationen durch die untersuchten Rechtsordnungen eine gesetzliche Einführung der Neutralitätspflicht für börsennotierte Aktiengesellschaften ohne die Möglichkeit der Anwendung der Reziprozitätsregel (wie durch das britische Recht). Sie ist abwehrfreundlicheren Lösungen und insbesondere der weitgehenden Ermöglichung von Abwehrmaßnahmen durch das deutsche Recht vorzuziehen. Das ohne verpflichtende Umsetzung des Vereitelungsverbots bestehende Risiko, dass die Gesellschaften durch Vorratsbeschluss die Verwaltung zu Abwehrmaßnahmen ermächtigen oder die Reziprozitätsregel einführen und so

36 Siehe Kapitel 6 II.2.

ineffiziente Maßnahmen der Geschäftsleitung autorisieren, ist geeignet, das Anlegervertrauen in eine Unternehmensführung in ihrem Sinne zu unterminieren und so die Finanzierung über den Kapitalmarkt zu verteuern. Abwehrmaßnahmen erschweren allokationseffizienzerhöhende Übernahmen und beeinträchtigen die disziplinierende Wirkung des Marktes für Unternehmenskontrolle. Das legitime Interesse an einer möglichst hohen Übernahmeprämie wird durch die Förderung der Schaffung von Auktionssituationen durch die Rechtsordnungen hinreichend gewährleistet. Im Ermessen der Verwaltung stehende Abwehrmaßnahmen erhöhen hingegen die *agency costs* und können werterhöhende Übernahmen verhindern, ohne zur Wertmaximierung im Interesse der Aktionäre erforderlich zu sein.

d) Related party transactions

In börsennotierten Gesellschaften sollten wesentliche Transaktionen der Gesellschaft mit Verwaltungsmitgliedern und Großaktionären (sowie mit mit diesen Gruppen verbundenen Personen) nicht nur offen zu legen sein und der Billigung durch den Verwaltungsrat/Aufsichtsrat unterliegen, sondern weiteren besonderen Schutzvorkehrungen nach dem Vorbild der britischen *Listing Rules* unterfallen[37]. Die Aufsichtsratsmitglieder in (börsennotierten) Publikumsgesellschaften werden angesichts ihrer dortigen de facto-Bestellung durch den Vorstand und ihrer persönlichen Verbundenheit zu dessen Mitgliedern häufig weniger unabhängig vom Vorstand sein, als dies für die Beurteilung wesentlicher Transaktionen wünschenswert wäre. Ähnliche Interessenkonflikte drohen im Verwaltungsrat monistischer Gesellschaften. Die Möglichkeit einer gerichtlichen Überprüfung vermag dieses Kontrolldefizit angesichts ihrer praktischen Schwierigkeiten (die Klageerhebung abschreckende Informationsasymmetrien zwischen den beteiligten Parteien und den Aktionären, Unsicherheiten des Ergebnisses der nachträglichen materiellen Prüfung des Gerichts und daraus resultierende drohende und prohibitiv wirkende Kostenlast) nicht zu kompensieren. Auch bei Geschäften mit Großaktionären können die insofern bestehenden Publikationspflichten und die Genehmigungserfordernisse durch die Verwaltung die drohenden Missbräuche nicht hinreichend ausschließen, da die nominell unabhängigen Organmitglieder, die aufgrund der Transparenz das Geschäft verhindern könnten, de facto bei Anwesenheit sie (im dualistischen System mittelbar) wählender Mehrheitsaktionäre kaum unabhängig sind und darum nicht als wirksame Kontrollinstanz fungieren.

Der differenzierte Regulierungsansatz der *Listing Rules* für *related party transactions* in an der *Official List* notierten Gesellschaften erscheint insofern sowohl für Transaktionen mit Verwaltungsmitgliedern als auch für solche mit Großaktionären vorbildlich. Indem nur die besonders interessenkonfliktbelasteten Übertragungen wesentlicher Eigentumsteile und Kreditgeschäfte in allen Gesellschaften unabhängig von ihrer Börsennotierung der Kontrolle durch die Hauptversammlung unterworfen werden, wird nicht-börsennotierten Gesellschaften, die typischerweise unterneh-

---

37 Siehe Kapitel 6 III.2.

merisch tätige und die Geschäftsleitung kontrollierende Aktionäre haben, die nötige Flexibilität und Kostenersparnis ermöglicht. In börsennotierten Gesellschaften werden hingegen alle wirtschaftlich sehr bedeutenden Transaktionen mit verbundenen Parteien aufgrund der dort angesichts der typischerweise bedeutend gestreuteren Beteiligungsstruktur größeren *Principal-Agent*-Problematik vor ihrer Durchführung der einzelfallbezogenen Zustimmung der Hauptversammlung nach umfassender Information der Aktionäre unterstellt (LR 11.1.7). Die konkrete Zustimmung der Hauptversammlung vor der Durchführung jedes konfliktbelasteten Geschäfts ermöglicht im Gegensatz zur Generalgenehmigung nach den französischen Regeln zur *convention réglementée* eine präzise Missbilligung einzelner Geschäfte und deren effizientere Sanktion, da der von der Missbilligung ausgehende Druck ihre Durchführung noch verhindern kann. Eine Überregulierung zulasten einer effizienten Geschäftsleitung kann nach dem Vorbild der *Listing Rules* vermieden werden, indem zum einen branchenübliche Transaktionen und solche geringen Umfangs von den Pflichten ausgenommen werden, also nur im Jahresabschluss offen zu legen sind (und dann der nachträglichen gerichtlichen Missbrauchskontrolle unterstellt werden können, LR 11.1.6). Zum anderen können Transaktionen mittlerer Größe (etwa nach dem Vorbild der LR 11.1.10 bis zu einem Umfang von 5 % des Gesellschaftsvermögens, ihres Umsatzes, Gewinns und ihrer Marktkapitalisierung) von dem Erfordernis einer Zustimmung der Hauptversammlung zugunsten besonderer Berichtspflichten gegenüber der Kapitalmarktaufsichtsbehörde inklusive insbesondere eines Sachverständigenberichts zur Wahrung der Aktionärsrechte ausgenommen werden. So werden den Gesellschaften bei mittelgroßen Transaktionen die mit einer Hauptversammlungsbeteiligung verbundenen Belastungen (Verzögerung der Geschäftsleitungstätigkeit, Kosten der Durchführung der Hauptversammlung) erspart. Mit der unabhängigen Sachverständigenbewertung der Auswirkungen der Transaktion auf die Aktionärsrechte wird aber ein sinnvolles Korrektiv gegen missbräuchliche Gestaltungen eingeführt. Sowohl eine negative Sachverständigenbewertung zur Beeinträchtigung der Aktionärsposition bei mittelgroßen Transaktionen als auch erst recht eine Missbilligung einer wesentlichen Transaktion durch die Hauptversammlung werden der Geschäftsleitung erhebliche Anreize vermitteln, von einer für missbräuchlich bewerteten Gestaltung abzusehen. Die nach der wirtschaftlichen Relevanz der Transaktion abgestuften Belastungen der Gesellschaft durch die Schutzvorkehrungen rechtfertigen sich aus den mit dem Umfang der Transaktion wachsenden Gefahren missbräuchlicher Gestaltungen für die Rechtstellung der unbeteiligten Aktionäre. Sie stellen deshalb einen auf die besondere Interessenlage in börsennotierten Gesellschaften abgestimmten sinnvollen Kompromiss zwischen den Zielen der Verhinderung missbräuchlicher Geschäfte auf der einen Seite und der Vermeidung einer die laufende Geschäftstätigkeit der Gesellschaft über Gebühr einschränkenden Überregulierung auf der anderen Seite dar.

Eine Erstreckung solcher Schutzvorkehrungen auf nicht börsennotierte Gesellschaften ist nicht empfehlenswert. In nicht börsennotierten Gesellschaften wird die durch die Schutzvorkehrungen hervorgerufene Belastung der Gesellschaft nicht durch hinreichende Überwachungseffizienzgewinne ausgeglichen. Die Aktionäre nicht börsennotierter Gesellschaften sind typischerweise in der Lage, die Transaktionen mit verbundenen Parteien ohne weitere Schutzmechanismen auf hinreichender Informationsgrundlage zu bewerten, ihre Missbilligung den beteiligten Personen zur Kenntnis zu bringen und erforderlichenfalls eine gerichtliche Überprüfung anzustrengen.

e) Insbesondere Vergütung der Verwaltungsmitglieder

Die Übertragung der Vorbereitung der Gehaltsentscheidungen bzw. der Entscheidung selbst auf einen mit von den betroffenen Personen möglichst unabhängigen Mitgliedern besetzten Verwaltungsrats-/Aufsichtsratsausschuss ist in börsennotierten Gesellschaften (auch angesichts seiner geringen Kosten) grundsätzlich ein sinnvoller Schritt zur Relativierung des Einflusses der begünstigten Personen und damit zur Erhöhung der Qualität der Entscheidung und Vermeidung exzessiver Vergütungen[38]. Die Einrichtung eines Vergütungsausschusses ist aber aufgrund der weiterhin möglichen persönlichen Verbundenheit der Gremiumsmitglieder zu den betroffenen Personen sowie den zahlreichen denkbaren Interessenkongruenzen nicht als alleiniges Mittel zur Gewährleistung einer adäquaten Vergütungsgestaltung geeignet. Bestätigt wird diese Einschätzung durch die praktisch Erfahrung, dass Vergütungsausschüsse in den untersuchten Rechtsordnungen exzessive Vergütungsgestaltungen nicht haben verhindern können. Eine allgemeine Ausweitung der Kodexempfehlungen zur Bildung eines Vergütungsausschusses auf sämtliche Gesellschaften mit einer Notierung anderer Wertpapiere als Aktien an einem organisierten Markt, wie sie der EU-Empfehlung vorschwebt, ist abzulehnen. Gesellschaften ohne börsennotierte Aktien haben in aller Regel kontrollierende Großgesellschafter, so dass in ihnen üblicherweise kein der börsennotierten Publikums. gesellschaft vergleichbares Kontrolldefizit bei der Vergütungsgestaltung besteht, das durch einen Vergütungsausschuss – mit zweifelhafter Effektivität – zu relativieren wäre.

Die individualisierte Offenlegung aller Vergütungsbestandteile der Verwaltungsmitglieder im Jahresabschluss, die alle Jurisdiktionen von börsennotierten Gesellschaften (Frankreich für sämtliche Gesellschaften mit börsennotierten Wertpapieren) verlangen, ist ein sinnvoller Bestandteil zur Eindämmung der gerade in börsennotierten Publikumsgesellschaften bei der Vergütungsfestlegung vor dem Hintergrund des häufig fehlenden Interessengegensatzes der betroffenen und der die Vergütung festlegenden Verwaltungsmitglieder bestehenden *Principal-Agent-*Probleme[39]. Die Vergütungspublizität erleichtert die Feststellung, ob die Bezüge in einem angemessenen Verhältnis zu den Aufgaben des Vorstandsmitglieds, seinem Arbeitseinsatz und der Lage der Gesellschaft stehen. Durch die erleichterte Aufdeckung von Ungleichgewichten fördert die Publizität die Effizienz des Kapitalmarkts. Erst die personalisierte Offenlegung ermöglicht dabei der Hauptversamm-

38 Siehe Kapitel 6 IV.2.a).
39 Siehe Kapitel 6 IV.2.b).

lung die personenbezogene Beurteilung der Angemessenheit der Vergütung, wie sie z.B. für die Fragen der Entlastung der Verwaltung oder der Geltendmachung von Ersatzansprüchen gegen ihre Mitglieder erforderlich ist. Der bei der Veröffentlichung hoher Vergütungen zu erwartende öffentliche Druck kann zudem eine vorauseilende Mäßigung des Vergütungsniveaus bewirken. Schließlich unterstützt die Offenlegung der Vergütung informierte Transaktionsentscheidungen, indem sie den aktuellen und potentiellen Anlegern Kenntnisse der vergütungsvermittelten Anreize der einzelnen Vorstandsmitglieder verschafft und angesichts der Transparenz der Versorgungs- und Abfindungsregelungen Prognosen über das insbesondere in Übernahmesituationen von ihnen zu erwartenden Verhalten ermöglicht. Um diese Ziele möglichst effizient zu gewährleisten, sollten die Informationspflichten zu den Grundzügen des Vergütungssystems, insbesondere den für die Beurteilung des *Corporate Governance*-Systems maßgeblichen Vergütungsparametern (vor allem denjenigen erfolgsbezogener Komponenten sowie von Abfindungszahlungen), nach dem Vorbild der Ziff. 3.3 der EU-Empfehlung und der britischen *Directors' Remuneration Report Regulation 2002* gesetzlich präzisiert werden.

Zudem sollten die börsengesellschaftsrechtlichen vergütungsbezogenen Berichtspflichten des deutschen und britischen Aktienrechts entsprechend der EU-Empfehlung zur Vergütung der Mitglieder der Leitungsorgane und der französischen Rechtslage auf Gesellschaften mit börsennotierten Wertpapieren erstreckt werden. Zwar ist die Steigerung der Kontrolleffizienz in Gesellschaften mit anderen börsennotierten Wertpapieren als Aktien angesichts der mäßigenden Wirkung der dort kontrollierenden Großaktionäre regelmäßig nicht erforderlich. Jedoch spricht das kapitalmarktrechtlich vermittelte Argument der Unterstützung informierter Investitionsentscheidungen entscheidend für eine Ausweitung der Offenlegungspflichten auf alle Gesellschaften mit börsennotierten Wertpapieren. Auch bei ausschließlicher Notierung von Schuldtiteln an einem organisierten Markt haben die Anleger ein schützenswertes Interesse, die der Geschäftsleitung durch die Vergütung gesetzten Anreize zu kennen, um ihr zukünftiges Verhalten antizipieren zu können, da die Kursentwicklung auch dieser Wertpapiere maßgeblich vom Verhalten der Geschäftsleiter abhängt. Da solche Antizipationsmöglichkeiten auch das Vertrauen in das Investment in andere börsennotierte Wertpapiere als Aktien erhöhen, unterstützen sie die Fremdkapitalfinanzierung auf den organisierten Kapitalmärkten, ohne die Gesellschaften wesentlich zu belasten.

Kritisch angesichts der mit der Vergütungspublizität maßgeblich bezweckten verlässlichen Kapitalmarktinformation ist die *opt-out*-Möglichkeit deutscher börsennotierter Aktiengesellschaften aus §§ 286 Abs. 5, 314 Abs. 2 HGB. Sie verhindert, dass die Gesellschaften dem Kapitalmarkt verlässlich versprechen können, dass die Offenlegungspflichten auch nach einer künftigen Investitionsentscheidung bestehen bleiben werden, beeinträchtigt so das Anlegervertrauen und ist letztlich nicht zu rechtfertigen. Angesichts der zu befürchtenden negativen Wirkungen für ihr Ansehen sowie die Vertrauenswürdigkeit der Gesellschaft werden die Verwaltungen aber wohl ohnehin in aller Regel von der Unterbreitung von *opt-out*-Beschlussvorschlägen absehen.

Wünschenswert zur weiteren Effektivierung der gesellschaftsinternen Kontrolle des Vergütungsniveaus in börsennotierten Gesellschaften ist eine Stärkung der Hauptversammlung durch die Ermöglichung eines Missbilligungsbeschlusses zum Vergütungsbericht nach dem Vorbild der EU-Empfehlung und insbesondere der britischen Rechtslage. Eine möglichst präzise Beurteilung kann gewährleistet werden, indem die Vergütungspakete der Verwaltungsmitglieder in Anlehnung an das seit 2007 im französischen Recht für Abfindungen vorgesehene Kontrollrégime der *conventions réglementées* mit personenbezogenem Hauptversammlungsbeschluss jeweils individuell der empfehlenden Billigung durch die Hauptversammlung unterstellt werden. Ein Mitbestimmungs- oder Vetorecht der Hauptversammlung sollte dabei vermieden werden, da seine Inflexibilität und Unberechenbarkeit zu großen Nachteilen der Gesellschaften auf dem globalen Arbeitsmarkt und damit zu erheblichen, nicht durch einen entsprechenden Überwachungsgewinn gerechtfertigten Kosten der Gesellschaften und ihrer Aktionäre führte.

f) Regulierung von Aktienoptionsprogrammen

Adäquat ausgestaltete Aktienoptionsprogramme sind speziell in börsennotierten Publikumsgesellschaften mit den ihnen immanenten *Principal-Agent*-Konflikten sinnvolle Mechanismen zur Ausrichtung der Interessen der Mitglieder der Geschäftsleitung auf diejenigen der Aktionäre[40]. Um der Gefahr einer ungerechtfertigten Bereicherung des Managements durch inadäquate Ausübungsparameter zu begegnen, sollte die Entscheidung über die Einführung und Modifikation eines Aktienoptionsprogramms bei der Hauptversammlung liegen (wie dies in allen untersuchten Jurisdiktionen jedenfalls für börsennotierte Gesellschaften der Fall ist). Der Kontrolle der Durchführung der Programme durch die Hauptversammlung sowie der Beurteilung der durch ihre Modalitäten gesetzten Anreize durch den Kapitalmarkt dienen sinnvollerweise die vergütungsbezogenen Publizitätspflichten. Daneben werden konkretere Vorgaben zu den Modalitäten der Optionsprogramme befürwortet:

Um die Verwaltung über die Optionen zu einer nachhaltigen Steigerung des Unternehmenswertes anhalten zu können, müssen ausreichend lange Warte- und/oder Haltefristen gewährleistet werden. Bei Festlegung zu kurzer oder keiner Ausübungsfristen und kurzer oder keiner Haltefristen droht eine Kurzfristorientierung der Geschäftsleitung mit dem Ziel einer nicht nachhaltigen Erhöhung der Ausübungsparameter zur Erzielung nicht gerechtfertigter Gewinne aus den Optionen. Der jeweiligen Fristbestimmung liegt eine Abwägung unter Einbeziehung der Anreizziele der Gesellschaft zugrunde, deren mögliche individuelle Besonderheiten starren gesetzlichen Fristvorgaben entgegenstehen. Empfohlen wird eine Kodexempfehlung, im Regelfall langfristige Ausübungs- und/oder Haltefristen von zusammen mindestens drei Jahren festzulegen.

---

40 Siehe Kapitel 6 IV.2.c).

Im Rahmen der Festlegung des Ausübungspreises sollte (nach dem Vorbild der *Listing Rules*) verbindlich sichergestellt werden, dass ein Erfolgsziel über dem Börsenkurs des Festlegungszeitpunktes gewählt wird. Liegt der Ausübungspreis, zu dem die Aktien bei Erreichung der Erfolgsziele erworben werden können, unterhalb des Kurses zum Zeitpunkt der Optionseinräumung, so sind die Optionen von vornherein profitabel, was zum weitgehenden Wegfall der Verhaltensanreize für das Management führt und damit den Sinn des Optionsprogramms in Frage stellt. Darüberhinaus muss, um die Begünstigten im Interesse einer Ausrichtung ihres Verhaltens auf das Wohl der Gesellschaft und der Aktionäre zur Steigerung des Wertes der Gesellschaft anzuhalten können, auf die Festlegung eines deutlich über dem Börsenkurs des Festlegungszeitpunktes liegenden Erfolgsziels hingewirkt werden. Soll ein kursorientiertes Erfolgsziel die Verwaltungsmitglieder nicht für einen von ihrer Leistung unabhängigen allgemeinen Marktanstieg belohnen und ihnen so *windfall profits* ermöglichen, sind weitere aussagekräftige Kriterien zur Beurteilung der Leistung der Verwaltung wie die Koppelung des Erfolgsziels an (Branchen-)Indizes oder die Ergebnisse von Konkurrenzunternehmen erforderlich. Befürwortet wird daher eine konkretere Kodexvorgabe als Ziff. 4.2.3 Abs. 3 DCGK, Optionsprogramme auf „anspruchsvolle, relevante" Vergleichsparameter wie eine Branchenindexierung oder die Ergebnisse von Konkurrenzunternehmen zu beziehen.

Ein *Repricing* durch eine nachträgliche Änderung der Bedingungen des Optionseintritts (des Erfolgsziels) oder eine periodische Neuanpassung des Erfolgsziels an sinkende Kurse sollte nach dem Vorbild der *Listing Rules* nur durch die Hauptversammlung möglich sein. Die Erwartung einer solchen Preisanpassung schädigt die Anreize an die Geschäftsleitung, den Unternehmenswert nachhaltig zu erhöhen. Deshalb sollte vor allem eine Ermächtigung der Verwaltung unter Vorgabe der Bedingungen der Preisfestlegung und eine anschließende periodische Preisanpassung durch die Verwaltung ohne nochmalige Beteiligung der Hauptversammlung ausgeschlossen sein. Alle Varianten des *Repricings* führen regelmäßig dazu, dass die Verwaltung zulasten der Aktionäre Vermögenszuwächse erzielen kann, ohne diese durch Leistung gerechtfertigt zu haben, und sind fast durchgängig mit einer abnehmenden Rendite verbunden. Da derartige Vermögensverschiebungen allein im Interesse der Geschäftsleitung liegen, sollten ihr keine *Repricing*-Befugnisse ohne Hauptversammlungsbeteiligung zugestanden werden.

g) Rolle der Abschlussprüfer im System der Corporate Governance

Bei der Regulierung der Abschlussprüfung als internem *Corporate Governance*-Mechanismus bestehen grundsätzlich keine börsengesellschaftsrechtlichen Notwendigkeiten[41]. Die lediglich in börsennotierten *plcs* stets zu erstellende Stellungnahme der Prüfer zu ihrer Amtsbeendigung (s. 519 CA 2006) und die nur dort bestehende Stellungnahmemöglichkeit der Aktionärsminderheit zu den Umständen der Abberufung (s. 527 CA 2006) erklären sich aus der Sonderposition des britischen Rechts,

41 Siehe Kapitel 6 V.2.

eine freie Abberufung der Prüfer durch die Hauptversammlung zuzulassen und die Unabhängigkeit der Abberufungsentscheidung von der Einflussnahme durch die Verwaltung über diese prozeduralen Vorkehrungen sicherzustellen. Da die anderen untersuchten Jurisdiktionen die Unabhängigkeit der Prüfer von der Verwaltung durch das Erfordernis eines Grundes für ihre Abberufung sicherstellen, besteht in ihnen kein Bedürfnis für eine den pfadabhängigen britischen Regelungen vergleichbare börsengesellschaftsrechtliche Sondernormierung. Im Übrigen steht hinter den Regelungen zur Abschlussprüfung stets das Bedürfnis, die Seriosität der Finanzberichterstattung von Gesellschaften, die organisierte Kapitalmärkte zur Eigen- wie Fremdkapitalfinanzierung in Anspruch nehmen, besonders intensiv zu gewährleisten, um so das Anlegervertrauen und mit diesem die Funktionsfähigkeit der Kapitalmärkte zu stärken. Zwar besteht in börsennotierten Publikumsgesellschaften eine zusätzliche Notwendigkeit für eine zuverlässige Abschlussprüfung, um die dort verschärft auftretenden *Principal-Agent*-Probleme einzudämmen. Aber auch bei Notierung anderer Wertpapiere als Aktien an einem organisierten Kapitalmarkt ist eine verlässliche Abschlussprüfung erforderlich, um Anlegervertrauen und damit die Funktionsfähigkeit der Kapitalmärkte für diese Wertpapierformen zu gewährleisten. Mithin haben die Prüfungsvorschriften auch die besonderen gesellschaftsrechtlichen Problemstellungen von Aktiengesellschaften mit börsennotierten Aktien im Blick, zielen vor allem aber auf darüberhinausgehende kapitalmarktrechtliche Regelungsziele für jegliche Wertpapiernotierungen ab. Daher werden sie zwar zum einen börsengesellschaftsrechtlichen Bedürfnissen gerecht, zum anderen aber auch unabhängig von der Gesellschaftsform der Emittenten bestehenden kapitalmarktrechtlichen Gesichtspunkten. Letztendlich handelt es sich bei den Regelungen deshalb weder um spezielles Recht für die den Gegenstand dieser Untersuchung bildenden Gesellschaften mit börsennotierten Aktien, noch besteht ein Bedürfnis für auf diese ausgerichtete Sonderregelungen. Zur verlässlichen Kapitalmarktinformation sollte auch die Prüfungspflicht hinsichtlich der Einrichtung und Eignung des Risikofrüherkennungssystems i.S.v. § 91 Abs. 2 AktG nach § 317 Abs. 4 HGB (nach einer empirischen Untersuchung ihrer Effizienz) auf alle Gesellschaften mit an einem organisierten Markt notierten Wertpapieren erstreckt werden.

II. Börsengesellschaftsrechtliche Bedürfnisse außerhalb der Organisationsverfassung

Weder im Rahmen der Regulierung der Gründung oder des Außenverhältnisses der Gesellschaft[42] noch bei der Kapitalaufbringung, Kapitalerhaltung, Kapitalherabsetzung oder der *financial assistance*[43], weder spezielles Gesellschaftsrecht für börsen-

---

42 Siehe Kapitel 7 I., II. und III.
43 Siehe Kapitel 8 I., II.2., III.3.

notierte Aktiengesellschaften festgestellt werden noch besteht ein Bedürfnis für solches. Eine vertiefte Untersuchung des Rechnungslegungsrechts auf börsengesellschaftsrechtliche Bedürfnisse musste angesichts des Umfangs der Aufgabenstellung unterbleiben.

1. Finanzverfassung

a) *Erwerb eigener Aktien durch die Gesellschaft*

Für den Erwerb eigener Aktien durch die Gesellschaft stellt sich die Beschränkung des zweckungebundenen Rückerwerbs auf börsennotierte *Sociétés Anonymes* nach art. L. 225-209 C.com. als zu restriktiv dar[44]. Auch ohne Börsennotierung haben die Gesellschaften ein schützenswertes Interesse an einer flexiblen Unternehmensfinanzierung und an einer effektiven Möglichkeit zur Bereinigung der Gesellschafterstruktur bei mangelnder Liquidität der übrigen Gesellschafter. Sinnvoll erscheint vielmehr eine nicht nach einer Notierung am organisierten Markt oder sonstigen Marktsegmenten differenzierende Zulassung des Aktienrückerwerbs unter differenzierender Regulierung der Erwerbsmodalitäten, wie sie im deutschen Recht mit der Privilegierung des Erwerbs über die Börse in § 71 Abs. 1 Nr. 8 Satz 4 AktG und im britischen Recht mit der getrennten Regelung von Rückkäufen über die Börse (*market purchases*) und außerhalb der Börse (*off-market purchases*) angelegt ist (ss. 694, 697, 701 CA 2006). Angesichts der auf börsenmäßig organisierten Marktsegmenten gewährleisteten objektiven Preisbildung und Chancengleichheit der Aktionäre und der erheblich geringeren Missbrauchsgefahren kann die dortige Unternehmensfinanzierung flexibilisiert werden. Hierbei sollten die bei einem Börsenpreis privilegierten Erwerbsmodalitäten allerdings nicht nach einer Notierung an einem organisierten Markt im Sinne des Untersuchungsgegenstands dieser Arbeit, sondern (wie das deutsche und von der Grundkonzeption her auch das britische Recht) anhand der Zuverlässigkeit der Preisbildung auf dem jeweiligen Marktsegment differenzieren und deshalb auch geprüfte Freiverkehrssegmente mit einbeziehen. Soweit diese die Zuverlässigkeit der Preisbildung und eine hinreichende Volatilität gewährleisten, droht auch bei Rückerwerb auf ihnen keine Ungleichbehandlung der Aktionäre, so dass sie im Interesse einer flexiblen Unternehmensfinanzierung in das weniger strikte Erwerbsregime einbezogen werden sollten. Die Beschränkung der britischen Privilegierung auf inländische Marktsegmente erscheint deshalb zu eng. Eine Entscheidung zwischen dem deutschen, maßgeblich auf eine gerichtliche ex post-Kontrolle abstellenden Privilegierungskonzept und dem britischen, dass den Schwerpunkt auf eine ex ante-Kontrolle der *off-market purchases* mittels Genehmigung der einzelnen Erwerbsvorgänge durch die Hauptversammlung legt, kann mangels Vorliegens einer für die Beantwortung dieser Frage erforderlichen empirischen Untersuchung der jeweiligen Missbrauchsanfälligkeit und der Kosten der Missbrauchsverhinderung bzw. -verfolgung nicht erfolgen. Festzuhalten bleibt, dass eine Privilegierung von Rückerwerbsgeschäften auf (auch auslän-

44 Siehe Kapitel 8 II.1.b).

dischen) börsenmäßig organisierten Märkten inklusive der Freiverkehrssegmente, auf denen die Chancengleichheit und eine objektive Preisbildung gewährleistet sind, im Interesse einer möglichst flexiblen Unternehmensfinanzierung unter Wahrung der Aktionärsinteressen sinnvoll erscheint.

b) Kapitalerhöhung

Im Rahmen der grundsätzlichen Regulierung von Kapitalerhöhungen bestehen keine Bedürfnisse für besondere Regelungen für börsennotierte Aktiengesellschaften[45]. Rechtsvergleichend differenziert einzig art. L. 225-148 C.com. nach dem Kriterium der Börsennotierung, indem er Kapitalerhöhungen börsennotierter Gesellschaften gegen Sacheinlagen in Form von Aktien und Wandelschuldverschreibungen im Rahmen eines öffentlichen Umtauschangebots von der Sachverständigenprüfung nach art. L. 225-147 C.com. ausnimmt, um doppelte Berichtspflichten zu vermeiden. Sinnvoller als eine solche börsengesellschaftsrechtliche Differenzierung ist eine Ausnutzung des regelungszweckverwandten Wahlrechts aus Art. 10a Abs. 1 der geänderten Kapital-Richtlinie zur Vereinfachung von Kapitalerhöhungen gegen Sacheinlagen, allerdings im Gegensatz zur französischen Regelung nicht auf Kapitalerhöhungen durch börsennotierte Gesellschaften beschränkt. Vielmehr sollten alle Gesellschaften unabhängig von der Börsennotierung ihrer Aktien und unabhängig von einem öffentlichen Umtauschangebot in die Lage versetzt werden, Kapitalerhöhungen gegen auf organisierten Märkten notierte übertragbare Wertpapiere und Geldmarktinstrumente angesichts der Verlässlichkeit der dort gefundenen Preise ohne weitere Sachverständigenprüfung durchzuführen. Die Art. 27 Abs. 3 umsetzenden Vorgaben sollten hingegen nicht – wie nach art. L. 225-148 C.com. – zu einer Differenzierung anhand der Börsennotierung der im Wege eines Aktientausches zu erlangenden Anteile, sondern – nach dem Vorbild der britischen Regelung in ss. 594, 595 CA 2006 – zur Reduzierung der sich generell bei Strukturmaßnahmen und Kapitalerhöhungen gegen Sacheinlagen überschneidenden Sachverständigenberichtspflichten auf eine einzige (unabhängig von einer eventuellen Börsennotierung bestehende) Bewertungspflicht nur zur jeweiligen Strukturmaßnahme genutzt werden. Auch die weiteren Differenzierungen des französischen Rechts zulasten von Gesellschaften ohne börsennotierte Wertpapiere nach art. L. 225-129-4 C.com. (Subdelegationsmöglichkeiten innerhalb des Verwaltungsrats/Vorstands bei genehmigtem Kapital) und 225-147 (5) C.com. (Möglichkeit der Ermächtigung der Verwaltung zur Durchführung einer Sachkapitalerhöhung) überzeugen nicht.

c) Bezugsrecht und Bezugsrechtsausschluss

Bei der Regulierung des Bezugsrechts und der Modalitäten seines Ausschlusses streben alle untersuchten Rechtsordnungen sinnvollerweise eine Privilegierung von Kapitalerhöhungen unter Bezugsrechtsausschluss bei Ausgabe eines begrenz-

45 Siehe Kapitel 8 III.b).

ten Kontingents börsennotierter Aktien (bzw. Wandelschuldverschreibungen) zu einem nah am aktuellen Börsenkurs orientierten Ausgabepreis an[46]. Dahinter steht die Erkenntnis, dass, da diese Erhöhungen nicht wesentlich in die Rechtsstellung der Aktionäre eingreifen, den Gesellschaften eine flexiblere Eigenkapitalfinanzierung unter Verzicht auf bezugsrechtsbedingte Sicherheitsabschläge gestattet werden kann. Bei einer Börsennotierung der Aktien/Wandelschuldverschreibungen können die Aktionäre/Obligationsinhaber ihre Beteiligungsquote auch ohne Bezugsberechtigung mittels Zukauf über die Börse wesentlich einfacher aufrecht erhalten, als dies ohne Börsennotierung der Fall wäre. So können sie nicht nur eine Verwässerung ihrer Beteiligung vermeiden, sondern auch durch einen niedrigen Ausgabekurs bedingte drohende Wertverluste ihrer Altaktien eingrenzen. Die in allen Jurisdiktionen angestrebte Festlegung des Ausgabekurses mit einem allenfalls stark begrenzten Abschlag zum aktuellen Börsenkurs schützt die Altaktionäre davor, ohne Zukauf neuer Aktien aufgrund der Preisanpassung ihrer Altaktien erhebliche finanzielle Verluste zu erleiden und deshalb einem faktischen Zwang zum Kauf zu unterliegen. Besteht die Zukaufsmöglichkeit über die Börse hingegen gar nicht oder nur zu deutlich steigenden Börsenkursen erheblich über dem Ausgabepreis, sind flankierende Maßnahmen zu ergreifen, um den Altaktionären eine Aufrechterhaltung ihrer Beteiligungsquote ohne erhebliche finanzielle Einbußen zu erlauben. Deshalb sollte die Zulässigkeit des erleichterten Bezugsrechtsausschluss nur gemäß § 186 Abs. 3 Satz 4 AktG vermutet werden, wenn die Altaktionäre tatsächlich die Möglichkeit eines Zukaufs ihrer Beteiligung entsprechender Aktien – über die Börse oder im Wege von Vorkaufsrechten oder sonstigen Gestaltungen wie dem französischen *délai de priorité de suscription* – haben. Ziel muss dabei sein, der Gesellschaft im Interesse ihrer effektiven Eigenkapitalfinanzierung die Ausgabe des Anteils der neuen Aktien, der prognostisch nicht von den Altaktionären gezeichnet werden wird, auf dem Kapitalmarkt ohne Abwarten eine Bezugsfrist zu ermöglichen, dabei aber den Altaktionären dennoch eine Aufrechterhaltung ihrer Quote ohne finanzielle Einbußen zu gestatten. Während das deutsche Recht in der unterstützten Auslegung von § 186 Abs. 3 Satz 4 AktG und das französische Recht qua Gesetz ein solches Vorgehen verlangen, lassen die freiwilligen Selbstverpflichtungen der britischen *Pre-Emption Principles* jedenfalls hinreichenden Spielraum. Da die üblichen Erhöhungen im Sinne der *Principles*, die in aller Regel von den Aktionären zu billigen sind, implizit eine bestehende Zukaufsmöglichkeit der Altaktionäre entsprechend ihrer Beteiligung voraussetzen, führt ihr Fehlen zum Eingreifen der Richtlinien für unübliche Kapitalerhöhungen. Danach sind die Bedingungen des Bezugsrechtsausschlusses zwischen der Verwaltung und den Aktionären umfassend auszuhandeln, wobei ohne Weiteres Vorkaufsrechte oder bevorrechtigte Zeichnungsperioden vereinbart werden können.

---

46 Siehe Kapitel 8 III.2.b).

2. Strukturmaßnahmen und Beendigung der Gesellschaft

Im Rahmen der Regulierung Auflösung der Gesellschaft besteht kein Bedürfnis für börsengesellschaftsrechtliche Regelungen[47]. Demgegenüber erscheint in allen Konstellationen, die zu einem kalten *Delisting* vormals börsennotierter Gesellschaften führen sowie bei Abspaltungen, bei denen die Aktionäre der übertragenden börsennotierten Gesellschaft nicht börsennotierte Anteile erhalten, ein aus Aktionärssicht möglichst verlässliches und damit kalkulierbares Austrittsrecht der der Strukturmaßnahme widersprechenden Minderheitsaktionäre gegen eine angemessene, dem Wert ihrer Beteiligung vor Bekanntgabe des Strukturvorhabens entsprechende Abfindung geboten[48].

Ein solches Austrittsrecht zum *pre-transaction standard* verhindert, dass die Minderheitsaktionären aus einem kalten *Delisting* (bzw. einem Tausch börsennotierter in nicht börsennotierte Anteile im Rahmen einer Abspaltung) drohenden Nachteile ihre Investitionsbereitschaft senken und einen Risikoabschlag bedingen, was die Funktionsfähigkeit des Kapitalmarkts beeinträchtigte und letztlich die Eigenkapitalfinanzierung verteuerte. Der Wegfall der Veräußerungsmöglichkeit über die Börse durch ein kaltes *Delisting* erschwert den Minderheitsaktionären die Beendigung ihres Investments erheblich, da das Finden eines Käufers mit wesentlich höheren Transaktionskosten verbunden ist. Neben der Bewertung durch den Börsenkurs fallen die mit der Börsennotierung verbundenen Transparenzpflichten der Gesellschaft weg, was Informationsdefizite auf Seiten der Aktionäre verstärkt. Ohne Börsennotierung relativiert sich auch die Kontrolle der Geschäftsleitung durch den Markt für Unternehmenskontrolle wesentlich. Da diese aus Sicht der Minderheitsaktionäre nachteiligen Faktoren mit dem Bekanntwerden des Vorhabens in den Börsenkurs eingepreist werden, hat das *Delisting* erhebliche negative Vermögensfolgen für die Aktionäre, die die Aktionäre auch nicht mehr durch einen Verkauf über die Börse vermeiden können. Ein Austrittsrecht gegen eine Abfindung zum *pre-transaction standard* beseitigt diese adversen Effekte für die dissentierende Minderheit und erhöht so die Investitionsbereitschaft der Anlegerschaft. Als Nebeneffekt schützen Austrittsrechte dabei die Aktionäre in ihrer Gesamtheit, da sie Verwaltungsentscheidungen für aus Sicht einer hinreichenden Minderheit der Aktionäre missliebige Strukturmaßnahmen verteuern. Insofern dienen adäquat gestaltete Austrittsrechte nicht nur dem Minderheitenschutz, sondern auch dem Investorenschutz ex ante, indem sie die Wahrscheinlichkeit wertreduzierender Umstrukturierungen reduzieren.

Dieses Ergebnis wird umso effizienter erzielt, je verlässlicher sich der Schutz der Investoren vor den genannten Enteignungsrisiken aus ihrer Sicht darstellt. Von daher erscheint ein für alle Fälle des kalten *Delistings* (sowie der Abspaltung von börsennotierten auf nicht börsennotierte Gesellschaften) gesetzlich verbindlich vor-

---

47 Siehe Kapitel 9 IV.2.
48 Siehe Kapitel 9 II.2. und III.2.

gegebenes Austrittsrecht (entsprechend der deutschen Rechtslage in ihrer oben erläuterten Auslegung) gegenüber der weniger kalkulierbaren, aber jedenfalls auf die Gewährleistung der Veräußerbarkeit der (eventuell erst durch die Verschmelzung erlangten) Anteile abstellenden Position der *AMF* grundsätzlich vorzugswürdig. Ausgehend hiervon sollte die Abfindungspflicht nach § 29 Abs. 1 Satz 1 AktG entsprechend der Position der *AMF* in den Fällen teleologisch reduziert werden, in denen der zum *Delisting* führenden Strukturmaßnahme unmittelbar eine Börsenzulassung der übernehmenden Gesellschaft folgen soll. Um einen umfassenden Schutz zu gewährleisten, sollte ein solches Austrittsrecht jegliche zu einem *Delisting* führende Verschmelzungen/Spaltungen und Formwechsel erfassen, also (in Deutschland analog § 29 Abs. 1 Satz 1 bzw. § 207 UmwG) auch solche auf nicht börsennotierte Kommanditgesellschaften auf Aktien.

Literaturverzeichnis

Ackermann, Ulrich/Suchan, Stefan Wilhelm, Repricing von Stock Options – aktienrechtliche Zulässigkeit und bilanzielle Behandlung, BB 2002, 1497 ff.

Adams, Michael, Eigentum, Kontrolle und beschränkte Haftung, Baden-Baden 1991 (zitiert: Adams, Eigentum).

Adams, Michael, Die Usurpation von Aktionärsbefugnissen mittels Ringverflechtung in der „Deutschland AG",

AG 1994, 148 ff.

Adams, Michael, Stellungnahme zur Aktienrechtsreform 1997, AG-Sonderheft 1997, 9 ff.

Adams, Michael, Reform des Kostenersatzrechts bei Aktionärsklagen mit Drittwirkung, AG 2000, 396 ff.

Adams, Michael, Ökonomische Theorie des Rechts – Konzepte und Anwendungen, 2002 (zitiert: Adams, Ökonomische Theorie).

Adams, Michael, Aktienoptionspläne und Vorstandsvergütungen, ZIP 2002, 1325 ff.

Adler, Hans/Düring, Walther/Schmaltz, Kurt, Rechnungslegung und Prüfung der Unternehmen, 6. A. Stuttgart 1995 ff.

Adolff, Johannes/Thieves, Johannes, Über den rechten Umgang mit einem entschlusslosen Gesetzgeber: Die aktienrechtliche Lösung des BGH für den Rückzug von der Börse, BB 2003, 797 ff.

AFEP/ANSA/MEDEF, Pour un droit moderne des sociétés, Oktober 2003, abrufbar unter www.medef.fr/medias/upload/55783_FICHIER.pdf.

Akerlof, George, The Market for "Lemons": Quality Uncertainty and the Market Mechanism, 84 QJE (1970), 488 ff.

Albrecht, Peter-Alexis, Kriminologie – Eine Grundlegung zum Strafrecht, 3. A. München 2005.

Alcock, Alistair/Birds, John/Gale, Steve, Companies Act 2006 – The new law, Bristol 2007.

Alcouffe, Alain/Kalweit, Christian, Droits à l'information des actionnaires et actions sociales des associés en France et Allemagne. Considerations de droit comparé en relation avec les directives Américaines, Rev. Intern. Dr. Eco. 2003, 159 ff.

Allen, Franklin/Gale, Douglas, Comparing Financial Systems, Cambridge (Mass.) 2001.

Andenas, Mads/Gütt, Tilmann/Pannier, Matthias, Free Movement of Capital and National Company Law, EBLR 2005, 757 ff.

Anderson, Alison, Conflicts of Interest: Efficiency, Fairness and Corporate Structure, 25 UCLA L. Rev. (1977–1978), 738 ff.

Andrade, Gregor/Mitchell, Mark/Stafford, Eric, New Evidence and Perspectives on Mergers, 15 J. Econ. Per. (2001), 103 ff.

ANSA, L'amélioration des conditions de vote des actionnaires Non-Résidents des sociétés cotées françaises, Januar 2003, www.ansa.asso.fr/site/acv_index_fr.asp (englische Version unter www.ansa.asso.fr/site/acv_index_uk.asp)

Arlt, Marie-Agnes, Französische Aktiengesellschaft – Monistisches und dualistisches System im Spannungsfeld der Corporate Governance, Wien 2006.

Arnold, Arnd, Die Steuerung des Vorstandshandelns – Eine rechtsökonomische Untersuchung der Principal-Agent-Problematik in Publikumskapitalgesellschaften, München 2007 (zitiert: Arnold, Steuerung des Vorstandshandelns).

Arnold, Michael, Die „Generaldebatte" im Vorfeld der eigentlichen Hauptversammlung, AG-Report 2006, 110 ff.

Arnold, Michael, Aus Vorsichtsgründen Record Date (noch) nicht auf Sonnabend, Sonn- oder Feiertage legen, AG-Report 2008, 7 f.

Arsalidou, Demetra, The withdrawal of the Operation and Financial Review in the Companies Bill 2006: progression or regression?, Co. Law. 2007, 131 ff.
Assmann, Heinz-Dieter, Corporate Governance im Schnittfeld von Gesellschaftsrecht und Kapitalmarktrecht, Festschrift für Siegfried Kümpel, Berlin 2003, 1 ff.
Assmann, Heinz-Dieter, „Trojaner (vulgo: Räuberische Aktionäre) ohne Ende?“, AG 2008, 208 ff.
Assmann, Heinz-Dieter/Kirchner, Christian/Schanze, Erich (Hrsg.), Ökonomische Analyse des Rechts, 2. A. Tübingen 1993 (zitiert: Assmann/Kirchner/Schanze). PI 4130 A848 O2
Assmann, Heinz-Dieter/Pötzsch, Thorsten/Schneider, Uwe (Hrsg.), Wertpapiererwerbs- und Übernahmegesetz – Kommentar, Köln 2005 (zitiert als Autor in Assmann/Pötzsch/Schneider).
Assmann, Heinz-Dieter/Schneider, Uwe (Hrsg.), Wertpapierhandelsgesetz-Kommentar, 4. A. Köln 2006 (zitiert: Bearbeiter in Assmann/Schneider).
Assmann, Heinz-Dieter/Schütze (Hrsg.), Handbuch des Kapitalanlagerechts, 2. A. München 1997 (zitiert als Autor in Assmann/Schütze).
Atzler, Elisabeth/Bartz, Tim, Ausländer erobern deutsche Konzerne, Financial Times Deutschland vom 6. Juni 2007, www.ftd.de/unternehmen/:Ausl%E4nder%20Konzerne/209230.html (aufgerufen am 31. Oktober 2007).
Augsberg, Steffen, Verfassungsrechtliche Aspekte einer gesetzlichen Offenlegungspflicht für Vorstandsbezüge, ZRP 2005, 105 ff.
Austmann, Andreas/Mennicke, Petra, Übernahmerechtlicher Squeeze-out und Sell-out, NZG 2004, 846 ff.
Bachmann, Der „Deutsche Corporate Governance Kodex“: Rechtswirkungen und Haftungsrisiken, WM 2002, 2137 ff.
Bagel, Friderike, Der Ausschluss des Bezugsrechts in Europa, Köln u.a. 1999.
Bainbridge, Stephen, Executive Compensation: Who Decides?, 83 Texas L. Rev. (2004–2005), 1615 ff.
Bak, Jacek, Aktienrecht zwischen Markt und Staat – Eine ökonomische Kritik des Prinzips der Satzungsstrenge, Wiesbaden 2003.
Baldamus, Ernst-August, Reform der Kapitalrichtlinie, München 2002.
Barca, Fabrizio/Becht, Marco (Hrsg.), The Control of Corporate Europe, Oxford 2001 (zitiert: Autor in Barca/Becht (Hrsg.), Control of Corporate Europe).
Barclay, Michael/Holderness, Clifford, Private benefits from control of public corporations, 25 J. Fin. Econ. (1989), 371 ff.
Barclay, Michael/Holderness, Clifford, The law and large-block trades, 35 J. L. & Econ. (1992), 265 ff.
Bassen, Alexander/Kleinschmidt, Maik/Prigge, Stefan/Zöllner, Christine, Deutscher Corporate Governance Kodex und Unternehmenserfolg, DBW 2006, 375 ff.
Bauer, Jobst-Hubertus/Arnold, Christian, Abfindungscaps in Vorstandsverträgen – Gute Corporate Governance?, BB 2007, 1793 ff.
Baum, Harald, Funktionale Elemente und Komplementaritäten des britischen Übernahmerechts, RIW 2003, 421 ff.
Baumbach, Adolf (Begr.)/Hopt, Klaus J. (Bearb.), Handelsgesetzbuch, Kommentar, 33. A. München 2008 (zitiert: Bearbeiter in Baumbach/Hopt).
Baums, Theodor, Aktienoptionen für Vorstandsmitglieder, Festschrift für Carsten Peter Claussen, Köln u.a. 1997.
Baums, Theodor, Stellungnahme zur Aktienrechtsreform 1997, AG-Sonderheft 1997, 26 ff.
Baums, Theodor, Empfiehlt sich eine Neuregelung des aktienrechtlichen Anfechtungs- und Organhaftungsrechts, insbesondere der Klagemöglichkeiten von Aktionären? Gutachten F für den 63. Deutschen Juristentag, München 2000.
Baums, Theodor (Hrsg.), Bericht der Regierungskommission Corporate Governance, Köln 2001 (zitiert: Baums (Hrsg.), Bericht Regierungskommission CG).
Baums, Theodor, Editorial: Zur Offenlegung von Vorstandsvergütungen, ZHR 169 (2005), 299 ff.
Baums, Theodor/Cahn, Andreas (Hrsg.), Die Umsetzung der Übernahmerichtlinie in Europa, Berlin 2006 (zitiert: Autor in Baums/Cahn (Hrsg.), Umsetzung der Übernahmerichtlinie).

Baums, Theodor/Drinhausen, Florian, Weitere Reform des Rechts der Anfechtung von Hauptversammlungsbeschlüssen, ZIP 2008, 145 ff.
Baums, Theodor/Fraune, Christian, Institutionelle Anleger und Publikumsgesellschaft: Eine empirische Untersuchung, AG 1995, 97 ff.
Baums, Theodor/Keinath, Astrid/Gajek, Daniel, Fortschritte bei Klagen gegen Hauptversammlungsbeschlüsse? Eine empirische Studie, ZIP 2007, 1629 ff.
Baums, Theodor/v. Randow, Philipp, Der Markt für Stimmrechtsvertreter, AG 1995, 145 ff.
Baums, Theodor/Wymeersch, Eddie (Hrsg.), Shareholder Voting Rights and Practices in Europe and the United States, Den Haag u.a. 1999 (zitiert: Autor in Baums/Wymeersch (Hrsg.), Shareholder Voting Rights).
Bayer, Walter, Kapitalerhöhung mit Bezugsrechtsausschluss und Vermögensschutz der Aktionäre nach § 255 Abs. 2 AktG, ZHR 163 (1999), 505 ff.
Bayer, Walter, Aktuelle Entwicklungen im Europäischen Gesellschaftsrecht, BB 2004, 1 ff.
Bayer, Walter/Habersack, Mathias, Aktienrecht im Wandel – Band II, Tübingen 2007 (zitiert: Autor in Bayer/Habersack (Hrsg.), Aktienrecht im Wandel II).
Bayer, Walter, Empfehlen sich besondere Regelungen für börsennotierte und für geschlossene Gesellschaften?, Gutachten E für den 67. Deutschen Juristentag, München 2008 (zitiert: Bayer, Gutachten zum 67. DJT).
BDA/BDI/DAI/DIHK/GDV, Gemeinsame Stellungnahme zum Vorschlag für eine Richtlinie des Europäischen Parlaments und des Rates über die Ausübung der Stimmrechte durch Aktionäre von Gesellschaften, die ihren eingetragenen Sitz in einem Mitgliedstaat haben und deren Aktien zum Handel auf einem geregelten Markt zugelassen sind, sowie zur Änderung der Richtlinie 2004/109/EG (KOM(2005) 685 endgültig) vom 9. März 2003, www.dai.de/internet/dai/dai-2-0.nsf/dai_publikationen.htm.
Bea, Franz-Xaver/Scheurer, Steffen, Die Kontrollfunktion des Aufsichtsrats, DB 1994, 2145 ff.
Bearle, Adolf/Means, Gardimer, The Modern Corporation and Private Property, New York 1932 (NeuA. 1991).
Bebchuk, Lucian, The Case for Facilitating Competing Tender Offers: A Reply and Extension, 35 Stan. L. Rev. (1982), 23 ff.
Bebchuk, Lucian, The Pressure to Tender: An Analysis and a Proposed Remedy, 12 Del. J. Corp. L. (1987), 911 ff.
Bebchuk, Lucian, Efficient and Inefficient Sales of Corporate Control, 109 QJE (1994), 957 ff.
Bebchuk, Lucian, The Case Against Board Veto in Corporate Takeovers, 69 U. Chi. L. Rev. (2002), 973 ff.
Bebchuk, Lucian/Cohen, Alma/Ferrell, Allen, What Matters in Corporate Governance?, Harvard Law School Working Paper 491, September 2004 (abrufbar unter http://papers.ssrn.com/abstract_id=593423).
Bebchuk, Lucian/Fried, Jesse, Pay Without Performance: The Unfulfilled Promise of Executive Compensation, Cambridge (Mass.), 2004.
Bebchuk, Lucian/Fried, Jesse/Walker, David, Managerial Power and Rent Extraction in the Design of Executive Compensation, 69 U. Chi. L. Rev. (2002), 751 ff.
Becht, Marco/Böhmer, Ekkehart, Voting Control in German Corporations, Int. Rev. L. & Econ. 23 (2003), 1 ff.
Becker, Bernd-Christian, Die institutionelle Stimmrechtsvertretung der Aktionäre in Europa – Vorschläge für europäische Mindeststandards auf der Grundlage einer rechtsvergleichenden Analyse der Stimmrechtsvertretungssysteme in Deutschland, England, Spanien, Frankreich und Italien, Frankfurt/Main 2001 (zitiert: Becker, Institutionelle Stimmrechtsvertretung).
Bedkowski, Dorothea, Die Geschäftsleiterpflichten – eine rechtsvergleichende Abhandlung zum deutschen und englischen Kapitalgesellschaftsrecht, Berlin 2006.
Behnke, Die Stimmrechtsvertretung in Deutschland, Frankreich und England, NZG 2000, 665 ff.
Behrens, Peter, Die ökonomischen Grundlagen des Rechts – Politische Ökonomie als rationale Jurisprudenz, Tübingen 1986 (zitiert: Behrens, Ökonomische Grundlagen des Rechts).

Behrens, Peter, Krisensymptome in der Gesellschaftsrechtsangleichung, Festschrift für Mestmäcker, 1996, 831 ff.

Behrens, Peter, Corporate Governance, Festschrift für Ulrich Drobnig, Tübingen 1998, 491 ff.

Benckendorff, Andreas, Erwerb eigener Aktien im deutschen und US-amerikanischen Recht, Baden-Baden 1998.

Berg, Stefan/Stöcker, Mathias, Anwendungs- und Haftungsfragen zum Deutschen Corporate Governance Kodex, WM 2002, 1569 ff.

Bernhard, Wolfgang, Aufsichtsrat – die schönste Nebensache der Welt? Defizite für eine effiziente Aufsichtsratstätigkeit, ZHR 159 (1995), 310 ff.

v. Bernstorff, Das Unternehmensrecht in Europa, EWS 1998, 397 ff.

BERR, Implementation of Directive 2006/46/EC on Company Reporting – Amending the Accounting Directives, A Consultative Document, März 2007 (abrufbar unter www.berr.gov.uk/files/file38063.pdf).

BERR, Implementation of Directive 2006/46/EC on Company Reporting – Amending the Accounting Directives, Government Response, July 2007 (abrufbar unter www.berr.gov.uk/files/file40523.pdf).

BERR, Implementation of the Directive 2006/43/EC on Statutory Auditors and Consolidated Accounts – Policy Conclusions and Draft Regulations, Juli 2007 (abrufbar unter www.berr.gov.uk/files/file40555.pdf).

Bezzenberger, Gerold, Die Niederschrift über eine beurkundungsfreie Hauptversammlung, Festschrift für Helmut Schippel, München 1996, 361 ff.

Bezzenberger, Gerold, Das Bezugsrecht der Aktionäre und sein Ausschluss, ZIP 2002, 1917 ff.

Bezzenberger, Tilman, Das Kapital der Aktiengesellschaft, Köln 2005 (zitiert: T. Bezzenberger, Kapital der Aktiengesellschaft).

Binz, Mark/Sorg, Martin, Erfolgsabhängige Vergütungen von Vorstandsmitgliedern einer Aktiengesellschaft auf dem Prüfstand, BB 2002, 1273 ff.

Birke, Max, Das Formalziel der Aktiengesellschaft – Eine juristische und ökonomische Analyse der Pflicht der Organe der Aktiengesellschaft zur Berücksichtigung der Interessen von Nichtaktionären, Baden-Baden 2005.

Black, Bernard, Shareholder Passivity Re-examined, 89 Mich. L. Rev. (1990), 520 ff.

Black, Bernard, The Legal and Institutional Preconditions for Strong Securities Markets, UCLA L. Rev. 48 (2001), 781 ff.

Böckli, Peter, Schweizer Aktienrecht – mit Fusionsgesetz, Internationalen Rechnungslegungsgrundsätzen IFRS,

Börsengesellschaftsrecht, Konzernrecht und Corporate Governance, 3. A. Zürich/Basel/Genf 2004.

Boot, Arnoud/Macey, Jonathan, Monitoring Corporate Performance: The Role of Objectivity, Proximity and Adaptability in Corporate Governance, Cornell L. Rev. 89 (2004), 356 ff.

Boston Consulting Group (BCG), Entflechtung der Deutschland-AG, M&A-Review 2006, 1 ff., www.bcg.com/publications/files/EntflechtungDeutschlandAG.pdf (abgerufen am 1. November 2007)

Bouère, Jean-Pierre, P-DG ou président et directeur général?, Bull. Joly 2001, 695 ff.

Brand, Oliver, Grundfragen der Rechtsvergleichung, JuS 2003, 1082 ff.

Brändle, Udo/Noll, Jürgen, The Power of Monitoring, 5 German L. J. (2004), 1349 ff.

Brenner, Menachem/Sundaram, Rangarajan/Yermack, David, Altering the Terms of Executive Stock Options, 57 J. Fin. Econ. (2000), 108 ff.

Brown, Peter, The Effectiveness of UK Independent Directors, 5 Corp. Gov. (1997), 232 ff.

Bruni, Gian, The New Consolidated Act on Companies Listed on the Italian Stock Exchange, (1998) BJIB&FL, 416 ff.

Bundesministerium der Justiz (BMJ), Bericht über die Entwicklung der Stimmrechtsausübung in börsennotierten Aktiengesellschaften in Deutschland seit Inkrafttreten des Namensaktiengesetzes, NZG 2004, 948 ff.

Bungert, Hartwin/Eckert, Jan, Unternehmensbewertung nach Börsenwert – Zivilgerichtliche Umsetzung der BVerfG-Rechtsprechung, BB 2000, 1845 ff.

Bunke, Caspar, Fragen der Vollmachtserteilung zur Stimmrechtsausübung nach §§ 134, 135 AktG, AG 2002, 57 ff.
Bureau, Dominique, La loi aux nouvelles régulations économique – Aspects de droit des sociétés, Bull. Joly 2001, 553 ff.
Buse, Michael, Reform des italienischen Gesellschaftsrechts, RIW 2002, 676 ff.
Butters, Beate, Genehmigte Kapitalerhöhung im romanischen Rechtskreis, ZBB 2001, 44 ff.
Buxbaum, Richard, The Internal Division of Powers in Corporate Governance, 73 Calif. L. Rev. (1985), 1671 ff.
Cahn, Andreas, Pflichten des Vorstandes beim genehmigten Kapital mit Bezugsrechtsausschluß, ZHR 163 (1999), 554 ff.
Cahn, Andreas, Ansprüche und Klagemöglichkeiten der Aktionäre wegen Pflichtverletzungen der Verwaltung beim genehmigten Kapital, ZHR 164 (2000), 113 ff.
Calabresi, Guido, The Pointlessness of Pareto – Carrying Coase further, 100 Yale L.J. (1990–1991), 1211 ff.
Calendini, Jean-Michel, Les comités de direction, Bull. Joly 1992, 851 ff.
CCIP, Pour une Réforme du Droit de la Société Anonyme Non Cotée, Bericht der Commission juridique der CCIP, 23. Oktober 2003, abrufbar unter www.etudes.ccip.fr/archrap/pdf03/cou0310.pdf (zitiert: CCIP, Bericht des Rechtsausschusses).
Chadefaux, Martial, Les fusions de sociétés – regime juridique et fiscal, 4. A. Paris 2003.
Cheffins, Brian, Company Law: Theory, Structure and Operation, Oxford 1997.
Claussen, Carsten, Die vier aktienrechtlichen Änderungsgesetze des 12. Deutschen Bundestages – Reform oder Aktionismus?, AG 1995, 163 ff.
Claussen, Carsten, Das Gesetz über die kleine Aktiengesellschaft – und die ersten praktischen Erfahrungen, WM 1996, 609 ff.
Claussen, Carsten, Aktienrechtsreform 1997, AG 1996, 481 ff.
Claussen, Carsten, Wie ändert das KonTraG das Aktiengesetz?, DB 1998, 177 ff.
Claussen, Carsten, Bank- und Börsenrecht, 3. A. München 2003.
Coase, Ronald, The Nature of the Firm, 4 Economica 386 (1937).
Coase, Ronald, The Problem of Social Cost, 3 J. L. & Econ., 1960, 1 ff. (Wiederabdruck bei Coase, Ronald, The Firm, the Market, and the Law, Chicago u.a. 1988, 33 ff.; deutsche Übersetzung bei Assmann/Kirchner/Schanze, 129 ff.).
Coffee, John, Market Failure and the Economic Case for a Mandatory Disclosure System, 70 Va. L. Rev. (1984), 717 ff.
Coffee, John, Regulating the Market for Corporate Control: A Critical Assessment of the Tender Offer's Role in Corporate Governance, 84 Col. L. Rev. (1984), 1145 ff.
Coffee, John, The Mandatory/Enabling Balance in Corporate Law: an Essay on the Judicial Role, Colum. L. Rev. 89 (1989), 1618 ff.
Coffee, John, The Rise of Dispersed Ownership: The Roles of Law and the State in the Separation of Ownership and Control, 111 Yale L.J. (2001–2002), 1 ff.
Coffee, John, Racing towards the Top? The Impact of Cross-Listings and Stock Market Competition on International Corporate Governance, 102 Colum. L. Rev. (2002), 1757 ff.
Commission des Opérations de Bourse, Gouvernement d'entreprise, évolutions récentes en France et à l'étranger, Bull. COB, September 1999, 1 ff.
Commission des Opérations de Bourse, Vademecum des obligations des dirigeants des sociétés cotées; JCP éd. E 2002, 1997 n° 1800.
Coates, John, "Fair Value" as an Avoidable Rule of Corporate Law: Minority Discounts in Conflict Transactions, 147 U. Penn. L. Rev. (1999), 1251 ff.
Conac, Pierre-Henri, The New French Preferred Shares: Moving Towards a More Liberal Approach, ECFR 2005, 487 ff.
Conac, Pierre-Henri, La distinction des sociétés cotées et non cotées, Rev. sociétés 2005, 67 ff.
Cooter, Robert/Freedman, Bradley, The Fiduciary Relationship: Its Economic Character and Legal Consequences, 66 NYU L. Rev. (1991), 1045 ff.
Cooter, Robert/Ulen, Tomas, Law and Economics, 4. A. Boston 2004.

Couret, Alain, Le nouveau droit des sociétés, D. 2001, 2027 ff.
Cozian, Maurice/Viandier, Alain/Deboissy, Florence, Droit des Sociétés, 19. A. Paris 2006.
Daille-Duclos, Le devoir de loyauté du dirigeant, JCP éd. E 1998, 1486 ff.
Dauner-Lieb, Barbara, Aktuelle Vorschläge zur Präsenzsteigerung in der Hauptversammlung, WM 2007, 9 ff.
DAV, Referentenentwurf zur Änderung des Aktiengesetzes (KonTraG) – Stellungnahme des DAV, ZIP 1997, 163 ff.
DAV-Handelsrechtsausschuss, Stellungnahme des Handelsrechtsausschusses des Deutschen Anwaltsvereins e.V. zur Ergänzung des AktG durch einen Titel „Aktienerwerb durch den Hauptaktionär", NZG 1999, 850 ff.
DAV-Handelsrechtsausschuss, Stellungnahme des Deutschen Anwaltsvereins zum Referentenentwurf eines Transparenz- und Publizitätsgesetzes, NZG 2002, 115 ff.
DAV-Handelsrechtsausschuss, Stellungnahme zum Aktionsplan der EU-Kommission zur Modernisierung des Gesellschaftsrechts und Verbesserung der Corporate Governance in der Europäischen Union, NZG 2003, 1008 ff.
DAV-Handelsrechtsausschuss, Stellungnahme zum Referentenentwurf eines Gesetzes zur Unternehmensintegrität und Modernisierung des Anfechtungsrechts (UMAG), NZG 2004, 555 ff.
DAV-Handelsrechtsausschuss, Stellungnahme zum Regierungsentwurf eines Gesetzes zur Unternehmensintegrität und Modernisierung des Anfechtungsrechts (UMAG), NZG 2005, 388 ff.
DAV-Handelsrechtsausschuss, Stellungnahme zum Diskussionsentwurf eines Gesetzes zur Umsetzung der Übernahmerichtlinie NZG 2006, 177 ff.
Davies, Paul, Legal capital in private companies in Great Britain, AG 1998, 34 ff.
Davies, Paul, Struktur der Unternehmensführung in Großbritannien und Deutschland: Konvergenz oder fortbestehende Divergenz?, ZGR 2001, 268 ff.
Davies, Paul, Introduction to company law, Oxford 2002 (zitiert: Davies, Introduction).
Davies, Paul, Gower's and Davies' Principles of Modern Company Law, 7. A. London 2003 (zitiert: Davies, Gower's Company Law).
Davies, Stephen/Briggs, Nicholas/Impey, David/Evans, Bethan/Ellis, Tom, Modern Law of Meetings, London 2005.
Deckert, Martina, Effektive Überwachung der AG-Geschäftsführung durch Ausschüsse des Aufsichtsrates, ZIP 1996, 985 ff.
de Ganay d'Indy, Christel/Engel, Laure, Les comités d'audit, Bull. Joly 2003, 723 ff.
Deilmann, Barbara, Aktienrechtlicher vs. übernahmerechtlicher Squeeze-out, NZG 2007, 721 ff.
Deilmann, Barbara/Lorenz, Manuel (Hrsg.), Die börsennotierte Aktiengesellschaft, München 2005 (zitiert: Bearbeiter in Deilmann/Lorenz (Hrsg.), Börsennotierte AG).
de Juglart, Michel/Ippolito, Benjamin, Les sociétés commerciales, Cours de droit commerciale, 2. Band, 10. A. Paris 1999.
Delga, Jacques, L'administrateur indépendant n'existe pas: Dangers – une référence inappropriée au système anglo-saxon, D. 2002, 2858
Deutscher Juristentag, Ständige Deputation (Hrsg), Verhandlungen des sechsundsechzigsten Deutschen Juristentages, Stuttgart 2006 (zitiert: Bearbeiter in Verhandlungen des 66. DJT).
Deutscher Sparkassen- und Giroverband (DSGV), Positionspapier zur Deregulierung des Depotstimmrechts vom Februar 2006, http://presse.dsgv.de/owx_medien/media14/1454.pdf.
Deutsches Aktieninstitut, DAI-Factbook 2001 – Statistiken, Analysen und Graphiken zu Aktionären, Aktiengesellschaften und Börsen, 2001 (zitiert: DAI-Factbook 2001).
Deutsches Aktieninstitut, DAI-Factbook 2003 – Statistiken, Analysen und Graphiken zu Aktionären, Aktiengesellschaften und Börsen, 2003 (zitiert: DAI-Factbook 2003).
Deutsches Aktieninstitut, DAI Factbook, regelmäßig aktualisierte Fassung, abrufbar unter www.dai.de/internet/dai/dai-2-0.nsf/dai_statistiken.htm (zitiert: DAI-Factbook).
Deutsches Aktieninstitut, Aufsichtsratsvergütung bei deutschen börsennotierten Unternehmen, Januar 2003, abrufbar unter www.dai.de/internet/dai/dai-2-0.nsf/LookupDL/EEAA8144AE5A4D8CC125711C0046B4D8/$File/Studie_20.pdf.
de Vauplane, Hubert/Bornet, Jean-Pierre, Droit des Marchés Financiers, 3. A. Paris 2001.

de Vries, Kolja, Delisting – Kapitalmarktrecht, Gesellschaftsrecht, Umwandlungsrecht, Köln 2002.
Didier, Paul, Le droit commerciale, 2. A. Paris 2001.
Didier, Paul, Droit commerciale – Tomé 2, L'entreprise en société, les groupes de sociétés, 3. A. Paris 1999 (zitiert: Entreprise en société).
Diekmann, Hans, Änderungen im Wertpapiererwerbs- und Übernahmegesetz anlässlich der Umsetzung der EU-Übernahmerichtlinie in das deutsche Recht, NJW 2007, 17 ff.
Dietrich, Christian, Der neue § 111 Abs. 4 S. 2 AktG. Zustimmungsvorbehaltspflicht auch für unternehmerisches Unterlassen?, DStR 2003, 1577 ff.
Dine, Janet/Koutsias, Marios, Company Law, 6. A. Basingstoke 2007.
Dom, Jean-Philippe, La protection des minoritaires, Rev. sociétés 2001, 533 ff.
Doralt, Peter, Die „Private" Aktiengesellschaft in Österreich – eine Skizze, AG 1995, 538 ff.
Dorresteijn, Adriaan/Kuiper, Ina/Morse, Geoffrey, European Corporate Law, Deventer/Boston 1994.
Dörrwächter, Jan/Trafkowski, Armin, Anmerkungen zum Abfindungscap in Nummer 4.2.3 n.F. des Deutschen Corporate Governance Kodex, NZG 2007, 846 ff.
Drinhausen, Florian, Regierungsentwurf eines Zweiten Gesetzes zur Änderung des Umwandlungsgesetzes – ein Gewinn für die Praxis, BB 2006, 2313 ff.
Drinhausen, Florian/Keinath, Astrid, Referentenentwurf eines Gesetzes zur Umsetzung der Aktionärsrichtlinie (ARUG) – Ein Beitrag zur Modernisierung der Hauptversammlung, BB 2008, 1238 ff.
Drinhausen, Florian/Keinath, Astrid, Regierungsentwurf eines Gesetzes zur Umsetzung der Aktionärsrechterichtlinie (ARUG) – Überblick über die Änderungen gegenüber dem Referentenentwurf, BB 2009, 64 ff.
Drinkuth, Henrik, Die Kapitalrichtlinie – Mindest- oder Höchstnorm?, Köln 1998.
Drobetz, Wolfgang/Schillhofer, Andreas/Zimmermann, Heinz, Ein Corporate Governance-Rating für deutsche Publikumsgesellschaften, ZfB 2004, 5 ff.
Drygala, Tim, Die Vorschläge der SLIM-Arbeitsgruppe zur Vereinfachung des Europäischen Gesellschaftsrechts, AG 2001, 291 ff.
Drygala, Tim, Directors' Liability in the Member States of the EU, ECFR 2006 (Special Volume 1), 233 ff.
du Plessis, Jean Jacques/Sandrock, Otto, The Rise and Fall of Supervisory Codetermination in Germany, (2005) 16 I.C.C.L.R., 67 ff.
Easterbrook, Frank/Fischel, Daniel, The Proper Role of a Target's Management in Responding to a Tender Offer, 94 Harvard L. Rev. (1981), 1161 ff.
Easterbrook, Frank/Fischel, Daniel, Auctions and Sunk Costs in Tender Offers, 35 Stan. L. Rev. (1982), 1 ff.
Easterbrook, Frank/Fischel, Daniel, Mandatory Disclosure and the Protection of Investors, Va. L. Rev. 70 (1984), 669 ff.
Easterbrook, Frank/Fischel, Daniel, Limited Liability and the Corporation, U. Chi. L. Rev. 52 (1985), 89 ff.
Easterbrook, Frank/Fischel, Daniel, The Corporate Contract, 89 Colum. L. Rev. (1989), 1433 ff.
Easterbrook, Frank/Fischel, Daniel, The Economic Structure of Corporate Law, 2. A. Cambridge (Mass.)/London 1996 (zitiert: Economic Structure of Corporate Law).
Ebert, Sabine, Die jüngsten Reformüberlegungen im englischen Gesellschaftsrecht vor dem Hintergrund der Europäisierung des Gesellschaftsrechts, NotBZ 2006, 81 ff.
Éditions Francis Lefebvre, La pratique des restructurations, Paris 2001 (zitiert: Éditions Lefebvre, Restructurations).
Edwards, Vanessa, EC Company Law, Oxford 2003.
Eggert, Christian, Aktienoptionen für Führungskräfte – Ein Vergleich zwischen dem U.S.-amerikanischen und dem deutschen Recht, Baden-Baden 2004 (zitiert als C. Eggert).
Eggert, Stefan, Aktionärsrechte bei der nationalen Verschmelzung und Spaltung – Eine rechtsvergleichende Untersuchung des deutschen, französischen, belgischen und britischen Rechts, Frankfurt/Main u.a. 2008 (zitiert als S. Eggert).

Eidenmüller, Horst, Kapitalgesellschaftsrecht im Lichte der ökonomischen Theorie, JZ 2001, 1041 ff.
Eidenmüller, Horst, Effizienz als Rechtsprinzip – Möglichkeiten und Grenzen der ökonomischen Analyse des Rechts, 3. A. Tübingen, 2005 (zitiert: Eidenmüller, Effizienz als Rechtsprinzip).
Eidenmüller, Horst/Grunewald, Barbara/Noack, Ulrich, Das Mindestkapital im System des festen Kapitals, ZGR-Sonderheft 17 (2006), 17 ff.
Einsele, Dorothee, Wertpapierrecht als Schuldrecht, Tübingen 1995.
Einsele, Dorothee, Verdeckte Sacheinlage, Grundsatz der Kapitalaufbringung und Kapitalerhaltung, NJW 1996, 2681 ff.
Eisenhardt, Ulrich, Gesellschaftsrecht, 13. A. München 2007.b
Ekkenga, Jens/Bayer, Walter, Festes Kapital im Aktienrecht und seine Bedeutung für den Minderheiten- und Anlegerschutz, ZGR-Sonderheft 17 (2006), 342 ff.
Elston, Julie Ann/Goldberg, Lawrence, Executive Compensation and Agency Costs in Germany, 27 J. Bank. & Fin. (2003), 1391 ff.
Emmerich, Volker/Habersack, Mathias, Aktien- und GmbH-Konzernrecht, 4. A. München 2005.
Engert, Andreas, Hedgefonds als aktivistische Aktionäre, ZIP 2006, 2105 ff.
Enriques, Luca, The Law on Company Directors' Self-Dealing: A Comparative Analysis, 2 Int. & Comp. Corp. L. J. (2000), 297 ff.
Enriques, Luca/Macey, Jonathan, Creditors versus Capital Formation: The Case against the European Capital Rules, 86 Cornell L. Rev. (2001), 1165 ff.
Erhardt, Olaf/Nowak, Eric, Private Kontrollrenten in deutschen Familienunternehmen, DBW 2003, 363 ff.
Erlei, Mathias/Leschke, Martin/Sauerland, Dirk, Neue Institutionenökonomik, Stuttgart 1999.
Escher-Weingart, Christina, Corporate Governance-Strukturen – Ein deutsch-U.S.-amerikanischer Rechtsvergleich, ZVglRWiss 99 (2000), 387 ff.
Escher-Weingart, Christina, Reform durch Deregulierung im Kapitalgesellschaftsrecht – eine Analyse der Reformmöglichkeiten unter besonderer Berücksichtigung des Gläubiger- und Anlegerschutzes, Tübingen 2001 (zitiert: Reform durch Deregulierung).
Escher-Weingart, Christina/Kübler, Friedrich, Erwerb eigener Aktien. Deutsche Reformbedürfnisse und europäische Fesseln? ZHR 162 (1998), 537 ff.
Esen, Rita, Internal Control within the Legal Structure of UK and German Companies – Prospects for Change, JCLS 2001, 91 ff.
Ettinger, Jochen/Grützediek, Elke, Haftungsrisiken im Zusammenhang mit der Abgabe der Corporate Governance Entsprechenserklärung gemäß § 161 AktG, AG 2003, 353 ff.
EU-Handbuch Gesellschaftsrecht, herausgegeben von Gerhard Hohloch, Loseblatt ab 1997 (zitiert: EU-Handbuch GR/Bearbeiter).
Fama, Eugene, Efficient capital markets: A review of theory and empirical work, 25 J. Fin. (1970), 383 ff.
Fanto, James, The Role of Corporate Law in French Corporate Governance, 31 Cornell Int'l L. J. (1998), 31 ff.
Farrar, John/Hannigan, Brenda, Farrar's Company Law, 4. A. London 1998.
Feddersen, Dieter, Neue gesetzliche Anforderungen an den Aufsichtsrat, AG 2000, 385 ff.
Feddersen, Dieter/Pohl, Marcus, Die Praxis der Mitarbeiterbeteiligung seit Einführung des KonTraG, AG 2001, 26 ff.
Ferran, Eílis, Corporate Law, Codes and Social Norms – Finding the Right Regulatory Combination and Institutional Structure, 1 JCLS (2001), 381 ff.
Ferran, Eilís, Company Law Reform in the United Kingdom: A Progress Report, RabelsZ 69 (2005), 629 ff.
Ferran, Eilís, The Place for Creditor Protection on the Agenda for Modernisation of Company Law in the European Union, ECFR 2006, 178 ff.
Ferrarini, Guido/Hopt, Klaus J./Winter, Jaap/Wymeersch, Eddie (Hrsg.), Reforming Company and Takeover Law in Europe, Oxford 2004 (zitiert: Autor in Ferrarini u.a. (Hrsg.), Reforming Company and Takeover Law).

Ferrarini, Guido/Guidici, Paolo/Stella Richter, Mario, Company Reform in Italy – Real Progress?, RabelsZ 69 (2005), 658 ff.
Fischel, Daniel, The Appraisal Remedy in Corporate Law, Am.B.Found.Res.J. 1983, 875 ff.
Fischer-Zernin, Cornelius, Der Rechtsangleichungserfolg der Ersten Gesellschaftsrechtlichen Richtlinie der EWG, Tübingen 1986.
Flannigan, Robert, Fiduciary duties of shareholders and directors, (2004) JBL 277 ff.
Fleischer, Holger, Außenhaftung der Geschäftsleiter im französischen Gesellschaftsrecht. Zugleich eine rechtsvergleichende Bestandsaufnahme zu einer Grundfrage des gemeineuropäischen Gesellschaftsrechts, RIW 1999, 576 ff.
Fleischer, Holger, Informationsasymmetrie im Vertragsrecht – eine rechtsvergleichende und interdisziplinäre Abhandlung zu Reichweite und Grenzen vertragsschlussbezogener Aufklärungspflichten, München 2001 (zitiert: Fleischer, Informationsasymmetrie).
Fleischer, Holger, Aktienrechtliche Sonderprüfung und Corporate Governance, RIW 2000, 809 ff.
Fleischer, Holger, Grundfragen der ökonomischen Theorie im Gesellschafts- und Kapitalmarktrecht, ZGR 2001, 1 ff.
Fleischer, Holger, Börseneinführung von Tochtergesellschaften, ZHR 165 (2001), 513 ff.
Fleischer, Holger, Der Financial Services and Markets Act 2000: Neues Börsen- und Kapitalmarktrecht für das Vereinigte Königreich, RIW 2001, 817 ff.
Fleischer, Holger, Die „Business Judgment Rule“ im Spiegel von Rechtsvergleichung und Rechtsökonomie, Festschrift für Herbert Wiedemann, München 2002, 827 ff.
Fleischer, Holger, Das neue Recht des Squeeze-out, ZGR 2002, 757 ff.
Fleischer, Holger, Vorstandsverantwortlichkeit und Fehlverhalten von Unternehmensangehörigen – Von der Einzelüberwachung zur Errichtung einer Compliance-Organisation, AG 2003, 291 ff.
Fleischer, Holger, Zur organschaftlichen Treuepflicht der Geschäftsleiter im Aktien- und GmbH-Recht, WM 2003, 1045 ff.
Fleischer, Holger, Gesetz und Vertrag als alternative Problemlösungsmodelle im Gesellschaftsrecht – Prolegomena zu einer Theorie gesellschaftsrechtlicher Regelsetzung, ZHR 168 (2004), 673 ff.
Fleischer, Holger, Der Einfluss der Societas Europaea auf die Dogmatik des deutschen Gesellschaftsrechts, AcP 204 (2004), 502 ff.
Fleischer, Holger, Das aktuelle Stichwort: „Business Judgement Rule“, AR 2004, 16 f.
Fleischer, Holger, Bestellungshindernisse und Tätigkeitsverbote von Geschäftsleitern im Aktien-, Bank- und Kapitalmarktrecht, WM 2004, 157 ff.
Fleischer, Holger, Aktienrechtliche Zweifelsfragen der Kreditgewährung an Vorstandsmitglieder, WM 2004, 1057 ff.
Fleischer, Holger, Das Vorstandsvergütungs-Offenlegungsgesetz, DB 2005, 1611 ff.
Fleischer, Holger, Zur Kompetenzverteilung zwischen Verwaltung und Hauptversammlung im englischen und deutschen Aktienrecht, Festschrift für Heldrich, 2005, S. 597 ff.
Fleischer, Holger, Das Gesetz zur Unternehmensintegrität und Modernisierung des Anfechtungsrechts, NJW 2005, 3525 ff.
Fleischer, Holger, Reichweite und Grenzen der unbeschränkten Organvertretungsmacht im Kapitalgesellschaftsrecht, NZG 2005, 529 ff.
Fleischer, Holger, Haftungsfreistellung, Prozesskostenersatz und Versicherung für Vorstandsmitglieder – eine rechtsvergleichende Bestandsaufnahme zur Enthaftung des Managements, WM 2005, 909 ff.
Fleischer, Holger, Aktienrechtliche Legalitätspflicht und „nützliche“ Pflichtverletzungen von Vorstandsmitgliedern, ZIP 2005, 141 ff.
Fleischer, Holger (Hrsg.), Handbuch des Vorstandsrechts, München 2006 (zitiert: Autor in Fleischer (Hrsg.), Handbuch Vorstandsrecht).
Fleischer, Holger, Das Aktiengesetz von 1965 und das neue Kapitalmarktrecht, ZIP 2006, 451 ff.
Fleischer, Holger, Bestellungsdauer und Widerruf der Bestellung von Vorstandsmitgliedern im in- und ausländischen Aktienrecht, AG 2006, 429 ff.

Fleischer, Holger, Anhörungsrecht bei der Abberufung von Geschäftsleitern im US-amerikanischen, englischen, französischen und schweizerischen Aktienrecht: Ein Vorbild für Deutschland?, RIW 2006, 481 ff.

Fleischer, Holger, Verdeckte Gewinnausschüttung und Kapitalschutz im Europäischen Gesellschaftsrecht, ZGR-Sonderheft 17 (2006), 114 ff.

Fleischer, Holger/Kalss, Susanne, Das neue Wertpapiererwerbs- und Übernahmegesetz, München 2002.

Fleischhauer, Jens, Hauptversammlung und neue Medien. Gesetzesvorschlag der Bundesnotarkammer zur Öffnung der Hauptversammlung der Aktiengesellschaft für den Einsatz neuer Medien, ZIP 2001, 1433 ff.

Forum Europaeum Corporate Law Group, Corporate Group Law for Europe, 1 EBOR (2000), 165 ff.

Foy, Régis/de Fréminet, Patrick, Loi pour le développement de la participation et de l'actionnariat salarié du 30 décembre 2006 – Principales dispositions intéressant le droit des societies et la fiscalité de l'actionnariat salarié, Rev. sociétés 2007, 1 ff.

François, Fabrice/Maigret, Isabelle/Marlange, Ambroise, Dirigeant de société – Statut juridique, social & fiscal, Paris 2003.

Frank, Susanne/Wachter, Thomas, Neuere Entwicklungen im französischen GmbH-Recht, RIW 2002, 11 ff.

Freitag, Robert, „Financial Assistance" durch die Aktiengesellschaft nach der Reform der Kapitalrichtlinie – (k)ein Freifahrtschein für LBOs?, AG 2007, 157 ff.

Freshfields Bruckhaus Deringer, Implementing the Takeover Directive in the EU – What does it mean in the member states?, July 2006, abrufbar unter www.freshfields.com/publications/pdfs/2006/TakeoverDirective.pdf.

Freshfields Bruckhaus Deringer, Public Takeovers in France, abrufbar unter www.freshfields.com/publications/pdfs/ 2007/jun18/18999.pdf.

Frey, Bruno, Ökonomie ist Sozialwissenschaft – die Anwendung der Ökonomie auf neue Gebiete, München 1990.

Fried, Jesse, Insider Signalling and Insider Trading with Repurchase Tender Offers, 67 U. Chi. L. Rev. (2000), 421 ff.

Friederichsen, Sönke, Aktienoptionsprogramme für Führungskräfte, Köln u.a. 2000.

Friedman, Milton, Capitalism and Freedom, Jubiläumsausgabe zum 40. Jahrestag der Veröffentlichung, Chicago 2002 (Erstausgabe Chicago 1962).

Fritsch, Michael/Wein, Thomas/Ewers, Hans-Jürgen, Marktversagen und Wirtschaftspolitik – mikroökonomische Grundlagen staatlichen Handelns, 6. A. München 2005.

FSA, Implementation of the 8th Company Law Directive – Consultation Paper, December 2007 (abrufbar unter www.fsa.gov.uk/pubs/cp/cp07_24.pdf).

Fuchs, Andreas, Grenzen für eine aktienkursorientierte Vergütung von Aufsichtsratsmitgliedern, WM 2004, 2233 ff.

Fuchs, Markus/Stibi, Bernd, Reform des Gläubigerschutzes durch Kapitalerhaltung? Problembereiche eines Systemwandels der Ausschüttungsbemessung, BB 2007, 93 ff.

Funke, Sabine, Minderheitenschutz im Aktienrecht beim „kalten" Delisting, Berlin 2005.

Furubotn, Eirik/Richter, Rudolf (Hrsg.), The New Institutional Economics – A Collection of Articles from the Journal of Institutional and Theoretical Economics, Tübingen 1991.

Furubotn, Eirik/Pejovich, Svetozar, The Economics of Property Rights, 1974.

Garrido García, José, Company Law and Capital Markets Law, 69 (2005) RabelsZ, 761 ff.

Generaldirektion Binnenmarkt der EU-Kommission, Results of the external study on the feasibility of an alternative to the Capital Maintenance Regime of the Second Company Law Directive and the impact of the adoption of IFRS on profit distribution, http://ec.europa.eu/internal_market/company/docs/ capital/feasbility/marktposition_en.pdf, Brüssel 1. Februar 2008 (zitiert: Generaldirektion Binnenmarkt der EU-Kommission, Results of the external study).

Gesellschaftsrechtliche Vereinigung (Hrsg.), Gesellschaftsrecht in der Diskussion 1999, Köln 2000 (zitiert: Autor in VGR (Hrsg.), Gesellschaftsrecht in der Diskussion 1999).

Gesellschaftsrechtliche Vereinigung (Hrsg.), Gesellschaftsrecht in der Diskussion 2000, Köln 2001(zitiert: Autor in VGR (Hrsg.), Gesellschaftsrecht in der Diskussion 2000).
Gesellschaftsrechtliche Vereinigung (Hrsg.), Gesellschaftsrecht in der Diskussion 2004, Köln 2005 (zitiert: Autor in VGR (Hrsg.), Gesellschaftsrecht in der Diskussion 2004).
Gesellschaftsrechtliche Vereinigung (Hrsg.), Gesellschaftsrecht in der Diskussion 2005, Köln 2006 (zitiert: Autor in VGR (Hrsg.), Gesellschaftsrecht in der Diskussion 2005)
Geßler, Ernst/Hefermehl, Wolfgang/Eckardt, Ulrich/Kropff, Bruno, Aktiengesetz, Kommentar, München 1973 ff. (2. A.: Münchner Kommentar), (zitiert: Bearbeiter in Geßler/Hefermehl).
Gilson, Ronald, Seeking Competitive Bids Versus Pure Passivity in Tender Offer Defense, 35 Stan. L. Rev. (1982), 51 ff.
Gilson, Ronald/Kraakman, Reinier, The Mechanisms of Market Efficiency, 70 Va. L. Rev. (1984), 549 ff.
Godon, Laurent, La protection des actionnaires minoritaires dans la loi relative aux nouvelles régulations économiques, Bull. Joly 2001, 728 ff.
Gomes, Armando, Going Public Without Governance: Managerial Reputation Effects, 55 J. Finance (2000), 615 ff.
Gompers, Paul/Ishii, Joy/Metrick, Andrew, Corporate Governance and Equity Prices, 118 QJE (2003), 107 ff.
Gordon, Jeffrey/Kornhauser, Lewis, Efficient Markets, Costly Information and Security Research, 60 NYU L. Rev. (1985), 761 ff.
Gorton, Gary/Schmid, Frank, Universal Banking and the Performance of German Firms, 58 J. Fin. Econ. (2000), 29 ff.
Gorton, Gary/Schmid, Frank, Capital, Labor and the Firm: A Study of German Codetermination, (2004) 2 J.E.E.A., 863 ff.
Götz, Heinrich, Rechte und Pflichten des Aufsichtsrats nach dem Transparenz- und Publizitätsgesetz, NZG 2002, 599 ff.
Grier, Nicholas, Company Law, 2. A. Edinburgh 2005.
Grier, Nicholas, The challenges ahead for Company Law, SLTA 2005 (35), 193 ff.
Gronstedt, Dagmar, Zentrale Börsenaufsicht und Insiderrecht – Erfahrungen mit der französischen Börsenkommission, München 1995.
Groß, Wolfgang, Rechtsprobleme des Delisting, ZHR 165 (2001), 141 ff.
Groß, Wolfgang, Kapitalmarktrecht, 3. A. München 2006.
Großerichter, Helge/Rageade, Jean-Philippe, Französische Gesetzgebung und Rechtsprechung zum Handels- und Wirtschaftsrecht im Jahr 2000, RIW 2001, 771 ff.
Großfeld, Bernhard, Neue Rechtsvergleichung, Festschrift für Dieter Henrich, Bielefeld 2000, 211 ff.
Großfeld, Bernhard, Sinn und Methode der Rechtsvergleichung, FS für Otto Sandrock, Heidelberg 2000, 331 ff.
Großkommentar zum Aktiengesetz, herausgegeben von Klaus J. Hopt und Herbert Wiedemann, 4. A. Berlin 1993–2007 (zitiert: GK/Bearbeiter).
Großkommentar zum Aktiengesetz, Erster Band (§§ 1–75), Gadow u.a. (Begr.), 3. A. 1973 (zitiert: GK (3.A. 1973)/Bearbeiter).
Grossman, Sanford, On the Efficiency of Competitive Stock Markets When Traders Have Diverse Information, (1976) 31 J. Finance, 573 ff.
Grossman, Sanford/Hart, Oliver, Disclosure Laws and Takeover Bids, 35 J. Fin. (1980), 323 ff.
Grossman, Sanford/Hart, Oliver, The Costs and Benefits of Ownership: A Theory of Vertical and Lateral Integration, 94 J. Pol. Econ. (1986), 691 ff.
Grossman, Sanford/Hart, Oliver, One Share-One Vote and the Market for Corporate Control, 20 J. Fin. Econ. (1988), 175 ff.
Grundmann, Stefan, Systembildung und Systemlücken in Kerngebieten des europäischen Privatrechts, Tübingen 2000 (zitiert: als Autor in Grundmann, Systembildung).
Grundmann, Stefan, Information und ihre Grenzen im Europäischen und neuen englischen Gesellschaftsrecht, Festschrift für Lutter, 2000, S. 61 ff.

Grundmann, Stefan, Wettbewerb der Regelgeber im europäischen Gesellschaftsrecht – jedes Marktsegment hat seine Struktur, ZGR 2001, 783 ff.
Grundmann, Stefan, Die Struktur des Europäischen Gesellschaftsrechts von der Krise zum Boom, ZIP 2004, 2401 ff.
Grundmann, Stefan, Europäisches Gesellschaftsrecht, Heidelberg 2004 (zitiert: Grundmann, Europ. GR).
Grundmann, Stefan, European Company Law, Antwerpen/Oxford 2007.
Grundmann, Stefan, Das neue Depotstimmrecht nach der Fassung im Regierungsentwurf zum ARUG, BKR 2009, 31 ff.
Grundmann, Stefan/Möslein, Florian, Die Goldene Aktie – Staatskontrollrechte in Europarecht und wirtschaftspolitischer Bewertung, ZGR 2003, 317 ff.
Grundmann, Stefan/Möslein, Florian, Die Goldene Aktie und der Markt für Unternehmenskontrolle im Rechtsvergleich – insbesondere Staatskontrollrechte, Höchst- und Mehrfachstimmrechte sowie Übernahmeabwehrmaßnahmen, ZVglRWiss 102 (2003), 289 ff.
Grundmann, Stefan/Mülbert, Peter, Corporate Governance – European Perspectives, 2 ICCLJ (2000), 415 ff.
Grundmann, Stefan/Winkler, Nina, Das Aktionärsstimmrecht in Europa, ZIP 2006, 1421 ff.
Grunewald, Barbara, Die Auswirkungen der Macrotron-Entscheidung auf das kalte Delisting, (Zugleich Anmerkung zu BGH, 25.11.2002 – II ZR 133/01 –), ZIP 2004, 542 ff.
Grünwald, Alfons, Europäisches Gesellschaftsrecht, Wien 1999.
Guyon, Yves, Présentation générale de la SAS simplifiée, Rev. sociétés 1994, 207 ff.
Guyon, Yves, La loi du 12 juillet 1994 sur le dividende majoré, Rev. sociétés 1995, 1 ff.
Guyon, Yves, Zur Gestaltungsfreiheit im französischen Gesellschaftsrecht, ZGR-Sonderheft 13 (1998), 297 ff.
Guyon, Yves, Les sociétés : aménagements statutaires et conventions entre associés, 5. A. Paris 2002 (zitiert: Guyon, Sociétés).
Guyon, Yves, Droit des affaires, tome 1: Droit commercial général et Sociétés, 12. A. Paris 2003 (zitiert: Guyon, Droit des affaires).
Haase, Florian, Einführung in die Methodik der Rechtsvergleichung, JA 2005, 232 ff.
Habersack, Mathias, Aktienrecht und Internet, ZHR 165 (2001), 172 ff.
Habersack, Mathias, Der Finanzplatz Deutschland und die Rechte der Aktionäre. Bemerkungen zur bevorstehenden Einführung des „Squeeze Out“, ZIP 2001, 1230 ff.
Habersack, Mathias, Zweck und Gegenstand der Sonderprüfung nach § 142 AktG, Festschrift für Wiedemann, 2002, 889 ff.
Habersack, Mathias, Europäisches Gesellschaftsrecht im Wandel – Bemerkungen zum Aktionsplan der EG-Kommission betreffend die Modernisierung des Gesellschaftsrechts und die Verbesserung der Corporate Governance in der Europäischen Union, NZG 2004, 1 ff.
Habersack, Mathias, Editorial: Der Aufsichtsrat im Visier der Kommission, ZHR 168 (2004), 373 ff.
Habersack, Mathias, Das Andienungs- und Erwerbsrecht bei Erwerb und Veräußerung eigener Anteile, ZIP 2004, 1121 ff.
Habersack, Mathias, Mitwirkungsrechte der Aktionäre nach Macrotron und Gelatine, AG 2005, 137 ff.
Habersack, Mathias, Europäisches Gesellschaftsrecht, 3. A., München 2006 (zitiert: Habersack, Europ. GR).
Habersack, Mathias, Das Aktiengesetz und das Europäische Recht, ZIP 2006, 445 ff.
Habersack, Mathias, Aufsichtsrat und Prüfungsausschuss nach dem BilMoG, AG 2008, 98 ff.
Habersack, Matthias/Mülbert, Peter/Schlitt, Michael (Hrsg.), Unternehmensfinanzierung am Kapitalmarkt, Köln 2005 (zitiert: Autor in Habersack/Mülbert/Schlitt).
Habersack, Mathias/Verse, Dirk, Wrongful Trading – Grundlage einer europäischen Insolvenzverschleppungshaftung?, ZHR 168 (2004), 174 ff.
Haddock, David/Macey, Jonathan/McChesney, Fred, Property Rights in Assets and the Resistance to Tender Offers, 73 Va. L. Rev. (1987), 701 ff.

Halpern, Paul/Trebilcock, Michael/Turnbull, Stuart, An Economic Analysis of Limited Liability in Corporation Law, 30 U. Toronto L.J. (1980), 117 ff.

Handbuch börsennotierte AG, herausgegeben von Reinhard Marsch-Barner und Frank A. Schäfer, Köln 2005 (zitiert: HdbAG/Bearbeiter).

Handbuch Corporate Governance, herausgegeben von Peter Hommelhoff, Klaus J. Hopt, Axel v. Werder, Köln/Stuttgart 2003 (zitiert: Bearbeiter in Handbuch Corporate Governance).

Handbuch des EU-Wirtschaftsrechts, herausgegeben von Manfred Dauses, Loseblatt, München, Stand 08/2005 (zitiert: Bearbeiter in Handbuch EU-Wirtschaftsrecht).

Hannigan, Brenda, Annotated Guide to the Companies Act, London 2001 (zitiert: Hannigan, Annotated Guide).

Hannigan, Brenda, Company Law, London 2003.

Hansmann, Henry/Kraakman, Reinier, The End of History for Corporate Law, 88 Geo. L. J. (2001), 439 ff.

Harrer, Herbert/Müller, Roger, Die Renaissance des Freiverkehrs – Eine aktuelle Analyse mit internationalem Vergleich, WM 2006, 653 ff.

Hartl, Martin, Reform des italienischen Gesellschaftsrechts, NZG 2003, 667 ff.

Hasselbach, Kai, Das Andienungsrecht von Minderheitsaktionären nach der EU-Übernahmerichtlinie, ZGR 2005, 387 ff.

Hasselbach, Kai/Schumacher, Stephan, Hauptversammlung im Internet, ZGR 2000, 258 ff.

Heidel, Thomas (Hrsg.), Anwaltskommentar Aktienrecht und Kapitalmarktrecht, Baden-Baden 2007 (zitiert: Bearbeiter in Heidel (Hrsg.)).

Heinze, Thomas, Transformation des deutschen Unternehmenskontroll-Systems? Eine empirische Analyse zum Stellenwert der feindlichen Übernahme der Mannesmann-AG für die Unternehmenskontroll-Debatte, KZfSS 2001, 641 ff.

Hellwig, Hans-Jürgen, On the Aggregation of Information in Competitive Markets, (1980) 22 J. Econ. Theory, 477 ff.

Hellwig, Hans-Jürgen, Möglichkeiten einer Börsenreform zur Stärkung des deutschen Kapitalmarktes, (zugleich Rezension: Hopt, Rudolph, Baum, Börsenreform. Eine ökonomische, rechtsvergleichende und rechtspolitische Untersuchung, 1997), ZGR 1999, 781 ff.

Hellwig, Hans-Jürgen/Bormann, Michael: Die Abfindungsregeln beim Going Private – Der Gesetzgeber ist gefordert!, ZGR 2002, 465 ff.

Hennrichs, Joachim, Fehlerhafte Bilanzen, Enforcement und Aktienrecht, ZHR 168 (2004), 383 ff.

Henze, Hartwig, Schranken für den Bezugsrechtsausschluss – Rechtsprechung des BGH im Wandel?, ZHR 167 (2003), 1 ff.

Hey, Felix, Freie Gestaltung in Gesellschaftsverträgen und ihre Schranken, München 2004.

Hicks, John, Foundation of Welfare Economics, 49 Econ. J., 1939, 696 ff.

Hicks, Andrew/Goo, S. H., Cases and Materials on Company Law, 5. A. Oxford 2004.

Hilpold, Peter/Brunner, Verena, Die Reform des italienischen Gesellschaftsrechts – ein Beitrag zur Öffnung und Modernisierung des italienischen Wirtschaftsrechts, ZVglRWiss 105 (2006), 519 ff.

Hirsch, Hendrik, Der Erwerb eigener Aktien nach dem KonTraG – unter besonderer Berücksichtigung der Bilanzierung eigener Aktien, Köln 2004.

Hirt, Hans-Christoph, The Review of the Role and Effectiveness of Non-Executive Directors: A Critical Assessment with Particular Reference to the German Two-Tier Board System: „Part I" (2003) 14 ICCLR 245 ff.

Hirt, Hans-Christoph, The Wrongful Trading Remedy in UK Law: Classification, Application and Practical Significance, ECFR 2004, 71 ff.

Hirte, Heribert, Anmerkungen und Anregungen zur geplanten gesetzlichen Neuregelung des Bezugsrechts, ZIP 1994, 356 ff.

Hirte, Heribert, Die aktienrechtliche Satzungsstrenge: Kapitalmarkt und sonstige Legitimationen versus Gestaltungsfreiheit, in Lutter/Wiedemann (Hrsg.), Gestaltungsfreiheit im Gesellschaftsrecht, ZGR-Sonderheft 13 (1998), 61 ff.

Hirte, Heribert, Die Europäische Aktiengesellschaft, NZG 2002, 1 ff.

Hirte, Heribert/Butters, Beate, Die Kapitalerhöhung aus Gesellschaftsmitteln in den europäischen Aktienrechten: Anregungen für Auslegung und Reform des deutschen Rechts, ZBB 1998, 286 ff.

High Level Group of Company Law Experts, Report on Issues Related to Takeover Bids, Brüssel 10. Januar 2002 (abrufbar unter http://ec.europa.eu/internal_market/company/docs/takeoverbids/2002-01-hlg-report_en.pdf, deutsche Version unter http://ec.europa.eu/internal_market/company/docs/ takeoverbids/2002-01-hlg-report_de.pdf, zitiert: High Level Group, Takeover Bids)

High Level Group of Company Law Experts, Report on a Modern Regulatory Framework for Company Law in Europe, Brüssel 4. November 2002 (abrufbar unter http://ec.europa.eu/internal_market/company/docs/modern/report_en.pdf, deutsche Version unter http://ec.europa.eu/internal_market/company/docs/modern/report_en.pdf , zitiert: High Level Group, Modern Regulatory Framework).

Hoffmann-Becking, Michael, Zum einvernehmlichen Ausscheiden von Vorstandsmitgliedern – Anmerkungen im Anschluss an die Entscheidung BGH, U. v. 24.11.1980 – II ZR 182/79 – = BGHZ 79, 38 – („Poulain / WestLB"), Festschrift für Walter Stimpel, Berlin u.a. 1985, 589 ff.

Hoffmann-Becking, Michael, Gesetz zur „kleinen AG" – unwesentliche Randkorrekturen oder grundlegende Reform?, ZIP 1995, 1 ff.

Hoffmann-Becking, Michael, Organe: Strukturen und Verantwortlichkeiten, insbesondere im monistischen System, ZGR 2004, 355 ff.

Hoffmann-Becking, Michael, Rechtliche Anmerkungen zur Vorstands- und Aufsichtsratsvergütung, ZHR 169 (2005), 155 ff.

Holzborn, Timo/Bunnemann, Jan, Gestaltung einer Sachausschüttung und Gewährleistung im Rahmen der Sachdividende, AG 2003, 674 ff.

Hommelhoff, Peter, Gestaltungsfreiheit im GmbH-Recht, ZGR-Sonderheft 13 (1998), 36 ff.

Hommelhoff, Peter, Anlegerinformationen im Aktien-, Bilanz- und Kapitalmarktrecht, ZGR 2000, 748 ff.

Hommelhoff, Peter, Protection of Minority Shareholders, Investors and Creditors in Corporate Groups: The Strengths and Weaknesses of German Corporate Group Law, 2 EBOR (2001), 61 ff.

Hommelhoff, Peter/Lutter, Marcus/Schmidt, Karsten/Schön, Wolfgang/Ulmer, Peter, Corporate Governance – Gemeinschaftssymposium der Zeitschriften ZHR/ZGR, Heidelberg 2002 (zitiert: Autor in Hommelhoff u.a. (Hrsg.), Corporate Governance).

Hommelhoff, Peter/Mattheus, Daniela, Corporate Governance nach dem KonTraG, AG 1998, 249 ff.

Hommelhoff, Peter/Mattheus, Daniela, Risikomanagementsystem im Entwurf des BilMoG als Funktionselement der Corporate Governance, BB 2007, 2787 ff.

Hopt, Klaus, Vom Aktien- und Börsenrecht zum Kapitalmarktrecht?, ZHR 141 (1977), 389 ff.

Hopt, Klaus, Aktionskreis und Vorstandsneutralität, ZGR 1993, 534 ff..

Hopt, Klaus, Die Haftung von Vorstand und Aufsichtsrat – Zugleich ein Beitrag zur corporate governance Debatte, Festschrift für Ernst-Jochim Mestmäcker, Baden-Baden 1996, 909 ff.

Hopt, Klaus, Gestaltungsfreiheit im Gesellschaftsrecht in Europa – Generalbericht –, ZGR-Sonderheft 13 (1998), S. 123 ff.

Hopt, Klaus, Europäisches Gesellschaftsrecht – Krise und neue Anläufe, ZIP 1998, 96 ff.

Hopt, Klaus, Verhaltenspflichten des Vorstands der Zielgesellschaft bei feindlichen Übernahmen, Festschrift für Marcus Lutter, Köln 2000, 1361 ff.

Hopt, Klaus, Gemeinsame Grundsätze der Corporate Governance in Europa?, ZGR 2000, 779 ff.

Hopt, Klaus, Europäische Aktiengesellschaft – per aspera ad astra?, EuZW 2002, 1.

Hopt, Klaus, Übernahmen, Geheimhaltung und Interessenkonflikte – Probleme für Vorstände, Aufsichtsräte und Banken, ZGR 2002, 333 ff.

Hopt, Klaus, Grundsatz- und Praxisprobleme nach dem Wertpapiererwerbs- und Übernahmegesetz, ZHR 166 (2002), 383 ff.

Hopt, Klaus, Europäisches Gesellschaftsrecht und deutsche Unternehmensverfassung – Aktionsplan und Interpendenzen, ZIP 2005, 461 ff.

Hopt, Klaus, Les offres publiques d'acquisition en droits français et allemande après la 13ième directive, D. 2007, 462 ff.

Hopt, Klaus J./Kanda, Hideki/Roe, Mark/Wymeersch, Eddie/Prigge, Stefan (Hrsg.), Comparative Corporate Governance – The State of the Art and Emerging Research, Oxford 1998 (zitiert: Autor in Hopt u.a. (Hrsg.), Comparative Corporate Governance).

Hopt, Klaus/Leyens, Patrick, Board Models in Europe – Recent Developments of Internal Corporate Governance Structures in Germany, the United Kingdom, France and Italy, ECFR 2004, 135 ff.

Hopt, Klaus J./Rudolph, Bernd/Baum, Harald (Hrsg.), Börsenreform – eine ökonomische, rechtsvergleichende und rechtspolitische Untersuchung, Stuttgart 1997 (zitiert als Autor in Hopt u.a. (Hrsg.), Börsenreform).

Hopt, Klaus J./Wymeersch, Eddie (Hrsg.), Capital Markets and Company Law, Oxford 2003 (zitiert: Autor in Hopt/Wymeersch (Hrsg.), Capital Markets and Company Law).

Hopt, Klaus J./Wymeersch, Eddie/Kanda, Hideki/Baum, Harald (Hrsg.), Corporate Governance in Context – Corporations, States, and Markets in Europe, Japan and the U.S., Oxford 2005 (zitiert: Autor in Hopt u.a. (Hrsg.), Corporate Governance in Context).

Hövermann, Julia/Klein, Christian, Corporate Governance im französischen Gesellschaftsrecht, RIW 2006, 277 ff.

Howell, Claire, The Company White Paper – A descriptive overview, Co. Law. 2005 (26), 203 ff.

Huber, Ulrich, Zum Aktienerwerb durch ausländische Tochtergesellschaften, Festschrift für Konrad Duden, München 1977, 137 ff.

Huber, Ulrich, Zum Aktienerwerb durch ausländische Tochtergesellschaften, Festschrift für Konrad Duden, München 1977, 137 ff.

Huber, Ulrich, Rückkauf eigener Aktien, Festschrift für Bruno Kropff, Düsseldorf 1997, 101 ff.

Hübner, Ulrich/Constantinesco, Vlad, Einführung in das französische Recht, 3. A. München 1994.

Huep, Tobias, Die Renaissance der Namensaktie – Möglichkeiten und Probleme im geänderten aktienrechtlichen Umfeld, WM 2000, 1623 ff.

Hüffer, Uwe, Harmonisierung des aktienrechtlichen Kapitalschutzes, NJW 1979, 1065 ff.

Hüffer, Uwe, Aktiengesetz, 8. A., München 2008.

Hülsmann, Christoph, Stärkung der Abschlussprüfung durch das Bilanzrechtsreformgesetz – Neue Bestimmungen zur Trennung von Beratung und Prüfung, DStR 2005, 166 ff.

Hurst, Thomas, Hedge funds in the 21st century: do the benefits outweigh potential dangers to the financial markets?, Comp. Law. 2007, 228 ff.

Hüther, Mario, Namensaktien, Internet und die Zukunft der Stimmrechtsvertretung, AG 2001, 68 ff.

Ihrig, Hans-Christoph/Wagner, Jens, Die Reform geht weiter: Das Transparenz- und Publizitätsgesetz kommt, BB 2002, 789 ff.

Institut der Wirtschaftsprüfer (IDW), Stellungnahme: Vorschlag der EU-Kommission zur Änderung der 4. und 7. EU-Richtlinie (78/660/EWG und 83/349/EWG), (Schreiben v. 25.01.2005), WPg 2005, 176 ff. (abrufbar unter www.idw.de/idw/download/4und7EURL.pdf?id=375504&property=Inhalt).

International Corporate Governance Network (ICGN), Cross Border Proxy Voting – Case Studies from the 2002 Proxy Voting Season, www.icgn.org/organisation/documents/cbv/cbv_crossborder_voting_ may2003.pdf (zitiert: Cross Border Proxy Voting).

Ipekel, Ferna, Defensive Measures under the Directive on Takeover Bids and their Effect on the UK and French Takeover Regimes, EBLR 2005, 341 ff.

Jaeger, Carsten, Die europäische Aktiengesellschaft – europäischen oder nationalen Rechts –, Baden-Baden 1994.

Jahn, Joachim, EuGH kippt das VW-Gesetz, AG-Report 2007, 483 f.

Jänig, Ronny, Die Company Law Reform Bill: Zur Reform des Gesellschaftsrechts im Vereinigten Königreich, RIW 2006, 270 ff.

Jensen, Michael/Meckling, William, Theory of the Firm: Managerial Behaviour, Agency Costs and Ownership Structure, 3 J. Fin. Econ. (1976), 305 ff.

Johnson, Shane/Tian, Yisong, The Value and Incentive Effects of Non-Traditional Executive Stock Option Plans, 57 J. Fin. Econ. (2000), 3 ff.

Joussen, Peter, Der Auskunftsanspruch des Aktionärs, AG 2000, 241 ff.

Jungmann, Carsten, The Effectiveness of Corporate Governance in One-Tier and Two-Tier Board Systems – Evidence from the UK and Germany –, ECFR 2006, 426 ff.

Just, Clemens, Die englische Limited in der Praxis, München 2005 (zitiert: Just, Limited).

Just, Clemens, Englisches Gesellschaftsrecht – Companies Act 2006, Limited Liabilities Partnership Act 2000, München 2008.

Kahan, Marcel/Rock, Edward, Hedge Funds in Corporate Governance and Corporate Control, 155 U. Pa. L. Rev. (2007), 1021 ff.

Kaldor, Nicholas, Welfare Propositions of Economics and Interpersonal Comparisons of Utility, 49 Econ. J., 1939, 549 ff.

Kalfass, Hermann, Kapitalmarktkoordination – die Koordinationsprozesse über Märkte für Beteiligungstitel in der Theorie und in der westdeutschen Realität, Göttingen 1992.

Kallmeyer, Harald (Hrsg.), Umwandlungsgesetz, 3. A. Köln 2006 (zitiert: Autor in Kallmeyer).

Kalss, Susanne (Hrsg.), Vorstandshaftung in 15 europäischen Ländern, Wien 2005 (zitiert: Autor in Kalss (Hrsg.), Vorstandshaftung).

Kalss, Susanne/Burger, Christina/Eckert, Georg, Die Entwicklung des österreichischen Aktienrechts, Wien 2003.

Kalss, Susanne/Schauer, Martin, Die Reform des Österreichischen Kapitalgesellschaftsrechts, Gutachten für den 16. Österreichischen Juristentag 2006, Wien 2006 (zitiert: Gutachten zum 16. ÖJT 2006).

Kasolowsky, Boris, Fiduciary Duties in Company Law, Baden-Baden 2003.

Keay, Andrew, Section 172 (1) of the Companies Act 2006: an interpretation and assessment, Comp. Law. 2007, 106 ff.

Kieninger, Barbara, Wettbewerb der Privatrechtsordnungen im Europäischen Binnenmarkt, 2002.

Kilian, Wolfgang, Vereinbarkeit des VW-Gesetzes mit Europarecht, NJW 2007, 3469 ff.

Kin Lo, Economic Consequences of Regulated Changes in Disclosure: The Case of Executive Compensation, 35 J. Acc. & Econ. (2003), 285 ff.

Kindl, Johann, Der Erwerb eigener Aktien nach dem KonTraG, DStR 1999, 1276 ff.

Kirschbaum, Tom, Deutscher Corporate Governance Kodex überarbeitet – Welche (Erklärungs-)-Pflichten ergeben sich für Vorstand und Aufsichtsrat börsennotierter Aktiengesellschaften?, DB 2005, 1473 ff.

Kischel, Uwe, Vorsicht Rechtsvergleichung!, ZVglRWiss 104 (2005), 10 ff.

Kleindiek, Detlef, „Going Private“ und Anlegerschutz, Festschrift für Gerold Bezzenberger, Berlin/New York 2000, 653 ff.

Kleindiek, Detlef, Perspektiven des Kapitalschutzes – Themen und Meinungen in der nationalen Diskussion, BB 2007, Beilage 5, 2 ff.

Klinke, Ulrich, European Company Law and the ECJ: The Court's Judgments in Years 2001 to 2004, ECFR 2005, 270 ff.

Knoll, Leonhard, Mitarbeiteroptionen über Wandelschuldverschreibungen: Wiederholt sich die Geschichte?, StB 2002, 88 ff.

Knöringer-Fröhlich, Nicole, Die Bedeutung des Deutschen Corporate Governance Kodex im deutschen Aktienrecht, Berlin 2006.

Koch, Harald/Magnus, Ulrich/Winkler von Mohrenfels, Peter, IPR und Rechtsvergleichung, 3. A. München 2004.

Koch, Jens, Das Gesetz zur Unternehmensintegrität und Modernisierung des Anfechtungsrechts (UMAG) – ein Überblick, ZGR 2006, 769 ff.

Kolb, Andreas, Unternehmensidentität, Minderheitenrechte und Corporate Governance, DZWIR 2006, 50 ff.

Koll-Möllenhoff, Rainer, Das Prinzip des festen Grundkapitals im Europäischen Gesellschaftsrecht, Baden-Baden 2005.

Koller, Ingo/Roth, Wulf-Henning/Morck, Winfried, Handelsgesetzbuch, 6. A. München 2007.
Koller, Torsten, Die europäische Harmonisierung des Rechts der Verschmelzung – Eine vergleichende Betrachtung der Verschmelzung von Aktiengesellschaften in Deutschland sowie der Verschmelzung von Public Companies in England und Wales nach Umsetzung der Dritten Richtlinie 78/855/EWG, Frankfurt/Main u.a. 2004.
Kölner Kommentar zum Aktiengesetz, Band 1, herausgegeben von Wolfgang Zöllner, 2. A. Köln 1988 (zitiert: KK (2. A 1988)/Bearbeiter).
Kölner Kommentar zum Aktiengesetz, Band 1, herausgegeben von Wolfgang Zöllner, 3. A. Köln 2005 (zitiert: KK/Bearbeiter).
Kopp, Hans-Joachim, Der Erwerb eigener Aktien – ökonomische Analyse vor dem Hintergrund von Unternehmensverfassung und Informationseffizienz des Kapitalmarktes, Wiesbaden 1996.
Kötz, Hein, Alte und neue Aufgaben der Rechtsvergleichung, JZ 2002, 257 ff.
Kötz, Hein/Schäfer, Hans-Bernd, Schadensverhütung durch ökonomische Anreize, AcP 189 (1989), 501 ff.
KPMG, Feasibility study on an alternative to the capital maintenance system established by the Second Company Law Directive 77/91/EEC of 13 December 1976 and an examination on the impact on profit distribution of the new EU-accounting regime – Main Report, http://ec.europa.eu/internal_market/ company/docs/capital/feasbility/study_en.pdf.
Kraakman, Reinier/Davies, Paul/Hansmann, Henry/Hertig, Gerard/Hopt, Klaus J./Kanda, Hideki/ Rock, Edward B., The anatomy of corporate law – A comparative and functional approach, Oxford 2004 (zitiert: Autor in Kraakman u.a., Anatomy of Corporate Law).
Krahnen, Jan-Pieter/Schmidt, Reinhard (Hrsg.), The German Financial System, Oxford 2004 (zitiert: Autor in Krahnen/Schmidt (Hrsg.), German Financial System).
Kramarsch, Michael, Organvergütung, ZHR 169 (2005), 112 ff.
Krause, Harmut, BB-Europareport: Die EU-Übernahmerichtlinie – Anpassungsbedarf im Wertpapiererwerbs- und Übernahmegesetz, BB 2004, 113 ff.
Krieger, Gerd, Squeeze-Out nach neuem Recht: Überblick und Zweifelsfragen, BB 2002, 53 ff.
Krolop, Kaspar, Der Rückzug vom organisierten Kapitalmarkt (Delisting), Berlin 2005.
Kropff, Bruno, Aktiengesetz, Textausgabe des Aktiengesetzes vom 6.9.1965 mit Begründung des Regierungsentwurfs und Bericht des Rechtsausschusses des Deutschen Bundestags, Düsseldorf 1965 (zitiert: Kropff, Begr RegE).
Kruse, Tobias, „Fungibilitätsausgleichspflicht" beim Börsenrückzug?, WM 2003, 1843 ff.
Kübler, Friedrich, Effizienz als Rechtsprinzip – Überlegungen zum rechtspraktischen Gebrauch ökonomischer Argumente, Festschrift für Ernst Steindorff, Berlin/New York 1990, 687 ff.
Kübler, Friedrich, Aktienrechtsreform und Unternehmensverfassung, AG 1994, 141 ff.
Kübler, Friedrich, Shareholder Value – Eine Herausforderung für das Deutsche Recht?, Festschrift für Wolfgang Zöllner, Köln u.a. 1998, 321 ff.
Kübler, Friedrich, Die Aktie, Unternehmensfinanzierung und Kapitalmarkt, Köln 1989 (zitiert: Kübler, Aktie).
Kübler, Friedrich, A Comparative Approach to Capital Maintenance: Germany, EBLR 2004, 1031 ff.
Kübler, Friedrich/Assmann, Heinz-Dieter, Gesellschaftsrecht, 6. A. Heidelberg 2006.
Kuhner, Christoph, Zur Zukunft der Kapitalerhaltung durch bilanzielle Ausschüttungssperren im Gesellschaftsrechts Europas, ZGR 2005, 753 ff.
Kumpan, Christoph, Börsenmacht Hedge-Fonds – Die Regelungen in den USA und mögliche Implikationen für Deutschland, ZHR 170 (2006), 39 ff.
Kumpan, Christoph, Private Equity und der Schutz deutscher Unternehmen, AG 2007, 461 ff.
Kümpel, Siegfried, Kapitalmarktrecht – Eine Einführung, 3. A. Berlin 2004 (zitiert: Kümpel, Kapitalmarktrecht).
Kümpel, Siegfried, Bank- & Kapitalmarktrecht, 3.A. Köln 2004 (zitiert: Kümpel, Bank- & Kapitalmarktrecht).
Kümpel, Siegfried/Ott, Claus (Hrsg.): Kapitalmarktrecht – Ergänzbares Rechtshandbuch für die Praxis, Berlin, Loseblatt, Stand Mai 2001 (zitiert: Bearbeiter in Kümpel/Ott, Rechtshandbuch Kapitalmarktrecht).

Kuthe, Thorsten/Geiser, Martina, Die neue Corporate Governance Erklärung – Neuerung des BilMoG in § 289a HGB-RE, NZG 2008, 172 ff.

Lamy Sociétés Commerciales, herausgegeben von Jacques Mestre und Christine Blanchard-Sébastien, Paris 1998.

Land, Volker/Hasselbach, Kai, Going Private und „Squeeze-out" nach deutschem Aktien-, Börsen- und Übernahmerecht, DB 2000, 557 ff.

Lanfermann, Georg, Modernisierte EU-Richtlinie zur gesetzlichen Abschlussprüfung, DB 2005, 2644 ff.

Lanfermann, Georg/Röhricht, Victoria, Stand der europäischen Diskussion zur Kapitalerhaltung, BB 2007, Beilage 5, 8 ff.

Lange, Oliver, Zustimmungsvorbehaltspflicht und Kataloghaftung des Aufsichtsrats nach neuem Recht, DStR 2003, 376 ff.

Lange, Oliver, Der Wechsel aus dem Vorstand in den Aufsichtsrat, NZG 2004, 265 ff.

Lannoo, Karel/Khachaturyan, Arman, Reform of Corporate Governance in the EU, EBOR 5 (2004), 37 ff.

La Porta, Rafael/Lopez-de-Silanes, Florencio/Shleifer, Andrei, Corporate Ownership around the World, 54 J. Finance (1999), 471 ff.

La Porta, Rafael/Lopez-de-Silanes, Florencio/Shleifer, Andrei/Vishny, Robert, Law and Finance, 106 J. Pol. Econ. (1998), 1113 ff.

La Porta, Rafael/Lopez-de-Silanes, Florencio/Shleifer, Andrei/Vishny, Agency Problems and Dividend Policies Around the World, 55 J. Finance (2000), 1 ff.

La Porta, Rafael/Lopez-de-Silanes, Florencio/Shleifer, Andrei/Vishny, Investor Protection and Corporate Governance, 58 J. Fin. Econ. (2000), 3 ff.

Le Cannu, Paul, Le règlement intérieur des sociétés, Bull. Joly 1

Le Cannu, Paul, Rémunérations des dirigeants de sociétés anonymes et contrôle des conventions, Bull. Joly 1996, 567 ff.

Le Cannu, Paul, Les conventions réglementées après la loi n 2001-420 du 15 mai 2001, Bull. Joly 2001, 722 ff.

Le Cannu, Paul, Droit des sociétés, 2. A. Paris 2003.

Le Cannu, Paul, L'encradrement des rémunérations des dirigeants de sociétés cotées: l'apport de la loi n° 2007-1223 du 21 août 2007 en faveur du travail, de l'emploi et du pouvoir d'achat, Rev. sociétés 2007, 465 ff.

Le Fèvre, Alain, La Participation des Salariés aux conseils d'administration ou de sourveillance des societies anonymes – Le régime institute par l'ordonnance n° 86-1134 du 21 octobre 1986, Rev. societies 1987, 189 ff.

Lehmann, Matthias, Die Regulierung und Überwachung von Hedgefonds als internationales Zuständigkeitsproblem, ZIP 2007, 1889 ff.

Lembeck, Eva-Desirée, UK Company Law Reform – Ein Überblick, NZG 2003, 956 ff.

Le Nabasque, Henri, Le développement du devoir de loyauté en droit des sociétés, RTD com. 1999, 273 ff.

Le Nabasque, Henri, Commentaire des principales dispositions de la loi n° 2003-706, Bull. Joly 2003, 859 ff.

Lenenbach, Markus, Kapitalmarkt- und Börsenrecht, 2. A. Köln 2005.

Lentfer, Thies/Weber, Stefan, Das Corporate Governance Statement als neues Publizitätsinstrument, DB 2006, 2357 ff.

Lenz, Susanne, Die gesellschaftsbenannte Stimmrechtsvertretung (Proxy-Voting) in der Hauptversammlung der deutschen Publikums-AG, Berlin 2005 (zitiert: Lenz, Stimmrechtsvertretung).

Lenz, Susanne, Renaissance des Depotstimmrechts – Der Vorschlag des Deutschen Sparkassen- und Giroverbands –, AG 2006, 572 ff.

Lenz, Susanne, Steigerung der Hauptversammlungsteilnahme durch monetäre Anreize?, NZG 2006, 534 ff.

Léobon, Thierry, L'information du conseil d'administration: gestion et responsabilités, Bull. Joly 2006, 168 ff.

Leroy, Virginie, Shareholder Rights in France and the UK, EBLR 2007, 205 ff.
Leschke, Martin/Sauerland, Dirk/Erlei, Mathias, Neue Institutionenökonomik, Stuttgart 1999.
Leuering, Dieter/Simon, Stefan, Offene Fragen zur Offenlegung der Vorstandsvergütung, NZG 2005, 945 ff.
Leyens, Patrick, Deutscher Aufsichtsrat und U.S.-Board: ein- oder zweistufiges Verwaltungssystem? Zum Stand der rechtsvergleichenden Corporate Governance-Debatte, RabelsZ 67 (2003), 57 ff.
Liebscher, Thomas, Ungeschriebene Hauptversammlungszuständigkeiten im Lichte von Holzmüller, Macrotron und Gelatine, ZGR 2005, 1 ff.
Lieder, Jan, Zustimmungsvorbehalte des Aufsichtsrats nach neuer Rechtslage, DB 2004, 2251 ff.
Liekefett, Kai Haakon, Die EU-Übernahmerichtlinie aus ökonomischer Perspektive, RIW 2004, 824 ff.
Lienhard, Alain, Sociétés cotées: information sociale et environnementale, D. 2002, 874 f.
Lienhard, Alain, Loi de sécurité: quoi de neuf pour les societies?, D. 2003, 1996 ff.
Linnerz, Markus, Vom Anfechtungs- zum Haftungstourismus? Stellungnahme zur geplanten Neuregelung aktienrechtlicher Haftungsklagen, NZG 2004, 307 ff.
Loges, Rainer/Distler, Wolfgang, Gestaltungsmöglichkeiten durch Aktiengattungen, ZIP 2002, 467 ff.
Lowry, John/Dignam, Alan, Company law, 3. A. Oxford 2006.
Lüken, Christian, Der Erwerb eigener Aktien nach §§ 71 ff. AktG – Deregulierungs- und Liberalisierungsbestrebungen im europäischen Gesellschaftsrecht, Berlin 2004.
Lutter, Marcus, Europäisches Unternehmensrecht – Grundlagen, Stand und Entwicklung nebst Texten und Materialien zur Rechtsangleichung, ZGR-Sonderheft 1, 4. A. Berlin u.a. 1996.
Lutter, Marcus, L'apport en numéraire fictif: Une théorie allemande et un problÎme de droit européen, Rev. Sociétés 1991, 331 ff.
Lutter, Marcus, Der Aufsichtsrat: Konstruktionsfehler, Inkompetenz seiner Mitglieder oder normales Risiko?, AG 1994, 176 f.
Lutter, Marcus, Das „neue Gesetz für kleine Aktiengesellschaften und zur Deregulierung des Aktienrechts", AG 1994, 429 ff.
Lutter, Marcus, Defizite für eine effiziente Aufsichtsratstätigkeit und gesetzliche Möglichkeiten der Verbesserung, ZHR 159 (1995), 287 ff.
Lutter, Marcus, Gesetzliches Garantiekapital als Problem europäischer und deutscher Rechtspolitik, AG 1998, 375 ff.
Lutter, Marcus, Gesellschaftsrecht und Kapitalmarkt, Festschrift für Wolfgang Zöllner, Köln u.a. 1998, 363 ff.
Lutter, Marcus, Das Europäische Unternehmensrecht im 21. Jahrhundert, ZGR 2000, 1 ff.
Lutter, Marcus, Die Erklärung zum Corporate Governance Kodex gemäß § 161 AktG – Pflichtverstöße und Binnenhaftung von Vorstands- und Aufsichtsratsmitgliedern, ZHR 166 (2002), 523 ff.
Lutter, Marcus, Corporate Governance und ihre aktuellen Probleme, vor allem: Vorstandsvergütung und ihre Schranken, ZIP 2003, 737 ff.
Lutter, Marcus, Zur Entwicklung des Europäischen Gesellschaftsrechts: Stellungnahme der Arbeitsgruppe Europäisches Gesellschaftsrecht (Group of German Experts on Corporal Law) zum Report of the High Level Group of Company Law Experts on a modern Regulatory Framework for Company Law in Europe, ZIP 2003, 863 ff.
Lutter, Marcus (Hrsg.), Umwandlungsgesetz, Band I – §§ 1–137 UmwG, 3. A. Köln 2004 (zitiert: Bearbeiter in Lutter).
Lutter, Marcus, Das (feste Grund-)Kapital der Aktiengesellschaft in Europa – Zusammenfassung der Überlegungen des Arbeitskreises „Kapital in Europa", ZGR-Sonderheft 17 (2006), 1 ff.
Lutter, Marcus, Aktienrechtliche Aspekte der angemessenen Vorstandsvergütung, ZIP 2006, 733 ff.
Lutter, Marcus/Drygala, Tim, Die Übertragende Auflösung: Liquidation der Aktiengesellschaft oder Liquidation des Minderheitenschutzes?, Festschrift für Bruno Kropff, Düsseldorf 1997, 191 ff.
Lutter, Marcus/Krieger, Gerd, Rechte und Pflichten des Aufsichtsrats, 4. A. Köln 2002.

Magrini, Paolo, Italienisches Gesellschaftsrecht – das neue Recht und seine erweiterten Aufbau- und Finanzierungsformen, München 2004.

Malecki, Catherine, Informations socials et environnementales: de nouvelles responsablitiés pour les sociétés cotées?, D. 2003, 818 ff.

Malecki, Catherine, Prévenir ou guérir – Remarques sur les propositions des rapports AFEP/ANSA/ MEDEF et CCIP relatives à la prévention des conflits d'intèrêts, D. 2004, 43 ff.

Malecki, Catherine, La loi Breton et les rémunerations des dirigents sociaux: le long chemin vers la transparence, Bull. Joly 2005, 1194 ff.

Malecki, Catherine, Le nouveau souffle de l'actionnariat salarié dans la loi du 30 décembre 2006, D. 2007, 524 ff.

Manne, Henry, Mergers and the Market for Corporate Control, 73 J. Pol. Econ. (1965), 110 ff.

Marsch-Barner, Reinhard, Treuepflichten zwischen Aktionären und Verhaltenspflichten bei der Stimmrechtsbündelung, ZHR 157 (1993), 172 ff.

Marsch-Barner, Reinhard, Die Erleichterung des Bezugsrechtsausschlusses nach $ 186 Abs. 3 Satz 4 AktG, AG 1994, 532 ff.

Martens, Klaus-Peter, Erwerb und Veräußerung eigener Aktien im Börsenhandel – Überlegungen de lege ferenda, AG 1996, 337 ff.

Martens, Klaus-Peter, Stand und Entwicklung im Recht der Stock-Options, Festschrift für Peter Ulmer, Berlin 2003, 399 ff.

Martens, Klaus-Peter, Vorstandsvergütung auf dem Prüfstand, ZHR 169 (2005), 124 ff.

Massard, Thibaud, Les actions de préférence et la question du droit de vote, Droit et patrimoine n° 130 (Oktober 2004), 84 ff.

Matthews, Tim, Takeovers: new age, new powers, Comp. Law. 2007, 240 ff.

Maul, Silja, Haftungsprobleme im Rahmen von deutsch-französischen Unternehmensverbindungen, NZG 1998, 965 ff.

Maul, Silja, Zur Ausgabe von Namensaktien, NZG 2001, 585 ff.

Maul, Silja, Gesellschaftsrechtliche Entwicklungen in Europa – Bruch mit deutschen Traditionen?, BB 2005, Beilage 9, 2 ff.

Maul, Silja/Lanfermann, Georg/Eggenhofer, Erich, Aktionsplan der Europäischen Kommission zur Reform des Europäischen Gesellschaftsrechts, BB 2003, 1289 ff.

Mayson, Stephen/French, Derek/Ryan, Christopher, Company Law, 24. A. Oxford 2007.

McKinsey & Company, Global Investor Opinion Survey on Corporate Governance, 2002, Key Findings abrufbar unter www.mckinsey.com/clientservice/organizationleadership/service/ corpgovernance/pdf/GlobalInvestorOpinionSurvey2002.pdf

Meder, Manuel, Der Nominierungsausschuss in der AG – Zur Änderung des Deutschen Corporate Governance Kodex 2007, ZIP 2007, 1538 ff.

Meier-Hayoz, Arthur/Forstmoser, Peter, Schweizerisches Gesellschaftsrecht, 9. A. Bern 2004.

Meier-Schatz, Christian, Wirtschaftsrecht und Unternehmenspublizität, Zürich 1989.

Melcher, Winfried/Mattheus, Daniela, Zum Referentenentwurf des Bilanzrechtsmodernisierungsgesetzes (BilMoG): Lageberichterstattung, Risikomanagement-Bericht und Corporate Governance-Statement, DB 2008, Beilage 1, 52 ff.

Mémento Pratique Francis Lefebvre – Sociétés Commerciales 2008, bearbeitet von Anne Charvériat und Alain Couret, Paris 2007 (zitiert: Mémento Pratique – Sociétés Commerciales).

Menjucq, Michel, Corporate Governance Issues in France, EBLR 2005, 1003 ff.

Menjucq, Michel, The Company Law Reform in France, RabelsZ 69 (2005), 698 ff.

Mercadal, Barthélémy/Janin, Philippe, Droit des affaires – Sociétés Commerciales, Levallois 1998.

Merkt, Hanno, Verhaltenspflichten des Vorstands der Zielgesellschaft bei feindlichen Übernahmen, ZHR 165 (2001), 224 ff.

Merkt, Hanno, Zum Verhältnis von Kapitalmarktrecht und Gesellschaftsrecht in der Diskussion um die Corporate Governance, AG 2003, 126 ff.

Merkt, Hanno/Binder, Jens-Hinrich, Änderungen im Übernahmerecht nach Umsetzung der EG-Übernahmerichtlinie: Das deutsche Umsetzungsgesetz und verbleibende Problemfelder, BB 2006, 1285 ff.

Merle, Philippe, Droit commercial – sociétés commerciales, 11. A. Paris 2007.
Mertens, Hans-Joachim, Satzungs- und Organisationsautonomie im Aktien- und Konzernrecht, ZGR 1994, 426 ff.
Meyer, Claus, Bilanzrechtsmodernisierungsgesetz (BilMoG) – die wesentlichen Änderungen im Regierungsentwurf, DStR 2008, 1153 ff.
Meyer, Dieter/Weiler, Simon, Neuregelungen durch das Zweite Gesetz zur Änderung des Umwandlungsgesetzes (Teil I), DB 2007, 1235 ff.
Meyer-Landrut, Andreas/Kiem, Roger, Der Formwechsel einer Publikumsgesellschaft – Erste Erfahrungen aus der Praxis, WM 1997, 1361 ff.
Micheler, Eva, Gläubigerschutz im englischen Gesellschaftsrecht – Reformvorschläge mit Implikationen für Europa, ZGR 2004, 324 ff.
Micheler, Eva, England, ZGR-Sonderheft 17 (2006), 511 ff.
Möllers, Thomas, Kapitalmarkttauglichkeit des deutschen Gesellschaftsrechts, AG 1999, 433 ff.
Montalenti, Paolo, The New Italian Corporate Law: an Outline, ECFR 2004, 368 ff.
Morin, François/Rigamonti, Eric, Évolution et structure de l'actionnariat en France, Revue française de gestion 2002, 155 ff., www.cairn.info/article.php?ID_REVUE=RFG&ID_NUMPUBLIE=RFG_141& ID_ARTICLE=RFG_141_0155 (letzter Zugriff 1. November 2007).
Morse, Geoffrey, Charlesworth's Company Law, 17. A. London 2005.
Mülbert, Peter, Aktiengesellschaft, Unternehmensgruppe und Kapitalmarkt. Die Aktionärsrechte bei Bildung einer Unternehmensgruppe zwischen Verbands- und Anlegerschutzrecht, 2. A. München 1996 /(zitiert: Mülbert, Aktiengesellschaft und Kapitalmarkt).
Mülbert, Peter, Shareholder Value aus rechtlicher Sicht, ZGR 1997, 129 ff.
Mülbert, Peter, Konzeption des europäischen Kapitalmarktrechts für Wertpapierdienstleistungen, WM 2001, 2085 ff.
Mülbert, Peter, Rechtsprobleme des Delisting, ZHR 165 (2001), 104 ff.
Mülbert, Peter, Übernahmerecht zwischen Kapitalmarktrecht und Aktien(konzern)recht – die konzeptionelle Schwachstelle des RegE WpÜG, ZIP 2001, 1221 ff.
Mülbert, Peter, Marktwertmaximierung als Unternehmensziel der Aktiengesellschaft, Festschrift für Röhricht, 2005, 421 ff.
Mülbert, Peter/Birke, Max, Das übernahmerechtliche Behinderungsverbot. Die angemessene Rolle der Verwaltung einer Zielgesellschaft in einer feindlichen Übernahme, WM 2001, 705 ff.
Mülhens, Jörg, Der sogenannte Haftungsdurchgriff im deutschen und englischen Recht, Tübingen 2006.
Müller, Hans-Friedrich, Minderheitenschutz im englischen Kapitalgesellschaftsrecht nach ss. 459 ff. CA 1985, RIW 1997, 994 ff.
Müller, Welf, Die Änderungen im HGB und die Neuregelung der Sachdividende durch das Transparenz- und Publizitätsgesetz, NZG 2002, 752 ff.
Müller-Michaels, Olaf, Beratungsverträge mit Aufsichtsratsmitgliedern – Aufsichtsräte im Spannungsfeld zwischen gesetzlichen Aufgaben und Beratungsinteressen, ZCG 2006, 99 ff.
Münchener Anwaltshandbuch Aktienrecht, herausgegeben von Matthias Schüppen, München 2005 (zitiert: Bearbeiter in Münchener Anwaltshandbuch Aktienrecht).
Münchener Handbuch des Gesellschaftsrechts – 4. Band: Aktiengesellschaft, herausgegeben von Michael Hoffmann-Becking, 2. A. München 1999 (zitiert: Bearbeiter in MHdbGR IV).
Münchner Kommentar zum Aktiengesetz, Band 1 (§§ 1–53), herausgegeben von Bruno Kropff und Johannes Semler, 2. A. München 2000 (zitiert: MK/Bearbeiter).
Münchner Kommentar zum Handelsgesetzbuch – Band 1 (§§ 1–104), herausgegeben von Karsten Schmidt, 2. A. München 2005 (zitiert: MKHGB/Bearbeiter).
Myners, Paul, Institutional Investment in the United Kingdom: A Review, London 2001, www.hm-treasury.gov.uk/media/1/6/31.pdf (zitiert: Myners, Institutional Investment).
Myners, Paul, Pre-Emption Rights – Final Report. A study into the impact of shareholders' pre-emption rights on a public company's ability to raise new capital, Februar 2005, http://www.berr.gov.uk/files/file13422.pdf (zitiert: Myners, Pre-Emption Rights – Final Report).

Myners, Paul, Review of the Impediments to Voting UK Shares – Report to the Shareholder Voting Working Group – an update on progress 3 years on, Juli 2007, www.investmentfunds.org.uk/press/2007/20070730-01.pdf (zitiert: Myners, Review of the Impediments to Voting UK Shares).

Myners, Paul, The Impact of Shareholder Pre-Emption Rights on a Public Company's Ability to Raise New Capital Invitation to Comment, November 2004, http://www.berr.gov.uk/files/file13422.pdf (zitiert: Myners, Pre-Emption Rights – Invitation).

Nenova, Tattiana, The Value of Corporate Voting Rights and Control – A Cross-Country Analysis, 68 J.Fin.Econ. (2003), 325 ff.

Niehus, Rudolf, Auswirkungen einer externen Pflichtrotation des Abschlussprüfers, DB 2005, 884 ff.

Nienhaus, Julia, Kapitalschutz in der Aktiengesellschaft mit atypischer Zwecksetzung, Köln u.a. 2002.

Noack, Ulrich, Die organisierte Stimmrechtsvertretung auf Hauptversammlungen – insbesondere durch die Gesellschaft, Festschrift für Marcus Lutter, Köln 2000, 1463 ff.

Noack, Ulrich, Stimmrechtsvertretung in der Hauptversammlung nach NaStraG, ZIP 2001, 57 ff.

Noach, Ulrich, Hauptversammlung der Aktiengesellschaft und moderne Informationstechnologie – aktuelle Bestandsaufnahme und Ausblick, NZG 2003, 241 ff.

Noack, Ulrich, Neue Entwicklungen im Aktienrecht und moderne Informationstechnologie 2003–2005, NZG 2004, 297 ff.

Noack, Ulrich, Handgeld für die Teilnahme an der Hauptversammlung, BB 2005, Heft 42, Die erste Seite.

Noack, Ulrich, Der Vorschlag für eine Richtlinie über Rechte von Aktionären börsennotierter Gesellschaften, NZG 2006, 321 ff.

Noack, Ulrich/Zetzsche, Dirk, Die Hauptversammlungslegitimation durch „Hinterlegung" bei girosammelverwahrten Inhaberaktien, WM 2004, 1 ff.

Nobel, Peter, Börsengesellschaftsrecht?, Aktienrecht 1992-1997 – Versuch einer Bilanz, Festschrift für Rolf Bär, Bern 1998, 301 ff.

Nodoushani, Manuel, Weniger Satzungsstrenge für geschlossene Gesellschaften?, NZG 2008, 452 ff.

Nuyken, Alexander, Finanzielle Unterstützung bei Private Equity-Transaktionen – Fallstudien zu § 71a AktG, ZIP 2004, 1893 ff.

Oechsler, Jürgen, Die Änderung der Kapitalrichtlinie und der Erwerb eigener Aktien, ZHR 170 (2006), 72 ff.

Oechsler, Jürgen, Erlaubte Gestaltungen im Anwendungsbereich des Art. 56 I EG, NZG 2007, 161 ff.

Ohl, Daniel, Droit des sociétés cotées, 2. A. Paris 2006.

Olson, Mancur, Die Logik des kollektiven Handelns – Kollektivgüter und die Theorie der Gruppe, 4. A. Tübingen 1998.

Omar, Paul, France, Company law reform: the economic imperative, The Company Lawyer 2000, 30 ff.

Oplustil, Krzyzstof (Hrsg.), The European Company – all over Europe. A state-by-state account of the introduction of the European Company, Berlin 2004 (zitiert: Autor in Oplustil (Hrsg.), The European Company).

Oppo, Giorgio, Sulla „tipicità" delle società quotate, Riv. dir. civ. 1999, II, 483 ff.

Oser, Peter/Orth, Christian/Wader, Dominic, Beachtung der Empfehlungen des Deutschen Corporate Governance Kodex. Erste Ergebnisse einer empirischen Folgeuntersuchung der Entsprechenserklärungen börsennotierter Unternehmen, BB 2004, 1121 ff.

Ott, Claus/Schäfer, Hans-Bernd (Hrsg.), Allokationseffizienz in der Rechtsordnung, Beiträge zur ökonomischen Analyse des Zivilrechts, Berlin u.a. 1989 (zitiert: Autor in Ott/Schäfer (Hrsg.), Allokationseffizienz).

Paclot, Yann, Les remunerations des dirigeants des sociétés cotées en question, D. 2007, 1670 f.

Paclot, Yann/Malecki, Catherine, Le nouveau régime des rémunérations, indemnities et avantages des dirigeants des sociétés cotées, D. 2007, 2481 ff.
Padovini, Fabio, Aktueller Stand des italienischen Gesellschaftsrechts: Die neueste Gesetzesnovelle für die Reform, GesRZ 2002, 72 ff.
Padovini, Fabio, Die neueste Gesetzesnovelle des italienischen Gesellschaftsrechts, ZfRV 2003, 138 ff.
Paefgen, Walter, Unternehmerische Entscheidungen und Rechtsbindung der Organe in der AG, Köln 2002.
Palmer's Company Law, London, Loseblatt, Stand März 2007.
Palmer's Company Law: Annotated Guide to the Companies Act 2006, herausgegeben von Geoffrey Morse, Paul Davies, Sarah Worthington, Richard Morris, David Bennett, Alastair Hudson, Stephen Girvin, Sandra Frisby, Jennifer Payne, Keith Walmsley, Anthony Macaulay, Jane Tuckley, Eilís Ferran, London 2007 (zitiert: als Palmer's Company Law – Annotated Guide).
Pammler, Sebastian, Die gesellschaftsfinanzierte D&O-Versicherung im Spannungsfeld des Aktienrechts: eine Arbeit über den Einfluss der D&O-Versicherung auf die Organisationsverfassung der Aktiengesellschaft und die daraus zu ziehenden rechtlichen Konsequenzen, Berlin 2006.
Pannier, Matthias/Rickford, Jonathan, Corporate Governance Disclosures in Europe, EBLR 2005, 975 ff.
Parkinson, John, Disclosure and Corporate Social and Environmental Performance: Competitiveness and Enterprise in a Broader Social Frame, 3 JCLS (2003), 4 ff.
Paschos, Nikolaos/Goslar, Sebastian, Der Referentenentwurf des Gesetzes zur Umsetzung der Aktionärsrechterichtlinie (ARUG) aus Sicht der Praxis, AG 2008, 605 ff.
Paschos, Nikolaos/Goslar, Sebastian, Der Regierungsentwurf des Gesetzes zur Umsetzung der Aktionärsrechterichtlinie (ARUG), AG 2009, 14 ff.
Paschos, Nikolaos/Neumann, Kay-Uwe, Die Neuregelungen des UMAG im Bereich der Durchsetzung von Haftungsansprüchen der Aktiengesellschaft gegen Organmitglieder, DB 2005, 1779 ff.
Pasqualini, François (Hrsg.), Code des sociétés 2003, 8. A. Paris 2003 (zitiert: Juris-Classeur, Sociétés).
Pellens, Bernhard/Hillebrandt, Franca, Vorzugsaktien vor dem Hintergrund der Corporate Governance-Diskussion, AG 2001, 57 ff.
Peltzer, Martin, Wider den „greed" – Betrachtungen zu §§ 86 und 87 AktG, Festschrift für Marcus Lutter, Köln 2000, 571 ff.
Peltzer, Martin, Deutsche Corporate Governance – Ein Leitfaden, 2. A. München 2004 (zitiert: Peltzer, DCGK).
Pelzer, Karen Christina, Das Auskunftsrecht der Aktionäre in der Europäischen Union, Köln u.a. 2004.
Pennington, Robert, Pennington's Company Law, 8. A. London 2001.
Pentz, Andreas/Priester, Hans-Joachim/Schwanna, André, Bar- und Sachkapitalaufbringung bei Gründung und Kapitalerhöhung, ZGR-Sonderheft 17 (2006), 42 ff.
Perina, Udo, Die Macht ist ungezähmt, Die Zeit Nr. 12/2007 v. 15. März 2007, 33.
Perridon, Louis/Steiner, Manfred, Finanzwirtschaft der Unternehmungen, 13. A. München 2004.
Pettet, Ben, Company Law, 2. A. Harlow u.a. 2005.
Pfüller, Markus/Anders, Dietmar, Delisting-Motive vor dem Hintergrund neuerer Rechtsentwicklungen, NZG 2003, 459 ff.
Pikó, Rita/Preissler, Tino, Die Online-Hauptversammlung bei Publikumsaktiengesellschaften mit Namensaktien, AG 2002, 223 ff.
Pistor, Katharina/Keinan, Yoram/Kleinheisterkamp, Jan/West, Mark, The Evolution of Corporate Law, Worldbank Working Paper 2001, abrufbar unter http://www.worldbank.org/wdr/2001/bkgroundpapers/pistor.pdf.
Pistor, Katharina/Keinan, Yoram/Kleinheisterkamp, Jan/West, Mark, The Evolution of Corporate Law: A Cross-Country Comparison, 23 U.Pa.J.Int.'l Econ.L. (2002) 791 ff. (Anmerkung: es handelt sich um eine gekürzte Version des Worldbank Working Papers)

Plantin, Une alternative séduisante aux plans de stocks options, JCP éd. E 2005, 524 ff.
Pleßke, Claudia, Die Satzungsstrenge im Aktienrecht – Mehr Gestaltungsfreiheit für Aktiengesellschaften, Frankfurt/Main 2007.
Pluskat, Sorika, Going Private durch reguläres Delisting, WM 2002, 833 ff.
Pluskat, Sorika, Das kalte Delisting, BKR 2007, 54 ff.
Pluskat, Sorika, Auswirkungen der Aktionärsrichtlinie auf das deutsche Aktienrecht, WM 2007, 2135 ff.
Poelzig, Dörte, Der Referentenentwurf eines Gesetzes zur Umsetzung der Aktionärsrechterichtlinie im Kampf gegen räuberische Aktionäre, DStR 2008, 1538 ff.
Posner, Dirk, Der Erwerb eigener Aktien in der US-amerikanischen Unternehmenspraxis, AG 1994, 312 ff. (zitiert: D. Posner).
Posner, Richard, Economic Analysis of Law, 6. A. New York 2003.
Prinz, Udo, Umstrukturierungen durch Schemes of Arrangement mit Gesellschaftern im englischen Recht – ein Vorbild?, Frankfurt/Main 2004.
Proctor, Charles, Financial assistance: new proposals and new perspectives?, Co. Law. 2007, 3 ff.
Puszkajler, Karl Peter, Verschmelzungen zum Börsenkurs? Verwirklichung der BVerfG-Rechtsprechung. Zugleich eine Erwiderung auf Bungert, BB 2003, 699, BB 2003, 1692 ff.
Quick, Reiner/Höller, Florian/Koprivica, Rasmus, Prüfungsausschüsse in deutschen Aktiengesellschaften – Eine Analyse der Transparenz der Prüfungsausschuss-Tätigkeiten, ZCG 2008, 25 ff.
Raiser, Thomas/Veil, Thomas, Recht der Kapitalgesellschaften – ein Handbuch für Praxis und Wissenschaft, 4. A. München 2006.
Rapport Lepetit sur la protection des actionnaires minoritaires dans les opérations de fusion et de garantie de cours, Bericht der Arbeitsgruppe unter Jean-François Lepetit, 1996, www.amf-france.org/documents/general/3592_1.pdf (zitiert: Rapport Lepetit).
Ratschow, Eckart, Die Aktionärsrechte-Richtlinie – neue Regeln für börsennotierte Gesellschaften, DStR 2007, 1402 ff.
Reisberg, Arad, Derivative Action and Corporate Governance, Oxford 2007.
Rheinstein, Max, Einführung in die Rechtsvergleichung, 2. A. München 1987.
Richard, Jörg/Weinheimer, Stefan, Der Weg zurück: Going Private, BB 1999, 1613 ff.
Richter, Rudolf/Furubotn, Eirik, Neue Institutionenökonomik – eine Einführung und kritische Würdigung, 3. A. Tübingen 2003.
Richter, Wolfgang, Der Kapitalmarkt und sein Gesellschaftsrecht – Überlegungen zu einem kapitalmarktgemäßen Gesellschaftsrecht börsennotierter Gesellschaften –, ZHR 172 (2008), 419 ff.
Rickford, Jonathan, Reforming Capital – Report of the Interdisciplinary Group on Capital Maintenance, EBLR 2004, 919 ff.
Rickford, Jonathan, The Emerging European Takeover Law from a British Perspective, ECFR 2004, 1379 ff.
Ringleb, Henrik-Michael/Kremer, Thomas/Lutter, Marcus/v. Werder, Axel, Deutscher Corporate Governance
Kodex, Kommentar, 3. A. München 2008 (zitiert: DCGK-Kommentar/Bearbeiter).
Ripert, Georges/Roblot, René (Begr.)/Germain, Michel (Hrsg.)/Vogel, Louis (Bearbeiter), Traité de droit commercial, Band 1: Commerçants, Tribunaux de commerce, fonds de commerce, propriété industrielle, concurrence, 18. A. Paris 2001 (zitiert: Vogel in Ripert/Roblot).
Ripert, Georges/Roblot, René (Begr.)/Germain, Michel (Hrsg. und Bearbeiter), Traité de droit commercial, Band 2: Les sociétés commerciales, 18. A. Paris 2002 (zitiert: Germain in Ripert/Roblot).
Rode, Oliver, Der Wechsel eines Vorstandsmitglieds in den Aufsichtsrat – eine gute Corporate Governance?, BB 2006, 341 ff.
Romano, Roberta, A Guide to Takeovers: Theory, Evidence and Regulation, 9 Yale J. Reg. (1992), 119 ff.
Rösler, Hannes, Rechtsvergleichung als Erkenntnisinstrument in Wissenschaft, Praxis und Ausbildung, JuS 1999, 1186 ff.

Roth, Günter (Hrsg.), Das System der Kapitalgesellschaften im Umbruch – ein internationaler Vergleich – GmbH, AG und entsprechende Gesellschaftsformen in Deutschland, Frankreich, Großbritannien, Italien, Japan, Kanada, Österreich, der Schweiz, den USA und im Recht der EG, Köln 1990 (zitiert: Autor in Roth (Hrsg.), System der Kapitalgesellschaft).

Roth, Günter, Unternehmerisches Ermessen und Haftung des Vorstandes – Handlungsspielräume und Haftungsrisiken insbesondere in der wirtschaftlichen Krise, 2001 (zitiert: Roth, Unternehmerisches Ermessen).

Roth, Günter, Zur „economic analysis" der beschränkten Haftung, ZGR 1986, 371 ff.

Roth, Günter, Qualität und Preis am Markt für Gesellschaftsformen, ZGR 2005, 348 ff.

Roth, Günter/Wörle, Ulrike, Die Unabhängigkeit des Aufsichtsrats – Recht und Wirklichkeit, ZGR 2004, 565 ff.

Roth, Markus, Börsennotierte und geschlossene Aktiengesellschaften – Die Rechtsform Aktiengesellschaft „aufspalten"?, AnwBl 2008, 580 ff.

Rothärmel, Thomas, Gestaltungsfreiheit der Familiengesellschafter im deutschen und U.S.-amerikanischen Aktienrecht, Bielefeld 2006.

Routier, Richard, Les fusions des sociétés commerciales – prolégomènes pour un nouveau droit des rapprochements, Paris 1994 (zitiert: Routier, Fusions).

Routier, Richard, Primes de fidélité: le revers de la médaille, Bull. Joly 1996, 23 ff.

Ruffner, Markus, Die ökonomischen Grundlagen eines Rechts der Publikumsgesellschaft – ein Beitrag zur Theorie der Corporate Governance, Zürich 2000.

Rühland, Philipp, Der Ausschluss von Minderheitsaktionären aus der Aktiengesellschaft (Squeeze-out) – Eine rechtsdogmatische, rechtsvergleichende und ökonomische Untersuchung zur Ausgestaltung des Ausschlussrechts der §§ 327a ff. AktG de lege lata und de lege ferenda, Baden-Baden 2004 (zitiert: Rühland, Squeeze-out).

Rühland, Philipp, Der übernahmerechtliche Squeeze-out im Regierungsentwurf des Übernahmerichtlinie – Umsetzungsgesetzes – Ökonomisch sinnvoll, aber nicht vollständig mit höherrangigem Recht vereinbar, NZG 2006, 401 ff.

Ruoff, Christian, Stimmrechtsvertretung, Stimmrechtsermächtigung und Proxy-System – Stimmrechtsausübung durch Intermediäre in Aktionärsversammlungen, Deutschland, Schweiz und USA im Rechtsvergleich, München 1999.

Sacco, Rodolfo, Einführung in die Rechtsvergleichung, Baden-Baden 2001.

Sadowski, Dieter/Junkes, Joachim/Lindenthal, Sabine, Gesetzliche Mitbestimmung in Deutschland: Idee, Erfahrungen und Perspektiven aus ökonomischer Sicht, ZGR 2001, 110 ff.

Saintourens, Bernard, La loi de modernisation sociale et le droit des sociétés, Bull. Joly 2002, 461 ff.

Scanlan, Gary/Harvey, Andrew/Prime, Terence/Ogowewo, Tunde, Companies Act 2006 – A Guide to the New Law, London 2007.

Schanz, Kay-Michael, Börseneinführung – Recht und Praxis des Börsengangs, 2. A. München 2002.

Schäfer, Carsten, Besondere Regelungen für börsennotierte und für nichtbörsennotierte Gesellschaften?, NJW 2008, 2536 ff.

Schäfer, Frank A. (Hrsg.): Wertpapierhandelsgesetz, Börsengesetz mit BörsZulV, Verkaufsprospektgesetz mit VerkProspV – Kommentar, Stuttgart u.a.1999. (zitiert: Bearbeiter in Schäfer).

Schäfer, Hans-Bernd/Ott, Claus, Lehrbuch der ökonomischen Analyse des Zivilrechts, 4. A. Berlin 2004.

Schäffler, Frank, Finanzierung von LBO-Transaktionen – Die Grenzen der Nutzung des Vermögens der Zielgesellschaft, BB 2006, Beilage 9, 1 ff.

Schall, Alexander, Englischer Gläubigerschutz bei der Limited in Deutschland, ZIP 2005, 965 ff.

Schanz, Kay-Michael, Verteidigungsmechanismen gegen feindliche Übernahmen nach Umsetzung der Übernahmerichtlinie im deutschen Recht, NZG 2007, 927 ff.

Schindler, Henrik, Das Austrittsrecht in Kapitalgesellschaften: eine rechtsvergleichende Untersuchung zum Austrittsrecht als Mittel des Individual- und Minderheitenschutzes im deutschen und französischen Kapitalgesellschaftsrecht, München 1999.

Schiessl, Maximilian, Deutsche Corporate Governance post Enron, AG 2002, 593 ff.

Schiessl, Maximilian, Leitungs- und Kontrollstrukturen im internationalen Wettbewerb. Dualistisches System und Mitbestimmung auf dem Prüfstand, ZHR 167 (2003), 235 ff.

Schlitt, Christian, Der aktive Aufsichtsratsvorsitzende – Zum Handlungsspielraum des Aufsichtsratsvorsitzenden im aktienrechtlichen Normgefüge, DB 2005, 2007 ff.

Schlitt, Michael/Schäfer, Susanne, Alte und neue Fragen im Zusammenhang mit 10 %-Kapitalerhöhungen, AG 2005, 67 ff.

Schmidt, Dominique, Gestaltungsfreiheit im französischen Gesellschaftsrecht, ZGR-Sonderheft 13, 291 ff.

Schmidt, Hartmut/Prigge, Stefan, Übernahmekonzeption und Übernahmegesetz, DBW 62 (2002), 225 ff.

Schmidt, Jessica, Stimmrechtsvertretung und Stimmrechtsausübung „in absentia" in Deutschland und Großbritannien – Speziell vor dem Hintergrund der aktuellen Gesellschaftsrechtsreform in Großbritannien sowie der geplanten EU-Aktionärsrechte-Richtlinie, NZG 2006, 487 ff.

Schmidt, Jessica, Die Änderung der umwandlungsrechtlichen Informationspflichten durch das ARUG, NZG 2008, 734 ff.

Schmidt, Karsten, Gesellschaftsrecht, 4. A. Köln/Berlin/Bonn/München 2002.

Schmidt, Karsten, Macrotron oder: weitere Ausdifferenzierung des Aktionärsschutzes durch den BGH, NZG 2003, 601 ff.

Schmidt, Karsten/Lutter, Marcus (Hrsg.), Aktiengesetz – Kommentar, Köln 2008 (zitiert: Bearbeiter in Schmidt/Lutter).

Schmidt-Tiedemann, Ulrike, Geschäftsführung und Vertretung im Gesellschaftsrecht Deutschlands, Frankreichs und Englands, Frankfurt/Main 2004.

Schmolke, Klaus Ulrich, Finanzielle Unterstützung des derivativen Aktienerwerbs – Gläubiger- und Aktionärsschutz nach der geplanten Änderung der Kapitalrichtlinie, WM 2005, 1828 ff.

Schmolke, Klaus Ulrich, Institutionelle Anleger und Corporate Governance – Traditionelle institutionell Investoren vs. Hedgefonds, ZGR 2007, 701 ff.

Schneider, Uwe, Internationales Kapitalmarktrecht – Regelungsprobleme, Methoden und Aufgaben, AG 2001, 269 ff.

Schneider, Uwe, Alternative Geldgeber oder Eigenkapitalräuber? Die sieben Halbwahrheiten über die „neuen Investoren", AG 2006, 577 ff.

Schneider, Uwe/Anzinger, Heribert, Institutionelle Stimmrechtsberatung und Stimmrechtsvertretung – „A quiet guru's enormous clout", NZG 2007, 88 ff.

Schneider, Uwe/Müller-von Pilchau, Hans, Der nicht registrierte Namensaktionär – zum Problem der freien Meldebestände, AG 2007, 181 ff.

Schnorbus, York, Autonome Harmonisierung in den Mitgliedsstaaten durch die Inkorporation von Gemeinschaftsrecht, RabelsZ 65 (2001), 654 ff.

Schnorbus, York, Die Sachdividende, ZIP 2003, 509 ff.

Scholastique, Estelle, Le devoir de diligence des administrateurs de sociétés (droits français et anglais), 1998.

Schön, Wolfgang, Gesellschafter-, Gläubiger- und Anlegerschutz im Europäischen Bilanzrecht, ZGR 2000, 706 ff.

Schön, Wolfgang, Steuerliche Maßgeblichkeit in Deutschland und Europa, Köln 2005 (zitiert: Schön, Steuerliche Maßgeblichkeit).

Schüppen, Matthias, To comply or not to comply – that's the question! „Existenzfragen" des Transparenz- und Publizitätsgesetzes im magischen Dreieck kapitalmarktorientierter Unternehmensführung, ZIP 2002, 1269 ff.

Schütte, Burkhard, Die Dividendenentscheidung in der Aktiengesellschaft, Berlin 1994.

Schwanna, André, Die Gründung von Gesellschaften in Deutschland, Frankreich und Großbritannien – gemeineuropäische Prinzipien des Gesellschaftsrechts, Frankfurt/Main 2002.

Schwark, Eberhard, Gesellschaftsrecht und Kapitalmarktrecht, Festschrift für Walter Stimpel, Berlin/New York 1985, 1087 ff.

Schwark, Eberhard, Der vereinfachte Bezugsrechtsausschluß – Zur Auslegung des § 186 Abs. 3 Satz 4 AktG, Festschrift für Carsten Peter Claussen, Köln u.a. 1997, 357 ff.

Schwark, Eberhard, Anlegerschutz in der Publikums-AG – ein Paradigmenwechsel, Festschrift für Marcus Lutter, Köln 2000, 1529 ff.

Schwark, Eberhard/Geiser, Frank, Delisting, ZHR 161 (1997), 739 ff.

Schwark, Eberhard (Hrsg.), Kapitalmarktrechtskommentar – Börsengesetz mit Börsenzulassungsverordnung, Verkaufprospektgesetz mit Verkaufsprospektverordnung, Wertpapierhandelsgesetz, Wertpapiererwerbs- und Übernahmegesetz, 3. A. München 2004 (zitiert: Autor in Schwark (Hrsg.), Kapitalmarktrechtskommentar).

Schwarz, Günter Christian, Europäisches Gesellschaftsrecht – Ein Handbuch für Wissenschaft und Praxis, Baden-Baden 2000 (zitiert: Schwarz, Europ. GR).

Schwarz, Günter, Zum Statut der Europäischen Aktiengesellschaft, ZIP 2001, S. 1847 ff.

Schwintowski, Hans-Peter, Ökonomische Theorie des Rechts, JZ 1998, 580 ff.

Seibert, Ulrich, Kontrolle und Transparenz im Unternehmensbereich (KonTraG) – Der Referenten-Entwurf zur Aktienrechtsnovelle – WM 1997, 1 ff.

Seibert, Ulrich, Die Entstehung des § 91 Abs. 2 AktG im KonTraG – „Risikomanagement" oder „Frühwarnsystem"?, Festschrift für Gerold Bezzenberger, Berlin/New York 2000, 427 ff.

Seibert, Ulrich, Die Stimmrechtsausübung in deutschen Aktiengesellschaften – ein Bericht an den Deutschen Bundestag, AG 2004, 529 ff.

Seibert, Ulrich, UMAG und Hauptversammlung – Der Regierungsentwurf eines Gesetzes zur Unternehmensintegrität und Modernisierung des Anfechtungsrechts (UMAG), WM 2005, 157 ff.

Seibert, Ulrich, Aktionärsforum und Aktionärsforumsverordnung nach § 127a AktG, AG 2006, 16 ff.

Seibert, Ulrich, Der Referentenentwurf eines Gesetzes zur Umsetzung der Aktionärsrechterichtlinie (ARUG), ZIP 2008, 906 ff.

Seibert, Ulrich/Florstedt, Tim, Der Regierungsentwurf des ARUG – Inhalt und wesentliche Änderungen gegenüber dem Referentenentwurf, ZIP 2008, 2145 ff.

Seibt, Christoph/Heiser, Kristian, Analyse der EU-Übernahmerichtlinie und Hinweise für eine Reform des deutschen Übernahmerechts, ZGR 2005, 200 ff.

Semler, Johannes (Hrsg.), Arbeitshandbuch für Unternehmensübernahmen, München 2003 (zitiert: Autor in Semler).

Semler, Johannes/Peltzer, Martin (Hrsg.), Arbeitshandbuch für Vorstandsmitglieder, 3. A. München 2008 (zitiert: Autor in Semler/Peltzer).

Semler, Johannes/Stengel, Arndt, Umwandlungsgesetz mit Spruchverfahrensgesetz, 2. A. München 2007.

Semler, Johannes/v. Schenk, Kersten (Hrsg.), Arbeitshandbuch für Aufsichtsratsmitglieder, 2. A. München 2004 (zitiert: Autor in Semler/v. Schenk).

Semmer, Philipp, Repricing – Die nachträgliche Modifikation von Aktienoptionsplänen zugunsten des Managements, Berlin 2005.

Sen, Amartya Kumar, Collective Choice and Social Welfare, San Francisco 1970, 4. Nachdruck, Amsterdam u.a., 1995.

Servatius, Wolfgang, Strukturmaßnahmen als Unternehmensleitung : die Vorstandspflichten bei unternehmerischen Entscheidungen der Hauptversammlung, Köln 2004.

Sheik, Saleem, Company Law Reform: Part 1, I.C.C.L.R. 2006 (17), 13 ff.

Sheik, Saleem, Company Law Reform: Part 2, I.C.C.L.R. 2006 (17), 96 ff.

Shleifer, Andrei/Vishny, Robert, Large Shareholders and Corporate Control, 94 J. Pol. Econ. (1986), 461 ff.

Shleifer, Andrei/Vishny, Robert, A Survey of Corporate Governance, 52 J. Finance (1997), 737 ff.

Siebert, Oliver, Die Durchgriffshaftung im englischen und deutschen Recht, Frankfurt/Main 2004.

Sieger, Jürgen/Hasselbach, Kai, Ausschluss von Minderheitsaktionären (Squeeze-out) im ausländischen Recht, NZG 2001, 926 ff.

Siems, Mathias, Die Konvergenz der Rechtssysteme im Recht der Aktionäre, Tübingen 2005 (zitiert: Siems, Konvergenz der Rechtssysteme).

Siems, Mathias, Der anonyme Aktionär – The anonymous shareholder – L'actionnaire anonyme, ZGR 2003, 218 ff.

Sinn, Stefan, The Taming of Leviathan – Competition among Governments, 3 Constitutional Political Economy (1992), 177 ff.

Skog, Rolf, Der Erwerb eigener Aktien: Reformbestrebungen in den EU-Mitgliedsstaaten, ZGR 1997, 306 ff.

Smend, Axel, Aktive Aktionäre – Interessen verschiedener Aktionärsgruppen und Verhaltensempfehlungen für Vorstand und Aufsichtsrat, ZCG 2008, 53 ff.

Sonnenberger, Hans Jürgen/Autexier, Christian, Einführung in das französische Recht, 3. A. Heidelberg 2000.

Sonnenberger, Hans Jürgen/Dammann, Reinhard, Französisches Handels- & Wirtschaftsrecht, 3. A., Frankfurt/Main 2008.

Spada, Paolo, Typologie der italienischen Kapitalgesellschaften und börsennotierte Società per azioni, Festschrift für Markus Lutter, 2000, 735 ff.

Spence, Andrew Michael, Market Signaling – Information transfer in hiring and related screening processes, Cambridge (Mass.) 1974.

Spindler, Gerald, Deregulierung des Aktienrechts?, AG 1998, 53 ff.

Spindler, Gerald, Vergütung und Abfindung von Vorstandsmitgliedern, DStR 2004, 36 ff.

Spindler, Gerald, Das Gesetz über die Offenlegung von Vorstandsvergütungen – VorstOG, NZG 2005, 689 ff.

Spindler, Gerald, Haftung und Aktionärsklage nach dem neuen UMAG, NZG 2005, 865 ff.

Spindler, Gerald, Die Empfehlungen der EU für den Aufsichtsrat und ihre deutsche Umsetzung im Corporate Governance Kodex, ZIP 2005, 2033 ff.

Spindler, Gerald/Bednarz, Sebastian, Die Regulierung von Hedge-Fonds im Kapitalmarkt- und Gesellschaftsrecht, WM 2006, 553 ff., 601 ff.

Spindler, Gerald, Regeln für börsennotierte vs. Regeln für geschlossene Gesellschaften – Vollendung des Begonnenen?, AG 2008, 598 ff.

Spindler, Gerald/Stilz, Eberhard (Hrsg.), Kommentar zum Aktiengesetz, München 2007 (zitiert: als Bearbeiter in Spindler/Stilz).

Stapledon, Geof/Bates, J.J., Unpacking the "Interest Holder" in a share: reducing the cost of voting, CFILR 2000, 293 ff.

Steck, Kai-Uwe, Going private über das UmwG – Das Gesellschaftsrecht des „kalten Delisting", AG 1998, 460 ff.

Steffek, Geschäftsleiterpflichten im englischen Kapitalgesellschaftsrecht – Kodifizierung der directors' duties im Companies Act 2006, GmbHR 2007, 810 ff.

Steinhauer, Carsten, Die Reform des Gesellschaftsrechts in Italien, EuZW 2004, 364 ff.

Stigler, George, The Economics of Information, 96 JPE (1961), 213 ff.

Storck, Michel, Les nouvelles dispositions applicables au vote des actionnaires non-résidents des sociétés cotées français, RTD com. 2002, 502 ff.

Storck, Michel, Corporate Governance à la Française – Current Trends, ECFR 2004, 36 ff.

Streit, Georg, Delisting Light – Die Problematik der Vereinfachung des freiwilligen Rückzugs von der Frankfurter Wertpapierbörse, ZIP 2002, 1279 ff.

Streng, Franz, Strafrechtliche Sanktionen – Die Strafzumessung und ihre Grundlagen, 2. A. Stuttgart 2002.

Sünner, Eckart, Pro & Contra: Offenlegung von Organvergütungen? (Contra), ZRP 2005, 39 ff.

Tal, Michael, Das Verbot der Financial Assistance im englischen Gesellschaftsrecht – Leveraged Buy Outs nach der Companies Bill 2006, GmbHR 2007, 254 ff.

Tan Lay Hong, Corporate Governance Issues in PRC Companies, 21 Co. Law. (2000), 87 ff.

Tauchert-Nosko, Martina, Verschmelzung und Spaltung von Kapitalgesellschaften in Deutschland und Frankreich, Frankfurt/Main 1999.

Teichmann, Arndt, Gestaltungsfreiheit in Gesellschaftsverträgen, München 1970 (zitiert: A.Teichmann).
Teichmann, Christoph, Corporate Governance in Europa, ZGR 2001, 645 ff.
Teichmann, Christoph, Die Einführung der Europäischen Aktiengesellschaft – Grundlagen der Ergänzung des europäischen Statuts durch den deutschen Gesetzgeber, ZGR 2002, 383 ff.
Teichmann, Christoph, Reform des Gläubigerschutzes im Kapitalgesellschaftsrecht, NJW 2006, 2444 ff.
Teichmann, Christoph/Heise, Elisabeth, Das VW-Urteil des EuGH und seine Folgen, BB 2007, 2577 ff.
Teller, Marina, L'information des sociétés cotées et non cotées: une évolution certaine, de nouveaux risques probables, RTD com. 2007, 17 ff.
Terré, François (Hrsg.), Le dirigeant de société: risques & responsabilités, Paris 2002 (zitiert: Terré (Hrsg.), Dirigeant de société).
Thoma, Georg/Leuring, Dieter, Die Europäische Aktiengesellschaft – Societas Europaea, NJW 2002, 1449 ff.
Thoma, Katrin, Eigengeschäfte des Vorstands mit der Aktiengesellschaft – Eine vergleichende Untersuchung zum englischen, U.S.-amerikanischen und deutschen Recht, Frankfurt/Main 2003 (zitiert: K.Thoma, Eigengeschäfte).
Thümmel, Roderich, Organhaftung nach dem Referentenentwurf des Gesetzes zur Unternehmensintegrität und Modernisierung des Anfechtungsrechts (UMAG) – Neue Risiken für Manager?, DB 2004, 471 ff.
Thüsing, Gregor, Die Angemessenheit von Vorstandsvergütungen, DB 2003, 1612 ff.
Thüsing, Gregor, Auf der Suche nach dem iustum pretium der Vorstandstätigkeit. Überlegungen zur Angemessenheit im Sinne des § 87 Abs. 1 S. 1 AktG, ZGR 2003, 457 ff.
Thüsing, Gregor, Das Gesetz über die Offenlegung von Vorstandsvergütungen, ZIP 2005, 1389 ff.
Triebel, Volker/Hodgson, Stephen/Kellenter, Wolfgang/Müller, Georg, Englisches Handels- und Wirtschaftsrecht, 2. A. Heidelberg 1995.
Ulmer, Peter, Die Aktionärsklage als Instrument zur Kontrolle des Vorstands- und Aufsichtsratshandelns. Vor dem Hintergrund der US-Erfahrungen mit der shareholders' derivation action, ZHR 163 (1999), 290 ff.
Ulmer, Peter, Aktienrecht im Wandel – Entwicklungslinien und Diskussionsschwerpunkte, AcP 202 (2002), 143 ff.
Ulmer, Peter, Der Deutsche Corporate Governance Kodex – ein neues Regulierungsinstrument für börsennotierte Aktiengesellschaften, ZHR 166 (2002), 150 ff.
Ullrich, Christine, Verdeckte Vermögensverlagerungen in den Aktien- und GmbH-Rechten Frankreichs, Belgiens und Deutschlands, Köln u.a. 1994.
Urbain-Parleani, Isabelle, Das Kapital der Aktiengesellschaft in Frankreich, ZGR-Sonderheft 17 (2006), 575 ff.
Valuet, Jean-Paul, L'identification des actionnaires des sociétés cotées – Le rapport du groupe de groupe du travail réuni à l'ANSA, Rev. sociétés 1996, 707 ff.
Valuet, Jean-Paul, La réforme d'ensemble du régime des stock-options, Bull. Joly 2001, 741 ff.
Valuet, Jean-Paul, Identification et vote des actionnaires non résidents des sociétés cotées, Rev. sociétés 2001, 571 ff.
Valuet, Jean-Paul, Les dispositions du décret du 3 mai 2002 relatives à l'identification et au vote des actionnaires non résidents des sociétés cotées, Rev. sociétés 2002, 446 ff.
Valuet, Jean-Paul, Le décret du 11 décembre 2006 sur les sociétés commerciales, Rev. sociétés 2007, 227 ff.
Valuet, Jean-Paul/Lienhard, Alain, Code des sociétés et des marchés financiers, Kommentar, 23. A. Paris 2007.
van der Elst, Christoph, The Equity Markets, Ownership Structures and Control: Towards an International Harmonisation?, Working Paper 2000-04 des Financial Law Institutes der Universität Gent, www.law.ugent.be/fli/WP/WP2000-pdf/wp2000-04.pdf (zitiert: Working Paper 2000-04).

van Hulle, Karel/Maul, Silja, Aktionsplan zur Modernisierung des Gesellschaftsrechts und Stärkung der Corporate Governance, ZGR 2004, 484 ff.
van Kann, Jürgen/Eigler, Mira, Aktuelle Änderungen des Corporate Governance Kodex, DStR 2007, 1730 ff.
van Kann, Jürgen/Just, Clemens, Der Regierungsentwurf zur Umsetzung der europäischen Übernahmerichtlinie, DStR 2006, 328 ff.
Vatinet, Raymonde, Les conventions réglementées, Rev. soc. 2001, 561 ff.
Veljanovski, Cento, Wealth Maximization, Law and Ethics – on the Limits of Economic Efficiency, Int'l Rev. L. & Econ. 1 (1981), 5 ff.
Vetter, Eberhard, Börsenkurs und Unternehmensbewertung – Anmerkung zu BGH, Beschluss v.12.03.2001 – II ZB 15/00 – (DAT/Altana), DB 2001, 1346 ff.
Vetter, Eberhard, Update des Deutschen Corporate Governance Kodex, BB 2005, 1689 ff.
Vetter, Eberhard, Handgeld für in der Hauptversammlung präsente Aktionäre, AG 2006, 32 ff.
Vetter, Eberhard, Aufsichtsratsvergütung und Verträge mit Aufsichtsratsmitgliedern, ZIP 2008, 1 ff.
Vidal, Dominique, Droit des sociétés, 5. A. Paris 2006.
Vogel, Wolfgang, Aktienrecht und Aktienwirklichkeit – Organisation und Aufgabenteilung von Vorstand und Aufsichtsrat – Eine empirische Untersuchung deutscher Aktiengesellschaften, Baden-Baden 1980.
Voigt, Stefan, Institutionenökonomik, München 2002.
Vollmer, Lothar/Grupp, Walter, Der Schutz der Aktionäre beim Börseneintritt und Börsenaustritt, ZGR 1995, 459 ff.
v. Hayek, Friedrich, Der Wettbewerb der Entdeckungsverfahren, Vortrag, gehalten am 5. Juli 1968 im Institut für Weltwirtschaft an der Universität Kiel, veröffentlicht in Kieler Vorträge, Neue Folge 56, Kiel 1968, Wiederveröffentlichung in v. Hayek, Freiburger Studien – Gesammelte Aufsätze, Tübingen 1969.
v. Rosen, Rüdiger (Hrsg.), Die Übernahme börsennotierter Unternehmen, Frankfurt 1999 (zitiert: Autor in v. Rosen (Hrsg.), Übernahme börsennotierter Unternehmen).
v. Rosen, Rüdiger (Hrsg.), Die Namensaktie, Frankfurt 2000 (zitiert: Autor in v. Rosen (Hrsg.), Namensaktie).
v. Rosen, Rüdiger/Helm, Leonhardt, Der Erwerb eigener Aktien durch die Gesellschaft – Plädoyer für ein neues Instrument der Unternehmensfinanzierung in Deutschland und einen wichtigen Impuls für den deutschen Kapitalmarkt, AG 1996, 434 ff.
v. Weizsäcker, Carl Christian, Was leistet die Property-Rights-Theorie für aktuelle wirtschaftspolitische Fragen?, in: Neumann, Manfred (Hrsg.), Ansprüche, Eigentums- und Verfügungsrechte – Arbeitstagung des Vereins für Socialpolitik, Gesellschaft für Wirtschafts- und Sozialwissenschaften, Berlin 1984.
v. Werder, Axel/Talaulicar, Till/Kolat, Georg, Kodex Report 2003 – Die Akzeptanz der Empfehlungen und Anregungen des Deutschen Corporate Governance Kodex, DB 2003, 1857 ff.
v. Werder, Axel/Talaulicar, Till/Kolat, Georg, Kodex Report 2004 – Die Akzeptanz der Empfehlungen und Anregungen des Deutschen Corporate Governance Kodex, DB 2004, 1377 ff.
v. Werder, Axel/Talaulicar, Till, Kodex Report 2005: Die Akzeptanz der Empfehlungen und Anregungen des Deutschen Corporate Governance Kodex, DB 2005, 841 ff.
v. Werder, Axel/Talaulicar, Till, Kodex Report 2006: Die Akzeptanz der Empfehlungen und Anregungen des Deutschen Corporate Governance Kodex, DB 2006, 849 ff.
v. Werder, Axel/Talaulicar, Till, Kodex Report 2007: Die Akzeptanz der Empfehlungen und Anregungen des Deutschen Corporate Governance Kodex, DB 2007, 869 ff.
v. Werder, Axel/Wieczorek, Bernd, Anforderungen an Aufsichtsratsmitglieder und ihre Nominierung, DB 2007, 297 ff.
Wackerbarth, Ulrich, Investorvertrauen und Corporate Governance, ZGR 2005, 686 ff.
Walker, Jordon, Corporate Governance in East Asia: Evidence and Justifications, 19 C. & SLJ (2001), 437 ff.
Wand, Peter/Tillmann, Tobias, EU-Richtlinienvorschlag zur Erleichterung der Ausübung von Aktionärsrechten, AG 2006, 321 ff.

Walz, Rainer, Ökonomische und soziologische Unternehmensbilder vor den Toren des Gesellschaftsrechts – Ein Plädoyer für interdisziplinäre Neugier, AG 1996, 161 ff.

Wasmann, Dirk, Bewegung im Börsenkurs: Kippt die „Dreimonats"-Rechtsprechung?, BB 2007, 680 ff.

Wastl, Ulrich, Erwerb eigener Aktien nach dem Referentenentwurf zur Änderung des AktG und des HGB, DB 1997, 461 ff.

Weber, Dolf, Zur „Modernisierung" der EU-Abschlussprüferrichtlinie unter dem Gesichtspunkt der Rotation des Abschlussprüfers – Die verpasste Chance, AG 2005, 877 ff.

Weber, Martin, Börsenkursbestimmung aus ökonomischer Perspektive, ZGR 2004, 280 ff.

Weber, Stefan/Lentfer, Thies/Köster, Max, Einfluss der Corporate Governance auf die Kapitalkosten eines Unternehmens – Ein institutionenökonomischer Erklärungsansatz, eine Bestandsaufnahme empirischer Studienergebnisse und eine Partialbetrachtung des Corporate Governance Reportings, ZCG 2007, 53 ff.

Weber, Stefan/Lentfer, Thies/Köster, Max, Externes Corporate Governance Reporting – Kritische Würdigung der Umsetzung europäischer Vorgaben im Referentenentwurf eines Bilanzrechtsmodernisierungs-gesetzes (BilMoG RefE) – Teil 2, IRZ 2008, 35 ff.

Weber-Rey, Daniela, Neues aus Brüssel – Kommissionbericht über die Implementierung der Übernahmerichtlinie: der Preis des Kompromisses, AG-Report 2007, 167 ff.

Weber-Rey, Daniele, Gesellschafts- und aufsichtsrechtliche Herausforderungen an die Unternehmensorganisation – Aktuelle Entwicklungen im Bereich Corporate Governance, Compliance und Risikomanagement AG 2008, 345 ff.

Weinberg, Mark/Blank, M.V./Rabinovitz, Laurence, Weinberg and Blank on Takeovers and Mergers, London, Loseblatt Stand August 2005.

Weiß, Daniel, Aktienoptionspläne für Führungskräfte, Köln 1999.

Weiß, Susanne/Buchner, Markus, Wird das UMAG die Haftung und Inanspruchnahme der Unternehmensleiter verändern?, WM 2005, 162 ff.

Weißhaupt, Frank, Informationsmängel in der Hauptversammlung – Die Neuregelung durch das UMAG, ZIP 2005, 1766 ff.

Wendt, Susanne, Die Kontrolle der Geschäftsführung in Personen- und Kapitalgesellschaften in Deutschland, Frankreich und England, Frankfurt am Main 2004.

Wenger, Ekkehard, Stellungnahme zur Aktienrechtsreform 1997, AG-Sonderheft 1997, 57 ff.

Weston, Fred/Siu, Juan/Johnson, Brian, Takeovers, Restructuring and Corporate Governance, 3. A. Upper Saddle River 2001.

Wiebe, Andreas, Vorstandsmacht statt Bankenmacht? Aktienrechtlicher Rahmen und strukturelle Auswirkungen der Einführung eines Verwaltungsstimmrechts (§ 134 Abs. 3 S. 3 AktG), ZHR 166 (2002, 182 ff.

Wiedemann, Herbert, Organverantwortung und Gesellschafterklagen in der Aktiengesellschaft, Opladen 1990 (zitiert: Wiedemann, Organverantwortung).

Wiedemann, Herbert, Gesellschaftsrecht – Ein Lehrbuch des Unternehmens- und Verbandsrechts, Band II: Kapitalgesellschaften und Konzerne, München 2004 (zitiert: Wiedemann, Band II).

Wiese, Götz Tobias/Demisch, Dominik, Unternehmensführung bei feindlichen Übernahmeangeboten. Eine Kritik des geplanten Übernahmerechts aus ökonomischer Sicht, DB 2001, 849 ff.

Wiesner, Peter, Corporate Governance und kein Ende, ZIP 2003, 977 ff.

Wiesner, Peter, Die neue Übernahmerichtlinie und ihre Folgen, ZIP 2004, 343 ff.

Wilhelm, Jan/Dreier, Nils, Beseitigung von Minderheitsbeteiligungen auch durch übertragende Auflösung einer AG?, ZIP 2003, 1369 ff.

Wilsing, Hans-Ulrich/Neumann, Kay-Uwe, Die Neuregelung der aktienrechtlichen Sonderprüfung nach dem Inkrafttreten des UMAG, DB 2006, 31 ff.

Windbichler, Christine, Empfehlen sich besondere Regeln für börsennotierte und für geschlossene Gesellschaften?, JZ 2008, 840 ff.

Wirth, Gerhard/Arnold, Michael, Umwandlung von Vorzugsaktien in Stammaktien, ZGR 2002, 859 ff.

Wirtz, Peter, The Changing Institutions of Governance in Corporate France: What Drives the Process?, Cahier du Centre de recherche en Finance, Architecture et Gouvernance des Organisations (FARGO) der Leg-Université de Bourgogne n° 1070101 (Juli 2004), 1 ff. (http://ungaro.u-bourgogne.fr/WP/1040701.pdf).
Witt, Carl-Heinz, Das Informationsrecht des Aktionärs und seine Durchsetzung in den USA, Großbritannien und Frankreich – funktionale Gesamtbetrachtung im Vergleich zu Deutschland, AG 2000, 257 ff.
Wittkowski, Bernd, Die Entwicklung am Kapitalmarkt, insbesondere am Neuen Markt, ZHR 167 (2003), 120 ff.
Wöhe, Günter/Bilstein, Jürgen, Grundzüge der Unternehmensfinanzierung, 9. A. München 2002.
Wojcik, Dariusz, Change in the German Model of Corporate Governance: Evidence from Blockholdings, 1997–2001, University of Oxford Working Paper, 2002.
Wolf, Martin, Corporate Governance – Der Import angelsächsischer „Self-Regulation" im Widerstreit zum deutschen Parlamentsvorbehalt, ZRP 2002, 59 f.
Wolf, Martin, Der Minderheitenausschluss qua „übertragender Auflösung" nach Einführung des Squeeze-Out gemäß §§ 327a–f AktG, ZIP 2002, 153 ff.
Wulff, Jakob, Aktienoptionen für das Management, Köln u.a. 2000.
Wymeersch, Eddie, Das Bezugsrecht der alten Aktionäre in der Europäischen Gemeinschaft, AG 1998, 382 ff.
Wymeersch, Eddie, Current Company Law Reform Initiatives in the OECD Countries – Challenges and Opportunities, Working Paper 2001-04 des Financial Law Institutes der Universität Gent, www.law.ugent.be/fli/WP/WP2001-pdf/wp2001-04.pdf (zitiert: als Working Paper 2001-04).
Wymeersch, Eddie, Corporate Governance Codes and Their Implementation, Festschrift für Norbert Horn, Berlin 2006, 619 ff..
Zätzsch, Jörg/Gröning, Moritz, Neue Medien im Aktienrecht – Zum RefE des NaStraG, NZG 2000, 393 ff.
Zetzsche, Dirk, Aktionärsinformation in der börsennotierten AG, Köln 2006 (zitiert: Zetzsche, Aktionärsinformation).
Zetzsche, Dirk, Reguläres Delisting und deutsches Gesellschaftsrecht, NZG 2000, 1065 ff.
Zetzsche, Dirk, Shareholder Interaction Preceding Shareholder Meetings of Public Corporations – A Six Country Comparison, ECFR 2005, 107 ff.
Zetzsche, Dirk, Die neue Aktionärsrechte-Richtlinie: Auf dem Weg zur virtuellen Hauptversammlung, NZG 2007, 686 ff.
Zetzsche, Dirk, Die nächste „kleine" Aktienrechtsreform: Der Referentenentwurf eines Gesetzes zur Umsetzung der Aktionärsrechterichtlinie (ARUG), Der Konzern 2008, 321 ff.
ZhuYang, Jin, The anatomy of boards of directors: an empirical comparison of UK and Chinese corporate governance practices, Comp. Law. 2007, 24 ff.
Ziegler, Ole, Der Anteilserwerb am Kapitalmarkt nach der Schuldrechtsreform, Frankfurt/Main 2005.
Zinser, Alexander, Der britische City Code on Takeovers and Mergers in der Fassung vom 9.3.2001, RIW 2001, 481 ff.
Zinser, Alexander/Spreng, Nicole, Der neue britische Corporate Governance Kodex: mit rechtsvergleichenden Betrachtungen zur deutschen Regelung, ZVglRWiss 103 (2004), 401 ff.
Zobl, Dieter/Kramer, Stefan, Schweizerisches Kapitalmarktrecht, Zürich/Basel/Genf 2004.
Zöllner, Wolfgang, Die Schranken mitgliedschaftlicher Stimmrechtsmacht bei den privatrechtlichen Personenverbänden, München 1963 (zitiert: Zöllner, Schranken mitgliedschaftlicher Stimmrechtsmacht).
Zöllner, Wolfgang, Aktienrechtsreform in Permanenz – Was wird aus den Rechten des Aktionärs?, AG 1994, 336 ff.
Zöllner, Wolfgang, Treuepflichtgesteuertes Aktienkonzernrecht, ZHR 162 (1998), 235 ff.
Zöllner, Wolfgang, Zur Problematik der aktienrechtlichen Anfechtungsklage, AG 2000, 145 ff.
Zöllner, Wolfgang, Gerechtigkeit bei der Kapitalerhöhung, AG 2002, 585 ff.
Zöllner, Wolfgang, Unternehmensrecht: Gibt es das?, AG 2003, 1 ff.

Zülch, Henning/Hoffmann, Sebastian, Der Referentenentwurf zum BilMoG: ein kritischer Literaturüberblick, DB 2008, 1053 ff.
Zimmermann, Jochen/Goncharov, Igor/Werner, Jörg-Richard, Does Compliance with the German Corporate Governance Code have an Impact on Stock Valuation?, Working Paper der Universität Bremen, 2004 (abrufbar unter http://labu.fb7.uni-bremen.de/BDB/BDB_25.pdf).
Zweigert, Konrad/Kötz, Hein, Einführung in die Rechtsvergleichung, 3. A. Tübingen 1996.

Stichwortverzeichnis

FSC
www.fsc.org
MIX
Papier | Fördert gute Waldnutzung
FSC® C083411

Kolibri 360 GmbH
Ferdinand-Jühlke-Straße 7
99095 Erfurt, Deutschland
produktsicherheit@kolibri360.de